Personenstandsgesetz

Handkommentar

5. Auflage

Berthold Gaaz
Leitender Ministerialrat im Niedersächsischen Ministerium
für Inneres und Sport a. D.

Heinrich Bornhofen
Regierungsdirektor
im Bundesministerium des Innern a. D.

Thomas Lammers
Ministerialrat im Hessischen Ministerium
des Innern und für Sport

Verlag für Standesamtswesen
Frankfurt am Main · Berlin

Printed in Germany

5. Auflage
ISBN 978-3-8019-5730-8

Vorwort zur 5. Auflage

Bereits das Eheöffnungsgesetz mit kurz gefassten Regelungen und die zu dessen Ausführung in aller Eile vom BMI herausgegebenen Rundschreiben ließen erahnen, dass ein umfassendes Gesetz mit weiteren Vorschriften zur »Ehe für alle« rasch folgen würde, wollte man nicht die Klärung der offenen Fragen der Rechtsprechung überlassen. Durch das Gesetz zur Umsetzung des Gesetzes zur Einführung des Rechts auf Eheschließung für Personen gleichen Geschlechts vom 18.12.2018 (BGBl. I S. 2639) ist diese Regelungslücke mit der Novellierung von 17 Gesetzen geschlossen worden.

Dem Gesetzespaket waren bereits umfangreiche Änderungen der PStV durch die Erste Verordnung zur Änderung der Personenstandsverordnung vom 24.10.2018 (BGBl. I S. 1768) vorausgegangen. Auch diese teils mit Folgeregelungen zum Eheöffnungsgesetz, wie Änderungen im elektronischen Beurkundungsverfahren, Regelungen zum behördlichen Datenaustausch sowie Neugestaltung von Formularen, teils aber auch zu anderen Regelungsinhalten, z. B. der Abgrenzung von Tot- und Fehlgeburten und zur Digitalisierung der Sammlung der Beschlüsse über Todeserklärungen.

Ein weiteres Thema mit großem Medieninteresse war dem Gesetzgeber durch die Entscheidung des Bundesverfassungsgerichts vom 10.10.2017 zur personenstandsrechtlichen Registrierung von Personen mit Varianten der Geschlechtsentwicklung zur Schaffung einer gesetzlichen Regelung zugewiesen worden. Durch das Gesetz zur Änderung der in das Geburtenregister einzutragenden Angaben vom 18.12.2018 (BGBl. I S. 2635) wurde dem Auftrag durch eine weitere, nach § 22 Abs. 3 PStG mögliche Geschlechtsangabe »divers« Rechnung getragen und auch für »Altfälle« in einem neuen § 45b PStG die Möglichkeit der Korrektur der Geschlechtsangabe eröffnet.

Zu erwähnen ist weiter die Apostillenverordnung-EU Nr. 2016/1191 vom 26.7.2016 (ABl. EU L 200/1). Die Verordnung ist am 15.8.2016 in Kraft getreten und ab dem 16.2.2019 anwendbar. Sie sieht die Befreiung bestimmter Urkunden der Mitgliedstaaten von Legalisation und sonstiger Förmlichkeit bei der Vorlage in einem EU-Mitgliedstaat sowie die Verwendung mehrsprachiger Formulare als Übersetzungshilfe vor.

Schließlich erging noch kurz vor Redaktionsschluss das Zweite Datenschutz-Anpassungs- und Umsetzungsgesetz EU vom 20.11.2019 (BGBl. I S. 1626), durch dessen Artikel 17 der neue § 68a »Rechte der betroffenen Personen« in das PStG eingefügt wurde.

Als neuer Autor für den Handkommentar konnte Herr Thomas Lammers, Ministerialrat im Hessischen Ministerium des Innern und für Sport, gewonnen werden. Er löst mit der 5. Auflage Herrn Berthold Gaaz, Ltd. Ministerialrat im Niedersächsischen Ministerium für Inneres und Sport a. D. als Mitautor dieses Werkes ab. Die Autoren und der Verlag für Standesamtswesen danken Herrn Gaaz an dieser Stelle mit Hochachtung für die vielen Jahre seines Wirkens im Rahmen des Werkes Hepting/Gaaz »Personenstandsrecht mit Familienrecht und Internationalem Privatrecht«, aus dem mit der Reform des Personenstandsrechts im Jahr 2007 der heutige Handkommentar hervorgegangen ist.

Kreuzau und Wiesbaden im November 2019

Heinrich Bornhofen Thomas Lammers

Inhaltsverzeichnis

Kapitel 5 **Geburt**

Kapitel 6 **Sterbefall**

Kapitel 7 **Besondere Beurkundungen**

Abkürzungen

a. A.	anderer Ansicht
a. F.	alte Fassung
a. M.	andere Meinung
ABl. EG	Amtsblatt der Europäischen Gemeinschaften
Abs.	Absatz
AdWirkG	Gesetz über die Wirkungen der Annahme als Kind nach ausländischem Recht (Adoptionswirkungsgesetz) (GS Nr. 26)
AEUV	Vertrag über die Arbeitsweise der Europäischen Union
AG	Amtsgericht; Ausführungsgesetz; Aktiengesellschaft
Alt.	Alternative
Amtl. Begr.	Amtliche Begründung; Begründung des einer Rechtsänderung zugrundeliegenden Gesetz- oder Verordnungsentwurfs
Anl.	Anlage
Anm.	Anmerkung
ApostillenVO-EU	Verordnung (EU) zur Förderung der Freizügigkeit von Bürgern durch die Vereinfachung der Anforderungen an die Vorlage bestimmter öffentlicher Urkunden (GS Nr. 206)
arg.	argumentum
Art.	Artikel
AsylG	Asylgesetz (GS Nr. 64)
AufenthG	Aufenthaltsgesetz (GS Nr. 65)
AufenthV	Aufenthaltsverordnung (GS Nr. 65a)
AV	Ausführungsverordnung
BAnz.	Bundesanzeiger
BayObLG	Bayerisches Oberstes Landesgericht
BayVGH	Bayerischer Verwaltungsgerichtshof
Bd.	Band
BDSG	Bundesdatenschutzgesetz (GS Nr. 87)
BeamtStG	Gesetz zur Regelung des Statusrechts der Beamtinnen und Beamten in den Ländern (GS Nr. 131)
Bek.	Bekanntmachung
BAnz.	Bundesanzeiger
BeurkG	Beurkundungsgesetz (GS Nr. 90)
BevStatG	Gesetz über die Statistik der Bevölkerungsbewegung und die Fortschreibung des Bevölkerungsstandes (GS Nr. 111)
BGB	Bürgerliches Gesetzbuch (GS Nr. 30)
BGBl.	Bundesgesetzblatt
BGH	Bundesgerichtshof
BGHZ	Entscheidungen des Bundesgerichtshofes in Zivilsachen
BMG	Bundesmeldegesetz (GS Nr. 117)
BMI	Bundesministerium des Innern, für Bau und Heimat

BNotO	Bundesnotarordnung (GS Nr. 90a)
BR	Bundesrat
BR-Drs.	Drucksache des Bundesrates
BReg	Bundesregierung
BT	Bundestag
BT-Drs.	Drucksache des Deutschen Bundestages
Buchst.	Buchstabe
BVerfG	Bundesverfassungsgericht
BVerfGE	Entscheidungen des Bundesverfassungsgerichts
BVerwG	Bundesverwaltungsgericht
BVerwGE	Entscheidungen des Bundesverwaltungsgerichts
BVFG	Gesetz über die Angelegenheiten der Vertriebenen und Flüchtlinge (Bundesvertriebenengesetz) (GS Nr. 60)
CIEC	Commission Internationale de l'Etat Civil (Internationale Kommission für das Zivilstandswesen)
d. h.	das heißt
DA	Dienstanweisung für die Standesbeamten und ihre Aufsichtsbehörden
DDR	Deutsche Demokratische Republik
EG	Einführungsgesetz; Europäische Gemeinschaft
EGBGB	Einführungsgesetz zum Bürgerlichen Gesetzbuche (GS Nr. 30a)
EGGVG	Einführungsgesetz zum Gerichtsverfassungsgesetz (GS Nr. 70a)
EGMR	Europäischer Gerichtshof für Menschenrechte
EGV	Vertrag zur Gründung der Europäischen Gemeinschaft
EheöffnungsG	Gesetz zur Einführung des Rechts auf Eheschließung für Personen gleichen Geschlechts (GS Nr. 30f)
Eheöffnungs-UmsetzungsG	Gesetz zur Umsetzung des Gesetzes zur Einführung des Rechts auf Eheschließung für Personen gleichen Geschlechts
EheVO-EG	EG-Verordnung Nr. 2201/2003 über die Zuständigkeit und die Anerkennung von Entscheidungen in Ehesachen und im Verfahren betreffend die elterliche Verantwortung und zur Aufhebung der Verordnung (EG) Nr. 1347/2000 (GS Nr. 215)
eIDAS-VO-EU	Verordnung (EU) Nr. 910/2014 vom 23. 7. 2014 über elektronische Identifizierung und Vertrauensdienste für elektronische Transaktionen im Binnenmarkt und zur Aufhebung der Richtlinie 1999/93/EG
ErbStDV	Erbschaftsteuer-Durchführungsverordnung (GS Nr. 133a)
ErbStG	Erbschaftsteuer- und Schenkungsteuergesetz (GS Nr. 133)
ESÜ	Europäisches Übereinkommen vom 25. 10. 1980 über die Anerkennung und Vollstreckung von Entscheidungen über das Sorgerecht für Kinder und die Wiederherstellung des Sorgeverhältnisses (GS Nr. 227)
etc.	et cetera
EU	Europäische Union

EuGH	Europäischer Gerichtshof
f., ff.	folgend, folgende
FamFG	Gesetz über das Verfahren in Familiensachen und in Angelegenheiten der freiwilligen Gerichtsbarkeit (GS Nr. 72)
FamRZ	Zeitschrift für das gesamte Familienrecht
FGG-RG	Gesetz zur Reform des Verfahrens in Familiensachen und in Angelegenheiten der freiwilligen Gerichtsbarkeit (GS Nr. 72a)
FPR	Familie Partnerschaft Recht [Zeitschrift]
GEMA	Gesellschaft für musikalische Aufführungs- und mechanische Vervielfältigungsrechte
GG	Grundgesetz für die Bundesrepublik Deutschland (GS Nr. 100)
ggf.	gegebenenfalls
GmbH	Gesellschaft mit beschränkter Haftung
GMBl.	Gemeinsames Ministerialblatt, herausgegeben vom Bundesministerium des Innern
GVBl.	Gesetz- und Verordnungsblatt
h. M.	herrschende Meinung
HAdoptÜb.	(Haager) Übereinkommen vom 29. 5. 1993 über den Schutz von Kindern und die Zusammenarbeit auf dem Gebiet der internationalen Adoption (GS Nr. 226)
HAG	Gesetz über die Rechtsstellung heimatloser Ausländer im Bundesgebiet (GS Nr. 62)
Halbs.	Halbsatz
i. d. F.	in der Fassung
i. d. R.	in der Regel
i. S.	im Sinne
i. V. m.	in Verbindung mit
IntFamRVG	Internationales Familienrechtsverfahrensgesetz (GS Nr. 75)
IPR	Internationales Privatrecht
KG	Kammergericht; Kommanditgesellschaft
KonsG	Gesetz über die Konsularbeamten, ihre Aufgaben und Befugnisse (Konsulargesetz) (GS Nr. 95)
krit.	kritisch
KSÜ	Haager Übereinkommen vom 19. 10. 1996 über die Zuständigkeit, das anzuwendende Recht, die Anerkennung, Vollstreckung und Zusammenarbeit auf dem Gebiet der elterlichen Verantwortung und der Maßnahmen zum Schutz von Kindern (GS Nr. 228)
LG	Landgericht
LPartG	Gesetz über die Eingetragene Lebenspartnerschaft (Lebenspartnerschaftsgesetz) (GS Nr. 39)
m. w. N.	mit weiteren Nachweisen
MindNamÄndG	Gesetz zur Ausführung des Artikels 11 Abs. 1 des Rahmenübereinkommens des Europarats vom 1. 2. 1995 zum Schutz nationaler Minderheiten (Minderheiten-Namensänderungsgesetz) (GS Nr. 243)

MiZi	Anordnung über Mitteilungen in Zivilsachen (GS Nr. 74)
MSA	Haager Übereinkommen vom 5.10.1961 über die Zuständigkeit der Behörden und das anzuwendende Recht auf dem Gebiet des Schutzes von Minderjährigen (GS Nr. 223)
NamÄndG	Gesetz über die Änderung von Familiennamen und Vornamen (GS Nr. 40)
NamÄndVwV	Allgemeine Verwaltungsvorschrift zum Gesetz über die Änderung von Familiennamen und Vornamen (GS Nr. 42)
NJW	Neue Juristische Wochenschrift
NKWD	Volkskommissariat für Innere Angelegenheiten (russisch: Narodny Komissariat Wnutrennich Del)
Nr.	Nummer
NVwZ	Neue Zeitschrift für Verwaltungsrecht
OHG	Offene Handelsgesellschaft
OLG	Oberlandesgericht
OWiG	Gesetz über Ordnungswidrigkeiten (GS Nr. 84)
PräsKG	Präsident des Kammergerichts
PStG	Personenstandsgesetz (GS Nr. 1)
2. PStÄndG	Zweites Gesetz zur Änderung und Ergänzung des Personenstandsgesetzes vom 18.5.1957
1. PStÄndV	Erste Verordnung zur Änderung der Personenstandsverordnung vom 24.10.2018
PStG-VwV	Allgemeine Verwaltungsvorschrift zum Personenstandsgesetz
PStRÄndG	Gesetz zur Änderung personenstandsrechtlicher Vorschriften vom 7.5.2013 (BGBl. I S. 1122)
2. PStRÄndG	Zweites Gesetz zur Änderung personenstandsrechtlicher Vorschriften vom 17.7.2017 (BGBl. I S. 2522)
PStRG	Gesetz zur Reform des Personenstandsrechts (Personenstandsrechtsreformgesetz) (GS Nr. 1b)
PStV	Verordnung zur Ausführung des Personenstandsgesetzes (GS Nr. 2)
Rdnr.	Randnummer
RGBl.	Reichsgesetzblatt
RMBliV	Reichsministerialblatt der inneren Verwaltung
Rspr.	Rechtsprechung
S.	Seite
SchKG	Schwangerschaftskonfliktgesetz (GS Nr. 27)
SGB VIII	Sozialgesetzbuch – Achtes Buch (GS Nr. 20)
sog.	sogenannte(r)
StAG	Staatsangehörigkeitsgesetz (GS Nr. 50)
StAR-VwV	Allgemeine Verwaltungsvorschrift zum Staatsangehörigkeitsrecht
StAZ	Das Standesamt [Zeitschrift]
StGB	Strafgesetzbuch (GS Nr. 81)
StPO	Strafprozessordnung (GS Nr. 82)

TSG	Gesetz über die Änderung der Vornamen und die Feststellung der Geschlechtszugehörigkeit in besonderen Fällen (Transsexuellengesetz) (GS Nr. 36)
u. a.	unter anderem
u. Ä.	und Ähnliches
Üb	Übereinkommen
usw.	und so weiter
VerschÄndG	Gesetz zur Änderung von Vorschriften des Verschollenheitsrechts (GS Nr. 31a)
VerschG	Verschollenheitsgesetz (GS Nr. 31)
VG	Verwaltungsgericht
vgl.	vergleiche
Vorbem.	Vorbemerkung
VwGO	Verwaltungsgerichtsordnung (GS Nr. 85)
VwVfG	Verwaltungsverfahrensgesetz (GS Nr. 86)
WASt	Deutsche Dienststelle für die Benachrichtigung der nächsten Angehörigen von Gefallenen der ehemaligen deutschen Wehrmacht
WRV	Verfassung des Deutschen Reichs vom 11. 8. 1919 (Weimarer Reichsverfassung) (GS Nr. 100a)
WÜK	Wiener Übereinkommen über konsularische Beziehungen (GS Nr. 296)
z. B.	zum Beispiel
ZPO	Zivilprozessordnung (GS Nr. 80)
ZRP	Zeitschrift für Rechtspolitik
ZSHG	Gesetz zur Harmonisierung des Schutzes gefährdeter Zeugen (Zeugenschutz-Harmonisierungsgesetz) (GS Nr. 82b)

Literaturverzeichnis

Berkl	Personenstandsrecht, 2015
Bornhofen/Schmitz/ Kraus	Fachlexikon für das Standesamtswesen, 9. Auflage 2016
Dethloff	Familienrecht, 31. Auflage 2015
Gaaz/Bornhofen 2008	Personenstandsgesetz, Handkommentar mit Materialien, 1. Auflage 2008
GS	*Schmitz/Bornhofen/Bockstette*, Gesetzsammlung für die Standesbeamten und ihre Aufsichtsbehörden, Stand 56. Lieferung 2019
Haecker	Die Anerkennung ausländischer Entscheidungen in Ehesachen, 3. Auflage 2009
Henrich	Internationales Familienrecht, 2. Auflage 2000
Henrich/Wagenitz/ Bornhofen	Deutsches Namensrecht, Stand 2007
Hepting/Dutta	Familie und Personenstand, 3. Auflage 2019
Hepting/Gaaz	Personenstandsrecht mit Familienrecht und Internationalem Privatrecht, Stand 42. Lieferung Februar 2009
Johansson/Sachse	Anweisungs- und Berichtigungsverfahren in Personenstandssachen, 1996
Loos	Namensänderungsgesetz, 2. überarbeitete Auflage 1996
Pfeiffer/Strickert	Personenstandsgesetz, 1961
Staudinger/Helms	Helms in: J. von Staudingers Kommentar zum Bürgerlichen Gesetzbuch, §§ 1741–1772, Neubearbeitung 2019
Stelkens/Bonk/Sachs	Verwaltungsverfahrensgesetz, 9. Auflage 2018
Wagenitz/Bornhofen	Handbuch des Eheschließungsrechts, 1998
Zimmermann	Das neue FamFG, 2009

Einführung: Entwicklung des Personenstandsrechts

Übersicht (die Zahlen bedeuten Randnummern)

I. Das PStG 1875

1 Dem ersten deutschen Personenstandsgesetz von 1875[1] war eine lange Zeit kirchlichen Monopols auf dem Gebiet des Personenstandswesens vorausgegangen. Seit dem 16. Jahrhundert war es in Deutschland allgemein Aufgabe der Geistlichen beider Konfessionen gewesen, Tauf-, Trau- und Totenbücher zu führen. Der Staat hatte sich damit begnügt, den Geistlichen beider Konfessionen die Führung der Kirchenbücher vorzugeben. Das preußische Allgemeine Landrecht von 1794 enthielt dazu detaillierte Regelungen[2]. Unter dem Einfluss des Code Civil änderte sich dies grundlegend. Die Revolution von 1848 bereitete dem Gedanken einer staatlichen Personenstandsbuchführung den Weg: Im Zuge der Bestrebungen einer Trennung von Kirche und Staat – ausgetragen im sog. Kulturkampf – wurden zunächst in Preußen durch Gesetz vom 9.3.1874 (GS S. 95), danach im gesamten Reichsgebiet durch Reichsgesetz über die Beurkundung des Personenstandes und über die Eheschließung die obligatorische Zivilehe und die Personenstandsbeurkundung durch vom »Staate bestellte Standesbeamte« eingeführt. § 1 des PStG 1875 bestimmte: »Die Beurkundung der Geburten, Heiraten und Sterbefälle erfolgt ausschließlich durch die vom Staate bestellten Standesbeamten mittels Eintragung in die dazu bestimmten Register.«

II. Das PStG 1937

2 Das zweite deutsche Personenstandsgesetz von 1937[3] hielt an der bewährten Beurkundung in den klassischen Personenstandsbüchern fest, doch erhielt das Heiratsregister die Bezeichnung »Familienbuch«. Der neue Name lässt bereits auf die inhaltliche Ausweitung des bisherigen, lediglich die Eheschließung dokumentierenden Registers schließen: In der amtlichen Begründung als »wichtigste Neuerung des Entwurfs« bezeichnet, sollte das Familienbuch die Sippenforschung erleichtern, insbesondere »die verwandtschaftlichen Zusammenhänge der Angehörigen einer Familie, die Zusam-

1 Reichsgesetz über die Beurkundung des Personenstandes und über die Eheschließung vom 6.2.1875 (RGBl. S. 23).
2 Vgl. *Schütz,* 100 Jahre Standesämter in Deutschland, 1977, S. 1 ff.
3 PStG vom 3.11.1937, RGBl. I S. 1146.

menhänge zwischen Vor- und Nachfahren ersichtlich machen«[4]. Nach dem Zweiten Weltkrieg galt das PStG 1937 innerhalb mehrerer Besatzungszonen einheitlich fort. Es ist als zentrale Vorschrift des nach Art. 74 Abs. 1 Nr. 2 GG der konkurrierenden Gesetzgebung des Bundes zugewiesenen Rechtsgebiets »Personenstandswesen« Bundesrecht geworden; dies ergibt sich aus Art. 125 Nr. 1 GG. Das Personenstandsgesetz wurde 1957 neu gefasst[5].

III. Das PStG 2007

3 Das Personenstandsrechtsreformgesetz mit dem PStG 2007[6] hat eine längere Vorgeschichte: Erforderliche Änderungen des PStG führten – angestoßen durch das »Volkszählungsurteil« des Bundesverfassungsgerichts – bereits im Jahre 1984 zur Bildung einer Bund/Länder-Arbeitsgruppe, die Vorschläge für ein Fünftes Gesetz zur Änderung des Personenstandsgesetzes 1937 erarbeiten sollte[7]. Familienrechtliche Reformen und die Wiedervereinigung mit ständigem Anpassungsbedarf der personenstandsrechtlichen Vorschriften waren der Grund, die geplante Novellierung immer wieder zurückzustellen. Bei dem erneuten Anlauf in einer neu gebildeten Bund/Länder-Arbeitsgruppe, die im Frühjahr 2002 ihre Arbeit aufnahm, wurde das Regelungsziel dahin geändert, dem Reformauftrag durch ein neues Personenstandsgesetz mit geänderter Konzeption zu entsprechen. Dies betraf insbesondere das Medium der Registrierung. War bisher Papier nach genauen Vorgaben der Ausführungsvorschriften obligatorisch gewesen, so setzten die Arbeiten bereits verstärkt auf die elektronische Registerführung.

4 Die Arbeitsgruppe stellte im September 2004 ihre Vorschläge für eine Reform gleich in einem »Vorentwurf eines Gesetzes zur Reform des Personenstandsrechts« vor. Dieser war alsdann Grundlage für das Beteiligungsverfahren, in dessen Rahmen die Bundes- und Landesressorts, die Interessenverbände, die Kirchen und andere in die Reform einzubeziehende Stellen (z. B. die Archive) die Möglichkeit hatten, den Vorentwurf zu bewerten und Vorschläge einzubringen. Das Beteiligungsverfahren mit den genannten Stellen erstreckte sich auf gut eineinhalb Jahre.

5 Die Behandlung des überarbeiteten Vorentwurfs als Gesetzentwurf der Bundesregierung im Bundesrat führte zu 48 Änderungsanträgen. Die Anträge betrafen vornehmlich Fragen der Finanzierung der Sonderstandesämter (Standesamt I in Berlin und Sonderstandesamt Bad Arolsen), einer Länderöffnungsklausel für die Begründung von Lebenspartnerschaften durch

4 Im Einzelnen *Schütz*, 100 Jahre Standesämter in Deutschland, 1977, S. 60.
5 BGBl. 1957 I S. 1125, BGBl. III Nr. 211-1.
6 Vgl. *Bornhofen*, StAZ 2007, 33; *Gaaz*, FamRZ 2007, 1057. Eine synoptische Gegenüberstellung des neuen Rechts, der amtlichen Begründung des Gesetzentwurfs und des bisherigen Rechts findet sich in *Schmitz/Bornhofen* (Hrsg.), Das neue Personenstandsrecht (Handakten für die standesamtliche Arbeit, Sonderheft 2007).
7 Vgl. *Bornhofen*, StAZ 1996, 161, 163.

andere Stellen als das im Gesetzentwurf vorgesehene Standesamt, der Ermöglichung eines Pilotprojekts »Zentrale Registerführung« durch ein Land, der Schaffung einer Regelung zur Angleichung von Namen und der Festsetzung eines späteren Termins für das Inkrafttreten des Gesetzes. Nach Beschluss der Gegenäußerung der Bundesregierung zu der Stellungnahme des Bundesrates wurde der Gesetzentwurf am 15.6.2006 dem Deutschen Bundestag zugeleitet. Die mit der Sache befassten Ausschüsse (federführend: Innenausschuss) empfahlen dem Deutschen Bundestag am 8.11.2006, das Gesetz nach Maßgabe mehrerer Änderungen zu beschließen; in 2. und 3. Lesung am 9.11.2006 erfolgte die Beschlussfassung. Nach Weitergabe an den Bundesrat zu dessen zweitem Durchgang stimmte dieser dem Gesetz am 15.12.2006 zu.

Die Verkündung des Personenstandsrechtsreformgesetzes vom 19.2.2007 **6** erfolgte am 23.2.2007. Das Gesetz ist nach seinem Art. 5 Abs. 2 am 1.1.2009 in Kraft getreten. Vorgezogen seit dem Tag nach der Verkündung (24.2.2007) sind nach Art. 5 Abs. 1 die Vorschriften in Kraft, die Bund oder Länder zur Vorbereitung und zum Erlass von Durchführungsvorschriften ermächtigen (Art. 1 §§ 73, 74, Art. 2 Abs. 13 Nr. 4 § 82a Abs. 6 bis 8 PStRG). Außerdem die Regelung der Übergangsvorschriften in Art. 1 § 77 Abs. 1 PStRG, die durch Änderung der Zuständigkeit für die Fortführung des Familienbuchs eine Versendung der Familienbücher an das Standesamt des jeweiligen Wohnortes entbehrlich machte; es erfolgte nur noch die Rückgabe des Familienbuchs an das für die Führung des Heiratsbuchs zuständige Standesamt.

Von seiner Ermächtigung zum Erlass von Rechtsverordnungen gemäß **7** § 73 hat das Bundesministerium des Innern durch die Verordnung zur Ausführung des Personenstandsgesetzes (Personenstandsverordnung – PStV) vom 22.11.2008 (BGBl. I S. 2263), die zeitgleich mit dem PStG am 1.1.2009 in Kraft trat, Gebrauch gemacht. Die zur Ergänzung dieser Regelungen nach Art. 84 Abs. 2 GG erlassene Allgemeine Verwaltungsvorschrift zum Personenstandsgesetz (PStG-VwV) vom 29.3.2010 (BAnz. Nr. 57a vom 15.4.2010) ist am 1.8.2010 in Kraft getreten.

Vor und nach seinem Inkrafttreten ist das neue PStG mehrfach geändert **8** worden, in größerem Umfang durch das PStRÄndG vom 7.5.2013 (BGBl. I S. 1122) und das 2. PStRÄndG vom 17.7.2017 (BGBl. I S. 2522). Das PStRÄndG hatte sich ursprünglich zum Ziel gesetzt, das in den Jahren seit seiner praktischen Anwendung bewährte neue Recht lediglich punktuell zu verbessern. Im Laufe des Gesetzgebungsverfahrens wurden darüber hinaus aber noch Probleme behandelt, die vorher keiner personenstandsrechtlichen Lösung zugeführt worden waren: Dem § 22 PStG wurde ein neuer Absatz 3 angefügt, der bei der Beurkundung der Geburt die Geschlechtsangabe entbehrlich macht, wenn das Kind weder dem weiblichen noch dem männlichen Geschlecht zugeordnet werden kann. Außerdem wurde für Fehlgeburten die Möglichkeit der Anzeige beim Standesamt und der Erteilung einer Bescheinigung über die Anzeige eröffnet (§ 31 Abs. 3 PStV). Hinsichtlich seines Inkrafttretens sieht das Gesetz zwei Termine vor, die den Möglichkeiten der Umsetzung im standesamtlichen Verfahren Rechnung tragen: Am Tag nach der Verkündung (15.5.2013) sind die Vorschriften in Kraft getreten, die keinen oder nur einen kurzen Vorlauf für die Vorbereitung des Fachverfahrens benötigen. Für die übrigen Regelungen wurde der 1.11.2013 als Datum des Inkrafttretens festgesetzt. Durch Art. 2 PStRÄndG erfuhr auch die PStV die erforderlichen Änderungen. Die PStG-VwV ist mit einer umfangreichen ÄndVwV an die geänderten und neuen Regelungen angepasst worden.

9 Nennenswert sind zudem die am 1.5.2014 in Kraft getretenen Änderungen von Vorschriften durch das Gesetz zum Ausbau der Hilfen für Schwangere und zur Regelung der vertraulichen Geburt vom 28.8.2013 (BGBl. I S. 3458). Durch sie wird betroffenen Frauen die Möglichkeit eröffnet, ohne Preisgabe ihrer Identität zu entbinden. Die in diesem Zusammenhang erfolgten personenstandsrechtlichen Regelungen sind an entsprechender Stelle erläutert.

10 Mit dem größtenteils am 1.11.2017 in Kraft getretenen 2. PStRÄndG vom 17.7.2017 (BGBl. I S. 2522) sollten »erkannte Schwachstellen und Regelungslücken« beseitigt werden. Meist waren dies redaktionelle Änderungen, vor allem bei inzwischen gegenstandslos gewordenen Übergangsvorschriften (§§ 75 bis 78). Neu ist die erstmals eröffnete Möglichkeit für Personen mit mehreren Vornamen, die Reihenfolge ihrer Vornamen durch Erklärung gegenüber dem Standesamt neu zu bestimmen. Sie war erforderlich geworden, nachdem die geänderten Vorschriften im Pass- und Personalausweisrecht nicht mehr auf den Rufnamen abstellten, sondern die Reihenfolge der Vornamen im Geburtenregister für maßgeblich erklärten und hierdurch Identitätsprobleme entstanden. Mit einigen anderen Regelungen des 2. PStRÄndG tritt diese Vorschrift wegen des erforderlichen zeitlichen Vorlaufs erst am 1.11.2018 in Kraft.

11 In den letzten Monaten der 18. Wahlperiode des Deutschen Bundestages wurden noch mehrere Gesetzgebungsvorhaben mit Auswirkungen auf die standesamtliche Arbeit verabschiedet. Von diesen kommt dem Gesetz zur Einführung des Rechts der Eheschließung für Personen gleichen Geschlechts vom 20.7.2017 (BGBl. I S. 2787) besondere Bedeutung zu: Mit seinem Inkrafttreten am 1.10.2017 ist die Möglichkeit der Eheschließung durch zwei Personen gleichen Geschlechts eröffnet. Bestehende Lebenspartnerschaften können in eine Ehe umgewandelt werden. Durch das Gesetz zur Umsetzung des Eheöffnungsgesetzes vom 18.12.2018 (BGBl. I S. 2639) sind konzeptionelle und redaktionelle Anpassungen der einschlägigen Vorschriften erfolgt.

12 Schließlich ist noch die Entscheidung des Bundesverfassungsgerichts vom 10.10.2017 (FamRZ 2017, 2046; StAZ 2018 S. 15) zum »3. Geschlecht« mit der sich aus ihr ergebenden Aussetzung von Verfahren bis zu einer gesetzlichen Neuregelung zu erwähnen. Die Neuregelung erfolgte durch das Gesetz zur Änderung der in das Geburtenregister einzutragenden Angaben vom 18.12.2018 (BGBl. I S. 2635).

Personenstandsgesetz (PStG) vom 19. 2. 2007*

Kapitel 1 Allgemeine Bestimmungen

§1 Personenstand, Aufgaben des Standesamts

(1) Personenstand im Sinne dieses Gesetzes ist die sich aus den Merkmalen des Familienrechts ergebende Stellung einer Person innerhalb der Rechtsordnung einschließlich ihres Namens. Der Personenstand umfasst Daten über Geburt, Eheschließung, Begründung einer Lebenspartnerschaft und Tod sowie damit in Verbindung stehende familien- und namensrechtliche Tatsachen.

(2) Die nach Landesrecht für das Personenstandswesen zuständigen Behörden (Standesämter) beurkunden den Personenstand nach Maßgabe dieses Gesetzes; sie wirken bei der Schließung von Ehen mit.

(3) Die Standesämter erfüllen weitere Aufgaben, die ihnen durch Bundesrecht oder Landesrecht zugewiesen werden.

Übersicht (die Zahlen bedeuten Randnummern)

* BGBl. I S. 122, zuletzt geändert durch Art. 17 des Zweiten Datenschutz-Anpassungs- und Umsetzungsgesetzes EU vom 20. 11. 2019 (BGBl. I S. 1626).

I. Rechtsentwicklung

1 In § 1 Abs. 1 ist dem PStG 2007 eine Definition des Begriffs »Personenstand« vorangestellt, die das frühere Recht nicht enthielt (dazu Rdnr. 5 ff.).

2 Nach § 1 Abs. 2 heißt die den Personenstand beurkundende Behörde nicht mehr – wie nach § 1 Abs. 1 PStG a. F. – »Standesbeamter«, sondern »Standesamt« (dazu Rdnr. 37). § 1 Abs. 1 PStG a. F. lautete wie folgt »(1) Die Beurkundung des Personenstandes liegt dem Standesbeamten ob.« Diese Fassung beruhte auf dem PStG 1937. Bei der Bezeichnung »Der Standesbeamte« handelte es sich um eine Funktionsbezeichnung, die ähnlich wie andere frühere personalisierte Bezeichnungen (z. B. »Der Oberkreisdirektor«, »Der Regierungspräsident«) gleichzeitig Behördenname war.

3 Unabhängig von der Diskussion über die Behördenbezeichnung nahm bereits der Regierungsentwurf des PStRG einen wichtigen Punkt der Föderalismusreform des Jahres 2006[1] vorweg: Anders als § 51 PStG a. F. sah der Entwurf davon ab, die Organisationshoheit der Länder einzuschränken und die Wahrnehmung der Aufgabe einer bestimmten Gebietskörperschaft (früher: Gemeinde) zuzuweisen. Dazu äußerte der Bundesrat in seiner Stellungnahme den gegenteiligen Wunsch, den Gemeinden durch das PStG die Aufgabe des Standesamts zur Erfüllung nach Weisung zu übertragen. Das sich aus dem geänderten Art. 84 Abs. 1 GG ergebende Verbot bundesgesetzlicher Aufgabenzuweisung an die Kommunen stand dem entgegen und verpflichtete damit die Länder, die Aufgabenzuweisung zu regeln (vgl. Rdnr. 38).

1 Gesetz zur Änderung des Grundgesetzes vom 28. 8. 2006 (BGBl. I S. 2034).

§1 Abs. 3, der ausdrücklich die Zuweisung weiterer Aufgaben an das Standesamt zulässt, hatte im früheren Recht keine Entsprechung (dazu Rdnr. 48 ff.). 4

II. Der Begriff »Personenstand« (Absatz 1)

1. Die Legaldefinition »Personenstand«

Mit der Legaldefinition des Begriffs »Personenstand« in §1 Abs. 1 beantwortet das Personenstandsgesetz 2007 die mehr theoretische, gleichwohl aber immer wieder gestellte Frage, was unter dem Begriff zu verstehen ist. Der Zusatz »im Sinne dieses Gesetzes« macht die Definition zwar nur für das Personenstandsgesetz verbindlich[2], doch ist nicht zu erwarten, dass eine andere Norm für ihren Regelungsbereich mit einer abweichenden Definition aufwartet. 5

Das frühere Recht beschränkte sich auf die Aussage, dass die Beurkundung des »Personenstandes« dem Standesbeamten obliegt. Weiterer Anhalt zur Eingrenzung des Begriffs ließ sich nur aus den zu beurkundenden Angaben herleiten. Es blieb mithin letztlich der Betrachtungsweise des Einzelnen überlassen, Kriterien für die Definition festzulegen. So verschieden wie die Ausgangsüberlegungen dazu waren auch die gefundenen Umschreibungen: Bei globaler Betrachtung, wie sie z. B. *Stölzel*[3], bezogen auf *Bergmann*[4], anstellte, ist der Personenstand ein (nicht allgemein zu bestimmender) Inbegriff von Eigenschaften eines Menschen, meist im familienrechtlichen Verhältnis zu anderen Menschen. *Thomsen*[5] verstand darunter die Gesamtheit der persönlichen Grundverhältnisse eines Menschen, die es dann zur näheren Erläuterung in Einzelstände aufzugliedern galt. Das österreichische PStG 2013 definiert in §1 Abs. 1 ähnlich: »Personenstand im Sinne dieses Bundesgesetzes ist die sich aus den Merkmalen des Familienrechts ergebende Stellung einer Person innerhalb der Rechtsordnung einschließlich ihres Namens.« Nach der formalen Betrachtung von *Pfeiffer/Strickert*[6] gehört zum Personenstand alles, was nach dem Gesetz in die Personenstandsbücher aufzunehmen ist, um Auskunft über den Stand einer Person zu geben. 6

Die Begriffsdefinition »Personenstand« des PStG 2007 ist weit gefasst und berücksichtigt die meisten Elemente der vorstehend genannten Umschreibungen. Die Aufzählung der Kriterien des Personenstandes in §1 Abs. 1 ist abschließend. Wie die Diskussion hierüber im Gesetzgebungsverfahren gezeigt hat, beugt dies Missverständnissen vor und beantwortet Zweifelsfragen, wie z. B. die danach klar zu verneinende, ob auch die Staatsangehörigkeit einer 7

2 *Gaaz*, FamRZ 2007, 1057, 1059.
3 *Stölzel*, Personenstandsgesetz (1944) §1 PStG Anm. 3.
4 *Bergmann*, StAZ 1931, 10.
5 *Thomsen*, System des Personenstandsrechts (1962) Anm. 62.
6 *Pfeiffer/Strickert* §1 PStG Rdnr. 3.

Person Personenstandsmerkmal ist und damit – obligatorisch – der personenstandsrechtlichen Beurkundung bedarf. Die einzelnen Personenstandsdaten über Geburt, Eheschließung, Begründung einer Lebenspartnerschaft und Tod sowie die damit in Verbindung stehenden familienrechtlichen Tatsachen sind bei den Beurkundungsregelungen der entsprechenden Personenstandsregister behandelt. Die Vor- und Familiennamen einer Person sind – anders als nach früherem Recht – begrifflich Teil des Personenstandes, so dass dies keiner besonderen Klarstellung in Einzelregelungen mehr bedarf; alle Vorschriften des neuen Rechts, die den Begriff »Personenstand« verwenden, beziehen sich mithin auch auf die Vor- und Familiennamen der betroffenen Person. Da die allgemeinen Regelungen zum Personenstandsmerkmal »Name« registerübergreifend gelten, sind sie nicht bei den speziellen Registervorschriften sondern nachstehend (Rdnr. 8 ff.) zentral behandelt.

2. Das Personenstandsmerkmal »Name«

8 Von allen Personenstandsmerkmalen kommt dem Merkmal »Name« wegen der mit ihm verbundenen vielseitigen Funktionen, Problemen und Zweifelsfragen hervorgehobene Bedeutung zu[7]. Die Ausführungsvorschriften zum PStG, insbesondere die in Nr. A 1 PStG-VwV getroffenen Regelungen, tragen diesem Umstand Rechnung.

a) Allgemeine Beurkundungsgrundsätze

(1) Namenskontinuität

9 Der Name einer Person ist vollständig in die Personenstandsregister einzutragen[8]. Er ergibt sich aus den urkundlichen Identitätsnachweisen (vgl. Rdnr. 13 ff.). Der Grundsatz der Namenskontinuität gilt wegen der Funktion des Namens als Mittel der Selbstidentifikation und der Familienzusammengehörigkeit auch für Namensbestandteile, die dem deutschen Recht fremd sind (z. B. Mittelname, Vatersname) sowie Abwandlungen des Namens nach Geschlecht oder Verwandtschaftsverhältnis (vgl. Rdnr. 29). Das Recht auf Namenskontinuität gilt auch bezüglich der Reihenfolge der Namensbestandteile, in die nicht etwa wegen einer anderen registerrechtlichen Ordnung eingegriffen werden darf[9]. Durch Statutenwechsel infolge Erwerbs einer anderen Staatsangehörigkeit wird der Name, dessen Erwerb ein abgeschlossener Tatbestand ist, nicht automatisch an das neue Recht angepasst[10]. Änderungen aus Gründen der Umweltanpassung sind aber durch Angleichung (vgl. Rdnr. 20) möglich.

(2) Diakritische Zeichen

10 Sind in einem Namen diakritische Zeichen (z. B. Akzente, Häkchen, Punkte über oder unter einem Buchstaben) enthalten, so sind diese nach § 15 Abs. 3

7 Zu besonderen Problemfällen vgl. *Hepting*, StAZ 2013, 1.
8 BGH, StAZ 1971, 250 = NJW 1971, 1521.
9 BGH, StAZ 1993, 352 = NJW 1993, 2244; OLG Brandenburg, StAZ 2008, 43.
10 BGH, StAZ 1975, 11; *Henrich/Wagenitz/Bornhofen* Teil C Rdnr. 46.

Satz 1 PStV unverändert anzugeben[11]. Hierzu verpflichtet Art. 2 Satz 1 des CIEC-Übereinkommens über die Angabe von Familiennamen und Vornamen in den Personenstandsbüchern (vgl. Rdnr. 31) mit folgender Regelung: »Die in diesen Familiennamen und Vornamen enthaltenen diakritischen Zeichen sind ebenfalls wiederzugeben, selbst wenn die Sprache, in der die Eintragung vorgenommen werden soll, solche Zeichen nicht kennt.« Nach § 15 Abs. 3 Satz 2 PStV ist bei der Wiedergabe der Zeichensatz »ISO/IEC 10646:2003 in der UTF-8-Kodierung«[12] zu verwenden, weil – so die Begründung der Vorschrift[13] – der Zeichensatz ausreichend Zeichen für die verschiedenen europaweit in lateinischer Schrift existierenden Buchstaben, Ziffern und Symbole enthalte und deshalb die Gewähr dafür biete, dass alle diakritischen Zeichen unverändert dargestellt werden können. Für die elektronische Führung der Personenstandsregister und die Datenübermittlung ergibt sich die zu verwendende Teilmenge der lateinischen Zeichen aus dem Standard »Lateinische Zeichen in Unicode«; sie ist dort in Form des Datentyps »String.Latin« abschließend festgelegt (Nr. A 4.3 PStG-VwV). Handelt es sich um ein diakritisches Zeichen, das Auswirkung auf die Namensschreibung in Großbuchstaben hat, so besteht kein Anspruch darauf, dass in das Personenstandsregister ein ergänzender Zusatz mit der Großschreibweise des Namens aufgenommen wird[14].

(3) Unrichtige Schreibweise

Ist in einer vorgelegten Urkunde ein Name unrichtig geschrieben oder un- **11**
vollständig wiedergegeben, so darf eine Amtshandlung nicht von der vorherigen Berichtigung der Urkunde abhängig gemacht werden, wenn sich aus sonstigen Unterlagen und Umständen ergibt, dass es sich um die Person handelt, die durch die Urkunde ausgewiesen werden soll (Nr. A 1.1.1 PStG-VwV). Dies kann z. B. der Fall sein, wenn die Schreibweise des Namens im Reisepass oder der Meldebescheinigung nicht mit der in einer Personenstandsurkunde übereinstimmt.

(4) Vornamen

Die Vornamen einer Person ergeben sich aus ihrem Geburtseintrag. Für spä- **12**
tere Beurkundungen sind nur diese und nicht etwa andere im täglichen Leben geführte Vornamen maßgebend. Mehrere Vornamen sind untereinander gleichrangig; der Rufname wird nicht mehr unterstrichen. Die Reihenfolge der Vornamen kann nach § 45a durch Erklärung des Namensträgers geändert werden; zu den Gründen und Voraussetzungen vgl. § 45a Rdnr. 1 ff. Öffentlich-rechtliche Änderungen des Vornamens sind wegen seiner Ordnungsfunktion nur bei Vorliegen eines wichtigen Grundes möglich[15]. Ist der Vor-

11 Vgl. z. B. zur Wiedergabe eines Namens mit türkischen Schriftzeichen KG, StAZ 2003, 361.

12 Norm der Internationalen Organisation für Normung (ISO – International Organization for Standardization).

13 BR-Drs. 713/08 (PStV) S. 90.

14 OLG Karlsruhe, StAZ 2014, 110.

15 Vgl. z. B. BVerwG, StAZ 2017, 80, zur Frage der Hinzufügung eines weiblichen Vornamens zu einem männlichen Vornamen.

name eines deutschen Staatsangehörigen in einem nicht nach deutschem Recht geführten Personenstandsregister entgegen dem Willen der Sorgeberechtigten in fremdländischer Form (z. B. »Pjotr« statt »Peter«) beurkundet worden, so ist er in der ursprünglich gewünschten deutschen Form einzutragen (Nr. A 1.2.1 PStG-VwV). Im Übrigen gelten für die Eintragung der Vornamen die Grundsätze zur Eintragung von Familiennamen entsprechend (vgl. Rdnr. 13 ff.). Zu den Zulässigkeitsgrenzen bei der Bestimmung von Vornamen für ein Kind und die Beurkundung der Vornamen im Geburtenregister vgl. § 21 Rdnr. 21 ff.[16]

(5) Familienname

13 Der Familienname einer Person ergibt sich im Allgemeinen aus ihrem Geburtseintrag. Da ein durch Eheschließung erworbener Familienname nicht im Geburtseintrag verlautbart wird, kann sich der aktuell geführte Familienname auch aus dem Eheeintrag ergeben. Gleiches gilt für Namen, die durch Ausübung eines Erklärungsrechts (z. B. Rechtswahl nach Art. 10 Abs. 2, 3 EGBGB) entstanden sind[17]. Mangelt es an solchen die Namensführung ausweisenden Personenstandsurkunden des Namensträgers, kann der Familienname gegebenenfalls auch aus Personenstandseinträgen von Vorfahren abgeleitet werden (Nr. A 1.3.1 PStG-VwV). Führt eine Person neben Vor- und Familiennamen weitere Namensbestandteile (vgl. Rdnr. 9), so umfasst die Namensführung alle Namensbestandteile; dies gilt auch für Eintragungen in die Personenstandsregister (§ 23 Abs. 2 PStV). In manchen Gegenden übliche Unterscheidungsmerkmale, die nicht Bestandteil des Familiennamens sind, dürfen nicht in die Personenstandsregister eingetragen werden (siehe Nr. A 1.3.2 PStG-VwV). Gleiches gilt für Namen, die zwar geführt werden (z. B. Ordensnamen, Künstlernamen), aber nicht dem bürgerlichen Namen zuzuordnen sind[18]. Zu Personen, die keinen Familiennamen führen, vgl. Rdnr. 16 ff.

14 Für den Fall, dass Urkunden, die in verschiedenen Staaten ausgestellt worden sind, in der Schreibweise des Familiennamens voneinander abweichen und es sich dabei nicht um offensichtliche Schreibfehler handelt, bestimmt Nr. A 1.3.2 PStG-VwV, dass der Name nach der Urkunde des Staates einzutragen ist, dem der Betroffene zur Zeit der Ausstellung der Urkunde angehört hat. Als Staatsangehörige im Sinne dieser Bestimmung sind auch Staatenlose und Flüchtlinge anzusehen, deren Personalstatut vom Recht des betreffenden Staates bestimmt wird (Nr. A 1.3.2 PStG-VwV). Bei ausländischen Mehrstaatern ist die Urkunde maßgebend, die in dem Staat ausgestellt ist, mit dem die Person am engsten verbunden ist; maßgebend ist also die effektive Staatsangehörigkeit. Bei Mehrstaatern mit deutscher Staatsangehörigkeit hat die deutsche Urkunde immer Vorrang (Art. 10 Abs. 1 i. V. m. Art. 5 Abs. 1 EGBGB).

16 Vgl. hierzu auch *Henrich/Wagenitz/Bornhofen,* Teil A III, Rdnr. 31 ff. Zu Personen mit der Geschlechtsangabe »divers« vgl. § 45b Rdnr. 10.

17 Zu aktuellen Rechtsfragen vgl. *Wall,* StAZ 2018, 169.

18 VG Berlin, StAZ 2015, 347.

(6) Ehename und Geburtsname

Bei der Angabe des Namens von Personen, die einen Ehenamen oder Lebenspartnerschaftsnamen führen, der nicht ihr Geburtsname ist, wird nach §23 Abs. 1 PStV zusätzlich der Geburtsname eingetragen. Dem Geburtsnamen ist der Zusatz »geb.« voranzustellen, sofern dieser bei der Eintragung in ein Formular nicht bereits durch den Leittext gekennzeichnet ist. Hat sich der Geburtsname geändert, z.B. infolge Annahme als Kind (§1757 BGB), Namenserteilung (§1617a BGB), Namenserstreckung (§1617c BGB), Einbenennung (§1618 BGB), so ist nur der geänderte Geburtsname anzugeben. §1355 Abs. 6 BGB gibt eine präzise Begriffsdefinition: »Geburtsname ist der Name, der in die Geburtsurkunde eines Ehegatten zum Zeitpunkt der Erklärung gegenüber dem Standesamt einzutragen ist.«; vgl. auch Nr. A 1.3.1 Satz 2 PStG-VwV. **15**

(7) Eigennamen

Eigennamen sind Namen, die sich weder als Vornamen noch als Familiennamen qualifizieren lassen. Sie kommen in Rechtsordnungen vor, die diese im abendländischen Kulturkreis übliche Gliederung des Namens nicht kennen. Nach §23 Abs. 2 und 3 PStV sind diese Namen mit allen Namensbestandteilen unter Hinweis auf die jeweilige Art der Namensform in die Personenstandsregister einzutragen[19]. Kommt einer Bezeichnung, die zwar nicht als Bestandteil des Namens zu qualifizieren ist, sondern nur die Eigenschaft eines Namenszusatzes besitzt, eine die Persönlichkeit des Trägers mitbestimmende Bedeutung zu, so kann auch ein solcher Zusatz für die Eintragung in die Personenstandsregister und Erklärungen zur Namensbestimmung (Ehenamen, Kindesnamen) herangezogen werden. Dies gilt z.B. für die von männlichen Angehörigen der Sikh-Religion in Indien dem Eigennamen hinzugefügte Bezeichnung »Singh« (= Löwe)[20]. **16**

(8) Fehlende Namen

Führt eine Person keinen Familiennamen, so ist sie nur mit ihrem Vornamen einzutragen. Dies schreibt Art. 5 des Übereinkommens über die Angabe von Familiennamen und Vornamen in den Personenstandsbüchern (vgl. Rdnr. 31) für den Fall vor, dass es – wie im deutschen Recht – eine entgegenstehende innerstaatliche Vorschrift nicht gibt. **17**

Ist der geführte Name weder Vorname noch Familienname, so ist dies in der Registereintragung anzugeben (vgl. Rdnr. 16). Die Möglichkeit der Angleichung des Namens (vgl. Rdnr. 20) ist gegeben, wenn für die Namensführung der Person deutsches Recht maßgebend geworden ist. **18**

Gibt es für die Person keine Bezeichnung, so sollte eine Bestimmung des Personenstandes nach §25 erwogen werden. **19**

19 Zur Frage der Verlautbarung in den Registern vgl. OLG Stuttgart, StAZ 2002, 338.
20 BVerfG, StAZ 2001, 207; OLG Stuttgart, StAZ 2002, 338.

(9) Angleichung

20 Personen, die ihren Namen nach ausländischem Recht erworben haben und für deren Namensführung danach deutsches Recht maßgebend geworden ist (Statutenwechsel, Rechtswahl), haben nach Art. 47 EGBGB (§ 45 PStV) oder § 94 BVFG die Möglichkeit, ihre Namensführung dem deutschen Recht anzugleichen. Hierfür sind – abhängig von der jeweiligen Namensführung – individuelle Gestaltungsmöglichkeiten gegeben, wobei die Grenzen des deutschen Namensrechts, nach denen z. B. mehrgliedrige Namen oder Vornamen nicht zum neuen Familiennamen bestimmt werden können, zu beachten sind[21]. Auch können dem deutschen Recht fremde Namensbestandteile abgelegt werden (vgl. dazu im Einzelnen § 43 Rdnr. 29 ff., 45 ff.). Hierzu bedarf es regelmäßig einer Angleichungserklärung; z. B. geht ein im Namen geführter Vatersname nicht automatisch durch objektive Angleichung verloren[22].

(10) Namenswahl in einem anderen EU-Mitgliedstaat

21 Ist der Familienname eines Angehörigen eines Mitgliedstaats der Europäischen Union in einem anderen Mitgliedstaat nach dessen Recht in einer Form in ein Personenstandsregister eingetragen worden, die nicht dem für die Namensführung maßgebenden Heimatrecht entspricht, so ist die beurkundete Namensführung ungeachtet dessen auch für die anderen Mitgliedstaaten verbindlich[23]. Ein solcher Name ist bei einer Beurkundung in einem deutschen Personenstandsregister unverändert zu übernehmen, wenn die Vorschriften des deutschen internationalen Privatrechts auf deutsche Sachvorschriften verweisen (Art. 10 Abs. 1 EGBGB) und die betroffene Person durch Erklärung gegenüber dem Standesamt bestimmt, dass sie anstelle des nach deutschem Namensrecht gebildeten Namens den im EU-Ausland erworbenen Namen führen will (Art. 48 EGBGB, § 43 Abs. 1 Satz 1 PStG)[24]. Die Namenswahl wirkt auf den Zeitpunkt der Eintragung in das ausländische Register zurück, wenn der Betroffene nicht ausdrücklich den Tag der Wirksamkeit seiner Erklärung als maßgeblich erklärt. Entsprechendes gilt für öffentlich-rechtliche Namensänderungen in einem anderen EU-Mitgliedstaat. Eine solche Namensänderung ist ohne Weiteres wirksam, wenn sie in einem Mitgliedstaat des Übereinkommens über die Änderung von Namen und Vornamen erfolgte (vgl. dazu auch Rdnr. 26 u. 36). Das Recht der Namenswahl kann eingeschränkt sein, wenn der neue Name – z. B. bei Erwerb einer Adels-

21 BGH, StAZ 2015, 78; OLG Köln, StAZ 2015, 275; *Wall*, StAZ 2015, 363.

22 BGH, StAZ 2014, 139,142; dazu *Prinz von Sachsen Gessaphe*, StAZ 2015, 65; *Hepting/Dutta* Rdnr. II 303 f.; *Wall*, StAZ 2016, 327.

23 Der EuGH hat unter Bezug auf den die Freizügigkeit garantierenden Art. 18 EGV (jetzt: Art. 21 AEUV) im Rahmen eines Vorabentscheidungsersuchens nach Art. 234 EGV (jetzt: Art. 267 AEUV) entschieden, dass deutsche Behörden den in Dänemark eingetragenen Doppelnamen (»Grunkin-Paul«) eines Kindes deutscher Eltern, die in der Ehe keinen Ehenamen führen, unter den gegebenen Umständen anerkennen müssen (EuGH 14. 10. 2008, StAZ 2009, 9).

24 Zu den Voraussetzungen der Namenswahl vgl. *Freitag*, StAZ 2013, 69; zu Anwendungsproblemen in der standesamtlichen Praxis vgl. *Wall*, StAZ 2013, 237.

bezeichnung – nicht mit dem deutschen ordre public vereinbar ist[25] (vgl. auch Rdnr. 24).

(11) Besondere Buchstaben

Die in einem Personenstandseintrag, der vor dem 3.10.1990 in dem in Art. 3 des Einigungsvertrages genannten Gebiet angelegt worden ist, ausgedruckten Umlaute »A(E)«, »O(E)« oder »U(E)«, sind mit »ä«, »ö« oder »ü« wiederzugeben; das Zeichen »S(Z)« ist mit »ß« zu übertragen (Nr. 56.2.2 PStG-VwV). **22**

Für den Fall, dass sich bei deutschen Personenstandseinträgen Unklarheiten wegen der Schreibweise der Umlaute ä/ae, ö/oe, ü/ue oder der Buchstaben ss, ß, ſs und sſ ergeben, schreibt Nr. A 1.3.2 PStG-VwV vor, dass die Schreibweise angewendet werden soll, die einem der Einträge entspricht und gebräuchlich geworden ist[26]. **23**

(12) Adelsbezeichnungen

Die Frage, ob eine Adelsbezeichnung Bestandteil des Namens ist, entscheidet das Heimatrecht des Namensträgers[27]. Ausländische Staatsangehörige, die nach ihrem Heimatrecht keine Adelsbezeichnung führen dürfen, sind mithin in die deutschen Personenstandsregister ohne diese Bezeichnung einzutragen. Das Gleiche gilt für Deutsche und für Staatenlose, die nach dem Recht des Staates, dem sie früher angehört haben, das Recht zur Führung der ehemaligen Adelsbezeichnung verloren haben (Nr. A 1.3.5 PStG-VwV). Eine Übersetzung von ausländischen Adelsprädikaten (z. B. Count, Earl) ins Deutsche ist unzulässig[28]. Zudem versagt das deutsche Recht Adelsbestandteilen die Anerkennung, die von einem Deutschen in einem anderen EU-Mitgliedstaat im Wege der Namensänderung (z. B. »deed poll« nach englischem Recht) erworben worden sind[29]. **24**

Eine ehemalige deutsche Adelsbezeichnung ist nach Art. 109 der Weimarer Reichsverfassung (WRV) Bestandteil des Familiennamens (Nr. A 1.3.3 PStG-VwV). Die Bezeichnung folgt dem Vornamen (z. B. »Otto Graf von R.«) Sie wird geschlechtsspezifisch verwendet; so heißen z. B. die Ehefrau und die ledige Tochter eines Grafen von R. »Gräfin von R.«, die Ehefrau eines Freiherrn von K. »Freifrau von K.«, die ledige Tochter »Freiin von K.«[30]. Entsprechendes gilt auch für den Fall der Vornamensänderung und der Feststellung der Zugehörigkeit zum anderen Geschlecht nach dem Transsexuellengesetz[31]. Ge- **25**

25 BGH, StAZ 2019, 77; Anmerkung Otto, StAZ 2019, 71.

26 Zur Wiedergabe des veralteten Buchstabens »ſs« vgl. *Bornhofen,* StAZ 1983, 128.

27 Vgl. *Hepting/Dutta* Rdnr. II-213 ff.

28 BayObLG, StAZ 1991, 43.

29 EuGH, StAZ 2016, 203, zur Vereinbarkeit der Versagung der Anerkennung mit Art. 21 AEUV; Anmerkung *Otto,* StAZ 2016, 225. Deutsche Rechtsprechung: BGH, StAZ 2019, 77; Anm. *Otto,* StAZ 2019, 71; BGH, StAZ 2019, 110; OLG Karlsruhe, StAZ 2017, 206; OLG Jena, StAZ 2016, 114; OLG Nürnberg, StAZ 2015, 307, 377; AG Nürnberg, StAZ 2015, 59; Anmerkung *Wall,* StAZ 2015, 41.

30 RG, StAZ 1926, 98; BayObLG, StAZ 1956, 12, StAZ 1991, 43; *Peters,* StAZ 1976, 88.

31 BayObLG, StAZ 2003, 45.

schiedene Frauen, die ihren Geburtsnamen wieder annehmen, führen den Namensbestandteil in der für verheiratete Frauen abgewandelten Form (z.B. Freifrau statt Freiin); Gleiches gilt für den Begleitnamen (§ 1355 Abs. 4 BGB). Frühere Adelsbezeichnungen sind nicht Teil des Familiennamens, wenn sie vor Inkrafttreten der WRV lange Zeit nicht mehr geführt wurden.[32] Nach dem 13. 8. 1919 geborene Kinder nicht miteinander verheirateter Eltern führen den Namen der Mutter mit der früheren Adelsbezeichnung; vor diesem Zeitpunkt geborene Kinder führen, abgesehen von einzelnen Ausnahmen, diese Bezeichnung nicht. Ehemals adelige Personen übertragen ihren Namen auch durch Namenserteilung und Annahme einer Person als Kind. Besaß ein Namensträger vor dem 14. 8. 1919 den persönlichen Adel, ist die persönliche Adelsbezeichnung nicht übertragbar. Das Gleiche gilt für eine besondere Adelsbezeichnung, die durch das vor dem 14. 8. 1919 geltende Adelsrecht auf bevorrechtigte Haus- oder Familienmitglieder übertragen wurde. Anredeformeln wie Hoheit, Durchlaucht, Erlaucht, Exzellenz sind nicht in die Personenstandsregister aufzunehmen. Einbürgerungsurkunden und Adelshandbücher sind kein ausreichender Beweis für die Führung früherer Adelsbezeichnungen (Nr. A 1.3.4 PStG-VwV).

(13) Ausländische Namensänderungen

26 Ist der Familienname eines deutschen Staatsangehörigen von einer ausländischen Stelle in einen anderen Namen geändert oder ist seine Schreibweise verändert worden, so ist der Name in der ursprünglichen deutschen Form in die Personenstandsregister einzutragen, wenn sie nachgewiesen werden kann (Nr. A 1.3.6 PStG-VwV). Zur Besonderheit bei bestimmten Doppelstaatern vgl. Rdnr. 36. Zur Möglichkeit, den von einem anderen Mitgliedstaat der Europäischen Union geänderten Namen durch Wahl nach Art. 48 EGBGB anzunehmen, vgl. Rdnr. 21. Zur Nichtanerkennung von in einem anderen EU-Mitgliedstaat erworbenen Adelsbestandteilen vgl. Rdnr. 21, 24.

27 Familiennamen dürfen nicht übersetzt werden. Dies gilt auch, wenn der Namensträger seine Staatsangehörigkeit wechselt. Auf die Erklärungsmöglichkeiten nach Art. 47 EGBGB und § 94 BVFG ist hinzuweisen (vgl. Rdnr. 20).

28 Die ursprünglichen deutschen Familiennamen von Vertriebenen und Spätaussiedlern sind in ausländischen Ausweispapieren und anderen Urkunden oft in anderen als lateinischen Schriftzeichen wiedergegeben. Von einer Transliteration dieser Namen in die lateinische Schrift ist abzusehen, wenn nachgewiesen werden kann, dass der Namensträger oder seine Vorfahren den Namen in einer deutschen Form geführt haben. Für Eintragungen in die Personenstandsregister ist nur die deutsche Namensform maßgebend (Nr. A 1.3.7 PStG-VwV), da bei einer Transliteration meist Schreibweisen entstehen, die den Namen entstellen[33].

32 BayObLG, StAZ 1981, 184; KG, StAZ 1999, 38.

33 Z. B. wenn die Transliteration des ursprünglichen deutschen Namens »Schneider« die Schreibweise »Snajder« ergäbe. Vgl. dazu *Bornhofen*, StAZ 1993, 238, 241.

(14) Sprachliche Abwandlungen

29 Führt eine Person einen ausländischen Familiennamen, der nach dem Geschlecht oder nach dem Verwandtschaftsverhältnis sprachlichen Abwandlungen unterliegt, und war zum Zeitpunkt des Erwerbs dieses Namens deutsches Recht für die Namensführung maßgebend, so ist die männliche Form des Namens in die Personenstandsregister einzutragen. Im Übrigen ist der Name mit sprachlicher Abwandlung beizubehalten, auch wenn deutsches Recht für den Namen maßgebend wird. Betroffen sind insbesondere weibliche Namensformen[34]. Die Möglichkeit der Angleichung des Namens (hier: Wegfall der Abwandlung) ist in diesen Fällen nach Art. 47 EGBGB oder § 94 BVFG gegeben (vgl. Rdnr. 20).

(15) Akademische Grade

30 Akademische Grade sind keine Namensbestandteile[35]. Bei Beurkundungen in den Personenstandsregistern werden sie – im Gegensatz zum früheren Recht (§ 63 DA) – nicht mehr als zusätzliche Angabe zur Person eingetragen[36].

b) Namensführung nach internationalen Übereinkommen

(1) Übereinkommen über die Angabe von Familiennamen und Vornamen in den Personenstandsbüchern

31 Nach dem Übereinkommen vom 13. 9. 1973 über die Angabe von Familiennamen und Vornamen in den Personenstandsbüchern[37] verpflichten sich die Vertragsstaaten, die Namen natürlicher Personen ohne Rücksicht auf ihre Staatsangehörigkeit einheitlich einzutragen (Nr. A 1.1.2 PStG-VwV). Das Übereinkommen ist mithin auch dann anzuwenden, wenn der Namensträger Angehöriger eines Staates ist, der dem Übereinkommen nicht angehört. Verwendet eine fremde Sprache andere als lateinische Schriftzeichen, sind die Namen so weit wie möglich zu transliterieren, das heißt, jedes fremde Schriftzeichen ist durch das gleichwertige lateinische Schriftzeichen wiederzugeben. Hierbei sind nach dem Übereinkommen die Normen der Internationalen Normenorganisation (ISO – International Organization for Standardization) anzuwenden.

32 Nach Art. 2 Abs. 1 des Vertragsgesetzes vom 30. 8. 1976 zu dem Übereinkommen[38] sollten die von der ISO empfohlenen Normen durch Rechtsverordnung benannt werden. Die Verordnung ist nicht erlassen worden, so dass

34 Vgl. dazu *Henrich/Wagenitz/Bornhofen* Teil C Rdnr. 285; *Gaaz,* StAZ 1989, 165, 171; *Bungert,* StAZ 1990, 126.

35 BGHZ 38, 380 = StAZ 1963, 63.

36 BGH, StAZ 2013, 377. Zur vorausgegangenen Diskussion vgl. *Berkl,* StAZ 2013, 177; OLG Celle, StAZ 2013, 142; OLG Karlsruhe, StAZ 2013, 85. Gegenteilige Auffassung: OLG Nürnberg, StAZ 2010, 148 mit Anm. *Selbig* und StAZ 2012, 374 mit Anm. *Helms.*

37 BGBl. 1976 II S. 1493 (GS Nr. 241). Text des Übereinkommens und Staatenübersicht siehe www.personenstandsrecht.de.

38 BGBl. 1976 II S. 1473 (GS Nr. 241).

sich die Verbindlichkeit der Transliterations-Normen unmittelbar aus dem Übereinkommen herleitet.

33 Um nicht zu unterschiedlichen und damit den Identitätsnachweis erschwerenden Schreibweisen zu gelangen, ist von einer Transliteration abzusehen, wenn sich die lateinische Schreibweise des Namens bereits aus einer Personenstandsurkunde oder aus einer anderen öffentlichen Urkunde des Heimatstaates der betreffenden Person (z. B. Reisepass) ergibt. Diese Schreibweise ist auch dann maßgebend, wenn sie nicht der ISO-Transliteration entspricht. Wegen unterschiedlicher Auffassungen zu dem Begriff »andere öffentliche Urkunde« in Art. 2 Abs. 1 des Übereinkommens fasste die CIEC in ihrer Generalversammlung am 11. 9. 1992 einstimmig den Beschluss, »dass der in Art. 2 Abs. 1 des Übereinkommens Nr. 14 enthaltene Begriff ›oder eine andere Urkunde, die die Familiennamen und Vornamen ... wiedergibt‹ jede öffentliche Urkunde betrifft, auch wenn sie nicht von einem Standesbeamten erstellt wurde, wie z. B. der Pass der betreffenden Person.« Bei unterschiedlicher Schreibweise in ausländischen Urkunden, die in deutschen Registereinträgen zu abweichenden Beurkundungen geführt haben, ist die Berichtigung eines Eintrags anhand der aktuell gültigen ausländischen Urkunde vorzunehmen[39]. Vorzug hat bei mehreren stets die neuere Urkunde, und zwar unabhängig davon, ob es sich bei den Urkunden um Personenstandsurkunden oder Nationalpässe handelt[40]. Ein in Deutschland ausgestellter Reiseausweis für Flüchtlinge kann hingegen nicht für eine Eintragung in ein deutsches Personenstandsregister als »andere Urkunde« im Sinne von Art. 2 des Übereinkommens herangezogen werden[41].

34 Dem CIEC-Beschluss war in Deutschland eine umfangreiche Rechtsprechung[42] vorausgegangen, die – streng am Wortlaut des Übereinkommens orientiert – den Begriff »andere Urkunde« auf Personenstandsurkunden reduziert und damit insbesondere den Reisepass ausgeschlossen hatte. Folge war, dass die Namensschreibung in Reisepässen der Betroffenen immer dann nicht mit der von den deutschen Standesämtern verwendeten Schreibweise übereinstimmte, wenn der Name von den Passbehörden des Heimatstaates nach anderen Transliterationsgrundlagen übertragen worden war. Vor allem waren griechische Staatsangehörige betroffen, da deren Namen von den griechischen Behörden nicht nach der ISO-Norm R 843 (Transliteration griechischer Schriftzeichen)[43], sondern nach der griechischen ELOT-Norm 743[44] in die lateinische Schrift übertragen wurden.

39 OLG Hamburg, StAZ 2015, 81; OLG Nürnberg, StAZ 2016, 20.

40 OLG Hamburg, StAZ 2018, 347, 349.

41 KG, StAZ 2018, 219.

42 Z. B. BayObLG, StAZ 1988, 203; OLG Köln, StAZ 1985, 209; OLG Düsseldorf, StAZ 1986, 39, 1989 114; OLG Bremen, StAZ 1986, 213; OLG Stuttgart, StAZ 1986, 321.

43 Vgl. GS Nr. 6 mit Hinweis auf die Transliterationstabellen in Heft 15 der Handakten für die standesamtliche Arbeit.

44 Norm der Hellenic Organization for Standardization.

Die Gerichte, allen voran der Europäische Gerichtshof[45], sorgten durch eine geänderte, dem CIEC-Beschluss entsprechende Rechtsprechung für die nötige Rechtssicherheit[46]. Da es nicht für alle Sprachräume mit fremden Schriftzeichen entsprechende ISO-Tabellen gibt, verbleiben Fälle, bei denen eine Transliteration nicht möglich ist. Für solche Namen ist in Nr. A 4.2 PStG-VwV die Regelung getroffen, dass sie nach ihrem Klang und den Lautregeln der deutschen Rechtschreibung (phonetische Umschrift) einzutragen sind. Eine solche »Transkription« hat indes den Nachteil, dass sie eine sichere Rückübertragung in das Ausgangsalphabet stark einschränkt. 35

(2) Übereinkommen über die Änderung von Namen und Vornamen
Nach dem Übereinkommen vom 4.9.1958 über die Änderung von Namen und Vornamen[47] verpflichtet sich jeder Vertragsstaat, keine öffentlich-rechtliche Änderung von Namen oder Vornamen eines Staatsangehörigen eines anderen Vertragsstaates zu bewilligen. Davon ausgenommen sind Namensänderungen von Personen, die zugleich auch die Staatsangehörigkeit des Staates besitzen, der die Änderung durchführt. In diesen Fällen sind die Namensänderungen in jedem Vertragsstaat ohne weitere Förmlichkeit wirksam (Nr. 27.7.2 PStG-VwV); einer Erklärung nach Art. 48 EGBGB bedarf es mithin nicht (vgl. Rdnr. 21). 36

III. Die Behörde »Standesamt« (Absatz 2)

1. Die Behördenbezeichnung

Mit der Einführung der neuen Behördenbezeichnung »Standesamt« in Absatz 2 hat das Personenstandsgesetz die frühere personenbezogene Bezeichnung »Der Standesbeamte« für die zur Beurkundung des Personenstandes zuständige Behörde aufgegeben. Angesichts dessen, dass Behörden anderer kommunaler Bereiche ebenfalls eine nicht personenbezogene und geschlechtsneutrale Bezeichnung führen (z.B. Jugendamt, Ordnungsamt), ist die sprachliche Eingliederung des Standesamts in die bestehende Behördenorganisation folgerichtig. Die Sorge, die unabhängige Stellung des Standesbeamten könne dadurch geschwächt werden, dürfte unbegründet sein[48]. Zur Stellung des Standesbeamten nach neuem Recht vgl. § 2 Rdnr. 5. 37

45 EuGH, StAZ 1993, 256. In dem Urteil hat der EuGH Art. 52 EWG-Vertrag dahin ausgelegt, dass es gegen diese Vorschrift verstößt, wenn ein griechischer Staatsangehöriger (hier: Christos Konstantinidis) durch die einschlägigen nationalen Rechtsvorschriften gezwungen wird, bei der Ausübung seines Berufs eine solche Schreibweise seines Namens (hier: Hréstos Kónstantinidés) zu verwenden, dass dieser in seiner Aussprache verfälscht wird und die sich daraus ergebende Entstellung den Betroffenen der Gefahr einer Personenverwechslung bei seinen potentiellen Kunden aussetzt.

46 BGH, StAZ 1994, 42; OLG Köln, StAZ 1993, 214; OLG Karlsruhe, StAZ 1993, 114.

47 BGBl. 1961 II S. 1055, 1076 (GS Nr. 240). Text des Übereinkommens und Staatenübersicht siehe www.personenstandsrecht.de.

48 Zur Diskussion im Gesetzgebungsverfahren vgl. *Gaaz/Bornhofen* 2008 § 1 Rdnr. 7 f.

2. Die Organisationshoheit

38 Dem sich aus Art. 84 Abs. 1 GG ergebenden Verbot bundesgesetzlicher Aufgabenzuweisungen an die Kommunen trägt Absatz 2 dadurch Rechnung, dass die Behördenorganisation »Landesrecht« vorbehalten ist. Den Ländern obliegt es mithin, durch landesgesetzliche Organisationsregelung die Aufgabenzuweisung vorzunehmen. Die Bandbreite hierfür ist groß: So kann es bei der derzeitigen Übertragung auf die Gemeinden verbleiben, doch sind auch andere Organisationsformen bis hin zur Einrichtung zentraler Register (§ 67) möglich[49]. Landesrechtliche Regelungen sind auch für den Fall getroffen, dass im Falle der Verhinderung der zuständigen Standesbeamten eines Standesamts die Wahrnehmung der Geschäfte vorübergehend Standesbeamten eines anderen Standesamts übertragen werden können (»Notfallbestellungen«)[50].

39 Eine Sonderstellung nimmt das Standesamt I in Berlin ein. Im Vergleich zu allen anderen Standesämtern genießt es quasi Bestandsschutz, weil es zwar organisatorisch beliebig in die Berliner Behördenorganisation eingegliedert werden kann, seine Eigenständigkeit, sein Name und seine Aufgaben aber nicht zur Disposition stehen. Seine Aufgaben ergeben sich im Einzelnen aus den Vorschriften mit entsprechenden Aufgabenzuweisungen; hierzu gehört auch die in § 11 verankerte Berechtigung, Ehen zu schließen. Bestandsschutz genießt auch das Sonderstandesamt in Bad Arolsen; seine Aufgaben sind allerdings auf die in § 38 Abs. 1 genannten beschränkt (§ 38 Rdnr. 4 ff.).

40 Die Organisationshoheit der Länder schließt auch Regelungen über die Bildung von Standesamtsbezirken[51] ein, wie sie in den früheren Personenstandsgesetzen enthalten waren. Das PStG i. d. F. von 1957 hatte in § 52 eine solche Regelung getroffen.

41 § 1 PStV ist auf solche Organisationsvorschriften beschränkt, für deren bundeseinheitliche Geltung ein Bedürfnis besteht. Dies ist zunächst die Regelung in Absatz 1, nach der jedes Standesamt eine Bezeichnung zu führen hat, der bei gleichnamigen Standesämtern ein unterscheidender Zusatz hinzuzufügen ist. Bei Übertragung der Aufgabe auf die Gemeinden dürfte – soweit keine anders lautende Regelung in der jeweiligen landesrechtlichen Ausführungsvorschrift getroffen ist – der Name der Gemeinde auch Bezeichnung des Standesamts sein. Eine Regelung kann z. B. dann sinnvoll sein, wenn die Aufgabe »Standesamt« zwar grundsätzlich jeder Gemeinde obliegt, aber z. B. im Rahmen einer Verwaltungsvereinbarung von einer Gemeinde für andere

49 Vgl. *Meireis*, StAZ 2008, 204.

50 Vgl. z. B. Art. 6 des Bayerischen Gesetzes zur Ausführung des Personenstandsgesetzes (GS Nr. 10 BY).

51 Vgl. z. B.: § 2 Abs. 1 des Hessischen Ausführungsgesetzes zum Personenstandsgesetz (HAG PStG) vom 19. 11. 2008 (GVBl. I S. 964; GS Nr. 10 HE), nach dem Standesamtsbezirk das Gemeindegebiet ist. Art. 3 Abs. 3 des Bayerischen Gesetzes zur Ausführung des Personenstandsgesetzes (AGPStG) vom 8. 7. 2008 (GVBl. S. 344; GS Nr. 10 BY), nach dem die Standesamtsbezirke von den unteren Aufsichtsbehörden durch Rechtsverordnung gebildet werden.

Gemeinden mit wahrgenommen wird. Das Erfordernis eines unterscheidenden Zusatzes bei gleichnamigen Standesämtern kann – auch im Sinne der angestrebten verstärkten Korrespondenz der Standesämter – nur länderübergreifend verstanden werden. Es ist dann Sache der betroffenen Länder, unterscheidende Zusätze zu vereinbaren.

Des Weiteren ist in §1 Abs. 2 PStV – wie früher in §5 Abs. 1 DA – bestimmt, 42
dass unter »Amtssitz des Standesamts« die Diensträume des Standesamts zu verstehen sind. Die Vorschrift stellt klar, dass Amtshandlungen des Standesbeamten grundsätzlich in den Diensträumen des Standesamts vorzunehmen sind. Umfasst der Standesamtsbezirk mehrere Gemeinden und hat das Standesamt in jeder oder einzelnen dieser Gemeinden einen Amtssitz (Diensträume) eingerichtet, so handelt es sich – soweit organisatorisch nicht anders geregelt – um gleichberechtigte Amtssitze; eine Verpflichtung, nur *einen* Amtssitz einzurichten, sehen die personenstandsrechtlichen Vorschriften nicht vor. Als Ort der Beurkundung ist in diesen Fällen der Ort des jeweiligen Amtssitzes einzutragen.

IV. Die Aufgaben des Standesamts (Absatz 2 und 3)

1. Die Beurkundung des Personenstandes

Die Aufgabenbeschreibung entspricht der des früheren Rechts (§1 Abs. 1 PStG 43
a. F.): Den Standesämtern obliegt die Beurkundung des Personenstandes (zum Begriff vgl. Rdnr. 5 ff.). Das Gesetz begründet damit die ausschließliche Zuständigkeit einer bestimmten Behörde (Standesamt) mit besonders ausgebildeten Urkundspersonen (Standesbeamte) zur Führung der in §3 genannten Personenstandsregister und der Erteilung von Personenstandsurkunden und anderen Nachweisen aus diesen Registern.

Mit der Beurkundung des Personenstandes durch Eintragung in die Per- 44
sonenstandsregister werden öffentliche Urkunden errichtet, die als beweiskräftige Unterlagen dem Betroffenen, berechtigten Dritten sowie Behörden und Gerichten zur Erfüllung ihrer Aufgaben zur Verfügung stehen (§§ 61 ff.). Bei der Frage, ob und ggf. wie sich die standesamtlichen Beurkundungen verwaltungsverfahrensrechtlich einordnen lassen, scheiden sich die Geister: Ist die Beurkundung ein »beurkundender Verwaltungsakt«[52] oder lediglich eine »Registereintragung«. Es ist wohl der Auffassung zuzustimmen, die solchen Eintragungen nur dann den Charakter eines Verwaltungsaktes zuspricht, wenn eine Rechtsfolge verbindlich festgestellt wird. Lässt die Beurkundung hingegen – wie im Fall der Eintragung in die Personenstandsregister – einen Gegenbeweis zu, so kann sie nicht als Verwaltungsakt – auch nicht als »beurkundender Verwaltungsakt« – anerkannt werden[53]. Die Eintragung in die Personenstandsregister hat, da sie sich in der Schaffung von Beweismitteln

52 *Johansson/Sachse* Rdnr. 10.
53 *U. Stelkens* in: *Stelkens/Bonk/Sachs* §35 VwVfG Rdnr. 87.

erschöpft, keine rechtsbegründende Wirkung; der Nachweis der Unrichtigkeit der beurkundeten Tatsachen ist daher jederzeit zulässig (§ 54 Abs. 3).

45 Eine öffentliche Urkunde ist nach der Legaldefinition des § 415 Abs. 1 ZPO die von einer öffentlichen Behörde innerhalb der Grenzen ihrer Amtsbefugnis oder von einer mit öffentlichem Glauben versehenen Person innerhalb des ihr zugewiesenen Geschäftskreises in der vorgeschriebenen Form aufgenommene Urkunde. Eine öffentliche Urkunde wird entweder über eine vor der Urkundsperson abgegebene Erklärung (§ 415 Abs. 1 ZPO) oder eine sonstige von ihr wahrgenommene Tatsache (§ 418 Abs. 1 ZPO) errichtet. Streng am Wortlaut dieser Regelungen orientiert, werden die genannten Voraussetzungen an sich nur bei den Beurkundungen von Eheschließungen erfüllt.

46 Das PStG zieht den Rahmen weiter, indem es auch Beurkundungen von Vorgängen einbezieht, die dem Standesbeamten von Dritten mitgeteilt (»angezeigt«) werden. Es sind dies die Geburt (§§ 18 ff.) und der Tod (§§ 28 ff.) einer Person. Die fehlende eigene Wahrnehmung des Standesbeamten wird durch eine besondere Prüfungspflicht ausgeglichen: Zum Beweis der vom Anzeigenden gemachten Angaben sind Nachweise zu führen (§ 9), die der Standesbeamte zu prüfen hat. Dabei ist ihm die Befugnis eingeräumt, auch andere Personen, die ihm gegenüber auskunftspflichtig sind, zu hören (§ 10 Abs. 2) und auf Grund eigener Ermittlungen die Anzeige des Personenstandsfalls zu ändern (§ 46).

47 Die besondere Beweiskraft der Personenstandsregister ist in § 54 Abs. 1 festgeschrieben; Personenstandsurkunden haben dieselbe Beweiskraft wie die Registereinträge, aus denen sie erteilt worden sind (§ 54 Abs. 2).

2. Weitere Aufgaben (Absatz 3)

48 Absatz 3 stellt klar, dass die Standesämter neben ihrer Hauptaufgabe, der Beurkundung des Personenstandes, weitere Aufgaben wahrnehmen, wenn ihnen diese durch bundesrechtliche oder landesrechtliche Vorschriften zugewiesen sind. Dies war früher bereits so, ist aber nunmehr – weil die Zulässigkeit gelegentlich angezweifelt wurde – auf eine rechtliche Grundlage gestellt.

49 Solche an sich nicht von dem Beurkundungsauftrag erfasste Aufgaben sind z. B. die Erhebungen für statistische Zwecke nach den §§ 1 und 2 BevStatG sowie für die Finanzämter nach § 34 Abs. 2 Nr. 1 ErbStG i. V. m. § 4 ErbStDV für die Veranlagung zur Erbschaftsteuer. In einigen Ländern ist den Standesämtern durch landesrechtliche Regelung die Zuständigkeit für die Entgegennahme von Erklärungen über den Kirchenaustritt übertragen[54]. Lange gehörte die Führung des »Testamentsverzeichnisses« zu den Tätigkeiten außerhalb des eigentlichen standesamtlichen Beurkundungsauftrags, denen besondere Bedeutung zukam; gesetzliche Grundlage war § 347 FamFG. Mit der Überführung dieses Verzeichnisses in das Zentrale Testamentsregister der

54 Übersicht in GS Nr. 11.

Bundesnotarkammer, die nach §1 des Testamentsverzeichnis-Überführungsgesetzes[55] bis zum Ende des Jahres 2016 abzuschließen war, ist diese Aufgabe fortgefallen.

In Konkurrenz mit anderen Stellen – z. B. den Notaren – tritt der Standesbeamte bei der öffentlichen Beglaubigung oder Beurkundung von Erklärungen, wenn das PStG ihn hierzu ermächtigt. Dies gilt **50**

- nach §41 für Erklärungen der Ehegatten zur späteren Bestimmung eines Ehenamens (§1355 Abs. 3 Satz 2 BGB), zur Hinzufügung eines Begleitnamens zum Ehenamen oder zum Widerruf dieser Erklärung (§1355 Abs. 4 BGB), zur Wiederannahme eines früheren Namens nach Auflösung der Ehe (§1355 Abs. 5 BGB) und zur Rechtswahl für die Namensführung (Art. 10 Abs. 2 EGBGB),
- nach §42 für Erklärungen der Lebenspartner zum Lebenspartnerschaftsnamen (§3 LPartG; Art. 17b Abs. 2 EGBGB),
- nach §43 für Erklärungen von Personen zur Wahl und Angleichung ihrer Namen (Art. 47 EGBGB; Art. 48 EGBGB; §94 BVFG),
- nach §44 für Erklärungen der Eltern zur Vaterschaft (§§1592 ff. BGB) und zur Mutterschaft (nach ausländischem Recht) sowie für Zustimmungserklärungen dazu (§§1595 ff. BGB),
- nach §45 für Erklärungen der Eltern und des Kindes zur Namensführung des Kindes (§§1617 ff. BGB; Art. 10 Abs. 3 EGBGB),
- nach §45a für Erklärungen von Personen zur Reihenfolge ihrer Vornamen,
- nach §45b für Erklärungen zur Geschlechtsangabe und Vornamensführung.

3. Werbung im Standesamt

Werbung und Sponsoring gehören gewiss nicht zu den Aufgaben des Standesamts. Doch wie bereits der frühere §105 DA »Der Standesbeamte darf keine Bücher und Schriften zu Werbezwecken verteilen.« offenbart, war die Begehrlichkeit, im Standesamt insbesondere im Zusammenhang mit einer Eheschließung oder Beurkundung einer Geburt Werbematerialien vieler Art anzubieten, schon immer groß. **51**

In den geltenden personenstandsrechtlichen Vorschriften sucht man eine Nachfolgeregelung vergebens. Dies bedeutet indes nicht, dass nun jegliche Form von Werbung und Sponsoring zugelassen ist. Vielmehr sind die landesrechtlichen und kommunalen Richtlinien zu beachten[56].

55 TVÜG (BGBl. 2010 I S. 2255; GS Nr. 90b).
56 Dazu ausführlich *Rauhmeier*, StAZ 2017, 186.

§ 2 Standesbeamte

(1) Beurkundungen und Beglaubigungen für Zwecke des Personenstandswesens werden im Standesamt nur von hierzu bestellten Urkundspersonen (Standesbeamten) vorgenommen. Gleiches gilt für die Ausstellung von Personenstandsurkunden und sonstigen öffentlichen Urkunden. Die Zuständigkeit der Notare, anderer Urkundspersonen oder sonstiger Stellen für öffentliche Beurkundungen und Beglaubigungen bleibt unberührt.

(2) Bei der Wahrnehmung ihrer Aufgaben als Urkundspersonen sind die Standesbeamten nicht an Weisungen gebunden.

(3) Zu Standesbeamten dürfen nur nach Ausbildung und Persönlichkeit geeignete Beamte und Angestellte bestellt werden.

(4) Die Funktionsbezeichnung Standesbeamter wird in weiblicher oder männlicher Form geführt.

Übersicht (die Zahlen bedeuten Randnummern)

I. Rechtsentwicklung

1 § 2 enthält Elemente des § 1 Abs. 1 und des § 53 Abs. 1 und 2 PStG a. F. Es sind dies die Aussagen, dass die Beurkundung des Personenstandes dem Standesbeamten obliegt (dazu Rdnr. 5 ff.) und an die Person des Standesbeamten besondere fachliche und persönliche Anforderungen zu stellen sind (dazu Rdnr. 15 ff.).

2 § 1 Abs. 1 in der bis zum Inkrafttreten des PStG 2007 geltenden Fassung des PStG 1937 lautete wie folgt »(1) Die Beurkundung des Personenstandes liegt dem Standesbeamten ob.« § 53 Abs. 1 und 2 PStG a. F., eingefügt durch das 4. PStÄndG vom 5. 8. 1974 (BGBl. I S. 1875), forderte, für jeden Standesamtsbezirk Standesbeamte in der erforderlichen Anzahl zu bestellen und bei der Auswahl nur Personen zu berücksichtigen, »die Deutsche sind und nach Ausbildung und Persönlichkeit die für das Amt des Standesbeamten erforderliche Eignung besitzen.«

3 Neu ist die Regelung in Absatz 2 über die Weisungsfreiheit des Standesbeamten (dazu Rdnr. 13 f.).

Die Regelung in Absatz 4, nach der die Führung der Funktionsbezeichnung in weiblicher oder männlicher Form zugelassen ist, ist ebenfalls neu (dazu Rdnr. 18). Durch das Gesetz vom 11.6.1920 (RGBl. S. 1209) war mit §53 Abs. 3 die Möglichkeit eröffnet worden, zu Standesbeamten und ihren Stellvertretern auch weibliche Personen zu bestellen. 4

II. Standesbeamte als Urkundspersonen (Absatz 1)

1. Besondere Urkundsperson »Standesbeamter«

In §2 Abs. 1 Satz 1 und 2 ist festgeschrieben, dass die standesamtlichen Beurkundungen und Beglaubigungen einschließlich der Ausstellung von Personenstandsurkunden und sonstigen öffentlichen Urkunden besonderen Urkundspersonen im Standesamt, den »Standesbeamten«, vorbehalten sind. War auch die Bezeichnung der Behörde im Gesetzgebungsverfahren umstritten (vgl. §1 Rdnr. 37), so bestand – insbesondere wegen des seit der Begründung der staatlichen Personenstandsbeurkundung eingeführten Begriffs – nie ein Zweifel daran, die im Personenstandswesen tätigen Urkundspersonen weiter »Standesbeamte« zu nennen und nicht etwa – wie z. B. bei den Urkundspersonen des Jugendamts (§59 SGB VIII) – auf eine besondere Bezeichnung zu verzichten. Bei den Funktionsträgern handelt es sich um Beamte und Angestellte, die von dem Aufgabenträger durch besondere Bestellung zum »Standesbeamten«/zur »Standesbeamtin« mit der Wahrnehmung der standesamtlichen Beurkundungstätigkeit befasst sind. 5

2. Landesrechtliche Zuständigkeiten

Mit der Überlassung der Organisation der Behörde »Standesamt« zugunsten der Länder hat der Bundesgesetzgeber die verfassungsmäßigen Vorgaben (vgl. §1 Rdnr. 38) konsequent befolgt. Nicht nur die Bestimmung des Trägers der Aufgabe ist Landesrecht vorbehalten, sondern auch die weiteren organisatorischen Regelungen – früher in den §§51 ff. PStG a. F. getroffen – sind nunmehr den Ausführungsvorschriften der Länder zu entnehmen: Die Bildung der Standesamtsbezirke, die Bestellung von Standesbeamten »in der erforderlichen Anzahl« und die Beauftragung von Standesbeamten im Notfall. Vorbehalten hat sich der Bundesgesetzgeber nur allgemeine Regelungen über die Anforderungen an die persönliche Eignung der Standesbeamten, deren Weisungsfreiheit und die sowohl männliche als auch weibliche Funktionsbezeichnung (§2 Abs. 2 bis 4). 6

Wie schon das frühere PStG, so trifft auch das PStG 2007 keine Regelungen über die Bestellung zum Standesbeamten. Diese sind den landesrechtlichen Vorschriften zum PStG zu entnehmen, zu deren Erlass §74 Abs. 1 Nr. 1 die Länder ermächtigt. Sie sehen überwiegend vor, dass die Bestellung durch Aushändigung einer Urkunde erfolgt und widerrufen werden kann[1]. 7

1 Die landesrechtlichen Durchführungsvorschriften zum PStG sind abgedruckt in GS Nr. 10.

8 Die Organisation im Standesamt und die Einrichtung von Aufsichtsbehörden richten sich ebenfalls nach Landesrecht; besondere Vorschriften, z.B. über die Ernennung zum Leiter des Standesamts sowie zur Einrichtung der Aufsichtsbehörden sind den jeweiligen Vollzugsvorschriften zu entnehmen.

3. Das standesamtliche Beurkundungsmonopol

9 § 2 Abs. 1 Satz 3 stellt klar, dass die Zuständigkeit der Notare, anderer Urkundspersonen und sonstiger Stellen, die öffentliche Beurkundungen und Beglaubigungen vornehmen, unberührt bleibt. Das standesamtliche Beurkundungsmonopol ist mithin auf die Führung der Personenstandsregister beschränkt und umfasst nicht etwa alle Beurkundungen und Beglaubigungen, die den Personenstand einer Person betreffen.

10 Bei Beurkundungen oder Beglaubigungen von Erklärungen zur Namensführung der Ehegatten, der Kinder, der Vertriebenen und Spätaussiedler, der nationalen Minderheiten, zur Namensangleichung sowie der Anerkennung der Vaterschaft und der Mutterschaft bleibt es bei der geteilten Befugnis mit anderen Stellen. Dies sind insbesondere Notare, Konsularbeamte und sonstige nach Landesrecht zuständige Stellen; bei Vaterschafts- und Mutterschaftsanerkennung auch Amtsgerichte, Urkundspersonen bei den Jugendämtern und Gerichte, bei denen ein Vaterschaftsprozess anhängig ist. Die Befugnis der Standesbeamten zur Beglaubigung oder Beurkundung ergibt sich aus § 41 für Erklärungen zur Namensführung von Ehegatten (vgl. dort Rdnr. 14 ff.), aus § 42 für Erklärungen zur Namensführung von Lebenspartnern (vgl. dort Rdnr. 5), aus § 43 für Erklärungen zur Namensangleichung (vgl. dort Rdnr. 6), aus § 44 für Erklärungen zur Anerkennung der Vaterschaft und der Mutterschaft (vgl. dort Rdnr. 3 ff.), aus § 45 für Erklärungen zur Namensführung des Kindes (vgl. dort Rdnr. 7 f.), aus § 45a für Erklärungen zur Reihenfolge der Vornamen (vgl. dort Rdnr. 10 f.) und aus § 45b für Erklärungen zur Geschlechtsangabe und Vornamensführung (vgl. dort Rdnr. 14 f.).

4. Tätigkeit in eigenen Angelegenheiten

11 Die PStG-VwV weist den Standesbeamten in Nr. 2.1 – wie bereits zuvor die DA in § 17 – darauf hin, dass es für Tätigkeiten in eigenen Angelegenheiten Regelungen gibt, die es zu beachten gilt: Amtshandlungen dürfen nicht vorgenommen werden, wenn die Urkundsperson selbst Beteiligte oder Angehörige eines Beteiligten ist oder einen Beteiligten gesetzlich vertritt. Dem Beteiligten steht gleich, wer durch die Amtshandlung einen unmittelbaren Vorteil oder Nachteil erlangen kann. Angehörige sind der Verlobte, der Ehegatte und der Lebenspartner sowie deren Geschwister, Verwandte und Verschwägerte in gerader Linie, Geschwister und Kinder der Geschwister, Geschwister der Eltern und Personen, die durch ein auf Dauer angelegtes Pflegeverhältnis mit häuslicher Gemeinschaft wie Eltern und Kind miteinander verbunden sind (Pflegeeltern und Pflegekinder). Die aufgeführten Personen sind auch dann Angehörige, wenn die die Beziehung begründende Ehe nicht mehr besteht,

die Verwandtschaft oder Schwägerschaft durch Annahme als Kind erloschen ist oder die häusliche Gemeinschaft nicht mehr besteht, aber die Personen weiterhin wie Eltern und Kind miteinander verbunden sind.

5. Strafvorschriften und Verschwiegenheitspflicht

Weitere Hinweise sind in Nr. 2.2 und Nr. 2.3 PStG-VwV den Strafvorschriften und Verschwiegenheitspflichten (früher §19 DA) gewidmet: Der Standesbeamte unterliegt den besonderen Strafbestimmungen über Straftaten im Amte. Er darf insbesondere für Diensthandlungen keinen Vorteil fordern, sich versprechen lassen oder annehmen sowie keine falschen Beurkundungen vornehmen[2]. Er begeht Beihilfe zur Bigamie, wenn er vorsätzlich bei der Eingehung einer Doppelehe mitwirkt[3]. Der Standesbeamte hat während und nach Beendigung seiner Amtstätigkeit über die ihm bei seiner amtlichen Tätigkeit bekannt gewordenen Angelegenheiten Verschwiegenheit zu bewahren[4]. Dies gilt nicht im dienstlichen Verkehr und für Tatsachen, die offenkundig sind oder ihrer Bedeutung nach keiner Geheimhaltung bedürfen. 12

III. Weisungsfreiheit (Absatz 2)

Die Unabhängigkeit der Standesbeamten bei ihren Amtstätigkeiten als Urkundsperson gegenüber Weisungen ist nunmehr gesetzlich garantiert[5]. Nach dem früheren Recht war dieser Grundsatz – obwohl allgemein anerkannt – ausdrücklich »nur« §22 Abs. 2 DA zu entnehmen. Dieser bestimmte, dass der Dienstvorgesetzte »nicht befugt ist, die dem Standesbeamten obliegenden Amtshandlungen wahrzunehmen, einen Dritten mit der Wahrnehmung zu beauftragen oder die Post des Standesamts zu öffnen«[6]. Die jetzt im PStG festgeschriebene Weisungsfreiheit soll im Hinblick auf den besonderen Beweiswert der standesamtlichen Beurkundungen gewährleisten, dass die beurkundeten Angaben den Tatsachen entsprechen und der Standesbeamte bei seiner Urkundstätigkeit, die sowohl die Beurkundung als auch die Entscheidung über die Benutzung der Personenstandsregister umfasst, keiner Beeinflussung durch Dritte ausgesetzt ist. 13

Von der Weisungsfreiheit nicht erfasst ist das den Gerichten in §49 zugewiesene Recht, das Standesamt zur Vornahme einer Amtshandlung anzuweisen, die es zuvor abgelehnt hat. Gleiches gilt für Weisungen in Verwaltungsvorschriften, wie die der PStG-VwV. Sinn und Zweck dieser Regelungen, eine einheitliche Rechtsanwendung zu gewährleisten, würde unterlaufen, wenn 14

2 Z. B. §§ 331, 332, 336, 348, 353 StGB. Vgl. *Koch*, StAZ 2018, 177.
3 §§ 27, 172 StGB.
4 § 37 BeamtStG.
5 Vgl. *Berkl*, Rdnr. 48 m. w. N.
6 Vgl. *Johansson/Sachse* Rdnr. 35 ff. m. w. N. Zur Frage des Einsichtsrechts des Dienstvorgesetzten in Standesamtsunterlagen vgl. *Kissner*, StAZ 2011, 188.

sie als bloße, das Standesamt nicht bindende Empfehlung zu verstehen wären; sie sind mithin für das Standesamt verbindlich.

IV. Ausbildung und Persönlichkeit (Absatz 3)

15 Die besondere Stellung der Standesbeamten bedingt, dass hohe Anforderungen an ihre persönliche und fachliche Qualifikation gestellt werden. Der enge Kontakt mit dem Bürger erfordert breit gefächerte Kompetenz in oft schwierigen Rechtsfragen[7]. Den Ländern bleibt es – wie bisher – überlassen, Kriterien für die Eignung festzulegen[8]. Dies gilt insbesondere für die laufbahnmäßigen Voraussetzungen, die allerdings in den Ländern unterschiedlich geregelt sind. Meist wird die Laufbahnprüfung für den gehobenen nichttechnischen Dienst – Angestellte mit Prüfungen für vergleichbare Vergütungsgruppen – als Voraussetzung für die Bestellung gefordert; in einigen Ländern setzt die laufbahnmäßige Befähigung bereits beim mittleren nichttechnischen Verwaltungsdienst an[9].

16 Abgesehen von der laufbahnmäßigen Befähigung erfordert die fachliche Eignung ein hohes Maß an Bereitschaft zur Fortbildung. Auf einem Rechtsgebiet, das ständigem Wandel unterworfen ist, können fachkundige Beratung des Bürgers[10] und fehlerfreie personenstandsrechtliche Beurkundungen nur erreicht werden, wenn der Standesbeamte zur Fortbildung bereit ist. Nr. 2.4 PStG-VwV verpflichtet ihn, »sich ständig über die Rechtsentwicklung auf dem Gebiet des Personenstands-, Familien-, Namens- und Staatsangehörigkeitsrechts, des internationalen und interlokalen Privatrechts sowie des Rechts der Europäischen Union zu unterrichten und regelmäßig Fortbildungslehrgänge zu besuchen«. Auch in Ausführungsvorschriften der Länder ist die Fortbildungsverpflichtung festgeschrieben; z. B. sieht § 3 Abs. 3 der Hessischen Verordnung zur Ausführung des Personenstandsgesetzes vom 19.12.2008 (GVBl. I S. 987)[11] vor, dass die Bestellung des Standesbeamten sogar widerrufen werden kann, wenn er »mehr als drei Jahre nicht mehr an einer Fortbildungsveranstaltung für Standesbeamte teilgenommen hat«[12].

17 Abweichend von den früheren Anforderungen an den Standesbeamten (§ 53 Abs. 2 PStG a. F.) wird nicht mehr gefordert, dass der Funktionsträger Deutscher sein muss. Nicht zuletzt die für das allgemeine Beamtenrecht geltenden geänderten Grundsätze, die es ermöglichen, auch Staatsangehörige der Mitgliedstaaten der Europäischen Union zu Beamten zu ernennen, waren hierfür maßgebend.

7 Vgl. BT-Drs. 16/1831 S. 43; abgedruckt in *Gaaz/Bornhofen* 2008 S. 447.
8 Nach § 74 Abs. 1 Nr. 1 sind die Landesregierungen ermächtigt, die fachlichen Anforderungen an die Standesbeamten zu regeln.
9 Vgl. hierzu *Büssow,* StAZ 2008, 332.
10 Zum Umfang der standesamtlichen Beratungspflichten vgl. *Kraus,* StAZ 2014, 245.
11 Abgedruckt in GS Nr. 10 HE.
12 Vgl. *Meireis,* StAZ 2009, 229, 236.

V. Funktionsbezeichnung (Absatz 4)

Einer langjährigen Forderung an den Gesetzgeber entsprechend, die faktisch bereits eingeführte Funktionsbezeichnung »Standesbeamtin«[13] für weibliche Standesbeamte gesetzlich zu verankern, sieht § 2 Abs. 4 nunmehr vor, dass die Funktionsbezeichnung Standesbeamter »in weiblicher oder männlicher Form« geführt wird. Zum einen ist damit klargestellt, dass es in der Gesetzessprache bei der Bezeichnung »Standesbeamter« verbleiben kann, was insbesondere der Übersichtlichkeit und Lesbarkeit der Vorschriften dient. Zum anderen bedeutet die Vorschrift aber auch gesetzliche Legitimation für weibliche Standesbeamte, die Bezeichnung »Standesbeamtin« zu führen. **18**

13 Z. B. in der Standesorganisation »Bundesverband der Deutschen Standesbeamtinnen und Standesbeamten«, aber auch in der standesamtlichen Praxis (z. B. Vordrucken, Amtsstempeln).

Kapitel 2 **Führung der Personenstandsregister**

§ 3 Personenstandsregister

(1) Das Standesamt führt für seinen Zuständigkeitsbereich
1. ein Eheregister (§ 15),
2. ein Lebenspartnerschaftsregister (§ 17),
3. ein Geburtenregister (§ 21),
4. ein Sterberegister (§ 31).
Die Registereinträge bestehen aus einem urkundlichen Teil (Haupteintrag und Folgebeurkundungen) und einem Hinweisteil.

(2) Die Personenstandsregister werden elektronisch geführt. Die Beurkundungen in den Personenstandsregistern sind jährlich fortlaufend zu nummerieren und mit der Angabe des Familiennamens des zugriffsberechtigten Standesbeamten abzuschließen. Die Identität der Person, die die Eintragung vornimmt, muss jederzeit erkennbar sein. Das Programm muss eine automatisierte Suche anhand der in die Personenstandsregister aufzunehmenden Angaben zulassen; die Register müssen jederzeit nach Jahreseinträgen ausgewertet werden können.

Übersicht (die Zahlen bedeuten Randnummern)

I. Rechtsentwicklung

Die Regelung des §3 Abs.1 Satz1 über die Zahl der Personenstandsregister und ihre Bezeichnungen folgt entsprechenden Vorschriften der früheren Personenstandsgesetze:

Das PStG 1875 bestimmte in §12, dass von jedem Standesbeamten drei Register unter der Bezeichnung »Geburtsregister«, »Heiratsregister« und »Sterberegister« zu führen waren. Der Sammelbegriff für diese Register lautete »Standesregister«. Neben diesen eigentlichen Beurkundungsregistern, die auch »Hauptregister« genannt wurden, war noch ein sog. »Nebenregister« vorgeschrieben, das als Zweitregister für den Fall des Verlustes des Hauptregisters anzulegen war. 1

Das PStG 1937 schrieb in §1 Abs.2 die Führung von Personenstandsbüchern mit den Bezeichnungen »Familienbuch«, »Geburtenbuch« und »Sterbebuch« vor. Die Bezeichnungen Hauptregister und Nebenregister wurden durch »Erstbuch« und »Zweitbuch« ersetzt. Die wesentlichste Änderung war – wie bereits der neue Begriff Familienbuch vermuten lässt – die Einführung eines Personenstandsbuchs mit erweiterter Funktion: Das Familienbuch diente nicht nur der Beurkundung der Eheschließung, sondern auch der Dokumentation von Angaben über die Eltern und die gemeinsamen Kinder der Ehegatten (Näheres dazu: Einführung Rdnr. 2). 2

Das PStG i.d.F. von 1957 teilte den Beurkundungsauftrag des Familienbuchs als erweiterter Datenträger auf zwei voneinander unabhängige Personenstandsbücher auf. Die Eheschließung war wieder in einem gesonderten »Heiratsbuch« zu beurkunden, dem als Sekundärbuch ein mobiles, am jeweiligen Wohnort der Ehegatten geführtes Familienbuch mit Angaben der Seite 2 des früheren Familienbuchs (alter Art) an die Seite gestellt war. 3

Die Standesämter in der DDR führten ein Geburtenbuch, ein Ehebuch und ein Sterbebuch (§6 Abs.1 Satz2 PStG-DDR vom 4.12.1981, GBl.I S.421; GS Nr.401). Die Maßgaben des Einigungsvertrages zum PStG[1] legten fest, in welcher Weise die Vorschriften des PStG über die Fortführung und Benutzung der Personenstandsbücher auf die nach DDR-Recht angelegten Personenstandsbücher anzuwenden waren. 4

1 Anl.I Kap.II Sachgeb. B Abschn. III Nr.2 Buchst. c des Einigungsvertrages (BGBl.1990 II S.885, 914).

5 Das PStG 2007 hat anstelle des Sammelbegriffs »Personenstandsbuch« wieder den Begriff »Personenstandsregister« eingeführt und bezeichnet auch die einzelnen Sammlungen der Beurkundungen als Register, nämlich »Eheregister«, »Geburtenregister« und »Sterberegister«. Hinzugekommen ist das »Lebenspartnerschaftsregister« (dazu Rdnr. 9).

6 Das nach dem früheren Recht im Anschluss an die Eheschließung oder auf Antrag anzulegende Familienbuch ist im PStG 2007 nicht mehr vorgesehen. Für die Entscheidung waren mehrere Gründe ausschlaggebend: Die Frage nach dem Nutzen des Familienbuchs – eng verbunden mit seinem geringen Bekanntheitsgrad –, das ständige Anwachsen des äußerst kostenträchtigen[2] Berges durch jährlich ca. 400 000 neue Familienbücher, von denen ein Großteil in einer mobilen Gesellschaft ständig auf dem Postweg war, und die mehr prinzipielle, gleichwohl aber berechtigte Frage nichtehelicher Familien und Einzelpersonen mit Kind, warum ihnen dieses Personenstandsbuch versagt blieb[3]. Nach der Einführung des Familienbuches zum 1.1.1958 hatte die neue Aufgabenverteilung zwischen Heiratsbuch und Familienbuch zur Folge, dass das Heiratsbuch als »Momentaufnahme« der Eheschließung an weiteren Änderungen des Personenstandes der Ehegatten nicht mehr teilnahm. Diese vom Familienbuch übernommene Funktion galt es nun im neuen Recht auf das Eheregister – und bedingt auch auf das Geburtenregister – zurück zu übertragen; die breite Fortführungspalette in § 16 trägt diesem Umstand Rechnung[4] (vgl. § 16 Rdnr. 2, 10 ff.). Eine weitere Aufgabe, die nach § 34 das Eheregister übernommen hat (vgl. § 34 Rdnr. 3 ff.), ist die Beurkundung von im Ausland geschlossenen Ehen, die nach dem früheren Recht (§ 15a PStG a. F.) in dem »Familienbuch auf Antrag« zu beurkunden waren, wenn die Ehegatten dies wünschten.

7 Die Festlegung des Beurkundungsmediums »elektronische Register« in § 3 Abs. 2 (dazu Rdnr. 31) hatte im früheren Recht keine ausdrückliche Entsprechung; der Begriff »Personenstandsbuch« in § 1 Abs. 2 PStG a. F. ließ aber keinen Zweifel daran, dass die Beurkundung auf Papier stattzufinden hatte.

II. Die Personenstandsregister (Absatz 1)

1. Errichtung der Register am Ereignisort

8 Das PStG 2007 sieht – dem früheren Recht entsprechend – in § 3 Abs. 1 die Beurkundung eines Personenstandsfalls am Ort des Ereignisses in den klassischen Registern für Eheschließung, Geburt und Tod vor; neu hinzugekommen ist das Lebenspartnerschaftsregister[5]. Bei den Beratungen des neuen

2 Zu Kosten- und Einsparungsberechnungen vgl. BT-Drs. 16/1831 S. 40 ff.; abgedruckt in *Gaaz/Bornhofen* 2008 S. 443.
3 BT-Drs. 16/1831 S. 32; abgedruckt in *Gaaz/Bornhofen* 2008 S. 432.
4 Vgl. BT-Drs. 16/1831 S. 45; abgedruckt in *Gaaz/Bornhofen* 2008 S. 451.
5 BT-Drs. 16/1831 S. 33; abgedruckt in *Gaaz/Bornhofen* 2008 S. 434.

Personenstandsrechts in den Ausschüssen des Bundesrats hatte eine Gegenmeinung zur anlassbezogenen Beurkundung am Ereignisort eine »zentrale personenbezogene Beurkundung« favorisiert und die Umstellung auf ein solches Beurkundungssystem beantragt. Der Antrag wurde bereits im Unterausschuss des BR-Innenausschusses mit klarer Mehrheit abgelehnt. Dabei wurde – zutreffend – davon ausgegangen, dass die Befassung des örtlichen, auch künftig wohl weitgehend bei den Gemeinden angesiedelten Standesamts mit der Registrierung von Geburt, Eheschließung und Tod eines Menschen durch die deutsche Behördenorganisation vorgegeben ist.

Die Führung des Lebenspartnerschaftsregisters durch das Standesamt war nach der ursprünglichen Fassung des §3 Abs.1 Nr.2 an die Voraussetzung geknüpft, dass ein solches Register nach §23 LPartG von den Ländern eingerichtet und die Aufgabe dem Standesamt übertragen worden war. So blieb es zunächst den Ländern überlassen, für die Mitwirkung bei der Begründung von Lebenspartnerschaften und deren Beurkundung eine andere Zuständigkeit als die des Standesamts festzulegen. Mit Ausnahme des Landes Bayern[6] haben zwischenzeitlich die Länder ihre Ausführungsgesetze zum Lebenspartnerschaftsgesetz aufgehoben. Die Lebenspartnerschaftsregister werden seitdem in allen Ländern bei den Standesämtern geführt; das bayerische Ausführungsgesetz schreibt dies ausdrücklich vor. Da es somit keine abweichenden Länderregelungen über die Führung der Lebenspartnerschaftsregister mehr gab, wurde im Rahmen des Gesetzes zur Bereinigung des Rechts der Lebenspartner vom 20.11.2015 (BGBl. I S. 2010) der Halbsatz 2 in §3 Abs.1 Nr.2, nach dem die Standesämter ein Lebenspartnerschaftsregister führen, »wenn dies nach §23 des Lebenspartnerschaftsgesetzes eingerichtet ist«, ersatzlos gestrichen. Der Halbsatz bedurfte gar der Streichung, um die in Nummer 2 getroffene Regelung von der Bindung an eine landesrechtliche Vorschrift nach §23 LPartG zu befreien. Mit dem Inkrafttreten des Artikels 3 Abs.3 des Gesetzes zur Einführung des Rechts auf Eheschließung für Personen gleichen Geschlechts vom 20.7.2017 (BGBl. I S. 2787) zum 1.10.2017 kann vor deutschen Standesämtern keine Lebenspartnerschaft mehr begründet werden. Für die Registerführung bedeutet dies, dass keine neuen Registereinträge mehr anfallen, die bis zum 30.9.2017 angelegten Registereinträge aber fortzuführen sind. Erst mit einer Umwandlung in eine Ehe entfällt – von wenigen Ausnahmen abgesehen – die Fortführungspflicht (vgl. §17a Rdnr. 22). Für im Ausland begründete Lebenspartnerschaften besteht die Möglichkeit der Nachbeurkundung nach §35 fort, so dass bei Bedarf bis zu einer etwaigen Aufhebung dieser Vorschrift Registereinträge zu errichten und in einer Sammlung aufzubewahren und fortzuführen sind. 9

6 Nach Art. 1 Abs. 1 des Bayerischen Gesetzes zur Ausführung des Lebenspartnerschaftsgesetzes vom 7.7.2009 (GVBl. S. 261; abgedruckt in GS Nr. 10 BY) konnten Lebenspartnerschaften auch gegenüber einem Notar mit Amtssitz in Bayern begründet werden; nach Art. 2 dieses Gesetzes werden die Lebenspartnerschaftsregister von den Standesämtern geführt.

2. Organisation der Register

10 Die Personenstandsregister umfassen – jeweils für ihren Beurkundungsbereich – die Personenstandseinträge sowie die Folgebeurkundungen und Hinweise dazu (vgl. Rdnr. 14 ff.).

a) Aufbau der Register

11 § 9 Abs. 1 PStV führt zum Registeraufbau aus, dass ein Personenstandsregister aus einzelnen, gleichartigen Registereinträgen besteht, die in ihrer Gesamtheit das Personenstandsregister darstellen; z. B. werden die Beurkundungen der Eheschließungen im Eheregister zusammengefasst. Die Vorschrift fordert für die Registerführung, dass die Personenstandseinträge auf Dauer lesbar und unveränderbar zu speichern sind. Die amtliche Begründung führt dazu aus, dass die Registereinträge dem jeweiligen Stand der Technik entsprechend zu pflegen sind und bearbeitungsfähig sein müssen. Außerdem stellt sie klar, dass die nicht mehr aktuellen Registerdaten nicht gelöscht werden dürfen.

b) Abschluss der Register

12 In § 3 Abs. 2 ist eine Regelung über den Abschluss der Personenstandsregister nicht getroffen. Hier finden sich nur Abschluss-Regelungen zu den einzelnen Registereinträgen. Da die Regelung des § 4 Abs. 2 Satz 1 über den Abschluss des Sicherungsregisters aber aussagt, dass das Sicherungsregister »wie das Personenstandsregister« am Ende des Jahres abzuschließen ist, besteht kein Zweifel an dem gesetzgeberischen Willen, zumal dieser in § 21 PStV bestätigt wird (vgl. § 4 Rdnr. 14).

13 Die amtliche Begründung zu § 21 PStV[7] führt dazu aus, dass der aufzunehmende Abschlussvermerk systemseitig unveränderbar und jederzeit abrufbar hinterlegt sein muss. Der Abschlussvermerk gewährleistet insbesondere, dass keine unzulässigen Beurkundungen in das Register eingefügt werden können. Stillgelegte Einträge nach § 47 Abs. 4 sind im Abschlussvermerk mit der jeweiligen Eintragsnummer aufzulisten (§ 21 Satz 2 PStV).

c) Aufbau der Registereinträge

14 Die in § 3 Abs. 1 Satz 2 festgelegten Elemente der Registereinträge »Haupteintrag«, »Folgebeurkundungen« und »Hinweise« werden in den §§ 16 bis 18 PStV näher behandelt:

(1) Haupteintrag

15 Unter »Haupteintrag« ist der Registereintrag zu verstehen, der am Tag der Beurkundung des Personenstandsfalls erstellt wird (§ 16 Abs. 1 PStV: »Der Personenstandsfall wird mit dem Haupteintrag erstmals beurkundet.«). Er ist vergleichbar der Grundbeurkundung im Personenstandsbuch des frühe-

7 BR-Drs. 713/08 (PStV) S. 93.

ren Rechts. Der Eintrag heißt weiter Personenstandseintrag und weicht bei der Zuordnung zu den einzelnen Registern nur beim Eheregister von der Bezeichnung des früheren Rechts ab: »Eheeintrag« (statt früher »Heiratseintrag«), »Geburtseintrag«, »Sterbeeintrag«, »Lebenspartnerschaftseintrag« (vgl. Rdnr. 9).

Maßgebend für den jeweiligen Eintrag sind nach §19 PStV die Muster der Anlagen 2 bis 5 der Verordnung, die eine entsprechende Darstellung auf dem Bildschirm vorgeben. **16**

Der Haupteintrag ist nach §16 Abs. 2 PStV mit Registrierungsdaten zu versehen, die sowohl zur Abgrenzung im Verhältnis zu Folgebeurkundungen des Haupteintrags als auch zur Unterscheidung von Einträgen anderer Standesämter dienen. Es ist damit z.B. gewährleistet, dass nicht verschiedene deutsche Personenstandseinträge dieselbe Kennzeichnung aufweisen. Gleiche Registerdaten für alle Personenstandseinträge *eines* Standesamts sind die Bezeichnung des Standesamts (vgl. §1 Rdnr. 41) und die Nummer des Standesamts. Die Standesamtsnummer wird durch das jeweilige statistische Landesamt vergeben; eine Übersicht über diese Nummern führt die im Land zuständige Stelle für die Pflege des Deutschen Verwaltungsdiensteverzeichnisses (DVDV); die zuständigen Stellen können auf der Internetseite www.personenstandsrecht.de eingesehen werden (Nr. 3 PStG-VwV). Außerdem ist die Registernummer anzugeben; diese setzt sich wie folgt zusammen: Kennzeichnung des Personenstandsregisters mit »E« für Eheregister, »G« für Geburtenregister, »L« für Lebenspartnerschaftsregister und »S« für Sterberegister (§15 Abs. 2 PStV), laufende Eintragsnummer und Jahr der Erstbeurkundung (§16 Abs. 2 PStV). Der Registernummer wird zur Darstellung des Haupteintrags die Folgenummer »0« angefügt (§16 Abs. 2 Satz 3 PStV). **17**

Der Eintrag wird vom Standesbeamten unter Angabe seines Namens mit seiner dauerhaft überprüfbaren qualifizierten elektronischen Signatur (vgl. Rdnr. 47 ff.) abgeschlossen. **18**

(2) Folgebeurkundungen

Durch Folgebeurkundungen (vgl. auch §5 Rdnr. 5 ff.) wird der urkundliche Teil des Eintrags in den dafür vorgesehenen Feldern der Registereinträge aktualisiert; sie entsprechen den Randvermerken nach früherem Recht. §17 PStV schreibt dazu vor, dass die Folgebeurkundungen, beginnend mit der Nummer 1, fortlaufend zu nummerieren sind und für die Eintragung, Kennzeichnung, Signierung und Speicherung die in §16 PStV für den Haupteintrag getroffenen Regelungen gelten. Welche Folgebeurkundungen einzutragen sind, ist den entsprechenden Vorschriften zu den einzelnen Registern (§§16, 17, 27 und 32) und den dazu erlassenen Regelungen der PStG-VwV zu entnehmen. Die Anlagen 1 und 2 zur PStG-VwV enthalten eine zusammenfassende Übersicht über die Folgebeurkundungen. **19**

(3) Hinweise

20 Hinweise stellen nach § 5 Abs. 3 die Verbindung der Register untereinander her. Nach § 18 PStV ist daher in den Personenstandsregistern auf Registereinträge in anderen Personenstandsregistern hinzuweisen. Dies geschieht durch die Bezeichnung des Standesamts, der Registernummer (vgl. Rdnr. 17) sowie Tag und Ort des Personenstandsfalls; bei im Ausland erfolgten Beurkundungen sind entsprechende Angaben aufzunehmen. Hinweise sind damit Beweisquelle der urkundlichen Angaben des Eintrags und weiterer Angaben zum Registereintrag (z. B. beim Geburtseintrag auf Eheschließungen und Kinder); in Hinweisen auf die Geburt eines Kindes ist auch dessen Vor- und Familienname anzugeben. Hinweise dienen als Hilfe im standesamtlichen Mitteilungsverfahren, da ihnen die erforderlichen Angaben über die mit einer Mitteilung zu versehenden Register zu entnehmen sind. Weitere Hinweise enthalten wichtige Angaben über die Betroffenen, zu denen in den Sammelakten entsprechende Nachweise enthalten sind; z. B. nach § 21 Abs. 3 über die nachgewiesene ausländische Staatsangehörigkeit der Eltern eines Kindes und den Erwerb der deutschen Staatsangehörigkeit des Kindes nach § 4 StAG.

21 Anders als bei der Folgebeurkundung bedarf es bei einem Hinweis weder der elektronischen Signatur noch einer Nummerierung, da er nicht an der Beweiskraft der Beurkundung teilhat. In der amtlichen Begründung zu § 18 PStV[8] wird darauf hingewiesen, dass Hinweise auch durch Mitarbeiter des Standesamts angebracht werden dürfen, die keine Standesbeamten sind; eine Signaturberechtigung wird in diesen Fällen ebenfalls als entbehrlich angesehen.

3. Allgemeine Beurkundungsregeln

Die nachfolgenden allgemeinen Beurkundungsregeln sind weitgehend der PStG-VwV entnommen. Ergänzende Vorschriften zu einzelnen Fragen können die Landesregierungen auf der Grundlage der Ermächtigungen in § 74 Abs. 1 erlassen.

a) Amtssprache

22 Nach § 23 Abs. 1 VwVfG ist die Amtssprache deutsch. Die Amtssprache gilt sowohl für den mündlichen als auch für den schriftlichen Verkehr mit den Behörden[9]. Die Festschreibung der deutschen Sprache als Amtssprache schließt grundsätzlich die Pflicht zur Verwendung lateinischer Schriftzeichen ein. § 15 Abs. 3 PStV schreibt daher vor, dass die Beurkundungsdaten in lateinischer Schrift zu erfassen sind; diakritische Zeichen werden unverändert wiedergegeben. Dabei ist der Zeichensatz nach ISO/IEC 10646:2003 in der UTF-8-Kodierung zu verwenden. Dieser – so die amtliche Begründung zu § 15 Abs. 3

8 BR-Drs. 713/08 (PStV) S. 92.
9 *Schmitz* in: *Stelkens/Bonk/Sachs* § 23 Rdnr. 28.

PStV – enthalte ausreichend Zeichen für die verschiedenen europaweit in lateinischer Schrift existierenden Buchstaben, Ziffern und Symbole und biete deshalb die Gewähr dafür, dass alle bei der Beurkundung im Personenstandsregister vorkommenden Namen und Bezeichnungen, insbesondere auch diakritische Zeichen, unverändert dargestellt werden können. Ab dem 1.11.2012 ist nach der Bekanntmachung des BMI vom 8.2.2012 (eBAnz AT 24 2012 B 1) aus dem ISO/IEC-Zeichensatz der Standard »Lateinische Zeichen in Unicode« für die elektronische Registerführung und Datenübermittlung im Personenstandswesen (auch im Meldewesen, Ausländerwesen) zu verwenden. Der Standard legt die Teilmenge der lateinischen Zeichen in Form des Datentyps »String.Latin« abschließend fest (Nr. A 4.3 PStG-VwV). Bedient sich ein Verfahrensbeteiligter noch der deutschen Schrift, so ist auch dies mit § 23 Abs. 1 VwVfG vereinbar. In den Ländern Brandenburg und Sachsen ist als Besonderheit das in den landesrechtlichen Vorschriften verankerte Recht der Volksgruppe der Sorben auf Gebrauch der sorbischen Sprache vor Behörden zu beachten[10].

b) Transliteration

Verwendet eine fremde Sprache andere als lateinische Schriftzeichen, sind Namen und andere Wörter so weit wie möglich durch Transliteration (Nr. A 4.2 PStG-VwV) zu übertragen, das heißt, jedes fremde Schriftzeichen ist durch das gleichwertige lateinische Schriftzeichen wiederzugeben. Hierbei sind nach dem Übereinkommen vom 13.9.1973 über die Angabe von Familiennamen und Vornamen in den Personenstandsbüchern[11] die Normen der Internationalen Normenorganisation (ISO)[12] anzuwenden (vgl. hierzu § 1 Rdnr. 31). Ist eine Transliteration nicht möglich, so sind Namen und sonstige Wörter nach ihrem Klang und den Lautregeln der deutschen Rechtschreibung (phonetische Umschrift) einzutragen. Eine solche Transkription schränkt die sichere Rückübertragung in das Ausgangsalphabet stark ein und ist daher nur in Ausnahmefällen anzuwenden. Weisen die Wörter diakritische Zeichen (z.B. Akzente, Häkchen) auf, so sind diese unverändert wiederzugeben (vgl. Rdnr. 22). 23

c) Zeitangabe

Bei Zeitangaben (Nr. A 2.2 PStG-VwV) sind Tag, Monat und Jahr, bei Geburten und Sterbefällen auch Stunde und Minute einzutragen. Für alle Angaben sind arabische Ziffern zu verwenden, hierbei sind die Ziffern 0 bis 9 mit 00 bis 09 zu bezeichnen. Bei der Angabe von Stunde und Minute, zu der sich ein Per- 24

10 *Schmitz* in: *Stelkens/Bonk/Sachs* § 23 Rdnr. 90 ff.

11 BGBl. 1976 II S. 1473 (GS Nr. 241). Text des Übereinkommens und Staatenübersicht siehe www.personenstandsrecht.de.

12 Vgl. dazu GS Nr. 6 ISO-Translit mit einer Auflistung der Empfehlungen und Heft 15 der Handakten für die standesamtliche Arbeit, Verlag für Standesamtswesen, mit einer Wiedergabe der Empfehlungen.

sonenstandsfall ereignet hat, ist die Zeit bis zur Vollendung der ersten Minute eines Tages mit 00:00 Uhr und die Zeit bis zur Vollendung der letzten Minute eines Tages mit 23:59 Uhr anzugeben. In Jahren, in denen die mitteleuropäische Sommerzeit eingeführt ist, sind bei der Angabe der doppelt erscheinenden Stunde am Ende der Sommerzeit der ersten Stunde der Großbuchstabe A und der zweiten Stunde der Großbuchstabe B hinzuzufügen[13].

d) Orte

25 Die Angabe des Ortes, an dem ein personenstandsrechtliches Ereignis stattgefunden hat, ist wichtiger Bestandteil der Beurkundung. Die Ortsbezeichnung ist daher nach Nr. A 2.1 PStG-VwV so einzutragen, dass der Ort später ohne Schwierigkeiten ermittelt werden kann. Für Orte im Inland ist die amtliche Gemeindebezeichnung einzutragen. Bei gleichnamigen Gemeinden wird zur näheren Kennzeichnung der Verwaltungsbezirk (Kreis) hinzugefügt.

26 Orte im Ausland werden mit der im betreffenden Staat üblichen Bezeichnung eingetragen[14]. Daneben ist, sofern zur näheren Kennzeichnung die Hinzufügung des Verwaltungsbezirks oder einer geographischen Bezeichnung (z. B. Gebirge, Fluss) nicht ausreicht, der Staat zu vermerken[15]. Diese Regelung ist alternativ zu verstehen: Unter dem Obersatz, dass der Ort ohne Schwierigkeiten richtig zu ermitteln sein muss, ist bei weniger bekannten Orten zunächst zu prüfen, ob die Hinzufügung eines Verwaltungsbezirks oder einer geographischen Bezeichnung den Zweck erfüllt. Ist dies nicht der Fall, so ist dieser nicht hilfreiche Zusatz wegzulassen und an seiner Stelle der Staat mit seiner im Zeitpunkt der Geburt maßgebenden Bezeichnung einzutragen. Die Regelung der PStG-VwV ist mithin nicht etwa dahin misszuverstehen, dass zwischen Ortsbezeichnung und Staatennamen zwingend eine zusätzliche, nicht weiterführende Kennzeichnung aufgenommen werden muss. In Einzelfällen kann indes aber auch die Angabe beider Zusätze, also sowohl der geographischen Bezeichnung als auch des Staates, erforderlich sein, z. B. bei gleichnamigen Orten entsprechend der Handhabung für inländische Orte.

27 Ist für den ausländischen Ort eine deutsche Bezeichnung üblich, so ist diese einzutragen; die ausländische Bezeichnung kann in Klammern hinzugefügt werden. Gibt es für eine Ortsbezeichnung keine hier gebräuchliche lateinische Schreibweise und ist der Ortsname auch in den vorgelegten urkundlichen Nachweisen nur in anderen als lateinischen Schriftzeichen wiedergegeben, sollte zunächst versucht werden, den Namen so weit wie möglich durch Transliteration nach den Normen der Internationalen Normenor-

13 Verordnung über die Einführung der mitteleuropäischen Sommerzeit ab dem Jahr 2002 vom 12. 7. 2001 (BGBl. I S. 1591; GS Nr. 135a).

14 Zur Bezeichnung eines vor 1945 in Deutschland, aber heute im Ausland gelegenen Ortes vgl. BGH, StAZ 2018, 243; OLG Nürnberg, StAZ 2017, 18; OLG Zweibrücken mit Anm. *Degner*, StAZ 2016, 312.

15 Zur Bezeichnung »historischer« Ereignisorte vgl. *Kraus*, StAZ 2019, 282; StAZ 2015, 189.

ganisation (ISO) in die lateinische Schrift zu übertragen (vgl. §1 Rdnr. 31ff.). Ergeben sich dabei Namensformen, die unsinnig oder unaussprechbar sind, kann nur empfohlen werden, den Namen nach seinem Klang und den Lautregeln der deutschen Rechtschreibung (phonetische Umschrift) einzutragen.

Haben Orte infolge Umbenennung, Zusammenschluss oder Eingliederung eine andere Bezeichnung erhalten und wird bei Eintragungen auf eine frühere Beurkundung mit der ursprünglichen Bezeichnung Bezug genommen, ist der Ortsname einzutragen, der sich aus der früheren Beurkundung ergibt. Nach Nr. A 2.1.4 PStG-VwV soll der neue Name bei Orten im Inland unter Voranstellung des Wortes »jetzt« hinzugefügt werden; bei Orten im Ausland kann die Hinzufügung erfolgen. Für die Bezeichnung der Standesämter gilt die Regelung entsprechend. Bei längeren Ortsnamen ist dieser Zusatz, dessen beurkundungsrechtlicher Zweck fraglich erscheint, wegen der begrenzten Zeilenkapazität oft problematisch[16]. **28**

e) Religionszugehörigkeit

Nach den §§ 15, 21 und 31 PStG ist die Eintragung der Religionszugehörigkeit davon abhängig zu machen, dass die betreffende Religionsgemeinschaft Körperschaft des öffentlichen Rechts ist. Diesen Status besitzen diejenigen Religionsgemeinschaften, die bei Inkrafttreten der Weimarer Reichsverfassung als Körperschaften des öffentlichen Rechts anerkannt waren (altkorporierte Religionsgemeinschaften) oder denen dieser Status auf Antrag hin gewährt wurde (Nr. A 3.1.1 PStG-VwV). Ob eine Religionsgemeinschaft den Status einer Körperschaft des öffentlichen Rechts besitzt, kann den amtlichen Bekanntmachungen der für die Kirchen zuständigen Ministerien der Länder entnommen werden. Für die Eintragungsberechtigung genügt es, dass der Körperschaftsstatus in einem Bundesland besteht. Eine bundesweite Zusammenstellung kann auf einer vom Bundesministerium des Innern eingerichteten Internetseite[17] eingesehen werden. Vereinigungen, die sich die gemeinschaftliche Pflege einer Weltanschauungsgemeinschaft zur Aufgabe gemacht haben (z.B. humanistische Verbände) sind – so die Anweisung an die Standesämter nach Nr. A 3.1.2 PStG-VwV – Religionsgemeinschaften gleichzustellen. In diesen Fällen wird an die Stelle des Leittextes »Religion« der Leittext »Weltanschauung« zu setzen sein, weil eine Weltanschauungsgemeinschaft wohl kaum unter den Begriff »Religion« subsumiert werden kann; der Leittext würde auch in kombinierter Fassung »Religion/Weltanschauung« seinen Zweck erfüllen. Obwohl die Weltanschauungsgemeinschaften in den oben bezeichneten PStG-Vorschriften – anders als im PStG a. F. (z.B. §12 Abs. 2 Nr. 1) – nicht neben den Religionsgemeinschaften genannt sind, wird die Verpflichtung zu ihrer Gleichbehandlung aus Art. 137 Abs. 7 der Weimarer Reichsverfassung geschlossen, der nach Art. 140 GG Bestandteil des Grundgesetzes ist. Die Anlage 1 der PStV trägt dem bereits Rechnung (z.B. Geburtenregister **29**

16 Dazu *Zimmermann*, StAZ 2019, 60.
17 www.personenstandsrecht.de.

Nr. 1130 Religion/Weltanschauung). Hinsichtlich der Bezeichnung der Religionsgemeinschaft kann auf die Angaben der betroffenen Personen zurückgegriffen werden, wenn nicht eine allgemein übliche Bezeichnung vorgegeben ist[18].

f) Abkürzungen

30 Die für Eintragungen in die Personenstandsregister zulässigen Abkürzungen sind in der Anlage 3 zur PStG-VwV aufgelistet (Nr. A 8 PStG-VwV). Bei Ortsbezeichnungen dürfen im amtlichen Namen enthaltene Abkürzungen verwendet werden. Enthalten die nach früherem Recht errichteten Personenstandseinträge Abkürzungen, so können diese auch dann in Personenstandsurkunden übernommen werden, wenn sie nicht in der Anlage 3 enthalten sind oder von den dort wiedergegebenen Abkürzungen abweichen.

III. Die Registerführung (Absatz 2)

1. Elektronische Führung

31 § 3 Abs. 2 Satz 1 schreibt die elektronische Führung der Personenstandsregister verbindlich vor. Für die Umstellung auf das neue Medium war den Standesämtern in § 75 a. F. eine Frist bis zum 31. 12. 2013 gesetzt. Spätestens mit dem Ablauf dieser Frist musste jedes Standesamt über die erforderlichen Anlagen und Programme, die eine ordnungsgemäße Registerführung gewährleisten, verfügen (vgl. § 75 Rdnr. 1).

32 Die amtliche Begründung des Gesetzentwurfs gibt Aufschluss über die Motive, die für die obligatorische Einführung der elektronischen Register maßgebend waren und es nicht etwa den Standesämtern überlassen, selbst das Beurkundungsmedium zu bestimmen: Effektive Registerführung und -nutzung, aber auch der zunehmende Einzug der elektronischen Medien in Behörden anderer Verwaltungsbereiche und die Möglichkeit, mit diesen Stellen schnell und sicher zu kommunizieren, sind die Hauptgründe[19].

33 Der Gesetzgeber hat im PStG selbst auf detaillierte Regelungen über die Beschaffenheit der standesamtlichen EDV-Ausrüstung verzichtet. Diese sind nach § 73 Nr. 3 Buchst. a einer Rechtsverordnung vorbehalten. Entsprechende Vorschriften sind in § 9 PStV zu den zu verwendenden Speicherformaten und in den §§ 10 ff. PStV zu den Anforderungen an den Betrieb von Personenstandsregistern und Datenverarbeitungsanlagen getroffen.

a) Die Speicherformate

34 § 9 Abs. 3 PStV legt die Formate, in denen die Beurkundungsdaten zu speichern sind, fest. Es fällt auf, dass die Speicherung gleich in zwei Formaten,

18 Vgl. *Hochwald*, StAZ 2018, 90.
19 Vgl. BT-Drs. 16/1831 S. 34 f.; abgedruckt in *Gaaz/Bornhofen* 2008 S. 435.

nämlich sowohl im Format Extensible Markup Language (XML) (engl. für »erweiterbare Auszeichnungssprache«) als auch zusätzlich als Dokument im Format Portable Document-Format (PDF/A) (engl. für »transportables Dokumentenformat«) zu erfolgen hat. Bei dem Format XML handelt es sich um eine Auszeichnungssprache zur Darstellung hierarchisch strukturierter Daten in Form von Textdaten, die u.a. für den Datenaustausch eingesetzt wird. Bei PDF/A handelt es sich um eine Normreihe der Internationalen Normenorganisation (International Organization for Standardization – ISO) zur Verwendung des PDF-Formats für die Langzeitarchivierung elektronischer Dokumente. Der amtlichen Begründung der PStV[20] ist zu entnehmen, warum der parallelen Verwendung beider Formate der Vorzug gegeben wurde: Da bisher keine Erfahrungen mit Langzeitspeicherungen vorliegen, erschien eine redundante Verwendung unterschiedlicher Dokumentenformate geeignet, Risiken hinsichtlich der dauerhaften Verfügbarkeit von Personenstandsdaten zu minimieren[21]. Im Einzelnen sind folgende Gesichtspunkte genannt, die eine Kombination der Datenformate XML und PDF/A[22] bei der technischen Ausgestaltung der Personenstandsregister geeignet erscheinen lassen: a) Langfristige Verfügbarkeit der Registereinträge, auch wenn eines der verwendeten Datenformate zukünftig nicht mehr weiterentwickelt werden sollte. b) Fehlerfreie Darstellung der Eintragshistorie in den Registereinträgen. c) Problemlose Umsetzung zukünftiger Migrationsprozesse. d) Zusätzlicher Sicherheitsgewinn durch die Möglichkeit, die beiden Darstellungen eines Registereintrags abzugleichen.

§ 9 Abs. 4 PStV legt den im XML-Format gespeicherten Registereintrag als die verbindliche Beurkundung fest. Die Beurkundungsdaten werden in strukturierter Form als XML-Dokument abgelegt und auf Dauer lesbar und unveränderbar gespeichert. Die zusätzliche Speicherung einer Bilddatei im Format PDF/A soll dazu beitragen, dass die langfristige Beweiskraft der Personenstandseinträge sichergestellt wird. Sie dient damit lediglich Kontrollzwecken, wenn Zweifel an der Integrität der Beurkundungsdaten bestehen, z.B. weil die Signaturprüfung (vgl. Rdnr. 47 ff.) negativ verlaufen ist. Dem XML-Format wurde Vorrang vor dem PDF/A-Format eingeräumt, weil es – so die amtliche Begründung des PStV-Entwurfs[23] – für die langfristige Speicherung der Personenstandsdaten die besseren Eigenschaften besitze. Außerdem fördere auch die Vorgabe von XML als Format im standardisierten elektronischen Datenaustausch (XPersonenstand) die Verwendung von XML als Beurkundungsformat, weil der manuelle Prüfungsaufwand des Standesbeamten bei Übernahme von Mitteilungsdaten in die Register wesentlich geringer sei, als dies bei einem PDF-Urkundenformat der Fall wäre. 35

20 BR-Drs. 713/08 (PStV) S. 79/80.
21 Vgl. *Schmitz,* StAZ 2008, 193, 195.
22 Zur Verwendung von PDF/A-Dokumenten im Urkundswesen vgl. *Hackel/Schäfer/Hage,* StAZ 2008, 209.
23 BR-Drs. 713/08 (PStV) S. 87/88.

b) Anforderungen an den Betrieb von Personenstandsregistern

36 Die an den Betrieb von Personenstandsregistern zu knüpfenden Voraussetzungen sind in § 10 PStV beschrieben. § 10 Abs. 1 PStV fordert hierfür technische und organisatorische Vorkehrungen ein, die den hohen Ansprüchen an die Sicherheit der Daten gerecht werden. Insbesondere sind »Maßnahmen zu treffen, um die Verfügbarkeit, Integrität, Authentizität und Vertraulichkeit der gespeicherten Daten entsprechend dem jeweiligen Stand der Technik sicherzustellen«. Die Vorschrift verpflichtet die Standesämter zudem, in einem Betriebs- und Sicherheitskonzept (vgl. Rdnr. 41) die zu treffenden Maßnahmen zu dokumentieren.

37 § 10 Abs. 2 PStV enthält einen Katalog von Maßnahmen zur Sicherung der dauerhaften Unveränderbarkeit und Integrität der Personenstandsdaten. Die Abwehr qualifizierter Angriffe auf die Personenstandsdaten wird dabei als eines der wesentlichen Ziele der Sicherheitsstruktur hervorgehoben, wobei auch der Einsatz krimineller Energie als Gefahrenquelle in die Überlegungen einbezogen wird. Die aufgelisteten Maßnahmen sollen sowohl den besonderen Anforderungen des Datenschutzes als auch den speziellen Sicherheitsanforderungen des Personenstandswesens genügen. Die Vorschrift formuliert folgende Sicherheitsmaßnahmen:

1. »Zutrittskontrolle« dient dazu, Unbefugten den Zutritt zu Datenverarbeitungsanlagen, mit denen die Personenstandsdaten verarbeitet oder genutzt werden können, zu verwehren.
2. »Zugangskontrolle« soll die unbefugte Nutzung der für die Personenstandsbeurkundung eingesetzten Datenverarbeitungssysteme verhindern.
3. »Zugriffskontrolle« dient der Verwaltung der eingeräumten Zugriffsbefugnisse im Datenverarbeitungssystem; sie stellt zudem sicher, dass der Zugriff auf die Daten oder Systemfunktionen nur innerhalb der jeweils eingeräumten Zugriffsbefugnis möglich ist, nachdem sich der Benutzer dem System gegenüber in einer automatisierten Prüfung als zugriffsbefugt erwiesen hat.
4. »Revisionssicherheit« wird dadurch erreicht, dass die beurkundeten Daten nachvollziehbar und unveränderbar gespeichert und Veränderungen der Einträge im Personenstandsregister und im Sicherungsregister chronologisch dokumentiert werden.
5. »Beweissicherung« erfolgt dadurch, dass im Datenverarbeitungssystem die Vornahme von Veränderungen und Ergänzungen der Einträge im Personenstandsregister und im Sicherungsregister protokolliert wird.
6. »Wiederaufbereitung« wird durch Maßnahmen zur Wiederherstellung eingesetzter Systemkomponenten ohne Sicherheitsrisiken ermöglicht.
7. »Unverfälschtheit« wird durch geeignete technische Prüfmechanismen sichergestellt, mittels derer etwaige Verfälschungen der gespeicherten Daten rechtzeitig bemerkt werden können.
8. »Verlässlichkeit« wird durch Maßnahmen erzielt, die es ermöglichen, dass die Funktionen des Datenverarbeitungssystems fehlerfrei ablaufen und auftretende Fehlfunktionen unverzüglich gemeldet werden.

9. »Übertragungssicherheit« bedingt, dass bei Verarbeitung der Daten im System und im Falle der Nutzung allgemein zugänglicher Netze Verschlüsselungsverfahren angewendet werden, die dem jeweiligen Stand der Technik entsprechen.

c) Anforderungen an Datenverarbeitungsverfahren

Damit unterschiedliche Fachverfahren zu einem reibungslosen Zusammenwirken, insbesondere zu einer einheitlichen Darstellung der Registereinträge finden, bedarf es der Beschreibung und Festlegung der Anforderungen, die Registerverfahren und Fachverfahren erfüllen müssen, sowie Regelungen, wie das Zusammenwirken dieser Verfahren zu erfolgen hat. Diese sind in § 11 PStV enthalten, der sowohl die Anforderungen an das Registerverfahren (Absatz 1) und an das Fachverfahren (Absatz 2) beschreibt, als auch die Anforderungen an eine Schnittstelle (Absatz 3) festlegt. **38**

In der amtlichen Begründung zu § 11 PStV[24] wird darauf hingewiesen, dass wesentliche Rahmenbedingungen für das elektronische Beurkundungsverfahren und damit auch für die Schnittstelle bereits durch die Vorgaben der Verordnung gesetzt werden. Diese betreffen die Festlegung der Datenfelder in den Personenstandsregistern, die vorgegebenen Datenformate, die vorgeschriebenen Formulare für die Darstellung der Registereinträge, die Beschreibung der Inhalte und die Kennzeichnung von Haupteintrag, Folgebeurkundungen und Hinweisen, die Vorgabe eines einheitlichen Zeichensatzes für die elektronisch erfassten Beurkundungsdaten sowie die Festlegung des Datenaustauschverfahrens XPersonenstand, dessen Formate (z. B. Feldlängen für Datenfelder der elektronischen Register) maßgebend sein sollen. Der danach für die Programmhersteller noch verbleibende Spielraum für die Schnittstellengestaltung gefährde nicht die Interoperabilität beim Zusammenwirken der standesamtlichen Verfahren in Deutschland. Gleichwohl ist das Bundesministerium des Innern durch den im Rahmen des PStRÄndG an § 11 PStV angefügten Absatz 4 ermächtigt worden, durch Veröffentlichung im Bundesanzeiger eine Schnittstellenbeschreibung für verbindlich anwendbar zu erklären und damit eine einheitliche Übertragung und Darstellung der Inhalte der Personenstandsregister sicherzustellen. Der Standard »XPersonenstand« in der Version 1.7.1 ist für die standardisierte elektronische Datenübermittlung der Standesämter ab 1. 11. 2016 zu Grunde zu legen[25]. **39**

d) Herstellererklärung

Eine Zertifizierung von Programmen, die bei der Beurkundung eingesetzt werden dürfen, sehen weder das PStG noch seine Ausführungsvorschriften vor. Der Einsatz erfolgt aber nicht ganz ohne Sicherheit: Als Mindestvoraussetzung fordert § 12 PStV für das elektronische Fach- und Registerverfahren **40**

24 BR-Drs. 713/08 (PStV) S. 89.
25 BAnz AT 2. 12. 2015 B 1, StAZ 2016, 160.

eine Herstellererklärung des Programmanbieters, mit dem dieser die Verantwortung für die gesetzeskonforme Funktionalität des eingesetzten Systems übernimmt. Er hat gegenüber dem Verwender zu bestätigen, dass die für die Registerführung maßgebenden Vorgaben von PStG und PStV erfüllt werden.

e) Betriebs- und Sicherheitskonzept

41 Das in § 13 Abs. 1 PStV vorgeschriebene Betriebs- und Sicherheitskonzept legt für jedes Standesamt intern die technischen und organisatorischen Rahmenbedingungen fest, mit denen die Kontrolle der Vorgaben der personenstandsrechtlichen Vorschriften erfolgt.

42 § 13 Abs. 2 PStV verpflichtet zur regelmäßigen Überprüfung der Datenverarbeitungssysteme auf Funktionalität. Diese Regelung will auch sicherstellen, dass die zum Einsatz gelangenden Datenträger und Anlagen regelmäßig überprüft und dem Stand der Technik angepasst werden. Bei einer Übertragung auf neue Systeme muss insbesondere gewährleistet sein, dass die Grundsätze des Datenschutzes beachtet werden; die Vorschrift fordert z. B., dass die in ausgesonderten Datenverarbeitungssystemen gespeicherten Daten spurenlos gelöscht werden.

f) Berechtigungskonzept

43 § 14 Abs. 1 PStV legt für den Zugriff auf die Personenstandsregister Berechtigungsstufen fest. Damit wird sichergestellt, dass nur befugte Benutzer Zugriff auf die Registereinträge haben. Nach § 14 Abs. 2 PStV obliegt es dem Leiter des Standesamts, die Berechtigung und die jeweilige Berechtigungsstufe festzulegen. Letztere sind wie folgt vorgegeben:
»1. Stufe A erlaubt, einen Eintrag abzuschließen und in das Personenstandsregister einzufügen, Einträge durch Folgebeurkundungen fortzuführen und Sperrvermerke sowie Hinweise aufzunehmen,
2. Stufe B erlaubt, Hinweise aufzunehmen oder zu ändern,
3. Stufe C erlaubt, einen Eintrag einzusehen,
4. Stufe D erlaubt die Einsicht in das Suchverzeichnis, um festzustellen, ob der Eintrag bei dem betreffenden Standesamt geführt wird.«
Eine höhere Berechtigung schließt eine niedrigere ein. Die Zugriffsberechtigung für ein nach § 67 eingerichtetes zentrales Personenstandsregister wird durch Rechtsverordnung der Landesregierung nach § 74 Abs. 1 Nr. 3 geregelt; die Ermächtigung kann durch Rechtsverordnung auf oberste Landesbehörden übertragen werden (§ 74 Abs. 2).

44 Die Berechtigungsstufe des jeweiligen Benutzers wird im elektronischen System verwaltet und bei jeder Anmeldung überprüft. Dabei ist es Aufgabe des Systems, den Zugriff auf das Personenstandsregister entsprechend der Berechtigungsstufe des angemeldeten Benutzers zu begrenzen. Das Benutzungsrecht umfasst auch den Ausdruck von Daten.

Die amtliche Begründung[26] geht davon aus, dass dem Leiter des Standesamts und den eingesetzten Systemadministratoren systemseitig besondere Benutzungsrechte eingeräumt werden, die es gestatten, neue Anwender im Registerverfahren einzurichten, bisherige Anwender zu sperren und Berechtigungen für die Anwender zu vergeben. 45

Sind in einem Land zentrale Register nach § 67 eingerichtet, so kann dies besondere Bedingungen der Berechtigungsvergabe erfordern; diese sind an die spezifischen Gegebenheiten der Register anzupassen und können landesrechtlich geregelt werden (§ 74 Abs. 1 Nr. 3). 46

2. Identität der Urkundsperson

a) Angabe des Standesbeamten

Zur Feststellung, welcher Standesbeamte die Registerbeurkundung vorgenommen hat, sind die fortlaufend zu nummerierenden Einträge nach § 3 Abs. 2 Satz 2 mit der Angabe des Familiennamens des beurkundenden Standesbeamten abzuschließen. Es liegt auf der Hand, dass sich der elektronische Registereintrag nicht mit der bloßen Angabe des Namens des Standesbeamten begnügen kann. Vielmehr muss – entsprechend der früheren Unterschrift im Personenstandsbuch – eine Identitätsfeststellung und -überprüfung jederzeit möglich sein. Der Regierungsentwurf sah hierfür die »dauerhaft überprüfbare qualifizierte elektronische Signatur des Standesbeamten« vor. Dieser Identitätsfeststellung widersprach der Bundesrat in seiner Stellungnahme, weil es sich bei der Personenstandsbeurkundung um einen behördeninternen Vorgang handele, der kein aufwändiges Verfahren erfordere, wie dies bei dem Datenverkehr nach außen, also z. B. mit anderen Behörden, sinnvoll sei. Es reiche vielmehr aus, wenn dauerhaft nachvollzogen werden könne, welcher Standesbeamte wann welche Beurkundung vorgenommen hat[27]. Dass das Verfahren auf der Grundlage der Ermächtigung des § 73 Nr. 3 Buchst. b in der Ausführungsverordnung zum PStG nun doch im Sinne des Regierungsentwurfs geregelt worden ist, hat gute Gründe (vgl. Rdnr. 48). 47

b) Die dauerhaft überprüfbare qualifizierte elektronische Signatur

Die in § 9 Abs. 2 PStV enthaltene Aussage, dass zu den »erforderlichen Daten« die dauerhaft überprüfbare qualifizierte elektronische Signatur des beurkundenden Standesbeamten gehört, präzisiert die gesetzliche Vorschrift, nach der die Identität der beurkundenden Person jederzeit erkennbar sein muss, in der nötigen Klarheit und regelt diese Frage im Sinne des Regierungsentwurfs (vgl. Rdnr. 47). Gewählt wurde die höchste Stufe der Sicherheit[28]. Mit der Signatur am Schluss des Eintrags ist nicht nur der Urheber eines Registereintrags jederzeit zweifelsfrei zu identifizieren. Die Signatur gewährleistet 48

26 BR-Drs. 713/08 (PStV) S. 90.
27 BT-Drs. 16/1831 S. 61, 74; abgedruckt in *Gaaz/Bornhofen* 2008 S. 472, 487.
28 Vgl. *Arendt*, StAZ 2008, 207.

vielmehr auch die Integrität der gespeicherten Daten. Diese geht verloren, wenn Dokumente oder Daten im elektronischen Personenstandsregister unbeabsichtigt – z. B. durch technische Störungen – oder in Fälschungsabsicht erzeugt, modifiziert oder gelöscht werden. Durch die elektronische Signatur und die damit verbundenen elektronischen Zeitstempel ist jederzeit zweifelsfrei überprüfbar, ob die Registerdaten unversehrt sind.

49 Die Begriffsbestimmung für die durch § 9 Abs. 2 PStV vorgeschriebene »dauerhaft überprüfbare qualifizierte elektronische Signatur« war § 2 Nr. 1 bis 3 des inzwischen außer Kraft getretenen Signaturgesetzes[29] entnommen worden. Danach sind elektronische Signaturen allgemein Daten in elektronischer Form, die anderen elektronischen Daten beigefügt oder logisch mit ihnen verknüpft sind und zur Authentifizierung dienen. Die im Personenstandswesen geforderte hohe Qualität der Signatur setzt weiter voraus, dass die elektronische Signatur ausschließlich dem Signaturschlüssel-Inhaber zugeordnet ist und sie jederzeit die Identifizierung des Schlüsselinhabers ermöglicht. Außerdem muss die Signatur mit Mitteln erzeugt sein, die der Schlüsselinhaber unter seiner alleinigen Kontrolle halten kann. Schließlich muss die Signatur mit den Daten, auf die sie sich bezieht, so verknüpft sein, dass eine nachträgliche Veränderung der Daten erkannt werden kann. Die geforderte *qualifizierte* Signatur setzt zudem voraus, dass die Signatur auf einem zum Zeitpunkt ihrer Erzeugung gültigen qualifizierten Zertifikat beruht und mit einer sicheren Signaturerstellungseinheit erzeugt wird. Dieses auf den ersten Blick vielleicht aufwändig erscheinende Verfahren trägt auch der Pflicht zur dauernden Aufbewahrung der Registereinträge (§ 7 Abs. 1) Rechnung, die das Erfordernis der unbegrenzten Überprüfbarkeit der Signatur (§ 37 Abs. 4 VwVfG; GS Nr. 86) umfasst[30]. Erreicht wird das Ziel der dauernden Überprüfbarkeit durch eine regelmäßige Übersignierung der Daten (Art. 25 ff. eIDAS-VO-EU)[29].

3. Eintragssuche und Auswertung

50 § 3 Abs. 2 Satz 4 regelt an sich Selbstverständliches und ist nur als Klarstellung zu verstehen. Der Regierungsentwurf hatte noch auf eine Regelung verzichtet, weil die Einführung von Suchverzeichnissen durch Rechtsverordnung oder Verwaltungsvorschrift als ausreichend erschien. Der Bundesrat forderte indes eine Regelung im PStG mit der Begründung ein, dass »durch reguläre Datenbankfunktionen und/oder ggf. entsprechende Programmroutinen jederzeit sowohl eine detaillierte statistische Auswertung über Jahresbestände oder den Gesamtbestand, als auch die Suche nach einzelnen Beur-

29 Gesetz über Rahmenbedingungen für elektronische Signaturen (Signaturgesetz – SigG) vom 16. 5. 2001 (BGBl. I S. 876), außer Kraft getreten am 29. 7. 2017 durch Art. 12 Abs. 1 Nr. 1 des Vertrauensdienstegesetzes (VDG) vom 18. 7. 2017 (BGBl. I S. 2745). Neue Grundlage ist die VO EU Nr. 910/2014 über elektronische Identifizierung und Vertrauensdienste für elektronische Transaktionen im Binnenmarkt ... (eIDAS-VO-EU) (ABl. L 257 vom 28. 8. 2014, S. 73) mit dem zu ihrer Durchführung erlassenen Vertrauensdienstegesetz (VDG).

30 Einzelheiten, auch zur technischen Gestaltung, bei *Schmitz/Bornhofen*, StAZ 2003, 97.

kundungsfällen mit entsprechenden Suchkriterien (Tag, Familienname etc.) möglich sein müsse«[31].

Die Ausführungsvorschriften zum PStG tragen dieser Forderung Rechnung. Nach §26 Abs.1 PStV ist jedes Personenstandsregister (§3 Abs.1) mit einer Suchfunktion zu versehen, die anderen Standesämtern die Feststellung ermöglicht, ob der gesuchte Personenstandseintrag geführt wird. Dem entsprechend darf als Suchergebnis auch nur das Standesamt und die Registernummer des gesuchten Eintrags mitgeteilt werden. Aufgabe der Suchfunktion ist es mithin nicht, dem anfragenden Standesamt eine weitergehende Registerbenutzung (z.B. Erteilung einer Auskunft aus dem Eintrag) zu ermöglichen[32]. Die Suchkriterien sind streng an der ihnen zugedachten Funktion orientiert. Sie ergeben sich aus der Anlage 1 der PStV; dort sind die entsprechenden Daten in den Datenfeldern als Suchkriterium ausgewiesen. Insbesondere Standesamt, Registernummer, Familienname, Geburtsname, Tag der Geburt, Tag der Eheschließung, Tag der Begründung einer Lebenspartnerschaft, Todestag und Ereignisort des Personenstandsfalls kommen als Suchdaten in Betracht. Stillgelegte Einträge sind von der Eintragssuche ausgenommen, sie sind nur dem zuständigen Standesamt über eine gesonderte Suchfunktion zugänglich (vgl. §47 Rdnr.36). 51

Ist ein Registereintrag mit einem Sperrvermerk nach §64 versehen worden, so ergeht auf eine entsprechende Anfrage die Mitteilung, dass das Register den Eintrag nicht enthält. Das registerführende Standesamt wird in diesem Fall von der Suchanfrage eines Dritten, dessen Daten mit Vor- und Familienname, Anschrift sowie Grund der Registerbenutzung erhoben werden, automatisch informiert. Handelt es sich um den Sperrvermerk »Zeugenschutz« nach §64 Abs.2, ist die Zeugenschutzdienststelle von der Suchanfrage zu unterrichten. Zu den beiden Sperrvermerksarten vgl. im Einzelnen §64 Rdnr.4, 12. 52

Bei papiergebundenen Alt- und Übergangsregistern, die nicht elektronisch nacherfasst worden sind, tritt an die Stelle der Suchfunktion des elektronischen Registers ein Suchverzeichnis (§26 Abs.2 PStV). Für die Benutzung dieses Verzeichnisses gelten die Kriterien der Suchfunktion des elektronischen Registers entsprechend. 53

Eine besondere Regelung ist für die beim Standesamt I in Berlin geführten elektronischen Verzeichnisse getroffen (zu den Verzeichnissen vgl. §34 Rdnr.28, §35 Rdnr.20, §36 Rdnr.21, §41 Rdnr.23, §42 Rdnr.10, §43 Rdnr.18, §45 Rdnr.47, §45b Rdnr.16). Die Einsicht in diese Verzeichnisse soll insbesondere Doppelbeurkundungen vermeiden. Die hierfür zulässigen Suchkriterien sind Standesamt, Registernummer, Familiennamen, Geburtsname, Vornamen, Tag der Geburt, Tag der Eheschließung, Tag der Begründung einer Lebenspartnerschaft, Todestag und Ereignisort des Personenstandsfalls (§27 54

31 BT-Drs. 16/1831 S. 62, 74; abgedruckt in *Gaaz/Bornhofen* 2008 S. 473, 487.
32 Vgl. hierzu *Bockstette,* StAZ 2013, 169, 175.

Abs. 2 PStV). Die Suche nach den Einträgen erfolgt in der Online-Datenbank des Standesamts I in Berlin (ODiS I). Als Ergebnis dürfen dem anfragenden Standesamt oder der deutschen Auslandsvertretung nicht nur – wie bei den Anfragen nach § 26 PStV – Standesamt und Registernummer, sondern auch weitere Angaben mitgeteilt werden. Hierdurch soll eine eindeutige Zuordnung ermöglicht werden. Grund ist die hohe Zahl ausländischer Betroffener mit gleichen oder gleichlautenden Namen und die damit verbundene Gefahr von Doppelbeurkundungen.

§4 Sicherungsregister

(1) Die Beurkundungen in einem Personenstandsregister sind nach ihrem Abschluss (§3 Abs. 2) in einem weiteren elektronischen Register (Sicherungsregister) zu speichern.

(2) Das Sicherungsregister ist wie das Personenstandsregister am Ende des Jahres abzuschließen. Es ist nach Fortführung des Personenstandsregisters zu aktualisieren.

Übersicht (die Zahlen bedeuten Randnummern)

I. Rechtsentwicklung

Seit Einführung der staatlichen Personenstandsregister durch das PStG 1875 (vgl. Einführung Rdnr. 1) besteht ein zentrales Anliegen darin, die beurkundeten Daten gegen Verlust zu sichern. Dies geschieht seither durch ein inhaltsgleiches, an einem anderen Ort aufzubewahrendes zweites Register, das zunächst »Nebenregister« genannt wurde. 1

Durch das PStG 1937 erhielten die Nebenregister die Bezeichnung »Zweitbuch«. Die Zweitbücher waren am Jahresende der unteren Verwaltungsbehörde zur Prüfung und Aufbewahrung einzureichen. Der Standesbeamte hatte Eintragungen in das Erstbuch der unteren Verwaltungsbehörde mitzuteilen. Von dieser waren die Eintragungen in das Zweitbuch zu übernehmen. In der Folge wurden die Vorschriften über die Fortführung der Zweitbücher und -register unter arbeitsökonomischen Gesichtspunkten mehrfach modifiziert; dabei wurde das Ziel der Rekonstruktion der Beurkundungen aber stets im Auge behalten. 2

Insbesondere die Erfahrungen des Zweiten Weltkrieges hatten gezeigt, wie wichtig ein zweites Register bei der Wiederherstellung zerstörter Personenstandsbeurkundungen sein kann. Daher wurde eine entsprechende Vorschrift auch in das PStG 2007 eingestellt: Mit §4 Abs. 1, der die Speicherung der Beurkundungen in den Personenstandsregistern in einem weiteren elektronischen Register, dem »Sicherungsregister«, vorschreibt, wird der Sicherheitsgedanke der früheren Personenstandsgesetze fortgesetzt. Abweichend vom früheren Recht, das dem Standesbeamten die Anlegung des Zweitbu- 3 ches spätestens am Tag nach der Beurkundung aufgab, sind die elektronischen Registerbeurkundungen nunmehr »nach ihrem Abschluss« im Sicherungsregister zu speichern (dazu Rdnr. 8).

4 § 4 Abs. 2 Satz 1 schreibt – wie § 44 Abs. 2 PStG a. F. – den Abschluss des Sicherungsregisters am Jahresende vor. Im Gegensatz zur früheren Regelung, nach der das Zweitbuch nach seinem Abschluss der zuständigen Verwaltungsbehörde zur Prüfung und Aufbewahrung einzureichen war, trifft das neue Recht keine Regelung über den Verbleib des Sicherungsregisters (dazu Rdnr. 13).

5 § 4 Abs. 2 Satz 2 entspricht mit seiner Regelung über die Fortführung des Sicherungsregisters § 44 Abs. 3 PStG a. F. (dazu Rdnr. 16).

II. Das elektronische Sicherungsregister (Absatz 1)

1. Zweck und Aufbau des Registers

6 Das Sicherungsregister dient ausschließlich dem Zweck, im Falle des Verlustes des jeweiligen Personenstandsregisters oder einzelner Daten die Wiederherstellung dieses Registers (vgl. § 8 Rdnr. 8 ff.) zu ermöglichen. Personenstandsurkunden dürfen aus dem Sicherungsregister nicht ausgestellt werden (Nr. 4 PStG-VwV).

7 § 20 Abs. 1 Satz 1 PStV schreibt folgerichtig vor, dass für den Aufbau des Sicherungsregisters die in § 15 PStV für die Personenstandsregister getroffenen Regelungen gelten (vgl. dazu im Einzelnen § 3 Rdnr. 14 ff.).

2. Zeitpunkt der Eintragung

8 Die Speicherung des Registereintrags im Sicherungsregister soll – wie von § 4 Abs. 1 gefordert – unmittelbar nach dem Abschluss der Eintragung im Personenstandsregister geschehen. § 20 Abs. 1 Satz 2 PStV präzisiert dies dahin, dass die Übernahme in das entsprechende Sicherungsregister »mit Abschluss der Beurkundung« (vgl. dazu § 3 Rdnr. 18) zu erfolgen hat. Da die Eintragungen in Personenstandsregister und Sicherungsregister in einem Arbeitsgang möglich sind, konnte auf die Gewährung einer Frist zur Beurkundung im Sicherungsregister – wie sie noch § 44 Abs. 1 PStG a. F. für das Zweitbuch einräumte – verzichtet werden.

3. Inhalt

9 In das Sicherungsregister sind sämtliche Registereinträge einschließlich der Hinweise zu übernehmen (Nr. 4 PStG-VwV).

10 Die amtliche Begründung zu § 20 PStV[1] geht davon aus, dass Personenstands- und Sicherungsregister kompatibel sind und im Übrigen garan-

1 BR-Drs. 713/08 (PStV) S. 92.

tieren, dass die Signaturen der Personenstandseintragungen (vgl. dazu §3 Rdnr. 48 f.) unverändert in das Sicherungsregister übernommen werden.

4. Datensicherheit

Nach §20 Abs. 2 Satz 1 PStV ist die Übertragung vom Personenstandsregister in das Sicherungsregister gegen jede unbefugte Benutzung sowie gegen Datenverlust zu sichern. Für die Datenübertragung bedarf es jedoch keines besonderen Verfahrens, weil sie innerhalb von Rechenzentren oder gesicherten Netzen erfolgt. Die zunächst in der Vorschrift enthaltene Verweisung auf §63 Abs. 2 und 4 PStV (elektronische Übermittlung der Daten durch strukturierte Datensätze nach dem Datenaustauschformat XPersonenstand und dem Übertragungsprotokoll OSCI-Transport) wurde im Rahmen des PStRÄndG ersatzlos gestrichen. 11

§20 Abs. 2 Satz 2 PStV schreibt außerdem vor, dass die Einrichtung des Sicherungsregisters in einer Weise zu erfolgen hat, dass es bei Beschädigung der Anlagen oder der Daten des Personenstandsregisters nicht in Mitleidenschaft gezogen wird; die Vorschrift verweist dabei auf die für die Anforderungen an Datenverarbeitungsverfahren (§11 PStV; vgl. §3 Rdnr. 38 f.) und für die Herstellererklärung (§12 PStV; vgl. §3 Rdnr. 40) getroffenen Regelungen. 12

Der Zweck des Sicherungsregisters erfordert zwingend, dass es räumlich getrennt vom Personenstandsregister aufbewahrt wird. Die Aufbewahrung soll nach §74 Abs. 1 Nr. 2 mit Rücksicht auf die unterschiedlichen Organisationsstrukturen in den Ländern durch Rechtsverordnung der jeweiligen Landesregierung geregelt werden (vgl. dazu §7 Rdnr. 5). 13

III. Abschluss und Fortführung (Absatz 2)

1. Abschluss

Die Regelung des §4 Abs. 2 Satz 1 über den Registerabschluss zum Jahresende gilt sowohl für das Personenstandsregister als auch für das Sicherungsregister; sie ist §44 Abs. 2 PStG a. F. nachgebildet. Für das Personenstandsregister gilt sie auch deshalb unmittelbar, weil in §3 Abs. 2 eine Parallelregelung für die Personenstandsregister nicht getroffen ist; die dortigen Abschluss-Regelungen beziehen sich ausschließlich auf den einzelnen Registereintrag. §21 PStV sorgt für die nötige Klarheit über das in beiden Registern zu Veranlassende, indem er bestimmt, dass die Personenstands- und Sicherungsregister vom Standesbeamten nach dem letzten Eintrag eines jeden Kalenderjahres mit einem Vermerk über die Haupteinträge abzuschließen und der Vermerk mit seiner dauerhaft überprüfbaren qualifizierten elektronischen Signatur zu versehen ist[2] (vgl. §3 Rdnr. 12). In dem Abschlussvermerk sind die im Ka- 14

2 Zur Fassung der Abschlussvermerke vgl. *Rauhmeier,* StAZ 2011, 23.

lenderjahr nach § 47 Abs. 4 stillgelegten Einträge mit der jeweiligen Eintragsnummer aufzulisten (§ 21 Satz 2 PStV).

15 Die amtliche Begründung zu § 21 PStV[3] führt dazu aus, dass der aufzunehmende Abschlussvermerk systemseitig unveränderbar und jederzeit abrufbar hinterlegt sein muss.

2. Fortführung

16 Die Regelung zur weiteren Fortführung des Sicherungsregisters erschöpft sich in der Anweisung, dass das Register zu »aktualisieren« ist. Dies bedarf der Interpretation, da sich – wie bei den Zweitbüchern – gleich die Frage stellt, ob die Aktualisierung nur den urkundlichen Teil des Registers betreffen soll, also nur eine Folgebeurkundung (§ 5 Abs. 2) zu berücksichtigen ist, oder auch der Hinweisteil (§ 5 Abs. 3) à jour gehalten werden muss. Angesichts der besonderen Bedeutung der Hinweise nach neuem Recht, insbesondere der Angaben zu Kindern und Ehen beim Geburtenregister, sind sie für den Fall der Rekonstruktion des betreffenden Personenstandsregisters unverzichtbar. Hinzu kommt, dass die elektronische Datenübertragung zum Sicherungsregister nach der Aktualisierung des Personenstandsregisters bedeutend einfacher vonstatten geht, als dies nach dem früheren Recht über Mitteilungen an die Aufsichtsbehörde und Beischreibung zum dort aufbewahrten Zweitbuch geschah. Für die Fortführung der Zweitbücher zu den Altregistern sieht § 76 Abs. 2 vor, dass Hinweise nicht einzutragen sind (zu den Gründen vgl. § 76 Rdnr. 12).

3 BR-Drs. 713/08 (PStV) S. 93.

§5 Fortführung der Personenstandsregister

(1) Die Registereinträge sind nach den Vorschriften dieses Gesetzes durch Folgebeurkundungen und Hinweise zu ergänzen und zu berichtigen (Fortführung).

(2) Folgebeurkundungen sind Einträge, die den Beurkundungsinhalt verändern.

(3) Hinweise stellen den Zusammenhang zwischen verschiedenen Beurkundungen her, die dieselbe Person, deren Ehegatten, Lebenspartner, Eltern oder Kinder betreffen.

(4) Die Fortführung obliegt dem für die Führung des Personenstandsregisters (§3 Abs.1) zuständigen Standesamt. Öffentliche Stellen haben diesem Standesamt Anlässe, die zu einer Folgebeurkundung oder zu einem Hinweis führen, mitzuteilen.

(5) Für die Fortführung der Personenstandsregister und der Sicherungsregister gelten folgende Fristen:
1. für Eheregister und Lebenspartnerschaftsregister 80 Jahre;
2. für Geburtenregister 110 Jahre;
3. für Sterberegister 30 Jahre; für Sterberegister des Sonderstandesamts in Bad Arolsen 80 Jahre.

Übersicht (die Zahlen bedeuten Randnummern)

I. Rechtsentwicklung

Allgemeingültige Regelungen über die Fortführung der Register und Begriffsdefinitionen, wie sie in §5 Abs.1 bis 4 enthalten sind (dazu Rdnr. 3ff.), kannte das frühere Recht nicht. Dort finden sich bei den einzelnen Personenstandsbüchern lediglich Regelungen über die Pflicht und die Zuständigkeit zur Fortführung. 1

Die in Absatz 5 vorgesehenen Fortführungsfristen (dazu Rdnr. 24ff.) waren dem früheren Recht völlig fremd; es basierte – obwohl eine ausdrückli- 2 che Vorschrift fehlte – auf dem Grundsatz dauernden Verbleibs der Personenstandsbücher bei den Standesämtern und ständiger Fortführung der Einträge durch die Standesbeamten. Zu der Anhebung der Fortführungsfrist für Sterberegister des Sonderstandesamts in Bad Arolsen durch das 2. PStRÄndG vgl. Rdnr. 24.

II. Der Gegenstand der Fortführung (Absatz 1)

3 Absatz 1 nennt zwei unterschiedliche Arten der Fortführung, nämlich die Folgebeurkundungen und die Hinweise. Die Regelung korrespondiert mit § 3 Abs. 1 Satz 2, der festlegt, dass der Registereintrag hinsichtlich dieser Fortführungen untergliedert ist und die Fortführungen – so ist zu folgern – in besonderen Datenfeldern erfolgen, die wie der Haupteintrag abgeschlossen werden (vgl. § 3 Rdnr. 19).

4 Mit der Nennung der beiden Fortführungsarten ist klargestellt, dass andere Veränderungen des Registereintrags nicht zulässig sind.

III. Folgebeurkundungen und Hinweise (Absatz 2 und 3)

1. Folgebeurkundungen (Absatz 2)

5 Folgebeurkundungen im Sinne von § 5 Abs. 2 gliedern sich nach ihren Anlässen in zwei Gruppen: Die erste umfasst die Fortschreibung aller urkundlichen Daten des Registereintrags und seiner Folgebeurkundungen; hauptsächlich sind dies die Angaben zum Personenstand der beurkundeten Person. Die Fortschreibungsanlässe sind bei den Vorschriften der jeweiligen Personenstandsregister im Einzelnen aufgeführt: Zum Eheregister in § 16, zum Lebenspartnerschaftsregister in § 17 i. V. m. § 16, zum Geburtenregister in § 27, zum Sterberegister in § 32. Sie fallen vornehmlich beim Geburtenregister an, z. B. nach Anerkennung der Vaterschaft, Annahme als Kind und Namensänderung des Kindes. Die Bezeichnungen der Folgebeurkundungen sind – um eine einheitliche Handhabung zu erreichen – in den Anlagen 1 und 2 der PStG-VwV festgelegt.

6 Nach § 17 PStV sind die Folgebeurkundungen eines jeden Registereintrags fortlaufend zu nummerieren. Zu beginnen ist mit der Nummer 1 für die erste Folgebeurkundung. Auch die übrigen für den Haupteintrag in § 16 PStV getroffenen Regelungen über die Eintragung, Kennzeichnung, Signierung und Speicherung (vgl. § 3 Rdnr. 14 ff.) sind entsprechend anzuwenden. Die amtliche Begründung zu § 17 PStV[1] führt dazu ergänzend aus, dass Folgebeurkundungen regelmäßig unter Angabe eines Wirksamkeitsdatums und des Anlasses der Beurkundung zu speichern sind.

1 BR-Drs. 713/08 (PStV) S. 91.

7 Die zweite Gruppe von Folgebeurkundungen mit weit weniger Anwendungsfällen bilden die Berichtigungen und Ergänzungen von Angaben, die bereits bei der Eintragung unrichtig oder unvollständig waren, z.B. Berichtigung der falschen Schreibweise eines Namens oder die nachträgliche Beurkundung von Vor- oder Familiennamen des Kindes[2].

8 In vielen Fällen ist eine Folgebeurkundung nicht auf einen einzelnen Eintrag beschränkt (z.B. bei der Berichtigung der Schreibweise von Namen). Das Standesamt hat daher zu prüfen, ob auch in anderen Personenstandsregistern entsprechende Folgebeurkundungen vorzunehmen sind.

9 Ist eine ausländische Urkunde oder Entscheidung Grundlage für die Folgebeurkundung, so ist vor der Eintragung die Wirksamkeit des Dokuments zu prüfen. Bei ausländischen Entscheidungen sind hierfür vorgeschriebene Anerkennungsverfahren zu beachten (vgl. hierzu §9 Rdnr. 40ff.).

10 Dem Standesamt I in Berlin kommt bei Mitteilungen aus dem Ausland über personenstandsrechtliche Vorgänge eine zentrale Bedeutung zu: Ihm obliegt in einem solchen Fall die Prüfung, ob der Vorgang eine Folgebeurkundung in einem inländischen Personenstandseintrag auslöst. Ist dies der Fall, so ist das Standesamt, bei dem der betreffende Vorgang geführt wird, durch Übersendung der Mitteilung, Urkunde oder Entscheidung zu benachrichtigen, damit die Folgebeurkundung vorgenommen werden kann (Nr. 5.2.4 PStG-VwV).

11 Im Zusammenhang mit der beim Standesamt I in Berlin geführten Urkundensammlung bestimmt Nr. 5.1.3 PStG-VwV, dass im Fall einer Folgebeurkundung zu einem Personenstandseintrag, der von einem nicht mehr tätigen deutschen Standesbeamten nach deutschem Recht errichtet worden ist, die Unterlagen dem Standesamt I in Berlin zu übersenden sind. Kann hierbei eine auf Grund dieses Personenstandseintrags von einem deutschen Standesamt ausgestellte Urkunde vorgelegt werden, soll eine beglaubigte Ablichtung der Urkunde gefertigt und den Unterlagen zur Aufnahme in die Urkundensammlung des Standesamts I in Berlin beigefügt werden.

2. Hinweise (Absatz 3)

12 Die Hinweise, untergebracht in einem besonderen Angabenfeld außerhalb des urkundlichen Teils des Registereintrags, stellen regelmäßig die Verknüpfungen zu anderen Registereinträgen her, die den Personenstand der beurkundeten Person betreffen. Sie haben insbesondere beim Geburtenregister an Bedeutung zugenommen, weil der Aussageanspruch des Registers erweitert worden ist (vgl. §27 Rdnr. 2, 106f.).

13 Nach §18 Abs. 1 PStV ist in den Personenstandsregistern auf Registereinträge in anderen Personenstandsregistern durch Angabe der Bezeichnung des Standesamts, der Registernummer sowie Tag und Ort des Personen-

2 OLG München, StAZ 2016, 49, 51.

standsfalls hinzuweisen. In Hinweisen auf die Geburt eines Kindes ist auch dessen Vor- und Familienname anzugeben. Hinweise dienen zudem als Hilfe im standesamtlichen Mitteilungsverfahren, da ihnen die erforderlichen Angaben über die mit einer Mitteilung zu versehenden Register zu entnehmen sind.

14 Anders als bei der Folgebeurkundung bedarf es bei einem Hinweis weder der elektronischen Signatur noch einer Nummerierung, da er nicht an der Beweiskraft der Beurkundung teilhat. In der amtlichen Begründung zu § 18 PStV[3] wird darauf hingewiesen, dass Hinweise auch durch Mitarbeiter des Standesamts angebracht werden dürfen, die keine Standesbeamten sind; eine Signaturberechtigung wird in diesen Fällen ebenfalls als entbehrlich angesehen.

15 Auch bei dem Bestreben, die Hinweisteile der Personenstandsregister möglichst aktuell und vollständig zu gestalten, kommt dem Standesamt I in Berlin zentrale Bedeutung zu. Da das deutsche Recht eine Erfassung von Personenstandsfällen Deutscher im Ausland nicht vorsieht, erfährt das zuständige Standesamt, in dessen Personenstandsregister ein Hinweis einzutragen wäre, von einem solchen Anlass nur dann, wenn die Betroffenen ihm die entsprechenden Daten zukommen lassen, die Datenübermittlung durch Staatsvertrag[4] geregelt ist oder das Standesamt I in Berlin die bei ihm eingehenden Urkunden an das registerführende Standesamt weiterleitet; Näheres zu den das Standesamt I in Berlin betreffenden Mitteilungspflichten und -verfahren ist Nr. 5.2 PStG-VwV zu entnehmen.

IV. Zuständigkeit und Mitteilungen (Absatz 4)

1. Zuständigkeit für die Fortführung

16 Wie nach dem früheren Recht, so ist auch künftig nach § 5 Abs. 4 Satz 1 das Standesamt für die Fortführung des Registereintrags zuständig, bei dem das Personenstandsregister geführt wird. Dies braucht nicht zwingend das Standesamt zu sein, bei dem der Registereintrag errichtet worden ist; so kann z. B. durch kommunale Neugliederung die Zuständigkeit auf ein anderes oder neu gebildetes Standesamt übergegangen sein.

3 BR-Drs. 713/08 (PStV) S. 92.

4 Z. B. Übereinkommen über den internationalen Austausch von Auskünften in Personenstandsangelegenheiten vom 4. 9. 1958 (BGBl. 1961 II S. 1055; GS Nr. 203), nach dem Eheschließungen und Sterbefälle in den Vertragsstaaten des Übereinkommens dem Standesamt des Geburtsortes mitzuteilen sind.

2. Mitteilung der Fortführungsanlässe

a) Allgemeine Grundsätze der Datenübermittlung

Die Regelung in §5 Abs. 4 Satz 2, nach der öffentliche Stellen dem Standesamt Fortführungsanlässe mitzuteilen haben, korrespondiert mit der Ermächtigung in §73 Nr. 20, nach der vom Bundesministerium des Innern durch Rechtsverordnung die zur Mitteilung verpflichteten Behörden und sonstigen öffentlichen Stellen sowie die zu übermittelnden Daten benannt werden. In den §§56 bis 62 PStV sind die Mitteilungspflichten der Gerichte und Behörden an das Standesamt sowie der Standesämter untereinander im Einzelnen aufgeführt. **17**

In §63 PStV sind nähere Bestimmungen zur Datenübermittlung getroffen. Sie betreffen das Verfahren der Übermittlung, die Beschreibung der zu verwendenden Datensätze, die Art der Kommunikation mit anderen Behörden sowie das besondere Verfahren in besonders gesicherten verwaltungseigenen Netzen. **18**

Die am Mitteilungsverkehr Beteiligten sind danach verpflichtet, zur Übermittlung der Daten gesicherte verschlüsselte Verfahren zu verwenden. Das Versenden einer einfachen E-Mail zur Übermittlung von Personenstandsdaten ist – wie die amtliche Begründung zu §63 PStV ausdrücklich feststellt[5] – nicht zulässig. **19**

b) Kommunikation der Standesämter

Für die elektronische Kommunikation der Standesämter untereinander verpflichtet §63 Abs. 2 PStV zur Verwendung des öffentlich niedergelegten Datenaustauschformats XPersonenstand und des Übertragungsprotokolls OSCI-Transport (Online Services Computer Interface), sofern hierauf nicht verzichtet werden kann (vgl. Rdnr. 21). Das Datenaustauschformat XPersonenstand soll eine medienbruchfreie Übermittlung gewährleisten. XPersonenstand ist ein öffentlicher Standard, der sowohl Interoperabilität als auch Hersteller- und Produktunabhängigkeit garantiert und die erforderlichen Übermittlungsprozesse unterstützt. Das Personenstandswesen folgt damit dem Vorbild anderer Rechtsgebiete (z. B. des Melderechts), die ein standardisiertes Datenaustauschformat bereits seit Längerem nutzen. Der Standard XPersonenstand wird beim Bundesarchiv in Koblenz für jedermann zugänglich und archivmäßig gesichert niedergelegt; er kann beim Bundesverwaltungsamt bezogen werden. Bei Änderung des Standards veröffentlicht das Bundesministerium des Innern Bekanntmachungen im Bundesanzeiger unter Angabe des Herausgabedatums und des Beginns der Anwendung[6]. In einer Übergangszeit, deren Ablauf an der des §75 a. F. für Übergangsbeurkundungen (31. 12. 2013) orientiert war, konnte noch eine konventionelle Über- **20**

5 BR-Drs. 713/08 (PStV) S. 106.
6 Siehe hierzu Bek. vom 2. 12. 2015 B 2 (BAnz AT 2. 12. 2015; StAZ 2016, 160).

mittlung der Daten erfolgen, sofern das Standesamt noch nicht über eine entsprechende elektronische Ausstattung verfügte (§ 63 Abs. 2 Satz 3 PStV a. F.). Mit dem Standard OSCI-Transport werden die klassischen Ziele Integrität, Authentizität, Vertraulichkeit und Nachvollziehbarkeit bei der Übermittlung von Daten gewährleistet. Die Konferenz der Datenschutzbeauftragten des Bundes und der Länder hat wegen der Sicherheit des Datentransports den von Bund, Ländern und Kommunen geplanten flächendeckenden Aufbau einer OSCI-basierten Infrastruktur befürwortet.

21 § 63 Abs. 4 PStV sieht für Rechenzentren eine Ausnahme vom Erfordernis der Nutzung des Übertragungsprotokolls OSCI-Transport vor, da innerhalb eines Rechenzentrums eine ausreichende Sicherheit gegen unbefugten Zugriff angenommen werden kann. Gleiches gilt für verwaltungsinterne Kommunikationsnetze nach Prüfung und Feststellung eines vergleichbaren Sicherheitsniveaus.

c) Mitteilungen an andere öffentliche Stellen

22 Nach § 63 Abs. 3 PStV soll der Mitteilungsverkehr der Standesämter mit anderen öffentlichen Stellen ebenfalls regelmäßig durch strukturierte Datensätze erfolgen. Angestrebtes Ziel ist eine möglichst einfache Weiterverarbeitung der Daten beim Empfänger. Soweit technisch möglich, ist nach der Neufassung des § 63 Abs. 3 PStV durch das 2. PStRÄndG für die in den §§ 57 bis 62 PStV genannten Kommunikationspartner das Datenaustauschformat XPersonenstand und das Übertragungsprotokoll OSCI-Transport zu verwenden. Neben der bereits bestehenden Datenübermittlung an die Meldebehörden, die Statistischen Ämter, die Ausländerbehörden und das Zentrale Testamentsregister wirke sich diese Vorgabe – so die amtliche Begründung der Neufassung – auch auf die zukünftig angestrebte Kommunikation der Standesämter mit den Finanzämtern, den Familiengerichten und den Jugendämtern aus. Die Verwendung unterschiedlicher Datenaustauschprogramme mit erheblichem Mehraufwand könne hierdurch vermieden werden.

23 Soll die Datenübermittlung im automatisierten Abrufverfahren nach § 68 Abs. 2 erfolgen, so sind hierfür nach § 64 PStV die Regelungen des § 63 PStV (Rdnr. 18) maßgebend (zum automatisierten Abrufverfahren vgl. § 68 Rdnr. 15 ff.).

V. Die Fortführungsfristen (Absatz 5)

24 § 5 Abs. 5 bricht, indem er für die Fortführung der Personenstandsregister Fristen setzt, mit dem früheren Anspruch der Eintragungen in den Personenstandsbüchern, auf Dauer aktuell zu sein, mithin unbegrenzt fortgeführt zu werden. Die Fortführungsfristen sind so bemessen, dass nach ihrem Ablauf nicht mehr oder nur noch in Ausnahmefällen mit Fortführungsanlässen zu rechnen ist. Während es sich bei den Fristen für Ehe-, Lebenspartnerschafts- und Sterberegister um eher statische Fristen handelt, deren Kriterien keinem

Wandel unterworfen sind, wird die für das Geburtenregister auf 110 Jahre festgesetzte Frist mit steigender Lebenserwartung der Anpassung bedürfen. Die Fortführungsfristen gelten für alle Registereinträge, die seit der Einführung der staatlichen Personenstandsbuchführung in Deutschland durch das PStG 1875 errichtet worden sind[7]. Für die beim Sonderstandesamt in Bad Arolsen geführten Sterberegister der Sterbefälle von Häftlingen der ehemaligen deutschen Konzentrationslager (vgl. §38 Rdnr. 1ff.) mit einem Datenbestand von etwa 450 000 beurkundeten Sterbefällen ist die Fortführungsfrist durch Art. 1 Nr. 2 des 2. PStRÄndG auf 80 Jahre angehoben worden. Vor der Änderung konnten fehlende Angaben, die erst nach Ablauf der bisherigen Frist von 30 Jahren bekannt wurden, wegen Fristablaufs nicht mehr beurkundet werden. Dies führte dazu, dass in entsprechenden Fällen Angehörigen nur unvollständige Urkunden (z. B. hinsichtlich des Familienstands des Verstorbenen) erteilt werden konnten.

Für die Berechnung der Frist zur Fortführung eines Personenstandseintrags ist nach Nr. 5.3 PStG-VwV der Tag der »Beurkundung des personenstandsrechtlichen Ereignisses« und nicht etwa das Datum des Ereignisses selbst, das Abschlussdatum des Personenstandsregisters oder gar der Zeitpunkt der Abgabe des Registers an das Archiv (vgl. dazu §7 Rdnr. 9) maßgebend. Bei einem nachbeurkundeten Personenstandsfall (§§34 bis 36) beginnt die Frist danach erst mit der Beurkundung des Personenstandsfalls in dem entsprechenden Register. Für aktuelle Beurkundungen von Sterbefällen in ehemaligen Konzentrationslagern durch das Sonderstandesamt Bad Arolsen (§38) bedeutet dies beispielsweise, dass der Registereintrag achtzig Jahre nach der Beurkundung und damit erst über einhundertfünfzig Jahre nach dem Tod der Betroffenen zu Archivgut wird. Hierdurch wird erreicht, dass weit nach der Beurkundung bestehende Wünsche auf Ausstellung einer Personenstandsurkunde noch erfüllt werden können. Auch für die Eheschließung bei bestehender Lebenspartnerschaft gilt der Grundsatz der Ex-nunc-Wirkung. Die Fortführungsfrist der »Umwandlung« beginnt mithin am Tag der Beurkundung der Eheschließung und wirkt nicht etwa auf den Tag der Beurkundung der Lebenspartnerschaft zurück (vgl. §17a Rdnr. 4). 25

Auch für die nach §15a PStG a.F. auf Antrag angelegten Familienbücher und die nach §41 PStG a. F. beurkundeten Geburten und Sterbefälle gilt grundsätzlich, dass der Fristlauf erst mit der jeweiligen Beurkundung beginnt. Ausgenommen sind jedoch die Nachbeurkundungen der Personenstandsfälle, die bereits im Beitrittsgebiet beurkundet waren und seit der Herstellung der Einheit Deutschlands nach den Vorschriften des Personenstandsgesetzes fortgeführt werden. 26

Auch wenn der Verzicht auf Fortführung nach Ablauf der jeweiligen Frist wegen der wenigen verbleibenden Fälle kaum eine Entlastung der standesamtlichen Arbeit mit sich bringt, so doch die darauf gründenden weiteren 27

7 Vgl. dazu OLG Hamm, StAZ 2012, 338.

Kernpunkte der Reform: Nach Ablauf der Fristen werden die Personenstandsregister gemäß § 7 Abs. 3 Archivgut und wohl größtenteils von den zuständigen öffentlichen Archiven übernommen werden; der bisher ständig wachsende Registerberg erfährt damit regelmäßigen Abbau.

28 Sollten sich in Ausnahmefällen erst nach Ablauf der Fortführungsfristen Unrichtigkeiten von Registereinträgen ergeben, steht es der aufbewahrenden Stelle grundsätzlich frei, ob und ggf. wie sie diese im Eintrag verlautbart, sofern hierfür durch die maßgebenden archivrechtlichen Vorschriften keine bestimmte Form vorgeschrieben ist. Denkbar wäre z. B. ein handschriftlicher Vermerk, in dem der richtige Sachverhalt mit Hinweis auf die Grundlage der Feststellung dokumentiert wird. Im Hinblick auf eine etwaige Nutzung des Registereintrags nach vereinfachten archivrechtlichen Benutzungsregelungen (vgl. § 61 Rdnr. 15) erscheint eine solche Handhabung sinnvoll[8].

8 Vgl. dazu *Gaaz*, StAZ 2010, 65, 73; *Kraus*, StAZ 2010, 216.

§ 6 Aktenführung

Dokumente, die einzelne Beurkundungen in den Personenstandsregistern betreffen, werden in besonderen Akten (Sammelakten) aufbewahrt.

Übersicht (die Zahlen bedeuten Randnummern)

I. Rechtsentwicklung

Den Begriff »Sammelakte« verwendete das frühere Recht nur in der DA (§§ 44 ff.) für – so die Definition – die Aktensammlung von »Schriftstücken, die einzelne Personenstandseinträge betreffen«. Das PStG 2007 verleiht dem Begriff in § 6 für ebensolche besonderen Akten nunmehr gesetzlichen Rang. 1

II. Die Sammelakte

1. Inhalt

Der Inhalt der Sammelakte soll möglichst alle Angaben, die im Rahmen der Beurkundung des Personenstandsfalls erhoben worden sind, belegen. Dies kann zum einen von Bedeutung sein, wenn die Richtigkeit des Inhalts des Registereintrags in Frage gestellt werden sollte, zum anderen aber auch, um bei Verlust des Personenstandsregisters und des Sicherungsregisters (§ 8 Abs. 2) auf die in der Sammelakte aufbewahrten Beurkundungsgrundlagen zurückgreifen zu können. 2

Darüber hinaus sind die Sammelakten Träger von Angaben, die nicht mehr im Personenstandsregister selbst verlautbart werden, weil das System der neuen Register darauf abstellt, nur noch wenige Kerndaten zu beurkunden[1]. 3

2. Aufbewahrung

a) Sammelakten

Wegen ihrer besonderen Bedeutung als Sammlung der Grundlagen der Beurkundung genießen die Sammelakten einen gegenüber anderen Akten des Standesamts höheren Aufbewahrungsschutz (vgl. § 7 Rdnr. 8). 4

1 Vgl. BT-Drs. 16/1831 S. 43; abgedruckt in *Gaaz/Bornhofen* 2008 S. 448.

5 Die Sammelakten können nach § 22 Satz 1 PStV auch elektronisch geführt oder auf Mikrofilm oder einem anderen vergleichbar sicheren Medium gespeichert werden. Für diesen Fall fordert die Regelung die Erstellung eines Betriebs- und Sicherheitskonzepts nach § 13 PStV (vgl. dazu § 3 Rdnr. 41 f.). Hierdurch wird sichergestellt, dass die für eine elektronische Aktenführung erforderlichen Bedingungen und Sicherheitsmaßnahmen in dem Betriebskonzept des Standesamts festgelegt werden. Eine regelmäßige Funktionalitätsüberprüfung und gegebenenfalls Datenmigration ist danach auch für die elektronischen Sammelakten erforderlich. Gemäß § 22 Satz 2 PStV genügt bei Übertragung von Sammelakten in ein elektronisches Dokument ein Vermerk darüber, wann und durch wen die Übertragung vorgenommen wurde (Transfervermerk). Das Verfahren ist an die Regelung in § 55b Abs. 4 VwGO angelehnt. Die Papiersammelakten, also auch Originalurkunden, Niederschriften u. ä., verlieren mit der Übertragung auf ein anderes Medium ihren hervorgehobenen Status unter den standesamtlichen Akten. Ein im Rahmen des PStRÄndG eingebrachter Vorschlag des Bundesrates, durch bundeseinheitliche Regelung (§ 22 PStV) zuzulassen, dass papiergebundene Dokumente nach der erfolgreichen Übertragung in ein elektronisches Dokument vernichtet werden können, wurde vom Gesetzgeber nicht aufgegriffen. Die Bundesregierung hat dazu in ihrer Gegenäußerung auf die Gefahr des Verlustes von Dokumenten hingewiesen, die zu Beweiszwecken (z. B. in gerichtlichen Verfahren) im Original vorzulegen sind[2]. Es bleibt den Ländern aber unbenommen, auf der Grundlage des § 74 Abs. 1 Nr. 4 über die Vernichtung von elektronisch erfassten Papierdokumenten eigene Regelungen zu erlassen, die dem von der Bundesregierung angesprochenen Gesichtspunkt Rechnung tragen sollten.

6 Schriftstücke über Folgebeurkundungen werden nach Nr. 6.1.2 Satz 1 PStG-VwV zu der Sammelakte des jeweiligen Personenstandseintrags genommen; als Teil der Sammelakte genießen sie deren besonderen Aufbewahrungsschutz. Betreffen Schriftstücke (insbesondere Beurkundungen und Beglaubigungen) einen Eintrag im Personenstandsregister eines anderen Standesamts, so sind sie nach Nr. 6.1.1 PStG-VwV in einem besonderen Band der Sammelakten aufzubewahren. Da sich der Inhalt dieser »besonderen Sammelakten« in den entsprechenden Sammelakten anderer Standesämter befindet, wäre es systematischer und leichter handhabbar gewesen, sie außerhalb der Sammelakten als »sonstige Schriftstücke« zu behandeln[3].

7 Den besonderen Status der Sammelakten besitzen auch die »wie Sammelakten zu behandelnden« Einträge in Altregistern, die in elektronische Register übernommen worden sind (§ 69 Abs. 5 PStV). Da die Altregister Träger wichtiger Daten und Dokumente sind (z. B. beinhaltet der Heiratseintrag die Niederschrift über die Eheschließung mit den Unterschriften der Ehegatten, der Trauzeugen und des Standesbeamten), kam eine Vernichtung

2 BT-Drs. 17/10489, S. 57, 73.
3 Vgl. *Gaaz*, StAZ 2009, 357, 366.

nicht in Betracht. Damit diese Einträge nicht versehentlich als Personenstandseinträge genutzt werden, sind die Beurkundungen mit einem Vermerk über die Übernahme zu versehen (vgl. § 76 Rdnr. 28).

Den Landesregierungen ist durch § 74 Abs. 1 Nr. 4 die Ermächtigung eingeräumt, durch Rechtsverordnung die Aufbewahrung der Sammelakten zu regeln (vgl. § 74 Rdnr. 8). Durch Rechtsverordnung nach § 74 Abs. 2 kann die Ermächtigung zum Erlass der Ausführungsvorschriften von den Landesregierungen auf oberste Landesbehörden übertragen werden. **8**

b) Andere Schriftstücke

Kein Aufbewahrungsschutz kommt nach Nr. 6.1.2 Satz 2 PStG-VwV Schriftstücken zu, die lediglich zu einem Hinweis, mit dem eine Verbindung zu einem anderen Personenstandseintrag hergestellt wird, geführt haben (z. B. zu dem Geburtseintrag einer Person über ihre Eheschließung gemäß § 27 Abs. 4 Nr. 1); diese Schriftstücke können nach Eintrag des Hinweises vernichtet werden. **9**

Sonstige Schriftstücke (z. B. Anträge auf Ausstellung von Personenstandsurkunden) unterfallen den allgemeinen Vorschriften über die Behandlung von Akten und können nach Ablauf der Aufbewahrungsfrist vernichtet werden; dies gilt auch für Schriftstücke zum Sicherungsregister (Nr. 6.2 PStG-VwV). **10**

§ 7 Aufbewahrung

(1) Die Personenstandsregister und die Sicherungsregister sind räumlich getrennt voneinander und vor unberechtigtem Zugriff geschützt aufzubewahren.

(2) Die Personenstandsregister sind dauernd aufzubewahren. Für die Sicherungsregister und die Sammelakten endet die Pflicht zur Aufbewahrung mit Ablauf der in § 5 Absatz 5 für das jeweilige Register genannten Frist.

(3) Nach Ablauf der in § 5 Absatz 5 genannten Fristen sind die Personenstandsregister, die Sicherungsregister und die Sammelakten nach den jeweiligen archivrechtlichen Vorschriften den zuständigen öffentlichen Archiven zur Übernahme anzubieten. Dies gilt nicht für stillgelegte Registereinträge nach § 47 Absatz 4; diese sind zu löschen.

Übersicht (die Zahlen bedeuten Randnummern)

I. Rechtsentwicklung

1 § 7 wurde durch Art. 1 Nr. 3 des 2.PStÄndG neu gefasst. Die in Absatz 1 verankerte Verpflichtung der räumlichen Trennung von Personenstandsregister und Sicherungsregister (dazu Rdnr. 5) ergab sich für das frühere Recht aus § 44 Abs. 2 PStG a. F., der die Abgabe des Zweitbuches an die Aufsichtsbehörde vorschrieb.

2 Die in § 7 Abs. 2 festgeschriebene Pflicht zur dauernden Aufbewahrung der Personenstandsregister (dazu Rdnr. 7) wurde früher aus § 1 Abs. 2 PStG a. F. abgeleitet, der den Standesbeamten – ohne hierfür eine Zeitgrenze zu setzen – zur Führung der Personenstandsbücher verpflichtete[1]; die ausdrückliche Anweisung zur dauernden Aufbewahrung war § 31 Abs. 1 DA zu entnehmen.

3 § 7 Abs. 2 sieht für die Sicherungsregister und die Sammelakten nur noch eine Pflicht zur Aufbewahrung innerhalb fester Fristen vor, die an die in § 5 Abs. 5 festgelegten Fortführungsfristen für die Personenstandsregister angelehnt sind (dazu Rdnr. 8); die Regelung weicht damit vom früheren Recht ab,

1 Vgl. *Hepting/Gaaz* Bd. 1 § 1 Rdnr. 22.

das in §7 Abs.1 a.F. auch für das Sicherungsregister und davor in §46 Abs.1 DA für Zweitbuch und Sammelakte die dauernde Aufbewahrung vorschrieb.

4 Die in §7 Abs.3 vorgesehene Anbietung der Personenstandsregister, Sicherungsregister und Sammelakten gegenüber den Archiven (dazu Rdnr. 9ff.) hatte im früheren Recht keine Entsprechung; dieses sah vor, dass die Personenstandsbücher und Sammelakten beim Standesbeamten, die Zweitbücher bei der Aufsichtsbehörde aufzubewahren waren.

II. Getrennte Aufbewahrung der Personenstandsregister und der Sicherungsregister; Schutz vor unberechtigtem Zugriff (Absatz 1)

1. Räumlich getrennte Aufbewahrung

5 Die Pflicht zur räumlichen Trennung soll gewährleisten, dass im Falle des Verlustes eines Registers ein kompletter Datenbestand erhalten bleibt und zur Erneuerung des ganz oder teilweise in Verlust geratenen Registers herangezogen werden kann (vgl. §8 Rdnr. 8ff.). Früher war die räumliche Trennung durch die der Aufsichtsbehörde zugewiesene Aufbewahrung des Zweitbuches sichergestellt (§44 Abs.2 Satz2 PStG a.F.); für den Fall räumlicher Nähe von Standesamt und Aufsichtsbehörde durfte nach §38 DA das Zweitbuch nicht in demselben Gebäude aufbewahrt werden, in dem sich das Standesamt befand. Dies entsprechend der früheren Handhabung oder auf andere Weise sicherzustellen, ist Sache der Landesregierungen; diese sind nach §74 Abs.1 Nr.2 ermächtigt, die Aufbewahrung der Zweitbücher und Sicherungsregister zu regeln. Die von den Ländern erlassenen Vorschriften sind nicht einheitlich. So werden z.B. in Niedersachsen die Zweitbücher und Sicherungsregister, die nicht in elektronischer Form geführt werden, bei der zuständigen Verwaltungsbehörde (Landkreise und kreisfreie Städte) aufbewahrt, während die elektronischen Register bei den Gemeinden verbleiben[2]. In Rheinland-Pfalz hingegen werden – unabhängig vom Beurkundungsmedium – alle Zweitbücher und Sicherungsregister von den Standesämtern (Stadt- und Gemeindeverwaltungen) bis zum Ablauf der maßgeblichen Fristen aufbewahrt[3].

2. Schutz vor unberechtigtem Zugriff

6 Das besondere Interesse an den Registern im parlamentarischen Verfahren ist auch daran erkennbar, dass vom Bundesrat angeregt wurde, in der Vorschrift den Schutz der Register vor unberechtigtem Zugriff festzuschreiben; durch eine entsprechende Ergänzung in §7 Abs.1 werde einer Datenzerstörung von außen sowie einer Datenmanipulation von innen vorgebeugt. Weder die Bundesregierung noch der Innenausschuss des Deutschen Bundes-

2 §7 Niedersächsische Verordnung zur Ausführung des Personenstandsgesetzes (Nds. AVO PStG) vom 11.12.2008 (GVBl. S.413; GS Nr.10 NI).

3 §§7, 8 der Landesverordnung zur Durchführung des Personenstandsgesetzes vom 10.12.2008 (GVBl. S.321; GS Nr.10 RP).

tages verschlossen sich diesem Wunsch[4]. Mit der in das Gesetz aufgenommenen Vorgabe korrespondiert die Ermächtigungsgrundlage des § 73 Nr. 3 Buchst. a, Rechtsverordnungen über die sichere Aufbewahrung der Register zu erlassen. Durch eine Reihe untereinander verzahnter Ausführungsvorschriften über ein Betriebs- und Sicherheitskonzept sowie die Überprüfung der Funktionalität der verwendeten Datenverarbeitungssysteme (§ 13 PStV) und ein Berechtigungskonzept, das die Voraussetzungen für den Datenzugriff regelt (§ 14 PStV), ist dem gesetzgeberischen Willen Rechnung getragen worden (zu den Ausführungsvorschriften vgl. im Einzelnen § 3 Rdnr. 41 ff.). In Nr. 7.1 PStG-VwV sind die Aufbewahrungsgrundsätze wie folgt allgemein formuliert: »Das Standesamt hat für eine dem Anspruch der dauerhaften Aufbewahrung entsprechende Lagerung der Personenstandsregister zu sorgen. Insbesondere ist darauf zu achten, dass sie Unbefugten nicht zugänglich sind und Beschädigungen durch Einwirkung von außen so weit wie möglich ausgeschlossen sind«.

III. Aufbewahrung der Personenstandsregister, der Sicherungsregister und der Sammelakten (Absatz 2)

1. Dauernde Aufbewahrung der Personenstandsregister

7 Der Grundsatz der dauernden Aufbewahrung der Personenstandsregister ist seit Einführung der staatlichen Personenstandsbuchführung immer unangetastet geblieben und war auch im Gesetzgebungsverfahren der Personenstandsrechtsreform nie in Frage gestellt. Im Gegenteil: Die früher nur den §§ 31 und 38 DA zu entnehmende Pflicht zur dauernden Aufbewahrung kann sich jetzt – vorgeschrieben allerdings nur noch für das Personenstandsregister durch § 7 Abs. 2 – auf eine gesetzliche Norm stützen. Das Motiv, künftigen Generationen über die Register ein Zeitfenster mit aussagekräftigen Unterlagen für genealogische und wissenschaftliche Forschungen zu öffnen, fand bei den Beratungen des PStRG große Unterstützung[5]. Der Umstand, dass die Personenstandsregister nach Ablauf bestimmter Fristen nicht mehr fortgeführt werden (vgl. § 5 Rdnr. 24) und die Aufbewahrung und Nutzung dann archivrechtlichen Vorschriften unterliegen (vgl. Rdnr. 9), schmälert ihren Wert nicht.

2. Befristete Aufbewahrung der Sicherungsregister und der Sammelakten

8 Für die nach dem früheren Recht (§ 46 DA) dauernd aufzubewahrenden Sicherungsregister (Zweitbücher) und Sammelakten endet künftig nach § 7 Abs. 2 Satz 2 die Pflicht zur Aufbewahrung mit dem Ablauf der Fortführungsfrist des jeweiligen Registers; mithin für das Eheregister und das Lebenspart-

4 Vgl. dazu BT-Drs. 16/1831 S. 62, 74; BT-Drs. 16/3309 S. 3, 10; abgedruckt in *Gaaz/Bornhofen* 2008 S. 473, 487, 496, 502.

5 Vgl. dazu BT-Drs. 16/1831 S. 44; abgedruckt in *Gaaz/Bornhofen* 2008 S. 449.

nerschaftsregister nach 80 Jahren, für das Geburtenregister nach 110 Jahren und für das Sterberegister nach 30 Jahren (80 Jahre für Sterberegister des Sonderstandesamts in Bad Arolsen). Die für die befristete Aufbewahrung der Sammelakten gegebene amtliche Begründung des PStRG ist nur kurz gefasst und vermag kaum zu überzeugen: »Eine dauernde Aufbewahrung der Sammelakten ist nach Absatz 2 nicht erforderlich, weil das Ergebnis der in den Sammelakten befindlichen Unterlagen im jeweiligen Personenstandsregister zusammengefasst ist.« Heißt es doch an anderer Stelle der amtlichen Begründung (zu § 6), den Sammelakten komme angesichts des neuen Systems, nur noch die Kerndaten des Personenstandsfalls zu beurkunden, besondere Bedeutung insbesondere für eine etwaige Rekonstruktion der Register im Falle des Verlustes zu[6]. Das zur Unterstreichung des Wertes der Sammelakten angeführte Beispiel, dass künftig die Erklärungen der Eheschließenden und der Ausspruch des Standesbeamten nur noch den Sammelakten zu entnehmen sind, überzeugt. Angesichts dessen bleibt nur zu hoffen, dass die Archive dem besonderen Aussagewert der Sammelakten Rechnung tragen und ihre Lebensdauer nicht an die Fortführungsfristen der Personenstandsregister koppeln. Da nach Ablauf der Fristen nur die Pflicht zur Aufbewahrung endet, mithin ein Vernichtungsdatum nicht vorgegeben ist, steht die Vorschrift einer dauernden Aufbewahrung der Sammelakten jedenfalls nicht entgegen[7].

IV. Übernahme durch die Archive (Absatz 3)

Mit dem Ablauf der Fortführungsfristen (§ 5 Abs. 5) endet für die Standesämter auch die Pflicht zur Aufbewahrung der Personenstandsregister im Standesamt; Gleiches gilt für etwaige andere, mit der Aufbewahrung der Sicherungsregister und früheren Zweitbücher befassten Behörden (zuständige Verwaltungsbehörde nach § 44 PStG a. F.). Nach § 7 Abs. 3 sind die Personenstandsregister zusammen mit den Sicherungsregistern und den Sammelakten den Archiven zur Übernahme »anzubieten«. Dies darf nicht dahin missverstanden werden, dass die Übernahme fraglich ist. Vielmehr wurde nach Zusicherung der Übernahme der Unterlagen durch die Archivverwaltungen der Länder der ursprüngliche Wortlaut der Regelung, der eine »Abgabe« vorsah, geändert, um die Bestimmung an die Terminologie der Archivgesetze der Länder anzupassen, nach der Archivgut »anzubieten« ist. Die Standesämter werden damit spürbar von einem Teil des seit Einführung der staatlichen Personenstandsregistrierung ständig angewachsenen Berges personenstandsrechtlicher Unterlagen entlastet. Voraussetzung für die Übergabe ist ein ordnungsgemäßer Zustand der Personenstandsregister und -bücher. Die Unterlagen müssen insbesondere den aktuellen Stand der Personenstandsbeurkundungen wiedergeben. Bei Beschädigungen des für die Beur- 9

6 Für beide Zitate: BT-Drs. 16/1831 S. 43 f.; abgedruckt in *Gaaz/Bornhofen* 2008 S. 448 f.
7 Vgl. dazu *Berkl*, StAZ 2017, 189.

kundungen verwendeten Mediums (z. B. Schimmelbefall von Papierbüchern) kann vor der Abgabe die Erneuerung von Einträgen und Registern erforderlich werden (vgl. § 8 Rdnr. 14). Nach § 7 Abs. 3 Satz 2 sind stillgelegte Personenstandseinträge (§ 47 Abs. 4) mit falschen Registrierungsdaten nicht an die Archive abzugeben.

10 In Ausführungsvorschriften der Länder finden sich Regelungen darüber, dass die Personenstands- und Sicherungsregister jahrgangsweise von den Archiven zu übernehmen sind. Für den Fall, dass mehrere Jahrgänge eines Personenstands- oder Sicherungsregisters zusammengebunden sind, bedeutet dies zwangsläufig, dass sie bis zum Ablauf der letzten Fortführungsfrist beim Standesamt verbleiben. Gleiches gilt für fest verbundene Jahrgangsbücher mit verschiedenen Registern[8]. Diese Übernahmemodalitäten sind auch in Nr. 7.2 PStG-VwV verankert. Der längere Verbleib der Register bei den Standesämtern hat keinen Einfluss auf die individuell zu berechnende Fortführungsfrist der einzelnen Registereinträge und deren Wandlung zu Archivgut (vgl. dazu § 5 Rdnr. 25). Zum Verfahren der Übergabe bestimmt § 25 PStV, dass in einer Übergabeniederschrift aktenkundig gemacht werden muss, welchem Archiv das Register übergeben worden ist. Das Verfahren ist näher geregelt in Nr. 7.2.3 PStG-VwV.

11 Die Wandlung zum Archivgut hat Folgen: Aus den Registern dürfen – auch wenn sie zunächst im Standesamt verbleiben – keine Personenstandsurkunden mehr ausgestellt werden (vgl. § 55 Rdnr. 29 ff.). Für ihre Benutzung sind fortan die archivrechtlichen Benutzungsvorschriften maßgebend (vgl. § 61 Rdnr. 14 f.).

12 Die getrennte Aufbewahrung der Personenstandsregister und Sicherungsregister kann auch nach der Umwandlung in Archivgut angezeigt sein, um eine etwaige Erneuerung im Fall des Verlustes des nach wie vor dauernd aufzubewahrenden Personenstandsregisters zu ermöglichen (vgl. § 8 Rdnr. 14 ff.). Steht dem Archiv nur ein Gebäude zur Verfügung, dürfte es regelmäßig ausreichen, dass die Aufbewahrung in getrennten Räumen erfolgt. Im Hinblick darauf, dass eine Pflicht zur weiteren Aufbewahrung des Sicherungsregisters nicht mehr besteht, kann es jedoch dem jeweiligen Archiv überlassen bleiben, ob es an dem Erfordernis der getrennten Aufbewahrung überhaupt festhält.

8 Eine entsprechende Regelung enthält z. B. § 6 Abs. 2 des Hessischen Ausführungsgesetzes zum Personenstandsgesetz (HAG PStG) vom 19. 11. 2008 (GVBl. S. 965; GS Nr. 10 HE).

§ 8 Verlust eines Personenstandsregisters

(1) Gerät ein Ehe-, Lebenspartnerschafts-, Geburten- oder Sterberegister ganz oder teilweise in Verlust, so ist es auf Grund des Sicherungsregisters wiederherzustellen. Ein Verlust ist auch dann gegeben, wenn die Daten eines Registereintrags wegen eines nicht zu behebenden technischen Fehlers nicht mehr zu verwenden sind.

(2) Gerät das Sicherungsregister ganz oder teilweise in Verlust, so ist es auf Grund des Personenstandsregisters wiederherzustellen. Sind sowohl das Personenstandsregister als auch das Sicherungsregister in Verlust geraten, so sind beide Register durch Neubeurkundung wiederherzustellen. Die Beurkundungen werden nach amtlicher Ermittlung des Sachverhalts vorgenommen.

(3) Sind Eheschließung, Begründung der Lebenspartnerschaft, Geburt oder Tod einer Person mit hinreichender Sicherheit festgestellt, so ist die Neubeurkundung auch dann zulässig, wenn der Inhalt des früheren Eintrags nicht mehr zweifelsfrei festgestellt werden kann. Der Zeitpunkt der Eheschließung, der Begründung der Lebenspartnerschaft, der Geburt oder des Todes ist hierbei so genau zu bestimmen, wie es nach dem Ergebnis der Ermittlungen möglich ist.

(4) War ein Eintrag berichtigt worden, so kann die Neubeurkundung in der Form einer einheitlichen Eintragung, in der die Berichtigungen berücksichtigt sind, vorgenommen werden.

Übersicht (die Zahlen bedeuten Randnummern)

I. Rechtsentwicklung

1 Weder das PStG 1876 noch das PStG 1937 enthielten Vorschriften darüber, welche Maßnahmen bei Verlust eines Personenstandsregisters zu ergreifen waren.

2 Ausführliche Regelungen wurden nach Inkrafttreten des PStG 1937 in die 1. AVO vom 19.5.1938 (RGBl. I S. 533) eingestellt. Für den Fall des Verlustes des Erstbuchs trat das bei der unteren Verwaltungsbehörde aufbewahrte Zweitbuch an die Stelle des Erstbuchs. Bei Verlust nur des Zweitbuchs wurde vom Standesbeamten auf der Grundlage des Erstbuchs ein neues Zweitbuch angelegt. Bei gleichzeitigem Verlust von Erst- und Zweitbuch erfolgte eine Neuanlegung nach amtlicher Ermittlung.

3 Bei der Einführung gesetzlicher Regelungen über Maßnahmen bei Registerverlust durch das 2. PStÄndG vom 18.5.1957 wurden die zuvor in den §§ 76 bis 83 der 1. AVO geregelten Verfahren der Neuanlegung in die neuen §§ 44a und 44b PStG a.F. übernommen.

4 Die nunmehr in dem durch Art. 1 Nr. 4 des 2. PStRÄndG weitgehend neu gefassten § 8 getroffenen Regelungen über die Wiederherstellung und Neubeurkundung entsprechen hinsichtlich ihres Ziels, stets auf einen sicheren und vollständigen Datenbestand der betreffenden Personenstandsbeurkundung zugreifen zu können, weitgehend denen der §§ 44a und 44b PStG a.F. Die Verfahren sind aber unterschiedlich gestaltet. So sieht § 8 Abs. 1 vor, dass ein in Verlust geratenes Personenstandsregister aufgrund des Sicherungsregisters wiederherzustellen ist (dazu Rdnr. 8 ff.). § 44a PStG a.F. hingegen heilte den Datenverlust dadurch, dass das Zweitbuch an die Stelle des Erstbuches trat und alsdann ein neues Zweitbuch angelegt wurde.

5 § 8 Abs. 2 Satz 2 sieht – wie § 44b Abs. 1 PStG a.F. – für den Fall des Verlustes von Personenstandsregister und Sicherungsregister (Erst- und Zweitbuch) die Wiederherstellung beider Register (Bücher) vor (dazu Rdnr. 24 ff.).

6 Die Rekonstruktion eines Registereintrags soll nach Absatz 3 auch dann erfolgen, wenn der Personenstandsfall zwar mit hinreichender Sicherheit nachgewiesen ist, die beurkundet gewesenen Daten aber nicht mehr vollständig ermittelt werden können (dazu Rdnr. 32 ff.). Die Regelung entspricht vollinhaltlich der des § 44b Abs. 3 PStG a.F.

7 Nach Absatz 4 können bei der Neubeurkundung etwaige Berichtigungen des in Verlust geratenen Eintrags berücksichtigt werden (dazu Rdnr. 35); dies war in gleicher Weise bereits nach dem früheren Recht (§ 44b Abs. 4 PStG a.F.) möglich.

II. Verlust eines Personenstandsregisters (Absatz 1)

1. Allgemeine Grundsätze

§ 8 Abs. 1 regelt, mit welchem Verfahren ein in Verlust geratenes Personenstandsregister wiederherzustellen ist. Der Wortlaut der Regelung besagt – an sich selbstverständlich –, dass sie sowohl bei ganzem als auch bei teilweisem Verlust Anwendung findet. 8

Ist ein Register komplett in Verlust geraten, so ist damit der Untergang eines oder mehrerer Jahresregister zu verstehen. Der durch das 2. PStRÄndG eingefügte Absatz 1 Satz 2 stellt klar, dass es einem Datenverlust gleichkommt, wenn die Daten zwar noch vorhanden sind, aber aus nicht behebbaren technischen Gründen nicht mehr verwendet werden können. Bei teilweisem Verlust sind nur einzelne Registereinträge oder Angaben aus einem Eintrag verloren gegangen. 9

Für den Datenverlust gibt es mehrere denkbare Ursachen. Er kann sowohl durch körperliche Zerstörung der Speicheranlage infolge von Elementareinwirkungen (z. B. Feuer, Flüssigkeiten) als auch durch unsachgemäße Bedienung der Anlage oder Behandlung der Daten (z. B. durch Übertragung auf ein neues System) hervorgerufen werden. 10

Entgegen dem früheren Recht (§ 44a Abs. 1 PStG a. F.), das für den Fall des Verlustes des Erstbuches durch Anordnung der zuständigen Verwaltungsbehörde das Zweitbuch an seine Stelle treten ließ, geht § 8 Abs. 1 den konsequenteren Weg der Wiederherstellung eines in Verlust geratenen Registers: Das Sicherungsregister bildet die Grundlage für die Erneuerung. 11

Die Wiederherstellung eines Personenstandsregisters ist – wie § 24 Abs. 1 PStV vorschreibt – durch ein Protokoll aktenkundig zu machen. Dieses dokumentiert, dass die Datenübernahme ordnungsgemäß durchgeführt wurde und ist damit Teil des Sicherheitskonzepts (vgl. dazu § 3 Rdnr. 41). Das Protokoll ist dauerhaft aufzubewahren; es soll dem zuständigen öffentlichen Archiv mit Abgabe des Personenstandsregisters nach § 7 Abs. 3 übergeben werden. 12

Dass die Verpflichtung zur Wiederherstellung der Personenstandsregister auch dann gilt, wenn diese Archivgut geworden sind, ergibt sich aus dem in § 7 Abs. 2 festgeschriebenen Grundsatz der dauernden Aufbewahrung. Da diesen Registern aber nicht mehr die hohe Beweiskraft von Personenstandsregistern zukommt (vgl. § 61 Rdnr. 14 f.), dürften vereinfachte Verfahren zulässig sein; z. B. bei Schimmelbefall von Büchern Rekonstruktion durch Abschriften mit nur einem Beglaubigungsvermerk am Schluss des Buches oder Mikroverfilmung. Bei Zweitbüchern, Sicherungsregistern und Sammelakten, für die eine Aufbewahrungspflicht nicht mehr besteht (vgl. § 7 Rdnr. 8), kann auf die Wiederherstellung auch völlig verzichtet werden. 13

2. Die Wiederherstellung der Register

14 Es liegt auf der Hand, dass für die Wiederherstellung elektronischer Register und Papierregister unterschiedliche Grundsätze gelten. Nr. 8.1 bis 8.3 PStG-VwV treffen die für die Wiederherstellungsverfahren erforderlichen Regelungen. Zur Besonderheit bei Familienbüchern, die als Heiratseintrag fortgeführt werden, vgl. Rdnr. 30 f.

a) Elektronische Register

(1) Verlust und Wiederherstellung

15 Die Wiederherstellung eines ganz oder teilweise in Verlust geratenen elektronischen Personenstandsregisters erfolgt nach Nr. 8.1.1 PStG-VwV durch Übernahme der im Sicherungsregister gespeicherten Daten in das entsprechende Personenstandsregister. Über die Wiederherstellung des Personenstandsregisters ist ein Protokoll zu erstellen (vgl. Rdnr. 12). Die Wiederherstellung eines ganz oder teilweise in Verlust geratenen Sicherungsregisters vollzieht sich nach Nr. 8.1.2 PStG-VwV in gleicher Weise.

16 Voraussetzung der Registerwiederherstellung ist, dass Inhalt und Aufbau von Personenstandsregister und Sicherungsregister deckungsgleich sind; dies ist durch § 4 sichergestellt und gilt auch für den Hinweisteil. Geht z. B. »nur« der Hinweisteil eines Registereintrags verloren, so muss auch dieser Teil des Eintrags aus dem Sicherungsregister übertragbar sein.

(2) Abschluss des neuangelegten Registers

17 Ist bei vollständigem Verlust sichergestellt, dass sämtliche Einträge des Ehe-, Lebenspartnerschafts-, Geburten- oder Sterberegisters und des jeweiligen Sicherungsregisters wiederhergestellt sind, so sind das neu angelegte Personenstandsregister und das neu angelegte Sicherungsregister abzuschließen (Nr. 8.1.4 PStG-VwV). § 21 PStV sorgt für die nötige Klarheit über das zu Veranlassende, indem er bestimmt, dass die Personenstands- und Sicherungsregister vom Standesbeamten nach dem letzten Eintrag eines jeden Kalenderjahres mit einem Vermerk über die Anzahl der Haupteinträge und mit seiner dauerhaft überprüfbaren qualifizierten elektronischen Signatur zu versehen sind (vgl. § 4 Rdnr. 14). Ggf. sind stillgelegte Einträge (§ 47 Abs. 4) mit der jeweiligen Eintragsnummer aufzulisten.

b) Papierregister

(1) Teilweiser Verlust

18 Ist ein Ehe-, Lebenspartnerschafts-, Geburten- oder Sterberegister teilweise in Verlust geraten oder unbenutzbar geworden, so können die in Verlust geratenen Einträge nach Nr. 8.2.1 PStG-VwV durch beglaubigte Abschriften aus dem Sicherungsregister ersetzt werden. Das Standesamt vermerkt auf der ersten inneren Seite des Einbands oder auf der ersten Seite des Personenstandsregisters, welche in Verlust geratenen oder unbenutzbar gewordenen Einträge durch beglaubigte Abschriften aus dem Sicherungsregister ersetzt worden

sind. Einem teilweisen Verlust steht es – streng genommen – gleich, wenn in einem Papierregister der beurkundende Standesbeamte den Eintrag nicht mit seiner Unterschrift versehen hat. Gibt es keine ordnungsgemäße Beurkundung im Sicherungsregister oder Zweitbuch, so kann eine Heilung an sich nur durch Beurkundung im Register des laufenden Jahres erreicht werden[1]. Indes dürfte auch eine pragmatische Lösung rechtlich zulässig sein, die einen Verbleib des Eintrags im Personenstandsregister des Ereignisjahres ermöglicht; z.B. durch eine Folgebeurkundung mit folgendem Wortlaut: »Unter dem nebenstehenden Eintrag fehlt die Unterschrift des Standesbeamten. Die Angaben wurden anhand der vorliegenden Akten/eigenen Ermittlungen des unterzeichnenden Standesbeamten überprüft. Sie entsprechen den beurkundeten Tatsachen. Die Unterschrift wird hiermit nachgeholt.«

(2) Vollständiger Verlust

Ist ein Ehe-, Lebenspartnerschafts-, Geburten- oder Sterberegister vollständig **19** in Verlust geraten oder unbenutzbar geworden, so kann nach Nr. 8.2.2 PStG-VwV das Sicherungsregister an die Stelle dieses Personenstandsregisters treten. In diesem Fall ist das Sicherungsregister an das Standesamt abzugeben. Auf der ersten inneren Seite des Einbandes oder auf der ersten Seite des Registers ist vom Standesamt zu vermerken, dass das Sicherungsregister an die Stelle des in Verlust geratenen oder unbenutzbar gewordenen Personenstandsregisters getreten ist.

III. Verlust des Sicherungsregisters (Absatz 2 Satz 1); Verlust von Personenstands- und Sicherungsregister (Absatz 2 Satz 2)

1. Verlust des Sicherungsregisters (Absatz 2 Satz 1)

Vor der Änderung durch das 2. PStRÄndG war die Erneuerung eines in Ver- **20** lust geratenen Sicherungsregisters in § 8 nicht direkt angesprochen. Aus Sinn und Zweck der früheren Fassung ergab sich aber bereits, dass die Regelung wechselseitig zu verstehen war, also auch für den Fall galt, dass »nur« das Sicherungsregister verloren gegangen war. Die begleitende Vorschrift des § 24 Abs. 2 PStV a. F. (Nr. 8.1.2 PStG-VwV) stellte klar, dass ein ganz oder teilweise in Verlust geratenes Sicherungsregister aufgrund des Personenstandsregisters wiederherzustellen war.

Die Wiederherstellung eines ganz oder teilweise in Verlust geratenen Si- **21** cherungsregisters erfolgt spiegelbildlich zu der Wiederherstellung des Personenstandseintrags durch Übernahme der im Personenstandsregister gespeicherten Daten in das entsprechende Sicherungsregister (vgl. Rdnr. 15).

Ist ein auf Papier geführtes Sicherungsregister (Zweitbuch) an die Stelle **22** des Personenstandsregisters getreten oder ganz in Verlust geraten oder unbenutzbar geworden, so hat das Standesamt, bei dem das Personenstandsre-

1 So z.B. *Rauhmeier*, StAZ 2011, 248; *Hochwald*, StAZ 2013, 91.

gister geführt wird, alsbald nach Nr. 8.2.3 PStG-VwV ein neues Sicherungsregister anzulegen. Hierzu können beglaubigte Ablichtungen der Einträge im Personenstandsregister gefertigt oder die Formulare der Anlagen 2 bis 5 der PStV verwendet werden. Auf der der letzten Eintragung folgenden Seite des neuen Sicherungsregisters ist zu vermerken, dass die Einträge mit dem bisherigen Sicherungsregister übereinstimmen, dass sie vollständig sind und dass das neu angelegte Sicherungsregister an die Stelle des früheren Sicherungsregisters getreten ist. Die neu angelegten Sicherungsregister sind an die für die Führung der Sicherungsregister zuständige Stelle abzugeben.

23 Ist ein Papier-Sicherungsregister nur teilweise in Verlust geraten oder unbenutzbar geworden, hat das Standesamt, bei dem das Personenstandsregister geführt wird, nach Nr. 8.2.4 PStG-VwV beglaubigte Abschriften der in Verlust geratenen oder unbenutzbar gewordenen Einträge auszustellen und der für die Führung des Sicherungsregisters zuständigen Stelle zu übermitteln.

2. Verlust von Personenstandsregister und Sicherungsregister (Absatz 2 Satz 2)

24 § 8 Abs. 2 Satz 2 behandelt den Fall, dass sowohl das Personenstandsregister als auch das Sicherungsregister in Verlust geraten sind. Obwohl dies dem Wortlaut der Regelung – anders als in § 8 Abs. 1 und 2 Satz 1 – nicht ausdrücklich zu entnehmen ist, ergibt sich aus ihrem Sinn und Zweck, dass sie sowohl bei ganzem als auch bei teilweisem Verlust Anwendung findet.

25 Für den Verlust der Register oder Einträge kommen die gleichen Ursachen wie bei den Verlustfällen nach Absatz 1 in Frage (vgl. Rdnr. 10). Das Verfahren der Rekonstruktion ist indes komplizierter: Anders als bei noch vorhandenem spiegelbildlichen Sicherungsregister, das lediglich auf elektronischem Weg in das Personenstandsregister zu übertragen ist, bedarf es bei Verlust beider Register der »amtlichen Ermittlung des Sachverhalts« (§ 8 Abs. 2 Satz 3; Nr. 8.1.3 PStG-VwV).

a) Amtliche Ermittlung des Sachverhalts

26 Die Forderung nach »amtlicher Ermittlung« lässt größeren Aufwand besorgen. Die amtliche Begründung beruhigt aber insofern, als sie davon ausgeht, dass dies »vornehmlich auf der Grundlage der in den Sammelakten enthaltenen Urkunden geschehen kann«[2].

27 Die Einbeziehung der Beteiligten (z. B. Anzeigende, Ehegatten) in das Verfahren ist mithin nur dann erforderlich, wenn auch die Sammelakten in Verlust geraten sind oder zu Einzelfragen keinen Aufschluss geben. Das Standesamt kann bei der Ermittlung des Sachverhalts tatsächliche Auskünfte und die Vorlage von Urkunden verlangen, das persönliche Erscheinen von Beteiligten anordnen und Versicherungen an Eides statt verlangen (Nr. 8.1.3 PStG-VwV).

2 BT-Drs. 16/1831 S. 44; abgedruckt in *Gaaz/Bornhofen* 2008 S. 449.

Als Urkunden, deren Vorlage verlangt werden kann, kommen insbesondere Personenstandsurkunden und Stammbücher der Familie, aus denen die in Verlust geratenen Einträge zu ersehen sind, in Betracht. Vorgelegte Urkunden sind zurückzugeben.

b) Die Registereintragung

Die Eintragungen in das nach Verlust neu anzulegende Register erfolgen durch das für die Führung des Registers zuständige Standesamt nach amtlicher Ermittlung des Sachverhalts von Amts wegen. Ob ungeachtet etwaiger noch verbleibender Lücken in den zu beurkundenden Angaben eine Wiederherstellung des Eintrags möglich ist, beurteilt sich nach § 8 Abs. 3 (vgl. Rdnr. 32 ff.). Für die neuen Personenstandsregister und die Sicherungsregister sind die Formulare der Anlagen 2 bis 5 der Personenstandsverordnung zu verwenden. Beide Register sind nach der Wiederherstellung abzuschließen (Nr. 8.1.4 PStG-VwV). 28

Im Falle der Wiederherstellung eines Altregisters sind – entsprechend der für die Übertragung in elektronische Register getroffenen Regelungen (§ 76 Abs. 5; § 69 PStV) – nur die nach neuem Recht in das Register aufzunehmenden Angaben zu ermitteln und einzutragen (vgl. § 76 Rdnr. 24 ff.). Auch in diesen Fällen sind die in Rdnr. 28 bezeichneten Formulare zu verwenden (Nr. 8.2.5 PStG-VwV)[3]. Auf der ersten inneren Seite des Einbandes oder auf der ersten Seite des Registers ist die Neuanlegung zu vermerken (Nr. 8.2.1 PStG-VwV). 29

c) Besonderheit »Familienbuch«

Auf eine Besonderheit ist hinzuweisen: Wird im Falle des § 77 Abs. 1 ein Familienbuch als Heiratseintrag fortgeführt, so handelt es sich bei dem Verlust dieses Personenstandsbuchs, für das ein Sicherungsregister nicht geführt wird, zunächst um einen Totalverlust, der dem Verlust von Personenstandsregister und Sicherungsregister gleichkommt. Da es aber in diesen Fällen meist noch einen nicht fortgeführten Heiratseintrag gibt, der wie eine Sammelakte aufbewahrt wird (vgl. § 77 Rdnr. 14), kann auf dem darin enthaltenen Datenbestand aufgebaut werden. Dies geschieht in der Weise, dass der Heiratseintrag aktualisiert und fortgeführt wird. Die rechtliche Grundlage für dieses Verfahren bildet § 24 Abs. 2 PStV (Nr. 8.3.1 PStG-VwV). Der Übergang von Familienbuch auf Heiratseintrag sollte – damit im Bedarfsfall nicht vergeblich nach dem Familienbuch gesucht wird – an geeigneter Stelle dokumentiert werden, ggf. durch einen Hinweis in der Familienbuch-Kartei. 30

Bei nach § 15a PStG a. F. auf Antrag angelegten Familienbüchern, für die es einen inländischen Heiratseintrag nicht gibt, versagt dieses Rettungsverfahren allerdings. In diesen Fällen verbleibt es bei der völligen Rekonstruktion (vgl. Rdnr. 24 ff., 32 ff.). Hierzu bestimmt Nr. 8.3.2 PStG-VwV, dass die Ehe- 31

3 Vgl. *Kampe*, StAZ 2011, 25.

schließung spätestens bei einem Antrag auf Benutzung des als Heiratseintrag fortgeführten Familienbuchs nachträglich im Eheregister zu erfassen ist.

IV. Neubeurkundung bei fehlenden Angaben (Absatz 3)

32 Absatz 3 behandelt den Fall, dass bei Verlust von Personenstandsregister und Sicherungsregister die nach Absatz 2 durchzuführenden amtlichen Ermittlungen des Sachverhaltes (vgl. Rdnr. 26) nicht zu einer lückenlosen Rekonstruktion aller Daten des Personenstandsfalles führen. Dies dürfte reduziert sein auf die Ausnahme, dass auch die Sammelakten in Verlust geraten sind und die Beteiligten (z. B. bei Verlust des Eheregisters die Ehegatten) nicht mehr befragt werden können.

33 Für eine Neubeurkundung genügt in diesen Fällen, dass der zu beurkundende Personenstandsfall, also Eheschließung, Begründung der Lebenspartnerschaft, Geburt oder Tod mit »ausreichender Sicherheit« feststeht. Die Palette anzuerkennender Beweismittel ist groß: So kann die erforderliche Sicherheit z. B. für eine erfolgte Eheschließung durch Befragung anwesend gewesener Zeugen oder anderer Personen, amtliche Unterlagen und private Aufzeichnungen erzielt werden. Dabei ist es für eine Beurkundung nicht erforderlich, dass alle Daten genau ermittelt werden können. Besteht an dem Personenstandsfall selbst kein Zweifel, genügt für die einzutragenden Daten ein an dem Ergebnis der Ermittlungen orientierter Grad an Genauigkeit; kann z. B. der Tag der Eheschließung nicht mehr festgestellt werden, genügt auch die Angabe eines Zeitraumes, innerhalb dessen die Eheschließung erfolgt ist.

34 Hat der beurkundende Standesbeamte nach Abschluss der Ermittlungen Zweifel, ob die ihm vorliegenden Beweise für eine Beurkundung des Personenstandes ausreichen, so hat er die Möglichkeit, hierzu nach § 49 Abs. 2 die Entscheidung des Gerichts herbeizuführen (vgl. § 49 Rdnr. 18 ff.).

V. Neubeurkundung berichtigter Register (Absatz 4)

35 Absatz 4 räumt die Möglichkeit ein, Berichtigungen eines Registereintrags im Falle der Neubeurkundung zu berücksichtigen. Dies hat zur Folge, dass der bereinigte (neue) Registereintrag nicht mehr dem ursprünglichen Personenstandseintrag entspricht. »Berichtigungen« im Sinne der Vorschrift betreffen ausschließlich solche Angaben, die bei der Errichtung des Personenstandseintrags bereits unrichtig waren (z. B. falsche Schreibweise eines Namens). Anwendungsfälle sind ausschließlich die der »Neubeurkundung«, der ein Verlust sowohl des Personenstandsregisters als auch des Sicherungsregisters vorausgegangen sein muss.

§ 9 Beurkundungsgrundlagen

(1) Eintragungen in den Personenstandsregistern werden auf Grund von Anzeigen, Anordnungen, Erklärungen, Mitteilungen und eigenen Ermittlungen des Standesamts sowie von Einträgen in anderen Personenstandsregistern, Personenstandsurkunden oder sonstigen öffentlichen Urkunden vorgenommen.

(2) Ist den zur Beibringung von Nachweisen Verpflichteten die Beschaffung öffentlicher Urkunden nicht oder nur mit erheblichen Schwierigkeiten oder unverhältnismäßig hohen Kosten möglich, so können auch andere Urkunden als Beurkundungsgrundlage dienen. Sind auch diese nicht einfacher zu beschaffen als die erforderlichen öffentlichen Urkunden oder können die für die Beurkundung erheblichen tatsächlichen Behauptungen der Betroffenen weder durch öffentliche noch durch andere Urkunden nachgewiesen werden, so kann der Standesbeamte zum Nachweis dieser Tatsachen Versicherungen an Eides statt der Betroffenen oder anderer Personen verlangen und abnehmen.

Übersicht (die Zahlen bedeuten Randnummern)

I. Rechtsentwicklung

1 Im früheren Recht war eine allgemeine, dem § 9 vergleichbare Regelung über die Beibringung von Nachweisen für die Beurkundung der Personenstandsfälle nicht getroffen.

2 Das PStG 1875 enthielt aber bereits eine Vorschrift über die Pflicht zur Vorlage urkundlicher Nachweise beim Aufgebot und die Möglichkeit des Standesbeamten, von der Beibringung abzusehen, wenn ihm die Tatsachen persönlich bekannt oder glaubhaft nachgewiesen waren.

3 Die vor dem Inkrafttreten des PStG 2007 im Rahmen der Prüfung der Ehefähigkeit anzuwendenden Vorschriften (§ 5 Abs. 1 und 3 PStG a. F.) wurden analog auch für die Beurkundungsgrundlagen der anderen Personenstandsbücher herangezogen.

4 § 9 benennt nunmehr in Absatz 1 die im Allgemeinen für eine Registereintragung heranzuziehenden Grundlagen (dazu Rdnr. 5 ff.). Absatz 2 behandelt den Fall, dass auf solche Unterlagen nicht zurückgegriffen werden kann und zeigt die Möglichkeiten auf, dennoch zu einer Beurkundung zu gelangen (dazu Rdnr. 57 ff.).

II. Allgemeine Beurkundungsgrundlagen (Absatz 1)

5 Absatz 1 erhebt den Anspruch, die für eine Eintragung in ein Personenstandsregister in Frage kommenden Grundlagen abschließend aufzuzählen. Die Beurkundungsgrundlagen sind nachfolgend in der im Gesetz gewählten Reihenfolge behandelt.

1. Allgemeine Prüfung

a) Prüfung der Nachweise und Mitteilungen

6 Nach § 5 PStV darf die Eintragung in das Personenstandsregister oder die sonstige Beurkundung erst erfolgen, wenn auf der Grundlage der beigebrachten Nachweise der zu beurkundende Sachverhalt ermittelt und durch das Standesamt abschließend geprüft worden ist. Dies gilt auch für das Beurkundungsverfahren bei elektronischer Registerführung; der Standesbeamte kann sich mithin nicht etwa auf die Richtigkeit von in strukturierter Form

übermittelten Daten verlassen. Nr. 9.3.1 PStG-VwV führt hierzu ergänzend aus, dass das Standesamt die eingegangenen Mitteilungsdaten anderer Behörden vor der Übernahme in die Personenstandsregister zu prüfen hat. Zur Prüfung der Angaben der Beteiligten können nach Nr. 9.3.2 PStG-VwV Zeugen und Sachverständige vorgeladen und vernommen werden. Wenn diese nicht im Standesamtsbezirk wohnen, kann auch ein anderes Standesamt um die Vernehmung ersucht werden. Zur Überprüfung ausländischer Urkunden vgl. Rdnr. 35 ff.

b) Prüfung der Staatsangehörigkeit

In vielen Beurkundungsfällen gehört zum allgemeinen Teil des zu prüfen- 7
den Sachverhalts, die Staatsangehörigkeit der Beteiligten festzustellen, meist, um daraus Rückschlüsse auf ihr Personalstatut zu ziehen[1]. Zum Nachweis der deutschen Staatsangehörigkeit reicht nach § 8 Abs. 1 PStV in der Regel der Personalausweis, der Reisepass oder die erweiterte Meldebescheinigung aus. Falls Zweifel bestehen, kann aber auch die Vorlage eines Staatsangehörigkeitsausweises verlangt werden (Nr. A 7.1 PStG-VwV). Es kommen folgende Nachweise in Betracht:

1. Staatsangehörigkeitsausweis,
2. Ausweis über die Rechtsstellung als Deutscher,
3. Einbürgerungsurkunde,
4. Urkunde über den Erwerb der deutschen Staatsangehörigkeit durch Erklärung,
5. Genehmigung zur Beibehaltung der deutschen Staatsangehörigkeit.

Der Nachweis kann auch durch Vorlage einer Bescheinigung nach § 15 Abs. 1 oder 2 des Bundesvertriebenengesetzes geführt werden.

Personen, die nicht Deutsche sind, weisen ihre Staatsangehörigkeit nach 8
§ 8 Abs. 2 PStV mit folgenden Dokumenten nach:

1. Reisepass oder Passersatz[2],
2. amtlicher Personalausweis mit Angabe der Staatsangehörigkeit eines Mitgliedstaats der Europäischen Union, eines anderen Vertragsstaats des Abkommens über den Europäischen Wirtschaftsraum und der Schweiz oder
3. Bescheinigung der zuständigen Behörde seines Heimatstaats.

Staatenlose sind Personen, die von keinem Staat nach seinem innerstaat- 9
lichen Recht als eigene Staatsangehörige angesehen werden; sie können sich durch einen deutschen Reiseausweis nach Artikel 28 des Übereinkommens vom 28. 9. 1954 über die Rechtsstellung der Staatenlosen (BGBl. 1976 II S. 473) ausweisen (Nr. A 7.3 PStG-VwV)[3].

1 Vgl. *Hepting/Dutta* Rdnr. VI-22 ff.; *Berkl,* Rdnr. 77.
2 Zur Frage, inwieweit ein Reiseausweis für Ausländer oder Flüchtlinge geeignet ist, zur Identitätsprüfung beizutragen vgl. Rdnr. 58.
3 OLG Schleswig, StAZ 2014, 242.

10 Bei heimatlosen Ausländern, Asylberechtigten und ausländischen Flüchtlingen kann die Staatsangehörigkeit regelmäßig nicht durch ein Dokument nach § 8 Abs. 2 PStV festgestellt werden; sie weisen ihre Rechtsstellung nach Nr. A 7.2 PStG-VwV durch einen Eintrag im Reiseausweis nach[4]. Der Wortlaut dieser Eintragungen ist Nr. A 7.2.1 bis A 7.2.5 PStG-VwV zu entnehmen.

2. Anzeigen

11 Unter »Anzeigen« sind die in den §§ 18 und 28 behandelten mündlichen und schriftlichen Anzeigen einer Geburt oder eines Sterbefalls zu verstehen. Sie sind zwingende Voraussetzung für die Beurkundung einer Geburt oder eines Sterbefalls. Die Beurkundung auf Grund eigener Ermittlungen des Standesamts ist nicht zulässig (Nr. 9.4.1 PStG-VwV), jedoch können unvollständige oder unrichtige schriftliche Anzeigen aufgrund eigener Ermittlungen des Standesamts geändert werden (vgl. § 46 Rdnr. 6 f.).

a) Mündliche Anzeige

12 Nach § 6 Abs. 1 PStV ist über die mündliche Anzeige eines Personenstandsfalls vom Standesamt eine Niederschrift aufzunehmen, die alle zur ordnungsgemäßen Beurkundung im Personenstandsregister erforderlichen Angaben enthalten muss.

13 Die mündliche Anzeige erfolgt durch persönliche Vorsprache des Anzeigenden; eine telefonische Anzeige ist nach Nr. 9.4.2 PStG-VwV nicht zulässig.

14 Das Standesamt hat die Identität des Anzeigenden festzustellen. Hierzu soll sich der Anzeigende gemäß Nr. 9.4.4 PStG-VwV durch einen amtlichen Ausweis oder eine andere mit Lichtbild versehene Urkunde ausweisen.

15 Die Pflicht zur Aufnahme einer Niederschrift (vgl. Rdnr. 12) gilt nach Nr. 9.4.3 PStG-VwV für alle mündlichen Anzeigen gegenüber dem Standesamt. Sie soll nach Nr. 9.4.5 PStG-VwV neben den Angaben zum angezeigten Ereignis auch Angaben enthalten über

1. Ort und Tag der Niederschrift,
2. Vor-, Familienname und Wohnort des Anzeigenden und gegebenenfalls auch des Dolmetschers,
3. die Feststellung der Identität des Anzeigenden und
4. die Tatsache, dass von dem Personenstandsfall aus eigenem Wissen Kenntnis erlangt worden ist.

Die Niederschrift ist nach Nr. 9.4.6 PStG-VwV vom Anzeigenden, gegebenenfalls auch vom hinzugezogenen Dolmetscher zu unterschreiben.

16 Die Niederschrift wird zu den Sammelakten genommen. Insbesondere bei etwaigen späteren Berichtigungsverfahren gibt sie Aufschluss darüber, wel-

4 Zum gewöhnlichen Aufenthalt und Personalstatut von Flüchtlingen vgl. *Baetge*, StAZ 2016, 289.

che Angaben von dem Anzeigenden gemacht und welche Erklärungen abgegeben wurden.

In diesem Zusammenhang ist auf die in § 2 Abs. 2 PStV behandelte Pflicht zur Hinzuziehung eines Dolmetschers hinzuweisen, wenn der mit der Amtshandlung befasste Standesbeamte die fremde Sprache nicht beherrscht (vgl. dazu Rdnr. 27). In diesem Fall soll nach § 2 Abs. 3 PStV eine Niederschrift auch in der fremden Sprache vorgelesen werden. Dass dies geschehen ist, hat der Standesbeamte am Schluss der Niederschrift anzugeben; die Niederschrift ist auch vom Dolmetscher zu unterschreiben (Nr. 9.4.6 PStG-VwV). 17

b) Schriftliche Anzeige

Soweit Krankenhäuser und sonstige Einrichtungen zur schriftlichen Anzeige verpflichtet sind, kann die Anzeige nach § 3a VwVfG auch elektronisch erfolgen[5]. 18

Nach § 6 Abs. 2 PStV soll für die elektronische Anzeige einer Geburt oder eines Sterbefalls das Datenaustauschformat XPersonenstand und das Übertragungsprotokoll OSCI-Transport in der im Bundesanzeiger bekannt gemachten jeweils gültigen Fassung verwendet werden (vgl. § 5 Rdnr. 20). Wird die Anzeige in Form eines in dieser Weise strukturierten Datensatzes übermittelt, können die Daten nach Prüfung durch den Standesbeamten unmittelbar in das Personenstandsregister übernommen werden. Sind Angaben in einer schriftlichen Anzeige unrichtig oder unvollständig, so sollen sie nach § 46 (vgl. dort Rdnr. 6) vom Standesbeamten eigenständig geändert werden. 19

c) Zurückstellung der Beurkundung

Für den Fall, dass die bei einer Anzeige vorgelegten Nachweise keine ausreichende Grundlage für die Beurkundung bilden, kann das Standesamt die Eintragung in das Personenstandsregister nach § 7 Abs. 1 PStV zurückstellen. Die Vorschrift verpflichtet das Standesamt aber zugleich, die Beurkundung des Personenstandsfalls in angemessener Frist nachzuholen. Nach § 7 Abs. 2 PStV ist dem Anzeigenden auf Antrag eine Bescheinigung darüber auszustellen, dass der Personenstandsfall angezeigt wurde, aber noch nicht beurkundet werden konnte. Die Bescheinigung wird formlos erteilt; sie dient den Betroffenen als Nachweis gegenüber anderen Behörden, dass sie ihrer Anzeigepflicht nachgekommen sind. 20

Soweit die fehlenden Angaben im Sinne von § 7 Abs. 1 PStV die nicht nachgewiesene Identität der Eltern eines Kindes bei der Geburtsbeurkundung oder den Personenstand eines Verstorbenen betreffen, kann der Personenstandsfall nach §§ 35 und 40 PStV gleichwohl mit einem erläuternden Zusatz 21

5 Zu den Grundsätzen elektronischer Kommunikation im Verwaltungsverfahren vgl. *Schmitz* in: *Stelkens/Bonk/Sachs* § 3a Rdnr. 13 ff.; *Schmitz/Bornhofen*, StAZ 2003, 97.

beurkundet werden (vgl. dazu § 21 Rdnr. 60 ff., § 31 Rdnr. 13)[6]. Dieser ist bei späterem Nachweis der Identität, der auch durch einen länger abgelaufenen Pass geführt werden kann, wieder aufzuheben[7]. Ist die Identität einer Person in einem deutschen Personenstandseintrag ohne einschränkenden Zusatz beurkundet worden, sind auch andere Standesämter bei anderen Beurkundungen hieran gebunden, solange nicht der Nachweis der Unrichtigkeit geführt wird[8].

3. Anordnungen

22 »Anordnungen« im Sinne der Regelung sind die gerichtliche Anordnung nach § 48 zur Berichtigung eines Personenstandseintrags und die gerichtliche Anweisung nach § 49 zur Vornahme einer Amtshandlung. Da der Standesbeamte bei Wahrnehmung seiner Aufgaben als Urkundsperson nicht an Weisungen gebunden ist (vgl. § 2 Rdnr. 13), kommen andere als gerichtliche Anordnungen (z. B. durch Vorgesetzte oder durch die Aufsichtsbehörde) nicht als Beurkundungsgrundlagen in Betracht.

4. Erklärungen

23 Unter »Erklärungen« sind vornehmlich solche Willenserklärungen zu verstehen, die einen Registereintrag begründen. Zu nennen sind hier die Erklärungen der Eheschließenden, die Ehe miteinander eingehen zu wollen (§ 14 Abs. 3). Des Weiteren kommen insbesondere Erklärungen zur Namensführung von Ehegatten und Lebenspartnern (§§ 41 und 42), zur Namensangleichung (§ 43), zur Namensführung von Kindern (§ 45) und zur Anerkennung der Vaterschaft und Mutterschaft (§ 44) in Betracht.

24 Zur Form der Entgegennahme der Erklärungen führt Nr. 9.1 PStG-VwV aus, dass das meist vorgeschriebene Formerfordernis der öffentlichen Beglaubigung auch dann erfüllt ist, wenn der Standesbeamte über die Erklärung eine Niederschrift aufnimmt, die von ihm und dem Erklärenden unterschrieben und mit dem Dienstsiegel versehen wird. Wird eine Erklärung nicht vor dem Standesamt abgegeben, das für die Entgegennahme zuständig ist, so ist diesem eine beglaubigte Abschrift der Erklärung zu übersenden. Auch für eine im Ausland abgegebene Erklärung gilt grundsätzlich, dass sie erst wirksam werden kann, wenn sie dem für ihre Entgegennahme zuständigen deutschen Standesamt zugegangen ist[9]. Gibt es eine solche Empfangszuständigkeit nicht, was z. B. bei der Wahl eines Ehenamens im Rahmen einer im Ausland geschlossenen Ehe der Fall ist, so wird die Erklärung unmittelbar wirksam, bedarf also nicht etwa des Zugangs bei einem deutschen Standesamt. Für die

6 OLG Karlsruhe, StAZ 2017, 75. Zur Frage der Eintragung geänderter, ebenfalls nicht nachgewiesener Angaben, vgl. KG StAZ 2017, 273; OLG Hamm, StAZ 2016, 113.
7 KG, StAZ 2014, 11.
8 OLG Hamm, StAZ 2019, 82.
9 BGH, StAZ 2017, 129.

Wirksamkeit einer solchen Erklärung kommt es mithin entscheidend nur darauf an, dass die Formvorschriften des Ortsrechts eingehalten worden sind[10].

5. Verständigung

Für den Fall, dass ein Beteiligter die deutsche Sprache nicht versteht, hör- oder sprachbehindert ist oder nicht schreiben kann, sind in § 2 Abs. 2, 3 und § 3 PStV sowie in Nr. A 4.1 PStG-VwV nähere Vorschriften getroffen. 25

Soweit diese Vorschriften die Beteiligung eines Dritten als Dolmetscher vorsehen, ist Nr. A 4.1.1 PStG-VwV zu beachten, nach der ein Beteiligter nicht als Dolmetscher in eigener Angelegenheit tätig werden darf. 26

a) Hinzuziehung eines Dolmetschers[11]

Versteht ein Beteiligter die deutsche Sprache nicht, so ist nach § 2 Abs. 2 PStV ein Dolmetscher hinzuzuziehen[12]. Hierauf kann verzichtet werden, wenn der Standesbeamte oder der mit der Amtshandlung befasste Mitarbeiter des Standesamts die fremde Sprache selbst beherrscht. Der Dolmetscher hat gegenüber dem Standesbeamten eine Versicherung an Eides statt entsprechend § 189 GVG darüber abzugeben, dass er treu und gewissenhaft übertragen werde (Nr. A 4.1.1 PStG-VwV). Ist der Dolmetscher für Übertragungen der betreffenden Art in einem Land nach den landesrechtlichen Vorschriften allgemein beeidigt, genügt die Berufung auf diesen Eid. Die von Unternehmen angebotene Möglichkeit, im Umgang mit fremdsprachigen Beteiligten einen Video-Dolmetscherdienst in Anspruch zu nehmen, kommt für einen Einsatz in standesamtlichen Verfahren nicht in Betracht. Das Erfordernis der persönlichen Anwesenheit und Unterzeichnung der Niederschrift (vgl. Rdnr. 28) steht dem entgegen[13]. 27

Ist eine Niederschrift aufgenommen worden, so soll diese nach § 2 Abs. 3 PStV auch in der fremden Sprache vorgelesen werden; dies ist am Schluss der Niederschrift festzuhalten. Neben den Beteiligten und dem Standesbeamten ist die Niederschrift auch von dem Dolmetscher zu unterschreiben (Nr. 9.4.6 PStG-VwV). 28

b) Behinderung, Verweigerung der Unterschrift

§ 3 Abs. 1 PStV sieht die Hinzuziehung eines Gebärdendolmetschers für den Fall vor, dass ein Beteiligter hör- oder sprachbehindert ist und auch eine schriftliche Verständigung nicht zustande kommt. Für den Gebärdendolmetscher gelten die allgemeinen Grundsätze für die Dolmetscherbeteiligung (vgl. Rdnr. 27) entsprechend. 29

10 Vgl. *Krömer* m. w. N., StAZ 2017, 129.
11 Zu praktischen Einzelfragen vgl. *Hochwald,* StAZ 2015, 153.
12 Zur Frage, welche Personen als Dolmetscher ausgeschlossen sind, vgl. *Wall,* StAZ 2017, 277.
13 Vgl. *Wall,* StAZ 2017, 191.

30 § 3 Abs. 2 PStV lässt es zu, dass ein Beteiligter, der nicht schreiben kann oder am Schreiben gehindert ist, ein Handzeichen macht. Scheidet auch diese Möglichkeit aus oder verweigert der Beteiligte die Unterschrift, so ist dies unter Angabe des Grundes zu vermerken.

6. Mitteilungen

31 »Mitteilungen« sind alle dem Standesbeamten zugehenden Benachrichtigungen, die zu einer Beurkundung – meist im Zusammenhang mit der Fortführung des Registereintrags – führen. Dies können sowohl Mitteilungen eines anderen Standesamts als auch sonstiger Behörden, Gerichte oder anderer öffentlichen Stellen sein. Die Mitteilungen sind im Einzelnen den §§ 56 ff. PStV zu entnehmen. Zur Prüfung des mitgeteilten Sachverhalts vor der Eintragung in das Personenstandsregister vgl. Rdnr. 6.

7. Eigene Ermittlungen

32 »Eigene Ermittlungen« umfassen alle denkbaren Aufklärungen, die der Standesbeamte zur Feststellung des zu beurkundenden Sachverhalts selbst durchführen kann. § 5 PStV (Nr. 9.3 PStG-VwV) verpflichtet ihn, eine Beurkundung erst vorzunehmen, wenn er den zugrunde liegenden Sachverhalt ermittelt und abschließend geprüft hat. Die Auskunftspflicht »weiterer Personen« im Sinne von § 10 Abs. 2 (vgl. § 10 Rdnr. 7 f.) unterstützt solche Aufklärungen. Hierzu gehört, Zeugen und Sachverständige vorzuladen und zu vernehmen oder, wenn sie nicht im Standesamtsbezirk wohnen, einen anderen Standesbeamten im Wege der Amtshilfe[14] um die Vernehmung zu ersuchen. In diesem Zusammenhang ist die Frage erörtert worden, ob das Standesamt im Rahmen seiner Ermittlungspflicht von Sachverhalten vom Antragsteller einen Auslagenvorschuss auf Ermittlungs- und Beweiserhebungskosten verlangen kann[15]. Soweit die Maßnahme zur Aufklärung erforderlich ist, dürfte die Erhebung eines Kostenvorschusses zulässig sein.

8. Personenstandseinträge und -urkunden; sonstige öffentliche Urkunden

a) Personenstandseinträge und -urkunden

33 Mit »Einträgen in anderen Personenstandsregistern« sind sowohl die im beurkundenden Standesamt als auch in anderen Standesämtern geführten Registereinträge gemeint, die als Grundlage für die in einen neuen Registereintrag aufzunehmenden Angaben in Betracht kommen. Mit dem im Rahmen der elektronischen Nutzung vorgesehenen Einsichtsrecht in die Register anderer Standesämter wird diese Form der Beurkundungsgrundlage besondere Bedeutung erlangen (z. B. im Falle der Einrichtung zentraler Register nach § 67). »Personenstandsurkunden« aus anderen als den vom Standes-

14 Zur Vernehmung von Zeugen und Sachverständigen vgl. § 26 VwVfG; zur Amtshilfe vgl. §§ 4 bis 8 VwVfG; dazu *Schmitz* in: *Stelkens/Bonk/Sachs* § 5 Rdnr. 6 ff.

15 Vgl. hierzu OLG Düsseldorf, StAZ 2011, 306; *Kissner*, StAZ 2013, 67.

amt selbst geführten Registereinträgen werden bis zu einer Vernetzung von Standesämtern mit gegenseitigem Einsichtsrecht klassische Beurkundungsgrundlagen sein.

b) Sonstige öffentliche Urkunden

»Sonstige öffentliche Urkunden« sind Urkunden, die eine Behörde innerhalb ihrer Amtsbefugnisse oder eine mit öffentlichem Glauben versehene Person innerhalb des ihr zugewiesenen Geschäftskreises in der vorgeschriebenen Form aufgenommen hat (§§ 415, 418 ZPO). Hierzu gehören z. B. die zur Prüfung der deutschen Staatsangehörigkeit nach § 8 Abs. 1 PStV vorzulegenden Nachweise (Personalausweis, Reisepass, erweiterte Meldebescheinigung, Staatsangehörigkeitsurkunde). **34**

c) Ausländische Urkunden[16]

§ 2 Abs. 1 PStV schreibt vor, dass fremdsprachigen Urkunden, die für eine standesamtliche Beurkundung vorgelegt werden, eine Übersetzung in die deutsche Sprache beizufügen ist. Nach Nr. A 4.1.2 PStG-VwV soll dadurch gewährleistet werden, dass der Inhalt einer vorgelegten Urkunde vom Standesamt zur Prüfung der rechtlichen Voraussetzungen für die Beurkundung eines Personenstandsfalls zweifelsfrei erfasst wird. Der Übersetzer soll im Hinblick auf den hohen Beweiswert eines Personenstandseintrags regelmäßig im Inland öffentlich beeidigt oder anerkannt sein. Das Erfordernis der Übersetzung durch einen Übersetzer entfällt, wenn es sich bei der Personenstandsurkunde um eine internationale Urkunde nach dem Übereinkommen vom 8. 9. 1976 über die Ausstellung mehrsprachiger Auszüge aus den Personenstandsbüchern[17] handelt oder die Urkunde von einer Behörde eines Mitgliedstaats der EU ausgestellt und mit einem mehrsprachigen Übersetzungshilfe-Formular nach der ApostillenVO-EU 2016/1191 vom 6. 7. 2016[18] versehen ist (vgl. § 54 Rdnr. 21). **35**

Ist eine Urkunde (z. B. ein nach Art. 28 des Genfer Flüchtlingsabkommens ausgestellter Ausweis) mit dem einschränkenden Vermerk versehen, dass die Angaben zur Identität nicht urkundlich nachgewiesen sind, weil sie nur auf den eigenen Angaben des Inhabers beruhen, kann mit ihm der für die Eintragung in Personenstandsregister erforderliche Identitätsnachweis nicht geführt werden[19]. **36**

16 Zum Beweiswert ausländischer Urkunden vor dem deutschen Standesbeamten vgl. *Freitag*, StAZ 2012, 161. Zur Frage, wie alt eine Urkunde sein darf, um noch als Nachweis anerkannt werden zu können, vgl. OLG Frankfurt a. M., StAZ 2014, 174; *Fabritius*, StAZ 2019, 308.

17 BGBl. 1997 II S. 774 (GS Nr. 201).

18 ABl. EU Nr. L 200 vom 26. 7. 2016, S. 1; auszugsweise abgedruckt in GS Nr. 206. Die ApostillenVO-EU ist am 15. 8. 2016 in Kraft getreten und ab dem 16. 2. 2019 anwendbar.

19 OLG Nürnberg, StAZ 2015, 84.

37 Bei ausländischen öffentlichen Urkunden kann im Einzelfall die Echtheit der Urkunde zweifelhaft sein. Für diesen Fall besteht die Möglichkeit, die Anerkennung der Urkunde von einer Legalisation durch die zuständige Vertretung der Bundesrepublik Deutschland abhängig zu machen[20]. Die Legalisation durch die deutsche Auslandsvertretung bestätigt die Echtheit der Unterschrift, die Eigenschaft, in welcher der Unterzeichner der Urkunde gehandelt hat, und gegebenenfalls die Echtheit des Siegels, mit dem die Urkunde versehen ist (§ 13 KonsG).

38 Nach Nr. A 5.1.2 PStG-VwV kann in Staaten, in denen das Legalisationsverfahren wegen des unzuverlässigen Urkundenwesens eingestellt worden ist, die zuständige deutsche Auslandsvertretung um Überprüfung der Urkunde im Amtshilfeverfahren gebeten werden. Die Liste der Staaten, in denen das Legalisationsverfahren ausgesetzt ist, und Merkblätter über das Verfahren zur Urkundenüberprüfung können auf der Internetseite des Auswärtigen Amtes[21] eingesehen werden. Echte Nationalpässe aus diesen Staaten können jedoch auch ohne Legalisation als beweiskräftige Dokumente anerkannt werden, soweit nicht besondere Zweifel an der Verlässlichkeit bestehen[22].

39 Die Legalisation entfällt im Verhältnis zu den Staaten, mit denen bi- oder multilaterale Vereinbarungen getroffen worden sind. Diese in Nr. A 5.2 und Nr. A 5.3 PStG-VwV im Einzelnen behandelten Vereinbarungen sind nachfolgend aufgeführt:

1. Übereinkommen zur Befreiung ausländischer öffentlicher Urkunden von der Legalisation
   Die Legalisation entfällt, wenn die Urkunde in einem Mitgliedstaat des Übereinkommens zur Befreiung ausländischer öffentlicher Urkunden von der Legalisation vom 5.10.1961[23] ausgestellt worden ist. An die Stelle der Legalisation durch die deutsche Auslandsvertretung tritt nach Art. 3 des Übereinkommens eine Apostille, die durch die zuständige innere Behörde des Landes, das die Urkunde ausgestellt hat, anzubringen ist. Die Apostille bestätigt die Echtheit der Unterschrift, die Eigenschaft, in welcher der Unterzeichner der Urkunde gehandelt hat, und gegebenenfalls die Echtheit des Siegels oder Stempels, mit dem die Urkunde versehen ist. Informationen zum Anbringen der Apostille und zu den Vertragsstaaten des Übereinkommens sind der Internetseite des Auswärtigen Amtes[24] zu entnehmen.

Im Verhältnis zu den Vertragsstaaten nachstehender Verträge entfällt auch die Pflicht zur Anbringung der Apostille oder einer anderen Förmlichkeit.

20 Vgl. *Kraus*, StAZ 2017, 347.
21 https://www.auswaertiges-amt.de/de/ReiseUndSicherheit/reise-und-sicherheitshinweise/konsularinfo/internationaler-urkundenverkehr#content 1.
22 OLG Hamm, StAZ 2018, 123.
23 BGBl. 1965 II S. 876 (GS Nr. 290).
24 Siehe Fußnote 21.

2. Vertrag zwischen dem Deutschen Reiche und der Schweiz über die Beglaubigung öffentlicher Urkunden vom 14. 2. 1907[25],
3. Deutsch-schweizerisches Abkommen über den Verzicht auf die Beglaubigung und über den Austausch von Personenstandsurkunden/Zivilstandsurkunden sowie über die Beschaffung von Ehefähigkeitszeugnissen vom 4. 11. 1985 und die Mitteilungen der Vertragsstaaten zu Artikel 8 des Abkommens[26],
4. Deutsch-luxemburgisches Abkommen über den Verzicht auf die Beglaubigung und über den Austausch von Personenstandsurkunden sowie über die Beschaffung von Ehefähigkeitszeugnissen vom 3. 6. 1982 und die Mitteilungen der Vertragsstaaten zu Artikel 9 des Abkommens[27],
5. Beglaubigungsvertrag zwischen dem Deutschen Reiche und der Republik Österreich vom 21. 6. 1923 und die Bekanntmachung über dessen Wiederanwendung vom 13. 3. 1952[28],
6. Vertrag vom 18. 11. 1980 zwischen der Bundesrepublik Deutschland und der Republik Österreich über den Verzicht auf die Beglaubigung und über den Austausch von Personenstandsurkunden sowie über die Beschaffung von Ehefähigkeitszeugnissen und die Mitteilungen der Vertragsstaaten zu den Artikeln 10 und 14 des Vertrages[29],
7. Deutsch-dänisches Beglaubigungsabkommen vom 17. 6. 1936 und die Bekanntmachung über dessen Wiederanwendung vom 30. 6. 1953[30],
8. Abkommen zwischen dem Deutschen Reich und dem Königreich Griechenland über die gegenseitige Rechtshilfe in Angelegenheiten des bürgerlichen und Handels-Rechts vom 11. 5. 1938 und die Bekanntmachung über dessen Wiederanwendung vom 26. 6. 1952[31],
9. Europäisches Übereinkommen vom 7. 6. 1968 zur Befreiung der von diplomatischen oder konsularischen Vertretern errichteten Urkunden von der Legalisation[32],
10. Vertrag vom 7. 6. 1969 zwischen der Bundesrepublik Deutschland und der Italienischen Republik über den Verzicht auf die Legalisation von Urkunden[33],
11. Abkommen vom 13. 9. 1971 zwischen der Bundesrepublik Deutschland und der Französischen Republik über die Befreiung öffentlicher Urkunden von der Legalisation[34],

25 RGBl. 1907 S. 415 (GS Nr. 290 CH).
26 BGBl. 1988 II S. 126, 697; 1994 II S. 3703 (GS Nr. 203 CH).
27 BGBl. 1983 II S. 698; 1984 II S. 498 (GS Nr. 203 L).
28 RGBl. 1924 II S. 61; BGBl. 1957 II S. 436 (GS Nr. 290 A).
29 BGBl. 1981 II S. 1050; 1982 II S. 459; 1984 II S. 915 (GS Nr. 203 A).
30 RGBl. 1936 II S. 213; BGBl. 1953 II S. 186 (GS Nr. 290 DK).
31 RGBl. 1939 II S. 848; BGBl. 1952 II S. 634 (GS Nr. 290 GR).
32 BGBl. 1971 II S. 85 (GS Nr. 291).
33 BGBl. 1974 II S. 1069 (GS Nr. 290 I).
34 BGBl. 1974 II S. 1074, 1100 (GS Nr. 290 F).

12. Abkommen vom 13.5.1975 zwischen der Bundesrepublik Deutschland und dem Königreich Belgien über die Befreiung öffentlicher Urkunden von der Legalisation[35],
13. Übereinkommen vom 8.9.1976 über die Ausstellung mehrsprachiger Auszüge aus Personenstandsbüchern[36],
14. Übereinkommen vom 5.9.1980 über die Ausstellung von Ehefähigkeitszeugnissen[37].

Die Texte der Übereinkommen, bei den multilateralen Übereinkommen auch eine Liste der Vertragsstaaten, sind der Internetseite www.personenstandsrecht.de zu entnehmen. Eine Legalisation entfällt zudem bei Urkunden, die von der ab dem 16.2.2019 anzuwendenden ApostillenVO-EU (vgl. § 54 Rdnr. 21) erfasst sind.

d) Anerkennung ausländischer Entscheidungen

(1) Allgemeiner Grundsatz

40 Nach § 108 Abs. 1 FamFG werden ausländische Entscheidungen ohne besonderes Anerkennungsverfahren anerkannt; ausgenommen von diesem Grundsatz sind Entscheidungen in Ehesachen (vgl. Rdnr. 41, 43 ff.). Beteiligten, die ein rechtliches Interesse haben, ist durch § 108 Abs. 2 FamFG die Möglichkeit eingeräumt, eine gerichtliche Entscheidung darüber herbeizuführen, ob die ausländische Entscheidung hier anzuerkennen ist oder der Anerkennung Hindernisse entgegenstehen. Die Anerkennungshindernisse sind im Einzelnen in § 109 FamFG aufgeführt. Bi- oder multilaterale Staatsverträge oder EU-Recht sind bei der Beurteilung der Anerkennungsvoraussetzungen zu beachten[38].

41 Die Entscheidungen in Ehesachen bedürfen nach § 108 Abs. 1 FamFG eines besonderen Anerkennungsverfahrens: Nach § 107 FamFG werden Entscheidungen, durch die im Ausland eine Ehe für nichtig erklärt, aufgehoben, dem Ehebande nach oder unter Aufrechterhaltung des Ehebandes geschieden oder durch die das Bestehen oder Nichtbestehen einer Ehe zwischen den Beteiligten festgestellt worden ist, nur anerkannt, wenn die Landesjustizverwaltung festgestellt hat, dass die Voraussetzungen für die Anerkennung vorliegen. Vor der erforderlichen Anerkennung entfaltet die ausländische Entscheidung im Inland keine Wirkungen (vgl. dazu Rdnr. 47 f. und § 13 Rdnr. 14 f.)[39].

42 Für andere ausländische Entscheidungen (z.B. in Adoptions- oder Lebenspartnerschaftssachen) bedeutet dies, dass das Standesamt sie vor der Anwendung selbständig darauf zu prüfen hat, ob ein Anerkennungshindernis im Sinne des § 109 Abs. 1 FamFG der Anerkennung entgegensteht (Nr. A 6.1

35 BGBl. 1980 II S. 813 (GS Nr. 290 B).
36 BGBl. 1997 II S. 774 (GS Nr. 201).
37 BGBl. 1997 II S. 1086 (GS Nr. 214).
38 Vgl. *Helms/Krömer*, StAZ 2009, 325; *Gössl*, StAZ 2016, 232; *Berkl*, Rdnr. 799 ff.
39 BGH, FamRZ 1982, 1203; BGHZ 64, 19, 22; OLG Hamburg, StAZ 2015, 14. Vgl. *Heiderhoff*, StAZ 2009, 328.

PStG-VwV). Dies gilt auch für den Fall, dass die Entscheidung an sich in den Anwendungsbereich eines internationalen Übereinkommens fällt, aber z.B. verfahrensrechtlichen Anforderungen des Abkommens nicht erfüllt sind[40]. Die Möglichkeit der gerichtlichen Überprüfung ausländischer Entscheidungen auf Antrag, wie sie § 108 Abs. 2 FamFG allgemein und § 2 AdWirkG bei Annahme als Kind durch das Familiengericht vorsehen, bleibt hiervon unberührt.

(2) Entscheidungen in Ehesachen durch Gerichte von EU-Staaten

Ausländische Entscheidungen in Ehesachen bedürfen des Anerkennungsverfahrens nach § 107 FamFG nicht, wenn sie nach der Europäischen Eheverordnung II (EheVO-EG Nr. 2201/2003 vom 27.11.2003 über die Zuständigkeit und Vollstreckung von Entscheidungen in Ehesachen und in Verfahren betreffend die elterliche Verantwortung und zur Aufhebung der VO-EG Nr. 1347/2000; ABl. L 338 vom 23.12.2003, S. 1; GS Nr. 215) anzuerkennen sind[41]. Dies ist regelmäßig der Fall, wenn keines der in Artikel 22 der Verordnung genannten Anerkennungshindernisse vorliegt, die Entscheidung unanfechtbar ist und eine Bescheinigung nach Artikel 39 der Verordnung vorgelegt wird[42]. Die Bescheinigung bedarf keiner Legalisation oder gleichwertigen Förmlichkeit. 43

Die von der EheVO-EG erfassten Entscheidungen sind in Nr. A 6.2.2 PStG-VwV aufgelistet. Besonderheiten zum Inkrafttreten der Verordnungen und Ausnahmen von ihrem Anwendungsbereich sind Nr. A 6.2.3 bis A 6.2.5 PStG-VwV zu entnehmen. 44

Gemäß Art. 21 Abs. 3 EheVO-EG steht jeder Partei, die ein Interesse hat (insbesondere den Ehegatten der aufgelösten Ehe und ihren Kindern), das Recht zu, die Feststellung des Familiengerichts zu beantragen, dass die Entscheidung anzuerkennen oder nicht anzuerkennen ist. Die örtliche Zuständigkeit des Familiengerichts ist in § 10 IntFamRVG geregelt. Ist bekannt, dass das Familiengericht mit einem Anerkennungsverfahren befasst ist, so sind Amtshandlungen, die eine wirksame Auflösung der Ehe voraussetzen, bis zur Rechtskraft der beantragten Entscheidung auszusetzen (Nr. A 6.2.6 PStG-VwV). 45

Sind Umstände nach Art. 22 EheVO-EG bekannt, die Zweifel an der Anerkennungsfähigkeit der Entscheidung begründen (z.B. Anhaltspunkte für einen schweren Verfahrensfehler oder für einen sonstigen möglichen Verstoß gegen die öffentliche Ordnung – ordre public), ist von den Beteiligten eine amtliche Übersetzung der Entscheidung zu fordern. Dies gilt entsprechend, wenn sich aus der Bescheinigung nach Art. 39 EheVO-EG (Anhang 1 der VO) ergibt, dass die Entscheidung im Versäumnisverfahren ergangen ist. In diesem Fall ist zusätzlich eine der in Art. 37 Abs. 2 EheVO-EG genannten Ur- 46

40 Vgl. OLG Stuttgart, StAZ 2018, 248; OLG Brandenburg, StAZ 2017, 15, wenn Voraussetzungen des HAdoptÜb im Verhältnis zu einem Vertragsstaat nicht erfüllt sind.

41 Vgl. *Haecker* A 1.2.

42 Zu praktischen Erfahrungen mit der Bescheinigung vgl. *Dutta*, StAZ 2011, 33.

kunden nebst amtlicher Übersetzung zu fordern; auch diese Unterlagen bedürfen keiner Legalisation oder gleichwertigen Förmlichkeit. Die Möglichkeit der Fristsetzung für die Vorlage der Urkunden, der Anerkennung von Ersatzurkunden und der Anforderung von Übersetzungen durch das Gericht ist in Art. 38 EheVO-EG geregelt.

(3) Anerkennungsfeststellung in Ehesachen durch die Landesjustizverwaltung

47 Eines Anerkennungsverfahrens nach § 107 FamFG bedarf es grundsätzlich immer dann, wenn die Entscheidung nicht von der EheVO-EG erfasst wird, die Entscheidung also aus einem Staat stammt, welcher der EU nicht angehört oder – obwohl in einem Mitgliedstaat der Verordnung getroffen – nicht die Voraussetzungen für eine Anerkennung erfüllt (Nr. A 6.2.8 PStG-VwV). Eines Anerkennungsverfahrens bedarf es hingegen nicht, wenn beide Ehegatten bei der Entscheidung demselben ausländischen Staat angehörten (Heimatstaatsentscheidung, § 107 Abs. 1 Satz 2 FamFG). Über die Voraussetzungen der Anerkennung entscheidet die mit der Sache befasste Behörde, z. B. das Standesamt oder das angerufene Gericht bei der Beurteilung der Vaterschaftsanerkennung zu einem Kind einer ausländischen, in ihrem Heimatstaat verheiratet gewesenen Mutter[43].

48 Eine solche Entscheidung ist im deutschen Rechtsbereich nur dann wirksam, wenn die zuständige Landesjustizverwaltung oder das gegen die Entscheidung angerufene Oberlandesgericht festgestellt hat, dass die Voraussetzungen für die Anerkennung vorliegen. Der Feststellung bedarf es auch dann, wenn die Drittstaatsentscheidung bereits Gegenstand eines Anerkennungsverfahrens in einem anderen EU-Mitgliedstaat war[44].

49 Das Standesamt, bei dem die Entscheidung vorgelegt wird, nimmt den Antrag auf Feststellung der Anerkennungsvoraussetzungen auf und leitet ihn der zuständigen Landesjustizverwaltung zu (Nr. A 6.2.7 PStG-VwV). Nach § 107 Abs. 2 FamFG ist die Justizverwaltung des Landes zuständig, in dem ein Ehegatte seinen gewöhnlichen Aufenthalt hat. Hat keiner der Ehegatten seinen gewöhnlichen Aufenthalt im Inland, ist die Justizverwaltung des Landes zuständig, in dem eine neue Ehe geschlossen werden soll. Zu Einzelheiten des Verfahrens vgl. § 13 Rdnr. 14 f.

(4) Entscheidungen in Lebenspartnerschaftssachen[45]

50 Da für Entscheidungen in Lebenspartnerschaftssachen kein besonderes Verfahren vorgeschrieben ist, beurteilt sich die Anerkennung einer solchen Entscheidung nach § 109 FamFG (Nr. A 6.3 PStG-VwV); § 107 FamFG ist nicht etwa analog anzuwenden[46]. Nach § 109 Abs. 3 FamFG steht die Zuständigkeit der deutschen Gerichte in Lebenspartnerschaftssachen (§ 103 FamFG) der Anerkennung einer ausländischen Entscheidung nicht entgegen, wenn der das Register führende Staat die Entscheidung anerkennt.

43 BGH, StAZ 2019, 143 mit Anmerkung *Helms* StAZ 2019, 144; zuvor KG, StAZ 2018, 24.
44 Vgl. *Wall*, StAZ 2012, 27; 2018, 55.
45 Vgl. *Heiderhoff*, StAZ 2009, 328, 330.
46 Vgl. *Haecker* A 2.2.; *Helms/Krömer*, StAZ 2009, 325, 327.

(5) Todeserklärungen

Entscheidungen eines ausländischen Gerichts über Todeserklärungen oder gerichtliche Feststellungen der Todeszeit sind anzuerkennen, wenn sie von einem Gericht eines Vertragsstaates der Konvention der Vereinten Nationen vom 6.4.1950 über die Todeserklärung Verschollener[47], die für die Bundesrepublik Deutschland am 24.1.1967 außer Kraft getreten ist, getroffen worden ist und der Verschollene einem dieser Vertragsstaaten angehörte; Gleiches gilt, wenn die Entscheidung von einem Gericht eines anderen Staates getroffen worden ist und der Verschollene nur diesem Staat angehörte (Nr. A 6.4 PStG-VwV). 51

(6) Entscheidungen in Kindschaftssachen

Für ausländische Entscheidungen in Kindschaftssachen ist ein besonderes Anerkennungsverfahren nicht vorgeschrieben. Jedoch können Beteiligte, die ein rechtliches Interesse haben, eine gerichtliche Entscheidung über die Anerkennung herbeiführen (§§ 108 ff. FamFG), sofern dieser nicht europäische oder staatsvertragliche Regelungen entgegenstehen. Zu beachten sind: 52

a) Die Europäische Verordnung Nr. 2201/2003 vom 27.11.2003 über die Zuständigkeit und die Anerkennung und Vollstreckung von Entscheidungen in Ehesachen und in Verfahren betreffend die elterliche Verantwortung und zur Aufhebung der Verordnung (EG) Nr. 1347/2000[48]. Die Entscheidungen nach dieser VO sind abschließend, unterliegen also nicht etwa nationalen Anerkennungsvorschriften wie der des § 108 FamFG. Sie haben zudem Vorrang vor den unter b bis d aufgeführten staatsvertraglichen Anerkennungsregeln[49].

b) Das Haager Übereinkommen vom 19.10.1996 über die Zuständigkeit, das anzuwendende Recht, die Anerkennung, Vollstreckung und Zusammenarbeit auf dem Gebiet der elterlichen Verantwortung und der Maßnahmen zum Schutz von Kindern[50] (KSÜ). Das Übereinkommen hat im Verhältnis der Vertragsstaaten das unter c aufgeführte MSA abgelöst.

c) Das Haager Übereinkommen vom 5.10.1961 über die Zuständigkeit der Behörden und das anzuwendende Recht auf dem Gebiet des Schutzes von Minderjährigen[51] (MSA). Das Übereinkommen findet gegenüber den Vertragsstaaten keine Anwendung mehr, die dem unter b aufgeführten KSÜ beigetreten sind.

d) Das Europäische Übereinkommen vom 25.10.1980 über die Anerkennung und Vollstreckung von Entscheidungen über das Sorgerecht für Kinder und die Wiederherstellung des Sorgeverhältnisses[52] (ESÜ). Das Übereinkom-

47 BGBl. 1955 II S. 701 (GS Nr. 230).
48 ABl. EG L 338/1 (GS Nr. 215).
49 Vgl. *Dutta*, StAZ 2010, 193, 195.
50 BGBl. 2009 II S. 602 (GS Nr. 228). Zur Anwendung des KSÜ vgl. *Gärtner*, StAZ 2011, 65.
51 BGBl. 1971 II S. 217 (GS Nr. 223).
52 BGBl. 1990 II S. 206 (GS Nr. 227).

men gilt nur im Verhältnis zu den Vertragsstaaten, die weder dem KSÜ noch dem MSA angehören.

Gehört ein Staat sowohl dem KSÜ/MSA als auch dem ESÜ an, so finden die Übereinkommen nebeneinander Anwendung, wobei es nach dem Günstigkeitsprinzip ausreicht, dass die ausländische Entscheidung nach einem der Übereinkommen anzuwenden ist[53]. Ausführungsvorschriften zu den Übereinkommen sind im Internationalen Familienrechtsverfahrensgesetz vom 26.1.2005[54] getroffen. Die Übereinkommen nebst Staatenübersicht sind der Internetseite www.personenstandsrecht.de zu entnehmen.

e) Rückgabe von Urkunden

53 Die an einem Beurkundungsverfahren Beteiligten können ein berechtigtes Interesse daran haben, die zum Nachweis ihrer Angaben vorgelegten Urkunden zurückzuerhalten. Dies ist nach § 4 Abs. 1 PStV regelmäßig dann der Fall, wenn es sich um Urkunden handelt, die nicht ausdrücklich zur Vorlage beim Standesamt ausgestellt worden sind. Gleiches gilt, wenn die urkundlichen Nachweise schwer wiederbeschaffbar sind oder noch anderweit benötigt werden. Von solchen Urkunden soll das Standesamt eine zu beglaubigende Abschrift oder Ablichtung zurückbehalten. Bei jederzeit wiederbeschaffbaren Nachweisen dient die Rückgabe auch der Entlastung der Akten. Nach Nr. 9.2 Satz 1 PStG-VwV ist ein Vermerk über ihren wesentlichen Inhalt zu den Sammelakten zu nehmen, wenn dieser nicht bereits aus einer Niederschrift erkennbar ist.

54 Bei einer Entscheidung in Ehe- oder Lebenspartnerschaftssachen sind in dem Vermerk die Namen der Beteiligten, das erkennende Gericht, die Beschlussformel, der Tag der Rechtskraft sowie das Aktenzeichen der Entscheidung aufzunehmen (Nr. 9.2 Satz 2 PStG-VwV).

55 Bei Übertragung in ein elektronisches Dokument genügt nach § 4 Abs. 1 Satz 2 Halbs. 2 PStV ein Vermerk, der angibt, wann und durch wen die Übertragung vorgenommen worden ist.

56 Nach § 4 Abs. 2 PStV soll von Urkunden, die in fremder Sprache abgefasst sind und denen eine Übersetzung beigefügt ist, eine beglaubigte Abschrift oder Ablichtung sowohl der Urkunde als auch der Übersetzung beim Standesamt verbleiben.

III. Besondere Beurkundungsgrundlagen (Absatz 2)

57 Für den Fall, dass Beurkundungsgrundlagen von den zur Vorlage Verpflichteten nicht oder nur mit erheblichen Schwierigkeiten oder unverhältnis-

53 Vgl. *Dutta*, StAZ 2010, 193, 195.
54 BGBl. I S. 162 (GS Nr. 75).

mäßig hohen Kosten[55] beschafft werden können, sieht Absatz 2 – um unbillige Härten zu vermeiden – die Möglichkeit vor, andere Nachweise zuzulassen. Es ist dabei in das Ermessen des Standesbeamten gestellt, ob er den Ersatznachweis anerkennt. Einer einfachen Kopie einer Urkundsabschrift, die selbst nicht vorgelegt wird, muss allerdings die Anerkennung als Beweis versagt werden[56].

1. Reiseausweis für Ausländer oder Flüchtlinge

58 Besondere Bedeutung kommt der Beurteilung »anderer Beurkundungsgrundlagen« zu, die – in jüngster Zeit vornehmlich von Flüchtlingen – anstelle öffentlicher Urkunden aus den Heimatländern vorgelegt werden. Oft scheidet wegen zeitnah zu erfolgender Beurkundung, insbesondere bei einer Geburt oder einer Eheschließung, eine wenig Erfolg versprechende und mit hohem Zeitaufwand verbundene Urkundenanforderung aus Krisengebieten aus. Meist wird als einziger Nachweis für die Angaben zur Person ein Reiseausweis für Ausländer oder ein Reiseausweis für Flüchtlinge vorgelegt werden können[57]. Diese haben aber selbst dann in personenstandsrechtlichen Verfahren keine Bindungswirkung, wenn sie nicht mit dem Zusatz nach § 4 Abs. 6 Aufenthaltsverordnung versehen sind, dass die Personendaten auf den eigenen Angaben des Passinhabers beruhen[58]. Vielmehr entbindet ein solches Ausweispapier den Standesbeamten nicht von einer eigenständigen Identitätsprüfung, ggf. durch persönliche Anhörung, Beiziehung der Ausländerakte und – als ultima ratio – Versicherungen an Eides statt (vgl. Rdnr. 60 ff.). Für die Schreibweise von Namen gilt, dass sie nicht maßgebend ist, wenn sie ersichtlich nicht mit den Transliteraturregeln vereinbar ist (vgl. dazu § 1 Rdnr. 31 ff.)[59].

2. Bescheinigungen

59 Als Nachweise anstelle öffentlicher Urkunden kommen – § 5 Abs. 3 PStG a. F. nannte sie noch ausdrücklich – vor allem kirchliche Bescheinigungen in Betracht; dabei handelt es sich vornehmlich um Auszüge aus den Kirchenbü-

55 Zur Frage unzumutbarer Kosten vgl. OLG Düsseldorf, StAZ 2015, 303.
56 OLG Hamm, StAZ 2015, 344.
57 Dazu: Allgemeinverfügung des BMI über die Anerkennung eines ausländischen Passes oder Passersatzes vom 6. 4. 2016 (BAnz AT 25. 4. 2016 B1).
58 BGH, StAZ 2017, 303. Zu der dieser Entscheidung vorausgegangenen Rechtsprechung vgl. KG, StAZ 2015, 208 (Auch der Reiseausweis kann ein zur Feststellung der Identität eines Beteiligten geeigneter Nachweis sein, wenn er keinen Zusatz enthält, die darin enthaltenen Angaben beruhten allein auf den Angaben des Antragstellers.); OLG Nürnberg, StAZ 2015, 84 (Enthält der Reiseausweis einen einschränkenden Zusatz, kann mit ihm der für Eintragungen in Personenstandsregister erforderliche Identitätsnachweis nicht geführt werden.); OLG Karlsruhe, StAZ 2017, 75; OLG Nürnberg, StAZ 2015, 84 (Erfolgt trotz einschränkenden Zusatzes die Eintragung in ein Personenstandsregister, so ist auch die Beurkundung mit dem Zusatz zu versehen, dass die Identität der Person nicht nachgewiesen ist.).
59 KG, StAZ 2018, 153.

chern. Auch sonstige Bescheinigungen, deren Beweiswert sorgfältiger Prüfung bedarf, wie z. B. Privaturkunden oder schriftliche Äußerungen, können im Einzelfall, oft aber nur in Verbindung mit einer Versicherung an Eides statt, anerkannt werden. Sind Nachweise aus den früheren deutschen Ostgebieten sowie Ost- und Südosteuropa zu führen, kommt eine Nachfrage bei den Heimatortskarteien[60] der kirchlichen Wohlfahrtsverbände in Betracht.

3. Versicherung an Eides statt

60 Als »ultima ratio« hat der Standesbeamte noch die Möglichkeit, von den Betroffenen oder anderen Personen zum Nachweis von Tatsachen Versicherungen an Eides statt zu verlangen und abzunehmen. Zuständig zur Entgegennahme der Versicherung an Eides statt ist der Standesbeamte, der den Personenstandsfall zu beurkunden hat. Sie kann aber auch von jedem anderen Standesamt im Wege der Amtshilfe zur Niederschrift, die an das zuständige Standesamt weitergeleitet wird, aufgenommen werden. Für das Verfahren gilt § 27 VwVfG[61].

61 Nach Nr. 9.5.1 PStG-VwV darf die Versicherung an Eides statt nur Tatsachen zum Inhalt haben und soll sich auf die Angaben beschränken, die nach dem Gesetz urkundlich zu belegen sind. Über die Staatsangehörigkeit kann keine Versicherung an Eides statt abgegeben werden. Zum Nachweis der Ledigkeit reicht die eidesstattliche Versicherung im Allgemeinen nicht aus[62].

62 Die Versicherung besteht darin, dass der Versichernde die Richtigkeit seiner Erklärung über den betreffenden Gegenstand bestätigt und erklärt: »Ich versichere an Eides statt, dass ich nach bestem Wissen die reine Wahrheit gesagt und nichts verschwiegen habe«. Vor der Aufnahme der Versicherung an Eides statt ist die versichernde Person über deren Bedeutung und die strafrechtlichen Folgen einer unrichtigen oder unvollständigen Versicherung an Eides statt zu belehren[63]. Die Belehrung ist in der Niederschrift zu vermerken. Die Niederschrift hat ferner die Namen der anwesenden Personen sowie Ort und Tag der Niederschrift zu enthalten. Sie ist demjenigen, der die Versicherung an Eides statt abgibt, zur Genehmigung vorzulesen oder auf Verlangen zur Durchsicht vorzulegen. Die erteilte Genehmigung ist zu vermerken und von dem Versichernden zu unterschreiben.

63 Von eidesunfähigen Personen im Sinne von § 393 ZPO darf eine Versicherung an Eides statt nicht verlangt werden.

60 Nähere Angaben nebst Anschriften bei *Bornhofen/Schmitz/Kraus,* Heimatortskartei.
61 Zu den Voraussetzungen für die Abnahme einer Versicherung an Eides statt vgl. *Kallerhoff/Fellenberg* in: *Stelkens/Bonk/Sachs* § 27 Rdnr. 6 ff.
62 OLG Düsseldorf, StAZ 2018, 220.
63 Zu den Fragen, wann der Straftatbestand des § 156 StGB erfüllt ist, welche Verjährungsfristen zu beachten sind und ob dem Standesamt ein Rechtsmittel gegen die Einstellung eines entsprechenden Strafverfahrens zusteht, vgl. *Kissner,* StAZ 2012, 319.

§10 Auskunfts- und Nachweispflicht

(1) Die nach diesem Gesetz zur Anzeige Verpflichteten haben die für die Beurkundung des Personenstandsfalls erforderlichen Angaben zu machen, soweit diese nicht Registern entnommen werden können, zu denen das Standesamt einen Zugang hat.

(2) Auskunftspflichtig unter den Voraussetzungen des Absatzes 1 sind weitere Personen, die Angaben zu Tatsachen machen können, die für Beurkundungen in den Personenstandsregistern benötigt werden.

(3) Absatz 1 gilt für die Beibringung von Nachweisen entsprechend.

(4) Eine Auskunfts- und Nachweispflicht besteht nicht bei einer vertraulichen Geburt nach § 25 Absatz 1 des Schwangerschaftskonfliktgesetzes.

Übersicht (die Zahlen bedeuten Randnummern)

I. Rechtsentwicklung

Die Auskunfts- und Nachweispflicht der Beteiligten gegenüber dem Standesamt war in §68a PStG a.F. nur knapp mit folgendem Satz geregelt: »Alle Beteiligten sind verpflichtet, die zur Führung des Heiratsbuchs, des Familienbuchs, des Geburtenbuchs und des Sterbebuchs erforderlichen Angaben zu machen und die erforderlichen Urkunden vorzulegen.« 1

§10 behandelt die Pflicht in drei Absätzen ausführlicher und bezieht in den Kreis der Auskunftspflichtigen neben den Beteiligten auch weitere Personen ein, die Angaben zu Tatsachen machen können, die der Standesbeamte für seine Beurkundungen benötigt. In Absatz 4, der mit Wirkung vom 1.5.2014 durch das Gesetz zum Ausbau der Hilfen für Schwangere und zur Regelung der vertraulichen Geburt vom 28.8.2013 (BGBl. I S. 3458) angefügt wurde, ist klargestellt, dass bei vertraulicher Geburt keine Auskunfts- und Nachweispflicht gegeben ist (vgl. Rdnr. 12). 2

II. Anzeigepflichtige (Absatz 1)

Absatz 1 verpflichtet an erster Stelle die nach den §§18ff. und 28ff. genannten Personen und Einrichtungen als »Anzeigepflichtige«, nicht nur den Personenstandsfall gegenüber dem Standesamt anzuzeigen, sondern auch alle zur Beurkundung erforderlichen Angaben zu machen. Ist dem Standesamt die Nachweisquelle selbst zugänglich, z.B. weil es die entsprechenden Personenstandsregister führt oder es auf Register anderer Standesämter zugreifen 3 kann, so entfällt die Verpflichtung der Anzeigenden, diese Angaben zu machen und zu belegen. Dies gilt auch für benötigte Daten einer anderen Behörde (z.B. der Meldebehörde), wenn diese organisatorisch mit dem Standesamt in einer Weise verbunden ist, die den Zugang zu den Daten ermöglicht; es reicht aus, wenn eine Bildschirmkopie, ein Vermerk oder eine sonstige Information über Inhalt und Abgleich der Daten zu den standesamtlichen Unterlagen genommen wird (vgl. Nr. 12.4.1 PStG-VwV). Dabei müssen unter dem Gesichtspunkt der Verhältnismäßigkeit »Gebührenausfälle«, die als Argument gegen diese Regelung angeführt wurden, in Kauf genommen werden.

4 Die Frage, welche weiteren Personen neben den primär Anzeigepflichtigen für die Beurkundung einer Geburt (vgl. § 19 Rdnr. 2 ff.) oder eines Sterbefalls (vgl. § 29 Rdnr. 3 ff.) anzeigepflichtig sind und damit der Auskunfts- und Nachweispflicht unterliegen, beurteilt sich nach dem jeweiligen Einzelfall.

5 Vornehmlich ist zwar der Anzeigende verpflichtet, alle für die Beurkundung erforderlichen Angaben zu machen und die Nachweise zu diesen Angaben vorzulegen. Im Einzelfall kann es aber vorkommen, dass von ihm bestimmte Angaben nicht gemacht oder Nachweise nicht erbracht werden können. Erfolgt z.B. die Anzeige einer Geburt nicht durch einen sorgeberechtigten Elternteil des Kindes, so kann dem Anzeigenden nur im Rahmen des ihm Möglichen aufgegeben werden, die erforderlichen Nachweise zu beschaffen. Ist er im Beispielsfall nicht im Besitz der nach § 33 Nr. 1 PStV vorzulegenden Personenstandsurkunden (Eheurkunde der Eltern und ggf. Geburtsurkunde der Eltern, falls sich die Registrierungsdaten ihrer Geburt nicht aus der Eheurkunde ergeben) und steht ihm an den entsprechenden Einträgen auch kein eigenes Benutzungsrecht zu, so ginge die Forderung, von ihm die Beschaffung der Urkunden zu verlangen, ins Leere. Der Nachweis kann dann nur über einen anderen Anzeigepflichtigen oder einen Auskunftspflichtigen mit entsprechender Nutzungsberechtigung (vgl. Rdnr. 7 f.) beschafft werden. Zur Erzwingung von Anzeigen vgl. § 69 Rdnr. 4 ff.

6 Stellt der Standesbeamte bei einer schriftlichen Anzeige fest, dass diese unrichtig oder unvollständig ist, so erlaubt ihm § 46 (vgl. dort Rdnr. 6), die entsprechenden Angaben zu ändern, wenn er den richtigen Sachverhalt durch öffentliche Urkunden oder eigene Ermittlungen aufklären kann[1].

III. Auskunftspflichtige (Absatz 2)

7 § 10 Abs. 2 behandelt den Fall, dass die Angaben des Anzeigenden nicht ausreichen, die Registereintragung vorzunehmen (vgl. Rdnr. 5). Zur Sicherstellung der Beurkundung des Personenstandsfalls ist die Auskunftspflicht dann nicht etwa nur auf den Kreis der Anzeigepflichtigen nach § 10 Abs. 1 be-

1 A. A. *Berkl*, Rdnr. 149, nach der auch solche Daten in die Niederschrift aufzunehmen sind, an deren Richtigkeit der Standesbeamte Zweifel hat.

schränkt. Von den Anzeigepflichtigen werden zwar in erster Linie die fehlenden Angaben zu erwarten sein, doch kann der Standesbeamte auch jede andere Person, die für die Auskünfte in Betracht kommt, zur Mitwirkung verpflichten. Zur Erzwingung von Auskünften vgl. § 69 Rdnr. 4 ff.

Bei der Auswahl der Auskunftsperson hat das Standesamt den Grundsatz der Verhältnismäßigkeit[2] zu beachten. Bei mehreren in Frage kommenden Auskunftspersonen bedeutet dies, dass die Person zur Mitwirkung heranzuziehen ist, die nach den Umständen (z.B. Wohnort in der Nähe des Standesamts; leichter Zugang zu den Beweismitteln) am wenigsten belastet wird. 8

IV. Beibringung von Nachweisen (Absatz 3)

§ 10 Abs. 3 stellt klar, dass der Anzeigende oder die an seiner Stelle zu Angaben verpflichtete Person Nachweise beizubringen hat, die der Standesbeamte als Beurkundungsgrundlagen im Sinne von § 9 anerkennen kann; im Einzelnen sind die Nachweise für die Anzeige der Geburt in § 33 PStV, für die Anzeige eines Sterbefalls in § 38 PStV aufgeführt. Zu etwa erforderlichen Ermittlungen des Standesamts im Falle nicht ausreichender oder Zweifel begründender Nachweise vgl. § 9 Rdnr. 32. 9

Können die erforderlichen Nachweise nicht beschafft werden, so wird das Standesamt zum Nachweis der zu beurkundenden Tatsachen Ersatzbescheinigungen und -urkunden benennen, die von der Auskunftsperson beizubringen sind. Als ultima ratio kommen auch Versicherungen an Eides statt in Betracht (vgl. dazu § 9 Rdnr. 60 ff.), wenn das der jeweiligen Beurkundung zugrunde zu legende Beweismaß dies zulässt. So können bei der Anmeldung der Eheschließung zum Nachweis einzelner Angaben (z.B. zur Person der Eheschließenden) durchaus Versicherungen an Eides statt herangezogen werden. Hingegen scheidet dieses Beweismittel als Grundlage für eine Beurkundung im Sterberegister regelmäßig dann aus, wenn der Tote nicht aufgefunden wurde, insbesondere die Voraussetzungen der Verschollenheit (§§ 1 ff. VerschG) gegeben sind. 10

Auch bei der Festlegung der Mitwirkungs- und Beibringungspflichten hat das Standesamt den Grundsatz der Verhältnismäßigkeit zu beachten; die Mitwirkungslast ist dabei auf den Erkenntnisbereich des Beteiligten begrenzt[3]. Diese Grenze würde z.B. überschritten, wenn das Standesamt den Beteiligten verpflichten würde, eine Urkunde beizubringen, deren Beschaffungsaufwand (hohe Kosten, schwieriges Beschaffungsverfahren) in keinem vertretbaren Verhältnis zu der Sachverhaltsaufklärung stünde. Gleiches gilt für den Fall, dass mit einer beizubringenden Urkunde lediglich »letzte Zwei- 11

2 Vgl. dazu *Kallerhoff/Fellenberg* in: *Stelkens/Bonk/Sachs* § 24 Rdnr. 36.
3 Vgl. dazu *Kallerhoff/Fellenberg* in: *Stelkens/Bonk/Sachs* § 26 Rdnr. 44, 51.

fel« oder lediglich vorsorglich Zweifel beseitigt werden sollen, für die es keine konkreten Anhaltspunkte gibt[4].

V. Ausnahme von der Auskunfts- und Nachweispflicht (Absatz 4)

12 Absatz 4 entbindet im Fall einer vertraulichen Geburt (vgl. § 18 Rdnr. 33 ff.) alle Beteiligten von ihrer Auskunfts- und Nachweispflicht. Die im Rahmen des Schwangerschaftskonfliktgesetzes (§§ 25 ff. SchKG) zugesicherte Anonymität der Schwangeren macht diese Ausnahme erforderlich.

4 OLG Düsseldorf, StAZ 2015, 303. Zur Frage, ob bei nicht nachgewiesener Identität der Eltern die Anerkennung der Vaterschaft davon abhängig gemacht werden kann, dass die Mutter durch öffentliche Urkunde belegt, nicht verheiratet zu sein, vgl. OLG Karlsruhe, StAZ 2014, 210; OLG München, StAZ 2009, 41.

Kapitel 3 **Eheschließung**

Abschnitt 1 **Zuständigkeit, Anmeldung und Eheschließung**

§11 Zuständigkeit und Standesamtsvorbehalt

(1) Zuständig für die Eheschließung ist jedes deutsche Standesamt.

(2) Eine religiöse oder traditionelle Handlung, die darauf gerichtet ist, eine der Ehe vergleichbare dauerhafte Bindung zweier Personen zu begründen, von denen eine das 18. Lebensjahr noch nicht vollendet hat, ist verboten. Das Gleiche gilt für den Abschluss eines Vertrags, der nach den traditionellen oder religiösen Vorstellungen der Partner an die Stelle der Eheschließung tritt. Die Verbote richten sich gegen Personen, die

1. als Geistliche eine solche Handlung vornehmen oder hieran mitwirken,
2. als Sorgeberechtigte eines Minderjährigen eine solche Handlung veranlassen,
3. als Volljährige oder Beauftragte einem Vertrag zustimmen, der eine der Ehe vergleichbare dauerhafte Bindung begründet, oder
4. als anwesende Personen eine solche Handlung bezeugen, soweit ihre Mitwirkung für die Gültigkeit der Handlung nach religiösen Vorschriften, den traditionellen Vorstellungen oder dem Heimatrecht eines der Bindungswilligen als erforderlich angesehen wird.

Übersicht (die Zahlen bedeuten Randnummern)

I. Rechtsentwicklung

1 §11 Abs. 1 überlässt es den Verlobten, für die Eheschließung ein deutsches Standesamt zu wählen. Nach §6 Abs. 2 PStG a. F. war die standesamtliche Zuständigkeit für die Eheschließung an den inländischen Wohnsitz oder gewöhnlichen Aufenthalt eines der Verlobten geknüpft, wobei zwischen mehreren zuständigen Standesbeamten gewählt werden konnte. Hatte keiner der Verlobten Wohnsitz oder gewöhnlichen Aufenthalt in Deutschland, war der Standesbeamte des Standesamts I in Berlin oder der Hauptstandesämter in München, Baden-Baden und Hamburg zuständig (§6 Abs. 3 PStG a. F.). Waren Anmelde- und Eheschließungs-Standesamt nicht identisch, bedurfte es der förmlichen Ermächtigung durch den Standesbeamten, bei dem die Eheschließung angemeldet worden war (§6 Abs. 4 und 5 PStG a. F.). Faktisch bestand schon nach früherem Recht die freie Wahl, wobei das Ermächtigungserfordernis als bürokratische Hürde empfunden wurde.

2 Die Möglichkeit der Eheschließung eines Deutschen im Ausland vor einem deutschen Konsularbeamten nach Maßgabe des § 8 Abs. 1 und 2 KonsG a. F. ist entfallen. Im Hinblick auf die geringen Eheschließungszahlen und den hohen Aufwand sowie die jedem Deutschen offenstehende Möglichkeit, auch bei Wohnsitz im Ausland die Ehe im Inland zu schließen, konnte auf die Regelung verzichtet werden. Durch Art. 2 Abs. 7 Nr. 1 PStRG erhielt § 8 KonsG eine neue Fassung, welche die konsularische Eheschließung nicht mehr vorsieht.

3 § 11 wurde durch Art. 3 Nr. 2 des Gesetzes zur Bekämpfung von Kinderehen vom 17. 7. 2017[1] neu gefasst. Absatz 1 entspricht unverändert dem bisherigen § 11. Der neue Absatz 2 soll Minderjährige insbesondere vor Zwangsverheiratung durch Eheschließung in nichtstaatlicher Form schützen. Auf Grund des Gesetzes zur Einführung des Rechts auf Eheschließung für Personen gleichen Geschlechts vom 20. 7. 2017[2] gilt § 11 entsprechend, wenn eine Lebenspartnerschaft nach § 20a LPartG in eine Ehe umgewandelt werden soll (§ 17a Abs. 2).

II. Zuständiges Eheschließungs-Standesamt

4 § 11 Abs. 1 regelt die sachliche Zuständigkeit für die Vornahme der Eheschließung. Zuständig ist das deutsche Standesamt, bei dem nach Wahl der Verlobten die Ehe geschlossen werden soll. Die Regelung gilt entsprechend, wenn eine Lebenspartnerschaft gemäß § 20a LPartG in eine Ehe umgewandelt werden soll (§ 17a Abs. 2). Die Vorschrift gilt für Inländer wie für Ausländer (vgl. aber Rdnr. 7 f.). Unerheblich ist, ob die Verlobten ihren Wohnsitz oder gewöhnlichen Aufenthalt im Inland haben. Diese Anknüpfung entscheidet nur noch darüber, bei welchem Standesamt die beabsichtigte Eheschließung anzumelden ist (§ 12 Abs. 1 Satz 1). Nur wenn keiner der Verlobten Wohnsitz oder gewöhnlichen Aufenthalt im Inland hat, ist das für die Eheschließung in Aussicht genommene Standesamt auch für die Entgegennahme der Anmeldung zuständig (§ 12 Abs. 1 Satz 2).

5 Soll die Ehe nicht in dem Standesamt geschlossen werden, bei dem sie angemeldet worden ist, erhält das Eheschließungs-Standesamt die vorbereiteten Unterlagen von dem Standesamt, das die Anmeldung entgegengenommen und die Ehevoraussetzungen geprüft hat (§§ 12 Abs. 1 Satz 1, 13 Abs. 1 Satz 1; § 28 Abs. 3 PStV). Einer erneuten Prüfung der Eheschließungsvoraussetzungen durch das Standesamt, vor dem die Ehe geschlossen werden soll, bedarf es nicht mehr (§ 13 Abs. 4 Satz 1 Halbs. 2). Zur Behandlung von Konfliktfällen vgl. § 13 Rdnr. 44.

6 Standesämter sind die nach Landesrecht für das Personenstandswesen zuständigen Behörden (§ 1 Abs. 2). Innerhalb des Standesamts ist die Vornahme der Eheschließung dem Standesbeamten vorbehalten (§ 1310 Abs. 1 Satz 1

1 BGBl. I S. 2429.
2 BGBl. I S. 2787.

BGB), d.h. der Urkundsperson, die nach Maßgabe landesrechtlicher Bestimmungen (vgl. §74 Abs.1 Nr.1) rechtswirksam zum Standesbeamten bestellt worden ist (§2). Der Standesbeamte darf nur in seinem Bezirk tätig werden. Amtshandlungen außerhalb seines Bezirks sind Handlungen eines Nichtstandesbeamten. Eine dort geschlossene Ehe ist eine Nichtehe, die jedoch in aller Regel gemäß §1310 Abs.2 BGB durch Eintragung in das Eheregister geheilt wird (vgl. Rdnr.7).

Nach §1310 Abs.2 BGB gilt als Standesbeamter auch, wer, ohne Standes- 7
beamter zu sein, das Amt eines Standesbeamten öffentlich ausgeübt und die Ehe in das Eheregister eingetragen hat. Die Vorschrift gewährt den Ehegatten Vertrauensschutz, die von der Wirksamkeit der Eheschließung ausgegangen sind. Öffentliche Ausübung des Amtes liegt insbesondere vor, wenn der Nichtstandesbeamte in den Räumen des Standesamts tätig geworden ist. Hauptanwendungsfall ist die Vornahme einer Eheschließung durch eine nicht zum Standesbeamten bestellte Person. Zusätzlich ist erforderlich, dass der Nichtstandesbeamte selbst die Ehe in das Eheregister eingetragen hat. Entsprechendes gilt, wenn ein ordnungsgemäß bestellter Standesbeamter in der irrigen Annahme seiner Zuständigkeit in einem Nachbarbezirk eine Eheschließung vorgenommen hat, z.B. im Falle des §13 Abs.3[3].

III. Eheschließung vor einer ermächtigten ausländischen Person

Art.13 Abs.4 Satz1 EGBGB bestimmt, dass eine Ehe im Inland nur in der 8
hier vorgeschriebenen Form geschlossen werden kann. Unabhängig von der Staatsangehörigkeit der Eheschließenden kommt eine wirksame Ehe in Deutschland nur zustande, wenn sie vor einem deutschen Standesbeamten geschlossen wird (§1310 Abs.1 Satz1 BGB; §11). Von diesem Grundsatz (»Inlandsehe – Inlandsform«) macht Art.13 Abs.4 Satz2 EGBGB eine Ausnahme. Die Vorschrift ermöglicht Ausländern die Eheschließung vor einer von der Regierung des Heimatstaates ordnungsgemäß ermächtigten Trauungsperson in der nach dem Recht dieses Staates vorgeschriebenen Form. Voraussetzung ist, dass keiner der Verlobten Deutscher ist und einer der Verlobten Angehöriger des Staates ist, der die Trauungsperson ermächtigt hat. Als ermächtigte Personen kommen in erster Linie diplomatische und konsularische Vertreter des Heimatstaates in Betracht (vgl. Art.5 Buchst. f WÜK), ferner besonders benannte Geistliche[4]. Die Eheschließung muss in der Form vorgenommen werden, die vom Recht des ermächtigenden Staates vorgeschrieben ist[5]. Fehlt es an der Ermächtigung der Trauungsperson oder wird die deutsche Staatsangehörigkeit eines der Verlobten nicht erkannt, kommt eine im

3 Näher *Frank*, Liber amicorum Walter Pintens, 2012, S.607.
4 Vgl. *Kraus*, StAZ 2015, 90.
5 Ausführlich zu Art.13 Abs.4 Satz2 EGBGB *Hepting/Dutta* Rdnr. III-417ff.

deutschen Rechtsbereich gültige Ehe nicht zustande. Die Heilungsmöglichkeiten des § 1310 Abs. 3 BGB greifen in aller Regel nicht[6].

9 Eine beglaubigte Abschrift der Eintragung über die Eheschließung in das Standesregister, das von der dazu ermächtigten Person geführt wird, erbringt im deutschen Rechtsbereich vollen Beweis der Eheschließung (Art. 13 Abs. 4 Satz 2 Halbs. 2 EGBGB). Da eine fremdsprachige Urkunde den Bedürfnissen des deutschen Rechtsverkehrs oftmals nicht genügt, ermöglicht § 34 Abs. 2 die Beurkundung der Eheschließung im deutschen Eheregister. Die Betroffenen können damit ihren Familienstand im deutschen Rechtsbereich festschreiben lassen.

IV. Verbot nichtstandesamtlicher Eheschließung von Minderjährigen

10 Durch das Gesetz zur Bekämpfung von Kinderehen (Rdnr. 3) wurde das Ehemündigkeitsalter im Interesse des Kindeswohls ausnahmslos auf 18 Jahre festgelegt (§ 1303 BGB). Die Ehe mit einem Minderjährigen unter 16 Jahren ist unwirksam; war der Ehegatte im Zeitpunkt der Eheschließung 16 oder 17 Jahre alt, ist die Ehe aufhebbar (§ 13 Rdnr. 5). Diese Grundsätze gelten im deutschen Rechtsbereich auch für Minderjährigenehen, die nach ausländischem Recht wirksam geschlossen worden sind (Art. 13 Abs. 3 EGBGB; näher § 13 Rdnr. 30 f.). In anderen Kulturkreisen ist es vielfach üblich, dass vor allem Mädchen vor Erreichen des zulässigen Heiratsalters vertraglich versprochen oder nach religiösem Ritus, z. B. durch einen Imam, verheiratet werden[7]. Solche Bindungen sind zwar aus deutscher Sicht rechtlich irrelevant, entfalten jedoch faktische Wirkungen, die das Kindeswohl, auch das sexuelle Selbstbestimmungsrecht des betroffenen Minderjährigen, beeinträchtigen können. § 11 Abs. 2 flankiert die gesetzlichen Bestimmungen zur Verhinderung von Kinderehen und verbietet jegliche religiöse Handlung ebenso wie den Abschluss von Verträgen, wenn hierdurch ehegleiche Bindungen zwischen zwei Personen, von denen eine das 18. Lebensjahr noch nicht vollendet hat, erzeugt werden.

11 Das Verbot des § 11 Abs. 2 ist umfassend und richtet sich gegen jede Person, die an einer der verbotenen Handlungen mitwirkt: Geistliche, Sorgeberechtigte des betroffenen Minderjährigen, d. h. in erster Linie Eltern, die nichtstaatliche Formen der Eheschließung arrangieren oder hieran mitwirken, Beauftragte, die einem »Ehevertrag« zustimmen, Zeugen, soweit ihre Mitwirkung für erforderlich angesehen wird. Der Verstoß gegen das Verbot ist eine Ordnungswidrigkeit, die abweichend von dem sonst vorgesehenen Bußgeldrahmen mit einem Bußgeld bis zu 5000 Euro geahndet werden kann (§ 70 Abs. 1 und 3). Nach § 5 OWiG können nur im Inland begangene Ordnungswidrigkeiten geahndet werden. Das Verbot des § 11 Abs. 2 greift also

6 BGH, StAZ 2003, 235; OLG München, StAZ 2013, 143; kritisch: *Frank*, Liber amicorum Walter Pintens, 2012, S. 607.
7 Beispiele und Zahlen bei *Lack*, StAZ 2013, 275, 280 ff.

nicht, wenn eine der inkriminierten Handlungen im Ausland begangen wird. Erfährt das Standesamt von einem Verstoß gegen das Verbot des §11 Abs. 2, hat es die zuständige Verwaltungsbehörde zu unterrichten. Diese prüft, ob ein Ordnungswidrigkeitenverfahren einzuleiten ist.

Das Verbot des §11 Abs. 2 erfasst nicht Eheschließungen vor einer ermächtigten Person, z.B. einem besonders benannten Geistlichen, gemäß Art. 13 Abs. 4 EGBGB (Rdnr. 8 f.). Auch bei Beteiligung eines Minderjährigen kommen hierdurch gültige Ehen zustande, wenn sie dem Heimatrecht der Eheschließenden entsprechen. Im deutschen Rechtsbereich ist eine solche Ehe allerdings unwirksam oder aufhebbar (Art. 13 Abs. 3 EGBGB). 12

§ 12 Anmeldung der Eheschließung

(1) Die Eheschließenden haben die beabsichtigte Eheschließung mündlich oder schriftlich bei einem Standesamt, in dessen Zuständigkeitsbereich einer der Eheschließenden seinen Wohnsitz oder seinen gewöhnlichen Aufenthalt hat, anzumelden. Hat keiner der Eheschließenden Wohnsitz oder gewöhnlichen Aufenthalt im Inland, so ist das Standesamt, vor dem die Ehe geschlossen werden soll, für die Entgegennahme der Anmeldung zuständig.

(2) Die Eheschließenden haben bei der Anmeldung der Eheschließung durch öffentliche Urkunden nachzuweisen

1. ihren Personenstand,
2. ihren Wohnsitz oder gewöhnlichen Aufenthalt,
3. ihre Staatsangehörigkeit,
4. wenn sie schon verheiratet waren oder eine Lebenspartnerschaft begründet hatten, die letzte Eheschließung oder Begründung der Lebenspartnerschaft sowie die Auflösung dieser Ehe oder Lebenspartnerschaft. Ist die letzte Ehe oder Lebenspartnerschaft nicht bei einem deutschen Standesamt geschlossen worden, so ist auch die Auflösung etwaiger weiterer Vorehen oder Lebenspartnerschaften nachzuweisen, wenn eine entsprechende Prüfung nicht bereits von einem deutschen Standesamt bei einer früheren Eheschließung oder Begründung einer Lebenspartnerschaft durchgeführt worden ist.

(3) Das Standesamt hat einen Antrag auf Befreiung von der Beibringung des Ehefähigkeitszeugnisses aufzunehmen und die Entscheidung vorzubereiten; hierfür haben die Eheschließenden auch die Nachweise zu erbringen, die für die Prüfung der Zulässigkeit der Ehe nach anzuwendendem ausländischen Recht erforderlich sind. § 9 gilt entsprechend.

Übersicht (die Zahlen bedeuten Randnummern)

I. Rechtsentwicklung

1 § 12 fasst die früheren Bestimmungen über die Anmeldung der Eheschließung (§ 4 PStG a. F.), die von den Eheschließenden vorzulegenden Unterlagen (§ 5 Abs. 1 PStG a. F.) sowie über den Antrag auf Befreiung von der Beibringung des Ehefähigkeitszeugnisses (§ 5a PStG a. F.) in einer Vorschrift zusammen. Die früheren Regelungen über das Vorgehen bei Beweisnot (§ 5 Abs. 3 Satz 1 und 3 PStG a. F.) finden sich jetzt in der allgemeinen Vorschrift des § 9 über die Beurkundungsgrundlagen (vgl. dort Absatz 2). Die »Befreiung« von der Urkundenbeibringung bei amtlicher Kenntnis der zu beweisenden Tatsachen (§ 5 Abs. 3 Satz 2 PStG a. F.) ergibt sich jetzt aus § 10 Abs. 1 und 3.

Auf Grund des Gesetzes zur Einführung des Rechts auf Eheschließung für Personen gleichen Geschlechts vom 20. 7. 2017[1] gilt § 12 Abs. 1 und 2 Nr. 1 bis 3 entsprechend, wenn eine Lebenspartnerschaft gemäß § 20a LPartG in eine Ehe umgewandelt werden soll (§ 17a Abs. 2).

2 Auf Grund der Ermächtigung in § 73 Nr. 10 sind Einzelheiten über die Anmeldung der Eheschließung in § 28 PStV geregelt.

1 BGBl. I S. 2787.

II. Anmeldung der Eheschließung

1. Rechtsnatur der Anmeldung

3 Nach § 12 Abs. 1 Satz 1 müssen die Eheschließenden die beabsichtigte Eheschließung bei dem zuständigen Standesamt mündlich oder schriftlich anmelden. Damit wird sichergestellt, dass eine Ehe nur nach Prüfung ihrer Voraussetzungen geschlossen wird. Die Anmeldung ist auch im Falle lebensgefährlicher Erkrankung (§ 13 Abs. 3) erforderlich. Mit der Anmeldung wird das Verfahren zur Feststellung der Eheschließungserfordernisse eingeleitet. Sie ist ein Antrag i. S. des Verwaltungsverfahrensgesetzes[2]. Antragsteller sind »die Eheschließenden«, d. h. die Personen, die bekunden, miteinander die Ehe eingehen zu wollen. Ob ein Verlöbnis im Sinne des § 1297 BGB besteht, ist unerheblich. Mit der Anmeldung wird die Vornahme bestimmter Amtshandlungen beantragt, nämlich die Prüfung und Feststellung der Ehevoraussetzungen (§ 13 Abs. 1 Satz 1, Abs. 4 Satz 1) sowie die Mitwirkung bei der Eheschließung (§ 1310 Abs. 1 Satz 1 BGB).

4 Die Einhaltung der Vorschrift des § 12 Abs. 1 Satz 1 ist ein bloßes Formerfordernis, dessen Vernachlässigung auf die Gültigkeit der Ehe ohne Einfluss ist (arg. e contrario § 1314 BGB).

2. Mündliche Anmeldung

a) Persönliche Anmeldung

5 § 12 Abs. 1 Satz 1 stellt die mündliche Anmeldung, die in der Praxis die Regel ist, an die erste Stelle. § 28 Abs. 1 Satz 1 PStV verlangt als Sollvorschrift die persönliche Anmeldung. Die Vorsprache der Eheschließenden im Standesamt bietet die beste Gewähr dafür, dass alle für die Prüfung der Ehevoraussetzungen erforderlichen Angaben erfasst und, sofern noch nicht alle Unterlagen (§ 12 Abs. 2) vorliegen, entsprechende Hinweise gegeben werden.

b) Anmeldung durch Bevollmächtigten

6 § 28 Abs. 1 Satz 2 und 3 PStV gestattet die Bevollmächtigung des anderen Eheschließenden oder eines Dritten zur Anmeldung der Eheschließung. Aus der Einordnung des Anmeldeverfahrens als Verwaltungsverfahren ergibt sich die generelle Zulässigkeit der Bevollmächtigung schon aus § 14 VwVfG. § 28 Abs. 1 Satz 2 und 3 PStV schränkt das Handeln durch einen bevollmächtigten Vertreter geringfügig ein. Die Bevollmächtigung eines der Eheschließenden kommt nur bei Verhinderung des anderen in Betracht. Ein Dritter kann nur bevollmächtigt werden, wenn beide Verlobte aus wichtigem Grund am Erscheinen verhindert sind (vgl. Rdnr. 8). Für die Vollmacht verlangt § 28 Abs. 1 Satz 2 PStV die Schriftform. Der Bevollmächtigte bedarf also einer Vollmachtsurkunde, die von dem Vollmachtgeber, bei Bevollmächtigung eines

2 *Wagenitz/Bornhofen* S. 121 Rdnr. 12.

Dritten von beiden Eheschließenden eigenhändig unterschrieben ist (§ 126 Abs. 1 BGB; vgl. Nr. 12.2.1 PStG-VwV). Nach § 14 Abs. 1 Satz 2 VwVfG ermächtigt die Vollmacht zu allen das Verwaltungsverfahren betreffenden Verfahrenshandlungen, sofern sich aus ihrem Inhalt nicht etwas anderes ergibt. Die Vollmacht zur Anmeldung der Eheschließung kann sich somit darauf beschränken, den Bevollmächtigten zu ermächtigen, die beabsichtigte Eheschließung anzumelden. Der Bevollmächtigte handelt im Rahmen der Vollmacht – Anmeldung der Eheschließung – für den Vertretenen und kann alle für die Anmeldung erforderlichen Erklärungen für den Vollmachtgeber abgeben (vgl. Nr. 12.2.1 PStG-VwV). Namensrechtliche Erklärungen fallen nicht darunter; sie sind höchstpersönlicher Natur und können frühestens bei der Eheschließung abgegeben werden (vgl. Nr. 12.5.4 PStG-VwV). Im Gegensatz zu der früheren »Beitrittserklärung« (vgl. § 133 Abs. 1 DA) ist es nicht erforderlich, dass die Vollmacht alle erforderlichen Erklärungen des oder der verhinderten Verlobten enthält.

Die Vollmacht befugt das Standesamt, die Niederschrift über die Anmel- 7
dung der Eheschließung anhand der Angaben des Bevollmächtigten und der vorgelegten Unterlagen zu fertigen. Durch seine spätere Unterschrift bestätigt der verhinderte Eheschließende die Niederschrift (vgl. Nr. 12.5.1 Satz 3 PStG-VwV), wodurch die Angaben des Bevollmächtigten zusätzlich abgesichert werden.

3. Schriftliche Anmeldung

Nach § 12 Abs. 1 Satz 1 ist grundsätzlich auch eine schriftliche Anmeldung 8
möglich. Diese ist allerdings nur zulässig, wenn beide Eheschließende aus wichtigen Gründen am Erscheinen im Standesamt verhindert sind (§ 28 Abs. 1 Satz 3 PStV). Die schriftliche Anmeldung muss von beiden Verlobten unterschrieben sein; die darin enthaltenen für die Anmeldung erforderlichen Erklärungen bedürfen keiner Beglaubigung (Nr. 12.2.2 PStG-VwV). Ihr sollten die notwendigen Urkunden und sonstigen Unterlagen beigefügt werden. Wichtige Gründe liegen vor, wenn die Eheschließenden nachvollziehbare und plausible Gründe geltend machen (z. B. einen längeren gemeinsamen Auslandsaufenthalt). Ihr persönliches Erscheinen kann nicht angeordnet werden. Es kann sich aber im Einzelfall als notwendig erweisen, z. B. wenn eine Versicherung an Eides statt abgenommen werden soll oder eine persönliche Befragung im Hinblick auf den Verdacht einer Scheinehe beabsichtigt ist (§§ 9 Abs. 2 Satz 2, 13 Abs. 2). Weigern sich die Eheschließenden in einem solchen Fall, persönlich zu erscheinen, muss das Standesamt seine Mitwirkung an der Eheschließung ablehnen, weil ihm die Prüfung der Ehevoraussetzungen nicht ermöglicht wird.

§ 3a Abs. 2 Satz 1 und 2 VwVfG bestimmt die Gleichwertigkeit einer durch 9
Rechtsvorschrift angeordneten Schriftform und der mit einer qualifizierten elektronischen Signatur verbundenen elektronischen Form. Indem § 12 Abs. 1 Satz 1 neben der mündlichen ausdrücklich auch die schriftliche Anmel-

dung vorsieht, lässt die Vorschrift zu, dass die Eheschließenden die Anmeldung der Eheschließung als signiertes elektronisches Dokument dem Standesamt übermitteln, soweit eine schriftliche Anmeldung in Betracht kommt (vgl. Rdnr. 8). Nur ein derart gesichertes elektronisches Dokument vermag bei dem empfangenden Standesamt die begehrte Amtshandlung (Prüfung der Ehefähigkeit) auszulösen[3]. Die Anmeldung durch einfache E-Mail ist kein wirksamer Antrag.

4. Niederschrift

10 Nach § 28 Abs. 2 PStV ist über die mündliche Anmeldung der Eheschließung eine Niederschrift aufzunehmen. Sie soll Aufschluss über alle Fragen geben, die die Ehefähigkeit der Eheschließenden sowie etwaige Eheverbote betreffen und alle Angaben enthalten, die zur Eheschließung benötigt werden (Nr. 12.5.1 PStG-VwV). Eine Niederschrift ist auch aufzunehmen, wenn noch nicht alle Angaben durch Urkunden oder sonstige Nachweise belegt sind, die erforderlichen Unterlagen aber beigebracht werden können (Nr. 12.5.2 PStG-VwV).

11 In die Niederschrift ist auch der Wunsch eines der Eheschließenden nach Eintragung seiner Religionszugehörigkeit aufzunehmen (Nr. 12.5.3 PStG-VwV). Ebenso wird die vorgesehene Namensführung in der Ehe vermerkt (Nr. 12.5.4 PStG-VwV), ohne dass damit schon eine Festlegung verbunden wäre. Wirksame Namenserklärungen können frühestens bei der Eheschließung abgegeben werden. Angaben über gemeinsame Kinder sind ebenfalls zu dokumentieren, nachdem das Standesamt die Abstammung von den Eheschließenden geklärt hat (vgl. Nr. 12.5.5 PStG-VwV). Die Niederschrift ist von den Eheschließenden und ggf. dem hinzugezogenen Dolmetscher zu unterschreiben (Nr. 12.5.1 Satz 2 PStG-VwV).

12 Erkennt das Standesamt anhand der vorgelegten Unterlagen oder der von den Eheschließenden gemachten Angaben, dass ein Ehehindernis besteht, das bis zu der beabsichtigten Eheschließung nicht beseitigt werden kann, z. B. dass beide Verlobte minderjährig und daher gemäß § 1303 BGB nicht ehefähig sind, ist gleichwohl eine Niederschrift über die Anmeldung aufzunehmen und die beantragte Eheschließung unter Angabe der Gründe abzulehnen (§ 12.5.7 PStG-VwV). Die Betroffenen sind tunlichst auf die Möglichkeit hinzuweisen, die Entscheidung des Amtsgerichts zu beantragen; in Zweifelsfällen kann das Standesamt auch von sich aus die Entscheidung herbeiführen (§ 49).

3 Zur digitalen Verwaltung vgl. *Schmitz/Schlatmann*, NVwZ 2002, 1281; *Schmitz/Bornhofen*, StAZ 2003, 97.

III. Zuständigkeit des Standesamts

1. Allgemeines

Während die Eheschließenden in der Wahl des Eheschließungs-Standesamts frei sind (§ 11 Abs. 1), knüpft § 12 Abs. 1 Satz 1 die Zuständigkeit des Standesamts für die Entgegennahme der Anmeldung an den Wohnsitz oder gewöhnlichen Aufenthalt eines der Eheschließenden. Die Anmeldung kann daher ortsnah erledigt werden, auch wenn an einem entfernten Ort geheiratet werden soll. Die Regelung bewirkt zudem, dass nicht einige beliebte Standesämter besonders belastet werden. Sie erschwert schließlich Manipulationen bei einer beabsichtigten Scheinehe, weil für die Anmeldung kein geneigtes Standesamt ausgesucht werden kann, bei dem das wahre Ehemotiv nicht erkannt wird. 13

Zuständig ist das Standesamt, in dessen Bezirk einer der Eheschließenden im Zeitpunkt der Anmeldung seinen Wohnsitz oder gewöhnlichen Aufenthalt hat. Unter mehreren zuständigen Standesämtern haben die Eheschließenden die Wahl (Nr. 12.1 PStG-VwV). Ein Wohnsitzwechsel nach der Anmeldung lässt die einmal begründete Zuständigkeit unberührt. Die Zuständigkeit am Ort des gewöhnlichen Aufenthalts ist alternativ, nicht subsidiär, so dass die begriffliche Unterscheidung vom Wohnsitz für die Ermittlung des zuständigen Standesamts ohne Bedeutung ist. Besteht nur ein vorübergehender Aufenthalt, so sind die Eheschließenden an ein zuständiges Inlands-Standesamt zu verweisen. 14

Nur wenn keiner der Eheschließenden seinen Wohnsitz oder gewöhnlichen Aufenthalt im Inland hat, ist das Standesamt, vor dem die Ehe geschlossen werden soll, auch für die Entgegennahme der Anmeldung zuständig (§ 12 Abs. 1 Satz 2). 15

Die Entgegennahme der Anmeldung durch ein unzuständiges Standesamt ist ohne Einfluss auf die Gültigkeit der später geschlossenen Ehe. Die Verletzung bloßer Verfahrensvorschriften zählt nicht zu den Aufhebungsgründen (vgl. § 1314 BGB). 16

2. Wohnsitz

Wohnsitz i. S. des § 7 Abs. 1 BGB ist der räumliche Schwerpunkt der gesamten Lebensverhältnisse einer Person. Die Begründung eines Wohnsitzes setzt objektiv die ständige Niederlassung an einem Ort, d. h. in einer Gemeinde, voraus. In subjektiver Hinsicht ist der Wille erforderlich, den Schwerpunkt der Lebensverhältnisse dort dauernd beizubehalten[4]. Merkmale einer ständigen Niederlassung sind die Einrichtung eines selbstständigen Haushalts, die Eröffnung oder Übernahme eines Geschäfts oder eines landwirtschaftlichen Betriebes. Eine eigene Wohnung ist nicht erforderlich, wenn auch die Regel; 17

4 Ausführlich zum Wohnsitzbegriff BayVGH, NJW 1991, 2229.

das Bewohnen eines möblierten Zimmers oder einer Hotelunterkunft kann ausreichen. Ob Studenten am Studienort ihren Wohnsitz haben, hängt von den tatsächlichen Umständen ab; jedenfalls besteht dort der gewöhnliche Aufenthalt. Der Aufenthalt in einem Frauenhaus begründet grundsätzlich keinen Wohnsitz[5]. Ein Wohnsitz an mehreren Orten ist möglich (§ 7 Abs. 2 BGB), z. B. wenn jemand an mehreren Orten Wohnungen unterhält, in denen er sich abwechselnd aufhält. Ein einmal begründeter Wohnsitz bleibt bestehen, bis die Niederlassung mit dem Willen zur Aufgabe aufgehoben wird (§ 7 Abs. 3 BGB).

18 Wer nicht voll geschäftsfähig ist, kann ohne Willen seines gesetzlichen Vertreters keinen Wohnsitz begründen oder aufheben (§ 8 BGB). Ein geschäftsfähiger Betreuter bedarf zur Begründung oder Aufhebung seines Wohnsitzes der Einwilligung seines Betreuers, wenn ein entsprechender Einwilligungsvorbehalt nach § 1903 BGB besteht.

19 Unabhängig vom Willen des Betroffenen besteht ein gesetzlicher Wohnsitz für Soldaten und minderjährige Kinder:

- Der volljährige Berufssoldat oder Soldat auf Zeit, nicht aber der Wehrpflichtige, hat den Wohnsitz an seinem Standort (§ 9 BGB). Hat er an einem anderen Ort seinen Familienwohnsitz, so besteht ein doppelter Wohnsitz.
- Das minderjährige Kind teilt den Wohnsitz des Personensorgeberechtigten (§ 11 BGB). Sind beide Eltern sorgeberechtigt und leben sie zusammen, so hat das Kind seinen Wohnsitz am Wohnsitz der Eltern. Leben die Eltern getrennt, hat es einen doppelten Wohnsitz, solange den Eltern das Personensorgerecht gemeinsam zusteht[6]. Steht einem Elternteil die alleinige elterliche Sorge zu, so teilt das minderjährige Kind dessen Wohnsitz. Steht einem Dritten die Personensorge zu, so hat das Kind bei diesem seinen Wohnsitz. Der gesetzliche Wohnsitz des Kindes kann nur »rechtsgültig«, d. h. gemäß § 7 Abs. 3, ggf. i. V. m. § 8 BGB, aufgehoben werden.

3. Gewöhnlicher Aufenthalt

20 Der gewöhnliche Aufenthalt[7] ist der Ort, an dem eine Person den Schwerpunkt ihrer Bindungen in familiärer oder beruflicher Hinsicht, ihren Daseinsmittelpunkt, hat (»faktischer Wohnsitz«)[8]. Erforderlich ist ein Aufenthalt von gewisser Dauer und Regelmäßigkeit; vorübergehendes Verweilen genügt nicht. Als Anhaltspunkt (Faustregel) wird eine Zeit von sechs Monaten angesehen[9]. Doch wird bei einem Wechsel des Aufenthaltsorts der ge-

5 OLG Köln, FamRZ 1992, 976; vgl. aber OLG Karlsruhe, FamRZ 1995, 1210.
6 BGH, FamRZ 1993, 47 f.
7 Ausführlich *Hepting/Dutta* Rdnr. VI-49 ff.
8 BGH, FamRZ 1975, 272; BVerwG, StAZ 1996, 176; zum gewöhnlichen Aufenthalt eines im Ausland von einer Leihmutter geborenen Kindes, das alsbald nach der Geburt nach Deutschland gebracht wurde vgl. BGH, StAZ 2019, 173, 174 = FamRZ 2019, 890, 892.
9 Vgl. etwa OLG Frankfurt a. M., FamRZ 1996, 1478.

wöhnliche Aufenthalt an dem neuen Ort schon dann begründet, wenn sich aus den Umständen ergibt, dass der Aufenthalt an diesem Ort auf längere Zeit angelegt ist und dort künftig der Daseinsmittelpunkt sein soll[10]. Im Gegensatz zur Wohnsitznahme ist der Wille, den Aufenthaltsort zum Daseinsmittelpunkt zu machen, nicht erforderlich. Es kommt nur auf die tatsächlichen Verhältnisse an. Daher hat das Kind keinen von den Sorgeberechtigten abgeleiteten gewöhnlichen Aufenthalt, es teilt jedoch im Regelfall den gewöhnlichen Aufenthalt der Eltern.

Die Abgrenzung zu einem nur vorübergehenden Verweilen kann im Einzelfall schwierig sein. Studenten mit einer Wohnung am Studienort haben dort in aller Regel ihren gewöhnlichen Aufenthalt, wehrpflichtige Soldaten oder minderjährige Berufssoldaten an ihrem Standort. Bei Strafhaft ist der gewöhnliche Aufenthalt am Ort der Unterbringung anzunehmen, wenn der Betroffene eine längere Freiheitsstrafe zu verbüßen hat. **21**

Die unter der Geltung des alten PStG strittige Frage, unter welchen Voraussetzungen Ausländer, insbesondere Asylbewerber ihren gewöhnlichen Aufenthalt in der Bundesrepublik Deutschland haben, ist, soweit es um das zuständige Anmelde-Standesamt geht, nicht mehr entscheidungserheblich. Nimmt das um die Entgegennahme der Anmeldung ersuchte Standesamt nur einen vorübergehenden Inlandsaufenthalt an, ist es jedenfalls dann zuständig, wenn dort die Ehe geschlossen werden soll (§ 12 Abs. 1 Satz 2). Andernfalls sind die Eheschließenden an das ins Auge gefasste Eheschließungs-Standesamt zu verweisen. **22**

4. Prüfung der Zuständigkeit

Die Feststellung der Zuständigkeit für die Entgegennahme der Anmeldung bereitet erfahrungsgemäß keine Schwierigkeiten, weil zumeist einer der Verlobten einen zweifelsfreien inländischen Wohnsitz oder gewöhnlichen Aufenthalt hat. Maßgebend ist der Zeitpunkt der Entgegennahme der Anmeldung, auch wenn nach der Eheschließung ein Wohnsitzwechsel beabsichtigt ist. Nr. 12.4.1 Ziff. 1 PStG-VwV verlangt als Nachweis die Vorlage einer Bescheinigung der Meldebehörde, aus der u. a. der Wohnort eines jeden Verlobten ersichtlich ist (Meldebescheinigung), sofern sich das Standesamt nicht selbst durch Zugriff auf die Meldedaten Gewissheit über den Wohnsitz verschaffen kann. Der melderechtliche Wohnungsbegriff stellt allein auf die tatsächliche Benutzung einer Wohnung ab (§ 20 BMG), während die Begründung eines Wohnsitzes den rechtsgeschäftlichen Willen zur ständigen Niederlassung voraussetzt (Rdnr. 17). Wohnort und Wohnsitz sind daher nicht immer identisch. Das Beziehen und die Benutzung einer Wohnung sind jedoch im Regelfall Indizien für die Begründung eines Wohnsitzes oder des gewöhnlichen Aufenthalts, so dass nur in Zweifelsfällen (z. B. bei Verdacht einer Scheinanmeldung) Anlass zur Nachprüfung besteht. **23**

10 BGH, FamRZ 1993, 798.

24 Hat ein Eheschließender mehrere Wohnungen, so muss aus der Meldebescheinigung der Status der Wohnung als Haupt- oder Nebenwohnung hervorgehen. Da eine Person nur eine Hauptwohnung, aber mehrere Wohnsitze haben kann (§ 21 Abs. 1 BMG; § 7 Abs. 2 BGB), ist zu unterscheiden: Hauptwohnung ist die vorwiegend benutzte Wohnung des Einwohners; in Zweifelsfällen ist auf den Schwerpunkt der Lebensbeziehungen abzustellen[11]. Die meldebehördliche Bescheinigung der Hauptwohnung gestattet daher grundsätzlich den Schluss auf den Wohnsitz oder gewöhnlichen Aufenthalt an dem entsprechenden Wohnort. Bei dem Ort einer Nebenwohnung kann es sich um einen zweiten Wohnsitz oder den gewöhnlichen Aufenthalt handeln. Eine überwiegend fremdgenutzte Ferienwohnung erfüllt keine der erforderlichen Voraussetzungen. Soll die Eheschließung bei dem für die Nebenwohnung (»zweiten Wohnsitz«) zuständigen Standesamt angemeldet werden, ist auch eine Meldebescheinigung der hierfür zuständigen Meldebehörde beizubringen (Nr. 12.4.1 Ziff. 1 PStG-VwV).

IV. Nachzuweisende Angaben

1. Umfang der Nachweispflicht

25 § 12 Abs. 2 verpflichtet die Eheschließenden zur Vorlage der Urkunden, die zum Nachweis der Identität und der Ehefähigkeit erforderlich sind. Verlangt werden öffentliche Urkunden i. S. des § 415 ZPO (Urkunden über Erklärungen) oder des § 418 ZPO (Zeugnisurkunden). Hierunter fallen insbesondere Personenstandsurkunden (vgl. § 9 Abs. 1), die mit der besonderen Beweiskraft des § 54 ausgestattet sind. Die Regelung ist nicht abschließend. Das Standesamt kann die Vorlage weiterer Urkunden oder sonstiger Nachweise verlangen, wenn die nach § 12 Abs. 2 vorgelegten Urkunden zur Feststellung der Ehefähigkeit nicht ausreichen (§ 13 Abs. 1 Satz 2). In Betracht kommen nichtstandesamtliche Urkunden (z. B. Namensänderungsurkunde), kirchliche Bescheinigungen (Auszüge aus den Kirchenbüchern) und sonstige schriftliche Äußerungen, auch Privaturkunden (§ 416 ZPO). Der Umfang der Vorlagepflicht richtet sich nach dem zu prüfenden Einzelfall: Urkunden und sonstige Nachweise sind nur insoweit zu fordern, als dies zur Prüfung der Ehevoraussetzungen erforderlich ist.

26 Nr. 12.4.1 PStG-VwV zählt die Urkunden auf, die für die Prüfung der Ehevoraussetzungen immer vorzulegen sind: Meldebescheinigung oder die Verifizierung der Meldedaten durch Online-Zugriff auf das Melderegister, beglaubigter Ausdruck aus dem Geburtenregister oder Geburtsurkunde, ggf. Eheurkunde (Lebenspartnerschaftsurkunde) über die letzte Ehe (Lebenspartnerschaft) und Nachweis über deren Auflösung, Reisepass oder Personalausweis oder ein sonstiger mit Lichtbild versehener amtlicher Ausweis (z. B. Führerschein).

11 Zur Feststellung der Hauptwohnung vgl. BVerwG, NJW 1992, 1121.

27 Die Beschaffung der erforderlichen Urkunden und sonstigen Nachweise ist grundsätzlich Sache der Eheschließenden, sofern das Standesamt nicht ausdrücklich in das Verfahren eingeschaltet ist (z. B. nach § 12 Abs. 3). Die Vorlage einer Personenstandsurkunde erübrigt sich, wenn der Eintrag, aus dem die Urkunde auszustellen wäre, im Anmelde-Standesamt geführt wird; § 10 Abs. 1 und 3 findet entsprechende Anwendung. Die Beibringung der erforderlichen Unterlagen kann nicht nach § 69 erzwungen werden. Unterbleibt die Vorlage, obwohl die Beschaffung möglich und zumutbar ist, ist die Eheschließung abzulehnen (Nr. 12.4.4 PStG-VwV).

28 Wenn alle Möglichkeiten des urkundlichen Nachweises ausgeschöpft sind, ist der Standesbeamte befugt, von den Eheschließenden als »Betroffenen« und anderen Personen eine Versicherung an Eides statt über die zu beweisenden Tatsachen abzunehmen (§ 9 Abs. 2 Satz 2)[12]. Sie ist ein »sonstiger Nachweis« i. S. des § 13 Abs. 1 Satz 2. Der Versicherung an Eides statt ist im Verhältnis zu Urkunden die schwächste Beweiskraft beizumessen; sie kommt daher nur als ultima ratio in Betracht (vgl. § 9 Rdnr. 60 ff.). Sie darf nicht als Mittel zur Vereinfachung und Abkürzung des Verfahrens zur Feststellung der Ehevoraussetzungen eingesetzt werden. Die Weigerung eines Beteiligten, eine Versicherung an Eides statt abzugeben, kann u. U. zu Lasten der Eheschließenden gewürdigt werden.

2. Personenstand

29 Nach § 12 Abs. 2 Nr. 1 haben die Eheschließenden »ihren Personenstand« nachzuweisen. Die Heranziehung der Begriffsbestimmung des § 1 Abs. 1 erhellt für sich noch nicht, welche Daten damit zu erfassen sind. Der Begriff ist in Beziehung zum Zweck der Anmeldung zu setzen, die Eheschließung und ihre Beurkundung vorzubereiten. Daraus folgt, dass der Personenstand der Eheschließenden insoweit nachzuweisen ist, als dies zur Prüfung der Ehefähigkeit und für die Eintragung der Eheschließung im Eheregister erforderlich ist.

30 Die Klärung der Identität der Anmeldenden ist selbstverständliche Voraussetzung für die Prüfung der Eheerfordernisse[13]. Der eindeutige Nachweis ist zur Vermeidung von Falschbeurkundungen erforderlich. Im Übrigen müssen die Daten der Verlobten für die spätere Eintragung in das Eheregister (§ 15) erhoben werden. Die Identität wird anhand eines amtlichen Lichtbildausweises, in der Regel also des Passes oder Personalausweises, geprüft (Nr. 12.4.1 Ziff. 3 PStG-VwV)[14]. Dem Identitätsnachweis dient auch die Meldebescheinigung der Meldebehörde (Nr. 12.4.1 Ziff. 1 PStG-VwV; vgl. Rdnr. 23), deren Inhalt mit den Eintragungen in den vorgelegten Urkunden abzugleichen ist.

12 Vgl. zur Unmöglichkeit des Beibringens von Urkunden aus dem Irak: OLG Düsseldorf, StAZ 2018, 284, 285; zur Situation in Somalia: OLG Rostock, StAZ 2019, 248.
13 LG Bochum, StAZ 2009, 110.
14 Zum Umfang der Nachweispflicht vgl. OLG Düsseldorf, StAZ 2012, 49.

31 Der Personenstand i. S. des § 12 Abs. 2 Nr. 1 umfasst zunächst die Angaben über die künftigen Ehegatten, die in das Eheregister eingetragen werden (vgl. § 15): Vor- und Familiennamen sowie Ort und Tag der Geburt. Diese Daten werden durch einen beglaubigten Ausdruck aus dem Geburtenregister oder eine Geburtsurkunde der Eheschließenden nachgewiesen (Nr. 12.4.1 Ziff. 2 PStG-VwV; vgl. Rdnr. 32).

32 Nachzuweisen sind ferner die Umstände, welche die Ehefähigkeit der Eheschließenden belegen, d. h. die Ehemündigkeit und Geschäftsfähigkeit (§§ 1303, 1304 BGB) und das Nichtvorliegen von Eheverboten (§§ 1306 bis 1308 BGB). Hierfür sind Urkunden vorzulegen, die ihre Abstammung und, soweit möglich, ihren Familienstand erkennen lassen. Für die Prüfung der Abstammung ist bei Geburt im Inland ein beglaubigter Ausdruck aus dem Geburtenregister, bei Geburt vor dem 1. 1. 2009 eine beglaubigte Abschrift aus dem Geburtenbuch, sonst eine Geburtsurkunde zu verlangen (Nr. 12.4.1 Ziff. 2 PStG-VwV). Mit der Vorlage eines beglaubigten Ausdrucks aus dem Geburtenregister wird vor allem die Einhaltung der Eheverbote der Verwandtschaft und Adoptivverwandtschaft verfolgt (§§ 1307, 1308 BGB)[15]. Eine Vorehe wird durch eine Eheurkunde mit Auflösungsvermerk (§§ 57, 77 Abs. 3) nachgewiesen (Nr. 12.4.1 Ziff. 4 PStG-VwV)[16]. Zu den Ehehindernissen vgl. näher § 13 Rdnr. 5 ff. Entsprechend ist die frühere Lebenspartnerschaft eines Verlobten und ihre Auflösung nachzuweisen (Nr. 12.4.1 Ziff. 5 PStG-VwV).

3. Wohnsitz oder gewöhnlicher Aufenthalt

33 Die Feststellung von Wohnsitz oder gewöhnlichem Aufenthalt der Eheschließenden ist erforderlich, um die Zuständigkeit des Anmelde-Standesamts zu belegen (§ 12 Abs. 1 Nr. 2; vgl Rdnr. 23 f.). Bei Ausländern mit besonderem Status (Rdnr. 36) führt der gewöhnliche Aufenthalt im Inland zur Anwendbarkeit des deutschen Rechts bei der Prüfung der Ehefähigkeit. Zur Abgrenzung von Wohnsitz und gewöhnlichem Aufenthalt vgl. Rdnr. 17 ff. und 20 ff.

4. Staatsangehörigkeit

34 Der Nachweis der Staatsangehörigkeit (§ 12 Abs. 2 Nr. 3) ist erforderlich, um die für die Prüfung der Ehevoraussetzungen maßgebende Rechtsordnung zu ermitteln. Nach Art. 13 Abs. 1 EGBGB richten sich die Voraussetzungen der Eheschließung für jeden Verlobten nach seinem Heimatrecht. Das Gleiche gilt für die Namensführung der Ehegatten (Art. 10 Abs. 1 EGBGB). Um auch nach der Eheschließung Rückschlüsse auf das maßgebende Recht ziehen zu können, ist im Eheregister auf die nachgewiesene ausländische Staatsangehörigkeit hinzuweisen (§ 15 Abs. 2 Nr. 2). Welche Urkunden zur Prüfung der Staatsangehörigkeit vorzulegen sind, ist in § 8 PStV geregelt.

15 Kritisch dazu *Gaaz*, StAZ 2009, 358.
16 Einer beglaubigten Abschrift aus dem als Heiratseintrag fortgeführten Familienbuch bei Eheschließung vor dem 1. 1. 2009 kommt nach der Streichung des § 70 Abs. 1 Satz 3 PStV durch Art. 2 Nr. 24 PStRÄndG nur die Eigenschaft einer sonstigen öffentlichen Urkunde zu.

a) Nachweis für Deutsche

Nach §8 Abs. 1 PStV wird der Nachweis für Deutsche im Sinne des Art. 116 Abs. 1 GG durch den Personalausweis, den Reisepass oder eine erweiterte Bescheinigung der Meldebehörde (Meldebescheinigung mit Angabe der Staatsangehörigkeit) erbracht; sofern danach Zweifel bestehen, ist eine Staatsangehörigkeitsurkunde vorzulegen. Pass, Personalausweis und Meldebescheinigung beweisen zwar nicht den Besitz der deutschen Staatsangehörigkeit. Doch kann sich das Standesamt im Regelfall mit der entsprechenden Angabe in diesen Papieren begnügen. Bestehen Zweifel an der deutschen Staatsangehörigkeit eines Eheschließenden, ist die Vorlage einer Staatsangehörigkeitsurkunde (z. B. Staatsangehörigkeitsausweis) zu verlangen. 35

b) Nachweis für Ausländer

Heimatlose Ausländer, Asylberechtigte und ausländische Flüchtlinge mit gewöhnlichem Aufenthalt im Inland haben ein deutsches Personalstatut. Bei ihnen richten sich die Ehevoraussetzungen nach deutschem Recht; ihre Staatsangehörigkeit spielt daher keine Rolle. Diese Ausländer weisen ihre Rechtsstellung durch einen Eintrag im Reiseausweis für Flüchtlinge nach, in dem der jeweilige Status vermerkt ist (vgl. §1 Abs. 3 AufenthV; Nr. A 7.2 PStG-VwV; §9 Rdnr. 10)[17]. Das Gleiche gilt für Staatenlose; sie weisen ihre Rechtsstellung durch einen Reiseausweis für Staatenlose nach (vgl. §1 Abs. 4 AufenthV; Nr. A 7.3 PStG-VwV). Die Reiseausweise für Flüchtlinge und Staatenlose sind in der Bundesrepublik Deutschland als Passersatzpapiere für Ausländer zugelassen (§4 Abs. 1 Satz 1 Nr. 3 und 4 AufenthV). 36

Sonstige Ausländer weisen ihre Staatsangehörigkeit durch einen von dem Heimatstaat ausgestellten Reisepass oder einen Passersatz mit Angabe der Staatsangehörigkeit (z. B. einen Reiseausweis für Ausländer gem. §4 Abs. 1 Satz 1 Nr. 1 AufenthV) nach (§8 Abs. 2 Nr. 1 PStV). Da für Ausländer im Bundesgebiet Passpflicht besteht (§3 Abs. 1 AufenthG), kann in aller Regel auf diesen Nachweis zurückgegriffen werden. Ein amtlicher Personalausweis mit Angabe der Staatsangehörigkeit genügt für Angehörige eines Mitgliedstaates der EU, eines anderen Vertragsstaates des Abkommens über den Europäischen Wirtschaftsraum und der Schweiz (§8 Abs. 2 Nr. 2 PStV). Die Bescheinigung der zuständigen Behörde des Heimatstaates (z. B. Schweizer Personenstandsausweis) spielt als weiterer Staatsangehörigkeitsnachweis (vgl. §8 Abs. 2 Nr. 3 PStV) kaum eine Rolle. 37

Ist der ausländische Eheschließende nicht im Besitz eines gültigen Reisepasses oder eines Passersatzes, ist die Staatsangehörigkeit anhand von Indizien zu ermitteln, da mit Rücksicht auf die Eheschließungsfreiheit die beabsichtigte Eheschließung nicht an dem Fehlen eines Heimatpasses scheitern darf. Als Hinweis kommt z. B. ein abgelaufener Reisepass in Betracht, sofern 38

17 Jüdische Zuwanderer aus der ehemaligen Sowjetunion haben kein deutsches Personalstatut (Nr. A 7.2.4 Satz 3 PStG-VwV; *Homeyer*, StAZ 2009, 83); a. A. OLG Celle, StAZ 2012, 81.

vom Fortbestand der entsprechenden Staatsangehörigkeit ausgegangen werden kann. Eine Versicherung an Eides statt über die Staatsangehörigkeit ist nicht zulässig, da es sich bei der Staatsangehörigkeit um einen Rechtsbegriff handelt[18]. Erst wenn alle Ermittlungen ergebnislos verlaufen, darf von einer ungeklärten Staatsangehörigkeit ausgegangen werden, sodass die Ehevoraussetzungen nach deutschem Recht zu beurteilen sind (Art. 13 Abs. 1 i. V. m. Art. 5 Abs. 2 EGBGB).

39 Asylbewerber sind verpflichtet, ihren Pass den deutschen Behörden zu überlassen (§ 15 Abs. 2 Nr. 4 AsylG). Sie genügen ihrer Ausweispflicht mit der Bescheinigung über die Aufenthaltsgestattung (§ 64 Abs. 1 AsylG). Befindet sich der Pass des ausländischen Verlobten in behördlicher Verwahrung, kann ihm aufgegeben werden, eine Abschrift beizubringen, die ihm von der verwahrenden Behörde auszuhändigen ist (§ 21 Abs. 4 AsylG). Ob das Standesamt mit Rücksicht auf die geltend gemachte politische Verfolgung befugt ist, einem Asylbewerber die Passbeschaffung aufzugeben, ist zweifelhaft, wird jedoch in der Rechtsprechung teilweise bejaht[19].

5. Auflösung der Ehe oder Lebenspartnerschaft

40 § 12 Abs. 2 Nr. 4 regelt das Verfahren zur Prüfung des Eheverbots des § 1306 BGB (vgl. § 13 Rdnr. 9 ff.) und bestimmt, in welchem Umfang die Auflösung von vorgängigen Ehen oder Lebenspartnerschaften nachzuweisen ist. Ist die letzte Ehe bei einem deutschen Standesamt geschlossen worden, ist davon auszugehen, dass dort bereits die Auflösung weiterer Vorehen geprüft worden ist, so dass ein erneuter Nachweis nicht erforderlich ist. Bei im Ausland geschlossenen Vorehen kann dies naturgemäß nicht gelten. Ist die letzte Ehe nicht bei einem deutschen Standesamt geschlossen worden, muss nicht nur die Auflösung dieser Ehe, sondern aller weiteren Vorehen nachgewiesen werden. Nur wenn, z. B. anhand von Sammelakten, nachgewiesen werden kann, dass die Auflösung einer der Vorehen schon von einem deutschen Standesamt geprüft worden ist, erübrigt sich ein erneuter Nachweis. Zum urkundlichen Nachweis vgl. näher § 13 Rdnr. 11 ff.

41 Für die Lebenspartnerschaft gelten die gleichen Grundsätze. Hier ist zu berücksichtigen, dass eine Lebenspartnerschaft, die begründet wurde, ohne dass die Voraussetzungen des § 1 Abs. 3 LPartG a. F. vorlagen, ex tunc unwirksam ist. Eine Aufhebung der Lebenspartnerschaft kommt nicht in Betracht. Beruft sich ein Beteiligter auf die Unwirksamkeit einer Lebenspartnerschaft, ist diese von ihm nachzuweisen.

18 OLG Zweibrücken, StAZ 1996, 268.
19 OLG Hamm, StAZ 2007, 177; LG Bochum, StAZ 2009, 110.

V. Befreiung von der Beibringung des Ehefähigkeitszeugnisses

1. Allgemeines

§12 Abs. 3 enthält eine punktuelle Ergänzung des §1309 BGB über das Ehefähigkeitszeugnis. Nach §1309 Abs. 1 Satz 1 BGB ist zur Vorlage eines Ehefähigkeitszeugnisses verpflichtet, wer hinsichtlich der Voraussetzungen der Eheschließung – vorbehaltlich des Art. 13 Abs. 2 EGBGB – ausländischem Recht unterliegt. Das Ehefähigkeitszeugnis ist auch erforderlich, wenn das ausländische Heimatrecht eines Eheschließenden auf deutsches Recht verweist (vgl. Nr. 12.6.1 PStG-VwV). Von dem Erfordernis des §1309 Abs. 1 Satz 1 BGB kann der Präsident des Oberlandesgerichts Befreiung erteilen (§1309 Abs. 2 BGB). §12 Abs. 3 Satz 1 weist dem Standesamt die Aufgabe zu, den Antrag eines Eheschließenden auf Befreiung von der Beibringung des Ehefähigkeitszeugnisses vorzubereiten. In diesem Zusammenhang ist der Standesbeamte insbesondere befugt, eine Versicherung an Eides statt abzunehmen (§12 Abs. 3 Satz 2 i. V. m. §9 Abs. 2 Satz 2). 42

§1309 Abs. 1 BGB will den Grundsatz des Art. 13 Abs. 1 EGBGB, wonach sich die materiellen Voraussetzungen der Eheschließung für jeden Verlobten nach seinem Heimatrecht bestimmen, verfahrensrechtlich absichern. Er weist die Beurteilung der Ehefähigkeit primär den Behörden des Heimatstaates zu. Nur wenn der ausländische Verlobte kein Ehefähigkeitszeugnis beibringen kann, überträgt §1309 Abs. 2 BGB die Prüfung dem OLG-Präsidenten, der dann gleichsam anstelle der Heimatbehörde entscheidet[20]. Die Regelung entlastet die Standesämter und bietet die größtmögliche Gewähr für die richtige Rechtsanwendung. Ist offenkundig, dass eine Scheinehe geschlossen werden soll (vgl. §1310 Abs. 1 Satz 3 Nr. 1 BGB), so lehnt schon das Standesamt die Eheschließung unabhängig von dem die Ehefähigkeit beherrschenden Recht unter Berufung auf den deutschen ordre public ab[21]. 43

§1309 BGB richtet sich an Eheschließende, deren Ehefähigkeit ausländischem Recht unterliegt (Art. 13 Abs. 1 EGBGB). Die Vorschrift gilt für Ausländer i. S. des §2 Abs. 1 AufenthG. Bei Mehrstaatern ist die Ehefähigkeit an die effektive Staatsangehörigkeit anzuknüpfen (Art. 5 Abs. 1 Satz 1 EGBGB). Auf deutsch-ausländische Mehrstaater ist §1309 BGB nicht anzuwenden, da für sie allein deutsches Recht maßgebend ist (Art. 5 Abs. 1 Satz 2 EGBGB). Das Gleiche gilt für Ausländer mit deutschem Personalstatut: heimatlose Aus- 44

20 BGHZ 56, 180 = StAZ 1971, 195; BGH, StAZ 2012, 369.

21 Vgl. KG, StAZ 2001, 298, das offen lässt, welche Begründung tragfähig ist, wenn auf keinen der Verlobten deutsches Recht Anwendung findet.

länder[22], Asylberechtigte und ausländische Flüchtlinge[23] sowie Staatenlose[24] mit gewöhnlichem Aufenthalt im Inland. Wird von einem Staatenlosen mit gewöhnlichem Aufenthalt im Ausland ein Ehefähigkeitszeugnis seines Aufenthaltsstaates beigebracht, z. B. gemäß Art. 2 des CIEC-Übereinkommens über die Ausstellung von Ehefähigkeitszeugnissen vom 5. 9. 1980[25], so ist der ausstellende Staat als Heimatstaat i. S. des § 1309 Abs. 1 BGB anzusehen, so dass es keiner Befreiung nach § 1309 Abs. 2 BGB bedarf[26].

2. Grundsatz: Vorlage eines Ehefähigkeitszeugnisses

45 § 1309 Abs. 1 Satz 1 BGB verlangt grundsätzlich ein Ehefähigkeitszeugnis, das von der »inneren Behörde« des Heimatstaates des ausländischen Verlobten erteilt ist. Das Zeugnis einer anderen Behörde, insbesondere einer konsularischen oder diplomatischen Vertretung, genügt nicht, sofern es nicht auf der Grundlage zwischenstaatlicher Vereinbarungen von einer anderen Stelle erteilt worden ist (§ 1309 Abs. 1 Satz 2 BGB). Insofern gilt das Übereinkommen der CIEC vom 5. 9. 1980 über die Ausstellung von Ehefähigkeitszeugnissen[27], das für Deutschland am 1. 11. 1997 in Kraft getreten ist[28]. Vertragsstaaten sind außerdem Griechenland, Luxemburg, Moldau, die Niederlande, Portugal, Italien, Österreich, Spanien, die Türkei und die Schweiz. Nach Art. 1 des Übereinkommens verpflichtet sich jeder Vertragsstaat, ein Ehefähigkeitszeugnis nach einem dem Abkommen beigefügten mehrsprachigen Muster auszustellen. Welche Behörde des jeweiligen Vertragsstaates hierfür zuständig ist, richtet sich nach dem innerstaatlichen Recht, ist aber den Vertragsstaaten mitzuteilen (Art. 8). Danach haben Italien, Moldau, die Niederlande, Portugal, Spanien und die Türkei neben den Zivilstandsbeamten des Heimatstaates auch die mit der Wahrnehmung standesamtlicher Aufgaben betrauten Auslandsvertretungen als zuständige Behörden bestimmt[29].

46 Das Ehefähigkeitszeugnis ist als ausländische öffentliche Urkunde auf seine Echtheit zu überprüfen. Bei Zweifeln kann die Anerkennung von einer Legalisation durch die zuständige deutsche Auslandsvertretung abhängig gemacht werden (§ 13 Abs. 2 KonsG). Die Legalisation verschafft nur Gewissheit über die Echtheit des Ehefähigkeitszeugnisses, nicht auch über seine Richtig-

22 § 1 HAG i. V. m. Art. 1 und 10 Buchst. a Gesetz Nr. 23 der Alliierten Hohen Kommission vom 17. 3. 1950 (GS Nr. 62 und 61).

23 Art. 12 des Abkommens über die Rechtsstellung der Flüchtlinge (GS Nr. 260). Hierunter fallen auch sog. Kontingentflüchtlinge nach dem Gesetz über Maßnahmen für im Rahmen humanitärer Hilfsaktionen aufgenommene Flüchtlinge (BGBl. 1980 I S. 1057); vgl. OLG Celle, StAZ 2012, 81.

24 Art. 5 Abs. 2 EGBGB; Art. 12 des Übereinkommens über die Rechtsstellung der Staatenlosen (GS Nr. 257).

25 BGBl. 1997 II S. 1086 (GS Nr. 214).

26 So auch *Wagenitz/Bornhofen* S. 258 f. Rdnr. 103, S. 269 Rdnr. 128.

27 BGBl. 1997 II S. 1086 (GS Nr. 214).

28 Zu dem Übereinkommen vgl. *Gaaz*, StAZ 1996, 289.

29 Das wird vom AG Kleve (StAZ 2011, 341) verkannt; vgl. *Bornhofen*, StAZ 2012, 23.

keit. Die Legalisation des Ehefähigkeitszeugnisses kann nicht verlangt werden, soweit Urkunden auf Grund zwei- oder mehrseitiger völkerrechtlicher Verträge von der Legalisation befreit sind (§ 13 Abs. 5 KonsG), z. B. auf Grund des Apostille-Übereinkommens[30] oder des CIEC-Übereinkommens über die Ausstellung von Ehefähigkeitszeugnissen vom 5.9.1980 (vgl. Rdnr. 45). Ehefähigkeitszeugnisse einer Behörde eines Mitgliedstaates der EU und ihre beglaubigten Kopien sind nach Art. 2 Abs. 1 Buchst. e i. V. m. Art. 4 der ApostillenVO-EU[31] ebenfalls von der Legalisation befreit (allgemein zur ApostillenVO-EU vgl. § 54 Rdnr. 21).

Das Zeugnis muss sich auf die konkrete Eheschließung beziehen. Beide Partner müssen namentlich genannt sein, also auch der Verlobte, der nicht die Staatsangehörigkeit des Staates besitzt, der das Ehefähigkeitszeugnis ausstellt, weil in dessen Person ein zweiseitiges Ehehindernis begründet sein kann, das dem ausländischen Verlobten die Ehe verbietet (Nr. 12.6.1 PStG-VwV). Aus dem Zeugnis muss sich ergeben, dass alle materiellen Ehevoraussetzungen vorliegen und kein Ehehindernis besteht. Haben die Eheschließenden die gleiche Staatsangehörigkeit, genügt i. d. R. ein gemeinsames Zeugnis (Nr. 12.6.1 PStG-VwV). Eine Bescheinigung, die sich nur auf Teilaspekte der Ehefähigkeit bezieht, z. B. eine sog. Ledigkeitsbescheinigung oder die Bestätigung, dass gegen die Eheschließung keine Einwände bestehen, genügt nicht, kann aber Grundlage für einen Befreiungsantrag (vgl. Rdnr. 52 ff.) sein. 47

Es obliegt grundsätzlich dem ausländischen Eheschließenden, das Ehefähigkeitszeugnis zu beantragen und beizubringen; er ist daher an die zuständige ausländische Behörde zu verweisen[32]. Auf Grund zweiseitiger Verträge mit Luxemburg, Österreich und der Schweiz[33] beschafft das Standesamt für Angehörige dieser Staaten auf deren Antrag das Ehefähigkeitszeugnis, wenn sie in Deutschland die Ehe schließen wollen[34]. 48

Das Standesamt ist an das Ehefähigkeitszeugnis nicht gebunden. Es kann das Zeugnis überprüfen und, wenn es für unrichtig gehalten wird, die Eheschließung ablehnen oder nach § 49 Abs. 2 verfahren. Das Ehefähigkeitszeugnis verkörpert nicht die Rechtslage, sondern ist bloßes – widerlegbares – Be- 49

30 Übereinkommen zur Befreiung ausländischer öffentlicher Urkunden von der Legalisation vom 5.10.1961 (BGBl. 1965 II S. 876; GS Nr. 290).

31 Verordnung (EU) 2016/1191 des Europäischen Parlaments und des Rates vom 6.7.2016 zur Förderung der Freizügigkeit von Bürgern durch die Vereinfachung der Anforderungen an die Vorlage bestimmter öffentlicher Urkunden innerhalb der Europäischen Union und zur Änderung der Verordnung (EU) Nr. 1024/2012 (ABl. EU Nr. L 200 vom 26.7.2016, S. 1). Die Verordnung ist am 15.8.2016 in Kraft getreten und ab dem 16.2.2019 anwendbar; sie ist unter der Bezeichnung ApostillenVO-EU auszugsweise abgedruckt in GS Nr. 206.

32 Welche Staaten Ehefähigkeitszeugnisse ausstellen, ist den Länderübersichten bei *Brandhuber/Zeyringer/Heussler*, Standesamt und Ausländer, zu entnehmen.

33 GS Nr. 203 L, 203 A und 203 CH.

34 Zu den Zuständigkeiten in Österreich vgl. *Bailer*, StAZ 2016, 222.

weismittel[35]. Das Standesamt muss darauf achten, ob sich alle Umstände, die ihm bei der Vorbereitung der Eheschließung bekannt werden, mit dem Inhalt des Ehefähigkeitszeugnisses plausibel vereinbaren lassen[36]. Die Beweiswirkung des Ehefähigkeitszeugnisses wird erschüttert, wenn dem Standesamt Umstände bekannt werden, die die Richtigkeit des Ehefähigkeitszeugnisses in Frage stellen; dann ist die Ehefähigkeit des ausländischen Verlobten umfassend nachzuprüfen.

50 Das Ehefähigkeitszeugnis gilt sechs Monate, es sei denn, es bestimmt selbst eine kürzere Geltungsdauer, die dann maßgebend ist (§ 1309 Abs. 1 Satz 3 BGB)[37]. Dagegen kann sich eine in dem Zeugnis vermerkte längere Geltungsdauer gegenüber der ausdrücklichen Bestimmung des deutschen Rechts nicht durchsetzen. Die Geltungsdauer von mehrsprachigen Ehefähigkeitszeugnissen beträgt ebenfalls sechs Monate (Art. 7 des Übereinkommens vom 5. 9. 1980 über die Ausstellung von Ehefähigkeitszeugnissen). Wird die Ehe nicht innerhalb der Geltungsdauer geschlossen, muss der ausländische Verlobte ein neues Zeugnis beibringen.

51 § 1309 Abs. 1 BGB ist eine personenstandsrechtliche Verfahrensvorschrift; seine Verletzung bleibt materiellrechtlich ohne Folgen. Wird die Ehe, obgleich kein Ehefähigkeitszeugnis vorlag, nach dem von Art. 13 Abs. 1 EGBGB berufenen Recht wirksam geschlossen, so wird die Gültigkeit der Ehe durch das Fehlen des Zeugnisses nicht berührt. Nach der Eheschließung darf ein Zeugnis nicht mehr verlangt werden. Umgekehrt kann eine Ehe materiell fehlerhaft sein, obgleich ein – unrichtiges – Ehefähigkeitszeugnis vorgelegt worden war.

3. Befreiung von der Beibringung

a) Zweck der Befreiung

52 Von dem Erfordernis des Ehefähigkeitszeugnisses kann der OLG-Präsident nach § 1309 Abs. 2 BGB Befreiung erteilen. Die Vorschrift ist als Ausnahme von Absatz 1 formuliert, doch ist die Befreiung in der Praxis die Regel. Die Entscheidung des OLG-Präsidenten beschränkt sich nicht darauf, lediglich von dem Erfordernis des § 1309 Abs. 1 Satz 1 BGB zu befreien, sondern erstreckt sich auf die Ehefähigkeit unter allen rechtlichen Aspekten, insbesondere auch darauf, ob eine Scheinehe beabsichtigt ist (vgl. Rdnr. 60). Die Befreiung enthält inzident die materiellrechtliche Feststellung, dass der ausländische Verlobte ehefähig ist. Liegt ein Ehehindernis vor, ist die Befreiung zu versagen. Wie beim Ehefähigkeitszeugnis soll die Prüfung durch den OLG-Präsidenten die korrekte Beachtung des ausländischen Rechts gewährleisten; er tritt an die Stelle der in § 1309 Abs. 1 BGB genannten ausländi-

35 BGH, StAZ 1966, 287; OLG Hamm, StAZ 1974, 211; OLG Braunschweig, StAZ 1996, 86.
36 *Wagenitz/Bornhofen* S. 265 f. Rdnr. 119 f.
37 Zur Berechnung der Geltungsdauer vgl. *Wagenitz/Bornhofen* S. 267 f. Rdnr. 121 f.

schen Behörde und entscheidet, wie diese, nach ausländischem Recht[38]. Die Befreiung ist auch erforderlich, wenn die Ehefähigkeit gemäß Art. 13 Abs. 2 EGBGB nach deutschem Recht beurteilt werden soll (Nr. 12.6.2 PStG-VwV).

b) Das Befreiungsverfahren

(1) Antragsberechtigung

Der ausländische Verlobte muss entweder einem Staat angehören, der überhaupt keine Ehefähigkeitszeugnisse ausstellt, oder Staatenloser mit gewöhnlichem Aufenthalt im Ausland sein (§ 1309 Abs. 2 Satz 2 BGB), oder die Beibringung des Zeugnisses muss ausnahmsweise nicht möglich sein (§ 1309 Abs. 2 Satz 3 BGB). Nur derjenige soll Befreiung beantragen, der darauf angewiesen ist. Das schutzwürdige rechtliche Interesse fehlt, wenn der Antragsteller seine Ehefähigkeit in zumutbarer Weise durch ein Zeugnis seiner Heimatbehörde nachweisen kann. **53**

Nach § 1309 Abs. 2 Satz 2 BGB ohne Weiteres antragsberechtigt sind Staatenlose mit gewöhnlichem Aufenthalt im Ausland und Angehörige derjenigen Staaten, die keine Ehefähigkeitszeugnisse erteilen. Für Staatenlose gilt dies mit der Einschränkung, dass sie in ihrem Aufenthaltsstaat kein Ehefähigkeitszeugnis erhalten können (vgl. Rdnr. 44). Gleiches gilt für Asylberechtigte und ausländische Flüchtlinge ohne Wohnsitz oder (gewöhnlichen) Aufenthalt im Inland (Nr. 12.6.2 PStG-VwV). Ein Befreiungsverfahren für einen Verlobten mit ungeklärter Staatsangehörigkeit ist nur erforderlich, wenn er seinen gewöhnlichen Aufenthalt im Ausland hat. Bei gewöhnlichem Aufenthalt im Inland hat er ein deutsches Personalstatut (Art. 5 Abs. 2 EGBGB) und bedarf an sich keines Ehefähigkeitszeugnisses (§ 1309 Abs. 1 Satz 1 BGB). Da jedoch die Beurteilung, ob von einer ungeklärten Staatsangehörigkeit ausgegangen werden kann, schwierig ist, wird auch bei Inlandsaufenthalt ein Befreiungsverfahren für zulässig gehalten (Nr. 12.6.2 PStG-VwV). **54**

Der Angehörige eines Staates, dessen Behörden Ehefähigkeitszeugnisse ausstellen, ist in erster Linie verpflichtet, ein solches vorzulegen, auch wenn die Beschaffung zeitaufwendig und mit Kosten und Formalitäten verbunden ist. Ist ihm dies nicht oder nur unter besonderen Schwierigkeiten möglich, obwohl er ehefähig ist, ist er in einem solchen »besonderen Fall« nach § 1309 Abs. 2 Satz 3 BGB ausnahmsweise berechtigt, den Befreiungsantrag zu stellen. Die Vorschrift soll verhindern, dass die Eheschließung an einer bloßen verfahrensrechtlichen Hilfsvorschrift scheitert. Allgemein wird es für zumutbar gehalten, dass sich der ausländische Verlobte drei Monate lang ergebnislos um ein Ehefähigkeitszeugnis bemüht hat (vgl. Nr. 12.6.2 PStG-VwV). **55**

Als »besondere Fälle« sind vor allem zwei Sachverhaltsvarianten denkbar: **56**
- Der Heimatstaat verweigert das Ehefähigkeitszeugnis aus Gründen, die mit der Ehefähigkeit nichts zu tun haben, z. B. wegen fehlenden Aufenthalts im Inland, wegen des Besitzes oder Nichtbesitzes eines Passes (so-

38 Zum Befreiungsverfahren vgl. *Schmitz-Justen*, StAZ 2007, 107.

fern er nicht zum Nachweis der Staatsangehörigkeit gefordert wird), wegen Nichtableistung des Militärdienstes[39].

- Dem ausländischen Verlobten ist es nicht möglich oder nicht zumutbar, ein Ehefähigkeitszeugnis zu beschaffen, z. B. bei Stillstand der Verwaltung im Heimatland infolge Krieges oder politischer Wirren, bei Naturkatastrophen, Angst vor Repressalien gegen Angehörige[40], Unmöglichkeit, eine konsularische Bescheinigung zu erlangen[41]. Auch der drohende Tod eines Verlobten ist ein »besonderer Fall« im Sinne des § 1309 Abs. 2 Satz 3 BGB und gestattet ggf. auch einen Rückgriff auf Art. 13 Abs. 2 EGBGB (vgl. Rdnr. 58)[42].

57 § 1309 Abs. 2 Satz 3 BGB umfasst nicht die Fälle, in denen der Heimatstaat das Ehefähigkeitszeugnis deshalb verweigert, weil er den ausländischen Verlobten für nicht ehefähig hält; hier fehlt es an einer materiellen Ehevoraussetzung. Kein Fall von Unzumutbarkeit ist es auch, wenn der ausländische Verlobte nach seinem Heimatrecht derzeit noch nicht ehefähig ist, aber ein besonderes Verfahren in seinem Heimatstaat durchführen kann, um seine Ehefähigkeit wieder herzustellen, z. B. ein Verfahren zur Anerkennung eines deutschen Scheidungsurteils[43]. Hier geht es nicht um Schwierigkeiten bei der Beschaffung des Ehefähigkeitszeugnisses, sondern um die Ehefähigkeit selbst.

58 Gleichwohl muss das Standesamt auch in diesen Fällen einen Befreiungsantrag aufnehmen, weil allein der OLG-Präsident im Befreiungsverfahren zu entscheiden hat, ob ein »besonderer Fall« im Sinne des § 1309 Abs. 2 Satz 3 BGB tatsächlich vorliegt. Auch ist denkbar, dass dem ausländischen Verlobten Befreiung erteilt wird, weil das Ehehindernis des ausländischen Rechts aus Gründen des deutschen ordre public nicht zu beachten ist (Art. 13 Abs. 2 EGBGB)[44]. Ist nur ein besonderes Verfahren zur Wiederherstellung der Ehefähigkeit durchzuführen, ist die Befreiung nicht zu erwarten, da hier wegen Art. 13 Abs. 2 Nr. 2 EGBGB der deutsche ordre public nicht eingreift.

(2) Rechtliches Interesse

59 Selbst wenn die Voraussetzungen des § 1309 Abs. 2 Satz 2 oder 3 BGB vorliegen, muss ein rechtliches Interesse an der Durchführung des Befreiungsverfahrens gegeben sein. Es fehlt, wenn das Standesamt bereits gerichtlich angewiesen worden ist, von seinen Bedenken gegen die Vornahme der Eheschlie-

39 OLG Hamburg, StAZ 1962, 216; OLG Köln, StAZ 1969, 181.

40 Vgl. OLG Köln, StAZ 1989, 260.

41 OLG Oldenburg, StAZ 1989, 75.

42 Vgl. *Schulz*, StAZ 1991, 32, 34; strenger OLG Hamm, StAZ 1974, 210.

43 Vgl. *Sachse*, StAZ 1987, 84; OLG Hamm, StAZ 2003, 169.

44 OLG Celle, StAZ 1988, 261; vgl. *Schulz*, StAZ 1991, 32. Bei ausländischen Transsexuellen, deren Geschlechtsumwandlung im Heimatstaat nicht anerkennt ist, lehnt die Rechtsprechung eine Befreiung ab (Präs.KG, StAZ 2002, 307; OLG Karlsruhe StAZ 2003, 139). Der Betroffene hat aber die Möglichkeit, die Feststellung der Geschlechtszugehörigkeit in Deutschland zu beantragen (§ 8 i. V. m. § 1 Abs. 1 Nr. 3 Buchst. d TSG).

ßung Abstand zu nehmen[45]. Umgekehrt bleibt ein Antrag nach §49 Abs.2 zulässig, wenn ein Befreiungsbescheid ergangen ist und Zweifel an der Ehefähigkeit des ausländischen Verlobten fortbestehen, da die Befreiung das Standesamt nicht bindet (vgl. Rdnr. 66). Ein rechtliches Interesse an der Befreiung fehlt auch, wenn in der Person des anderen Verlobten, dessen Ehefähigkeit deutschem Recht unterliegt, ein nicht behebbares Ehehindernis besteht. Zwar hat der OLG-Präsident grundsätzlich nur zu prüfen, ob der ausländische Verlobte nach seinem Heimatrecht die Eheschließungsvoraussetzungen erfüllt. Stellt er jedoch fest, dass die Ehe auch bei Erteilung des Dispenses nicht geschlossen werden darf, ginge die Befreiung ins Leere und ist deshalb zu verweigern.

Der OLG-Präsident prüft im Befreiungsverfahren auch, ob eine aufhebbare Ehe, insbesondere ein Scheinehe geschlossen werden soll (§1310 Abs.1 Satz 3 Nr.1 i.V.m. §1314 Abs.2 BGB). Die ältere Rechtsprechung hielt einen Antrag auf Befreiung von der Beibringung des Ehefähigkeitszeugnisses wegen Rechtsmissbrauchs für unzulässig, wenn mit der Eheschließung ausschließlich ehefremde Zwecke verfolgt wurden[46]. Mit dem Verbot des §1310 Abs.1 Satz 3 Nr.1 BGB an den Standesbeamten, an der Schließung einer offensichtlich aufhebbaren Ehe mitzuwirken, besteht jetzt eine verfahrensrechtliche Regelung, welche die Vorfrage, ob die Ehe aufhebbar ist, mit der Verweisung auf §1314 Abs.2 BGB dem materiellen Recht zuordnet und damit kollisionsrechtlich Art.13 Abs.1 EGBGB unterstellt[47]. In diesem Sinne ist das Ehehindernis der beabsichtigten Scheinehe im Befreiungsverfahren jedenfalls dann zu beachten, wenn deutsches als »ärgeres« Recht für einen der Eheschließenden maßgebend ist[48]. Haben beide Verlobte ein ausländisches Eheschließungsstatut, muss auf den deutschen ordre public zurückgegriffen werden, um eine Scheinehe zu verhindern (vgl. Rdnr. 43)[49]. 60

(3) Aufgaben des Standesamts

Das Standesamt leitet das Befreiungsverfahren ein, wenn der ausländische Verlobte ein Ehefähigkeitszeugnis nicht beizubringen vermag. Dies ist insbesondere dann der Fall, wenn 61

- der Verlobte Staatenloser mit gewöhnlichem Aufenthalt im Ausland ist (vgl. aber Rdnr. 44) oder einem Staat angehört, der generell keine Ehefähigkeitszeugnisse ausstellt;
- der Verlobte Asylberechtigter oder ausländischer Flüchtling ohne inländischen Wohnsitz oder Aufenthalt ist;

45 OLG Braunschweig, StAZ 1996, 85.

46 OLG Hamburg, StAZ 1996, 139; OLG Celle, StAZ 1996 366; OLG Jena, StAZ 1998, 177; Präs. KG, StAZ 1996, 84. A.M. OLG Düsseldorf, StAZ 1996, 138, das das Befreiungsverfahren allein auf die Prüfung der materiellen Eheschließungserfordernisse des ausländischen Rechts beschränkte.

47 KG, StAZ 2012, 370.

48 KG, StAZ 2001, 298.

49 Ein Teil der Rspr. greift weiterhin auf das ungeschriebene Verbot des Rechtsmissbrauchs zurück, OLG Dresden, StAZ 2001, 35; OLG Naumburg, StAZ 2003, 112 und 2008, 224.

- ein Verlobter, dessen Heimatstaat üblicherweise Ehefähigkeitszeugnisse ausstellt, das Zeugnis nicht oder nur unter großen Schwierigkeiten beschaffen kann;
- der Verlobte ein Zeugnis beigebracht hat, das den Anforderungen des § 1309 Abs. 1 BGB nicht genügt.

62 Nach § 12 Abs. 3 Satz 1 hat das Standesamt den Antrag auf Befreiung aufzunehmen und die Entscheidung des OLG-Präsidenten vorzubereiten. Die Vorschrift will das Befreiungsverfahren vereinfachen und beschleunigen. Das Standesamt kann den rechtsunkundigen ausländischen Verlobten sachgemäß unterstützen und ist als »fallnähere« Behörde zur Tatsachenermittlung eher imstande als der OLG-Präsident. Das Standesamt muss alle rechtserheblichen Tatsachen so weit wie möglich aufklären, die Verlobten zur Vorlage von Urkunden und, wenn nötig, zur Abgabe von Versicherungen an Eides statt anhalten (§ 12 Abs. 3 Satz 2 i. V. m. § 9 Abs. 2)[50]. Einzelheiten regeln Nr. 12.6.3 ff. PStG-VwV. Im Übrigen orientiert sich das Standesamt zweckmäßigerweise an der Praxis des für ihn zuständigen OLG-Präsidenten, der insbesondere aufzeigt, welche Unterlagen aus dem jeweiligen Heimatstaat des Verlobten beizubringen sind. Es ist nicht verpflichtet, die Erfolgsaussichten des Befreiungsantrags im Einzelnen nachzuprüfen. Die Entscheidung über den Antrag liegt allein bei dem OLG-Präsidenten.

(4) Örtliche Zuständigkeit des OLG-Präsidenten

63 Zuständig für die Befreiung von der Beibringung des Ehefähigkeitszeugnisses ist der Präsident des Oberlandesgerichts, in dessen Bezirk das Standesamt, bei dem die Eheschließung angemeldet worden ist, seinen Sitz hat (§ 1309 Abs. 2 Satz 1 BGB). Die Zuständigkeit knüpft somit an die durch den Wohnsitz oder gewöhnlichen Aufenthalt eines der Eheschließenden bestimmte Zuständigkeit des Standesamts für die Entgegennahme der Anmeldung der Eheschließung an (vgl. Rdnr. 13 ff.). Sind danach mehrere Standesämter zuständig, entscheidet der Sitz des Standesamts, bei dem die Eheschließung tatsächlich angemeldet worden ist, auch über die Zuständigkeit des OLG-Präsidenten für die Befreiung. Ein Wohnsitzwechsel nach der Anmeldung lässt die durch die Anmeldung begründete Zuständigkeit des Standesamts für die Prüfung der Ehefähigkeit und damit auch des OLG-Präsidenten für die Befreiung unberührt.

(5) Die Entscheidung des OLG-Präsidenten

64 Der OLG-Präsident wird nicht als »Gericht« tätig, sondern als Behörde der Landesjustizverwaltung. Die Befreiung ist ein Justizverwaltungsakt i. S. der Art. 23 ff. EGGVG. Der ausländische Eheschließende hat, wenn er ehefähig ist und die Voraussetzungen des § 1309 Abs. 2 BGB vorliegen, einen Rechtsanspruch auf Befreiung. Allerdings kann die Verfahrenspraxis von einem

50 Zum Nachweis der Staatsangehörigkeit vgl. OLG Rostock, StAZ 2007, 208.

OLG-Bezirk zum anderen schwanken[51]. Die materielle Prüfung folgt den Grundsätzen des deutschen IPR. Sie erstreckt sich auf den gesamten Bereich der Eingehung der Ehe, also auch auf aufschiebende Ehehindernisse[52].

Die Befreiung ist dem Antragsteller bekanntzugeben. In der Regel ersucht der OLG-Präsident das Standesamt, die Entscheidung dem Antragsteller zu eröffnen. Die Gebühr für die Befreiung beträgt 15 bis 305 Euro[53]. Lehnt der OLG-Präsident die Befreiung ab, so kann der Antragsteller innerhalb eines Monats nach Zustellung oder schriftlicher Bekanntgabe gerichtliche Entscheidung beantragen (Art. 26 EGGVG). Über den Antrag entscheidet ein Zivilsenat des Oberlandesgerichts (Art. 25 EGGVG). Erteilt der OLG-Präsident die Befreiung, so ist seine Entscheidung auch für das Standesamt unanfechtbar, weil es an die Befreiung nicht gebunden ist. 65

(6) Der Befreiungsbescheid im Eheschließungsverfahren

Die Befreiung bindet das Standesamt ebenso wenig wie das Ehefähigkeitszeugnis selbst (vgl. Rdnr. 49). Da die Befreiung bestehende Ehehindernisse nicht ausräumen kann, hat das Standesamt die Eheschließung abzulehnen, wenn es die Ehefähigkeit des ausländischen Verlobten verneint. Eine umstrittene Rechtsfrage kann über § 49 Abs. 2 vor die Gerichte gebracht werden. 66

Der Befreiungsbescheid gilt wie das Ehefähigkeitszeugnis sechs Monate (§ 1309 Abs. 2 Satz 4 BGB). Rechtswidrigkeitsfolgen bei Verstoß gegen § 1309 Abs. 2 Satz 1 BGB treten, wie auch beim Ehefähigkeitszeugnis, nicht ein (vgl. Rdnr. 51). 67

VI. Mitteilung der Anmeldung an das Familien- oder Betreuungsgericht

Nach § 58 Abs. 1 Nr. 6 PStV hat das Standesamt, das die Anmeldung der Eheschließung entgegennimmt, dies dem Familien- oder Betreuungsgericht mitzuteilen, wenn einer der Eheschließenden mit einem anteilsberechtigten minderjährigen oder betreuten Abkömmling in fortgesetzter Gütergemeinschaft lebt. Die Mitteilungspflicht beruht auf § 1493 Abs. 3 BGB und betrifft den Fall, dass Ehegatten durch Ehevertrag Gütergemeinschaft vereinbart und dabei abgesprochen haben, dass die Gütergemeinschaft nach dem Tode eines Ehegatten zwischen dem überlebenden Ehegatten und den gemeinschaftlichen Abkömmlingen fortgesetzt wird (§ 1483 BGB). Diese fortgesetzte Gütergemeinschaft wird gemäß § 1493 Abs. 1 BGB mit der Wiederverheiratung des überlebenden Ehegatten kraft Gesetzes beendet. Für diesen Fall verpflichtet § 1493 Abs. 2 BGB den überlebende Ehegatten bei Minderjäh- 68

51 Gewisse Richtlinien können sich auch hier zu Rechtsgrundsätzen verdichten; vgl. OLG Zweibrücken, StAZ 1977, 16; OLG Düsseldorf, StAZ 1980, 239 mit Anm. *Gottwald;* OLG Düsseldorf, StAZ 1998, 257; KG, StAZ 1999, 112 und 334; StAZ 2000, 303; StAZ 2004, 9.

52 BGH, StAZ 1971, 195.

53 Gebührennr. 1330 der Anlage zu § 4 Abs. 1 Justizverwaltungskostengesetz (GS Nr. 123).

rigkeit des anteilsberechtigten Abkömmlings die Absicht der Wiederverheiratung dem Familiengericht anzuzeigen, ein Verzeichnis des Gesamtguts einzureichen, die Gütergemeinschaft aufzuheben und die Auseinandersetzung herbeizuführen. Gehört die Sorge für das Vermögen eines anteilsberechtigten Abkömmlings zum Aufgabenkreis eines Betreuers, tritt an die Stelle des Familiengerichts das Betreuungsgericht. Unter den Begriff des Abkömmlings fallen nicht nur Kinder, sondern auch Enkelkinder. Das Gericht kann gestatten, dass die Aufhebung der Gütergemeinschaft bis zur Eheschließung unterbleibt und dass die Auseinandersetzung erst später erfolgt.

69 Für die Feststellung, ob eine Mitteilung an das Familiengericht erforderlich wird, ist das Standesamt auf die Angaben des Eheschließenden angewiesen. Der seltene Fall, dass der Verlobte mit einem Abkömmling in fortgesetzter Gütergemeinschaft lebt, ergibt sich nur, wenn der andere Elternteil bereits verstorben ist (vgl. Rdnr. 68). Diesen Sachverhalt erfährt das Standesamt bei der Prüfung der Vorehen des Verlobten. In diesem Fall genügt es, danach zu fragen, ob in der fraglichen Ehe fortgesetzte Gütergemeinschaft (§§ 1483 ff. BGB) vereinbart worden war und Abkömmlinge aus dieser Ehe vorhanden sind. Es empfiehlt sich, den Eheschließenden darauf hinzuweisen, dass die Anzeigepflicht des § 1493 BGB vor der Eheschließung zu erfüllen ist.

70 Das Verfahren nach § 1493 Abs. 2 BGB ist keine Güterrechtssache, sondern eine Kindschaftssache[54]. Die Mitteilung ist an das Familiengericht zu richten, in dessen Bezirk der Abkömmling des Verlobten seinen gewöhnlichen Aufenthalt hat (§ 152 Abs. 2 FamFG; Nr. 68.1.4 PStG-VwV). Hat der Abkömmling keinen gewöhnlichen Aufenthalt im Inland, ist Adressat der Mitteilung das Gericht, in dessen Bezirk das Fürsorgebedürfnis bekannt wird (§ 152 Abs. 3 FamFG). Im Falle der Betreuung des Abkömmlings ergibt sich die örtliche Zuständigkeit des Betreuungsgerichts aus § 272 Abs. 1 FamFG.

54 BT-Drucks. 16/6308 S. 261 (zu § 261 FamFG).

§13 Prüfung der Ehevoraussetzungen

(1) Das Standesamt, bei dem die Eheschließung angemeldet ist, hat zu prüfen, ob der Eheschließung ein Hindernis entgegensteht. Reichen die nach §12 Abs. 2 vorgelegten Urkunden nicht aus, so haben die Eheschließenden weitere Urkunden oder sonstige Nachweise vorzulegen.

(2) Bestehen konkrete Anhaltspunkte dafür, dass die zu schließende Ehe nach §1314 Abs. 2 des Bürgerlichen Gesetzbuchs aufhebbar wäre, so können die Eheschließenden in dem hierzu erforderlichen Umfang einzeln oder gemeinsam befragt werden; zum Beleg der Angaben kann ihnen die Beibringung geeigneter Nachweise aufgegeben werden. Wenn diese Mittel nicht zur Aufklärung des Sachverhalts führen, so kann auch eine Versicherung an Eides statt über Tatsachen verlangt werden, die für das Vorliegen oder Nichtvorliegen von Aufhebungsgründen von Bedeutung sind.

(3) Soll die Ehe wegen lebensgefährlicher Erkrankung eines Eheschließenden ohne abschließende Prüfung nach Absatz 1 geschlossen werden, so muss durch ärztliches Zeugnis oder auf andere Weise nachgewiesen werden, dass die Eheschließung nicht aufgeschoben werden kann. In diesem Fall muss glaubhaft gemacht werden, dass kein Ehehindernis besteht.

(4) Wird bei der Prüfung der Ehevoraussetzungen ein Ehehindernis nicht festgestellt, so teilt das Standesamt den Eheschließenden mit, dass die Eheschließung vorgenommen werden kann; die Mitteilung ist für das Standesamt, das die Eheschließung vornimmt, verbindlich. Die Eheschließenden sind verpflichtet, Änderungen in ihren die Ehevoraussetzungen betreffenden tatsächlichen Verhältnissen unverzüglich anzuzeigen; die Mitteilung nach Satz 1 wird entsprechend geändert oder aufgehoben. Sind seit der Mitteilung an die Eheschließenden mehr als sechs Monate vergangen, ohne dass die Ehe geschlossen wurde, so bedarf die Eheschließung erneut der Anmeldung und der Prüfung der Voraussetzungen für die Eheschließung.

Übersicht (die Zahlen bedeuten Randnummern)

I. Rechtsentwicklung

1 § 13 trifft Bestimmungen über die Prüfung der Ehevoraussetzungen auf Grund der Anmeldung der Eheschließung (§ 12). Absatz 1 Satz 2 über die Nachforderung von Urkunden und sonstigen Nachweisen ist als Ergänzung zu § 12 Abs. 2 zu sehen. Absatz 1 entspricht § 5 Abs. 2 PStG a. F.; Absatz 2 übernimmt nahezu unverändert die Vorschrift des § 5 Abs. 4 PStG a. F. über die Prüfungsbefugnisse des Standesamts bei Verdacht einer beabsichtigten Scheinehe. Die Möglichkeit der Eheschließung ohne abschließende Prüfung der Ehefähigkeit (Nottrauung) wird entsprechend § 7 PStG a. F. durch Absatz 3 eröffnet. Die Regelungen in Absatz 4 dienen der Vorbereitung der Eheschließung nach Feststellung der Ehefähigkeit (vgl. § 6 Abs. 1 Satz 1 und 2 PStG a. F.). Die Mitteilung hierüber ist für das Eheschließungs-Standesamt verbindlich; eine »Ermächtigung« dieses Standesamts durch das Anmelde-Standesamt (vgl. § 6 Abs. 4 und 5 PStG a. F.) gibt es nicht mehr. Aus diesem Grunde wird den Eheschließenden durch Satz 2 des Absatzes 4 eine Anzeigepflicht bei Änderung der eheschließungsrelevanten tatsächlichen Verhältnisse gegenüber dem Anmelde-Standesamt auferlegt.

2 Die Mitteilungspflicht des § 5 Abs. 5 PStG a. F. in den Fällen, in denen ein Eheschließender mit einem anteilsberechtigten minderjährigen oder betreuten Abkömmling in fortgesetzter Gütergemeinschaft lebt, ist jetzt in § 1493 Abs. 3 BGB geregelt, weil nach der Konzeption des PStRG die Regelung von Mitteilungspflichten des Standesamts gegenüber anderen Behörden den jeweiligen bereichsspezifischen Vorschriften vorbehalten ist. Die Mitteilung erfolgt nicht mehr im Anschluss an die Eheschließung, sondern bereits nach der Anmeldung (vgl. § 12 Rdnr. 68 ff.).

II. Die Prüfung der Ehevoraussetzungen

1. Die materiellen Voraussetzungen nach deutschem Recht

3 Nach § 13 Abs. 1 Satz 1 hat das Standesamt, bei dem die Anmeldung gemäß § 12 erfolgt ist, zu prüfen, ob der Eheschließung ein Hindernis entgegensteht. Ein rechtliches Ehehindernis liegt vor, wenn eine der Voraussetzungen der Eheschließung nicht erfüllt ist, d. h. die Ehefähigkeit (§§ 1303 und 1304 BGB) nicht gegeben ist oder ein Eheverbot (§§ 1306 bis 1308 BGB) vorliegt. Ferner hindert § 1310 Abs. 1 Satz 3 Nr. 1 BGB die Eheschließung bei offenkundigen Willensmängeln, insbesondere wenn die Absicht besteht, eine »Scheinehe« zu

schließen. Die Vorlage eines Ehefähigkeitszeugnisses – in diesem Begriff wird »Ehefähigkeit« umfassend als Fehlen von Ehehindernissen verstanden – gemäß § 1309 Abs. 1 BGB ist keine materielle Voraussetzung der Eheschließung.

a) Das Geschlecht der Ehegatten

Nach der Änderung des § 1353 Abs. 1 Satz 1 BGB[1], nach dem die Ehe von zwei Personen verschiedenen oder gleichen Geschlechts auf Lebenszeit geschlossen wird, ist die gesetzlich bisher nur inzident vorausgesetzte Geschlechtsverschiedenheit der Ehegatten keine Eheschließungsvoraussetzung mehr. Mit dieser Änderung wurde ab dem 1.10.2017 die Ehe für gleichgeschlechtliche Paare geöffnet und gleichzeitig die Möglichkeit zur Begründung einer Lebenspartnerschaft abgeschafft (vgl. die spätere Klarstellung in § 1 Satz 1 LPartG). Da Lebenspartnern seit diesem Zeitpunkt die Möglichkeit der Umwandlung der Lebenspartnerschaft in eine Ehe nach § 20a Abs. 1 Satz 1 LPartG offensteht, ist eine originäre Eheschließung nach den §§ 1310 ff. BGB nicht möglich (vgl. auch § 17a Rdnr. 4)[2]. 4

§ 1353 Abs. 1 Satz 1 BGB stellt auf das jeweilige personenstandsrechtlich zugewiesene und nicht auf das biologische Geschlecht ab[3], so dass auch Personen mit Varianten der Geschlechtsentwicklung (zum Begriff vgl. § 22 Rdnr. 13 und § 45b Rdnr. 3), die als Geschlechtsangabe »männlich« oder »weiblich« gewählt haben, eine Ehe schließen können. Problematisch ist allerdings, ob Personen mit Varianten der Geschlechtsentwicklung, die nach § 22 Abs. 3 oder § 45b Abs. 1 Satz 1 als Geschlechtseintrag »divers« gewählt oder auf eine Geschlechtsangabe verzichtet haben bzw. diese haben streichen lassen, ebenfalls die Ehe offensteht. Da de lege lata nur noch die Ehe als rechtlich formalisierte Form einer Partnerschaft zur Verfügung steht und ein Ausschluss von einer Eheschließung verfassungsrechtlich problematisch wäre, müssen im Wege einer verfassungskonformen Auslegung des § 1353 Abs. 1 Satz 1 BGB zumindest Personen, die als Geschlechtseintrag »divers« gewählt haben, unter

1 Geändert durch Art. 1 Nr. 2 des Gesetzes zur Einführung des Rechts auf Eheschließung für Personen gleichen Geschlechts vom 20.7.2017 (BGBl. I S. 2787).

2 Nach *Hepting/Dutta* Rdnr. III-888; *Kaiser,* FamRZ 2017, 1985, 1986; *Erbarth,* FamRZ 2018, 1221, 1224 und *Magnus,* StAZ 2019, 163 f., steht Lebenspartnern neben der Möglichkeit einer Umwandlung der Lebenspartnerschaft nach § 20a Abs. 1 Satz 1 LPartG auch originär eine Eheschließung nach §§ 1310 ff. BGB offen. Zur Begründung wird im Wesentlichen angeführt, dass eine entsprechende Eheschließung nicht gegen ein Eheverbot verstoßen würde und eine originäre Eheschließung aus Gründen der Rechtssicherheit in den Fällen sinnvoll sei, in denen Zweifel an der Wirksamkeit der Lebenspartnerschaft bestehen. Nach *Helms,* StAZ 2018, 33, 38 f., ist dagegen eine Eheschließung in diesem Fall nicht möglich. Für diese Auffassung spricht insbesondere die gesetzgeberische Intention bei der Schaffung des § 20a Abs. 1 Satz 1 LPartG, nach der eine Eheschließung nach den §§ 1310 ff. BGB ohne gleichzeitige Umwandlung der bestehenden Lebenspartnerschaft nicht möglich sein sollte (vgl. Begründung zu Art. 3 Nr. 2 des Entwurfs des Eheöffnungs-UmsetzungsG, BT-Drs. 19/4670, S. 28).

3 *Kaiser,* FamRZ 2017, 1889, 1897; BVerfG, Beschluss vom 11.1.2011, Az.: 1 BvR 3295/07; Leitsätze abgedruckt in FamRZ 2011, 452.

diese Vorschrift fallen[4]. § 22 Abs. 3 und § 45b Abs. 1 Satz 1 gewähren Personen mit Varianten der Geschlechtsentwicklung bei Vorliegen der materiellen Voraussetzungen im gesetzlichen Rahmen die freie Disposition über die Angabe ihres personenstandsrechtlichen Geschlechts. Mit einer Bestimmung der Geschlechtsangabe als »divers« wird nur zum Ausdruck gebracht, dass man sich weder dem männlichen noch weiblichen Geschlecht zugehörig fühlt, nicht dagegen, dass man sich einer geschlechtlichen Kategorisierung vollständig entzieht. Im Hinblick auf den Wortlaut des § 1353 Abs. 1 Satz 1 BGB, der nur eine Verschieden- oder Gleichgeschlechtlichkeit der Ehegatten fordert, liegt diese Voraussetzung auch bei einer Person vor, die ihr Geschlecht als »divers« bestimmt hat[5]. Nach dem Willen des Gesetzgebers soll § 1353 Abs. 1 Satz 1 BGB im Wege einer verfassungskonformen Auslegung auch Personen erfassen, für die keine Geschlechtsangabe im Geburtenregister eingetragen ist; vor diesem Hintergrund wurde eine gesonderte gesetzliche Regelung als entbehrlich angesehen[6]. Dieser gesetzgeberische Wille hat allerdings im Wortlaut des § 1353 Abs. 1 Satz 1 BGB keinen Niederschlag gefunden, da die Vorschrift ausdrücklich an eine Gleich- oder Verschiedengeschlechtlichkeit der Ehegatten und damit immer noch an ein Geschlecht anknüpft. Ist daher keine Erklärung zum Geschlechtseintrag erfolgt bzw. wurde der Geschlechtseintrag gestrichen, sollte aus Gründen der Rechtssicherheit nach § 49 Abs. 2 Satz 1 das Amtsgericht befasst werden. Hält dieses die Vorschrift für verfassungswidrig, kann es nach Art. 100 Abs. 1 Satz 1 GG das Verfahren aussetzen und die Entscheidung des BVerfG einholen[7].

b) Ehefähigkeit

(1) Ehemündigkeit

5 Die Ehemündigkeit (das Heiratsalter) knüpft an die Volljährigkeit der Person an (§ 1303 Satz 1 BGB). Von diesem Erfordernis kann keine Befreiung erteilt werden. Eine Ehe mit einer minderjährigen Person, die zum Zeitpunkt der Eheschließung das 16. Lebensjahr noch nicht vollendet hatte, ist unwirksam, sie ist eine Nichtehe und entfaltet keinerlei Rechtswirkungen (§ 1303 Satz 2 BGB). Eine verbotswidrig geschlossene Ehe mit einer minderjährigen Per-

4 Beim Eheöffnungs-UmsetzungsG ging auch der Gesetzgeber davon aus (vgl. Begründung des Entwurfs eines Gesetzes zur Umsetzung des Gesetzes zur Einführung des Rechts auf Eheschließung für Personen gleichen Geschlechts (BT-Drs. 19/4670, S. 19)).

5 *Hepting/Dutta* Rdnr. IV-229 geht im Hinblick vom Wortlaut des § 1353 Abs. 1 Satz 1 BGB dagegen davon aus, dass das Rechtsinstitut der Ehe ein bestimmtes Geschlecht voraussetzt; danach können Personen mit einem unbestimmten oder diversen Geschlecht keine Ehe schließen; so auch noch *Kaiser* FamRZ 2017, 1889, 1898. Da eine Verweigerung der Eheschließung allerdings verfassungsrechtlich problematisch wäre, wird eine Zweifelsvorlage nach § 49 Abs. 2 Satz 1 PStG empfohlen. Nach *Helms*, StAZ 2018, 33, 34 und *Jäschke*, StAZ 2019, 106, 108, fallen dagegen auch Personen, für die keine Geschlechtsangabe im Geburtenregister eingetragen ist, unter diese Vorschrift.

6 Vgl. Fußnote 4.

7 So bereits die Empfehlung für den Fall einer Person mit der Geschlechtsangabe »divers«: *Hepting/Dutta* Rdnr. IV-229, vgl. Fußnote 5.

son von 16 oder 17 Jahren ist dagegen zunächst wirksam, kann aber aufgehoben werden (§ 1314 Abs. 1 Nr. 1 BGB). Die zuständige Behörde muss den Aufhebungsantrag stellen, es sei denn, der minderjährige Ehegatte ist inzwischen volljährig geworden und hat zu erkennen gegeben, dass er die Ehe fortsetzen will (§ 1316 Abs. 3 Satz 2 BGB). Die Aufhebung soll den Regelfall darstellen[8].

Die strikte Festlegung des Ehemündigkeitsalters auf 18 Jahre beruht auf dem Gesetz zur Bekämpfung von Kinderehen vom 17.7.2017[9] und gilt seit dem 22.7.2017 für seit diesem Datum geschlossene oder zu schließende Ehen. Die notwendige Überleitungsregelung enthält Art. 229 § 44 Abs. 1 bis 3 EGBGB. Für die vor dem Inkrafttreten des Gesetzes geschlossenen Ehen bleibt es beim alten Recht; der neue § 1303 Satz 2 BGB ist nicht anzuwenden. Auch die Aufhebbarkeit richtet sich nach den §§ 1313 ff. BGB in der bis zum 22.7.2017 geltenden Fassung (Art. 229 § 44 Abs. 1 EGBGB). Ehen, die nach einer Befreiung vom Erfordernis der Ehemündigkeit (§ 1303 Abs. 2 bis 4 BGB a. F.) geschlossen worden sind, sind nicht wegen eines Verstoßes gegen die neue Altersgrenze aufhebbar (Art. 229 § 44 Abs. 2 EGBGB). 6

(2) Geschäftsfähigkeit

Das zweite Element der Ehefähigkeit ist die Geschäftsfähigkeit. Gemäß § 1304 BGB kann eine Ehe nicht eingehen, wer geschäftsunfähig ist (§ 104 BGB). Die Bestellung eines Betreuers nach den §§ 1896 ff. BGB begründet nicht notwendig die Geschäftsunfähigkeit des Betreuten. Eine Befreiung von diesem Ehehindernis ist nicht möglich. Die Ehe mit einem Geschäftsunfähigen ist aufhebbar (§ 1314 Abs. 1 Nr. 2 BGB), sofern sie nicht nach Wegfall der Geschäftsunfähigkeit bestätigt wird (§ 1315 Abs. 1 Nr. 2 BGB). Wird die Ehe im Zustand der Bewusstlosigkeit oder der vorübergehenden Störung der Geistestätigkeit i. S. von § 105 Abs. 2 BGB, z. B. bei Volltrunkenheit, geschlossen, liegt keine Geschäftsunfähigkeit vor. Die Ehe ist jedoch aufhebbar, wenn sie nicht nach Wegfall des Zustandes bestätigt wird (§§ 1314 Abs. 1 Nr. 2, 1315 Abs. 1 Satz 1 Nr. 3 BGB). 7

Die Feststellung der Geschäftsfähigkeit[10] kann im Einzelfall schwierig sein, da es kein gerichtliches Verfahren zur verbindlichen Feststellung der Geschäftsunfähigkeit gibt. Es ist allein Sache des Standesamts, die natürliche Geschäftsfähigkeit« der Verlobten festzustellen, wobei auf die Einsicht in das Wesen der Ehe und die Freiheit des Willensentschlusses zur Eingehung der Ehe abzustellen ist[11]. Ist kein Betreuer bestellt und sind keine Auffälligkeiten feststellbar, kann von der Geschäftsfähigkeit ausgegangen werden, ebenso bei Betreuerbestellung ohne Anordnung eines Einwilligungsvorbehalts. Ist ein Einwilligungsvorbehalt (§ 1903 BGB) angeordnet, sind weitere Ermittlun- 8

8 BT-Drs. 18/12086 S. 15.

9 BGBl. I S. 2429.

10 Zur Prüfung der Geschäftsfähigkeit insbesondere von Betreuten vgl. *Fröschle*, StAZ 2015, 130, 132 f.

11 BayObLG, StAZ 1996, 229; BVerfG, StAZ 2003, 234. Vgl. näher *Böhmer*, StAZ 1990, 213; 1992, 65; *Finger*, StAZ 1996, 225.

gen erforderlich (z. B. Vorlage eines ärztlichen Zeugnisses über die Geschäftsfähigkeit, Einsichtnahme in die Betreuungsakten gemäß § 13 FamFG). Bei Anordnung eines totalen Einwilligungsvorbehalts liegt in der Regel Geschäftsunfähigkeit vor. Bei verbleibenden Zweifeln kommt eine Vorlage an das Amtsgericht nach § 49 Abs. 2 in Betracht[12].

c) Eheverbote

(1) Bestehende Ehe oder Lebenspartnerschaft

9 Nach § 1306 BGB darf niemand eine Ehe schließen, solange er mit einer dritten Person verheiratet oder durch eine Lebenspartnerschaft verbunden ist. Eine erneute Eheschließung mit demselben Ehegatten wird durch die Vorschrift nicht ausgeschlossen; dies kann z. B. sinnvoll sein, wenn ein Ehegatte Zweifel an der Gültigkeit der ersten Eheschließung hat[13]. Von dem Verbot des § 1306 BGB kann nicht befreit werden. Es richtet sich gegen beide Eheschließenden. Eine ledige Deutsche kann daher keine Ehe mit einem verheirateten Ausländer eingehen, dessen Heimatrecht die Mehrehe zulässt. Wer bereits einmal verheiratet war, darf eine neue Ehe nur eingehen, wenn seine frühere Ehe durch Tod des anderen Ehegatten, durch Scheidung (§ 1564 BGB) oder Aufhebung (§ 1313 BGB) aufgelöst worden ist. Eine Lebenspartnerschaft wird durch den Tod eines Partners und durch gerichtliche Aufhebung gemäß § 15 LPartG aufgelöst. Nach der Todeserklärung eines verschollenen Ehegatten (§ 29 VerschG) darf der andere Ehegatte eine neue Ehe eingehen. Hat der für tot erklärte Ehegatte bei der Wiederverheiratung seines Partners noch gelebt, wird die frühere Ehe mit der Schließung der neuen Ehe aufgelöst, es sei denn, dass beide Partner der neuen Ehe bei der Eheschließung bösgläubig waren (§ 1319 Abs. 2 Satz 1 BGB). Die frühere Ehe bleibt auch dann aufgelöst, wenn die Todeserklärung aufgehoben wird (§ 1319 Abs. 2 Satz 2 BGB). Eine entgegen dem Verbot des § 1306 BGB geschlossene Ehe ist aufhebbar (§ 1314 Abs. 1 Nr. 2 BGB). Eine Bestätigung ist nicht möglich. Zur Strafbarkeit der Bigamie vgl. § 172 StGB.

Ist eine Lebenspartnerschaft im Ausland begründet worden, können die Partner im Inland die Ehe schließen, ohne dass die Lebenspartnerschaft zuvor aufgelöst sein muss; eine Umwandlung gemäß § 20a LPartG, § 17a kommt dagegen nicht in Betracht (vgl. § 17a Rdnr. 7 f.). Eine bestehende Lebenspartnerschaft mit derselben Person stellt dabei kein Ehehindernis nach § 1306 BGB dar[14]. Das Gleiche gilt für eine im Ausland vor dem 1. 10. 2017 geschlossene gleichgeschlechtliche Ehe. Daran ändert sich auch nichts dadurch, dass gleichgeschlechtliche Ehen vor dem 1. 10. 2017 nach herrschender Meinung

12 Vgl. z. B. AG Rottweil, StAZ 1990, 109: keine Geschäftsunfähigkeit bei Debilität der Verlobten; AG Bremen, StAZ 1992, 272; LG München, StAZ 1994, 258; BayObLG, StAZ 2003, 109.

13 *Hepting/Dutta* Rdnr. III-49; *Hochwald*, StAZ 2017, 309.

14 Vgl. Nr. 1 des Rundschreibens des BMI vom 25. 9. 2018, veröffentlicht auf: www.personenstandsrecht.de; *Erbarth*, FamRZ 2018, 1221, 1224.

kollisionsrechtlich als eingetragene Lebenspartnerschaft qualifiziert wurden[15] und mit Wegfall der sog. Kappungsgrenze des Art. 17b Abs. 4 EGBGB a. F.[16] ab dem Zeitpunkt der Eheschließung auch im deutschen Rechtsbereich als gültige Ehen gelten (vgl. auch § 17a Rdnr. 9).

(a) Nachweise

Die Angabe eines Verlobten, dass er weder verheiratet war noch eine Lebenspartnerschaft begründet hatte, kann urkundlich nicht nachgewiesen werden. Im Regelfall genügt die Angabe des Familienstandes als »ledig« in der Meldebescheinigung (vgl. Nr. 12.3 PStG-VwV). Notfalls kann eine Versicherung an Eides statt verlangt werden (§ 9 Abs. 2 Satz 2). **10**

Wer verheiratet war oder eine Lebenspartnerschaft begründet hatte, muss grundsätzlich nur nachweisen, dass die letzte in Deutschland geschlossene Ehe oder Lebenspartnerschaft nicht mehr besteht (§ 12 Abs. 2 Nr. 4; vgl. § 12 Rdnr. 40 f.). Dem Nachweis dienen folgende Urkunden: **11**

- Sterbeurkunden früherer Ehegatten oder Lebenspartner,
- mit einem Rechtskraftzeugnis versehene Ausfertigungen von Entscheidungen deutscher Gerichte über die Scheidung, Aufhebung, Nichtigerklärung oder das Nichtbestehen früherer Ehen oder die Aufhebung einer Lebenspartnerschaft,
- rechtskräftige Entscheidungen über die Eheauflösung oder Bescheinigungen hierüber nach der EheVO-EG (Rdnr. 13),
- ausländische Entscheidungen in Ehesachen, die von der Landesjustizverwaltung anerkannt sind (Rdnr. 14 f.),
- Ehe- oder Lebenspartnerschaftsurkunden mit einem Auflösungsvermerk (§§ 57 Satz 2, 58 Satz 2)[17],
- Nachweis über die Todeserklärung oder Feststellung der Todeszeit des Ehegatten oder Lebenspartners.

(b) Anerkennung ausländischer Entscheidungen

Ausländische Entscheidungen, durch die eine Ehe für nichtig erklärt, aufgehoben oder geschieden oder durch die das Bestehen oder das Nichtbestehen einer Ehe zwischen den Beteiligten festgestellt worden ist, sind zu unterscheiden nach Entscheidungen, die ohne Förmlichkeit im Inland wirksam sind (Nr. A 6.2.1 bis A 6.2.6 PStG-VwV; vgl. Rdnr. 13), und Entscheidungen, die zur Wirksamkeit im Inland der vorherigen Feststellung der Anerkennungsvoraussetzungen durch die Landesjustizverwaltung oder den Präsidenten des Oberlandesgerichts bedürfen (Nr. A 6.2.7 und A 6.2.8 PStG-VwV; Rdnr. 14 f.). **12**

15 BGH, StAZ 2016, 238.

16 Durch Art. 2 Abs. 4 des Gesetzes zur Einführung des Rechts auf Eheschließung für Personen gleichen Geschlechts vom 20. 7. 2017 (BGBl. I S. 2787).

17 Die beglaubigte Abschrift aus dem als Heiratseintrag fortgeführten Familienbuch bei Eheschließung vor dem 1. 1. 2009 ist nach der Streichung des § 70 Abs. 1 Satz 3 PStV durch Art. 2 Nr. 24 PStRÄndG nur eine sonstige öffentliche Urkunde.

13 Unanfechtbare Entscheidungen eines Gerichts oder einer Behörde, die auf Grund von Verfahren ergangen sind, die in einem Mitgliedstaat der EheVO-EG[18] nach deren Anwendungsbeginn (1.3.2005) eingeleitet worden sind, gelten ohne weitere Förmlichkeit unmittelbar auch in den anderen Mitgliedstaaten (alle Staaten der EU außer Dänemark)[19]. Die EheVO-EG erfasst nur Verfahren über die Ehescheidung, die Trennung ohne Auflösung des Ehebandes und die Ungültigerklärung einer Ehe, nicht über die (positive) Feststellung des Bestehens der Ehe[20]. Regelmäßig kann das Standesamt die Wirksamkeit der Entscheidung als gegeben ansehen, wenn ihm eine rechtskräftige Entscheidung oder eine Bescheinigung über die Entscheidung nach Art. 39 (Anhang I) der Verordnung vorgelegt wird (Nr. A 6.2.1 PStG-VwV)[21]. Jeder Partei, die ein Interesse hat (insbesondere den Ehegatten der aufgelösten Ehe und ihren Kindern, nicht aber dem Standesamt), steht das Recht zu, die Feststellung des Familiengerichts zu beantragen, dass die Entscheidung anzuerkennen oder nicht anzuerkennen ist[22]. Entscheidungen in Ehesachen werden nur dann nicht anerkannt, wenn
- die Anerkennung der öffentlichen Ordnung widerspricht;
- sich der Antragsgegner nicht verteidigen konnte, weil ihm das verfahrenseinleitende Schriftstück nicht rechtzeitig zugegangen ist;
- die Anerkennung mit einer anderen Entscheidung unvereinbar ist[23].

Ist bekannt, dass das Familiengericht mit einem Anerkennungsverfahren befasst ist, so hat das Standesamt die Amtshandlung nach § 13 Abs. 4 Satz 1 bis zur Rechtskraft der beantragten Entscheidung auszusetzen (Nr. A 6.2.6 PStG-VwV). Zur Behandlung von Übergangsfällen vgl. Art. 64 EheVO-EG (Nr. A 6.2.2 PStG-VwV)[24].

14 Für ausländische Entscheidungen in Ehesachen, die nicht unter die EheVO-EG fallen (vgl. Rdnr. 13), ist in § 107 FamFG ein besonderes Verfahren vorgeschrieben, in dem die Anerkennung oder Nichtanerkennung einer ausländischen Ehescheidung mit bindender Wirkung für deutsche Gerichte und Verwaltungsbehörden festgestellt wird[25]. Damit soll die Gefahr einan-

18 EG-Verordnung Nr. 2201/2003 des Rates über die Zuständigkeit und die Anerkennung und Vollstreckung von Entscheidungen in Ehesachen und in Verfahren betreffend die elterliche Verantwortung und zur Aufhebung der Verordnung (EG) Nr. 1347/2000 (ABl. EG vom 23.12.2003, C 382/1; GS Nr. 215).

19 Vgl. *Sturm*, StAZ 2002, 193 (zur Vorgängerverordnung Nr. 1347/2000).

20 Auf solche Entscheidungen ist § 107 FamFG anwendbar.

21 Die Verpflichtung nach Art. 37 Abs. 1 EheVO-EG, neben der Bescheinigung auch eine Ausfertigung der Entscheidung selbst vorzulegen, bezieht sich nicht auf die Ex-lege-Anerkennung nach Art. 21 Abs. 1 EheVO-EG, sondern auf das gerichtliche Verfahren zur Anerkennung oder Nichtanerkennung der Entscheidung nach Art 21 Abs. 3 EheVO-EG (vgl. Fußnote 9). Zur Bescheinigung näher *Dutta*, StAZ 2011, 33.

22 Art. 21 Abs. 3 EheVO-EG; § 10 IntFamRVG vom 26.1.2005 (BGBl. I S. 162; GS Nr. 75); vgl. Nr. A 6.2.6 PStG-VwV.

23 Art. 22 EheVO-EG.

24 Dazu *Krömer*, StAZ 2006, 302.

25 Dazu *Krömer*, StAZ 2010, 375.

der widersprechender Entscheidungen über die Wirksamkeit einer ausländischen Entscheidung im Inland vermieden werden. Zuständig ist die Landesjustizverwaltung oder, sofern das Landesrecht dies vorsieht, der Präsident des Oberlandesgerichts. Solange eine ausländische Entscheidung über die Auflösung der Ehe nicht anerkannt ist, besteht die Ehe im deutschen Rechtsbereich fort, so dass § 1306 BGB einer neuen Eheschließung entgegensteht. Die Anerkennung wird nicht entbehrlich, wenn zusätzlich die Befreiung von der Beibringung des Ehefähigkeitszeugnisses (§ 1309 Abs. 2 BGB) erforderlich ist (Nr. A 6.2.7 PStG-VwV). Zu den »Entscheidungen« i. S. des § 107 Abs. 1 Satz 1 FamFG zählen nicht nur gerichtliche Urteile, sondern auch Entscheidungen von Verwaltungsbehörden[26], Hoheitsakte eines Staatsoberhaupts, kirchliche Entscheidungen und Privatscheidungen, sofern daran eine ausländische Behörde in irgendeiner Form, sei es auch nur registrierend, mitgewirkt hat[27]. Antragsberechtigt ist, wer ein rechtliches Interesse an der Anerkennung glaubhaft macht (§ 107 Abs. 4 FamFG). Für die Eheschließenden ist ein rechtliches Interesse immer gegeben. Das Standesamt hat kein eigenes Antragsrecht. Zuständig ist die Landesjustizverwaltung des Landes, in dem ein Ehegatte seinen gewöhnlichen Aufenthalt hat oder – bei Fehlen eines solchen – in dem die neue Ehe geschlossen werden soll; fehlt es an einer inländischen Anknüpfung, ist die Justizverwaltung des Landes Berlin zuständig (§ 107 Abs. 2 FamFG). Die Entscheidung der Landesjustizverwaltung wird mit der Bekanntgabe an den Antragsteller wirksam, sofern nicht ein späterer Zeitpunkt bestimmt wird (§ 107 Abs. 6 Satz 2 und 3 FamFG). Gegen eine ablehnende Entscheidung kann der Antragsteller die Entscheidung des Oberlandesgerichts beantragen (§ 107 Abs. 5 FamFG). Gegen eine positive Feststellung steht dieses Recht dem Ehegatten zu, der den Antrag auf Anerkennung nicht gestellt hat (§ 107 Abs. 6 Satz 1 FamFG). Der Antrag auf Entscheidung des Oberlandesgerichts ist binnen einer Frist von einem Monat nach Bekanntgabe der Entscheidung der Landesjustizverwaltung zu stellen (§ 107 Abs. 7 Satz 3 i. V. m. § 68 Abs. 1 FamFG)[28]. Gegen eine im Anerkennungsverfahren ergangene Entscheidung des Oberlandesgerichts steht der Landesjustizverwaltung keine Befugnis zur Rechtsbeschwerde zu[29].

Das Anerkennungsverfahren (Rdnr. 14) ist nicht erforderlich, wenn ein Ge- 15
richt oder eine Behörde des Staates entschieden hat, dem beide Ehegatten zum Zeitpunkt der Entscheidung angehört haben (§ 107 Abs. 1 Satz 2 FamFG) In diesem Fall hat jede Stelle, der die Entscheidung vorgelegt wird, inzident über die Anerkennung zu befinden, ohne dass es eines besonderen Verfahrens bedarf (§§ 108 Abs. 1, 109 FamFG; vgl. Nr. A 6.2.8 PStG-VwV). Jedoch kann auch für Heimatstaatsentscheidungen fakultativ das Anerkennungsverfahren bei der Landesjustizverwaltung durchgeführt werden, wenn dies

26 OLG Schleswig, StAZ 2009, 43.
27 Vgl. BGH, StAZ 1982, 7; 1990, 221; 2019, 143, 144; OLG München, StAZ 2016, 48.
28 Zum Anerkennungsverfahren vgl. *Heiderhoff*, StAZ 2009, 328 sowie *Haecker*.
29 BGH, StAZ 2016, 109.

von einem Beteiligten beantragt wird[30]. Eine Heimatstaatsentscheidung liegt nicht vor, wenn einer der Ehegatten als Mehrstaater auch die deutsche Staatsangehörigkeit besitzt, die gemäß Art. 5 Abs. 1 Satz 2 EGBGB vorgeht, oder als Ausländer ein deutsches Personalstatut hat.

16 Statusentscheidungen in Lebenspartnerschaftssachen unterliegen nicht dem Anerkennungsverfahren nach § 107 FamFG[31]. Die Anerkennung ausländischer Entscheidungen über die Auflösung von Lebenspartnerschaften beurteilt sich nach den in § 109 FamFG niedergelegten Grundsätzen (Nr. A 6.3 PStG-VwV). Jedoch können Beteiligte, die ein rechtliches Interesse haben, ein fakultatives Anerkennungsverfahren beantragen, für das das Amtsgericht zuständig ist (§ 108 Abs. 2 FamFG; § 23a GVG).

(2) Verwandtschaft

17 Nach § 1307 ist die Ehe zwischen Verwandten in gerader Linie sowie zwischen vollbürtigen und halbbürtigen Geschwistern verboten. In gerader Linie verwandt sind Personen, deren eine von der anderen abstammt (Eltern, Kinder, Großeltern, Enkel; § 1589 BGB). Auf den Grad der Verwandtschaft kommt es nicht an. Maßgebend ist sowohl die rechtliche als auch die blutsmäßige Verwandtschaft. Auch wenn keine Verwandtschaft im Sinne der §§ 1592, 1593 BGB besteht, begründet die biologische Abstammung ein Ehehindernis. Dies gilt auch, wenn der Betroffene als Kind angenommen worden ist (§ 1307 Satz 2 BGB). Umgekehrt ist auch die Verwandtschaft kraft Rechtsvermutung (§§ 1592 Nr. 1, 1593 Satz 1 BGB) zu beachten, so dass ein Eheverbot z. B. für den Ehemann und die in der Ehe geborene, aber nicht von ihm abstammende Tochter seiner Ehefrau besteht, solange die Vaterschaft nicht angefochten ist. Vollbürtige Geschwister haben dieselben leiblichen Eltern, halbbürtige Geschwister nur einen gemeinsamen Elternteil. Eine entgegen dem Verbot des § 1307 BGB geschlossene Ehe ist aufhebbar (§ 1314 Abs. 1 Nr. 2 BGB). Zur Strafbarkeit der »Blutschande« vgl. § 173 StGB.

18 § 1308 Abs. 1 Satz 1 BGB überträgt das Eheverbot der Verwandtschaft (§ 1307 BGB) auf das durch die Annahme als Kind begründete Verwandtschaftsverhältnis zu der neuen Familie. Das minderjährige Kind erlangt durch die Adoption in vollem Umfang die rechtliche Stellung eines (gemeinsamen) Kindes des oder der Annehmenden (§ 1754 BGB). Damit gilt uneingeschränkt das Eheverbot des § 1307 BGB im Verhältnis zu den Mitgliedern der neuen Familie. So kann das leibliche Kind der Annehmenden nicht deren Adoptivkind heiraten, da die Kinder »vollbürtige« Geschwister sind. Bei der Annahme als Volljähriger beschränkt sich das Eheverbot auf die Abkömmlinge des Adoptierten im Verhältnis zu dem oder den Annehmenden (vgl. § 1770 Abs. 1 BGB)[32]. Wird die Volljährigenadoption mit den Wirkungen einer Minderjährigenadoption ausgestattet (§ 1772 BGB), gilt das Eheverbot des § 1307

30 BGH, StAZ 1991, 11; KG StAZ 2018, 24, 25 und diese Entscheidung bestätigend: BGH; StAZ 2019, 143; *Heiderhoff,* StAZ 2009, 328, 332.

31 *Helms/Krömer,* StAZ 2009, 325, 326 f.

32 OLG Naumburg, StAZ 2015, 346.

BGB in vollem Umfang. Mit der Auflösung des Adoptionsverhältnisses wird das Eheverbot hinfällig (§1308 Abs. 1 Satz 2 BGB). Von dem Eheverbot wegen Verwandtschaft in der Seitenlinie kann das Familiengericht Befreiung erteilen (§1308 Abs. 2 BGB). Damit ist die Eheschließung zwischen Geschwistern, deren Verwandtschaft auf Adoption beruht, nicht ausgeschlossen. Die Befreiung soll nur aus wichtigem Grund versagt werden. §1308 BGB enthält nur eine Sollvorschrift. Eine verbotswidrig geschlossene Ehe kann daher nicht aufgehoben werden, jedoch wird mit der Eheschließung das Annahmeverhältnis kraft Gesetzes aufgehoben (§1766 BGB).

Das Eheverbot der Verwandtschaft ist anhand der vorgelegten Personen- 19
standsurkunden und sonstigen Urkunden zu prüfen (vgl. Nr. 12.4.1 Ziff. 2 PStG-VwV) und ggf. durch Befragung der Verlobten, notfalls auch durch Versicherung an Eides statt zu ermitteln. Problematisch sind die Fälle, in denen keine rechtliche, sondern allein eine genetische Verwandtschaft besteht, z. B. im Verhältnis des Kindes zu seinem Erzeuger vor Anerkennung oder Feststellung der Vaterschaft. Hier ist das Standesamt allein auf eine Befragung angewiesen[33].

(3) Willensmängel, insbesondere Scheinehe

Nach §1310 Abs. 1 Satz 3 Nr. 1 BGB muss der Standesbeamte seine Mitwir- 20
kung an der Eheschließung verweigern, wenn offenkundig ist, dass die Ehe nach §1314 Abs. 2 BGB aufhebbar wäre. Die Bestimmung will in erster Linie »Scheinehen« verhindern, bei denen sich beide Ehegatten darüber einig sind, keine Verpflichtung nach §1353 Abs. 1 BGB begründen zu wollen (§1314 Abs. 2 Nr. 5 BGB)[34]. Diese Absicht stellt ein materiellrechtliches Ehehindernis dar[35]. Bestehen konkrete Anhaltspunkte, dass eine aufhebbare Ehe geschlossen werden soll, muss das Standesamt dem nachgehen. §13 Abs. 2 zeigt Wege auf, aufklärende Ermittlungen durchzuführen.

Konkrete Anhaltspunkte sind tatsächliche Umstände in der Person eines 21
oder beider Eheschließenden sowie in ihrer Beziehung zueinander. Ein Anhaltspunkt ist »konkret«, wenn er bereits bei der Anmeldung der Eheschließung vorliegt oder sich bei der folgenden Prüfung ergibt. Dabei geht es vor allem um Fälle, in denen der ausländische Verlobte durch die Eheschließung mit einem Deutschen ein sonst nicht erreichbares Aufenthaltsrecht in der Bundesrepublik Deutschland zu erhalten sucht. Dieser Umstand allein begründet allerdings noch keinen Scheinehenverdacht. Es bedarf zusätzlicher Anhaltspunkte, um weitere Nachforschungen zu rechtfertigen, z. B. bereits angeordnete aufenthaltsbeendende Maßnahmen, Fehlen einer für beide Verlobten verständlichen Sprache, eklatanter Altersunterschied, widersprüchliche Angaben der Verlobten hinsichtlich ihres jeweiligen Partners, Verdacht auf Drogenabhängigkeit oder Gefügigmachung des aufenthaltsberechtigten Verlobten, gewöhnlicher Aufenthalt der Verlobten in weit auseinander lie-

33 Näher *Wagenitz/Bornhofen* S. 83 ff. Rdnr. 75 ff.
34 Allgemein zur »Aufenthaltsehe« *Otte*, JuS 2000, 148.
35 KG, StAZ 2001, 298; OLG Frankfurt a. M., StAZ 2004, 368; OLG Düsseldorf, StAZ 2008, 222.

genden Standesamtsbezirken (insbesondere bei räumlicher Beschränkung des Aufenthaltsrechts des ausländischen Verlobten), Zusammenleben eines oder beider Verlobten mit einem anderen Partner, frühere Scheinehe eines oder beider Verlobten, häufiger Aufenthaltswechsel, Zahlung eines Geldbetrages für die Eingehung der Ehe an den aufenthaltsberechtigten Verlobten[36]. Häufig begründet oder verstärkt erst das Zusammentreffen mehrerer dieser Kriterien den Verdacht einer beabsichtigten Scheinehe. Ein Kennenlernen durch die Benutzung digitaler Kommunikationsmittel ohne eine persönliche Begegnung schließt nach Auffassung des KG die Ernsthaftigkeit zur Eheschließung nicht aus[37]. Eine eheliche Lebensgemeinschaft muss von beiden Partnern nicht gewollt sein[38]. Bei arglistiger Täuschung des einen durch den anderen Partner greift ggf. der Aufhebungsgrund des § 1314 Abs. 2 Nr. 3 BGB ein.

22 § 13 Abs. 2 zählt die Mittel auf, die dem Standesamt bei konkreten Anhaltspunkten für eine beabsichtigte Scheinehe gegenüber den Eheschließenden zur Verfügung stehen: Es kann sie einzeln oder nacheinander befragen, ihnen die Beibringung geeigneter Nachweise aufgeben und notfalls eine Versicherung an Eides statt verlangen. Die Gesetzesformulierung »kann/können« besagt, dass dem Standesamt die Auswahl der Mittel nach Maßgabe des Grundsatzes der Verhältnismäßigkeit (»in dem hierzu erforderlichen Umfang«) überlassen ist; auf die eidesstattliche Versicherung ist erst zurückzugreifen, wenn die anderen Mittel keine Aufklärung erbracht haben. Die Ermittlungen haben sich auf Tatsachen zu beschränken, »die für das Vorliegen oder Nichtvorliegen von Aufhebungsgründen von Bedeutung sind« (§ 13 Abs. 2 Satz 2). Dabei ist das allgemeine Persönlichkeitsrecht der Betroffenen zu achten[39].

23 Die Eheschließenden können einzeln oder gemeinsam befragt werden. Die persönliche Befragung ist zwar nicht zwingend. Es empfiehlt sich jedoch, auf einem persönlichen Erscheinen zu bestehen, um eine getrennte und anschließend eine gemeinsame Befragung zu ermöglichen. Letztere ist auch für die Feststellung erforderlich, ob die Eheschließenden sich untereinander verständigen können. Die Eheschließenden sind weder zum persönlichen Erscheinen vor dem Standesamt noch zu einer Aussage verpflichtet. Eine Weigerung kann jedoch in die Würdigung des Ermittlungsergebnisses einfließen.

24 Alternativ zur Befragung kann den Verlobten die Beibringung geeigneter Nachweise aufgegeben werden. Ein solches Verlangen sollte erst gestellt werden, wenn konkrete Anhaltspunkte für eine beabsichtigte Scheinehe nach

36 AG Saarbrücken, StAZ 2006, 235; KG, StAZ 2012, 370. Vgl. auch den Kriterienkatalog in der Entschließung des Rates der Europäischen Union über Maßnahmen zur Bekämpfung von Scheinehen vom 4.12.1997 (ABl. EG vom 16.12.1997, C 382/1).

37 KG, StAZ 2012, 370.

38 AG Saarbrücken, StAZ 2006, 235.

39 OVG Hamburg, StAZ 2008, 15.

der Befragung fortbestehen. Geeignete Nachweise sind Urkunden, aber auch von den Verlobten zu benennende Personen, die die Richtigkeit entscheidungsrelevanter Tatsachen bekunden können. Weigern sich die Verlobten, selbst geeignete Nachweise beizubringen, kann das Standesamt bei den in Betracht kommenden Behörden um die Übermittlung von Daten und Urkunden bitten. § 13 Abs. 2 schließt nicht aus, dass das Standesamt im Wege der Amtshilfe selbständig Erkundigungen anstellt, insbesondere bei der Ausländerbehörde[40].

Wenn die anderen Mittel (Rdnr. 22 ff.) keine Aufklärung erbracht haben, 25
kann das Standesamt von einem oder beiden Eheschließenden eine Versicherung an Eides statt verlangen. § 13 Abs. 2 Satz 2 berechtigt nicht nur zu einer solchen Forderung, sondern begründet auch die Zuständigkeit des Standesbeamten zur Entgegennahme der eidesstattlichen Versicherung. Dass allein der Standesbeamte die Versicherung abnehmen kann, ergibt sich aus § 9 Abs. 2 Satz 2. Sie soll die Eheschließenden unter dem Druck der Strafandrohung des § 156 StGB zu wahrheitsgemäßen Angaben bestimmen. Die eidesstattlich versicherten Tatsachen haben nicht die Vermutung der Richtigkeit für sich, sondern unterliegen ebenso wie die sonstigen Einlassungen der Würdigung durch das Standesamt.

Nach Abschluss seiner Ermittlungen hat das Standesamt darüber zu ent- 26
scheiden, ob offenkundig ist, dass die Ehe als Scheinehe aufhebbar wäre. Haben die Ermittlungen zu den »konkreten Anhaltspunkten« den Verdacht nicht zur Offenkundigkeit verdichtet, so gehen verbleibende Zweifel an der Ernsthaftigkeit der beabsichtigten Ehe nicht zu Lasten der Eheschließenden[41]. Der Standesbeamte ist verpflichtet, an der Eheschließung mitzuwirken (§ 1310 Abs. 1 Satz 2 BGB). Umgekehrt ist die Eheschließung in einem begründeten Bescheid abzulehnen, wenn auf Grund der Nachforschung zweifelsfrei feststeht, dass es sich bei der beabsichtigten Ehe um eine Scheinehe handelt[42]. Ob Zweifel an der Offenkundigkeit einer beabsichtigten Scheinehe eine Vorlage nach § 49 Abs. 2 zulassen, ist nicht abschließend geklärt. Logisch schließen solche Zweifel die Offenkundigkeit aus, so dass nach einer Auffassung eine Zweifelsvorlage nicht in Betracht kommen soll[43]. Überwiegend wird die Vorlage für zulässig gehalten, auch wegen der weitergehenden Möglichkeiten des Gerichts zur Sachaufklärung[44]. Die entgegen § 1310 Abs. 1 Satz 3

40 Vgl. *Kissner,* StAZ 2007, 283.

41 AG Saarbrücken, StAZ 2000, 177; LG Köln, StAZ 2003, 84; OLG Köln, StAZ 2005, 322; OLG Naumburg, StAZ 2006, 14; vgl. auch LG Itzehoe, StAZ 2006, 15.

42 AG Flensburg, StAZ 2000, 49; LG Kiel und OLG Schleswig, StAZ 2001, 362; LG und OLG Frankfurt a. M., StAZ 2005, 321.

43 OLG Düsseldorf, StAZ 1999, 10 unter Berufung auf *Gaaz,* StAZ 1998, 241, 244; *Hepting,* FamRZ 1998, 713, 721.

44 OLG Jena, StAZ 2000, 175 (Vorlagebeschluss, nicht angenommen: BGH, StAZ 2003, 41); OLG Frankfurt a. M., StAZ 2004, 368.

Nr. 1 BGB geschlossene Ehe ist gültig, kann aber aufgehoben werden (§ 1314 Abs. 2 Nr. 5 BGB)[45].

2. Voraussetzungen der Eheschließung nach ausländischem Recht

27 Nach Art. 13 Abs. 1 EGBGB unterliegen die Voraussetzungen der Eheschließung für jeden Verlobten dem Recht des Staates, dem er angehört. Ist eine gleichgeschlechtliche Ehe beabsichtigt, sind die Eheschließungsvoraussetzungen nach dem Recht des Register führenden Staates, bei Eheschließung in Deutschland also nach deutschem Recht zu prüfen (Art. 17b Abs. 4 Satz 1 i. V. m. Abs. 1 Satz 1 EGBGB). Bei ausländischen Verlobten verschiedenen Geschlechts ist festzustellen, welche Eheerfordernisse und Eheverbote nach dem maßgebenden Recht bestehen. Die Prüfung wird durch § 1309 Abs. 1 BGB erleichtert, der dem Verlobten bei Berufung ausländischen Rechts die Vorlage eines vom Heimatstaat ausgestellten Ehefähigkeitszeugnisses aufgibt (näher § 12 Rdnr. 45 ff.). Von diesem Erfordernis kann der Präsident des Oberlandesgerichts Befreiung erteilen, wenn die Behörden des Heimatstaates kein Ehefähigkeitszeugnis ausstellen oder ein solches nicht zu erlangen ist (§ 1309 Abs. 2 BGB). Nach § 12 Abs. 2 hat das Standesamt den Antrag aufzunehmen und die Entscheidung des OLG-Präsidenten vorzubereiten (näher § 12 Rdnr. 53 ff.). Während die Vorlage eines Ehefähigkeitszeugnisses weitgehend von der Prüfung der Ehevoraussetzungen nach dem maßgebenden ausländischen Recht entlastet, allerdings hiervon auch nicht gänzlich befreit (vgl. Nr. 13.3 PStG-VwV), hat das Standesamt diese Prüfung im Befreiungsverfahren vorzunehmen, da der Antrag erst vorgelegt werden darf, wenn er entscheidungsreif ist. Ob bei einem unüberwindbaren ausländischen Ehehindernis gemäß Art. 13 Abs. 2 EGBGB auf deutsches Recht zurückgegriffen werden kann, entscheidet nicht das Standesamt, sondern ebenfalls der OLG-Präsident im Befreiungsverfahren.

28 Die Erfüllung von dem deutschen Recht fremden Eheschließungsvoraussetzungen (z. B. Heimataufgebot, Traubereitschaftserklärung, Gesundheitszeugnis) soll sicherstellen, dass die Ehe auch im Heimatstaat des ausländischen Ehegatten als gültig angesehen wird (vgl. Nr. 12.7 PStG-VwV)[46]. Aus deutscher Sicht handelt es sich um Formerfordernisse, deren Vernachlässigung die Eheschließung im Inland nicht hindert. Dem ausländischen Verlobten ist daher nur nahezulegen, die entsprechenden Nachweise vorzulegen, sofern nicht ein Ehefähigkeitszeugnis beigebracht wird. Im Befreiungsverfahren richtet sich das Standesamt danach, welche Nachweise von dem jeweils zuständigen OLG-Präsidenten verlangt werden. Der Vermeidung hinkender Ehen dient auch der Hinweis des Standesamts auf die eventuelle Notwendigkeit, die Eheschließung im Heimatstaat des ausländischen Verlobten registrieren zu lassen (Nr. 12.8.1 PStG-VwV).

45 Zur Aufhebung einer Scheinehe vgl. AG Berlin-Pankow/Weißensee, StAZ 2011, 33.
46 Ausführlich *Hepting/Dutta* Rdnr. III-342 ff.

Bei einer offenkundig beabsichtigten Scheinehe, ist das Standesamt befugt, die Eheschließung abzulehnen. Hat einer der Verlobten ein deutsches Personalstatut, setzt sich das deutsche als das »ärgere« Recht durch. Ist der Aufhebungsgrund der Scheinehe im Heimatrecht keines der Verlobten enthalten, bleibt nur der deutsche ordre public, um den intendierten Rechtsmissbrauch zu verhindern (vgl. auch § 12 Rdnr. 43)[47]. 29

3. Verhinderung von Kinderehen

Nach § 1310 Abs. 1 Satz 3 Nr. 2 BGB muss der Standesbeamte seine Mitwirkung an der Eheschließung verweigern, wenn nach Art. 13 Abs. 3 EGBGB die beabsichtigte Ehe unwirksam wäre oder die Aufhebung der Ehe in Betracht kommt. Die Vorschrift beruht auf dem Gesetz zur Bekämpfung von Kinderehen vom 17.7.2017[48]. Mit der Regelung soll verhindert werden, dass vor einem deutschen Standesbeamten Ehen geschlossen werden, die nach dem gemäß Art. 13 Abs. 1 EGBGB eigentlich berufenen ausländischen Recht gültig, nach deutschem Recht aber wegen der Beteiligung von Minderjährigen unwirksam oder aufhebbar wären. Die Ehefähigkeit eines ausländischen Eheschließenden richtet sich weiterhin grundsätzlich nach seinem Heimatrecht, jedoch blendet Art. 13 Abs. 3 EGBGB hieraus die Ehemündigkeit aus, die für den deutschen Rechtsbereich dem deutschen Recht unterworfen wird. Die Vorschrift enthält eine spezielle Regelung des ordre public, die der allgemeinen Regelung des Art. 6 EGBGB vorgeht und einen Rückgriff grundsätzlich ausschließt[49]. Für Ausländer gilt danach die gleiche Regelung wie für Inländer nach § 1303 BGB (Rdnr. 5): Die Ehe ist nach deutschem Recht unwirksam, also eine Nichtehe, wenn ein Ehegatte im Zeitpunkt der Eheschließung das 16. Lebensjahr noch nicht vollendet hatte (Art. 13 Abs. 3 Nr. 1 EGBGB[50]). Hatte ein Ehegatte im Zeitpunkt der Eheschließung das 16., nicht aber das 18. Lebensjahr vollendet, ist die Ehe nach deutschem Recht aufhebbar (Art. 13 Abs. 3 Nr. 2 EGBGB). Die Aufhebbarkeit beurteilt sich nach den Vorschriften des deutschen Rechts (§§ 1313 ff. BGB; § 98 Abs. 2 FamFG). Auf Grund der Regelung des Art. 13 Abs. 3 EGBGB kann es zu hinkenden Ehen kommen, die im Ausland unter Beachtung des maßgebenden Heimatrechts der Eheschließenden geschlossen wurden, die aber wegen Beteiligung eines Minderjährigen nach deutschem Recht unwirksam oder aufhebbar sind. Für Art. 13 Abs. 3 Nr. 1 EGBGB enthält Art. 229 § 44 Abs. 4 EGBGB notwendige Überleitungs- 30

47 Zur kollisionsrechtlichen Problematik der Scheinehen vgl. *Hepting/Dutta* Rdnr. III-332 ff.
48 BGBl. I S. 2429.
49 BGH, StAZ 2019, 47 = FamRZ 2019, 181, 185. Ist Art. 13 Abs. 3 Nr. 1 EGBGB allerdings über Art. 229 § 44 Abs. 4 EGBGB nicht anwendbar, verbleibt es für die Frage der Wirksamkeit der sich nach ausländischem Recht zu beurteilenden Ehe bei einer Wirksamkeitskontrolle auf der Grundlage des Art. 6 EGBGB, vgl. OLG Frankfurt a. M., StAZ 2019, 146 m. w. N.
50 Der BGH hält diese Bestimmung für unvereinbar mit Art. 1, 2 Abs. 1, 3 Abs. 1 und 6 Abs. 1 GG und hat diese Frage nach Art. 100 Abs. 1 Satz 1 GG dem BVerfG vorgelegt; StAZ 2019, 30 = FamRZ 2019, 181 mit Anm. *Dutta;* zur Rückwirkungsproblematik vgl. auch *Frank,* StAZ 2018, 1, 4 f. und StAZ 2019, 129, 131 ff.

vorschriften[51]. So gilt Art. 13 Abs. 3 Nr. 1 EGBGB nicht, wenn der minderjährige Ehegatte vor dem 22. 7. 1999 geboren worden ist (Art. 229 § 44 Abs. 4 Nr. 1 EGBGB) oder die nach ausländischem Recht wirksame Ehe bis zur Volljährigkeit des minderjährigen Ehegatten geführt worden ist und kein Ehegatte seit der Eheschließung bis zur Volljährigkeit des minderjährigen Ehegatten seinen gewöhnlichen Aufenthalt in Deutschland hatte (Art. 229 § 44 Abs. 4 Nr. 2 EGBGB). Während die Überleitungsvorschrift des Art. 229 Abs. 4 Nr. 1 EGBGB in der Praxis nur Schwierigkeiten aufwerfen dürfte, wenn das Alter der Ehegatten nicht mit hinreichender Sicht bestimmt werden kann[52], muss für den Fall des Art. 229 § 44 Abs. 4 Nr. 2 EGBGB zunächst geprüft werden, ob eine wirksame ausländische Ehe vorliegt. Zudem muss die Ehe bis zur Volljährigkeit des minderjährigen Ehegatten »geführt« worden sein. Unter diesem Begriff wird aufgrund der Vielzahl der unterschiedlichen Ehemodelle nur zu verstehen sein, dass die Betroffenen als Ehegatten zusammengelebt haben[53]; hohe Anforderungen dürfen dabei nicht gestellt werden. Schließlich erfordert die Vorschrift, dass kein Ehegatte seit der Eheschließung bis zur Volljährigkeit des minderjährigen Ehegatten seinen gewöhnlichen Aufenthalt in Deutschland hatte[54]. Art. 229 § 44 Abs. 4 Nr. 2 EGBGB stellt auf den Zeitpunkt der Volljährigkeit des minderjährigen Ehegatten ab; dieser richtet sich nach Art. 7 Abs. 1 Satz 1 EGBGB nach dem Personalstatut des minderjährigen Ehegatten[55]. Als Rechtsfolge sieht Art. 229 § 44 Abs. 4 EGBGB vor, dass Art. 13 Abs. 3 Nr. 1 EGBGB nicht gilt[56].

31 Das Mitwirkungsverbot des § 1310 Abs. 1 Satz 3 Nr. 2 BGB flankiert die Regelung des Art. 13 Abs. 3 EGBGB für Eheschließungen im Inland. Es ist eindeutig, wenn einer der ausländischen Verlobten das 16. Lebensjahr noch nicht vollendet hat; eine solche Ehe wäre ohne Weiteres unwirksam. Bei einer beabsichtigten Eheschließung unter Beteiligung eines über 16, aber unter 18 Jahre alten Verlobten gilt das Mitwirkungsverbot in gleicher Weise, weil die Aufhebung der Ehe »in Betracht kommt«. Das bedeutet nicht, dass der Standesbeamte vor einer Ablehnung der Eheschließung zu prüfen hätte, ob etwa die

51 Dazu näher *Hüßtege*, FamRZ 2017, 1374.

52 Zu dem Problem der Altersfeststellung: *Hüßtege*, FamRZ 2017, 1374, 1377 f.; *Dürbeck*, FamRZ 2018, 553, 556 f.

53 So *Hepting/Dutta* Rdnr. III-279; *Hüßtege*, FamRZ 2017, 1374, 1375.

54 Zum Begriff des gewöhnlichen Aufenthalts: *Hepting/Dutta* Rdnr. VI-49 ff.

55 Zur Problematik des Erreichens der Volljährigkeit durch Heirat vgl. *Hepting/Dutta* Rdnr. III-280.

56 Ob eine über Art. 229 § 44 Abs. 4 EGBG von der Unwirksamkeitsfolge des Art. 13 Abs. 3 Nr. 1 EGBGB nicht betroffene Ehe aufhebbar ist, ist umstritten. Zum Teil wird eine Aufhebbarkeit im Hinblick auf den Wortlaut der Vorschrift verneint (so z. B. *Hüßtege*, FamRZ 2017, 1374, 1375). Nach einer anderen Auffassung wird im Hinblick auf den entstehenden Wertungswiderspruch – würde Art. 229 § 44 Abs. 4 EGBGB zu einer unaufhebbaren Ehe führen, würde der »ärgere Fall« einer Heirat einer Person unter 16 Jahren besser gestellt als eine Heirat mit einer Person zwischen 16 und 18 Jahren – Art. 13 Abs. 3 Nr. 2 EGBGB analog angewendet (so *Frank*, StAZ 2018, 1, 2 und StAZ 2019, 132; *Wall* StAZ 2018, 96, 99). Das OLG Frankfurt a. M. hat diese Frage offengelassen; StAZ 2019, 146, 147.

Härtefallklausel des § 1315 Abs. 1 Satz 1 Nr. 1 Buchst. b BGB einer Aufhebung entgegenstehen würde[57]. Erfüllt ein Verlobter nicht das Alterserfordernis, genügt es, wenn der Standesbeamte seine Ablehnung allein hierauf stützt. Die Beteiligten können die ablehnende Entscheidung gerichtlich überprüfen lassen (§ 49). Der Prüfungsmaßstab für das Mitwirkungsverbot ist also in beiden Fällen des Art. 13 Abs. 3 EGBGB für den Standesbeamten derselbe; er beschränkt sich darauf festzustellen, ob die Ehemündigkeit nach deutschem Recht gegeben ist.

III. Prüfung bei lebensgefährlicher Erkrankung

§ 13 Abs. 3 gestattet die Vornahme einer Eheschließung ohne abschließende Prüfung nach § 13 Abs. 1, wenn die lebensgefährliche Erkrankung eines Eheschließenden keinen Aufschub gestattet[58]. Ist der lebensbedrohende Zustand eines Verlobten nachgewiesen, so genügt es, wenn glaubhaft gemacht wird, dass kein Ehehindernis besteht. Das Gesetz begnügt sich also mit geringeren Anforderungen an den Nachweis der Ehefähigkeit. Die Vorschrift trägt der emotionalen Betroffenheit der Verlobten Rechnung, ermöglicht aber auch, dem anderen Partner die mit der Ehe verbundenen materiellen Vorteile, insbesondere das Erbrecht zu sichern. Aus § 13 Abs. 3 folgt die Amtspflicht des Standesamts, den Eheschließenden in Fällen dringender Todesgefahr eine unverzügliche (§ 121 Abs. 1 BGB) Eheschließung zu ermöglichen. Bei schuldhafter Amtspflichtverletzung hat der betroffene Hinterbliebene einen Amtshaftungsanspruch nach § 839 BGB i. V. m. Art. 34 GG[59]. Die gesetzliche Wertung des § 13 Abs. 3 verbietet es, die beabsichtigte Ehe als Scheinehe anzusehen. 32

Eine lebensgefährliche Erkrankung liegt vor, wenn jederzeit mit dem Ableben des Verlobten gerechnet werden muss. Der Zustand muss so ernst sein, dass die Eheschließung keinen Aufschub duldet. Angesichts der Unsicherheit, eine verlässliche Prognose abzugeben, sollte im Interesse der Eheschließenden immer von der ungünstigsten Möglichkeit ausgegangen werden. Die Dringlichkeit muss durch ärztliches Zeugnis oder auf andere Weise nachgewiesen werden. Ein amtsärztliches Zeugnis ist nicht erforderlich. Auch das mündliche Zeugnis eines Arztes am Krankenbett des Verlobten kann ausreichen; es sollte aber nach der Eheschließung schriftlich bestätigt werden. Der Nachweis in anderer Weise ist erbracht, wenn der befasste Standesbeamte auf Grund eigener Beobachtung die Überzeugung von der lebensgefährlichen Erkrankung des Verlobten gewonnen hat, z. B. wenn er zur Eheschließung an den Ort eines Unfalls gerufen worden ist. 33

57 So ausdrücklich die Gesetzesbegründung BT-Drs. 18/12086 S. 22.
58 Zur »Nottrauung« vgl. *Bingel*, StAZ 1989, 382 mit praktischen Hinweisen.
59 BGH, StAZ 1989, 310 = FamRZ 1989, 1048 mit Anm. *Bosch* S. 1049, 1276; OLG Nürnberg, StAZ 1991, 14; OLG Düsseldorf, StAZ 2004, 336.

34 »Ohne abschließende Prüfung« bedeutet einmal, dass die formelle Mitteilung nach § 13 Abs. 4 Satz 1 entfällt; die Bereitschaft zur Mitwirkung an der Eheschließung wird durch konkludentes Handeln zum Ausdruck gebracht, indem der Standesbeamte mit der Trauungshandlung beginnt. Es heißt zum anderen, dass es ausreicht, wenn das Fehlen von Ehehindernissen glaubhaft gemacht wird (§ 13 Abs. 3 Satz 2), es genügt die überwiegende Wahrscheinlichkeit, die letzte Zweifel nicht ausschließt. Je schneller der Eintritt des Todes droht, desto eher kann auf Freibeweismittel zurückgegriffen werden[60]. Die Voraussetzungen der Eheschließung brauchen also nicht notwendig durch Urkunden nachgewiesen zu werden. Das Standesamt kann sich mit Versicherungen an Eides statt, mündlichen Erklärungen der Verlobten und anderer Personen sowie mit fernmündlichen Auskünften anderer Standesämter oder sonstiger Behörden begnügen. Wird auf die Vorlage von Urkunden vorläufig verzichtet, sind sie später zum Zwecke der Beweissicherung beizubringen. Die Prüfung der Ehefähigkeit ist nachzuholen (Nr. 13.4 PStG-VwV).

35 Besondere Aufmerksamkeit verdient die Frage, ob ein lebensgefährlich erkrankter Verlobter geschäfts- und urteilsfähig ist, insbesondere die Bedeutung einer Eheschließung zu erkennen vermag (§§ 104 Nr. 2, 105 Abs. 2 BGB), da die Ehe andernfalls aufhebbar ist (§ 1314 Abs. 1 Nr. 2 und Abs. 2 Nr. 1 BGB). Dies sollte grundsätzlich durch ärztliches Zeugnis bestätigt werden. Diese Beurteilung muss auch im Zeitpunkt der Eheschließung noch Gültigkeit haben.

36 Eheverbote, die zur Aufhebbarkeit der Ehe führen würden (Doppelehe, leibliche Verwandtschaft; §§ 1306 und 1307 BGB), sind in jedem Fall zu beachten. Die Eheschließung eines Ausländers ohne Vorlage eines Ehefähigkeitszeugnisses oder Befreiung hiervon (§ 1309 BGB) ist vertretbar, da das Standesamt hieran nicht gebunden ist und abschließend über die Ehefähigkeit zu entscheiden hat (§ 12 Rdnr. 49). Dagegen kann auf die allein der Landesjustizverwaltung vorbehaltene Anerkennung einer ausländischen Entscheidung in Ehesachen nach § 107 Abs. 1 FamFG nicht verzichtet werden[61]. Das Ehehindernis der Adoptionsverwandtschaft (§ 1308 BGB) dürfte kein Hindernis für eine Nottrauung sein, da die Eheschließung kraft Gesetzes die Aufhebung des Annahmeverhältnisses zur Folge hat (§ 1766 BGB).

37 § 13 Abs. 3 lässt die allgemeine Zuständigkeit für die Prüfung der Ehevoraussetzungen unberührt: Zuständig ist das Standesamt, bei dem die Eheschließung angemeldet werden kann (§ 13 Abs. 1 i. V. m. § 12 Abs. 1 Satz 1). Dies kann zu Komplikationen führen, wenn keiner der Eheschließenden seinen Wohnsitz oder gewöhnlichen Aufenthalt im Bezirk des angerufenen Standesamts hat, z. B. bei Aufenthalt des lebensgefährlich Erkrankten im Krankenhaus. Hier kann sich das Eheschließungs-Standesamt (§ 11) nur in der Weise behelfen, dass es das zuständige Standesamt über seine Feststellungen informiert und um beschleunigte Prüfung der Ehefähigkeit nach Maßgabe des § 13

60 OLG Düsseldorf, StAZ 2004, 336 f.
61 *Kissner*, StAZ 2006, 113.

Abs. 3 bittet. Auch bei lebensgefährlicher Erkrankung darf der Standesbeamte keine Eheschließung außerhalb seines Bezirks, z. B. an einem zum Nachbarbezirk gehörenden Unfallort, vornehmen[62]. Hat der Standesbeamte irrtümlich angenommen, im eigenen Bezirk zu handeln, und wird die Eheschließung in das von ihm geführte Eheregister eingetragen, ist von einer gemäß § 1310 Abs. 2 BGB gültigen Ehe auszugehen.

IV. Die Mitteilung an die Eheschließenden

1. Die Mitteilung als Verwaltungsakt

Sobald das Standesamt auf Grund der Prüfung nach § 13 Abs. 1 Satz 1 festgestellt hat, dass keine Ehehindernisse bestehen, teilt es den Eheschließenden mit, dass die Eheschließung vorgenommen werden kann (§ 13 Abs. 4 Satz 1). Zuständig für die Mitteilung ist das Standesamt, bei dem die Eheschließung angemeldet worden ist und das allein die Ehevoraussetzungen festzustellen hat (§ 13 Abs. 4 Satz 1 i. V. m. Abs. 1 Satz 1). § 13 Abs. 4 Satz 1 regelt ausdrücklich nur den positiven Ausgang der Prüfung, begründet aber generell die Pflicht, den Verlobten das Ergebnis mitzuteilen. Mit der Anmeldung machen die Verlobten ihr Recht auf Eheschließung (Art. 6 Abs. 1 GG) geltend. Dieses Recht impliziert einen Anspruch auf Sachentscheidung, mit der entweder dem Antrag stattgegeben und die staatliche Bereitschaft zur Vornahme der Eheschließung erklärt oder die Mitwirkung abgelehnt wird, wenn ein gesetzliches Hindernis besteht. Die Mitteilung ist ein Verwaltungsakt i. S. von § 35 VwVfG[63]. Sie beendet das durch die Anmeldung eingeleitete Verwaltungsverfahren zur Prüfung der Ehefähigkeit (§ 9 VwVfG). Die Einordnung als Verwaltungsakt wird relevant, wenn zwischen Zugang der Mitteilung und dem Eheschließungstermin ein Ehehindernis bekannt wird. In diesem Fall hat das Standesamt nach den Grundsätzen über die Rücknahme rechtswidriger Verwaltungsakte (§ 48 VwVfG) seinen Bescheid, in dem das Fehlen von Ehehindernissen festgestellt wurde, aufzuheben. Ausdrücklich geregelt ist dies für den Fall, dass die Eheschließenden dem Anmelde-Standesamt eine die Ehevoraussetzungen betreffende Änderung der tatsächlichen Verhältnisse angezeigt haben (§ 13 Abs. 4 Satz 2 Halbs. 2). **38**

Das Gesetz liefert keine Vorgaben, innerhalb welcher Frist nach der Anmeldung der Eheschließung das Standesamt seine Entscheidung über die Ehevoraussetzungen treffen muss. Die Reihenfolge bei der Bearbeitung der Anmeldungen richtet sich – unter Beachtung des Willkür- und Schikaneverbots – nach Zweckmäßigkeitsgesichtspunkten. Grundsätzlich sollten die Anmeldungen schon aus Gründen der Gleichbehandlung in der Reihenfolge ihres Eingangs bearbeitet werden, was nicht ausschließt, einfache Fälle sofort zu entscheiden und schwierige Prüfungen erst vorzunehmen, wenn die Ge- **39**

62 *Bingel*, StAZ 1989, 382.
63 Vgl. *Wagenitz/Bornhofen* S. 141 Rdnr. 73.

schäftslage dies zulässt. In beiden Fällen bleibt eine »angemessene« Bearbeitungsfrist gewahrt.

40 Für die Mitteilung ist keine besondere Form vorgeschrieben. Sie kann mündlich oder schriftlich erfolgen. Die positive Feststellung, dass die Eheschließung vorgenommen werden kann, bedarf keiner Begründung (§ 39 Abs. 2 Nr. 1 VwVfG). Soll die Ehe vor dem Standesamt geschlossen werden, das die Anmeldung entgegengenommen hat, so wird in der Mitteilung zweckmäßig bereits der Termin für die Eheschließung bestimmt (Nr. 13.5.1 PStG-VwV). Steht der Eheschließung ein Ehehindernis entgegen, das bis zu dem in Aussicht genommenen Eheschließungstermin nicht behoben werden kann, ist dies den Eheschließenden ebenfalls in einer Mitteilung zu eröffnen. Eine vorherige Anhörung ist nicht erforderlich, wenn und soweit die Entscheidung auf den bei der Anmeldung gemachten Angaben der Verlobten beruht (§ 28 Abs. 2 Nr. 3 VwVfG). Andernfalls ist die beabsichtigte Ablehnung zuvor mit den Verlobten zu erörtern und ihnen Gelegenheit zu geben, die Versagungsgründe zu entkräften (§ 25 VwVfG). Zur besseren Nachprüfbarkeit empfiehlt es sich, die Ablehnung in einem schriftlichen und mit Gründen versehenen Bescheid niederzulegen (vgl. § 39 Abs. 1 VwVfG). Der Bescheid ist mit einer Rechtsmittelbelehrung zu versehen, in der auf das Antragsrecht nach § 49 Abs. 1 hingewiesen wird.

2. Geltungsdauer der Mitteilung

41 Mit dem Zugang der positiven Mitteilung wird eine Frist von sechs Monaten in Lauf gesetzt, innerhalb derer die Eheschließung vorgenommen werden kann, ohne dass es einer erneuten Anmeldung und Prüfung der Eheschließungsvoraussetzungen bedarf (§ 13 Abs. 4 Satz 3). Für die Berechnung der Frist ist maßgebend der Tag der Bekanntgabe der Mitteilung. Wird eine schriftliche Mitteilung durch die Post übermittelt, gilt sie mit dem dritten Tag nach Aufgabe zur Post als bekannt gegeben, sofern sie nicht oder zu einem späteren Zeitpunkt zugegangen ist; im Zweifel hat das Standesamt den Zugang der Mitteilung sowie den Zeitpunkt des Zugangs nachzuweisen (§ 41 Abs. 2 VwVfG). Für die Fristberechnung gelten §§ 187 Abs. 1, 188 Abs. 2 BGB.

42 Haben die Verlobten nicht innerhalb der Sechsmonatsfrist die Ehe geschlossen, so vertraut das Gesetz nicht mehr darauf, dass die Ehevoraussetzungen unverändert fortbestehen. § 13 Abs. 4 Satz 3 verlangt daher die erneute Anmeldung der Eheschließung (§ 12) und Prüfung der Ehevoraussetzungen (§ 13 Abs. 1). Dabei bleibt es der Beurteilung des Standesamts überlassen, ob und inwieweit auf die bereits vorgelegten Urkunden und sonstigen Unterlagen zurückgegriffen werden kann.

3. Bindungswirkung der Mitteilung

43 Die Mitteilung nach § 13 Abs. 4 Satz 1 entfaltet Bindungswirkung in zweierlei Richtung. Zum einen bindet sie das Anmelde-Standesamt innerhalb der

Sechsmonatsfrist des § 13 Abs. 4 Satz 3 in der Weise, dass sie nur dann geändert oder aufgehoben werden kann, wenn nachträglich ein Ehehindernis bekannt wird (§ 48 VwVfG). Änderungen der tatsächlichen Verhältnisse, die die Ehevoraussetzungen betreffen, haben die Eheschließenden unverzüglich dem Anmelde-Standesamt anzuzeigen, das die Mitteilung ggf. ändert oder aufhebt (§ 13 Abs. 4 Satz 2). Zum anderen ist die Mitteilung für das Standesamt, bei dem die Eheschließung nicht angemeldet worden, bei dem aber die Ehe geschlossen werden soll, verbindlich (§ 13 Abs. 4 Satz 1 Halbs. 2). Das Anmelde-Standesamt übersendet in einem solchen Fall die vollständigen Anmeldeunterlagen mit einem Vermerk über das Ergebnis der Prüfung an das Eheschließungs-Standesamt; zusätzlich sollen diesem Standesamt die Anmeldedaten der Eheschließenden elektronisch übermittelt werden (§ 28 Abs. 3 PStV). Während nach früherem Recht in den Fällen, in denen Anmeldung und Eheschließung bei verschiedenen Standesämtern erfolgten (§ 6 Abs. 4 und 5 PStG a. F.), die Ehevoraussetzungen zweimal kostenpflichtig geprüft wurden, enthebt jetzt die Mitteilung das Eheschließungs-Standesamt grundsätzlich von einer eigenständigen Prüfung nach § 13 Abs. 1 Satz 1 (vgl. § 29 Abs. 2 Satz 1 PStV; Nr. 13.5.2 PStG-VwV).

Die Bindung des Eheschließungs-Standesamts reicht allerdings nicht so **44**
weit, dass es auch zur Eheschließung verpflichtet wäre, wenn ihm ein Ehehindernis bekannt wird. Erfährt es auf Grund der Befragung der Eheschließenden vor der Eheschließung (§ 14 Abs. 1) oder auf andere Weise, dass die Ehevoraussetzungen nicht mehr gegeben sind oder stellt es bei Durchsicht der Unterlagen fest, dass ein Ehehindernis übersehen worden ist, darf die Trauung nicht vorgenommen werden, da die gesetzlichen Voraussetzungen auch noch im Zeitpunkt der Eheschließung vorliegen müssen (arg. § 1310 Abs. 1 Satz 2 BGB; vgl. Nr. 14.1.2 PStG-VwV). In diesem Fall müssen die vollständigen Anmeldeunterlagen an das Standesamt, bei dem die Anmeldung erfolgte, zurückgesandt werden (§ 29 Abs. 2 Satz 2 PStV; Nr. 13.5.2 PStG-VwV). Weigert sich das Eheschließungs-Standesamt, die Eheschließung vorzunehmen, obwohl das Anmelde-Standesamt die Ehefähigkeit weiterhin bejaht, hilft nur eine gerichtliche Anordnung zur Vornahme der Eheschließung nach § 49 Abs. 1[64].

Die Bindungswirkung der Mitteilung betrifft nur die Ehevoraussetzun- **45**
gen. Üblicherweise wird schon bei der Anmeldung der Eheschließung die Namensführung in der Ehe festgelegt. Wirksame Namenserklärungen können jedoch erst bei der Eheschließung abgegeben werden (vgl. § 14 Rdnr. 7 und 18). Insoweit ist das Eheschließungs-Standesamt nicht an das Ergebnis der namensrechtlichen Prüfung des Anmelde-Standesamts gebunden. Hält es eine in den Anmelde-Unterlagen in Aussicht genommene Namensführung nicht für zulässig, sollte tunlichst schon vor der Trauung mit den Verlobten die aus seiner Sicht rechtlich zulässige Namensregelung geklärt werden.

64 Zum Umfang der Bindungswirkung vgl. *Kissner*, StAZ 2009, 342; *Gaaz*, StAZ 2009, 357, 359 f.

§ 14 Eheschließung

(1) Vor der Eheschließung sind die Eheschließenden zu befragen, ob sich seit der Anmeldung ihrer Eheschließung Änderungen in ihren die Ehevoraussetzungen betreffenden tatsächlichen Verhältnissen ergeben haben und ob sie einen Ehenamen bestimmen wollen.

(2) Die Eheschließung soll in einer der Bedeutung der Ehe entsprechenden würdigen Form, die dem Standesbeamten eine ordnungsgemäße Vornahme seiner Amtshandlung ermöglicht, vorgenommen werden.

(3) Die Erklärungen der Eheschließenden, die Ehe miteinander eingehen zu wollen, sind von dem Standesbeamten im Anschluss an die Eheschließung in einer Niederschrift zu beurkunden. Die Niederschrift muss alle im Eheregister zu beurkundenden Angaben enthalten; sie ist von den Ehegatten, den Zeugen und dem Standesbeamten zu unterschreiben. Die Niederschrift wird zu den Sammelakten des Eheeintrags genommen.

Übersicht (die Zahlen bedeuten Randnummern)

I. Rechtsentwicklung

1 Die Befragung der Eheschließenden gemäß § 14 Abs. 1 Halbs. 1 ergänzt die Bestimmung des § 13 Abs. 4 Satz 2, welche die Verlobten zur Anzeige bei Veränderung der die Ehevoraussetzungen betreffenden tatsächlichen Verhältnisse verpflichtet. Die Vorschrift hat im alten PStG keine Entsprechung. § 14 Abs. 1 Halbs. 2 trägt wie § 6 Abs. 1 Satz 3 PStG a. F. der Vorschrift des § 1355 Abs. 1 und 3 BGB Rechnung, nach der die Ehegatten bei der Eheschließung einen Ehenamen bestimmen sollen.

§ 14 Abs. 2 übernimmt und erweitert die Vorschrift des § 8 PStG a. F. Die Eheschließung soll wie bisher in einer der Bedeutung der Ehe entsprechenden würdigen Form vorgenommen werden; neu ist, dass diese Form dem Standesbeamten »eine ordnungsgemäße Vornahme der Amtshandlung« ermöglichen soll. 2

§ 14 Abs. 3 berücksichtigt die Abkehr von der protokollarischen Form der Personenstandsregister. Während früher die Erklärungen der Eheschließenden über die Eingehung der Ehe im Heiratsbuch beurkundet wurden (§ 9 PStG a. F.), erfolgt die Beurkundung jetzt in einer Niederschrift, die zu den Sammelakten des Eheeintrags genommen wird. Das Muster für das Formular der Niederschrift ist in der Anlage 10 zur PStV festgelegt (§ 29 Abs. 3 PStV). 3

Auf Grund des Gesetzes zur Einführung des Rechts auf Eheschließung für Personen gleichen Geschlechts vom 20. 7. 2017[1] gilt § 14 entsprechend, wenn eine Lebenspartnerschaft gemäß § 20a LPartG in eine Ehe umgewandelt werden soll (§ 17a Abs. 2).

II. Die Befragung der Eheschließenden

1. Befragung zu den Ehevoraussetzungen

Vor der Eheschließung hat der Standesbeamte die Eheschließenden zu befragen, ob sich seit der Anmeldung ihrer Eheschließung Änderungen in den tatsächlichen Verhältnissen ergeben haben, welche die Ehevoraussetzungen betreffen (§ 14 Abs. 1 1. Alt.; vgl. Nr. 14.1.2 PStG-VwV). Die Vorschrift ergänzt § 13 Abs. 4 Satz 2, der die Eheschließenden nach Erhalt der Mitteilung über die Feststellung der Ehefähigkeit verpflichtet, solche Änderungen dem Anmelde-Standesamt anzuzeigen. Die Befragung hat vor allem Bedeutung, wenn Anmelde- und Eheschließungs-Standesamt nicht identisch sind, da die Mitteilung für dieses verbindlich ist (§ 13 Abs. 4 Satz 1 Halbs. 2; vgl. § 13 Rdnr. 43 ff.). Sie ist aber auch in den Regelfällen sinnvoll, in dem die Eheschließung bei dem Standesamt erfolgt, das die Anmeldung entgegengenommen hat[2]. 4

Die Befragung darf sich nicht auf die »Rechtsfrage« beschränken, ob die Ehevoraussetzungen noch gegeben sind, sondern ist auf die tatsächlichen Verhältnisse zu richten, welche die Ehefähigkeit begründen. Bestimmte Verhältnisse wie das Heiratsalter (§ 1303 Abs. 1 BGB) und die Verwandtschaft (§ 1307 BGB) bleiben unverändert. Eher unwahrscheinlich ist auch, dass einer der Verlobten nach der Mitteilung gemäß § 13 Abs. 4 Satz 1 anderweit eine Ehe oder Lebenspartnerschaft eingegangen ist (§ 1306 BGB). Näher liegend ist die Frage nach der Fortdauer der Geschäftsfähigkeit (§ 1304 BGB), z. B. wenn zwischenzeitlich für einen der Eheschließenden eine Betreuung angeordnet 5

1 BGBl. I S. 2787.
2 BT-Drs. 16/3309 S. 10; abgedruckt in *Gaaz/Bornhofen* 2008 S. 503.

worden ist. Auch durch eine Adoption kann sich ein Ehehindernis ergeben, z. B. wenn einer der Verlobten von den Eltern des anderen als Kind angenommen worden ist (§ 1308 BGB).

2. Befragung zum Ehenamen

6 Nach § 14 Abs. 1 2. Alt. sollen die Verlobten vor der Eheschließung befragt werden, ob sie einen Ehenamen bestimmen wollen. Die Vorschrift unterstreicht die Bedeutung des vom Gesetz bevorzugten Ehenamens, der möglichst schon bei der Eheschließung bestimmt werden soll (§ 1355 Abs. 1 und 3 Satz 1 BGB). Gleichwohl wird nur eine neutrale Befragung verlangt. Die Vorschrift will sicherstellen, dass die Eheschließenden von ihrem Ehenamensbestimmungsrecht erfahren und es bereits im Zeitpunkt der Eheschließung ausüben können. Eine unterlassene Befragung bleibt folgenlos, weil die Ehenamenswahl jederzeit, auch bei der Umwandlung einer Lebenspartnerschaft in eine Ehe (§ 20a LPartG, § 17a)[3], nachgeholt werden kann (§ 1355 Abs. 3 Satz 2 BGB).

7 Die umfassende Beratung der Verlobten über die Namensführung in der Ehe erfolgt bereits bei der Anmeldung der Eheschließung, wobei alle namensrechtlichen Folgen der Eheschließung, ggf. unter Einschluss der sich aus Art. 10 Abs. 1 und 2 EGBGB ergebenden Konsequenzen, ins Auge gefasst werden sollen (Nr. 12.5.4 PStG-VwV). Die Absichtserklärung der Verlobten ist nicht verbindlich, bis zur Eheschließung bleibt ein Sinneswandel möglich. Mit der Unterrichtung im Rahmen der Anmeldung der Eheschließung ist der Vorschrift des § 14 Abs. 1 Genüge getan. Es ist nicht erforderlich, dass die Eheschließenden bei der Trauung nochmals dazu befragt werden, ob sie einen Ehenamen bestimmen wollen. Es reicht aus, wenn sich der Standesbeamte versichern lässt, dass es bei der abgesprochenen namensrechtlichen Festlegung bleiben soll. Die eigentliche namensbestimmende Erklärung wird bei der Eheschließung abgegeben (vgl. Rdnr. 18).

III. Der Rahmen der Eheschließung

8 Die Ordnungsvorschrift des § 14 Abs. 2 will sicherstellen, dass die Eheschließung in einem Rahmen stattfindet, der der rechtlichen und gesellschaftlichen Bedeutung der Ehe (vgl. § 1353 Abs. 1 BGB) gerecht wird und dem Standesbeamten eine ordnungsgemäße Vornahme der Amtshandlung ermöglicht. Für die Ausgestaltung der Trauungszeremonie besteht zwar ein weiter Spielraum. Doch liefert die Vorschrift die Handhabe, ausgefallenen Wünschen der Verlobten zu begegnen, und gestattet der Standesamtsaufsicht, den Gemeinden entgegenzutreten, die aus sachfremden Gründen (z. B. Tourismuswerbung, Imagepflege) ausgefallene Eheschließungsformen anbie-

3 Wird bereits ein Lebenspartnerschaftsname geführt, wird dieser Name als Ehename weitergeführt (§ 17a Rdnr. 16).

ten, die sich mit der Forderung des §14 Abs. 2 nicht vereinbaren lassen. Eine – sachlich nur schwer feststellbare – Verletzung der Vorschrift, die vor allem als Appell an die Beteiligten zu verstehen ist, bleibt ohne Sanktion. Wird der Ehekonsens persönlich und bei gleichzeitiger Anwesenheit der Eheschließenden unter der Mitwirkung des Standesbeamten erklärt (§§1311, 1312 BGB), kommt eine gültige Ehe zustande, auch wenn die Eheschließung unter unwürdigen oder geschmacklosen Umständen stattfindet.

1. Zeitpunkt der Eheschließung

Der Termin für die Eheschließung wird entweder in der Mitteilung nach §13 Abs. 4 Satz 1 (vgl. Nr. 13.5.1 PStG-VwV) oder gesondert vom Eheschließungs-Standesamt bestimmt, wobei nach Möglichkeit den Wünschen der Verlobten Rechnung getragen werden sollte. Diese haben sich nach den Dienststunden des Standesamts zu richten. Sie können nicht für sich beanspruchen, dass ihre Eheschließung nach Feierabend, am Samstag oder einem Feiertag vorgenommen wird, sofern nicht auch Trauungen außerhalb der üblichen Öffnungszeiten des Standesamts (Samstagstrauungen, Trauungen rund um die Uhr) im Standesamtsbezirk angeboten werden. Etwas Anderes gilt im Falle lebensgefährlicher Erkrankung (§13 Abs. 3). Hier ist der Standesbeamte verpflichtet, umgehend tätig zu werden (vgl. §13 Rdnr. 32 ff.). Dies macht es erforderlich, von einem festgesetzten Termin abzuweichen oder ohne Terminbestimmung sofort die Eheschließung vorzunehmen. 9

2. Ort der Eheschließung

Den Ort der Eheschließung bestimmt das Standesamt (Nr. 14.1.1 PStG-VwV). 10
Hierfür sind Räumlichkeiten vorzusehen, die den Standesbeamten in die Lage setzen, seine in der Mitwirkung an der Eheschließung und in der Beurkundung bestehende Amtshandlung ordnungsgemäß durchzuführen. Weder darf die Zuständigkeit in Frage stehen noch die Beurkundung gefährdet sein. Wie diesen Anforderungen entsprochen wird, obliegt den nach Landesrecht für das Personenstandswesen zuständigen Behörden (§1 Abs. 2), in der Regel den Gemeinden. Diese sind im Rahmen ihrer Organisationshoheit befugt, die Diensträume des Standesamts zu bestimmen und dabei auch festzulegen, in welchen Räumen die Eheschließungen stattfinden sollen[4]. Mit der Vorhaltung eines Trauzimmers im Standesamt oder außerhalb des Dienstgebäudes erfüllt die Behörde ihre gesetzliche Verpflichtung, den notwendigen Sachaufwand für Eheschließungen zu tragen.

Viele Gemeinden bieten als Alternative zur Eheschließung im Standesamt 11
die externe Trauung in einem attraktiven Trauzimmer an (z. B. in einer Burg, einem Schloss, einer Windmühle oder auf einem Schiff). Bei der Widmung[5]

4 Eine gerichtliche Anweisung nach §49 zur Vornahme der Eheschließung an einer nicht gewidmeten Örtlichkeit, z. B. unter freiem Himmel, kommt nicht in Betracht (AG Cottbus, StAZ 2008, 17).

5 Vgl. dazu *Johannisbauer*, StAZ 2015, 122.

einer solchen Räumlichkeit zu einem gemeindlichen Trauzimmer muss sichergestellt sein, dass die Gemeinde die Dispositionsbefugnis hierüber behält und unter Beachtung des Gleichbehandlungsgrundsatzes jedem heiratswilligen Paar die Eheschließung in dem besonderen Trauzimmer ermöglicht wird. Bedenklich ist es, wenn die Ausrichtung der Eheschließung einem Privatunternehmen (z. B. einem Hotel) überlassen wird, da der Unternehmer nach wirtschaftlichen Erwägungen darüber befindet, ob eine Eheschließung in seinen Räumlichkeiten zugelassen wird. Zum Anderen darf das Streben nach publikumswirksamen Feierlichkeiten nicht zu exzentrischen Eheschließungsformen führen, die mit der gesetzlichen Forderung nach einem würdigen Rahmen nicht vereinbar sind oder eine ordnungsgemäße Beurkundung nicht mehr gewährleisten[6]. Allerdings nimmt die Neigung zu, die gesetzlichen Beschränkungen nach Opportunität großzügig zu interpretieren.

3. Die äußere Form

12 Die Eheschließung findet in dem von der Gemeinde vorgesehenen besonderen Trauzimmer statt (vgl. Rdnr. 10 f.). Der Standesbeamte hat auf eine angemessene Kleidung zu achten. Inwieweit sich die Eheschließenden und die Hochzeitsgesellschaft in ihrer Kleidung der Forderung nach einer würdigen Form anpassen, bleibt grundsätzlich ihrer Beurteilung überlassen. Nur ein grob ungebührlicher Aufzug sollte zurückgewiesen werden. Im Übrigen ist darauf zu achten, dass sich das Verhalten der Beteiligten in dem der Eheschließung angemessenen würdigen Rahmen hält und z. B. auffällig betrunkene Gäste von der Eheschließungszeremonie ausgeschlossen werden.

13 Für die Trauung gilt der Grundsatz der Beteiligtenöffentlichkeit (vgl. §§ 13, 29, 67 VwVfG). Grundsätzlich sollen neben dem Standesbeamten nur die Eheschließenden und eventuelle Zeugen anwesend sein. Auf Wunsch der Brautleute kann Verwandten und Freunden die Anwesenheit während der Trauung gestattet werden. Unbeteiligten Zuschauern ist der Zutritt zum Eheschließungsraum zu verwehren.

14 Ton- und Filmaufnahmen müssen vom Standesbeamten ausdrücklich zugelassen werden. Diese Einschränkung dient dem Persönlichkeitsschutz nicht nur der Beteiligten, sondern auch des Standesbeamten, der sich dagegen schützen muss, dass Aufnahmen von der Trauungszeremonie später missbraucht werden. Eine Übertragung der Trauungszeremonie über das Internet (Skype) ist nur zulässig, wenn ihr alle anwesenden Personen zustimmen[7]. Findet eine musikalische Umrahmung der Eheschließung statt, handelt es sich angesichts des abgegrenzten Zuhörerkreises nicht um eine öffentliche Musikwiedergabe im Sinne des § 15 Abs. 3 des Urheberrechtsgeset-

6 Zu der Problematik vgl. *Wagenitz/Bornhofen* S. 167 Rdnr. 47 ff.; *Meireis*, StAZ 2009, 229, 234; *Gaaz*, StAZ 2009, 357, 360.
7 *Wall*, StAZ 2016, 314.

zes; sie ist daher gegenüber der Verwertungsgesellschaft GEMA nicht genehmigungs- und zahlungspflichtig[8].

IV. Die Vornahme der Eheschließung

1. Feststellung der Anwesenheit

Die Eheschließenden müssen die Eheschließungserklärungen persön- 15
lich und bei gleichzeitiger Anwesenheit[9] vor dem Standesbeamten abgeben (§1310 Abs.1 Satz1, §1311 Satz1 BGB). Dieser hat vor der Eheschließung die Identität der Brautleute zu prüfen und muss sich von der Geschäfts- und Urteilsfähigkeit der Verlobten überzeugen, da ihm die Mitwirkung an einer aufhebbaren Ehe untersagt ist (§1310 Abs.1 Satz3 Nr.1, §1314 Abs.1 und 2 Nr.1 BGB). Befindet sich einer der Verlobten im Zustand der Volltrunkenheit oder steht er ersichtlich unter Drogeneinfluss, ist die Eheschließung abzulehnen.

Nach §1312 Abs.1 Satz2 BGB kann die Eheschließung in Gegenwart von 16
einem oder zwei Zeugen erfolgen, sofern die Eheschließenden dies wünschen. Vor der Trauung ist die Identität der Zeugen festzustellen. Minderjährige sollten nicht als Zeugen bei der Eheschließung mitwirken[10]. Der Standesbeamte hat darauf zu achten, dass Offenbarungsverbote (§1758 BGB; §§5, 10 Abs.2 TSG) gegenüber den Zeugen und weiteren anwesenden Personen beachtet werden (Nr.14.1.3 PStG-VwV).

2. Erklärungen zur Namensführung

Die von den Eheschließenden gewünschte Namensführung in der Ehe wird 17
bereits bei der Anmeldung der Eheschließung geklärt, wobei sich die Unterrichtung nicht nur auf die Frage des Ehenamens beschränkt, sondern alle Möglichkeiten der Namensführung nach deutschem und ggf. ausländischem Recht einbezieht. Vor der Eheschließung hat sich der Standesbeamte zu vergewissern, ob es bei der beabsichtigten Namensführung bleibt (vgl. Rdnr. 7).

a) Bestimmung eines Ehenamens

Die eigentliche Bestimmung des Ehenamens nach §1355 Abs.3 Satz1 BGB er- 18
folgt (frühestens) »bei der Eheschließung«. Mit dieser Formulierung wird die Namensbestimmung in die Trauungszeremonie einbezogen. Sie erfolgt in der hierfür geltenden Form, d.h. die Namenserklärungen müssen persönlich und bei gleichzeitiger Anwesenheit der Eheschließenden vor dem Standesbeamten abgegeben werden (vgl. §§1311 und 1312 Abs.1 Satz1 BGB). Die Erklärungen können wirksam entweder schriftlich oder mündlich abgegeben werden, sie werden in jedem Fall zu Beweiszwecken in die Niederschrift

8 Vgl. *Fritsche*, StAZ 1993, 54.
9 Dazu *Butzert*, StAZ 2015, 6.
10 Dazu *Hochwald*, StAZ 2010, 377.

über die Eheschließung (Anlage 10 zur PStV) aufgenommen. Ob die Erklärungen vor oder nach der Traufrage des § 1312 Abs. 1 Satz 1 BGB abgegeben werden, ist unerheblich. Eheschließung und Namenswahl werden rechtlich als einheitlicher Vorgang angesehen. Üblicherweise erfolgt die Ehenamenswahl vor der Traufrage. In diesem Fall werden die Erklärungen der Eheschließenden mit dem Eheschluss wirksam, bei späterer Abgabe in dem Augenblick, in dem der Standesbeamte die zweite der beiden parallelen Willenserklärungen entgegennimmt. Bei der abschließenden Beurkundung der Eheschließung in der Niederschrift (Rdnr. 22) unterschreiben die Ehegatten mit dem Ehenamen, wobei der Ehegatte, dessen Geburtsname nicht Ehename geworden ist, seinen Geburtsnamen mit dem Zusatz »geb« hinzufügen sollte.

b) Hinzufügung eines Begleitnamens

19 Auch ein Begleitname gemäß § 1355 Abs. 4 BGB kann dem Ehenamen »bei der Eheschließung« hinzugefügt werden. Nach dem durch Art. 7 PStRÄndG geänderten Satz 5 dieser Bestimmung bedarf die entsprechende Erklärung nicht mehr der öffentlichen Beglaubigung, wenn sie im Rahmen der Trauungszeremonie gegenüber einem deutschen Standesamt abgegeben wird[11]. Wird die Hinzufügung vor der Traufrage zusammen mit der Ehenamensbestimmung erklärt, werden die Wahl des Ehenamens und die Bestimmung des Begleitnamens mit dem Eheschluss wirksam. Wird die Erklärung danach abgegeben, handelt es sich um eine Äußerung »bei der Eheschließung«, solange nicht die Beurkundung der Eheschließung (§ 14 Abs. 3) abgeschlossen ist. In jedem Fall unterschreibt der Hinzufügungsberechtigte die Niederschrift bereits mit dem Doppelnamen.

c) Rechtswahl

20 Die Rechtswahlerklärung nach Art. 10 Abs. 2 EGBGB ist frühestens »bei der Eheschließung« abzugeben. Die Formulierung deckt sich mit der des § 1355 Abs. 3 Satz 1 BGB für die Bestimmung des Ehenamens nach deutschem Recht (vgl. Rdnr. 18). Die Erklärung bedarf also keiner besonderen Form (arg. Art. 10 Abs. 2 Satz 2 EGBGB); sie kann vor oder nach der Traufrage entweder schriftlich oder mündlich abgegeben werden. Nr. 14.2.2 PStG-VwV sieht die Aufnahme der Erklärung in die Niederschrift über die Eheschließung (Anlage 10 zur PStV) vor. Hiervon zu unterscheiden ist die Erklärung über die Namensführung in der Ehe nach dem gewählten deutschen oder ausländischen Recht. Hierfür sind ggf. die sich aus dem gewählten Recht ergebenden Formerfordernisse zu beachten. Beide Erklärungen werden in der Regel verbunden, weil sie erst zusammen zu dem gewünschten Namen führen.

11 Zum früheren Recht vgl. *Gaaz*, StAZ 2009, 357, 361; *Krömer*, StAZ 2010, 53.

3. Die Trauung

Die Ehe wird dadurch geschlossen, dass die Eheschließenden persönlich und bei gleichzeitiger Anwesenheit vor dem Standesbeamten erklären, die Ehe miteinander eingehen zu wollen (§ 1310 Abs. 1 Satz 1, § 1311 Satz 1 BGB). Die Trauung vollzieht sich in der Form, dass der Standesbeamte an die Eheschließenden einzeln die Frage richtet, ob sie die Ehe miteinander eingehen wollen. Nachdem die Eheschließenden diese Frage bejaht haben, spricht er aus, dass sie nunmehr kraft Gesetzes rechtmäßig verbundene Eheleute sind (§ 1312 Abs. 1 Satz 1 BGB). Die Traufrage ist nicht mehr zwingend in Gegenwart von zwei Zeugen zu stellen; ihre Mitwirkung an der Eheschließung ist den Eheschließenden freigestellt (§ 1312 Abs. 1 Satz 2 BGB). Üblicherweise weist der Standesbeamte vor oder nach der Eheschließung in einer Trauansprache auf die Bedeutung der Ehe hin[12]. 21

V. Die Beurkundung der Eheschließung (Niederschrift)

Nach § 9 PStG a. F. wurden die Erklärungen der Eheschließenden in protokollarischer Form im Heiratseintrag wiedergegeben. Die Reduzierung des Eheregisters auf die Kerndaten (§ 15 Abs. 1), die in tabellarischer Form aufgenommen werden, verlässt dieses System. § 14 Abs. 3 bestimmt, dass die Eheschließungserklärungen in einer Niederschrift beurkundet werden. Die Niederschrift schließt den Akt der standesamtlichen Trauung ab. Die Beurkundung muss im Anschluss an den Ausspruch des Standesbeamten (§ 1312 Abs. 1 Satz 1 BGB) und die etwaige Ansprache an die Eheleute vorgenommen werden. Die Niederschrift wird zweckmäßig schon vor der Eheschließung anhand der Anmeldeunterlagen unterschriftsreif vorbereitet. Die eigentliche Beurkundung im Anschluss an die Eheschließung besteht in der Kenntnisnahme der vorbereiteten und inhaltlich überprüften Niederschrift durch die Beteiligten und den Standesbeamten, und zwar grundsätzlich durch vollständiges Verlesen[13]. Sie ist von den Ehegatten, dem ggf. hinzugezogenen Dolmetscher und etwaigen Zeugen sowie dem Standesbeamten zu unterschreiben und mit dem Dienstsiegelabdruck zu versehen (§ 14 Abs. 3 Satz 2 Halbs. 2; Nr. 14.2.3 PStG-VwV). 22

Für die Niederschrift ist ein Formular nach dem Muster der Anlage 10 zur PStV zu verwenden (§ 29 Abs. 3 PStV). Ihr Inhalt ist durch § 14 Abs. 3 Satz 2 vorgegeben: Neben den Erklärungen der Ehegatten über den Ehekonsens (Rdnr. 22) muss die Niederschrift alle im Eheregister gemäß § 15 Abs. 1 zu beurkundenden Angaben, insbesondere die Erklärungen zur Namensführung in der Ehe (vgl. Rdnr. 18 ff.) enthalten (§ 14 Abs. 3 Satz 2). Sie wird zu den Sammelakten des Eheeintrags genommen (§ 14 Abs. 3 Satz 3). 23

12 Vgl. *Rohner*, Die Trauansprache, 1996; *ders.*, Anregungen und Beispiele für Trauansprachen, 1999.
13 Vgl. *Hochwald*, StAZ 2016, 379.

Bei einer Umwandlung einer Lebenspartnerschaft in eine Ehe nach § 20a Abs. 1 Satz 1 LPartG ist in der Niederschrift der einleitende Text mit dem Zusatz »(bei bestehender Lebenspartnerschaft, begründet am ..., Standesamt ..., Reg.Nr. L.../...)« zu versehen (vgl. § 17a Rdnr. 21). Zu den im Ausland geschlossenen Lebenspartnerschaften und Ehen s. § 17a Rdnr. 7 ff. und 21.

24 Die Niederschrift als öffentliche Urkunde (§ 415 ZPO) erbringt den vollen Beweis der Eheschließung. Sie ist die Grundlage für die Eintragung im Eheregister (§ 15 Abs. 1). Damit die Ehegatten schon vor der Beurkundung im Eheregister unmittelbar im Anschluss an die Trauung mit Eheurkunden versehen werden können, gestattet § 55 Abs. 1 Nr. 2, dass bis zur Registrierung Eheurkunden aus der Niederschrift über die Eheschließung ausgestellt werden (vgl. Nr. 57.1 PStG-VwV; § 55 Rdnr. 22 und § 57 Rdnr. 41 ff.).

§15 Eintragung in das Eheregister

(1) Im Eheregister werden im Anschluss an die Eheschließung beurkundet
1. Tag und Ort der Eheschließung,
2. die Vornamen und die Familiennamen der Ehegatten, Ort und Tag ihrer Geburt, ihr Geschlecht sowie auf Wunsch eines Ehegatten seine rechtliche Zugehörigkeit zu einer Religionsgemeinschaft, die Körperschaft des öffentlichen Rechts ist,
3. die nach der Eheschließung geführten Vornamen und Familiennamen der Ehegatten.

(2) Zum Eheeintrag wird hingewiesen
1. auf die Beurkundung der Geburt der Ehegatten,
2. auf die Staatsangehörigkeit der Ehegatten, wenn sie nicht Deutsche sind und ihre ausländische Staatsangehörigkeit nachgewiesen ist,
3. auf die Bestimmung eines Ehenamens,
4. auf das Sachrecht, dem die Namensführung der Ehegatten unterliegt.

Übersicht (die Zahlen bedeuten Randnummern)

I. Rechtsentwicklung

1 Nach früherem Recht wurde noch im Beisein der Ehegatten der Heiratseintrag errichtet (§§ 9, 11 PStG a. F.) und »im Anschluss an die Eheschließung« das Familienbuch angelegt (§ 12 PStG a. F.). Der Eintrag im Heiratsbuch lieferte lediglich eine Momentaufnahme über die Daten der Ehegatten im Zeitpunkt der Eheschließung; er enthielt z. B. keine Angaben über die Namensführung in der Ehe. Das weitere personenstandsrechtliche Schicksal der Ehegatten war allein dem Familienbuch zu entnehmen, in das auch Angaben über gemeinsame Kinder aufgenommen wurden. Die Daten wurden solange fortgeschrieben, bis für einen Ehegatten auf Grund erneuter Eheschließung oder für die gemeinsamen Kinder nach deren Heirat ein neues Familienbuch angelegt wurde (§§ 14, 15 PStG a. F.). Das Eheregister übernimmt die Funktion des alten Heiratsbuchs (§ 15), die des Familienbuchs indes nur insoweit, als allein die Angaben über die Ehegatten fortgeschrieben werden (§ 16). Ein dem Familienbuch vergleichbares Personenstandsregister, in dem sowohl die Eltern als auch die gemeinsamen Kinder der Ehegatten aufgeführt sind, gibt es nicht mehr.

2 Im Eheeintrag werden nur noch die Kerndaten über die Eheschließung registriert. Eine Verringerung des Datenumfangs gegenüber dem alten Recht ergibt sich aus der Umstellung auf elektronische Register, die Einträge in Protokollform nicht zulassen. Demgemäß finden sich in dem tabellarischen Register weder die Konsenserklärungen der Ehegatten noch der Ausspruch des Standesbeamten. Auch Angaben über Beruf und Wohnort der Ehegatten sowie über die Zeugen fehlen. Diese Angaben sind, soweit sie nicht gänzlich entbehrlich sind (Beruf), in der Niederschrift über die Eheschließung enthalten, die zu den Sammelakten genommen wird (§ 14 Abs. 3).

Durch Art. 1 Nr. 3 PStRÄndG wurde der Umfang der gesetzlichen Registerdaten geringfügig erweitert: Einzutragen ist jetzt in jedem Fall das Geschlecht der Ehegatten (Absatz 1 Nr. 2) und ggf. – z. B. bei einer Namensangleichung bei der Eheschließung – die Vornamen der Ehegatten nach der Eheschließung (Absatz 1 Nr. 3). In Absatz 2 wurde die Nummer 4 angefügt, sodass die bislang nur auf der PStV beruhende Eintragung des Hinweises auf das für die Namensführung in der Ehe maßgebende Recht auf eine gesetzliche Grundlage gestellt ist.

Auf Grund des Gesetzes zur Einführung des Rechts auf Eheschließung für Personen gleichen Geschlechts vom 20. 7. 2017[1] werden seit dem 1. 10. 2017 auch die Eheschließungen gleichgeschlechtlicher Personen sowie die Umwandlungen von Lebenspartnerschaften in Ehen (vgl. § 17a PStG) im Eheregister beurkundet. Durch Art. 4 Nr. 5 des Gesetzes zur Umsetzung des Gesetzes zur Einführung des Rechts auf Eheschließung für Personen gleichen Geschlechts vom 18. 12. 2018[2] wurde zudem dem § 17a ein neuer Abs. 3 angefügt,

1 BGBl. I S. 2787.
2 BGBl. I S. 2639.

nach dem im Eheregister zusätzlich der Tag der Begründung der Lebenspartnerschaft zu beurkunden ist und Hinweise darüber aufzunehmen sind.

Die in den Personenstandsregistern zu beurkundenden Angaben wurden durch die Erste Verordnung zur Änderung der Personenstandsverordnung vom 24.10.2018[3] erweitert und neu strukturiert. Nach § 42 Abs. 1 Satz 1 PStV wird danach den Ehegatten ein Datenfeld für die familienrechtliche Bezeichnung zugeordnet. Die Angaben der Ehegatten erhalten dabei zudem beginnend mit der Nummer »1« fortlaufende Nummern und sollen damit die Verbindung zu den Hinweisen des Registereintrags herstellen; dementsprechend wurde die Anlage 2 zur PStV mit den Angaben des Eheregisters neu gefasst.

II. Der Beurkundungsteil des Eheeintrags

1. Allgemeines

Die Eheschließung soll unverzüglich, spätestens am Werktag nach der Eheschließung möglichst von dem Standesbeamten, der an der Eheschließung mitgewirkt hat, im Eheregister beurkundet werden. Nach der Beurkundung im Eheregister ist die Niederschrift über die Eheschließung zu der Sammelakte des Eheeintrags zu nehmen (Nr. 15 PStG-VwV). 3

Der Aufbau und die Gestaltung der elektronischen Register auf dem Bildschirm sind durch § 19 PStV vorgeschrieben. Die Darstellung des Eheregisters muss dem Muster der Anlage 2 zur PStV entsprechen[4]. Die in den Eintrag aufzunehmenden Angaben sind der Niederschrift über die Eheschließung zu entnehmen, die alle in dem Eheregister zu beurkundenden Angaben enthalten muss (§ 14 Abs. 3). Die folgende Darstellung orientiert sich an dem Aufbau des Eheregisters.

2. Standesamt, Nummer des Standesamts, Registernummer

Anzugeben ist die Bezeichnung des Standesamts und die Nummer, die sich aus dem Verzeichnis der statistischen Ämter des Bundes und der Länder ergibt (§ 16 Abs. 2 und 4 PStV). Die Registernummer setzt sich aus der Kennzeichnung des Eheregisters mit »E«, der laufenden Eintragsnummer und dem Beurkundungsjahr zusammen (§§ 15 Abs. 2, 16 Abs. 2 Satz 2 PStV). 4

3 BGBl. I S. 1768.
4 Die Anlage 2 zur PStV wurde durch die Erste Verordnung zur Änderung der Personenstandsverordnung vom 24.10.2018 (BGBl. I S. 1768) neu gefasst.

3. Anlass der Beurkundung, Ort und Tag der Eheschließung, Tag der Begründung einer Lebenspartnerschaft

5 Im Eheregister ist der Anlass der Beurkundung, der Ort und Tag der Eheschließung sowie der Tag der Begründung einer Lebenspartnerschaft aufzunehmen (vgl. Anlage 2 zur PStV).

Unter dem Anlass der Beurkundung ist der jeweilige konkrete Anlass aufzunehmen, also z. B. Eheschließung, Umwandlung einer Lebenspartnerschaft in eine Ehe nach § 17a usw.[5]. Vor der Ersten Verordnung zur Änderung der Personenstandsverordnung sollte bei der Umwandlung von Lebenspartnerschaften nach § 17a im Rahmen einer Folgebeurkundung der Tag der Begründung der Lebenspartnerschaft, das Standesamt, die Eintragsnummer und das Jahr der Erstbeurkundung angegeben werden[6]; mittlerweile ergibt sich eine ausdrückliche Verpflichtung zur Beurkundung des Tags der Begründung der Lebenspartnerschaft unmittelbar aus § 17a Abs. 3 PStV.

Ort der Eheschließung ist in der Regel der Ort, an dem das Eheschließungs-Standesamt seinen Amtssitz hat. Abweichungen können sich ergeben, wenn die Ehe an einem anderen Ort innerhalb des Standesamtsbezirks geschlossen wird, z. B. in der Mitgliedsgemeinde einer Verwaltungsgemeinschaft oder am Krankenbett bei lebensgefährlicher Erkrankung eines Eheschließenden. Zur Angabe des Formats des Eheschließungsdatums vgl. Rdnr. 14.

Im Fall einer Umwandlung einer Lebenspartnerschaft in eine Ehe nach § 20a Abs. 1 Satz 1 LPartG wird die Lebenspartnerschaft als Ehe fortgeführt und im Eheregister beurkundet, § 20a Abs. 1 Satz 3 LPartG, § 17a Abs. 2 i. V. m. § 15. Die Umwandlung muss als statusbegründender Akt mit dem Datum der Eheschließung und nicht mit dem Datum der Begründung der Lebenspartnerschaft im Eheregister beurkundet werden[7]. Da nach der Umwandlung allerdings für die Rechte und Pflichten der Ehegatten weiterhin der Tag der Begründung der Lebenspartnerschaft maßgebend ist (§ 20a Abs. 5 LPartG), muss auch dieser Tag im Eheregister vermerkt werden. Dies ist durch § 17a Abs. 3 und der Anlage 2 zur PStV ausdrücklich klargestellt worden (vgl. § 17a Rdnr. 21).

4. Familienrechtliche Bezeichnung

6 Nach § 42 Abs. 1 Satz 1 PStV wird jedem Ehegatten im Eheregister ein Datenfeld für die familienrechtliche Bezeichnung zugeordnet. Die Vorschrift wurde durch Art. 1 Nr. 9 der Ersten Verordnung zur Änderung der Personenstands-

5 Vgl. dazu allgemein Datenfeld-Nr. 0020 der Anlage 1 zur PStV.
6 Vgl. Nr. 7 des Rundschreibens des BMI vom 28. 7. 2017, veröffentlicht auf www.personenstandsrecht.de.
7 So schon Nr. 1 des Rundschreibens des BMI vom 28. 7. 2017; veröffentlicht auf www.personenstandsrecht.de.

verordnung vom 24.10.2018[8] in die PStV eingefügt und mit ihr sollten die bisherigen geschlechtsspezifisch feststehenden Leittexte in den Personenstandsregistern und -urkunden (z.B. »Ehemann« und »Ehefrau«) durch ein Datenfeld ersetzt werden, welches nicht registersteuernd ist und entsprechend der tatsächlichen Lebenssituation und familienrechtlichen Stellung der betroffenen Personen jeweils flexibel angepasst werden kann[9]. Dadurch sollte insbesondere der bislang geäußerten Kritik entsprochen werden, dass die bisherigen feststehenden Leittexte in bestimmten familienrechtlichen Konstellationen (z.B. gleichgeschlechtliche Ehen durch den Geschlechtswechsel eines Ehegatten; Adoption eines Kindes durch die Lebenspartnerin der Mutter) zu unzutreffenden und irreführenden Beurkundungen führen konnten. Durch die Einführung der Ehe für Personen des gleichen Geschlechts durch das Eheöffnungsgesetz vom 20.7.2017 wirkten sich die bisherigen Beschränkungen des Registers auf eine Vielzahl von Fällen aus, so dass sich der Verordnungsgeber zu einer Flexibilisierung der bisherigen Leittexte veranlasst sah. Neben der familienrechtlichen Bezeichnung wird jedem Ehegatten auch eine feststehende Nummer zugeordnet, auf die in den Hinweisen und Folgebeurkundungen referenziert wird. Durch das neue System ist es möglich, die bisherige familienrechtliche Terminologie weiterzuführen und daneben auch atypische familienrechtliche Fallgruppen zutreffend im Register zu beurkunden bzw. in den Personenstandsurkunden aufzuführen.

Gesetz und Verordnung verwenden für die familienrechtliche Bezeichnung und die fortlaufende Nummer im Sinne des §42 Abs.1 PStV eine zum Teil unterschiedliche Terminologie. Während §42 PStV durchgängig den Begriff »familienrechtliche Bezeichnung« und auch nur den Begriff »Nummer« verwendet, wird dieses System bereits in §47 Abs.4 Satz 1 PStV durchbrochen. Nach dieser Vorschrift kann bei unrichtigen und fehlenden Elementbezeichnungen oder familienrechtlichen Bezeichnungen die Eintragung nach §47 Abs.1 durch eine Folgebeurkundung richtig gestellt werden. Die unterschiedliche Verwendung der Begriffe findet sich auch in der Anlage 1 zur PStV[10]. Das Gesetz spricht in §47 Abs.1 Satz 2 Nr.5 und Abs.3 Satz 2 von »Elementbezeichnungen« und »Leittextangaben«; der Begriff »familienrechtliche Bezeichnung« kommt im Gesetz nicht vor. Bei dem Begriff »Elementbezeichnung« im Sinne des §47 Abs.1 Satz 2 Nr.5, Abs.3 Satz 2 und §47 Abs.4 Satz 1 PStV handelt es sich um die fortlaufende Nummer im Sinne des §42 PStV; unter den Begriff »Leittextangabe« im Sinne des §47 Abs.1 Satz 2 Nr.5 fallen die neu geschaffene flexible familienrechtliche Bezeichnung im Sinne des §42 PStV und die bisher in den Personenstandsregistern und -urkunden ge- 7

8 BGBl. I S.1768.
9 Vgl. Abschn. II des allgemeinen Teils der Begründung des Entwurfs der Ersten Verordnung zur Änderung der Personenstandsverordnung, BR-Drs. 417/18.
10 Während bei den Datenfeldern des Geburtenregisters bei den Angaben der Eltern noch der Begriff »Nummer« verwendet wird, wird im Ehe- und Lebenspartnerschaftsregister bei den Angaben zu den Ehegatten bzw. den Lebenspartnern von »Elementbezeichnung« gesprochen.

schlechtsspezifisch verwendeten Angaben der Betroffenen. Diese Auslegung ergibt sich für den Begriff »Leittextangabe« bereits aus dem Wortlaut des § 47 Abs. 1 Satz 2 Nr. 5 zu der korrespondierenden Vorschrift des § 47 Abs. 4 Satz 1 PStV. Gesetz- und Verordnungsgeber haben zudem die Begriffe in den jeweils zugrundeliegenden Gesetz- und Verordnungsentwürfen synonym verwendet bzw. als Leittext den bisher verwendeten Eintrag verstanden[11]. Aus Gründen der Normenklarheit wäre es wünschenswert, wenn Gesetz- und Verordnungsgeber im Rahmen der nächsten Novellierung zu einer einheitlichen Verwendung der Begriffe finden würden.

8 Für das Eheregister sind die familienrechtlichen Bezeichnungen der Ehegatten und die jeweiligen Nummern in § 42 Abs. 4 PStV festgelegt: Den Ehegatten werden die feststehenden Nummern »1.« und »2.« zugeordnet. Auf eine Festlegung, welcher Ehegatten welche Nummer erhält, hat der Verordnungsgeber verzichtet; eine Festlegung besteht nach § 42 Abs. 2 Satz 1 und 2 PStV nur für die Mutter und den Vater eines Kindes im Geburtenregister. Obwohl auch in Nr. 2100 der Anlage 1 zur PStV nach der bisherigen Systematik nur als Beispiel »1. Ehemann« aufgeführt ist, empfiehlt es sich bei verschiedengeschlechtlichen Ehegatten grundsätzlich der bisherigen Systematik folgend zuerst die Angaben des Ehemanns in das Register einzutragen[12]. Für die jeweiligen familienrechtlichen Bezeichnungen wurden verbindliche Vorgaben aufgenommen: Männliche Personen werden als »Ehemann« und weibliche Personen als »Ehefrau« in dem Datenfeld für die familienrechtliche Bezeichnung eingetragen. Bei einer gleichgeschlechtlichen Ehe würden daher beide Ehegatten als »Ehemann« und »Ehemann« bzw. als »Ehefrau« und »Ehefrau« eingetragen. Die Eintragung beider Personen als »Ehepartner« o. ä. ist damit ausgeschlossen; dieser Begriff wird im Register nach § 42 Abs. 4 Satz 2 PStV nur bei Personen verwendet, die weder dem männlichen noch dem weiblichen Geschlecht angehören. Die Begriffe stehen nicht zur Disposition der Betroffenen, so dass eine andere als die gesetzlich vorgesehene Bezeichnung nicht möglich ist.

5. Familiennamen der Ehegatten vor der Ehe

9 § 15 Abs. 1 Nr. 2 bezieht sich auf die Familiennamen der Ehegatten, die sie unmittelbar vor der Eheschließung als Eheschließende geführt haben. Personen, die nicht verheiratet waren, sind mit ihrem Geburtsnamen zu bezeichnen, der zum Zeitpunkt der Eheschließung in die Geburtsurkunde einzutragen ist (vgl. § 1355 Abs. 6 BGB). Hat sich der Geburtsname des Mannes oder der Frau zwischen Geburt und Eheschließung geändert (z. B. durch Adoption,

11 Vgl. Begründung zur Art. 4 Nr. 11 des Entwurfs eines Gesetzes zur Umsetzung des Gesetzes zur Einführung des Rechts auf Eheschließung für Personen des gleichen Geschlechts (BT-Drs. 19/4670, S. 32); Begründung zu Art. 1 Nr. 8 und 9 des Entwurfs einer Ersten Verordnung zur Änderung der Personenstandsverordnung (BR-Drs. 417/18, S. 51 ff.).

12 Auch der Verordnungsgeber geht wohl davon aus, dass bei verschiedengeschlechtlichen Ehegatten an erster Stelle der Ehemann eingetragen wird, vgl. Begründung zu Art. 1 Nr. 8 (BR-Drs. 417/18 S. 54).

Namenserteilung, Namenswahl, Angleichung), ist der aktuelle Geburtsname anzugeben. Führt ein Ehegatte aus einer früheren Ehe einen Ehenamen, der nicht sein Geburtsname ist, so ist dieser Name einzutragen. Hatte ein Ehegatte in der früheren Ehe den Geburtsnamen seinem Ehenamen vorangestellt oder angefügt (§ 1355 Abs. 4 BGB), so ist auch dieser Begleitname anzugeben. Entsprechendes gilt für den Lebenspartnerschaftsnamen (§ 3 LPartG), der in einer früheren Lebenspartnerschaft geführt worden ist. Wird nach ausländischem Recht ein aus Geburtsnamen und Familiennamen des Ehegatten zusammengesetzter Name aus einer früheren Ehe geführt, so wird dieser Doppelname eingetragen. Zum Familiennamen vgl. Nr. A 1.3 PStG-VwV.

6. Geburtsname vor der Ehe

Der Geburtsname eines Ehegatten ist nur dann gesondert einzutragen, wenn 10
dieser Ehegatte auf Grund einer früheren Eheschließung oder Begründung einer Lebenspartnerschaft bei der Eheschließung einen vom Geburtsnamen abweichenden Familiennamen führt (§ 23 Abs. 1 PStV). Hat eine geschiedene Person vor der erneuten Eheschließung ihren Geburtsnamen wieder angenommen (§ 1355 Abs. 5 BGB), so wird nur dieser Name eingetragen. Die gesonderte Registrierung des Geburtsnamens einer verheiratet gewesenen Person beschränkt sich nicht darauf, dass ein Ehename im Sinne des deutschen Rechts (§ 1355 Abs. 1 BGB) geführt wird. Hatte z. B. die Frau nach italienischem Recht ihrem Geburtsnamen den Mannesnamen hinzugefügt[13], so wird auch in diesem Fall der Geburtsname eingetragen.

7. Vorname(n) vor der Ehe

In den Eheeintrag sind sämtliche Vornamen der Eheschließenden aufzuneh- 11
men. Ihre Schreibweise ist dem Geburtseintrag zu entnehmen, wobei spätere Änderungen, z. B. auf Grund einer behördlichen Vornamensänderung zu berücksichtigen sind. Ist die Geburt in einem ausländischen Register beurkundet worden, ist der Vorname in der dort niedergelegten Originalform zu übernehmen; eine Übersetzung ist nicht zulässig. Zum Vornamen vgl. Nr. A 1.2 PStG-VwV.

Führt ein Transsexueller nicht seinem Geschlecht entsprechende Vorna- 12
men (§ 1 TSG), so ist er mit diesen Vornamen in den Eheeintrag aufzunehmen. Die Bestimmung des § 7 Abs. 1 Nr. 3 TSG, wonach die Namensänderung mit der Abgabe der Eheschließungserklärung unwirksam wird, war verfassungswidrig und nicht mehr anzuwenden[14]. Sie wurde durch Art. 2 Abs. 3 Nr. 2 des Gesetzes zur Einführung des Rechts auf Eheschließung für Personen gleichen Geschlechts vom 20. 7. 2017[15] aufgehoben.

13 Vgl. etwa BGH, StAZ 1988, 10, 11.
14 BVerfG, StAZ 2006, 102; vgl. Nr. 14.2.1 PStG-VwV.
15 BGBl. I S. 2787.

8. Geschlecht

13 Die Eintragung des Geschlechts der Ehegatten in das Eheregister war ursprünglich nicht vorgesehen, da dies bei dem früheren Verständnis der Ehe als Verbindung von Mann und Frau überflüssig erschien. Die Entwicklung des Transsexuellenrechts macht es notwendig, auch das Geschlecht der Ehegatten im Eheregister zu dokumentieren. Die Änderung des Vornamens eines Transsexuellen bleibt bei einer Eheschließung wirksam (Rdnr. 12). Auch ist die Ehelosigkeit nicht mehr Voraussetzung für die Feststellung der Zugehörigkeit zum anderen Geschlecht, nachdem § 8 Abs. 1 Nr. 2 TSG mit Wirkung vom 23.7.2009 durch Art. 1 Nr. 1 des Gesetzes vom 17.7.2009[16] aufgehoben worden ist. Durch die Eintragung des Geschlechts im Haupteintrag wird vor allem sichergestellt, dass eine »Geschlechtsumwandlung« während der Ehe als Folgebeurkundung zum Eheregister aufgenommen werden kann. Die Geschlechtsangabe ist dem Geburtseintrag zu entnehmen; sofern auf der Grundlage des § 22 Abs. 3 keine Geschlechtsangabe erfolgt ist bzw. die Geschlechtsangabe nach § 45b Abs. 1 Satz 1 später gestrichen wurde, erfolgt keine Eintragung.

9. Geburtsdatum, Geburtsort

14 Das Geburtsdatum ist nach Tag, Monat und Jahr unter Verwendung arabischer Ziffern zu bezeichnen; die Ziffern 1 bis 9 werden in der Form »00« bis »09« geschrieben (Nr. A 2.2.1 PStG-VwV).

15 Als Geburtsort ist der Ortsname anzugeben, wie er zur Zeit der Geburt der Ehegatten lautete. Dabei ist für Orte im Inland der Name der Gemeinde in der amtlich festgelegten Schreibweise zu verwenden. Für Orte im Ausland ist die in dem betreffenden Staat geltende Bezeichnung einzutragen. Gibt es für einen solchen Ort eine allgemein übliche deutsche Bezeichnung (z. B. »Mailand« für »Milano«), so ist diese zu wählen. Hat sich der Name des Geburtsortes in der Zwischenzeit verändert, so ist der zum Zeitpunkt der Geburt geltende Name zu verwenden; der neue Name kann hinzugefügt werden. Zu den Ortsangaben vgl. Nr. A 2.1 PStG-VwV.

10. Religion

16 Auf Wunsch eines Ehegatten wird seine rechtliche Zugehörigkeit zu einer Religionsgemeinschaft, die Körperschaft des öffentlichen Rechts ist, im Eheeintrag registriert. Die Religionszugehörigkeit ist kein den Personenstand eines Menschen kennzeichnendes Element, ihre Aufnahme in staatliche Register ist daher freiwillig. Die rechtliche Zugehörigkeit zu einer Religionsgemeinschaft wird nur dokumentiert, wenn diese eine Körperschaft des öffentlichen Rechts ist (§ 15 Abs. 1 Nr. 2; vgl. auch §§ 21 Abs. 1 Nr. 4, 27 Abs. 3 Nr. 5). Die ausdrückliche Eintragung der Nichtzugehörigkeit, die nach § 11 Abs. 1 Nr. 2 PStG

16 BGBl. I S. 1978. Die Bestimmung des § 8 Abs. 1 Nr. 2 TSG war zuvor vom BVerfG für verfassungswidrig erklärt worden (StAZ 2008, 312).

a. F. möglich war, ist nicht mehr vorgesehen. Zur Eintragung der Religionszugehörigkeit vgl. Nr. A 3 PStG-VwV.

Die Religionszugehörigkeit wird nur »auf Wunsch« registriert. Jeder Ehegatte muss für seine Person seinen Willen zur Eintragung gegenüber dem Standesamt erklären. Die Freiwilligkeit der Registrierung ist Ausdruck der negativen Bekenntnisfreiheit (Art. 140 GG i. V. m. Art. 136 Abs. 3 WRV, Art. 4 Abs. 1 GG). Daraus folgt, dass die Angabe der Religionszugehörigkeit jederzeit auf Wunsch des Betroffenen zu streichen ist (§ 16 Abs. 1 Satz 1 Nr. 7; vgl. Nr. 3.2 der Anlage 1 zur PStG-VwV). 17

Eingetragen wird die »rechtliche Zugehörigkeit« zu einer Religionsgemeinschaft. Der Ehegatte muss Mitglied der Gemeinschaft sein. Allerdings ist es nicht Aufgabe des Standesamts, die rechtliche Mitgliedschaft zu überprüfen. Es kann sich grundsätzlich mit der Angabe des Ehegatten begnügen, vorausgesetzt die Religionsgemeinschaft hat den Körperschaftsstatus in einem Bundesland (vgl. Nr. A 3.2.1 PStG-VwV)[17]. Damit wird der besondere Status einer Körperschaft des öffentlichen Rechts eigener Art bezeichnet, den Religionsgemeinschaften nach Art. 140 GG i. V. m. Art. 137 Abs. 5 WRV besitzen. »Geborene« Körperschaften hatten diesen Status bereits bei Inkrafttreten der WRV, »gekorenen« Körperschaften wurde der Status später vom Staat verliehen. Dabei handelt es sich nicht nur um die großen Kirchen, sondern auch um kleinere Religionsgemeinschaften. Auch die Zugehörigkeit zu einer nichtreligiösen Weltanschauungsgemeinschaft ist eintragungsfähig, wenn diese den Körperschaftsstatus hat (Nr. A 3.1.2 PStG-VwV). Welche Religionsgemeinschaften Körperschaften des öffentlichen Rechts sind, ist den amtlichen Bekanntmachungen der für Kirchen zuständigen Ministerien der Länder zu entnehmen[18]. 18

11. Familiennamen der Ehegatten nach Eheschließung

Unter der Geltung des alten PStG wurden die von den Ehegatten nach der Eheschließung geführten Familiennamen nur im Familienbuch vermerkt. Nach Wegfall des Familienbuchs wird die Namensführung in der Ehe in den Eheeintrag aufgenommen (§ 15 Abs. 1 Nr. 3) und bei Änderung im Wege der Folgebeurkundung fortgeführt (§ 16 Abs. 1 Satz 1 Nr. 5)[19]. 19

Akademische Grade sind keine Namensbestandteile[20]. Die frühere durch die Dienstanweisung gestützte gewohnheitsrechtliche Praxis, akademische 20

17 Die Beschränkung der Eintragungsmöglichkeit auf Religionsgemeinschaften mit Körperschaftsstatus verstößt weder gegen Art. 4 noch gegen Art. 3 Abs. 3 GG (BVerfG, StAZ 2015, 341; *Kissner*, StAZ 2010, 18).

18 Eine bundesweite Zusammenstellung kann auf der Internetseite www.personenstandsrecht.de eingesehen werden (Nr. A 3.1.1 Satz 3 PStG-VwV).

19 Zur Namensführung in der Ehe vgl. näher *Hepting/Dutta* Rdnr. III-566 ff.; *Henrich/Wagenitz/Bornhofen*, Kommentierung zu § 1355 BGB.

20 BGH, StAZ 1963, 63.

Grade beim Familiennamen einzutragen, kann in Ermangelung einer ausdrücklichen gesetzlichen Regelung nicht mehr beibehalten werden[21].

21 Welche Familiennamen die Ehegatten in der Ehe führen wollen, wird bei der Anmeldung der Eheschließung geklärt, insbesondere ob eine Namenserklärung abgegeben werden soll (vgl. § 14 Rdnr. 17). Erklärungen »bei der Eheschließung« über die Bestimmung des Ehenamens (§ 1355 Abs. 3 Satz 1 BGB), über die Hinzufügung eines Begleitnamens (§ 1355 Abs. 4 BGB) und über die Rechtswahl (Art. 10 Abs. 2 Satz 1 EGBGB) werden von der Eheschließungsform umfasst, aber zu Beweiszwecken in die Niederschrift über die Eheschließung (Anlage 10 zur PStV) aufgenommen. Zur Namensführung im Rahmen der Umwandlung einer Lebenspartnerschaft in eine Ehe vgl. § 17a Rdnr. 20.

22 Sind beide Ehegatten Deutsche oder unterliegt ihr Name deutschem Recht (vgl. § 12 Rdnr. 36), so gilt für ihre Namensführung in der Ehe § 1355 BGB. Danach sollen die Ehegatten einen gemeinsamen Familiennamen (Ehenamen) bestimmen. Dies kann der Geburtsname oder der zur Zeit der Ehenamensbestimmung geführte Name des Mannes oder der Frau sein (§ 1355 Abs. 2 BGB). Die Erklärung zur Bestimmung des Ehenamens kann frühestens bei der Eheschließung abgegeben werden (§ 1355 Abs. 3 Satz 1 BGB; vgl. § 14 Rdnr. 18). Bestimmen die Ehegatten keinen Ehenamen, so führt jeder seinen zur Zeit der Eheschließung geführten Namen weiter (§ 1355 Abs. 1 Satz 3 BGB). Die Ehegatten haben jederzeit die Möglichkeit, die Erklärung zur Bestimmung des Ehenamens nachzuholen. (§ 1355 Abs. 3 Satz 2 BGB).

23 Ein Ehegatte, dessen Geburtsname nicht Ehename wird, kann jederzeit, also auch schon bei der Eheschließung, durch Erklärung gegenüber dem Standesamt seinen Geburtsnamen oder den zur Zeit der Bestimmung des Ehenamens geführten Familiennamen voranstellen oder anfügen (vgl. § 14 Rdnr. 19). Besteht dieser Name aus mehreren Namen, kann nur einer dieser Namen dem Ehenamen vorangestellt oder angefügt werden; ist der Ehename ein Doppelname, ist die Hinzufügung eines Begleitnamens überhaupt nicht zulässig (§ 1355 Abs. 4 BGB). Die Erklärung bedarf, wenn sie bei der Eheschließung abgegeben wird, keiner öffentlichen Beglaubigung (§ 1355 Abs. 4 Satz 7 BGB; vgl. § 14 Rdnr. 19)[22]. Ehename und Begleitname werden durch einen Bindestrich verbunden (Nr. 41.1.3 PStG-VwV)[23].

24 Besitzen beide Ehegatten dieselbe ausländische Staatsangehörigkeit, so richtet sich ihre Namensführung in der Ehe nach ihrem gemeinsamen Heimatrecht (Art. 10 Abs. 1 EGBGB). Sieht das anzuwendende ausländische Recht eine gemeinsame oder einseitige Erklärung zur Namensführung in der Ehe vor, so nimmt das Standesamt diese entgegen, wobei die vorgeschriebene Form zu beachten ist.

21 BGH, StAZ 2013, 377 m. w. N.
22 Zum früheren Recht vgl. *Gaaz*, StAZ 2009, 357, 361; *Krömer*, StAZ 2010, 53.
23 Dazu: KG, StAZ 2013, 379.

25 Hat einer der ausländischen Ehegatten oder haben beide ihren gewöhnlichen Aufenthalt im Inland, was bei der Eheschließung vor einem deutschen Standesamt die Regel ist, so können sie ihren nach der Eheschließung zu führenden Namen nach deutschem Recht, d.h. nach § 1355 BGB wählen (Art. 10 Abs. 2 Satz 1 Nr. 2 EGBGB). Ist ein Ehegatte Deutscher und besitzt der andere eine fremde Staatsangehörigkeit oder sind beide Ausländer mit unterschiedlicher Staatsangehörigkeit, so können sie bei der Eheschließung (aber auch noch später) durch Erklärung gegenüber dem Standesamt die Namensführung in der Ehe nach dem Recht des Staates wählen, dem einer von ihnen angehört (Art. 10 Abs. 2 Satz 1 Nr. 1 EGBGB)[24]. Mehrstaater können abweichend von Art. 5 Abs. 1 EGBGB auch das Recht des Staates wählen, mit dem sie nicht am engsten verbunden sind; ist ein Ehegatte auch Deutscher, so geht diese Rechtsstellung nicht vor. Wird eine Rechtswahl zugunsten eines der in Betracht kommenden Rechte nicht getroffen, so richtet sich die Namensführung eines jeden Ehegatten nach seinem jeweiligen Heimatrecht (Art. 10 Abs. 1 EGBGB). In diesem Fall ist zu prüfen, ob sich aus diesen Rechten ein gemeinsamer Familienname oder eine getrennte Namensführung ergibt.

12. Geburtsname der Ehegatten nach Eheschließung

26 Der Geburtsname eines Ehegatten nach der Eheschließung ist nur einzutragen, wenn dieser Ehegatte einen hiervon abweichenden Familiennamen führt (§ 23 Abs. 1 PStV). Dies ist vor allem der Fall, wenn der Geburtsname des betreffenden Ehegatten nicht zum Ehenamen bestimmt worden ist. Führten beide Ehegatten vor der Bestimmung des Ehenamens ihre Geburtsnamen, wird nur der Geburtsname des im Namen weichenden Ehegatten eintragen. Haben die Ehegatten den von einem Partner geführten Ehe- oder Lebenspartnerschaftsnamen aus einer früheren Verbindung zum Ehenamen bestimmt, ist für beide Ehegatten der Geburtsname einzutragen. § 23 Abs. 1 PStV ist auch anzuwenden, wenn das maßgebende ausländische Namensrecht die Unterscheidung zwischen aktuellem Familiennamen und verdecktem Geburtsnamen nicht kennt, z.B. wenn der Geburtsname unter Hinzufügung des Familiennamen des Ehegatten in der Ehe weitergeführt wird (Italien, Portugal, Brasilien) oder der Geburtsname durch die ehebedingte Namensänderung »untergegangen« ist (Kroatien)[25].

13. Vorname(n) der Ehegatten nach der Eheschließung

27 Ein geänderter Vorname nach der Eheschließung ergibt sich, wenn im Zusammenhang mit einer Erklärung zur Namensführung in der Ehe eine Angleichungserklärung nach Art. 47 EGBGB abgegeben wird. Für diese Erklärung ist das Standesamt empfangszuständig, das die Eheschließung zu be-

24 OLG Stuttgart, StAZ 2006, 361 gestattet auch die »einseitige Wahl« eines Ehenamens durch einen Deutschen, wenn der ausländische Ehegatte diesen Namen kraft Gesetzes führt.
25 Vgl. *Rauhmeier*, StAZ 2012, 184.

urkunden hat (§ 43 Abs. 2 Satz 2 PStG), damit die geänderte Namensführung sogleich in den Haupteintrag des Eheregisters aufgenommen werden kann.

14. Ort und Tag der Beurkundung

28 Als Ort der Beurkundung wird der Sitz des Standesamts angegeben. Für die Angabe des Beurkundungstags (Tag, Monat und Jahr) sind arabische Ziffern zu verwenden, wobei die Ziffern 0 bis 9 in der Form »00« bis »09« geschrieben werden (Nr. A 2.2.1 PStG-VwV).

15. Urkundsperson

29 Der Haupteintrag wird mit der Angabe des Familiennamens des beurkundenden Standesbeamten und bei elektronischer Registerführung mit seiner dauerhaft überprüfbaren qualifizierten elektronischen Signatur abgeschlossen (§ 16 Abs. 1 Satz 2 PStV).

III. Der Hinweisteil des Eheeintrags

1. Allgemeines

30 Der Hinweisteil des Eheeintrags wurde durch die Erste Verordnung zur Änderung der Personenstandsverordnung[26] mit der Einführung des neuen Beurkundungsmodells mit feststehender Nummerierung der beteiligten Personenpaare und der dieser Nummerierung zugeordneten familienrechtlichen Bezeichnung neu strukturiert (vgl. Anlage 2 zur PStV). Aufgrund der Vergabe von feststehenden Nummern für die Betroffenen können auch die Hinweise und etwaige Folgebeurkundungen im Register dieser Nummerierung folgen.

2. Geburtseintrag der Ehegatten

31 Die Angaben über Tag und Ort der Geburt eines jeden Ehegatten gehören zum Inhalt der Beurkundung (vgl. Rdnr. 14 f.). Der Hinweisteil des Eheregisters enthält die Bezeichnung des Standesamts, die Registernummer (§ 16 Abs. 2 Satz 2 PStV) sowie Tag und Ort der Geburt des Ehemannes und der Ehefrau (§ 15 Abs. 2 Nr. 1). Die Verknüpfung zum Geburtseintrag der Ehegatten hat nach Wegfall des Familienbuchs an Bedeutung gewonnen, weil nur noch aus dem Hinweisteil zum Geburtseintrag einer Person deren Kinder ersichtlich sind (§ 27 Abs. 4 Satz 2 Nr. 2).

3. Namensführung in der Ehe

32 Der Hinweis auf die Sachvorschriften der Namensführung (§ 15 Abs. 2 Nr. 4) ermöglicht es, das für die Namensführung der Ehegatten maßgebende Recht unmittelbar aus dem Eheeintrag zu ersehen. Der Hinweis ist in jedem Fall

26 BGBl. I S. 1768.

aufzunehmen, hat aber vor allem Bedeutung, wenn Namenstatut ein ausländisches Recht ist, weil er eine vom deutschen Recht abweichende Namensführung plausibel macht.

Nach § 15 Abs. 2 Nr. 3 ist auf die Bestimmung eines Ehenamens hinzuweisen. Die Angabe der von den Ehegatten nach der Eheschließung geführten Familiennamen in einem in tabellarischer Form geführten Register (§ 15 Abs. 1 Nr. 3) lässt nicht erkennen, wie die Namensführung zustande gekommen ist; hierfür ist auf die Sammelakten zurückzugreifen. Bei Ehegatten, die vor der Eheschließung gleichlautende Namen geführt haben (z. B. »Meyer«), wird durch den Hinweis auf die Bestimmung eines Ehenamens klargestellt, ob der Namen der Frau oder des Mannes zum Ehenamen bestimmt wurde[27]. Damit wird Vorsorge für eine spätere Änderung des Geburtsnamens eines Ehegatten getroffen, um die Erstreckung der Namensänderung auf den Ehenamen und den Geburtsnamen von Kindern prüfen zu können. Allerdings beschränkt das Gesetz den Hinweis nicht auf den gleichlautenden Familiennamen, sondern ordnet die Eintragung für alle Fälle der Ehenamensbestimmung an. 33

4. Ausländische Staatsangehörigkeit

Nach § 15 Abs. 2 Nr. 2 wird auf die ausländische Staatsangehörigkeit eines Ehegatten hingewiesen, wenn sie nachgewiesen ist. Im Gegensatz zu § 12 Abs. 2 Nr. 2 PStG a. F., der generell die Eintragung eines Vermerks im Familienbuch über die nachgewiesene Staatsangehörigkeit eines Ehegatten vorschrieb, beschränkt das geltende Recht den Hinweis auf Ausländer. Bei dieser Personengruppe ist die Angabe der Staatsangehörigkeit sinnvoll, weil sie Rückschlüsse auf das für die Beurteilung der Ehevoraussetzungen und die Namensführung maßgebende Recht ermöglicht. Der Hinweis liefert auch einen Anhaltspunkt für die Staatsangehörigkeit der Kinder. Der Staatsangehörigkeits-Vermerk im Familienbuch nahm kraft ausdrücklicher Bestimmung in § 60 Abs. 1 Satz 2 PStG a. F. nicht an der Beweiskraft der Personenstandsbücher teil. Diese Rechtsfolge ist jetzt in § 54 Abs. 1 Satz 2 für Hinweise allgemein angeordnet. 34

Zum Nachweis der ausländischen Staatsangehörigkeit vgl. § 12 Rdnr. 36 ff. Auf den besonderen Status eines Ausländers als Staatenloser, heimatloser Ausländer, Asylberechtigter oder ausländischer Flüchtling wird nicht hingewiesen, da diese Personen ein deutsches Personalstatut haben. 35

27 Vgl. BT-Drs. 16/1831 S. 45 (zu § 15); abgedruckt in *Gaaz/Bornhofen* 2008 S. 451.

IV. Mitteilungen

1. Allgemeines

36 Einzelheiten zu den Mitteilungen, die über die Eheschließung auf Grund von Rechtsvorschriften von Amts wegen an andere Behörden und sonstige öffentliche Stellen zu richten sind, sind durch Rechtsverordnung zu regeln (§§ 68, 73 Nr. 8). Die Mitteilungspflichten nach Beurkundung der Eheschließung sind in § 58 Abs. 1 PStV erfasst. Neben diesen Mitteilungspflichten bestehen rechtliche Informationspflichten gegenüber ausländischen Stellen auf Grund internationaler Übereinkommen.

2. Mitteilungen zu Personenstandsregistern im Inland

37 Das Standesamt, das die Eheschließung beurkundet, hat dies mitzuteilen:
- dem Standesamt, das die Geburtseinträge für die Ehegatten führt (§ 58 Abs. 1 Nr. 1 PStV), damit zu diesen Einträgen auf deren Ehe hingewiesen wird (§ 27 Abs. 4 Satz 2 Nr. 1),
- dem Standesamt, das den Geburtseintrag für ein gemeinsames Kind der Ehegatten führt (§ 58 Abs. 1 Nr. 2 PStV), damit zu diesem Eintrag ein Hinweis auf die Eheschließung der Eltern eingetragen wird (§ 21 Abs. 3 Nr. 2),
- dem Standesamt, das den Ehe- oder Lebenspartnerschaftseintrag der letzten Ehe oder Lebenspartnerschaft für die Ehegatten führt (§ 58 Abs. 1 Nr. 4 PStV), damit zu dem betreffenden Ehe- oder Lebenspartnerschaftseintrag auf die (Wieder)verheiratung hingewiesen wird (§ 16 Abs. 1 Satz 2),
- dem Standesamt I in Berlin, wenn die Ehe im Ausland geschlossen und die Eheschließung im Inland nachbeurkundet worden ist (§ 58 Abs. 1 Nr. 3 PStV; § 34 Abs. 4).

3. Mitteilungen an inländische Behörden und Gerichte

38 Das beurkundende Standesamt hat jede Eheschließung der für die Hauptwohnung der Ehegatten zuständigen Meldebehörde mitzuteilen (§ 58 Abs. 1 Nr. 5 PStV; Nr. 68.2.1 PStG-VwV).

39 Nach § 2 Abs. 1 und 2 des Bevölkerungsstatistikgesetzes hat das Standesamt die Daten zu Eheschließungen mindestens monatlich dem zuständigen Statistischen Landesamt für die Statistik der natürlichen Bevölkerungsbewegung zu übermitteln (§ 61 PStV). Die Daten sind elektronisch zu übermitteln, soweit die technischen Voraussetzungen hierfür geschaffen sind. Sie sind vertraulich zu behandeln, Einsicht in die Mitteilungen darf nicht gewährt und Auskunft aus den Mitteilungen darf nicht erteilt werden (Nr. 68.5 PStG-VwV).

40 Zur Mitteilungspflicht nach § 1493 Abs. 3 BGB (§ 58 Abs. 1 Nr. 6 PStV) hinsichtlich der Anmeldung der Eheschließung vgl. § 12 Rdnr. 68 ff.

4. Mitteilungen an ausländische Stellen

Auf Grund internationaler Vereinbarungen hat der Standesbeamte, der die Eheschließung beurkundet hat, ausländischen Stellen Mitteilung von der Eheschließung zu machen. Maßgebend sind folgende Abkommen[28]: 41
- Übereinkommen über den internationalen Austausch von Auskünften in Personenstandsangelegenheiten (CIEC-Übereinkommen Nr. 3) vom 4. 9. 1958[29] mit dem zu diesem Übereinkommen vereinbarten Zusatzprotokoll vom 6. 9. 1989[30];
- bilaterale Abkommen mit Österreich, Luxemburg und der Schweiz[31].

Die Mitteilungspflicht knüpft entweder an die ausländische Staatsangehörigkeit eines Ehegatten oder an seinen Geburtsort in einem Vertragsstaat an. Die Zugehörigkeit eines Ehegatten zu einem Vertragsstaat ist maßgebend nach den bilateralen Personenstandsabkommen mit der Schweiz, Luxemburg und Österreich. Nach dem CIEC-Übereinkommen Nr. 3 über den internationalen Austausch von Auskünften in Personenstandsangelegenheiten hat das Standesamt die Beurkundung der Eheschließung dem Standesamt des Geburtsortes eines Ehegatten mitzuteilen, wenn dieser Ort in einem Vertragsstaat liegt. Treffen bei einem Ehegatten beide Anknüpfungen zu (Italien, Luxemburg, Österreich), sind die Mitteilungspflichten nach jedem der in Betracht kommenden Abkommen zu erfüllen. Ob im Fall einer gleichgeschlechtlichen Ehe eine Mitteilung an ausländische Stellen auf der Grundlage der o. g. Abkommen erfolgen muss, ist unter Berücksichtigung der unterschiedlichen Kulturkreise zu prüfen[32]. 42

28 Das Haager Eheschließungsabkommen vom 12. 6. 1902 (RGBl. 1904 S. 221) (GS Nr. 210) galt nur noch zwischen der Bundesrepublik Deutschland und Italien; die Bundesrepublik Deutschland hat das Abkommen am 11. 10. 2017 mit Ablauf des 1. 6. 2019 gekündigt (BGBl. 2017 II S. 1508).

29 BGBl. 1961 II S. 1055, 1071 (GS Nr. 203 mit einer Liste der Vertragsstaaten).

30 BGBl. 1994 II S. 487 (GS Nr. 203a).

31 Schweiz: Abkommen vom 4. 11. 1985 (BGBl. 1988 II S. 126); Luxemburg: Abkommen vom 3. 6. 1982 (BGBl. 1983 II S. 698); Österreich: Vertrag vom 18. 11. 1980 (BGBl. 1981 II S. 1050); GS Nr. 203 CH, L und A.

32 Vgl. Nr. 9 des Rundschreibens des BMI vom 28. 7. 2017; veröffentlicht unter: www.personenstandsrecht.de.

Abschnitt 2 **Fortführung des Eheregisters**

§ 16 Fortführung

(1) Zum Eheeintrag werden Folgebeurkundungen aufgenommen über
1. den Tod des erstverstorbenen Ehegatten,
2. die Todeserklärung oder die gerichtliche Feststellung der Todeszeit eines Ehegatten und die Aufhebung solcher Beschlüsse sowie die Auflösung der Ehe durch Eheschließung des anderen Ehegatten,
3. die Aufhebung oder die Scheidung der Ehe,
4. die Feststellung des Nichtbestehens der Ehe,
5. jede Änderung des Namens der Ehegatten,
6. jede sonstige Änderung des Personenstandes, soweit sie Angaben im Eheeintrag betrifft,
7. die Änderung der eingetragenen Religionszugehörigkeit, wenn der betroffene Ehegatte dies wünscht,
8. Berichtigungen.
Auf die Wiederverheiratung oder die Begründung einer Lebenspartnerschaft wird hingewiesen.

(2) Der Eheeintrag wird nicht mehr fortgeführt, wenn nach Absatz 1 Nummer 4 eine Folgebeurkundung über das Nichtbestehen der Ehe eingetragen worden ist. Wurde zum Eheeintrag eine Folgebeurkundung über die Auflösung der Ehe oder die Todeserklärung oder die gerichtliche Feststellung der Todeszeit eines Ehegatten nach Absatz 1 Nummer 1 bis 3 aufgenommen, ist eine weitere Folgebeurkundung nur über die Änderung des Namens, Berichtigungen sowie in den Fällen des Absatzes 1 Nummer 2 über die Aufhebung eines Beschlusses und die Auflösung der Ehe durch Eheschließung des anderen Ehegatten einzutragen. Die Änderung der Vornamen ist nicht einzutragen, wenn diese auf Grund des Transsexuellengesetzes oder in einem Adoptionsverfahren geändert wurden. Für einen Ehegatten, der wieder geheiratet oder eine Lebenspartnerschaft begründet hat, ist nur eine Folgebeurkundung über Berichtigungen nach Absatz 1 Nummer 8 einzutragen.

Übersicht (die Zahlen bedeuten Randnummern)

I. Rechtsentwicklung

Das PStG a.F. enthielt keine Vorschriften über die Fortführung des Heiratseintrags, der sich darauf beschränkte, eine Momentaufnahme über die Daten der Ehegatten im Zeitpunkt der Eheschließung zu geben. Auf Grund des §18 Abs.1 PStV a.F. wurden Änderungen beigeschrieben, die auf den Zeitpunkt der Eheschließung zurückwirkten. Nur wenn kein Familienbuch angelegt war, übernahm der Heiratseintrag die Funktion eines Ersatz-Familienbuchs, jedoch beschränkt auf die Fortschreibung der Daten der Ehegatten (§18 Abs.2 PStV a.F.). 1

Mit dem Wegfall des Familienbuchs hat sich der Umfang der Fortführungseinträge im Eheregister erweitert. Allerdings hat das Eheregister die Aufgaben des früheren Familienbuchs nur insoweit übernommen, als es um die gemäß §15 erfassten Registerdaten der Ehegatten geht. Dies entspricht der Fortführung des früheren Familienbuchs über die Ehegatten (§14 PStG a.F.). Ein Personenstandsregister, das Angaben über die Ehegatten und die gemeinsamen Kinder zusammenführt, kennt das geltende PStG nicht mehr und demgemäß auch keine dem §15 PStG a.F. vergleichbare Vorschrift. Angaben über die Kinder der Ehegatten finden sich nur noch als Hinweise zu deren Geburtseinträgen und werden allein dort fortgeführt (§27 Abs.4 Satz 2 Nr.2). 2

Durch Art.1 Nr.3 PStRÄndG wurde §16 Abs.1 neu gefasst. Nach Nr.1 ist nur noch der Tod des erstverstorbenen Ehegatten als Folgebeurkundung in den Eheeintrag aufzunehmen. Die neue Nr.2 wurde um den Fall des §1319 Abs.2 BGB (Auflösung der Ehe nach Todeserklärung eines Ehegatten durch Wiederverheiratung des anderen Ehegatten) als Fortführungstatbestand ergänzt. In der neuen Nr.7 wurde die »Löschung« der Religionszugehörigkeit gestrichen, weil sich dieser Begriff unter »Änderung« subsumieren lässt.

Durch Art.1 Nr.5 des 2. PStRÄndG wurde §16 Abs.2 neu gefasst. Die Neuregelung stellt klar, dass der Eheeintrag nach Auflösung der Ehe durch Scheidung oder Tod eines Ehegatten sowie nach Todeserklärung oder gerichtlicher Feststellung der Todeszeit nur noch bei Namensänderungen und Berichtigungen fortgeführt wird; ferner bei Aufhebung eines Beschlusses über die Todeserklärung/Feststellung der Todeszeit eines Ehegatten und bei Auflösung der Ehe durch Eheschließung des anderen Ehegatten.

3 Nach § 77 Abs. 1 i. V. m. § 67 PStV werden die bis zum Inkrafttreten des PStG 2007 angelegten Familienbücher als Heiratseinträge unter entsprechender Anwendung des § 16 fortgeführt. Sie waren bis zum 31. 12. 2013 an das Standesamt abzugeben, das den Eintrag im Heiratsbuch für die Ehe führte (§ 77 Abs. 2 Satz 3 a. F.). Durch diese »Umwidmung« entfällt grundsätzlich die Fortführung des früheren Heiratseintrags[1]. Dieser ist gemäß § 76 Abs. 1 PStG i. V. m. § 68 PStV nur noch dann fortzuführen, wenn für die Ehe ein Familienbuch nicht angelegt oder aufzufinden ist.

Auf Grund des Gesetzes zur Einführung des Rechts auf Eheschließung für Personen gleichen Geschlechts vom 20. 7. 2017[2] gilt § 16 entsprechend, wenn eine Lebenspartnerschaft gemäß § 20a LPartG in eine Ehe umgewandelt worden ist (§ 17a Abs. 2).

II. Allgemeine Grundsätze über die Fortführung des Eheeintrags

4 Nach § 5 Abs. 1 hat das Standesamt die Personenstandseinträge fortzuführen, d. h. durch Folgebeurkundungen und Hinweise zu ergänzen und zu berichtigen. § 16 Abs. 1 bestimmt, welche Vorgänge im Wege der Fortführung im Eheeintrag registriert werden. Folgebeurkundungen ändern den ursprünglichen Inhalt des Eheeintrags (§ 5 Abs. 2); sie müssen, was in § 16 Abs. 1 Satz 1 Nr. 6 ausdrücklich klargestellt wird, die Angaben im Eheeintrag betreffen, der im Anschluss an die Eheschließung gemäß § 15 errichtet worden ist. Zuständig für die Fortführung ist das Standesamt, bei dem das Eheregister geführt wird (§ 5 Abs. 4 Satz 1), in der Regel also das Standesamt, bei dem der Eheeintrag errichtet worden ist (vgl. § 5 Rdnr. 16). Der Umfang der Fortführung ist zeitlich, personenbezogen und sachlich begrenzt.

5 Eine zeitliche Grenze für die Fortführung setzt § 5 Abs. 5 Nr. 1: Nach Ablauf von 80 Jahren seit Beurkundung der Eheschließung wird das Eheregister nicht mehr fortgeführt und mit dem Sicherungsregister und den Sammelakten dem zuständigen Archiv zur Übernahme angeboten (§ 7 Abs. 3 Satz 1). Nach Fristablauf sind für die Benutzung allein die archivrechtlichen Vorschriften maßgebend (§ 61 Abs. 2).

6 Der Eheeintrag wird für jeden Ehegatten fortgeführt. Nach dem Tod des erstverstorbenen Ehegatten, nach der Todeserklärung oder der gerichtlichen Feststellung der Todeszeit eines Ehegatten sowie nach Aufhebung oder Scheidung der Ehe (Absatz 1 Nr. 1 bis 3) beschränkt sich die Fortführung gemäß Absatz 2 Satz 2 und 3 auf folgende Folgebeurkundungen:

- Namensänderungen, ausgenommen Vornamensänderungen nach §§ 1 und 8 Abs. 2 TSG oder in einem Adoptionsverfahren (§ 1757 Abs. 3 Nr. 1 BGB) zur Wahrung des Offenbarungsverbots (§§ 5, 10 Abs. 2 TSG, § 1758 BGB),

1 Vgl. *Bornhofen*, StAZ 2007, 33, 42.
2 BGBl. I S. 2787.

- Aufhebung eines Beschlusses über die Todeserklärung/Feststellung der Todeszeit eines Ehegatten,
- Auflösung der Ehe durch Wiederverheiratung des anderen Ehegatten (§1319 Abs. 2 BGB),
- Berichtigungen.

Die beschränkte Fortführung findet nur solange statt, als der betroffene Ehegatte nicht wieder geheiratet oder (im Ausland) eine Lebenspartnerschaft begründet hat (§16 Abs. 2 Satz 4). In diesem Fall wird ein neuer Eheeintrag oder ggf. ein gemäß §35 nachbeurkundeter Lebenspartnerschaftseintrag errichtet, der seinerseits fortgeführt wird. Im alten Eheeintrag sind für die betroffene Person nur noch Folgebeurkundungen über Berichtigungen einzutragen. Zu diesem Eintrag wird auf die Wiederverheiratung oder die Begründung einer Lebenspartnerschaft hingewiesen (§16 Abs. 1 Satz 2).

Sachlich wird die Fortführung des Eheeintrags eingestellt, wenn das Nichtbestehen der Ehe gerichtlich festgestellt wird (§16 Abs. 2 Satz 1). In diesem Fall hat eine Ehe im Rechtssinne nie bestanden, sodass schon die Voraussetzungen für die Errichtung des Eheeintrags (§15) gefehlt haben. 7

§5 Abs. 4 Satz 2 verpflichtet alle öffentlichen Stellen, dem für die Fortführung zuständigen Standesamt die Anlässe für die Fortführung des Eheeintrags mitzuteilen. Die Mitteilungspflichten sind auf Grund der Ermächtigungen in §73 Nr. 8 und 20 in der Personenstandsverordnung konkretisiert. Die Mitteilungen der Gerichte und Behörden an das Standesamt werden in §56 PStV aufgeführt. Die Mitteilungspflichten der Standesämter ergeben sich aus den §§57 bis 60 PStV. 8

Der Aufbau einer Folgebeurkundung zum Eheeintrag ist in der Anlage 2 zur PStV dargestellt. Die einzelnen Folgebeurkundungen werden fortlaufend nummeriert. Die Formulierung für den Anlass der Beurkundung ist der Liste in der Anlage 1 zur PStG-VwV zu entnehmen, wobei die jeweils passende Form zu verwenden ist. Der Leittext »Beurkundete Daten« wird entsprechend dem jeweiligen Beurkundungssachverhalt abgeändert; hierfür sind die Leittexte der betreffenden Datenfelder (Anlage 1 zur PStV) zu verwenden (Nr. 16.1.1 PStG-VwV). 9

III. Die einzelnen Folgebeurkundungen

1. Tod des erstverstorbenen Ehegatten

Nach §16 Abs. 1 Satz 1 Nr. 1 ist der Tod des erstverstorbenen Ehegatten als Folgebeurkundung zum Eheeintrag aufzunehmen. Während nach der ursprünglichen Fassung des Gesetzes noch der Tod beider Ehegatten einzutra- 10 gen war[3], hat das PStRÄndG die Registrierungspflicht auf den Tod des Ehegatten beschränkt, der als erster verstirbt, weil hierdurch die Ehe aufgelöst wird. Grundlage ist die Beurkundung im Sterberegister oder die darüber ergangene Mitteilung (§ 60 Abs. 1 Nr. 2 PStV). Anlass der Beurkundung ist die »Auflösung der Ehe« (Nr. 1.1 der Anlage 1 zur PStG-VwV). Als beurkundete Daten sind nach den Angaben zur Art der Auflösung (z. B. »Tod des Mannes«) Todestag und Sterbeort anzugeben; ein Datum der Wirksamkeit erübrigt sich. Angaben über das Standesamt, das den Sterbefall beurkundet hat, und die Registernummer der Beurkundung sind in einen gesonderten »Hinweis« aufzunehmen (Nr. 16.2.1 PStG-VwV). Nach § 16 Abs. 2 Satz 2 ist keine Folgebeurkundung über den Tod einzutragen, wenn die Ehe bereits durch den Tod des anderen Ehegatten, durch Scheidung oder Aufhebung aufgelöst wurde oder wenn der Eintrag eine Folgebeurkundung über die Todeserklärung oder gerichtliche Feststellung der Todeszeit des anderen Ehegatten enthält[4]. In diesem Fall wird das Eheregister für den überlebenden Ehegatten bis zu seiner Wiederverheiratung/Verpartnerung nur noch durch Eintragung von Folgebeurkundungen über Namensänderungen und Berichtigungen sowie in den Fällen des § 16 Abs. 1 Nr. 2 über die Aufhebung eines Beschlusses über die Todeserklärung/Feststellung der Todeszeit und die Auflösung der Ehe durch Eheschließung des anderen Ehegatten fortgeführt (näher Rdnr. 6).

11 Hatte ein Ehegatte nach Auflösung seiner Ehe wieder geheiratet oder eine Lebenspartnerschaft begründet, wird sein Tod in dem für die frühere Ehe geführten Eheeintrag nicht beurkundet, da dieser Eintrag für den Ehegatten nach seiner Wiederverheiratung oder Eingehung einer Lebenspartnerschaft nur noch insoweit fortgeführt wird, als es sich um Berichtigungen handelt (§ 16 Abs. 2 Satz 4; vgl. Rdnr. 6). Dass die Führung des Eheeintrags insoweit abgeschlossen ist, ist aus dem Hinweis nach § 16 Abs. 1 Satz 2 auf die Wiederverheiratung oder Begründung einer Lebenspartnerschaft zu erkennen. Der Tod des Ehegatten wird lediglich in dem für die letzte Ehe/Lebenspartnerschaft geführten Eintrag dokumentiert. Wenn für die letzte Ehe/Lebenspartnerschaft kein Eintrag geführt wird (z. B. bei Eheschließung im Ausland), unterbleibt die Eintragung im Eheeintrag der früheren Ehe/Lebenspartnerschaft (Nr. 16.2.2 PStG-VwV).

2. Todeserklärung, Feststellung der Todeszeit

12 Die Todeserklärung (§§ 1 ff. VerschG) oder die gerichtliche Feststellung der Todeszeit (§§ 39 ff. VerschG) und die Aufhebung der entsprechenden Beschlüsse sind als Folgebeurkundungen zum Eheregister aufzunehmen (§ 16 Abs. 1 Satz 1 Nr. 2). Diese Sachverhalte werden vom Standesamt I in Berlin zum Ehe-/Lebenspartnerschaftseintrag mitgeteilt (§ 60 Abs. 2 Nr. 2 PStV). Die Folgebeurkundung enthält den Tatbestand unter Angabe des festgestellten Todesta-

3 Dies entsprach der Handhabung im ehemaligen Familienbuch. Nur bei Fehlen eines Familienbuchs wurde im früheren Heiratseintrag allein der Tod des erstverstorbenen Ehegatten eingetragen (§ 18 Abs. 2 Satz 1 PStV a. F.).

4 Zu scheinbaren Ausnahmen vgl. nachstehend Rdnr. 13.

ges oder der festgestellten Todeszeit. Zu der seit dem PStRÄndG in §16 Abs. 1 Satz 1 Nr. 2 besonders aufgeführten Auflösung der Ehe durch Wiederverheiratung vgl. Rdnr. 14. Eine Folgebeurkundung über die Todeserklärung kommt nicht in Betracht, wenn die Ehe zum festgestellten Todeszeitpunkt bereits durch Tod, Scheidung oder Aufhebung aufgelöst war oder der andere Ehegatte seinerseits bereits für tot erklärt oder seine Todeszeit gerichtlich festgestellt war (§16 Abs. 2 Satz 2; vgl. Rdnr. 10).

Für das Verhältnis von Tod und Todeserklärung gilt Folgendes: Erhält das Standesamt nach Registrierung einer Todeserklärung im Eheeintrag eine Mitteilung über die Eintragung des Todes eines Ehegatten im Sterberegister, so entfällt die Vermutung gemäß §9 Abs. 1 Satz 1 VerschG, dass der Ehegatte im Zeitpunkt des festgestellten Todes gestorben ist. Es ist nunmehr der auf Grund des Sterbeeintrags nachgewiesene Tod des Ehegatten einzutragen (Nr. 16.2.2 Satz 2 PStG-VwV). Ist dagegen der Tod eines Ehegatten im Sterberegister beurkundet und wird dieser Ehegatte später für tot erklärt oder seine Todeszeit gerichtlich festgestellt, so entfällt die Beweiskraft des Sterbeeintrags (§22a VerschG). Es gilt die Vermutung, dass der Ehegatte in dem im Gerichtsbeschluss festgestellten Zeitpunkt verstorben ist, auch wenn zuvor ein anderer Zeitpunkt im Sterberegister eingetragen worden war (§9 Abs. 1 Satz 2 VerschG). Daher muss in diesem Fall eine Folgebeurkundung über die Todeserklärung/Feststellung der Todeszeit zum Eheeintrag aufgenommen werden. In beiden Fällen handelt es sich in der Sache um Berichtigungen, die auch nach Folgebeurkundungen gemäß §16 Abs. 1 Satz 1 Nr. 1 bis 3 einzutragen sind (§16 Abs 2 Satz 2). 13

Die in §16 Abs. 1 Satz 1 Nr. 2 besonders genannte Auflösung der Ehe durch Wiederverheiratung des »anderen«, d.h. des überlebenden Ehegatten bezieht sich auf den Fall des §1319 Abs. 2 BGB[5]. Auf Grund der Todeserklärung eines Ehegatten wird lediglich vermutet, dass dieser in dem festgesetzten Zeitpunkt verstorben ist. Der überlebende Ehegatte ist indes nicht gehindert, eine neue Ehe einzugehen. Um zu verhindern, dass bei Überleben des für tot erklärten Ehegatten die neue Ehe eine Doppelehe ist, bestimmt §1319 Abs. 2 BGB, dass in diesem Fall mit der Schließung der neuen Ehe die frühere Ehe aufgelöst ist, sofern nicht die Ehegatten der neuen Ehe bei der Eheschließung wussten, dass der für tot erklärte Ehegatten im Zeitpunkt der Todeserklärung noch lebte. Eine Folgebeurkundung über die Wiederverheiratung ist daher eigentlich nur veranlasst, wenn der verschollene Ehegatte die Todeserklärung überlebt hat, z.B. ausweislich des Beschlusses über die Aufhebung der Todeserklärung, und die Ehegatten der neuen Ehe gutgläubig waren. Dagegen verlangt Nr. 16.8 PStG-VwV, dass jede Eintragung eines Hinweises auf die Wiederverheiratung des überlebenden Ehegatten (§16 Abs. 1 Satz 2) automatisch auch eine Folgebeurkundung über die Auflösung der Ehe gemäß §1319 Abs. 2 BGB auslöst. §16 Abs. 2 Satz 2 stellt klar, dass in diesem Fall die Fortführungs- 14

5 Ausführlich zu den Folgen der Todeserklärung für die bestehende Ehe *Berkl*, StAZ 2013, 46, 51ff.

sperre nach Eintragung einer Folgebeurkundung über die Todeserklärung/ Feststellung der Todeszeit nicht gilt.

15 Mitteilungspflichten ergeben sich nur, wenn der Sterbefall nicht im Inland beurkundet worden ist (§ 58 Abs. 4 PStV). In diesem Fall übernimmt das Standesamt, das den Eheeintrag führt, einige der Mitteilungen, die sonst vom Standesamt, das einen Inlands-Sterbefall beurkundet hat, zu erledigen sind (vgl. § 60 Abs. 1 PStV).

3. Aufhebung, Scheidung der Ehe

16 Nach § 16 Abs. 1 Satz 1 Nr. 3 ist die Aufhebung oder Scheidung der Ehe zum Eheeintrag aufzunehmen. Die Aufhebung einer solchen Entscheidung (z. B. nach Wiederaufnahme des Verfahrens) ist als Berichtigung zu werten und fällt unter § 16 Abs. 1 Satz 1 Nr. 8. Einzutragen ist der Sachverhalt der Auflösung der Ehe mit dem Datum des Eintritts der Rechtskraft (Datum der Wirksamkeit). Angaben über das entscheidende Gericht und das Aktenzeichen der Entscheidung sind in einen besonderen »Hinweis« aufzunehmen (Nr. 16.3.1 PStG-VwV). Die Eintragung erfolgt auf Grund einer abgekürzten Ausfertigung der rechtskräftigen gerichtlichen Entscheidung, die dem Standesamt gemäß § 5 Abs. 4 Satz 2 i. V. m. § 56 Abs. 1 Nr. 2 Buchst. a PStV vom Familiengericht übermittelt wird (X/3 MiZi). Die Eintragung ist auch zulässig, wenn ein Beteiligter die rechtskräftige Entscheidung vorlegt. Bei Teilrechtskraft des Scheidungsausspruchs (vgl. § 140 FamFG) hat das Standesamt lediglich zu prüfen, ob der (Teil-)Rechtskraftvermerk den Scheidungsbeschluss als Teil des Verbundverfahrens betrifft[6].

17 Ist ein Ehegatte vor Eintritt der Rechtskraft der gerichtlichen Entscheidung über die Scheidung oder Aufhebung der Ehe gestorben, kann die Entscheidung nicht mehr in Rechtskraft erwachsen (vgl. § 131 FamFG). Ist bereits ein Rechtskraftzeugnis erteilt, ist das Gericht zu informieren, damit das Zeugnis zurückgenommen werden kann. Wurde die Scheidung der Ehe im Eheeintrag registriert, obgleich der Ehegatte vor Rechtskraft des Scheidungsbeschlusses gestorben war, muss der Scheidungseintrag im gerichtlichen Berichtigungsverfahren (§ 48) für ungültig erklärt werden (§ 16 Abs. 1 Satz 1 Nr. 8). Auf das Berichtigungsverfahren kann verzichtet werden, wenn das Scheidungsgericht das Rechtskraftzeugnis zurücknimmt und förmlich feststellt, dass das Ehescheidungsverfahren durch den Tod eines Ehegatten vor Rechtskraft des Scheidungsbeschlusses in der Hauptsache erledigt ist (Nr. 16.3.5 PStG-VwV)[7].

18 Bei ausländischen Entscheidungen, durch die eine Ehe für nichtig erklärt, aufgehoben oder geschieden worden ist, ist zu prüfen, ob sie auf Grund der

6 OLG Hamm, StAZ 1982, 246; siehe auch *Otto,* StAZ 1980, 226; *Henrich,* StAZ 1981, 69. Zur Teilrechtskraft eines Scheidungsurteils nach dem Tod einer Partei vgl. BGH, FamRZ 1984, 467; *Reichard,* StAZ 1984, 171, 216.
7 Vgl. BGH, NJW 1981, 686.

EheVO-EG ohne Förmlichkeit im Inland wirksam sind, oder ob dazu die vorherige Feststellung der Anerkennungsvoraussetzungen durch die Landesjustizverwaltung bzw. den Präsidenten des Oberlandesgerichts gemäß §107 FamFG erforderlich ist, vgl. näher §13 Rdnr.12ff. Die Bescheinigung über die Entscheidung nach Art.39 EheVO-EG reicht als Grundlage der Eintragung im Eheeintrag aus. Die Verpflichtung aus Art.37 Abs.1 EheVO-EG, außerdem eine Ausfertigung der Entscheidung vorzulegen, bezieht sich nicht auf die Inzidentanerkennung nach Art.21 Abs.1 EheVO-EG, sondern auf das gerichtliche Verfahren zur Anerkennung oder Nichtanerkennung einer Entscheidung gemäß Art 21 Abs.3 EheVO-EG. Hat die Landesjustizverwaltung nach §107 FamFG die Anerkennung der Entscheidung festgestellt, so ist diese Entscheidung als öffentliche Urkunde (§415 ZPO) Grundlage für die Folgebeurkundung; der Vorlage einer Ausfertigung der ausländischen Entscheidung bedarf es nicht (Nr.16.3.2 PStG-VwV). Bei Vorlage sowohl einer deutschen als auch einer ausländischen Entscheidung über die Auflösung der Ehe, bedarf es nur einer Folgebeurkundung auf der Grundlage der Entscheidung, die als erste für den deutschen Rechtsbereich wirksam geworden ist (vgl. Nr.16.3.4 PStG-VwV).

Die Trennung von Tisch und Bett nach ausländischem Recht fällt nicht 19
unter §16 Abs.1 Satz1 Nr.3. Zur Frage, ob sie als sonstige Änderung des Personenstandes gemäß Nr.6 der Vorschrift einzuordnen ist, vgl. Rdnr.45.

Die Auflösung der Ehe durch Entscheidung kann kraft Gesetzes Auswir- 20
kungen auf die Namensführung der Ehegatten haben. Ggf. ist hierüber eine weitere Folgebeurkundung einzutragen. Für die namensrechtlichen Wirkungen der Auflösung der Ehe gilt das Recht, das in der Ehe für die Namensführung zuletzt maßgebend war. Hiervon abweichend kann der Ehegatte, der bei oder nach der Eheschließung gemäß Art.10 Abs.2 EGBGB eine Rechtswahl zugunsten eines anderen Rechts getroffen hatte, durch Erklärung gegenüber dem Standesamt das Namensrecht des Staates, dem er im Zeitpunkt der Auflösung der Ehe angehörte, als das für seine künftige Namensführung maßgebende Recht bestimmen (vgl. Nr.41.2 PStG-VwV). Dem Ehegatten ist von der kraft Gesetzes geänderten Namensführung und der Möglichkeit der erneuten Rechtswahl Kenntnis zu geben (Nr.16.3.3 PStG-VwV).

Über die Auflösung der Ehe ist lediglich die Meldebehörde zu informieren 21
(§58 Abs.3 Nr.3 PStV).

4. Feststellung des Nichtbestehens der Ehe

Nach §16 Abs.1 Satz1 Nr.4 wird die Feststellung des Nichtbestehens der Ehe 22
in den für die Ehe geführten Eheeintrag aufgenommen. Das Nichtbestehen einer Ehe kann von jedermann und in jedem Verfahren geltend gemacht werden. Einzutragen ist jedoch nur die im Verfahren nach §§121ff. FamFG getroffene Feststellung. Sie kommt in Betracht, wenn die eingegangene Verbin-

dung keine Ehe im Sinne des Gesetzes ist (Nichtehe)[8]. Eine Feststellung des Nichtbestehens (Nichtmehrbestehens) einer Ehe kann auch herbeigeführt werden, wenn zweifelhaft ist, ob eine vorgenommene Scheidungsformalität die rechtswirksame Auflösung der Ehe zur Folge hatte, diese Frage aber im Verfahren nach § 107 FamFG nicht geklärt werden kann, weil die Voraussetzungen für eine Feststellung der Landesjustizverwaltung nicht gegeben sind.

23 Für die Wirksamkeit ausländischer Entscheidungen über das Nichtbestehen der Ehe im Inland gelten dieselben Grundsätze wie für Scheidungsentscheidungen (vgl. Rdnr. 18). Eine Entscheidung, durch die eine Ehe rückwirkend für nichtig erklärt wird, fällt unter § 16 Abs. 1 Satz 1 Nr. 3.

24 Die Feststellung des Nichtbestehens der Ehe ist den in § 58 Abs. 3 PStV genannten Stellen mitzuteilen. Insbesondere ergeht eine Mitteilung an das Standesamt, das den Geburtseintrag für ein gemeinsames Kind der Ehegatten führt, wenn die Entscheidung Auswirkungen auf den Personenstand des Kindes hat (§ 58 Abs. 3 Nr. 1 PStV). Dies ist der Fall, wenn die Vaterschaft des früheren Ehemannes auf § 1592 Nr. 1 BGB beruht, weil mit der Feststellung des Nichtbestehens der Ehe die Vaterschaft entfällt. Die Mitteilung nach § 58 Abs. 3 Nr. 2 PStV dient der Löschung des Hinweises nach § 16 Abs. 1 Satz 2.

5. Änderung des Namens der Ehegatten

a) Allgemeines

25 Nach § 16 Abs. 1 Satz 1 Nr. 5 ist jede Änderung des Namens der Ehegatten in den Eheeintrag aufzunehmen. Auch die Namensangleichung nach Art. 47 EGBGB fällt unter die Vorschrift. Betroffen sind die Namen, die nach § 15 in dem im Anschluss an die Eheschließung errichteten Eheeintrag registriert sind, d.h. der vor und nach der Eheschließung geführte Vor- und Familienname sowie der Geburtsname eines jeden Ehegatten. Bei Änderung des Vornamens oder des Geburtsnamens kommt es zu einer »primären« Eintragung im Geburtseintrag und einer »sekundären« im Eheeintrag (vgl. Rdnr. 27). Einzutragen ist jede Namensänderung, gleichviel ob sie familienrechtlicher oder öffentlich-rechtlicher Natur ist. Bei der Folgebeurkundung werden nur der geänderte Name und das Datum der Wirksamkeit eingetragen (Nr. 16.4 PStG-VwV). Folgebeurkundungen über Namensänderungen werden auch dann im Eheregister registriert, wenn zum Eheeintrag eine Folgebeurkundung über die Auflösung der Ehe oder die Todeserklärung/Feststellung der Todeszeit aufgenommen wurde (§ 16 Abs. 2 Satz 2; näher Rdnr. 6). Damit wird sichergestellt, dass jederzeit Eheurkunden mit der aktuellen Namensführung des betroffenen Ehegatten ausgestellt werden können.

8 Näher *Hepting/Dutta* Rdnr. III-199 ff.

b) Behördliche Änderung eines Vor- oder Familiennamens

Der Ehename kann auf Grund des NamÄndG geändert werden. Nr. 56 NamÄndVwV stellt klar, dass während bestehender Ehe der Ehename nur für beide Ehegatten gemeinsam und nur in der gleichen Form geändert werden kann. Jedoch schließt die Änderung des Ehenamens die Änderung des Geburtsnamens des Ehegatten, dessen Geburtsname Ehename ist, nur ein, wenn dies beantragt worden ist (Nr. 57 NamÄndVwV). Die Änderung des Familiennamens nur eines Ehegatten kommt in Betracht, wenn kein Ehename geführt wird oder lediglich der Begleitname geändert werden soll (Nr. 58 NamÄndVwV). Die isolierte Änderung des Geburtsnamens eines Ehegatten soll nach Nr. 59 NamÄndVwV die Ausnahme bleiben. Die Urkunde über die Namensänderung als Eintragungsgrundlage hat eine unterschiedliche Fassung, je nachdem ob der Familienname eines Ehegatten oder der Ehename geändert worden ist (Anl. 1 und 2 sowie Anl. 3 zur NamÄndVwV). **26**

Betrifft die Namensänderung den Vornamen oder Geburtsnamen eines Ehegatten, ist die Änderung zunächst im Geburtenregister zu beurkunden und sodann dem Standesamt, das den Eheeintrag für den betroffenen Ehegatten führt, mitzuteilen (§ 57 Abs. 4 Nr. 1 PStV). Die Änderung des Ehenamens teilt die Namensänderungsbehörde unmittelbar zum Eheregister mit (§ 56 Abs. 2 Nr. 2 Buchst. a PStV). Das Gleiche gilt für jede Namensänderung, wenn die Geburt des betroffenen Ehegatten nicht im Inland beurkundet ist (§ 56 Abs. 2 Nr. 2 Buchst. b PStV). **27**

Nach § 8 NamÄndG kann zur Behebung von Zweifeln eine verbindliche Feststellung darüber getroffen werden, welchen Familiennamen eine Person zu führen berechtigt ist (vgl. Nr. 69 ff. NamÄndVwV). Sie wird in § 16 Abs. 1 Satz 1 Nr. 5 nicht ausdrücklich genannt, aber im Katalog der Mitteilungspflichten der Namensänderungsbehörde aufgeführt. Ob sie eine Folgebeurkundung auslöst, beantwortet § 5 Abs. 2. Wird ein anderer als der im Eheeintrag enthaltene Name festgestellt, ist der Sachverhalt zu registrieren, weil der Eintrag den Beurkundungsinhalt ändert. Bestätigt die Feststellung den registrierten Namen, ist eine Eintragung nicht veranlasst. Wirkt die (ändernde) Feststellung des Familiennamens nach dem Inhalt des Feststellungsbescheides auf den Zeitpunkt der Eheschließung oder einen noch früheren Zeitpunkt zurück[9], ist der Sachverhalt auch im Eheeintrag einer aufgelösten Ehe zu dokumentieren (§ 16 Abs. 2 Satz 4). **28**

c) Änderung der Vornamen eines Trans- oder Intersexuellen

Nach § 1 TSG können durch gerichtliche Entscheidung die Vornamen einer Person geändert werden, die sich dem anderen Geschlecht als zugehörig empfindet. Die Vornamensänderung ändert nichts an der Geschlechtszugehörigkeit des betroffenen Ehegatten. Sie wird dem Standesamt, das den Eheeintrag führt, gemäß § 57 Abs. 4 Nr. 1 PStV mitgeteilt und als Folgebeurkun- **29**

9 Vgl. BayObLG, StAZ 1971, 278.

dung zum Eheeintrag aufgenommen (§ 16 Abs. 1 Satz 1 Nr. 5 PStG). Der Anlass der Beurkundung lautet: »Änderung des Vornamens/der Vornamen« (Nr. 2.14 der Anlage 1 zur PStG-VwV). Als »beurkundete Daten« werden der geänderte Vorname und das Datum der Wirksamkeit eingetragen (Nr. 16.4 PStG-VwV). Der in Nr. 57.3.3 PStG-VwV vorgeschriebene Entfall der Leittexte »Ehemann« und »Ehefrau« in der Eheurkunde bei einer Folgebeurkundung über die Änderung der Vornamen oder des Geschlechts nach § 1 oder § 8 TSG ist durch die Möglichkeit der Aufnahme von geschlechtsbezogenen familienrechtlichen Bezeichnungen in das Eheregister nach § 42 Abs. 4 PStV weitgehend gegenstandslos; ein Entfall der Bezeichnungen ist nur noch in den Fällen notwendig, in denen eine unzutreffende familienrechtliche Bezeichnung noch nicht im Rahmen einer Folgebeurkundung nach § 47 Abs. 1 Satz 2 Nr. 5 PStG, § 47 Abs. 4 Satz 1 PStV berichtigt wurde. Eine Änderung der Vornamen auf Grund des TSG, die nach Auflösung der Ehe ausgesprochen wurde, wird, abweichend von der Regel des § 16 Abs. 2 Satz 2, nicht eingetragen (§ 16 Abs. 2 Satz 3 PStG).

30 Ist die Vornamensänderung im Zusammenhang mit der Feststellung der Geschlechtszugehörigkeit ausgesprochen worden, ist die Änderung auch bei fortbestehender Ehe einzutragen. § 8 Abs. 1 Nr. 2 TSG, der eine Geschlechtsumwandlung nur für unverheiratete Personen zuließ, ist mit Wirkung vom 23. 7. 2009 aufgehoben worden[10]. Wegen der Behandlung einer Geschlechtsumwandlung nach vorhergehender Vornamensänderung vgl. Rdnr. 44.

31 Personen mit Varianten der Geschlechtsentwicklung können nach § 45b Abs. 1 Satz 1 gegenüber dem Standesamt erklären, dass die Angabe zu ihrem Geschlecht in einem deutschen Personenstandseintrag durch eine andere in § 22 Abs. 3 vorgesehene Bezeichnung ersetzt oder gestrichen werden soll. Mit der Erklärung können sie nach § 45b Abs. 1 Satz 3 auch neue Vornamen bestimmen (vgl. § 45b Rdnr. 11). Die Vornamensänderung wird dem Standesamt, welches den Eheeintrag führt, nach § 57 Abs. 4 Nr. 1 PStV mitgeteilt und als Folgebeurkundung zum Eheeintrag aufgenommen (§ 16 Abs. 1 Satz 1 Nr. 5 PStG). Zum Anlass der Beurkundung und zur Angabe der »beurkundeten Daten« vgl. Rdnr. 29.

d) Änderung in der Namensführung der Ehegatten

32 Haben die Ehegatten bei der Eheschließung keinen Ehenamen bestimmt, können sie jederzeit die Erklärung über die Bestimmung des Ehenamens nachholen (§ 1355 Abs. 3 Satz 2 BGB). Ehegatten, die unter dem für ihre Namensführung maßgebenden Recht bereits einen gemeinsamen Familiennamen bestimmt hatten, können, wenn auf Grund eines Statutenwechsels für

10 Art. 1 Nr. 1 des Gesetzes vom 17. 7. 2009 (BGBl. I S. 1978). Nach dem Beschluss des BVerfG vom 27. 5. 2008 (StAZ 2008, 312) war § 8 Abs. 1 Nr. 2 TSG mit Art. 2 Abs. 1 i. V. m. Art. 1 Abs. 1 und Art. 6 Abs. 1 GG nicht vereinbar und bis zum Inkrafttreten einer gesetzlichen Neuregelung nicht anwendbar.

sie deutsches Recht maßgebend wird, gemäß § 1355 Abs. 1 Satz 1, Abs. 2 BGB ihren Ehenamen mit Wirkung für die Zukunft neu bestimmen[11]. Weitergehend lässt das OLG Frankfurt a. M.[12] unter diesen Voraussetzungen auch die Rückkehr zu einer getrennten Namensführung zu.

Auf Grund des Art. 10 Abs. 2 EGBGB können ausländische oder deutsch-ausländische Ehegatten auch nach der Eheschließung jederzeit ihren in der Ehe zu führenden Namen nach dem Heimatrecht oder dem deutschen Aufenthaltsrecht eines der Ehegatten wählen. Im Regelfall wird mit der Rechtswahl zugleich der in der Ehe zu führende Familienname nach Maßgabe des gewählten Rechts bestimmt. Das gewählte Recht bleibt auch nach Auflösung der Ehe für den Namen maßgebend, sofern dieses Recht dergleichen zulässt[13]. Doch hat der geschiedene Ehegatte die Möglichkeit, sich von der Rechtswahl zu lösen, indem er in entsprechender Anwendung des Art. 10 Abs. 2 EGBGB wieder für sein Heimatrecht optiert[14]. Diese Gestaltung hat vor allem für deutsche Staatsangehörige Bedeutung, die den nach dem gewählten ausländischen Recht in der Ehe geführten Namen auch nach der Scheidung behalten wollen (§ 1355 Abs. 5 BGB). **33**

Der Ehename kann sich dadurch ändern, dass der Ehegatte, dessen Geburtsname zum Ehenamen geworden ist, sich der Namensänderung seiner Eltern oder eines Elternteils anschließt und die Ehegatten die Änderung des Geburtsnamens durch gemeinsame Erklärung auf den Ehenamen erstrecken (§ 1617c Abs. 3 BGB). Weitere Erstreckungsmöglichkeiten ergeben sich nach erfolgreicher Anfechtung der Vaterschaft zu einem Ehegatten (§ 1617b Abs. 2 BGB) sowie bei einem minderjährigen Ehegatten im Falle des § 1617b Abs. 1 BGB. **34**

Gemäß § 1355 Abs. 4 BGB kann ein Ehegatte jederzeit, auch noch nach Auflösung der Ehe, dem Ehenamen seinen Geburtsnamen oder den zur Zeit der Erklärung über die Bestimmung des Ehenamens geführten Namen voranstellen oder anfügen. Die Erklärung über die Hinzufügung eines Begleitnamens kann widerrufen werden; eine erneute Hinzufügungserklärung ist danach nicht mehr zulässig. **35**

Nach Auflösung der Ehe durch Tod eines Ehegatten oder durch Scheidung kann der verwitwete oder geschiedene Ehegatte seinen Geburtsnamen oder den bis zur Bestimmung des Ehenamens geführten Namen wieder annehmen (§ 1355 Abs. 5 Satz 2 BGB). Die Aufhebung der Ehe wird in § 1355 Abs. 5 BGB nicht ausdrücklich genannt. Die Praxis hat die Vorschrift bislang analog angewandt[15]. Das OLG Celle[16] sieht dagegen die Eheaufhebung von § 1355 Abs. 5 **36**

11 BGH, StAZ 2001, 211.
12 OLG Frankfurt a. M., StAZ 2006, 263; a. M. *Kissner*, StAZ 2003, 177.
13 OLG Hamm, StAZ 1999, 370.
14 OLG Hamm, StAZ 1999, 370; OLG Dresden, StAZ 2004, 170; OLG Frankfurt a. M., StAZ 2005, 47; Nr. 16.3.3 PStG-VwV.
15 Vgl. § 370 Abs. 1 Satz 2 DA; ebenso *Hepting/Dutta*, Rdnr. III-635 ff.
16 OLG Celle, FamRZ 2013, 955; dazu *Keuter*, FamRZ 2013, 1936; *Wall*, StAZ 2014, 151.

BGB nicht erfasst. In der Konsequenz führe der Ehegatte, der den Familiennamen des Ehegatten als Ehenamen angenommen habe, ab Rechtskraft der Aufhebung der Ehe wieder den Familiennamen, den er vor der Eheschließung geführt habe.

37 Die in Rdnr. 32 bis 36 aufgeführten Namenserklärungen bedürfen der öffentlichen Beglaubigung. Sie können von jedem Standesbeamten beglaubigt oder beurkundet werden (§ 41 Abs. 1). Die Erklärungen werden wirksam mit der Entgegennahme durch das gemäß § 41 Abs. 2 zuständige Standesamt, d. h. bei einem inländischen Eheeintrag durch das registerführende Standesamt, das die Namensänderung zum Eheeintrag aufzunehmen hat. Änderungen des Ehenamens im Zusammenhang mit einer Adoption (§ 1757 Abs. 3 BGB) und der Aufhebung einer Annahme als Kind (§ 1765 Abs. 3 BGB) werden vom Familiengericht in dem entsprechenden Beschluss angeordnet, der die Eintragungsgrundlage bildet.

38 Eine Änderung in der Namensführung der Ehegatten kann sich des Weiteren auf Grund der Abgabe einer Erklärung nach Art. 48, 47 EGBGB und § 94 BVFG (vgl. § 43) sowie nach § 1 MindNamÄndG ergeben.

e) Änderung des Geburtsnamens eines Ehegatten

39 Der Geburtsname eines Ehegatten bleibt in Bestand und Rechtsqualität erhalten, auch wenn er zum Ehenamen bestimmt worden ist oder durch einen anders lautenden Ehenamen verdeckt wird. Der Geburtsname geht nicht im Ehenamen auf. Die Änderung des Geburtsnamens eines Ehegatten ist in den Eheeintrag aufzunehmen, auch wenn sich die Namensführung in der Ehe nicht geändert hat. Verfahrensrechtlich wird danach unterschieden, ob sich eine Erklärung zur Namensführung auf den Geburtsnamen bezieht oder allein die Namensführung in der Ehe betrifft. Im ersten Fall nimmt das Geburtsstandesamt die Erklärung entgegen (§ 45) und registriert die Namensänderung im Geburtenregister (§ 27 Abs. 3 Nr. 1). In der Folge ist die Änderung in den Eheeintrag zu übernehmen. Erklärungen zur Namensführung in der Ehe nimmt das Standesamt, das das Eheregister führt, entgegen (§ 41) und ergänzt dieses Register.

40 Die Änderung des Geburtsnamens kann sich als Folge einer Änderung des Personenstandes eines Ehegatten, z. B. durch Adoption, ergeben[17]. Daneben ändert sich der Geburtsname eines Ehegatten, wenn dieser sich der Namensänderung seiner Eltern oder eines Elternteils durch Erklärung anschließt (§ 1617c Abs. 1 und 2 BGB). Die Erstreckung der Änderung des Geburtsnamens auf den Ehenamen bedarf zusätzlich der Anschlusserklärung des anderen Ehegatten (§ 1617c Abs. 3 BGB; vgl. Rdnr. 34). Eine Änderung des Geburtsna-

17 Ist der Geburtsname eines Ehegatten Begleitname zum Ehenamen geworden, so tritt der durch Adoption geänderte Geburtsname zwingend an die Stelle des früher hinzugefügten Geburtsnamens (BGH, StAZ 2012, 17).

mens eines Ehegatten durch Anschlusserklärung kommt in folgenden Fällen in Betracht:

- Die Eltern des Ehegatten bestimmen erst nach dessen Eheschließung einen Ehenamen (§ 1355 Abs. 3 Satz 2 BGB). Hierunter fällt auch der Fall, dass für die Namensführung der Eltern auf Grund eines Statutenwechsels, z. B. durch Einbürgerung, oder auf Grund einer Rechtswahl gemäß Art. 10 Abs. 2 EGBGB deutsches Recht maßgebend wird und nunmehr ein Ehename bestimmt wird (Rdnr. 32). Vgl. § 1617c Abs. 1 BGB.
- Nach der Eheschließung des Ehegatten ändert sich der zum Geburtsnamen des Ehegatten gewordene Ehename der Eltern (§ 1617c Abs. 2 Nr. 1 BGB). Dabei ist unerheblich, auf welchem Vorgang die Änderung des elterlichen Ehenamens beruht. Für die öffentlich-rechtliche Änderung des Ehenamens gilt die Sonderregelung des § 4 NamÄndG; sie enthält eine eigenständige Erstreckungsregelung, die sich auf Kinder unter elterlicher Sorge beschränkt.
- Der Name des Elternteils, der Geburtsname des Ehegatten geworden ist, ändert sich auf andere Weise als durch Eheschließung (§ 1617c Abs. 2 Nr. 2 BGB). Die Vorschrift erfasst jede elterliche Namensänderung mit Ausnahme der behördlichen Änderung des Familiennamens; insoweit gilt § 4 NamÄndG.

Die Pflicht des Standesamts, das die Erklärung gemäß § 45 Abs. 2 entgegengenommen und die Folgebeurkundung eingetragen hat, zur Mitteilung an das Standesamt, das den Eheeintrag führt, stellt sicher, dass dieses Standesamt die Beurkundungsgrundlage für die Fortführung des Eheeintrags erhält (§ 57 Abs. 4 Nr. 1 PStV). **41**

f) Mitteilungen über die Namensänderung

Das Standesamt, das eine Folgebeurkundung über eine Namensänderung oder Namensangleichung eines oder beider Ehegatten einträgt, hat dies gemäß § 58 Abs. 2 PStV mitzuteilen: **42**

- dem Standesamt, das den Geburtseintrag für den oder die Ehegatten führt, wenn sich die Namensänderung auf den Geburtsnamen des oder der Ehegatten erstreckt, zur Fortführung des Geburtenregisters (§ 27 Abs. 3 Nr. 1),
- dem Standesamt, das den Geburtseintrag eines Kindes des oder der Ehegatten führt, wenn auch das Kind den geänderten Namen führt, zur Eintragung einer Folgebeurkundung nach § 27 Abs. 3 Nr. 2,
- dem Standesamt I in Berlin, wenn die Ehe im Ausland geschlossen worden ist,
- der Meldebehörde, wenn dies nicht bereits von anderer Stelle, z. B. der Namensänderungsbehörde, erfolgt ist.

6. Sonstige Änderungen des Personenstandes eines Ehegatten

43 Nach § 16 Abs. 1 Satz 1 Nr. 6 ist jede sonstige Änderung des Personenstandes zu registrieren, soweit sie Angaben im Eheeintrag betrifft. Mit der Formulierung »sonstige Änderung« wird auf die zuvor aufgezählte Namensänderung Bezug genommen, die als praktisch häufigste Personenstandsänderung in § 16 besonders aufgeführt ist (vgl. die Definition in § 1 Abs. 1 Satz 1). Eine Änderung ist nur einzutragen, wenn sie die im Eheeintrag aufgeführten Angaben betrifft und damit eine Folgebeurkundung i. S. des § 5 Abs. 2 rechtfertigt. Im Gegensatz zum früheren Familienbuch enthält der Eheeintrag keine Angaben über die Eltern der Ehegatten. Damit scheiden alle Änderungen des Personenstandes eines Ehegatten aus, die das Eltern-Kind-Verhältnis betreffen: Annahme eines Ehegatten als Kind, Aufhebung des Annahmeverhältnisses, Anerkennung oder Feststellung und Wegfall der Vaterschaft zu einem Ehegatten, z. B. infolge Anfechtung der Vaterschaft. Sofern eine dieser Personenstandsänderungen eine Änderung des Namens des betroffenen Ehegatten zur Folge hat, fällt diese unter § 16 Abs. 1 Satz 1 Nr. 5.

44 Hauptanwendungsfall des § 16 Abs. 1 Satz 1 Nr. 6 ist die Änderung der Angabe der Geschlechtszugehörigkeit (§ 8 TSG). Bis zum PStRÄndG war nicht abschließend geklärt, ob diese Personenstandsänderung als Folgebeurkundung zum Eheeintrag aufzunehmen war, da das Geschlecht der Ehegatten nicht im Haupteintrag angegeben wurde. Nachdem § 15 Abs. 1 Nr. 2 im Hinblick auf die Änderung des TSG, welches das Erfordernis der Ehelosigkeit als Voraussetzung für eine »Geschlechtsumwandlung« nicht mehr enthält, die Eintragung des Geschlechts vorschreibt (vgl. § 15 Rdnr. 13), ist sichergestellt, dass der Wechsel der Geschlechtszugehörigkeit eines Ehegatten als Folgebeurkundung im Eheregister dokumentiert werden kann. Bei der Folgebeurkundung über die Änderung der Geschlechtszugehörigkeit tritt an die Stelle des Leittextes »Beurkundete Daten« der Leittext »Geschlecht des Ehemannes« oder »Geschlecht der Ehefrau«. Wurden mit der Entscheidung über die Zugehörigkeit zum anderen Geschlecht auch die Vornamen des Ehegatten geändert, ist dies in derselben Folgebeurkundung zu vermerken. Im Feld »Datum der Wirksamkeit« ist die Rechtskraft der Entscheidung einzutragen; Angaben über das entscheidende Gericht und das Aktenzeichen werden nicht aufgenommen (Nr. 16.5 Satz 1 bis 3 PStG-VwV). Der jeweilige Anlass der Beurkundung ist in Nr. 3.3 und 3.4 der Anlage 1 zu PStG-VwV formuliert. Nach Nr. 16.5 Satz 4 PStG-VwV war eine Folgebeurkundung über die Änderung des Geschlechts eines Ehegatten nach Auflösung der Ehe nicht aufzunehmen. Damit sollte sichergestellt werden, dass die Verschiedengeschlechtlichkeit der Ehegatten während der Ehe auch weiterhin in einer Eheurkunde dokumentiert wurde. Die Regelung hat sich mit der Änderung des Absatzes 2 durch das 2. PStRÄndG erledigt (vgl. Rdnr. 6). Aus dem gleichen Grunde wird jetzt die Vornamensänderung nach dem TSG nach Auflösung der Ehe nicht mehr in eine Folgebeurkundung aufgenommen (Rdnr. 29).

Ebenfalls unter diese Fallgruppe fällt die Änderung der Geschlechtsangabe nach §45b Abs. 1 Satz 1; es gelten die obigen Ausführungen entsprechend.

Die Trennung von Tisch und Bett nach ausländischem (z. B. italienischem) Recht ist nicht als »sonstige Änderung des Personenstandes« i. S. des §16 Abs. 1 Satz 1 Nr. 6 einzuordnen[18], da die Ehe hierdurch nicht aufgelöst wird und einer Scheidung nicht gleichgestellt werden kann[19]. Zwar kann die Zuordnung eines nach der Trennung geborenen Kindes der Ehefrau zum Ehemann als Vater von dem Zeitpunkt der Entscheidung abhängen[20]. Der Inhalt des Eheeintrags bleibt hiervon jedoch unberührt, sodass eine Folgebeurkundung nicht angezeigt ist[21]. 45

Als Personenstandsänderung denkbar ist die nachträgliche Feststellung des Personenstandes eines Ehegatten, dessen Geburt gemäß §24 (Findelkind) oder §25 (Person mit ungewissem Personenstand) beurkundet worden ist. In der Sache handelt es sich dabei, wie aus §26 hervorgeht, um Berichtigungen, welche die Namen sowie Ort und Tag der Geburt betreffen. 46

Eine Folgebeurkundung ist bei einer Umwandlung einer Lebenspartnerschaft in eine Ehe nach §20a LPartG, §17a nicht mehr notwendig. Ursprünglich sollte nach den vorläufigen Anwendungshinweisen des BMI[22] zu dem Gesetz zur Einführung des Rechts auf Eheschließung für Personen gleichen Geschlechts[23] direkt im Anschluss an die Erstbeurkundung im Eheregister eine Folgebeurkundung aufgenommen werden, in der als Anlass der Beurkundung die Eheschließung bei bestehender Lebenspartnerschaft anzugeben war. §17a Abs. 3 in Verbindung mit der durch die 1. PStÄndV geänderten Anlage 2 der PStV sieht nunmehr für das Eheregister vor, dass der Tag der Begründung der Lebenspartnerschaft nicht mehr als Folgebeurkundung, sondern gleich bei der Beurkundung der Eheschließung im Eheeintrag zu dokumentieren ist (vgl. §17a Rdnr. 21). 47

Wurde eine Lebenspartnerschaft im Ausland begründet, so gelten für sie nach Art. 17b Abs. 1 Satz 1 EGBGB die Sachvorschriften des Register führenden Staates; eine Umwandlung nach §20a LPartG ist auch dann nicht möglich, wenn sie im Lebenspartnerschafsregister nach §35 Abs. 1 Satz 1 nachbeurkundet wurde. Die Lebenspartner haben nur die Möglichkeit der Eheschließung (vgl. §17a Rdnr. 7 f.); in diesem Fall wird der Lebenspartnerschaftseintrag durch eine Folgebeurkundung abgeschlossen.

18 Anders noch die 3. Auflage.

19 So auch *Berkl*, Rdnr. 943; für die Trennung von Tisch und Bett nach italienischem Recht vgl. BGH, StAZ 2018, 84, 85 = FamRZ 2017, 1848, 1849 mit Anm. *Henrich*.

20 Vgl. BGH, StAZ 1967, 237 mit Anm. *Böhmer; Schultheis*, StAZ 1981, 93; OLG Frankfurt a. M., NJW 1984, 572.

21 *Hochwald*, StAZ 2017, 248.

22 RdSchr. v. 28. 7. 2017, abrufbar unter www.personenstandsrecht.de.

23 BGBl. I S. 2787.

7. Änderung der eingetragenen Religionszugehörigkeit

48 § 16 Abs. 1 Satz 1 Nr. 7 führt die Änderung der eingetragenen Religionszugehörigkeit als eigenständigen Fortführungstatbestand auf. Das Gesetz bringt dadurch zum Ausdruck, dass die Zugehörigkeit einer Person zu einer Religionsgemeinschaft kein Merkmal des Personenstandes ist. Einzutragen ist die »Änderung« der eingetragenen Religionszugehörigkeit auf Wunsch des betroffenen Ehegatten. Sie umfasst auch den Austritt aus einer Religionsgemeinschaft, die nach der ursprünglichen Fassung des Gesetzes die »Löschung« der Angabe zur Folge hatte. Die Rechtsprechung zu § 14 PStG a. F., der nur die Eintragung des Wechsels der Zugehörigkeit vorsah, bejahte auch die Möglichkeit des bloßen Widerrufs des Einverständnisses unter Hinweis auf die negative Bekenntnisfreiheit des Art. 140 GG i. V. m. Art. 136 Abs. 3 Satz 1 WRV[24]. § 16 Abs. 1 Satz 1 Nr. 7 stellt allein auf den Wunsch des betroffenen Ehegatten ab. Wenn dies verlangt wird, wird die Änderung der Religionszugehörigkeit registriert, sofern es sich um die Zugehörigkeit zu einer Gemeinschaft mit Körperschaftsstatus handelt (vgl. § 15 Abs. 1 Nr. 2), oder die Angabe über die Zugehörigkeit gestrichen (Nr. 16.6.3 PStG-VwV). Ob diesem Wunsch der Übertritt zu einer anderen Religionsgemeinschaft oder ein Kirchenaustritt zugrunde liegt, ist vom Standesamt nicht zu prüfen. Wenn allerdings dem Standesamt auf Grund landesrechtlicher Bestimmungen eine Mitteilung über den Kirchenaustritt eines Ehegatten zugeht, ist hierin der konkludente Wunsch nach Streichung der Angabe über die Religionszugehörigkeit im Eheregister zu sehen; einer Anhörung des betroffenen Ehegatten bedarf es nicht (Nr. 16.6.2 PStG-VwV).

49 Auch die nachträgliche (erstmalige) Registrierung der Religionszugehörigkeit kann verlangt werden. Zwar wird nach dem Wortlaut des § 16 Abs. 1 Satz 1 Nr. 7 vorausgesetzt, dass die Religionszugehörigkeit im Eheregister eingetragen ist. Richtigerweise muss jedoch auch die nachträgliche Aufnahme der Religionszugehörigkeit als »Änderung« begriffen werden; denn es wäre widersinnig, eine bei Errichtung des Haupteintrags zulässige Eintragung später zu versagen, weil bei der Eheschließung der Wunsch nach Registrierung nicht geäußert wurde.

8. Berichtigungen

50 § 16 Abs. 1 Satz 1 Nr. 8 schreibt die Eintragung von Berichtigungen in das Eheregister vor. Das ist eine Selbstverständlichkeit, die sich aus der Natur der Sache ergibt. Ohne Registrierung in dem betroffenen Eintrag würde eine Berichtigung ihren Zweck verfehlen. Einzutragen sind nicht nur förmliche Berichtigungen i. S. der §§ 47 f. (vgl. dazu Nr. 16.7 PStG-VwV), sondern auch Vorgänge, die sich in der Sache als Berichtigung darstellen, z. B. die Aufhebung eines Scheidungsbeschlusses im Wiederaufnahmeverfahren.

24 BayObLG, StAZ 1982, 211; OLG Frankfurt a. M., StAZ 1997, 211.

IV. Hinweis

Nach §16 Abs. 1 Satz 2 ist zum Eheeintrag auf die Wiederverheiratung oder die Begründung einer Lebenspartnerschaft[25] hinzuweisen. Der Hinweis »sperrt« den Eheeintrag für weitere Folgebeurkundungen, die den wiederverheirateten oder »verpartnerten« Ehegatten betreffen. Für den betroffenen Ehegatten wird nur der neue Eheeintrag fortgeführt, sofern es sich nicht um Berichtigungen handelt (vgl. Rdnr. 6). Der Hinweis wird unabhängig davon eingetragen, ob für die erste Ehe ein als Heiratseintrag fortgeführtes Familienbuch angelegt ist oder ein Eheeintrag nach neuem Recht besteht[26]. 51

Erhält das Eheschließungs-Standesamt eine Mitteilung oder einen sonstigen Nachweis über die Wiederverheiratung eines Ehegatten, dessen früherer Ehegatte für tot erklärt oder dessen Todeszeit gerichtlich festgestellt worden war, ist neben dem hierüber einzutragenden Hinweis auch eine Folgebeurkundung über die Auflösung der Ehe durch die Eheschließung einzutragen (§16 Abs. 2 Satz 2; Nr. 16.8 PStG-VwV; vgl auch Rdnr. 14). Ist die Todeserklärung vor dem 3.10.1990 in der DDR ausgesprochen worden, wurde bereits hierdurch die Ehe beendet. 52

V. Fortführung des Familienbuchs als Heiratseintrag

Nach §77 Abs. 1 gilt für die Fortführung der bis zum 31.12.2008 angelegten und in Heiratseinträge umgewidmeten Familienbücher §16 entsprechend. Die Vorschrift stellt außerdem klar, dass die früheren Heiratseinträge in den Heiratsbüchern nicht mehr fortgeführt werden. Nur wenn kein Familienbuch angelegt worden ist, z.B. bei Eheschließung vor dem 1.1.1958 oder vor dem 3.10.1989 in der DDR, oder das Familienbuch unauffindbar ist, wird der ursprüngliche Heiratseintrag fortgeführt (§68 PStV). Zu Folgebeurkundungen in Altregistern vgl. §76 Rdnr. 2ff. 53

§67 Abs. 1 PStV trifft die notwendigen Bestimmungen darüber, an welcher Stelle des als Heiratseintrag fortgeführten Familienbuchs die Folgebeurkundungen anzubringen sind. Fortführungsfälle nach §16 Abs. 1 Satz 1 Nr. 1 bis 4 sind in Spalte 8, Namensänderungen und sonstige Änderungen des Personenstandes, Änderung der eingetragenen Religionszugehörigkeit sowie Berichtigungen (§16 Abs. Satz 1 Nr. 5 bis 8) in Spalte 10 einzutragen. Berichtigungsfähig sind nur Daten, die auch nach neuem Recht zu berichtigen wären. Ist im Familienbuch die ausländische Staatsangehörigkeit eines Ehegatten in Spalte 7 vermerkt, obwohl er tatsächlich deutscher Staatsangehöriger ist, kann eine »Berichtigung« nur dahingehend erfolgen, dass der Vermerk gegenstandslos ist, da nach §15 Abs. 3 Nr. 2 nur auf eine nachgewiesene ausländische Staatsangehörigkeit hinzuweisen ist. 54

25 Dabei kann es sich seit dem 1.10.2017 nur noch um eine im Ausland begründete Lebenspartnerschaft handeln.
26 Vgl. *Hochwald*, StAZ 2011, 378.

55 Der Hinweis auf die Wiederverheiratung oder Begründung einer Lebenspartnerschaft (§ 16 Abs. 1 Satz 2) ist ebenfalls in Spalte 10 unterzubringen (§ 67 Abs. 2 PStV).

Kapitel 4 **Lebenspartnerschaft**

§ 17 Fortführung des Lebenspartnerschaftsregisters

Für die Fortführung des Lebenspartnerschaftsregisters gilt § 16 entsprechend. Zusätzlich ist im Fall der Umwandlung der Lebenspartnerschaft in eine Ehe eine Folgebeurkundung aufzunehmen. Nach Eintragung dieser Folgebeurkundung wird das Lebenspartnerschaftsregister nicht fortgeführt.

Übersicht (die Zahlen bedeuten Randnummern)

I. Rechtsentwicklung

Die Vorschrift wurde durch Art. 4 Nr. 4 des Gesetzes zur Umsetzung des Gesetzes zur Einführung des Rechts auf Eheschließung für Personen gleichen Geschlechts vom 18. 12. 2018[1] neu gefasst und ist seit dem 22. 12. 2018 in Kraft. Die bis zu diesem Zeitpunkt geltende Regelung, die für die Begründung einer Lebenspartnerschaft eine entsprechende Verweisung auf die §§ 11 und 12 Abs. 1 und 2 sowie §§ 13 bis 16 enthielt und nach welcher § 23 des Lebenspartnerschaftsregisters unberührt bleiben sollte, war durch die Einführung der gleichgeschlechtlichen Ehe weitgehend gegenstandslos geworden, da nach dem 30. 9. 2017 Lebenspartnerschaften nicht mehr begründet werden konnten (vgl. Rdnr. 2). Durch Art. 3 Nr. 1 des Eheöffnungs-UmsetzungsG wurde auch die bisher in § 1 Satz 1 LPartG enthaltene Möglichkeit zur Begründung einer Lebenspartnerschaft aufgehoben und ausdrücklich klargestellt, dass Lebenspartnerschaften nach dem 30. 9. 2017 nicht mehr begründet werden können. Der Anwendungsbereich des bisherigen § 17 erstreckte sich nur noch auf weiter bestehende – nicht umgewandelte – Lebenspartnerschaften, für die das Lebenspartnerschaftsregister fortgeführt wird, sowie auf Grund der Verweisung in § 35 auf nachbeurkundete Lebenspartnerschaften. Durch die Neufassung des § 17 wurde diesem Umstand entsprochen[2]. 1

1 BGBl. I S. 2639.
2 Vgl. Begründung zu Art. 4 Nr. 4 des Entwurfs eines Gesetzes zur Umsetzung des Gesetzes zur Einführung des Rechts auf Eheschließung für Personen gleichen Geschlechts, BT-Drs. 19/4670, S. 31.

II. Einführung der gleichgeschlechtlichen Ehe

2 Auf Grund des Gesetzes zur Einführung des Rechts auf Eheschließung für Personen gleichen Geschlechts vom 20.7.2017[3], in Kraft getreten am 1.10.2017, wurde die Ehe für gleichgeschlechtliche Paare geöffnet[4]. Seitdem gilt § 1353 Abs. 1 Satz 1 BGB in der durch Art. 1 Nr. 2 des EheöffnungsG geänderten Fassung. Danach wird die Ehe von zwei Personen verschiedenen oder gleichen Geschlechts auf Lebenszeit geschlossen. Nach Art. 3 Abs. 3 des EheöffnungsG konnten ab Inkrafttreten des Gesetzes Lebenspartnerschaften nicht mehr begründet werden; dies ist mittlerweile auch in § 1 Satz 1 LPartG klargestellt worden. Bestehende Lebenspartnerschaften bleiben aber erhalten. Sie können in Ehen umgewandelt werden und werden hinfort als solche im Eheregister geführt (vgl. § 20a LPartG; § 17a). Schon der Übergangsvorschrift des Art. 3 Abs. 2 des EheöffnungsG, nach der für die Rechte und Pflichten der Lebenspartner nach der Umwandlung der Lebenspartnerschaft in eine Ehe der Tag der Begründung der Lebenspartnerschaft weiterhin maßgebend ist, ließ sich entnehmen, dass eine bestehende Lebenspartnerschaft durch die Umwandlung in eine Ehe von dieser konsumiert wird, so dass sich die bisherigen rechtlichen Beziehungen in umgewandelter Form fortsetzen. Dies hat der Gesetzgeber durch die Neufassung des § 20a LPartG durch Art. 3 Nr. 2 des Eheöffnungs-UmsetzungsG mittlerweile auch ausdrücklich klargestellt. Nach § 20a Abs. 1 Satz 3 und Abs. 5 LPartG wird die Lebenspartnerschaft nach der Umwandlung als Ehe fortgesetzt und für die Rechte und Pflichten der Ehegatten ist der Tag der Begründung der Lebenspartnerschaft maßgebend[5] (vgl. dazu § 17a Rdnr. 4).

III. Entsprechende Anwendung der Vorschrift über die Fortführung des Eheregister

3 § 17 Satz 1 verweist für die Fortführung des Lebenspartnerschaftsregisters auf die entsprechende Anwendung des § 16; auf die dortige Kommentierung wird verwiesen. Eine Fortführung des Registers kommt nur noch bei nicht umgewandelten Lebenspartnerschaften sowie aufgrund der Verweisung in § 35 Abs. 1 Satz 2 auf die im Ausland geschlossenen nachbeurkundeten Lebenspartnerschaften in Betracht. Im Ausland geschlossene Lebenspartnerschaften können nicht nach § 20a Abs. 1 Satz 1 LPartG in eine Ehe umgewandelt werden, da sie nach Art. 17b Abs. 1 Satz 1 EGBGB den Sachvorschriften des registerführenden ausländischen Staates unterfallen und eine Nachbeurkundung nach § 35 Abs. 1 Satz 1 nicht zu einem Statuswechsel führt. Die Lebenspartner können allerdings im Inland die Ehe schließen, ohne dass die Lebenspartnerschaft vorher aufgelöst werden muss (vgl. § 17a Rdnr. 7 f.; § 13

3 BGBl. I S. 2787.

4 Vgl. hierzu die vorläufigen Anwendungshinweise des BMI zur Umsetzung des Gesetzes in den Rundschreiben vom 28.7. und 23.8.2017, abrufbar unter www.personenstandsrecht.de.

5 S. dazu auch amtl. Begr. BT-Drs. 19/4670 S. 21, 29.

Rdnr. 9). Der Lebenspartnerschaftseintrag wird in diesem Fall durch eine Folgebeurkundung abgeschlossen. Im Ausland geschlossene gleichgeschlechtliche Ehen fallen grundsätzlich nicht mehr unter diese Vorschrift. Sie wurden vor dem 1.10.2017 nach herrschender Meinung[6] kollisionsrechtlich als eingetragene Lebenspartnerschaft qualifiziert; mit Wegfall der sog. Kappungsgrenze des Art. 17b Abs. 4 EGBGB a. F. gelten sie allerdings ab dem Zeitpunkt der Eheschließung auch im deutschen Rechtsbereich als gültige Ehen, so dass sie auf Antrag nach §34 Abs. 1 im Eheregister nachbeurkundet werden können (vgl. §17a Rdnr. 9). Wurde eine gleichgeschlechtliche Ehe im Lebenspartnerschaftsregister nach §35 Abs. 1 Satz 1 PStG nachbeurkundet, teilt das Standesamt, das die Ehe nachbeurkundet, dies dem Standesamt mit, das den Lebenspartnerschaftseintrag führt; dieser wird durch eine Folgebeurkundung gegenstandslos.

§17 Satz 2 stellt klar, dass die Umwandlung der Lebenspartnerschaft in eine Ehe im Lebenspartnerschaftsregister zusätzlich als Folgebeurkundung eingetragen wird (Anlass der Beurkundung, Standesamt, Datum der Wirksamkeit, Registernummer). Danach fallen für umgewandelte Lebenspartnerschaften im Lebenspartnerschaftsregister außer Berichtigungen weitere Folgebeurkundungen grundsätzlich nicht mehr an; dies wird durch den neuen §17 Satz 3 klargestellt (s. auch §17a Rdnr. 22). Die Fortführungsfrist des §5 Abs. 5 bemisst sich nach dem Beurkundungsdatum der Begründung der Lebenspartnerschaft. 4

Die erforderlichen Mitteilungen über die Eintragung einer Folgebeurkundung im Lebenspartnerschaftsregister ergeben sich aus §59 Abs. 2 bis 4 PStV. 5

6 BGH, StAZ 2016, 238.

§ 17a Umwandlung einer Lebenspartnerschaft in eine Ehe und ihre Beurkundung

(1) Die Lebenspartner haben bei der Umwandlung ihrer Lebenspartnerschaft in eine Ehe das Bestehen der Lebenspartnerschaft durch öffentliche Urkunden nachzuweisen.

(2) Für die Umwandlung einer Lebenspartnerschaft in eine Ehe gelten die §§ 11 und 12 Absatz 1 und 2 Nummer 1 bis 3 sowie die §§ 14 bis 16 entsprechend.

(3) Im Eheregister ist zusätzlich der Tag der Begründung der Lebenspartnerschaft zu beurkunden und sind Hinweise darüber aufzunehmen.

Übersicht (die Zahlen bedeuten Randnummern)

I. Rechtsentwicklung

1 Die 18. Wahlperiode des Deutschen Bundestages war so gut wie beendet, als der zwei Jahre zuvor vom Bundesrat eingebrachte und wegen seiner angenommenen Erfolglosigkeit wenig beachtete Entwurf eines Gesetzes zur Einführung des Rechts auf Eheschließung für Personen gleichen Geschlechts in der letzten Woche vor den Parlamentsferien plötzlich Fahrt aufnahm. Ei-

ner kurzfristigen Befassung des Rechtsausschusses mit der mehrheitlichen Entscheidung, dem Bundestag die Beschlussfassung in seiner Sitzung am 30. 6. 2017 vorzuschlagen, folgte die Annahme des Gesetzes an diesem Tag. Das Gesetz sieht für bestehende Lebenspartnerschaften die Möglichkeit der Umwandlung der Lebenspartnerschaft in eine Ehe vor (§ 20a LPartG). Die verfahrensrechtlichen Vorschriften hierzu sind in § 17a PStG getroffen. Gleich stellten sich der Fachwelt zahlreiche Fragen, die für eine sichere Anwendung erst durch Nachbesserungen in den einschlägigen Rechtsvorschriften geklärt werden mussten. Da das Gesetz[1] aber nach seinem Artikel 3 Abs. 1 bereits am 1. 10. 2017 in Kraft trat, war ein rechtzeitiger Erlass der Vorschriften (insbesondere BGB, EGBGB, PStG, LPartG und PStV) nicht möglich.

Der Not gehorchend, wurden in einer rasch konstituierten Arbeitsgruppe des Bundes und der Länder im Vorgriff auf die beabsichtigen Rechts- und Verwaltungsvorschriften entsprechende Anwendungshinweise[2] für die standesamtliche Praxis erarbeitet. Diese sind durch das Gesetz zur Umsetzung des Gesetzes zur Einführung des Rechts auf Eheschließung für Personen gleichen Geschlechts vom 18. 12. 2018[3] auf eine gesetzliche Grundlage gestellt worden. 2

Für das Verfahren der Umwandlung einer Lebenspartnerschaft in eine Ehe sind die im Eheöffnungsgesetz[4] und dem dazu erlassenen Umsetzungsgesetz[5] getroffenen Regelungen, insbesondere § 20a LPartG und § 17a PStG, maßgebend; registerrechtliche Regelungen wurden zudem durch die 1. PStÄndV[6] in § 30 PStV sowie durch die Neukonzeption der Anlagen 2 (Eheregister) und 6 (Eheurkunde) getroffen. 3

II. Umwandlung einer Lebenspartnerschaft in eine Ehe (Absatz 1)

1. Zum Begriff »Umwandlung«

Gleich nach dem Bekanntwerden des Wortlauts des Eheöffnungsgesetzes schieden sich die Geister an dem Begriff »Umwandlung«. Bereits die vorläufigen BMI-Anwendungshinweise[7] ließen indes zu dieser Frage keine Zweifel aufkommen: Sie gingen davon aus, dass – wie bei einer Eheschließung gleichgeschlechtlicher Personen ohne vorherige Lebenspartnerschaft – die 4

1 Gesetz zur Einführung des Rechts auf Eheschließung für Personen gleichen Geschlechts vom 20. 7. 2017 (BGBl. I S. 2787).

2 Rundschreiben des BMI vom 28. 7., 23. 8. und 25. 9. 2017, veröffentlicht auf der Internetseite www.personenstandsrecht.de.

3 BGBl. I S. 2639.

4 Siehe Fn. 1.

5 Siehe Fn. 3.

6 Erste Verordnung zur Änderung der Personenstandsverordnung vom 24. 10. 2018 (BGBl. I S. 1768).

7 Siehe Fn. 2.

Begründung des Instituts der Ehe am Tag der Abgabe der Erklärungen vor dem Standesbeamten ex nunc erfolgt, also nicht etwa auf den Tag der Begründung der Lebenspartnerschaft zurückwirkt[8]. Der dem § 20a Abs. 1 LPartG durch das Eheöffnungs-Umsetzungsgesetz[9] angefügte Satz 3 »Die Lebenspartnerschaft wird nach der Umwandlung als Ehe fortgeführt.« hat zu dieser Frage letzte Zweifel beseitigt. Für die zuvor geführte Lebenspartnerschaft gilt, dass sie mit der Eheschließung gegenstandslos wird, es mithin einer vorherigen förmlichen Auflösung nicht bedarf[10]. Eine Eheschließung ohne Umwandlung ist für diesen Personenkreis nicht möglich[11]. Melden die Lebenspartner die Eheschließung an, sind sie hierauf und auf die Wirkungen der Umwandlung hinzuweisen. Die amtliche Begründung führt ergänzend zu den Rechten und Pflichten der früheren Lebenspartner aus, dass sie nach der Umwandlung so gestellt sind, als ob sie am Tag der Begründung der Lebenspartnerschaft geheiratet hätten. Dies bedeute, dass bestimmte sozial- und steuerrechtliche Entscheidungen neu getroffen werden müssen[12].

2. Voraussetzungen der Umwandlung und Nachweis der Lebenspartnerschaft

a) Allgemeine Eheschließungsvoraussetzungen

5 Nach § 20a Abs. 1 Satz 1 und 2 müssen für eine Umwandlung sämtliche Voraussetzungen einer Eheschließung vorliegen. Es dürfen mithin keine Ehehindernisse bestehen[13]. Auch für die Umwandlung gilt das Gebot der gleichzeitigen persönlichen Anwesenheit und das Verbot einer Erklärung unter einer Bedingung oder Befristung sowie der Ausschluss etwaiger Willensmängel, die einen Aufhebungstatbestand (§ 1314 Abs. 2 BGB) begründen. Gleiches gilt für das Gebot der Mitwirkung des Standesbeamten. Zu den Ehevoraussetzungen ausführlich § 13 Rdnr. 3 ff.; zur erleichterten Prüfung bei Umwandlung vgl. Rdnr. 18.

b) Besondere Voraussetzungen

6 Die Umwandlung einer Lebenspartnerschaft in eine Ehe setzt zunächst voraus, dass die Lebenspartnerschaft vor einem deutschen Standesamt wirksam begründet worden ist. Für eine aufhebbare Lebenspartnerschaft bedeutet dies, dass auch sie – im Gegensatz zu einer nicht wirksam begründeten Le-

8 Vgl. *Helms,* StAZ 2018, 33; *Berndt-Benecke,* StAZ 2017, 257.

9 BGBl. I S. 2639.

10 Vgl. amtliche Begründung des Eheöffnungs-Umsetzungsgesetzes, Besonderer Teil, § 20a Abs. 1 Satz 3 LPartG (BT-Drs. 19/4670 S. 29): »Eine bestehende Lebenspartnerschaft wird durch die Umwandlung in eine Ehe von dieser Ehe konsumiert.«.

11 So auch *Helms,* StAZ 2018, 33. Gegenteiliger Auffassung *Hepting/Dutta* Rdnr. III-888; *Magnus,* StAZ 2019, 163.

12 So die amtliche Begründung zu Art. 3 Eheöffnungsgesetz (Fn. 1), BT-Drs. 18/6665 S. 10. Vgl. *Kaiser,* FamRZ 2019, 845.

13 Vgl. *Erbarth,* FamRZ 2018, 1221.

benspartnerschaft (z. B. Scheinlebenspartnerschaft) – umgewandelt werden kann[14]. Die Umwandlung setzt ferner voraus, dass die Lebenspartnerschaft noch besteht, also nicht bereits durch Tod eines Lebenspartners oder gerichtliche Aufhebung aufgelöst ist. Eine Umwandlung ist auch bei einer verschiedengeschlechtlichen Lebenspartnerschaft möglich, bei der die Geschlechtszugehörigkeit eines Lebenspartners nach § 8 TSG geändert worden ist[15]. Gleiches gilt im Fall der Änderung der Geschlechtsangabe nach § 45b (vgl. dort Rdnr. 18).

c) Ausschluss einer Umwandlung

Für den Ausschluss ergeben sich folgende Fallkonstellationen:

aa) im Ausland begründete Lebenspartnerschaft

Für eine im Ausland begründete Lebenspartnerschaft kommt die Anwen- 7
dung deutschen Rechts nicht in Betracht, weil diese nach Art. 17b Abs. 1 EGBGB den Sachvorschriften des registerführenden ausländischen Staates unterliegt. Sollte das danach maßgebende ausländische Recht eine dem deutschen Recht vergleichbare Umwandlung kennen und diese von der zuständigen ausländischen Stelle durchgeführt worden sein, ist die Umwandlung auch hier wirksam. Ist die Umwandlung durch gerichtliche Entscheidung erfolgt, so muss sie den Anerkennungskriterien des § 108 f. FamFG genügen[16]. Den Lebenspartnern ist es auch in diesem Fall unbenommen, hier die Ehe zu schließen. Nach deutschem Recht können die rechtlichen Wirkungen der Ehe allerdings nur ab dem Zeitpunkt der Eheschließung und nicht etwa rückwirkend eintreten.[17] Umstritten ist in diesem Zusammenhang die Frage, ob bei im Ausland begründeten Lebenspartnerschaften von einer Substitutionsoffenheit des § 20a LPartG dahin auszugehen ist, dass unter bestimmten Voraussetzungen auch vor einem deutschen Standesamt eine Umwandlung der Lebenspartnerschaft in eine Ehe erfolgen kann[18]. Für das Standesamt kommt in einem solchen Fall eine Zweifelsvorlage an das Gericht nach § 49 Abs. 2 PStG in Betracht. Sollte die Umwandlung ohne vorherige gerichtliche Entscheidung erfolgen und spräche man ihr die besonderen, auf den Tag der Begründung der Lebenspartnerschaft zurückwirkenden Rechte und Pflichten gemäß § 20a LPartG ab, so wäre sie aber nicht etwa als Nullum, sondern zumindest als Eheschließung mit Ex-nunc-Wirkung anzusehen. Aus Gründen der Rechtssicherheit sollten die Betroffenen hierauf und auf die

14 Vgl. *Schwab*, FamRZ 2017, 1287; *Hepting/Dutta* Rdnr. III 880.

15 So die amtliche Begründung des Eheöffnungs-Umsetzungsgesetzes, Besonderer Teil, § 20a Abs. 1 LPartG (BT-Drs. 19/4670 S. 28). Vgl. auch OLG Köln, StAZ 2018, 382; *Krömer* StAZ 2019, 87.

16 Vgl. *Hepting/Dutta* Rdnr. III-871.

17 So die amtliche Begründung des Eheöffnungs-Umsetzungsgesetzes, Besonderer Teil, § 20a Abs. 1 LPartG (BT-Drs. 19/4670 S. 28); *Helms*, StAZ 2018, 38.

18 Dagegen *Helms*, StAZ 2018, 33; bejahend *Hepting/Dutta* Rdnr. III-881; eingeschränkt bejahend *Magnus*, StAZ 2019, 169.

Möglichkeit der mit diesen Fragen nicht behafteten »bloßen« Eheschließung hingewiesen werden.

bb) im Ausland begründete Lebenspartnerschaft und Nachbeurkundung

8 Die Möglichkeit einer Umwandlung wird auch nicht dadurch eröffnet, dass die im Ausland begründete Lebenspartnerschaft von einem deutschen Standesamt gemäß § 35 nachbeurkundet worden ist. Die rein deklaratorische Nachbeurkundung ändert nichts am ausländischen Status der Lebenspartnerschaft und der für sie maßgebenden Sachvorschriften des registerführenden Staates. Die Lebenspartner haben aber die Möglichkeit der Eheschließung, die durch ihre bestehende Lebenspartnerschaft nicht gehemmt ist. In diesem Fall ist – wie bei der Umwandlung – in der Niederschrift über die Eheschließung, im Eheeintrag und in der Eheurkunde auf die zuvor geführte Lebenspartnerschaft hinzuweisen (vgl. Rdnr. 21 ff.). Ob mit der Eheschließung die im Ausland begründete Lebenspartnerschaft nach dem Recht des registerführenden Staates in eine Ehe umgewandelt wird, beurteilt sich nach dem Recht dieses Staates.

cc) im Ausland geschlossene gleichgeschlechtliche Ehe und Nachbeurkundung als Lebenspartnerschaft

9 Eine im Ausland geschlossene gleichgeschlechtliche Ehe, die hier nach § 35 in einem Lebenspartnerschaftsregister nachbeurkundet worden ist, kann ebenfalls nicht umgewandelt werden[19]. Vielmehr entfällt für sie die vorgenommene Kappung nach Art. 17b Abs. 4 EGBGB a. F. rückwirkend mit der Folge, dass die Eheschließung im deutschen Rechtsbereich anerkannt wird und die Möglichkeit einer unmittelbaren Beurkundung im Eheregister nach § 34 (vgl. dort Rdnr. 16) eröffnet ist[20]. Diese zunächst – da im Eheöffnungsgesetz nicht geregelt – umstrittene Auslegung ist nun durch Art. 229 § 47 EGBGB auf eine rechtliche Grundlage gestellt.

dd) im Ausland geschlossene Ehe von Lebenspartnern nach dem 1. 10. 2017[21]

10 Weil dieser Fall in den Regelungen über die Umwandlung nicht ausdrücklich behandelt ist, bedarf es der Klarstellung, dass eine im Ausland nach dem Inkrafttreten des Gesetzes zum 1. 10. 2017 geschlossene Ehe von Personen, die bis zu diesem Zeitpunkt eine Lebenspartnerschaft geführt haben, keine Umwandlung nach § 17a bewirkt. Eine solche Ehe ist vielmehr für den deutschen Rechtsbereich unmittelbar gültig und kann im Eheregister nachbeurkundet werden. Als Nachweis für eine neue Befassung von Behörden im Sinne der amtlichen Begründung zu Art. 3 Abs. 2 des Gesetzes (»bestimmte sozial- und steuerrechtliche Entscheidungen«) dürften – wie bei der Umwandlung – die Lebenspartnerschaftsurkunde und ausländische Nachweise über die Eheschließung oder, im Fall der Nachbeurkundung nach § 34, die deutsche Eheurkunde dienen.

19 Vgl. *Hepting/Dutta* Rdnr. III-881.

20 AG Schöneberg, StAZ 2019, 305.

21 Zur Frage der Umwandlung einer im Ausland vor dem 1. 10. 2017 geschlossenen Ehe von Lebenspartnern vgl. OLG Köln, StAZ 2019, 372; siehe auch § 34 Rdnr. 16.

ee) nichtige oder aufhebbare Lebenspartnerschaft

11 Da die nichtige Lebenspartnerschaft ein rechtliches Nullum ist, kann auch keine Umwandlung stattfinden. Stellt das Standesamt dies im Antragsverfahren für eine Umwandlung fest, sind die betroffenen Personen hierauf hinzuweisen. Wird der Antrag gleichwohl nicht zurückgezogen, ist den Antragstellern ein rechtsmittelfähiger Bescheid zu erteilen, in dem auf die Möglichkeit der Einleitung eines Anweisungsverfahrens hinzuweisen ist[22]. Sollte sich erst nach der Umwandlung herausstellen, dass die Lebenspartnerschaft nichtig war, wird regelmäßig davon auszugehen sein, dass die Umwandlung ins Leere ging und keine Rechtswirkungen entfalten konnte[23].

12 Stellt sich beim Antragsverfahren heraus, dass die umzuwandelnde Lebenspartnerschaft aufhebbar wäre, kann die Umwandlung bis zur Beseitigung des Mangels nicht erfolgen, wenn das Verbot auch der beabsichtigten Eheschließung entgegensteht. Ist die Lebenspartnerschaft z.B. aufhebbar, weil bei ihrer Begründung das Verbot der Doppelehe oder Doppellebenspartnerschaft nicht beachtet wurde, gilt für die beabsichtigte Umwandlung, dass sie erst erfolgen kann, wenn das Verbot ausgeräumt worden ist. Ist beispielsweise die Anerkennung einer ausländischen Entscheidung in Ehesachen unterblieben, muss sie nachgeholt werden, bevor die Umwandlung stattfinden kann. Ist die Umwandlung ungeachtet eines Eheverbotes erfolgt, ist die durch sie wirksam geschlossene, aber fehlerhafte Ehe aufhebbar[24].

d) Nachweis der Lebenspartnerschaft

13 Bei der Anmeldung der Eheschließung zum Zwecke der Umwandlung haben die Lebenspartner das Bestehen ihrer Lebenspartnerschaft durch öffentliche Urkunden nachzuweisen. Da die Lebenspartnerschaft vor einem deutschen Standesbeamten begründet worden sein muss (vgl. Rdnr. 6), ist mithin – sofern das Anmelde-Standesamt das Register nicht selbst führt – eine Lebenspartnerschaftsurkunde aus dem Lebenspartnerschaftsregister vorzulegen.

III. Das standesamtliche Verfahren (Absatz 2 und 3)

1. Zuständigkeit

14 Nach Absatz 2 gilt für die Zuständigkeit der Umwandlung § 11 entsprechend. Sachlich zuständig ist danach das deutsche Standesamt, bei dem nach Wahl der Lebenspartner die Eheschließung erfolgen soll. Da § 11 umfassend in Bezug genommen ist, gilt auch der in Absatz 2 vorgeschriebene Standesamtsvorbehalt nebst Verboten (vgl. dazu § 11 Rdnr. 3).

22 Zum Verfahren vgl. *Berkl,* Rdnr. 393 f.

23 Vgl. BT-Drs. 19/4670, S. 21, 28. Dafür, in diesen Fällen die Umwandlung als Eheschließung zu werten, *Magnus,* StAZ 2019, 163.

24 Zu der damit in Verbindung stehenden Frage des Wiederauflebens der Lebenspartnerschaft vgl. *Kaiser,* FamRZ 2019, 845.

2. Anmeldung

15 Absatz 2 nimmt auch § 12 Abs. 1 in Bezug. Für die Entgegennahme der Anmeldung der Eheschließung ist danach das Wohnsitzstandesamt der oder bei getrenntem Wohnsitz einer der Lebenspartner zuständig. Hat keiner der Lebenspartner im Inland Wohnsitz oder gewöhnlichen Aufenthalt, so ist für die Entgegennahme das Standesamt zuständig, vor dem die Ehe geschlossen werden soll (vgl. § 12 Rdnr. 3 ff.). Die Antragsformen werden durch die Ausführungsvorschrift des § 23 PStV erläutert: Bei Verhinderung der Eheschließenden sind die dort genannten Möglichkeiten der Schriftform und Bevollmächtigung eröffnet.

3. Nachzuweisende Angaben

16 Nach Absatz 2 gilt für die bei der Anmeldung der Eheschließung beizubringenden Unterlagen § 12 Abs. 2 Nr. 1 bis 3 entsprechend; die Nummer 4 ist von der Bezugnahme ausgenommen (dazu Rdnr. 18). Danach sind durch öffentliche Urkunden der Personenstand, der Wohnsitz und die Staatsangehörigkeit der Eheschließenden nachzuweisen (vgl. dazu § 12 Rdnr. 25 ff.).

17 Bereits § 17a Abs. 1 verlangt von den Lebenspartnern zum Nachweis ihrer Lebenspartnerschaft die Vorlage öffentlicher Urkunden (vgl. dazu Rdnr. 13). Ob daneben nach § 12 Abs. 2 Nr. 1 noch weitere Nachweise erforderlich sind, muss von den Gegebenheiten des Einzelfalls abhängig gemacht werden. Zu den weiteren für anwendbar erklärten Nummern 2 und 3, also der Pflicht zur Vorlage eines Nachweises über den Wohnsitz oder gewöhnlichen Aufenthalt sowie die Staatsangehörigkeit vgl. § 12 Rdnr. 33 f.

18 Eine Prüfung nach § 12 Abs. 2 Nr. 4 findet nicht statt. Da es sich bei der Umwandlung um eine Eheschließung derselben Personen handelt, die bislang eine Lebenspartnerschaft geführt haben, entfällt eine Prüfung etwaiger zuvor mit Dritten geschlossenen Ehen oder begründeten Lebenspartnerschaften. Diese Prüfung habe – so die amtliche Begründung – bereits vor der Begründung der jetzt umzuwandelnden Lebenspartnerschaft stattgefunden und sei daher entbehrlich. Der gleiche Grundsatz liegt auch der Nichtanwendung des § 12 Abs. 3 zugrunde. Es ist mithin weder ein Ehefähigkeitszeugnis noch die Befreiung von der Beibringung dieser Bescheinigung erforderlich.

Durch die zunächst bei den Entwurfsarbeiten des Eheöffnungs-Umsetzungsgesetzes[25] vorgesehene Einbeziehung des § 13 in die Aufzählung der bei einer Umwandlung anzuwendenden PStG Paragraphen (§ 17a Abs. 2) sollte klargestellt werden, was bereits zuvor galt: Hat der Standesbeamte Anhaltspunkte auf Ehehindernisse, so kann er die Lebenspartner dazu befragen oder zusätzlich zu der in der Regel ausreichenden Lebenspartnerschaftsurkunde weitere geeignete Nachweise fordern. Weil befürchtet wurde, dass Standesbeamte den Verweis auf § 13 dahin missverstehen könnten, die gesamte be-

25 BGBl. I S. 2639.

reits bei der Begründung der Lebenspartnerschaft vorgenommene Prüfung einschließlich vorzulegender Dokumente nochmals durchführen zu müssen, wurde in Bundesrat und Bundestag dem Vorschlag gefolgt, die Bezugnahme auf den § 13 wieder zu streichen[26].

4. Eheschließung, Beurkundung und Fortführung

a) Eheschließung

Für die Eheschließung gilt nach der Verweisung in § 17a Abs. 2 der § 14 entsprechend. Bereits bei der Anmeldung sollte den Eheschließenden Gelegenheit gegeben werden, Wünsche zum Ablauf der Trauung zu äußern. Wie bei jeder Eheschließung sind zunächst Ort und Zeitpunkt der Eheschließung zwischen Standesamt und Eheschließenden zu vereinbaren (vgl. § 14 Rdnr. 9 ff.). Da es sich bei den Eheschließenden um dieselben Personen handelt, die zuvor ihr gemeinsames Leben in der Rechtsform der Lebenspartnerschaft geführt haben, dürfte damit zu rechnen sein, dass ein Teil die Eheschließung nur als eine Fortsetzung ihrer bisherigen Lebenspartnerschaft mit neuer Bezeichnung verstehen und einen schlichten Ablauf bevorzugen wird. Der andere Teil hingegen, so ist zu vermuten, wird die Eheschließung als hart erkämpfte »richtige Heirat« empfinden, die ihnen bisher versagt worden war, und daher einen festlichen Rahmen wünschen. Für beide Formen gilt die Vorgabe der würdigen Form im Sinne einer ordnungsgemäßen Vornahme der Eheschließung (vgl. § 14 Rdnr. 12 ff.) ebenso wie der Ablauf der Trauung: Die Eheschließenden erklären persönlich und bei gleichzeitiger Anwesenheit vor dem Standesbeamten, die Ehe miteinander eingehen zu wollen (vgl. § 14 Rdnr. 21). 19

b) Namensführung

Durch den Übergang der Lebenspartnerschaft in eine Ehe bleibt die Namensführung der Ehegatten unberührt. Führen sie keinen Lebenspartnerschaftsnamen, behält mithin jeder von ihnen den bei der Umwandlung geführten Namen. Führen sie hingegen einen gemeinsamen Lebenspartnerschaftsnamen nach § 3 LPartG, so wird als vom Gesetz gewollte Folge[27] die Grundlage der Namensführung vom LPartG in das BGB transferiert: Die spiegelbildlichen Regelungen in § 1355 BGB zum Ehenamen sind fortan für ihre Namensführung maßgebend. Eine Neubestimmung des Ehenamens ist durch § 20a Abs. 2 LPartG ausdrücklich ausgeschlossen[28]. Führen die Eheschließen- 20

26 Kritisch dazu *Dutta,* FamRZ 2019, 163.

27 Die Intention des Gesetzes und der amtlichen Begründung, eine möglichst unbürokratische Überführung von Lebenspartnerschaft in Ehe zu gewährleisten, schließt die automatische Umwandlung von Lebenspartnerschaftsname in Ehename ein. Vgl. dazu *Berndt-Benecke,* StAZ 2017, 257; *Kaiser,* FamRZ 2017, 1889.

28 Zu der vor der gesetzlichen Regelung geführten Diskussion über die BMI-Anwendungshinweise zur Namensführung vgl. *Hepting/Dutta* Rdnr. III-901; *Kraus,* StAZ 2018, 64; *Helms,* StAZ 2018, 33.

den noch keinen gemeinsamen Namen, so steht es ihnen bei der Eheschließung oder später frei, einen Ehenamen, ggf. mit Begleitnamen, zu bestimmen. Gleiches gilt für die Möglichkeit einer Rechtswahlerklärung nach Art. 10 Abs. 2 EGBGB (vgl. § 14 Rdnr. 18 ff.). In der Niederschrift über die Eheschließung ist nach den BMI-Anwendungshinweisen[29] zu vermerken, welche Namen die Ehegatten in der Ehe führen.

c) Beurkundung

21 Die Beurkundung der Erklärungen über die Eheschließung erfolgt entsprechend § 14 Abs. 3 in einer Niederschrift (Anlage 10 zu § 29 PStV), die alle im Eheregister zu beurkundenden Angaben enthalten muss. Bei einer Umwandlung ist der einleitende Text mit dem Klammerzusatz »(bei bestehender Lebenspartnerschaft, begründet am ..., Standesamt ..., Reg.Nr. L.../...)« zu versehen. Dieser Zusatz war bereits nach den BMI-Anwendungshinweisen[30] in den Anlass der Beurkundung aufzunehmen, um die nahtlose Fortsetzung der Lebenspartnerschaft als Ehe zu dokumentieren. § 17a Abs. 3 in Verbindung mit der durch die 1. PStÄndV[31] geänderten Anlage 2 der PStV sieht nunmehr für das Eheregister vor, dass der Tag der Begründung der Lebenspartnerschaft nicht mehr als Folgebeurkundung, sondern gleich bei der Beurkundung der Eheschließung im Eheeintrag zu dokumentieren ist.

d) Fortführung und Mitteilungen

22 In das Lebenspartnerschaftsregister ist nach § 17 Abs. 1 eine Folgebeurkundung über die Eheschließung aufzunehmen, mit der die Fortführung des Registereintrags ihren Abschluss findet. Neuer Standort für Folgebeurkundungen, insbesondere über Namensänderungen oder sonstige Änderungen des Personenstandes, ist fortan der Eintrag im Eheregister. Lediglich die Feststellung des Nichtbestehens der Lebenspartnerschaft und Berichtigungen, die auf den Zeitpunkt der Beurkundung der Lebenspartnerschaft oder etwaiger Folgebeurkundungen zurückwirken, bedürfen noch der urkundlichen Richtigstellung. Damit wird gewährleistet, dass in eine Personenstandsurkunde aus dem Lebenspartnerschaftseintrag, die auch noch nach der Eheschließung erteilt werden kann, keine falschen Angaben einfließen.

23 Der Mitteilungsverkehr gemäß § 58 PStV, der nach den BMI-Anwendungshinweisen[32] zunächst nur auf konventionellem Wege abgewickelt werden konnte, ist durch Anpassung des Datenaustauschformats XPersonenstand Version 1.7.3 zum 1. 11. 2018 auch digital ermöglicht worden. Für den internationalen Mitteilungsverkehr nach bi- und multilateralen Übereinkommen

29 Siehe Fn. 2.
30 Siehe Fn. 2.
31 Siehe Fn. 6.
32 Siehe Fn. 2.

gelten die gleichen Grundsätze wie für gleichgeschlechtliche Ehen (vgl. § 15 Rdnr. 41 f., § 68 Rdnr. 19 ff.)[33].

IV. Urkundliche Nachweise

Eine Eheurkunde kann bis zur Beurkundung im Eheregister aus der Niederschrift über die Eheschließung (Umwandlung) erteilt werden, nach der Eintragung im Register nur noch aus dem Eheeintrag. Durch die 1. PStÄndV[34] ist die bisherige, nach den BMI-Anwendungshinweisen[35] für beide Partner zu verwendende Blocküberschrift »Ehegatten« durch die neutralen Elementbezeichnungen 1 und 2 ersetzt worden, die für den Eheeintrag und die Eheurkunde die Bezeichnungen »Ehemann«, »Ehefrau« oder »Ehepartner« zur Verfügung stellen. Wie bei der gleichgeschlechtlichen Ehe ist auch bei der Beurkundung der Umwandlung die Bezeichnung zu verwenden, die durch § 42 Abs. 4 PStV vorgegeben ist: In dem Datenfeld für die familienrechtliche Bezeichnung werden männliche Personen als »Ehemann«, weibliche Personen als »Ehefrau« eingetragen. Die jeweilige Bezeichnung ist auch für die Eheurkunde maßgebend. Gehört eine Person weder dem männlichen noch dem weiblichen Geschlecht an, ist sie als »Ehepartner« zu bezeichnen. Die Eheurkunde ist nach § 57 Abs. 1 Satz 2 Nr. 5 unter dem Leittext »Weitere Angaben aus dem Register« mit einem Hinweis auf die zuvor geführte Lebenspartnerschaft zu versehen (vgl. § 57 Rdnr. 21). Diese Angabe, die sich seit dem Inkrafttreten des Umsetzungsgesetzes zum Eheöffnungsgesetz direkt aus dem Eheeintrag ergibt, war davor entsprechend den BMI-Anwendungshinweisen der 1. Folgebeurkundung zum Eheeintrag zu entnehmen. 24

Eine internationale Personenstandsurkunde nach dem Übereinkommen vom 8. 9. 1976 über die Ausstellung mehrsprachiger Auszüge aus Personenstandsbüchern kann nicht ausgestellt werden, da das Übereinkommen dies nicht vorsieht (vgl. dazu § 57 Rdnr. 36, § 55 Rdnr. 15 ff.). Zum Stand des noch nicht in Kraft getretenen Nachfolgeübereinkommens, dem CIEC-Übereinkommen Nr. 34 vom 14. 3. 2014 über die Ausstellung mehrsprachiger, codierter Auszüge und Bescheinigungen aus Personenstandsregistern (BGBl. 2017 II S. 938), das auch für Lebenspartnerschaftsregister die Möglichkeit einer internationalen Personenstandsurkunde eröffnet, vgl. § 55 Rdnr. 15. 25

33 Zum internationalen Mitteilungsverkehr nach Einführung der »Ehe für alle« vgl. *Zimmermann*, StAZ 2018, 355.
34 Siehe Fn. 6.
35 Siehe Fn. 2.

Kapitel 5 **Geburt**

Abschnitt 1 **Anzeige und Beurkundung**

§ 18 Anzeige

(1) Die Geburt eines Kindes muss dem Standesamt, in dessen Zuständigkeitsbereich es geboren ist,
1. von den in § 19 Satz 1 genannten Personen mündlich oder
2. von den in § 20 Satz 1 und 2 genannten Einrichtungen schriftlich
binnen einer Woche angezeigt werden. Ist ein Kind tot geboren, so muss die Anzeige spätestens am dritten auf die Geburt folgenden Werktag erstattet werden.

(2) Bei einer vertraulichen Geburt nach § 25 Absatz 1 des Schwangerschaftskonfliktgesetzes sind in der Anzeige auch das Pseudonym der Mutter und die für das Kind gewünschten Vornamen anzugeben.

Übersicht (die Zahlen bedeuten Randnummern)

I. Rechtsentwicklung

1 Die Vorschrift des § 18 Abs. 1 über die Anzeige der Geburt entspricht im Wesentlichen dem § 16 PStG a. F. Redaktionell wird die Form der Anzeige (mündlich oder schriftlich) bereits an dieser Stelle geregelt (vgl. demgegenüber §§ 17 Abs. 2 und 18 Abs. 3, 19 PStG a. F.). Die Wochenfrist für die Erstattung der Anzeige gilt unverändert. Eine Ausnahme für die Mutter (§ 17 Abs. 1 Nr. 5 PStG

a. F.: »sobald sie dazu imstande ist«) gibt es nicht mehr. Entsprechend der Regelung für die Sterbefallanzeige (§28) wurde auch die Frist für die Anzeige einer Totgeburt verlängert. Sie ist nicht mehr spätestens am folgenden, sondern an dem dritten auf die Geburt folgenden Werktag anzuzeigen.

Bei der Totgeburt wird nicht mehr danach unterschieden, ob das Kind tot- 2
geboren oder in der Geburt verstorben ist; diese im alten PStG enthaltene Differenzierung war ohne praktische Relevanz[1]. Die Abgrenzung der Begriffe »Lebendgeburt«, »Totgeburt« und »Fehlgeburt« wird auf Grund der Ermächtigung des §73 Nr. 18 in §31 PStV vorgenommen. Die letzte Änderung der Legaldefinitionen einer Tot- und einer Fehlgeburt in §31 Abs. 2 PStV erfolgte durch Art. 1 Nr. 7 Buchst. a der Ersten Verordnung zur Änderung der Personenstandsverordnung vom 24. 10. 2018[2].

Die Anzeige und Beurkundung von Geburten auf deutschen Seeschiffen 3
(vgl. 45 PStV a. F.) ist jetzt gesetzlich geregelt (§37). Dagegen werden die Bestimmungen über Geburten in Land- und Luftfahrzeugen sowie auf Binnenschiffen weiterhin durch Rechtsverordnungen getroffen (Ermächtigung: §73 Nr. 13); vgl. §32 Abs. 1 PStV.

Näheres über die bei Anzeige der Geburt vorzulegenden Unterlagen regelt 4
§33 PStV (Ermächtigung: §73 Nr. 11).

Absatz 2 wurde durch Art. 3 Nr. 2 des Gesetzes zum Ausbau der Hilfen für 5
Schwangere und zur Regelung der vertraulichen Geburt vom 28. 8. 2013[3] dem Wortlaut des §18 (jetzt Absatz 1) mit Wirkung vom 1. 5. 2014 angefügt.

II. Umfang der Anzeigepflicht

§18 Abs. 1 Satz 1 bestimmt, dass jede Geburt eines Kindes dem zuständigen 6
Standesamt angezeigt werden muss. Eine Anzeige ist zwingende Voraussetzung für die Beurkundung einer Geburt; eine Beurkundung auf Grund eigener Ermittlungen des Standesamts ist nicht zulässig (Nr. 9.4.1 PStG-VwV)[4]. Nach dem Territorialprinzip bezieht sich die Verpflichtung zur Anzeige grundsätzlich auf alle Kinder, die im Inland geboren werden. Die Anzeigepflicht besteht ohne Rücksicht auf die Staatsangehörigkeit der Eltern und des Kindes. Sie gilt auch für Personen, die Vorrechte und Immunitäten genießen (Nr. 19.2.3 PStG-VwV). Die Beurkundung nach ausländischem Recht bei einer ausländischen Stelle (z. B. Konsulat) befreit nicht von der Pflicht zur Anzeige bei dem deutschen Standesamt. Ausgenommen von der Anzeigepflicht sind lediglich Geburten von Kindern der Mitglieder einer Truppe der Partner des Nordatlantikvertrages sowie von Kindern der Mitglieder eines zivilen Gefol-

1 Vgl. *Bornhofen,* StAZ 1998, 273, 276.

2 BGBl. I S. 1768.

3 BGBl. I S. 3458.

4 Zur Neubeurkundung eines alten Geburtsfalles bei Fehlen eines Anzeigepflichtigen vgl. *Rauhmeier,* StAZ 2011, 248.

ges dieser Truppe und der Angehörigen[5]. Dies gilt auch für Kinder der Mitglieder einer Truppe oder eines zivilen Gefolges, die einem internationalen militärischen Hauptquartier der NATO zugeteilt sind, sowie der Angehörigen[6]. Die Geburtsbeurkundung in einem deutschen Geburtenregister bleibt jedoch möglich. Ist das Kind Deutscher, bleibt die Anzeigepflicht in jedem Fall bestehen, vgl. Nr. 19.2.1 und 19.2.2 PStG-VwV.

7 Die Anzeigepflicht gilt auch für totgeborene Kinder. § 18 Abs. 1 Satz 2 verkürzt lediglich die Anzeigefrist. Für die Eintragung einer Totgeburt in das Geburtenregister gelten die besonderen Bestimmungen des § 21 Abs. 2. Fehlgeburten werden in den Personenstandsregistern nicht beurkundet, sie können jedoch angezeigt werden, um eine Bescheinigung nach dem Muster der Anlage 11 zur PStV zu erlangen (§ 31 Abs. 2 Satz 2 bis 4 PStV; Rdnr. 27 ff.). Zur Besonderheit der Anzeige- und Beurkundungspflicht für Fehlgeburten, die Teil einer Mehrlingsgeburt sind, vgl. § 31 Abs. 3 PStV und Rdnr. 12.

III. Geburt

8 Als Geburt ist das vollständige Ausscheiden des Kindes aus dem Mutterleib zu verstehen; die Durchtrennung der Nabelschnur ist nicht erforderlich (Nr. 18.2.1 PStG-VwV). Mit der Vollendung der Geburt beginnt die Rechtsfähigkeit des Menschen (§ 1 BGB), d. h. die Fähigkeit, Träger von Rechten und Pflichten zu sein. Das Kind muss, um die Rechtsfähigkeit zu erlangen, bei der Vollendung der Geburt leben, auch wenn es kurz danach verstirbt. Das PStG erfasst nicht nur Lebendgeburten (§§ 18 Abs. 1 Satz 1, 21 Abs. 1), sondern erstreckt die Anzeige- und Beurkundungspflicht auch auf totgeborene Kinder (§§ 18 Abs. 1 Satz 2, 21 Abs. 2). Die Beurkundung von Totgeburten hat den Zweck, beweiskräftig festzuhalten, dass das Kind keine Rechtsfähigkeit gemäß § 1 BGB erlangt hat, im Gegensatz zu den Kindern, die unmittelbar nach Vollendung der Geburt gestorben sind; in den letztgenannten Fällen ist sowohl ein Geburts- als auch ein Sterbeeintrag zu errichten. Die Unterscheidung ist insbesondere aus erbrechtlichen Gründen erforderlich, weil Erbe nur werden kann, wer zur Zeit des Erbfalls lebt (§ 1923 Abs. 1 BGB). Verfahrensrechtlich gelten für Totgeburten neben der verkürzten Anzeigefrist die Besonderheiten des § 21 Abs. 2, der die Kennzeichnung als Totgeburt im Geburtseintrag vorschreibt. Im Hinblick auf diese Regelung wird auf eine Beurkundung der Totgeburt auch im Sterberegister verzichtet.

9 § 31 PStV enthält für Lebend-, Tot- und Fehlgeburten jeweils Legaldefinitionen, die sich an den medizinischen Erkenntnissen orientieren; dabei ist die Abgrenzung einer Tot- von einer Fehlgeburt in § 31 Abs. 2 zuletzt durch die

5 Art. 15 des Zusatzabkommens zu dem Abkommen zwischen den Parteien des Nordatlantikvertrages über die Rechtsstellung ihrer Truppen hinsichtlich der in der Bundesrepublik Deutschland stationierten ausländischen Truppen vom 3. 8. 1959 (GS Nr. 204).

6 Gesetz zu dem Protokoll über die NATO-Hauptquartiere und zu den Ergänzungsvereinbarungen vom 17. 10. 1969 (GS Nr. 204a).

Erste Verordnung zur Änderung der Personenstandsverordnung neu vorgenommen worden (vgl. Rdnr. 2). Im Einzelnen gilt Folgendes:

Eine Lebendgeburt liegt vor, wenn bei einem Kind nach der Scheidung 10
vom Mutterleib entweder das Herz geschlagen oder die Nabelschnur pulsiert oder die natürliche Lungenatmung eingesetzt hat (§ 31 Abs. 1 PStV). Auf die Lebensfähigkeit des Kindes kommt es nicht an. Hat sich auch nur für kurze Zeit eines der Lebensmerkmale gezeigt, so handelt es sich unabhängig von dem fetalen Alter der Leibesfrucht und sonstigen Merkmalen (z. B. Gewicht, Größe) um eine Lebendgeburt. In diesem Fall sind Geburt und Tod des Kindes gesondert zu beurkunden. Dieser Grundsatz gilt auch für abgetriebene Feten, wenn nach der Trennung vom Mutterleib Zeichen des Lebens festgestellt worden sind[7].

Eine Totgeburt ist gegeben, wenn sich keines der Merkmale des Lebens 11
(Herzschlag, pulsierende Nabelschnur oder natürliche Lungenatmung) gezeigt hat und das Gewicht der Leibesfrucht mindestens 500 Gramm beträgt oder das Gewicht des Kindes unter 500 Gramm beträgt, aber die 24. Schwangerschaftswoche erreicht wurde (§ 31 Abs. 2 Satz 1 PStV). Die Gewichtsgrenze orientiert sich an den medizinischen Erkenntnissen darüber, ab wann generell die Leibesfrucht so weit entwickelt ist, dass sie lebend geboren werden kann. Gegenüber der bisherigen Legaldefinition einer Totgeburt ist aber nunmehr die Gewichtsgrenze nicht mehr allein entscheidend, da eine Totgeburt auch bei einem Geburtsgewicht des Kindes unter 500 Gramm vorliegen kann, wenn die 24. Schwangerschaftswoche erreicht wurde. Mit dieser Änderung sollten Fälle einbezogen werden, in denen die Schwangerschaft deutlich länger als 24 Wochen gedauert hat und das Kind trotzdem mit einem Gewicht von unter 500 Gramm tot geboren worden ist und somit bisher als Fehlgeburt galt. Da die Regelungen im Mutterschutzgesetz für die Abgrenzung von Tot- und Fehlgeburten an die personenstandsrechtlichen Regelungen anknüpfen, wollte der Verordnungsgeber mit der Neuregelung sicherstellen, dass betroffene Frauen in diesen Fällen Anspruch auf Mutterschutz haben; zudem sollte eine Angleichung an das in anderen europäischen Staaten geltende Recht erfolgen[8].

Ob Feten aus einem Schwangerschaftsabbruch mit einem Gewicht über 500 Gramm als Totgeburt zu werten sind, ist bislang nicht abschließend geklärt[9]. Das Standesamt muss sich auf die – auch für statistische Zwecke zu übermittelnden – Angaben verlassen, die ihm mit der Geburtsanzeige von dem Arzt oder der Hebamme geliefert werden.

Für den Begriff der Fehlgeburt wurde keine eigene Legaldefinition aufge- 12
nommen, sondern der Begriff wird nur negativ gegenüber den übrigen Be-

7 Vgl. *Bornhofen*, StAZ 1998, 273, 276; siehe auch *Horenkamp*, StAZ 2018, 162, 163.
8 Vgl. amtl. Begr., BR-Drs. 417/18 S. 50 f.
9 Bejaht von OLG Dresden, StAZ 1999, 237 mit Anm. *Sachse; Frank*, StAZ 2017, 266, 268, *Horenkamp*, StAZ 2018, 162, 163 f.; a. A. *Bornhofen*, StAZ 1998, 273, 278.

griffen abgegrenzt: Eine Fehlgeburt liegt vor, wenn es sich nicht um eine Lebend- oder Totgeburt handelt, § 31 Abs. 2 Satz 1 PStV. Eine Fehlgeburt wird in den Personenstandsregistern nicht beurkundet, kann aber mit der Folge angezeigt werden, dass den Eltern eine Bescheinigung nach dem Muster der Anlage 11 zur PStV erteilt werden kann (§ 31 Abs. 2 Satz 2 bis 4 PStV)[10]. § 31 Abs. 3 PStV dehnt die Beurkundungspflicht auf alle Kinder einer Mehrlingsgeburt aus, wenn mindestens eines der Kinder lebend oder tot geboren wurde. In diesem Fall wird auch für die Fehlgeburt ein Geburtseintrag errichtet. Damit soll dem Anliegen von Eltern entsprochen werden, die in einem solchen Fall für alle Kinder Geburtsurkunden erhalten möchten.

IV. Das Anzeigeverfahren

1. Zuständiges Standesamt

13 Die Anzeige ist gegenüber dem Standesamt zu erstatten, in dessen Bezirk das Kind geboren ist. Bei Zweifeln über die örtliche Zuständigkeit ist die Entscheidung der gemeinsamen Aufsichtsbehörde, ggf. des BMI einzuholen (§ 40 Abs. 1). Die Zuständigkeit richtet sich ausschließlich nach dem Ort, an dem das Kind geboren, d. h. die Geburt vollendet ist. Andere Umstände wie Wohnsitz oder gewöhnlicher Aufenthalt der Sorgeberechtigten sind ohne Bedeutung.

14 Das Verfahren bei Geburten auf deutschen Seeschiffen regelt § 37. Für eine Geburt in einem Land- oder Luftfahrzeug ist das Standesamt zuständig, in dessen Bezirk die Mutter das Fahrzeug verlässt; Geburten auf einem Binnenschiff beurkundet das Standesamt, in dessen Bezirk das Schiff zuerst vor Anker geht oder anlegt (§ 32 Abs. 1 PStV). Für den seltenen Fall einer Geburt auf dem Bodensee gelten die Besonderheiten des Übereinkommens der Bodenseeuferstaaten über die Beurkundung von Geburten und Sterbefällen auf dem Bodensee vom 16. 3. 1880 (§ 33 Abs. 3 PStV)[11]. Zur Beurkundung der Geburt von Deutschen oder Ausländern mit deutschem Personalstatut im Ausland vgl. § 36.

2. Anzeigefrist

15 Die Anzeige einer Lebendgeburt ist binnen einer Woche zu erstatten (§ 18 Abs. 1 Satz 1). Zur Anzeige des Auffindens eines Findelkindes vgl. § 24 Abs. 1 Satz 1. Die Anzeige einer Totgeburt ist nach § 18 Abs. 1 Satz 2 entsprechend der für die Anzeige eines Sterbefalles geltenden Frist spätestens am dritten auf die Geburt folgenden Werktag zu erstatten (vgl. § 28).

10 Zur Möglichkeit der Bestattung fehlgeborener Kinder vgl. z. B. § 8 Abs. 1 Satz 2 Niedersächsisches Bestattungsgesetz vom 8. 12. 2005 (GVBl. S. 381); *Rixen*, FamRZ 1994, 417.
11 GS Nr. 207 A/CH.

Maßgebend für den Beginn der Anzeigefrist ist die Vollendung der Geburt. Bei der Berechnung der Frist sind die §§ 187, 188 und 193 BGB entsprechend anzuwenden (Nr. 18.1.1 PStG-VwV). Der Tag der Geburt wird nicht mitgerechnet (§ 187 Abs. 1 BGB). Die Frist beginnt mit dem auf den Tag der Geburt folgenden Tag. Ist z. B. die Geburt an einem Mittwoch erfolgt, so läuft die Wochenfrist am Mittwoch der nächsten Woche ab. Fällt der letzte Tag der Frist auf einen Sonntag, einen staatlich anerkannten Feiertag oder auf einen Sonnabend, so wird dieser Tag bei der Berechnung nicht mitgezählt; die Frist endet erst am folgenden Werktag (§ 193 BGB). Bei einer Totgeburt an einem Mittwoch läuft die Frist daher erst am folgenden Montag ab. 16

3. Form der Anzeige

§ 18 Abs. 1 Satz 1 bestimmt, dass die Anzeige von den anzeigepflichtigen Personen (§ 19) mündlich und von den zur Anzeige verpflichteten Einrichtungen (§ 20) schriftlich zu erstatten ist. Die Pflicht zur mündlichen Anzeige bedingt, dass der Anzeigende persönlich im Standesamt erscheint. Eine fernmündliche Anzeige ist mithin nicht zulässig. Die Schriftform kann nach § 3a Abs. 2 Satz 1 VwVfG grundsätzlich durch die elektronische Form ersetzt werden. Für die elektronische Anzeige sollen das Datenaustauschformat XPersonenstand und das Übertragungsprotokoll OSCI-Transport in der jeweils aktuellen Fassung verwendet werden (§ 6 Abs. 2 PStV). Wenn das anzeigende Krankenhaus und das Standesamt an das gleiche verwaltungsinterne Kommunikationsnetz angeschlossen sind und so eine sichere Datenübertragung gewährleistet ist, kann auf die Verwendung des Formats OSCI-Transport verzichtet werden (§ 6 Abs. 2 Halbs. 2 i. V. m. § 63 Abs. 4 PStV). 17

4. Inhalt der Anzeige, Vorlage von Urkunden

Die Anzeigepflicht erstreckt sich auf die Mitteilung des Geburtsfalles und auf alle Angaben, die zur Beurkundung im Geburtenregister sowie zur Datenübermittlung an das statistische Landesamt erforderlich sind (§ 21 Abs. 1 und 2; § 2 Abs. 1 und § 4 BevStatG). Nach § 10 Abs. 1 und 3 haben die zur Anzeige Verpflichteten die für die Beurkundung der Geburt erforderlichen Angaben zu machen und die erforderlichen Nachweise beizubringen. Die unrichtige, unvollständige, nicht rechtzeitige und nicht in der vorgeschriebenen Form erstattete Anzeige der Geburt sowie ihr Unterlassen ist eine Ordnungswidrigkeit (§ 70 Abs. 2 Nr. 1 und 2). Die Anzeige und Vorlage von Urkunden kann notfalls mit Zwangsmitteln durchgesetzt werden (§ 69). Eine besondere Regelung gilt für die nachträgliche Anzeige der Vornamen gemäß § 22 Abs. 1 und 2. Sofern der Anzeigende die Vornamen des Kindes nicht angibt, so müssen diese binnen eines Monats mündlich oder schriftlich angezeigt werden (§ 22 Abs. 1 Satz 1); der Anzeigende ist auf diese Verpflichtung hinzuweisen (Nr. 18.1.3 PStG-VwV). Kann das Geschlecht des Kindes nicht eindeutig zugeordnet werden, so entfällt die entsprechende Angabe in der Anzeige; für die Eintragung der Geburt bestehen die Möglichkeiten des § 22 Abs. 3 (vgl. § 22 Rdnr. 11 ff.). 18

19 Nähere Bestimmungen über die vorzulegenden Unterlagen trifft § 33 PStV. Erforderlich sind Dokumente zum Nachweis der Geburt und Identität des Kindes sowie zu den Eltern alle Angaben, welche die Eintragung der Abstammung sowie der Namensführung des Kindes ermöglichen. Ist dem Anzeigenden, z. B. einer Einrichtung gemäß § 20, die Beschaffung solcher Unterlagen nicht möglich, hat das Standesamt sie nachzufordern (vgl. § 20 Satz 3).

20 Nach § 33 Satz 1 PStV soll das Standesamt verlangen, dass ihm folgende Unterlagen vorgelegt werden:
- bei miteinander verheirateten Eltern ihre Eheurkunde oder ein beglaubigter Ausdruck aus dem Eheregister sowie ihre Geburtsurkunden, wenn sich die Registrierungsdaten der Geburt der Eltern nicht aus der Eheurkunde ergeben[12],
- bei nicht miteinander verheirateten Eltern die Geburtsurkunde der Mutter und, falls die Vaterschaft bereits anerkannt wurde, die Erklärungen hierüber und die Geburtsurkunde des Vaters sowie ggf. die Sorgeerklärungen,
- ein Personalausweis, Reisepass oder ein anderes anerkanntes Passersatzpapier der Eltern und
- bei mündlicher Anzeige eine von einer Ärztin oder einem Arzt oder einer Hebamme oder einem Entbindungspfleger ausgestellte Bescheinigung über die Geburt, soweit sie bei der Geburt zugegen waren.

Die Eheurkunde ist auch vorzulegen, wenn die Ehe aufgelöst ist (§ 33 Satz 2 PStV). Das Standesamt kann die Vorlage weiterer Urkunden verlangen, wenn dies zum Nachweis von Angaben erforderlich ist (§ 33 Satz 3 PStV). Bei Eheschließung der Eltern vor dem 1.1.2009 wird die Eheurkunde aus dem als Heiratseintrag fortgeführten Familienbuch ausgestellt (§ 77 Abs. 3).

21 Ist die Beschaffung der an sich erforderlichen Unterlagen nicht oder nur mit erheblichen Schwierigkeiten oder unverhältnismäßig hohen Kosten möglich, so kann sich das Standesamt mit der Vorlage anderer als öffentlicher Urkunden begnügen und notfalls eine Versicherung an Eides statt verlangen (§ 9 Abs. 2). Einer Vorlage der Urkunden bedarf es nicht, wenn der Standesamt selbst die Personenstandsregister führt, aus denen die Urkunden auszustellen wären (§ 10 Abs. 3 i. V. m. Abs. 1).

5. Prüfung der Anzeige

22 Das Standesamt muss die Angaben des Anzeigenden nachprüfen (§ 9 Abs. 1 PStG; § 5 PStV). Dabei hat es den Sachverhalt durch eigene Ermittlungen, etwa anhand der von ihm geführten Personenstandsregister, aufzuklären. Alle anzeigepflichtigen und sonstigen auskunftsfähigen Personen sind verpflichtet, die für die Beurkundungen in dem Geburtenregister benötigten

12 Auf die Vorlage der Geburtsurkunde kann ab 1.11.2018 verzichtet werden, wenn in die neue Eheurkunde ein Hinweis über die Registrierungsdaten der Geburt der Eltern aufgenommen wird (vgl. Art. 2 Nr. 9 und 25, Art. 4 Abs. 2 des 2. PStRÄndG).

Angaben zu machen und die erforderlichen Urkunden vorzulegen (§ 10). Fehlen Angaben in der Anzeige, so hat das Standesamt den Anzeigenden oder einen nach § 19 Anzeigeberechtigten zu veranlassen, die Anzeige zu ergänzen (§§ 10, 20 Satz 3).

Wird zum Nachweis der Auflösung der Ehe der Mutter eine ausländische Entscheidung vorgelegt, so ist zu prüfen, ob diese im deutschen Rechtsbereich anerkannt werden kann. Handelt es sich um die Entscheidung eines Gerichts oder einer Behörde, die in einem Mitgliedstaat der Europäischen Union (außer Dänemark) ergangen ist und von der EheVO-EG erfasst wird, so genügt regelmäßig die Vorlage einer Bescheinigung nach Art. 39 EheVO-EG. Andernfalls muss die Entscheidung von der Landesjustizverwaltung oder, sofern das Landesrecht dies bestimmt, von dem Präsidenten des Oberlandesgerichts anerkannt werden (§ 107 FamFG). Wird die Feststellung nicht getroffen, so ist die Mutter im deutschen Rechtsbereich noch als verheiratet anzusehen. Zur Anerkennung ausländischer Entscheidungen in Ehesachen vgl. näher Nr. A 6.2 PStG-VwV. **23**

Das Standesamt hat die Staatsangehörigkeit der Eltern zu ermitteln, wenn sie nicht Deutsche sind. Der Nachweis wird durch Vorlage eines Reisepasses oder Passersatzes, eines Personalausweises mit Angabe der Staatsangehörigkeit eines EU-Staates, eines sonstigen EWR-Staates und der Schweiz oder durch Vorlage einer Staatsangehörigkeitsbescheinigung des Heimatstaates geführt (§ 8 Abs. 2 PStV). Die Prüfung erfolgt für die Ermittlung des anzuwendenden materiellen Familienrechts, das etwa für den Namen und die Abstammung maßgebend ist, und im Hinblick auf § 21 Abs. 3 Nr. 1, wonach zum Geburtseintrag auf die ausländische Staatsangehörigkeit der Eltern hingewiesen wird, wenn sie nachgewiesen ist (vgl. § 21 Rdnr. 75 f.). **24**

Bei der Anzeige der Geburt eines Kindes ausländischer Eltern hat das Standesamt zu prüfen, ob das Kind gemäß § 4 Abs. 3 StAG die deutsche Staatsangehörigkeit erworben haben kann. Ob die aufenthaltsrechtlichen Voraussetzungen für den Staatsangehörigkeitserwerb vorliegen, hat die Ausländerbehörde zu prüfen. Der Verfahrensablauf zwischen den beteiligten Behörden ist in § 34 PStV geregelt (vgl. § 21 Rdnr. 77 f.). Auf den Erwerb der deutschen Staatsangehörigkeit nach § 4 Abs. 3 StAG ist im Geburtenregister hinzuweisen (§ 21 Abs. 3 Nr. 4). **25**

6. Niederschrift über die mündliche Anzeige

Über die mündliche Anzeige ist vom Standesamt eine Niederschrift aufzunehmen, die alle zur ordnungsgemäßen Beurkundung der Geburt erforderlichen Angaben enthält (§ 6 Abs. 1 PStV). Ein amtliches Formularmuster für die Niederschrift ist in der PStV nicht vorgesehen. Die Niederschrift über die Anzeige einer Geburt muss als schlichtere Form der Beurkundung nicht zwingend vom Urkundsbeamten aufgenommen werden. Durch die zu den Sammelakten zu nehmende Niederschrift kann bei späteren Berichtigungsverfahren belegt werden, welche Erklärungen abgegeben wurden und dass **26** die Angaben vom Standesamt richtig im Personenstandsregister beurkundet wurden. Zur Niederschrift vgl. Nr. 9.4.3 ff. PStG-VwV.

V. Anzeige einer Fehlgeburt

1. Allgemeines

27 Durch das Eheschließungsrechtsgesetz vom 4.5.1998[13] wurde die Beurkundung von Totgeburten vom Sterbebuch in das Geburtenbuch verlegt und die Möglichkeit der Namensbeurkundung geschaffen (vgl. jetzt § 21 Abs. 2). Fehlgeburten (§ 31 Abs. 2 Satz 1 PStV) wurden dagegen personenstandsrechtlich weiterhin nicht erfasst. Dies wurde von betroffenen Eltern als Nichtachtung ihres Schicksals empfunden und führte zu der Forderung, für Fehlgeburten (»Sternenkinder«) eine Regelung über eine standesamtliche Dokumentation zu treffen. Eine Fehlgeburt kann zwar nicht im Personenstandsregister beurkundet werden (§ 31 Abs. 2 Satz 2 PStV). Jedoch wurde die Möglichkeit geschaffen, auch eine Fehlgeburt dem Standesamt gegenüber anzuzeigen, auf diese Weise dauerhaft zu dokumentieren und hierüber auf Wunsch eine amtliche Bescheinigung zu erhalten (§ 31 Abs. 2 Satz 3 und 4 i. V. m. Anlage 11 zur PStV)[14]. Die Wirkung der Bescheinigung ist beschränkt. Sie beweist nicht die Fehlgeburt, sondern nur, dass hierüber eine Anzeige bei dem Standesamt erstattet worden ist. Insbesondere handelt es sich nicht um eine Personenstandsurkunde i. S. des § 55 Abs. 1. Aus diesem Grund können die Anforderungen an den Nachweis der in die Bescheinigung aufzunehmenden Daten gegenüber einem zu beurkundenden Personenstandsfall geringer gehalten werden. Zur Anzeige und Erteilung der Bescheinigung vgl. Nr. 18.2.2 bis 18.2.7 PStG-VwV.

2. Anzeige der Fehlgeburt

28 Für die Anzeige einer Fehlgeburt nach § 31 Abs. 2 Satz 3 PStV ist keine Anzeigefrist festgelegt. Sie kann sich also auch auf Fehlgeburten beziehen, die vor dem Inkrafttreten der neuen Regelung (15.5.2013) erfolgt sind. Eine besondere Form der Anzeige ist nicht vorgeschrieben, sie kann schriftlich oder mündlich vorgenommen werden. Es empfiehl sich, über die mündliche Anzeige eine Niederschrift aufzunehmen. Zuständig für die Entgegennahme der Anzeige ist das Standesamt, in dessen Zuständigkeitsbereich die Fehlgeburt erfolgt ist. Lässt sich bei Altfällen der Ereignisort nicht präzise erfassen, sollten die Angaben der Mutter zugrunde gelegt werden. Bei einer Fehlgeburt im Ausland bietet sich eine analoge Anwendung des § 36 an: Die Anzeige einer Fehlgeburt, die eine deutsche Staatsangehörige im Ausland erlitten hat, ist gegenüber dem für ihren aktuellen oder letzten Wohnsitz oder dem für ihren

13 BGBl. I S. 833.
14 Vgl. BT-Drs. 17/10489 S. 50; *Bockstette*, StAZ 2013, 169, 173 f.; *Leeb/Weber*, StAZ 2013, 365.

gewöhnlichen Aufenthalt zuständigen Standesamt zu erstatten, sonst gegenüber dem Standesamt I in Berlin (Nr. 18.2.5 PStG-VwV).

Die Anzeige ist nur Personen möglich, denen bei Lebendgeburt die Personensorge zugestanden hätte. Sind die Eltern verheiratet, so ergibt sich das (potenzielle) gemeinsame Sorgerecht und damit die Antragsbefugnis eines jeden Elternteils aus §§ 1626 Abs. 1, 1626a Abs. 1 Nr. 2 BGB. Haben unverheiratete Eltern vor der Geburt des Kindes eine gemeinsame Sorgeerklärung abgegeben (§§ 1626a Abs. 1 Nr. 1, 1626b Abs. 2 BGB), steht ebenfalls die Antragsbefugnis eines jeden Elternteils fest. Sonst bleibt es bei der Antragsbefugnis der Mutter (vgl. § 1616a Abs. 3 BGB). Die anzeigende Person soll ihre Identität nachweisen. Hierfür reicht ein Personalausweis oder ein anderes amtliches Identitätspapier aus. Die Vorlage von Personenstandsurkunden wird nicht verlangt. 29

Die Tatsache, dass eine Fehlgeburt stattgefunden hat, kann durch einen Mutterpass glaubhaft gemacht werden, wenn daraus die Fehlgeburt hervorgeht, oder durch eine von einem Arzt oder einer Hebamme ausgestellte Bescheinigung. Eine bestimmte Dauer der Schwangerschaft oder ein Mindestgewicht wird nicht gefordert. Bei einer länger zurückliegenden Fehlgeburt, über die keine medizinischen Unterlagen mehr vorhanden sind, reicht als Nachweis die Glaubhaftmachung durch eine von der Mutter abgegebene Versicherung an Eides statt (§ 9 Abs. 2 analog). 30

3. Bescheinigung der Fehlgeburt

Für die Bescheinigung der Fehlgeburt ist das Formular nach dem Muster der Anlage 11 zur PStV zu verwenden (§ 31 Abs. 2 Satz 4 PStV). Das Formular verzichtet darauf, die Fehlgeburt als solche zu benennen; der Zweck der Bescheinigung erschließt sich aus der in der Überschrift und im Text zitierten Rechtsgrundlage. Eingetragen werden Mutter und Vater mit ihren Namen und auf Wunsch mit ihrer Religionszugehörigkeit sowie das Kind mit den vorgesehenen Namen, seinem Geschlecht, dem Geburtstag und dem Geburtsort. Als Vater ist der Mann einzutragen, der zum Zeitpunkt der Fehlgeburt mit der Frau, die die Fehlgeburt erlitten hat, verheiratet war. Die Ehe ist nachzuweisen, z. B. durch eine Eheurkunde; es reicht aber auch eine Meldebescheinigung. Ist die Frau nicht verheiratet und gibt sie einen Erzeuger der Leibesfrucht an, so ist dieser nur mit seiner schriftlichen Zustimmung als Vater in die Bescheinigung einzutragen. Die gleiche Handhabung empfiehlt sich, wenn ein pränatales Vaterschaftsanerkenntnis (§ 1594 Abs. 4 BGB) vorliegt. Ist der von der Mutter genannte Mann im Zeitpunkt der Anzeige bereits verstorben, kommt seine Eintragung als Vater mangels Zustimmung nicht mehr in Betracht. Die Eintragung von Vor- und Familiennamen des Kindes orientiert sich an den im Zeitpunkt der Fehlgeburt geltenden namensrechtlichen Bestimmungen (vgl. Nr. 18.2.7 PStG-VwV). 31

4. Aufbewahrung der Unterlagen

32 Die die Anzeige der Fehlgeburt betreffenden Unterlagen (schriftlichen Anzeige, Niederschrift über die mündliche Anzeige, vorgelegte Nachweise und ggf. die schriftliche Zustimmung zur Eintragung als Vater) sind nicht Bestandteil der Sammelakten. Sie sind mit einer Kopie der Bescheinigung in einem besonderen Aktenband aufzubewahren.

VI. Anzeige bei vertraulicher Geburt

1. Verfahren der vertraulichen Geburt

33 Das Verfahren der vertraulichen Geburt ist in den §§ 25 ff. des Schwangerschaftskonfliktgesetzes (SchKG) in der ab 1.5.2014 geltenden Fassung geregelt[15]. Eine Schwangere, die ihre Identität nicht preisgeben und die ihr Kind nach der Geburt abgeben möchte, ist nach einem ersten ergebnisoffenen Beratungsgespräch bei einer Beratungsstelle nach dem SchKG in einem weiteren Gespräch über die Möglichkeit der vertraulichen Geburt zu informieren (vgl. § 25 Abs. 2 SchKG). § 25 Abs. 1 Satz 2 SchKG definiert die vertrauliche Geburt als Entbindung, bei der die Schwangere ihre Identität nicht offenlegt und stattdessen Angaben für einen Herkunftsnachweis nach § 26 Abs. 2 SchKG macht. Der Herkunftsnachweis wird von der Beratungsstelle erstellt und nach der Geburt des Kindes ergänzt. Er enthält Angaben über die wahre Identität der Mutter und dient dem Nachweis der Herkunft des Kindes (§ 26 Abs. 2, 3 und 6 SchKG). Er wird nach der Geburt des Kindes in einem verschlossenen Umschlag von der Beratungsstelle an das Bundesamt für Familie und zivilgesellschaftliche Aufgaben übersandt und dort aufbewahrt (§ 27 SchKG). Nach Vollendung des 16. Lebensjahres kann das vertraulich geborene Kind den Herkunftsnachweis nach Maßgabe des § 31 SchKG einsehen.

34 Für das Verfahren der vertraulichen Geburt wählt die Schwangere ein Pseudonym (Vor- und Familiennamen) sowie je einen oder mehrere weibliche und einen oder mehrere männliche Vornamen (Wunschnamen) für das Kind (§ 26 Abs. 1 SchKG). Die Beratungsstelle vermittelt die Schwangere unter deren Pseudonym an eine geburtshilfliche Einrichtung oder eine zur Leistung von Geburtshilfe berechtigte Person ihrer Wahl zur Durchführung der vertraulichen Geburt; dabei sind auch die von der Schwangeren gewählten Vornamen für das Kind mitzuteilen (§ 26 Abs. 4 SchKG). Gleichzeitig wird das Jugendamt informiert (§ 26 Abs. 5 SchKG). Die Geburt wird fachlich begleitet und unter dem Pseudonym dokumentiert. Die geburtshilfliche Einrichtung oder die zur Leistung von Geburtshilfe berechtigte Person zeigt die Geburt mit den ihr bekannten Daten bei dem Standesamt an, wobei darauf hingewiesen wird, dass es sich um eine vertrauliche Geburt handelt (vgl.

15 Die Vorschriften wurden durch Art. 7 des Gesetzes vom 28. 8. 2013 (BGBl. I S. 3458) in das Schwangerschaftskonfliktgesetz eingefügt (vgl. Rdnr. 5). Ausführlich zu dem Gesetz *Berkl*, StAZ 2014, 65.

Rdnr. 35). Nach der Bestimmung von Vor- und Familiennamen durch die zuständige Verwaltungsbehörde beurkundet das Standesamt die Geburt (vgl. §21 Rdnr. 69f.). Es kann danach eine Geburtsurkunde ausstellen, die insbesondere zur Identifikation des Kindes in einem anschließenden Adoptionsverfahren geeignet ist.

2. Anzeige der vertraulichen Geburt

Auch für die Anzeige einer vertraulichen Geburt gelten die §§19 und 20. **35** Wurde das Kind in einer geburtshilflichen Einrichtung, z.B. in einem Krankenhaus, geboren, ist der Träger der Einrichtung zur schriftlichen Anzeige verpflichtet. §26 Abs. 4 SchKG sieht vor, dass eine vertrauliche Geburt auch als Hausgeburt erfolgt. In diesem Fall ist die zur Leistung von Geburtshilfe berechtigte Person (Arzt, Hebamme, Entbindungspfleger) verpflichtet, die Geburt mündlich anzuzeigen. Eine Anzeige durch die Mutter selbst scheidet naturgemäß aus. Für das Kind sind Geburtsdatum, Geburtsort und das Geschlecht sowie die von der Mutter gewünschten Vornamen anzugeben. Die Mutter ist lediglich mit dem von ihr gewählten Pseudonym zu bezeichnen. Zur Vermeidung von Missverständnissen sollte in der Anzeige auf den Umstand der vertraulichen Geburt hingewiesen werden[16]. Die gewünschten Vornamen für das Kind sind die Grundlage für die Namensbestimmung durch die zuständige Verwaltungsbehörde nach §21 Abs. 2a Satz 2[17]. Das Pseudonym der Mutter wird zwar nicht in den Geburtseintrag aufgenommen, wird aber für die Mitteilungen nach §57 Abs. 1 Nr 4, 5 und 7 PStV benötigt, damit die Daten des Kindes dem Pseudonym der Mutter zugeordnet werden können.

16 Die Begründung des Gesetzentwurfs erwähnt ausdrücklich, dass in der Anzeige gegenüber dem Standesamt kenntlich gemacht wird, dass es sich um eine vertrauliche Geburt handelt (BT-Drs. 17/12814 S. 10).
17 Dazu ausführlich *Berkl*, StAZ 2017, 148.

§ 19 Anzeige durch Personen

Zur Anzeige sind verpflichtet
1. **jeder Elternteil des Kindes, wenn er sorgeberechtigt ist,**
2. **jede andere Person, die bei der Geburt zugegen war oder von der Geburt aus eigenem Wissen unterrichtet ist.**

Eine Anzeigepflicht nach Nummer 2 besteht nur, wenn die sorgeberechtigten Eltern an der Anzeige gehindert sind.

Übersicht (die Zahlen bedeuten Randnummern)

I. Rechtsentwicklung

1 § 19 entspricht der Vorschrift des § 17 PStG a. F., bringt aber eine vereinfachte Regelung. Zur mündlichen Anzeige sind nur noch zwei Personengruppen verpflichtet: in erster Linie jeder sorgeberechtigte Elternteil und hilfsweise jede Person, die bei der Geburt zugegen war oder davon Kenntnis hat. Die in § 17 Nr. 1 bis 5 PStG a. F. genannten Personen, die in der im Gesetz aufgeführten Reihenfolge zur Anzeige verpflichtet waren, lassen sich unter eine der beiden Personengruppen des § 19 subsumieren. Eine Rangfolge innerhalb dieser Gruppen gibt es nicht mehr. Dass die Anzeige mündlich zu erstatten ist, ist vorab in § 18 geregelt.

II. Die anzeigepflichtigen Personen

2 § 19 bestimmt, welche Personen zur mündlichen Anzeige verpflichtet sind, und legt die Reihenfolge fest, in der die Anzeigepflicht zu erfüllen ist. In den Fällen, in denen eine Geburt in einer öffentlichen oder einer privaten Einrichtung erfolgt ist, gilt § 20. Die Berechtigung der in § 19 aufgeführten Personen, die Geburtsanzeige zu erstatten, wird durch die Anzeigepflicht der Einrichtung nicht berührt (§ 20 Satz 3; Nr. 19.1.2 PStG-VwV).

1. Eltern

3 Nach § 19 Satz 1 Nr. 1 ist jeder Elternteil zur Anzeige verpflichtet, wenn er Inhaber der elterlichen Sorge ist.

4 Sind die Eltern bei der Geburt des Kindes miteinander verheiratet, so tritt die gemeinsame Sorge automatisch mit der Geburt ein (§ 1626 Abs. 1 Satz 1 BGB). Auch wenn das Kind nach den gegebenen Umständen nicht von dem

Ehemann der Mutter stammen kann (z. B. bei einem Auslandsaufenthalt während der Dauer der Empfängniszeit), gilt dieser gemäß § 1592 Nr. 1 BGB bis zur rechtskräftigen Feststellung der Nichtvaterschaft (§ 1599 Abs. 1 BGB) als der Vater des Kindes und ist als solcher zu Anzeige verpflichtet (Nr. 19.1.1 PStG-VwV).

Sind die Eltern bei der Geburt des Kindes nicht miteinander verheiratet, 5 so ist die Mutter auf jeden Fall sorgeberechtigt und damit anzeigepflichtig, der Vater nur, wenn die Eltern zuvor gemeinsame Sorgeerklärungen abgegeben haben (§ 1626a Abs. 1 Nr. 1 und Abs. 3, § 1626b Abs. 2 BGB). Die vorgeburtliche Vaterschaftsanerkennung (§ 1594 Abs. 4 BGB) allein begründet noch keine Anzeigepflicht des Anerkennenden. Bei Zweifeln, ob der anzeigende Vater Mitinhaber der elterlichen Sorge ist, kann eine Abschrift der öffentlich beurkundeten Sorgeerklärung Aufklärung geben.

Die Anzeigepflicht des sorgeberechtigten Vaters besteht unabhängig da- 6 von, ob er bei der Geburt zugegen war (Nr. 19.1.1 PStG-VwV). Sie obliegt ihm auch dann, wenn er sich zur Zeit der Geburt auf Reisen befand oder von der Mutter getrennt lebt. Allerdings wird er dann häufig keine zuverlässige, als Grundlage für eine Anzeige geeignete Kenntnis von der Geburt haben. Wer keine Kenntnis von der Geburt hat, ist an der Anzeige gehindert, so dass die Anzeigepflicht des anderen sorgeberechtigten Elternteils eingreift. Dies gilt auch, wenn der Vater während des Laufes der Anzeigefrist vom Geburtsort abwesend ist. Ist der Vater tatsächlich verhindert, die elterliche Sorge auszuüben (etwa durch Krankheit, Haft, Auslandsreise), so übt nur die Mutter die elterliche Sorge aus (§ 1678 Abs. 1 BGB) und ist allein anzeigepflichtig. Ist die Mutter auf Grund der Geburt nicht imstande, die Anzeige fristgemäß zu erstatten, kommt die Anzeigepflicht der anderen Personen zum Tragen (§ 19 Satz 2).

2. Andere Personen

Andere Personen sind zur Anzeige verpflichtet, wenn sie entweder bei der 7 Geburt zugegen waren oder von der Geburt aus eigenem Wissen unterrichtet sind (§ 19 Satz 1 Nr. 2). Die Anzeigepflicht besteht nur, wenn die sorgeberechtigten Eltern an der Anzeige gehindert sind (vgl. Rdnr. 10).

Bei der Geburt zugegen waren in erster Linie die Personen, die Geburts- 8 hilfe geleistet haben und den Geburtsvorgang, d. h. die Vollendung der Trennung der Frucht vom Mutterleib (vgl. § 18 Rdnr. 8), bezeugen können: Ärzte, Hebammen, Entbindungspfleger. Wer der Schwangeren vor der Entbindung Hilfe geleistet oder die Mutter oder das Kind nach der Geburt versorgt hat, ist jedenfalls aus eigenem Wissen von der Geburt unterrichtet. Zu den »anderen Personen« gehört auch der nichtsorgeberechtigte Vater, wenn er bei der Geburt zugegen war.

»Aus eigenem Wissen unterrichtet« im Sinne des § 19 Satz 1 Nr. 2 ist eine 9 Person, die auf Grund eigener Wahrnehmungen erkennen kann, dass eine bestimmte Frau ein Kind geboren hat (Nr. 19.1.3 PStG-VwV). Eine Kenntnis, die auf bloßem Hörensagen beruht, genügt nicht. Aus dem Kreis der anzeigepflichtigen Personen scheiden geisteskranke oder geistesgestörte Personen aus, wenn sie nach ihrem Geisteszustand nicht in der Lage sind, die Bedeutung der gemachten Wahrnehmung richtig zu erfassen. Ferner scheiden Personen aus, bei denen wegen Jugend, mangelnder Verstandesreife, Blindheit, Taubheit u. ä. nicht mit ausreichender Sicherheit angenommen werden kann, dass sie zuverlässige Wahrnehmungen gemacht haben oder bekunden können. Von Minderjährigen unter 14 Jahren sollte eine Geburtsanzeige nur entgegengenommen werden, wenn eine andere anzeigepflichtige Person nicht erreichbar ist (Nr. 19.1.4 PStG-VwV). Personen, die nach der Geburt hinzugekommen und Mutter und Kind gesehen haben (Hausbewohner, Hebamme, Verwandte, Arzt usw.), gehören zu dem Kreis der aus eigenem Wissen Unterrichteten. Das Standesamt soll die anzeigende Person befragen, in welcher Weise sie Kenntnis von der Geburt erhalten hat (vgl. Nr. 19.1.3 PStG-VwV).

III. Reihenfolge

10 Die Festlegung der Reihenfolge der anzeigepflichtigen Personen ist gegenüber dem früheren Recht vereinfacht. Primär verpflichtet ist jeder sorgeberechtigte Elternteil (vgl. Rdnr. 3 ff.). Die Anzeigepflicht anderer Personen (vgl. Rdnr. 7 ff.) wird erst aktuell, wenn die sorgeberechtigten Eltern, also sowohl der Vater als auch die Mutter, an der Anzeige gehindert sind (§ 19 Satz 2). Ist nur die Mutter sorgeberechtigt (§ 1626a Abs. 3 BGB) und aus gesundheitlichen Gründen zur Erstattung der Anzeige nicht in der Lage, sind die »anderen Personen« anzeigepflichtig. Eine Rangfolge innerhalb dieser Personengruppe besteht nicht. Sind mehrere Personen vorhanden, die bei der Geburt zugegen waren oder von ihr aus eigenem Wissen unterrichtet sind (Satz 1 Nr. 2), so sind sie alle nebeneinander in gleicher Weise anzeigepflichtig; keine von ihnen kann sich darauf berufen, dass ein anderer die Anzeige erstatten müsse. Obwohl im Gesetz nicht ausdrücklich geregelt, ist davon auszugehen, dass auch die Verhinderung einer »anderen Person« diese von der Anzeigepflicht befreit. Eine dem § 19a PStG a. F. vergleichbare Ersatzzuständigkeit der Gemeindebehörde für den wohl nur theoretischen Fall, dass keine anzeigepflichtige Person vorhanden ist oder alle verhindert sind, ist nicht mehr vorgesehen.

11 Ist die Anzeige von einer anzeigepflichtigen Person ordnungsgemäß erstattet worden, so entfällt die Verpflichtung, aber auch die Möglichkeit zur Anzeige für alle anderen Personen, auch wenn sie in der Rangfolge vorgehen. Aus dem Kreis der Berechtigten kann nur eine Anzeige wirksam erstattet werden, denn mit dem Zugang der ersten Anzeigeerklärung ist der Akt der Anzeige nach seiner rechtlichen Natur abgeschlossen.

§ 20 Anzeige durch Einrichtungen

Bei Geburten in Krankenhäusern und sonstigen Einrichtungen, in denen Geburtshilfe geleistet wird, ist der Träger der Einrichtung zur Anzeige verpflichtet. Das Gleiche gilt für Geburten in Einrichtungen, die der Unterbringung psychisch Kranker dienen, in Einrichtungen der Träger der Jugendhilfe sowie in Anstalten, in denen eine Freiheitsstrafe, ein Jugendarrest oder eine freiheitsentziehende Maßregel der Besserung und Sicherung vollzogen wird. Die Anzeigeberechtigung der in § 19 genannten Personen und ihre Auskunftspflicht zu Angaben, die der nach Satz 1 oder 2 zur Anzeige Verpflichtete nicht machen kann, bleiben hiervon unberührt.

Übersicht (die Zahlen bedeuten Randnummern)

I. Rechtsentwicklung

Die Bestimmungen des früheren Rechts über die Anzeigepflicht unterschieden danach, ob die Geburt in einer öffentlichen Anstalt, in der Geburtshilfe geleistet wird, oder einer entsprechenden privaten Einrichtung erfolgt war (§§ 18 Abs. 1, 19 PStG a. F.). Während Geburten in öffentlichen Anstalten schriftlich angezeigt werden mussten (§ 18 Abs. 3 PStG a. F.), waren Geburten in privaten Einrichtungen grundsätzlich mündlich anzuzeigen. Dies galt auch für die Anzeige von Geburten in »sensiblen« Einrichtungen, z. B. einer Strafvollzugsanstalt (§ 18 Abs. 2 und 4 PStG a. F.). Die Anzeigepflicht war immer personenbezogen; verpflichtet war der Leiter der Einrichtung oder eine besonders betraute Person. 1

§ 20 gibt die frühere Unterscheidung auf und erweitert den Kreis der zur schriftlichen Anzeige Verpflichteten um die öffentlichen Anstalten, die bislang nur mündlich anzeigen konnten (§ 18 Abs. 2 PStG a. F.), sowie die privaten Einrichtungen (§ 19 PStG a. F.). Die Vereinheitlichung ist vor dem Hintergrund zunehmender Privatisierung öffentlicher Einrichtungen, in denen Geburtshilfe geleistet wird, zu sehen. Der Gesetzgeber ging ferner davon aus, dass bei privaten Einrichtungen, denen schon bislang die schriftliche Anzeige behördlich gestattet werden konnte, allgemein die erforderliche Sachkunde und Zuverlässigkeit gegeben ist[1]. Die Anzeigepflicht trifft nicht mehr 2

1 BT-Drs. 16/1831 S. 46; abgedruckt in *Gaaz/Bornhofen* 2008 S. 452.

eine natürliche Person (Anstaltsleiter, ermächtigten Beamten oder Angestellten), sondern den Träger der Einrichtung, in der Regel also eine juristische Person.

3 § 20 Satz 3 bringt eine bislang vermisste Klarstellung. Die Verpflichtung der Einrichtung zur schriftlichen Anzeige lässt die Berechtigung der in § 19 genannten Personen, die Geburt des Kindes mündlich anzuzeigen, unberührt. Dies lässt Raum für Absprachen über die Erstattung der Anzeige zwischen der Einrichtung und den anzeigeberechtigten Personen. Deren Auskunftspflicht gegenüber dem Standesamt bleibt, wie der Satz 3 weiterhin klarstellt, auch bei schriftlicher Anzeige bestehen.

4 Die Hilfszuständigkeit der Gemeindebehörde für den Fall, dass ein Anzeigepflichtiger nicht vorhanden oder aufzufinden ist (§ 19a PStG a. F.), hat im neuen PStG keine Entsprechung. Die Vorschrift hatte keine praktische Bedeutung erlangt und konnte daher ersatzlos entfallen.

II. Geburten in Anstalten und Einrichtungen

1. Krankenhäuser, Geburtshilfeeinrichtungen

5 § 20 Satz 1 verpflichtet die Träger von Krankenhäusern und sonstigen Einrichtungen, in denen Geburtshilfe geleistet wird, zur Anzeige der Geburt. Diese Einrichtungen werden bestimmungsgemäß zur Entbindung aufgesucht. Nach der Begriffsbestimmung des § 2 Nr. 1 Krankenhausfinanzierungsgesetz[2] sind Krankenhäuser »Einrichtungen, in denen durch ärztliche und pflegerische Hilfeleistung Krankheiten, Leiden oder Körperschäden festgestellt, geheilt oder gelindert werden sollen oder Geburtshilfe geleistet wird und in denen die zu versorgenden Personen untergebracht und verpflegt werden können«. Auf die Rechts- und Organisationsform kommt es nicht an. Unter die sonstigen Einrichtungen, in denen Geburtshilfe geleistet wird, fallen z. B. Geburtshäuser zur Primärversorgung von Schwangeren und Gebärenden; sie werden zumeist als eingetragene Vereine geführt[3].

2. Sonstige Anstalten und Einrichtungen

6 § 20 Satz 2 regelt die Pflicht zur Anzeige von Geburten in »sensiblen« Einrichtungen, in denen sich die gebärende Frau aus Gründen aufhält, die mit der Geburt nichts zu tun haben. Der Unterbringung psychisch Kranker dienen z. B. Landeskrankenhäuser oder geschlossene Abteilungen in Krankenhäusern. Einrichtungen der Träger der öffentlichen Jugendhilfe sind solche von

2 I. d. F. der Bek. vom 10. 4. 1991 (BGBl. I S. 886).

3 Der Vorschlag des Bundesrates, für Hebammenstationen mit ausschließlich ambulanten Geburten eine Ausnahme von der Pflicht zur schriftlichen Anzeige vorzusehen, wurde nicht aufgegriffen (BT-Drs. 16/1831 S. 67 f., 77; abgedruckt in *Gaaz/Bornhofen* 2008 S. 480, 491).

örtlichen Trägern (Kreisen und kreisfreien Städten, ggf. auch kreisangehörigen Gemeinden) und von überörtlichen Trägern, z. B. den Landesjugendämtern (vgl. § 69 SGB VIII). Zur schriftlichen Anzeige verpflichtet sind ferner Einrichtungen, die von Trägern der freien Jugendhilfe betrieben werden (vgl. § 75 SGB VIII). Freiheitsstrafen werden in Justizvollzugsanstalten (§ 139 Strafvollzugsgesetz) und Jugendstrafanstalten, Jugendarrest in Jugendarrestanstalten vollstreckt. Freiheitsentziehende Maßregeln der Besserung und Sicherung werden z. B. in psychiatrischen Krankenhäusern, Suchtfachkliniken und ähnlichen Einrichtungen vollzogen.

III. Die Anzeigepflicht des Trägers

§ 20 verpflichtet nicht mehr eine für die Anstalt oder Einrichtung verantwortliche natürliche Person zur schriftlichen Anzeige, sondern den »Träger«. Wer Träger einer Einrichtung ist, richtet sich nach der Organisationsform. Bei öffentlich-rechtlicher Organisation ist Träger eine juristische Person des öffentlichen Rechts, d. h. eine Körperschaft (Bund, Land, Gemeinde, Kirche mit Körperschaftsstatus), Anstalt oder Stiftung des öffentlichen Rechts. Träger einer Einrichtung des Privatrechts ist entweder eine juristische Person (z. B. AG, GmbH, rechtsfähige Stiftung, eingetragener Verein) oder eine rechtsfähige Personengesellschaft i. S. des § 14 Abs. 2 BGB (z. B. OHG, KG) oder eine natürliche Person. Wer innerhalb der Anstalt oder Einrichtung die Anzeigepflicht zu erfüllen hat, richtet sich danach, wer diese im Rechtsverkehr generell vertritt oder zur Erstattung von Geburtsanzeigen besonders bestellt ist (Nr. 20.2 PStG-VwV). Bei Verletzung der Anzeigepflicht des § 20 Satz 1 handelt der Träger ordnungswidrig (§ 70 Abs. 2 Nr. 2). Die bußgeldbewehrte (§ 70 Abs. 3) Verantwortlichkeit trifft die in § 9 OWiG aufgeführten vertretungsberechtigten Personen. 7

IV. Die Erstattung der Anzeige

Die Anzeige der Geburt in einer der in § 20 Satz 1 und 2 genannten Anstalten und Einrichtungen ist schriftlich zu erstatten (§ 18 Abs. 1 Nr. 2), d. h. entweder in Papierform mit der Unterschrift der für die Einrichtung handelnden Person oder als elektronisches Dokument, das mit einer qualifizierten elektronischen Signatur versehen ist (§ 3a VwVfG; § 6 Abs. 2 PStV; vgl. § 18 Rdnr. 17). 8

Im Gegensatz zum früheren Recht darf jetzt auch in den Fällen des Satzes 2 die Geburtsanzeige schriftlich erstattet werden. Für Geburten im Straf- oder Maßregelvollzug ist § 79 des Strafvollzugsgesetzes zu beachten. Danach dürfen in der Anzeige der Geburt an das Standesamt die Anstalt als Geburtsstätte des Kindes, das Verhältnis des Anzeigenden zur Anstalt und die Gefangenschaft der Mutter nicht vermerkt sein. Dieser Grundsatz dürfte auch für die übrigen in § 20 Satz 2 genannten Einrichtungen gelten. Im Geburtseintrag 9 ist in allen Fällen des § 20 das Geburtshaus nur nach Straße und Hausnummer zu bezeichnen (Nr. 21.4.1 PStG-VwV).

10 § 20 findet auf alle Geburten Anwendung, die sich in der Anstalt oder Einrichtung ereignen. Es ist nicht erforderlich, dass die Mutter Patientin, Bewohnerin oder Insassin ist. Auch die Geburt bei Gelegenheit eines Besuchs fällt unter die Vorschrift. Umgekehrt gelten die allgemeinen Bestimmungen über die Anzeige (z. B. § 19), wenn die Insassin einer Anstalt außerhalb des Anstaltsbereichs ein Kind zur Welt bringt.

V. Anzeigeberechtigung, Auskunftspflicht

11 § 20 Satz 3 stellt klar, dass bei Geburtsfällen in Krankenhäusern und sonstigen Einrichtungen die in § 19 genannten Personen zur mündlichen Anzeige berechtigt bleiben. Der Anstalt oder Einrichtung ist es jedoch nicht gestattet, unter Hinweis auf diese Möglichkeit die Erstattung der Anzeige nach § 20 zu verweigern. Sie hat nur die Möglichkeit, sich durch Absprache mit einer der in § 19 genannten Personen von der eigenen Anzeigepflicht zu entlasten. Ist eine Anzeige vollständig erstattet worden, kommt die Entgegennahme einer weiteren Anzeige über denselben Geburtsfall nicht mehr in Betracht. Nr. 20.1 PStG-VwV geht offenbar davon aus, dass die Pflicht zur schriftlichen Anzeige auch dann bestehen bleibt, wenn ein Anzeigeberechtigter die Anzeige nach § 19 erstattet hat. Die Anzeigepflicht nach § 20 ist jedoch kein Selbstzweck. Eine auf eine ordnungsgemäße mündliche Anzeige folgende schriftliche Anzeige geht ins Leere[4].

12 Die in § 19 genannten Personen bleiben zur Auskunft gegenüber dem Standesamt insoweit verpflichtet, als die Anstalt oder Einrichtung keine Angaben zu Daten machen kann, die für die Errichtung des Geburtseintrags benötigt werden (§ 21 Abs. 1), z. B. über die Vornamen des Kindes.

4 Vgl. *Gaaz*, StAZ 2009, 357, 365 zur Sterbefallanzeige.

§ 21 Eintragung in das Geburtenregister

(1) Im Geburtenregister werden beurkundet
1. die Vornamen und der Geburtsname des Kindes,
2. Ort sowie Tag, Stunde und Minute der Geburt,
3. das Geschlecht des Kindes,
4. die Vornamen und die Familiennamen der Eltern, ihr Geschlecht sowie auf Wunsch eines Elternteils seine rechtliche Zugehörigkeit zu einer Religionsgemeinschaft, die Körperschaft des öffentlichen Rechts ist.

(2) Ist ein Kind tot geboren, so werden nur die in Absatz 1 Nr. 2 bis 4 vorgeschriebenen Angaben mit dem Zusatz aufgenommen, dass das Kind tot geboren ist. Auf Wunsch einer Person, der bei Lebendgeburt des Kindes die Personensorge zugestanden hätte, sind auch Angaben nach Absatz 1 Nr. 1 einzutragen. Hätte die Personensorge bei Lebendgeburt des Kindes beiden Elternteilen zugestanden und führen sie keinen gemeinsamen Familiennamen, so kann ein Familienname für das Kind nur eingetragen werden, wenn sich die Eltern auf den Namen eines Elternteils einigen.

(2a) Bei einer vertraulichen Geburt nach § 25 Absatz 1 des Schwangerschaftskonfliktgesetzes werden nur die in Absatz 1 Nummer 1 bis 3 vorgeschriebenen Angaben aufgenommen. Die zuständige Verwaltungsbehörde bestimmt die Vornamen und den Familiennamen des Kindes.

(3) Zum Geburtseintrag wird hingewiesen
1. auf die Staatsangehörigkeit der Eltern, wenn sie nicht Deutsche sind und ihre ausländische Staatsangehörigkeit nachgewiesen ist,
2. bei einem Kind, dessen Eltern miteinander verheiratet sind, auf deren Eheschließung,
3. auf die Beurkundung der Geburt der Mutter und des Vaters,
4. auf den Erwerb der deutschen Staatsangehörigkeit des Kindes nach § 4 Absatz 3 des Staatsangehörigkeitsgesetzes,
5. auf das Sachrecht, dem die Namensführung des Kindes unterliegt.

Übersicht (die Zahlen bedeuten Randnummern)

I. Rechtsentwicklung

1 Die Vorschrift des § 21 über die Beurkundung der Geburt im Geburtenregister entspricht § 21 PStG a. F. Im Geburtseintrag werden nur noch die Kerndaten über die Geburt registriert. Eine Verringerung des Datenumfangs ergibt sich aus der Umstellung auf elektronische Register, die Einträge in Protokollform nicht zulassen (vgl. § 21 Abs. 3 PStG a. F.). Im neuen Geburtseintrag werden Beruf und Wohnort der Eltern nicht mehr registriert. Angaben über den Anzeigenden sowie die Anschriften der Eltern sind nur noch den Sammelakten zu entnehmen.

2 § 21 trennt entsprechend den Vorgaben in den §§ 3 Abs. 1 Satz 2 und 5 Abs. 3 zwischen dem Beurkundungsteil (Absatz 1) und dem Hinweisteil (Absatz 3) des Geburtseintrags. Der Aufbau und die Darstellung des Geburtenregisters erfolgen nach dem Muster der Anlage 4 zur PStV.

3 Die Beurkundungsregelung des Absatzes 2 entspricht § 21 Abs. 2 PStG a. F. In Satz 3 wird ein redaktioneller Missgriff des früheren Rechts[1] bereinigt. Der Zwang zur Einigung hinsichtlich der Namensgebung für ein totgeborenes Kind gilt jetzt gleichermaßen für verheiratete und unverheiratete Eltern, die bei Lebendgeburt gemeinsam sorgeberechtigt gewesen wären.

4 Durch das PStRÄndG wurde in Absatz 1 Nr. 1 das Wort »Familienname« durch »Geburtsname« ersetzt. Damit wird klargestellt, dass im Geburtenregister nur der Geburtsname i. S. des § 1355 Abs. 6 BGB registriert wird, wie dies § 59 Abs. 1 Nr. 1 entsprechend für die Angabe in der Geburtsurkunde vorschreibt. Ein Hinweis auf die Geburt der Eltern wird jetzt unabhängig davon eingetragen, ob sie verheiratet sind oder nicht (Absatz 3 Nr. 3). Das Änderungsgesetz hat ferner in Absatz 3 Nr. 5 eine gesetzliche Grundlage für die Eintragung eines Hinweises auf die Sachvorschriften der Namensführung des Kindes geschaffen.

5 § 21 Abs. 2a wurde durch Art. 3 Nr. 3 des Gesetzes zum Ausbau der Hilfen für Schwangere und zur Regelung der vertraulichen Geburt vom 28. 8. 2013[2] mit Wirkung vom 1. 5. 2014 eingefügt. Durch die Neufassung des § 21 Abs. 1 Nr. 4 durch Art. 4 Nr. 6 des Gesetzes zur Umsetzung des Gesetzes zur Einführung des Rechts auf Eheschließung für Personen gleichen Geschlechts vom 18. 12. 2018[3] soll im Interesse der Einheitlichkeit, Klarheit und Nachvollziehbarkeit der Personenstandsregister auch das Geschlecht beider Eltern im Geburtenregister beurkundet werden, da es ohne diese Angabe in der Vergangenheit bei gleichgeschlechtlichen Ehegatten vorgekommen ist, dass die Ehefrau der Mutter als Vater eingetragen wurde[4].

Die in den Personenstandsregistern zu beurkundenden Angaben wurden zudem durch die Erste Verordnung zur Änderung der Personenstandsverordnung vom 24. 10. 2018[5] erweitert und neu strukturiert. Nach § 42 Abs. 1 Satz 1 PStV wird danach den Eltern des Kindes ein Datenfeld für die familienrechtliche Bezeichnung zugeordnet (vgl. Rdnr. 41 und 48).

II. Allgemeine Grundsätze für die Führung des Geburtenregisters

6 Mit der Eintragung in das Geburtenregister beurkundet der Standesbeamte nicht lediglich die Erklärungen des Anzeigenden, sondern die Tatsache der Geburt selbst. Der Geburtseintrag beweist die Geburt und die »darüber gemachten näheren Angaben« (§ 54 Abs. 1). Der Standesbeamte trägt die Verantwortung für die inhaltliche Richtigkeit der Eintragung (§ 5 PStV). Bei Zweifeln an der Richtigkeit der Angaben des Anzeigenden ist eine Nachprüfung ge-

1 Vgl. *Rixen*, FamRZ 1999, 265, 267.
2 BGBl. I S. 3458.
3 BGBl. I S. 2639.
4 Amtl. Gesetzesbegründung BT-Drs. 19/4670 S. 31.
5 BGBl. I S. 1768.

boten. Unrichtige oder unvollständige Angaben in der schriftlichen Anzeige sind ggf. zu ändern (§ 46). Eine fehlerhafte mündliche Geburtsanzeige ist entweder sofort richtigzustellen oder es ist darauf hinzuwirken, dass eine neue, richtige Geburtsanzeige erstattet wird.

7 Für die Beurkundung der Geburt ist ausschließlich das Standesamt zuständig, in dessen Bezirk das Kind geboren ist (§ 18). Auf Wohnort und Staatsangehörigkeit des Kindes und der Eltern kommt es nicht an. Ist eine Geburt irrtümlich im Geburtenregister eines unzuständigen Standesamts beurkundet worden, muss der Eintrag im Berichtigungsverfahren (§ 48) »gelöscht« und die Geburt erneut im Geburtenregister des zuständigen Standesamts beurkundet werden. Bestehen Zweifel über die örtliche Zuständigkeit oder darüber, ob eine Geburt im Inland eingetreten ist, ist eine Entscheidung gemäß § 40 herbeizuführen. Zu besonderen Zuständigkeitsregelungen vgl. § 18 Rdnr. 14. Für die Beurkundung von Geburten im Ausland gilt § 36.

8 Eine Totgeburt, bei der es sich sowohl um eine Geburt als auch um einen Sterbefall handelt, wird allein im Geburtenregister beurkundet (§ 21 Abs. 2).

9 § 21 gehört zum deutschen Personenstandsverfahrensrecht. Seine Anwendbarkeit hängt daher nicht von den Kollisionsnormen des materiellen IPR ab. Maßgebend ist vielmehr der Grundsatz des internationalen Verfahrensrechts, dass sich Verfahrenshandlungen immer nach dem Verfahrensrecht der handelnden Behörde richten[6]. § 21 beherrscht somit jede Beurkundung der Geburt durch einen inländischen (deutschen) Standesbeamten. Für den Inhalt der Beurkundung, insbesondere für die einzutragenden familienrechtlichen Verhältnisse, ist dagegen das materielle Recht maßgebend. Sofern das deutsche IPR ausländisches materielles Recht beruft, ist dieses anzuwenden.

III. Der Beurkundungsteil des Geburtseintrags

1. Standesamt, Nummer des Standesamts, Registernummer

10 Anzugeben ist die Bezeichnung des Standesamts und die Nummer, die sich aus dem Verzeichnis der statistischen Ämter des Bundes und der Länder ergibt (§ 16 Abs. 2 und 4 PStV). Die Registernummer setzt sich aus der Kennzeichnung des Geburtenregisters mit »G«, der laufenden Eintragungsnummer und dem Beurkundungsjahr zusammen (§§ 15 Abs. 2, 16 Abs. 2 Satz 2 PStV).

6 BGHZ 90, 129 = StAZ 1984, 194.

2. Angaben über das Kind

a) Geburtsname

Nach § 21 Abs. 1 Nr. 1 ist der »Geburtsname« des Kindes im Geburtenregister zu beurkunden. Nach der ursprünglichen Regelung in Absatz 1 Nr. 1 war der »Familienname« einzutragen. Eine sachliche Änderung ist mit dem Begriffswechsel nicht verbunden, er stellt aber klar, dass die später vom Kind geführten Ehe- oder Lebenspartnerschaftsnamen im Geburtenregister nicht fortgeschrieben werden[7]. Geburtsname ist der Familienname, der mit der Beurkundung im Haupteintrag des Geburtenregisters für die Namensführung des Kindes festgelegt wird. Zum Familiennamen vgl. Nr. A 1.3 PStG-VwV, zum Namen allgemein § 1 Rdnr. 8 ff. Das Standesamt soll die Sorgeberechtigten über die Möglichkeiten der Wahl und der Bestimmung des Geburtsnamens des Kindes unterrichten, sofern eine dahingehende Erklärung in Betracht kommt; dabei soll auch auf die Möglichkeit der Wahl des Rechts der Namensführung hingewiesen werden (Nr. 21.3.1 PStG-VwV). Im Einzelnen gilt Folgendes: 11

(1) Ehename der Eltern als Geburtsname

Führen die Eltern einen Ehenamen (§ 1355 Abs. 1 bis 3 BGB), so erhält das Kind diesen Namen als Geburtsnamen (§ 1616 BGB). Ehename ist der gemeinsame Familienname der Eltern (§ 1355 Abs. 1 Satz 1 BGB). Ein von einem Elternteil geführter Begleitname (§ 1355 Abs. 4 BGB) geht daher nicht auf das Kind über. Ist der Vater innerhalb von 300 Tagen vor der Geburt des Kindes verstorben (§ 1593 Satz 1 BGB), so wird der Ehename Geburtsname des Kindes, wenn die Mutter diesen Namen bei der Geburt des Kindes noch führt[8]. 12

Führen die Eltern im Zeitpunkt der Geburt getrennte Namen, bestimmen sie aber noch vor der Beurkundung der Geburt einen Ehenamen, so erstreckt sich der Ehename auf den Geburtsnamen des Kindes (§§ 1617c Abs. 1, 1616 BGB). Dieser Name wird sogleich in den Geburtseintrag des Kindes aufgenommen. Insofern wird bei der Eintragung nicht auf den Zeitpunkt der Geburt, sondern den der Beurkundung abgestellt (§ 35 Abs. 2 PStV; Nr. 21.1 PStG-VwV). 13

(2) Bestimmung des Geburtsnamens durch die sorgeberechtigten Eltern

Führen die Eltern keinen Ehenamen und steht ihnen die elterliche Sorge für das Kind gemeinsam zu, ist der Geburtsname des Kindes gemäß § 1617 Abs. 1 Satz 1 BGB zu bestimmen, sofern es nicht den von den Eltern für ein früher geborenes Kind bestimmten Namen erhalten hat (§ 1617 Abs. 1 Satz 3 BGB). Sind die Eltern im Zeitpunkt der Geburt verheiratet, so steht ihnen die elterliche Sorge gemeinsam zu (§ 1626 Abs. 1 BGB). Ist die Mutter bei der Geburt des Kindes nicht verheiratet, so besteht die gemeinsame elterliche Sorge nur dann, wenn der Vater die Vaterschaft anerkannt hat und die Eltern eine ge- 14

7 BT-Drs. 17/10489 S. 45.
8 Vgl. *Henrich/Wagenitz/Bornhofen* § 1616 BGB Rdnr. 13 f.

meinsame Sorgeerklärung abgegeben haben (§ 1626a Nr. 1 BGB). Beide Erklärungen können schon vor der Geburt des Kindes abgegeben werden (§§ 1594 Abs. 4, 1626b Abs. 2 BGB).

15 Die Namensbestimmung nach § 1617 Abs. 1 BGB erfolgt durch Erklärung gegenüber dem Standesamt, das für die Beurkundung der Geburt des Kindes zuständig ist. Zum Geburtsnamen des Kindes kann der Name bestimmt werden, den die Mutter oder der Vater zur Zeit der Erklärung führt. Ist die Identität des Vaters nicht nachgewiesen, kann der Name des Kindes nur von der Mutter abgeleitet werden[9]. Durch die Namensbestimmung geht der gesamte Name auf das Kind über. Führt der namengebende Elternteil einen Begleitnamen gemäß § 1355 Abs. 4 BGB, so erwirbt das Kind auch diesen Namen und führt dann, anders als der Elternteil, einen echten Doppelnamen[10].

16 Die Erklärung, die vor der Geburtsbeurkundung abgegeben wird, bedarf keiner besonderen Form (§ 1617 Abs. 1 Satz 2 BGB). Nr. 21.3.4 PStG-VwV schreibt jedoch vor, dass die Erklärung in die Niederschrift über die Anzeige der Geburt oder in einer gesonderten Niederschrift aufgenommen wird. Kann die Namensbestimmung nicht schon bei der Anzeige der Geburt getroffen werden, soll darauf hingewirkt werden, dass die Namenswahl im Hinblick auf § 1617 Abs. 2 BGB binnen eines Monats nach der Geburt nachgeholt wird; die Beurkundung der Geburt kann solange zurückgestellt werden, damit sogleich ein vollständiger Geburtseintrag errichtet werden kann (Nr. 21.3.2 PStG-VwV). Möglich, wenn auch untunlich ist auch eine Beurkundung ohne Angabe des Geburtsnamens.

17 Haben die Eltern binnen eines Monats nach der Geburt des Kindes keine gemeinsame Namensbestimmung getroffen, teilt das Standesamt dies dem für den Wohnsitz oder gewöhnlichen Aufenthalt des Kindes zuständigen Familiengericht mit (§ 168a Abs. 2 FamFG; § 57 Abs. 1 Nr. 6 PStV; Nr. 68.1.4 PStG-VwV), damit das Bestimmungsrecht einem Elternteil übertragen werden kann (§ 1617 Abs. 2 BGB). Das Gericht soll auf eine einvernehmliche Bestimmung hinwirken (§ 156 FamFG). Können die Eltern sich nicht auf einen Geburtsnamen für das Kind verständigen, überträgt das Gericht einem Elternteil, möglichst unter Fristsetzung, das Bestimmungsrecht. Nach fruchtlosem Ablauf der Frist erhält das Kind von Gesetzes wegen den Namen des bestimmungsberechtigten Elternteils als Geburtsnamen.

18 Wird die gemeinsame elterliche Sorge erst nach der Geburt, aber noch vor der Beurkundung im Geburtenregister durch Eheschließung oder Abgabe einer Sorgeerklärung begründet, so können die Eltern noch den Geburtsnamen nach § 1617b Abs. 1 BGB bestimmen, der allein in den Eintrag aufgenommen wird (§ 35 Abs. 2 PStV; Nr. 21.1 PStG-VwV)[11].

9 AG Tübingen, StAZ 2016, 313; vgl. auch LG Kiel, StAZ 2011, 185.
10 Vgl. im Einzelnen *Hepting/Dutta* Rdnr. IV-263 f.
11 Der zunächst nach § 1617a Abs. 1 BGB geführte Name bleibt unerwähnt.

(3) Geburtsname bei Alleinsorge eines Elternteils

Führen die Eltern keinen Ehenamen und steht die elterliche Sorge nur einem Elternteil zu, erhält das Kind als Geburtsnamen den Namen, den dieser Elternteil im Zeitpunkt der Geburt führt (§ 1617a Abs. 1 BGB). Ist das Kind vaterlos, wird der Familienname der Mutter – einschließlich eines geführten Begleitnamens – als Geburtsname beurkundet, da die Mutter die alleinige elterliche Sorge für das Kind hat (§ 1626a Abs. 3 BGB). Das Gleiche gilt, wenn das Kind innerhalb von 300 Tagen nach dem Tod des Ehemannes geboren ist (§ 1593 Satz 1 BGB) und die Ehegatten keinen Ehenamen geführt haben (§ 1680 Abs. 1 BGB). Bei Ehenamensführung im Zeitpunkt des Todes des Ehemannes wird dagegen der Ehename Geburtsname des Kindes, wenn die Mutter diesen Namen im Zeitpunkt der Geburt noch führt (vgl. Rdnr. 12). **19**

Eine vor der Beurkundung der Geburt erfolgte Namensänderung des namengebenden Elternteils wird nicht im Geburtenregister dokumentiert. Für das Kind und den maßgebenden Elternteil werden sogleich die geänderten Namen eingetragen (§ 35 Abs. 2 PStV; Nr. 21.1 PStG-VwV). Desgleichen hat eine vor der Geburtsbeurkundung wirksam gewordene Namenserteilung durch den allein sorgeberechtigten Elternteil nach § 1617a Abs. 2 BGB die Eintragung des Kindes mit dem geänderten Namen zur Folge. Dagegen begründet der Übergang des alleinigen Sorgerechts auf den zuvor nicht sorgeberechtigten Elternteil keinen Anspruch dieses Elternteils, dem Kind seinen Namen zu erteilen[12]. **20**

b) Vorname(n)

Gemäß § 21 Abs. 1 Nr. 1 PStG sind die Vornamen des Kindes im Geburtenregister zu beurkunden. Ob einer von mehreren beigelegten Vornamen als Rufname bezeichnet wird, ist personenstandsrechtlich ohne Bedeutung; alle Vornamen sind gleichwertig[13]; zur Möglichkeit der späteren Vornamensortierung vgl. § 45a. **21**

Stehen die Vornamen des Kindes bei der Beurkundung der Geburt noch nicht fest, ist die Geburt ohne Angabe der Vornamen zu beurkunden. In dem entsprechenden Feld ist keine Eintragung vorzunehmen (Nr. 21.2.5 PStG-VwV). Die Anzeige der Vornamen muss binnen eines Monats nach der Geburt nachgeholt werden (§ 22 Abs. 1 und 2). Ist das Kind nach der Geburt verstorben, so brauchen Vornamen nicht angezeigt und beurkundet zu werden. Zur Namensbeurkundung bei einer Totgeburt vgl. Rdnr. 66 ff. **22**

Das Recht und die Pflicht zur Erteilung von Vornamen hat derjenige, dem die Sorge für die Person des Kindes zusteht, i. d. R. also der gesetzliche Vertreter[14]. Eine Vornamenserteilung durch einen Elternteil auf Grund einer Vor- **23**

12 BGH, StAZ 2005, 357; anders noch BayObLG, StAZ 2000, 340; 2004, 229.
13 Zum Rufnamen vgl. *Hepting/Dutta* Rdnr. IV-335 ff., *Wuttke*, StAZ 2016, 301.
14 BVerfG, StAZ 2006, 50, 51; im Einzelnen wird auf *Hepting/Dutta* Rdnr. IV-355 ff. verwiesen.

sorgevollmacht des anderen Elternteils ist nicht möglich[15]. Die Vorschriften der §§ 1616 ff. BGB gelten nicht für den Vornamen[16]. Die Eintragung der Vornamen hat nur deklaratorische Bedeutung (Beweisfunktion)[17]. Die Einigung der Eltern über den Vornamen kann aufschiebend bedingt bereits vor der Geburt getroffen werden und bis zur Beurkundung kann eine Vornamensbestimmung auch noch revidiert werden[18]. Mit der Beurkundung der Vornamen im Geburtenregister wird die Wahl jedoch unabänderlich dokumentiert[19]. Die §§ 119 ff. BGB sind auf die Ausübung des Namensbestimmungsrechts nicht anwendbar[20]. Sind andere als die erteilten Vornamen eingetragen worden oder hat das Kind einen weiteren Vornamen erhalten, den die Anzeige nicht enthalten hat, ist der Geburtseintrag zu berichtigen[21]. Sollen die wirksam beigelegten Vornamen nach der Beurkundung geändert oder ein weiterer Vorname beigelegt werden, kann dies nur im Wege der behördlichen Namensänderung geschehen.

24 Das Standesamt hat sich zu vergewissern, dass die angezeigten Vornamen dem Willen der Personensorgeberechtigten entsprechen[22]. Dies gilt insbesondere, wenn schriftliche Anzeigen erstattet werden. Der Anzeigende soll nachweisen, dass die Vornamen von den Sorgeberechtigten erteilt worden sind (Nr. 21.2.3 PStG-VwV). Sind beide Eltern sorgeberechtigt, sollte eine gemeinsame schriftliche Erklärung über die beigelegten Vornamen verlangt oder die gemeinsame Wahl von dem Anzeigenden bestätigt werden.

25 Gesetzliche Grundlagen über die Zulässigkeit von Vornamen fehlen[23]. Die Sorgeberechtigten sind bei der Wahl des Vornamens grundsätzlich frei. Dem Recht der Eltern zur Vornamenswahl sind nur dort Grenzen gesetzt, wo seine Ausübung das Kindeswohl zu beeinträchtigen droht[24]. Es ist üblich, aber rechtlich nicht geboten, dass der Vorname das Geschlecht des Kindes eindeutig erkennen lässt[25]. Mehrere Vornamen können zu einem Vornamen verbunden werden, eine solche Verbindung sollte nicht mehr als einen Bindestrich enthalten (Nr. 21.2.1 PStG-VwV). Die Schreibweise der Vornamen richtet sich nach den allgemeinen Regeln der deutschen Rechtschreibung. Wird trotz Belehrung eine andere Schreibweise verlangt, ist diese einzutra-

15 *Hochwald,* StAZ 2011, 344.
16 OLG Karlsruhe, StAZ 2016, 377.
17 Vgl. etwa BayObLG, StAZ 1999, 331; OLG Köln, StAZ 2010, 244, 245; OLG Düsseldorf, StAZ 2013, 382; OLG Nürnberg, StAZ 2019, 84.
18 AG München, StAZ 2010, 51; OLG Nürnberg, StAZ 2019, 84.
19 BGHZ 29, 256.
20 OLG Hamm, StAZ 2012, 206; OLG Nürnberg, StAZ 2019, 94.
21 BayObLG, StAZ 1981, 26; StAZ 1995, 106; StAZ 1999, 331; OLG Köln, StAZ 2010, 244; OLG Düsseldorf, StAZ 2012, 318.
22 Vgl. etwa LG Saarbrücken, StAZ 2011, 244.
23 Zu den allgemeinen Grundsätzen über die inhaltliche Zulässigkeit von Vornamen vgl. *Hepting/Dutta* Rdnr. IV 355 ff.
24 BVerfG, StAZ 2009, 76; KG, StAZ 2009, 271.
25 BVerfG, StAZ 2009, 76; KG, StAZ 2009, 271; ablehnend gegenüber »geschlechtswidrigen« Vornamen: BayVGH, StAZ 2016, 143; BVerwG, StAZ 2017, 80.

gen und die Belehrung aktenkundig zu machen (Nr. 21.2.2 PStG-VwV). Eine gewisse Orientierung über Bedeutung und Schreibweise geben die Handbücher über Vornamen[26]. Häufig wird die Entscheidung über die Zulässigkeit eines ungewöhnlichen Vornamens im Wege der Zweifelsvorlage (§ 49 Abs. 2) in die Hände des Gerichts gelegt[27].

c) Namensführung bei Auslandsbezug

Der Name des Kindes unterliegt dem Recht des Staates, dem es angehört **26**
(Art. 10 Abs. 1 EGBGB). Dies gilt sowohl für den Familiennamen als auch für die Vornamen. Dem Heimatrecht des Kindes sind demnach auch etwaige Einschränkungen hinsichtlich der Wahl der Vornamen zu entnehmen.

Der Inhaber der elterlichen Sorge (i. d. R. der gesetzliche Vertreter) für ein **27**
Kind, das mindestens einen Elternteil mit (auch) ausländischer Staatsangehörigkeit hat, hat gemäß Art. 10 Abs. 3 EGBGB die Möglichkeit, entweder den Familiennamen nach dem Recht des Staates zu wählen, dem ein Elternteil angehört, oder nach deutschem Recht, wenn ein Elternteil seinen gewöhnlichen Aufenthalt im Inland hat[28]. Wird für die Namensführung des Kindes eine Rechtswahl getroffen, finden nur die Sachvorschriften des gewählten Rechts Anwendung; eine Rück- oder Weiterverweisung findet nicht statt (Art. 4 Abs. 2 EGBGB). Die Rechtswahl erfasst auch Besonderheiten des ausländischen Rechts, die dem deutschen Recht fremd sind (z. B. geschlechtsbezogene Abwandlung des Familiennamens, Vatersnamen)[29]. Es können allerdings nur Rechtsordnungen gewählt werden, die eine den familiären Bezug erkennbar machende Namenserteilung vorsehen. Sofern das gewählte Recht nur Eigennamen kennt oder der Name frei bestimmt werden kann und dabei auch die Erteilung von sog. Phantasienamen erlaubt ist, ist die Wahl der Rechtsordnung nach Art. 10 Abs. 3 EGBGB nicht eröffnet[30]. Kennt das gewählte Recht keinen Familiennamen, der auf das Kind übertragen werden kann, kann nach Art. 10 Abs. 3 Satz 1 EGBGB auch der vom Eigennamen eines Elternteils abgeleitete Vaters- oder Muttername zum Familiennamen des Kindes bestimmt werden[31]. Auf die Möglichkeit der Wahl des Rechts der Namensführung soll hingewiesen werden, damit die entsprechende Erklärung möglichst vor der Beurkundung der Geburt abgegeben wird. Sieht das

26 Z. B. *Seibicke,* Vornamen, 3. Aufl. 2002; *ders.,* Historisches Deutsches Vornamenbuch, 1996 ff.

27 Vgl. *Nappenbach,* StAZ 1998, 337 zur Rspr. des früheren BayObLG.

28 Zum internationalen Namensrecht vgl. *Hepting/Dutta* Rdnr. II-164 ff. Zum IPR des Kindesnamens vgl. *Hepting/Dutta* Rdnr. IV-283 ff.; *Henrich/Wagenitz/Bornhofen* Teil C Rdnr. 50 ff.

29 *Hepting/Dutta* Rdnr. IV-323; *Rauhmeier,* StAZ 2016, 187; KG, StAZ 2018, 154, zur Wahl eines Vatersnamens nach bulgarischem Recht unter Berücksichtigung des Art. 21 AEUV; a. A. OLG Dresden, StAZ 2018, 155, zu einem Vatersnamen nach russischem Recht.

30 BGH, StAZ 2018, 280 zum australischen Recht.

31 So KG, StAZ 2019, 145 zum mongolischen Recht, bei dem der Vaters- oder Muttername funktional einem Familiennamen entspricht.

anzuwendende Recht eine Erklärung zur Namensführung vor, ist diese in die Niederschrift über die Anzeige der Geburt oder in einer gesonderten Niederschrift aufzunehmen (vgl. Nr. 21.3.1 ff. PStG-VwV). In das Geburtenregister wird nur der auf Grund der Rechtswahl bestimmte Name eingetragen (§ 35 Abs. 2 PStV; Nr. 21.1 PStG-VwV).

28 Ist deutsches Recht für den Kindesnamen maßgebend, kann sich die Notwendigkeit ergeben, durch Angleichung den Geburtsnamen des Kindes festzulegen (Art. 47 Abs. 2 EGBGB; vgl. § 43 Rdnr. 28 ff.).

29 Die gesetzliche Vertretung des Kindes bestimmt sich nach Art. 16 Abs. 1 KSÜ; maßgebend ist grundsätzlich das Aufenthaltsrecht des Kindes. Durch diese universell geltende Kollisionsnorm ist die Regelung über die Wirkungen des Eltern-Kind-Verhältnisses in Art. 21 EGBGB weitgehend gegenstandslos geworden. Eine Besonderheit ergibt sich aus Art. 16 Abs. 3 KSÜ, der die Fortgeltung der elterlichen Verantwortung nach Wechsel des gewöhnlichen Aufenthalts des Kindes in einen anderen Staat vorsieht[32].

d) Geschlecht

30 Nach § 21 Abs. 1 Nr. 3 wird das Geschlecht des Kindes im Geburtenregister beurkundet. Es ist grundsätzlich mit »weiblich« oder »männlich« einzutragen (Nr. 21.4.3 PStG-VwV). In Zweifelsfällen ist eine Bescheinigung des Arztes oder der Hebamme einzuholen; diese ist für die Eintragung maßgebend. Kann das Kind weder dem weiblichen noch dem männlichen Geschlecht zugeordnet werden, so kann der Personenstandsfall auch ohne eine solche Angabe oder mit der Angabe »divers« in das Geburtenregister eingetragen werden (§ 22 Abs. 3, vgl. § 22 Rdnr. 12).

31 Ergibt sich im Laufe der Entwicklung eines Kindes, welches weder dem männlichen noch dem weiblichen Geschlecht zugeordnet werden kann, dass die bei der Geburt nach § 22 Abs. 3 getroffene Wahl zur Geschlechtsangabe im Geburtenregister unzutreffend ist, so besteht die Möglichkeit der Änderung der Geschlechtsangabe nach § 45b Abs. 1 Satz 1 (zu den Voraussetzungen der Erklärungen vgl. § 45b Rdnr. 3 ff.). Über die Änderung des Geschlechts ist im Geburtenregister eine Folgebeurkundung nach § 27 Abs. 3 Nr. 4 aufzunehmen, vgl. § 27 Rdnr. 97 und § 45b Rdnr. 18.

e) Geburtstag und Uhrzeit

32 Zur Bezeichnung der Geburtszeit sind Tag, Monat und Jahr sowie Stunde und Minute der Geburt anzugeben (§ 21 Abs. 1 Nr. 3). Für alle Angaben sind arabische Ziffern zu verwenden, wobei die Ziffern 0 bis 9 mit 00 bis 09 zu bezeichnen sind. Bei der Angabe von Stunde und Minute der Geburt ist die Zeit bis zur Vollendung der ersten Minute eines Tages mit 00:00 Uhr und die Zeit bis zur Vollendung der letzten Minute eines Tages mit 23:59 Uhr anzugeben

32 Zum Kinderschutzübereinkommen vgl. *Gärtner*, StAZ 2011, 65.

(Nr. A 2.2.2 PStG-VwV). In Jahren, in denen die mitteleuropäische Sommerzeit eingeführt ist, ist bei der Angabe der doppelt erscheinenden Stunde am Ende der Sommerzeit A bzw. B hinzuzufügen, also z. B. 2A und 2B (Nr. A 2.2.3 PStG-VwV). Das Standesamt entnimmt die Angaben über den Zeitpunkt der Geburt der Geburtsanzeige.

f) Geburtsort

Der Geburtsort des Kindes (§ 21 Abs. 1 Nr. 2) ist mit Straße und Hausnummer einzutragen oder, falls es diese nicht gibt, mit einer sonstigen amtlichen oder geographischen Bezeichnung oder Beschreibung zu versehen. Das gilt auch bei Geburt in einer Einrichtung (§ 20), die als solche im Eintrag nicht genannt wird. Zu den Ortsangaben vgl. Nr. A 2.1 PStG-VwV. **33**

Bei einer Geburt in einem Fahrzeug gilt § 32 Abs. 2 Satz 1 PStV: Ist der Ort bekannt, an dem das Kind geboren wurde, wird dieser Ort in das Geburtenregister eingetragen. Liegt dieser Ort außerhalb des Zuständigkeitsbereichs des beurkundenden Standesamts, ergeht eine Mitteilung an das für den Geburtsort zuständige Standesamt zur Eintragung in das dortige Suchverzeichnis (Nr. 21.4.2 PStG-VwV). Ist der Geburtsort nicht bekannt, wird der für die Zuständigkeit nach § 32 Abs. 1 PStV maßgebende Ort als Geburtsort eingetragen, z. B. der Sitz des Krankenhauses, wo die Mutter den Krankenwagen verlassen hat. Wird der Geburtsort später festgestellt und liegt er in einem anderen Standesamtsbezirk, wird der Geburtseintrag nur hinsichtlich des Geburtsorts berichtigt; eine erneute Beurkundung findet nicht statt (§ 32 Abs. 2 Satz 2 PStV). **34**

g) Religion

§ 21 sieht die Eintragung der Religionszugehörigkeit des Kindes in den Haupteintrag des Geburtenregisters nicht ausdrücklich vor. Aus § 27 Abs. 3 Nr. 5, der die Änderung der Religionszugehörigkeit als Folgebeurkundung vorsieht, folgt jedoch, dass die Erfassung dieser Angabe schon bei der Erstbeurkundung vorausgesetzt wird[33]. Damit wird berücksichtigt, dass die Mitgliedschaft in einer Religionsgemeinschaft durch Geburt eintreten oder vor der Beurkundung, z. B. durch Taufe, begründet werden kann. Das amtliche Muster für den Geburtseintrag (Anlage 4 zur PStV) enthält daher schon im Haupteintrag ein Feld für die Eintragung der Religionszugehörigkeit des Kindes. Auch hier gilt der Grundsatz des § 35 Abs. 2 PStV, dass bei einer Änderung vor der Geburtsbeurkundung nur die aktuelle Zugehörigkeit in den Haupteintrag aufzunehmen ist (Nr. 21.1 PStG-VwV). **35**

Ebenso wie bei der Folgebeurkundung (§ 27 Abs. 3 Nr. 5) wird die Religionszugehörigkeit auf Wunsch des Kindes eingetragen. Bei der Errichtung des **36**

33 Die Beschränkung der Eintragungsmöglichkeit auf Religionsgesellschaften, die den Status einer Körperschaft des öffentlichen Rechts haben, ist verfassungsgemäß (BVerfG, StAZ 2015, 341).

Haupteintrags ist der Eintragungswunsch von dem gesetzlichen Vertreter, i. d. R. also von den Eltern zu äußern. Wird die Eintragung gewünscht, prüft das Standesamt lediglich, ob die genannte Religionsgemeinschaft den Status einer Körperschaft des öffentlichen Rechts in einem Bundesland hat (Nr. A 3.2.1 PStG-VwV)[34]. Wird ein Wunsch nach Eintragung nicht geäußert, entfällt im Geburtenregister das für die Eintragung vorgesehene Feld »Religion« (Nr. A 3.2.2 PStG-VwV).

3. Angaben über die Eltern des Kindes

a) Allgemeines

37 Nach § 21 Abs. 1 Nr. 4 sind im Geburtenregister Vor- und Familiennamen der Eltern, ihr Geschlecht sowie auf Wunsch eines Elternteils dessen Religionszugehörigkeit zu beurkunden. Eine nachgewiesene ausländische Staatsangehörigkeit wird als Hinweis eingetragen (§ 21 Abs. 3 Nr. 1). Im Gesetz nicht genannt und damit nicht eintragungsfähig ist der von einem Elternteil geführte akademische Grad; dieser ist kein Bestandteil des Namens[35].

38 Maßgebend für den Inhalt der Eintragungen ist grundsätzlich der Zeitpunkt der Geburt des Kindes (Nr. 21.1 PStG-VwV). Für die väterliche Abstammung gilt dies mit der aus § 27 Abs. 1 folgenden Einschränkung, dass eine bei der Beurkundung feststehende Vaterschaft schon im Haupteintrag berücksichtigt wird (§ 35 Abs. 2 PStV). Es kommt allein darauf an, ob im Zeitpunkt der Beurkundung ein Mann als Vater des Kindes feststeht, sei es auf Grund gesetzlicher Zuordnung (§§ 1592 Nr. 1, 1593 Satz 1 und 3 BGB) oder auf Grund Anerkennung oder Feststellung der Vaterschaft (§ 1591 Nr. 2 und 3 BGB)[36]. Da die Beurkundung möglichst zeitnah nach der Geburtsanzeige erfolgen soll, hängt es bei einem Kind unverheirateter Eltern allein von den tatsächlichen Gegebenheiten ab, ob ein Mann als Vater eingetragen werden kann. Zu weiteren Ausnahmen hinsichtlich der Eintragung der elterlichen Namen vgl. Rdnr. 53.

b) Mutter des Kindes

39 Nach deutschem Recht ergibt sich die Mutterschaft allein aus der Tatsache der Geburt: Mutter eines Kindes ist die Frau, die es geboren hat (§ 1591 BGB). Allein die gebärende Frau (Tragemutter) ist Mutter im Rechtssinne; das deutsche bürgerliche Recht kennt damit nur die Zuordnung einer einzigen Mutter kraft Gesetzes. Das rechtliche Band zur Mutter entsteht in jedem Fall bereits im Zeitpunkt der Geburt[37]. Andere Formen der abstammungsrechtli-

34 Eine bundesweite Zusammenstellung kann auf der Internetseite www.personenstandsrecht.de eingesehen werden (Nr. A 3.1.1 Satz 3 PStG-VwV).

35 BGH, StAZ 2013, 379.

36 OLG München, StAZ 2016, 49.

37 Vgl. im Einzelnen *Hepting/Dutta* Rdnr. IV-23 ff. Zur Abstammung eines Kindes, welches nach dem Tod der Mutter geboren wurde vgl. *Horenkamp*, StAZ 2019, 184.

chen Mutter-Kind-Zuordnung, insbesondere die Mutterschaft der Eizellspenderin im Fall der Leihmutterschaft wurden bewusst ausgeschlossen[38]. Auch in einer Lebenspartnerschaft kann die genetische Mutter nicht neben der gebärenden Frau als Co-Mutter im Geburtenregister eingetragen werden[39]. Dies gilt auch für die Lebenspartnerin bzw. die Ehefrau der Mutter; der § 1592 Nr. 1 BGB ist auch nicht analog auf die Lebenspartnerin bzw. Ehefrau der Mutter anwendbar[40]. Eine transsexuelle Person, die nach Änderung ihres Geschlechts (Frau-zu-Mann) ein Kind geboren hat, ist als Mutter mit ihren früheren weiblichen Vornamen einzutragen[41]; einer transsexuellen Person mit einem Fortpflanzungsbeitrag durch Samenspende ist nach einer Änderung vom männlichen zum weiblichen Geschlecht dagegen nur eine Begründung der Vaterschaft möglich[42]. Wird ein Kind von einer Person mit einem Geschlecht »divers« im Sinne des § 22 Abs. 3 geboren, so wird diese Person als »Mutter« im Sinne des § 1591 BGB angesehen werden müssen[43].

Die Mutter, die das Kind geboren hat, ist auch dann in das Geburtenregis- 40
ter einzutragen, wenn die Abstammung von der Mutter einer ausländischen Rechtsordnung unterliegt, die bei dem Kind einer unverheirateten Mutter eine eigene – dem deutschen Recht unbekannte – Mutterschaftsfeststellung verlangt (vgl. § 27 Rdnr. 30 ff.). Auch wenn ein danach erforderliches Mutterschaftsanerkenntnis nicht abgegeben wird, ist die (gebärende) Mutter im Geburtseintrag anzugeben, weil die Eintragung eines elternlosen Kindes dem deutschen Personenstandsrecht fremd ist; zur Ausnahme bei einer vertraulichen Geburt vgl. Rdnr. 69 f.

Der Mutter des Kindes wird im Geburtenregister die Nummer »1.« zuge- 41
ordnet und sie wird in dem Datenfeld für die familienrechtliche Bezeichnung als »Mutter« eingetragen; dies gilt auch für eine Person, die weder dem männlichen noch dem weiblichen Geschlecht zugeordnet ist (§ 42 Abs. 2 Satz 1 und 3 PStV; vgl. Rdnr. 39).

c) Vater des Kindes

Ist die Mutter verheiratet, so ist der Ehemann gemäß § 1592 Nr. 1 BGB der Va- 42
ter des Kindes, und zwar in allen Fällen bereits ab dem Zeitpunkt der Geburt. Die Regelung erfasst jedes Kind, das während einer bestehenden Ehe geboren wird, auch wenn die Vaterschaft des Ehemannes auf Grund äußerer Um-

38 BGH, StAZ 2018, 86, 87.

39 OLG Köln, StAZ 2014, 364 und StAZ 2015, 244.

40 *Hepting/Dutta* Rdnr. IV-25 und IV 40; *Kaiser,* FamRZ 2017, 1889, 1895; OLG Dresden, StAZ 2018, 310 = FamRZ 2018, 1165, bestätigt durch BGH, StAZ 2018, 375 = FamRZ 2018, 1919 mit Anm. *Coester-Waltjen;* a. A. u. a. *Kaulbach, Pickenhahn, von Scheliha,* FamRZ 2019, 768.

41 BGH, StAZ 2017, 369; KG, StAZ 2015, 80 und StAZ 2019, 211, 212; *Wall,* StAZ 2015, 117.

42 Vgl. BGH, StAZ 2018, 86, 87 auch im Hinblick auf die Verfassungsmäßigkeit des § 1591 BGB.

43 Für ein funktionales Verständnis der Begriffe »Mutter« und »Vater«: *Hepting/Dutta* Rdnr. IV-229.

stände unwahrscheinlich ist. Zweifel an der Vaterschaft sind ausschließlich im Wege der Anfechtung geltend zu machen (§§ 1599 Abs. 1, 1600 ff. BGB). Die Vaterschaft kraft Ehe geht der gerichtlich festgestellten Vaterschaft eines anderen Mannes vor. Solange die Vaterschaft des Ehemannes nicht erfolgreich angefochten ist, kann die Feststellung keine Wirkung entfalten[44]. Die Lebenspartnerin oder Ehegattin der Mutter des Kindes hat keinen Anspruch darauf, als anderer Elternteil (»Vater« bzw. »Co-Mutter«) in das Geburtenregister eingetragen zu werden[45].

43 Ist das Kind nach Anhängigkeit eines Scheidungsantrags geboren und hat ein Dritter mit Zustimmung des Ehemannes die Vaterschaft anerkannt (qualifizierte Drittanerkennung, § 1599 Abs. 2 BGB)[46], so ist dessen ungeachtet der Ehemann als Vater einzutragen (§ 1592 Nr. 1 BGB). Die Vaterschaft des Ehemannes entfällt erst mit der Rechtskraft des dem Scheidungsantrag stattgebenden Beschlusses. Nur wenn schon bei der Geburtsbeurkundung eine wirksame Drittanerkennung vorliegt, z. B. weil die erforderlichen Erklärungen bereits vor der Geburt des Kindes abgegeben worden sind (§ 1594 Abs. 4 BGB), und der Scheidungsbeschluss vor der Beurkundung der Geburt rechtskräftig wird, ist der Anerkennende als Vater in den Eintrag aufzunehmen.

44 Bei Geburt des Kindes innerhalb von 300 Tagen nach Auflösung der Ehe durch den Tod des Ehemannes gilt dieser gemäß § 1593 Satz 1 BGB als Vater des Kindes und wird demgemäß in den Geburtseintrag aufgenommen. Die Vaterschaft kann nur durch Anfechtung beseitigt werden (§§ 1599 Abs. 1, 1600 ff. BGB).

45 Ist der Ehemann der Mutter vor Beurkundung der Geburt des Kindes für tot erklärt oder ist sein Tod und der Zeitpunkt des Todes nach dem Verschollenheitsgesetz festgestellt worden, so ist maßgebend für die Vaterschaft nicht § 1592 Nr. 1 BGB, sondern § 1593 Satz 1 BGB, nur dass an die Stelle des Todes die Todeserklärung tritt[47]: Der für tot erklärte Ehemann ist als Vater des Kindes einzutragen, wenn der gerichtlich festgestellte Zeitpunkt des Todes nicht mehr als 300 Tage vor der Geburt des Kindes liegt.

46 Hat die Mutter innerhalb der 300 Tage-Frist des § 1593 Satz 1 BGB wieder geheiratet, so ist der neue Ehemann als Vater einzutragen. Wird die Vaterschaft erfolgreich angefochten, lebt die Vaterschaft des verstorbenen Ehemannes wieder auf (§ 1593 Satz 3 und 4 BGB). Der Geburtseintrag ist nach § 48 Abs. 1 zu berichtigen.

47 Ist die Mutter nicht verheiratet oder ist das Kind mehr als 300 Tage nach dem Tod des Ehemannes geboren, so muss die Vaterschaft gemäß § 1592 Nr. 2 und 3 BGB positiv festgestellt werden, sei es durch Anerkennung der Va-

44 OLG München, StAZ 2012, 208.
45 BVerfG, StAZ 2011, 13; EGMR, StAZ 2014, 10; eine analoge Anwendung des § 1592 Nr. 1 BGB ablehnend: BGH, StAZ 2018, 375; OLG Celle, StAZ 2018, 310.
46 Vgl. *Hepting/Dutta* Rdnr. IV-72 ff.
47 Näher *Hepting/Dutta* Rdnr. IV-54 ff.

terschaft (§§ 1594 ff. BGB), sei es durch gerichtliche Vaterschaftsfeststellung (§ 1600d BGB); vgl. hierzu § 27 Rdnr. 11 ff. Steht der Vater schon im Zeitpunkt der Geburtsbeurkundung fest, wird er sogleich in den Geburtseintrag aufgenommen (vgl. Rdnr. 38). Bei späterer Anerkennung oder Feststellung der Vaterschaft wird der Vater im Wege der Folgebeurkundung registriert (§ 27 Abs. 1).

Der Person, deren Vaterschaft zu dem Kind nach § 1592 BGB besteht, wird 48
im Geburtenregister die Nummer »2.« zugeordnet und sie wird in dem Datenfeld für die familienrechtliche Bezeichnung als »Vater« eingetragen; für Personen, die weder dem männlichen noch dem weiblichen Geschlecht zugeordnet sind, erfolgt eine entsprechende Eintragung nur dann, wenn sich die Vaterschaft aus § 1592 Nr. 3 BGB ergibt (§ 42 Abs. 2 Satz 2 und 4 PStV).

d) Die Abstammung in Fällen mit Auslandsbezug

Die Abstammung eines Kindes unterliegt dem Recht des Staates, in dem das 49
Kind seinen gewöhnlichen Aufenthalt hat (Art. 19 Abs. 1 Satz 1 EGBGB). Der gewöhnliche Aufenthalt ist der Schwerpunkt der Bindung der betroffenen Person; ihr Daseinsmittelpunkt. Dieser ist nach den tatsächlichen Umständen zu beurteilen und muss auf eine gewisse Dauer angelegt sein; ein bloß vorübergehender Aufenthalt in einem Staat ist nicht ausreichend[48]. Da der Standesbeamte nur Geburten im Inland zu beurkunden hat, kann die Abstammung in aller Regel nach deutschem Recht beurteilt werden. Neben der Anknüpfung an den gewöhnlichen Aufenthalt ist auch das Ehewirkungsstatut (Art. 14 Abs. 1 EGBGB) berufen, wenn die Mutter im Zeitpunkt der Geburt des Kindes oder, wenn der Ehemann vor der Geburt des Kindes verstorben ist, bei Auflösung der Ehe verheiratet war (Art. 19 Abs. 1 Satz 3 EGBGB). Schließlich kann die Abstammung im Verhältnis zum Vater nach dem Heimatrecht des Vaters, im Verhältnis zur Mutter nach dem Heimatrecht der Mutter bestimmt werden (Art. 19 Abs. 1 Satz 2 EGBGB). Die in Art. 19 Abs. 1 EGBGB aufgeführten Alternativen stehen in keinem Rangverhältnis zueinander, sondern sind einander gleichwertig. Der Zweck der Mehrfachanknüpfung besteht darin, dem Kind nach Möglichkeit zu einem rechtlichen Vater zu verhelfen[49]. Die Anknüpfung des Art. 19 Abs. 1 Satz 1 und 2 an das Aufenthaltsstatut bzw. das Heimatrecht der Eltern ist grundsätzlich wandelbar, so dass diese Alternativen bezogen auf den Zeitpunkt der Entscheidung zu beurteilen sind; dagegen knüpft Art. 19 Abs. 1 Satz 3 EGBGB mit dem Ehewirkungsstatut an einen festen Zeitpunkt – die Geburt des Kindes – an[50]. Nach dem Günstigkeitsprinzip kommt das Recht zur Anwendung, das für das Wohl des Kindes am günstigsten ist. Nach überwiegender Meinung führt das zu der

48 BGH, StAZ 2019, 173, 174 = FamRZ 2019, 892, 893 mit Anm. *von Bary* und BGH, StAZ 2019 175, 177 = FamRZ 2019, 890, 892.

49 BGH, StAZ 2017, 340, 341 = FamRZ 2017, 1687, 1689; OLG Düsseldorf, StAZ 2019, 180, 181.

50 BGH, StAZ 2019, 173, 174 = FamRZ 2019, 892, 893 mit Anm. *von Bary* und BGH, StAZ 2019, 175, 176 f. = FamRZ 2019, 890, 892.

Rechtsordnung, die dem Kind zuerst zu einem rechtlichen Vater verhilft[51]. Zeitlicher Ausgangspunkt für die Prüfung der rechtlichen Vaterschaft ist nach der Rechtsprechung des BGH die Geburt des Kindes als Zeitpunkt der Erlangung der Rechtsfähigkeit[52]. Soweit deutsches Recht als Abstammungsstatut berufen ist, kommen für die Abstammung nur eine Ehe nach § 1592 Nr. 1 BGB oder eine pränatale Anerkennung der Vaterschaft nach §§ 1592 Nr. 2, 1594 Abs. 4 BGB in Betracht; bei ausländischen Rechtsordnungen kann eine Vaterschaft kraft Gesetzes allerdings auch an andere Tatbestandsvoraussetzungen als eine bestehende Ehe anknüpfen[53]. Ist dem Kind schon bei der Geburt nach einer der nach Art. 19 Abs. 1 EGBGB anwendbaren Rechtsordnungen ein Vater zugeordnet, so steht dieser grundsätzlich als Vater fest; eine erneute Beurteilung der Vater-Kind-Zuordnung zum Zeitpunkt der Eintragung in ein Geburtenregister ist nicht vorzunehmen[54]. Begründet wird dieses damit, dass Art. 19 Abs. 1 EGBGB ein Kind vor einer Vaterlosigkeit schützen will, so dass die erstmalige rechtliche Festlegung der Vaterschaft nicht bis zu einer späteren Eintragung im Geburtenregister in der Schwebe bleiben darf. Die Begründung einer weiteren Vaterschaft, z. B. durch eine Anerkennung, reicht in diesem Fall nicht aus, da zuvor zunächst die Beseitigung der bestehenden Vaterschaft erforderlich ist. Für eine Abstammungserklärung sind zusätzlich Zustimmungserfordernisse nach dem Heimatrecht des Kindes zu beachten (Art. 23 Satz 1 EGBGB). Zum Wohl des Kindes kann stattdessen auch auf deutsches Recht zurückgegriffen werden (Art. 23 Satz 2 EGBGB)[55].

e) Namen der Eltern

50 Die Mutter und der Vater werden durch die Eintragung ihrer Namen in die dafür vorgesehenen Felder des Geburtenregisters (Anlage 4 zur PStV) als Eltern kenntlich gemacht. Werden beide Elternteile registriert, ist nur dem Hinweis nach § 21 Abs. 3 Nr. 2 zu entnehmen, ob die Eltern verheiratet sind. Ist das Kind im Zeitpunkt der Beurkundung der Geburt vaterlos, erscheint nur der Name der Mutter im Registereintrag.

51 Die Eltern sind grundsätzlich mit den Vor- und Familiennamen zu bezeichnen, die sie im Zeitpunkt der Geburt des Kindes führen (Nr. 21.1 PStG-VwV); zu den Ausnahmen vgl. Rdnr. 53. Führen die Eltern einen Ehenamen (§ 1355 Abs. 1 und 2 BGB), sind beide mit diesem Namen einzutragen. Führt

51 OLG München, StAZ 2012, 208.
52 BGH, StAZ 2018, 84, 85.
53 Vgl. dazu *Frie,* StAZ 2019, 1, 2 ff.
54 BGH, StAZ 2018, 84, 85. Zur Konkurrenz mit einer gerichtlichen Feststellung der Vaterschaft vgl. OLG Düsseldorf, StAZ 2019, 180, 181 f. mit kritischen Anm. von *Balzer,* StAZ 2019, 171; und zum Konkurrenzverhältnis bei einer pränatalen Vaterschaftsanerkennung, die vor Geburt des Kindes abgegeben wurde, vgl. OLG Düsseldorf, StAZ 2019, 301 mit Anm. *Helms,* StAZ 2019, 303.
55 Ausführlich zur Abstammung in Fällen mit Auslandsbezug *Hepting/Dutta* Rdnr. IV-84 ff.; *Henrich* S. 222 ff.

ein Ehegatte einen Begleitnamen (§ 1355 Abs. 4 BGB), so ist er mit dem Doppelnamen zu bezeichnen.

Der Geburtsname eines Elternteils wird nur dann zusätzlich eingetragen, wenn auf Grund Eheschließung oder Begründung einer Lebenspartnerschaft ein vom Geburtsnamen abweichender Familienname geführt wird (§ 23 Abs. 1 PStV). 52

Häufig geben die Eltern aus Anlass der Geburt des Kindes noch vor der Beurkundung eine Erklärung über ihre Namensführung ab, die sich in der Regel auf den Geburtsnamen des Kindes auswirkt, z. B. über die nachträgliche Bestimmung eines Ehenamens (§ 1355 Abs. 3 Satz 2, § 1617c Abs. 1 BGB). Die durch § 35 Abs. 2 PStV sanktionierte Praxis vermeidet den formalrechtlich gebotenen Umweg, der in diesem Fall zunächst die Eintragung der Eltern mit getrennten Namen und die Bestimmung des Geburtsnamens des Kindes gemäß § 1617 Abs. 1 BGB gebieten würde, und registriert sogleich Eltern und Kind mit den geänderten Namen. Ebenso wird verfahren, wenn sich der Name des Elternteils, von dem das Kind seinen Namen ableitet, vor der Beurkundung der Geburt geändert hat oder über eine nachträgliche Rechtswahl gemäß Art. 10 Abs. 2 Satz 2 EGBGB deutsches Recht zur Anwendung kommt und ein Ehename bestimmt wird. Auch wenn nachträglich ein ausländisches Recht für die Namensführung in der Ehe gewählt wird, um dem Kind zu einem gewünschten Namen zu verhelfen, werden für die Eltern und das Kind nur die geänderten Namen registriert. 53

Die Namen der Eltern ergeben sich regelmäßig aus den bei der Geburtsanzeige gemäß § 33 PStV vorzulegenden Urkunden (vgl. § 18 Rdnr. 18 ff.). Bei Eheschließung im Ausland enthalten die Urkunden zumeist keine Angaben über die Namensführung in der Ehe. Dagegen kann einer internationalen (mehrsprachigen) Heiratsurkunde nach dem CIEC-Übereinkommen vom 8. 9. 1976 über die Ausstellung mehrsprachiger Auszüge aus Personenstandsbüchern[56] die Angabe des Namens des Ehemannes und der Ehefrau nach der Eheschließung entnommen werden. 54

Bei ausländischen Eltern hat das Standesamt die Namensführung anhand des maßgeblichen Heimatrechts (Art. 10 Abs. 1 EGBGB) zu ermitteln. Im Allgemeinen kann davon ausgegangen werden, dass die im Reisepass oder Personalausweis wiedergegebenen Namen der Ehegatten zutreffend sind. 55

Eine Besonderheit gilt, wenn der oder die Vornamen eines Elternteils auf Grund der §§ 1 ff. TSG geändert worden sind. Nach § 7 Abs. 1 Nr. 1 TSG ist die Entscheidung über die Vornamensänderung unwirksam, wenn nach Ablauf von 300 Tagen seit Rechtskraft der Entscheidung ein Kind des Antragstellers (d. h. hier des Elternteils) geboren wird. Dementsprechend sind in einem solchen Fall bei der Beurkundung der Geburt des Kindes die Vornamen anzuge- 56

56 BGBl. 1997 II S. 775 (GS Nr. 201).

ben, die der Elternteil vor der Entscheidung, durch die seine Vornamen geändert wurden, geführt hat (Nr. 21.4.4 PStG-VwV).

f) Geschlecht der Eltern

57 Durch Art. 4 Nr. 6 des Gesetzes zur Umsetzung des Gesetzes zur Einführung des Rechts auf Eheschließung für Personen gleichen Geschlechts vom 18.12.2018[57] wurden die nach § 21 Abs. 1 Nr. 4 PStG für die Beurkundung notwendigen Angaben um das Geschlecht der Eltern ergänzt. Mit dieser Änderung soll die Einheitlichkeit, Klarheit und Nachvollziehbarkeit der Personenstandsregister auch beim Geburtenregister sichergestellt werden und Fehler aufgrund einer unklaren oder fehlenden Geschlechtsangabe der Eltern bei der Beurkundung der Geburt verhindert werden. Da die Geburtsanzeigen von Krankenhäusern zum Teil nicht das Geschlecht der Eltern enthalten, ist es in der Vergangenheit dazu gekommen, dass bei gleichgeschlechtlichen Ehegatten die Ehefrau der Mutter als »Vater« in das Geburtenregister eingetragen wurde; dies soll zukünftig vermieden werden. Zudem sollen mit dieser Änderung Beurkundungen vermieden werden, in denen die familienrechtliche Bezeichnung eines Elternteils nicht seinem rechtlichen Geschlecht entspricht[58].

g) Religionszugehörigkeit der Eltern

58 Auf Wunsch eines Elternteils wird die rechtliche Zugehörigkeit eines Elternteils zu einer Religionsgemeinschaft oder Weltanschauungsgemeinschaft, die Körperschaft des öffentlichen Rechts ist, im Geburtseintrag des Kindes registriert, vgl. hierzu § 15 Rdnr. 16 f. Maßgebend für die Zugehörigkeit ist der Zeitpunkt der Geburt des Kindes. Änderungen bis zur Beurkundung sind jedoch zu berücksichtigen (§ 35 Abs. 2 PStV; Nr. 21.1 PStG-VwV).

59 Wird die Geburtsanzeige schriftlich erstattet, so ist darin ausdrücklich zu vermerken, welcher Elternteil die Eintragung der Religionszugehörigkeit wünscht.

h) Ungeklärte Identität der Eltern

60 Ist die Identität eines Elternteils nicht gemäß § 33 PStV durch die erforderlichen Urkunden nachgewiesen, muss zwischen Mutter und Vater unterschieden werden[59].

61 Wenn die Geburt des Kindes einer bestimmten Frau im Inland feststeht, muss der Personenstandsfall in jedem Fall beurkundet werden, um den urkundlichen Nachweis der Geburt des Kindes zu ermöglichen[60]. Vor- und

57 BGBl. I S. 2639.

58 Amtl. Begründung BT-Drs. 19/4670 S. 31.

59 Zur Geburtsbeurkundung bei ungeklärter Identität der Eltern vgl. *Sturm*, StAZ 2005, 281; *Henrich*, StAZ 2016, 6 f.

60 LG Mühlhausen, StAZ 2004, 204.

Familiennamen der Mutter werden auf Grund der Eigenangaben – etwa aus einer ausländerbehördlichen Duldung – in den Geburtseintrag übernommen und mit einem erläuternden Zusatz (»Identität nicht nachgewiesen«) versehen, der die Beweiskraft des Eintrags einschränkt (§ 35 Abs. 1 Satz 1 PStV)[61]. Ein solcher Zusatz ist grundsätzlich auch einzutragen, wenn ein Reiseausweis nach Art. 28 der Genfer Flüchtlingskonvention oder ein Reiseausweis für Ausländer (§ 4 Abs. 1 Satz 1 Nr. 1 und 3 AufenthV) vorgelegt wird, der den einschränkenden Vermerk enthält, dass die Personalien des Inhabers auf eigenen Angaben beruhen[62]. Dagegen kommt einem Reiseausweis ohne einschränkenden Vermerk in der Regel volle Legitimationswirkung zu[63]. Die Feststellung der Ausländerbehörde entfaltet allerdings keine Bindungwirkung im Personenstandsverfahren; sie entbindet das Standesamt nicht von einer eigenen Prüfung[64].

Ein Mann mit ungeklärter Identität, der die Vaterschaft anerkannt hat, 62
ist als Vater in den Geburtseintrag aufzunehmen, wenn das Abstammungsverhältnis feststeht. Dies ist bei einem im Inland abgegebenen Vaterschaftsanerkenntnis der Fall, auch wenn es nur formelle Beweiskraft hat, nämlich dass die Erklärungen richtig nach Inhalt und Begleitumständen (Ort und Zeit) wiedergegeben sind[65]. Eine Vaterschaftsanerkennung kann nicht allein wegen der ungeklärten Identität der Mutter ignoriert werden, sofern nicht konkrete Anhaltspunkte dafür bestehen, dass die Mutter mit einem anderen Mann verheiratet ist, der vor dem Anerkennenden als Vater in Betracht kommt[66]. Der Anerkennende mit ungeklärter Identität ist mit einem erläuternden Zusatz (»Identität nicht nachgewiesen«) als Vater einzutragen (§ 35 Abs. 1 Satz 1 PStV)[67]. Steht dagegen nicht fest, dass derjenige, der als Vater eingetragen werden will, diesen Status auch tatsächlich besitzt, so kommt seine Eintragung nicht in Betracht. Dies ist etwa der Fall, wenn sich die Vaterschaft aus einer Ehe mit der Mutter ergeben soll, ohne dass urkundliche Nachweise über die Eheschließung vorliegen[68]. Dem Mann bleibt aber die Möglichkeit, die Vaterschaft anzuerkennen, um sodann – mit einem Zweifelshinweis – als Vater eingetragen zu werden[69].

61 Vgl. OLG Hamm, StAZ 2004 199; BayObLG, StAZ 2005, 45; LG Berlin, StAZ 2005, 204; KG, StAZ 2016, 174; *Jauß*, StAZ 2004, 118.

62 OLG München, StAZ 2012, 52 mit Anm. *Allmannsberger;* OLG Nürnberg, StAZ 2015, 84; OLG Hamm, StAZ 2015, 344; OLG Karlsruhe, StAZ 2017, 75.

63 OLG Hamm, StAZ 2008, 285; OLG Schleswig, StAZ 2014, 242; KG, StAZ 2015, 208. Die Legitimationswirkung kann durch andere Umstände wieder in Frage gestellt werden (OLG Düsseldorf, StAZ 2017, 47).

64 BGH, StAZ 2017, 303.

65 BayObLG, StAZ 2004, 45.

66 OLG München, StAZ 2005, 360; OLG Hamm, StAZ 2006, 231. Zur Identitätsfeststellung und Anerkennung der Vaterschaft vgl. *Kissner,* StAZ 2005, 98.

67 Vgl. BayObLG, StAZ 2005, 104.

68 BayObLG, StAZ 2004, 110; StAZ 2005, 43.

69 Vgl. etwa AG Rottweil, StAZ 2009, 340; OLG Hamm, StAZ 2016, 113. Der mit einem Zweifelshinweis versehene Name ist berichtigungsfähig (KG, StAZ 2017, 273).

4. Beurkundung einer Totgeburt

a) Allgemeines

63 Totgeburten (vgl. § 18 Rdnr. 11) werden nicht im Sterberegister, sondern im Geburtenregister beurkundet (§ 21 Abs. 2 Satz 1). Die Möglichkeit der Namensbeurkundung (§ 21 Abs. 2 Satz 2 und 3) berücksichtigt den Wunsch betroffener Eltern nach einer personenstandsrechtlichen Gleichbehandlung totgeborener und lebendgeborener Kinder[70]. Die Wirkung der Eintragung von Vor- und Familiennamen eines totgeborenen Kindes ist auf die registerrechtliche Verlautbarung im Geburtenregister beschränkt. Eine Vaterschaftsanerkennung kann auch für ein totgeborenes Kind abgegeben werden[71], deren Wirkung allerdings auf die registerrechtliche Verlautbarung des Vaters und seine Einbindung in die Namensbeurkundung (Rdnr. 66 ff.) beschränkt bleibt. Fehlgeburten werden nicht beurkundet. Es besteht jedoch die Möglichkeit, eine solche Geburt anzuzeigen und eine Bescheinigung nach der Anlage 11 zur PStV zu erhalten (§ 31 Abs. 2 Satz 4 PStV; näher § 18 Rdnr. 27 ff.).

64 Ob ein Kind totgeboren ist, ergibt sich aus der Geburtsanzeige und ggf. der vom Standesamt zu verlangenden Bescheinigung der Person (Arzt oder Hebamme), die bei der Geburt zugegen war. Im Geburtseintrag ist in jedem Fall anzugeben, dass das Kind tot geboren ist. Diese Angabe beweist, dass das Kind keine Rechtsfähigkeit erlangt hat (§ 1 BGB).

b) Beurkundung ohne Namen

65 Wird die Beurkundung von Vor- und Familiennamen des Kindes nicht gewünscht, so sind nur Ort und Zeit der Geburt (Rdnr. 32 ff.), das Geschlecht des Kindes (Rdnr. 30 f.) sowie die Angaben über die Eltern (Rdnr. 37 ff.) zu beurkunden; zusätzlich ist anzugeben, dass das Kind totgeboren ist (§ 21 Abs. 2 Satz 1). Der Zusatz wird nach den Angaben über Geburtstag und Geburtszeit eingetragen (Nr. 21.4.5 PStG-VwV). Die Registrierung des Vaters bei dem Kind einer unverheirateten Mutter setzt die pränatale Anerkennung der Vaterschaft (§ 1594 Abs. 4 BGB) oder die Anerkennung vor der Beurkundung der Geburt voraus (vgl. § 27 Rdnr. 19).

c) Namensbeurkundung

66 Die Eintragung von Vor- und Geburtsnamen für das totgeborene Kind setzt den Wunsch einer Person voraus, der bei Lebendgeburt des Kindes die Personensorge zugestanden hätte (§ 21 Abs. 2 Satz 2 PStG). Auch wenn das Sorgerecht beiden Elternteilen zugestanden hätte, ist jeder für sich antragsbefugt. Sind die Eltern verheiratet, so ergibt sich das gemeinsame Sorgerecht und damit die Antragsbefugnis eines jeden Elternteils aus §§ 1626 Abs. 1, 1626a Abs. 1 Nr. 2 BGB. Haben unverheiratete Eltern vor der Geburt des Kindes eine ge-

70 Näher Rixen, FamRZ 1999, 265.
71 Vgl. *Hochwald*, StAZ 2015, 25 m. w. N.

meinsame Sorgeerklärung abgegeben (§§ 1626a Abs. 1 Nr. 1, 1626b Abs. 2 BGB), steht ebenfalls die Antragsbefugnis eines jeden Elternteils fest. Liegt eine vorgeburtliche gemeinsame Sorgeerklärung nicht vor, genügt die formlose Versicherung beider Eltern, dass sie bei Lebendgeburt des Kindes eine solche Erklärung abgegeben hätten[72].

Führen die Eltern einen Ehenamen, so ist dieser Name als Geburtsname 67
des Kindes einzutragen (§ 1616 BGB). Führen potenziell gemeinsam sorgeberechtigte Eltern keinen gemeinsamen Familiennamen, müssen sie sich auf einen Geburtsnamen für das Kind einigen, sofern der Name nicht bereits durch § 1617 Abs. 1 Satz 3 BGB festgelegt ist. § 21 Abs. 2 Satz 3 eröffnet den Eltern ein dem § 1617 Abs. 1 BGB vergleichbares Bestimmungsrecht[73], beendet das Verfahren aber dann, wenn sie sich nicht über den Namen des totgeborenen Kindes einigen können. In diesem Fall unterbleibt die Eintragung des Geburtsnamens (Nr. 21.4.6 PStG-VwV).

Die Erteilung der Vornamen richtet sich nach den allgemeinen Grundsät- 68
zen (vgl. Rdnr. 21 ff.). Auch bei Dissens über den Geburtsnamen (vgl. Rdnr. 67) bleibt die Eintragung von Vornamen, auf die sich die Eltern geeinigt haben, möglich. Die Praxis gestattet auch die nachträgliche Beilegung eines Vornamens nach Errichtung des Geburtseintrags[74].

5. Beurkundung einer vertraulichen Geburt

§ 21 Abs. 2a regelt die Besonderheiten bei einer vertraulichen Geburt nach 69
§ 25 des Schwangerschaftskonfliktgesetzes. Zum Verfahren allgemein und zur Anzeige der vertraulichen Geburt vgl. § 18 Rdnr. 33 ff. Es ermöglicht der Schwangeren eine Entbindung ohne Preisgabe ihrer Identität. Stattdessen wird die Geburt unter einem von ihr gewählten Pseudonym dokumentiert. Bei der Anzeige der Geburt werden dem Standesamt dieses Pseudonym sowie die von der Mutter gewünschten Vornamen für das Kind mitgeteilt (§ 18 Abs. 2). § 21 Abs. 2a berücksichtigt, dass das Standesamt bei einer vertraulichen Geburt nicht auf die Daten der Eltern zugreifen kann. In den Eintrag werden daher nur die Daten über das Kind (Vor- und Familiennamen, Ort und Zeit der Geburt, Geschlecht) aufgenommen. Der Geburtseintrag für das vertraulich geborene Kind enthält somit keine Angaben über Vater und Mutter und wird – anders als bei der Totgeburt – auch nicht mit einem Zusatz versehen. Ebenso wenig erscheint das Pseudonym der Mutter in dem Geburtseintrag.

72 Da von der Namensbeurkundung für das totgeborene Kind keine Rechtswirkungen ausgehen, kann auf die bei Lebendgeburt erforderliche öffentliche Beurkundung der Sorgeerklärung (§ 1626d Abs. 1 BGB) verzichtet werden (vgl. *Rixen,* FamRZ 1999, 265, 268).

73 Ob die Eintragung eines gemäß § 1617a Abs. 2 BGB erteilten Namens zulässig ist, wird unterschiedlich beurteilt; dafür *Henrich/Wagenitz/Bornhofen* § 1617a BGB Rdnr. 92, OLG Düsseldorf, StAZ 2015, 242; ablehnend BayObLG, StAZ 2000, 371.

74 Vgl. *Homeyer,* StAZ 2001, 371.

70 Das vertraulich geborene Kind wird personenstandsrechtlich wie ein Findelkind oder eine Person mit unbekanntem Personenstand behandelt. § 21 Abs. 2a ordnet daher an, dass die Vor- und Familiennamen von der zuständigen Verwaltungsbehörde bestimmt werden[75]. Das Standesamt hat nach Erhalt der Anzeige die Beurkundung zurückzustellen und die Entscheidung der zuständigen Verwaltungsbehörde einzuholen. Für die Vornamensgebung orientiert sich die Verwaltungsbehörde an den Vornamen, die bei der Anzeige der vertraulichen Geburt mitgeteilt worden sind (§ 18 Abs. 2). Von dem Namenswunsch der Mutter kann nur bei einer Kindeswohlgefährdung abgewichen werden[76]. Für die Bestimmung des Familiennamens bestehen keine Vorgaben, er kann somit frei gewählt werden.

IV. Der Hinweisteil des Geburtseintrags

1. Eheschließung der Eltern

71 Nach § 21 Abs. 3 Nr. 2 ist bei einem Kind, dessen Eltern miteinander verheiratet sind, auf deren Eheschließung hinzuweisen. Eingetragen werden Ort und Tag der Eheschließung sowie Standesamt und Registernummer des Eintrags im Eheregister oder im Heiratsbuch oder – bei Eheschließung im Ausland – in dem ausländischen Register. Die Verknüpfung zum Eheeintrag der Eltern gibt Aufschluss über den Status des Kindes als gemeinschaftliches (»eheliches«) Kind der Ehegatten. Ein korrespondierender Hinweis im Eheregister auf die Geburt des Kindes ist nicht vorgesehen[77]. Schließen die Eltern nach der Geburtsbeurkundung die Ehe, ist der Hinweis nachzutragen. Dem dient die Mitteilung der Eheschließung an das Standesamt, das die Geburt des Kindes beurkundet hat (§ 58 Abs. 1 Nr. 2 PStV). Wird die Ehe später aufgelöst, bleibt der Hinweis erhalten.

72 Wird das Nichtbestehen der Ehe festgestellt[78] oder entfällt die Vaterschaft des Ehemannes z. B. infolge Anfechtung, ist der Hinweis zu »löschen« (§ 27 Abs. 4 Satz 1).

2. Geburt der Mutter und des Vaters

73 Nach § 21 Abs. 3 Nr. 3 ist auf die Beurkundung der Geburt der Mutter und, sofern die Vaterschaft feststeht, des Vaters durch Angabe von Ort und Tag der Geburt sowie Standesamt und Registernummer des deutschen oder ausländischen Geburtseintrags hinzuweisen). Wird die Vaterschaft nach der Geburtsbeurkundung anerkannt oder festgestellt, ist der Hinweis auf den väterlichen Geburtseintrag nachzutragen (§ 27 Abs. 4 Satz 1).

75 Dazu ausführlich *Berkl*, StAZ 2017, 148.

76 So die Aussage in der Begründung des Gesetzentwurfs (BT-Drs. 17/12814 S. 16).

77 Dazu *Gaaz*, StAZ 2009, 363.

78 Da die Entscheidung Auswirkungen auf den Personenstand des Kindes hat, ist sie dem Geburtsstandesamt mitzuteilen (§ 58 Abs. 3 Nr. 2 PStV).

Die ursprünglich im Gesetz enthaltene Beschränkung des Hinweises auf Kinder unverheirateter Eltern ist mit dem PStRÄndG entfallen. Dies ist konsequent, da zu den Geburtseinträgen von Vater und Mutter auf die Geburt eines jeden – also auch eines »ehelichen« – Kindes hinzuweisen ist (§ 27 Abs. 4 Satz 2 Nr. 2 PStG). Demgemäß ist die Beurkundung der Geburt schon immer dem Standesamt mitzuteilen, das die Geburtseinträge für die Eltern führt (§ 57 Abs. 1 Nr. 1 PStV)[79]. 74

3. Ausländische Staatsangehörigkeit der Eltern

Nach § 21 Abs. 3 Nr. 1 ist auf die ausländische Staatsangehörigkeit der Eltern hinzuweisen, wenn sie nachgewiesen ist. Der Regelung liegen zum einen kollisionsrechtliche Erwägungen zugrunde. Sie erleichtert die Anwendung des IPR in den Fällen, in denen die Staatsangehörigkeit der Eltern oder eines Elternteils als Anknüpfungskriterium in Betracht kommt. Der Hinweis auf die elterliche Staatsangehörigkeit dient zum anderen der Feststellung, ob ein Kind ausländischer Eltern durch Geburt im Inland die deutsche Staatsangehörigkeit erworben hat (§ 4 Abs. 3 StAG), da es in diesem Fall gegebenenfalls der Optionspflicht des § 29 StAG unterliegt (vgl. Rdnr. 77). Die Regelung dürfte daher zumindest bei den ius-soli-Kindern auch auf ausländische Eltern anwendbar sein, die kraft Sonderanknüpfung an den gewöhnlichen Aufenthalt im Inland ein deutsches Personalstatut haben (Asylberechtigte, ausländische Flüchtlinge). Auf den Status als Asylberechtigter, ausländischer Flüchtling oder Staatenloser wird nicht hingewiesen. 75

Die Dokumente, die dem Nachweis einer ausländischen Staatsangehörigkeit dienen, sind in § 8 Abs. 2 PStV aufgeführt. In der Regel wird der Nachweis durch Vorlage des ausländischen Reisepasses, eines Passersatzes oder eines Personalausweises mit Angabe der Staatsangehörigkeit eines Mitgliedstaates der Europäischen Union, eines anderen Vertragsstaates des Abkommens über den Europäischen Wirtschaftsraum und der Schweiz geführt. Der ebenfalls mögliche Nachweis durch eine Bescheinigung der zuständigen Behörde des Heimatstaates (vergleichbar dem deutschen Staatsangehörigkeitsausweis) spielt im Hinblick auf die Passpflicht von Ausländern (§ 3 AufenthG) kaum eine Rolle. Vielfach kann die Staatsangehörigkeit auch dem Hinweis im Eheeintrag (§ 15 Abs. 2 Nr. 2) entnommen werden. 76

4. Erwerb der deutschen Staatsangehörigkeit durch das Kind

Ebenso wie der Hinweis auf die Staatsangehörigkeit der Eltern (vgl. Rdnr. 75 f.) dient auch der Hinweis auf den Erwerb der deutschen Staatsangehörigkeit durch das Kind nach § 4 Abs. 3 StAG (§ 21 Abs. 3 Nr. 4) der späteren Feststellung, ob das Kind der Optionspflicht des § 29 Abs. 1 StAG unterliegt, d. h. sich zwischen der deutschen und einer daneben zumeist durch Abstammung erworbenen ausländischen Staatsangehörigkeit zu entscheiden hat. Zur Prü- 77

79 Kritisch zum alten Recht: *Gaaz*, StAZ 2009, 363.

fung muss das Standesamt bei der Anzeige der Geburt Angaben über die aufenthaltsrechtlichen Voraussetzungen nach § 4 Abs. 3 Satz 1 Nr. 2 StAG verlangen, also darüber, ob ein Elternteil ein unbefristetes Aufenthaltsrecht oder als Staatsangehöriger der Schweiz oder dessen Familienangehöriger eine Aufenthaltserlaubnis auf Grund des Abkommens vom 21.6.1999 zwischen der EG und ihren Mitgliedstaaten einerseits und der Schweizerischen Eidgenossenschaft andererseits über die Freizügigkeit[80] besitzt (§ 34 Abs. 1 PStV). Sind nach diesen Angaben die aufenthaltsrechtlichen Voraussetzungen erfüllt, holt das Standesamt mit dem Formular nach dem Muster der Anlage 12 der PStV eine schriftliche Auskunft der Ausländerbehörde darüber ein, ob die Angaben zutreffen und ein Elternteil zum Zeitpunkt der Geburt des Kindes seit acht Jahren rechtmäßig seinen gewöhnlichen Aufenthalt im Inland hatte. Dies gilt auch, wenn die Eltern keine Angaben machen oder das Standesamt Zweifel an der Richtigkeit der Angaben hat; in diesem Fall sind die Angaben für beide Eltern abzufragen (§ 34 Abs. 2 PStV). § 34 Abs. 2 i. V. m. der Anlage 12 der PStV weisen die Ermittlung der aufenthaltsrechtlichen Voraussetzungen der Ausländerbehörde zu, die alles ihr rechtlich Mögliche unternehmen muss, um das Vorliegen der aufenthaltsrechtlichen Voraussetzungen zu klären. Die Ausländerbehörde hat auf dem Vordruck einen achtjährigen rechtmäßigen gewöhnlichen Aufenthalt im Inland nach § 4 Abs. 3 Satz 1 Nr. 1 StAG sowie das Vorliegen der aufenthaltsrechtlichen Voraussetzungen des § 4 Abs. 3 Satz 1 Nr. 2 StAG entweder positiv zu bestätigen oder zu verneinen; für die Angabe einer nicht möglichen Klärung bietet der Vordruck keinen Raum. Das Standesamt prüft anschließend, ob das Kind durch Geburt die deutsche Staatsangehörigkeit erworben hat, und vermerkt das Ergebnis der Prüfung auf dem Formular nach dem Muster der Anlage 12 zur PStV oder in einem gesonderten Vermerk. Das Formular oder der gesonderte Vermerk über das Ergebnis der Prüfung sind zu den Sammelakten des Geburtseintrags zu nehmen (§ 34 Abs. 3 PStV).

78 Hat die Prüfung ergeben, dass das Kind nach § 4 Abs. 3 StAG die deutsche Staatsangehörigkeit erworben hat, ist hierüber ein Hinweis einzutragen und die Meldebehörde zu unterrichten. Das Kind bzw. sein gesetzlicher Vertreter ist von der Eintragung des Hinweises zu unterrichten (Nr. 21.5.1 PStG-VwV). Der Hinweis auf den Staatsangehörigkeitserwerb ist rein deklaratorisch und entfaltet keinerlei Bindungswirkung[81]; eine verbindliche Feststellung des Bestehens oder Nichtbestehens der deutschen Staatsangehörigkeit ist nur im Rahmen eines Feststellungsverfahrens nach § 30 Abs. 1 StAG möglich. Wird ein Nachweis über den Besitz der deutschen Staatsangehörigkeit gewünscht, soll das Standesamt auf die Möglichkeit der Beantragung eines Staatsangehörigkeitsausweises nach § 30 Abs. 1 Satz 1, Abs. 3 Satz 1 StAG bei der zuständigen Staatsangehörigkeitsbehörde hinweisen. Auch im Streitfall hinsichtlich

80 BGBl. 2001 II S. 810.
81 VG Arnsberg, StAZ 2010, 16; OVG Lüneburg, StAZ 2016, 347.

des Erwerbs oder Nichterwerbs nach § 4 Abs. 3 StAG ist an die Staatsangehörigkeitsbehörde zu verweisen (Nr. 21.5.3 PStG-VwV).

Die Verknüpfung des Hinweises mit einer möglichen Optionspflicht hat zur Folge, dass der Hinweis gegenstandslos wird, wenn sich später herausstellt, dass die Voraussetzungen des § 4 Abs. 3 StAG nicht vorgelegen haben, oder wenn ein Abstammungserwerb hinzutritt. Letzteres ist insbesondere der Fall, wenn ein deutscher Staatsangehöriger die Vaterschaft zu dem Kind anerkennt. Die durch Abstammung erworbene deutsche Staatsangehörigkeit (§ 4 Abs. 1 Satz 2 StAG) überlagert dann die durch Geburt im Inland begründete deutsche Staatsangehörigkeit. Das Kind bleibt zwar unverändert Deutscher, kann aber als deutsch-ausländischer Mehrstaater nicht optionspflichtig werden. Der Entscheidungszwang des § 29 StAG trifft nur Deutsche, die die deutsche Staatsangehörigkeit (allein) auf Grund des § 4 Abs. 3 StAG oder § 40b StAG erworben haben. Umgekehrt ist der Hinweis wieder aufzunehmen, wenn die Vaterschaft des deutschen Mannes erfolgreich angefochten ist (vgl. Nr. 21.5.2 PStG-VwV). 79

5. Recht der Namensführung des Kindes

Die Aufnahme eines Hinweises auf das für die Namensführung des Kindes maßgebende Recht wird von § 21 Abs. 3 Nr. 5 generell verlangt. Eine entsprechende Regelung fehlte in der ursprünglichen Fassung des Gesetzes. Einem praktischen Bedürfnis folgend, sah jedoch das Muster des Geburtenregisters (Anlage 4 zur PStV) schon immer ein Feld »Recht der Namensführung des Kindes« vor. Auf Grund der Ergänzung des § 21 Abs. 3 um die Nummer 5 muss jetzt in jeder Geburtsbeurkundung der Hinweis angebracht werden. 80

V. Mitteilungen

1. Allgemeines

Einzelheiten zu den Mitteilungen, die über die Beurkundung der Geburt auf Grund von Rechtsvorschriften von Amts wegen an andere Behörden und sonstige öffentliche Stellen zu richten sind, sind durch Rechtsverordnung zu regeln (§§ 68, 73 Nr. 8). Die Mitteilungspflichten nach Beurkundung der Geburt sind in § 57 Abs. 1 PStV erfasst. Daneben bestehen rechtliche Informationspflichten gegenüber ausländischen Stellen auf Grund internationaler Übereinkommen. 81

2. Mitteilungen zu Personenstandsregistern im Inland

Das Standesamt, das die Geburt des Kindes beurkundet hat, hat dies dem Standesamt, das die Geburtseinträge für die Eltern führt, mitzuteilen (§ 57 Abs. 1 Nr. 1 PStV). Zu den Geburtseinträgen von Mutter und Vater wird auf die Geburt des Kindes hingewiesen (§ 27 Abs. 4 Satz 2 Nr. 2). 82

83 Dem Standesamt I in Berlin ist eine Mitteilung zu machen, wenn die Geburt im Ausland erfolgt und im Inland nachbeurkundet worden ist (§ 57 Abs. 1 Nr. 2 PStV; § 36 Abs. 3).

3. Mitteilungen an inländische Behörden und Gerichte

84 Das beurkundende Standesamt hat jede Geburt der *Meldebehörde* mitzuteilen (§ 57 Abs. 1 Nr. 3 PStV). Welche Meldestelle zuständig ist, ist in Nr. 68.1.1 Satz 1 PStG-VwV präzisiert. Die Mitteilung unterbleibt, wenn dem Standesamt bekannt ist, dass das Kind unmittelbar nach der Geburt in Adoptionspflege genommen und daher nicht in die elterliche Wohnung aufgenommen wurde (Nr. 68.1.1 Satz 2 PStG-VwV).

85 Auf Grund des Gesetzes über die Statistik der Bevölkerungsbewegung und der Fortschreibung des Bevölkerungsstandes (Bevölkerungsstatistikgesetz – BevStatG) hat das Standesamt die Daten über lebend- und totgeborene Kinder mindestens monatlich dem zuständigen *Statistischen Landesamt* für die Statistik der natürlichen Bevölkerungsbewegung zu übermitteln (§ 61 PStV).

86 Die Beurkundung der Geburt ist dem *Familiengericht* mitzuteilen, wenn das Kind nach dem Tode des Vaters geboren ist oder es sich um ein Findelkind oder um einen Minderjährigen mit unbekanntem Personenstand handelt oder es sich um ein Kind aus einer vertraulichen Geburt nach § 25 des Schwangerschaftskonfliktgesetzes handelt (§ 168a Abs. 1 FamFG; § 57 Abs. 1 Nr. 4 PStV). Die Zuständigkeit des Familiengerichts bestimmt sich nach dem gewöhnlichen Aufenthalt des Kindes (§ 152 Abs. 2 FamFG; Nr. 68.1.2 PStG-VwV). Auf Grund der Mitteilung wird geprüft, ob für das Kind ein Vormund zu bestellen ist.

87 Das Standesamt hat die Geburt eines Kindes, dessen Eltern nicht miteinander verheiratet sind, unverzüglich dem zuständigen *Jugendamt* mitzuteilen (§ 52a Abs. 4 SGB VIII; § 57 Abs. 1 Nr. 5 PStV). Die Mitteilung soll dem Jugendamt die Wahrnehmung seiner Beratungspflicht gemäß § 52a SGB VIII ermöglichen. Sie ist an das Jugendamt zu richten, in dessen Bezirk die Mutter ihren gewöhnlichen Aufenthalt, hilfsweise ihren tatsächlichen Aufenthalt hat (§ 87c Abs. 1 Satz 1 und 3 SGB VIII; Nr. 68.1.3 PStG-VwV).

88 Wenn das Kind nach § 25 des Schwangerschaftskonfliktgesetzes vertraulich geboren wurde, ist die Beurkundung der Geburt dem *Bundesamt für Familie und zivilgesellschaftliche Aufgaben* mitzuteilen (§ 57 Abs. 1 Nr. 7 PStV).

4. Mitteilungen an ausländische Stellen

89 Mitteilungspflichten auf Grund zwischenstaatlicher Vereinbarungen bestehen gegenüber Italien, Luxemburg, Österreich und der Schweiz.

Mit Italien ist durch Notenwechsel vom 31.5.1937[82] vereinbart, dass die Geburtsurkunden der Angehörigen beider Staaten gegenseitig auszutauschen sind; die Vereinbarung ist mit Wirkung vom 1.10.1952 wieder in Kraft getreten[83]. Hiernach hat das Standesamt, das die Geburt eines Kindes italienischer Staatsangehörigkeit beurkundet, dem zuständigen italienischen Konsulat eine Geburtsurkunde des Kindes zu übersenden. **90**

Auf Grund bilateraler Übereinkommen mit der Schweiz, Luxemburg und Österreich[84] ergeben sich Pflichten zur Mitteilung über die Geburt eines schweizerischen Kindes oder des Kindes eines luxemburgischen oder österreichischen Staatsangehörigen. **91**

82 RMBliV 1937 S. 1138 (GS Nr. 203 I).

83 BGBl. 1952 II S. 986.

84 Schweiz: Abkommen vom 4.11.1985 (BGBl. 1988 II S. 126); Luxemburg: Abkommen vom 3.6.1982 (BGBl. 1983 II S. 698); Österreich: Vertrag vom 18.11.1980 (BGBl. 1981 II S. 1050); GS Nr. 203 CH, L und A.

Abschnitt 2 **Besonderheiten**

§ 22 Fehlende Angaben

(1) Kann der Anzeigende die Vornamen des Kindes nicht angeben, so müssen sie binnen eines Monats mündlich oder schriftlich angezeigt werden. Sie werden alsdann bei dem Geburtseintrag beurkundet.

(2) Die Vornamen des Kindes können nachträglich auch bei einem anderen Standesamt als dem, das die Geburt des Kindes beurkundet hat, angezeigt werden.

(3) Kann das Kind weder dem weiblichen noch dem männlichen Geschlecht zugeordnet werden, so kann der Personenstandsfall auch ohne eine solche Angabe oder mit der Angabe »divers« in das Geburtenregister eingetragen werden.

Übersicht (die Zahlen bedeuten Randnummern)

I. Rechtsentwicklung

1 § 22 Abs. 1 und 2 über die nachträgliche Anzeige der Vornamen entspricht, von redaktionellen Änderungen abgesehen, der früheren Vorschrift des § 22 PStG a. F. Absatz 3 wurde durch Art. 1 Nr. 2 des Gesetzes zur Änderung der in das Geburtenregister einzutragenden Angaben vom 18. 12. 2018[1] neu gefasst, nachdem das BVerfG mit Beschluss vom 10. 10. 2017[2] die Unvereinbarkeit der bisherigen Fassung mit Art. 2 Abs. 1 i. V. m. Art. 1 Abs. 1 und mit Art. 3 Abs. 3 Satz 1 GG festgestellt hatte.

II. Allgemeines

2 Grundsätzlich muss die Anzeige einer Geburt alle Angaben enthalten, die in das Geburtenregister einzutragen sind. Dazu gehören nach § 21 Abs. 1 Nr. 4 auch die Vornamen des Kindes. Das Gesetz geht von dem Regelfall aus, dass das Kind im Zeitpunkt der Anzeige bereits Vornamen erhalten hat und dass der Anzeigende die Namen angeben kann. Erfahrungsgemäß kann die Ent-

1 BGBl. I S. 2635.
2 BVerfG, StAZ 2018, 15 mit Anm. *Wiggerich* = FamRZ 2017, 2046 mit Anm. *Helms*.

scheidung über die Namengebung nicht immer sogleich getroffen werden. Damit die Beurkundung nicht verzögert wird, lässt § 22 Abs. 1 es zu, dass die Vornamen des Kindes in der Anzeige weggelassen und der Geburtseintrag ohne diese Angabe errichtet wird. Die Anzeige muss jedoch innerhalb eines Monats nachgeholt und der Geburtseintrag sodann vervollständigt werden. Der Anzeigende ist hierauf hinzuweisen (Nr. 18.1.3 PStG-VwV).

§ 22 Abs. 1 stellt nicht darauf ab, dass die Vornamen des Kindes noch nicht feststehen, sondern darauf, ob der Anzeigende sie angeben kann. Die Vorschrift erfasst also auch den Fall, dass dem Kind bereits wirksam Vornamen beigelegt worden sind, über die jedoch der Anzeigende infolge fehlender Information keine Angaben machen kann, z. B. bei einer Anzeige durch eine Einrichtung (§ 20). Der fehlenden Angabe der Vornamen steht es gleich, wenn das Standesamt die Registrierung der ihm angezeigten Vornamen ablehnt, weil es sie für unzulässig hält. Den Sorgeberechtigten bleibt es überlassen, zulässige Vornamen zu wählen oder eine gerichtliche Klärung herbeizuführen (§ 49 Abs. 1). 3

III. Nachträgliche Anzeige

Die Anzeige der Vornamen muss »binnen eines Monats« nachgeholt werden. Die Frist beginnt mit dem Tag der Geburt des Kindes. Beispiel: Geburtstag: 4. Mai, Fristende mit Ablauf des 4. Juni (§§ 187 Abs. 1, 188 Abs. 2 BGB). Maßgebend ist weder der Zeitpunkt der Anzeige noch der Tag der Geburtsbeurkundung. 4

Die Anzeigepflicht richtet sich nach den allgemeinen Bestimmungen (§§ 18 bis 20). Die Anzeige der Vornamen kann also nur wirksam erstatten, wer auch zur Anzeige der Geburt berechtigt ist. Es ist aber nicht erforderlich, dass die Vornamen von derselben Person oder Einrichtung angezeigt werden, die die Geburt angezeigt hat (Nr. 22.1 Satz 1 PStG-VwV). Die Erstattung der Anzeige setzt voraus, dass die Sorgeberechtigten dem Kind bereits Vornamen erteilt haben. In der Regel wird die nachträgliche Vornamensanzeige von den sorgeberechtigten Eltern oder einem Elternteil erstattet. Der Anzeigende, der nicht sorgeberechtigt ist, soll nachweisen, dass die Sorgeberechtigten mit den angezeigten Vornamen einverstanden sind (Nr. 22.1 Satz 2 PStG-VwV). 5

§ 22 Abs. 1 bestimmt, dass die nachträgliche Anzeige der Vornamen mündlich oder schriftlich zu erstatten ist. Dies gilt unabhängig davon, ob die Geburtsanzeige selbst mündlich oder schriftlich erfolgt ist. Auch eine nach § 19 Satz 1 anzeigepflichtige Person, die die Geburt des Kindes mündlich anzeigen muss (§ 18 Abs. 1 Nr. 1), kann die nachträgliche Anzeige der Vornamen schriftlich erstatten. Der Schriftform gleichgestellt ist die Anzeige in elektronischer Form, wenn das Dokument mit der qualifizierten elektronischen Signatur des Anzeigenden versehen ist (§ 3a VwVfG). Über die nachträgliche münd- 6 liche Anzeige von Vornamen ist eine Niederschrift aufzunehmen (Nr. 22.1 Satz 3 PStG-VwV).

7 Ist das Kind, bevor es einen Vornamen erhalten hat, verstorben, so bedarf es keiner nachträglichen Anzeige mehr. Die Anzeigepflicht endet mit dem Tode des Kindes. Zeigt aber ein Anzeigepflichtiger die dem Kinde erteilten Vornamen noch nach dem Tode des Kindes an, so sind diese im Geburtenregister zu beurkunden. Möglich ist auch die nachträgliche Anzeige der Vornamen für eine Totgeburt[3].

8 Sind bei der Anzeige der Geburt bereits Vornamen angegeben worden, die das Standesamt beurkundet hat, ist § 22 nicht mehr anzuwenden. Ist der beurkundete Name tatsächlich nicht erteilt worden, so kommt nur eine Berichtigung des Eintrags dahin in Betracht, dass das Kind einen anderen oder noch keinen Vornamen erhalten hat[4]. Im letztgenannten Fall sind die Vornamen nach § 22 Abs. 1 und 2 anzuzeigen.

IV. Zuständiges Standesamt

9 Zuständig für die Entgegennahme der Anzeige ist das Standesamt, das die Geburt beurkundet hat. Um den Anzeigepflichtigen die nachträgliche Anzeige der Vornamen zu erleichtern, sieht § 22 Abs. 2 vor, dass die Anzeige auch gegenüber jedem anderen Standesamt erstattet werden kann. Dieses hat das Standesamt, das die Geburt des Kindes beurkundet hat, von der nachträglichen Anzeige zu informieren, damit der Geburtseintrag im Wege der Folgebeurkundung vervollständigt werden kann. Die Monatsfrist des § 22 Abs. 1 wird mit der Erstattung der Anzeige gegenüber dem nicht zuständigen Standesamt gewahrt.

V. Verletzung der Anzeigepflicht

10 Werden die Vornamen nicht innerhalb der Monatsfrist angezeigt, so hat das Standesamt die Anzeigepflichtigen durch Androhung und ggf. Festsetzung eines Zwangsgeldes (§ 69) zur Erstattung der Anzeige anzuhalten. Haben die Sorgeberechtigten noch keine Vornamen bestimmt, reduzieren sich die Zwangsmaßnahmen naturgemäß auf ihre Person. Führen diese Maßnahmen nicht zum Erfolg, ist das Familiengericht zu benachrichtigen, damit sichergestellt wird, dass die Sorgeberechtigten ihrer Pflicht zur Vornamensgebung nachkommen.

3 Vgl. *Homeyer*, StAZ 2001, 371.
4 AG Berlin-Schöneberg, StAZ 1997, 39.

VI. Beurkundung bei Kindern, die weder dem weiblichen noch dem männlichen Geschlecht zugeordnet werden können

§ 22 Abs. 3 in der Fassung des PStRÄndG sah vor, dass ein Personenstandsfall ohne eine Angabe zum Geschlecht des Kindes in das Geburtenregister einzutragen ist, wenn das Kind weder dem weiblichen noch dem männlichen Geschlecht zugeordnet werden kann. Die Vorschrift betraf danach Personen, bei denen im Zeitpunkt der Beurkundung der Geburt keine eindeutige Feststellung über das Geschlecht getroffen werden kann (Intersexuelle). Der Gesetzgeber wollte sich damit der Problemstellung zum Thema »Intersexualität« des Deutschen Ethikrates annehmen[5], der einen nicht zu rechtfertigenden Eingriff in das Persönlichkeitsrecht und das Recht auf Gleichbehandlung gesehen hat, wenn Menschen, die sich aufgrund ihrer körperlichen Konstitution weder dem Geschlecht weiblich noch männlich zuordnen können, rechtlich gezwungen werden, sich im Personenstandsregister einer dieser Kategorien zuzuordnen[6]. Er ist dabei allerdings nicht dem Vorschlag des Ethikrates gefolgt, alternativ als Geschlecht die Angabe »anderes« wählen zu dürfen, sondern hat nur die Möglichkeit geschaffen, die Geburt ohne Angabe des Geschlechts zu beurkunden[7]. Die Eintragung »inter« oder »divers« als Angabe eines »dritten Geschlechts« wurde von der Rechtsprechung zu diesem Zeitpunkt abgelehnt[8]. 11

Mit Beschluss vom 10.10.2017 hat das Bundesverfassungsgericht entschieden[9], dass § 21 Abs. 1 Nr. 3 i. V. m. § 22 Abs. 3 in der zum Zeitpunkt der Entscheidung geltenden Fassung mit den grundgesetzlichen Anforderungen insoweit nicht vereinbar sind, als § 22 Abs. 3 neben dem Eintrag »weiblich« oder »männlich« keine dritte Möglichkeit bietet, ein Geschlecht positiv eintragen zu lassen. Das allgemeine Persönlichkeitsrecht (Art. 2 Abs. 1 i. V. m. Art. 1 Abs. 1 GG) schütze auch die geschlechtliche Identität derjenigen, die sich dauerhaft weder dem männlichen noch dem weiblichen Geschlecht zuordnen ließen. Darüber hinaus verstoße das geltende Personenstandsrecht auch gegen das Diskriminierungsverbot (Art. 3 Abs. 3 GG), soweit die Eintragung eines anderen Geschlechts als »männlich« oder »weiblich« ausgeschlossen werde. Der Gesetzgeber hatte bis zum 31.12.2018 eine Neuregelung zu schaffen. 12

Dieser Forderung ist der Gesetzgeber durch das Gesetz zur Änderung der in das Geburtenregister einzutragenden Angaben vom 18.12.2018[10] nachgekommen und hat § 22 Abs. 3 neu gefasst. Gegenüber der bisherigen Rechtslage kann bei einem Kind, das weder dem weiblichen noch dem männlichen

5 Gesetzesbegründung BT-Drs. 17/12192 S. 11.

6 BT-Drs. 17/9088 S. 59.

7 Dazu *Sieberichs,* FamRZ 2013, 1180; *Bockstette,* StAZ 2013, 169, 171 f.; *Theilen,* StAZ 2014, 1; zur Behandlung intersexueller Menschen im IPR vgl. *Gössl,* StAZ 2013, 301.

8 BGH, StAZ 2016, 269; dazu kritisch *Theilen,* StAZ 2016, 289; OLG Celle, StAZ 2015, 107 mit Besprechung *Gössl,* StAZ 2015, 171; *Dutta/Helms,* StAZ 2017, 98.

9 Vgl. Fn. 2.

10 BGBl. I S. 2635.

Geschlecht zugeordnet werden kann, neben der Eintragung als »männlich« oder »weiblich« sowie dem Verzicht auf die Eintragung einer Geschlechtsangabe nunmehr als Geschlecht auch »divers« in das Geburtenregister eingetragen werden. Diese Lösung ist insofern bemerkenswert, als die neue Geschlechtsangabe nur im Registerrecht eröffnet wurde; dem Familienrecht ist sie dagegen fremd und es setzt weiter inzident eine binäre Geschlechtszuordnung voraus[11]. Da zum Zeitpunkt der Geburt noch nicht prognostiziert werden kann, ob das Kind eine der Geschlechtsangabe im Geburtenregister entsprechende Geschlechtsidentität entwickelt oder später eine davon abweichende Eintragung wünscht, wurde mit dem neuen § 45b parallel eine Möglichkeit zur nachträglichen Änderung der Geschlechtsangabe und der Vornamensführung geschaffen (vgl. Kommentierung zu § 45b). Der Gesetzgeber hat mit den Neuregelungen gegenüber dem verfassungsrechtlich ebenfalls möglichen generellen Verzicht auf die Eintragung des Geschlechts im Hinblick auf die Beweismöglichkeit im Rechtsverkehr an der grundsätzlichen Eintragung des Geschlechts bei der Geburt eines Kindes festgehalten[12].

13 Die Möglichkeit zur Wahl der Geschlechtsangabe bzw. der Verzicht auf eine Geschlechtsangabe steht nur Kindern offen, die weder dem weiblichen noch dem männlichen Geschlecht zugeordnet werden können. Trotz der unterschiedlichen Terminologie zu dem ebenfalls neu in das Gesetz eingefügten § 45b Abs. 1 Satz 1 und 3, nach dem eine Erklärung zur Geschlechtsangabe und Vornamensführung nur Personen mit Varianten der Geschlechtsentwicklung offensteht, ist der Adressatenkreis beider Vorschriften identisch, da der Gesetzgeber auch Kinder, die weder dem weiblichen noch dem männlichen Geschlecht zugeordnet werden können, als Personen mit Varianten der Geschlechtsentwicklung ansieht[13] (vgl. dazu auch § 45b Rdnr. 3).

14 Als ausdrückliche Rechtsfolge sieht § 22 Abs. 3 nur vor, dass der Personenstandsfall ohne eine Geschlechtsangabe oder mit der Angabe »divers« eingetragen werden kann. Durch die Verwendung des Wortes »auch« wird allerdings klargestellt, dass diese Varianten zusätzlich neben den immer schon möglichen Geschlechtsangaben »männlich« oder »weiblich« bestehen sollen. Dafür spricht auch die historische Auslegung, da im Rahmen der parlamentarischen Beratungen gegenüber dem ursprünglich eingebrachten Gesetzentwurf durch einen Änderungsantrag die zunächst bestehende Ist- in eine Kann-Bestimmung abgeändert wurde, um klarzustellen, dass auch im Zeitpunkt der Geburt keine Beschränkung auf die Angabe »divers« oder die Beurkundung des Personenstandsfalls ohne eine Geschlechtsangabe besteht; vielmehr sollte auch die Angabe »weiblich« oder »männlich« eingetragen werden können[14]. Zwischen allen Alternativen besteht danach ein freies Wahlrecht. Erklärungsberechtigt ist der gesetzliche Vertreter des Kindes.

11 *Berndt-Benecke*, StAZ 2019, 65, 67; NVwZ 2019, 286, 288.
12 S. dazu amtl. Gesetzesbegründung BT-Drs. 19/4669 S. 8.
13 Amtl. Gesetzesbegründung BT-Drs. 19/4669 S. 10.
14 S. Beschluss und Bericht des Ausschusses für Inneres und Heimat, BT-Drs. 19/6467 S. 13.

Die grundsätzliche Notwendigkeit eines Nachweises für eine Variante der Geschlechtsentwicklung hat der Gesetzgeber – anders als in § 45b Abs. 3 Satz 1 – nicht ausdrücklich gefordert. Da die Möglichkeit der Auswahl der Geschlechtsangabe bzw. auf deren Verzicht tatbestandlich allerdings nur Kindern zusteht, die weder dem weiblichen noch dem männlichen Geschlecht zugeordnet werden können, muss sich das Standesamt vor einer Eintragung über diesen Umstand Gewissheit verschaffen. Grundsätzlich kann sich das Standesamt bei der Anzeige der Geburt auf die Angaben des Krankenhauses oder eines anderen Anzeigepflichtigen stützen[15]. Bei Kindern, die weder dem weiblichen noch dem männlichen Geschlecht zugeordnet werden können, wird in der Regel eine ärztliche Diagnose vorliegen, die als Nachweis dienen kann und auf die auch bei einer späteren Änderung der Geschlechtsangabe nach § 45b zurückgegriffen werden kann[16] (vgl. § 45b Rdnr. 8). Sofern Nachweise nicht vorliegen, gilt mangels einer speziellen Regelung § 9 Abs. 2; allerdings dürfen angesichts der mit § 45b Abs. 3 Satz 2 intendierten Erleichterungen auch bei der Eintragung der Geburt keine hohen Anforderungen an einen Nachweis gestellt werden. 15

Sofern Anträge auf positive Eintragung eines dritten Geschlechts aufgrund der Entscheidung des BVerG zurückgestellt wurden, müssen diese Verfahren nunmehr fortgeführt werden. 16

15 *Berndt-Benecke,* StAZ 2018, 65, 69.
16 Nach *Sieberichs,* FamRZ 2019, 329, 330, dürften die Standesämter in der Praxis einen Eintrag nur aufgrund einer Bescheinigung eines Arztes oder eine Hebamme vornehmen.

§ 23 Zwillings- oder Mehrgeburten

Bei Zwillings- oder Mehrgeburten ist jede Geburt gesondert einzutragen. Die Eintragungen müssen erkennen lassen, in welcher Zeitfolge die Kinder geboren sind.

Übersicht (die Zahlen bedeuten Randnummern)

I. Rechtsentwicklung

1 § 23 entspricht nahezu wörtlich § 23 PStG a. F.

II. Die Eintragung im Geburtenregister

2 Nach § 23 Satz 1 ist jede Zwillings- oder Mehrgeburt (Drillinge, Vierlinge usw.) gesondert in das Geburtenregister einzutragen. Es handelt sich um eine Selbstverständlichkeit, da jede Geburt für sich einen Geburtsfall darstellt; die Vorschrift hat daher nur klarstellenden Charakter. Die Geburt eines jeden Kindes ist gesondert anzuzeigen und zu beurkunden, und zwar möglichst in der Reihenfolge, in der die Geburten erfolgt sind. Der genaue Zeitpunkt der einzelnen Geburten nach Stunde und Minute ist entweder der schriftlichen Geburtsanzeige des Krankenhauses oder der Bescheinigung des Arztes oder der Hebamme über die Geburt zu entnehmen.

3 Lässt sich der Zeitpunkt der Zwillings- oder Mehrgeburt für alle Kinder nur einheitlich ermitteln, steht aber die Reihenfolge der Geburten fest, so ist die Beurkundung auch in dieser Reihenfolge vorzunehmen. Lässt sich auch die Reihenfolge der Geburten nicht ermitteln, erfolgt die Beurkundung in beliebiger Reihenfolge. Die Tatsache der Zwillings- oder Mehrgeburt wird in dem Eintrag nicht erwähnt (Nr. 23 PStG-VwV).

4 Zweifelhaft kann sein, in welcher Weise die Geburt von zusammengewachsenen Kindern (siamesischen Zwillingen) zu beurkunden ist. Grundsätzlich sind zwei Geburten zu beurkunden, und zwar auch dann, wenn nach ärztlichem Gutachten das selbstständige Fortleben eines Zwillings nach der Trennung ausgeschlossen ist, sich aber doch zwei selbstständige Personen unterscheiden lassen. Das Standesamt kann derartige Zweifelsfragen nicht selbstständig beurteilen, sondern wird dem ärztlichen Gutachten folgen müssen.

5 § 31 Abs. 3 PStV behandelt den Fall einer Mehrlingsgeburt, bei der ein Teil eine Lebendgeburt oder eine Totgeburt und der andere eine Fehlgeburt ist. Bei einer solchen Konstellation ist auch die Fehlgeburt als Totgeburt zu beurkunden (vgl. § 18 Rdnr. 12). Die entsprechende Anwendung von § 21 Abs. 2 hat zur Folge, dass das fehlgeborene Kind als totgeboren zu bezeichnen und auf Wunsch der Eltern mit Vor- und Familiennamen einzutragen ist.

§ 24 Findelkind

(1) Wer ein neugeborenes Kind findet, muss dies spätestens am folgenden Tag der Gemeindebehörde anzeigen. Diese stellt die erforderlichen Ermittlungen an und benachrichtigt von dem Ergebnis alsbald die zuständige Verwaltungsbehörde.

(2) Die zuständige Verwaltungsbehörde setzt nach Anhörung des Gesundheitsamts den vermutlichen Ort und Tag der Geburt fest und bestimmt die Vornamen und den Familiennamen des Kindes. Auf ihre schriftliche Anordnung wird die Geburt in dem Geburtenregister des für den festgesetzten Geburtsort zuständigen Standesamts beurkundet. Liegt der Geburtsort im Ausland, so ist das Standesamt, in dessen Bezirk das Kind aufgefunden worden ist, für die Beurkundung zuständig.

Übersicht (die Zahlen bedeuten Randnummern)

I. Rechtsentwicklung

1 § 24 übernimmt ohne sachliche Änderungen die Regelung des § 25 PStG a. F. An die Stelle des veralteten Begriffs der »Ortspolizeibehörde« ist die Gemeindebehörde getreten, der das Auffinden eines neugeborenen Kindes anzuzeigen ist. Absatz 2 Satz 2 und 3 bestimmt jetzt ausdrücklich das für die Beurkundung der Geburt des Findelkindes zuständige Standesamt.

II. Begriff des Findelkindes

2 Während das alte PStG den Begriff des Findelkindes nicht benutzte, wird er jetzt in der amtlichen Überschrift des § 24 verwendet, weil er allgemein in der nationalen und internationalen Rechtssprache eingeführt ist[1]. Auf eine Definition des Begriffs »Findelkind«, insbesondere auf eine Altersfestlegung, wird weiter verzichtet, um der Besonderheit des Einzelfalls entsprechen zu können[2].

1 Vgl. § 4 Abs. 2 StAG; Art. 6 Abs. 1 des Übereinkommens über die Staatsangehörigkeit vom 6.11.1997 (BGBl. 2004 II S. 578; GS Nr. 251).

2 So die Begründung des Regierungsentwurfs, BT-Drs. 16/1831 S. 47; abgedruckt in *Gaaz/Bornhofen* 2008 S. 453; zur Problematik eines in einer Babyklappe tot aufgefundenen Kindes: *Zimmermann*, StAZ 2018, 95.

3 Voraussetzung für die Anwendung der Vorschrift ist, dass »ein neugeborenes Kind« aufgefunden wird. Im Hinblick auf die Vorschrift des § 25, die eine Bestimmung des Personenstandes auch für ältere Kinder und für Erwachsene ermöglicht, liegt es zunächst nahe, den Begriff »neugeboren« entsprechend dem allgemeinen Sprachgebrauch auszulegen und unter einem Findelkind nur ein Kind zu verstehen, das erst einige Tage, höchstens einige Wochen alt ist. Eine solche Beschränkung des Anwendungsbereichs des § 24 erscheint jedoch als zu eng. Im Gegensatz zu § 25 verpflichtet § 24 die Gemeindebehörde zu näheren Ermittlungen (vgl. Rdnr. 7). Die Notwendigkeit solcher Ermittlungen und dadurch initiierter Hilfsmaßnahmen enden nicht, wenn das Kind einige Wochen alt ist. § 4 Abs. 2 StAG, der die Abstammung eines Findelkindes von einer Person deutscher Staatsangehörigkeit fingiert, stellt allein darauf ab, dass ein Kind aufgefunden wird. Demgemäß wird unter einem Findelkind i. S. des § 4 Abs. 2 StAG ein Kind verstanden, das infolge seines Alters hilflos ist und dessen Abstammung nicht feststellbar ist[3]. Es liegt nahe, diese staatsangehörigkeitsrechtliche Definition auch für die Auslegung des personenstandsrechtlichen Begriffs des Findelkindes heranzuziehen und die Vorschrift auch auf ältere Kinder anzuwenden, die hilflos aufgefunden werden. Dafür spricht neben dem Zweck der Vorschrift, Kindern, deren Umstände der Geburt nicht bekannt sind, einen Nachweis der Geburt zu ermöglichen, auch die historische Auslegung. Der Gesetzgeber hat bewusst auf die Aufnahme einer Legaldefinition des Findelkindes und insbesondere auf die Aufnahme einer Altersgrenze verzichtet, um den Besonderheiten des Einzelfalls entsprechen zu können (vgl. Rdnr. 2). Die Vorgabe, dass es sich um ein neugeborenes Kind handeln muss, sollte nur die notwendige Abgrenzung zu einer Person mit ungewissen Personenstand nach § 25 schaffen[4]; eine Beschränkung der Vorschrift nur auf Kinder mit einem unmittelbaren zeitlichen Bezug zur Geburt war damit nicht beabsichtigt.

4 Das Kind muss »gefunden« sein, d. h., es muss ohne erkennbaren Zusammenhang mit Verwandten oder mit Personen, die über seinen Namen und seine Herkunft Auskunft geben können, hilflos in seiner Umgebung, die nicht weiß, wohin es gehört und woher es stammt, entdeckt worden sein. Hierzu gehört nicht der Fall, dass eine Frau unter falschen Personalien entbunden und das Kind im Krankenhaus zurückgelassen hat. Hier stehen Geburtsort und -tag des Kindes fest, nur die Angaben über die Eltern sind offenbar unrichtig. Diese Geburt ist nach den allgemeinen Bestimmungen zu beurkunden; der Eintrag ist zu berichtigen, sobald festgestellt ist, wer die Mutter des Kindes ist. Notfalls ist nach § 25 zu verfahren. Zur »anonymen Geburt« vgl. § 25 Rdnr. 21 ff.

3 Vgl. Nr. 4.2 der Allgemeinen Verwaltungsvorschrift zum Staatsangehörigkeitsrecht (StAR-VwV) v. 13. 12. 2000.
4 Vgl. Fn. 2.

III. Anzeige gegenüber der Gemeindebehörde

§ 24 begründet eine Anzeigepflicht besonderer Art. Das Auffinden eines Kindes ist kein personenstandsrechtlicher Tatbestand. Vielfach wird eine strafbare Handlung (Kindesaussetzung, § 221 StGB) vorliegen. Daher ist das Auffinden des Kindes nicht dem Standesamt, sondern der Gemeindebehörde anzuzeigen, in deren Hand zunächst die weiteren Ermittlungen liegen. Zuständig ist die Ordnungsbehörde der Gemeinde, in deren Bezirk das Kind aufgefunden wurde. 5

Die formlose Anzeige bei der Gemeinde ist spätestens am folgenden Tage, also nicht erst am folgenden Werktage zu erstatten. Diese Eile ist geboten, damit die notwendigen Hilfsmaßnahmen für das Kind eingeleitet und Beweise gesichert werden können. 6

Die Ermittlungen der Gemeindebehörde sind darauf zu richten, den Personenstand des Kindes festzustellen oder doch die Beweismittel zu sichern, die als Anhaltspunkte bei einer späteren Feststellung des Personenstandes (§ 26) dienen können (Zeit, Ort und nähere Umstände des Auffindens, Beschaffenheit und Kennzeichen der Kleider des Kindes und sonstiger bei ihm vorgefundener Gegenstände, körperliche Merkmale und vermutliches Alter des Kindes). Im Hinblick auf das anschließende Tätigwerden der zuständigen Verwaltungsbehörde müssen die Ermittlungen insbesondere die Fakten liefern, die eine möglichst wirklichkeitsnahe Festsetzung von Ort und Zeit der Geburt ermöglichen. Die Gemeindebehörde hat außerdem über die Einschaltung der Strafverfolgungsbehörde (Polizei, Staatsanwaltschaft) zu entscheiden. Nach Abschluss der Ermittlungen hat sie das Ergebnis alsbald der nach Landesrecht zuständigen Verwaltungsbehörde zu übermitteln. 7

IV. Festsetzung von Namen, Geburtstag und Geburtsort

Die zuständige Verwaltungsbehörde hat die Ermittlungen erforderlichenfalls zu ergänzen. Sie setzt für das Findelkind den Familiennamen, den oder die Vornamen sowie Ort und Tag der Geburt fest (§ 24 Abs. 2 Satz 1). Bei der Bestimmung von Vor- und Familiennamen ist sie grundsätzlich frei; bestehen jedoch gewisse Anhaltspunkte für den Namen des Kindes (z. B. auf Grund einer beim Kind gefundenen Notiz, Wäschezeichen), sollte die Behörde dem folgen. Als Geburtsort sollte der Ort bestimmt werden, an dem das Kind aufgefunden wurde. Der Tag der Geburt ist nach Anhörung des zuständigen Gesundheitsamtes zu bestimmen, das die für die Feststellung des Alters erforderliche Sachkunde besitzt. Hierbei ist das geschätzte Lebensalter des Kindes zugrunde zu legen. 8

V. Die Beurkundung im Geburtenregister

9 Auf schriftliche Anordnung der zuständigen Verwaltungsbehörde beurkundet das zuständige Standesamt den festgesetzten Ort und Tag der Geburt sowie die beigelegten Vornamen und den Familiennamen des Kindes im Geburtenregister (§ 24 Abs. 2 Satz 2). Dem Schriftformerfordernis wird auch genügt, wenn die Anordnung in elektronischer Form und mit der qualifizierten elektronischen Signatur der anordnenden Stelle dem Standesamt übermittelt wird (§ 3a VwVfG). Wird der Personenstand des Kindes vor der Eintragung ermittelt, ist die Beurkundung zurückzustellen und der Verwaltungsbehörde, die die Anordnung getroffen hat, über den Sachverhalt zu berichten (Nr. 24 Satz 1 PStG-VwV).

10 Zuständig für die Beurkundung der Geburt des Findelkindes ist das Standesamt, in dessen Bezirk der festgesetzte Geburtsort des Kindes liegt. Das Gesetz folgt damit dem Grundsatz, dass für die Beurkundung einer Geburt das Standesamt zuständig ist, in dessen Bezirk das Kind geboren ist. Liegt der Geburtsort im Ausland, so ist die Beurkundungsanordnung an das Standesamt zu richten, in dessen Bezirk das Kind aufgefunden wurde (§ 24 Abs. 2 Satz 3). Das Standesamt hat der Anordnung nachzukommen, auch wenn die zuständige Verwaltungsbehörde nicht seine Aufsichtsbehörde ist. Sachlich steht dem Standesamt kein eigenes Prüfungsrecht zu. Für die Beurkundung ist § 21 Abs. 1 soweit wie möglich anzuwenden. Angaben über die Eltern des Kindes können naturgemäß nicht eingetragen werden.

11 Nach der Beurkundung hat das Kind die von der Behörde bestimmten Namen zu führen; der festgesetzte Geburtsort und Geburtstag gelten im Rechtsverkehr als Ort und Tag der Geburt des Kindes. Wird der wahre Personenstand nach der Beurkundung ermittelt, ist der Geburtseintrag nach Maßgabe des § 26 im Wege der Folgebeurkundung zu berichtigen (Nr. 24 Satz 2 PStG-VwV).

VI. Mitteilungen

12 Nach der Beurkundung der Geburt hat das Standesamt die Mitteilungspflichten des § 57 Abs. 1 PStV zu erfüllen, soweit sie auf Grund der Besonderheiten der Situation des Findelkindes in Betracht kommen. Insbesondere ist dem Familiengericht eine Mitteilung zu machen (§ 168a Abs. 1 FamFG), damit ggf. Schutzmaßnahmen zugunsten des Kindes angeordnet werden können.

§ 25 Person mit ungewissem Personenstand

Wird im Inland eine Person angetroffen, deren Personenstand nicht festgestellt werden kann, so bestimmt die zuständige Verwaltungsbehörde, welcher Geburtsort und Geburtstag für sie einzutragen ist; sie bestimmt ferner die Vornamen und den Familiennamen. Auf ihre schriftliche Anordnung wird die Geburt in dem Geburtenregister des für den bestimmten Geburtsort zuständigen Standesamts beurkundet. Liegt der Geburtsort im Ausland, so ist das Standesamt, in dessen Bezirk die Person angetroffen worden ist, für die Beurkundung zuständig.

Übersicht (die Zahlen bedeuten Randnummern)

I. Rechtsentwicklung

1 § 25 übernimmt ohne sachliche Änderung die Bestimmung des § 26 PStG a. F. Die Sätze 2 und 3 bestimmen jetzt ausdrücklich, welches Standesamt für die Beurkundung der Geburt einer Person mit ungewissem Personenstand zuständig ist.

II. Person mit ungewissem Personenstand

2 § 25 setzt voraus, dass eine Person mit nicht feststellbarem Personenstand im Inland »angetroffen« wird. Sie muss hier ihren gewöhnlichen Aufenthalt haben, weil nur dann ein Bedürfnis für eine personenstandsrechtliche Identifizierung besteht. Der Begriff »Person« ist umfassend. Er erfährt eine Einschränkung nur insofern, als es sich nicht um ein Findelkind (§ 24) handeln darf. Eine feste Altersgrenze für die Abgrenzung des Anwendungsbereichs der §§ 24 und 25 lässt sich nicht ziehen (vgl. § 24 Rdnr. 3). Im Übrigen kommt es für die Anwendung des § 25 weder auf die Staatsangehörigkeit noch das Alter der Person an. Allerdings ist bei ausländischer Herkunft Zurückhaltung geboten (vgl. Rdnr. 6).

3 Von den Merkmalen des Personenstandes (vgl. § 1 Abs. 1) sind bei der Anwendung des § 25 Geburtsort, Geburtstag, Vornamen und Familienname relevant, weil nur diese Daten von der zuständigen Verwaltungsbehörde bestimmt werden können. Die Rechtsprechung zu § 26 PStG a. F. ließ eine Fest-

setzung auch zu, wenn nur einzelne Merkmale unbekannt waren[1]. Dem ist weiterhin zu folgen[2], da nachgewiesene Personenstandsdaten immer Vorrang vor den nach § 25 zu bestimmenden wahrscheinlichen oder fiktiven Angaben haben. Dagegen lässt es § 25 nicht zu, weitere in der Vorschrift nicht genannte Merkmale zu bestimmen[3]. § 25 eröffnet nur die Möglichkeit, die unbekannte Person mit den notwendigen Identifizierungsdaten ausstatten, nicht jedoch eine Ersatzbeurkundung zu schaffen, die alle nach § 21 Abs. 1 in den Geburtseintrag aufzunehmenden Angaben enthält. Beziehen sich die Zweifel lediglich auf den Namen einer Person, so ist eine Klärung durch eine Namensfeststellung nach § 8 NamÄndG herbeizuführen.

4 Voraussetzung für die Anwendung des § 25 ist, dass der Personenstand des Betroffenen nicht festgestellt werden kann, d. h. nicht zu ermitteln ist. Der Entscheidung müssen deshalb eingehende Ermittlungen durch die zuständige Verwaltungsbehörde vorausgehen (vgl. Rdnr. 10). Eine Feststellung nach § 25 kommt nur und erst dann in Betracht, wenn sämtliche von den Behörden vorgenommenen Nachforschungen ergebnislos geblieben sind oder jedenfalls kein sicheres Ergebnis erbracht haben.

5 Die Tatsache, dass der Personenstand zweifelhaft ist, weil er urkundlich nicht nachgewiesen werden kann oder weil die Einträge in vorhandenen Urkunden voneinander abweichen, genügt für sich allein nicht für die Anwendung des § 25. Eine Person, die sichere Angaben über ihre Namen sowie Geburtstag und -ort machen, diese Angaben aber nicht urkundlich belegen kann, ist zunächst auf die Möglichkeit der Urkundenbeschaffung, auch einer Ersatzbeurkundung oder Wiederherstellung von Urkunden, zu verweisen (vgl. Nr. 25.3 PStG-VwV). Soweit von der deutschen Staatsangehörigkeit der angetroffenen Person auszugehen ist, kann eine Beurkundung nach § 36 in Betracht kommen. Weichen die Angaben in verschiedenen Beurkundungen voneinander ab, ist ggf. ein Berichtigungsverfahren angezeigt.

6 Der Betroffene muss alles in seinen Kräften Stehende getan haben, um zu einer Klärung beizutragen, und alle ihm möglichen sachdienlichen Auskünfte gegeben haben. Das Verfahren nach § 25 darf nicht dazu missbraucht werden, eine Person, die ihren Namen und ihre Herkunft – aus welchen Grund auch immer – zu verheimlichen sucht, mit einem amtlich festgelegten »Ersatz-Personenstand« auszustatten[4]. Deshalb ist insbesondere bei Ausländern Zurückhaltung geboten. Eine Feststellung kommt grundsätzlich nur in Betracht, wenn zwar feststeht, dass der Betroffene nicht Deutscher ist, sein Heimatstaat aber nach sorgfältigen Ermittlungen nicht festzustellen ist. Steht der Heimatstaat fest, so muss es diesem in erster Linie überlassen bleiben, den Personenstand zu ermitteln. Vorrangig hat die deut-

1 LG Dortmund, StAZ 1964, 309: Geburtsort; OVG Lüneburg 27. 10. 1981 – 8 OVG A 41/81: Geburtsdatum.

2 So auch BGH, StAZ 2019, 177, 179 = FamRZ 2019, 614, 616.

3 Unzutreffend VG Braunschweig, StAZ 1980, 75 hinsichtlich der Angaben über die Eltern.

4 BVerwGE 25, 109 = StAZ 1967, 95; OVG Lüneburg, StAZ 1969, 186.

sche Ausländerbehörde darauf hinzuwirken, dass der Ausländer seiner Passpflicht (§ 3 AufenthG) genügt. Eine Feststellung nach § 25 scheidet insbesondere aus, wenn der Betroffene bekanntermaßen oder vermutlich aus einem Staat stammt, in dem eine geordnete Personenstandsbuchführung nicht besteht oder jedenfalls zur Zeit seiner Geburt nicht bestand. Liegen bei der Geburt eines Kindes geeignete Nachweise zu Angaben über die Eltern des Kindes nicht vor, so ist in den Geburtseintrag ein erläuternder Zusatz aufzunehmen, durch den die Beweiskraft der Beurkundung (vgl. § 54) eingeschränkt wird (§ 35 Abs. 1 Satz 1 PStV).

III. Abgrenzung zu § 36 PStG

Die Frage der Abgrenzung des § 25 zur Nachbeurkundung gemäß § 36[5] stellt 7
sich insbesondere bei Kindern, die im Ausland geboren und von Deutschen adoptiert worden sind. Hier kommt eine Bestimmung des Personenstandes nach § 25 grundsätzlich nicht in Betracht, weil der gegenwärtige Personenstand der Angenommenen nicht unbekannt ist. Zumeist handelt es sich um Kinder aus der Dritten Welt, für die in aller Regel Geburtsurkunden aus dem Herkunftsstaat vorliegen, die Angaben über das Kind enthalten und in denen nur die Eltern als unbekannt bezeichnet werden. Das Kind hat durch die Adoption häufig die deutsche Staatsangehörigkeit erworben (§ 6 StAG) und führt grundsätzlich einen von den Annehmenden abgeleiteten Geburtsnamen sowie die im Heimatstaat beigelegten oder im Adoptionsverfahren geänderten Vornamen. Für diesen Fall kommt allein die nachträgliche Beurkundung der Geburt gemäß § 36 in Betracht. Zwar können bei unbekannten Eltern nicht alle nach § 21 Abs. 1 in den Geburtseintrag aufzunehmenden Angaben beurkundet werden, wie dies § 36 Abs. 1 Satz 2 vorschreibt. Bei nicht zu schließenden Lücken gilt jedoch der Annäherungsgrundsatz: Die gesetzlich festgelegten Angaben sind so vollständig wie möglich zu machen; lassen sich einzelne Daten nicht feststellen, so ist die Beurkundung gleichwohl vorzunehmen, wobei in Kauf zu nehmen ist, dass der Eintrag unvollständig bleibt[6]. Die für Mutter und Vater vorgesehenen Felder des Geburtenregisters bleiben dann ohne Eintrag.

IV. Zuständigkeit und Verfahren

Die örtliche Zuständigkeit für die Bestimmung des Personenstandes richtet 8
sich nach dem Aufenthaltsort der angetroffenen Person (Nr. 25.1 PStG-VwV). Sachlich zuständig ist die durch Landesrecht bestimmte Verwaltungsbehörde. Zur Zuständigkeit für die Eintragungsanordnung vgl. Rdnr. 17.

5 Zur Abgrenzung auch: BGH, StAZ 2019, 177, 179 f. = FamRZ 2019, 614, 616.
6 So auch die Rspr. zu § 41 Abs. 2 PStG a. F.: KG, StAZ 1979, 293; LG Berlin, StAZ 1985, 134 mit krit. Anm. *Schütz;* VG Berlin, StAZ 2000, 242.

9 Das Verfahren kann von Amts wegen oder auf Antrag des Betroffenen eingeleitet werden. In der Regel geschieht dies von Amts wegen, notfalls auch gegen den Willen des Betroffenen. Umgekehrt ist aber auch die betroffene Person ihrerseits berechtigt, die Bestimmung des Personenstandes von der Behörde zu verlangen, wenn er nicht festgestellt werden kann[7].

10 Das Verfahren ist in § 25 nicht näher geregelt. Die zuständige Behörde entscheidet nach pflichtgemäßem Ermessen, welche Ermittlungen sie anstellt oder im Wege der Amtshilfe anstellen lässt. Die Abnahme von Versicherungen an Eides statt kommt nicht in Betracht. Auch stehen der Verwaltungsbehörde auf Grund des § 25 keine Eingriffsbefugnisse gegenüber dem Betroffenen zur Feststellung seiner Identität zu (z. B. die Anordnung erkennungsdienstlicher Maßnahmen). Ggf. hat die Verwaltungsbehörde durch ein Amtshilfeersuchen eine Identitätsfeststellung durch die zuständige Behörde zu veranlassen.

V. Bestimmung des Personenstandes

11 Nach Abschluss der Ermittlungen bestimmt die zuständige Verwaltungsbehörde (vgl. Rdnr. 8), welcher Geburtsort und Geburtstag für den Betroffenen einzutragen sind, ferner die Vornamen und den Familiennamen. Sie entscheidet hierbei nach Ermessen. Haben sich im Laufe der Ermittlungen Anhaltspunkte hinsichtlich einzelner Daten ergeben, können diese bei der Entscheidung berücksichtigt werden. Waren nur einzelne Angaben nicht feststellbar, so ist die Entscheidung hierauf zu beschränken. Konnten im Zuge der Ermittlungen weitere Angaben, so insbesondere über die Eltern des Betroffenen, festgestellt werden, so sind diese in die Anordnung mit aufzunehmen. Dagegen ist es nicht zulässig, solche Daten über § 25 Satz 1 hinaus zu bestimmen (vgl. Rdnr. 3).

12 Der Geburtstag ist nach dem geschätzten Alter festzusetzen; die Einholung eines ärztlichen Gutachtens ist zweckmäßig.

13 Als »Geburtsort« kommt, soweit keine anderen Anhaltspunkte gegeben sind, in erster Linie der Ort in Frage, an dem die Person erstmals im Inland angetroffen wurde. Sprechen die Umstände dafür, dass die Person aus dem Ausland stammt, so ist es zulässig und sinnvoll, einen Ort in dem betreffenden Gebiet als Geburtsort zu bestimmen[8].

14 Bei der Bestimmung von Vor- und Familiennamen kann auf die bisher geführten Namen zurückgegriffen werden, sofern nicht schwerwiegende Zweifel an dieser Namensführung bestehen und von einer gutgläubigen Namensführung ausgegangen werden kann. Auch ausländische Namen können er-

7 BVerwGE 25, 109 = StAZ 1967, 95; vgl. auch OVG Lüneburg, StAZ 1969, 186; VG Braunschweig, StAZ 1980, 74.
8 Das BVerwG hält die Bestimmung eines ausländischen Geburtsorts nicht für zulässig (BVerwGE 26, 113 = StAZ 1967, 94). Dagegen überzeugend VG Braunschweig, StAZ 1980, 74.

teilt werden, wenn die Umstände dafür sprechen, dass es sich um einen Ausländer handelt. Das Gesetz lässt auch die Erteilung mehrerer Vornamen zu.

Die Bestimmung des Personenstandes ist ein Verwaltungsakt. Sie muss in einem förmlichen Bescheid erfolgen, der mit Rechtsmittelbelehrung zu versehen und dem Betroffenen zuzustellen ist. Gegen die Entscheidung sind die Rechtsbehelfe nach der VwGO gegeben. Die §§ 49 ff. finden hier keine Anwendung[9]. Widerspruch und Klage können sich richten 15

- gegen die Bestimmung des Personenstandes insgesamt, z. B. wenn der Betroffene geltend macht, sein Personenstand sei nicht ungewiss,
- gegen einen oder gegen einzelne Teile der Bestimmung, z. B. wenn geltend gemacht wird, die Behörde habe etwa den Geburtstag unrichtig oder ermessensmissbräuchlich festgesetzt,
- gegen eine Weigerung der Behörde, den Personenstand zu bestimmen.

Besteht Streit darüber, ob die Behörde von dem ihr in § 25 eingeräumten Recht Gebrauch machen kann, so geht es zu Lasten der Behörde, wenn Zweifel an der Nichtfeststellbarkeit des Personenstandes bestehen. Die Behörde darf dann gegen den Willen des Betroffenen keine Bestimmung vornehmen. Lehnt jedoch die Behörde die Bestimmung des Personenstandes ab, weil sie den Personenstand für feststellbar hält und Anhaltspunkte dafür bestehen, dass die betroffene Person ihren wahren Personenstand verschleiert, dann geht es zu Lasten der betroffenen Person, wenn die Nichtfeststellbarkeit zweifelhaft bleibt[10]. 16

VI. Beurkundung im Geburtenregister

Auf schriftliche Anordnung der zuständigen Verwaltungsbehörde beurkundet das Standesamt die Geburt der Person mit den bestimmten Personenstandsdaten im Geburtenregister. Zuständig ist das Standesamt, in dessen Bezirk der festgesetzte Geburtsort der Person liegt (§ 25 Satz 2). Liegt der angenommene Geburtsort im Ausland, ist zuständig das Standesamt, in dessen Bezirk die Person angetroffen worden ist (§ 25 Satz 3). Die zuständige Verwaltungsbehörde kann die Beurkundung erst anordnen, nachdem die Bestimmung des Personenstandes unanfechtbar geworden ist (vgl. Rdnr. 15). Für die Anordnung ist die Schriftform vorgeschrieben. Sie kann daher auch in elektronischer Form unter Verwendung der qualifizierten elektronischen Signatur der anordnenden Stelle dem Standesamt übermittelt werden (§ 3a VwVfG). 17

Nach dem Wortlaut des § 25 ist die Behörde, welche die Bestimmung des Personenstandes ausgesprochen hat, auch für die Anordnung der Beurkundung im Geburtenregister zuständig. Liegt der bestimmte Geburtsort nicht in dem Bezirk der Verwaltungsbehörde, welche die Bestimmung nach § 25 getroffen hat, so ist die Entscheidung der Verwaltungsbehörde zu übersenden, 18

9 VG Braunschweig, StAZ 1980, 74.
10 Vgl. BVerwGE 25, 109 = StAZ 1967, 95; OVG Lüneburg, StAZ 1969, 168.

in deren Bezirk dieser Ort liegt, und um Erlass der Anordnung zu ersuchen (vgl. Nr. 25.1 PStG-VwV). Ein eigenes Prüfungsrecht steht der um Erlass der Anordnung ersuchten Verwaltungsbehörde nicht zu[11].

19 Das Standesamt hat der Anordnung Folge zu leisten. Hat es Bedenken gegen die angeordnete Beurkundung, ist es auf Gegenvorstellungen bei der anordnenden Behörde beschränkt. § 49 ist nicht anwendbar. Wird der Personenstand vor der Eintragung ermittelt, ist die Beurkundung zurückzustellen und der Verwaltungsbehörde, die die Anordnung getroffen hat, der Sachverhalt zu berichten (Nr. 25.2 PStG-VwV).

20 Auch wenn die Bestimmung des Personenstandes sich nur auf einzelne Angaben bezieht, muss die Beurkundung im Geburtenregister alle erforderlichen Angaben des § 25 Satz 1 (Namen, Vornamen, Geburtstag und Geburtsort) enthalten. Wird der wahre Personenstand später ermittelt, ist er gemäß § 26 zu berichtigen.

VII. Anonyme Kindesabgabe, anonyme Geburt

21 Sog. Babyklappen, die von kirchlichen Einrichtungen, privaten Vereinen oder von Krankenhäusern betrieben werden, ermöglichen die unbemerkte Abgabe eines neugeborenen Kindes, das alsbald medizinisch versorgt und sodann in einer Pflegefamilie untergebracht wird. Bei einer anonymen Geburt wird Müttern, die ihr Kind unerkannt zur Welt bringen wollen, die Möglichkeit angeboten, in einem Krankenhaus ohne Angabe ihrer Personalien zu entbinden und nach der Geburt das Kind zurückzulassen. Damit soll Müttern, die sich in einer ausweglosen Lage wähnen, geholfen und das Leben des Neugeborenen geschützt werden. Das Angebot einer anonymen Geburt in einem Krankenhaus ermöglicht der Mutter überdies, ihr Kind unter medizinischer Betreuung gefahrlos zur Welt zu bringen[12]. Von diesen Möglichkeiten, bei denen die Mutter vollständig anonym bleibt, ist die gesetzlich geregelte vertrauliche Geburt zu unterscheiden (vgl. § 18 Rdnr. 33 ff. und § 21 Rdnr. 69).

22 Das geltende Recht[13] geht davon aus, dass die Frau, die ein Kind geboren hat, bekannt ist. Die personenstandsrechtlichen Vorschriften sollen sicherstellen, dass die Geburt des Kindes mit den in § 21 Abs. 1 aufgeführten Angaben, insbesondere auch dem Namen der Mutter, im Geburtenregister beurkundet wird. Dem dienen die Anzeigepflichten der §§ 18 bis 20, deren Verletzung nach § 70 als Ordnungswidrigkeit mit einer Geldbuße geahndet werden kann. Nach § 10 sind die Beteiligten verpflichtet, die zur Beurkundung

11 Vgl. die Erwägungen des KG, StAZ 1979, 293 zu § 41 PStG a. F.

12 Vgl. zu dieser Entwicklung *Frank/Helms*, FamRZ 2001, 1340; *Hepting*, FamRZ 2001, 1573; *Scheiwe*, ZRP 2001, 368; *Schwarz*, StAZ 2003, 33; *Katzenmeier*, FamRZ 2005, 1134; *Dethloff* § 10 Rdnr. 96 ff. Kritisch zur Babyklappe: *Frank*, StAZ 2012, 289.

13 Dazu: *Spindler*, StAZ 2012, 97.

des Personenstandsfalls erforderlichen Angaben zu machen. Wer zur Anzeige oder zu »sonstigen Handlungen« verpflichtet ist, kann hierzu durch ein Zwangsgeld angehalten werden (§ 69). Wird ein neugeborenes Kind gefunden oder eine Person mit unbekanntem Personenstand angetroffen, soll der wahre Personenstand nach Möglichkeit ermittelt werden (§§ 24 bis 26). Das Instrumentarium des PStG ist somit darauf abgestellt, dass die Geburt des Kindes mit allen vorgeschriebenen persönlichen Daten beurkundet wird. Durch § 169 StGB ist zudem die Fälschung oder Unterdrückung des Personenstandes strafrechtlich sanktioniert. Gleichwohl wird die aufgezeigte Praxis contra legem geduldet. Dieser Entwicklung soll durch das am 1.5.2014 in Kraft getretene Gesetz zum Ausbau der Hilfen für Schwangere und zur Regelung der vertraulichen Geburt vom 28.8.2013[14] begegnet werden[15]. Auf ein Verbot von Babyklappen sowie der Angebote der anonymen Geburt und der anonymen Übergabe hat der Gesetzgeber jedoch ausdrücklich verzichtet und eine Evaluierung der Wirkungen des Gesetzes über die vertrauliche Geburt in Aussicht genommen[16].

23 Zur Anzeige einer anonymen Geburt ist die Einrichtung verpflichtet, bei der das Kind abgegeben worden ist oder in der die Mutter das Kind anonym geboren hat (§§ 19 Satz 1 Nr. 2, 20). Zur Wahrung der Anonymität der Mutter wird das Kind bei Abgabe in einer Babyklappe oder bei einer anonymen Geburt in einem Krankenhaus als Person mit unbekanntem Personenstand nach § 25 behandelt[17]. Das Standesamt, in dessen Bezirk ein Kind unter solchen Umständen »gefunden« oder geboren wird, hat daher die Geburtsanzeige der zuständigen Verwaltungsbehörde vorzulegen, die neben Ort und Zeit der Geburt – diese Angaben sind bei der anonymen Geburt in einem Krankenhaus bekannt – die Vornamen und den Familiennamen des Kindes festsetzt. Der entsprechende Bescheid ist dem gesetzlichen Vertreter des Kindes, d. h. dem bestellten Vormund (§ 1773 Abs. 2 BGB) zuzustellen. Auf Anordnung der zuständigen Verwaltungsbehörde wird das Kind mit den festgesetzten Daten als elternloses Kind in das Geburtenregister eingetragen (vgl. Rdnr. 17). Wird ein Kind in einer Babyklappe tot aufgefunden und kann nicht geklärt werden, ob es bereits tot geboren wurde, kommt nur eine Beurkundung im Sterberegister in Betracht[18].

14 BGBl. I S. 3458.

15 Ausführlich zur vertraulichen Geburt: *Berkl*, StAZ 2014, 65.

16 BT-Drs. 17/12814 S. 11. Vgl. hierzu den ersten Bericht des Bundesfamilienministeriums, abrufbar unter http://www.bmfsfj.de/vertrauliche-geburt-evaluation.

17 So auch, allerdings ohne Begründung, AG Bochum, StAZ 2005, 206. Kritisch dazu: *Spindler*, StAZ 2012, 97, 101, der § 24 heranzieht.

18 *Zimmermann*, StAZ 2018, 95.

§ 26 Nachträgliche Ermittlung des Personenstandes

Wird in den Fällen der §§ 24 und 25 der Personenstand später ermittelt, so wird der Eintrag auf schriftliche Anordnung der Behörde berichtigt, die ihn veranlasst hat.

Übersicht (die Zahlen bedeuten Randnummern)

I. Rechtsentwicklung

1 § 26 stimmt inhaltlich mit der früheren Vorschrift des § 27 PStG a. F. überein.

II. Allgemeines

2 Die Bestimmung des Personenstandes eines Findelkindes oder einer unbekannten Person gemäß §§ 24, 25 verschafft dem Betroffenen immer nur einen »vorläufigen« Personenstand. Sie ist eine im Interesse des Rechtsverkehrs gebotene Notlösung, um die Namenlosigkeit zu beheben sowie Ort und Zeit der Geburt möglichst wirklichkeitsnah festzulegen. Stellt sich der wahre Personenstand später, d. h. nach der Beurkundung gemäß §§ 24, 25 im Geburtenregister, heraus, erweist sich der Geburtseintrag als unrichtig und ist zu berichtigen. § 26 vereinfacht für diese Fälle das Berichtigungsverfahren. An die Stelle der gerichtlichen Anordnung nach § 48 tritt die schriftliche Anordnung der zuvor befassten »zuständigen Verwaltungsbehörde«. Sie veranlasst die Berichtigung des Geburtseintrags.

III. Zuständige Behörde

3 Zuständig für die Anordnung der Berichtigung ist die Behörde, die den ursprünglichen Eintrag veranlasst hat. Dies ist in den Fällen der §§ 24, 25 die durch Landesrecht bestimmte »zuständige Verwaltungsbehörde«.

4 Fraglich ist, welche Behörde für die Anordnung der Berichtigung zuständig ist, wenn die ursprüngliche Eintragung von einer heute nicht mehr zuständigen Verwaltungsbehörde veranlasst worden ist. Ein solcher Fall kann sich insbesondere bei einer Anordnung nach § 25 (§ 26 PStG a. F.) ergeben. Da § 26 nur eine akzessorische Zuständigkeitsregelung trifft und auf die nach den §§ 24, 25 zuständige Verwaltungsbehörde verweist, ist anzunehmen, dass

die heute zuständige Stelle auch die Berichtigung einer von der nach früherem Recht zuständigen Behörde getroffenen Bestimmung anordnen kann[1].

IV. Berichtigung des Geburtseintrags

Die Berichtigungsanordnung muss schriftlich erfolgen. Sie kann daher auch in elektronischer Form unter Verwendung der qualifizierten elektronischen Signatur der anordnenden Behörde dem Standesamt übermittelt werden (§ 3a VwVfG). 5

Für die Berichtigung des gemäß § 24 oder § 25 errichteten Geburtseintrags sind im Wesentlichen drei Fälle denkbar: 6

- Ist die Geburt des Betroffenen bereits an anderer Stelle beurkundet, so ist die Beurkundung nach § 24 oder § 25 gegenstandslos. In der Folgebeurkundung ist der Anlass der Beurkundung entsprechend zu formulieren (vgl. Nr. 26.1 PStG-VwV). Unerheblich ist, ob die Beurkundung im Geburtenregister desselben oder eines anderen Standesamts erfolgt oder die Geburt im In- oder Ausland beurkundet ist.
- Ist die Geburt mit den wahren Personenstandsdaten noch nicht beurkundet und ergibt sich, dass das Kind in dem Bezirk des Standesamts geboren ist, das die Beurkundung nach §§ 24 oder 25 vorgenommen hat, so ist dieser Eintrag zu berichtigen. Hat die nachträgliche Ermittlung Daten ergeben, die noch nicht eingetragen worden sind, ist in der Folgebeurkundung der Anlass der Beurkundung mit »Nachträgliche Ermittlung des Personenstandes« zu bezeichnen; an die Stelle des Leittextes »Beurkundete Daten« treten die Leittexte der nachträglich ermittelten Angaben (Nr. 26.2 PStG-VwV).
- Ist die Geburt noch nicht mit den ermittelten Daten beurkundet und ergibt sich, dass ein anderes Standesamt hierfür zuständig ist, so hat das Standesamt, das die Beurkundung nach §§ 24 oder 25 vorgenommen hat, zunächst zu veranlassen, dass die Beurkundung bei dem zuständigen Standesamt nachgeholt wird. Sobald dies geschehen ist, ordnet die nach § 26 zuständige Behörde die Berichtigung dahingehend an, dass der Eintrag gegenstandslos ist.

Bislang fehlende Hinweise zum Geburtseintrag (§ 21 Abs. 3) hat das Standesamt von sich aus nachzutragen (§ 47 Abs. 1 Satz 2 Nr. 1). 7

1 Ebenso *Johansson/Sachse* Rdnr. 362.

Abschnitt 3 Fortführung des Geburtenregisters

§ 27 Feststellung und Änderung des Personenstandes, sonstige Fortführung

(1) Wird die Vaterschaft nach der Beurkundung der Geburt des Kindes anerkannt oder gerichtlich festgestellt, so ist dies beim Geburtseintrag zu beurkunden. Über den Vater werden die in § 21 Abs. 1 Nr. 4 genannten Angaben eingetragen; auf die Beurkundung seiner Geburt wird hingewiesen.

(2) Die Anerkennung der Mutterschaft zu einem Kinde wird auf mündlichen oder schriftlichen Antrag der Mutter oder des Kindes beim Geburtseintrag beurkundet, wenn geltend gemacht wird, dass die Mutter oder der Mann, dessen Vaterschaft anerkannt oder rechtskräftig festgestellt ist oder von dem das Kind nach Angabe der Mutter stammt, eine fremde Staatsangehörigkeit besitzt und das Heimatrecht dieses Elternteils eine Anerkennung der Mutterschaft vorsieht.

(3) Außerdem sind Folgebeurkundungen zum Geburtseintrag aufzunehmen über

1. **jede sonstige Änderung des Personenstandes des Kindes; bei einer Annahme als Kind gilt § 21 Abs. 1 Nr. 4 entsprechend,**
2. **die Änderung der Namensführung der Eltern oder eines Elternteils, wenn auch das Kind den geänderten Namen führt,**
3. **die Feststellung des Namens des Kindes mit allgemein verbindlicher Wirkung,**
4. **die nachträgliche Angabe oder die Änderung des Geschlechts des Kindes,**
5. **die rechtliche Zugehörigkeit des Kindes zu einer Religionsgemeinschaft, die Körperschaft des öffentlichen Rechts ist, sowie die Änderung dieser Eintragung, sofern das Kind dies wünscht,**
6. **die Berichtigung des Eintrags.**

(4) Für die aus Anlass der Beurkundungen nach den Absätzen 1 und 3 aufzunehmenden Hinweise gilt § 21 Abs. 3 entsprechend. Im Übrigen wird hingewiesen

1. **auf die Ehe oder die Lebenspartnerschaft des Kindes,**
2. **auf die Geburt eines Kindes,**
3. **auf den Tod des Kindes oder eine das Kind betreffende Todeserklärung oder gerichtliche Feststellung der Todeszeit.**

Übersicht (die Zahlen bedeuten Randnummern)

I. Rechtsentwicklung

§ 27 fasst die früheren Bestimmungen der §§ 29 Abs. 1, 29b Abs. 1 und 30 Abs. 1 PStG a. F. über die Fortführung des Geburtseintrags in einer Vorschrift zusammen. Die in den §§ 29 Abs. 2 und 29b Abs. 2 PStG a. F. normierte Übersendungspflicht ist in § 44 Abs. 3 geregelt. Die allgemeine Informationspflicht des § 30 Abs. 2 PStG a. F. ergibt sich aus § 5 Abs. 4 Satz 2 und ist in dem Katalog des § 56 PStV konkretisiert. 1

2 Die Hinweise in Absatz 4 sind weitergehend als nach früherem Recht vorgeschrieben (vgl. Rdnr. 106 f.). Nach § 27 Abs. 4 Satz 2 Nr. 2 ist auf sämtliche Kinder der Person, für die der Geburtseintrag geführt wird, hinzuweisen. Im Todesfall können daher alle potenziell erbberechtigten direkten Abkömmlinge, deren Geburt seit dem 1. 1. 2009 im Inland beurkundet ist, dem Geburtseintrag des Erblassers entnommen werden[1].

3 Nach § 27 Abs. 4 Satz 2 Nr. 4 war auf eine in das Testamentsverzeichnis aufgenommene Mitteilung hinzuweisen. Die Bestimmung wurde mit Wirkung vom 1. 1. 2012 durch Art. 4 des Gesetzes vom 22. 12. 2010[2] über die Schaffung eines zentralen Testamentsregisters[3] aufgehoben. Durch das PStRÄndG wurde § 27 in vier Punkten geändert: Nach Absatz 3 Nr. 4 ist auch die nachträgliche Angabe des Geschlechts in das Geburtenregister aufzunehmen, wenn die Geburt nach § 22 Abs. 3 ohne diese Angabe beurkundet worden war. Absatz 3 Nr. 5 sieht jetzt ausdrücklich auch die Eintragung der Änderung der Religionszugehörigkeit des Kindes vor. Damit wird berücksichtigt, dass schon bei der Errichtung des Haupteintrags diese Angabe eingetragen werden kann (vgl. § 21 Rdnr. 35). In Absatz 4 Satz 2 Nr. 1 ist der bislang vorgesehene Hinweis im Geburtseintrag eines Kindes auf die Auflösung seiner Ehe oder Lebenspartnerschaft entfallen, weil diese Angaben schon im Ehe- oder Lebenspartnerschaftsregister enthalten sind, auf das ohnehin hingewiesen wird. Nach Absatz 4 Satz 2 Nr. 3 ist auch auf eine das Kind betreffende Todeserklärung oder gerichtliche Feststellung der Todeszeit hinzuweisen, um den Personenstand zutreffend zu dokumentieren.

II. Allgemeine Grundsätze über die Fortführung des Geburtseintrags

4 Nach § 5 Abs. 1 hat das Standesamt die Personenstandseinträge fortzuführen, d. h. durch Folgebeurkundungen und Hinweise zu ergänzen und zu berichtigen. § 27 bestimmt, welche Vorgänge im Wege der Fortführung im Geburtseintrag registriert werden. Folgebeurkundungen ändern den ursprünglichen Inhalt des Geburtseintrags (§ 5 Abs. 2; Nr. 27.1 Satz 1 PStG-VwV). Zuständig für die Fortführung ist das Standesamt, bei dem das Geburtenregister geführt wird (§ 5 Abs. 4 Satz 1), also das Standesamt, bei dem der Geburtseintrag gemäß § 21 oder § 36 errichtet worden ist (vgl. § 5 Rdnr. 16). Die Fortführung ist zeitlich begrenzt. Nach Ablauf von 110 Jahren seit der Beurkundung der Geburt wird das Geburtenregister nicht mehr fortgeführt (§ 5 Abs. 5 Nr. 2; Nr. 5.3 PStG-VwV) und mit dem Sicherungsregister und den Sammelakten dem zuständigen Archiv zur Übernahme angeboten (§ 7 Abs. 3).

5 Der Katalog der in § 27 aufgeführten Fortführungsfälle ist abschließend. Die einzelnen Anlässe für Folgebeurkundungen sind in der Anlage 2 zur PStG-VwV aufgelistet. Für die Eintragung ist die darin formulierte Bezeich-

1 Vgl. *Gaaz*, StAZ 2009, 364 f.
2 BGBl. I S. 2255.
3 Dazu *Diehn*, StAZ 2011, 70.

nung in der jeweils passenden Form zu verwenden oder, wenn der Anlass einer Folgebeurkundung nicht genannt ist, so genau wie möglich anzugeben. Der Leittext »Beurkundete Daten« ist bezogen auf den jeweiligen Sachverhalt abzuändern; hierbei sind die Leittexte der betreffenden Datenfelder zu verwenden. Vgl. Nr. 27.1 PStG-VwV.

Nicht im Geburtenregister beurkundet werden Eheschließung, Begründung einer Lebenspartnerschaft und Tod des Kindes, da hierfür eigene Register bestehen (Eheregister, Lebenspartnerschaftsregister, Sterberegister). Die Verknüpfung mit den Einträgen in diesen Registern wird durch Hinweise zum Geburtseintrag hergestellt (§ 27 Abs. 4 Satz 2 Nr. 1 und 3). 6

§ 5 Abs. 4 Satz 2 verpflichtet alle öffentlichen Stellen, dem für die Fortführung zuständigen Standesamt die Anlässe für die Fortführung des Geburtseintrags mitzuteilen. Kataloge der Mitteilungspflichten der Gerichte und Behörden gegenüber dem Standesamt sowie der Standesämter untereinander enthalten die §§ 56 ff. PStV. 7

III. Anerkennung und gerichtliche Feststellung der Vaterschaft

1. Allgemeines

Eine Folgebeurkundung nach § 27 Abs. 1 Satz 1 kommt nur in Betracht, wenn die Vaterschaft nach der Beurkundung der Geburt des Kindes anerkannt oder gerichtlich festgestellt wird. Bei einer pränatalen oder einer Anerkennung zwischen Geburt und Beurkundung wird der Anerkennende sogleich als Vater im Geburtenregister eingetragen (§ 21 Abs. 1 Nr. 4; vgl. § 21 Rdnr. 38). Die Unterscheidung zwischen ursprünglicher und nachfolgender Eintragung des Vaters ergibt sich zwangsläufig aus der zeitlichen Abfolge der Ereignisse; sie hat nur registerrechtliche Bedeutung, da in beiden Fällen die Abstammung des Kindes vom Vater im Zeitpunkt der Geburt dokumentiert wird. 8

§ 27 Abs. 1 erfasst jede Anerkennung und gerichtliche Feststellung der Vaterschaft, sofern die Geburt des Kindes in einem deutschen Geburtenregister oder -buch beurkundet ist, unabhängig davon, welche Stelle die erforderlichen Erklärungen beurkundet oder die Vaterschaft festgestellt hat. Die Vorschrift gilt daher auch für eine im Ausland erklärte Vaterschaftsanerkennung, die nach deutschem IPR (Art. 19 Abs. 1 EGBGB) wirksam ist. Grundlage der Eintragung des Vaters ist ferner ein deutscher Gerichtsbeschluss über die Feststellung der Vaterschaft sowie eine entsprechende ausländische Entscheidung, die nach den §§ 108, 109 FamFG anzuerkennen ist[4]. 9

Der Information des Standesamts dient die Übersendungspflicht der §§ 1597 Abs. 2 BGB und § 44 Abs. 3 (vgl. § 44 Rdnr. 39 ff.). Zur Mitteilungspflicht 10

4 Zum Begriff der ausländischen Entscheidung im Sinne des § 108 Abs. 1 FamFG vgl. BGH, StAZ 2019, 175, 176 = FamRZ 2019, 890, 891.

der Notare vgl. § 56 Abs. 5 Nr. 1 Buchst. a PStV. Wird die Vaterschaft zu einem in Deutschland geborenen Kind vor einer ausländischen Stelle anerkannt oder ergeht ein Vaterschaftsurteil im Ausland, so kommt es nur zu einer Folgebeurkundung, wenn der Vorgang dem Standesamt durch Vorlage der entsprechenden ausländischen öffentlichen Urkunden nachgewiesen wird.

2. Anerkennung der Vaterschaft

a) Wirksamkeit der Anerkennung

11 Nach § 1592 Nr. 2 BGB ist Vater des Kindes der Mann, der die Vaterschaft anerkannt hat. Die Voraussetzungen einer wirksamen Vaterschaftsanerkennung sind in den §§ 1594 bis 1597 BGB geregelt. Alle erforderlichen Erklärungen bedürfen der öffentlichen Beurkundung. Zur Aufnahme der Erklärungen über die Anerkennung der Vaterschaft ist jede zur öffentlichen Beurkundung allgemein oder besonders ermächtigte Person zuständig, der Standesbeamte gemäß § 44 Abs. 1.

12 Vor der Eintragung des Anerkennenden als Vater hat das Standesamt zu prüfen, ob die Vaterschaftsanerkennung wirksam ist. Nach § 1598 Abs. 1 BGB sind die Anerkennung und die Zustimmung(en) nur unwirksam, wenn sie den Erfordernissen der §§ 1594 bis 1997 BGB nicht genügen[5], außerdem solange eine Missbrauchsprüfung noch nicht abgeschlossen ist oder wenn ein Missbrauch festgestellt wurde (näher § 44 Rdnr. 13 ff.). Andere Wirksamkeitsvoraussetzungen kennt das Gesetz nicht[6]. Insbesondere kommt es nicht darauf an, ob der Anerkennende der biologische Vater ist.

13 Eine unwirksame Anerkennung entfaltet keine Rechtswirkung. Einer besonderen Feststellung bedarf es nicht, die Beteiligten können jedoch die Wirksamkeit oder Unwirksamkeit der Anerkennung im Verfahren nach § 169 Nr. 1 FamFG feststellen lassen. Kommt das Standesamt zu dem Ergebnis, dass die Anerkennung unwirksam ist, hat es die Eintragung abzulehnen. Ist die Anerkennung noch nicht wirksam, z. B. weil die Mutter nicht zugestimmt hat (§ 1595 Abs. 1 BGB), hat das Standesamt darauf hinzuwirken, dass die entsprechende Erklärung beigebracht oder im Standesamt gemäß § 44 Abs. 1 beurkundet wird.

14 § 1600 Abs. 1 Nr. 5 BGB, der ein behördliches Anfechtungsrecht vorsah, um einer missbräuchlichen Vaterschaftsanerkennung insbesondere zur Erlangung aufenthaltsrechtlicher Vorteile zu begegnen[7], war verfassungswidrig und daher nichtig[8]. Die Vorschrift wurde durch Art. 4 Nr. 3 Buchst. a Doppel-

5 Die Unwirksamkeit wird fünf Jahre nach Eintragung in ein deutsches Personenstandsregister geheilt (§ 1598 Abs. 2 BGB). Die Anerkennungssperre des § 1594 Abs. 2 BGB wird dadurch jedoch nicht überwunden; OLG Rostock, StAZ 2008, 345.

6 Vgl. KG, StAZ 2002, 241.

7 Dazu: *Kühnel,* StAZ 2010, 355; *Helms,* StAZ 2007, 69; *Gaaz,* StAZ 2007, 75.

8 BVerfG, StAZ 2014, 80; zu den staatsangehörigkeitsrechtlichen Konsequenzen vgl. BayVGH, StAZ 2016, 145; VG Hannover, StAZ 2016, 146.

buchst. cc des Gesetzes vom 20. 7. 2017[9] aufgehoben. Zur Missbrauchsprüfung im Beurkundungsverfahren vgl. § 44 Rdnr. 13 ff.

b) Die Erklärungen über die Anerkennung der Vaterschaft

Die Anerkennung der Vaterschaft ist ein mehraktiger Vorgang. Er setzt sich zusammen aus der Erklärung des Mannes, der sich als Vater eines bestimmten Kindes bekennt (§ 1594 BGB), sowie der Zustimmung der Mutter und, bei fehlender elterlicher Sorge der Mutter, auch der Zustimmung des Kindes (§ 1595 BGB). Bei beschränkter Geschäftsfähigkeit eines Beteiligten bedarf es zusätzlich der Zustimmung des gesetzlichen Vertreters zu der jeweiligen Erklärung; im Falle der Geschäftsunfähigkeit des Mannes oder der Mutter erklärt allein der gesetzliche Vertreter mit Genehmigung des Familiengerichts; für ein geschäftsunfähiges Kind handelt allein der gesetzliche Vertreter (§ 1596 Abs. 1 und 2 BGB). Bei einer qualifizierten Drittanerkennung tritt zu den vorstehenden Erklärungen die Zustimmung des Ehemannes der Mutter hinzu (§ 1599 Abs. 2 Satz 2 BGB). Erst wenn alle notwendigen Erklärungen und ggf. die familiengerichtliche Genehmigung vorliegen, ist die Folgebeurkundung nach § 27 Abs. 1 vorzunehmen. Zur Beurkundung der einzelnen Erklärungen vgl. § 44 Rdnr. 6 ff. 15

Die Anerkennung ist nach § 1594 Abs. 4 BGB schon vor der Geburt möglich (pränatale Anerkennung)[10] und kann jederzeit nach der Geburt erklärt werden. Solange die Vaterschaft eines anderen Mannes besteht, bleibt die Anerkennung unwirksam (§ 1594 Abs. 2 BGB)[11]. Diese Anerkennungssperre wird im Fall der Drittanerkennung gemäß § 1599 Abs. 2 BGB[12] überwunden, sonst nur durch gerichtliche Anfechtung der schon bestehenden Vaterschaft (§ 1599 Abs. 1 BGB). 16

Stirbt die Mutter vor der Anerkennung der Vaterschaft, so kann das Anerkenntnis nicht mehr wirksam werden; die alleinige Zustimmung des Kindes reicht nicht aus, da § 1595 Abs. 2 BGB die Zustimmung des Kindes nur kumulativ, nicht alternativ zur Zustimmung der Mutter vorsieht. In diesem Fall kommt nur noch die gerichtliche Feststellung der Vaterschaft in Betracht[13]. 17

c) Widerruf der Anerkennung

Ist die Anerkennungserklärung des Mannes beurkundet, so ist er hieran zunächst gebunden. Da für die Erteilung der Zustimmungen nach den §§ 1595 und 1596 BGB keine Frist vorgeschrieben ist, kann es zu einem Schwebezustand kommen, den der Anerkennende durch Widerruf der Anerkennung be- 18

9 BGBl. I S. 2780.

10 Bei zwei pränatalen Anerkennungen entfaltet die frühere Anerkennung Sperrwirkung gegenüber der späteren; OLG München, StAZ 2010, 46.

11 Eine Heilung gemäß § 1598 Abs. 2 BGB ist nicht möglich; OLG Rostock, StAZ 2008, 345.

12 Dazu *Kissner*, StAZ 2009, 116.

13 LG Koblenz, StAZ 2003, 303; *Kissner*, StAZ 2007, 303.

enden kann, wenn diese nicht innerhalb eines Jahres nach der Beurkundung wirksam geworden ist (§ 1597 Abs. 3 BGB). Die Frist beginnt mit dem Tag der Beurkundung der Anerkennungserklärung. Ist der Widerruf wirksam erklärt worden, entfällt die Beurkundung nach § 27 Abs. 1. Derselbe Mann kann seine Vaterschaft nur durch erneute Anerkennung begründen.

d) Sonderfälle

19 Die Anerkennung der Vaterschaft zu einem totgeborenen Kind ist materiellrechtlich ohne Wirkung, da das Kind keine Rechtsfähigkeit erlangt hat (§ 1 BGB). Sie wird jedoch im Hinblick auf die Möglichkeit der Namensbeurkundung für totgeborene Kinder nach § 21 Abs. 2 Satz 2 und 3 und im Interesse der Gleichbehandlung aller betroffenen Eltern für zulässig erachtet[14], auch als qualifizierte Drittanerkennung gemäß § 1599 Abs. 2 BGB[15]. Die Anerkennung hat nur registerrechtliche Bedeutung.

20 Stirbt das Kind nach der Geburt, hat es, und sei es auch nur für kurze Zeit, gelebt und damit Rechtsfähigkeit erlangt (§ 1 BGB). Ob die Vaterschaft noch anerkannt werden kann, wenn das Kind verstorben ist und damit nicht mehr rechtsfähig ist, wird nicht einheitlich beurteilt[16]. Eine postmortale Anerkennung kann nicht an dem Zustimmungserfordernis des § 1595 Abs. 2 BGB scheitern, das nur die Interessen des lebenden Kindes wahren soll. Nach dessen Tod genügt die Anerkennung durch den Vater mit Zustimmung der Mutter.

3. Gerichtliche Feststellung der Vaterschaft

21 Nach § 1592 Nr. 3 BGB ist Vater eines Kindes der Mann, dessen Vaterschaft nach § 1600d BGB oder § 182 Abs. 1 FamFG gerichtlich festgestellt ist. Die gerichtliche Vaterschaftsfeststellung kommt in Betracht, wenn weder eine gesetzliche noch eine anerkannte Vaterschaft nach den § 1592 Nr. 1, 2, § 1593 BGB besteht (§ 1600d Abs. 1 BGB). Über die Klage entscheidet das Familiengericht im Verfahren in Abstammungssachen (§ 169 Nr. 1 FamFG) durch Beschluss. Mit Rechtskraft der positiven Entscheidung steht fest, dass der als Vater festgestellte Mann der biologische Vater des Kindes ist (§ 1600d Abs. 4 BGB). Im Falle des § 1600 Abs. 1 Nr. 2, Abs. 2, 3 BGB wird mit der Feststellung der Nichtvaterschaft des bislang als Vater ausgewiesenen Mannes zugleich die Vaterschaft des Anfechtenden ausgesprochen (§ 182 Abs. 1 FamFG).

22 Nach § 27 Abs. 1 ist die gerichtliche Feststellung im Geburtseintrag des Kindes zu beurkunden. Die Entscheidung wird dem Standesamt, das die Geburt des Kindes beurkundet hat, von der Geschäftsstelle des Familiengerichts übermittelt (§ 56 Abs. 1 Nr. 1 Buchst. b PStV; XIII/7 MiZi). Das Standesamt hat

14 AG Hamburg, StAZ 2000, 152; AG Hannover, StAZ 2001, 142; AG Stuttgart, StAZ 2003, 144; AG Münster, StAZ 2003, 273.
15 *Jauß*, StAZ 2003, 119.
16 Vgl. einerseits *Krömer*, StAZ 2001, 42, andererseits BayObLG, StAZ 2000, 369 und 370.

zu prüfen, ob die Entscheidung mit einem Rechtskraftvermerk versehen ist (vgl. § 1600d Abs. 4 BGB), ob die Parteien bei Rechtskraft der Entscheidung gelebt haben (vgl. § 181 FamFG) und ob die Entscheidung die »richtigen« Beteiligten betrifft (vgl. § 172 Abs. 1 FamFG)[17]. Weitergehende Prüfungen stehen dem Standesamt nicht zu.

4. Fälle mit Auslandsbezug

In Fällen mit Auslandsbezug unterliegt die Abstammung dem von Art. 19 Abs. 1 EGBGB berufenen Recht. Zusätzlich sind Zustimmungserfordernisse nach dem Heimatrecht des Kindes zu beachten (Art. 23 Satz 1 EGBGB). Soweit es um die Anerkennung der Vaterschaft geht, hat das Standesamt in vollem Umfang zu prüfen, ob sie nach dem maßgebenden materiellen Recht wirksam ist. Dies gilt gleichermaßen für die von einer deutschen oder ausländischen Urkundsperson beurkundete Anerkennung. Eine deutsche Gerichtsentscheidung bedarf grundsätzlich keiner inhaltlichen Überprüfung (vgl. Rdnr. 22). Ausländische Vaterschaftsurteile unterliegen nur der eingeschränkten Überprüfung nach Maßgabe der Anerkennungsvoraussetzungen der §§ 108 f. FamFG. **23**

Nach Art. 19 Abs. 1 Satz 1 EGBGB unterliegt die Abstammung eines Kindes dem Recht des Staates, in dem das Kind seinen gewöhnlichen Aufenthalt hat[18]. Alternativ ist das Heimatrecht des Mannes berufen, um dessen Vaterschaft es geht, im Falle der Vaterschaftsanerkennung das Recht des Staates, dem der Anerkennende angehört (Art. 19 Abs. 1 Satz 2 EGBGB). Ist die Mutter bei der Geburt des Kindes verheiratet, gilt – ebenfalls alternativ – das gesetzliche Ehewirkungsstatut des Art. 14 Abs. 1 EGBG zum Zeitpunkt der Geburt (Art. 19 Abs. 1 Satz 3 EGBGB). Das Standesamt hat zu prüfen, ob die Anerkennung nach einem der in Betracht kommenden Rechte unter Einschluss eventueller Zustimmungserfordernisse gemäß Art 23 EGBGB die Vaterschaft des Anerkennenden wirksam begründet hat. Dabei ist ggf. auch die Abstammung des Kindes von dem Ehemann einer geschiedenen Mutter in Betracht ziehen, wenn dessen Heimatrecht noch die Vaterschaftsvermutung zugunsten des früheren Ehemannes der Mutter kennt. Für jeden Mann, der als Vater in Betracht kommt, ist die Abstammung des Kindes nach Maßgabe des Art. 19 Abs. 1 EGBGB gesondert zu prüfen. Die in Art. 19 Abs. 1 GG aufgeführten Alternativen stehen in keinem Rangverhältnis zueinander, sondern sind einander gleichwertig. Die Anknüpfung des Art. 19 Abs. 1 Satz 1 und 2 an das Aufenthaltsstatut bzw. das Heimatrecht der Eltern ist grundsätzlich wandelbar, so dass diese Alternativen bezogen auf den Zeitpunkt der Entscheidung zu beurteilen sind; dagegen knüpft Art. 19 Abs. 1 Satz 3 EGBGB mit dem Ehewirkungsstatut an einen festen Zeitpunkt – die Geburt des Kindes – an[19]. Sind **24**

17 Vgl. *Kissner*, StAZ 2003, 277.

18 Zum Begriff des gewöhnlichen Aufenthalts im Sinne des Art. 19 Abs. 1 Satz 1 EGBGB siehe § 21 Rdnr. 49.

19 BGH, StAZ 2019, 173, 174 = FamRZ 2019, 892, 893.

danach mehrere Rechtsordnungen anwendbar, ist nach dem »Günstigkeitsprinzip« grundsätzlich das Recht heranzuziehen, das dem Kind im Zeitpunkt der Geburt zu einem Vater verhilft[20] (vgl. § 21 Rdnr. 49).

25 Die Anerkennung der Vaterschaft ist eine »Abstammungserklärung« i. S. des Art. 23 Satz 1 EGBGB. Das Standesamt hat daher zu prüfen, ob neben den Voraussetzungen, die das von Art. 19 Abs. 1 EGBGB berufene Recht aufstellt, zusätzlich die Zustimmungserfordernisse erfüllt sind, die das Heimatrecht des Kindes für das Kind selbst sowie für eine Person, zu der das Kind in einem familienrechtlichen Verhältnis steht, vorsieht. Entscheidend für die Beurteilung der Zustimmungserfordernisse ist das Recht des Staates, dem das Kind im Zeitpunkt der Anerkennung angehört. Die Staatsangehörigkeit, die das Kind erst durch die Anerkennung erwirbt, ist unbeachtlich[21]. Soweit es zum Wohl des Kindes erforderlich ist, können die Zustimmungserfordernisse statt nach dem Heimatrecht des Kindes nach deutschem Recht beurteilt werden (Art. 23 Satz 2 EGBGB). Als Ausnahmevorschrift ist die Bestimmung eng auszulegen[22]. Das Standesamt sollte sie nicht ohne gerichtliche Absicherung (§ 49 Abs. 2) heranziehen[23].

26 Die Prüfung der Entscheidung eines ausländischen Gerichts erstreckt sich darauf, ob die Entscheidung rechtswirksam ist, eine allgemein bindende Feststellung der Vaterschaft enthält und im deutschen Rechtsbereich anerkannt wird. Die Anerkennung der ausländischen Entscheidung ist nach § 109 Abs. 1 FamFG zu beurteilen. Zu prüfen ist die internationale Zuständigkeit des ausländischen Gerichts, die Einhaltung bestimmter verfahrensrechtlicher Grundsätze sowie die Vereinbarkeit der Entscheidung mit dem deutschen ordre public[24].

5. Folgebeurkundung über die Anerkennung oder Feststellung der Vaterschaft

27 Der Anlass der Folgebeurkundung über die Anerkennung oder Feststellung der Vaterschaft lautet in beiden Fällen »Vaterschaft« (Nr. 1.2 der Anlage 2 zur PStG-VwV). An die Stelle des Leittextes »Beurkundete Daten« treten die Leittexte der nach § 21 Abs. 1 Nr. 4 zu beurkundenden Daten (Familienname, Geburtsname, Vornamen, ggf. Religion); ein Datum der Wirksamkeit ist nicht einzutragen (Nr. 27.2 Satz 1 PStG-VwV).

20 Zu konkurrierenden Abstammungsverhältnissen vgl. *Hepting*, StAZ 2000, 33; *Sturm*, StAZ 2003, 353; *Frank*, StAZ 2009, 65; *Helms*, StAZ 2009, 293; *Hepting/Dutta* Rdnr. IV-84 ff. und V-200 ff.; *Krömer*, StAZ 2012, 320; *Dutta*, StAZ 2016, 200; BayObLG, StAZ 2002, 14; OLG Frankfurt a. M., StAZ 2003, 239; OLG Celle, StAZ 2007, 82; BGH, StAZ 2012, 174, vgl. dazu *Wedemann*, StAZ 2012, 225; BGH, StAZ 2016, 376, StAZ 2017, 343 mit Anm. *Helms*, StAZ 2018, 84, 85 mit Anm. *Helms*.
21 OLG Frankfurt a. M., StAZ 1997, 12.
22 OLG Celle, StAZ 1989, 9; OLG Frankfurt a. M., StAZ 1997, 12; vgl. *Sturm*, StAZ 1997, 261, 265 ff.
23 Vgl. *Krömer*, StAZ 1998, 214.
24 Vgl. näher *Henrich*, StAZ 1994, 173.

§27 Abs. 1 Halbs. 2 schreibt ausdrücklich vor, dass auf die Geburt des Vaters hinzuweisen ist. Damit wird der Hinweis nachgeholt, der nach §21 Abs. 3 Nr. 3 zum Geburtseintrag aufzunehmen ist. Demgemäß sind Angaben über Geburtstag und Geburtsort des Vaters sowie das Standesamt, das die Geburt des Vaters beurkundet hat und die Registernummer der Beurkundung in einem »gesonderten Hinweis« aufzunehmen (Nr. 27.2 Satz 2 PStG-VwV). Im Übrigen verweist §27 Abs. 4 Satz 1 bezüglich der Hinweise auf §21 Abs. 3. Demnach ist ggf. auf die nachgewiesene ausländische Staatsangehörigkeit des Vaters hinzuweisen (§21 Abs. 3 Nr. 1). Außerdem ist zu prüfen, ob das Kind infolge der Anerkennung oder Feststellung der Vaterschaft die deutsche Staatsangehörigkeit gemäß §4 Abs. 3 StAG erworben hat, auf die nach §21 Abs. 3 Nr. 4 hinzuweisen ist (vgl. §21 Rdnr. 77ff.). **28**

6. Mitteilungen

Nach Eintragung der Folgebeurkundung über die Anerkennung oder gerichtliche Feststellung der Vaterschaft hat das Standesamt dies gemäß §57 Abs. 2 PStV mitzuteilen: **29**
- dem Standesamt, das den Geburtseintrag für den Vater führt, zur Eintragung eines Hinweises auf die Geburt des Kindes (§27 Abs. 4 Satz 2 Nr. 2),
- dem Standesamt, das den Geburtseintrag für den bisher als Vater eingetragenen Mann führt, wenn er nach der Folgebeurkundung nicht der Vater ist (§1599 Abs. 2 BGB, §182 Abs. 1 FamFG), zur »Löschung« des Hinweises nach §27 Abs. 4 Satz 2 Nr. 2 auf die Geburt des Kindes,
- der Meldebehörde,
- dem Jugendamt, wenn das Kind während bestehender Ehe der Mutter geboren wurde (vgl. §1599 Abs. 2 BGB; §182 Abs. 1 FamFG), zur Beratung und Unterstützung der Mutter (§52a SGB XIII).

IV. Anerkennung der Mutterschaft

Die Anerkennung der Mutterschaft ist dem deutschen Recht fremd. §27 Abs. 2 kommt daher nur in Fällen mit Auslandsbezug zur Anwendung. Nach Art. 19 Abs. 1 Satz 1 und 2 EGBGB bestimmt sich die Abstammung eines Kindes nicht miteinander verheirateter Eltern von der Mutter nach dem Recht des Staates, in dem das Kind seinen gewöhnlichen Aufenthalt hat, oder alternativ nach dem Heimatrecht der Mutter. Bei der Beurkundung der Geburt eines Kindes in Deutschland kommt praktisch zumeist deutsches Recht zur Anwendung, das die gebärende Mutter immer auch als Mutter im Rechtssinne ansieht (§1591 BGB). Aber auch wenn beide Abstammungsstatute auf Rechtsordnungen verweisen, die zur Entstehung eines rechtlichen Mutter-Kind-Verhältnisses die Anerkennung der Mutterschaft fordern, ist nach deutschem Personenstandsrecht auch ohne Mutterschaftsanerkenntnis immer die Mutter in den Geburtseintrag aufzunehmen, die das Kind geboren hat. Das Standesamt hat jedoch darauf hinzuwirken, dass ein Mutterschafts- **30** anerkenntnis abgegeben wird, durch das die rechtliche Abstammung des Kindes von der Mutter begründet wird.

31 Steht die rechtliche Abstammung des Kindes von der Mutter auf Grund der Tatsache der Geburt fest, z. B. weil das Kind seinen gewöhnlichen Aufenthalt im Inland hat (Art. 19 Abs. 1 Satz 1 EGBGB; § 1591 BGB), so bedarf es aus der Sicht des deutschen Rechts keiner Anerkennung der Mutterschaft. Gleichwohl kann die Mutter ein Interesse daran haben, dass ein Mutterschaftsanerkenntnis zum Geburtseintrag aufgenommen wird, wenn sie einem Staat angehört, der ein rechtliches Mutter-Kind-Verhältnis nur auf Grund der ausdrücklichen Anerkennung der Mutterschaft entstehen lässt. Das Gleiche gilt, wenn der Mann, dessen Vaterschaft anerkannt oder festgestellt ist, einem Staat mit Mutterschaftsanerkenntnis angehört. Diesem Interesse wird, auch zur Vermeidung hinkender Rechtsverhältnisse, durch § 27 Abs. 2 Rechnung getragen[25].

32 Die Anerkennung der Mutterschaft wird beim Geburtseintrag des Kindes nur auf Antrag beurkundet. Der Antrag kann von der Mutter oder von dem Kind gestellt werden; das geschäftsunfähige Kind handelt durch seinen gesetzlichen Vertreter. Er bedarf entweder der Schriftform oder ist mündlich anzubringen. Der schriftliche Antrag kann in die Niederschrift über die Anerkennung (§ 44 Abs. 2) mit aufgenommen werden. Die Schriftform ist auch gewahrt, wenn der Antrag als elektronisches Dokument mit der qualifizierten elektronischen Signatur des Antragstellers dem Standesamt übermittelt wird (§ 3a VwVfG).

33 Das Mutterschaftsanerkenntnis wird beim Geburtseintrag des Kindes nur beurkundet, wenn das Heimatrecht von Mutter oder Vater eine Anerkennung der Mutterschaft vorsieht[26]. Die Anerkennungsvoraussetzungen (z. B. die Frage, ob die Mutter unverheiratet ist) sind als Vorfragen unselbständig anzuknüpfen, also aus der Sicht des für die Mutterschaftsanerkennung maßgebenden Rechts zu beurteilen. Eine vorherige Anerkennung oder gerichtliche Feststellung der Vaterschaft wird nicht gefordert; es genügt, dass das Kind nach Angabe der Mutter einen ausländischen Mann zum Vater hat. Auch bei der Staatsangehörigkeit genügt die bloße Angabe, wie aus der Formulierung »wenn geltend gemacht wird« zu schließen ist.

34 Das Mutterschaftsanerkenntnis kann von jedem Standesbeamten beurkundet werden (§ 44 Abs. 2). Es ist dem Standesamt zu übersenden, das die Geburt des Kindes beurkundet hat (§ 44 Abs. 3). Wird das Anerkenntnis vor der Beurkundung der Geburt abgegeben, kann dies im Haupteintrag nicht besonders kenntlich gemacht werden, da die gebärende Mutter immer als Mutter beurkundet wird (vgl. Rdnr. 30). Die Anerkennung der Mutterschaft wird stets nur als Folgebeurkundung beim Geburtseintrag des Kindes einge-

25 Vgl. *Jauß*, StAZ 2006, 81.
26 Zur Mutterschaftsanerkennung in Frankreich vgl. *Frank*, StAZ 2012, 190.

tragen. Sie beschränkt sich auf die Kennzeichnung des Anlasses der Beurkundung (Nr. 27.3 PStG-VwV; Nr. 1.1 der Anlage 2 zur PStG-VwV).

V. Sonstige Änderungen des Personenstandes des Kindes

1. Allgemeines

Neben der Anerkennung der Vaterschaft und der Mutterschaft (§ 27 Abs. 1 und 2) sind »sonstige Änderungen des Personenstandes des Kindes« als Folgebeurkundungen in den Geburtseintrag aufzunehmen (§ 27 Abs. 3 Nr. 1). Hierunter fallen alle Vorgänge, die den Inhalt des Haupteintrags hinsichtlich des Personenstandes des Kindes verändern, soweit sie seine Namen und die Abstammung betreffen (§ 21 Abs. 1 Nr. 1 und 4). Auch die Änderung des Geschlechts ist eine Personenstandsänderung, wird aber in § 27 Abs. 3 Nr. 4 besonders aufgeführt. 35

Einige der von § 27 Abs. 3 Nr. 1 erfassten Personenstandsänderungen wirken auf den Zeitpunkt der Erstbeurkundung zurück, z. B. die Anfechtung der Vaterschaft. In diesen Fällen hat die Eintragung, die vom Inhalt des Haupteintrags im Geburtenregister abweicht, dieselbe Wirkung wie eine Berichtigung. Für das Verhältnis von § 27 Abs. 3 Nr. 1 und den §§ 47, 48 gilt die Regel, dass eine Eintragung nach § 27 Abs. 3 Nr. 1 der Berichtigung vorgeht. Die allgemeine Berichtigung setzt voraus, dass der Haupteintrag bereits im Zeitpunkt der Beurkundung nach der damaligen Rechtslage unrichtig war und anders hätte eingetragen werden müssen. In den Fällen des § 27 Abs. 3 Nr. 1 hingegen war der Haupteintrag zunächst inhaltlich zutreffend, weil er der damals erkennbaren materiellen Rechtslage entsprach; seine Änderung beruht auf einem neu hinzutretenden rechtlichen Vorgang, durch den der Haupteintrag nachträglich – wenn auch mit Rückwirkung – unrichtig wird. 36

Die Feststellung der Abstammung des Kindes mit allgemein bindender Wirkung wird im Gegensatz zum früheren Recht (§ 30 Abs. 1 Satz 1 PStG a. F.) in § 27 Abs. 3 nicht erwähnt. Wird die Vaterschaft eines Mannes zu dem Kind durch die feststellende Entscheidung begründet (§ 1600d BGB) oder beseitigt (§ 1599 Abs. 1 BGB), handelt es sich um eine Änderung des Personenstandes des Kindes, weil die entsprechenden Folgebeurkundungen den Inhalt des Haupteintrags verändern. Wird ein bestehendes Eltern-Kind-Verhältnis bestätigt, z. B. durch die Feststellung, dass der im Geburtseintrag aufgeführte Mann der Vater des Kindes ist, so bleibt es bei dem inhaltlich zutreffenden Haupteintrag; die Feststellungsentscheidung des Gerichts wird von § 27 Abs. 3 Nr. 1 nicht erfasst. 37

2. Anfechtung der Vaterschaft

Solange die Vaterschaft eines Mannes nicht gemäß § 1600d BGB gerichtlich festgestellt ist, besteht die Möglichkeit, die rechtliche Vaterschaft des Ehemannes der Mutter oder des Anerkennenden (§ 1592 Nr. 1 und 2, § 1593 BGB) 38 gerichtlich anzufechten und im Erfolgsfalle zu beseitigen (§§ 1599 Abs. 1, 1600 ff. BGB). Neben der gerichtlichen Anfechtung der Vaterschaft kann die rechtliche Vater-Kind-Zuordnung nach § 1592 Nr. 1 und § 1593 BGB im Wege der Anerkennung der Vaterschaft durch einen Dritten mit Zustimmung des Ehemannes der Mutter beseitigt werden (§ 1599 Abs. 2 BGB). Mit Rechtskraft des dem Scheidungsantrag stattgebenden Beschlusses oder mit dem Wirksamwerden einer innerhalb des darauf folgenden Jahres abgegebenen Anerkennung wird die Vaterschaft des Anerkennenden begründet und gleichzeitig die Zuordnung des Kindes zum früheren Ehemann der Mutter aufgehoben. Dieser wird in den Vorgang der Anerkennung eingebunden und macht mit seiner Zustimmung (vgl. § 44 Rdnr. 28) die gerichtliche Anfechtung der Vaterschaft entbehrlich. Insoweit hat die Drittanerkennung die Funktion einer erfolgreichen gerichtlichen Anfechtung.

39 Die Anfechtung der Vaterschaft erfolgt im Verfahren für Abstammungssachen (§ 169 Nr. 4 FamFG) vor dem Familiengericht. Anfechtungsberechtigt sind der Mann, um dessen Vaterschaft es geht, die Mutter, das Kind und unter bestimmten Voraussetzungen der Mann, der die biologische Vaterschaft für sich reklamiert (§ 1600 Abs. 1 Nr. 1 bis 4 BGB).

40 Die rechtskräftige Entscheidung des Gerichts über die erfolgreiche Anfechtung der Vaterschaft ist dem Standesamt, das den Geburtseintrag des Kindes führt, von der Geschäftsstelle des Familiengerichts mitzuteilen (§ 56 Abs. 1 Nr. 1 Buchst. b PStV; XIII/7 MiZi). Das Standesamt hat zu prüfen, ob die Beteiligten des Verfahrens bei Rechtskraft der Entscheidung gelebt haben (vgl. § 181 FamFG) und ob die Entscheidung die richtigen Beteiligten betrifft. Zu einer inhaltlichen Nachprüfung der gerichtlichen Entscheidung ist das Standesamt nicht befugt. Die Prüfung einer ausländischen Entscheidung erfolgt anhand des § 109 FamFG. Im Übrigen ist zu prüfen, ob das Nichtbestehen der Vaterschaft Auswirkungen auf die Staatsangehörigkeit oder die Namensführung des Kindes hat[27].

41 Bei der Folgebeurkundung über die Feststellung des Nichtbestehens der Vaterschaft ist im Feld »Beurkundete Daten« nur dann eine Eintragung vorzunehmen, wenn die Feststellung Auswirkungen auf die Namensführung des Kindes hat (Nr. 27.4.2 PStG-VwV). Bei gleichzeitiger Anerkennung oder Feststellung der Vaterschaft eines Dritten (§ 1599 Abs. 2 BGB; § 182 Abs. 1 FamFG) sind beide Anlässe zu bezeichnen (Nr. 1.4 der Anlage 2 zur PStG-VwV); im Übrigen ist wie bei einer Folgebeurkundung über die Anerkennung der Vaterschaft zu verfahren (Nr. 27.4.3 PStG-VwV; vgl. Rdnr. 27 f.).

42 Nach Eintragung der Folgebeurkundung über die gerichtliche Entscheidung über das Nichtbestehen der Vaterschaft hat das Standesamt dies gemäß § 57 Abs. 3 PStV mitzuteilen:

27 Dazu: *Kraus*, StAZ 2012, 216.

- dem Standesamt, das den Geburtseintrag für den bisher als Vater eingetragenen Mann führt, zur »Löschung« des Hinweises nach § 27 Abs. 4 Satz 2 Nr. 2 auf die Geburt des Kindes (Nr. 27.11.3 PStG-VwV),
- der Meldebehörde.

3. Nachträgliche Feststellung der Abstammungsvoraussetzungen

Im Gegensatz zur Beseitigung einer rechtlich bestehenden Vaterschaft durch Anfechtung (vgl. Rdnr. 38 ff.) stehen die Fälle, in denen sich nachträglich herausstellt, dass die Voraussetzungen für die Eintragung des Vaters schon bei der Geburtsbeurkundung nicht vorgelegen haben. Die nachträgliche Feststellung stellt den Rechtszustand im Zeitpunkt der Geburt des Kindes klar. Materiellrechtlich handelt es sich dabei um eine Berichtigung, verfahrensrechtlich erfolgt die Klarstellung jedoch als Fortführung des Geburtseintrags nach § 27 Abs. 3 Nr. 1, weil die Erstbeurkundung der Sach- und Rechtslage im Zeitpunkt der Geburt entsprach (vgl. Rdnr. 36). Zu denken ist an folgende Fälle: 43

War der Ehemann der Mutter im Zeitpunkt der Geburtsbeurkundung verschollen, lag aber noch keine gerichtliche Todeserklärung oder Feststellung der Todeszeit vor, ist der Ehemann als Vater in den Geburtseintrag aufgenommen worden, auch wenn dessen Vaterschaft unwahrscheinlich war (§ 1592 Nr. 1 BGB). Wird später ein rechtskräftiger Beschluss vorgelegt, in dem der festgestellte Todeszeitpunkt vor Beginn der 300 Tage-Frist des § 1593 Satz 1 BGB liegt, entfällt die Vaterschaft des verschollenen Ehemannes. 44

Wird im Verfahren in Ehesachen (§ 121 Nr. 3 FamFG) durch rechtskräftige Entscheidung das Nichtbestehen der Ehe der Eltern festgestellt, so hat eine Ehe rechtlich nie bestanden[28]. Damit entfällt die Grundlage für die Eintragung des »Ehemannes« als Vater (§ 1592 Nr. 1 BGB). Die Vaterschaft des Mannes kann nur durch Anerkennung oder gerichtliche Feststellung begründet werden. Entsprechendes gilt für die Nichtigerklärung der Ehe ex tunc auf Grund einer ausländischen Entscheidung. 45

Ist das Kind nach Rechtskraft einer ausländischen Scheidung der Ehe der Mutter geboren, war jedoch die Entscheidung bei der Geburtsbeurkundung noch nicht nach § 107 FamFG durch die Landesjustizverwaltung anerkannt, so musste der (frühere) Ehemann als Vater eingetragen werden (§ 1592 Nr. 1 BGB). Mit der Anerkennung entfällt die Vaterschaft des Mannes. 46

Ist die Anerkennung der Vaterschaft unwirksam, weil sie nicht den Vorschriften der §§ 1594 bis 1597 BGB entspricht (§ 1598 Abs. 1 BGB), so gilt sie als nicht erfolgt. Die Unwirksamkeit kann im Verfahren in Abstammungssachen gerichtlich festgestellt werden (§ 169 Nr. 1 FamFG). Mit der Rechtskraft der Entscheidung steht fest, dass die Vaterschaft des Anerkennenden nach § 1592 Nr. 2 BGB nicht besteht. 47

28 In diesem Fall für ein Berichtigungsverfahren nach § 48: *Hepting/Dutta* Rdnr. V-380.

48 Verfahrensrechtlich sind die Fälle als Feststellung des Nichtbestehens der Vaterschaft zu behandeln (vgl. Nr. 27.4 PStG-VwV; Rdnr. 41 f.).

4. Adoption

a) Allgemeines

49 Durch die Adoption (Annahme als Kind) wechselt das angenommene Kind aus der Familie, der es durch Geburt entstammt, in eine andere Familie, zu der durch staatlichen Rechtsakt ein neues Eltern-Kind-Verhältnis begründet wird (§ 1741 Abs. 1 Satz 1 BGB). Die Annahme ändert den Personenstand des Kindes und ist daher nach § 27 Abs. 3 Nr. 1 im Geburtseintrag zu beurkunden.

50 Ist das Kind in Deutschland geboren und wird die Annahme von einem deutschen Familiengericht ausgesprochen, führt dies immer zu einer Folgebeurkundung, unabhängig davon, welches Recht der Adoption zugrunde liegt. Durch die Annahme eines unter 18 Jahre alten ausländischen Kindes im Ausland durch einen Deutschen oder deutsche Ehegatten erwirbt das Kind grundsätzlich die deutsche Staatsangehörigkeit (§ 6 StAG), sodass die Geburt des Kindes gemäß § 36 im Inland beurkundet werden kann. In diesem Fall greift wieder § 27 Abs. 3 Nr. 1 ein: Mit der Errichtung des Geburtseintrags ist zugleich die Adoption zu beurkunden.

b) Inlandsadoption

51 Die Annahme als Kind ist in den §§ 1741 bis 1772 BGB, § 9 Abs. 7 LPartG geregelt. Mit dem Adoptionsverfahren ist das Standesamt nicht befasst. Die Annahme als Kind wird auf Antrag des Annehmenden vom Familiengericht ausgesprochen (§ 1752 Abs. 1 BGB); im Falle der Volljährigenadoption tritt der Antrag des Anzunehmenden hinzu (§ 1768 BGB). Das Gericht prüft, ob die materiellen Voraussetzungen und die erforderlichen Einwilligungen vorliegen. Es entscheidet durch Beschluss (»Dekret«), in dem anzugeben ist, auf welche Gesetzesvorschriften sich die Annahme gründet (§ 197 Abs. 1 FamFG). Die Entscheidung enthält auch erforderliche oder beantragte Regelungen über den Namen des Kindes (§ 1757 Abs. 2 und 3 BGB). Der Beschluss wird mit der Zustellung an den Annehmenden, nach dem Tode des Annehmenden (vgl. § 1753 Abs. 2 BGB) mit der Zustellung an das Kind wirksam (§ 197 Abs. 2 FamFG). Er ist unanfechtbar und kann vom Gericht nicht mehr geändert werden (§ 197 Abs. 3 FamFG)[29].

52 Das deutsche Familiengericht hat auch über Adoptionen mit Auslandsbezug zu entscheiden, wenn der Annehmende, einer der annehmenden Ehegatten oder das Kind Deutscher ist oder seinen gewöhnlichen Aufenthalt im Inland hat (§ 101 FamFG). Dabei hat es das nach Art. 22 Abs. 1 EGBGB maßge-

29 LG Münster, StAZ 2010, 113. Eine Beschwerde gegen die Ablehnung einer Namensbestimmung nach § 1757 Abs. 4 BGB wird jedoch für zulässig erachtet, OLG Zweibrücken, StAZ 2001, 140, ebenso um eine Klarstellung zum Namen des Angenommenen zu erreichen, OLG Zweibrücken, StAZ 2012, 54.

bende Recht anzuwenden; zusätzlich ist Art. 23 EGBGB zu beachten. Kommen im Falle der Adoption einer Person unter 18 Jahren – auch über die Prüfung von Zustimmungserfordernissen nach Art. 23 EGBGB – ausländische Sachvorschriften zur Anwendung, so ist nur ein Familiengericht in einem Oberlandesgerichtsbezirk oder ein Gericht für mehrere Bezirke zuständig (§ 187 Abs. 4 FamFG i. V. m. § 5 Abs. 1 und 2 AdWirkG)[30]. Das Adoptionsstatut entscheidet darüber, ob die Adoption gerichtlich verfügt wird (Dekretadoption) oder durch Vertrag zustande kommt, der durch das Gericht nur bestätigt oder bewilligt werden muss (Vertragsadoption). Eine im Inland durchgeführte Vertragsadoption ohne gerichtliche Mitwirkung würde gegen den deutschen ordre public verstoßen und darf nicht beurkundet werden. Spricht das Familiengericht auf der Grundlage ausländischer Sachvorschriften die Annahme aus, hat es in dem Beschluss das maßgebende Recht anzugeben, da sich hieraus die Adoptionswirkungen ergeben, und von Amts wegen den Wirkungsumfang festzustellen (§ 2 Abs. 3 AdWirkG).

Entscheidungen, durch die eine Annahme als Kind ausgesprochen wird, sind dem Standesamt, das die Geburt des Kindes beurkundet hat, vom Familiengericht mitzuteilen (§ 5 Abs. 4 Satz 2; § 56 Abs. 1 Nr. 1 Buchst. c PStV). Für die Mitteilung wird ein Vordruck verwendet, dem eine abgekürzte Ausfertigung des Beschlusses beizufügen ist (XIV/1 MiZi mit Anlage). Das Standesamt hat die gerichtliche Entscheidung grundsätzlich ohne eigene Prüfung zu übernehmen; eine Überprüfung, ob die Adoptionsvoraussetzungen erfüllt sind, steht ihm nicht zu[31]. Grundsätzlich ist das Standesamt auch an die Namensbestimmung im Adoptionsdekret gebunden[32]. Eine ungeschriebene Ausnahme von der Unabänderbarkeit gilt nur, wenn der Annahmebeschluss ausnahmsweise (ganz oder teilweise) nichtig ist[33]. Nichtigkeit der Namensfeststellung wird angenommen, wenn im Adoptionsbeschluss ausgesprochen worden ist, dass der Angenommene seinen bisherigen Geburtsnamen weiterführt[34]. **53**

c) Auslandsadoption

Eine Auslandsadoption wird im Inland personenstandsrechtlich relevant, wenn die Annahme als Kind bei der Nachbeurkundung (§ 36) im Geburtseintrag des Kindes eingetragen oder im Geburtseintrag des oder der Annehmenden ein Hinweis nach § 27 Abs. 4 Satz 2 Nr. 2 angebracht werden soll. Bei der standesamtlichen Prüfung einer Auslandsadoption geht es im Schwerpunkt um ihre Anerkennung unabhängig davon, welches Recht dem Adoptionsakt zugrunde liegt; die Feststellung der Wirksamkeit nach dem gemäß **54**

30 Zum Umfang der Zuständigkeitskonzentration vgl. OLG Stuttgart, StAZ 2007, 240; OLG Hamm, StAZ 2008, 343; OLG Düsseldorf, StAZ 2010, 333; OLG Frankfurt a. M., StAZ 2011, 333; OLG Köln, StAZ 2011, 338.

31 BayObLG, StAZ 1993, 294.

32 AG Gießen, StAZ 2010, 15; AG Münster, StAZ 2010, 79; OLG Hamm, StAZ 2010, 180.

33 Vgl. dazu *Staudinger/Helms* § 1759 Rdnr. 7 ff.; OLG Düsseldorf, StAZ 2008, 44.

34 *Staudinger/Helms* § 1757 Rdnr. 15; OLG Zweibrücken, StAZ 2016, 52 m. w. N.

Art. 22 Abs. 1 EGBGB maßgebenden Recht ist eher die Ausnahme. Wurde die Adoption in einem Vertragsstaat des Haager Adoptionsübereinkommens (HAdoptÜb)[35] konventionsgemäß vorgenommen, gilt die in dem Übereinkommen festgelegte Anerkennung kraft Gesetzes (Rdnr. 55). Bei einer Adoption, die nicht dem Übereinkommen unterfällt, ist zu unterscheiden: Eine Dekretadoption ist daraufhin zu überprüfen, ob sie nach § 109 FamFG anzuerkennen ist (Rdnr. 56), eine Vertragsadoption an dem nach Art. 22 Abs. 1 EGBGB maßgebenden Recht zu messen (Rdnr. 57). Für alle Adoptionen gilt das Adoptionswirkungsgesetz (AdWirkG) (vgl. Rdnr. 58 ff.).

55 Das *Haager Übereinkommen* regelt die zwischenstaatliche Zusammenarbeit auf dem Gebiet der internationalen Adoption. Mit dem gesamten Verfahren der Adoptionsvermittlung, die den Schwerpunkt des Übereinkommens bildet, ist das deutsche Standesamt nicht befasst. Für die Beurkundung in einem deutschen Personenstandsregister gilt der Grundsatz der Ex-lege-Anerkennung: Nach Art. 23 Abs. 1 HAdoptÜb wird eine Adoption in einem anderen Vertragsstaat kraft Gesetzes anerkannt, wenn die zuständige Behörde des Adoptionsstaates bescheinigt, dass sie gemäß dem Übereinkommen zustande gekommen ist. Die Prüfung durch das Standesamt beschränkt sich auf die Feststellung der Ordnungsmäßigkeit der in dem anderen Vertragsstaat ausgestellten Bescheinigung[36]. Einziges Anerkennungshindernis ist ein offensichtlicher Widerspruch der Adoption zum deutschen ordre public (Art. 24 HAdoptÜb)[37]. Die Anerkennung einer nach dem Übereinkommen zustande gekommenen Adoption lässt das der Kindesannahme zugrunde liegende Recht unberührt. Das maßgebliche Adoptionsstatut bestimmt also weiterhin die Wirkungen der Adoption, die durch die Anerkennung nach Maßgabe des Art. 26 HAdoptÜb auf das Inland erstreckt werden. Vgl. Nr. 27.6.1 PStG-VwV.

56 Eine *Dekretadoption,* die nicht dem Haager Adoptionsübereinkommen unterfällt, ist nach § 108 Abs. 1 FamFG ohne besonderes Verfahren anzuerkennen, sofern kein Anerkennungshindernis nach § 109 Abs. 1 FamFG vorliegt. »Anerkennung« bedeutet, dass die Adoption im Inland die Wirkungen entfaltet, die ihr das der Entscheidung zugrunde gelegte Recht beilegt. Das Standesamt hat in eigener Zuständigkeit über die Anerkennung zu befinden. Hierfür ist es unerheblich, auf welchem Recht die Adoption beruht. Eine Dekretadoption liegt vor, wenn die Adoptionsentscheidung nach dem maßgeblichen deutschen Verfahrensrecht (vgl. § 1752 Abs. 1 BGB; §§ 186 ff. FamFG) als Entscheidung in einer Familiensache zu werten ist, auch wenn über die Adoption im streitigen Verfahren entschieden wurde[38]. Auch die Entscheidung

35 Haager Übereinkommen über den Schutz von Kindern und die Zusammenarbeit auf dem Gebiet der internationalen Adoption vom 29. 5. 1993 (BGBl. 2001 II S. 1034; GS Nr. 226 mit einer Liste der Vertragsstaaten).

36 Dazu näher *Bornhofen,* StAZ 2002, 1, 4 f.

37 Vgl. dazu *Frank,* StAZ 2003, 257, 259.

38 BayObLG, StAZ 2000, 301.

einer ausländischen Behörde kommt in Betracht, wenn diese in ihrer Stellung dem deutschen Familiengericht entspricht. Hat bei einer Vertragsadoption eine sachliche Überprüfung der Adoptionsvoraussetzungen durch ein Gericht oder eine Behörde stattgefunden, z. B. in der Form einer Bestätigung oder Bewilligung, so ist diese Adoption ebenfalls unter den Voraussetzungen des § 109 Abs. 1 FamFG anzuerkennen[39]. Nach § 109 Abs. 1 FamFG sind die internationale Zuständigkeit des ausländischen Gerichts oder der vergleichbaren Behörde (spiegelbildliche Anwendung des § 101 FamFG), die Beachtung bestimmter verfahrensrechtlicher Grundsätze (Gewährung rechtlichen Gehörs, Vereinbarkeit mit früheren Entscheidungen) und die Wahrung der deutschen öffentlichen Ordnung, insbesondere die Beachtung von Zustimmungserfordernissen und die Berücksichtigung des Kindeswohls[40], zu prüfen. Vgl. Nr. 27.6.2 Satz 1 bis 3 PStG-VwV.

Bei der (seltenen) *Vertragsadoption* wird das Annahmeverhältnis allein durch rechtsgeschäftliche Vereinbarung zwischen dem oder den Annehmenden und dem Anzunehmenden begründet. Bedarf die Adoptionsvereinbarung einer gerichtlichen/behördlichen Bestätigung oder Bewilligung, bei der eine inhaltliche Überprüfung der Adoptionsvoraussetzungen stattfindet, ist der Vorgang als Dekretadoption zu werten (Rdnr. 56). Nur wenn sich die Mitwirkung auf die bloße Registrierung der Annahme ohne Inhaltskontrolle beschränkt, liegt eine Vertragsadoption vor. Vertragsadoptionen unterliegen dem Recht des Staates, dem der Annehmende angehört; bei der Annahme durch einen oder beide Ehegatten gelangt das Recht zur Anwendung, das nach Art. 14 Abs. 1 EGBGB für die allgemeinen Wirkungen der Ehe maßgebend ist (Art. 22 Abs. 1 EGBGB). Zusätzlich unterliegen etwaige Zustimmungserfordernisse grundsätzlich dem Heimatrecht des Kindes (Art. 23 Satz 1 EGBGB). Schreibt das Adoptionsstatut die Adoption durch gerichtliche Anordnung vor, so kann ein Annahmeverhältnis durch Vertrag nicht wirksam begründet werden. Aus diesem Grunde sind Vertragsadoptionen durch Deutsche unwirksam, da das maßgebende deutsche Recht in § 1752 Abs. 1 BGB den Ausspruch der Annahme durch das Familiengericht vorschreibt. Ob eine Vertragsadoption wirksam ist, hat das Standesamt nach dem jeweils anwendbaren Sachrecht zu prüfen (Nr. 27.6.2 Satz 4 bis 6 PStG-VwV). Eine Anerkennungs- und Wirkungsfeststellung nach § 2 AdWirkG ist geeignet, Rechtssicherheit über die Wirksamkeit einer Vertragsadoption zu schaffen (vgl. Rdnr. 58 ff.). 57

d) Das Adoptionswirkungsgesetz

Das Adoptionswirkungsgesetz (AdWirkG) eröffnet ein fakultatives gerichtliches Verfahren zur Feststellung der Anerkennung einer ausländischen Dekretadoption oder der Wirksamkeit einer auf ausländischem Recht beruhen- 58

39 OLG Düsseldorf, StAZ 2012, 82.
40 OLG Düsseldorf, StAZ 2009, 335; OLG Frankfurt a. M., StAZ 2009, 336; OLG Nürnberg, StAZ 2019, 148, 149.

den Vertragsadoption (§ 2 Abs. 1 AdWirkG). Dabei wird gleichzeitig der Wirkungsumfang der Adoption festgestellt (§ 2 Abs. 2 AdWirkG). Nach § 3 Abs. 1 AdWirkG kann eine Adoption mit schwachen Wirkungen durch gerichtlichen Ausspruch in eine Volladoption nach deutschem Recht umgewandelt werden. Ein solcher Wechsel des Adoptionsstatuts zum deutschen Recht ist auch bei einer starken Adoption möglich, um eine völlige Gleichstellung des Adoptivkindes mit einem nach deutschen Sachvorschriften angenommenen Kind zu erreichen (§ 3 Abs. 2 AdWirkG). Das Gesetz gilt nur für Adoptionen, die vor Vollendung des achtzehnten Lebensjahres des angenommenen Kindes vorgenommen wurden (§ 1 Satz 2 AdWirkG); maßgebend ist der Zeitpunkt, in dem der Adoptionsakt wirksam geworden ist. In dem Verfahren können Zweifel und Unklarheiten über die Anerkennungsfähigkeit einer Dekretadoption oder die Wirksamkeit einer Vertragsadoption beseitigt, ihr Wirkungsumfang geklärt und Unzulänglichkeiten, die die Auslandsadoption hinsichtlich ihrer Wirkungen im deutschen Rechtsbereich aufweist, durch die Umwandlung aufgefangen werden. Vgl. Nr. 27.6.3 PStG-VwV.

59 Für die Anerkennungs- und Wirkungsfeststellung nach § 2 Abs. 1 AdWirkG sind antragsbefugt die Beteiligten des Adoptionsverfahrens sowie das Standesamt (§ 4 Abs. 1 Satz 1 Nr. 1 AdWirkG). Die Antragsbefugnis des Standesamts setzt voraus, dass die Beurkundung der Adoption im Wege der Fortführung oder im Rahmen der Nachbeurkundung in einem deutschen Geburtenregister ansteht (§ 27 Abs. 3 Nr. 1, § 36). Von der Antragsbefugnis des Standesamts ist nur in Zweifelsfällen Gebrauch zu machen (§ 4 Abs. 1 Satz 2 AdWirkG). Diese Antragsmöglichkeit geht der Zweifelsvorlage nach § 49 Abs. 2 vor.

60 Für die Umwandlung nach § 3 AdWirkG besteht keine Antragsbefugnis des Standesamts (vgl. § 4 Abs. 1 Satz 1 Nr. 2 AdWirkG). Das Standesamt sollte jedoch auf die Möglichkeit der Umwandlung hinweisen, z. B. wenn zweifelhaft ist, ob das Kind durch die Adoption die deutsche Staatsangehörigkeit nach § 6 StAG erworben hat, oder wenn mit Hilfe der Umwandlung nach § 3 Abs. 2 AdWirkG eine Änderung des Kindesnamens nach deutschem Recht bewirkt werden kann[41].

e) Folgebeurkundung über die Adoption

61 Für die Folgebeurkundung über die Annahme als Kind ist der Anlass der Beurkundung der Liste unter Nr. 2 der Anlage 2 zur PStG-VwV zu entnehmen. An die Stelle des Leittextes »Beurkundete Daten« treten die Leittexte der nach § 21 Abs. 1 Nr. 4 zu beurkundenden Daten der oder des Annehmenden (Familienname, Geburtsname, Vornamen, ggf. Religion) und »Datum der Wirksamkeit« (Nr. 27.5 Satz 1 PStG-VwV). Weibliche Annehmende werden als »Mutter« und männliche Annehmende als »Vater« in dem Datenfeld für die familienrechtliche Bezeichnung eingetragen; gehören die annehmenden

41 Vgl. AG Nürnberg, StAZ 2003, 144; *Hölzel*, StAZ 2003, 289, 295 f.

Personen weder dem männlichen noch dem weiblichen Geschlecht an, sind sie als »Elternteil« zu bezeichnen (§ 42 Abs. 3 PStV).

Bezüglich der Hinweise verweist § 27 Abs. 4 Satz 1 auf § 21 Abs. 3. Danach sind Angaben über das Datum und den Ort der Eheschließung der Annehmenden sowie das Standesamt, das die Eheschließung beurkundet hat, und die Registernummer der Beurkundung als Hinweis aufzunehmen; dies gilt entsprechend, wenn das Kind von dem Ehegatten eines Elternteils oder einer Einzelperson angenommen worden ist (§ 21 Abs. 3 Nr. 2; Nr. 27.5 Satz 2 PStG-VwV)[42]. Daneben wird immer auch ein Hinweis auf die Geburt des oder der Annehmenden sowie auf das Recht der Namensführung des Kindes aufgenommen (§ 21 Abs. 3 Nr. 3 und 5; vgl. § 21 Rdnr. 73 f. und 80). Ggf. ist auf die nachgewiesene ausländische Staatsangehörigkeit der Annehmenden hinzuweisen (§ 21 Abs. 3 Nr. 1). Ein Hinweis nach § 21 Abs. 3 Nr. 4 kommt nicht in Betracht, da ein etwaiger Erwerb der deutschen Staatsangehörigkeit durch das Kind nicht auf § 4 Abs. 3 StAG, sondern auf § 6 StAG beruht. **62**

Zum Geburtseintrag eines jeden Annehmenden ist ein Hinweis auf die Geburt des adoptierten Kindes aufzunehmen (§ 27 Abs. 4 Satz 2 Nr. 2). **63**

f) Mitteilungen

Nach Eintragung der Folgebeurkundung über die Annahme als Kind hat das Standesamt dies gemäß § 57 Abs. 5 PStV mitzuteilen: **64**
- dem Standesamt, das die Geburtseinträge für die leiblichen Eltern des Kindes führt,
- dem Standesamt, das die Geburtseinträge für die Annehmenden führt, zur Eintragung des Hinweises auf die Geburt des adoptierten Kindes (§ 27 Abs. 4 Satz 2 Nr. 2),
- dem Standesamt, das den Ehe- oder Lebenspartnerschaftseintrag für das Kind führt, wenn sich der Name des Kindes geändert hat, zur Eintragung der Folgebeurkundung über die Namensänderung (§ 16 Abs. 1 Satz 1 Nr. 5),
- dem Standesamt, das den Geburtseintrag eines Abkömmlings des Kindes führt, wenn sich der Geburtsname des Abkömmlings geändert hat, zur Eintragung der Folgebeurkundung über die Namensänderung (§ 27 Abs. 3 Nr. 2),
- dem Standesamt I in Berlin, wenn die Geburt oder die Eheschließung oder die Begründung einer Lebenspartnerschaft des Kindes im Ausland erfolgt ist, sofern diese Personenstandsfälle im Inland nachbeurkundet wurden, zur Aktualisierung des vom Standesamt I geführten Verzeichnisses (§§ 36 Abs. 3, 34 Abs. 4, 35 Abs. 3),
- der Meldebehörde.

42 Die in Nr. 27.5. Satz 2 PStG-VwV angeordnete entsprechende Handhabung für den Fall, dass das Kind von dem Lebenspartner eines Elternteils angenommen worden ist (§ 9 Abs. 7 LPartG), findet im Gesetz keine Stütze.

5. Aufhebung der Adoption

65 Die Aufhebung der Adoption kommt in Betracht bei schweren Begründungsmängeln (§ 1760 BGB), zum Wohl des Kindes bei Scheitern der Adoption (§ 1763 BGB) und bei einer Volljährigenadoption aus wichtigem Grund (§ 1771 BGB). Über die Aufhebung des Annahmeverhältnisses entscheidet das Familiengericht durch Beschluss, der mit der Rechtskraft wirksam wird (§ 198 Abs. 2 FamFG). Die Wirkungen der Aufhebung regelt § 1764 BGB: Das durch die Adoption begründete Verwandtschaftsverhältnis erlischt, gleichzeitig lebt das Verwandtschaftsverhältnis des Kindes und seiner Abkömmlinge zu seinen leiblichen Verwandten wieder auf; diese Folgen treten nur für die Zukunft ein. Die namensrechtlichen Folgen ergeben sich aus § 1765 BGB.

66 Eine Adoption wird kraft Gesetze aufgehoben, wenn ein Annehmender mit dem Angenommenen entgegen dem Eheverbot des § 1308 Abs. 1 BGB die Ehe schließt (§ 1766 BGB). Diese Folge tritt im Zeitpunkt der Eheschließung ein. Anders als bei der gerichtlichen Aufhebung wird durch die Aufhebung nur das durch die Adoption zwischen den Ehegatten begründete Rechtsverhältnis gelöst; die §§ 1764, 1765 BGB finden keine Anwendung.

67 Die Aufhebung der Adoption, die das Annahmeverhältnis mit Wirkung für die Zukunft rückgängig macht, ist ebenso wie die Adoption eine Personenstandsänderung und daher nach § 27 Abs. 3 Nr. 1 als Folgebeurkundung zum Geburtseintrag des Kindes aufzunehmen. Die Pflicht zur Mitteilung der Aufhebung durch gerichtliche Entscheidung obliegt der Geschäftsstelle des Familiengerichts (§ 56 Abs. 1 Nr. 1 Buchst. c PStV; XIV/1 MiZi). Bei Aufhebung der Adoption durch Eheschließung (§ 1766 BGB) ergibt sich der Sachverhalt auf Grund einer Prüfung durch das Standesamt nach Erhalt einer Mitteilung nach § 58 Abs. 1 Nr. 1 PStV (vgl. Nr. 27.11.4 PStG-VwV).

68 Durch die Eintragung der Folgebeurkundung über die Aufhebung der Annahme wird die vorhergehende Folgebeurkundung über die Adoption gegenstandslos. Der Anlass der Beurkundung ist Nr. 2.21 bis 2.26 der Anlage 2 zur PStG-VwV zu entnehmen. Das Datum der Wirksamkeit ist anzugeben. Weitere Eintragungen sind nicht veranlasst, da die Angaben im Haupteintrag über die Eltern wieder »aufleben«. Die Mitteilungen über die Aufhebung des Annahmeverhältnisses sind die gleichen wie bei einer Adoption (§ 57 Abs. 5 PStV; vgl. Rdnr. 64).

6. Änderung des Namens

a) Allgemeines

69 Die Namensänderung ist eine Änderung des Personenstandes (vgl. § 1 Abs. 1 Satz 1) und daher gemäß § 27 Abs. 3 Nr. 1 als Folgebeurkundung zum Geburtseintrag des Kindes aufzunehmen. Die Vorschrift erfasst sowohl den Geburtsnamen als auch die Vornamen. Der Erwerb eines akademischen Grades ist keine Namensänderung, da dieser kein Namensbestandteil ist (vgl. § 21 Rdnr. 37). Der Ehe- oder Lebenspartnerschaftsname einer Person wird im Ge-

burtenregister nicht dokumentiert (vgl. § 36 Abs. 1 PStV). Die Namensführung in der Ehe oder Lebenspartnerschaft und ihre Änderung werden grundsätzlich nur im Ehe-/Lebenspartnerschaftsregister beurkundet (§ 15 Abs. 1 Nr. 3, § 16 Abs. 1 Satz 1 Nr. 5, § 17 Satz 1). Hat allerdings die elterliche Namensänderung zu einer gleichlautenden Änderung des Kindesnamens geführt, wird diese Änderung auch im Geburtseintrag des Kindes verlautbart (§ 27 Abs. 3 Nr. 2; vgl. Rdnr. 89 ff.). In den Fällen des Art. 47 EGBGB und des § 94 BVFG wird von dem Erfordernis der Namensgleichheit zwischen Eltern und Kind abgesehen (§ 36 Abs. 2 PStV).

§ 27 Abs. 3 Nr. 1 gilt grundsätzlich für alle Fälle einer Namensänderung, 70
gleichgültig ob diese kraft Gesetzes, durch private Erklärung oder durch gerichtliche oder behördliche Entscheidung eintritt (vgl. die Liste der Namensänderungen unter Nr. 3 der Anlage 2 zur PStG-VwV). Eine beurkundungstechnische Einschränkung ergibt sich für Namensänderungen, die noch vor der Beurkundung der Geburt wirksam werden, da in diesen Fällen das Kind sogleich mit dem geänderten Namen in den Geburtseintrag aufgenommen wird (§ 35 Abs. 2 PStV). Namenswahl (Art. 48 EGBGB) und Namensangleichung (Art. 47 EGBGB; § 94 BVFG) werden wie Namensänderungen behandelt; vgl. § 43 Rdnr. 19 ff.

b) Der Name des Kindes nach Änderung der Verwandtschaft

Die Anerkennung oder Feststellung der Vaterschaft bleibt ohne Auswirkung 71
auf den Namen des Kindes. Die Begründung der Verwandtschaft schafft nur die Voraussetzung für eine erklärungsabhängige Änderung des Kindesnamens (§§ 1617a Abs. 2, 1617b Abs. 1 BGB) oder für eine Namenserstreckung, wenn die Eltern die Ehe schließen und einen Ehenamen bestimmen (§ 1617c Abs. 1 BGB). Bei Erwerb der deutschen Staatsangehörigkeit infolge Anerkennung oder Feststellung der Vaterschaft kann sich eine (rückwirkende) Änderung des Kindesnamens ergeben, weil sich die Namensführung nach deutschem Recht richtet (Art. 10 Abs. 1 i. V. m. Art. 5 Abs. 1 Satz 2 EGBGB).

Auch nach erfolgreicher Anfechtung der Vaterschaft behält das Kind den 72
Namen, den ihm Gesetz oder Bestimmung der Eltern zugewiesen hat. Nur auf Antrag des Kindes und, sofern das Kind noch nicht fünf Jahre alt ist, auch auf Antrag des Mannes, kann das Kind durch Erklärung gegenüber dem Standesamt den Namen erhalten, den die Mutter im Zeitpunkt der Geburt des Kindes führte (§ 1617b Abs. 2 BGB). Dies gilt in gleicher Weise im Fall der qualifizierten Drittanerkennung nach § 1599 Abs. 2 BGB, die in ihren Wirkungen der Anfechtung der Vaterschaft gleichsteht. Wird der Antrag gestellt (vgl. § 45 Rdnr. 30 ff.), erhält das Kind den von der Mutter im Zeitpunkt der Geburt des Kindes geführten Namen. Ist dies ein in der Ehe der Mutter mit dem Scheinvater bestimmter Ehename, so findet eine verdeckte Namensänderung statt, weil das Kind jetzt seinen Geburtsnamen nicht mehr von dem Ehenamen der Ehegatten, sondern von dem Familiennamen der Mutter ableitet (sog. Quali-

tätsänderung). Auch diese Namensänderung ist im Geburtseintrag zu registrieren (vgl. Nr. 3.4 der Anlage 2 zur PStG-VwV)[43].

73 Die Namensführung des adoptierten Kindes regelt § 1757 BGB, der auch für die Annahme eines Volljährigen gilt (§ 1767 Abs. 2 BGB). In Fällen mit Auslandsbezug richtet sich die Namensführung nach dem Recht des Staates, dem das Kind nach der Adoption angehört (Art. 10 Abs. 1 EGBGB)[44]. Der geänderte Name des Kindes ist in die Folgebeurkundung über die Annahme als Kind aufzunehmen.

c) Namenserstreckung

74 Eine Namensänderung durch Erstreckung findet statt, wenn die Eltern einen Ehenamen bestimmen oder sich ihr Ehename oder der Familienname eines Elternteils ändert und diese Änderung auch den Geburtsnamen des Kindes erfasst, sei es kraft Gesetzes oder durch Anschließung (§ 1617c Abs. 1 und 2 BGB). Die Erstreckung des geänderten Geburtsnamens auf den Ehe- oder Lebenspartnerschaftsnamen des verheirateten oder verpartnerten Kindes (§ 1617c Abs. 3 BGB) ist kein Fortführungsfall nach § 27 Abs. 3 Nr. 1. Sie betrifft die Änderung der Namensführung in der Ehe oder Lebenspartnerschaft, die im Eheregister/Lebenspartnerschaftsregister beurkundet wird (§ 16 Abs. 1 Satz 1 Nr. 5).

75 Auf Grund der Verweisungen in Art. 10 Abs. 2 Satz 3, Art 48 Satz 4 und Art. 47 Abs. 3 EGBGB gilt § 1617c BGB auch bei einer elterlichen Namensänderung nach Rechtswahl, Namenswahl und Angleichung (vgl. dazu § 43 Rdnr. 26 und 41), ferner bei einer Namensänderung gemäß § 2 Satz 2 MindNamÄndG. Eine inhaltlich mit § 1617c BGB übereinstimmende Regelung enthält § 94 Abs. 1 Satz 3 und 4 BVFG. In all diesen Fällen kommt eine Namenserstreckung nur in Betracht, wenn Namensstatut des Kindes das deutsche Recht ist, weil nur dann § 1617c BGB als Sachnorm des deutschen Rechts anwendbar ist.

76 Die Erstreckung nach § 1617c Abs. 1 und 2 BGB folgt einheitlichen Grundsätzen: Bei Kindern bis zur Vollendung des fünften Lebensjahres ändert sich mit der elterlichen Namensänderung kraft Gesetzes der Geburtsname des Kindes. Kinder über fünf Jahre können sich ohne zeitliche Begrenzung durch öffentlich beglaubigte oder beurkundete Erklärung gegenüber dem Standesamt der Namensänderung anschließen. Für Kinder im Alter zwischen fünf und vierzehn Jahren handelt der gesetzliche Vertreter (§ 1629 Abs. 1 BGB); ein Kind zwischen sieben und vierzehn Jahren kann die Anschließung auch selbst mit Zustimmung des gesetzlichen Vertreters erklären (§§ 106, 107 BGB). Ein in der Geschäftsfähigkeit beschränktes Kind über vierzehn Jahre muss die Anschlusserklärung selbst abgeben, bedarf hierzu aber der Zustimmung seines gesetzlichen Vertreters. Von einem volljährigen Kind kann die An-

43 Vgl. *Gaaz*, StAZ 2000, 357.
44 Ausführlich zur Namensführung eines Adoptivkindes bei einer Auslandsadoption *Frank*, StAZ 2018, 202.

schlusserklärung nur selbst abgegeben werden. Zur Beglaubigung oder Beurkundung der Anschlusserklärung vgl. § 45 Rdnr. 33 ff.

Nach § 4 NamÄndG erstreckt sich die Änderung des Familiennamens der Person, deren Namen geändert wurde, auf die Kinder, die bislang denselben Namen geführt haben und für die den betroffenen Eltern oder dem Elternteil die elterliche Sorge zusteht. Die Namensänderungsbehörde kann jedoch eine abweichende Regelung treffen. Die spezialgesetzliche Regelung schließt die Anwendung der Erstreckungsregelung des § 1617c Abs. 2 BGB aus, beschränkt sich jedoch auf minderjährige Kinder, so dass sich das volljährige Kind einer nach dem Namensänderungsgesetz verfügten elterlichen Namensänderung wieder nach § 1617c Abs. 2 BGB anschließen kann[45]. **77**

d) Namensänderung durch Erklärung

Nach § 1617b Abs. 1 BGB können Eltern für das Kind, das bereits einen Namen führt, den Geburtsnamen durch Erklärung gegenüber dem Standesamt neu bestimmen, wenn die gemeinsame elterliche Sorge begründet wird (vgl. § 1626a Abs. 1 und 2 BGB). Die Neubestimmung des Kindesnamens ist nur innerhalb von drei Monaten nach Begründung der gemeinsamen Sorge oder – bei Begründung im Ausland – nach Rückkehr in das Inland möglich[46]. Zur Beglaubigung oder Beurkundung der Erklärung vgl. § 45 Rdnr. 18 ff. und 27 ff. Ein Recht zur Neubestimmung des Kindesnamens besteht nicht mehr, wenn bereits für ein zuvor geborenes Kind auf Grund gemeinsamer Sorge der Eltern ein Geburtsname nach § 1617 oder § 1617b Abs. 1 BGB bestimmt worden ist. Diese Namensbestimmung hat Bindungswirkung für später geborene gemeinsame Kinder (§ 1617b Abs. 1 Satz 4 i. V. m. § 1617 Abs. 1 Satz 3 BGB), soweit die Eltern auch für diese gemeinsam sorgeberechtigt sind[47]. Nach einer vorangegangenen Einbenennung des Kindes gemäß § 1618 BGB kommt eine Neubestimmung des Kindesnamens nach § 1617b Abs. 1 BGB nicht in Betracht, wenn die Stiefelternehe, deren Ehenamen des Kind aufgrund der Einbenennung trägt, noch besteht[48]. Das Bestimmungsrecht endet, da es an die elterliche Sorge anknüpft, mit der Volljährigkeit des Kindes. **78**

§ 1617a Abs. 2 BGB gibt dem allein sorgeberechtigten Elternteil die Möglichkeit, dem Kind mit Einwilligung des anderen Elternteils dessen Namen zu erteilen[49]. Der Übergang des alleinigen Sorgerechts auf den zuvor nicht sor- **79**

45 KG, StAZ 2002, 79; ausführlich: *Wall*, StAZ 2013, 93; vgl. auch OLG München, StAZ 2013, 193.

46 Es handelt sich um eine Ausschlussfrist, vgl. OLG Düsseldorf, StAZ 2004, 71; OLG Frankfurt a. M., StAZ 2004, 272.

47 Zum Umfang der Bindungswirkung vgl. BayObLG, StAZ 2001, 137; OLG Hamm, StAZ 2005, 15; OLG Düsseldorf, StAZ 2006, 74; OLG Karlsruhe, StAZ 2006, 211. Sie gilt nicht im Rahmen des Art. 48 EGBGB (*Freitag*, StAZ 2013, 69, 74).

48 BGH, StAZ 2016, 139.

49 Zur Namenserteilung bei ungeklärter Identität des Elternteils, dessen Namen das Kind erhalten soll, vgl. OLG München, StAZ 2018, 89.

geberechtigten Elternteil begründet jedoch keinen Anspruch dieses Elternteils, dem Kind seinen Namen zu erteilen[50]. Soll dem Kind der Name des Vaters erteilt werden, muss eine Folgebeurkundung über die Anerkennung oder Feststellung der Vaterschaft zum Geburtseintrag des Kindes aufgenommen sein (Nr. 27.7.3 PStG-VwV). Das Kind muss unter elterlicher Sorge stehen, also noch minderjährig sein (§ 1626 Abs. 1 Satz 1 BGB)[51]. Ob die Namenserteilung für ein bereits verstorbenes Kind möglich ist, wird unterschiedlich beurteilt[52]. Eine pränatale Namenserteilung wird erst mit der Geburt des Kindes wirksam. Steht dem minderjährigen Elternteil nur die tatsächliche Personensorge für das Kind zu (§ 1673 Abs. 2 Satz 2 Halbs. 1 BGB), so hat dieser Elternteil das alleinige Recht zur Namenserteilung. Die entsprechende Erklärung bedarf weder der Zustimmung des gesetzlichen Vertreters des den Namen erteilenden Elternteils noch der Mitwirkung des gesetzlichen Vertreters des Kindes[53]. Zur Beglaubigung oder Beurkundung der erforderlichen Erklärungen vgl. § 45 Rdnr. 41 ff.

80 § 1618 BGB regelt die Erteilung des Ehenamens an das Kind eines sorgeberechtigten Elternteils, der mit einem Dritten verheiratet ist (Einbenennung)[54]. § 9 Abs. 5 Satz 1 LPartG gestattet auch die Einbenennung in eine Lebenspartnerschaft. Einbenennungsfähig ist nur das minderjährige Kind. Dieses muss in den gemeinsamen Haushalt der einbenennenden Ehegatten/Lebenspartner aufgenommen sein. Die Namenserteilung setzt voraus, dass der Elternteil und der Stiefelternteil bzw. der andere Lebenspartner einen Ehe-/Lebenspartnerschaftsnamen bestimmt haben. Nur dieser Name kann dem Kind erteilt oder seinem Geburtsnamen hinzugefügt werden. Nach § 1618 Satz 3 muss der andere, also der nicht den Namen erteilende Elternteil, in die Einbenennung einwilligen, wenn zwischen ihm und dem Kind Namenseinheit besteht oder wenn er Mitinhaber der elterlichen Sorge ist[55], ferner das über fünf Jahre alte Kind. Die Einwilligung des anderen Elternteils kann vom Familiengericht ersetzt werden, wenn die Namenserteilung zum Wohl des Kindes erforderlich ist (§ 1618 Satz 4 BGB)[56]. Zur Beglaubigung oder Beurkundung der erforderlichen Erklärungen vgl. § 45 Rdnr. 37 ff. Durch die Einbenennung wird der Name des Kindes unwandelbar fixiert; dieses kann sich einer Namensänderung des sorgeberechtigten Elternteils nicht gemäß § 1617c Abs. 2 Nr. 2 BGB anschließen[57].

50 BGH, StAZ 2005, 357. Die frühere Rechtsprechung, die eine analoge Anwendung des § 1617a Abs. 2 BGB für möglich hielt (BayObLG, StAZ 2004, 229; OLG Celle, StAZ 2002, 11), ist obsolet.

51 Die erforderlichen Einwilligungen können auch noch nach Eintritt der Volljährigkeit wirksam entgegengenommen werden, LG München I, StAZ 2004, 72.

52 Ablehnend: BayObLG, StAZ 2000, 371; befürwortend: OLG Düsseldorf, StAZ 2015, 242.

53 Vgl. *Frank*, StAZ 2008, 265.

54 Zur Einbenennung vgl. *Gaaz*, FPR 2002, 125.

55 Durch den Tod des anderen Elternteils wird dessen Einwilligung gegenstandslos, BayObLG, StAZ 2004, 335.

56 Zu den Voraussetzungen vgl. BGH, StAZ 2002, 123.

57 BGH, StAZ 2004, 131.

Sondergesetzliche Erklärungsrechte sind in Art. 48 EGBGB für die Wahl eines im EU-Ausland erworbenen Namens sowie zur Namensangleichung in Art. 47 EGBGB und speziell für Vertriebene und Spätaussiedler in § 94 BVFG geregelt (vgl. die Erläuterungen zu § 43). Ein besonderes Erklärungsrecht enthält ferner § 2 MindNamÄndG (vgl. Rdnr. 75). 81

Bei Auslandsbezug kann der Inhaber der elterlichen Sorge (Art. 16 KSÜ) auch nach der Beurkundung der Geburt des Kindes dessen Namen auf Grund einer Rechtswahl neu bestimmen (Art. 10 Abs. 3 Satz 2 EGBGB). Die Rechtswahl ist bis zum Eintritt der Volljährigkeit des Kindes jederzeit zulässig[58]. Wird das ausländische Heimatrecht der Eltern oder eines Elternteils gewählt, so ergibt sich aus diesem Recht, wie der Kindesname lautet und ob es einer Erklärung zu Namensführung des Kindes bedarf[59]. Für die Namensbestimmung nach deutschem Recht sind die §§ 1616, 1617 Abs. 1 oder 1617a Abs. 1 BGB heranzuziehen. Zur Beglaubigung oder Beurkundung der Rechtswahlerklärung vgl. § 45 Rdnr. 23 ff. 82

Ebenfalls unter § 27 Abs. 3 Nr. 1 fällt der Fall einer Vornamensortierung. Hat eine Person mehrere Vornamen und unterliegt der Name deutschem Recht, besteht nach § 45a Abs. 1 Satz 1 die Möglichkeit, die Reihenfolge der Vornamen durch Erklärung gegenüber dem Standesamt neu zu bestimmen; vgl. § 45a Rdnr. 14. 83

e) Behördliche Namensänderung

Ist der Geburtsname oder Vorname eines Kindes auf Grund des Gesetzes über die Änderung von Familiennamen und Vornamen vom 5. 1. 1938 (NamÄndG) geändert worden, so ist diese Namensänderung als Folgebeurkundung nach § 27 Abs. 3 Nr. 1 zu registrieren. Zuständig für die öffentlich-rechtliche Namensänderung sind die durch Landesrecht bestimmten Behörden. Das Verfahren ist im Namensänderungsgesetz in Grundsätzen geregelt; die Ausgestaltung im Einzelnen ergibt sich aus der Namensänderungsverwaltungsvorschrift (NamÄndVwV). Das Standesamt ist hiermit nicht befasst[60]. Eine Namensänderung ist nur dann im Geburtenregister zu beurkunden, wenn sie den Geburtsnamen betrifft, sei es unmittelbar oder durch Erstreckung der namensrechtlichen Wirkung auf das Kind (vgl. Rdnr. 77). Zum Verhältnis von Änderung des Ehenamens und Geburtsnamensänderung vgl. Nr. 56 ff. NamÄndVwV. Die Mitteilungspflicht der Namensänderungsbehörde ist in § 56 Abs. 2 Nr. 1 PStV geregelt. 84

58 LG Berlin, StAZ 2003, 172; *Krömer*, StAZ 2001, 337; *Rauhmeier*, StAZ 2012, 281.
59 Vgl. *Krömer*, StAZ 2006, 152.
60 Zur behördlichen Namensänderung vgl. *Brandhuber*, StAZ 1997, 293; *Thomas*, StAZ 2010, 38; *Otto*, StAZ 2016, 132.

f) Änderung der Vornamen bei Trans- und Intersexuellen

85 Das Transsexuellengesetz (TSG) ermöglicht es transsexuellen Menschen, Vornamen des anderen Geschlechts anzunehmen oder die Zugehörigkeit zum anderen Geschlecht feststellen zu lassen (dazu Rdnr. 95 f.). Über den Antrag entscheidet das Amtsgericht in einem besonderen Verfahren. Die Voraussetzungen für die Änderung der Vornamen eines Transsexuellen sind in den §§ 1 ff. TSG geregelt. Der gerichtliche Beschluss, mit dem das Gericht die beantragte Vornamensänderung ausspricht, wird mit der Rechtskraft wirksam (§ 4 Abs. 4 Satz 2 TSG). Er ist auf Antrag des Betroffenen aufzuheben, wenn er sich wieder seinem biologischen Geschlecht zugehörig fühlt; in dem Beschluss ist auch über die Vornamensführung zu entscheiden (§ 6 TSG).

Die Entscheidung über die Vornamensänderung wird gemäß § 7 Abs. 1 Nr. 1 und 2 TSG kraft Gesetzes unwirksam, wenn nach Ablauf von 300 Tagen nach der Rechtskraft der Entscheidung ein Kind des Antragstellers geboren (Fall des § 1592 Nr. 1 BGB) oder die Abstammung eines Kindes von dem Antragsteller anerkannt oder gerichtlich festgestellt wird (Fall des § 1592 Nr. 2 oder 3 BGB)[61]. Der Antragsteller führt künftig wieder die früheren Vornamen (§ 7 Abs. 2 TSG).

86 Personen mit Varianten der Geschlechtsentwicklung können nach § 45b Abs. 1 Satz 1 gegenüber dem Standesamt erklären, dass die Angabe zu ihrem Geschlecht in einem deutschen Personenstandseintrag durch eine andere in § 22 Abs. 3 vorgesehene Bezeichnung ersetzt oder gestrichen werden soll; mit der Erklärung können sie nach § 45b Abs. 1 Satz 3 auch neue Vornamen bestimmen (vgl. § 45b Rdnr. 11).

g) Folgebeurkundung über die Namensänderung

87 Bei einer Folgebeurkundung über eine Namensänderung treten an die Stelle des Leittextes »Beurkundete Daten« die Leittexte des geänderten Namens und »Datum der Wirksamkeit« (Nr. 27.7.1 PStG-VwV). Hat das Kind gemäß § 1617b Abs. 2 BGB auf Antrag den von der Mutter im Zeitpunkt der Geburt geführten Namen erhalten, wirkt diese Namensänderung auf den Zeitpunkt der Geburt zurück, sodass ein Wirksamkeitsdatum nicht einzutragen ist[62]. Über die Unwirksamkeit der Vornamensänderung nach § 7 Abs. 1 TSG ist erneut eine Folgebeurkundung einzutragen (Nr. 27.11.2 PStG-VwV).

h) Mitteilungen

88 Das Standesamt, das eine Folgebeurkundung über die Änderung oder Angleichung des Namens des Kindes oder die Änderung der Angabe des Geschlechts einträgt, hat dies gemäß § 57 Abs. 4 PStV mitzuteilen:

61 § 7 Abs. 1 Nr. 3 TSG – Unwirksamkeit der Vornamensänderung bei Eheschließung – war nichtig (BVerfG, StAZ 2006, 102) und wurde mit Wirkung vom 1. 10. 2017 aufgehoben durch Art. 2 Abs. 3 des Gesetzes vom 20. 7. 2017 (BGBl. I S. 2787).

62 *Hochwald*, StAZ 2015, 155.

- dem Standesamt, das den Ehe- oder Lebenspartnerschaftseintrag für das Kind führt, zur Eintragung einer Folgebeurkundung (§ 16 Abs. 1 Satz 1 Nr. 5, § 17 Satz 1),
- dem Standesamt I in Berlin, wenn die Geburt oder die Eheschließung oder die Begründung einer Lebenspartnerschaft des Kindes im Ausland erfolgt ist, sofern diese Personenstandsfälle im Inland nachbeurkundet wurden, zur Aktualisierung des vom Standesamt I geführten Verzeichnisses (§§ 36 Abs. 3, 34 Abs. 5, 35 Abs. 3),
- dem Standesamt, das den Geburtseintrag eines Abkömmlings des Kindes führt, wenn sich der Geburtsname des Abkömmlings geändert hat, zur Eintragung einer Folgebeurkundung (§ 27 Abs. 3 Nr. 1),
- der Meldebehörde, wenn dies nicht bereits von anderer Stelle erfolgt ist,
- dem Bundesamt für Familie und zivilgesellschaftliche Aufgaben, wenn das Kind nach § 25 des Schwangerschaftskonfliktgesetzes vertraulich geboren wurde (vgl. § 18 Rdnr. 33 ff., § 21 Rdnr. 66).

VI. Änderung der Namensführung der Eltern

Nach § 27 Abs. 3 Nr. 2 ist die Änderung der Namensführung der Eltern oder eines Elternteils im Geburtseintrag des Kindes zu beurkunden, wenn auch das Kind den geänderten Namen führt[63]. Damit wird sichergestellt, dass im Falle der Erteilung einer Personenstandsurkunde aus dem Geburtenregister die aktuellen Namen der Eltern angegeben werden können[64] und so die Namenseinheit mit dem Kind dokumentiert wird. 89

Die Vorschrift erfasst in erster Linie die Erstreckungsfälle des § 1617c Abs. 1 und 2 BGB, in denen eine Änderung des Elternnamens kraft Gesetzes oder durch Anschlusserklärung auch den Familiennamen des Kindes erfasst (vgl. Rdnr. 74 ff.). Hierunter fällt auch die Bestimmung eines mit dem Geburtsnamen des Kindes übereinstimmenden Ehenamens, weil sich die Ableitungsgrundlage des Kindesnamens ändert (Qualitätsänderung)[65]. Der gegenüber § 30 Abs. 1 Satz 2 PStG a. F. weiter gehende Wortlaut des § 27 Abs. 3 Nr. 2 gilt aber auch für den Fall, dass sich allein der Name eines Elternteils ändert und dadurch die Namenseinheit mit dem Kind hergestellt wird[66]. 90

Problematisch waren unter der Geltung des alten PStG die Fälle, in denen die elterliche Namensangleichung nach § 94 BVFG, Art. 47 EGBGB mehrere 91

63 Von der Anordnung einer generellen Namensfortschreibung für die Eltern wurde wegen des sonst erheblichen Mitteilungs- und Beurkundungsaufwandes abgesehen (vgl. BT-Drs. 16/1831 S. 47; abgedruckt in *Gaaz/Bornhofen* 2008 S. 454). Die Vornamensänderung eines transsexuellen Elternteils bleibt schon auf Grund der §§ 5 Abs. 3 und 10 Abs. 2 TSG unberücksichtigt (AG Paderborn, StAZ 2012, 272).

64 BT-Drs. 16/1831 S. 47; abgedruckt in *Gaaz/Bornhofen* 2008 S. 454.

65 Zur Änderung der Ableitungsgrundlage im Fall der Umwandlung einer Lebenspartnerschaft in eine Ehe vgl. *Kraus*, StAZ 2019, 185.

66 Vgl. den von *Krömer*, StAZ 2004, 118 behandelten Fall.

Namensbestandteile betraf (z. B. Annahme der deutschen Form des Familiennamens und der Vornamen, Ablegung der Vatersnamen), die Namenseinheit zwischen Eltern und Kind aber nur hinsichtlich des Familiennamens hergestellt wurde. Die Rechtsprechung zu § 94 BVG war uneinheitlich, bejahte aber teilweise eine Fortführungsmöglichkeit bei Ablegung des Vatersnamens[67] und sogar bei einer Vornamensänderung[68]. § 36 Abs. 2 PStV stellt jetzt klar, dass bei einer Namensänderung der Eltern und des Kindes auf Grund des Art. 47 EGBGB oder des § 94 BVFG die Namensänderung der Eltern auch dann als Folgebeurkundung einzutragen ist, wenn sie nicht zu einer übereinstimmenden Namensführung von Eltern und Kind geführt hat. In diesen Fällen wird zur Vermeidung widersinniger Ergebnisse der Begriff »Änderung der Namensführung der Eltern« weit ausgelegt und als Gesamtvorgang begriffen, der mit allen Elementen im Geburtseintrag des Kindes beurkundet wird, wenn der Kindesname dadurch berührt wird.

92 Die Fortführung des Elternnamens im Geburtseintrag des Kindes ist erst seit dem am 1. 4. 1994 in Kraft getretenen Familiennamensrechtsgesetz möglich[69]. In »Altfällen«, d. h. bei Einträgen vor dem 1. 4. 1994, gab § 28a Satz 1 PStV a. F. dem Kind die Möglichkeit, auf Antrag die Eintragung der elterlichen Namensänderung am Rande des Geburtseintrags zu verlangen. Eine entsprechende Regelung findet sich jetzt in Nr. 27.7.5 PStG-VwV: Ist vor dem 1. 4. 1994 der Ehename der Eltern oder der Familienname eines Elternteils geändert worden und ist der geänderte Name auch Familienname des Kindes geworden, ist auf Antrag des Kindes eine Folgebeurkundung über die Namensänderung der Eltern oder des Elternteils einzutragen, wenn sie sich nicht bereits aus dem Randvermerk über die Namensänderung des Kindes ergibt.

VII. Behördliche Feststellung des Namens

93 Ist zweifelhaft, welchen Familiennamen ein Deutscher zu führen hat, so kann die nach Landesrecht zuständige Verwaltungsbehörde diesen Namen auf Antrag eines Beteiligten oder von Amts wegen mit allgemein verbindlicher Wirkung feststellen (§ 8 NamÄndG). Ist der in einem Personenstandsregister eingetragene Name nachweisbar unrichtig, kommt keine Namensfeststellung, sondern nur eine Berichtigung nach § 49 in Betracht.

94 Für das Verfahren der Namensfeststellung gelten die Regelungen über die Namensänderung entsprechend (vgl. Nr. 69 ff. NamÄndVwV). Über die Feststellung des Familiennamens wird eine Urkunde ausgestellt (Anlagen 5 und 6 zur NamÄndVwV), die auch Auskunft darüber gibt, auf welche Kinder sich die Feststellung erstreckt und ob sie den durch den Ehenamen verdeckten Geburtsnamen erfasst. Die Feststellung des Familiennamens hat »allgemein verbindliche Wirkung« i. S. des § 27 Abs. 3 Nr. 3. Betrifft sie den Geburtsnamen

67 BayObLG, StAZ 1995, 216 und 1996, 299.
68 OLG Frankfurt a. M., StAZ 1997, 208; vgl. auch *Kraus*, StAZ 2008, 322.
69 Näher *Hepting/Gaaz* Bd. 1 § 30 Rdnr. 173 f.

des Kindes, ist sie als Folgebeurkundung zu seinem Geburtseintrag aufzunehmen. Dabei macht es keinen Unterschied, ob die Feststellung den im Eintrag angegebenen Namen bestätigt oder hiervon abweicht.

VIII. Nachträgliche Angabe oder Änderung des Geschlechts

1. Nachträgliche Angabe des Geschlechts

Kann ein Kind weder dem weiblichen noch dem männlichen Geschlecht zugeordnet werden, so kann nach § 22 Abs. 3 als Geschlecht des Kindes bei der Beurkundung der Geburt neben den Angaben »männlich« und »weiblich« auch die Angabe »divers« gewählt werden oder die Angabe des Geschlechts unterbleiben (vgl. § 22 Rdnr. 12). Ergibt sich im Laufe der Entwicklung eines Kindes, dass die bei der Geburt nach § 22 Abs. 3 getroffene Wahl zur Geschlechtsangabe im Geburtenregister unzutreffend sein sollte, so besteht die Möglichkeit der Änderung der Geschlechtsangabe nach § 45b Abs. 1 Satz 1 (zu den Voraussetzungen der Erklärungen vgl. § 45b Rdnr. 3 ff.). Die in Nr. 27.8.1 Satz 3 PStG-VwV vorgesehene Verweisung der sorgeberechtigten Person für eine Änderung des Vornamens an die zuständige Namensänderungsbehörde ist weitgehend gegenstandslos, da mit der Erklärung zur Geschlechtsangabe auch die Vornamen des Kindes nach § 45 Abs. 1 Satz 3 geändert werden können. Eine Verweisung kommt nur noch in Fällen in Betracht, in denen die Namensänderung nicht mit der Erklärung nach § 45b Abs. 1 Satz 1 erfolgt. 95

2. Nachträgliche Änderung des Geschlechts

Auf Antrag einer Person mit transsexueller Prägung trifft das Amtsgericht die Feststellung, dass sie als dem anderen Geschlecht zugehörig anzusehen ist (§ 8 TSG). Hierfür müssen die Voraussetzungen für die Änderung der Vornamen nach § 1 Abs. 1 Nr. 1 bis 3 TSG vorliegen. § 8 Abs. 1 Nr. 3 und 4 TSG forderte weiterhin, dass der Antragsteller dauernd fortpflanzungsunfähig ist und sich einer als »Geschlechtsumwandlung« bezeichneten Operation unterzogen hat. Diese Bestimmungen sind verfassungswidrig und bis zu einer gesetzlichen Neuregelung des Transsexuellenrechts nicht anzuwenden[70]. In der gerichtlichen Entscheidung über die Änderung der Geschlechtszugehörigkeit werden auch die neuen Vornamen festgelegt, sofern nicht bereits zuvor eine Änderung der Vornamen nach § 1 TSG (vgl. Rdnr. 85 f.) erfolgt ist (§ 8 Abs. 2 TSG). Das Gericht hat die Entscheidung dem Standesamt, das die Geburt beurkundet hat, zu übersenden (§ 56 Abs. 1 Nr. 1 Buchst. d PStV; XIII/15 MiZi). 96

Zu der nachträglichen Angabe bzw. Änderung des Geschlechts wird nach § 27 Abs. 3 Nr. 4 eine Folgebeurkundung zu dem Geburtseintrag des Kindes 97

70 BVerfG, StAZ 2011, 141. Eine Aussetzung laufender Verfahren zur Änderung des Personenstandes bis zu einer Neuregelung durch den Gesetzgeber ist nicht zulässig (BVerfG, StAZ 2012, 80; OLG Karlsruhe, StAZ 2011, 366); vgl. dazu *Augstein*, StAZ 2011, 372.

aufgenommen. Die Folgebeurkundung soll für die Angabe des Geschlechts mit »Erklärung zum Geschlecht« und für die Änderung des Geschlechts mit »Änderung der Geschlechtszugehörigkeit« bezeichnet werden (vgl. Nr. 27.1 i. V. m. Nr. 4.2 der Anlage 2 PStG-VwV). An die Stelle des Leittextes »Beurkundete Daten« tritt der Leittext »Geschlecht«; bei der Änderung des Geschlechts ist zusätzlich noch der Leittext »Datum der Wirksamkeit« aufzunehmen (Nr. 27.8.1 Satz 2 und Nr. 27.8.2 PStG-VwV). Bei gleichzeitiger Vornamensänderung wird zusätzlich auch der Leittext »Vorname« aufgenommen (für die Änderung der Geschlechtszugehörigkeit vgl. Nr. 27.8.2 PStG-VwV).

98 Eine »Löschung« des Haupteintrags und seine Ersetzung durch einen neuen Eintrag sieht das Gesetz nicht vor[71]. Die Mitteilungspflichten im Anschluss an die Folgebeurkundung ergeben sich aus § 57 Abs. 4 PStV.

IX. Religionszugehörigkeit des Kindes

99 Nach § 27 Abs. 3 Nr. 5 ist eine Folgebeurkundung über die rechtliche Zugehörigkeit des Kindes zu einer Religionsgemeinschaft, die Körperschaft des öffentlichen Rechts ist, sowie die Änderung dieser Eintragung zum Geburtseintrag aufzunehmen, wenn das Kind dies wünscht. Zur Eintragung der Religionszugehörigkeit in die Personenstandsregister vgl. § 15 Rdnr. 16 ff. Während die Zugehörigkeit der Eltern zu einer Religionsgemeinschaft auf ihren Wunsch schon bei der Beurkundung der Geburt des Kindes dokumentiert wird (§ 21 Abs. 1 Nr. 4), behandelte das Gesetz in seiner ursprünglichen Fassung die Registrierung der Religionszugehörigkeit des Kindes nur als Folgebeurkundung wohl in der Annahme, dass die Mitgliedschaft in einer Kirche erst später, z. B. durch Taufe, begründet würde. Dies trifft indes nicht zu, wenn die Zugehörigkeit schon mit der Geburt begründet wird oder die Aufnahme vor der Beurkundung der Geburt erfolgt. In diesen Fällen wird die Religionszugehörigkeit des Kindes auf dessen Wunsch bereits in den Haupteintrag aufgenommen (§ 35 Abs. 2 PStV; vgl. § 21 Rdnr. 35 f.). Das PStRÄndG hat dem Rechnung getragen, allerdings nicht durch eine Änderung des § 21, sondern durch eine Ergänzung der Nummer 5 des § 27 Abs. 3, die jetzt auch die Änderung der – im Haupteintrag oder in einer Folgebeurkundung – eingetragenen Religionszugehörigkeit erfasst. Unter »Änderung« ist auch der Kirchenaustritt zu verstehen[72] (vgl. Rdnr. 101).

100 Die Eintragung einer Folgebeurkundung über die Zugehörigkeit zu einer Religionsgemeinschaft erfolgt allein auf Wunsch des Kindes, der für Minderjährige bis zum vierzehnten Lebensjahr von dem gesetzlichen Vertreter geäußert wird. Das ältere minderjährige Kind kann die Eintragung im Hinblick auf die Religionsmündigkeit nach Vollendung des vierzehnten Lebensjahrs[73]

71 OLG Frankfurt a. M., StAZ 2016, 46. Allgemein zum Namenseintrag Transsexueller in öffentlichen Registern: *Croon-Gestefeld*, StAZ 2016, 37.

72 BT-Drs. 17/10489 S. 46.

73 § 5 des Gesetzes über die religiöse Kindererziehung vom 15. 7. 1921 (RGBl. S. 939; GS Nr. 21).

nur persönlich beantragen, ohne dass es der Zustimmung des gesetzlichen Vertreters bedarf. Zur Eintragung genügt es regelmäßig, wenn dem Standesamt ein Taufzeugnis oder eine Mitteilung der Religionsgemeinschaft über die Religionszugehörigkeit zugeht und der Wunsch der Eltern oder des Kindes selbst auf Eintragung der Religionszugehörigkeit hieraus zweifelsfrei zu erkennen ist (Nr. 27.9.2 PStG-VwV). Umgekehrt bedarf es keines besonderen Nachweises über die Mitgliedschaft (z.B. Taufbescheinigung), wenn die Eintragung ausdrücklich gewünscht wird.

Auch die Streichung der für das Kind eingetragenen Zugehörigkeit zu 101
einer Religionsgemeinschaft ist allein vom Wunsch des Kindes abhängig und bedarf keines weiteren Nachweises, ob das Kind tatsächlich nicht mehr Mitglied dieser Religionsgemeinschaft ist (Nr. 27.9.4 PStG-VwV). Auf Grund der Aufhebung des § 56 Abs. 7 PStV durch das PStRÄndG besteht keine bundesgesetzliche Verpflichtung der nach Landesrecht zuständigen Kirchenaustrittsbehörde mehr zur Mitteilung des Kirchenaustritts an das Geburtenregister. Geht dem Standesamt noch eine Mitteilung über den Kirchenaustritt des Kindes zu, ist von dem Wunsch des Kindes nach Löschung der Angabe über die Religionszugehörigkeit auszugehen und hierüber eine Folgebeurkundung einzutragen; das Kind braucht hierzu nicht angehört zu werden. War die Zugehörigkeit nicht eingetragen, geht die Austrittsmitteilung ins Leere; eine Folgebeurkundung entfällt (Nr. 27.9.3 PStG-VwV).

Auch der Übertritt von der einen in eine andere Religionsgemeinschaft 102
kann zu einer Folgebeurkundung führen. Wenn der Austritt aus einer Religionsgemeinschaft eingetragen ist, ist auch der Eintritt in eine andere Religionsgemeinschaft, die Körperschaft des öffentlichen Rechts ist, einzutragen, wenn das Kind dies wünscht (Nr. 27.9.5 PStG-VwV).

Bei der Folgebeurkundung über die Zugehörigkeit des Kindes zu einer Re- 103
ligionsgemeinschaft tritt an die Stelle des Leittextes »Beurkundete Daten« der Leittext »Religion« und ggf. der Leittext »Datum der Wirksamkeit«; als Datum der Wirksamkeit ist der Tag des Eintritts in die Religionsgemeinschaft einzutragen, sofern hierüber Angaben vorliegen (Nr. 27.9.1 PStG-VwV). Das Fehlen dieser Angaben im Eintrag ist unschädlich, da die Religionszugehörigkeit kein Merkmal des Personenstands ist.

X. Berichtigung des Eintrags

Nach § 27 Abs. 3 Nr. 6 sind Berichtigungen als Folgebeurkundungen im Ge- 104
burtseintrag des Kindes zu registrieren. An die Stelle des Leittextes »Beurkundete Daten« tritt der Leittext der zu berichtigenden Angabe; ein Datum der Wirksamkeit ist nicht einzutragen (Nr. 27.10.1 PStG-VwV). Die Vorschrift erfasst nur Berichtigungen nach den §§ 47 f.[74]. Vorgänge, die wie Berichtigun-

74 Vgl. z. B. OLG Köln, StAZ 2010, 244 (Berichtigung des Vornamens, wenn den Eltern bei der Geburtsanzeige ein Schreibfehler unterlaufen ist).

gen wirken, weil sie auf den Zeitpunkt der Geburt zurückwirken, werden als Änderungen des Personenstandes begriffen und fallen unter § 27 Abs. 3 Nr. 1 (vgl. Rdnr. 36).

105 Ergibt sich aus einer berichtigenden Folgebeurkundung, dass die Geburt im Zuständigkeitsbereich eines anderen Standesamts eingetreten ist, so ist diesem Standesamt eine entsprechende Mitteilung zu übersenden (Nr. 27.10.2 PStG-VwV).

XI. Hinweise

106 Für die Eintragung von Hinweisen, die sich aus Folgebeurkundungen nach § 27 Abs. 1 und 3 ergeben, verweist § 27 Abs. 4 Satz 1 auf § 21 Abs. 3. Insbesondere auf Grund der Anerkennung, Feststellung oder Anfechtung der Vaterschaft sowie der Adoption kann es erforderlich werden, die Hinweisangaben über die Eltern und das Kind[75] zu ergänzen oder zu »löschen«. Im Falle der Feststellung des Nichtbestehens der Vaterschaft (Rdnr. 38 ff.) ist zu prüfen, ob sie Auswirkungen auf die Staatsangehörigkeit des Kindes hat (vgl. Nr. 27.4.2 PStG-VwV) und die Hinweise nach § 21 Abs. 3 Nr. 1 und 4 zu ändern sind.

107 Nach § 27 Abs. 4 Satz 2 Nr. 1 bis 3 ist auf jede Ehe oder Lebenspartnerschaft des Kindes, auf die Geburt von leiblichen und adoptierten Kindern der Person, für die der Eintrag geführt wird, sowie auf den Tod oder die Todeserklärung/Feststellung der Todeszeit dieser Person hinzuweisen. Die Eintragung erfolgt auf Grund der Mitteilung des Standesamts, das den betreffenden Personenstandsfall beurkundet hat (§§ 57 bis 60 jeweils Abs. 1 Nr. 1 PStV), im Falle der Todeserklärung auf Grund der Mitteilung des Standesamts I in Berlin (§ 60 Abs. 2 Nr. 1 PStV). Die registermäßige Eltern-Kind-Verknüpfung (§ 27 Abs. 4 Satz 2 Nr. 2) kann im Todesfall für die Feststellung von Erbansprüchen nutzbar gemacht werden[76].

75 Zum Wegfall der deutschen Staatsangehörigkeit eines Kindes infolge erfolgreicher Anfechtung der Vaterschaft vgl. BVerfG, StAZ 2007, 138; jetzt in § 17 Abs. 3 i. V. m. Abs. 2 StAG geregelt.

76 BT-Drs. 16/1831 S. 47; abgedruckt in *Gaaz/Bornhofen* 2008 S. 454.

Kapitel 6 **Sterbefall**

Abschnitt 1 **Anzeige und Beurkundung**

§ 28 Anzeige

Der Tod eines Menschen muss dem Standesamt, in dessen Zuständigkeitsbereich er gestorben ist,
1. von den in § 29 Abs. 1 Satz 1 genannten Personen mündlich oder
2. von den in § 30 Abs. 1 genannten Einrichtungen schriftlich
spätestens am dritten auf den Tod folgenden Werktag angezeigt werden.

Übersicht (die Zahlen bedeuten Randnummern)

I. Rechtsentwicklung

Die Vorschrift des § 28 über die Anzeige eines Sterbefalls orientiert sich an § 32 PStG a. F. Redaktionell wird die Form der Anzeige (mündlich oder schriftlich) bereits an dieser Stelle geregelt (vgl. demgegenüber §§ 33 Abs. 2 und 34 PStG a. F.). Die Anzeigefrist ist abweichend vom früheren Recht, nach dem die Anzeige spätestens an dem auf den Tod folgenden Werktag zu erfolgen hatte, verlängert worden. Damit wurde einem Anliegen der Praxis (Standesämter, Bestatter) entsprochen, die auf einen erheblichen Anzeigenstau insbesondere zu Wochenbeginn hingewiesen hatte[1]. 1

Die Anzeige und Beurkundung von Sterbefällen auf deutschen Seeschiffen[2] ist jetzt gesetzlich geregelt (§ 37). Dagegen sind die Bestimmungen über Sterbefälle in Land- und Luftfahrzeugen, auf Binnenschiffen, in Bergwerken und Gewässern[3] auf Grund der Ermächtigung des § 73 Nr. 13 weiterhin im Verordnungswege getroffen worden (§ 37 PStV). 2

1 BT-Drs. 16/1831 S. 47; abgedruckt in *Gaaz/Bornhofen* 2008 S. 454.
2 Früher in § 45 PStV a. F. geregelt.
3 §§ 48 ff. PStV a. F.

3 § 38 PStV regelt, welche Unterlagen bei der Anzeige eines Sterbefalles verlangt werden sollen (Ermächtigung: § 73 Nr. 11).

II. Umfang der Anzeigepflicht

4 Nach § 28 muss der Tod jedes Menschen dem zuständigen Standesamt angezeigt werden. Dem Territorialitätsprinzip folgend erstreckt sich die Anzeigepflicht auf alle Sterbefälle, die im Inland eingetreten sind, ohne Rücksicht auf die Staatsangehörigkeit des Verstorbenen. Zu den Ausnahmen vgl. § 18 Rdnr. 6. Die Vorschrift regelt Form und Frist für die Anzeige und bestimmt, gegenüber welchem Standesamt die Anzeige zu erstatten ist. Damit wird zugleich die Zuständigkeit für die Beurkundung des Sterbefalls festgelegt.

5 Inhalt der Anzeige ist der Tod eines Menschen, nicht eine Todesvermutung. Todeserklärungen und gerichtliche Feststellungen der Todeszeit werden nicht im Sterberegister beurkundet, sondern vom Standesamt I in Berlin in einer Sammlung aufbewahrt (§ 33). Die Person, deren Tod beurkundet wird, muss zuvor, und sei es auch nur für kurze Zeit, gelebt haben. Für die Anzeige einer Totgeburt gilt § 18 Abs. 1 Satz 2; die Beurkundung erfolgt nur im Geburtenregister (§ 21 Abs. 2). Zur Anzeige einer Fehlgeburt vgl. § 18 Rdnr. 27 ff.

6 Keine Anzeigepflicht besteht bei sog. Skelettfunden. Dabei handelt es sich um die Überreste eines unbekannten Menschen, dessen Tod zumeist länger zurückliegt und dessen Identität auch nicht mehr annäherungsweise festgestellt werden kann[4].

7 Der Tod muss zweifelsfrei feststehen. Der Anzeigende muss in der Lage sein, hierüber eindeutige und glaubhafte Angaben zu machen. Das Verschwinden eines Menschen unter Umständen, die auf seinen Tod hindeuten, oder die Tatsache, dass er mit größter Wahrscheinlichkeit bei einer Katastrophe ums Leben gekommen ist, genügt nicht. Hier kommt nur eine Todeserklärung oder die Feststellung der Todeszeit nach dem Verschollenheitsgesetz (VerschG) in Betracht. Dagegen ist es nicht erforderlich, dass die Leiche aufgefunden wird, z. B. wenn die Person nachweislich bei einem Brandunglück oder Flugzeugabsturz umgekommen ist. Auch der Sterbefall einer unbekannten Person wird im Sterberegister beurkundet (vgl. aber Rdnr. 6). Da in diesen Fällen immer eine amtliche Ermittlung stattfindet (§ 159 StPO; § 30 Abs. 3), kann das Standesamt davon ausgehen, dass die Ermittlung Gewissheit über den Tod gebracht hat.

8 Die Prüfung, ob ein Sterbefall eingetreten ist, wird dem Standesamt durch die landesrechtlichen Bestimmungen über die amtliche Leichenschau erleichtert. Der Arzt oder die sonstige für die Vornahme der Leichenschau zuständige Person stellt hierüber eine Todesbescheinigung aus. Diese Bestim-

4 AG Köln, StAZ 1981, 148 mit Anm. *Dörner*; *Ratayczak*, StAZ 1994, 125.

mungen regeln auch die Vorlage der Todesbescheinigung bei dem Standesamt (vgl. § 38 Satz 1 Nr. 4 PStV).

III. Das Anzeigeverfahren

1. Zuständiges Standesamt

a) Grundsatz

Die Anzeige ist gegenüber dem Standesamt zu erstatten, in dessen Bezirk der Sterbefall eingetreten ist. Bei Zweifeln über die örtliche Zuständigkeit ist die Entscheidung der gemeinsamen Aufsichtsbehörde, ggf. die des Bundesministeriums des Innern einzuholen (§ 40). Die Zuständigkeit richtet sich ausschließlich nach dem Ort, an dem der Tod eingetreten ist. Der Sterbeort ergibt sich in der Regel aus der Todesbescheinigung. Andere Umstände, etwa der Wohnsitz oder der gewöhnliche Aufenthalt des Verstorbenen sind ohne Bedeutung. **9**

b) Besondere Regelungen

Für eine Reihe von Sonderfällen gelten abweichende Zuständigkeitsregelungen, die im PStG selbst oder in der PStV getroffen sind. **10**

Für die Anzeige und Beurkundung des Todes eines Menschen während der Reise auf einem Seeschiff, das die Bundesflagge führt, gilt § 37 Abs. 1 bis 3. Beim Tod eines Deutschen auf einem Seeschiff, das nicht berechtigt ist, die Bundesflagge zu führen, kommt nur eine Beurkundung nach § 36 in Betracht (§ 37 Abs. 4 Satz 1). Dasselbe gilt bei einem Sterbefall, der sich während der Seereise außerhalb des Seeschiffes, jedoch nicht an Land oder in einem Hafen im Inland, ereignet hat, wenn der Verstorbene von einem solchen Seeschiff aufgenommen wurde (§ 37 Abs. 4 Satz 2)[5]. **11**

Sterbefälle in Landfahrzeugen, auf Binnenschiffen oder in Luftfahrzeugen sind von dem Standesamt zu beurkunden, in dessen Bezirk der Verstorbene aus dem Fahrzeug herausgenommen wird (§ 37 Abs. 1 PStV). Für die Beurkundung von Sterbefällen in einem Bergwerk ist das Standesamt zuständig, in dessen Bezirk die Schachteinfahrt des Bergwerks liegt (§ 37 Abs. 2 PStV). Einen Sterbefall in einem Gewässer beurkundet das Standesamt, in dessen Bezirk der Verstorbene an Land gebracht wird (§ 37 Abs. 3 PStV). Bei unbekanntem Sterbeort bestimmt der Fundort der Leiche das zuständige Standesamt (§ 37 Abs. 4 PStV)[6]. Zur Eintragung des Sterbeorts in den Fällen des § 37 Abs. 1 bis 4 PStV vgl. § 31 Rdnr. 29. Stellt sich nach der Beurkundung heraus, dass der Tod in einem anderen Standesamtsbezirk eingetreten ist, entfällt eine erneute **12**

5 Früher in § 47 PStV a. F. geregelt.
6 Vgl. z. B. *Hochwald*, StAZ 2015, 316 (Suizid auf einer Bahnstrecke).

Beurkundung; es wird nur die Angabe des Sterbeorts berichtigt (§ 37 Abs. 5 Satz 2 i. V. m. § 32 Abs. 2 Satz 2 PStV).

13 Unberührt bleibt das Übereinkommen der Bodenseeuferstaaten über die Beurkundung der auf dem Bodensee eintretenden Geburten und Sterbefälle vom 16. 3. 1880[7] (§ 37 Abs. 6 PStV).

14 Für die Beurkundung von Sterbefällen in ehemaligen Konzentrationslagern ist ausschließlich das Sonderstandesamt in Bad Arolsen zuständig (§ 38). Ergänzende Verfahrensbestimmungen sind auf Grund der Ermächtigung des § 73 Nr. 15 in § 43 PStV getroffen.

15 Sterbefälle von Angehörigen der ehemaligen Deutschen Wehrmacht oder diesen in personenstandsrechtlicher Hinsicht gleichgestellten Personen aus Anlass des Zweiten Weltkrieges sind von dem Standesamt zu beurkunden, in dessen Bezirk der Verstorbene seinen letzten Wohnsitz oder gewöhnlichen Aufenthalt hatte, sonst vom Standesamt I in Berlin (§ 44 Abs. 1 PStV). Anzeigepflichtig ist grundsätzlich das Bundesarchiv, welches ab 1. 1. 2019 die Aufgaben der WASt übernommen hat (vgl. § 38 Rdnr. 7)[8] nach Maßgabe des § 44 Abs. 2 PStV. Ein Sterbefall im Inland kann auch auf Grund der Anzeige einer der in § 29 Abs. 1 Satz 1 Nr. 3 genannten Personen von dem für den Sterbeort zuständigen Standesamt beurkundet werden (§ 44 Abs. 3 PStV). Die Personenstandsverordnung der Wehrmacht (WehrmPStV) i. d. F. vom 17. 10. 1942[9] ist nach § 75 Nr. 2 PStV am 1. 1. 2009 außer Kraft getreten.

2. Anzeigefrist

16 Die Anzeige ist spätestens am dritten auf den Tod folgenden Werktag zu erstatten. Die kurze Frist soll sicherstellen, dass notwendige Ermittlungen bei Verdacht eines unnatürlichen Todes umgehend eingeleitet und Maßnahmen zur Beweissicherung ergriffen werden können. Die gleiche Frist gilt für die Anzeige einer Totgeburt (§ 18 Abs. 1 Satz 2).

17 Maßgebend für den Beginn der Anzeigefrist ist der Todestag. Bei der Berechnung der Frist sind die §§ 187, 188 und 193 BGB entsprechend anzuwenden (Nr. 28.1 PStG-VwV). Der Todestag wird nicht mitgerechnet (§ 187 Abs. 1 BGB); die Frist beginnt mit dem darauf folgenden Tag. Der für das Fristende maßgebende Werktag i. S. des § 28 ist jeder Tag, der nicht ein Sonntag, ein staatlich anerkannter Feiertag oder ein Sonnabend ist (§ 193 BGB). Dies bedeutet z. B., dass ein Sterbefall, der am Mittwoch eingetreten ist, spätestens am folgenden Montag angezeigt werden muss. Fällt der erste und/oder zweite Tag der Frist auf einen Sonntag, staatlich anerkannten Feiertag oder

7 GS Nr. 207 A/CH.
8 Zu den Aufgaben der Deutschen Dienststelle (WASt) vgl. *Veit,* StAZ 1992, 1.
9 RGBl. I S. 597.

Sonnabend, ist dieser Tag bei der Fristberechnung mitzuzählen (z. B. Todestag: Sonnabend, Fristende: Dienstag)[10].

§ 28 verpflichtet nur die in § 29 Abs. 1 Satz 1 genannten Personen sowie die in § 30 Abs. 1 genannten Einrichtungen zur Einhaltung der Frist. Sie gilt auf Grund der Besonderheiten der Fälle nicht bei der Anzeige durch die Gemeindebehörde (§ 30 Abs. 2) und durch die zuständige Behörde nach amtlichen Ermittlungen (§ 30 Abs. 3). **18**

3. Form der Anzeige

§ 28 bestimmt, dass die Anzeige von den anzeigepflichtigen Personen (§ 29) mündlich und von den zur Anzeige verpflichteten Einrichtungen (§ 30 Abs. 1) schriftlich zu erstatten ist. Auch nach amtlicher Ermittlung ist der Sterbefall schriftlich anzuzeigen (§ 30 Abs. 3). Für die mündliche Anzeige muss der Anzeigende persönlich im Standesamt erscheinen. Eine fernmündliche Anzeige ist mithin nicht zulässig (Nr. 9.4.2 PStG-VwV). Soweit die Schriftform angeordnet ist, kann die Anzeige auch elektronisch übermittelt werden (§ 3a VwVfG). Näher zur elektronischen Kommunikation § 18 Rdnr. 17. **19**

Für die Anzeige durch die Gemeindebehörde (§ 30 Abs. 2) ist keine bestimmte Form vorgeschrieben. **20**

4. Inhalt der Anzeige, Vorlage von Urkunden

Die Anzeigepflicht erstreckt sich auf die Mitteilung des Sterbefalls und auf alle Angaben, die zur Beurkundung im Sterberegister (§ 31 Abs. 1) sowie für Zwecke der Statistik (§ 2 Abs. 4 BevStatG) erforderlich sind. Nach § 10 Abs. 1 und 3 haben die Anzeigepflichtigen die zur Führung des Sterberegisters erforderlichen Angaben zu machen und die erforderlichen Nachweise vorzulegen. Die Verletzung der Anzeigepflicht ist eine Ordnungswidrigkeit (§ 70 Abs. 2 Nr. 4 und 5). Die Erstattung der Anzeige sowie die Vorlage von Urkunden können notfalls mit Zwangsmitteln durchgesetzt werden (§ 69). **21**

Der Sterbefall ist auch anzuzeigen, wenn die Personalien des Verstorbenen nicht bekannt sind oder wenn andere Angaben, die in das Sterberegister einzutragen sind, nicht gemacht werden können. Soweit möglich, muss eine unvollständige Anzeige innerhalb der Anzeigefrist ergänzt werden. **22**

Nähere Bestimmungen über die zu fordernden Unterlagen trifft § 38 PStV. Erforderlich sind Dokumente über die Identität des Verstorbenen und seinen Tod, seinen letzten Wohnsitz und den Familienstand. Ist dem Anzeigenden, z. B. einem Krankenhaus, die Beschaffung solcher Unterlagen nicht möglich, hat das Standesamt sie nachzufordern (§ 30 Abs. 1 i. V. m. § 20 Satz 3). **23**

Nach § 38 Satz 1 PStV soll das Standesamt verlangen, dass ihm **24**

10 A. M. *Kampe*, StAZ 2010, 250; *Berkl*, Rdnr. 1046, die nur Werktage in die Fristberechnung einbeziehen.

- die Ehe- oder Lebenspartnerschaftsurkunde der letzten Ehe oder Lebenspartnerschaft und ggf. ein Nachweis über die Auflösung,
- die Geburtsurkunde,
- ein Nachweis über den letzten Wohnsitz,
- eine ärztliche Bescheinigung über den Tod

des Verstorbenen vorgelegt wird. Ab 1.11.2018 kann auf die Vorlage der Geburtsurkunde verzichtet werden, wenn sich die Registrierungsdaten der Geburt des Verstorbenen aus einer Ehe- oder Lebenspartnerschaftsurkunde ergeben (§ 38 Satz 2 PStV)[11].

25 Für den Nachweis des letzten Wohnsitzes oder gewöhnlichen Aufenthalts des Verstorbenen lässt Nr. 28.4 PStG-VwV anstelle des Personalausweises oder einer einfachen Melderegisterauskunft auch den Mietvertrag, die Stromrechnung oder vergleichbare Unterlagen genügen. Auf die Vorlage eines Wohnsitznachweises kann verzichtet werden, wenn das Standesamt Zugriff auf die Meldedaten hat und eine Bildschirmkopie oder einen Vermerk über den Abgleich der Meldedaten zu den Anzeigeunterlagen nimmt.

26 Nach Nr. 28.2 PStG-VwV soll der Anzeigende auch Angaben über die Staatsangehörigkeit des Verstorbenen machen, damit die Mitteilungspflichten auf Grund internationaler Übereinkommen erfüllt werden können (vgl. § 31 Rdnr. 53 ff.). Ferner soll für die Mitteilungen nach § 60 Abs. 1 Nr. 6 und 7 PStV in Erfahrung gebracht werden, ob der Verstorbene minderjährig und Vollwaise war oder ein minderjähriges Kind hinterlassen hat. Angaben zum Nachlass des Verstorbenen für die Mitteilung des Sterbefalls an das Finanzamt (§ 60 Abs. 1 Nr. 8 PStV) sind freiwillig.

5. Prüfung der Anzeige

27 Das Standesamt muss die Angaben des Anzeigenden nachprüfen (§ 9 Abs. 1 PStG; § 5 PStV). Dabei hat es den Sachverhalt durch eigene Ermittlungen, etwa anhand der von ihm geführten Personenstandsregister, aufzuklären. Fehlen Angaben in der Anzeige, so hat das Standesamt den Anzeigenden oder einen nach § 19 Anzeigeberechtigten zu veranlassen, die Anzeige zu ergänzen (§§ 10 Abs. 1, 30 Abs. 1 i. V. m. § 20 Satz 3). Soweit dies zum Nachweis von Angaben erforderlich ist, kann das Standesamt die Vorlage weiterer Urkunden verlangen (§ 10 Abs. 3; § 38 Satz 3 PStV). Auch von Dritten können Auskünfte über beurkundungsrelevante Tatsachen verlangt werden (§ 10 Abs. 2).

28 Wird zum Nachweis der Auflösung der Ehe des Verstorbenen eine ausländische Entscheidung vorgelegt, so ist zu prüfen, ob diese im deutschen Rechtsbereich anerkannt werden kann. Handelt es sich um die Entscheidung eines Gerichts oder einer Behörde, die in einem Mitgliedstaat der Europäischen Union (außer Dänemark) ergangen ist und von der EheVO-EG erfasst

11 Ab 1.11.2018 wird in die neue Ehe- und Lebenspartnerschaftsurkunde ein Hinweis über die Registrierungsdaten der Geburt des Verstorbenen aufgenommen (vgl. Art. 2 Nr. 11 und 25, Art. 4 Abs. 2 des 2. PStRÄndG).

wird, so genügt regelmäßig die Vorlage einer Bescheinigung nach Art. 39 Ehe-VO-EG. Andernfalls muss die Entscheidung von der Landesjustizverwaltung oder, sofern das Landesrecht dies bestimmt, von dem Präsidenten des Oberlandesgerichts anerkannt werden (§107 FamFG). Wird die Feststellung nicht getroffen, so ist der Familienstand des Verstorbenen im deutschen Rechtsbereich als »verheiratet« anzusehen. Zur Anerkennung ausländischer Entscheidungen in Ehesachen vgl. näher Nr. A 6.2 PStG-VwV. Die ausländische Entscheidung über die Auflösung einer Lebenspartnerschaft prüft das Standesamt selbstständig anhand des §109 FamFG.

6. Niederschrift über die mündliche Anzeige

Über die mündliche Anzeige ist vom Standesamt eine Niederschrift aufzunehmen, die alle zur ordnungsgemäßen Beurkundung des Sterbefalls erforderlichen Angaben enthält (§6 Abs. 1 PStV). Ein amtliches Formularmuster für die Niederschrift ist in der PStV nicht vorgesehen. Die Niederschrift muss nicht zwingend vom Urkundsbeamten aufgenommen werden. Sie ist zu den Sammelakten zu nehmen, sodass bei späteren Berichtigungsverfahren belegt werden kann, dass die Angaben vom Standesamt richtig im Sterberegister beurkundet wurden. Zur Niederschrift vgl. Nr. 9.4.3 ff. PStG-VwV. 29

§ 29 Anzeige durch Personen

(1) Zur Anzeige sind verpflichtet
1. **jede Person, die mit dem Verstorbenen in häuslicher Gemeinschaft gelebt hat,**
2. **die Person, in deren Wohnung sich der Sterbefall ereignet hat,**
3. **jede andere Person, die bei dem Tod zugegen war oder von dem Sterbefall aus eigenem Wissen unterrichtet ist.**

Eine Anzeigepflicht besteht nur, wenn eine in der Reihenfolge früher genannte Person nicht vorhanden oder an der Anzeige gehindert ist.

(2) Ist mit der Anzeige ein bei einer Handwerkskammer oder Industrie- und Handelskammer registriertes Bestattungsunternehmen beauftragt, so kann die Anzeige auch schriftlich erstattet werden.

Übersicht (die Zahlen bedeuten Randnummern)

I. Rechtsentwicklung

1 § 29 Abs. 1 entspricht im Wesentlichen der Vorschrift des § 33 Abs. 1 PStG a. F. Anstelle des nicht mehr zeitgemäßen »Familienhaupts« ist jetzt jede Person zur Anzeige verpflichtet, die mit dem Verstorbenen in häuslicher Gemeinschaft gelebt hat.

2 Beauftragte eines Bestattungsunternehmens waren früher nur zur mündlichen Anzeige berechtigt, wenn sie aus eigenem Wissen vom Sterbefall unterrichtet waren. § 29 Abs. 2 gestattet jetzt einem mit der Anzeige beauftragten Bestattungsunternehmen die schriftliche Anzeige, wenn es bei einer Industrie- und Handelskammer oder Handwerkskammer registriert ist. Bei diesen Unternehmen kann von der erforderlichen Sachkunde und Zuverlässigkeit ausgegangen werden[1].

1 BT-Drs. 16/1838 S. 47 f.; abgedruckt in *Gaaz/Bornhofen* 2008 S. 454.

II. Anzeigepflichtige Personen

1. Mitbewohner

3 An erster Stelle ist jede Person, die mit dem Verstorbenen in häuslicher Gemeinschaft gelebt hat, zur Anzeige des Sterbefalls verpflichtet (§ 29 Abs. 1 Satz 1 Nr. 1). Ob die Person für die Wohnung gemeldet ist, ist unerheblich. Entscheidend ist, dass tatsächlich eine Wohngemeinschaft mit dem Verstorbenen bestanden hat. Im Gegensatz zum früheren Recht, welches das Familienhaupt zur Anzeige verpflichtete (vgl. Rdnr. 1), ist es nicht mehr erforderlich, dass die anzeigepflichtige Person zur Familie des Verstorbenen gehört, auch wenn dies die Regel sein wird. Die Bestimmung setzt auch nicht voraus, dass der Tod in der gemeinsamen Wohnung eingetreten ist (Nr. 29.1.1 PStG-VwV). Allerdings muss der Mitbewohner zuverlässig Kenntnis vom Sterbefall haben. Aus § 29 Abs. 1 Satz 2 ergibt sich, dass eine Anzeigepflicht nicht besteht, wenn die betreffende Person an der Anzeige verhindert ist (vgl. Rdnr. 8).

2. Wohnungsinhaber

4 An zweiter Stelle ist die Person zur Erstattung der Anzeige verpflichtet, in deren Wohnung sich der Sterbefall ereignet hat (§ 29 Abs. 1 Satz 1 Nr. 2). Unter den Wohnungsbegriff fällt auch eine »Behausung«, z. B. Wohnwagen, Baracke, Hütte, Gartenlaube, Zelt usw. Auch der Hausgarten rechnet zur Wohnung. Die Anzeigepflicht stellt allein darauf ab, ob der Tod in der Wohnung eingetreten ist. Auch der Tod eines Untermieters oder einer Haushaltshilfe ist, soweit er in der Wohnung eingetreten ist, von dem Wohnungsinhaber anzuzeigen, ebenso der Tod eines vorübergehend anwesenden Gastes oder eines Fremden, der in der Wohnung gestorben ist (Nr. 29.1.2 PStG-VwV). Beim Tod eines Mitbewohners außerhalb der Wohnung gilt ggf. die vorrangige Anzeigepflicht nach § 29 Abs. 1 Satz 1 Nr. 1. Wohnungsinhaber ist der Eigentümer oder der Mieter der Wohnung, der sie tatsächlich bewohnt. Der Rechtsbegriff des Wohnsitzes i. S. der §§ 7 ff. BGB hat hier keine Bedeutung.

3. Aus eigenem Wissen unterrichtete Personen

5 An dritter Stelle ist jede Person anzeigepflichtig, die bei dem Tode zugegen war oder von dem Sterbefall aus eigenem Wissen unterrichtet ist (§ 29 Abs. 1 Satz 1 Nr. 3). Als aus eigenem Wissen unterrichtet gilt, wer auf Grund eigener Wahrnehmungen erkennen kann, dass eine bestimmte Person verstorben ist. Von Minderjährigen unter 14 Jahren sollte eine Sterbefallanzeige nur entgegengenommen werden, wenn eine Anzeige von einem anderen nach Absatz 1 vorrangig Verpflichteten nicht zu erreichen ist (Nr. 29.1.4 PStG-VwV). Geisteskranke oder geistesgestörte Personen sind nicht allein wegen ihrer Behinderung von der Erstattung der Anzeige ausgeschlossen; entscheidend ist, ob der Betreffende imstande ist, zuverlässige Wahrnehmungen zu machen und hierüber Auskunft zu geben.

6 Eigenes Wissen von dem Sterbefall hat nur derjenige, der die Leiche selbst gesehen hat. Wer nur durch eine andere Person, die den Toten wahrgenommen hat, zuverlässige Kenntnis von dem Tod einer bestimmten Person erlangt hat, kann eine Anzeige gemäß Absatz 1 Satz 1 Nr. 3 nicht erstatten. Allerdings ist die falsche Versicherung, aus eigenem Wissen von dem Tod unterrichtet zu sein, weder als Personenstandsfälschung (§ 269 StGB) noch als mittelbare Falschbeurkundung (§ 271 StGB) strafbar, wenn die bei der Anzeige gemachten Angaben richtig sind[2].

III. Reihenfolge

7 Die Verpflichtung zur Anzeige trifft die in § 29 Abs. 1 Satz 1 Nr. 1 bis 3 genannten Personen in der Reihenfolge, in der sie im Gesetz aufgeführt werden. Ist eine früher genannte Person vorhanden und liegt bei ihr keine Verhinderung vor (vgl. Rdnr. 8), besteht keine Verpflichtung zur Anzeige für die später genannten Personen; wohl aber sind sie berechtigt, die Anzeige zu erstatten. Sind mehrere Personen vorhanden, die bei dem Tod zugegen waren oder von ihm aus eigenem Wissen unterrichtet sind (§ 29 Abs. 1 Satz 1 Nr. 3), sind sie alle nebeneinander in gleicher Weise anzeigepflichtig; keine von ihnen kann sich darauf berufen, dass ein anderer die Anzeige erstatten müsse.

8 Eine Anzeigepflicht besteht nur, wenn eine in der Reihenfolge früher genannte Person nicht vorhanden oder an der Anzeige verhindert ist (§ 29 Abs. 1 Satz 2). Eine Verhinderung liegt z. B. bei Abwesenheit vom Sterbeort oder bei Krankheit vor. Auch wer keine Kenntnis vom Sterbefall hat, ist an der Anzeige verhindert. Ist keine anzeigepflichtige Person vorhanden oder sind alle verhindert, kommt § 30 Abs. 2 zur Anwendung.

9 Ist die Anzeige von einer in § 29 Abs. 1 Satz 1 genannten anzeigepflichtigen Person ordnungsgemäß erstattet worden, so entfällt die Verpflichtung, aber auch die Möglichkeit zur Anzeige für alle anderen Personen (vgl. § 20 Rdnr. 11).

IV. Anzeige durch Bestattungsunternehmen

10 § 29 Abs. 2 gestattet einem mit der Anzeige betrauten Bestattungsunternehmen die schriftliche Anzeige, wenn es bei einer Handwerkskammer oder Industrie- und Handelskammer registriert ist. Nur dann unterstellt das Gesetz die erforderliche Sachkunde und Zuverlässigkeit. Die Registrierung ist von dem Bestattungsunternehmen nachzuweisen, ggf. durch Nachfrage des Stan-

2 Vgl. *Fritsche*, StAZ 1993, 304.

desamts bei der zuständigen Kammer zu ermitteln[3]. Dagegen bedarf es keines Nachweises der Beauftragung des Bestattungsunternehmens[4].

Aus der amtlichen Überschrift folgt, dass es sich auch im Falle des § 29 Abs. 2 um eine Anzeige durch Personen handelt. Die schriftliche Anzeige des Bestattungsunternehmens muss daher jedenfalls die Person, z. B. den Angestellten benennen, der aus eigenem Wissen von dem Sterbefall unterrichtet ist. Diese muss den Leichnam selbst gesehen und sich anhand eines Lichtbildausweises des Verstorbenen oder durch die glaubhafte Aussage eines Familienangehörigen von der Identität des Toten überzeugt haben. 11

3 Zur Beurteilung von Tischler-/Schreinermeistern, die auch als Bestatter tätig sind, vgl. *Hochwald,* StAZ 2011, 53.
4 Vgl. *Gaaz,* StAZ 2009, 357, 365.

§ 30 Anzeige durch Einrichtungen und Behörden

(1) Bei Sterbefällen in Krankenhäusern, Alten- und Pflegeheimen sowie sonstigen Einrichtungen gilt § 20 entsprechend.

(2) Ist ein Anzeigepflichtiger nicht vorhanden oder ist sein Aufenthaltsort unbekannt und erlangt die für den Sterbeort zuständige Gemeindebehörde Kenntnis von dem Sterbefall, so hat sie die Anzeige zu erstatten.

(3) Findet über den Tod einer Person eine amtliche Ermittlung statt, so wird der Sterbefall auf schriftliche Anzeige der zuständigen Behörde eingetragen.

Übersicht (die Zahlen bedeuten Randnummern)

I. Rechtsentwicklung

1 Ebenso wie § 34 PStG a. F. beschränkt sich § 30 Abs. 1 darauf, auf die für die Anzeige von Geburten getroffenen Regelungen (§ 20) zu verweisen. Neben den bereits nach altem Recht befugten öffentlichen Anstalten und Einrichtungen sind jetzt auch entsprechende private Einrichtungen zur schriftlichen Anzeige eines Sterbefalls verpflichtet.

2 § 30 Abs. 2 übernimmt inhaltlich die Regelung des § 34a PStG a. F. über die Notzuständigkeit der Gemeindebehörde zur Anzeige eines Sterbefalls, ohne allerdings die Form vorzuschreiben.

3 Die Regelung des § 30 Abs. 3 bei amtlicher Ermittlung über den Tod einer Person entspricht wörtlich § 35 PStG a. F.

II. Anzeige von Sterbefällen in Einrichtungen

4 § 30 Abs. 1 ist eine reine Verweisungsnorm. Für die Anzeige von Sterbefällen, die sich in Krankenhäusern, Alten- und Pflegeheimen sowie in sonstigen Einrichtungen ereignen, wird die Vorschrift des § 20 für entsprechend anwendbar erklärt. Die Verweisung bezieht sich auf die Anzeigepflicht des Trägers der Einrichtung (vgl. § 20 Rdnr. 7) sowie die Regelung des § 20 Satz 3 über die Anzeigeberechtigung und Auskunftspflicht (vgl. § 20 Rdnr. 11 f.). Die Anzeigepflicht der Einrichtung lässt die Berechtigung einer der in § 29 Abs. 1 genannten Personen, den Sterbefall anzuzeigen, unberührt. Wird die Anzeige mündlich und vollständig erstattet, ist die Einrichtung von der Anzeigepflicht be-

freit. Nr. 30 PStG-VwV geht davon aus, dass die Einrichtung in jedem Fall verpflichtet bleibt. Der Sinn einer doppelten Anzeige bleibt unklar, wenn auf der Grundlage der mündlichen Anzeige eine korrekte Beurkundung vorgenommen worden ist[1].

1. Krankenhäuser, Alten- und Pflegeheime

Sterbefälle in öffentlichen und privaten Krankenhäusern sowie in Alten- 5
und Pflegeheimen sind vom Träger der Einrichtung dem zuständigen Standesamt anzuzeigen. Zum Begriff des Krankenhauses vgl. § 20 Rdnr. 5. Hierunter fallen auch Einrichtungen, in denen ausschließlich Sterbebegleitung geleistet wird (Hospize)[2]. Alten- und Pflegeheime sind Heime i. S. des § 1 Abs. 1 Satz 2 Heimgesetz[3], d. h. »Einrichtungen, die dem Zweck dienen, ältere Menschen oder pflegebedürftige oder behinderte Volljährige aufzunehmen, ihnen Wohnraum zu überlassen sowie Betreuung und Verpflegung zur Verfügung zu stellen oder vorzuhalten, und die in ihrem Bestand von Wechsel und Zahl der Bewohnerinnen und Bewohner unabhängig sind und entgeltlich betrieben werden.« Erforderlich ist eine gefestigte organisatorische Struktur der Einrichtung (Heimleitung), die Gewähr für die ordnungsgemäße Erfüllung der Anzeigepflicht bietet. Wohnformen, bei denen rechtlich ein eigenständiger Haushalt erhalten bleibt, z. B. betreutes Wohnen, fallen nicht unter § 30 Abs. 1. Zur Erstattung der Anzeige vgl. § 20 Rdnr. 8 ff.

2. Sonstige Einrichtungen

Sonstige Einrichtungen sind, wie sich aus der Verweisung auf § 20 ergibt, Ein- 6
richtungen, die der Unterbringung psychisch Kranker dienen, Einrichtungen der Träger der Jugendhilfe sowie Anstalten, in denen eine Freiheitsstrafe, ein Jugendarrest oder eine freiheitsentziehende Maßregel der Besserung und Sicherung vollzogen wird (vgl. § 20 Rdnr. 6).

III. Anzeige durch die Gemeindebehörde

§ 30 Abs. 2 begründet eine Art Notzuständigkeit der Gemeindebehörde für 7
den Fall, dass es an einem Anzeigepflichtigen fehlt. Unter den heutigen Bedingungen dürfte diese Zuständigkeit kaum aktuell werden, da das Instrumentarium des PStG, insbesondere das System der Anzeigepflichten sowie die Befugnis des Standesamts, eine Anzeige auch mit Zwangsmitteln herbeizuführen, in aller Regel dazu führt, dass der Sterbefall auf Grund einer mündlichen oder schriftlichen Anzeige beurkundet wird. Findet über den Tod eine

1 Vgl. *Gaaz*, StAZ 2009, 357, 365.

2 Der Vorschlag des Bundesrates, für Hospizeinrichtungen, die meist von Ehrenamtlichen geführt werden, eine Ausnahme von der Pflicht zur schriftlichen Anzeige vorzusehen, wurde nicht aufgegriffen (vgl. BT-Drs. S. 67 f., 77; abgedruckt in *Gaaz/Bornhofen* 2008 S. 480, 491).

3 Neufassung vom 5. 11. 2001 (BGBl. I S. 2970).

amtliche Ermittlung statt, so besteht eine Anzeigepflicht der zuständigen Behörde gemäß § 30 Abs. 3. Diese Vorschrift begründet bei amtlichen Ermittlungen eine ausschließliche Anzeigepflicht und geht § 30 Abs. 2 vor.

8 Die Notwendigkeit für ein Tätigwerden der Gemeindebehörde kann sich ergeben, wenn die Anzeige eines länger zurückliegenden Sterbefalls – etwa während des Krieges oder in der Nachkriegszeit – unterblieben ist oder wenn eine ältere Beurkundung wegen fehlender Unterschrift des Standesbeamten unwirksam ist und die Unterschrift auch nicht mehr nachgeholt werden kann[4]. Ist zwar ein Anzeigepflichtiger vorhanden und sein Aufenthaltsort bekannt, stößt aber die Erstattung der mündlichen Anzeige aus anderen Gründen (Krankheit, Alter, Auslandsaufenthalt) auf erhebliche Schwierigkeiten, sollte mit Rücksicht auf den Grundsatz der Verhältnismäßigkeit die Anzeige in analoger Anwendung des § 30 Abs. 2 von der Gemeindebehörde erstattet werden.

9 Zuständig für die Erstattung der Anzeige ist die Gemeindebehörde, in deren Bereich sich der Sterbefall ereignet hat. Hieraus ergibt sich, dass § 30 Abs. 2 nur anwendbar ist, wenn sich der Sterbefall im Inland ereignet hat. Ist die Person im Ausland verstorben, kann der Sterbefall nur gemäß § 36 beurkundet werden. Bestehen Zweifel über den Sterbeort, ist die Entscheidung der Aufsichtsbehörde einzuholen (§ 40 Abs. 2).

10 Sind die Voraussetzungen des § 30 Abs. 2 gegeben, ist die Gemeindebehörde zur Anzeige verpflichtet. Die Form der Anzeige ist, anders als in § 34a PStG a. F., nicht vorgeschrieben, jedoch bietet sich schon aus praktischen Gründen an, den Sterbefall schriftlich anzuzeigen. Die Anzeige muss, soweit möglich, alle Angaben enthalten, die für die Beurkundung im Sterberegister benötigt werden (§ 31 Abs. 1).

IV. Anzeige bei amtlicher Ermittlung über den Tod

11 § 30 Abs. 3 begründet eine besondere Pflicht zur Anzeige des Sterbefalls, wenn eine amtliche Ermittlung stattgefunden hat. In diesem Fall darf der Sterbefall nur auf schriftliche Anzeige der zuständigen Behörde (vgl. Rdnr. 13) beurkundet werden. Eine amtliche Ermittlung findet statt, wenn Anhaltspunkte für einen nicht natürlichen Tod (Unglücksfall, Mord, Selbstmord) vorliegen oder wenn der Leichnam eines Unbekannten gefunden wird. Grundlage hierfür ist § 159 StPO. Danach sind die Polizei- und Gemeindebehörden zur sofortigen Anzeige an die Staatsanwaltschaft oder an das Amtsgericht verpflichtet, wenn Anhaltspunkte dafür vorhanden sind, dass jemand eines nicht natürlichen Todes gestorben ist, oder der Leichnam eines Unbekannten gefunden wird. In diesem Fall ist zur Bestattung die schriftliche Genehmigung der Staatsanwaltschaft erforderlich.

4 Die Anzeige der Gemeinde kann auch für die Beurkundung der Sterbefälle in NKWD-Lagern erforderlich werden (vgl. *Schütz,* StAZ 1997, 245 f.).

Amtliche Ermittlungen werden in aller Regel aufgenommen, bevor das Standesamt Kenntnis von dem Sterbefall erhält. Entweder werden die Ermittlungsbehörden (Polizei, Staatsanwaltschaft) tätig, weil der Verdacht einer strafbaren Handlung (z.B. vorsätzliche oder fahrlässige Tötung) vorliegt. Oder die Gesundheitsbehörde benachrichtigt die Polizeibehörde, wenn in der Todesbescheinigung ein nicht natürlicher Tod angegeben wird, damit die Ermittlungen aufgenommen werden können. Wird dem Standesamt ein Sterbefall angezeigt, bei dem das Vorliegen eines unnatürlichen Todes nicht auszuschließen ist (z.B. auf Grund der Angaben in der Todesbescheinigung), so hat es die Beurkundung zurückzustellen und die zuständige Polizeibehörde oder Staatsanwaltschaft um Mitteilung zu bitten, ob über den Todesfall eine amtliche Ermittlung stattfindet (Nr. 28.3 PStG-VwV). Diese Verpflichtung folgt daraus, dass bei einem nicht natürlichen Tod der Sterbefall nur von der zuständigen Behörde angezeigt werden kann. 12

Verpflichtet zur Anzeige ist die »zuständige Behörde«, die durch Landesrecht bestimmt wird. In der Regel ist zuständig die Behörde, die die amtlichen Ermittlungen führt (Polizeidienststelle oder Staatsanwaltschaft). Die Anzeige ist schriftlich zu erstatten. 13

Hat das Standesamt den Sterbefall entgegen §30 Abs. 3 auf Grund einer Anzeige nach §§29 oder 30 Abs. 1 oder 2 beurkundet, so verbleibt es dabei; die Beurkundung ist nicht unrichtig und bedarf daher keiner Berichtigung. 14

§ 31 Eintragung in das Sterberegister

(1) Im Sterberegister werden beurkundet

1. **die Vornamen und der Familienname des Verstorbenen, Ort und Tag seiner Geburt, das Geschlecht sowie auf Wunsch des Anzeigenden die rechtliche Zugehörigkeit des Verstorbenen zu einer Religionsgemeinschaft, die Körperschaft des öffentlichen Rechts ist,**
2. **der letzte Wohnsitz und der Familienstand des Verstorbenen,**
3. **die Vornamen und der Familienname sowie das Geschlecht des Ehegatten oder Lebenspartners, wenn der Verstorbene im Zeitpunkt seines Todes verheiratet war oder eine Lebenspartnerschaft führte; war die Ehe oder Lebenspartnerschaft durch Tod aufgelöst oder war der Ehegatte oder Lebenspartner für tot erklärt oder war seine Todeszeit gerichtlich festgestellt worden, sind die Angaben für den letzten Ehegatten oder Lebenspartner aufzunehmen,**
4. **Ort sowie Tag, Stunde und Minute des Todes.**

(2) Zum Sterbeeintrag wird hingewiesen

1. **auf die Beurkundung der Geburt des Verstorbenen,**
2. **bei verheiratet gewesenen Verstorbenen auf die Eheschließung,**
3. **bei Verstorbenen, die eine Lebenspartnerschaft führten, auf die Begründung der Lebenspartnerschaft.**

Übersicht (die Zahlen bedeuten Randnummern)

I. Rechtsentwicklung

Die Vorschrift des § 31 über die Beurkundung des Todes im Sterberegister entspricht § 37 PStG a. F. Im Sterbeeintrag werden nur noch die Kerndaten über den Sterbefall registriert. Eine Verringerung des Datenumfangs ergibt sich schon daraus, dass elektronische Register Einträge in Protokollform nicht zulassen. Angaben über den Anzeigenden[1] werden daher nicht mehr eingetragen; sie können nur noch den Sammelakten entnommen werden. Der Beruf der verstorbenen Person wird überhaupt nicht mehr erfasst. 1

§ 31 Abs. 1 wurde durch das PStRÄndG neu gefasst. Zum einen wurde in die Aufzählung der über den Verstorbenen in das Sterberegister einzutragenden Angaben (Nummer 1) das Geschlecht aufgenommen, weil die zunehmende Zahl geschlechtsneutraler Vornamen die Zuordnung zu einem bestimmten Geschlecht erschwert[2]. Zum anderen wurde die bislang in § 39 PStV enthaltene Regelung über die Angaben zum Familienstand des Verstorbenen in die neue Nummer 3 des Absatzes 1 überführt. Durch die Zusammenfassung der Beurkundungsdaten in § 31 Abs. 1 konnte § 39 PStV entfallen. 2

Durch Art. 1 Nr. 6 des 2. PStRÄndG wurde Absatz 1 Nummer 3 neu gefasst und klargestellt, dass die Angaben für den letzten Ehegatten oder Lebenspartner des Verstorbenen nicht nur bei Eheauflösung durch Tod, sondern auch bei Todeserklärung oder gerichtlicher Feststellung der Todeszeit anzugeben sind.

Durch Art. 4 Nr. 7 des Gesetzes zur Umsetzung des Gesetzes zur Einführung des Rechts auf Eheschließung für Personen gleichen Geschlechts vom 18. 12. 2018[3] wurde in § 31 Abs. 1 Nr. 3 die Geschlechtsangabe für den Ehegatten oder Lebenspartner des Verstorbenen aufgenommen. Durch die Änderung soll auch im Fall einer gleichgeschlechtlichen Ehe die Möglichkeit bestehen,

1 Vgl. § 37 Abs. 2 PStG a. F.
2 BT-Drs. 17/10489 S. 46.
3 BGBl. I S. 2639.

die familienrechtliche Bezeichnung des hinterbliebenen Ehegatten im Sterberegister zutreffend einzutragen.

3 § 31 trennt entsprechend den Vorgaben in den §§ 3 Abs. 1 Satz 2, 5 Abs. 3 zwischen dem Beurkundungsteil (Absatz 1) und dem Hinweisteil (Absatz 2) des Sterbeeintrags. Der Aufbau und die Darstellung des Sterberegisters erfolgen nach dem Muster der Anlage 5 zur PStV.

II. Allgemeine Grundsätze für die Führung des Sterberegisters

4 Mit der Eintragung in das Sterberegister beurkundet der Standesbeamte nicht lediglich die Erklärung des Anzeigenden, sondern die Tatsache, dass der angezeigte Sterbefall eingetreten ist. Der Sterbeeintrag beweist den Tod und die »darüber gemachten näheren Angaben« (§ 54 Abs. 1). Der Standesbeamte trägt die Verantwortung für die inhaltliche Richtigkeit der Eintragung (§ 5 PStV). Bei Zweifeln an der Richtigkeit der Angaben des Anzeigenden ist eine Nachprüfung geboten; die Angaben sind ggf. zu ändern (§ 46).

5 Für die Beurkundung des Sterbefalls ist das Standesamt zuständig, in dessen Bezirk der Tod eingetreten ist (§ 28). Auf Wohnort und Staatsangehörigkeit des Verstorbenen kommt es nicht an. Ist ein Sterbefall irrtümlich im Sterberegister eines unzuständigen Standesamts beurkundet worden, muss der Eintrag im Berichtigungsverfahren (§ 48) »gelöscht« und der Sterbefall erneut im Sterberegister des zuständigen Standesamts beurkundet werden; dies gilt nicht in den Fällen des § 37 PStV (vgl. Rdnr. 29). Nach dieser Vorschrift bestehen besondere Zuständigkeiten für die Beurkundung von Sterbefällen in Fahrzeugen, Bergwerken und Gewässern sowie bei unbekanntem Sterbeort (vgl. § 28 Rdnr. 10 ff.). Bei Zweifeln über die örtliche Zuständigkeit oder darüber, ob ein Sterbefall im Inland eingetreten ist, ist eine Entscheidung gemäß § 40 herbeizuführen. Für die Beurkundung von Sterbefällen im Ausland gilt § 36.

6 Auch der Tod einer unbekannten Person wird im Sterberegister eingetragen. Lässt sich nach Abschluss der amtlichen Ermittlung (§ 30 Abs. 3) und auch durch standesamtliche Recherchen die Identität des Toten nicht feststellen, wird als verstorben eine »unbekannte Person« beurkundet (§ 40 Abs. 1 Satz 1 PStV)[4].

7 Eine Totgeburt wird nicht im Sterberegister, sondern allein im Geburtenregister beurkundet (§ 21 Abs. 2). Zur Anzeige einer Fehlgeburt vgl. § 18 Rdnr. 27 ff.

4 Eine Ausnahme gilt für sog. Skelettfunde; vgl. § 28 Rdnr. 6.

III. Der Beurkundungsteil des Sterbeeintrags

1. Allgemeines

8 Nach Prüfung der Anzeige (vgl. §28 Rdnr. 27f.) und ggf. ergänzenden Ermittlungen ist der Sterbefall im Sterberegister zu beurkunden. Die in den Haupteintrag aufzunehmenden Angaben sind in §31 Abs. 1 aufgeführt. Für die Eintragungen in das Sterberegister ist der Zeitpunkt des Todes maßgebend (Nr. 31.1 PStG-VwV). Der Aufbau und die Gestaltung der elektronischen Register auf dem Bildschirm sind durch §19 PStV vorgeschrieben. Die Darstellung des Sterberegisters muss dem Muster der Anlage 5 zur PStV entsprechen. Die in den Eintrag aufzunehmenden Angaben werden der Niederschrift über die mündliche Anzeige (vgl. §28 Rdnr. 29) oder der schriftlichen Anzeige entnommen. Die folgende Darstellung orientiert sich an dem Aufbau des Sterberegisters.

2. Standesamt, Nummer des Standesamts, Registernummer

9 Anzugeben ist die Bezeichnung des Standesamts und die Nummer, die sich aus dem Verzeichnis der statistischen Ämter des Bundes und der Länder ergibt (§16 Abs. 2 und 4 PStV). Die Registernummer setzt sich aus der Kennzeichnung des Sterberegisters mit »S«, der laufenden Eintragungsnummer und dem Beurkundungsjahr zusammen (§§15 Abs. 2, 16 Abs. 2 Satz 2 PStV).

3. Familienname

10 Der Verstorbene ist mit dem Familiennamen zu bezeichnen, den er unmittelbar vor dem Tode führte (zum Familiennamen vgl. Nr. A 1.3 PStG-VwV). Hatte sich der Name in der Zeit zwischen Geburt und Tod geändert (z. B. durch Eheschließung, Namenserteilung, Annahme als Kind, behördliche Namensänderung), ist nur der geänderte Name einzutragen. Ein akademischer Grad ist kein Namensbestandteil[5] und wird daher nicht in die Beurkundung aufgenommen[6].

11 Führte der Verstorbene im Zeitpunkt des Todes einen Ehe- oder Lebenspartnerschaftsnamen (§1355 Abs. 1 BGB, §3 Abs. 1 LPartG), wird dieser Name als Familienname eingetragen. Hatte der Verstorbene einen Begleitnamen hinzugefügt (§1355 Abs. 4 BGB, §3 Abs. 2 LPartG), ist er mit dem Doppelnamen zu bezeichnen. War der Verstorbene geschieden oder verwitwet und hatte er seinen Geburtsnamen wieder angenommen (§1355 Abs. 5 Satz 2 BGB, §3 Abs. 3 Satz 2 LPartG), so wird allein dieser Name als Familienname eingetragen.

12 Der Familienname ergibt sich aus den bei der Anzeige des Sterbefalls vorgelegten Personenstandsurkunden (§38 Satz 1 Nr. 1 und 2 PStV). Kann eine

5 BGH, StAZ 1963, 63.
6 BGH, StAZ 2013, 377 m. w. N.

Urkunde mit Angabe des Familiennamens nicht beigebracht werden (z. B. bei Eheschließung vor dem 1. 7. 1976), ist die Namensführung anhand anderer Urkunden (z. B. Pass, Ausweis) durch das Standesamt zu ermitteln. Die langjährige gutgläubige Führung eines unrichtigen Namens berechtigt das Standesamt mit Rücksicht auf die Register- und Urkundenwahrheit nicht, den Verstorbenen mit diesem Namen im Sterbeeintrag zu bezeichnen[7].

13 Sind die Namen eines Verstorbenen nicht bekannt und lassen sie sich auch durch Ermittlungen nicht feststellen, muss die Eintragung ohne Namensangabe erfolgen (vgl. § 40 Abs. 1 Satz 1 PStV). In das für den Familiennamen vorgesehene Feld ist »unbekannte Person« einzutragen (Nr. 31.6 Satz 1 PStG-VwV). Liegen dem Standesamt nur keine geeigneten Nachweise zur Namensführung vor, sind die angegebenen Namen zu beurkunden und im Eintrag ein erläuternder Zusatz, »Identität nicht nachgewiesen« aufzunehmen (§ 40 Abs. 2 i. V. m. § 35 Abs. 1 Satz 1 PStV; Nr. 31.6 Satz 2 PStG-VwV).

4. Geburtsname

14 Der Geburtsname ist nur dann gesondert einzutragen, wenn der Verstorbene auf Grund Eheschließung oder Begründung einer Lebenspartnerschaft einen vom Geburtsnamen abweichenden Familiennamen (Ehe- oder Lebenspartnerschaftsnamen) führte (§ 23 Abs. 1 PStV). Maßgebend ist die Namensführung im Zeitpunkt des Todes. Die gesonderte Registrierung des Geburtsnamens beschränkt sich nicht darauf, dass ein Ehename/Lebenspartnerschaftsname im Sinne des deutschen Rechts (§ 1355 Abs. 1 BGB, § 3 Abs. 1 LPartG) geführt wurde. Hatte z. B. die Frau nach italienischem Recht ihrem Geburtsnamen den Mannesnamen hinzugefügt, so wird auch in diesem Fall der Geburtsname eingetragen[8].

5. Vorname(n)

15 In den Sterbeeintrag sind sämtliche im Zeitpunkt des Todes geführten Vornamen des Verstorbenen einzutragen. Ihre Schreibweise ist den vorgelegten Personenstandsurkunden zu entnehmen. Führte eine transsexuelle Person nicht ihrem Geschlecht entsprechende Vornamen (§ 1 TSG), so ist sie mit diesen Vornamen in den Sterbeeintrag aufzunehmen. Zum Vornamen vgl. Nr. A 1.2 PStG-VwV.

6. Geschlecht

16 Seit dem PStRÄndG ist auch die Angabe über das Geschlecht des Verstorbenen in den Sterbeeintrag aufzunehmen (§ 31 Abs. 1 Nr. 1). Damit soll gewährleistet werden, dass die Zuordnung nicht mehr allein auf Grund der zuneh-

7 AG Berlin-Schöneberg, StAZ 1997, 39, das darauf hinweist, dass das Persönlichkeitsrecht bei einem verstorbenen Namensträger nicht mehr berührt ist. Bedenklich AG Tübingen, StAZ 1995, 297.

8 BGH, StAZ 1988, 10, 11; vgl. auch OLG München, StAZ 2009, 108.

mend geschlechtsneutralen Vornamen vorgenommen wird[9]. Da die Sterbeurkunde für den Verstorbenen einen geschlechtsneutralen Leittext vorsieht (»Verstorbene Person«), kann im Zweifel der Sterbeeintrag Aufschluss über das Geschlecht geben[10]. Die Eintragung des Geschlechts erfolgt auf der Grundlage der Geburtsurkunde, die nach § 38 Satz 1 Nr. 2 PStV von dem Anzeigenden verlangt werden soll. Fehlt dieses Datum in der Geburtsurkunde, handelt es sich entweder um eine Urkunde nach § 59 Abs. 2, in der die Geschlechtsangabe nicht aufgenommen wurde, oder die Geburt wurde ohne diese Angabe gemäß § 22 Abs. 3 beurkundet, ohne dass bis zum Tode eine Folgebeurkundung über die nachträgliche Geschlechtsangabe (§ 27 Abs. 3 Nr. 4) erfolgt ist. Das Standesamt hat durch weitere Ermittlungen (§ 10 Abs. 3 PStG; § 38 Satz 3 PStV) den Sachverhalt aufzuklären. Verzichtet das Standesamt auf die Vorlage einer Geburtsurkunde (§ 38 Satz 2 PStV in der ab 1.11.2018 geltenden Fassung), wird das Geschlecht des Verstorbenen aus der Ehe- oder Lebenspartnerschaftsurkunde »erlesen«. Wurde auf der Grundlage des § 22 Abs. 3 die Geburt ohne Geschlechtsangabe beurkundet oder die Geschlechtsangabe nach § 45b Abs. 1 Satz 1 später gestrichen, bleibt im Sterberegister das Datenfeld für das Geschlecht ohne Angabe.

7. Geburtsdatum

Einzutragen sind Tag, Monat und Jahr der Geburt des Verstorbenen. Hierfür **17**
sind arabische Ziffern zu verwenden, wobei die Ziffern 1 bis 9 mit 01 bis 09 zu bezeichnen sind (Nr. A 2.2.1 PStG-VwV).

8. Geburtsort

Aus dem Grundsatz der Registerklarheit, welcher auch Nr. A 2.1.1 PStG-VwV **18**
zugrunde liegt, folgt das Erfordernis der zweifelsfreien Identifizierbarkeit eines Ortes. Für Orte im Inland ist die amtliche Gemeindebezeichnung einzutragen (Nr. 2.1.2 Satz 1 PStG-VwV), die über das Ortsbuch der Bundesrepublik Deutschland ausfindig gemacht werden kann. Lediglich bei gleichnamigen Gemeinden ist zur Unterscheidung ein Zusatz hinzuzufügen (vgl. Nr. A 2.1.2 Satz 2 PStG-VwV). Einzutragen ist die Bezeichnung, die zum Zeitpunkt der Geburt maßgebend war[11]. Hat der Ort, z. B. im Zuge einer Gemeindereform, eine andere Bezeichnung erhalten, so ist ebenfalls nur der bei der Geburt maßgebliche Gemeindename einzutragen; der neue Gemeindename kann hinzugefügt werden. Für ausländische Orte ist in der Regel zur eindeutigen Identifizierbarkeit eine nähere Kennzeichnung durch Hinzufügung des Verwaltungsbezirks oder einer geografischen Bezeichnung erforderlich; ein bloßer Länderzusatz (z. B. Polen) ist in der Regel zur Vermeidung einer Verwechslungsgefahr nicht ausreichend. Bei Geburtsorten, die zum Zeitpunkt einer späteren Registereintragung zu einem anderen Staat gehörten als zum

9 BT-Drs. 17/10489 S. 46.
10 Vgl. *Bockstette,* StAZ 2013, 169, 174.
11 OLG Nürnberg, StAZ 2017, 18; vgl. auch OLG Zweibrücken, StAZ 2016, 312 mit Anm. *Degner.*

Geburtszeitpunkt, muss ein Kennzeichnungszusatz gewählt werden, der jegliche Widersprüche vermeidet[12].

9. Wohnsitz

19 Während nach § 37 Abs. 1 Nr. 1 PStG a. F. der »Wohnort« des Verstorbenen einzutragen war, ist jetzt der letzte »Wohnsitz« im Sterberegister zu beurkunden (§ 31 Abs. 1 Nr. 2). Zum Wohnsitzbegriff vgl. § 12 Rdnr. 17 ff. Abzustellen ist auf den Ort, an dem der Verstorbene zuletzt den Schwerpunkt seiner Lebensverhältnisse hatte. Für den Regelfall kann davon ausgegangen werden, dass der Verstorbene seinen Wohnsitz dort hatte, wo er mit Hauptwohnung gemeldet war. Ist der Betroffene in einer Pflegeeinrichtung gestorben, ist die Anschrift des Heims als Wohnsitz anzugeben, wenn der Verstorbene nicht mehr unter seiner bisherigen Wohnung gemeldet war[13]. Der Wohnsitz wird mit dem Namen der Wohnsitzgemeinde sowie Straße und Hausnummer eingetragen oder, falls es diese nicht gibt, mit einer sonstigen geographischen Bezeichnung oder Beschreibung (z. B. »Gutshof ...« oder »Schloss ...«) versehen (Nr. 31.3.1 Satz 1 PStG-VwV). Hatte der Verstorbene keinen festen Wohnsitz oder kann dieser nicht ermittelt werden, ist in dem für die Angabe des Wohnsitzes vorgesehenen Feld »nicht bekannt« einzutragen (Nr. 31.3.1 Satz 2 PStG-VwV).

10. Religion

20 Auf Wunsch des Anzeigenden ist die rechtliche Zugehörigkeit des Verstorbenen zu einer Religionsgemeinschaft, die Körperschaft des öffentlichen Rechts ist (vgl. hierzu Nr. A 3.1 PStG-VwV; § 15 Rdnr. 18), in das Sterberegister einzutragen. Das Gleiche gilt für die Zugehörigkeit zu einer Weltanschauungsgemeinschaft mit Körperschaftsstatus (Nr. A 3.2.1 PStG-VwV). Maßgebend für die Zugehörigkeit ist der Zeitpunkt des Todes. Der Anzeigende ist auf die Eintragungsmöglichkeit hinzuweisen (Nr. A 3.2.1 und Nr. 31.4 PStG-VwV).

21 § 31 Abs. 1 Nr. 1 stellt auf den Wunsch des Anzeigenden ab. Dies kann zu Schwierigkeiten führen, wenn der Anzeigende mit dem Verstorbenen weder verwandt noch näher bekannt, jedoch bei dem Tode zugegen war (§ 29 Abs. 1 Satz 1 Nr. 3) oder wenn eine Einrichtung den Sterbefall anzeigt (§ 30 Abs. 1). Der Wunsch des Anzeigenden ist nach Möglichkeit auf den Willen eines Familienangehörigen des Verstorbenen zurückzuführen. Das Standesamt sollte einem Anzeigenden, der nicht zu dem Kreis der nächsten Angehörigen gehört, empfehlen, sich mit diesen ins Benehmen zu setzen und sich danach

12 BGH, StAZ 2018, 243, 244 = FamRZ 2018, 1179 zu einem Geburtsort im ehemals deutschen, jetzt polnischen Staatsgebiet; für Vorschläge zu Eintragungsmöglichkeiten s. *Kraus*, StAZ 2019, 282, 283.
13 Vgl. *Sachse*, StAZ 1995, 276.

zur Eintragung zu äußern. Der Wunsch muss bis zum Abschluss der Beurkundung geäußert werden[14].

Wird der Eintragungswunsch geäußert, trägt das Standesamt die Religionszugehörigkeit des Verstorbenen ohne weitere Nachprüfung ein, wenn die angegebene Religionsgemeinschaft in einem Bundesland den Körperschaftsstatus hat (Nr. A 3.2.1 PStG-VwV). Wird kein Wunsch vorgebracht, entfällt in dem Sterberegister das Eintragungsfeld »Religion« (Nr. A 3.2.2 PStG-VwV). Zur Anpassung des Leittextes im Falle der Eintragung einer Weltanschauungsgemeinschaft vgl. § 3 Rdnr. 29. **22**

11. Todestag und Uhrzeit

Nach § 31 Abs. 1 Nr. 3 sind Tag, Stunde und Minute des Todes einzutragen. Die möglichst genaue Erfassung des Todeszeitpunkts ist vor allem für die Erbfolge von Bedeutung[15]. Nach § 1923 Abs. 1 BGB kann Erbe nur werden, wer zur Zeit des Erbfalls lebt. Dabei kann es auf die Minute des Todes ankommen, weil der Erbe den Erblasser – und sei es auch nur um eine Minute – überlebt haben muss. **23**

Zur Bezeichnung des Todestages sind Tag, Monat und Jahr des Todes anzugeben. Für alle Angaben sind arabische Ziffern zu verwenden, wobei die Ziffern 0 bis 9 mit 00 bis 09 zu bezeichnen sind. Kann der Todestag nicht genau festgestellt werden, ist der ermittelte Zeitraum, in dem der Tod eingetreten ist, einzutragen (vgl. dazu Nr. 31.2 PStG-VwV). Einzutragen ist ferner die Todeszeit nach Stunde und Minute des Todes. Bei der Angabe von Stunde und Minute, zu der sich der Sterbefall ereignet hat, ist die Zeit bis zur Vollendung der ersten Minute eines Tages mit 00:00 Uhr und die Zeit bis zur Vollendung der letzten Minute eines Tages mit 23:59 Uhr anzugeben (Nr. A 2.2.2 PStG-VwV). In Jahren, in denen die mitteleuropäische Sommerzeit eingeführt ist, ist bei der Angabe der doppelt erscheinenden Stunde am Ende der Sommerzeit A bzw. B hinzuzufügen, also z. B. 2A und 2B (Nr. A 2.2.3 PStG-VwV). Lässt sich die Todeszeit nicht genau feststellen, ist der ungefähre Zeitpunkt des Todes oder der Zeitraum anzugeben, in dem der Tod eingetreten ist (§ 40 Abs. 3 PStV)[16]. **24**

Ist die Todeszeit in der vorgelegten ärztlichen Todesbescheinigung vermerkt, kann diese Angabe ohne nähere Prüfung übernommen werden. Ist die Angabe unvollständig oder ungenau, ist der Arzt um eine Präzisierung zu ersuchen. Enthält die Todesbescheinigung zwei Todeszeitpunkte, wird die Beurkundung des späteren (letzten) Zeitpunkts empfohlen[17]. Nach den fortgeschrittenen Erkenntnissen der medizinischen Wissenschaft ist als Todeszeit- **25**

14 AG München, StAZ 2011, 247.
15 Vgl. etwa BayObLG, StAZ 1999, 110.
16 OLG Schleswig, StAZ 2012, 110.
17 Vgl. *von Bargen*, StAZ 1987, 284.

punkt der endgültige Ausfall der gesamten Hirnfunktion (Hirntod) anzunehmen[18].

26 Sind mehrere Personen auf Grund gemeinsamer Ursache (z. B. Verkehrsunfall) verstorben und kann nicht festgestellt werden, ob und wie lange ein Beteiligter den anderen überlebt hat, so ist die Vermutung des § 11 VerschG entsprechend anzuwenden. Danach ist regelmäßig von einem gleichzeitigen Todeszeitpunkt auszugehen, wenn nicht bewiesen werden kann, in welcher Reihenfolge die Personen verstorben sind.

12. Sterbeort

27 Der Ort, an dem der Tod eingetreten ist, ist möglichst genau zu bezeichnen. Die Bezeichnung des Sterbeorts ermöglicht die Nachprüfung, ob das Standesamt für die Beurkundung des Sterbefalls örtlich zuständig war. Bei Beurkundung durch ein örtlich unzuständiges Standesamt nimmt der Sterbeeintrag nicht an der erhöhten Beweiskraft des § 54 Abs. 1 Satz 1 teil[19].

28 Einzutragen ist der zur Zeit des Todes verwendete Name der Gemeinde in der amtlich festgelegten Schreibweise. Daneben sind Straße und Hausnummer anzugeben. Kann der Sterbeort nicht mit diesen Angaben bezeichnet werden, ist er mit einer sonstigen amtlichen oder geographischen Bezeichnung oder Beschreibung zu versehen (Nr. 31.3.1 PStG-VwV), z. B. »Autobahn A 1 km 20,6«.

29 Bei Sterbefällen in Fahrzeugen, Bergwerken und Gewässern (§ 37 Abs. 1 bis 3 PStV) wird bei bekanntem Sterbeort dieser Ort in das Sterberegister eingetragen; ist der Sterbeort nicht bekannt, so wird der für die Beurkundungszuständigkeit maßgebende Ort als Sterbeort eingetragen, z. B. der Ort, in dem der Verstorbene aus einem Gewässer an Land gebracht worden ist (§ 37 Abs. 5 Satz 1 PStV). Wird später festgestellt, dass der Sterbeort in einem anderen Standesamtsbezirk liegt, wird der Sterbefall nicht erneut beurkundet, sondern der vorhandene Sterbeeintrag nur hinsichtlich des Sterbeorts berichtigt (§ 37 Abs. 5 Satz 2 i. V. m. § 32 Abs. 2 Satz 2 PStV). Das für den Sterbeort zuständige Standesamt ist hiervon zu unterrichten (Nr. 31.3.3 PStG-VwV).

13. Familienstand

30 Das PStG 2007 verwendet erstmals den Begriff des Familienstandes (§ 31 Abs. 1 Nr. 2), der nach früherem Recht nur auf Grund der Dienstanweisung im Sterbeeintrag dokumentiert wurde[20]. Das Standesamt prüft die in der Anzeige gemachten Angaben über den Familienstand des Verstorbenen anhand der vorzulegenden Personenstandsurkunden. Es hat alle Möglichkeiten auszuschöpfen, um zu einer eindeutigen Feststellung zu gelangen. Kann der Anzeigende keine Angaben zum Familienstand machen und lässt er sich auch

18 BayObLG, StAZ 1999, 110.
19 BayObLG, StAZ 1986, 346 f.
20 Vgl. § 337 Abs. 1 DA.

nicht mit angemessenem Aufwand ermitteln, wird »nicht bekannt« eingetragen (Nr. 31.5 Nr. 12 PStG-VwV). In welcher Weise der Familienstand im Übrigen bezeichnet wird, ist in Nr. 31.5 Nr. 1 bis 11 PStG-VwV aufgeführt. Folgende Fälle sind zu unterscheiden:

a) »Ledig«

Als »ledig« wird bezeichnet, wer nie verheiratet war oder in einer Lebenspartnerschaft gelebt hatte. War der Verstorbene unter 16 Jahre alt, erfolgt keine Eintragung zum Familienstand. Im Hinblick auf die Bestimmung des § 1303 BGB über die Ehemündigkeit ist davon auszugehen, dass die Person unverheiratet war. Abweichungen sind denkbar bei einem Ausländer, dessen Heimatrecht die Eheschließung schon in jüngerem Alter zulässt, doch sind auch solche Ehen im deutschen Rechtsbereich unwirksam (Art. 13 Abs. 3 Nr. 1 EGBGB). 31

b) »Verheiratet«

Der Familienstand »verheiratet« setzt voraus, dass die verstorbene Person bis zum Zeitpunkt des Todes in einer nach deutschem Recht wirksamen Ehe lebte. War die Ehe im Ausland geschlossen, richtet sich die Frage der Wirksamkeit nach dem im Zeitpunkt der Eheschließung maßgebenden Recht (Art. 11 Abs. 1, 13 Abs. 1 EGBGB). Dieses Recht entscheidet auch darüber, ob eine Nichtehe vorlag oder die Ehe nur anfechtbar (im Sinne von vernichtbar) war. Behandelt das ausländische Recht eine fehlerhaft geschlossene Ehe erst dann als nichtige Ehe, wenn sie durch gerichtliche Entscheidung für nichtig erklärt oder ihr Nichtbestehen festgestellt worden ist, ist der Familienstand des Verstorbenen als »verheiratet« zu kennzeichnen, wenn bis zu seinem Tode eine solche Entscheidung nicht ergangen ist[21]. Ist offen, ob der Betroffene vor oder nach seinem Ehegatten verstorben ist, ist der Familienstand als »nicht bekannt« zu beurkunden (Nr. 31.5 Nr. 12 PStG-VwV)[22]. 32

Lebte der Verstorbene in einer Doppelehe, ohne dass die zweite Ehe vor dem Tode aufgehoben (§§ 1314 Abs. 1, 1306 BGB) oder nach dem bis zum 30. 6. 1998 geltenden Recht für nichtig erklärt worden ist, so ist dies im Sterbeeintrag zu berücksichtigen (Rdnr. 35)[23]. 33

Ob bei einer nach deutschem Recht unwirksamen, nach ausländischem Recht aber wirksamen (»hinkenden«) Ehe, der Verstorbene als verheiratet zu bezeichnen oder ein einschränkender Zusatz zu machen war, war unter der Geltung des früheren PStG nicht abschließend geklärt[24]. 34

War der Familienstand der verstorbenen Person »verheiratet«, so werden außer dieser Kennzeichnung Vor- und Familiennamen sowie das Geschlecht 35

21 BayObLG, StAZ 2000, 145.
22 OLG München, StAZ 2016, 343; vgl. auch *Rauhmeier,* StAZ 2016, 349.
23 Vgl. *Fritsche,* StAZ 1985, 82.
24 Vgl. OLG Köln, StAZ 1993, 257; BayObLG, StAZ 1994, 377; KG, StAZ 1996, 204.

des letzten Ehegatten – im Falle einer bigamischen Ehe: beider Ehegatten – im Sterbeeintrag aufgeführt (§ 31 Abs. 1 Nr. 3). Bei abweichendem Geburtsnamen wird auch dieser eingetragen (vgl. das Muster Anl. 5 zur PStV). Als familienrechtliche Bezeichnung wird der letzte männliche Ehegatte der verstorbenen Person als »Ehemann« und der letzte weibliche Ehegatte als »Ehefrau« eingetragen; soweit Personen weder dem männlichen noch dem weiblichen Geschlecht angehören, sind sie als »Ehepartner« zu bezeichnen (§ 42 Abs. 6 Satz 1 und 3).

c) »Geschieden«

36 Der Familienstand »geschieden« liegt vor, wenn die Ehe des Verstorbenen durch gerichtliche Entscheidung aufgelöst war. War die Ehe durch eine ausländische Entscheidung aufgelöst, so ist zu prüfen, ob die Entscheidung auf Grund der EheVO-EG im deutschen Rechtsbereich wirksam ist oder ob die Landesjustizverwaltung gemäß § 107 FamFG festgestellt hat, dass die Voraussetzungen für die Anerkennung vorliegen (vgl. § 13 Rdnr. 12 ff.). Liegt diese Voraussetzung nicht vor, sollte das Standesamt die Beurkundung des Sterbefalls zurückstellen und darauf hinwirken, dass das Verfahren vor der Landesjustizverwaltung nachgeholt wird. Das Standesamt hat selbst kein eigenes Antragsrecht. Ist die Feststellung der Landesjustizverwaltung nicht zu erreichen oder ist die ausländische Entscheidung unwirksam, ist der Familienstand des Verstorbenen als »verheiratet« anzunehmen[25].

37 Beim Familienstand »geschieden« sind keine Angaben über den früheren Ehegatten in den Haupteintrag aufzunehmen (arg. § 31 Abs. 1 Nr. 3). Zur Eintragung eines Hinweises auf die frühere Ehe vgl. Rdnr. 47.

d) »Ehe aufgehoben«

38 Der Familienstand »Ehe aufgehoben« ist einzutragen, wenn die Ehe des Verstorbenen durch Urteil (bis zum 31. 8. 2009) oder durch richterliche Entscheidung (seit dem 1. 9. 2009) nach den §§ 1313 ff. BGB aufgehoben worden war. Der frühere Ehegatte wird nicht namentlich im Eintrag aufgeführt (arg. § 31 Abs. 1 Nr. 3).

e) »Ehe für nichtig erklärt«

39 Nach deutschem Recht konnte eine Ehe nur nach dem bis zum 30. 6. 1998 geltenden Recht für nichtig, also rückwirkend für unwirksam erklärt werden. Im Übrigen kommt eine Nichtigerklärung der Ehe nach ausländischem Recht in Betracht. Die namentliche Nennung des früheren Ehegatten unterbleibt (arg. § 31 Abs. 1 Nr. 3).

25 Vgl. *Kubitz*, StAZ 1983, 82.

f) »Verwitwet«

Der Verstorbene war verwitwet, wenn die letzte Ehe des Verstorbenen durch den Tod des Ehegatten aufgelöst wurde. Neben der Bezeichnung des Familienstandes werden Vor- und Familiennamen, ggf. auch der Geburtsname des letzten Ehegatten in das Sterberegister eingetragen (§ 31 Abs. 1 Nr. 3). Hinsichtlich der Gültigkeit der Ehe gelten die gleichen Grundsätze wie bei dem Tod einer verheirateten Person (vgl. Rdnr. 32 ff.). **40**

Der Familienstand »verwitwet« ist auch einzutragen, wenn der Ehegatte des Verstorbenen vor dem 3. 10. 1990 in der DDR für tot erklärt worden ist[26], eine Ehe nach dem Gesetz über die Anerkennung von Nottrauungen vom 2. 12. 1950[27] oder nach dem Gesetz über die Anerkennung freier Ehen rassisch und politisch Verfolgter vom 23. 6. 1950[28], bestand oder eine nachträgliche Eheschließung nach dem Gesetz über die Rechtswirkungen des Ausspruchs einer nachträglichen Eheschließung[29] Rechtswirkungen erzeugt hat (Nr. 31.5 Ziff. 6 PStG-VwV). **41**

g) »Verheiratet, Ehegatte für tot erklärt/Todeszeit des Ehegatten gerichtlich festgestellt«

War die verstorbene Person verheiratet, ihr Ehegatte aber für tot erklärt oder seine Todeszeit gerichtlich festgestellt, soll nach Nr. 31.5 Ziff. 7 PStG-VwV der Familienstand durch die Formulierung »verheiratet, Ehegatte für tot erklärt« oder »verheiratet, Todeszeit des Ehegatten gerichtlich festgestellt« gekennzeichnet werden. Die Bezeichnung der verstorbenen Person als »verheiratet« ist zumindest missverständlich, da die Todeserklärung die Vermutung begründet, dass der Verschollene in dem im gerichtlichen Beschluss festgestellten Zeitpunkt verstorben ist (§ 9 Abs. 1 Satz 1 VerschG; vgl. § 33 Rdnr. 9), der verstorbene Ehegatte zu Lebzeiten somit nicht gehindert gewesen wäre, eine neue Ehe einzugehen. Das gilt erst recht für die Feststellung der Todeszeit, bei der der Tod des Betroffenen nicht zweifelhaft ist (§ 39 i. V. m. § 1 Abs. 2 VerschG). Nachdem das 2. PStRÄndG durch die Neufassung der Nummer 3 in § 31 Abs. 1 klargestellt hat, dass die Todeserklärung/Feststellung der Todeszeit des Ehegatten wie die Eheauflösung durch Tod zu behandeln ist, sollte im Falle der Verschollenheit des Ehegatten/Lebenspartners auf die Kennzeichnung des Familienstandes des Verstorbenen als »verheiratet« verzichtet und allein auf die Verschollenheit abgestellt werden[30]. Der verschollene Ehegatte wird mit Vor- und Familiennamen im Sterberegister des verstorbenen Ehegatten aufgeführt (§ 31 Abs. 1 Nr. 3). Hatte der Verstorbene, nachdem sein Ehe- **42**

26 Nach § 37 des Familiengesetzbuchs der DDR wurde die Ehe mit der Rechtskraft der Todeserklärung beendet (vgl. *Kubitz*, StAZ 1994, 124).

27 BGBl. S. 778 (GS Nr. 30d).

28 BGBl. S. 226, geändert durch Gesetz vom 7. 3. 1956 (BGBl. I S. 104; GS Nr. 30c).

29 In der im BGBl. Teil III, Gliederungsnummer 404-7, veröffentlichten bereinigten Fassung, geändert durch Art. 11 Nr. 1 des Gesetzes vom 14. 6. 1976 (BGBl. I S. 1421; GS Nr. 30e).

30 Nr. 31.5 Ziff. 7 PStG-VwV wäre zu gegebener Zeit anzupassen.

gatte für tot erklärt worden war, wieder geheiratet und lebte der verschollene Ehegatte noch, war die frühere Ehe durch die neue Eheschließung aufgelöst worden (§ 1319 Abs. 2 BGB). In diesem Fall richtet sich der Familienstand allein nach dem Verlauf der neuen Ehe.

43 Eine im Ausland ausgesprochene Todeserklärung ist nach Maßgabe des § 109 FamFG anzuerkennen. Die Folgen richten sich nach dem Recht des Entscheidungsstaates.

h) Familienstand bei Lebenspartnerschaft

44 Lebte der Verstorbene bis zum Zeitpunkt des Todes in eingetragener Lebenspartnerschaft, wird der Familienstand mit der Formulierung »in eingetragener Lebenspartnerschaft« gekennzeichnet. In diesem Fall werden auch Vor- und Familiennamen sowie das Geschlecht des letzten Lebenspartners im Sterbeeintrag aufgeführt (§ 31 Abs. 1 Nr. 3); bei abweichendem Geburtsnamen wird auch dieser eingetragen (vgl. das Muster Anlage 5 zur PStV). Der letzte männliche Lebenspartner der verstorbenen Person wird in dem Datenfeld für die familienrechtliche Bezeichnung als »Lebenspartner« und der letzte weibliche Lebenspartner als »Lebenspartnerin« eingetragen (§ 42 Abs. 6 Satz 2 PStV). War die Lebenspartnerschaft der verstorbenen Person durch richterliche Entscheidung gemäß § 15 LPartG aufgehoben, wird eingetragen: »Lebenspartnerschaft aufgehoben«. War der letzte Lebenspartner des Verstorbenen verstorben, lautet der Familienstand: »durch Tod aufgelöste Lebenspartnerschaft«. Im Falle der Todeserklärung eines Lebenspartners oder der gerichtlichen Feststellung seiner Todeszeit lautet der Familienstand: »durch Todeserklärung/durch Feststellung der Todeszeit aufgelöste Lebenspartnerschaft«.

IV. Der Hinweisteil des Sterbeeintrags

45 Die in § 31 Abs. 2 aufgeführten Hinweise stellen die erforderlichen Verknüpfungen zu anderen den Verstorbenen betreffenden Personenstandseinträgen her.

1. Geburtseintrag

46 Die Angaben über das Datum und den Ort der Geburt des Verstorbenen gehören zum Inhalt der Beurkundung (vgl. Rdnr. 17 f.). Im Hinweisteil des Sterberegisters werden Standesamt und Registernummer des Eintrags im Geburtenregister oder im Geburtenbuch festgehalten (§ 31 Abs. 2 Nr. 1). Korrespondierend dazu wird zum Geburtseintrag des Verstorbenen auf den Tod hingewiesen (§ 27 Abs. 4 Satz 2 Nr. 3).

2. Eheeintrag

Ein Hinweis auf die Eheschließung unter Angabe von Standesamt und Registernummer des Eheeintrags kommt gemäß §31 Abs. 2 Nr. 2 »bei verheiratet gewesenen Verstorbenen« in Betracht. Hierunter fällt nur, wessen Ehe im Zeitpunkt des Todes noch bestand (Rdnr. 32). Der Hinweis schafft die Verknüpfung zum Eheeintrag, in dem die Angaben über den überlebenden Ehegatten nach Maßgabe des §16 fortgeführt werden. Nr. 31.7 PStG-VwV, wonach ein Hinweis auch einzutragen ist, wenn der Verstorbene bereits verwitwet war oder wenn seine Ehe schon vor dem Tod durch Scheidung oder Aufhebung aufgelöst oder für nichtig erklärt worden war, ist überholt, da in diesen Fällen das Eheregister nicht mehr fortgeführt wird und demgemäß auch keine Mitteilung des Sterbefalls zu Eheregister mehr erfolgt (vgl. §60 Abs. 2 Nr. 2 PStV). **47**

3. Lebenspartnerschaftseintrag

Die Ausführungen zu Rdnr. 47 gelten entsprechend für den Hinweis auf den Lebenspartnerschaftseintrag (§ 31 Abs. 2 Nr. 3). **48**

V. Mitteilungen

Einzelheiten zu den Mitteilungen, die über den Sterbefall auf Grund von Rechtsvorschriften von Amts wegen an andere Behörden und sonstige öffentliche Stellen zu richten sind, sind durch Rechtsverordnung zu regeln (§§ 68, 73 Nr. 8). Die Mitteilungspflichten nach der Beurkundung des Sterbefalls sind in §60 Abs. 1 PStV aufgelistet. Neben diesen Mitteilungspflichten bestehen rechtliche Informationspflichten gegenüber ausländischen Stellen auf Grund internationaler Übereinkommen. **49**

1. Mitteilungen zu Personenstandsregistern im Inland

Das Standesamt, das den Sterbefall beurkundet, hat dies mitzuteilen: **50**
- dem Standesamt, das den Geburtseintrag für den Verstorbenen führt (§ 60 Abs. 1 Nr. 1 PStV), damit zu diesem Eintrag auf den Tod des Kindes hingewiesen wird (§ 27 Abs. 4 Satz 2 Nr. 3),
- dem Standesamt, das den Ehe- oder Lebenspartnerschaftseintrag für eine zur Zeit des Todes bestehende Ehe oder Lebenspartnerschaft führt (§ 60 Abs. 1 Nr. 2 PStV) zur Eintragung einer Folgebeurkundung über den Tod des (erstverstorbenen) Ehegatten oder Lebenspartners (§16 Abs. 1 Satz 1 Nr. 1, § 17 Satz 1).

2. Mitteilungen an inländische Behörden und Gerichte

Nach Beurkundung des Sterbefalls hat das Standesamt dies folgenden Behörden und Gerichten mitzuteilen: **51**

- der Gesundheitsbehörde, soweit dies nach Landesrecht (Bestattungsgesetz) vorgesehen ist (§ 60 Abs. 1 Nr. 3 PStV),
- dem Standesamt I in Berlin, wenn der Verstorbene zuvor für tot erklärt, seine Todeszeit gerichtlich festgestellt worden ist oder er nicht im Inland verstorben ist (§ 60 Abs. 1 Nr. 4 PStV); die Mitteilung wird in die Sammlung der Beschlüsse über Todeserklärungen und Feststellung der Todeszeit aufgenommen (vgl. § 33 Rdnr. 13),
- der für die Hauptwohnung des Verstorbenen zuständigen Meldebehörde (§ 60 Abs. 1 Nr. 5 PStV; Nr. 68.3.1 PStG-VwV) zur Fortschreibung des Melderegisters,
- dem Familiengericht, wenn der Verstorbene minderjährig und Vollwaise war oder ein minderjähriges Kind hinterlassen hat (§ 168a FamFG; § 60 Abs. 1 Nr. 6 PStV); die Mitteilung ist an das Familiengericht zu richten, bei dem die Vormundschaft geführt wird, ersatzweise an das Familiengericht am Wohnsitz des Kindes (Nr. 68.3.2 PStG-VwV),
- dem Jugendamt, wenn der Verstorbene minderjährig und Vollwaise war oder ein minderjähriges Kind hinterlassen hat, das durch den Sterbefall Vollwaise geworden ist (§ 60 Abs. 1 Nr. 7 PStV); die Mitteilung ist an das Jugendamt zu richten, bei dem die Vormundschaft geführt wird (Nr. 68.3.3 PStG-VwV),
- dem für die Verwaltung der Erbschaftsteuer zuständigen Finanzamt, in dessen Bezirk sich der Sitz des Standesamts befindet (§ 4 ErbStDV; § 60 Abs. 1 Nr. 8 PStV; Nr. 68.3.5 PSPG-VwV),
- der das Zentrale Testamentsregister führenden Registerbehörde (§ 60 Abs. 1 Nr. 9 PStV)[31].

Wenn nicht bekannt ist, bei welchem Familiengericht oder Jugendamt die Vormundschaft geführt wird, können die Mitteilungen nach § 60 Abs. 1 Nr. 6 und 7 PStV auch dem Familiengericht und dem Jugendamt übersandt werden, in deren Bezirk das Standesamt seinen Sitz hat (Nr. 68.3.4 PStG-VwV).

52 Nach § 2 Abs. 1 und 5 des Bevölkerungsstatistikgesetzes sind die Sterbefälle mindestens monatlich dem zuständigen Statistischen Landesamt für die Statistik der natürlichen Bevölkerungsbewegung mitzuteilen (§ 61 PStV). Die Mitteilungen sind vertraulich zu behandeln, Einsicht in die Mitteilungen darf nicht gewährt und Auskunft aus den Mitteilungen darf nicht erteilt werden (Nr. 68.5 PStG-VwV).

3. Mitteilungen an ausländische Stellen

53 Auf Grund internationaler Vereinbarungen bestehen Mitteilungspflichten, wenn das Standesamt den Tod einer Person beurkundet hat, die entweder die Staatsangehörigkeit eines Vertragsstaates besessen hat oder in einem Vertragsstaat geboren war (vgl. Nr. 68.6 PStG-VwV). Treffen beide Anknüpfungen zu, ergibt sich eine doppelte Mitteilungspflicht.

31 Dazu: *Seebach*, StAZ 2015, 283.

Nach dem Wiener Übereinkommen über konsularische Beziehungen vom 24.4.1963[32] ist der Tod des Angehörigen eines Vertragsstaates unverzüglich der zuständigen konsularischen Vertretung durch Übersendung einer Sterbeurkunde mitzuteilen. Die Mitteilung hat auch bei Personen zu erfolgen, die neben der ausländischen die deutsche Staatsangehörigkeit besitzen[33]. **54**

Nach Art. 1 des CIEC-Übereinkommens über den internationalen Austausch von Auskünften in Personenstandsangelegenheiten vom 4.9.1958[34] i.V.m. dem Zusatzprotokoll vom 6.9.1989[35] hat das deutsche Standesamt, das den Tod einer Person beurkundet, die in einem Vertragsstaat geboren ist, dem Standesamt des Geburtsorts eine Mitteilung über den Sterbefall zu machen. Auf die Staatsangehörigkeit des Verstorbenen kommt es nicht an. Für die Mitteilung ist der in dem Übereinkommen festgelegte mehrsprachige Vordruck oder ein mehrsprachiger Auszug aus dem Sterberegister mit einem Zusatzvermerk zu verwenden. **55**

Auf Grund bilateraler Übereinkommen mit der Schweiz, Luxemburg und Österreich[36] ergeben sich Pflichten zur Mitteilung über den Tod eines Angehörigen dieser Staaten. **56**

32 BGBl. 1969 II S. 1585 (GS Nr. 296 mit einer Liste der Vertragsstaaten).

33 RdSchr. d. BMI v. 5.10.2015 – V II 1- 20103/99#5 – (abrufbar unter www.personenstandsrecht.de, abgedruckt in StAZ 2016, 58).

34 BGBl. 1961 II S. 1055, 1071 (GS Nr. 203 mit einer Liste der Vertragsstaaten).

35 BGBl. 1994 II S. 487 (GS Nr. 203a).

36 Schweiz: Abkommen vom 4.11.1985 (BGBl. 1988 II S. 126); Luxemburg: Abkommen vom 3.6.1982 (BGBl. 1983 II S. 698); Österreich: Vertrag vom 18.11.1980 (BGBl. 1981 II S. 1050); GS Nr. 203 CH, L und A.

Abschnitt 2 **Fortführung des Sterberegisters; Todeserklärungen**

§ 32 Fortführung

Zum Sterbeeintrag werden Folgebeurkundungen über Berichtigungen aufgenommen. Auf die Todeserklärung und die gerichtliche Feststellung der Todeszeit wird hingewiesen.

Übersicht (die Zahlen bedeuten Randnummern)

I. Rechtsentwicklung

1 Eine dem § 32 entsprechende Vorschrift war im früheren PStG nicht enthalten. Sachlich enthält sie jedoch keine Neuerungen. Nach altem Recht wurden Berichtigungen sowie Todeserklärungen und gerichtliche Feststellungen der Todeszeit auf Grund der Dienstanweisung als Randvermerke dem Sterbeeintrag beigeschrieben.

II. Allgemeines

2 Eine Fortführung des Sterberegisters kommt nur in eng begrenztem Umfang in Betracht, da Personenstandsänderungen nach dem Tode eines Menschen nicht mehr denkbar sind. Es können nur solche Rechtsänderungen oder Feststellungen eingetragen werden, die auf einen vor dem Tod liegenden Zeitpunkt zurückwirken.

III. Berichtigungen

3 Der Sterbeeintrag wird ebenso wie der Eintrag in anderen Personenstandsregistern berichtigt, wenn er eine Unrichtigkeit enthält (§ 32 Satz 1). Eine Berichtigung im engeren Sinne (§§ 47 f.) liegt vor, wenn die Eintragung schon in dem Zeitpunkt, in dem sie vorgenommen wurde, nicht hätte erfolgen dürfen. Hierbei kann es sich um nach Abschluss der Eintragung entdeckte bloße Schreibfehler handeln, um ein unrichtiges Datum oder andere tatsächliche Unrichtigkeiten. Die Berichtigung des Sterbeeintrags kommt ferner in Betracht, wenn die Identität oder der als unbekannt angenommene Familienstand des Verstorbenen später festgestellt wird.

4 Eine Berichtigung, nicht im technischen Sinne, aber der Sache nach liegt vor, wenn die Eintragung im Zeitpunkt ihrer Vornahme richtig war, jedoch

durch ein später liegendes Ereignis unrichtig geworden ist. Eine solche Berichtigung kann sich insbesondere hinsichtlich des Familienstandes ergeben, wenn nach dem Tode das Nichtbestehen der Ehe des Verstorbenen festgestellt oder die Ehe z.B. nach ausländischem Recht ex tunc für nichtig erklärt wird. Die letztgenannte Möglichkeit ist nach deutschem Recht mit der Abschaffung der Ehenichtigkeit durch das Eheschließungsrechtsgesetz vom 4.5.1998[1] zum 1.7.1998 entfallen. Da die Ehe durch den Tod aufgelöst wird, scheidet eine Eheaufhebung, die ebenso wie die Scheidung nur ex nunc wirkt, nach dem Tod eines Ehegatten aus.

Bei der Folgebeurkundung über die Berichtigung ist die zu berichtigende Angabe des Sterbeeintrags im Feld »Anlass der Beurkundung« möglichst genau zu bezeichnen, z.B. »Berichtigung des Familiennamens des Verstorbenen« (Nr. 32.1.1 PStG-VwV). Bei der Berichtigung des Todesorts kann sich erweisen, dass der Tod im Zuständigkeitsbereich eines anderen Standesamts eingetreten ist (vgl. § 37 Abs. 5 Satz 2 i.V.m. § 32 Abs. 2 Satz 2 PStV). Diesem Standesamt ist eine entsprechende Mitteilung zu übersenden (Nr. 32.1.2 PStG-VwV). 5

IV. Hinweise

Die Tatsache, dass der Tod einer Person im Sterberegister beurkundet ist, schließt nicht aus, dass dieselbe Person später im Verfahren nach dem Verschollenheitsgesetz für tot erklärt wird oder dass ihr Tod und der Zeitpunkt ihres Todes gerichtlich festgestellt werden. Nach § 22a VerschG hat die zuvor erfolgte Beurkundung des Todes des Verschollenen im Sterberegister in dem Verfahren keine Beweiskraft. Durch die Eintragung eines Hinweises auf die Todeserklärung oder gerichtliche Feststellung der Todeszeit entfällt die Beweiskraft des Sterbeeintrags. Es gilt allein die Vermutung, dass die beurkundete Person zu dem gerichtlich festgestellten Zeitpunkt verstorben ist (Nr. 32.2 PStG-VwV). Dies ist insbesondere wegen der Wirkungen der Todeserklärung im Bereich des Eherechts von Bedeutung (vgl. §§ 1319 f. BGB). Es ist daher zweckmäßig, den im Beschluss festgestellten Zeitpunkt des Todes in den Hinweis aufzunehmen. 6

In dem umgekehrten Fall, dass der Sterbefall nach einer Todeserklärung oder gerichtlichen Feststellung der Todeszeit nach den allgemeinen Vorschriften beurkundet wird (§ 31), ist ein Hinweis im Sterbeeintrag nicht vorgeschrieben. In diesem Fall hat der Sterbeeintrag die volle Beweiskraft des § 54. 7

1 BGBl. I S. 833.

§ 33 Todeserklärungen

Ausfertigungen der Beschlüsse über Todeserklärungen und gerichtliche Feststellungen der Todeszeit werden von dem Standesamt I in Berlin in einer Sammlung dauernd aufbewahrt.

Übersicht (die Zahlen bedeuten Randnummern)

I. Rechtsentwicklung

1 Nach § 40 PStG a. F. wurden Todeserklärungen und gerichtliche Feststellungen der Todeszeit vom Standesbeamten des Standesamts I in Berlin in ein besonderes Buch für Todeserklärungen eingetragen[1], das zum 1.7.1938 durch das PStG 1937 eingeführt worden war. Dabei handelte es sich nicht um ein Personenstandsbuch. Die Einträge hatten nur deklaratorischen Charakter und nahmen nicht an der Beweiskraft der Personenstandseinträge teil; maßgebend war der gerichtliche Beschluss.

2 In der DDR wurde ein Buch für Todeserklärungen nur bis zum 28.2.1957 geführt. Danach wurden Beschlüsse von Gerichten der DDR über Todeserklärungen und Feststellungen der Todeszeit beim Standesamt I in Berlin (Ost) hinterlegt. Nach der Einigung wurde die Sammlung der Beschlüsse auf Grund der Maßgaben des Einigungsvertrages zum PStG vom Standesamt I in Berlin übernommen, ohne dass sie mit dem Buch für Todeserklärungen verschmolzen wurde[2].

3 Das PStG 2007 verzichtet aus Gründen der Verwaltungsvereinfachung auf das Buch für Todeserklärungen. An die Stelle des Buches ist die Sammlung der Beschlüsse getreten. § 73 Nr. 22 enthält die Ermächtigung, die Führung der Sammlung von Todeserklärungen, die damit zusammenhängenden Mitteilungspflichten und die Benutzung dieser Sammlung durch Rechtsverordnung zu regeln (vgl. §§ 41, 56 Abs. 1 Nr. 4 Buchst. a PStV).

1 Vgl. die Vordrucke nach den Anlagen 8 und 9 zur PStV a. F.
2 Vgl. *Bornhofen*, StAZ 1992, 97, 99.

II. Todeserklärung und Feststellung der Todeszeit

Todeserklärungen und gerichtliche Feststellungen der Todeszeit ergehen auf Grund des Verschollenheitsgesetzes (VerschG)[3]. Für Verschollenheitsfälle aus Anlass des Krieges 1939 bis 1945 gelten die Sondervorschriften der Art. 2 bis 4 des Gesetzes zur Änderung von Vorschriften des Verschollenheitsrechts (VerschÄndG)[4]. 4

1. Todeserklärung

Nach § 2 VerschG kann ein Verschollener unter den Voraussetzungen der §§ 3 bis 7 VerschG für tot erklärt werden. Verschollen ist, wessen Aufenthalt während längerer Zeit unbekannt ist, ohne dass Nachrichten darüber vorliegen, ob er in dieser Zeit noch gelebt hat oder gestorben ist, sofern nach den Umständen hierdurch ernstliche Zweifel an seinem Fortleben begründet werden (§ 1 Abs. 1 VerschG). Die Beurkundung des Sterbefalls im Sterberegister schließt die Todeserklärung nicht aus, da im Verfahren nach dem VerschG die Eintragung im Sterberegister keinen Beweiskraft hat (§ 22a VerschG). Ist der Tod nicht zweifelhaft, liegt keine Verschollenheit vor (§ 1 Abs. 2 VerschG); ggf. kommt eine Feststellung der Todeszeit in Betracht (vgl. Rdnr. 8). 5

Die Todeserklärung erfolgt auf Antrag in einem Aufgebotsverfahren nach den §§ 13 ff. VerschG, die weitgehend das FamFG verdrängen. Zuständig ist das Amtsgericht, in dessen Bezirk der Verschollene seinen letzten inländischen Wohnsitz, hilfsweise seinen letzten gewöhnlichen Aufenthalt hatte (§§ 14, 15 Abs. 1 VerschG). Bei Verschollenheit durch den Untergang eines in einem deutschen Schiffsregister eingetragene Schiffes ist das Gericht des Heimathafens oder Heimatortes zuständig (§ 15 Abs. 2 VerschG). Das Gericht entscheidet durch Beschluss, in dem der Zeitpunkt des Todes des Verschollenen nach § 9 Abs. 2 und 3 VerschG festgestellt wird (§ 23 VerschG)[5]. 6

Hat der Verschollene die Todeserklärung überlebt, kann die Aufhebung der Todeserklärung beantragt werden (§ 30 VerschG). Möglich ist auch eine Änderung des festgestellten Todeszeitpunkts (§ 33a VerschG). 7

2. Feststellung der Todeszeit

Ist der Tod einer Person nicht zweifelhaft, eine Eintragung im Sterberegister aber nicht erfolgt, kommt eine gerichtliche Feststellung des Todes und des Todeszeitpunkts in Betracht (§§ 39 ff. VerschG). Jedoch fehlt das Rechtsschutzinteresse für ein solches Verfahren, wenn die Beurkundung des Sterbefalls auf Grund einer nachträglichen Anzeige (§§ 29 Abs. 1, 30 Abs. 1 und 2) noch möglich ist. Wird der Antrag vom Ehegatten gestellt, steht die Eintragung im Sterberegister der Feststellung nicht entgegen (§ 39 Satz 2 VerschG). 8

3 GS Nr. 31. Dazu *Berkl*, StAZ 2013, 46.

4 GS Nr. 31a.

5 Zur Bestimmung des Todeszeitpunkts nach § 9 Abs. 2 VerschG vgl. OLG Hamm, StAZ 2015, 109.

Im Verfahren auf Feststellung der Todeszeit tritt an die Stelle des Aufgebotsverfahrens eine öffentliche Aufforderung (§ 42 VerschG). Im Übrigen gelten die Vorschriften über das Verfahren zur Todeserklärung entsprechend (§ 40 VerschG).

3. Todesvermutung

9 Die Todeserklärung begründet die Vermutung, dass der Verschollene in dem im Beschluss festgestellten Zeitpunkt gestorben ist (§ 9 Abs. 1 Satz 1 VerschG). Im Falle der gerichtlichen Feststellung des Todes und der Todeszeit wird vermutet, dass der – nicht zweifelhafte – Tod in dem festgestellten Zeitpunkt eingetreten ist (§ 44 Abs. 2 Satz 1 VerschG). Die gesetzliche Vermutung hinsichtlich des Todes der betroffenen Person wirkt für und gegen jedermann. Das gilt auch, wenn vor der Todeserklärung oder Feststellung der Todeszeit ein anderer Zeitpunkt im Sterberegister eingetragen ist (§§ 9 Abs. 1 Satz 2, 44 Abs. 2 Satz 2 VerschG).

10 Todeserklärung und Feststellung der Todeszeit werden grundsätzlich dem Tod einer Person gleichgestellt. Dies gilt z. B. für die Feststellung, ob der Verschollene gemäß § 1593 BGB Vater des Kindes seiner Ehefrau ist. Eine – scheinbare – Ausnahme gilt für die Ehe des für tot Erklärten. Sie wird erst durch die erneute Eheschließung des Ehegatten aufgelöst, falls der für tot Erklärte noch lebt (§ 1319 Abs. 2 BGB).

11 Die Rechtsvermutung der §§ 9 Abs. 1, 44 Abs. 2 VerschG kann jederzeit von jedermann widerlegt werden. Eine Eheschließung darf nicht davon abhängig gemacht werden, dass die zu Unrecht ergangene Todeserklärung eines Eheschließenden zuvor aufgehoben wird[6]. Andererseits darf trotz vorliegender Todeserklärung keine neue Eheschließung des »überlebenden« Ehegatten vorgenommen werden, wenn dem Standesamt bekannt ist, dass der für tot Erklärte noch lebt.

III. Sammlung der Beschlüsse

1. Inhalt der Sammlung

12 § 33 begründet die Pflicht des Standesamts I in Berlin zur dauernden Aufbewahrung von Ausfertigungen der Beschlüsse über Todeserklärungen und gerichtliche Feststellungen der Todeszeit; in die Sammlung sind nur rechtskräftige Entscheidungen aufzunehmen (§ 41 Satz 1 PStV), und zwar in der Reihenfolge ihres Eingangs (Nr. 33.1 PStG-VwV). Die Vorschrift erfasst auch die Änderung oder Aufhebung solcher Beschlüsse (§ 41 Satz 3 PStV). Sie setzt voraus, dass dem Standesamt die gerichtlichen Entscheidungen von Amts wegen

6 AG Hamburg, StAZ 1956, 63.

mitgeteilt werden. § 56 Abs. 1 Nr. 4 Buchst. a PStV sieht eine entsprechende Mitteilungspflicht des Gerichts vor. Einzelheiten sind in XVI/1 MiZi[7] geregelt.

Mit der Beurkundung des Todes einer für tot erklärten Person im Sterbe- 13
register entfällt die Todesvermutung des § 9 Abs. 1 Satz 1 VerschG. Daher hat das Standesamt, das den Sterbefall beurkundet hat, dies dem Standesamt I in Berlin mitzuteilen (§ 60 Abs. 1 Nr. 4 PStV). Die Mitteilung ist in die Sammlung aufzunehmen, damit bei Urkundenanforderungen auf den Sachverhalt hingewiesen werden kann (Nr. 33.2 PStG-VwV).

2. Mitteilungspflichten des Standesamts I

Da die Todeserklärung oder gerichtliche Feststellung der Todeszeit grund- 14
sätzlich wie der Tod einer Person behandelt wird (vgl. Rdnr. 10), ein Sterbeeintrag aber in der Regel nicht besteht, hat das Standesamt I in Berlin die Mitteilungspflichten zu erfüllen, die sonst dem Standesamt obliegen, das einen Sterbefall beurkundet hat (vgl. § 31 Rdnr. 49 ff.). Die entsprechenden Mitteilungen sind in § 60 Abs. 2 PStV aufgeführt: Das Standesamt, das den Geburtseintrag des für tot Erklärten führt, ist zu informieren, damit ein Hinweis gemäß § 27 Abs. 4 Satz 2 Nr. 3 eingetragen werden kann (§ 60 Abs. 2 Nr. 1 PStV). Zur Aufnahme einer Folgebeurkundung nach § 16 Abs. 1 Satz 1 Nr. 2 ergeht eine Mitteilung an das Standesamt, das den Ehe- oder Lebenspartnerschaftseintrag für eine zur Zeit der Todeserklärung bestehende Ehe oder Lebenspartnerschaft führt (§ 60 Abs. 2 Nr. 2 PStV). Existiert ausnahmsweise ein Sterbeeintrag, ist eine Mitteilung zum Sterberegister zu machen, damit ein Hinweis gemäß § 32 Satz 2 eingetragen wird (§ 60 Abs. 2 Nr. 3 PStV; vgl. § 32 Rdnr. 6). Eine weitere Mitteilung ergeht an die das Zentrale Testamentsregister führende Registerbehörde (§ 60 Abs. 2 Nr. 4 PStV).

Folgt aus der Todeserklärung oder Feststellung der Todeszeit, aus der Än- 15
derung oder Aufhebung eines entsprechenden Beschlusses eine Änderung des Personenstandes eines Kindes des für tot Erklärten, ist gemäß § 5 Abs. 4 Satz 2 das Standesamt zu benachrichtigen, das den Geburtseintrag des Kindes führt, damit eine Folgebeurkundung vorgenommen wird (§ 27 Abs. 3 Nr. 1). Dies ist z. B. der Fall, wenn sich aus dem festgestellten Todeszeitpunkt ergibt, dass ein verschollener Mann der Vater oder nicht der Vater des Kindes ist (vgl. § 1593 BGB).

3. Benutzung der Sammlung

Da die Sammlung der Beschlüsse kein Personenstandsregister ist (arg. § 3 16
Abs. 1 Satz 1), ist auch die Benutzung besonders geregelt. Die Vorschriften der §§ 62 bis 66 gelten nur für die bei den Standesämtern geführten Personenstandsregister und Sammelakten (§ 61 Abs. 1 Satz 1). Nach § 41 Satz 2 PStV werden den nach den §§ 62 bis 66 Benutzungsberechtigten auf Antrag nur beglaubigte Abschriften der Ausfertigungen der gerichtlichen Entscheidungen

7 GS Nr. 74.

über Todeserklärungen und gerichtliche Feststellung der Todeszeit erteilt. Hierfür reicht es aus, dass der Antragsteller ein berechtigtes Interesse glaubhaft macht (vgl. Nr. 62.1.2 und 62.1.3 PStG-VwV). Die beglaubigte Abschrift ist nach § 55 Abs. 1 Nr. 6 eine Personenstandsurkunde und genießt als solche die besondere Beweiskraft nach § 54 Abs. 2.

Kapitel 7 **Besondere Beurkundungen**

Abschnitt 1 **Beurkundungen mit Auslandsbezug; besondere Beurkundungsfälle**

§34 Eheschließungen im Ausland oder vor ermächtigten Personen im Inland

(1) Hat ein Deutscher im Ausland die Ehe geschlossen, so kann die Eheschließung auf Antrag im Eheregister beurkundet werden; für den Besitz der deutschen Staatsangehörigkeit ist der Zeitpunkt der Antragstellung maßgebend. Die §§3 bis 7, 9, 10, 15 und 16 gelten entsprechend. Gleiches gilt für Staatenlose, heimatlose Ausländer und ausländische Flüchtlinge im Sinne des Abkommens über die Rechtsstellung der Flüchtlinge vom 28. Juli 1951 (BGBl. 1953 II S. 559) mit gewöhnlichem Aufenthalt im Inland. Antragsberechtigt sind die Ehegatten, sind beide verstorben, deren Eltern und Kinder.

(2) Die Beurkundung der Eheschließung nach Absatz 1 erfolgt auch dann, wenn die Ehe im Inland zwischen Eheschließenden, von denen keiner Deutscher ist, vor einer von der Regierung des Staates, dem einer der Eheschließenden angehört, ordnungsgemäß ermächtigten Person in der nach dem Recht dieses Staates vorgeschriebenen Form geschlossen worden ist.

(3) Personen, die eine Erklärung nach §94 des Bundesvertriebenengesetzes abgegeben haben, sind nur mit den nach dieser Erklärung geführten Vornamen und Familiennamen einzutragen; dies gilt entsprechend für Vertriebene und Spätaussiedler, deren Name nach den Vorschiften* des Gesetzes über die Änderung von Familiennamen und Vornamen geändert worden ist.

(4) Zuständig für die Beurkundung ist das Standesamt, in dessen Zuständigkeitsbereich die antragsberechtigte Person ihren Wohnsitz hat oder zuletzt hatte oder ihren gewöhnlichen Aufenthalt hat. Ergibt sich danach keine Zuständigkeit, so beurkundet das Standesamt I in Berlin die Eheschließung.

(5) Das Standesamt I in Berlin führt ein Verzeichnis der nach den Absätzen 1 und 2 beurkundeten Eheschließungen.

Übersicht (die Zahlen bedeuten Randnummern)

* Die falsche Schreibweise entspricht dem im BGBl. I 2013 S. 1122, 1123 veröffentlichten Gesetzestext.

I. Rechtsentwicklung

1 Nach § 15a PStG a. F. konnte für eine im Ausland geschlossene Ehe bei hinreichendem Inlandsbezug ein Familienbuch auf Antrag angelegt werden. Das Gleiche galt für eine im Inland nach Maßgabe des Art. 13 Abs. 4 Satz 2 EGBGB geschlossene Ehe. Die Funktion der Registrierung einer solchen Ehe erfüllt nun gemäß § 34 das Eheregister, da auch weiterhin ein Interesse der Beteiligten an der Beurkundung im Inland bestehen kann[1].

2 Die Beurkundung im Eheregister vereinfacht das Verfahren gegenüber dem früheren Recht, da Angaben über Eltern und gemeinsame Kinder der Ehegatten nicht mehr erhoben werden. Auch die Antragsberechtigung ist eingeschränkt. Zu Lebzeiten der Ehegatten sind nur diese antragsberechtigt. Erst wenn beide verstorben sind, können Eltern und Kinder den Beurkundungsantrag stellen. Diese Beschränkung soll dazu beitragen, Doppelbeurkundungen zu vermeiden[2]. Eine Vereinfachung ergibt sich schließlich aus der Regelung der Zuständigkeit des Standesamts, die an den Wohnsitz oder gewöhnlichen Aufenthalt des Antragstellers – also nicht mehr an den der Ehegatten – anknüpft.

3 Durch das PStRÄndG wurde in § 34 der Absatz 3 eingefügt; die bisherigen Absätze 3 und 4 wurden Absätze 4 und 5. Absatz 3 übernimmt die frühere Regelung des § 20b PStV a. F., die bis zur gesetzlichen Verankerung in § 34 in Nr. 34.4 Satz 2 PStG-VwV »geparkt« war.

Durch Art. 1 Nr. 7 Buchst. a des 2. PStRÄndG wurde § 34 Abs. 1 Satz 4 klarer gefasst. Des Weiteren hat Art. 7 Nr. 7 Buchst. b die Zuständigkeit des Wohnsitzstandesamtes für die Nachbeurkundung gemäß § 34 Abs. 4 Satz 1 erweitert. Dessen Zuständigkeit wird jetzt auch begründet, wenn die antragstellende Person im Ausland lebt, aber zuvor einen inländischen Wohnsitz hatte. Damit soll das Standesamt I in Berlin entlastet werden. Die Regelung gilt seit dem 1. 11. 2017; für Altfälle bleibt es bei der Zuständigkeit des Standesamts I (§ 79).

1 BT-Drs. 16/1831 S. 48; abgedruckt in *Gaaz/Bornhofen* 2008 S. 455.
2 BT-Drs. 16/3309 S. 11; abgedruckt in *Gaaz/Bornhofen* 2008 S. 503.

II. Voraussetzungen für die Beurkundung im Eheregister

1. Ort und Zeit der Eheschließung

a) Eheschließung im Ausland

Nach § 34 Abs. 1 Satz 1 kann ein Antrag auf Beurkundung der Eheschließung gestellt werden, wenn die Ehe im Ausland geschlossen worden ist. Auf den Zeitpunkt der Eheschließung kommt es nicht an; die Ehe kann also auch vor Inkrafttreten des PStG 2007 (1.1.2009) geschlossen worden sein. Maßgebend für die Abgrenzung »Inland« und »Ausland« ist der Tag der Antragstellung (Nr. 34.1 PStG-VwV). Aus diesem Grund fallen Ehen, die vor dem 3.10.1990 in der DDR, d.h. außerhalb des damaligen Geltungsbereichs des PStG, geschlossen worden sind, nicht unter § 34. Für eine solche Ehe liegt entweder ein fortgeführter Heiratseintrag vor oder es wurde ein Familienbuch auf Antrag – unmittelbar nach § 15a PStG a.F. oder nach Maßgabe des Einigungsvertrages – angelegt, das als Heiratseintrag fortgeführt wird (Nr. 34.2.3 PStG-VwV). 4

Eine Beurkundung nach § 34 kommt nicht in Betracht, wenn für die Ehe ein deutscher Heiratseintrag errichtet und gemäß §§ 18 PStV a.F., 68 PStV fortgeführt oder bis zum 31.12.2008 ein Familienbuch auf Antrag (§ 15a PStG a.F.) angelegt wurde (Nr. 34.1 Satz 2 PStG-VwV). In letzterem Fall wird das Familienbuch als Heiratseintrag fortgeführt (§ 77 Abs. 1). 5

Für eine im Ausland geschlossene Ehe, die gemäß § 41 PStG in der bis 31.12.1974 geltenden Fassung nachträglich beim Standesamt I in Berlin beurkundet wurde, liegt entweder ein Heiratseintrag vor, der fortzuführen ist. Oder für diese Ehe wurde ein Familienbuch auf Antrag angelegt, das jetzt als Heiratsantrag fortgeführt wird (§ 77 Abs. 1). Eine Beurkundung nach § 34 kommt in keinem Fall in Betracht (Nr. 34.2.1 PStG-VwV). 6

Eine Ehe, die vor dem 1.1.1975 vor einem deutschen Auslandsstandesbeamten geschlossen wurde, ist im Ausland geschlossen. Die Anlegung eines Familienbuchs für eine solche Ehe von Amts wegen war nicht vorgesehen[3]. Eine Beurkundung im Eheregister nach § 34 ist somit noch möglich, sofern kein Familienbuch auf Antrag angelegt worden ist. 7

In der Zeit vom 1.1.1975 bis zum 31.12.2008 waren unter bestimmten Voraussetzungen deutsche Konsularbeamte befugt, Eheschließungen vorzunehmen und zu beurkunden (§ 8 Abs. 1 KonsG a.F.). Der Heiratseintrag war dem Standesamt I in Berlin zu übersenden, das von Amts wegen ein Familienbuch anlegte (§ 8 Abs. 2 KonsG a.F.; § 71 Abs. 3 PStV a.F.). Hier scheidet eine Beurkundung der Eheschließung nach § 34 aus, weil das Familienbuch als Heiratseintrag fortzuführen ist (Nr. 34.2.2 PStG-VwV). 8

3 Vgl. *Schaumburg*, StAZ 1961, 208.

b) Eheschließung im Inland

9 Die nachträgliche Beurkundung einer im Inland vorgenommenen Eheschließung ist nur möglich, wenn die Ehe zwischen Eheschließenden, von denen keiner Deutscher ist, vor einer von der Regierung des Staates, dem einer der Eheschließenden angehört, ordnungsgemäß ermächtigten Person in der nach dem Recht dieses Staates vorgeschriebenen Form geschlossen worden ist (§ 34 Abs. 2). Die Bestimmung nimmt Bezug auf § 13 Abs. 4 Satz 2 EGBGB, der eine Ausnahme von dem Grundsatz zulässt, dass im Inland eine Ehe nur vor einem deutschen Standesbeamten geschlossen werden kann (Art. 13 Abs. 4 Satz 1)[4]. Die Betroffenen können durch die Beurkundung in dem deutschen Eheregister ihren Familienstand im deutschen Rechtsbereich festschreiben lassen und werden damit den Ausländern gleichgestellt, die ihre Ehe im Inland vor einem deutschen Standesbeamten geschlossen haben.

10 Die Möglichkeit der Nachbeurkundung nach § 34 Abs. 2 besteht auch für »Konsulatsehen«, die vor dem 1.1.2009 geschlossen worden sind (vgl. Rdnr. 4). In der Zeit vom 1.9.1986 bis zum 31.12.2008 konnte für Eheschließungen zwischen ausländischen Staatsangehörigen vor ermächtigten Konsularbeamten oder religiösen Stellen ein Familienbuch auf Antrag angelegt werden (§ 15a Abs. 1 Satz 2 Nr. 2 PStG a. F.). Ein solches Familienbuch wird als Heiratseintrag fortgeführt (§ 77 Abs. 1). Vor dem 1.9.1986 bestand die Möglichkeit der Eintragung in das Heiratsbuch[5]. Jedoch wurden dort nur Randvermerke über Berichtigungen eingetragen (§ 18 Abs. 3 PStV a. F.), im Übrigen wurde der Heiratseintrag nicht fortgeführt[6]. Anders als das auf Antrag angelegte Familienbuch hindert der Eintrag über eine vor einer ermächtigten Person geschlossene Ehe im früheren Heiratsbuch nicht die Beurkundung nach § 34 Abs. 2.

2. Antragsberechtigung

a) Antragsberechtigte Personen

11 Den Antrag auf Beurkundung der Eheschließung können zu Lebzeiten nur die Ehegatten, nach dem Tod beider Partner auch deren Eltern und Kinder stellen (§ 34 Abs. 1 Satz 4). Die Bestimmung eines sukzessiven Antragsrechts bedeutet eine wesentliche Vereinfachung gegenüber dem früheren Recht, das jeder in das Familienbuch einzutragenden Person (Ehegatten, Eltern, Kinder) ein gleichzeitiges Antragsrecht zusprach (§ 15a Abs. 2 PStG a. F.). Eine gemeinsame Antragstellung der Ehegatten wird nicht gefordert; jeder Ehegatte kann die Beurkundung ohne Zustimmung des anderen beantragen. Es wird nicht vorausgesetzt, dass die Ehe bei Antragstellung noch besteht; für den

4 Zu Registrierung und Nachweis einer gemäß Art. 13 Abs. 4 Satz 2 EGBGB geschlossenen Ehe vgl. *Hepting/Dutta* Rdnr. III-439 ff.

5 § 15a Abs. 2 Satz 2 Ehegesetz in der bis zum 31.8.1986 geltenden Fassung.

6 Das gilt unverändert auch unter der Geltung des PStG 2007 (*Hochwald*, StAZ 2013, 262).

Fall der Auflösung durch den Tod eines Ehegatten folgt dies aus § 34 Abs. 1 Satz 4 Halbs. 2.

Nach dem Tod beider Ehegatten, sind auch deren Eltern und Kinder antragsberechtigt, ohne dass eine Reihenfolge festgelegt ist. War ein Ehegatte adoptiert worden, können nur die Annehmenden den Antrag als Eltern stellen (vgl. § 1755 Abs. 1 Satz 1 BGB), bei Volljährigenadoption auch die leiblichen Eltern (§ 1770 Abs. 2 BGB). Das Antragsrecht der Kinder besteht nicht nur für die gemeinschaftlichen – leiblichen und adoptierten – Kinder der Ehegatten, sondern auch für die Kinder nur eines der Ehegatten. Weitere Abkömmlinge, z. B. Enkelkinder, haben kein Antragsrecht. 12

Auf die Rechtsstellung des Antragstellers (Deutscher, Ausländer, Staatenloser etc.) kommt es nicht an. Auch die ausländischen Eltern oder Kinder eines deutschen Staatsangehörigen können nach dem Tod beider Ehegatten den Antrag auf Beurkundung stellen. 13

b) Rechtsstellung der Ehegatten

Nach § 34 Abs. 1 Satz 1 und 3 ist ein Antrag nur zulässig, wenn ein Ehegatte entweder Deutscher oder Staatenloser, heimatloser Ausländer oder ausländischer Flüchtling im Sinne des Abkommens über die Rechtsstellung der Flüchtlinge vom 28. 7. 1951[7] mit gewöhnlichem Aufenthalt im Inland ist (vgl. § 12 Rdnr. 35 ff.). Der Ehegatte muss die betreffende Rechtsstellung im Zeitpunkt der Antragstellung besitzen; für den Besitz der deutschen Staatsangehörigkeit wird dies ausdrücklich in § 34 Abs. 1 Satz 1 Halbs. 2 bestimmt. Es ist also weder genügend noch erforderlich, dass einer der Ehegatten zur Zeit der Eheschließung diesen Status hatte. Lebt der maßgebende Ehegatte nicht mehr, ist darauf abzustellen, ob er im Zeitpunkt seines Todes Deutscher oder Ausländer mit deutschem Personalstatut war. 14

Im Falle des § 34 Abs. 2 ist die (ausländische) Staatsangehörigkeit zum Zeitpunkt der Eheschließung maßgebend, da die Vorschrift auf die »Eheschließenden« abstellt. Ein Antrag auf Anlegung ist also auch zulässig, wenn ein Ehegatte inzwischen die deutsche Staatsangehörigkeit besitzt. Anders als für die in Absatz 1 Satz 3 genannten Ausländer mit Sonderstatus gilt für den von Absatz 2 erfassten Personenkreis keine räumliche Beschränkung, so dass ein Antrag auch zulässig ist, wenn die Ehegatten ihren gewöhnlichen Aufenthalt nicht mehr im Inland haben. 15

3. Bestehen einer Ehe

Die Nachbeurkundung im Eheregister setzt eine Ehe im Rechtssinne voraus. Das Standesamt hat bei der Prüfung der Voraussetzungen zum einen festzustellen, ob die Ehe in der rechten Ortsform i. S. von Art. 11 Abs. 1 EGBGB geschlossen worden ist. Bei einer Eheschließung nach Art. 13 Abs. 4 Satz 2 16

7 BGBl. 1953 II S. 559 (GS Nr. 260).

EGBGB ist insbesondere darauf zu achten, dass sie vor einer ordnungsgemäß ermächtigten Person stattgefunden hat[8]. Zum anderen ist zu prüfen, ob nach dem berufenen materiellen Recht eine wirksame Ehe zustande gekommen ist (Art. 13 Abs. 1 EGBGB)[9]. Dabei ist ggf. auch Art. 13 Abs. 2 EGBGB zu beachten[10].

Eine im Ausland geschlossene gleichgeschlechtliche Ehe kann unabhängig vom Eheschließungsdatum seit dem 1. 10. 2017 im Eheregister nachbeurkundet werden; eine Umwandlung in eine Ehe nach § 20a Abs. 1 Satz 1 LPartG, § 17a kommt dagegen nicht in Betracht (§ 35 Rdnr. 11)[11]. Dies gilt auch, wenn die Ehe vor dem 1. 10. 2017 als eingetragene Lebenspartnerschaft gemäß § 35 nachbeurkundet worden ist[12]. Sie entfaltet die vollen Wirkungen gemäß dem ausländischen Recht (Art. 17b Abs. 4 i. V. m. Abs. 1 Satz 1 EGBGB); die sog. Kappungsgrenze nach Art. 17b Abs. 4 BGB a. F. ist rückwirkend entfallen[13]. Hat die Eheschließungsformalität nicht zu einer gültigen Ehe geführt, muss das Standesamt die Beurkundung ablehnen[14]. Eine Nichtehe liegt auch vor, wenn ein Beteiligter im Zeitpunkt der Eheschließung das 16. Lebensjahr nicht vollendet hatte, selbst wenn die Ehe nach dem Heimatrecht des Eheschließenden wirksam ist (Art. 13 Abs. 3 Nr. 1 EGBGB). Die Regelung gilt seit dem 22. 7. 2017 auf Grund des Gesetzes zur Bekämpfung von Kinderehen vom 17. 7. 2017[15]; zur Überleitungsregelung vgl. Art. 229 § 44 Abs. 4 EGBGB[16]. Der Umstand, dass eine Ehe nichtig (im Sinne von vernichtbar) ist, hindert die Beurkundung

8 Zur Frage der ordnungsgemäßen Ermächtigung vgl. *Wagenitz/Bornhofen* S. 175 Rdnr. 68 ff.
9 BGH, StAZ 1991, 187. Zum Umfang des Prüfungsrechts des Standesamts vgl. auch *Knauber,* StAZ 1993, 69. Das materielle Prüfungsrecht des Standesamts gilt auch unter der Geltung des PStG 2007 weiter; *Sturm,* StAZ 2010, 1.
10 OLG München, StAZ 2011, 308. Es empfiehlt sich, die Anwendbarkeit des Art. 13 Abs. 2 EGBGB im Wege der Zweifelsvorlage gemäß § 49 Abs. 2 vom Gericht entscheiden zu lassen.
11 *Hepting/Dutta* Rdnr. III-881 und III-905. Eine Umwandlung einer im Inland begründeten Lebenspartnerschaft ist nach dem OLG Köln, FamRZ 2019, 1551, 1552, allerdings auch möglich, wenn nachfolgend im Ausland eine Ehe geschlossen wurde und diese die Lebenspartnerschaft nicht ablöst oder ersetzt. Zwar liege auch in diesem Fall eine vollgültige Ehe vor, doch die Ehegatten können neben einer Nachbeurkundung dieser Ehe oder einer erneuten Eheschließung auch die Lebenspartnerschaft in eine Ehe umwandeln.
12 *Sieberichs,* StAZ 2018, 67; AG Schöneberg, StAZ 2019, 305, 306.
13 Art. 2 Abs. 3 Nr. 2 des Gesetzes zur Einführung des Rechts auf Eheschließung gleichgeschlechtlicher Personen vom 20. 7. 2017 (BGBl. I S. 2787); vgl. Nr. 4 bis 6 der Anwendungshinweise des BMI im RdSchr. v. 25. 9. 2017, abrufbar unter www.personenstandsrecht.de.
14 Vgl. zu § 15a PStG a. F.: LG Bonn, StAZ 1985, 136; OLG Hamburg, StAZ 1987, 311; AG Gießen, StAZ 2001, 39. Zu § 34: OLG Zweibrücken, StAZ 2011, 371 (Wirksamkeit einer in Pakistan geschlossenen »Handschuhehe«); OLG Düsseldorf, StAZ 2012, 204 (Nigeria). Zur Formwirksamkeit von Eheschließungen auf Seeschiffen vgl. *Krömer,* StAZ 2013, 228; *Dutta,* StAZ 2014, 44.
15 BGBl. I S. 2429.
16 Ausführlich zur Überleitungsregelung *Hüßtege,* FamRZ 2017, 1374, 1375.

nicht[17]. Das Gleiche gilt für eine aufhebbare Ehe[18], insbesondere eine »Kinderehe«, bei der ein Beteiligter bei der Eheschließung 16 oder 17 Jahre alt war (Art. 13 Abs. 3 Nr. 2 EGBGB). Ist das Nichtbestehen der Ehe rechtskräftig festgestellt, so ist zu unterscheiden, ob eine Ehe im Rechtssinne überhaupt nicht zustande gekommen ist (so nach deutschem Recht) oder ob die Feststellung sich darauf beschränkt, dass eine Ehe nicht mehr besteht. Im ersten Fall hat eine Ehe nie bestanden. Im zweiten Fall hat eine Ehe zeitweise bestanden, so dass die Beurkundung vorgenommen werden kann[19].

Hält es das Standesamt nicht für erwiesen, dass eine Ehe zwischen den im Antrag als Ehegatten genannten Personen geschlossen worden ist, so muss die Beurkundung im Eheregister abgelehnt werden. Insbesondere ist es erforderlich, dass der Tag der Eheschließung nachgewiesen ist. Im Hinblick auf die Beweiskraft des Eheregisters (§ 54 Abs. 1) muss jedenfalls das Eheschließungsdatum (§ 15 Abs. 1 Nr. 1), aus dem sich Rechtsfolgen familien- und erbrechtlicher Natur ergeben können, präzise angegeben werden[20]. Im Übrigen werden nur die erwiesenen Angaben eingetragen[21]. Vgl. Nr. 34.6 PStG-VwV. 17

III. Zuständigkeit

Zuständig für die nachträgliche Beurkundung der Eheschließung ist das Standesamt, in dessen Zuständigkeitsbereich die antragsberechtigte Person (vgl. Rdnr. 11 ff.) ihren Wohnsitz hat oder zuletzt hatte oder ihren gewöhnlichen Aufenthalt hat (vgl. § 12 Rdnr. 17 ff.). Greift keine dieser Anknüpfungen, ist die Ersatzzuständigkeit des Standesamts I in Berlin gegeben (§ 34 Abs. 4). Für einen deutschen Ehegatten kann der Antrag also auch vom Ausland gestellt werden, nicht dagegen für einen Ausländer mit deutschem Personalstatut, weil dieses den gewöhnlichen Aufenthalt im Inland bei Antragstellung voraussetzt. 18

17 Vgl. OLG Karlsruhe, StAZ 1994, 286; *Kraus*, StAZ 1998, 325; *Helms*, StAZ 2014, 201, zu OLG Düsseldorf, StAZ 2014, 205.

18 Zur Problematik von Minderjährigenehen vor dem Gesetz zur Bekämpfung von Kinderehen (§ 13 Rdnr. 29 f.) vgl. *Frank*, StAZ 2012, 129, zu KG, StAZ 2012, 142; *Lack*, StAZ 2013, 275; *Coester*, StAZ 2016, 257, zu OLG Bamberg, StAZ 2016, 270; *Kraus*, StAZ 2017, 117.

19 Zur Frage, wann trotz Eheschließung keine Ehe im Rechtssinne zustande gekommen ist, vgl. *Hepting/Dutta* Rdnr. III-199 ff., zur Heilung der nicht standesamtlich geschlossenen Ehe (§ 1310 Abs. 3 BGB) Rdnr. III-203 ff.

20 Vgl. AG Berlin-Schöneberg, StAZ 1973, 189 mit Anm. *Schütz*, StAZ 1984, 280; KG, StAZ 1992, 342.

21 A. M. unter Heranziehung des Annäherungsgrundsatzes OLG Hamm, StAZ 2016, 275.

IV. Verfahren

1. Allgemeines

19 Gemäß § 34 Abs. 1 Satz 2 gelten für die nachträgliche Beurkundung der Eheschließung im Eheregister die allgemeinen Vorschriften über die Führung der Personenstandsregister (§§ 3 bis 7), ferner über die Beurkundungsgrundlagen sowie über die Auskunfts- und Nachweispflicht (§§ 9, 10) entsprechend. In gleicher Weise sind die Bestimmungen über eine Inlandseheschließung für die Errichtung und Fortführung des Eheeintrags anzuwenden (§§ 15, 16).

2. Prüfung des Antrags

20 Für die notwendigen Antragsunterlagen gelten die §§ 9 und 10. Der Antragsteller muss zu jeder Angabe, die in den Eheeintrag aufzunehmen ist, die erforderlichen Urkunden oder sonstigen Beweismittel, über die er verfügt, vorlegen. In erster Linie kommen hierfür Personenstandsurkunden und andere öffentliche oder sonstige Urkunden in Betracht (§ 9 Abs. 1 und Abs. 2 Satz 1). Im Falle des § 34 Abs. 2 erbringt eine beglaubigte Abschrift der Eintragung in das Standesregister, das von der dazu ordnungsgemäß ermächtigten Person geführt wird, vollen Beweis der Eheschließung (Art. 13 Abs. 4 Satz 2 Halbs. 2 EGBGB)[22]. Der Antragsteller sollte angeben, an welcher Stelle eine Urkunde, über die er nicht selbst verfügt und die er auch nicht beschaffen kann, vorhanden ist. Das Standesamt hat seinerseits zu prüfen, welche Hinweise es dem Antragsteller über die Möglichkeit der Beschaffung von Urkunden aus dem Ausland und über die vorhandenen Sammlungen von Personenstandsunterlagen insbesondere beim Standesamt I in Berlin[23] geben kann.

21 Zur Vermeidung von Doppelbeurkundungen soll sich das Standesamt anhand der beim Standesamt I in Berlin – z. B. gemäß § 34 Abs. 5 – geführten Verzeichnisse vergewissern, dass der Personenstandsfall nicht bereits in einem inländischen Personenstandsregister beurkundet worden ist. Es kann auch eine Abschrift des Antrags dem Standesamt I zur Überprüfung übersenden, wenn anzunehmen ist, dass Angaben durch dort vorhandene Unterlagen bestätigt werden können. Das Standesamt I kann insbesondere Auskunft darüber geben, ob bereits ein Familienbuch auf Antrag nach § 15a PStG a. F. angelegt ist, da die Anlegung dorthin mitzuteilen war[24]. Ist dies der Fall, kommt eine Beurkundung nach § 34 nicht in Betracht (vgl. Rdnr. 5). In Zweifelsfällen kann auch eine Abschrift des Antrags der jeweiligen Heimatortskartei der kirchlichen Wohlfahrtsverbände übersandt werden, um die Angaben überprüfen zu lassen; dabei ist der Wohnsitz der Betroffenen am 1. 9. 1939 anzugeben (vgl. Nr. 34.3 PStG-VwV).

22 Zur Beweiswirkung der Registrierung vgl. *Hepting/Dutta* Rdnr. III-443 ff.

23 Zu den Aufgaben des Standesamts I in Berlin nach früherem Recht vgl. die Abhandlungen von *Schütz*, StAZ 1989, 207; 1990, 279; 1994, 69; 1997, 113 und 245.

24 § 245 Abs. 3 Nr. 1 DA.

Als letztes und schwächstes Beweismittel ist auf die Versicherung an Eides statt zurückzugreifen (§ 9 Abs. 2 Satz 2). 22

3. Beurkundung im Eheregister

Das Standesamt darf die Eheschließung nur beurkunden, wenn es auf Grund der beigebrachten Beweismittel (§ 9) die Überzeugung erlangt hat, dass die Ehe geschlossen worden ist. Dabei ist auch zu prüfen, ob eine im Ausland geschlossene Ehe im deutschen Rechtsbereich gültig ist[25]. Zum Umfang des standesamtlichen Prüfungsrechts vgl. Rdnr. 16 f. 23

Für die Eintragungen im Eheregister ist auf den Zeitpunkt der Eheschließung abzustellen (zur Ausnahme vgl. Rdnr. 26); nachträgliche Änderungen des Personenstandes sind als Folgebeurkundungen einzutragen (Nr. 34.4 PStG-VwV). Es müssen alle Angaben aufgenommen werden, die registriert wären, falls der Eheeintrag im Anschluss an eine Eheschließung im Inland von einem deutschen Standesamt gemäß § 15 angelegt und anschließend nach Maßgabe des § 16 fortgeführt worden wäre. 24

Hinsichtlich der Namensführung der Ehegatten bestimmt Nr. 34.5 PStG-VwV Folgendes: Das Standesamt hat festzustellen, ob wirksame Erklärungen zur Namensführung vorliegen oder nach den in Frage kommenden Heimatrechten kraft Gesetzes eine bestimmte Namensführung eingetreten ist. Dafür genügt in der Regel, dass eine bestimmte Namensführung in der ausländischen Urkunde über die Eheschließung vermerkt ist, wenn diese Namensführung nach den in Betracht kommenden Rechten zulässig war und die Ehegatten erklären, dass sie ihrem Willen entsprach. Haben die Ehegatten bei der Eheschließung den Namen in einer Weise gewählt, die sinngemäß der Rechtswahl nach Art. 10 Abs. 2 EGBGB entspricht, so ist auch diese Wahl anzuerkennen[26]. Wurde den Ehegatten in einem Mitgliedstaat der EU eine Ehenamensführung zugewiesen, die nicht dem deutschen IPR entspricht, so ist zu prüfen, ob die im Ausland erworbenen Namen auf Grund einer Namenswahl nach Art. 48 EGBGB in das deutsche Eheregister übernommen werden können. Da die Namenswahl, sofern nichts Anderes erklärt wird, auf den Zeitpunkt der Registrierung in dem anderen EU-Mitgliedstaat zurückwirkt, sind sie im Haupteintrag des deutschen Eheregisters zu dokumentieren. 25

Nach früherem Recht wurden bei Anlegung eines Familienbuchs auf Antrag die Namen der Ehegatten, die eine Erklärung nach § 94 BVFG abgegeben hatten, nur in der geänderten deutschen Namensform eingetragen (§ 20b PStV a. F.)[27]. Hierdurch sollte im Interesse der Integration von Vertriebenen und Spätaussiedlern verhindert werden, dass die fremdländische Namensführung der Ehegatten im Zeitpunkt der Eheschließung in einem deutschen 26

25 Vgl. z. B. AG Paderborn, StAZ 1985, 254 mit krit. Anm. *Steffen,* StAZ 1986, 72; BayObLG, StAZ 1996, 300; StAZ 2000, 296.
26 OLG Düsseldorf, StAZ 2010, 110.
27 Vgl. § 245 Abs. 1 Satz 6 DA; ausführlich *Hepting/Gaaz* Bd. 1 § 15e PStG Rdnr. 102 ff.

Personenstandsbuch verlautbart wurde. § 34 Abs. 3 hat diese Regelung übernommen (vgl. Rdnr. 3) und bestimmt, dass Personen, die eine Erklärung nach § 94 BVG abgegeben haben, nur mit den nach dieser Erklärung geführten Vor- und Familiennamen einzutragen sind. Entsprechendes gilt für Vertriebene und Spätaussiedler, deren Namen in Deutschland im Wege der öffentlich-rechtlichen Namensänderung geändert worden sind.

27 Wollen Ehegatten, die nach ausländischem Recht kraft Gesetzes oder auf Grund Erklärung einen gemeinsamen Familiennamen führen, nach einem Statutenwechsel zum deutschen Recht ihren Ehenamen neu bestimmen[28], so ist das für die Nachbeurkundung der Eheschließung zuständige Standesamt auch für die Entgegennahme der Erklärung über die Neubestimmung des Ehenamens zuständig (§ 41 Abs. 1 Nr. 1, Abs. 2 Satz 1). Die Bestimmung des Ehenamens wird als Folgebeurkundung in das Eheregister aufgenommen (§ 34 Abs. 1 Satz 2 i. V. m. § 16 Abs. 1 Satz 1 Nr. 5).

V. Verzeichnis der nachbeurkundeten Eheschließungen

28 Nach § 34 Abs. 5 hat das Standesamt I in Berlin ein Verzeichnis der nach den Absätzen 1 und 2 beurkundeten Eheschließungen zu führen. Damit sollen Doppelbeurkundungen vermieden werden[29], zu denen es sonst bei Antragstellung durch verschiedene Berechtigte (Absatz 1 Satz 4) kommen könnte. Das Standesamt, das eine Eheschließung nachbeurkundet hat, hat daher dem Standesamt I in Berlin hiervon Mitteilung zu machen (§ 58 Abs. 1 Nr. 3 PStV).

28 Vgl. BGH, StAZ 2001, 211.
29 BT-Drs. 16/1831 S. 48; abgedruckt in *Gaaz/Bornhofen* 2008 S. 455.

§ 35 Begründung von Lebenspartnerschaften im Ausland

(1) Hat ein Deutscher im Ausland eine Lebenspartnerschaft im Sinne des § 1 des Lebenspartnerschaftsgesetzes in der bis einschließlich 21. Dezember 2018 geltenden Fassung begründet, so kann die Begründung der Lebenspartnerschaft auf Antrag im Lebenspartnerschaftsregister beurkundet werden; für den Besitz der deutschen Staatsangehörigkeit ist der Zeitpunkt der Antragstellung maßgebend. Die §§ 3 bis 7, 9, 10 und 17 gelten entsprechend. Deutschen gleichgestellt sind Staatenlose, heimatlose Ausländer und ausländische Flüchtlinge im Sinne des Abkommens über die Rechtsstellung der Flüchtlinge mit gewöhnlichem Aufenthalt im Inland. Antragsberechtigt sind die Lebenspartner, sind beide verstorben, deren Eltern und Kinder.

(2) § 34 Absatz 3 gilt entsprechend.

(3) Zuständig für die Beurkundung ist das Standesamt, in dessen Zuständigkeitsbereich die antragsberechtigte Person ihren Wohnsitz hat oder zuletzt hatte oder ihren gewöhnlichen Aufenthalt hat. Ergibt sich danach keine Zuständigkeit, so beurkundet das Standesamt I in Berlin die Begründung der Lebenspartnerschaft.

(4) Das Standesamt I in Berlin führt ein Verzeichnis der nach Absatz 1 beurkundeten Begründungen von Lebenspartnerschaften.

Übersicht (die Zahlen bedeuten Randnummern)

I. Rechtsentwicklung

§ 35 hat im früheren PStG keine Entsprechung, da das Lebenspartnerschafts- 1
gesetz in seiner ursprünglichen Fassung vom 16.2.2001[1] keine Bestimmungen über die zuständige Behörde, vor der eine Lebenspartnerschaft begründet werden konnte, oder über ihre Dokumentation enthielt und der Vollzug

1 BGBl. I S. 266; vgl. dazu *Lipp*, StAZ 2002, 354.

des Lebenspartnerschaftsgesetzes insoweit ausschließlich dem Landesrecht oblag. Die Regelung für die Beurkundung einer im Ausland begründeten Lebenspartnerschaft in einem deutschen Lebenspartnerschaftsregister orientiert sich an den in § 34 niedergelegten Grundsätzen für die Nachbeurkundung einer Eheschließung. Durch das PStRÄndG wurde die in Absatz 1 Satz 4 geregelte Antragsberechtigung dem § 34 Abs. 1 Satz 4 angepasst. Ferner wurde der neue Absatz 2 eingefügt; die bisherigen Absätze 2 bis 4 wurden Absätze 3 bis 5.

2 Durch Art. 2 Nr. 3 des Gesetzes zur Bereinigung des Rechts der Lebenspartner vom 20.7.2015[2] wurde Absatz 5, wonach § 23 LPartG unberührt bleibt, aufgehoben. Es handelte sich um eine Folgeänderung aus der Neufassung des § 23 LPartG. Die Öffnungsklausel für abweichende landesrechtliche Zuständigkeitsregelungen hat inzwischen durch die Einführung der gleichgeschlechtlichen Ehe (Rdnr. 4) jede Anwendungsmöglichkeit verloren (vgl. § 17 Rdnr. 2).

3 Durch Art. 1 Nummer 8 Buchst. a des 2. PStRÄndG wurde in § 35 Abs. 1 aus dem Satz 4 das (überflüssige) Wort »auch« herausgenommen. Des Weiteren hat Art. 1 Nr. 8 Buchst. b des 2. PStRÄndG die Zuständigkeit des Wohnsitzstandesamts gemäß § 35 Abs. 3 Satz 1 für die Nachbeurkundung erweitert. Dessen Zuständigkeit ist jetzt auch begründet, wenn die antragstellende Person im Ausland lebt, aber zuvor einen inländischen Wohnsitz hatte. Damit soll das Standesamt I in Berlin entlastet werden. Die Regelung gilt seit dem 1.11.2017; für Altfälle bleibt es bei der Zuständigkeit des Standesamts I (§ 79).

4 Durch das Gesetz zur Einführung des Rechts auf Eheschließung für Personen gleichen Geschlechts vom 20.7.2017[3] wurde die Ehe für gleichgeschlechtliche Paare geöffnet. Nach Art. 3 Abs. 3 können ab Inkrafttreten des Gesetzes (1.10.2017) Lebenspartnerschaften in Deutschland nicht mehr begründet werden; dieses wurde mittlerweile auch in § 1 Satz 1 LPartG klargestellt. Das LPartG gilt nach § 1 Satz 2 LPartG nur noch für vor dem 1.10.2017 in der Bundesrepublik Deutschland begründete Lebenspartnerschaften oder im Ausland begründete Lebenspartnerschaften, soweit auf sie deutsches Recht anwendbar ist. Bestehende Lebenspartnerschaften bleiben als solche erhalten, können aber in Ehen umgewandelt werden (vgl. § 20a Abs. 1 Satz 1 LPartG; § 17a). Damit wird die Lebenspartnerschaft im deutschen Rechtsbereich zum »Auslaufmodell« und es stellt sich de lege ferenda die Frage, ob unter diesen Umständen noch ein Bedürfnis für die Nachbeurkundung im Ausland begründeter Lebenspartnerschaften besteht. Das Eheöffnungsgesetz hat indes § 35 nicht berührt und durch Art. 4 Nr. 8 des Gesetzes zur Umsetzung des Gesetzes zur Einführung des Rechts auf Eheschließung für Personen gleichen Geschlechts vom 18.12.2018[4] wurde in § 35 Abs. 1 Satz 1 klargestellt, dass im Ausland wirksam begründete Lebenspartnerschaften in den Personen-

2 BGBl. I S. 2010.
3 BGBl. I S. 2787.
4 BGBl. I S. 2639.

konstellationen, auf die sich § 1 des Lebenspartnerschaftsgesetzes in der bis einschließlich 21.12.2018 geltenden Fassung bezieht, in das Lebenspartnerschaftsregister eingetragen werden können[5].

II. Voraussetzungen für die Beurkundung im Lebenspartnerschaftsregister

1. Ort und Zeit der Begründung

Nach § 35 Abs. 1 Satz 1 kann ein Antrag auf Beurkundung der Lebenspartnerschaft gestellt werden, wenn sie im Ausland begründet worden ist. Auf den Zeitpunkt der Begründung kommt es nicht an. Die Lebenspartnerschaft kann also auch vor dem Inkrafttreten des PStG 2007 am 1.1.2009 begründet worden sein. Auch nach dem Inkrafttreten des Eheöffnungsgesetzes (Rdnr. 4) im Ausland begründete Lebenspartnerschaften können weiterhin als solche nachbeurkundet werden. 5

2. Antragsberechtigung

a) Antragsberechtigte Personen

Den Antrag auf Beurkundung der Begründung der Lebenspartnerschaft können die Lebenspartner, nach dem Tod beider Lebenspartner auch deren Eltern und Kinder stellen (§ 35 Abs. 1 Satz 4). Eine gemeinsame Antragstellung der Lebenspartner wird nicht gefordert; jeder Partner kann die Beurkundung ohne Zustimmung des anderen beantragen. Auch wird nicht vorausgesetzt, dass die Lebenspartnerschaft bei Antragstellung noch besteht. 6

War ein Lebenspartner adoptiert worden, können nur die Annehmenden den Antrag als Eltern stellen (vgl. § 1755 Abs. 1 Satz 1 BGB), bei Volljährigenadoption auch die leiblichen Eltern (§ 1770 Abs. 2 BGB). Antragsberechtigt sind ferner die leiblichen und angenommenen Kinder eines jeden Lebenspartners. Weitere Abkömmlinge, z. B. Enkelkinder haben kein Antragsrecht. 7

Auf die Rechtsstellung des Antragstellers (Deutscher, Ausländer, Staatenloser etc.) kommt es nicht an. Auch die ausländischen Eltern oder Kinder eines deutschen oder eines ausländischen Lebenspartners können den Antrag auf Beurkundung stellen. 8

b) Rechtsstellung der Lebenspartner

Nach § 35 Abs. 1 Satz 1 und 3 ist ein Antrag nur zulässig, wenn ein Lebenspartner entweder Deutscher oder Staatenloser, heimatloser Ausländer oder ausländischer Flüchtling im Sinne des Abkommens über die Rechtsstellung der 9

5 Vgl. amtl. Begr. zu Art. 4 Nr. 8 des Entwurfs eines Gesetzes zur Umsetzung des Gesetzes zur Einführung des Rechts auf Eheschließung für Personen gleichen Geschlechts, BT-Drs. 19/4670 S. 31.

Flüchtlinge vom 28.7.1951[6] mit gewöhnlichem Aufenthalt Inland (vgl. § 12 Rdnr. 35 ff.) ist. Der Lebenspartner muss die betreffende Rechtsstellung im Zeitpunkt der Antragstellung besitzen; für den Besitz der deutschen Staatsangehörigkeit wird dies ausdrücklich in § 35 Abs. 1 Satz 1 Halbs. 2 bestimmt. Es ist also weder genügend noch erforderlich, dass einer der Lebenspartner im Zeitpunkt der Begründung der Lebenspartnerschaft diesen Status hatte. Lebt der maßgebende Lebenspartner nicht mehr, ist darauf abzustellen, ob er im Zeitpunkt seines Todes Deutscher oder Ausländer mit deutschem Personalstatut war.

3. Bestehen einer Lebenspartnerschaft im Sinne des LPartG

10 § 35 Abs. 1 Satz 1 lässt die Nachbeurkundung im Lebenspartnerschaftsregister nur zu, wenn im Ausland eine Lebenspartnerschaft »im Sinne des § 1 des Lebenspartnerschaftsgesetzes in der bis einschließlich 21.12.2018 geltenden Fassung« begründet worden ist. Mit dieser Formulierung wird auf die Personenkonstellation verwiesen, auf die § 1 LPartG in der bis zum o.g. Zeitpunkt geltenden Fassung Anwendung findet[7]. Nur registrierte Verbindungen gleichgeschlechtlicher Paare können in einem deutschen Lebenspartnerschaftsregister beurkundet werden. Verschiedengeschlechtliche Partnerschaften, z. B. nach niederländischem Recht, sind nicht eintragungsfähig[8].

11 Eine im Ausland nach ausländischem Recht geschlossene gleichgeschlechtliche Ehe, die bislang als eingetragene Lebenspartnerschaft i. S. von Art. 17b Abs. 1 EGBGB qualifiziert wurde[9], kann seit dem 1.10.2017 gemäß § 34 im Eheregister nachbeurkundet werden (vgl. dazu § 34 Rdnr. 16 und § 17a Rdnr. 9). Auch eine vor dem 1.10.2017 im Ausland geschlossene gleichgeschlechtliche Ehe, die in Deutschland noch als eingetragene Lebenspartnerschaft nachbeurkundet worden ist, kann als Ehe nachbeurkundet werden. Eine Umwandlung in eine Ehe nach deutschem Recht (§ 20a LPartG, § 17a) kommt dagegen nicht in Betracht, da die im Ausland geschlossene gleichgeschlechtliche Ehe – ebenso wie die Lebenspartnerschaft – dem Recht des Registrierungsstaates unterliegt (Art. 17b Abs. 4 i. V. m. Abs. 1 EGBGB). Sieht das maßgebende ausländische Recht eine Umwandlung vor, müsste sie nach diesem Recht erfolgen.

12 Handelt es sich um eine Lebenspartnerschaft im Sinne des § 1 des Lebenspartnerschaftsgesetzes in der bis einschließlich 21.12.2018 geltenden Fassung (vgl. Rdnr. 10), hat das Standesamt zu prüfen, ob sie im konkreten Fall wirksam begründet worden ist. Die Kollisionsnorm des Art. 17b Abs. 1 Satz 1 EGBGB verweist auf das Sachrecht des Registrierungsstaates, dem die Regelungen über die Voraussetzungen in der Person der Partner sowie Inhalt,

6 BGBl. 1953 II S. 559 (GS Nr. 260).

7 BT-Drs. 19/4670 S. 31.

8 *Krömer,* StAZ 2009, 187 zur heterosexuellen Lebenspartnerschaft nach niederländischem Recht.

9 BGH, StAZ 2016, 238 und 341; *Andrae/Abbas,* StAZ 2011, 97; *Helms,* StAZ 2012, 2, 4 ff.

Form und Abgabe der erforderlichen Erklärungen zu entnehmen sind. Hat die Begründungsformalität nicht zu einer gültigen Lebenspartnerschaft geführt, muss das Standesamt die Beurkundung ablehnen. Das Gleiche gilt, wenn die Begründung der Lebenspartnerschaft, insbesondere das Datum ihrer Eingehung nicht nachgewiesen ist (vgl. § 34 Rdnr. 17).

III. Zuständigkeit

Zuständig für die nachträgliche Beurkundung der Begründung der Lebenspartnerschaft ist das Standesamt, in dessen Zuständigkeitsbereich die antragsberechtigte Person (vgl. Rdnr. 6 ff.) ihren Wohnsitz hat oder zuletzt hatte oder ihren gewöhnlichen Aufenthalt hat (vgl. § 12 Rdnr. 17 ff.). Greift keine dieser Anknüpfungen, ist die Ersatzzuständigkeit des Standesamts I in Berlin gegeben (§ 35 Abs. 3). Für einen deutschen Lebenspartner kann der Antrag also auch gestellt werden, wenn er Wohnsitz oder gewöhnlichen Aufenthalt im Ausland hat, nicht dagegen zu Lebzeiten für einen Ausländer mit besonderem Status, der nur gegeben ist, wenn er bei Antragstellung seinen gewöhnlichen Aufenthalt im Inland hat (vgl. Rdnr. 9). 13

IV. Verfahren

1. Allgemeines

Gemäß § 35 Abs. 1 Satz 2 gelten für die nachträgliche Beurkundung der Begründung der Lebenspartnerschaft im Lebenspartnerschaftsregister die allgemeinen Vorschriften über die Führung der Personenstandsregister (§§ 3 bis 7), ferner über die Beurkundungsgrundlagen sowie über die Auskunfts- und Nachweispflicht (§§ 9, 10) entsprechend. In gleicher Weise sind die Bestimmungen über das Eheregister für die Errichtung und Fortführung des Lebenspartnerschaftseintrags anzuwenden (§ 17 i. V. m. §§ 15, 16). 14

2. Prüfung des Antrags

Für die notwendigen Antragsunterlagen gelten die §§ 9 und 10. Zur Antragsprüfung vgl. näher § 34 Rdnr. 20 ff. 15

3. Beurkundung im Lebenspartnerschaftsregister

Das Standesamt darf die Lebenspartnerschaft nur beurkunden, wenn es auf Grund der beigebrachten Beweismittel (§ 9) die Überzeugung erlangt hat, dass sie wirksam begründet worden ist. Dabei ist auch zu prüfen, ob eine im Ausland begründete Lebenspartnerschaft im deutschen Rechtsbereich gültig ist (vgl. Rdnr. 12). 16

Maßgebend für den Inhalt des Haupteintrags im Lebenspartnerschaftsregister ist der Zeitpunkt der Begründung der Lebenspartnerschaft; nachträg- 17 liche Änderungen des Personenstandes sind als Folgebeurkundungen einzutragen. In das Lebenspartnerschaftsregister müssen alle Angaben so aufgenommen werden, als ob der Lebenspartnerschaftseintrag im Anschluss an eine Begründung im Inland vor einem deutschen Standesamt angelegt und anschließend fortgeführt worden wäre. Dies folgt aus der Verweisung in § 35 Abs. 1 Satz 2 auf § 17, der die Vorschriften über die Führung des Eheregisters in Bezug nimmt. Es müssen sowohl die in § 15 genannten Beurkundungsdaten und Hinweise eingetragen als auch die Folgebeurkundungen gemäß § 16 vorgenommen werden. Der Aufbau des Haupteintrags ergibt sich aus der Anlage 3 der PStV und orientiert sich hinsichtlich der erforderlichen Daten und der Struktur am Eheregister (vgl. § 15 Rdnr. 3 ff.). Auch im Lebenspartnerschaftsregister wurde die flexible familienrechtliche Bezeichnung (zum Begriff vgl. § 15 Rdnr. 6 f.) und eine Nummerierung der Lebenspartner eingeführt, denen die Hinweise folgen. Nach § 42 Abs. 5 PStV werden im Lebenspartnerschaftsregister den Partnern die Nummern »1.« und »2.« zugeordnet und eine männliche Person als »Lebenspartner«, eine weibliche Person als »Lebenspartnerin« in das Datenfeld für die familienrechtliche Bezeichnung eingetragen; soweit Personen weder dem männlichen noch dem weiblichen Geschlecht angehören, sind sie als »Lebenspartner« zu bezeichnen.

V. Wirkungen der Nachbeurkundung

18 Die Nachbeurkundung einer im Ausland begründeten Lebenspartnerschaft nach § 35 hat keine rechtsbegründende Wirkung, sondern soll nur den Nachweis im deutschen Rechtsbereich erleichtern. Durch die Beurkundung in einem deutschen Personenstandsregister bleiben die nach Art. 17b Abs. 1 EGBGB für die Begründung sowie die allgemeinen und güterrechtlichen Wirkungen einer Lebenspartnerschaft maßgebenden Sachvorschriften des Register führenden Staates unberührt[10]. Die sog. Kappungsgrenze, d. h. Begrenzung der Wirkungen im deutschen Rechtsbereich durch die Vorschriften des BGB und des LPartG (Art. 17b Abs. 4 EGBGB a. F.), ist auf Grund des Gesetzes zur Einführung des Rechts auf Eheschließung für Personen gleichen Geschlechts (Rdnr. 4) mit Rückwirkung entfallen.

19 Im Hinblick auf die sehr unterschiedlich ausgestalteten Wirkungen der Lebenspartnerschaft in den ausländischen Rechtsordnungen empfiehlt es sich, in dem deutschen Eintrag das Recht anzugeben, dem die Lebenspartnerschaft unterliegt[11]. Zu diesem Zweck enthält das Muster für das Lebenspartnerschaftsregister unter der Rubrik »Begründung der Lebenspartnerschaft« einen fakultativen Leittext »Behörde« für den Fall, dass die Begründungsbehörde von der Registerbehörde abweicht (vgl. Fußnote 1 in der Anlage 3 zur

10 AG Schöneberg, StAZ 2019, 305, 306 m. w. N.; BT-Drs. 16/1831 S. 48; abgedruckt in *Gaaz/Bornhofen* 2008 S. 455.
11 Vgl. *Krömer*, StAZ 2005, 21.

PStV). Wird eine ausländische Begründungsbehörde eingetragen, lässt sich hieraus das für die Lebenspartnerschaft maßgebende Recht erschließen.

VI. Verzeichnis der nachbeurkundeten Lebenspartnerschaften

Nach § 35 Abs. 4 hat das Standesamt I in Berlin ein Verzeichnis der nach Ab- 20
satz 1 beurkundeten Lebenspartnerschaften zu führen. Damit sollen Doppelbeurkundungen vermieden werden[12], zu denen es sonst bei Antragstellung durch verschiedene Berechtigte (Absatz 1 Satz 4) kommen könnte. Das Standesamt, das eine Lebenspartnerschaft nachbeurkundet hat, hat daher dem Standesamt I in Berlin hiervon Mitteilung zu machen (§ 59 Abs. 1 Nr. 3 PStV).

12 BT-Drs. 16/1831 S. 48 (zu § 34); abgedruckt in *Gaaz/Bornhofen* 2008 S. 455.

§ 36 Geburten und Sterbefälle im Ausland

(1) Ist ein Deutscher im Ausland geboren oder gestorben, so kann der Personenstandsfall auf Antrag im Geburtenregister oder im Sterberegister beurkundet werden; für den Besitz der deutschen Staatsangehörigkeit ist der Zeitpunkt der Antragstellung maßgebend. Die §§ 3 bis 7, 9, 10, 21, 27, 31 und 32 gelten entsprechend. Gleiches gilt für Staatenlose, heimatlose Ausländer und ausländische Flüchtlinge im Sinne des Abkommens über die Rechtsstellung der Flüchtlinge mit gewöhnlichem Aufenthalt im Inland. Antragsberechtigt sind

1. bei einer Geburt die Eltern des Kindes sowie das Kind, dessen Ehegatte, Lebenspartner oder Kinder,

2. bei einem Sterbefall die Eltern, die Kinder und der Ehegatte oder Lebenspartner des Verstorbenen, jede andere Person, die ein rechtliches Interesse an der Beurkundung geltend machen kann, sowie die deutsche Auslandsvertretung, in deren Zuständigkeitsbereich der Sterbefall eingetreten ist.

(2) Zuständig für die Beurkundung ist das Standesamt, in dessen Zuständigkeitsbereich die im Ausland geborene Person ihren Wohnsitz hat oder zuletzt hatte oder ihren gewöhnlichen Aufenthalt hat; hatte die verstorbene Person ihren letzten Wohnsitz oder gewöhnlichen Aufenthalt im Inland, so beurkundet das für diesen Ort zuständige Standesamt den Sterbefall. Ergibt sich danach keine Zuständigkeit, so beurkundet das Standesamt den Personenstandsfall, in dessen Zuständigkeitsbereich die antragstellende Person ihren Wohnsitz hat oder zuletzt hatte oder ihren gewöhnlichen Aufenthalt hat. Ergibt sich danach keine Zuständigkeit, so beurkundet das Standesamt I in Berlin den Personenstandsfall.

(3) Das Standesamt I in Berlin führt Verzeichnisse der nach Absatz 1 beurkundeten Personenstandsfälle.

Übersicht (die Zahlen bedeuten Randnummern)

I. Rechtsentwicklung

§ 36 ermöglicht die schon im früheren Recht geregelte Beurkundung von Geburten und Sterbefällen Deutscher und Angehöriger gleichgestellter Personengruppen, wenn sich der Personenstandsfall im Ausland ereignet hat. Gegenüber der Vorgängerregelung des § 41 PStG a.F. enthält § 36 zwei wesentliche Änderungen: Die Beurkundung erfolgt nicht mehr auf Grund einer befristeten Anzeige einer hierzu berechtigten Person oder auf Anordnung der zuständigen Verwaltungsbehörde[1], sondern auf Antrag des Betroffenen oder eines Angehörigen unmittelbar bei dem zuständigen Standesamt, ohne dass hierfür eine Frist bestimmt ist. Zum anderen wurde eine dezentrale Zuständigkeit für die Beurkundung eingeführt mit dem Ziel, dem Antragsteller lange Wege zu ersparen und das Standesamt I in Berlin, das früher ausschließlich zuständig war, zu entlasten[2]. 1

Durch das PStRÄndG wurde der Kreis der Antragsberechtigten für den Antrag auf Beurkundung eines Sterbefalls im Ausland erweitert. Nach Absatz 1 Satz 4 Nr. 2 sind neben den nahen Angehörigen jetzt auch Personen antragsberechtigt, die ein rechtliches Interesse an der Beurkundung geltend machen können, so wie die deutschen Auslandsvertretungen für Sterbefälle in ihrem Zuständigkeitsbereich. Ferner wurde in Absatz 2 Satz 2 klargestellt, dass für die Hilfszuständigkeit des Standesamts an den Wohnsitz der antragstellenden – nicht der antragsberechtigten – Person anzuknüpfen ist. 2

Art. 1 Nr. 9 des 2. PStRÄndG hat die Zuständigkeit der Standesämter im Inland für die Nachbeurkundung von Geburten und Sterbefällen im Ausland zur Entlastung des Standesamts I in Berlin erweitert. Die Beurkundungszuständigkeit des letzten Wohnsitzstandesamts im Inland ist jetzt auch gegeben, wenn die Betroffenen, hilfsweise die Antragsberechtigten, zum Zeitpunkt der Antragstellung keinen Wohnsitz in Inland haben, einen solchen aber früher hatten. Die Regelung gilt seit dem 1.11.2017; für Altfälle bleibt es bei der Zuständigkeit des Standesamts I (§ 79).

II. Voraussetzungen für die Beurkundung im Geburten- oder Sterberegister

1. Geburt oder Sterbefall im Ausland

Nach § 36 Abs. 1 Satz 1 kann ein Antrag auf Beurkundung einer Geburt oder eines Sterbefalls nur gestellt werden, wenn sich der Personenstandsfall im Ausland ereignet hat. Dabei ist unerheblich, ob die betroffene Person nach oder vor dem Inkrafttreten des PStRG am 1.1.2009 geboren oder gestorben 3

1 Für die Zwischenschaltung der zuständigen Verwaltungsbehörde ist angesichts des hohen Ausbildungsstandes der Standesbeamten kein Bedürfnis mehr erkennbar (BT-Drs. 16/1831 S. 48 f.; abgedruckt in *Gaaz/Bornhofen* 2008 S. 456).
2 BT-Drs. 16/1831 S. 49; abgedruckt in *Gaaz/Bornhofen* 2008 S. 456.

ist. Maßgebend für die Abgrenzung »Inland« und »Ausland« ist der Tag der Antragstellung (Nr. 36.1 PStG-VwV). Geburten und Sterbefälle, die sich vor der deutschen Einigung in der DDR ereignet haben, fallen daher nicht unter § 36. Auf Grund der Maßgaben des Einigungsvertrages werden die entsprechenden Beurkundungen als Inlandseinträge fortgeführt[3]. Gleiches gilt für Personenstandsfälle, die sich zwar im heutigen Ausland ereignet haben, aber in Personenstandseinträgen beurkundet sind, die von einem deutschen Standesamt fortgeführt werden und damit Personenstandseinträge im Sinne des PStG sind (§§ 71 bis 74 PStV). Auf diesen Fall ist § 36 nicht anzuwenden. Wie sich aus § 36 Abs. 3 ergibt, will das Gesetz Doppelbeurkundungen im Inland vermeiden. Die Vorschrift ist daher einschränkend dahin auszulegen, dass eine Nachbeurkundung nicht in Betracht kommt, wenn für den Personenstandsfall bereits ein deutscher Personenstandseintrag geführt wird[4].

4 Die Nachbeurkundung der Geburt oder des Sterbefalls gemäß § 36 erfolgt unabhängig davon, ob der Personenstandsfall am Geburts- oder Sterbeort ordnungsgemäß beurkundet wurde, der Inhalt der Beurkundung sachlich richtig ist und mit dem deutschen Recht, z. B. hinsichtlich der Namensführung des Kindes, im Einklang steht und Urkunden ohne Schwierigkeiten erhältlich sind. Das Gesetz nimmt diese Möglichkeit einer solchen »Doppelbeurkundung« im Interesse der Betroffenen an der Eintragung in einem deutschen Personenstandsregister und der Möglichkeit, deutsche Urkunden zu erhalten, in Kauf.

2. Antragberechtigung

a) Antragsberechtigte Personen

5 § 36 Abs. 1 Satz 4 bestimmt die Personen und Stellen, die den Beurkundungsantrag stellen können. Der Kreis der Antragsberechtigten umfasst in erster Linie Personen, die ein Interesse an der Beurkundung haben können, d. h. das Kind sowie nahe Angehörige des Kindes oder des Verstorbenen. Durch das PStRÄndG wurde die Antragsberechtigung bei Sterbefällen erweitert (vgl. Rdnr. 2).

6 Bei einer Geburt sind antragsberechtigt die Eltern, auch jeder Elternteil für sich, das Kind, dessen Geburt beurkundet werden soll, dessen Ehegatte oder Lebenspartner oder dessen Kinder. Eine Reihenfolge ist nicht festgelegt. Ist ein Kind adoptiert, können nur die Annehmenden den Antrag als Eltern stellen (vgl. § 1755 Abs. 1 Satz 1 BGB), bei Volljährigenadoption auch die leiblichen Eltern (§ 1770 Abs. 2 BGB). Als Kinder sind antragsberechtigt sowohl die leiblichen als auch die adoptierten Kinder des Betroffenen. Weitere Abkömmlinge, z. B. Enkelkinder, haben kein Antragsrecht.

3 Vgl. *Hepting/Gaaz* Bd. 1 vor § 2 PStG Rdnr. 2 ff.
4 Ebenso *Krömer*, StAZ 2011, 82.

Bei einem Sterbefall sind nebeneinander antragsberechtigt die Eltern und Kinder des Verstorbenen sowie dessen Ehegatte oder Lebenspartner. War der Verstorbene adoptiert, können nur die Adoptiveltern den Antrag als Eltern stellen (vgl. §1755 Abs. 1 Satz 1 BGB), bei Volljährigenadoption auch die leiblichen Eltern (§1770 Abs. 2 BGB). Das Antragsrecht als Ehegatte oder Lebenspartner setzt voraus, dass die Ehe oder Lebenspartnerschaft erst durch den Tod des Betroffenen aufgelöst worden ist. Leibliche und angenommene Kinder des Verstorbenen sind gleichermaßen antragsberechtigt, nicht aber weitere Abkömmlinge. 7

Antragsberechtigt sind ferner Personen, die ein rechtliches Interesse an der Beurkundung des Sterbefalls geltend machen können. Gedacht ist hierbei an Personen, die nach dem Verstorbenen erbberechtigt sind, aber im Ausland keine Sterbeurkunden erhalten können[5]. Damit wird sichergestellt, dass Inlands- und Auslandssterbefälle hinsichtlich der Erlangung von Sterbeurkunden (§62 Abs. 1 Satz 2) gleichbehandelt werden. Da die Antragsberechtigung mit Blick auf den Erhalt von Personenstandsurkunden begründet wird, muss die »Geltendmachung« eines rechtlichen Interesses i.S. von »Glaubhaftmachung« verstanden werden (vgl. hierzu §62 Rdnr. 12f.). Deutsche Auslandsvertretungen sind insbesondere antragsberechtigt für Sterbefälle von Bundeswehrsoldaten, Polizeibeamten und sonstigen im Dienst der Bundesrepublik Deutschland stehenden Personen, die im Auslandseinsatz verstorben sind[6]. 8

b) Rechtsstellung des Betroffenen

Nach §36 Abs. 1 Satz 1 und 3 ist ein Antrag nur zulässig, wenn das Kind oder der Verstorbene entweder Deutscher[7] oder Staatenloser, heimatloser Ausländer oder ausländischer Flüchtling im Sinne des Abkommens über die Rechtsstellung der Flüchtlinge vom 28.7.1951[8] mit gewöhnlichem Aufenthalt Inland (vgl. §12 Rdnr. 35ff.) ist oder war. Der Betroffene muss die betreffende Rechtsstellung im Zeitpunkt der Antragstellung besitzen – für den Besitz der deutschen Staatsangehörigkeit wird dies ausdrücklich in §36 Abs. 1 Satz 1 Halbs. 2 bestimmt – oder im Zeitpunkt seines Todes besessen haben. Die Beurkundung einer Geburt kommt daher auch in Betracht, wenn das Kind die deutsche Staatsangehörigkeit erst nach der Geburt, z.B. durch Einbürgerung oder Adoption[9] erworben hat. Bei Anerkennung der Vaterschaft durch einen Deutschen ist zu berücksichtigen, dass das Kind hierdurch die deutsche Staatsangehörigkeit nur erworben hat, wenn die Anerkennungserklärung abgegeben oder das Feststellungsverfahren eingeleitet wurde, bevor das Kind das 9

5 BT-Drs. 17/10489 S. 46.
6 BT-Drs. 17/10489 S. 46.
7 Zum Erwerb der deutschen Staatsangehörigkeit bei Geburt im Ausland gem. §4 Abs. 4 StAG vgl. Nr. 36.4 PStG-VwV.
8 BGBl. 1953 II S. 559 (GS Nr. 260).
9 Vgl. BGH, StAZ 2016, 79.

23. Lebensjahr vollendet hatte[10]. Ist ein Kind mit genetisch deutschen Eltern von einer ausländischen Leihmutter[11] geboren, so kommt eine Beurkundung nach § 36 nicht in Betracht, da nach deutschem Recht Mutter des Kindes die Frau ist, die das Kind geboren hat (§ 1591 BGB)[12]. Möglich ist aber, dass der deutsche »Wunschvater« die Vaterschaft anerkennt[13]. Eine Nachbeurkundung der Geburt ist auch möglich, wenn das kollisionsrechtlich berufene Auslandsrecht das Kind (auch) der ausländischen Ehefrau der deutschen (Zweit-)Mutter zuordnet und es dadurch die deutsche Staatsangehörigkeit erworben hat[14] oder die Elternstellung der Wunscheltern durch eine nach § 108 FamFG anzuerkennende Entscheidung eines ausländischen Gerichts festgestellt wird[15]. Bei einer Totgeburt im Ausland ist darauf abzustellen, ob das Kind, wäre es lebend geboren, die deutsche Staatsangehörigkeit, z. B. durch Abstammung von einem deutschen Elternteil, erworben hätte[16].

III. Zuständigkeit

10 Die Regelung der Zuständigkeit in § 36 Abs. 2 knüpft primär an den aktuellen oder früheren Wohnsitz oder an den gewöhnlichen Aufenthalt des im Ausland geborenen Kindes und danach an den des Antragstellers an. Nur hilfsweise ist die Zuständigkeit des Standesamts I in Berlin gegeben. Danach ergibt sich folgende gestaffelte Regelung:

11 Für die Beurkundung der Geburt ist in erster Linie zuständig das Standesamt, in dessen Zuständigkeitsbereich die im Ausland geborene Person ihren Wohnsitz hat oder zuletzt hatte oder ihren gewöhnlichen Aufenthalt hat (vgl. § 12 Rdnr. 17 ff.). Ein minderjähriges Kind teilt den Wohnsitz seiner Eltern, soweit ihnen die gemeinsame Sorge zusteht (§ 11 Satz 1 BGB). Leben die sorgeberechtigten Eltern zusammen, hat das Kind seinen Wohnsitz am Wohnsitz der Eltern. Leben die sorgeberechtigten Eltern getrennt an verschiedenen Orten im Inland, hat das Kind einen doppelten Wohnsitz[17], aus dem sich die gleichberechtigte Zuständigkeit zweier Standesämter ergibt. In diesem Fall kann der Antrag wahlweise bei dem jeweils zuständigen Standesamt gestellt wer-

10 Bei Verlust der deutschen Staatsangehörigkeit des Kindes nach erfolgreicher Anfechtung der Vaterschaft ist der gemäß § 36 errichtete Eintrag gegenstandslos. Die registerrechtliche Behandlung dieses Falles ist nicht eindeutig geregelt (vgl. *Kraus*, StAZ 2012, 216).

11 Zu kollisionsrechtlichen Fragen der Leihmutterschaft vgl. *Benicke*, StAZ 2013, 101.

12 OLG Stuttgart, StAZ 2012, 209.

13 Vgl. den von OLG Düsseldorf, StAZ 2013, 253 behandelten Fall.

14 BGH, StAZ 2016, 238 = FamRZ 2016, 1251 für eine in Südafrika geschlossene gleichgeschlechtliche Ehe.

15 BGH, StAZ 2015, 51 = FamRZ 2015, 240 mit Anm. *Helms;* BGH, StAZ 2019, 14 mit Anm. *Helms;* AG Frankfurt am Main, StAZ 2018, 352; AG Emmendingen StAZ 2019, 113; zum Begriff der anzuerkennenden ausländischen Entscheidung im Sinne des § 108 Abs. 1 FamFG vgl. BGH, StAZ 2019, 175, 176 = FamRZ 2019, 890, 891.

16 AG Berlin-Schöneberg, StAZ 2012, 184.

17 Die Eltern können aber gemäß §§ 7, 8 BGB eine abweichende Bestimmung treffen.

den (Nr. 36.2 i. V. m. Nr. 12.1 PStG-VwV); grundsätzlich wird das zuerst mit der Sache befasste Standesamt tätig (§3 Abs. 2 VwVfG). Haben die sorgeberechtigten Eltern sowohl einen inländischen als auch einen ausländischen Wohnsitz, ist allein die Zuständigkeit des für den inländischen Wohnsitz zuständigen Standesamts gegeben (§36 Abs. 2 Satz 1). Bei Wechsel des Wohnsitzes nach Antragstellung ist nach §3 Abs. 3 VwVfG zu verfahren[18]. Hat oder hatte das betroffene Kind keinen Inlandswohnsitz und hat es auch keinen gewöhnlichen Aufenthalt im Inland, ist zuständig das Standesamt, in dessen Zuständigkeitsbereich die antragstellende Person ihren Wohnsitz hat oder zuletzt hatte oder ihren gewöhnlichen Aufenthalt hat. Wenn auch diese Zuständigkeit nicht eingreift, ist zuständig das Standesamt I in Berlin. Bei Ausländern mit Sonderstatus (§36 Abs. 1 Satz 3) begründet der gewöhnliche Aufenthalt im Inland das deutsche Personalstatut und ermöglicht damit erst die Antragstellung. Für diesen Personenkreis kommt daher die Anknüpfung an den letzten Wohnsitz nicht in Betracht.

Für die Beurkundung des Sterbefalles gelten die gleichen Grundsätze wie für die Geburtsbeurkundung (vgl. Rdnr. 11), nur dass die Primärzuständigkeit des Standesamts an den letzten Wohnsitz oder gewöhnlichen Aufenthalt des Verstorbenen anknüpft (§36 Abs. 2 Satz 1 Halbs. 2). 12

IV. Verfahren

1. Allgemeines

Der Beurkundungsantrag ist bei dem zuständigen Standesamt (Rdnr. 10 ff.) zu stellen. Nach §8 KonsG sind die Konsularbeamten befugt, entsprechende Anträge entgegenzunehmen; der Antrag ist an das nach §36 Abs. 2 zuständige Standesamt weiterzuleiten. Gemäß §36 Abs. 1 Satz 2 gelten für die nachträgliche Beurkundung der Geburt oder des Sterbefalles im Geburten- oder Sterberegister die allgemeinen Vorschriften über die Führung der Personenstandsregister (§§3 bis 7), ferner über die Beurkundungsgrundlagen sowie über die Auskunfts- und Nachweispflicht (§§9, 10) entsprechend. In gleicher Weise sind die Bestimmungen über die Errichtung und Fortführung des Geburtseintrags (§§21, 27) und des Sterbeeintrags (§§31, 32) anzuwenden. 13

2. Prüfung des Antrags

Für die notwendigen Antragsunterlagen gelten die §§9 und 10. Der Antragsteller muss zu jeder Angabe, die in den Geburts- oder Sterbeeintrag aufzunehmen ist, die erforderlichen Urkunden oder sonstigen Beweismittel, über die er verfügt, vorlegen. In erster Linie kommen hierfür Personenstandsurkunden und andere öffentliche oder sonstige Urkunden in Betracht (§9 Abs. 1 und Abs. 2 Satz 1), z. B. eine ausländische Geburts- oder Sterbeurkunde. 14

18 *Hochwald*, StAZ 2011, 217.

Auch amtliche Mitteilungen einer ausländischen Stelle können herangezogen werden. Der Antragsteller sollte angeben, bei welcher Stelle eine Urkunde, über die er nicht selbst verfügt und die er auch nicht beschaffen kann, vorhanden ist. Das Standesamt hat seinerseits zu prüfen, welche Hinweise es dem Antragsteller über die Möglichkeit der Beschaffung von Urkunden aus dem Ausland und über die vorhandenen Sammlungen von Personenstandsunterlagen, insbesondere beim Standesamt I in Berlin[19], geben kann. Beruht die Vaterschaft zu einem deutschen Kind auf einer Anerkennung, ist auch zu prüfen, ob die erforderliche Zustimmung der Mutter und ggf. des Kindes nach deutschem Recht vorliegt (Art. 23 Satz 1 EGBGB)[20].

15 Zur Vermeidung von Doppelbeurkundungen soll sich das Standesamt anhand der beim Standesamt I in Berlin – z. B. gemäß § 36 Abs. 3 – geführten Verzeichnisse vergewissern, dass der Personenstandsfall nicht bereits in einem inländischen Personenstandsregister beurkundet worden ist. Es kann auch eine Abschrift des Antrags dem Standesamt I zur Überprüfung übersenden, wenn anzunehmen ist, dass Angaben durch dort vorhandene Unterlagen bestätigt werden können. In Zweifelsfällen kann auch eine Abschrift des Antrags der jeweiligen Heimatortskartei der kirchlichen Wohlfahrtsverbände übersandt werden, um die Angaben überprüfen zu lassen; dabei ist der Wohnsitz der Betroffenen am 1. 9. 1939 anzugeben. Vgl. Nr. 36.2. i. V. m. Nr. 34.3 PStG-VwV.

16 Als letztes und schwächstes Beweismittel ist auf die Versicherung an Eides statt zurückzugreifen (§ 9 Abs. 2 Satz 2).

17 Lässt sich die Geburt des Kindes überhaupt nicht nachweisen, kommt ggf. eine Feststellung des Personenstandes (§ 25) in Betracht[21]. Ist der Todeszeitpunkt nicht mit hinreichender Genauigkeit zu ermitteln, ist der Antragsteller auf das gerichtliche Verfahren zur Feststellung des Todes und der Todeszeit (§§ 39 ff. VerschG) zu verweisen.

3. Beurkundung im Geburten- oder Sterberegister

18 Das Standesamt darf die Geburt oder den Sterbefall nur beurkunden, wenn es auf Grund der beigebrachten Beweismittel (§ 9) die Überzeugung erlangt hat, dass sich der Personenstandsfall tatsächlich ereignet hat. Erachtet es die Geburt oder den Tod sowie die Identität der betroffenen Person zwar als erwiesen, sind jedoch andere Angaben nicht vollständig, z. B. über die Eltern des Kindes oder über den Ehegatten des Verstorbenen, so wird die Beurkundung vorgenommen. Nach Nr. 36.2 i. V. m. Nr. 34.6 PStG-VwV sollen grund-

19 Zu den Aufgaben des Standesamts I in Berlin nach altem Recht vgl. die Abhandlungen von *Schütz*, StAZ 1989, 207; 1990, 279; 1994, 69; 1997, 113 und 245.

20 Näher *Frie*, StAZ 2016, 161.

21 Zum Verhältnis zwischen den Verfahren nach § 36 und § 25: BGH, StAZ 2019, 177, 179 = FamRZ 2019, 614, 616.

sätzlich nur die erwiesenen Angaben eingetragen werden[22]. Der BGH fordert allerdings bei der Nachbeurkundung einer Auslandsgeburt, bei der die Geburt als Personenstandsfall und die Identität des Kindes feststehen, auch bei einem unklaren Geburtsdatum die Beurkundung des wahrscheinlichsten Geburtsdatums; dieses ist entsprechend § 35 Abs. 1 Satz 1 PStV mit einem einschränkenden Zusatz zu versehen. Nach Auffassung des Gerichts ist § 35 Abs. 1 PStV Ausdruck des sog. Annäherungsgrundsatzes, nach dem erwiesene Tatsachen einzutragen sind, während hinsichtlich nicht belegter eintragungspflichtiger Tatsachen die Eigenangaben übernommen und mit einem Zusatz zu versehen sind, der die Beweiskraft des Eintrags entsprechend einschränkt[23].

Für die Eintragungen in das Geburtenregister ist auf den Zeitpunkt der Geburt des Kindes abzustellen; über nachträgliche Änderungen sind Folgebeurkundungen einzutragen (Nr. 36.3 Satz 1 und 3 PStG-VwV). Es werden alle Angaben aufgenommen, die registriert wären, falls der Geburts- oder Sterbeeintrag im Inland errichtet (§§ 21, 31) und anschließend fortgeführt (§§ 27, 32) worden wäre[24]. § 35 Abs. 2 PStV, der die Aufnahme von personenstandsrechtlichen Änderungen zwischen Geburt und Beurkundung in den Haupteintrag zulässt, gilt ausdrücklich nur für die Beurkundung von Inlandsgeburten. Nur soweit die Vaterschaft vor der Nachbeurkundung wirksam anerkannt oder festgestellt ist, ist der Vater bereits in den Haupteintrag aufzunehmen (§ 36 Abs. 1 Satz 2 i. V. m. § 27 Abs. 1; Nr. 36.3 Satz 2 PStG-VwV). **19**

Ist eine gleichgeschlechtliche Elternschaft gemäß §§ 108, 109 FamFG oder aufgrund des anzuwendenden ausländischen Rechts anzuerkennen, so ist das Kind als gemeinschaftliches Kind der Eltern (Lebenspartner) zu beurkunden[25].

Hinsichtlich der Namensführung des Kindes ist festzustellen, ob der im Ausland beurkundete Name dem deutschen Recht entspricht. Ist dies nicht der Fall, wird der zutreffende Name beurkundet. Ggf. ist zunächst eine Namensbestimmung nach § 1617 Abs. 3 BGB zu veranlassen (vgl. § 45 Rdnr. 15 ff.). Ist ein dem deutschen Namensrecht widersprechender Name erstmals in einem Mitgliedstaat der EU registriert worden, ist zu prüfen, ob eine Namenswahl nach Art. 48 EGBGB (vgl. § 43 Rdnr. 19 ff.) in Betracht kommt. **20**

22 Vgl. etwa *Kampe*, StAZ 2010, 378; OLG Stuttgart, StAZ 2012, 243 zur Nachbeurkundung von Geburten im Ausland bei anonymer Adoption.
23 BGH, StAZ 2019, 177, 180 = FamRZ 2019, 614, 616 f.
24 Ist in einer ausländischen Adoptionsentscheidung das Geburtsdatum oder der Geburtsort geändert worden, so sind die geänderten Daten nicht in das deutsche Geburtenregister zu übernehmen (*Rauhmeier*, StAZ 2011, 317); a. A. OLG Karlsruhe, StAZ 2004, 111 (Geburtsdatum); KG, StAZ 2007, 205 (Geburtsort).
25 BGH, StAZ 2015, 51, dazu *Meyer*, StAZ 2015, 33, *Helms*, StAZ 2017, 1, 4 ff.; BGH, StAZ 2016, 238 (Vorinstanz KG, StAZ 2015, 180, dazu *Andrae*, StAZ 2015, 163); *Wall*, StAZ 2016, 280.

V. Verzeichnis der nachbeurkundeten Geburten und Sterbefälle

21 Nach § 36 Abs. 3 hat das Standesamt I in Berlin Verzeichnisse der nach Absatz 1 beurkundeten Personenstandsfälle zu führen. Damit werden Doppelbeurkundungen vermieden, zu denen es sonst bei Antragstellung durch verschiedene Berechtigte (Absatz 1 Satz 4) kommen könnte. Das Standesamt, das eine Geburt oder einen Sterbefall nachbeurkundet hat, hat daher dem Standesamt I in Berlin hiervon Mitteilung zu machen (§§ 57 Abs. 1 Nr. 2, 60 Abs. 1 Nr. 4 PStV).

§ 37 Geburten und Sterbefälle auf Seeschiffen

(1) Die Geburt oder der Tod eines Menschen während der Reise auf einem Seeschiff, das die Bundesflagge führt, wird von dem Standesamt I in Berlin beurkundet. Dies gilt auch, wenn sich der Sterbefall während der Seereise außerhalb des Seeschiffes, jedoch nicht an Land oder in einem Hafen im Inland, ereignet hat und der Verstorbene von einem Seeschiff, das die Bundesflagge führt, aufgenommen wurde.

(2) Die Geburt oder der Tod muss von dem nach § 19 oder § 29 Verpflichteten dem Schiffsführer unverzüglich mündlich angezeigt werden.

(3) Der Schiffsführer hat über die Anzeige der Geburt oder des Todes eine Niederschrift aufzunehmen, die von ihm und von dem Anzeigenden zu unterschreiben ist. In die Niederschrift sind auch die Angaben aufzunehmen, die nach § 21 oder § 31 in dem Geburten- oder Sterberegister zu beurkunden sind. Der Schiffsführer hat die Niederschrift dem Standesamt I in Berlin zu übersenden.

(4) Für die Beurkundung der Geburt oder des Todes eines Deutschen auf einem Seeschiff, das keine Bundesflagge führt, gilt § 36. Gleiches gilt, wenn der Verstorbene im Falle des Absatzes 1 Satz 2 von einem solchen Seeschiff aufgenommen wurde.

Übersicht (die Zahlen bedeuten Randnummern)

I. Rechtsentwicklung

§ 37 hatte ohne inhaltliche Änderung die in den §§ 45 und 47 PStV a. F. getroffenen Regelungen übernommen. Der neue Standort im PStG wurde wegen des engen Zusammenhangs mit den anderen Regelungen über Personenstandsfälle im Ausland (§§ 34 bis 36) gewählt[1]. Das alte Verfahren mit Anzeige durch den Schiffsführer über das Seemannsamt und die Beurkundung beim Standesamt I in Berlin wurde beibehalten. 1

Auf Grund von Art. 7 Abs. 4 des Gesetzes zur Umsetzung des Seearbeitsübereinkommens 2006 der Internationalen Arbeitsorganisation vom 20.4.2013[2] trat das Seemannsgesetz am 1.8.2013 außer Kraft. In der Folge wurden die Seemannsämter aufgelöst. Eine Anpassung des § 37 erfolgte erst durch Art. 1 Nr. 10 des 2. PStRÄndG: Absatz 3 PStG Satz 3 wurde neu gefasst und Satz 4 gestrichen. Die Niederschrift über einen Geburts- oder Sterbefall ist jetzt unmittelbar dem Standesamt I in Berlin zu übersenden. 2

1 BT-Drs. 16/1831 S. 49; abgedruckt in *Gaaz/Bornhofen* 2008 S. 456.
2 BGBl. I S. 979.

3 § 37 trägt, soweit es um Geburten auf einem deutschen Seeschiff geht, Art. 3 des Übereinkommens zur Verminderung der Staatenlosigkeit vom 30. 8. 1961[3] Rechnung. Danach gilt für die Festsetzung der Pflichten der Vertragsstaaten nach dem Übereinkommen die Geburt auf einem Schiff oder in einem Luftfahrzeug als im Hoheitsgebiet des Staates eingetreten, dessen Flagge das Schiff führt oder in dem das Luftfahrzeug[4] registriert ist.

II. Geburten und Sterbefälle auf deutschen Seeschiffen

4 Nach § 37 Abs. 1 Satz 1 wird die Geburt oder der Tod eines Menschen während der Reise auf einem Seeschiff, das die Bundesflagge führt[5], vom Standesamt I in Berlin beurkundet. Hat sich der Sterbefall während des Aufenthalts des Seeschiffes in einem deutschen Hafen, sei es auf dem Schiff oder an Land, ereignet, so ist das für diesen Ort zuständige Standesamt für die Entgegennahme der Anzeige und die Beurkundung zuständig. Dagegen ist § 37 Abs. 1 bis 3 anzuwenden, wenn sich der Sterbefall während der Seereise außerhalb des Schiffes ereignet hat, jedoch nicht an Land oder in einem Hafen im Inland, und wenn der Verstorbene von einem Seeschiff, das die Bundesflagge führt, aufgenommen wurde (§ 37 Abs. 1 Satz 2); es ist nicht erforderlich, dass sich der Verstorbene zuvor an Bord dieses Schiffes befunden hat.

5 Die Geburt oder der Sterbefall ist von einer nach § 19 oder § 29 verpflichteten Person unverzüglich, d. h. ohne schuldhaftes Zögern (§ 121 Abs. 1 Satz 1 BGB) dem Schiffsführer anzuzeigen (§ 37 Abs. 2)[6]. Das weitere Verfahren regelt § 37 Abs. 3: Der Schiffsführer hat über die Anzeige der Geburt oder des Todes eine Niederschrift aufzunehmen, die von ihm und von dem Anzeigenden zu unterschreiben ist. Die Niederschrift muss auch die Angaben enthalten, die nach § 21 oder § 31 in dem Geburten- oder Sterberegister zu beurkunden sind. Nach dem Fortfall der Seemannsämter (Rdnr. 2) hat der Schiffsführer die Anzeige unmittelbar dem Standesamt I in Berlin zu übersenden.

6 Das Standesamt I in Berlin beurkundet die Geburt oder den Sterbefall nach den allgemeinen Vorschriften. Als Geburts- oder Sterbeort sind die Bezeichnung des Meeres und die nautischen Positionsangaben des Schiffes zum Zeitpunkt der Geburt oder des Todes einzutragen (Nr. 37.1 PStG-VwV).

7 Hat sich der Sterbefall außerhalb eines Seeschiffes, das berechtigt ist, die Bundesflagge zu führen, ereignet, und ist der Verstorbene nicht aufgefunden worden, so ist eine Beurkundung im Sterberegister nicht möglich. Das gilt selbst dann, wenn der Tod in einem Seeamtsspruch festgestellt worden ist.

3 BGBl. 1977 II S. 598 (GS Nr. 258).

4 Eine dem § 37 entsprechende Vorschrift für Geburten in Luftfahrzeugen besteht nicht.

5 Vgl. hierzu das Flaggenrechtsgesetz i. d. F. vom 26. 10. 1994 (BGBl. I S. 3140) und die Flaggenrechtsverordnung vom 4. 7. 1990 (BGBl. I S. 1389), jeweils mit späteren Änderungen.

6 Nach § 45 Abs. 2 PStV a. F. war die Anzeige spätestens am folgenden Tage oder vor Verlassen des Schiffs zu erstatten.

In diesem Fall kommt nur eine Todeserklärung oder gerichtliche Feststellung der Todeszeit in Frage (Nr. 37.2 PStG-VwV).

III. Geburten und Sterbefälle auf ausländischen Seeschiffen

Bei Geburt oder Tod eines Deutschen auf einem Seeschiff, das nicht die Bundesflagge führt, kommt nur eine Beurkundung nach §36 in Betracht (§37 Abs. 4 Satz 1). Das Gleiche gilt bei einem Sterbefall, der sich während der Seereise außerhalb des Seeschiffes, jedoch nicht an Land oder in einem Hafen im Inland, ereignet hat, wenn der Verstorbene von einem solchen Seeschiff aufgenommen wurde (§37 Abs. 4 Satz 2). 8

§ 38 Sterbefälle in ehemaligen Konzentrationslagern

(1) Für die Beurkundung der Sterbefälle von Häftlingen der ehemaligen deutschen Konzentrationslager ist im Inland das Sonderstandesamt in Bad Arolsen ausschließlich zuständig.

(2) Die Beurkundung der Sterbefälle erfolgt auf schriftliche Anzeige der Urkundenprüfstelle beim Sonderstandesamt in Bad Arolsen oder des Bundesarchivs. Die Anzeige kann auch von jeder Person erstattet werden, die bei dem Tode zugegen war oder von dem Sterbefall aus eigenem Wissen unterrichtet ist. § 3 Abs. 2 Satz 1 und 4 und § 4 Abs. 1 gelten nicht.

(3) Die Beurkundung erfolgt nicht, wenn der Sterbefall bereits von einem anderen Standesamt beurkundet worden ist. Sind von diesem Standesamt Urkunden nicht zu erhalten, so ist der Sterbefall erneut zu beurkunden.

Übersicht (die Zahlen bedeuten Randnummern)

I. Rechtsentwicklung

1 § 38 fasst die §§ 43a bis 43f PStG a. F. über die Beurkundung von Sterbefällen in den ehemaligen deutschen Konzentrationslagern in gestraffter Form in einer Vorschrift zusammen. Absatz 1 entspricht § 43a PStG a. F., Absatz 2 Satz 1 und 2 enthält die Regelungen der bisherigen §§ 43b Abs. 1 und 43c Abs. 1 PStG a. F., Absatz 3 übernimmt die Vorschrift des § 43d Abs. 1 PStG a. F. Die Bestimmungen der §§ 43e und 43f PStG a. F. sind ersatzlos entfallen. Durch das PStRÄndG wurde in Absatz 3 der Satz 2 angefügt.

2 Auf Grund der Ermächtigung des § 73 Nr. 15 sind Einzelheiten über das Verfahren zur Beurkundung durch Rechtsverordnung geregelt. Die früher in § 43c Abs. 2 bis 5 PStG a. F. getroffenen Bestimmungen über das Anzeigeverfahren finden sich jetzt in § 43 Abs. 1 bis 3 PStV. Die Vorkehrungen zur Vermeidung und Beseitigung von Doppelbeurkundungen (vgl. § 43d Abs. 3 und 4 PStG a. F.) sind in § 43 Abs. 4 PStV geregelt. Die Ausnahme von dem Grundsatz des § 38 Abs. 3 Satz 1 (§ 43d Abs. 2 PStG a. F.) war bis zum PStRÄndG in Nr. 38 PStG-VwV enthalten und findet sich jetzt in § 38 Abs. 3 Satz 2.

3 § 38 Abs. 2 Satz 3 nimmt das Sonderstandesamt in Bad Arolsen von der Verpflichtung aus, die Register ausschließlich in elektronischer Form zu führen. Maßgebend hierfür ist die Erwägung, dass die Sonderaufgabe der Beurkundung von Sterbefällen in Konzentrationslagern keine Daueraufgabe mit einem Kommunikationsbedarf ist, wie er sich bei klassischen Standesämtern stellt, und deswegen der beträchtliche Aufwand für die IT-Ausstattung nicht

zweckmäßig wäre[1]. Die Vorschrift hindert das Sonderstandesamt indes nicht, zu einer elektronischen Registerführung überzugehen.

Durch Art. 1 Nr. 2 des 2. PStRÄndG wurde die allgemeine Fortführungsfrist des Sterberegisters von 30 Jahren für Sterbebeurkundungen des Sonderstandesamts Bad Arolsen auf 80 Jahre verlängert (vgl § 5 Abs. 5 Nr. 3), um auch spätere Erkenntnisse des Internationalen Suchdienstes (ITS) in Folgebeurkundungen umsetzen zu können[2]. Zuletzt wurde § 38 Abs. 2 redaktionell dem Umstand angepasst[3], dass die Deutsche Dienststelle für die Benachrichtigung der nächsten Angehörigen von Gefallenen der ehemaligen deutschen Wehrmacht zum 1. 1. 2019 aufgelöst und die Aufgaben dem Bundesarchiv übertragen wurden[4].

II. Zuständigkeit des Sonderstandesamts in Bad Arolsen

§ 38 Abs. 1 begründet weiterhin die ausschließliche Zuständigkeit des Sonder- 4
standesamts in Bad Arolsen[5] für die Beurkundung von Sterbefällen in ehemaligen deutschen Konzentrationslagern. Sie besteht unabhängig davon, wo der Sterbefall eingetreten ist und welche Staatsangehörigkeit der Verstorbene besaß. Die Zuständigkeit beschränkt sich naturgemäß auf die Beurkundung im Inland, was in der Vorschrift ausdrücklich erwähnt wird, lässt also die Zuständigkeit ausländischer Standesämter unberührt.

Ist der Sterbefall im Inland von einem anderen Standesamt beurkundet 5
worden, unterbleibt die Beurkundung durch das Sonderstandesamt (§ 38 Abs. 3 Satz 1). Bei einer Doppelbeurkundung durch das Sonderstandesamt und ein anderes (deutsches) Standesamt bleibt die erste Beurkundung auch dann bestehen, wenn sie nicht vom Sonderstandesamt in Bad Arolsen vorgenommen wurde. Dieses macht den zu Unrecht bestehenden Eintrag durch eine entsprechende Folgebeurkundung gegenstandslos (§ 43 Abs. 4 PStV). Bei einer Doppelbeurkundung, an der das Sonderstandesamt nicht beteiligt war, gilt § 43 Abs. 4 PStV nicht; der Konflikt ist nach den allgemeinen Vorschriften zu lösen[6].

1 Vgl. BT-Drs. 16/3309 S. 11; abgedruckt in *Gaaz/Bornhofen* 2008 S. 503.

2 Vgl. BT-Drs. 18/11612 S. 24.

3 Art. 3 Abs. 1 des Gesetzes zum Erlass und zur Änderung bundesrechtlicher Vorschriften in Bezug auf die Übernahme der Aufgaben der Deutschen Dienststelle für die Benachrichtigung der nächsten Angehörigen von Gefallenen der ehemaligen deutschen Wehrmacht durch das Bundesarchiv vom 4. 12. 2018 (BGBl. I S. 2257).

4 Der zugrundeliegende Staatsvertrag über den Übergang der Aufgaben der Deutschen Dienststelle für die Benachrichtigung der nächsten Angehörigen von Gefallenen der ehemaligen deutschen Wehrmacht ist nach seinem Art. 5 am 1. 1. 2019 in Kraft getreten; vgl. Bekanntmachung vom 12. 4. 2019 (BGBl. I S. 496).

5 Zur Errichtung des Sonderstandesamts vgl. näher *Hoffmann,* StAZ 1951, 34, 35 f. Aus der Praxis der ersten Jahre vgl. *Schmitt,* StAZ 1953, 67.

6 In § 43d Abs. 5 PStG a. F. war dies ausdrücklich geregelt.

6 Eine (scheinbare) Ausnahme vom Verbot der Doppelbeurkundung[7] ist in § 38 Abs. 3 Satz 2 enthalten. Wurde der Sterbefall bereits bei einem anderen als dem Sonderstandesamt in Bad Arolsen beurkundet, kann er im Sterberegister des Sonderstandesamts erneut beurkundet werden, wenn Urkunden oder beglaubigte Abschriften aus dem Sterberegister auf Grund des ersten Eintrags nicht zu erhalten sind. Da der Ersteintrag nicht zu benutzen ist, wird von einer fehlenden Beurkundung ausgegangen. Zu denken ist an die Vernichtung oder den Verlust des Sterbebuchs mit dem maßgebenden Eintrag, ferner an ausländische Staaten, die eine ausschließliche Zuständigkeit eigener Behörden zur Beurkundung der Sterbefälle ihrer Staatsangehörigen in Konzentrationslagern vorsehen und von denen Urkunden nicht zu erlangen sind[8].

III. Anzeige

1. Anzeigebefugnis

7 § 38 Abs. 2 Satz 1 und 2 bestimmt, wer die Anzeige über den Tod eines Häftlings der ehemaligen deutschen Konzentrationslager erstatten kann. Zur schriftlichen Anzeige ist zunächst die Urkundenprüfstelle beim Sonderstandesamt in Bad Arolsen[9] befugt. Die ursprüngliche Antragsbefugnis der Deutschen Dienststelle für die Benachrichtigung der nächsten Angehörigen von Gefallenen der ehemaligen deutschen Wehrmacht (WASt)[10] ist mit deren Auflösung und der Übertragung aller Aufgaben auf das Bundesarchiv[11] auf dieses übergegangen; dies ist in § 38 Abs. 2 Satz 1 ausdrücklich klargestellt. Daneben kann die Anzeige von jeder Person erstattet werden, die bei dem Tod des Häftlings zugegen war oder von dem Sterbefall aus eigenem Wissen unterrichtet ist (§ 38 Abs. 2 Satz 2; vgl. Rdnr. 8).

2. Anzeige durch Personen

8 Nach § 43 Abs. 1 PStV kann die Anzeige außer von dem Sonderstandesamt in Bad Arolsen von jedem Standesamt, in dessen Bezirk die anzeigende Person ihren Wohnsitz oder gewöhnlichen Aufenthalt hat, entgegengenommen werden. Das Gesetz schweigt zur Form einer solchen Anzeige, doch ist aus den sonstigen Bestimmungen über die Erstattung einer Anzeige durch Personen (§§ 19, 29) zu schließen, dass sie mündlich erfolgen muss. Das Standes-

7 Vgl. § 43d Abs. 2 PStG a. F.

8 Vgl. BT-Drs. 17/10489 S. 46.

9 Diese Einrichtung ist aus der Zusammenarbeit mit dem ebenfalls in Bad Arolsen ansässigen Internationalen Suchdienst (ITS) entstanden.

10 Zu den Aufgaben der WASt vgl. *Veit*, StAZ 1992, 1.

11 Vgl. Art. 1 des Staatsvertrags über den Übergang der Aufgaben der Deutschen Dienststelle für die Benachrichtigung der nächsten Angehörigen von Gefallenen der ehemaligen deutschen Wehrmacht zwischen der Bundesrepublik Deutschland und dem Land Berlin vom 30. 5. 2018.

amt prüft den Sachverhalt und stellt die erforderlichen Ermittlungen an. Es kann auch Versicherungen an Eides statt von dem Anzeigenden oder anderen Personen über die Richtigkeit ihrer Angaben verlangen (§ 43 Abs. 2 PStV). Über die Anzeige und die mündlichen Erklärungen anderer Personen ist eine Niederschrift aufzunehmen, die mit einem Bericht über das Ergebnis sonstiger Ermittlungen dem Sonderstandesamt in Bad Arolsen zu übersenden ist (§ 43 Abs. 3 PStV).

§ 39 Ehefähigkeitszeugnis

(1) Zur Ausstellung eines Ehefähigkeitszeugnisses, dessen ein Deutscher zur Eheschließung im Ausland bedarf, ist das Standesamt zuständig, in dessen Zuständigkeitsbereich der Eheschließende seinen Wohnsitz oder seinen gewöhnlichen Aufenthalt hat. Hat der Eheschließende im Inland weder Wohnsitz noch gewöhnlichen Aufenthalt, so ist der Ort des letzten gewöhnlichen Aufenthalts maßgebend; hat er sich niemals oder nur vorübergehend im Inland aufgehalten, so ist das Standesamt I in Berlin zuständig.

(2) Das Ehefähigkeitszeugnis darf nur ausgestellt werden, wenn der beabsichtigten Eheschließung ein Ehehindernis nach deutschem Recht nicht entgegensteht; § 13 Abs. 1 bis 3 gilt entsprechend. Die Beibringung eines Ehefähigkeitszeugnisses für den anderen Eheschließenden ist nicht erforderlich. Das Ehefähigkeitszeugnis gilt für die Dauer von sechs Monaten.

(3) Absatz 1 Satz 1 und Absatz 2 gelten entsprechend für die Ausstellung eines Ehefähigkeitszeugnisses, dessen ein Staatenloser, heimatloser Ausländer oder ausländischer Flüchtling im Sinne des Abkommens über die Rechtsstellung der Flüchtlinge mit gewöhnlichem Aufenthalt im Inland zur Eheschließung im Ausland bedarf.

(4) Ein Ehefähigkeitszeugnis kann auch erteilt werden, wenn das Zeugnis zur Begründung einer Lebenspartnerschaft im Ausland benötigt wird; die Absätze 1 bis 3 gelten entsprechend.

Übersicht (die Zahlen bedeuten Randnummern)

I. Rechtsentwicklung

1 § 39 entspricht weitgehend der Vorschrift des § 69b PStG a.F. Absatz 2 Satz 1 stellt klar, dass sich die Prüfung der Ehefähigkeit nur auf deutsches Recht be-

zieht und verweist hierzu auf §13 Abs.1 bis 3. §69b Abs.3 PStG a.F. ist ersatzlos entfallen. Die Möglichkeit, bei Ablehnung der Ausstellung des Ehefähigkeitszeugnisses eine gerichtliche Entscheidung herbeizuführen, ergibt sich unmittelbar aus den allgemeinen Vorschriften der §§49ff.

Durch Art.4 Nr.9 des Gesetzes zur Umsetzung des Gesetzes zur Einführung des Rechts auf Eheschließung für Personen gleichen Geschlechts vom 18.12.2018[1] wurde der Vorschrift ein neuer Abs.4 angefügt, nach welchem ein Ehefähigkeitszeugnis auch erteilt werden kann, wenn das Zeugnis zur Begründung einer Lebenspartnerschaft im Ausland benötigt wird; in diesem Fall wird auf die Vorschriften über das Ehefähigkeitszeugnis verwiesen.

II. Staatsverträge, Unionsrecht

Deutschland ist Vertragsstaat des CIEC-Übereinkommens über die Ausstel- 2
lung von Ehefähigkeitszeugnissen vom 5.9.1980[2]. Soweit es um die Ausstellung von Ehefähigkeitszeugnissen durch deutsche Standesämter geht, entspricht das deutsche Personenstandsrecht den Regelungen des Übereinkommens. Mit der Anwendung des deutschen Rechts werden die Vorschriften des Übereinkommens erfüllt[3].

Besondere Regelungen für die Ausstellung von Ehefähigkeitszeugnis- 3
sen für Deutsche zur Eheschließung in der Schweiz, in Luxemburg und Österreich enthalten die Personenstandsabkommen mit diesen Staaten (vgl. Rdnr.34ff.).

Das Haager Eheschließungsabkommen[4] hat für die Ausstellung von Ehe- 4
fähigkeitszeugnissen an Deutsche keine praktische Bedeutung; es wurde von der Bundesrepublik Deutschland am 11.10.2017 mit Ablauf des 1.6.2019 gekündigt.

Ehefähigkeitszeugnisse einer Behörde eines Mitgliedstaates der EU und 5
ihre beglaubigten Kopien sind nach Art.2 Abs.1 Buchst. e i.V.m. Art.4 der ab dem 16.2.2019 unmittelbar geltenden ApostillenVO-EU[5] von der Legalisation befreit (vgl. allgemein zur ApostillenVO-EU: §54 Rdnr.21).

1 BGBl. I S.2639.
2 BGBl. 1997 II S.1086 (GS Nr.214 mit einer Liste der Vertragsstaaten).
3 Zu dem Übereinkommen vgl. *Gaaz*, StAZ 1996, 289.
4 Abkommen zur Regelung des Geltungsbereichs der Gesetze auf dem Gebiete der Eheschließung vom 12.6.1902 (RGBl. 1904 S.221; GS Nr.210).
5 Verordnung (EU) 2016/1191 des Europäischen Parlaments und des Rates vom 6.7.2016 zur Förderung der Freizügigkeit von Bürgern durch die Vereinfachung der Anforderungen an die Vorlage bestimmter öffentlicher Urkunden innerhalb der Europäischen Union und zur Änderung der Verordnung (EU) Nr.1024/2012 (ABl. EU Nr. L 200 vom 26.7.2016, S.1). Sie ist unter der Bezeichnung ApostillenVO-EU auszugsweise abgedruckt in GS Nr.206.

III. Allgemeines

6 Das Ehefähigkeitszeugnis für einen Deutschen oder einen Ausländer mit deutschem Personalstatut dient der Erleichterung des internationalen Rechtsverkehrs. § 39 verlangt nicht, dass die betroffenen Personen für die Eheschließung im Ausland ein Zeugnis vorlegen, sondern bestimmt nur die Zuständigkeit und den Prüfungsmaßstab, wenn es von dem ausländischen Staat, in dem die Ehe geschlossen werden soll, verlangt wird.

7 Nicht geregelt ist der Fall, dass ein ausländischer Staat eine Konsularbescheinigung über die Ehefähigkeit verlangt. Nach den früheren Ausführungsvorschriften zu den personenstandsrechtlichen Bestimmungen des Konsulargesetzes und nach der Dienstanweisung[6] hatte sich der deutsche Konsularbeamte vor der Erteilung einer entsprechenden Bescheinigung von dem deutschen Eheschließenden ein von dem zuständigen Standesamt ausgestelltes Ehefähigkeitszeugnis vorlegen zu lassen. In dieser Weise wird auch weiterhin verfahren[7].

IV. Die Erteilung des Ehefähigkeitszeugnisses

1. Zuständigkeit des Standesamts

8 § 39 legt die Zuständigkeit innerstaatlicher Behörden für die Ausstellung von Ehefähigkeitszeugnissen fest und überträgt diese Aufgabe dem Standesamt. Es ist dies die spiegelbildliche Regelung zu § 1309 Abs. 1 Satz 1 BGB, der von einem Ausländer, der im Inland die Ehe schließen will, ein »von der inneren Behörde seines Heimatstaates« ausgestelltes Zeugnis verlangt. Die Regelung entspricht dem Übereinkommen über die Ausstellung von Ehefähigkeitszeugnissen (vgl. Rdnr. 2), das in seinem Art. 8 die Vertragsstaaten verpflichtet, die für die Ausstellung der Zeugnisse zuständigen Behörden bekanntzugeben, allerdings in dem Formblatt davon ausgeht, dass eine Personenstandsbehörde (»service de l'état civil«) damit betraut wird. Die Ausstellung konsularischer Ehefähigkeitszeugnisse an eigene Staatsangehörige ohne Wohnsitz im Heimatstaat, wie sie einige Vertragsstaaten bestimmt haben, sieht das deutsche Recht nicht vor (vgl. auch Rdnr. 7).

9 § 39 Abs. 1 regelt die örtliche Zuständigkeit für die Ausstellung eines Ehefähigkeitszeugnisses für Deutsche wie folgt:
- Hat der deutsche Eheschließende seinen Wohnsitz oder seinen gewöhnlichen Aufenthalt im Inland, so ist das Standesamt des Wohnsitzes oder des Aufenthaltsortes zuständig (Satz 1).
- Hat der Eheschließende im Zeitpunkt der Antragstellung weder Wohnsitz noch gewöhnlichen Aufenthalt im Inland, so ist der Ort des letzten gewöhnlichen Aufenthalts maßgebend (Satz 2 Halbs. 1).

6 § 385 DA.
7 Vgl. etwa VG Berlin, StAZ 2011, 311.

- Hat sich der Verlobte niemals oder nur vorübergehend im Inland aufgehalten, so ist das Standesamt I in Berlin für die Ausstellung des Ehefähigkeitszeugnisses zuständig (Satz 2 Halbs. 2).

Sind beide Eheschließende Deutsche, so genügt es, dass ein Standesamt ein gemeinsames Ehefähigkeitszeugnis für beide Verlobte ausstellt, auch wenn es nur für einen von ihnen örtlich zuständig ist (Nr. 39.1.1 PStG-VwV). 10

Für Staatenlose, heimatlose Ausländer, Asylberechtigte und ausländische Flüchtlinge i. S. des Abkommens über die Rechtsstellung der Flüchtlinge (vgl. Nr. A 7.2 PStG-VwV) verweist § 39 Abs. 3 auf Absatz 1 Satz 1. Diese Personen können ein Ehefähigkeitszeugnis allein von dem für ihren inländischen Wohnsitz oder gewöhnlichen Aufenthalt zuständigen Standesamt erhalten, da sie nur in diesem Fall ein deutsches Personalstatut haben und damit die Anwendbarkeit des deutschen Rechts für die Prüfung der Ehefähigkeit begründet ist. 11

2. Berechtigter Personenkreis

Das Ehefähigkeitszeugnis ist zu erteilen, wenn es zur Eheschließung im Ausland benötigt wird. Die Ausstellung hängt nicht davon ab, dass die Vorlage eines solchen Zeugnisses in dem beabsichtigten Eheschließungsstaat gesetzlich vorgeschrieben ist. Es genügt, wenn das Zeugnis in der Verwaltungspraxis gefordert wird. Dem entspricht Art. 1 des CIEC-Übereinkommens über die Ausstellung von Ehefähigkeitszeugnissen (vgl. Rdnr. 2). Danach sind die Vertragsstaaten zur Ausstellung eines Ehefähigkeitszeugnisses verpflichtet, wenn der Berechtigte dies zur Eheschließung im Ausland »verlangt«. Dabei kommt es nicht darauf an, ob die Ehe in einem Vertragsstaat oder in einem dritten Staat geschlossen werden soll. 12

Antragsberechtigt sind nach § 39 Abs. 1 und 3 alle Personen, die hinsichtlich der Voraussetzungen der Eheschließung deutschem Recht unterliegen, also deutsche Staatsangehörige (Art. 13 Abs. 1 EGBGB) sowie Ausländer mit deutschem Personalstatut (Staatenlose, heimatlose Ausländer, Asylberechtigte und ausländische Flüchtlinge mit gewöhnlichem Aufenthalt im Inland). Die Einbeziehung der Ausländer, deren Ehefähigkeit sich nach deutschem Recht richtet, berücksichtigt Art. 2 des CIEC-Übereinkommens über die Ausstellung von Ehefähigkeitszeugnissen (vgl. Rdnr. 2). 13

3. Prüfung der Ehefähigkeit

§ 39 Abs. 2 Satz 1 bestimmt, dass das Ehefähigkeitszeugnis nur ausgestellt werden darf, wenn der beabsichtigten Eheschließung kein Ehehindernis nach deutschem Recht entgegensteht. Die Bestimmungen des § 13 Abs. 1 bis 3 über die Prüfung der Ehevoraussetzungen sind entsprechend anzuwenden (vgl. § 13 Rdnr. 3 ff.)[8]. Auch Art. 1 des Übereinkommens über die Ausstellung von 14

8 Ausführliche Darstellung bei *Hepting/Dutta* Rdnr. III-16 ff.

Ehefähigkeitszeugnissen (vgl. Rdnr. 2) verweist hinsichtlich der Voraussetzungen für die Eheschließung auf das Recht des ausstellenden Staates.

15 Bei der Ehefähigkeitsprüfung hat das Standesamt auch festzustellen, ob eine Scheinehe geschlossen werden soll (vgl. § 13 Rdnr. 20 ff.). Das Verbot des § 1310 Abs. 1 Satz 3 Nr. 1 BGB, an einer aufhebbaren Ehe mitzuwirken, erfasst auch das Ehefähigkeitszeugnis, das zu verweigern ist, wenn eine der Voraussetzungen für die Eheschließung im Inland nicht gegeben ist[9]. Die in § 39 Abs. 2 Satz 1 Halbs. 2 angeordnete entsprechende Geltung auch des § 13 Abs. 2 stellt dies eindeutig klar. Ein konkreter Anhaltspunkt für eine beabsichtigte Scheinehe kann insbesondere der Umstand sein, dass die Verlobten bereits vergeblich versucht haben, die Ehe vor einem deutschen Standesamt zu schließen. Hier besteht der Verdacht, dass durch die Wahl eines Eheschließungsortes im Ausland der eigentliche Zweck der Eheschließung verschleiert werden soll. Kollisionsrechtlich ergeben sich im Fall des § 39 keine Probleme, da sich die Ehefähigkeit mindestens eines Eheschließenden nach deutschem Recht richtet, das sich gegenüber einem eventuell milderen ausländischen Recht durchsetzt (vgl. § 13 Rdnr. 29).

16 Die in § 39 Abs. 2 Satz 1 Halbs. 2 angeordnete entsprechende Anwendung des § 13 Abs. 3 lässt bei lebensgefährlicher Erkrankung eines der Eheschließenden zu, dass das Ehefähigkeitszeugnis schon ausgestellt wird, wenn das Fehlen von Ehehindernissen glaubhaft gemacht wird (vgl. § 13 Rdnr. 32 ff.).

a) Beide Eheschließende sind Deutsche

17 Sind beide Eheschließende Deutsche, so ist ihre Ehefähigkeit in der gleichen Weise zu prüfen, wie wenn sie die Ehe vor einem Standesamt im Inland schließen würden (Nr. 39.1.1 PStG-VwV). Ergibt sich bei der Prüfung, dass in der Person eines deutschen Eheschließenden ein Ehehindernis besteht, von dem befreit werden kann (§ 1308 Abs. 2 BGB), so muss vor der Ausstellung des Ehefähigkeitszeugnisses die Befreiung nachgewiesen werden.

b) Ein Eheschließender ist Deutscher

18 Ist nur ein Eheschließender Deutscher, so ist allein dessen Ehefähigkeit nach deutschem Recht zu prüfen (Art. 13 Abs. 1 EGBGB). Die Prüfung der Ehefähigkeit des anderen Eheschließenden ist Aufgabe der ausländischen Stelle, vor der die Ehe geschlossen werden soll. Dementsprechend stellt § 39 Abs. 2 Satz 2 klar, dass die Beibringung eines Ehefähigkeitszeugnisses (der zuständigen Behörde des Heimatstaates) für den anderen Eheschließenden nicht erforderlich ist; erst recht ist keine Befreiung von der Beibringung eines Ehefähigkeitszeugnisses zu verlangen (Nr. 39.1.2 Satz 2 PStG-VwV).

9 Zum alten Recht: OLG Düsseldorf, StAZ 2008, 222; AG Lübeck, StAZ 2001, 364 mit Anm. *Sachse; Wachsmann*, StAZ 2005, 300; a. A. AG Heilbronn, StAZ 1999, 279.

Gleichwohl hat das deutsche Standesamt in begrenztem Umfang auch Feststellungen über die Person und die Ehefähigkeit des anderen Verlobten zu treffen. Angaben und Nachweise zu seiner Person sind insoweit zu erfragen, als sie in das Ehefähigkeitszeugnis aufzunehmen sind. Weiterhin ist zu prüfen, ob in seiner Person ein doppelseitig wirkendes deutsches Ehehindernis liegt (vgl. Rdnr. 20). Liegt in der Person des anderen Eheschließenden nach dessen Heimatrecht ein Ehehindernis vor, das nicht doppelseitig wirkt, so ist das Ehefähigkeitszeugnis gleichwohl auszustellen; Art. 13 EGBGB steht dem nicht entgegen (Nr. 39.1.2 Satz 3 und 4 PStG-VwV). 19

Die Feststellung, ob in der Person des anderen Eheschließenden ein doppelseitig wirkendes (zweiseitiges) Ehehindernis nach deutschem Recht vorliegt, soll den deutschen Partner dagegen sichern, dass die geschlossene Ehe aufhebbar ist. Zweiseitige Ehehindernisse sind Eheverbote, die sich gegen beide Eheschließenden richten. Sie dürfen auch nicht in der Person desjenigen Eheschließenden gegeben sein, dessen Ehefähigkeit sich gemäß Art. 13 Abs. 1 EGBGB nach seinem (ausländischen) Heimatrecht richtet. Zweiseitige Ehehindernisse sind die Eheverbote der bestehenden Ehe oder Lebenspartnerschaft (§ 1306 BGB), der Verwandtschaft (§ 1307 BGB) und der Adoptivverwandtschaft (§ 1308 BGB). Demgemäß darf ein Ehefähigkeitszeugnis nicht ausgestellt werden, wenn der ausländische Eheschließende noch verheiratet ist, selbst wenn sein Heimatrecht die Mehrehe zulässt. Soweit von einem Ehehindernis befreit werden kann (§ 1308 Abs. 2 BGB), ist eine entsprechende Entscheidung beizubringen. 20

Bei der Prüfung, ob das Eheverbot der Doppelehe (§ 1306 BGB) vorliegt, ist nicht nur festzustellen, ob eine etwaige frühere Ehe des ausländischen Eheschließenden aufgelöst ist[10]. Das Standesamt hat auch zu prüfen, ob eine ausländische Entscheidung, durch die eine frühere Ehe des ausländischen Eheschließenden geschieden, aufgehoben oder für nichtig erklärt wurde, im Inland nach der EheVO-EG wirksam ist oder gemäß § 107 FamFG anerkannt werden muss (Nr. 39.1.3 PStG-VwV; vgl. § 13 Rdnr. 12 ff.). Die Anerkennung durch die Landesjustizverwaltung ist auch erforderlich, wenn die in einem Drittstaat getroffene Entscheidung über die Auflösung der früheren Ehe des deutschen Eheschließenden in dem Staat der beabsichtigten Eheschließung bereits anerkannt ist[11]. Die inländische Anerkennung wird selbst für eine Entscheidung gefordert, durch die die Ehe eines Ausländers mit dem Angehörigen eines ausländischen Staates aufgelöst worden ist, wenn die geschiedene Person jetzt im Ausland eine neue Ehe mit einem Deutschen eingehen will[12]. 21

10 Vgl. etwa AG Paderborn, StAZ 1986, 45.

11 Vgl. *Fritsche*, StAZ 1985, 50.

12 Vgl. AG Hamburg, StAZ 1970, 129 mit Anm. *Jayme/Siehr* 345; LG München, StAZ 1973, 16; AG Flensburg, StAZ 1982, 47 mit Anm. *Zimmermann*. Zur Beurteilung einer ohne Anerkennung im Ausland geschlossenen »Zweitehe« vgl. KG, StAZ 1984, 309; *Mankowski*, StAZ 2016, 193.

22 Ist die Vorehe des anderen (ausländischen) Verlobten des Antragstellers durch ein deutsches Gericht geschieden worden, so entfaltet die Entscheidung im deutschen Rechtsbereich ohne Weiteres Gestaltungswirkung. Im Rahmen der Prüfung des § 1306 BGB als einer Sachnorm des deutschen Rechts gilt dies auch dann, wenn das Heimatrecht des Verlobten die Anerkennung einer im Ausland ausgesprochenen Ehescheidung verlangt[13]. Es ist dies die Konsequenz aus der Beschränkung der Prüfung der Ehefähigkeit auf das deutsche Recht[14].

23 Die Anerkennung der Auflösung einer Lebenspartnerschaft durch eine ausländische Entscheidung richtet sich nach den Grundsätzen des § 109 FamFG.

c) Ausländischer Eheschließender mit deutschem Personalstatut

24 Ist der Antragsteller Staatenloser, heimatloser Ausländer, Asylberechtigter oder ausländischer Flüchtling i. S. des Abkommens über die Rechtsstellung der Flüchtlinge mit gewöhnlichem Aufenthalt im Inland, so ergeben sich hinsichtlich der Prüfung der Ehefähigkeit keine Besonderheiten. Die Voraussetzungen der Eheschließung richten sich wie bei einem Deutschen nach deutschem Recht (vgl. Rdnr. 17).

d) Gleichgeschlechtliche Ehe und die Begründung von Lebenspartnerschaften im Ausland

25 Seit dem 1. 10. 2017 (Inkrafttreten des Gesetzes zur Einführung des Rechts auf Eheschließung für Personen gleichen Geschlechts vom 20. 7. 2017[15]) kann ein Ehefähigkeitszeugnis auch für die Eingehung einer gleichgeschlechtlichen Ehe im Ausland erteilt werden. Es darf, wie sonst auch, nur ausgestellt werden, wenn der beabsichtigten Eheschließung ein Hindernis nach deutschem Recht nicht entgegensteht. Soweit es um die Prüfung der Ehefähigkeit für eine verschiedengeschlechtliche Ehe geht, korrespondiert § 39 Abs. 2 Satz 1 mit Art. 13 Abs. 1 EGBGB, der für die Voraussetzungen der Eheschließung das Heimatrecht eines jeden Verlobten beruft; für einen deutschen Verlobten gilt demnach deutsches Recht. Dagegen unterliegt die Eingehung einer gleichgeschlechtlichen Ehe den Sachvorschriften des Register führenden Staates (Art. 17b Abs. 4 i. V. m. Abs. 1 Satz 1 EGBGB). Das würde bedeuten, dass bei der beabsichtigten Schließung einer gleichgeschlechtlichen Ehe in einem ausländischen Staat das deutsche Standesamt prüfen müsste, ob für den deut-

13 Es gilt der Grundsatz: Verfahrensrecht geht Kollisionsrecht vor (vgl. *Mäsch*, IPRax 2004, 102; *Wall*, StAZ 2013, 295).

14 Soll die Ehe dagegen in Deutschland geschlossen werden, ist die Anerkennung des deutschen Scheidungsbeschlusses durch den Heimatstaat des ausländischen Eheschließenden zu verlangen (Art. 13 Abs. 1 EGBGB). Zum Stand der Meinungen über die Notwendigkeit der Anerkennung bei Vorliegen eines deutschen Scheidungsurteils vgl. BGH, StAZ 2013, 216.

15 BGBl. I S. 2787.

schen Partner die Ehefähigkeit nach dem Recht des Staates, in dem die Ehe geschlossen werden soll, gegeben ist. Dies festzustellen ist indes Aufgabe der ausländischen Zivilstandsbehörde, die mit der Forderung nach einem deutschen Zeugnis gerade wissen will, ob der deutsche Partner nach seinem Heimatrecht ehefähig ist. Das Zeugnis erfüllt daher nur seinen Zweck, wenn es aufgrund einer Prüfung der Ehefähigkeit nach den Sachvorschriften des deutschen Rechts ausgestellt wird.

Nach § 1 Satz 1 LPartG können Lebenspartnerschaften zwischen zwei Personen gleichen Geschlechts nach dem 30.9.2017 in Deutschland nicht mehr begründet werden; im Ausland besteht allerdings weiterhin diese Möglichkeit. Da auch die Grundlagen für die Prüfung für die Begründung einer Lebenspartnerschaft nach deutschem Recht entfallen sind, konnte auch kein Lebenspartnerschaftszeugnis nach § 39a mehr erteilt werden; die Vorschrift wurde daher aufgehoben, vgl. Kommentierung zu § 39a a. F. Sofern für die Begründung einer Lebenspartnerschaft ein Lebenspartnerschaftszeugnis im Ausland notwendig ist, kann nach dem neuen § 39 Abs. 4 auch ein Ehefähigkeitszeugnis erteilt werden. Mit dieser Regelung sollte einem Bedürfnis der Betroffenen Rechnung getragen werden, da die Prüfung der Ehefähigkeit der Prüfung der Fähigkeit zur Begründung einer Lebenspartnerschaft mindestens entspricht[16]. Unbeschadet des Art. 17b Abs. 4 i. V. m. Abs. 1 Satz 1 EGBGB ist Prüfungsmaßstab dabei ausschließlich deutsches Recht. Da eine schon bestehende Ehe oder Lebenspartnerschaft kein Hindernis für die Eingehung einer weiteren Ehe bzw. Begründung einer Lebenspartnerschaft mit derselben Person im Ausland ist (arg. ex § 1306 BGB), stellt nur die Ehe oder Lebenspartnerschaft mit einer anderen Person im Ausland ein Ehehindernis dar. Ob sich Hindernisse aus dem ausländischen Recht ergeben, kann nur die ausländische Behörde prüfen (vgl. Rdnr. 25). 26

4. Form und Inhalt des Ehefähigkeitszeugnisses, Gültigkeitsdauer

Ergibt die Prüfung, dass der beabsichtigten Eheschließung kein Ehehindernis nach deutschem Recht entgegensteht, und sind die erforderlichen Angaben zur Person beider Eheschließenden gemacht, so erteilt das Standesamt das beantragte Ehefähigkeitszeugnis. Für die Ausstellung ist das Formblatt des Übereinkommens über die Ausstellung von Ehefähigkeitszeugnissen (vgl. Rdnr. 2) zu verwenden, und zwar unabhängig davon, in welchem Staat es vorgelegt werden soll (§ 51 Abs. 1 PStV; Nr. 39.4 und 39.5 PStG-VwV). Vorschriften über die in das Formblatt aufzunehmenden Angaben enthält § 51 Abs. 2 bis 5 PStV[17]. 27

Eheschließende, die einen Ehe- oder Lebenspartnerschaftsnamen führen, sind in Feld 5 mit diesem Namen einzutragen, ggf. unter Beifügung eines vorangestellten oder angefügten Begleitnamens; für die Beifügung eines abwei- 28

16 Vgl. amtl. Begründung, BT-Drs. 19/4670, S. 32.
17 Die Ermächtigung enthält Art. 2 des Gesetzes zu dem Übereinkommen vom 5.9.1980 über die Ausstellung von Ehefähigkeitszeugnissen vom 5.6.1997 (BGBl. II S. 1088; GS Nr. 214).

chenden Geburtsnamens gilt § 23 Abs. 1 PStV (§ 51 Abs. 4 PStV; Nr. 39.5.2 PStG-VwV).

29 In das Feld 11 sind der Ort und die Nummer eines ausländischen Familienregisters nur einzutragen, wenn ein entsprechender urkundlicher Nachweis vorgelegt wird. Die Bestimmung hat vor allem für türkische Staatsangehörige Bedeutung, weil ein personenstandsrechtlicher Vorgang in der Türkei nur mit Hilfe der Kennzeichen des Familienregisters untergebracht werden kann. Die Angaben hierzu finden sich auf der Rückseite der türkischen Identitätskarte (Nüfus).

30 Angaben zu der Vorehe eines ausländischen Verlobten (Feld 12) dürfen nur eingetragen werden, wenn eine ausländische Entscheidung über die Auflösung der Ehe oder eine deutsche Entscheidung anerkannt oder anzuerkennen ist. Eine vorherige Lebenspartnerschaft wird nicht eingetragen, weil dies in dem Übereinkommen nicht vorgesehen ist (Nr. 39.5.3 PStG-VwV).

31 Der deutsche Eheschließende soll bei Erteilung des Ehefähigkeitszeugnisses auf die Möglichkeiten zur nachträglichen Bestimmung des nach der Eheschließung zu führenden Familiennamens (§ 1355 Abs. 3 BGB) einschließlich der Möglichkeit der Wahl des Rechts der Namensführung (Art. 10 Abs. 2 EGBGB) hingewiesen werden (Nr. 39.3 PStG-VwV).

32 Das Ehefähigkeitszeugnis hat eine Gültigkeitsdauer von sechs Monaten (§ 39 Abs. 2 Satz 3). Die Frist rechnet vom Tage der Ausstellung an. Eine Verlängerung der Gültigkeitsdauer ist nicht zulässig; ggf. muss ein neues Zeugnis ausgestellt werden.

5. Ablehnung der Ausstellung

33 Wird die Ausstellung des Ehefähigkeitszeugnisses abgelehnt, ist dem Antragsteller auf Verlangen ein mit Gründen versehener schriftlicher Bescheid zu erteilen, in dem auf das Antragsrecht nach § 49 bei dem für den Sitz des Standesamts zuständigen Amtsgericht hinzuweisen ist (Nr. 39.2 PStG-VwV).

V. Besondere Bestimmungen für Eheschließungen in der Schweiz, in Luxemburg oder in Österreich

34 Besonderheiten hinsichtlich des Verfahrens bei der Beantragung und der Ausstellung eines Ehefähigkeitszeugnisses gelten auf Grund bilateraler Abkommen, wenn ein Deutscher in der Schweiz, in Luxemburg oder in Österreich die Ehe schließen will[18]. Die Abkommen sehen übereinstimmend ein vereinfachtes Verfahren zur Erlangung eines Ehefähigkeitszeugnisses vor,

18 Schweiz: Abkommen vom 4. 11. 1985 (BGBl. 1988 II S. 126); Luxemburg: Abkommen vom 3. 6. 1982 (BGBl. 1983 II S. 698); Österreich: Vertrag vom 18. 11. 1980 (BGBl. 1981 II S. 1050); GS Nr. 203 A, CH und L.

das dem Eheschließenden erspart, das Zeugnis in seinem Heimatstaat zu beantragen.

Will ein Angehöriger des einen Vertragsstaates im anderen Vertragsstaat 35
heiraten, so kann er den Antrag auf Ausstellung des Ehefähigkeitszeugnisses auch beim Standesamt des Eheschließungsstaates stellen. Dieses leitet den Antrag an das zuständige Standesamt des Heimatstaates weiter, wobei dem Antrag für jeden Eheschließenden die zur Ausstellung des Ehefähigkeitszeugnisses erforderlichen Urkunden beigefügt werden. Das Standesamt des Heimatstaates prüft den Antrag nach den allgemeinen Grundsätzen. Sofern der beabsichtigten Eheschließung kein Ehehindernis nach deutschem Recht entgegensteht, stellt das deutsche Standesamt das Ehefähigkeitszeugnis aus und übersendet es zusammen mit den Antragsunterlagen dem schweizerischen, luxemburgischen oder österreichischen Standesamt.

Das Abkommen verpflichtet die Angehörigen der Vertragsstaaten nicht, 36
das darin vereinbarte vereinfachte Verfahren in Anspruch zu nehmen. Der Deutsche, der in der Schweiz, Luxemburg oder Österreich heiraten will, kann sich auch selbst in Deutschland das Ehefähigkeitszeugnis beschaffen. Dieses ist nach den allgemeinen Grundsätzen zu erteilen.

§ 39a Bescheinigung zur Begründung einer Lebenspartnerschaft

§ 39 gilt entsprechend für eine Person, die mit einer anderen Person gleichen Geschlechts im Ausland eine Partnerschaft auf Lebenszeit begründen will.
(weggefallen)

Übersicht (die Zahlen bedeuten Randnummern)

1 § 39a wurde ursprünglich durch Art. 2 Nr. 4 des Gesetzes zur Bereinigung des Rechts der Lebenspartner vom 20.11.2015[1] mit Wirkung vom 26.11.2015 in das PStG eingefügt. Mit der Vorschrift sollte durch eine dem Ehefähigkeitszeugnis vergleichbare Bescheinigung gleichgeschlechtlichen Paaren die Begründung einer Partnerschaft auf Lebenszeit im Ausland erleichtert werden[2]. Nach Art. 3 Abs. 3 des Gesetzes zur Einführung des Rechts auf Eheschließung für Personen gleichen Geschlechts vom 20.7.2017[3] können ab Inkrafttreten des Gesetzes (1.10.2017) Lebenspartnerschaften in Deutschland nicht mehr begründet werden; dieses wurde zwischenzeitlich in § 1 Satz 1 LPartG ausdrücklich klargestellt. Da damit auch die Grundlagen zur Prüfung der Fähigkeit zur Begründung einer Lebenspartnerschaft entfallen sind, hatte die Vorschrift keinen Anwendungsbereich mehr und wurde durch Art. 4 Nr. 10 des Gesetzes zur Umsetzung des Gesetzes zur Einführung des Rechts auf Eheschließungen für Personen gleichen Geschlechts vom 18.12.2018[4] aufgehoben. Für die Begründung einer Lebenspartnerschaft im Ausland wurde durch den neuen § 39 Abs. 4 die Möglichkeit geschaffen, ein Ehefähigkeitszeugnis zu erteilen (vgl. § 39 Rdnr. 26).

1 BGBl. I S. 2010.
2 Näher *Krömer*, StAZ 2017, 124.
3 BGBl. I S. 2787.
4 BGBl. I S. 2639.

§ 40 Zweifel über örtliche Zuständigkeit für Beurkundung

(1) Bei Zweifeln über die örtliche Zuständigkeit mehrerer Standesämter entscheidet die gemeinsame Aufsichtsbehörde oder, falls eine solche fehlt, das Bundesministerium des Innern.

(2) Bestehen Zweifel darüber, ob ein Personenstandsfall sich im Inland oder im Ausland ereignet hat, so entscheidet das Bundesministerium des Innern, ob und bei welchem Standesamt der Personenstandsfall zu beurkunden ist.

(3) Entscheidet die gemeinsame Aufsichtsbehörde, so ordnet sie die Eintragung an. Entscheidet das Bundesministerium des Innern, so teilt es seine Entscheidung der obersten Landesbehörde mit; diese ordnet die Eintragung an.

Übersicht (die Zahlen bedeuten Randnummern)

I. Rechtsentwicklung

§ 40 stimmt inhaltlich mit § 43 PStG a. F. überein. 1

II. Zweifel über die örtliche Zuständigkeit

§ 40 Abs. 1 betrifft Zweifel über die örtliche Zuständigkeit zur Vornahme einer Amtshandlung innerhalb Deutschlands. Zwar hat die Vorschrift ausweislich ihrer Überschrift nur Beurkundungen im Auge, sie muss aber auch für sonstige Amtshandlungen gelten, z. B. für die Entgegennahme der Anmeldung der Eheschließung. Zweifel ergeben sich, wenn entweder mehrere Standesämter ihre Zuständigkeit bejahen (positiver Kompetenzkonflikt) oder alle in Betracht kommenden Standesämter ihre Zuständigkeit verneinen (negativer Kompetenzkonflikt). So kann der genaue Geburts- oder Sterbeort zweifelhaft sein oder bei der Anmeldung der Eheschließung besteht Streit darüber, wo die Eheschließenden ihren Wohnsitz oder gewöhnlichen Aufenthalt haben. 2

Ein Zweifelsfall liegt auch vor, wenn unklar ist, ob sich der Personenstandsfall (Geburt oder Sterbefall) im Inland oder im Ausland ereignet hat (§ 40 Abs. 2). 3

Es ist unerheblich, wer die Zweifel hegt (Standesamt, Anzeigender, Eheschließende). Jedoch ist eine Entscheidung zur Festlegung des zuständigen Standesamts entbehrlich, wenn ein Standesamt seine Zuständigkeit akzeptiert und kein sonstiger Beteiligter widerspricht. Entstehen Zweifel über 4 die örtliche Zuständigkeit erst nach Beurkundung des Personenstandsfalls, kommt eine Entscheidung nach § 40 nicht in Betracht (Nr. 40 PStG-VwV). Ggf. muss ein Berichtigungsverfahren eingeleitet werden.

III. Die Entscheidung zur Festlegung der Zuständigkeit

5 Die Entscheidung, welches von mehreren Standesämtern innerhalb eines Bundeslandes zuständig ist, trifft die gemeinsame Aufsichtsbehörde, letztlich also die zuständige oberste Landesbehörde (Ministerium, Senatsverwaltung). Handelt es sich um einen länderübergreifenden Zuständigkeitskonflikt, fehlt es an einer gemeinsamen Aufsichtsbehörde. In diesem Fall entscheidet das Bundesministerium des Innern (§ 40 Abs. 1).

6 Bei Zweifeln darüber, ob sich ein Personenstandsfall im Inland oder im Ausland ereignet hat, trifft das Bundesministerium des Innern die Entscheidung darüber, dass und bei welchem Standesamt der Personenstandsfall zu beurkunden ist. Es empfiehlt sich, diese Entscheidung im Einvernehmen mit der obersten Landesbehörde zu treffen, die für das in Aussicht genommene Standesamt zuständig ist.

IV. Die Anordnung

7 Entscheidet die gemeinsame Aufsichtsbehörde, so ordnet sie die Eintragung des Personenstandsfalls oder die Vornahme der sonstigen Amtshandlung (vgl. Rdnr. 2) an. Da dem Bundesministerium des Innern keine Anordnungsbefugnis gegenüber dem als zuständig bestimmten Standesamt zusteht, bestimmt § 40 Abs. 3 Satz 2, dass die Entscheidung der obersten Landesbehörde mitgeteilt wird, die sodann die Anordnung zur Eintragung trifft.

8 Die Entscheidung über die Zuständigkeit und die daraus folgende Eintragungsanordnung sind innerbehördliche Verwaltungshandlungen, die nicht selbstständig angefochten werden können (vgl. § 44a VwGO). Ein Rechtsbehelf kann nur von dem betroffenen Bürger zusammen mit der Sachentscheidung geltend gemacht werden, z. B. im Rahmen eines Verfahrens nach § 49 Abs. 1.

Abschnitt 2 **Familienrechtliche Beurkundungen**

§ 41 Erklärungen zur Namensführung von Ehegatten

(1) Die Erklärung, durch die
1. Ehegatten nach der Eheschließung einen Ehenamen bestimmen,
2. ein Ehegatte seinen Geburtsnamen oder den zur Zeit der Erklärung über die Bestimmung des Ehenamens geführten Namen dem Ehenamen voranstellt oder anfügt oder durch die er diese Erklärung widerruft,
3. ein Ehegatte seinen Geburtsnamen oder den bis zur Bestimmung des Ehenamens geführten Namen wieder annimmt,
4. Ehegatten nach der Eheschließung ihren künftig zu führenden Namen gemäß Artikel 10 Abs. 2 Satz 1 und 2 des Einführungsgesetzes zum Bürgerlichen Gesetzbuche wählen,

kann auch von den Standesbeamten beglaubigt oder beurkundet werden. Gleiches gilt für die Erklärung, durch die ein Kind und sein Ehegatte die Namensänderung des Kindes oder der Eltern des Kindes auf ihren Ehenamen erstrecken.

(2) Zur Entgegennahme der Erklärungen ist das Standesamt zuständig, das die Eheschließung zu beurkunden hat oder das Eheregister führt, in dem die Eheschließung beurkundet ist. Ist die Eheschließung nicht in einem deutschen Eheregister beurkundet, so ist das Standesamt zuständig, in dessen Zuständigkeitsbereich einer der Erklärenden seinen Wohnsitz hat oder zuletzt hatte oder seinen gewöhnlichen Aufenthalt hat. Ergibt sich danach keine Zuständigkeit, so ist das Standesamt I in Berlin zuständig. Das Standesamt I in Berlin führt ein Verzeichnis der nach den Sätzen 2 und 3 entgegengenommenen Erklärungen.

Übersicht (die Zahlen bedeuten Randnummern)

I. Rechtsentwicklung

1 § 41 ist eine personenstandsrechtliche Verfahrensvorschrift. Sie bestimmt in Absatz 1 die Zuständigkeit eines jeden Standesbeamten zur Beglaubigung und Beurkundung aller formbedürftigen Erklärungen, mit denen Ehegatten ihre Namen bestimmen. Absatz 2 regelt, welches Standesamt für die Entgegennahme einer solchen Erklärung zuständig ist. Die Vorschrift entspricht § 15c PStG a. F., jedoch musste die Empfangszuständigkeit wegen der Abschaffung des Familienbuchs neu geregelt werden. Zur Entgegennahme ist in erster Linie das Standesamt berufen, bei dem das Eheregister geführt wird, hilfsweise das Wohnsitzstandesamt eines der Erklärenden. Nur wenn jede Inlandsanknüpfung fehlt, ist das Standesamt I in Berlin empfangszuständig. Durch das PStRÄndG wurde in Absatz 2 Satz 1 klargestellt, dass die Empfangszuständigkeit für Erklärungen, die bei der Eheschließung abgegeben werden, bei dem Eheschließungsstandesamt liegt, auch wenn die Eheschließung erst nach Abgabe der Erklärung beurkundet wird[1]. Zur praktischen Bedeutung dieser Regelung vgl Rdnr. 18.

Durch Art. 1 Nr. 11 des 2. PStRÄndG wurde in § 41 Abs. 1 Satz 1 Nr. 4 klargestellt, dass die Zuständigkeit des Standesamtes für die Beurkundung einer Rechtswahlerklärung von Ehegatten dann gegeben ist, wenn diese Erklärung nach der Eheschließung abgegeben wird. Die Änderung in § 41 Abs. 1 Satz 2 berücksichtigt zum einen eine geplante Änderung des § 1618 BGB, die bislang nicht Gesetz geworden ist[2]. Sie betrifft den Fall, dass ein einbenanntes Kind seinen vor der Erteilung des Namens geführten Namen wieder annimmt und sich diese Namensänderung auf seinen Ehenamen erstreckt. Zum anderen wurde die Zuständigkeit des Wohnsitzstandesamtes für die Entgegennahme namensrechtlicher Erklärungen von Ehegatten erweitert. Die Regelung gilt seit dem 1. 11. 2017; für Altfälle bleibt es bei der Zuständigkeit des Standesamts I in Berlin (§ 79).

2 § 46 Nr. 1 PStV sieht die Erteilung einer Bescheinigung über die Entgegennahme familienrechtlicher Namenserklärungen vor (Ermächtigung: § 73 Nr. 12).

1 Vgl. BT-Drs. 17/10489 S. 46.

2 Entwurf eines Gesetzes zur Reform des Scheinvaterregresses, zur Rückbenennung und zur Änderung des Internationalen Familienrechtsverfahrensgesetzes (BT-Drs. 18/10343). Das Gesetz ist in der 18. Wahlperiode des Deutschen Bundestages nicht mehr verabschiedet worden.

II. Allgemeine Rechtsgrundsätze über namensrechtliche Erklärungen

1. Die Rechtsnatur der Erklärungen

§ 41 Abs. 1 nimmt Bezug auf die namensbestimmenden Erklärungen nach den §§ 1355 und 1617c Abs. 3 BGB sowie nach Art. 10 Abs. 2 EGBGB, soweit sie der öffentlichen Beglaubigung bedürfen. Es handelt sich um rechtsgeschäftliche Willenserklärungen, durch welche die jeweils berechtigten Ehegatten ihre Namensführung unmittelbar gestalten. Die abschließende Eintragung in das Personenstandsregister ist nicht konstitutiv, sondern nur deklaratorisch. 3

Alle diese Erklärungen müssen »gegenüber dem Standesamt« abgegeben werden. Sie sind amtsempfangsbedürftig und werden erst dann materiellrechtlich wirksam, wenn sie dem zuständigen Standesamt zugehen. Die Empfangszuständigkeit ist in § 41 Abs. 2 geregelt. Die Abgabe der Erklärung vor einem beurkundenden oder beglaubigenden Standesbeamten, der nicht auch gleichzeitig zur Entgegennahme zuständig ist, genügt noch nicht für die Rechtswirksamkeit. 4

2. Die Anwendbarkeit der allgemeinen Regeln über Willenserklärungen

Bis zum Zugang bei dem zuständigen Standesamt kann der Erklärende entsprechend § 130 Abs. 1 Satz 2 BGB seine Erklärung widerrufen. Die Erklärung wird also jedenfalls dann nicht wirksam, wenn dem empfangszuständigen Standesamt früher oder gleichzeitig der Widerruf zugeht[3]. Der Widerruf muss nicht in der Form erfolgen, die für die empfangsbedürftige Erklärung gilt. Darüber hinaus wird man den Widerruf nach Zugang der Erklärung solange für zulässig halten können, als sie noch nicht in einem Personenstandsregister eingetragen ist. 5

Die Erklärung ist, da sie die Namensführung unmittelbar beeinflusst, Ausübung eines Gestaltungsrechts und daher nach allgemeinen Grundsätzen bedingungsfeindlich[4]. 6

Ehenamensrechtliche Erklärungen nach den §§ 1355, 1617c Abs. 3 BGB und Art. 10 Abs. 2 EGBGB sind höchstpersönlich. Sie können daher nicht durch einen Stellvertreter abgegeben werden (Nr. 41.1.1 PStG-VwV). 7

Geschäftsunfähige können keine ehenamensrechtlichen Erklärungen abgeben. Anwendungsfälle des § 104 Nr. 1 BGB (Kinder unter 7 Jahren) scheiden zwangsläufig aus. Die Namenserklärung einer Person, die sich in einem Zustand krankhafter Störung der Geistestätigkeit von Dauer befindet (§ 104 Nr. 2 BGB), ist nichtig (§ 105 Abs. 1 BGB). Die Grundsätze zur Feststellung der 8

3 OLG München, StAZ 2015, 304.
4 OLG Frankfurt a. M., StAZ 1971, 137, 138.

Geschäftsfähigkeit bei der Prüfung der Ehevoraussetzungen (vgl. § 13 Rdnr. 8) gelten auch hier.

9 Bei beschränkt Geschäftsfähigen i.S. des § 106 BGB war zu berücksichtigen, dass mit der familiengerichtlichen Befreiung von dem Erfordernis der Ehemündigkeit dem minderjährigen Ehegatten auch die autonome Entscheidung über die Namensführung in der Ehe überlassen wurde und dass der gesetzliche Vertreter in das Befreiungsverfahren eingebunden war (§ 1303 Abs. 2 bis 4 BGB a.F.). Eine gesonderte Zustimmung des gesetzlichen Vertreters zu einer Erklärung des Minderjährigen über die Ehenamensführung war mithin nicht erforderlich. Die Frage ist nicht mehr aktuell, seitdem die Ehe nicht mehr vor Eintritt der Volljährigkeit eingegangen werden kann (§ 13 Rdnr. 6).

10 Für Betreute gelten die allgemeinen Grundsätze. Sind sie geschäftsunfähig, gilt § 105 BGB (vgl. Rdnr. 8). Es ist jedoch zu beachten, dass der Betreute durch die Bestellung eines Betreuers seine Geschäftsfähigkeit grundsätzlich nicht einbüßt. Ein Einwilligungsvorbehalt kann sich gemäß § 1903 Abs. 2 BGB nicht auf Willenserklärungen erstrecken, die auf Eingehung der Ehe gerichtet sind. Für die Eheschließung bleibt daher die natürliche Geschäftsfähigkeit maßgebend (vgl. § 13 Rdnr. 8). Gilt danach der Betreute als eheschließungsfähig, kann für die Frage der Namensführung in der Ehe nichts anderes gelten: Wer heiraten darf, kann auch einen Ehenamen bestimmen. Dies muss auch für Erklärungen zur Namensführung in der Ehe gelten, die nicht im Zusammenhang mit der Eheschließung abgegeben werden.

11 Willensmängel, die gemäß §§ 119 ff. BGB zur Anfechtung berechtigen könnten, sind z.B. Sich-Versprechen, Inhaltsirrtum über die rechtliche Bedeutung des Erklärten, eventuell auch Drohung. Bei Erklärungen anlässlich der Eheschließung wird man die Anfechtung bis zu dem Augenblick zulassen können, in dem der Standesbeamte die Niederschrift über die Eheschließung gefertigt hat und die Ehegatten erstmals mit dem von ihnen bestimmten Namen unterschreiben, sofern man hier nicht den schlichten Widerruf zulässt (vgl. Rdnr. 5). Da aus der Niederschrift bereits Eheurkunden ausgestellt werden können (§ 55 Abs. 1 Nr. 2), muss die in der Niederschrift erfasste Namensbestimmung als abgeschlossen angesehen werden. Bei Erklärungen nach der Eheschließung ist auf die Eintragung der Namensbestimmung in das Eheregister abzustellen. Nach erfolgter Eintragung ist die Namensbestimmung nach h.M. aus Gründen der Rechtssicherheit grundsätzlich unanfechtbar[5]. Eine rückwirkende Änderung wäre mit der Ordnungsfunktion des Namens nicht zu vereinbaren. Beruht eine Namenserklärung nicht auf einer ausreichend ermittelten Tatsachengrundlage, kommt die Berichtigung der gleichwohl vorgenommenen Beurkundung in Betracht[6].

5 BayObLG, StAZ 1992, 306 und 1998, 79; OLG München, StAZ 2009, 78; AG Gießen, StAZ 2009, 208; OLG Zweibrücken, StAZ 2011, 341; a.M. *Henrich/Wagenitz/Bornhofen* § 1355 BGB Rdnr. 45; vgl. auch OLG Celle, StAZ 2014, 274, zur Anfechtung einer Rechtswahl nach Art. 10 Abs. 3 EGBGB.

6 LG Zweibrücken, StAZ 2011, 244. Vgl. auch OLG Nürnberg, StAZ 2017, 49.

3. Formerfordernisse

12 Erklärungen, die nach der Eheschließung abgegeben werden, bedürfen stets der öffentlichen Beglaubigung (§ 1355 Abs. 3 Satz 2, Abs. 4 Satz 5, Abs. 5 Satz 3 i. V. m. Abs. 4 Satz 5, § 1617c Abs. 3 Satz 2 BGB, Art. 10 Abs. 2 Satz 2 EGBGB). Für Erklärungen, die »bei der Eheschließung« abgegeben werden, ist eine besondere Form nicht vorgeschrieben (§ 1355 Abs. 3 Satz 1 BGB; Art. 10 Abs. 2 Satz 1 EGBGB); sie werden von der Eheschließungsform mit umfasst, praktisch aber doch beurkundet, da sie in die Niederschrift über die Eheschließung (Anlage 10 zur PStV) aufgenommen werden. Dies gilt seit dem PStRÄndG auch für die Hinzufügung eines Begleitnamens im Rahmen der Eheschließung (§ 1355 Abs. 4 Satz 5)[7].

13 Für die Beglaubigung sind grundsätzlich die Notare zuständig (§§ 39 ff. BeurkG). Nach § 68 BeurkG sind die Länder befugt, durch Gesetz die Zuständigkeit für die öffentliche Beglaubigung von Unterschriften anderen Personen oder Stellen zu übertragen. Einige Bundesländer haben von dieser Möglichkeit Gebrauch gemacht. Bei Erklärungen im Ausland ist § 10 KonsG zu beachten (Beglaubigungs- und Beurkundungsbefugnis der deutschen Konsularbeamten).

14 Daneben begründet § 41 Abs. 1 eine besondere Zuständigkeit der Standesbeamten, die zumeist in Anspruch genommen wird. Zuständig ist jeder in Deutschland bestellte Standesbeamte; die Beglaubigung braucht also nicht bei dem nach § 41 Abs. 2 empfangszuständigen Standesamt zu erfolgen. Soweit das Gesetz die Beglaubigung vorschreibt, ersetzt die Beurkundung der Erklärung ihre Beglaubigung (§ 129 Abs. 2 BGB). Sie wird in § 41 Abs. 1 ausdrücklich als zusätzliche Form gestattet und ist in der Praxis die Regel.

15 Ist der beurkundende Standesbeamte nicht zugleich empfangszuständig, berechtigen ihn bloße Zweifel an der materiellrechtlichen Wirksamkeit der Namenserklärung nicht, die Beurkundung zu verweigern. In Anlehnung an die für Notare geltenden Grundsätze (§ 14 Abs. 2 BNotO) darf der Standesbeamte die Beurkundung einer namensrechtlichen Erklärung nur ablehnen, wenn die gesetzlich vorgesehenen Gestaltungsmöglichkeiten die angestrebten Rechtswirkungen nicht zulassen oder die Erklärung nach der eigenen Überzeugung des Standesbeamten aus anderen Gründen zweifelsfrei unwirksam ist[8].

16 Sofern der beglaubigende oder beurkundende Standesbeamte nicht für die Entgegennahme der Erklärung zuständig ist, ist sie in beglaubigter Abschrift dem nach § 41 Abs. 2 zuständigen Standesamt (vgl. Rdnr. 17 ff.) zu über-

7 Trotz der in § 1355 Abs. 5 Satz 3 BGB angeordneten entsprechenden Anwendung des § 1355 Abs. 4 BGB dürfte die Wiederannahme eines früheren Namens immer formbedürftig sein, auch wenn sie einmal bei einer Eheschließung erklärt wird. Durch das PStRÄndG sollte nur die Hinzufügung eines Begleitnamens bei der Eheschließung von der öffentlichen Beglaubigung ausgenommen werden (vgl. BT-Drs. 17/10489 S. 54).

8 OLG Hamm, StAZ 2000, 213, 215; OLG Düsseldorf, StAZ 2017, 74.

senden (Nr. 9.1 PStG-VwV), damit sie wirksam werden kann. Die Urschrift bleibt entsprechend dem Grundsatz des § 45 BeurkG bei dem beurkundenden Standesamt. Die Beteiligten können entsprechend dem Grundsatz des § 51 Abs. 1 BeurkG die Aushändigung einer beglaubigten Abschrift verlangen. Sie sollte mit dem Hinweis versehen werden, dass die Erklärung erst mit der Entgegennahme durch das zuständige Standesamt wirksam wird.

III. Die Empfangszuständigkeit nach § 41 Abs. 2

17 Als amtsempfangsbedürftige Willenserklärungen müssen die beurkundeten oder beglaubigten ehenamensrechtlichen Erklärungen nach § 41 Abs. 1 dem zuständigen deutschen Standesamt zugehen; erst dann werden sie wirksam. Der Zugang bei einem ausländischen Standesamt genügt nicht[9]. Die Entgegennahme sollte in jedem Fall aktenkundig gemacht werden, um den Zeitpunkt des Wirksamwerdens nachweisen zu können. Die Zuständigkeit folgt einer in § 41 Abs. 2 niedergelegten und im Folgenden dargestellten gestuften Regelung.

1. Das Eheschließungs-Standesamt

18 Die durch das PStRÄndG geschaffene Empfangszuständigkeit des Standesamts, das die Eheschließung zu beurkunden hat (§ 41 Abs. 2 Satz 1), hat nur geringe praktische Bedeutung. Erklärungen zur Bestimmung des Ehenamens (§ 1355 Abs. 3 Satz 1 BGB), zur Hinzufügung eines Begleitnamens (§ 1355 Abs. 4 Satz 5 BGB) und zur Rechtswahl (Art. 10 Abs. 2 Satz 1 EGBGB), die »bei der Eheschließung« abgegeben werden, sind »formfrei«, d h. sie werden von der Eheschließungsform mit umfasst[10]. Sie werden mit der Eheschließung wirksam, auch wenn die Beurkundung später erfolgt. Die Zuständigkeit des Eheschließungs-Standesamts ist daher nur für die Namenserklärungen relevant, die im Rahmen der Eheschließung abgegeben werden, aber gleichwohl der öffentlichen Beglaubigung bedürfen. Zu denken ist an den Widerruf der Erklärung über die Bestimmung eines Begleitnamens oder Wiederannahme eines früheren Namens (§ 1355 Abs. 4 und 5 BGB).

2. Das Standesamt, das das Eheregister führt

19 Für Erklärungen, die nach der Eheschließung abgegeben werden, ist empfangszuständig das Standesamt, welches das Eheregister führt, in dem die Eheschließung beurkundet ist (§ 41 Abs. 2 Satz 1). Ist die Ehe im Inland geschlossen worden, ist zuständig das Standesamt, das im Anschluss an die Eheschließung den Eheeintrag gemäß § 15 errichtet hat. Ist eine Eheschließung im Ausland oder vor einer ermächtigten Person im Inland nachträglich

9 BGH, StAZ 2017, 138; dazu *Krömer*, StAZ 2017, 129.

10 Solange die Hinzufügung eines Begleitnamens auch bei der Eheschließung formbedürftig war, konnte die Empfangszuständigkeit des Eheschließungs-Standesamts nicht ohne Weiteres begründet werden (vgl. *Krömer*, StAZ 2010, 53; *Gaaz*, StAZ 2009, 357, 361).

im Eheregister beurkundet worden, ist für die Entgegennahme zuständig das Standesamt, das den Eheeintrag errichtet hat (vgl. § 34 Abs. 4).

Ist die Ehe vor dem 1.1.2009 geschlossen worden und hierfür ein Familienbuch angelegt, wird dieses als Heiratseintrag fortgeführt (§ 77 Abs. 1). Empfangszuständig ist daher das Standesamt, welches das Familienbuch als Heiratseintrag fortzuführen hat. Ist die Ehe in der Zeit vom 1.1.1975 bis zum 31.12.2008 im Ausland vor einem deutschen Konsularbeamten geschlossen worden, ist zuständig das Standesamt I in Berlin, das als Eheschließungsstandesamt gilt (§ 8 Abs. 2 KonsG a. F.; vgl. § 34 Rdnr. 8). 20

3. Das Wohnsitzstandesamt des Erklärenden

Besteht für die Ehe kein deutscher Ehe- oder Heiratseintrag (vgl. Rdnr. 19 f.), ist für die Entgegennahme einer Erklärung zur Namensführung in der Ehe zuständig das Standesamt, in dessen Zuständigkeitsbereich einer der Erklärenden seinen Wohnsitz hat oder zuletzt hatte oder seinen gewöhnlichen Aufenthalt (vgl. § 12 Rdnr. 17 ff.) hat (§ 41 Abs. 2 Satz 2). Besteht ein solcher Inlandsbezug, kommt diese Zuständigkeit zum Tragen, wenn die Ehe im Ausland oder vor einer ermächtigten Person im Inland (Art. 13 Abs. 4 Satz 2 EGBGB) geschlossen und nicht gemäß § 34 im deutschen Eheregister nachbeurkundet wurde. 21

Die subsidiäre Anknüpfung an den aktuellen oder früheren Wohnsitz oder den gewöhnlichen Aufenthalt des Erklärenden entlastet das Standesamt I in Berlin, das früher empfangszuständig war, wenn die Ehe im Ausland geschlossen und kein Familienbuch auf Antrag gemäß 15a PStG a. F. angelegt worden war (§ 15c Abs. 2 Satz 2 PStG a. F.). Das Standesamt I hat in den Fällen des § 41 Abs. 2 Satz 2 nur noch ein Verzeichnis der entgegengenommenen Erklärungen zu führen, um Doppelerklärungen zu vermeiden (§ 41 Abs. 2 Satz 4). 22

4. Das Standesamt I in Berlin

Die Empfangszuständigkeit des Standesamts I in Berlin greift ein, wenn weder ein inländischer Ehe- oder Heiratseintrag besteht (vgl. Rdnr. 19 f.) noch einer der Erklärenden seinen Wohnsitz oder gewöhnlichen Aufenthalt im Inland (vgl. Rdnr. 21 f.) hat (§ 41 Abs. 2 Satz 3). Auch in diesen Fällen ist zur Vermeidung von Doppelerklärungen die entgegengenommene Erklärung in das nach § 41 Abs. 2 Satz 4 zu führende Verzeichnis aufzunehmen. 23

IV. Die einzelnen Namenserklärungen

§ 41 Abs. 1 ergänzt die materiellrechtlichen Regelungen des BGB, die nicht zitiert, sondern inhaltlich gekennzeichnet werden, sowie die ausdrücklich ge- 24 nannte Kollisionsnorm des Art. 10 Abs. 2 EGBGB über die Erklärungen zur Namensführung in der Ehe[11].

25 § 41 Abs. 1 Satz 1 Nr. 1 ergänzt § 1355 Abs. 1 Satz 1, Abs. 3 Satz 2 BGB. Danach kann der Ehename auch noch nach der Eheschließung durch Erklärung gegenüber dem Standesamt bestimmt werden. Die Bestimmung bei der Eheschließung, die von § 1355 Abs. 3 Satz 1 BGB als Grundsatz aufgestellt ist, wird von § 41 Abs. 1 nicht erfasst, weil eine Erklärung »bei der Eheschließung« notwendig von der Eheschließungsform mit umfasst und gegenüber dem Eheschließungsstandesamt abgegeben wird (vgl. Rdnr. 12).

26 § 41 Abs. 1 Satz 1 Nr. 2 bezieht sich auf § 1355 Abs. 4 BGB. Diese Vorschrift ermöglicht es dem Ehegatten, dessen Geburtsname nicht zum Ehenamen bestimmt wurde, jederzeit einen Begleitnamen anzunehmen und dem Ehenamen hinzuzufügen sowie diese Erklärung später zu widerrufen. Soweit die Hinzufügungserklärung bei der Eheschließung abgegeben wird, ist sie nicht formbedürftig (§ 1355 Abs. 4 Satz 5 BGB).

27 § 41 Abs. 1 Satz 1 Nr. 3 ergänzt § 1355 Abs. 5 BGB, der es dem geschiedenen oder verwitweten Ehegatten erlaubt, den Geburtsnamen oder den bis zur Bestimmung des Ehenamens geführten Namen[12] wieder anzunehmen[13]. Diese Erklärung kann, anders als die Hinzufügungserklärung (Rdnr. 26), nicht widerrufen werden[14].

28 § 41 Abs. 1 Satz 1 Nr. 4 nimmt Bezug auf Art. 10 Abs. 2 Satz 1 und 2 EGBGB (Wahl eines gemeinsamen Ehenamensstatuts nach der Eheschließung durch Erklärung gegenüber dem Standesamt). Erfolgt die Rechtswahl bereits bei der Eheschließung, wird sie nicht anders als die Erklärung nach § 1355 Abs. 3 Satz 1 BGB von der Eheschließungsform mit umfasst (vgl. Rdnr. 12).

29 Art. 10 Abs. 2 EGBGB ist entsprechend anzuwenden, wenn nach Auflösung der Ehe der Ehegatte, der bei oder nach der Eheschließung eine Rechtswahl zugunsten eines anderen Rechts getroffen hatte, das Namensrecht des Staates, dem er im Zeitpunkt der Auflösung der Ehe angehörte, als das für seine Namensführung maßgebende Recht bestimmen möchte (Nr. 41.2 PStG-VwV; vgl. § 16 Rdnr. 33). Die Erklärung bedarf der für die nachträgliche Rechtswahlerklärung vorgeschriebenen Form[15].

30 § 41 Abs. 1 Satz 2 enthält die verfahrensrechtliche Ergänzung zu § 1617c Abs. 3 BGB, der die Erstreckung einer elterlichen Namensänderung auf den Ehenamen von Ehegatten regelt.

11 Ausführlich hierzu *Hepting/Dutta* Rdnr. III-566 ff.; *Henrich/Wagenitz/Bornhofen* § 1355 Rdnr. 13 ff. und Teil C Rdnr. 79 ff.

12 Zu diesem Namen kann auch zurückgekehrt werden, wenn in einer zweiten Ehe der Geburtsname des betroffenen Ehegatten zum Ehenamen bestimmt worden war *(Hochwald,* StAZ 2015, 216).

13 Die Erklärung bedarf immer der öffentlichen Beglaubigung (vgl. Fußnote 7).

14 OLG Frankfurt a. M., StAZ 2010, 12.

15 OLG Frankfurt a. M., StAZ 2005, 47.

V. Mitteilungspflichten

In den Fällen des § 41 Abs. 2 Satz 2 und 3 fehlt es an einem inländischen Eheregister, in das die Änderung des Namens der erklärenden Person eingetragen werden könnte. Das Standesamt, das die Namenserklärung entgegengenommen hat, muss daher die sonst dem registerführenden Standesamt obliegenden Mitteilungen übernehmen (§ 62 Abs. 1 Nr. 1 i. V. m. § 58 Abs. 2 PStV). **31**

Um Mehrfacherklärungen zu vermeiden, werden die Erklärungen, die nicht zu einer Folgebeurkundung in einem inländischen Register führen, zentral bei dem Standesamt I in Berlin gesammelt und in ein dort geführtes Verzeichnis aufgenommen (§ 41 Abs. 2 Satz 4). Das Standesamt, das die Erklärung entgegengenommen hat, muss daher das Standesamt I in Berlin hiervon informieren (§ 62 Abs. 1 Nr. 1 i. V. m. § 58 Abs. 2 Nr. 3 PStV). Diese Mitteilungspflicht gilt auch, wenn die Ehe im Inland gemäß Art. 13 Abs. 4 Satz 2 EGBGB geschlossen worden ist, wenn für diese Ehe weder ein Eheeintrag errichtet (§ 34) noch vor dem 1. 1. 2009 ein Familienbuch auf Antrag (§ 15a PStG a. F., § 77 Abs. 1) angelegt worden ist. § 58 Abs. 2 Nr. 3 PStV, der von der Eheschließung im Ausland ausgeht, muss im Lichte des § 41 Abs. 2 Satz 2 gesehen werden und erfasst damit auch den Fall, dass es trotz Eheschließung im Inland an einem deutschen Eheeintrag fehlt. **32**

§ 42 Erklärungen zur Namensführung von Lebenspartnern

(1) Die Erklärung, durch die

1. **Lebenspartner nach der Begründung der Lebenspartnerschaft einen Lebenspartnerschaftsnamen bestimmen,**
2. **ein Lebenspartner seinen Geburtsnamen oder den zur Zeit der Erklärung über die Bestimmung des Lebenspartnerschaftsnamens geführten Namen dem Lebenspartnerschaftsnamen voranstellt oder anfügt oder durch die er diese Erklärung widerruft,**
3. **ein Lebenspartner seinen Geburtsnamen oder den bis zur Bestimmung des Lebenspartnerschaftsnamens geführten Namen wieder annimmt,**
4. **Lebenspartner nach der Begründung der Lebenspartnerschaft ihren künftig zu führenden Namen gemäß Artikel 17b Abs. 2 des Einführungsgesetzes zum Bürgerlichen Gesetzbuche wählen,**

kann auch von den Standesbeamten beglaubigt oder beurkundet werden.

(2) Zur Entgegennahme der Erklärungen ist das Standesamt zuständig, das die Begründung der Lebenspartnerschaft zu beurkunden hat oder das Lebenspartnerschaftsregister führt, in dem die Lebenspartnerschaft beurkundet ist. Ist die Lebenspartnerschaft nicht in einem deutschen Lebenspartnerschaftsregister beurkundet, so ist das Standesamt zuständig, in dessen Zuständigkeitsbereich einer der Erklärenden seinen Wohnsitz hat oder zuletzt hatte oder seinen gewöhnlichen Aufenthalt hat. Ergibt sich danach keine Zuständigkeit, so ist das Standesamt I in Berlin zuständig. Das Standesamt I in Berlin führt ein Verzeichnis der nach den Sätzen 2 und 3 entgegengenommenen Erklärungen.

(3) § 23 des Lebenspartnerschaftsgesetzes bleibt unberührt.

Übersicht (die Zahlen bedeuten Randnummern)

I. Rechtsentwicklung

1 Da die Lebenspartnerschaft erst durch das PStRG in das System des Personenstandsrechts einbezogen wurde, hat § 42 keine korrespondierende Vorschrift im alten PStG. Die Regelungen zur Beglaubigung oder Beurkundung und Entgegennahme von Erklärungen zum Lebenspartnerschaftsnamen entsprechen den zur Namensführung in der Ehe getroffenen Bestimmungen des § 41. Durch das PStRÄndG wurde in Absatz 2 Satz 1 klargestellt, dass die Empfangszuständigkeit für formbedürftige Erklärungen die bei der – inzwischen nicht mehr möglichen – Begründung der Lebenspartnerschaft abgegeben werden, bei dem Standesamt liegt, das die Begründung der Lebenspartner-

schaft zu beurkunden hat, auch wenn die Beurkundung erst nach Abgabe der Erklärung vorgenommen wird[1].

Durch Art. 1 Nr. 12 des 2. PStRÄndG wurde in § 42 Abs. 1 Nr. 4 klargestellt, dass die Zuständigkeit des Standesamts für die Beurkundung einer Rechtswahlerklärung von Lebenspartnern auch dann gegeben ist, wenn diese Erklärung nach der Begründung der Lebenspartnerschaft abgegeben wird. Im Übrigen wurde die Zuständigkeit des Wohnsitzstandesamtes für die Entgegennahme namensrechtlicher Erklärungen von Lebenspartnern erweitert (§ 42 Abs. 2 Satz 2). Die Regelung gilt seit dem 1. 11. 2017; für Altfälle bleibt es bei der Zuständigkeit des Standesamts I in Berlin (§ 79). Zuletzt wurde § 42 Abs. 1 Nr. 4 redaktionell der Aufhebung des § 17b Abs. 2 Satz 2 und 3 EGBGB angepasst[2].

II. Allgemeine Rechtsgrundsätze, Empfangszuständigkeit

§ 42 Abs. 1 und 2 ist den Vorschriften des § 41 über Erklärungen zur Namens- 2
führung von Ehegatten nachgebildet. Zu den allgemeinen Rechtsgrundsätzen über namensrechtliche Erklärungen (Rechtsnatur, Anwendbarkeit der allgemeinen Regeln über Willenserklärungen, Formerfordernisse) und zur Empfangszuständigkeit wird auf § 41 Rdnr. 3 bis 23 verwiesen.

III. Abweichendes Landesrecht

Nach § 42 Abs. 3 bleibt § 23 LPartG unberührt. Der Ländervorbehalt hat keine 3
praktische Bedeutung mehr. Die noch bestehende Alternativzuständigkeit der Notare in Bayern bezieht sich nur auf die Entgegennahme der Erklärungen zur Begründung einer eingetragenen Lebenspartnerschaft und der damit in unmittelbarem Zusammenhang stehenden Namenserklärungen[3] und ist damit seit dem Inkrafttreten des Gesetzes zur Einführung des Rechts auf Eheschließung für Personen gleichen Geschlechts vom 20. 7. 2017[4] gegenstandslos.

IV. Die einzelnen Namenserklärungen

§ 42 Abs. 1 ergänzt die materiellrechtlichen Regelungen des Lebenspartner- 4
schaftsgesetzes, die inhaltlich wiedergegeben werden, sowie die ausdrücklich genannte Kollisionsnorm des Art. 17b Abs. 2 EGBGB über die Erklärungen zur Namensführung in der Lebenspartnerschaft.

1 Vgl. BT-Drs. 17/10489 S. 46.

2 Vgl. Art. 2 Nr. 8 Buchst. b und Art. 3 des Gesetzes zum Internationalen Güterrecht und zur Änderung von Vorschriften des Internationalen Privatrechts vom 17. 12. 2018 (BGB. I S. 2573).

3 Art. 1 des Gesetzes zur Ausführung des Lebenspartnerschaftsgesetzes (AGLPartG) vom 7. 7. 2009 (GVBl. S. 261; GS Nr. 10 BY).

4 BGBl. I S. 2787.

5 § 42 Abs. 1 Nr. 1 ergänzt § 3 Abs. 1 Satz 4 LPartG. Danach kann der Lebenspartnerschaftsname auch noch nach Begründung der Lebenspartnerschaft durch Erklärung gegenüber dem Standesamt bestimmt werden.

6 § 42 Abs. 1 Nr. 2 bezieht sich auf § 3 Abs. 2 LPartG. Diese Vorschrift ermöglicht es dem Lebenspartner, dessen Geburtsname nicht zum Lebenspartnerschaftsnamen bestimmt wurde, einen Begleitnamen anzunehmen und dem Lebenspartnerschaftsnamen hinzuzufügen sowie diese Erklärung später zu widerrufen. Die Hinzufügungserklärung ist seit dem PStRÄndG nur dann formbedürftig, wenn sie nach der Begründung der Lebenspartnerschaft abgegeben wird (§ 3 Abs. 2 Satz 5 LPartG).

7 § 42 Abs. 1 Nr. 3 ergänzt § 3 Abs. 3 LPartG, der es dem Lebenspartner nach Beendigung der Lebenspartnerschaft erlaubt, den Geburtsnamen oder den bis zur Bestimmung des Lebenspartnerschaftsnamens geführten Namen wieder anzunehmen.

8 § 42 Abs. 1 Nr. 4 nimmt Bezug auf Art. 17b Abs. 2 EGBGB, der in entsprechender Anwendung des Art. 10 Abs. 2 EGBGB die Wahl eines gemeinsamen Namensstatuts nach Begründung der Lebenspartnerschaft durch Erklärung gegenüber dem Standesamt ermöglicht. Nur wenn die Rechtswahl nach der Begründung der Lebenspartnerschaft erfolgt, bedarf die entsprechende Erklärung der öffentlichen Beglaubigung oder Beurkundung.

V. Mitteilungspflichten

9 In den Fällen des § 42 Abs. 2 Satz 2 und 3 fehlt es an einem inländischen Lebenspartnerschaftsregister, in das die Änderung des Namens der erklärenden Person eingetragen werden könnte. Das Standesamt, das die Namenserklärung entgegengenommen hat, muss daher die sonst dem registerführenden Standesamt obliegenden Mitteilungen übernehmen (§ 62 Abs. 1 Nr. 1 i. V. m. § 59 Abs. 2 PStV).

10 Um Mehrfacherklärungen zu vermeiden, werden die Erklärungen, die nicht zu einer Folgebeurkundung in einem inländischen Register führen, zentral bei dem Standesamt I in Berlin gesammelt und in ein dort geführtes Verzeichnis aufgenommen (§ 42 Abs. 2 Satz 4). Das Standesamt, das die Erklärung entgegengenommen hat, muss daher das Standesamt I in Berlin hiervon informieren (§ 62 Abs. 1 Nr. 1 i. V. m. § 59 Abs. 2 Nr. 3 PStV).

§ 43 Erklärungen zur Namensangleichung

(1) Die Erklärungen über die Namenswahl nach Artikel 48 des Einführungsgesetzes zum Bürgerlichen Gesetzbuche oder über die Angleichung von Familiennamen und Vornamen nach Artikel 47 des Einführungsgesetzes zum Bürgerlichen Gesetzbuche oder nach § 94 des Bundesvertriebenengesetzes können auch von den Standesbeamten beglaubigt oder beurkundet werden.

(2) Zur Entgegennahme der Erklärungen ist das Standesamt zuständig, das das Geburtenregister für die Person, deren Name geändert oder bestimmt werden soll, führt. Wird die Erklärung im Zusammenhang mit einer Erklärung zur Namensführung von Ehegatten oder Lebenspartnern abgegeben, so ist das Standesamt zuständig, das die Eheschließung oder die Begründung der Lebenspartnerschaft zu beurkunden hat oder das Eheregister oder das Lebenspartnerschaftsregister führt; dieses Standesamt ist außerdem zuständig, wenn die Erklärung nicht im Zusammenhang mit einer Erklärung zur Namensführung von Ehegatten oder Lebenspartnern abgegeben und kein Geburtseintrag im Inland geführt wird. Ergibt sich danach keine Zuständigkeit, so ist das Standesamt zuständig, in dessen Zuständigkeitsbereich der Erklärende seinen Wohnsitz hat oder zuletzt hatte oder seinen gewöhnlichen Aufenthalt hat. Ergibt sich auch danach keine Zuständigkeit, so ist das Standesamt I in Berlin zuständig. Das Standesamt I in Berlin führt ein Verzeichnis der nach den Sätzen 3 und 4 entgegengenommenen Erklärungen.

Übersicht (die Zahlen bedeuten Randnummern)

I. Rechtsentwicklung

1 § 43 entspricht dem früheren § 15e PStG a. F., der die Zuständigkeit für die Beglaubigung oder Beurkundung sowie für die Entgegennahme von Erklärungen nach § 94 BVFG regelte. Entsprechend dem Wunsch des Bundesrates[1] wurde durch Art. 2 Abs. 15 Buchst. b PStRG ein neuer Art. 47 EGBGB über die Angleichung von Vor- und Familiennamen geschaffen[2]. Die Vorschrift ist § 94 BVFG nachgebildet und regelt zusätzlich die Fälle, dass eine Person nur einoder mehrgliedrige Eigennamen führt.

2 Gemäß Art. 5 Abs. 1 PStRG sollte der neue Art. 47 EGBGB mit dem Reformgesetz am 1.1.2009 in Kraft treten. Im Hinblick auf das große praktische Bedürfnis wurde das Inkrafttreten jedoch vorgezogen. Auf Grund von Art. 4 und 7 Satz 1 des Siebten Gesetzes zur Änderung des Bundesvertriebenengesetzes vom 16.5.2007[3] trat Art. 47 EGBGB bereits am 24.5.2007 in Kraft. Die Zuständigkeit des Standesbeamten zur öffentlichen Beglaubigung oder Beurkundung von Angleichungserklärungen sowie die Empfangszuständigkeit regelte vorübergehend Art. 47 Abs. 4 Satz 2 bis 4 EGBGB, bis das neue Personenstandsgesetz in Kraft trat[4]. Zuvor war der einschlägige § 43 bereits nachgebessert worden. Die ursprüngliche Fassung des Absatzes 2 sah lediglich die Empfangszuständigkeit des Wohnsitzstandesamts und die Hilfszuständigkeit des Standesamts I in Berlin vor. Es war absehbar, dass eine solche

1 BT-Drs. 16/1831 S. 70 f.; abgedruckt in *Gaaz/Bornhofen* 2008 S. 484 f.
2 Zu Art. 47 EGBGB vgl. *Henrich*, StAZ 2007, 197; *Mäsch*, IPRax 2008, 17; *Hepting*, StAZ 2008, 161; *Hepting/Dutta* Rdnr. II-244 ff.
3 BGBl. I S. 748.
4 Art. 5 und 7 des Siebten Gesetzes zur Änderung des Bundesvertriebenengesetzes.

Regelung zu Unzuträglichkeiten führen würde, wenn für den Erklärenden ein deutsches Personenstandsregister geführt wird. § 43 Abs. 2 wurde daher durch Art. 3 Nr. 1 des Vierten Gesetzes zur Änderung verwaltungsverfahrensrechtlicher Vorschriften vom 11. 12. 2008[5] neu gefasst und trat in der geänderten Fassung am 1. 1. 2009 in Kraft.

Durch Art. 1 Nr. 13 des Siebten Gesetzes zur Änderung des Bundesvertriebenengesetzes vom 16. 5. 2007 (vgl. Rdnr. 2) wurde auch § 94 Abs. 1 BVFG geändert: In Satz 1 wurden die Formulierungen der Nr. 1 bis 3 an Art. 47 EGBGB angepasst und um die Erklärungsmöglichkeiten der Nr. 4 und 5 erweitert. 3

Durch Art. 1 Nr. 7 des Gesetzes zur Anpassung der Vorschriften des Internationalen Privatrechts an die Verordnung (EU) Nr. 1259/2010 und zur Änderung anderer Vorschriften des Internationalen Privatrechts vom 23. 1. 2013[6] wurde ein neuer Art. 48 über die Wahl eines in einem anderen Mitgliedstaat der EU erworbenen Namens in das EGBGB eingestellt. In der Folge wurde in § 43 Abs. 1 die Beglaubigungs- und Beurkundungszuständigkeit des Standesbeamten für die entsprechenden Erklärungen geschaffen. 4

Durch das PStRÄndG wurde in Absatz 1 der Hinweis auf die Kostenfreiheit für die Beglaubigung und Beurkundung der Erklärungen nach Satz 1 im Hinblick auf den früheren § 72 aufgehoben, der die Kostenregelung ausdrücklich den Ländern überließ[7]. Des Weiteren wurde Absatz 2 neu gefasst. Die Vorschrift berücksichtigt jetzt auch die Namenserklärungen von Lebenspartnern. Sie regelt ferner die Empfangszuständigkeit für Erklärungen, die vor der Beurkundung der Eheschließung oder der Begründung der Lebenspartnerschaft abgegeben werden sowie die Auffangzuständigkeit für Erklärungen, die nicht im Zusammenhang mit der Namensführung von Ehegatten oder Lebenspartnern abgegeben werden. 5

Durch Art. 1 Nr. 13 des 2 PStRÄndG wurde die Zuständigkeit des Wohnsitzstandesamtes für die Entgegennahme namensrechtlicher Erklärungen zur Namenswahl und Namensangleichung erweitert (§ 43 Abs. 2 Satz 3). Die Regelung gilt seit dem 1. 11. 2017; für Altfälle bleibt es bei der Zuständigkeit des Standesamts I in Berlin (§ 79).

II. Beglaubigungs- und Beurkundungszuständigkeit

Nach Art. 48 Satz 3, 47 Abs. 4 EGBGB und § 94 Abs. 2 Satz 1 BVFG müssen die in diesen Vorschriften geregelten Erklärungen zur Namenswahl und zur Angleichung von Namen grundsätzlich öffentlich beglaubigt oder beurkundet werden; zu den Ausnahmen vgl. Rdnr. 8. § 43 Abs. 1 begründet die Zuständigkeit jedes Standesbeamten, die öffentliche Beglaubigung oder Beurkundung die- 6

5 BGBl. I S. 2418.
6 BGBl. I S. 101.
7 § 72 wurde danach durch Art. 2 Abs. 14 des Gesetzes zur Strukturreform des Gebührenrechts des Bundes vom 7. 8. 2013 (BGBl. I S. 3154) aufgehoben.

ser Erklärungen vorzunehmen. Das Gleiche gilt für die Erklärungen von Vertriebenen und Spätaussiedlern, die zusätzlich auch vom Bundesverwaltungsamt im Verteilungsverfahren öffentlich beglaubigt oder beurkundet werden können (§ 94 Abs. 2 Satz 2 BVFG). Zu den allgemeinen Rechtsgrundsätzen über namensrechtliche Erklärungen (Rechtsnatur, Anwendbarkeit der allgemeinen Regeln über Willenserklärungen[8], Formerfordernisse) wird auf § 41 Rdnr. 3 bis 16 verwiesen.

7 Im Hinblick auf das öffentliche Interesse an einer den deutschen Lebensverhältnissen angepassten Namensführung und mit Rücksicht auf den Personenkreis der Spätaussiedler bestimmt § 94 Abs. 2 Satz 3 BVFG, dass Gebühren und Auslagen für die Beglaubigung oder Beurkundung nicht erhoben werden.

III. Empfangszuständigkeit

1. Allgemeines

8 § 43 Abs. 2 regelt die Zuständigkeit zur Entgegennahme der in Absatz 1 aufgeführten Erklärungen, sofern sie der öffentlichen Beglaubigung oder Beurkundung bedürfen. Erklärungen über die Namenswahl müssen immer öffentlich beglaubigt oder beurkundet werden (Art. 48 Satz 3 EGBGB), sie werden daher ausnahmslos erst mit Zugang beim empfangszuständigen Standesamt wirksam. Für Angleichungserklärungen nach Art. 47 gilt dies nur, wenn sie nicht bei der Eheschließung gegenüber einem deutschen Standesamt abgegeben werden (Art. 47 Abs. 4 EGBGB). Spätaussiedler-Erklärungen sind formbedürftig, wenn sie nicht bei der Eheschließung gegenüber einem deutschen Standesamt abgegeben werden (§ 94 Abs. 2 Satz 1 BVFG)[9]. Sie können außer von dem zuständigen Standesamt auch vom Bundesverwaltungsamt im Verteilungsverfahren wirksam entgegengenommen werden (§ 94 Abs. 1 Satz 1 BVFG).

9 § 43 Abs. 2 gibt für die Empfangszuständigkeit eine bestimmte Rangfolge vor. Wird für den Erklärenden ein deutsches Personenstandsregister geführt, hat das hierfür zuständige Standesamt die Erklärung entgegenzunehmen. Dabei handelt es sich entweder um das Geburtenregister (Satz 1) oder das Eheregister (Satz 2). Fehlt ein einschlägiges Register, ist die Zuständigkeit des aktuellen oder letzten Wohnsitzstandesamts gegeben (Satz 3). Erst wenn keine dieser Anknüpfungen greift, kommt die Zuständigkeit des Standesamts I in Berlin zum Tragen (Satz 4).

8 Zur Unwiderruflichkeit und Unanfechtbarkeit von Namensangleichungserklärungen nach Art. 47 EGBGB vgl. OLG Hamm, StAZ 2012, 337 m. w. N.

9 Dass nicht auch Erklärungen nach § 94 BVFG bei Begründung der Lebenspartnerschaft formfrei waren, war nicht einzusehen.

Die Zuständigkeitsregelung des § 43 Abs. 2 gilt für die Entgegennahme aller formbedürftigen Erklärungen nach Art. 48, 47 EGBGB und § 94 BVFG, also auch für die Anschlusserklärung von Abkömmlingen. Wegen der Erstreckungsfolgen (vgl. Rdnr. 41) sind in der Erklärung auch Vor- und Familiennamen sowie Tag und Ort der Geburt von Kindern anzugeben, die das fünfte Lebensjahr noch nicht vollendet haben, wenn die Erklärung den Ehenamen der Eltern oder den Familiennamen des Elternteils, von dem das Kind seinen Geburtsnamen ableitet, betrifft; ggf. ist auch die Bezeichnung des inländischen Geburtseintrags anzugeben (Nr. 43.2 PStG-VwV). 10

Über die Entgegennahme einer Erklärung nach Art. 47 EGBGB oder nach § 94 BVFG wird der betroffenen Person auf Wunsch eine Bescheinigung erteilt (§ 46 Nr. 2 PStV). 11

2. Geburtenregister-Standesamt

Wird für den Erklärenden ein Geburtseintrag geführt (§§ 21, 36), ist die Erklärung von dem registerführenden Standesamt entgegenzunehmen, wenn der Geburts- oder Vorname betroffen ist. Die Empfangszuständigkeit ist auch gegeben, wenn die Erklärung dem Standesamt, in dessen Bezirk das Kind geboren ist, vor der Beurkundung der Geburt zugeht. Diese Möglichkeit erlangt Bedeutung, wenn die Geburt bereits mit dem auf Grund der Erklärung geänderten Namen des Kindes beurkundet werden soll (vgl. § 35 Abs. 2 PStV). Die Empfangszuständigkeit des Geburtsstandesamts kommt nicht zum Tragen, wenn die Erklärung im Zusammenhang mit einer Erklärung zur Namensführung von Ehegatten abgegeben wird (§ 43 Abs. 2 Satz 2). In diesem Fall geht die Zuständigkeit des Standesamts, das das Eheregister führt, vor (vgl. Rdnr. 13 ff.). Die Namenswahl oder die Namensangleichung ist ggf. im Wege der Folgebeurkundung zum Geburtseintrag aufzunehmen (§ 27 Abs. 3 Nr. 1). 12

3. Eheregister-Standesamt

Durch das PStRÄndG wurde in § 43 Abs. 2 Absatz 2 Satz 2 die Regelung über die Empfangszuständigkeit des Standesamts, das die Eheschließung zu beurkunden oder beurkundet hat, gegenüber der ursprünglichen Fassung der Vorschrift klargestellt (Halbs. 1) und erweitert (Halbs. 2). Gleichzeitig wurden Angleichungserklärungen, die »bei der Eheschließung oder der Begründung der Lebenspartnerschaft« abgegeben werden, formfrei gestellt (Art. 4 und 6 PStRÄndG) mit der Folge, dass diese Erklärungen nicht mehr von der Regelung über die Empfangszuständigkeit erfasst werden. Um den Anwendungsbereich des § 43 Abs. 2 Satz 2 zu bestimmen, sind folgende Fälle zu unterscheiden: 13

a) Erklärungen vor Beurkundung der Eheschließung

Angleichungserklärungen, die bei der Eheschließung abgegeben werden, bedürfen nicht der öffentlichen Beglaubigung oder Beurkundung (Art. 47 Abs. 4 EGBGB). In gleicher Weise sind die Erklärungen von Vertriebenen und Spät- 14 aussiedlern begünstigt, wenn sie bei der Eheschließung abgegeben werden (§ 94 Abs. 2 Satz 1 BVFG). Diese Erklärungen werden wirksam, wenn sie gegenüber dem Standesamt, vor dem die Ehe geschlossen wird, im Rahmen der Trauung abgegeben werden, d.h. spätestens bis zur Unterzeichnung der Niederschrift (§ 14 Abs. 3). Dabei kommt es nicht darauf an, ob die Erklärung im Zusammenhang mit einer Erklärung zur Namensführung von Ehegatten abgegeben wird. Soweit das Gesetz auf die öffentliche Beglaubigung oder Beurkundung einer Erklärung »bei der Eheschließung« verzichtet, wird sie zwangsläufig von der Eheschließungsform umfasst und muss nicht mehr gesondert »entgegengenommen« werden. Beispiel: Die ehemals tschechische, jetzt deutsche Staatsangehörige Hegerová erklärt bei der Eheschließung, dass sie ihren Familiennamen in der ursprünglichen Form »Heger« führen will (Art. 47 Abs. 1 Satz 1 Nr. 4 EGBGB). Eine Erklärung zur Namensführung in der Ehe wird nicht abgegeben. Die Angleichungserklärung wird im Rahmen der Eheschließung wirksam und ist im Eheeintrag zu berücksichtigen. Nichts Anderes gilt, wenn bei der Eheschließung die genannte Ursprungserklärung abgegeben und der Name Heger gemäß § 1355 Abs. 3 Satz 1 zum Ehenamen bestimmt wird.

15 Ist die – vor der Beurkundung abgegebene – Erklärung formbedürftig und muss daher entgegengenommen werden, ist empfangszuständig das Standesamt, das die Eheschließung zu beurkunden hat, wenn die Erklärung im Zusammenhang mit einer Erklärung zur Namensführung von Ehegatten abgegeben wird. Von den in § 43 Abs. 1 genannten Erklärungen sind formbedürftig auch bei der Eheschließung die Erklärungen über die Namenswahl nach Art. 48 EGBGB. Fehlt der Zusammenhang mit einer Erklärung zur Namensführung in der Ehe, greifen die allgemeinen Zuständigkeitsregeln ein. Beispiel: Bei der Eheschließung wird eine Namenswahl nach Art. 48 EGBGB getroffen und der gewählte Name zum Ehenamen bestimmt. Wegen des Zusammenhangs mit der Ehenamensbestimmung ist die Erklärung über die Namenswahl vom Eheschließungsstandesamt entgegenzunehmen. Wird keine Erklärung über die Namensführung in der Ehe abgegeben, wäre empfangszuständig das Standesamt, das die Geburt des Erklärenden beurkundet hat (§ 43 Abs. 2 Satz 1). Da jedoch die Geburt im Ausland registriert ist, kommt die Auffangzuständigkeit des § 43 Abs. 2 Satz 2 Halbs. 2 zum Tragen: Es bleibt bei der Empfangszuständigkeit des Eheschließungsstandesamts.

b) Erklärungen nach Beurkundung der Eheschließung/Begründung der Lebenspartnerschaft

16 Erklärungen nach Art, 48 und 47 EGBGB sowie nach § 94 BVFG, die nach der Beurkundung der Eheschließung/Lebenspartnerschaft abgegeben werden, bedürfen ohne Einschränkung der öffentlichen Beglaubigung oder Beurkundung und sind daher empfangsbedürftig. Auch nach der Eheschließung oder Begründung der Lebenspartnerschaft geäußerte Erklärungen können im Zusammenhang mit der Erklärung zur Namensführung von Ehegatten/Lebenspartnern abgegeben werden, was wiederum die Zuständigkeit des Eheschlie-

ßungs-/Begründungsstandesamts zur Folge hat (§ 43 Abs. 2 Satz 2 Halbs. 1). Bei den Erklärungen zur Namensführung handelt es sich um die in § 41 Abs. 1 und § 42 Abs. 1 aufgeführten Erklärungen. Auch einseitige Erklärungen eines Ehegatten, z. B. über die Hinzufügung eines Begleitnamens gemäß § 1355 Abs. 4 BGB, fallen darunter. Es ist nicht erforderlich, dass die Ehe noch besteht. Auch die Namensangleichung anlässlich der Erklärung des verwitweten oder geschiedenen Ehegatten über die Wiederannahme eines früheren Namens (§ 1355 Abs. 5 BGB) begründet die Empfangszuständigkeit nach § 43 Abs. 2 Satz 2 Halbs. 1. Der vom Gesetz geforderte Zusammenhang zwischen beiden Erklärungen besteht, wenn mit der Namenswahl oder der Angleichungserklärung auch die Erklärung zur Namensführung beider oder eines Ehegatten abgegeben wird[10]. Beispiel: Die Ehegatten wählen nachträglich deutsches Recht (Art. 10 Abs. 2 Satz 2 EGBGB), der ausländische Ehegatte legt den Vatersnamen ab und nimmt die ursprüngliche Form seines Familiennamens an (Art. 47 Abs. 1 Satz 1 Nr. 3 und 4 EGBGB). Wegen des Zusammenhangs ist die Zuständigkeit des Eheschließungsstandesamts gegeben. Werden dagegen Ablege- und Ursprungserklärung nach der Einbürgerung des betroffenen Ehegatten abgegeben, fehlt es an einer Erklärung zur Namensführung von Ehegatten; empfangszuständig für die Angleichungserklärung ist das Geburtsstandesamt (§ 42 Abs. 2 Satz 1). Ist die Geburt im Ausland beurkundet, ist wieder das Eheschließungsstandesamt zuständig (§ 43 Abs. 2 Satz 2 Halbs. 2). Fehlen sowohl ein inländischer Geburts- als auch ein deutscher Eheeintrag ist zuständig das aktuelle oder letzte Wohnsitzstandesamt oder das Standesamt I in Berlin (§ 43 Abs. 2 Satz 3 oder 4).

4. Wohnsitzstandesamt

Die Empfangszuständigkeit des Standesamts, in dessen Zuständigkeitsbe- **17**
reich der Erklärende seinen Wohnsitz hat oder zuletzt hatte oder seinen gewöhnlichen Aufenthalt hat (§ 43 Abs. 2 Satz 3), ist nur gegeben, wenn für den Erklärenden weder ein inländisches Geburtenregister noch ein – noch anzulegendes oder schon angelegtes – Ehe- oder Lebenspartnerschaftsregister besteht. Zur Vermeidung von Mehrfachbeurkundungen ist die Erklärung in das vom Standesamt I in Berlin geführte Verzeichnis aufzunehmen (§ 43 Abs. 2 Satz 5).

5. Standesamt I in Berlin

Das Standesamt I in Berlin ist nur in den Fällen zuständig, in denen der Er- **18**
klärende seinen Wohnsitz oder gewöhnlichen Aufenthalt im Ausland hat und kein deutscher Geburts- oder Ehe-/Lebenspartnerschaftseintrag besteht und auch ein letzter Wohnsitz im Inland nicht auszumachen ist (§ 43 Abs. 2 Satz 4). Um Mehrfachbeurkundungen zu vermeiden, werden die entsprechenden Erklärungen – wie auch die Erklärungen in den Fällen des § 43 Abs. 2

10 So auch *Krömer*, StAZ 2011, 24.

Satz 3 (Rdnr. 17) – zentral bei dem Standesamt I gesammelt und in das dort geführte Verzeichnis aufgenommen (§ 43 Abs. 2 Satz 5).

IV. Die Namenswahl nach Art. 48 EGBGB

1. Allgemeines

19 Durch das »Gesetz zur Anpassung der Vorschriften des Internationalen Privatrechts an die Verordnung (EU) Nr. 1259/2010 und zur Änderung anderer Vorschriften des Internationalen Privatrechts« vom 23.1.2013[11], das am 29.1.2013 in Kraft getreten ist, wurde ein neuer Art. 48 in das EGBGB eingestellt[12]. Die Vorschrift dient der Umsetzung des Urteils des EuGH vom 14.10.2008 in der Sache Grunkin-Paul[13]. Dabei ging es um ein in Dänemark geborenes Kind deutscher Eltern, das nach dänischem Recht einen Doppelnamen erhalten hatte, der von den deutschen Behörden nicht anerkannt wurde. Das Gericht bejahte eine Verletzung des in Art. 18 EGV (jetzt: Art. 21 AEUV) garantierten Rechts auf Freizügigkeit, wenn die Behörden eines Mitgliedstaates es ablehnen, den Nachnamen eines Kindes anzuerkennen, der in einem anderen Mitgliedstaat bestimmt und eingetragen wurde, in dem dieses Kind – das wie seine Eltern nur die Staatsangehörigkeit des erstgenannten Mitgliedstaates besitzt – geboren wurde und seitdem wohnt. Damit wurde das »Prinzip der Einnamigkeit« in Europa statuiert.

20 Für die Umsetzung des EuGH-Urteils im deutschen Recht[14] wurde eine Verfahrenslösung gewählt, die dem Betroffenen für die Transponierung des im Ausland erworbenen Namens in das deutsche Recht ein Erklärungsrecht einräumt (§ 48 EGBGB): Personen, deren Namensführung deutschem Recht unterliegt, können im Wege der sachrechtlichen Namenswahl einen im EU-Ausland erworbenen – nach deutschem Recht an sich nicht zulässigen[15] – und dort registrierten Namen durch Erklärung gegenüber dem Standesamt mit Wirkung für den deutschen Rechtsbereich annehmen. Erst wenn die Erklärung über die Namenswahl von dem zuständigen deutschen Standesamt entgegengenommen ist, führt die betroffene Person auch im Inland den im EU-Ausland beurkundeten Namen. Bis dahin oder auch, wenn eine Erklärung unterbleibt, führt die Person den Namen, den ihr das von Art. 10 Abs. 1 EGBGB berufene Recht zuweist.

11 BGBl. I S. 101.

12 Dazu *Hepting/Dutta* Rdnr. II-428 ff.; *Freitag,* StAZ 2013, 69; *Wall,* StAZ 2013, 239; *Mankowski,* StAZ 2014, 97.

13 EuGH, StAZ 2009, 9; zur Entwicklung der namensrechtlichen Rechtsprechung des EuGH vgl. *Hepting/Dutta* Rdnr. II-418 ff.; *Dutta,* FamRZ 2016, 1213.

14 Zu den Lösungsmöglichkeiten de lege ferenda vgl. *Hepting,* StAZ 2013, 34 m. w. N.

15 Art. 48 EGBGB kann daher nicht herangezogen werden, um zu einem im Ausland erworbenen Namen zurückzukehren, nachdem in Deutschland eine Angleichung gemäß § 94 BVFG vorgenommen worden war (*Krömer,* StAZ 2015, 190).

2. Voraussetzungen des Erklärungsrechts

a) Deutsches Namensstatut

Erklärungsberechtigt ist eine Person, deren Name deutschem Recht unterliegt, also ein deutsches Namensstatut i.S. des Art. 10 Abs. 1 EGBGB besitzt. Das sind in erster Linie (nur) deutsche Staatsangehörige sowie Mehrstaater mit (auch) deutscher Staatsangehörigkeit; bei diesen geht die deutsche Staatsangehörigkeit vor, auch wenn sie nicht die effektive ist (Art. 5 Abs. 1 Satz 2 EGBGB). Bei deutsch/ausländischen Mehrstaatern kann es zu einer Konkurrenz zwischen der Namenswahl nach Art 48 EGBGB und der Rechtswahl nach Art 10 Abs. 2 oder 3 EGBGB kommen. Liegen die Voraussetzungen beider Normen vor, hat der Namensträger die Wahl zwischen beiden Möglichkeiten der Namensgestaltung; ein Vorrang etwa der Rechtswahl vor der Namenswahl ist dem Gesetz nicht zu entnehmen. Ein deutsches Namensstatut hat auch, wer gemäß Art. 10 Abs. 2 oder 3 EGBGB für die Namensführung in der Ehe oder für den Kindesnamen deutsches Recht gewählt hat[16]. Bei Personen, die kraft Sonderanknüpfung ein deutsches Personalstatut haben (Staatenlose, Asylberechtigte, ausländische Flüchtlinge) wird die von Art. 48 EGBGB vorausgesetzte hinkende Namensführung kaum anzutreffen sein. Bei diesem Personenkreis hat ein Statutenwechsel zum deutschen Recht stattgefunden, das den unter dem früheren Heimatrecht erworbenen Namen unberührt lässt. Dieser Fall wird von Art. 48 EGBGB nicht erfasst[17]. 21

Für die Feststellung, ob der Namensträger ein deutsches Namensstatut hat, ist auf den Zeitpunkt der Erklärung abzustellen. Dies folgt aus dem eindeutigen Wortlaut der Bestimmung des Art. 48 Satz 1 EGBGB (»Unterliegt der Name einer Person deutschem Recht ...«). 22

b) Namenserwerb in einem anderen Mitgliedstaat der EU

Der für die Namenswahl vorgesehene Name muss während eines gewöhnlichen Aufenthalts in einem anderen Mitgliedstaat der EU erworben und dort in ein Personenstandsregister eingetragen worden sein. Maßgebend ist die Mitgliedschaft des Registrierungsstaates zur EU im Zeitpunkt der Erklärung und nicht schon im Zeitpunkt des Namenserwerbs[18]. Der Erwerb eines Namens außerhalb der EU durch einen Deutschen fällt nicht unter Art. 48 EGBGB[19]. Der Namenserwerb muss während eines gewöhnlichen Aufenthalts des Namensträgers in einem anderen Mitgliedstaat der EU stattgefunden ha- 23

16 Siehe aber AG Berlin-Schöneberg, StAZ 2016, 142.

17 *Freitag*, StAZ 2013, 69, 72.

18 KG, StAZ 2014, 301; *Freitag*, StAZ 2013, 69, 72.

19 OLG München, StAZ 2014, 366; dazu *Wall*, StAZ 2014, 356.

ben[20]. Der Begriff ist rein faktisch zu verstehen (vgl. § 12 Rdnr. 20 ff.). Erforderlich ist ein Aufenthalt von gewisser Dauer und Regelmäßigkeit, wobei ein Mindestzeitraum von sechs Monaten als Orientierung dienen kann. Ein kurzer Besuchsaufenthalt reicht nicht aus, insbesondere nicht, wenn der Verdacht des »Namenstourismus« besteht[21]. Der Namenserwerb muss in einem Personenstandsregister, also einem standesamtlichen Verzeichnis, dokumentiert sein. Der Nachweis wird durch eine aus diesem Register ausgestellte Personenstandsurkunde geführt. Mit einem ausländischen Pass oder Personalausweis eines deutsch/ausländischen Doppelstaaters kann der Nachweis nicht geführt werden.

24 Unter Art. 48 EGBGB fallen alle Vorgänge des Namenserwerbs. In erster Linie geht es, wie im Fall Grunkin-Paul (Rdnr. 19), um die Namensführung des Kindes nach der Geburt. Zu hinkenden Namensverhältnissen kann es auch kommen, wenn z. B. infolge Eheschließung oder Adoption nach dem statusbegründenden Ereignis der neue Name erstmals in einem Mitgliedstaat der EU registriert wird und dieser Name nach deutschem Recht nicht zulässig ist. Im Falle der Eheschließung kann in den meisten Fällen mit einer Rechtswahl gemäß Art. 10 Abs. 2 EGBGB – konkludent im Ausland oder nachträglich im Inland – einer hinkenden Namensführung begegnet werden, wenn einer der Ehegatten Ausländer oder deutsch-ausländischer Mehrstaater ist. Eine Rechtswahl zugunsten einer Namensführung nach dem Recht des ausländischen Aufenthaltsstaates ist jedoch nicht möglich, wenn keiner der Ehegatten nicht auch die Staatsangehörigkeit dieses Staates besitzt. In einem solchen Fall lässt sich Namenskontinuität durch eine Erklärung nach Art. 48 EGBGB erreichen, wenn der in der Ehe geführte Name in einem Mitgliedstaat der EU registriert worden ist. Auch eine in einem EU-Staat ausgesprochene behördliche »isolierte« Namensänderung, die nicht mit einer familienrechtlichen Statusänderung verbunden war, fällt unter Art. 48 EGBGB[22]. Ist der Staat, in dem eine öffentlich-rechtliche Namensänderung erfolgte, Mitgliedstaat des Übereinkommens über die Änderung von Namen und Vornamen vom 4. 9. 1958[23], ist nach dem Übereinkommen die Namensänderung in jedem Vertragsstaat ohne Weiteres rechtswirksam; die Anwendung des Art. 48 EGBGB scheidet in diesem Fall aus. Das Wahlrecht erfasst den betroffenen

20 Vgl. OLG München, StAZ 2014, 179; dazu *Wall*, StAZ 2014, 294. Zum gewöhnlichen Aufenthalt vgl. jetzt EuGH, StAZ 2017, 338 (Mircea Florian Freitag) mit Anm. *Wall*, StAZ 2017, 326.

21 BayVGH, StAZ 2015, 150.

22 Vgl. etwa den von *Kampe* behandelten Fall, StAZ 2009, 281; ferner OLG München, StAZ 2012, 181; *Wall*, StAZ 2012, 169; *ders.*, StAZ 2013, 237, 239.

23 Abgedruckt in GS Nr. 240.

Namen mit allen seinen Bestandteilen[24]. Auch Adelsbezeichnungen fallen – in den Grenzen des ordre public – darunter[25].

Zu der lange Zeit strittigen Frage, ob und gegebenenfalls unter welchen Voraussetzungen sich das Wahlrecht nach Art. 48 EGBGB auch auf »rechtswidrig« registrierte Namen erstrecken kann[26], hat der BGH nunmehr entschieden, dass nach Art. 48 EGBGB nur solche Namen gewählt werden können, die auch materiell rechtmäßig bestimmt worden sind, zumindest aber im Zeitpunkt der Ausübung des Wahlrechts im Registrierungsstaat rechtmäßig geführt werden. Das Gericht hat es ausdrücklich offengelassen, ob in Fällen einer materiellrechtlich unrichtigen Registrierungen, in denen der Betroffene den registrierten Namen im Ursprungsstaat eine gewisse Zeit unbeanstandet geführt hat und sein Vertrauen in den Fortbestand dieses Namens schutzwürdig sein kann, eine analoge Anwendung des Art. 48 EGBGB möglich ist, hat allerdings angesichts des vom Gesetzgeber bewusst begrenzten Anwendungsbereichs Zweifel an der Analogiefähigkeit der Vorschrift geäußert[27]. In Fällen eines schutzwürdigen Interesses kann allerdings unionsrechtlich oder aufgrund des allgemeinen Persönlichkeitsrechts nach Art. 2 Abs. 1 i. V. m. Art. 1 Abs. 1 GG eine Namensangleichung geboten sein[28]. 25

3. Ausübung des Namenswahlrechts

Die Ausübung des Namenswahlrechts erfolgt durch Erklärung gegenüber dem Standesamt. Die rechtliche Ausgestaltung des Wahlrechts folgt dem üblichen Schema für namensrechtliche Erklärungen. Eine erneute Ausübung des Wahlrechts ist nur möglich, wenn der Namensträger nach der Erklärung ein neues Wahlrecht erwirbt[29]. Die Erklärung über die Namenswahl, die an keine Frist gebunden ist, muss öffentlich beglaubigt oder beurkundet werden. Die Beurkundungszuständigkeit des Standesbeamten ist in § 43 Abs. 1 PStG geregelt. Im Übrigen verweist Art. 48 Satz 4 EGBGB auf die entspre- 26

24 Auch die Wahl eines nach dänischem Recht erworbenen Mittelnamens ist möglich (KG, StAZ 2016, 342), dazu *Wall*, StAZ 2016, 327; BGH, StAZ 2017, 270.
25 EuGH, StAZ 2011, 77 (»Sayn-Wittgenstein«). Nur ausnahmsweise war in diesem Fall die Weigerung Österreichs, den durch Adoption in Deutschland erlangten Adelsnamen in österreichische Register zu übernehmen, aus Gründen des ordre public gerechtfertigt. Ob der ordre public die Übernahme eines Namens mit Adelsbezeichung in ein deutsches Register hindert, hat der EuGH in dem Urteil Bogendorff von Wolffersdorff (StAZ 2016, 203) offengelassen; dazu *Otto*, StAZ 2016, 225, *Dutta*, FamRZ 2016, 1213. Vgl. auch AG Nürnberg, StAZ 2015, 59 und OLG Nürnberg StAZ 2015, 307, dazu *Wall*, StAZ 2015, 41; AG Karlsruhe, StAZ 2015, 113, dazu *Wall*, StAZ 2015, 295; AG Meiningen/OLG Jena, StAZ 2016, 114; OLG Karlsruhe, StAZ 2017, 206 (neuer Beschluss im Verfahren Bogendorff von Wolffersdorff).
26 Welche Probleme sich bei der Prüfung ergeben, ob der Name in dem ausländischen Staat korrekt festgestellt worden ist, zeigt OLG München, StAZ 2010, 76.
27 BGH, StAZ 2019, 207, 209 f. = FamRZ 2019, 967, 969 m. kritischer Anm. *Wall;* so auch die Vorinstanz: KG, StAZ 2016, 243; *Hepting/Dutta* Rdnr. II-437 und II-458 ff.
28 BGH, StAZ 2019, 207, 210 f. = FamRZ 2019, 967, 969; *Wall*, StAZ 2010, 225, 229 f.; *Hepting/Dutta* Rdnr. II-458 ff.
29 *Hepting/Dutta* Rdnr. II-441; *Freitag* StAZ 2013, 69, 73.

chende Anwendung von Art. 47 Abs. 1 und 3 EGBGB. Aus Absatz 1 Satz 2 dieser Vorschrift ergibt sich, dass der Betroffene, dessen Name zum Ehenamen bestimmt wurde, den im EU-Ausland registrierten Namen nur gemeinsam mit dem anderen Ehegatten wählen kann. Art. 47 Abs. 3 EGBGB verweist weiter auf die entsprechende Anwendung von § 1617c BGB, d. h. es gelten die Regeln über die Namenserstreckung auf Kinder unter 5 Jahren und über die gestuften Mitwirkungsbefugnisse älterer minderjähriger Kinder. Eine Verweisung auf § 1617 Abs. 1 Satz 3 BGB fehlt. Die Namenswahl für ein Kind namensverschiedener Eltern präjudiziert daher nicht den Geburtsnamen für die danach geborenen Kinder. Wirksam wird die Erklärung mit der Entgegennahme durch das gemäß § 43 Abs. 2 PStG zuständige Standesamt. Die entsprechende Anwendung von Art. 47 Abs. 1 EGBGB bedeutet darüber hinaus, dass auch dessen Satz 1 über die Angleichung von Namen gilt. Wer z. B. gemäß Art. 48 EGBGB einen Namen wählt, der nach dem Geschlecht abgewandelt ist, kann diesen Namen sogleich angleichen und dessen ursprüngliche Form annehmen. Dies führt im Ergebnis wieder zu einer Durchbrechung des Prinzips der »Einnamigkeit«, ist aber aus unionsbürgerrechtlicher Sicht unbedenklich, weil die Angleichung dem Namensträger nicht aufgezwungen wird[30].

4. Wirkungen der Namenswahl

27 Die Namenswahl wirkt grundsätzlich auf den Zeitpunkt der Eintragung des Namens in das Personenstandsregister des Erstregistrierungsstaates zurück. Auf ausdrücklichen Wunsch kann die Namenswahl in der Weise beschränkt werden, dass sie nur für die Zukunft wirken soll, wenn dies etwa für den Betroffenen Vorteile hat. Konsequenz der Namenswahl ist es, dass der Betroffene den im EU-Ausland erworbenen Namen nach deutschem Recht führt. Die Namensführung unterliegt allein dem deutschen Recht. Änderungen des Namens richten sich nach den einschlägigen Vorschriften des BGB, des NamÄndG usw. Mit der Namenswahl ist das Erklärungsrecht verbraucht, sie ist unwiderruflich.

V. Die Erklärungen nach Art. 47 EGBGB

1. Voraussetzungen

28 Nach den allgemeinen Grundsätzen des IPR bleibt ein einmal erworbener Name auch nach einem Wechsel des für die Namensführung maßgebenden Rechts unberührt (Grundsatz der Namenskontinuität). Das neue Recht entscheidet darüber, ob und in welcher Weise der Name geändert werden kann. Diesem Prinzip folgt Art. 47 EGBGB[31]. Absatz 1 Satz 1 eröffnet einer Person die Möglichkeit zur Namensangleichung, wenn sie »nach einem anwendbaren ausländischen Recht einen Namen erworben hat und sich ihr Name fortan

30 Vgl. BT-Drs. 17/11049 S. 12.
31 Hierzu ausführlich *Hepting/Dutta* Rdnr. II-244 ff.

nach deutschem Recht richtet«. Gefordert wird ein Wechsel des Namensstatuts zum deutschen Recht. Hauptanwendungsfall ist der Erwerb der deutschen Staatsangehörigkeit mit der Folge, dass der Name des Eingebürgerten dem deutschen Recht unterliegt (Art. 10 Abs. 1 EGBGB). Ein deutsches Personalstatut haben ferner Asylberechtigte, ausländische Flüchtlinge[32] und Staatenlose mit gewöhnlichem Aufenthalt im Inland. Schließlich begründet eine Rechtswahl nach Art. 10 Abs. 2 Satz 1 Nr. 2 oder Abs. 3 Satz 1 Nr. 2 EGBGB die Maßgeblichkeit des deutschen Rechts für die Namensführung in der Ehe oder den Kindesnamen; für letzteren steht eine vorherige Angleichung des Elternnamens auch dann offen, wenn das Kind Deutscher ist und sein Name nach § 1617 BGB zu bestimmen ist (vgl. Rdnr. 39). In all diesen Fällen eröffnet Art. 47 EGBGB die Möglichkeit, durch Erklärung gegenüber dem Standesamt eine für das deutsche Namensrecht passende Namensform zu wählen, wobei der Zeitpunkt vom Namensträger bestimmt wird. Die Voraussetzungen für eine Namensbestimmung nach Art. 47 EGBGB werden in § 45 Abs. 1 PStV klargestellt. Wird keine Erklärung nach Art. 47 EGBGB abgegeben, bleibt es grundsätzlich auch nach einem Statutenwechsel bei der bisherigen Namensführung. Es kann sich aber die Notwendigkeit einer Angleichung ohne Angleichungserklärung ergeben, wenn der Betroffene Namen trägt, die mit dem inländischen Ordnungsinteresse unvereinbar sind, z. B. nur Eigennamen führt[33].

2. Die einzelnen Erklärungen

Der Katalog des Art. 47 Abs. 1 Satz 1 EGBGB erfasst die Fälle fremdartiger Na- **29**
menstypen, bei denen sich die standesamtliche Praxis früher ohne ausreichende Rechtsgrundlage mit »Angleichungserklärungen« beholfen hatte[34]. Die Nummern 3 bis 5 stimmen mit § 94 Abs. 1 Satz 1 Nr. 1 bis 3 BVFG überein. Die Nummern 1 und 2 betreffen Personen, die nur Eigennamen führen; sie stammen aus anderen Rechtskreisen als Spätaussiedler. Die einzelnen Erklärungsmöglichkeiten können auch kombiniert oder sukzessive in Anspruch genommen werden[35].

Bei der Namensbestimmung nach Art. 47 EGBGB sollen die allgemeinen **30**
Grundsätze des deutschen Namensrechts beachtet, insbesondere nur ein eingliedriger Familienname bestimmt werden, der sich von dem gewählten Vornamen unterscheidet (§ 45 Abs. 2 PStV). Die Wahl mehrerer Vornamen entspricht dagegen den deutschen Namensgrundsätzen. Die Vorschrift ist vor

32 Hierzu zählen auch Kontingentflüchtlinge, die vor dem 1. 1. 2005 die Rechtsstellung von Flüchtlingen genossen haben (Nr. A 7.2.4 PStG-VwV). Zu den jüdischen Emigranten aus der ehemaligen Sowjetunion vgl. *Homeyer,* StAZ 2009, 83.

33 Eine »Zwangsangleichung« ist nicht geboten, wenn ein deutsch-bulgarischer Doppelstaater den Vatersnamen bulgarischen Rechts weiterführen will (BGH, StAZ 2014, 139; dazu *Prinz von Sachsen Gessaphe,* StAZ 2015, 65; *Wall,* StAZ 2015, 363). Zur objektiven Angleichung vgl. näher *Hepting/Dutta* Rdnr. II-389 ff.

34 Dazu grundlegend *Hepting,* StAZ 2001, 257.

35 Vgl. etwa das Beispiel von *Küsters,* StAZ 2008, 187.

allem bei der Bildung von Vor- und Familiennamen in den Fällen des Art. 47 Abs. 1 Satz 1 Nr. 1 und 2 EGBGB zu beachten.

a) Sortiererklärung

31 Art. 47 Abs. 1 Satz 1 Nr. 1 EGBGB eröffnet die Möglichkeit, aus einem mehrgliedrigen Namen Vor- und Familiennamen zu bestimmen. Unter diese Bestimmung fallen Eigennamen, die sich z. B.im sri-lankischen, indischen und pakistanischen Gewohnheitsrecht finden, sowie die für den islamischen Rechtskreis typischen Namensketten. Wird einer der Namensbestandteile zum Familiennamen bestimmt, werden die übrigen Bestandteile zu Vornamen. Der Namenswortlaut bleibt unverändert, die einzelnen Namensbestandteile erfahren jedoch die im deutschen Recht übliche Einteilung in Vor- und Familiennamen. Enthält eine Namenskette dem deutschen Recht fremde Namenszusätze, z. B. »ben«, »bent«, »Ibn«, kann die Sortiererklärung mit einer Erklärung nach Art. 47 Abs. 1 Satz 1 Nr. 3 EGBGB kombiniert werden, sodass die Zusätze entfallen. Dem Namensträger ist es freigestellt, welchen Bestandteil er als Familiennamen wählt[36], er kann hierzu aber nur einen Namensteil bestimmen (§ 45 Abs. 2 Satz 2 PStV).

32 Nicht möglich ist die Transponierung aller Bestandteile zu Vornamen, um im Wege der Ergänzungserklärung (Rdnr. 33) einen neuen Familiennamen wählen zu können. Art. 47 Abs. 1 Satz 1 Nr. 1 EGBGB gestattet nur, aus dem vorhandenen Namen Vor- *und* Familiennamen zu bestimmen. Aus mehreren Eigennamen kann nur ein Name zum Familiennamen bestimmt werden; einen mehrgliedrigen Familiennamen lässt das deutsche Namensrecht grundsätzlich nicht zu[37].

b) Ergänzungserklärung

33 Art. 47 Abs. 1 Satz 1 Nr. 2 EGBGB betrifft Personen, die nur einen Eigennamen führen[38]. Während früher angenommen wurde, dass dieser Name nur in den Familiennamen transponiert werden könne[39] und allein ein Vorname gewählt werden müsse, bleibt es nach dem Wortlaut der Gesetzesbestimmung dem Namensträger überlassen, ob er seinen bisher geführten Namen als Vor- oder Familiennamen gelten lassen will[40]. Je nachdem muss der Namensträger innerhalb der für öffentlich-rechtliche Namensänderungen gezogenen Grenzen[41] entweder einen (oder mehrere) Vornamen oder einen Familiennamen wählen (Nr. 43.1.2 PStG-VwV). Die Wahl eines deutschen oder in Deutsch-

36 Zu Sri Lanka vgl. KG, StAZ 2008, 42.
37 BGH, StAZ 2015, 78.
38 Art. 47 Abs. 1 Nr. 2 EGBGB wird auch für anwendbar gehalten, wenn es sich bei den Namen einer Namenskette nach irakischem Recht ausschließlich um Vornamen handelt (OLG München, StAZ 2015, 58; OLG Köln, StAZ 2015, 275).
39 *Hepting*, StAZ 2001, 266.
40 *Henrich*, StAZ 2007, 200; dagegen: *Hepting*, StAZ 2008, 168 f.
41 So *Kissner*, StAZ 2008, 324.

land üblichen Namens wird vom Gesetz nicht gefordert, auch wenn die Entscheidung für einen Namen aus einem fremden Kulturkreis der Integration nicht förderlich sein sollte[42].

c) *Ablegeerklärung*

Art. 47 Abs. 1 Satz 1 Nr. 3 EGBGB gestattet dem Namensträger, Bestandteile des Namens, die das deutsche Recht nicht kennt, abzulegen. Hierzu gehören insbesondere Zwischennamen, z. B. der Vatersname nach russischem Recht (»Ivanovič«, »Ivanovna«) oder der Mittelname nach philippinischem Recht, nicht aber der Mittelname nach den skandinavischen Rechten, der als Begleitname zu qualifizieren ist[43]. Ablegungsfähig sind ferner Namenszusätze, die auf die Abstammung hinweisen, wie die im islamischen Rechtskreis üblichen Zusätze »ben«, »bent« und »Ibn«, ferner das vietnamesische »thi« sowie Hinweise auf die Religionszugehörigkeit wie »Singh« und »Kaur« (Indien). Auch männliche Namen in der Namenskette einer Frau sind dem deutschen Recht fremd und können abgelegt werden[44]. Art. 47 Abs. 1 Satz 1 Nr. 3 EGBGB sieht nur vor, dass der fremde Namensbestandteil ersatzlos wegfällt. Will der Namensträger auch unter der Geltung des deutschen Rechts seinen bisherigen Zwischennamen weiterführen, hat er die Möglichkeit der Transponierung in einen Vornamen nach Art. 47 Abs. 1 Satz 1 Nr. 1 EGBGB. Doppelnamen sind im deutschen Recht bekannt und können daher nicht durch eine Ablegeerklärung in einen Einzelnamen verkürzt werden[45]. 34

d) *Ursprungserklärung*

Nach Art. 47 Abs. 1 Satz 1 Nr. 4 EGBGB kann der Namensträger die ursprüngliche Form eines nach dem Geschlecht oder dem Verwandtschaftsverhältnis abgewandelten Namens annehmen. Praktisch bedeutet das, dass die männliche Form des Namens angenommen wird, z. B. wenn sich die eingebürgerte Tschechin Hegerová für den Familiennamen Heger entscheidet. Geschlechtsspezifische Abwandlungen des Namens finden sich vielfach im slawischen Rechtskreis, ferner bei litauischen und griechischen Namen. 35

e) *Eindeutschungserklärung*

Art. 47 Abs. 1 Satz 1 Nr. 5 EGBGB ermöglicht die Überführung fremdländischer Vor- und Familiennamen in die deutschsprachige Form, z. B. durch Wegfall einzelner Buchstaben oder diakritischer Zeichen (Nr. 43.1.1 PStG-VwV), durch Anpassung der Schreibweise an die deutsche Phonetik[46] oder durch Verkürzung der Schreibweise eines schwer auszusprechenden Namens. Die Wahl 36

42 AG Hamburg, StAZ 2012, 112.
43 *Henrich,* StAZ 2007, 201; a. M. *Hepting,* StAZ 2008, 172 f.
44 *Henrich,* StAZ 2007, 202.
45 Vgl. *Hochwald,* StAZ 2012, 57 zu den zweigliedrigen Namen des spanischen Rechts.
46 Dabei ist die Reihenfolge der Buchstaben beizubehalten (OLG München, StAZ 2015, 306).

eines neuen Familiennamens kommt nicht in Betracht[47]. Auch die Übersetzung des fremdländischen Namens (z. B. des französischen Namens »Fleur« in »Blume«) ist von Art. 47 Abs. 1 Satz 1 Nr. 5 EGBGB nicht gedeckt, wie ein Gegenschluss zu § 94 Abs. 1 Satz 1 Nr. 5 BVFG (vgl. Rdnr. 48) ergibt[48]. Die Möglichkeit der Vornamensgestaltung ist im Hinblick auf den Wortlaut der Vorschrift großzügiger. Gibt es für den Vornamen keine deutsche Form, kann auch ein beliebiger neuer Vorname angenommen werden[49], und zwar ohne Beschränkung auf deutschsprachige Vornamen[50]. Auch die Beilegung von zwei neuen Vornamen hält sich innerhalb der Grundsätze des deutschen Namensrechts i. S. des § 45 Abs. 2 PStV[51], ebenso die Bestimmung eines von zwei bislang geführten Vornamen zum alleinigen Vornamen[52]. Dagegen ist die Annahme eines neuen Vornamens zusätzlich zu dem bisher geführten fremdsprachigen Vornamen nicht möglich[53].

3. Gemeinsame Erklärung von Ehegatten

37 Wird ein Name als Ehe- oder Lebenspartnerschaftsname geführt, so kann eine diesen Namen betreffende Angleichungserklärung, z. B. nach Art. 47 Abs. 1 Satz 1 Nr. 5 EGBGB, während des Bestehens der Ehe oder Lebenspartnerschaft nur von beiden Ehegatten oder Lebenspartnern abgegeben werden (Art. 47 Abs. 1 Satz 2 EGBGB). Unter Ehe-/Lebenspartnerschaftsname in diesem Sinne ist auch ein gemeinsamer Familienname zu verstehen, der unter der Geltung des Ausgangsstatuts zustande gekommen ist. Die Vorschrift ist auch anzuwenden, wenn nur ein Ehegatte oder Lebenspartner ein deutsches Namensstatut hat.

4. Namensableitung

38 Nach Art. 47 Abs. 2 EGBGB gilt Absatz 1 der Vorschrift entsprechend für die Bildung eines Namens nach deutschem Recht, wenn dieser von einem Namen abgeleitet werden soll, der nach einem anwendbaren ausländischen Recht erworben worden ist. Hier sind zwei Fallgruppen zu nennen:

39 Hat ein Kind ausländischer Eltern, die nur Eigennamen führen, durch Geburt im Inland die deutsche Staatsangehörigkeit erworben (§ 4 Abs. 3 StAG), verlangt das deutsche Namensstatut, dass das Kind einen Familiennamen erhält (§ 1617 BGB). Gleiches gilt für ein Kind deutscher oder deutsch-ausländi-

47 LG München, StAZ 2009, 146; OLG Hamm, StAZ 2015, 17 und 18. Eine öffentlich-rechtliche Namensänderung bleibt jedoch möglich (VG Düsseldorf, StAZ 2012, 56; VG Würzburg, StAZ 2016, 22, 25).

48 OLG München, StAZ 2009, 205; *Kraus,* StAZ 2009, 250; *Majer,* StAZ 2018, 80; a. M. *Henrich,* StAZ 2007, 203.

49 AG München, StAZ 2009, 147.

50 OLG Hamm, StAZ 2015, 16; *Majer,* StAZ 2018, 80, 81.

51 AG Marburg, StAZ 2010, 210; zurückhaltend *Hochwald,* StAZ 2010, 335.

52 OLG Bremen, StAZ 2012, 18.

53 AG München, StAZ 2010, 334.

scher Eltern, wenn der namengebende Elternteil einen Eigennamen führt. Die Eltern können in diesen Fällen den Eigennamen zum Familiennamen des Kindes bestimmen (Art. 47 Abs. 2 i. V. m. Abs. 1 Satz 1 Nr. 1 EGBGB), auch wenn sie selbst die Voraussetzungen für eine Angleichungserklärung (vgl. Rdnr. 28) nicht erfüllen. Ein weiterer Anwendungsfall ergibt sich, wenn die namengebende Mutter eines männlichen deutschen Kindes einen Familiennamen in geschlechtsbezogener Abwandlung führt und das Kind den Geburtsnamen in der männlichen Form erhalten soll[54].

Um eine Namensableitung geht es auch, wenn auf Grund einer Rechts- **40**
wahl nach Art. 10 Abs. 2 Satz 1 Nr. 2 oder Abs. 3 Satz 1 Nr. 2 EGBGB ein Ehename oder der Name des Kindes nach deutschem Recht bestimmt werden soll. Hier begründet erst die Wahl des deutschen Rechts den Statutenwechsel. Wollen z. B. die Ehegatten den Namen der Frau, der bislang in geschlechtsbezogener Abwandlung geführt wird, zum Ehenamen bestimmen, kann die Frau zuvor eine Erklärung nach Art. 47 Abs. 1 Satz 1 Nr. 4 EGBGB abgeben, so dass die ursprüngliche Form ihres Namens Ehename wird. Wird für ein Kind ein deutsches Namensstatut gewählt, ist es z. B. möglich für den Kindesnamen eine deutschsprachige Form anzunehmen (Art. 47 Abs. 1 Satz 1 Nr. 5 EGBGB), und zwar auch dann, wenn den Eltern selbst eine solche Angleichung noch nicht möglich ist. Die Rechtswahl eröffnet alle Gestaltungsmöglichkeiten der Angleichung, wie aus der Verweisung in Art. 47 Abs. 2 EGBGB auf den Absatz 1 zu schließen ist[55]. Wird z. B. nach Wahl des deutschen Rechts gemäß Art. 10 Abs. 2 EGBGB einer von mehreren Eigennamen eines Ehegatten zum Ehenamen bestimmt, können die übrigen Eigennamen nach Art. 47 Abs. 1 Satz 1 Nr. 1 zu Vornamen erklärt werden. Auf diese Weise wird das Nebeneinander zweier verschiedener Namensordnungen vermieden[56].

5. Entsprechende Anwendung des § 1617c BGB

Art. 47 Abs. 3 EGBGB ordnet die entsprechende Anwendung des § 1617c BGB **41**
an. Da es sich um eine Vorschrift des deutschen Sachrechts handelt, setzt seine Anwendung voraus, dass das Kind ein deutsches Namensstatut hat. Unter den in § 1617c BGB genannten Voraussetzungen erstreckt sich eine durch Angleichung bewirkte elterliche Namensänderung auf den Namen des Kindes, wobei insbesondere die Altersgrenzen für die Notwendigkeit einer Anschlusserklärung und der Mitwirkung des gesetzlichen Vertreters zu beachten sind.

54 OLG München, StAZ 2009, 11; vgl. auch *Kissner*, StAZ 2009, 315 zur Namenserteilung nach § 1617a Abs. 2 BGB.

55 OLG Frankfurt a. M., StAZ 2012, 50.

56 Ebenso *Krömer*, StAZ 2008, 48.

VI. Die Erklärungen nach § 94 BVFG

1. Voraussetzungen

42 Das Erklärungsrecht nach § 94 BVFG ist Vertriebenen und Spätaussiedlern sowie deren Ehegatten und Abkömmlingen vorbehalten, die Deutsche im Sinne des Art. 116 Abs. 1 GG sind. Wer Vertriebener und Spätaussiedler ist, ist im BVFG geregelt. Die Vertriebeneneigenschaft wurde grundsätzlich nur vor dem 1. 1. 1993 erworben. Seitdem kann nur die Eigenschaft als Spätaussiedler nach Maßgabe des § 4 BVFG erworben werden. Spätaussiedler sowie deren Ehegatten und Abkömmlinge, die in den Aufnahmebescheid einbezogen worden sind, werden mit der Aufnahme in Deutschland Statusdeutsche i. S. des Art. 116 Abs. 1 GG. Sie weisen ihre Rechtsstellung als Spätaussiedler durch eine vom Bundesverwaltungsamt ausgestellte Bescheinigung nach (§ 15 Abs. 1 und 2 BVFG), mit deren Ausstellung der Statusdeutsche die deutsche Staatsangehörigkeit erwirbt (§ 7 StAG).

43 Mit dem Erwerb der Statusdeutscheneigenschaft und der deutschen Staatsangehörigkeit findet bei den Spätaussiedlern ein Wechsel zum deutschen Namensstatut (Art. 10 Abs. 1 EGBGB) statt. Insofern besteht eine Parallele zu den Voraussetzungen für eine Angleichungserklärung nach Art. 47 Abs. 1 Satz 1 EGBGB (vgl. Rdnr. 28).

44 Bei Erklärungen nach § 94 BVFG sind die Hinweise in der Allgemeinen Verwaltungsvorschrift zum Bundesvertriebenengesetz (BVFG-VwV) vom 1. 1. 2016[57] in der jeweils geltenden Fassung zu beachten (Nr. 43.1.3 PStG-VwV). § 94 BVFG schließt nicht aus, dass der Name eines Spätaussiedlers im Wege der öffentlich-rechtlichen Namensänderung geändert wird, wenn es dabei nicht um die Annahme der deutschsprachigen Form eines Vor- oder Familiennamens geht[58].

2. Die einzelnen Erklärungen

45 Die Erklärungsmöglichkeiten des § 94 Abs. 1 Satz 1 Nr. 1 bis 3 BVFG decken sich mit denen des Art. 47 Abs. 1 Satz 1 Nr. 3 bis 5 EGBGB[59]. Die Ablegung von fremden Namensbestandteilen (Rdnr. 34), die Annahme der ursprünglichen Form eines nach dem Geschlecht oder Verwandtschaftsverhältnis abgewandelten Namens (Rdnr. 35) und die Annahme einer deutschsprachigen Form von Vor- und Familiennamen (Rdnr. 36) finden sich als Erklärungstatbestände wörtlich übereinstimmend in beiden Vorschriften. In diesen Fällen kann die Erklärung wahlweise auf die eine oder andere Vorschrift gestützt werden. Hat

57 Die Verwaltungsvorschrift ist einsehbar unter www.verwaltungsvorschriften-im-internet.de.

58 VG Düsseldorf, StAZ 2012, 56.

59 Einer vom Bundesrat vorgeschlagenen Zusammenführung von § 94 BVFG und von Art. 47 EGBGB hat die Bundesregierung mit der Begründung widersprochen, die Regelungen beträfen völlig verschiedene Personenkreise und verfolgten daher auch verschiedene Ziele (BT-Drs. 16/4017 S. 20).

der Erklärungswillige die deutsche Staatsangehörigkeit erworben, nicht aber die Spätaussiedlereigenschaft, kann auf Art. 47 EGBGB zurückgegriffen werden[60].

Mit den in § 94 Abs. 1 Satz 1 Nr. 4 und 5 BVFG geregelten Möglichkeiten wird das Angebot integrationsfördernder Erklärungen zur Angleichung des Namens speziell für Spätaussiedler erweitert: **46**

Führen Ehegatten, von denen mindestens einer Spätaussiedler sein muss, einen gemeinsamen Familiennamen, können sie einen Ehenamen nach § 1355 Abs. 1 BGB bestimmen (§ 94 Abs. 1 Satz 1 Nr. 4). Die Regelung greift die Rechtsprechung des BGH auf, der eine Ehenamensbestimmung nach § 1355 BGB auch dann zulässt, wenn die Ehegatten unter der Geltung des zuvor maßgebenden ausländischen Rechts bereits einen gemeinsamen Familiennamen bestimmt hatten[61]. Diese Erklärungsmöglichkeit kommt vor allem in Betracht, wenn die Ehegatten den fremdländischen Namen eines Partners als gemeinsamen Familiennamen führen und jetzt den deutschen Geburtsnamen des anderen Partners zum Ehenamen bestimmen wollen. Die ebenfalls gestattete Hinzufügung eines Begleitnamens nach § 1355 Abs. 4 BGB hat hier den Zweck, die entsprechende Erklärung gebührenfrei schon vor dem Bundesverwaltungsamt abgeben zu können. Eine Rückkehr zur getrennten Namensführung ist durch § 94 Abs. 1 Satz 1 Nr. 4 BVFG nicht ausgeschlossen[62]. Die Bestimmung des Geburtsnamens eines Ehegatten zum Ehenamen ist selbst dann zulässig, wenn dieser Name nach dem bei der Eheschließung maßgebenden Recht der Ehename war und später durch Erklärung nach § 94 BVFG angeglichen worden wurde[63]. **47**

Neben der Wiederherstellung der in den Herkunftsländern der Spätaussiedler durch Transliteration oder Transkription veränderten deutschen Namen (§ 94 Abs. 1 Satz 1 Nr. 3 BVFG) ermöglicht die Erklärung nach § 94 Abs. 1 Satz 1 Nr. 5 BVFG die reine Übersetzung des Familiennamens ins Deutsche. Der übersetzte Name muss einen Namen ergeben, der im deutschen Sprachraum seine auch im öffentlichen Interesse liegende Funktion als Primärname erfüllt; nicht zuzulassen sind z. B. Übersetzungen, die hier ausschließlich als hergebrachte Vornamen Verwendung finden, Wortverbindungen, die nicht als Familienname verstanden werden oder grob anstößige oder diskriminierende Bezeichnungen[64]. **48**

3. Gemeinsame Erklärung von Ehegatten

Wird in den Fällen des § 94 Abs. 1 Satz 1 Nr. 3 bis 5 BVG der von der Erklärung betroffene Familienname als Ehename geführt, kann die Erklärung während **49**

60 Vgl. etwa OLG Frankfurt a. M., StAZ 2000, 210; OLG Köln, StAZ 2002, 368.
61 BGH, StAZ 2001, 211.
62 Zugelassen von OLG Frankfurt a. M., StAZ 2006, 263.
63 OLG München, StAZ 2012, 21.
64 BT-Drs. 16/4017 S. 14.

des Bestehens der Ehe nur von beiden Ehegatten abgegeben werden (§ 94 Abs. 1 Satz 2 BVFG). Unter Ehename ist ein gemeinsamer Familienname zu verstehen, und zwar unabhängig davon, nach welchem Recht und auf welche Weise er zustande gekommen ist. Es ist nicht erforderlich, dass beide Ehegatten dem erklärungsberechtigten Personenkreis angehören[65]. § 94 Abs. 1 Satz 2 BVFG ist auf Lebenspartnerschaften entsprechend anzuwenden (vgl. Art. 47 Abs. 1 Satz 2 EGBGB).

4. Erstreckung auf Abkömmlinge

50 § 94 Abs. 1 Satz 3 und 4 BVFG deckt sich inhaltlich mit der Erstreckungsregelung des § 1617c BGB (vgl. Rdnr. 41). Die Besonderheit besteht darin, dass die Anschlusserklärung des über fünf Jahre alten Kindes schon im Verteilungsverfahren gegenüber dem Bundesverwaltungsamt abgegeben werden kann.

VII. Mitteilungspflichten

51 Die Mitteilungspflichten, die im Anschluss an die Entgegennahme einer Erklärung nach Art. 48, 47 EGBGB oder § 94 BVFG zu erfüllen sind, richten sich danach, ob und welche Personenstandsregister für den Erklärenden geführt werden.

52 Ist die Angleichungserklärung vom Geburtsstandesamt entgegengenommen worden (§ 43 Abs. 2 Satz 1), ergeben sich die erforderlichen Mitteilungen aus § 57 Abs. 4 PStV.

53 Ist die Erklärung vom Standesamt, das das Ehe-/Lebenspartnerschaftsregister führt, entgegengenommen worden (§ 43 Abs. 2 Satz 2), muss unterschieden werden. Betrifft die Erklärung allein die Namensführung in der Ehe, z. B. im Fall des § 94 Abs. 1 Satz 1 Nr. 4 BVFG, und ist sie im Wege der Folgebeurkundung zum Ehe-/Lebenspartnerschaftseintrag aufgenommen worden, sind die Mitteilungspflichten des § 58 Abs. 2/59 Abs. 2 PStV zu erfüllen. Bezieht sich die Erklärung auf den Geburtsnamen des Erklärenden, so ist das Standesamt, das das Ehe-/Lebenspartnerschaftsregister führt, zwar empfangszuständig, es führt aber nicht das Geburtenregister. Gibt es einen Geburtseintrag, genügt eine Mitteilung dorthin. Eine entsprechende Mitteilungspflicht ist ausdrücklich nicht normiert, ergibt sich aber aus § 5 Abs. 4 Satz 2. Ist die Geburt des Erklärenden nicht im Inland beurkundet, muss das Standesamt, das das Ehe-/Lebenspartnerschaftsregister führt, die Mitteilungen nach § 57 Abs. 4 PStV übernehmen (§ 62 Abs. 1 Nr. 1 PStV).

54 In den Fällen des § 43 Abs. 2 Satz 3 und 4 fehlt es an einem inländischen Personenstandsregister, in das die Namensangleichung der erklärenden Person eingetragen werden könnte. Die Mitteilungen ergeben sich je nach Fallgestaltung aus § 62 Abs. 1 Nr. 1 i. V. m. § 57 Abs. 4, § 58 Abs. 2 oder § 59 Abs. 2 PStV.

65 OLG Karlsruhe, StAZ 2002, 203.

§44 Erklärungen zur Anerkennung der Vaterschaft und der Mutterschaft

(1) Die Erklärung, durch welche die Vaterschaft zu einem Kind anerkannt wird, sowie die Zustimmungserklärung der Mutter können auch von den Standesbeamten beurkundet werden. Gleiches gilt für die etwa erforderliche Zustimmung des Kindes, des gesetzlichen Vertreters oder des Ehemannes der Mutter zu einer solchen Erklärung sowie für den Widerruf der Anerkennung.

(2) Die Erklärung, durch welche die Mutterschaft zu einem Kind anerkannt wird, und die etwa erforderliche Zustimmungserklärung des gesetzlichen Vertreters der Mutter können auch von den Standesbeamten beurkundet werden.

(3) Dem Standesamt, das den Geburtseintrag des Kindes führt, ist eine beglaubigte Abschrift der Erklärungen zu übersenden. Ist die Geburt des Kindes nicht im Inland beurkundet, so ist die beglaubigte Abschrift dem Standesamt I in Berlin zu übersenden.

Übersicht (die Zahlen bedeuten Randnummern)

I. Rechtsentwicklung

§44 fasst die Bestimmungen der §§29a und 29b PStG a.F. über die Erklärungen zur Anerkennung der Vaterschaft und der Mutterschaft in einer Vorschrift zusammen, beschränkt sich dabei aber auf die reinen Beurkundungsregelungen. Die Übersendungspflicht des §44 Abs. 3 erfasst nur noch die vom Standesbeamten beurkundeten Erklärungen, nicht aber gericht- 1 liche Entscheidungen (vgl. § 29 Abs. 2 Satz 1 PStG a. F.), deren Mitteilung in § 56 Abs. 1 Nr. 1 Buchst. b PStV und in der MiZi geregelt ist. Die früher in § 29b Abs. 1 PStG a. F. normierten Voraussetzungen für die Beurkundung (Eintragung) eines Mutterschaftsanerkenntnisses im Geburtseintrag des Kindes findet sich jetzt an systematisch passender Stelle in § 27 Abs. 2.

2 Durch Art. 2 Abs. 1 des Gesetzes zur Ergänzung des Rechts zur Anfechtung der Vaterschaft vom 13. 3. 2008[1] wurde an § 44 Abs. 1 der Satz 3 angefügt. Danach sollte der Standesbeamte die Beurkundung ablehnen, wenn offenkundig ist, dass die Anerkennung der Vaterschaft nach § 1600 Abs. 1 Nr. 5 BGB anfechtbar wäre. Da § 1600 Abs. 1 Nr. 5 BGB verfassungswidrig und nichtig ist[2], wurde Satz 3 durch Art. 1 Nr. 14 des 2. PStRÄndG wieder gestrichen (Rdnr. 12). An die Stelle des behördlichen Anfechtungsrechts zur Bekämpfung missbräuchlicher Vaterschaftsanerkennungen ist ein präventives Verfahren getreten, durch das solche Anerkennungen im Vorfeld durch eine Missbrauchskontrolle der Ausländerbehörde verhindert werden sollen (vgl. Rdnr. 12 ff.).

II. Anerkennung der Vaterschaft

1. Allgemeines

3 § 44 Abs. 1 begründet eine besondere Zuständigkeit des Standesbeamten für die Beurkundung sämtlicher Erklärungen, durch die die Vaterschaft zu einem Kind anerkannt (§ 1594 BGB), der Anerkennung zugestimmt (§§ 1595, 1596, 1599 Abs. 2 BGB) oder diese widerrufen (§ 1597 Abs. 3 BGB) wird. Sämtliche Erklärungen bedürfen der öffentlichen Beurkundung (§§ 1597 Abs. 1, 1599 Abs. 2 Satz 2 Halbs. 2 BGB). Wird die Form nicht gewahrt, ist die Anerkennung, die Zustimmung oder der Widerruf unwirksam (§ 1598 Abs. 1 Satz 1 BGB). Auf den Zugang der Erklärungen kommt es nicht an, da sie nicht empfangsbedürftig sind (Nr. 44.1 PStG-VwV). Sie sind mit der Beurkundung wirksam abgegeben[3]. Die Anerkennung wird jedoch erst wirksam, wenn alle gesetzlich vorgeschriebenen Erklärungen vorliegen.

4 Für Beurkundungen sind grundsätzlich die Notare zuständig (§ 20 Abs. 1 BNotO). Im Bestreben, die Vaterschaftsanerkennung möglichst zu erleichtern, ist der Grundsatz der Notarzuständigkeit durch zahlreiche Ausnahmen stark eingeschränkt. Eine dieser Ausnahmevorschriften ist § 44 Abs. 1[4].

5 § 44 Abs. 3 konkretisiert die Benachrichtigungspflicht des § 1597 Abs. 2 BGB und bestimmt, welchem Standesamt die Erklärungen zur Anerkennung der

1 BGBl. I S. 313.
2 BVerfG, StAZ 2014, 80. § 1600 Abs. 1 Nr. 5 BGB wurde durch Art. 4 Nr. 3 Buchst. a Doppelbuchst. cc des Gesetzes zur besseren Durchsetzung der Ausreisepflicht v. 20. 7. 2017 (BGBl. I S. 2780) aufgehoben.
3 *Hepting/Dutta* Rdnr. V-43.
4 Auch die Beurkundungszuständigkeit der Urkundsperson beim Jugendamt gemäß § 59 Abs. 1 Nr. 1 und 2 SGB VIII dient diesem Zweck.

Vaterschaft zu übersenden sind, und zwar dem Standesamt, das die Geburt des Kindes beurkundet hat, oder, wenn ein inländischer Geburtseintrag fehlt, dem Standesamt I in Berlin.

2. Die Beurkundung der Anerkennungserklärung des Mannes

Über das Verfahren, in dem der Standesbeamte die Erklärung zu beurkunden hat, gibt es keine gesetzlichen Bestimmungen[5]. § 1 Abs. 2 BeurkG, der das Beurkundungsgesetz bei der öffentlichen Beurkundung durch andere Urkundspersonen oder sonstige Stellen für entsprechend anwendbar erklärt, gilt auf Grund der Ausnahmeregelung des § 64 BeurkG nicht für Beurkundungen nach dem Personenstandsgesetz, d. h. soweit der Standesbeamte Beurkundungen vornimmt. Das Verfahren sowie der Inhalt der Urkunde waren früher in Vorschriften der Dienstanweisung geregelt[6]. Die Bestimmungen sind nicht in die PStG-VwV übernommen worden. 6

a) Prüfung durch den beurkundenden Standesbeamten

Der beurkundende Standesbeamte hat die Anerkennungserklärung nicht unbesehen zu übernehmen, sondern in gewissem Umfang zu überprüfen, um unwirksame Anerkennungen möglichst zu vermeiden (Nr. 44.2.1 Satz 3 PStG-VwV). Jedoch ist es nicht seine Aufgabe, jeden Zweifel von sich aus aufzuklären (Nr. 44.2.2 PStG-VwV), es sei denn, es liegen Anzeichen für einen Missbrauch zu aufenthaltsrechtlichen Zwecken vor (Rdnr. 13 ff.). Folgende Wirksamkeitsvoraussetzungen sollten überprüft werden: 7

- die Identität des Anerkennenden. Kann die Identität eines Ausländers nicht durch Personaldokumente (Pass, Geburtsurkunde) nachgewiesen werden, ist auf die vorhandenen Papiere (z. B. Ausweisersatz) zurückzugreifen, durch die der Anerkennende jedenfalls individualisierbar ist. In der Beurkundung ist anzugeben, dass die Richtigkeit der Angaben urkundlich nicht nachgewiesen ist. Der Hinweis ist erforderlich, damit im Geburtseintrag ein erläuternder Zusatz gemäß § 35 Abs. 1 Satz 1 PStV aufgenommen werden kann;
- die Personalien des Anerkennenden, der Mutter und des Kindes einschließlich der Staatsangehörigkeit;
- die Geschäftsfähigkeit des Anerkennenden[7]. Gibt der gesetzliche Vertreter für einen Geschäftsunfähigen die Anerkennungserklärung ab, so hat der Standesbeamte seine Vertretungsmacht zu überprüfen (entsprechend § 12 BeurkG);
- die Abstammung des Kindes von einer Frau, die entweder bei der Geburt des Kindes nicht verheiratet war oder – im Falle der Drittanerkennung gemäß § 1599 Abs. 2 BGB – für deren Ehe ein Scheidungsantrag anhängig ist;

5 Vgl. *Otto,* StAZ 1989, 200 ff.
6 §§ 367, 372 ff. DA.
7 Zur Prüfung der Geschäftsfähigkeit des Anerkennenden vgl. *Fröschle,* StAZ 2015, 130, 134 f.

- das Fehlen einer vorrangig zu beachtenden Vaterschaft, die die Anerkennung unwirksam machen würde, z.B. die frühere Anerkennung durch einen anderen Mann (vgl. § 1594 Abs. 2 BGB), sofern es sich nicht um einen Fall des § 1599 Abs. 2 BGB handelt;
- der wirkliche Wille des Anerkennenden. Es ist zu ermitteln, ob er wirklich die Vaterschaft anerkennen will oder nur eine Namenserteilung (§ 1617a Abs. 2 BGB) beabsichtigt ist. Soll nur eine Erklärung über die Unterhaltsverpflichtung abgegeben werden, ist der Mann an das Jugendamt, das Amtsgericht oder einen Notar zu verweisen (Nr. 44.5 PStG-VwV).

8 Will ein beschränkt Geschäftsfähiger die Vaterschaft anerkennen, so ist er auf die Notwendigkeit der Zustimmung seines gesetzlichen Vertreters hinzuweisen (§ 1596 Abs. 1 Satz 2 BGB). Die Erklärung ist gleichwohl zu beurkunden, da die erforderliche Zustimmung jederzeit nachgeholt werden kann (vgl. Nr. 44.2.2 PStG-VwV).

9 Für einen Geschäftsunfähigen erklärt der gesetzliche Vertreter die Vaterschaftsanerkennung. Er bedarf hierzu der Genehmigung des Familiengerichts; ist der gesetzliche Vertreter ein Betreuer, ist die Genehmigung des Betreuungsgerichts erforderlich (§ 1596 Abs. 1 Satz 3 BGB). Nach h. M. muss die Genehmigung des Familien- oder Betreuungsgerichts bereits vor der Anerkennung ausgesprochen werden; andernfalls ist die Anerkennung gemäß § 1831 BGB endgültig unwirksam[8]. Aus Gründen der Rechtssicherheit und zur Vermeidung eines unter Umständen unrichtigen Geburtseintrags sollte daher die vorherige Genehmigung des zuständigen Gerichts verlangt werden[9].

10 Für die Wirksamkeit der Erklärung über die Anerkennung der Vaterschaft kommt es nicht auf die tatsächlichen Abstammungsverhältnisse an; die rechtliche Vaterschaft entsteht allein durch wirksame Abgabe der Anerkennungserklärung und aller erforderlichen Zustimmungserklärungen. Bei der Beurkundung der Anerkennungserklärung sollen daher die tatsächlichen Abstammungsverhältnisse grundsätzlich nicht nachgeprüft werden (Nr. 44.2.1 Satz 1 und 2 PStG-VwV).

11 Die Beurkundung ist abzulehnen, wenn feststeht, dass die Anerkennungserklärung unwirksam sein würde und auch nicht wirksam werden kann. Hat der Standesbeamte lediglich Zweifel an der Wirksamkeit der Anerkennung, so muss er die Erklärung in jedem Fall beurkunden, damit die Interessen des Kindes nicht gefährdet werden. Er hat jedoch seine Bedenken in der Niederschrift anzugeben.

b) Verfahren bei Missbrauchsverdacht

12 Nach dem durch das 2. PStRÄndG gestrichenen Satz 3 des § 44 Abs. 1 sollte der Standesbeamte die Beurkundung ablehnen, wenn offenkundig ist, dass die

8 Zum Streitstand vgl. *Hepting/Dutta* Rdnr. V-39.
9 So auch die Empfehlung von *Hepting/Dutta* Rdnr. V-41.

Anerkennung der Vaterschaft nach §1600 Abs. 1 Nr. 5 BGB anfechtbar wäre. Mit dem behördlichen Anfechtungsrecht sollte offensichtlich wahrheitswidrigen Vaterschaftsanerkennungen begegnet werden, bei denen die Erlangung ausländerrechtlicher Vorteile im Vordergrund steht und die familienrechtlichen Wirkungen der Anerkennung von den Beteiligten erkennbar nicht gewollt sind[10]. Da §1600 Abs. 1 Nr. 5 BGB verfassungswidrig und nichtig ist(Rdnr. 2), war §44 Abs. 1 Satz 3 die Grundlage entzogen (vgl. Rdnr. 2).

Durch das Gesetz zur besseren Durchsetzung der Ausreisepflicht vom 20.7.2017[11] wurde stattdessen ein Verfahren eingeführt, durch das missbräuchliche Vaterschaftsanerkennungen von vornherein verhindert werden sollen. Das Vorgehen ist in §1597a BGB und §85a AufenthG geregelt. §1597a Abs. 1 BGB enthält eine Legaldefinition der missbräuchlichen Anerkennung der Vaterschaft. Danach darf die Vaterschaft nicht gezielt gerade zu dem Zweck anerkannt werden, die rechtlichen Voraussetzungen für die erlaubte Einreise oder den erlaubten Aufenthalt des Kindes, des Anerkennenden oder der Mutter zu schaffen, auch nicht, um die rechtlichen Voraussetzungen für die erlaubte Einreise oder den erlaubten Aufenthalt des Kindes durch den Erwerb der deutschen Staatsangehörigkeit des Kindes nach §4 Abs. 1 oder Abs. 3 Satz 1 StAG zu schaffen. Die Missbrauchsprüfung erfolgt in einem gestuften Verfahren durch die Urkundsperson, also auch den nach §44 Abs. 1 um Beurkundung ersuchten Standesbeamten, oder die beurkundende Behörde, z. B. das Jugendamt, einerseits und die Ausländerbehörde andererseits[12]. Die Urkundsperson prüft, ob konkrete Anhaltspunkte für einen Missbrauch vorliegen und teilt dies gegebenenfalls der Ausländerbehörde mit. Damit ist die Beurkundung der Anerkennung ausgesetzt. Die Ausländerbehörde stellt abschließend fest, ob ein Missbrauch vorliegt mit der Folge, dass die Beurkundung abzulehnen ist. 13

Eine Missbrauchskontrolle kommt nur in Betracht, wenn eine der beteiligten Personen (Anerkennender, Mutter, Kind) eine ausländische Staatsangehörigkeit besitzt, weil nur in dieser Konstellation aufenthaltsrechtliche Vorteile als Folge der Anerkennung in Rede stehen. Hauptanwendungsfall ist die beabsichtigte Anerkennung der Vaterschaft zu dem Kind einer ausländischen Mutter durch einen Deutschen, der dadurch dem Kind nach §4 Abs. 1 StAG die deutsche Staatsangehörigkeit vermitteln würde, was wiederum der Mutter zu einer Aufenthaltserlaubnis zur Ausübung der Personensorge (§28 Abs. 1 Satz 1 Nr. 3 AufenthG) verhülfe. Eine Prüfung durch die Urkundsperson ist notwendig, wenn »konkrete Anhaltspunkte« für eine missbräuchliche Anerkennung vorliegen (§1597a Abs. 2 Satz 1 BGB). 14

10 Dazu *Kühnel*, StAZ 2010, 355; *Helms*, StAZ 2007, 69; *Gaaz*, StAZ 2007, 75.

11 BGBl. I S. 2780. Dazu *Sanders*, FamRZ 2017, 1189 und *Schwonberg*, StAZ 2018, 5.

12 Ausführlich zum Verfahren: Beschlussempfehlung und Bericht des Innenausschusses, BT-Drs. 18/12415 S. 19 ff. Für Auslandsfälle begründet §85a Abs. 4 AufenthG die Zuständigkeit der deutschen Auslandsvertretungen.

15 Die Erforderlichkeit einer Prüfung ist indiziert, wenn eines der in § 1597a Abs. 2 Satz 2 BGB aufgeführten »Anzeichen« für einen Missbrauch vorliegen[13]:

- Bestehen einer vollziehbaren Ausreisepflicht des Anerkennenden, der Mutter oder des Kindes, erkennbar insbesondere durch den Besitz einer Duldung (§ 60a AufenthG) oder einer Grenzübertrittsbescheinigung (Nr. 1),
- Asylantragstellung trotz Zugehörigkeit zu einem sicheren Herkunftsstaat nach § 29a AsylG i. V. m. der Anlage 2 zum AsylG, z. Zt. Mitgliedstaaten der EU, Albanien, Bosnien und Herzegowina, Ghana, Kosovo, Mazedonien, Montenegro, Senegal, Serbien (Nr. 2),
- Fehlen von Hinweisen auf persönliche Begegnungen der Mutter mit dem Mann oder auf persönliche Kontakte zwischen dem Mann und dem Kind (Nr. 3), also insbesondere, wenn keinerlei Hinweise auf eine vorangegangene tatsächliche Begegnung der Mutter mit dem Mann oder auf eine zwischen ihnen bestehende soziale oder emotionale Verbindung existieren[14],
- mehrfache Anerkennung desselben Mannes zu ausländischen Kindern, ggf. von verschiedenen Müttern (Nr. 4),
- Verdacht auf Gewährung oder Versprechen von Vermögensvorteilen für die Anerkennung (Nr. 5).

Die Aufzählung der Anzeichen ist bereits nach dem Wortlaut der Vorschrift nicht abschließend (»...insbesondere...«) und das Vorliegen eines der genannten Anzeichen bedeutet nicht automatisch, dass konkrete Anhaltspunkte für eine beabsichtigte missbräuchliche Anerkennung vorliegen; es legt dies jedoch nahe[15] und erfordert eine nähere Prüfung. Dem Standesbeamten obliegt eine Gesamtbeurteilung, in die er alle Umstände des jeweiligen Einzelfalles einzubeziehen hat.

16 Konkrete Anhaltspunkte sind tatsächliche Umstände in der Person eines der Beteiligten sowie in ihrer Beziehung untereinander. Dabei ist zu berücksichtigen, dass das Vorliegen eines Missbrauchs letztlich von der Ausländerbehörde nach Prüfung der mitgeteilten konkreten Anhaltspunkte festgestellt wird (§ 85a AufenthG). Die Prüfung durch den Standesbeamten muss also keine Gewissheit über den beabsichtigten Missbrauch ergeben, darf sich aber auch nicht auf bloße Vermutungen beschränken. Erforderlich ist ein auf Tatsachen gegründeter Verdacht, der den beabsichtigten Missbrauch wahrscheinlich macht. In welcher Weise die Prüfung vorgenommen wird, ist in das Ermessen der Urkundsperson gestellt. Das Vorgehen wird sich ähnlich wie bei Verdacht einer beabsichtigten Scheinehe gestalten (vgl. § 13 Rdnr. 21 ff.). Am Beginn steht die Feststellung des aufenthaltsrechtlichen Status des Anerkennenden, der Mutter und des Kindes, um herauszufinden, ob

13 Ausführlich zu den einzelnen Anzeichen: *Schwonberg*, StAZ 2018, 5, 9 ff., *Wall*, StAZ 2019, 88, 89.

14 Amtl. Begr. BT-Drs. 18/12415 S. 21.

15 So die amtl. Begr. BT-Drs. 18/12415 S. 21.

durch die Anerkennung für einen der Beteiligten aufenthaltsrechtliche Vorteile zu erwarten sind. Im Übrigen ist die Urkundsperson auf eine Befragung der Beteiligten – zusammen und getrennt – angewiesen, um Plausibilitäten zu ermitteln und Widersprüche aufzudecken. Die Beteiligten sind nicht zur Mitwirkung verpflichtet, ihre Weigerung kann jedoch den Missbrauchsverdacht erhärten. Der Standesbeamte ist grundsätzlich nicht verpflichtet, weitere Ermittlungen außerhalb des eigenen Dienstbereichs anzustellen (wie z.B. Einholung von Auskünften der Ausländerbehörde oder von anderen Dienststellen); diese sind allerdings auch nicht ausgeschlossen[16]. Bleibt der Verdacht bestehen, hat die Urkundsperson den Anerkennenden und die Mutter über das zu erwartende weitere Vorgehen (vgl. Rdnr. 17ff.) zu informieren, um ihnen Gelegenheit zu geben, die Verdachtsgründe auszuräumen (Anhörung, § 1597a Abs. 2 Satz 1 BGB), z.B. durch Vorlage eines gerichtlich verwertbaren Vaterschaftstests. § 1597a Abs. 5 BGB stellt klar, dass ein Missbrauch ausscheidet, wenn der Anerkennende der leibliche Vater des anzuerkennenden Kindes ist.

Kommt der Standesbeamte nach der Anhörung zu dem Ergebnis, dass konkrete Verdachtsgründe für einen Missbrauch fortbestehen, setzt er die Beurkundung der Anerkennungserklärung aus, d.h. die Beurkundung wird zurückgestellt. Der Vorgang wird unter Mitteilung des Ermittlungsergebnisses an die nach § 85a AufenthG zuständige Ausländerbehörde abgegeben (§ 1597a Abs. 2 Satz 1 BGB). Die Aussetzung ist dem Anerkennenden, der Mutter und gegebenenfalls dem Standesamt mitzuteilen, das das Geburtenregister für das anzuerkennende Kind führt (§ 1597a Abs. 2 Satz 3 BGB). Mit der Aussetzung, die zeitlich auf das Datum der Bekanntgabe an den Anerkennenden festzulegen ist, tritt eine Anerkennungssperre in Kraft. Solange die Beurkundung ausgesetzt ist, kann weder die ursprünglich beurkundende Behörde oder Urkundsperson noch eine andere um Beurkundung ersuchte Behörde oder Urkundsperson die Anerkennung wirksam beurkunden (§ 1597a Abs. 3 Satz 1 BGB). Eine gleichwohl beurkundete Anerkennung ist unwirksam (§ 1598 Abs. 1 Satz 2 BGB) und kommt für eine Folgebeurkundung nicht in Betracht; sie ist von dem Geburtsstandesamt, das auf Grund der Mitteilung nach § 1597a Abs. 2 Satz 3 BGB Kenntnis von der Aussetzung hat, zurückzuweisen. **17**

Das weitere Prüfverfahren ist von der Ausländerbehörde durchzuführen. Hierfür liefert § 85a Abs. 2 AufenthG Vorgaben, die sich teilweise mit den in § 1598a Abs. 2 Satz 2 BGB aufgeführten Kriterien decken. Ergibt die Prüfung, dass eine missbräuchliche Anerkennung der Vaterschaft beabsichtigt ist, stellt die Ausländerbehörde dies durch schriftlichen oder elektronischen Verwaltungsakt fest (§ 85a Abs. 1 Satz 2 AufenthG), gegen den der Verwaltungsrechtsweg eröffnet ist. Ist der Bescheid unanfechtbar geworden, übersendet die Ausländerbehörde der Urkundsperson oder der beurkundenden Behörde, die den wahrscheinlichen Missbrauch mitgeteilt hatte, sowie dem Geburts- **18**

16 *Schwonberg*, StAZ 2018, 5, 11 f.; zu den Anforderungen an die Gesamtwürdigung: *Wall*, StAZ 2019, 88, 90.

standesamt eine beglaubigte Abschrift des Verwaltungsakts mit einem Vermerk über den Eintritt der Unanfechtbarkeit zur Kenntnis (§ 85a Abs. 3 Satz 1 AufenthG). Gerichtlicher Rechtsschutz nach § 49 Abs. 1 PStG gegen die Aussetzungsentscheidung des Standesbeamten und die Mitteilung an die Ausländerbehörde ist nicht möglich, da es sich um eine bloße interne Verfahrensentscheidung handelt. Die Beurkundung wird nicht abgelehnt, sondern lediglich bis zur Entscheidung der dazu berufenen Ausländerbehörde aufgeschoben; diese trifft die Feststellung darüber, ob die Voraussetzungen einer missbräuchlichen Vaterschaftsanerkennung vorliegen[17]. Mit der Ablehnung wird die Beurkundungssperre endgültig (§ 1597a Abs. 3 Satz 2 i. V. m. Abs. 2 Satz 4 BGB). Eine wirksame Beurkundung ist auch bei einer anderen beurkundenden Behörde oder Urkundsperson nicht mehr möglich (vgl. Rdnr. 17).

Wird ein Missbrauch verneint, stellt die Ausländerbehörde das Verfahren ein und teilt dies der beurkundenden Behörde oder der Urkundsperson, den Beteiligten und dem Geburtsstandesamt schriftlich oder elektronisch mit (§ 85a Abs. 3 Satz 2 AufenthG). Das Standesamt ist an die Verfahrenseinstellung der Ausländerbehörde grundsätzlich gebunden[18]. Wird die Beurkundung vorgenommen, bleibt sie auch dann wirksam, wenn später konkrete Anhaltspunkte für einen Missbrauch bekannt werden.

19 Für die Zustimmung der Mutter nach § 1595 Abs. 1 BGB gelten die gleichen Regelungen wie für den Anerkennenden selbst (§ 1597a Abs. 4 i. V. m. Abs. 1 bis 3 BGB). Das versteht sich von selbst, wenn Anerkennung und Zustimmung zusammen beurkundet werden sollen. Die gesonderte Regelung berücksichtigt den Fall, dass getrennte Erklärungen abgegeben werden und konkrete Anhaltspunkte für den missbräuchlichen Charakter der Anerkennung erst bei der Beurkundung der Zustimmung der Mutter bekannt werden[19].

c) Belehrung

20 Der Anerkennende ist vor der Beurkundung über die rechtlichen Wirkungen der Anerkennung der Vaterschaft nach deutschem Recht zu unterrichten; dies ist aktenkundig zu machen (Nr. 44.2.1 Satz 4 PStG-VwV). Der beurkundende Standesbeamte hat den Erklärenden (Anerkennenden, ggf. den gesetzlichen Vertreter) außer über Bedeutung und wesentliche Rechtswirkungen der Anerkennung auch über die ggf. noch zu erfüllenden gesetzlichen Voraussetzungen (z. B. Zustimmung des gesetzlichen Vertreters) und etwaige Bedenken hinsichtlich der Rechtswirksamkeit der Anerkennung (entsprechend § 17 Abs. 2 Satz 1 BeurkG) zu belehren.

17 *Schwonberg*, StAZ 2018, 5, 13 m. w. N.
18 AG Oldenburg, StAZ 2018, 316, 317.
19 BT-Drs. 18/12415 S. 21 f.

d) Niederschrift

Die Beurkundung der Anerkennungserklärung erfolgt in einer Niederschrift, deren Inhalt früher durch die Dienstanweisung vorgegeben war[20]. Sie enthält die für die Eintragung im Geburtenregister erforderlichen Angaben über den Anerkennenden, das Kind und die Mutter sowie die eigentliche Anerkennungserklärung. Die Niederschrift ist von dem Anerkennenden oder ggf. von seinem gesetzlichen Vertreter eigenhändig zu unterschreiben; sie soll ihm vorher vorgelesen und von ihm genehmigt werden. In der Niederschrift ist festzustellen, dass dies geschehen ist. Der Standesbeamte muss bei der Unterzeichnung der Urkunde durch den Anerkennenden zugegen sein. Die Niederschrift ist von dem Standesbeamten zu unterschreiben und mit dem Dienstsiegel zu versehen. 21

e) Übersendung an das Geburtsstandesamt

Wird die Anerkennung nicht in dem Standesamt beurkundet, das für die Eintragung in das Geburtenregister zuständig ist, ist dem registerführenden Standesamt eine beglaubigte Abschrift zu übersenden (§ 44 Abs. 3 Satz 1). Dadurch wird sichergestellt, dass das für die Folgebeurkundung zuständige Standesamt Kenntnis von der Anerkennungserklärung erhält. Ist die Geburt des Kindes nicht im Inland beurkundet, ist die beglaubigte Abschrift dem Standesamt I in Berlin zu übersenden (§ 44 Abs. 3 Satz 2). 22

Wird die Anerkennung vor der Geburt des Kindes abgegeben, bittet das Standesamt die Mutter bei der nach § 1597 Abs. 2 BGB vorgeschriebenen Übersendung der beglaubigten Abschrift der Anerkennungserklärung, ihm zu gegebener Zeit Tag und Ort der Geburt des Kindes mitzuteilen, damit es den Vater in den Geburtseintrag des Kindes aufnehmen oder seiner Übersendungspflicht gegenüber dem Geburtsstandesamt nachkommen kann (Nr. 44.3 PStG-VwV). 23

3. Die Beurkundung der Zustimmungserklärungen

a) Allgemeines

Die Erklärung über die Anerkennung der Vaterschaft bedarf zu ihrer Wirksamkeit je nach Fallkonstellation einer oder mehrerer Zustimmungen, die wie die Anerkennungserklärung selbst der öffentlichen Beurkundung bedürfen (§ 1597 Abs. 1 BGB). Für die Aufnahme der entsprechenden Erklärungen besteht die Beurkundungszuständigkeit jedes beliebigen deutschen Standesbeamten (§ 44 Abs. 1). Bei den Zustimmungen ist zu unterscheiden zwischen der Zustimmung der Personen, die an dem Vorgang der Vaterschaftsanerkennung auf Grund einer familienrechtlichen Verbindung beteiligt sind (Mutter, Kind, Ehemann der Mutter) und der Zustimmung des gesetzlichen Vertreters zu der Erklärung einer dieser Personen, wenn diese in der Geschäftsfähigkeit 24

20 Vgl. § 372 Abs. 1 DA.

beschränkt sind. Für die Beurkundung sämtlicher Zustimmungserklärungen gelten dieselben Grundsätze wie für die Beurkundung der Anerkennungserklärung (vgl. Rdnr. 6 ff.).

b) Mutter

25 § 1595 Abs. 1 BGB verlangt zwingend die Zustimmung der Mutter zur Anerkennung der Vaterschaft. Ist die Mutter in der Geschäftsfähigkeit beschränkt, muss der gesetzliche Vertreter zustimmen (§ 1596 Abs. 1 Satz 4 i. V. m. Satz 2 BGB). Der Zustimmung der Mutter bedarf es auch dann, wenn zusätzlich die Zustimmung des Kindes gemäß § 1595 Abs. 2 BGB erforderlich ist, d. h. vor allem bei Sorgerechtsentzug oder bei Volljährigkeit des Kindes. Ist die Mutter verstorben, kommt eine Anerkennung der Vaterschaft nach h. M. nicht mehr in Betracht[21].

26 Ist die Mutter bei der Beurkundung der Anerkennungserklärung des Mannes anwesend, können die Erklärungen über die Anerkennung und Zustimmung in einer Niederschrift zusammengefasst und von beiden Beteiligten unterschrieben werden. In diesem Fall wird die Anerkennung mit dem Abschluss der Beurkundung wirksam, sofern nicht weitere Zustimmungen erforderlich sind. Wird die Zustimmung nach der Anerkennung beurkundet, ist hierüber eine gesonderte Niederschrift aufzunehmen, in die zur Vermeidung jeder Unklarheit die Angaben aus der Anerkennungserklärung über den Anerkennenden, das Kind und die Mutter übernommen werden.

c) Kind

27 Das Kind muss der Anerkennung nur zustimmen, wenn der Mutter hinsichtlich der Anerkennung die elterliche Sorge nicht zusteht (§ 1595 Abs. 2 BGB)[22]. Ein voll geschäftsfähiges Kind stimmt selbst zu. Ein beschränkt geschäftsfähiges Kind über vierzehn Jahre muss ebenfalls selbst zustimmen; es bedarf hierzu der Zustimmung seines gesetzlichen Vertreters (§ 1596 Abs. 2 Satz 2 BGB). Ist das Kind geschäftsunfähig oder noch nicht vierzehn Jahre alt, kann nur sein gesetzlicher Vertreter der Anerkennung zustimmen (§ 1596 Abs. 2 Satz 1 BGB). Die Notwendigkeit der Kindeszustimmung sollte schon bei der Beurkundung der Anerkennungserklärung des Mannes, spätestens bei der Zustimmungserklärung der Mutter geklärt sein. Sie liegt offen zu Tage, wenn das Kind volljährig oder der Mutter die elterliche Sorge entzogen ist und sie einen Vormund oder Pfleger erhalten hat (§§ 1666, 1773, 1909 BGB). Die minderjährige Mutter ist Inhaberin der Personensorge (§ 1673 Abs. 2 BGB). Gleichwohl verlangt die h. M. auch in diesem Fall die Zustimmung des Kindes gemäß § 1595 Abs. 2 BGB, die vom Jugendamt als Amtsvormund erteilt werden muss (§ 1791c BGB i. V. m. § 55 SGB VIII)[23].

21 *Kissner*, StAZ 2007, 303; *Frank*, StAZ 2013, 133, 135 f.

22 Näher *Frank*, StAZ 2013, 133.

23 Zum Streitstand *Frank*, StAZ 2013, 133, 134 f. Das LG Halle (StAZ 2010, 266) hält die Bestellung eines Pflegers für erforderlich.

d) Ehemann der Mutter

Im Fall des sog. scheidungsakzessorischen Statuswechsels gemäß § 1599 Abs. 2 BGB (qualifizierte Drittanerkennung) muss der Mann, der mit der Mutter im Zeitpunkt der Geburt des Kindes verheiratet ist oder war, der Anerkennungserklärung des »Dritten« zustimmen. Für die Beurkundung der Zustimmungserklärung gelten die allgemeinen Grundsätze (vgl. Rdnr. 6 ff.)[24]. In der Belehrung des Ehemannes wie auch der anderen Beteiligten sollte insbesondere darauf hingewiesen werden, dass die Anerkennung frühestens mit der Rechtskraft des dem Scheidungsantrag stattgebenden Beschlusses wirksam wird. Die Anerkennung des »Dritten« kann nur innerhalb eines Jahres nach Rechtskraft des Scheidungsbeschlusses wirksam erklärt werden. Die weiterhin erforderlichen Zustimmungen der Mutter und des Mannes, der mit der Mutter im Zeitpunkt der Geburt verheiratet war – sind nicht an die Jahresfrist gebunden[25]. 28

e) Gesetzlicher Vertreter

Die Zustimmung des gesetzlichen Vertreters zu einer Erklärung über die Anerkennung der Vaterschaft ist in folgenden Fällen erforderlich: 29

- zur Anerkennungserklärung des Mannes, wenn er in der Geschäftsfähigkeit beschränkt ist (§ 1596 Abs. 1 Satz 2 BGB),
- zur Zustimmungserklärung der Mutter, wenn sie in der Geschäftsfähigkeit beschränkt ist (§ 1596 Abs. 1 Satz 4 i. V. m. Satz 2 BGB),
- zur Zustimmungserklärung des Kindes, wenn es über 14 Jahre und noch nicht volljährig ist (§ 1596 Abs. 2 Satz 2 BGB)[26],
- zur Zustimmungserklärung des Ehemannes der Mutter, wenn er in der Geschäftsfähigkeit beschränkt ist (§ 1599 Abs. 2 Satz 2 Halbs. 2 i. V. m. § 1596 Abs. 1 Satz 2 BGB).

Von diesen Zustimmungserklärungen zu unterscheiden sind die Erklärungen, die der gesetzliche Vertreter für eine geschäftsunfähige Person mit Genehmigung des Familien- oder Betreuungsgerichts (Anerkennender, Mutter, Ehemann der Mutter, §§ 1596 Abs. 1 Satz 3 und 4, 1599 Abs. 2 Satz 2 Halbs. 2 BGB) oder alleine für das noch nicht 14 Jahre alte Kind (§ 1596 Abs. 2 Satz 1 BGB) abgibt. 30

Für die Beurkundung der Zustimmungserklärungen gelten die allgemeinen Grundsätze (vgl. Rdnr. 6 ff.). Vor der Beurkundung der Zustimmungserklärung hat sich der Standesbeamte von der Berechtigung des gesetzlichen Vertreters zu überzeugen. Die Niederschrift muss Angaben über den gesetzli- 31

24 Die Zustimmung kann nicht formwirksam zur Niederschrift des Gerichts im Scheidungsverfahren erklärt werden (BGH, StAZ 2013, 251 = FamRZ 2013, 944 mit Anm. *Wellenhofer*).

25 BGH, StAZ 2013, 251 = FamRZ 2013, 944 mit Anm. *Wellenhofer*.

26 Für die Zustimmung des gesetzlichen Vertreters zu einer pränatalen Vaterschaftsanerkennung bei Minderjährigkeit der Mutter kann die Beistandsschaft des Jugendamts (§§ 1712 ff. BGB) in Anspruch genommen werden (*Kraus*, StAZ 2015, 381).

chen Vertreter und die Prüfung seiner Identität, Grundlage der Vertretungsbefugnis sowie die Zustimmungserklärung des gesetzlichen Vertreters enthalten.

4. Die Beurkundung der Widerrufserklärung

32 Die Anerkennung der Vaterschaft kann von dem Anerkennenden widerrufen werden, wenn sie ein Jahr nach der Beurkundung seiner Erklärung nicht wirksam geworden ist; für den Widerruf gelten die Vorschriften über die Anerkennung entsprechend (§ 1597 Abs. 3 BGB). Die Widerrufserklärung bedarf daher der öffentlichen Beurkundung, die auch von jedem Standesbeamten vorgenommen werden kann (§ 44 Abs. 1 Satz 2).

33 Für die Berechnung der Jahresfrist gilt § 187 Abs. 1 BGB. Wird der Standesbeamte vor Fristablauf um Beurkundung des Widerrufs ersucht, sollte er dies ablehnen, da die Anerkennung noch wirksam werden kann, wenn die bislang fehlende Zustimmung innerhalb der Jahresfrist erteilt wird. In der Belehrung über die Folgen des Widerrufs sollte der Anerkennende darauf hingewiesen werden, dass die Anerkennung jederzeit erneuert und die Vaterschaft auch auf gerichtlichem Wege festgestellt werden kann. Die Übersendungspflicht des § 1597 Abs. 2 BGB gilt auch für die Widerrufserklärung (§ 1597 Abs. 3 Satz 2 BGB; § 44 Abs. 3).

5. Fälle mit Auslandsbezug

34 § 44 Abs. 1 ist als Verfahrensvorschrift auch dann anwendbar, wenn ein deutscher Standesbeamter entweder die Anerkennungserklärung eines ausländischen Mannes oder die Zustimmungserklärung einer ausländischen Person (Mutter, Kind, Ehemann der Mutter) nebst den erforderlichen Erklärungen des gesetzlichen Vertreters im Inland beurkundet (Lex-fori-Grundsatz). Die Übersendungspflicht des § 44 Abs. 3 gilt auch hier, ihre Erfüllung ist jedoch weder formelles noch materielles Wirksamkeitserfordernis der Erklärung. Ob die Vaterschaft durch Anerkennung begründet wird, welche Zustimmungen erforderlich sind und welche Rechtsfolgen diese Erklärungen entfalten, beantwortet sich nach dem von Art. 19 Abs. 1 EGBGB berufenen Abstammungsstatut; wegen der Zustimmungen ist zusätzlich Art. 23 EGBGB zu beachten. Das jeweils maßgebliche Statut entscheidet darüber, ob eine Erklärung – anders als nach deutschem Recht – empfangsbedürftig ist und wem sie ggf. zugehen muss. Für die Form der Erklärungen genügt auch das Ortsrecht (Art. 11 Abs. 1 EGBGB).

35 Die dargestellten Zuständigkeitsgrundsätze werden ergänzt durch das CIEC-Übereinkommen vom 14. 9. 1961 über die Erweiterung der Zuständigkeit von Behörden, vor denen nichteheliche Kinder anerkannt werden können[27]. Nach den Art. 2 und 3 des Übereinkommens können Angehörige von Vertragsstaaten, deren Recht die Anerkennung mit Standesfolge vorsieht, eine

27 BGBl. 1965 II S. 17 (GS Nr. 221 mit einer Liste der Vertragsstaaten).

solche Anerkennung auch in Vertragsstaaten vornehmen, deren Recht nur die Anerkennung ohne Standesfolge (»Zahlvaterschaft«) vorsieht, und umgekehrt. Da sich die Rechtssysteme der Vertragsstaaten inzwischen weitgehend angenähert haben, ist die praktische Bedeutung des Übereinkommens gering. Es bestätigt im Verhältnis zu den Angehörigen der Vertragsstaaten lediglich das, was nach deutschem Recht ohnehin für alle Ausländer gilt (vgl. Rdnr. 34). In den Anerkennungsurkunden, die unter das Übereinkommen fallen, ist stets die Staatsangehörigkeit zu vermerken, die der Anerkennende für sich in Anspruch nimmt (Art. 4 Satz 1 Halbs. 2). Dies entspricht der allgemeinen Handhabung für die Anfertigung der Niederschrift. Nach Art. 4 Satz 2 haben die Erklärungen die gleichen Wirkungen, wie wenn sie vor der zuständigen Behörde des Heimatstaates des Erklärenden abgegeben worden wären (Nr. 44.6 PStG-VwV).

III. Anerkennung der Mutterschaft

§ 44 Abs. 2 begründet die Zuständigkeit jedes Standesbeamten zur Beurkundung der Erklärung über die Anerkennung der Mutterschaft. Dieses Rechtsinstitut ist dem deutschen Recht fremd, da Rechtsbeziehungen zwischen der Mutter und ihrem Kind allein auf Grund der Tatsache der Geburt entstehen (§ 1591 BGB). § 44 Abs. 2 kann daher nur in Fällen mit Auslandsbezug eine Rolle spielen, insbesondere wenn die Mutter oder der Vater einem Staat angehört, der ein rechtliches Mutter-Kind-Verhältnis nur auf Grund der ausdrücklichen Anerkennung der Mutterschaft entstehen lässt[28]. Unter diesen Voraussetzungen gestattet § 27 Abs. 2 die Beurkundung (Eintragung) des Mutterschaftsanerkenntnisses im Geburtseintrag des Kindes, allerdings nur auf Antrag der Mutter oder des Kindes. § 44 Abs. 2 ermöglicht die Beurkundung der Anerkennungserklärung jedoch unabhängig davon, ob ein deutscher Geburtseintrag besteht und eine Folgebeurkundung gemäß § 27 Abs. 2 gewünscht wird. **36**

Die Beurkundung ist in einer besonderen Niederschrift vorzunehmen. **37** Es gelten die Grundsätze über die Vaterschaftsanerkennung entsprechend (vgl. Rdnr. 6 ff.). Verlangt das für die Mutterschaftsanerkennung maßgebende Recht die Zustimmung des gesetzlichen Vertreters der nicht voll geschäftsfähigen Mutter oder eines sonstigen Dritten (z. B. des Kindes), so kann auch diese Zustimmungserklärung vom Standesbeamten beurkundet werden. In der Niederschrift ist die Staatsangehörigkeit der Mutter anzugeben, da hieraus auf das der Mutterschaftsanerkennung zu Grunde liegende Recht rückgeschlossen werden kann. Gehört nur der Vater einem Staat an, dessen Recht eine Mutterschaftsanerkennung vorsieht (vgl. § 27 Abs. 2), so ist die von der Mutter angegebene Staatsangehörigkeit des Vaters aufzunehmen. Sonst ist der Vater des Kindes nicht zu erwähnen.

28 Zur Mutterschaftsanerkennung in Frankreich vgl. *Frank*, StAZ 2012, 190.

38 Die Bestimmungen des deutschen Sachrechts über die Anerkennung der Mutterschaft entsprechen dem CIEC-Übereinkommen über die Feststellung der mütterlichen Abstammung nichtehelicher Kinder vom 12.9.1962[29]. Das Übereinkommen hat daher für die Beurkundungstätigkeit des Standesbeamten keine eigenständige Bedeutung (vgl. Nr. 44.8 PStG-VwV).

IV. Die Übersendungspflicht des § 44 Abs. 3

39 Nach § 44 Abs. 3 Satz 1 ist dem Standesamt, das das Geburtenregister für das Kind führt, eine beglaubigte Abschrift der Erklärungen zur Anerkennung der Vaterschaft zu übersenden. Die Übersendung dient der Fortführung des Geburtseintrags gemäß § 27 Abs. 1. Die Vorschrift des § 44 Abs. 3 Satz 1 ist eine verfahrensrechtliche Ergänzung zu § 1597 Abs. 2 BGB, der die Übersendung der Erklärungen zur Anerkennung der Vaterschaft an die Beteiligten (Vater, Mutter, Kind) und das Standesamt vorschreibt. Die § 1597 Abs. 2 BGB und § 44 Abs. 3 Satz 1 statuieren nur schlichte Mitteilungspflichten. Anders als z. B. Namenserklärungen werden Erklärungen über die Anerkennung der Vaterschaft nicht »entgegengenommen« (vgl. auch Rdnr. 3).

40 Die Übersendungspflicht nach § 44 Abs. 3 Satz 1 erfasst auch die Erklärung über die Anerkennung der Mutterschaft. Sie ist auch zu erfüllen, wenn ein Antrag auf Folgebeurkundung nach § 27 Abs. 2 nicht gestellt wird. Bei der Übersendung ist anzugeben, ob ein Beteiligter die Eintragung einer Folgebeurkundung beantragt hat (Nr. 44.7 PStG-VwV).

41 Ist die Geburt des Kindes nicht im Inland beurkundet, kann in Ermangelung eines Geburtseintrags die Anerkennung der Vaterschaft nicht in einem deutschen Geburtenregister beurkundet werden. Für diesen Fall schreibt § 44 Abs. 3 Satz 2 die Übersendung der Erklärungen an das Standesamt I in Berlin vor, wo sie gesammelt und abgerufen werden können.

29 BGBl. 1965 II S. 17, 23 (GS Nr. 222 mit einer Liste der Vertragsstaaten).

§ 45 Erklärungen zur Namensführung des Kindes

(1) Die Erklärung, durch die

1. **Eltern nach der Beurkundung der Geburt den Geburtsnamen eines Kindes bestimmen,**
2. **ein Kind sich der Bestimmung seines Geburtsnamens durch die Eltern anschließt,**
3. **ein Kind beantragt, den von seiner Mutter zur Zeit seiner Geburt geführten Namen als Geburtsnamen zu erhalten, wenn es den Namen eines Mannes führt, von dem rechtskräftig festgestellt wurde, dass er nicht der Vater des Kindes ist,**
4. **ein Mann den Antrag nach Nummer 3 stellt, wenn das Kind das fünfte Lebensjahr noch nicht vollendet hat,**
5. **ein Kind sich der Änderung des Familiennamens der Eltern oder eines Elternteils anschließt,**
6. **der Elternteil, dem die elterliche Sorge allein oder gemeinsam mit dem anderen Elternteil zusteht, und sein Ehegatte, der nicht Elternteil des Kindes ist, oder sein Lebenspartner dem Kind ihren Ehenamen oder ihren Lebenspartnerschaftsnamen erteilen oder diesen Namen dem von dem Kind zur Zeit der Erklärung geführten Namen voranstellen oder anfügen,**
7. **der Elternteil, dem die elterliche Sorge allein zusteht, dem Kind den Namen des anderen Elternteils erteilt,**

sowie die zu den Nummern 6 und 7 erforderlichen Einwilligungen eines Elternteils oder des Kindes können auch von den Standesbeamten beglaubigt oder beurkundet werden. Gleiches gilt für die etwa erforderliche Zustimmung des gesetzlichen Vertreters zu einer in Satz 1 genannten Erklärung.

(2) Zur Entgegennahme der Erklärungen ist das Standesamt zuständig, das das Geburtenregister, in dem die Geburt des Kindes beurkundet ist, führt. Ist die Geburt des Kindes nicht in einem deutschen Geburtenregister beurkundet, so ist das Standesamt zuständig, in dessen Zuständigkeitsbereich das Kind oder ein Elternteil seinen Wohnsitz hat oder zuletzt hatte oder seinen gewöhnlichen Aufenthalt hat. Ergibt sich danach keine Zuständigkeit, so ist das Standesamt I in Berlin zuständig. Das Standesamt I in Berlin führt ein Verzeichnis der nach den Sätzen 2 und 3 entgegengenommenen Erklärungen.

(3) § 23 des Lebenspartnerschaftsgesetzes bleibt unberührt.

Übersicht (die Zahlen bedeuten Randnummern)

I. Rechtsentwicklung

1 § 45 ist eine personenstandsrechtliche Verfahrensvorschrift, die das materielle Recht des Kindesnamens ergänzt. Absatz 1 regelt als Sondervorschrift des Beurkundungsrechts die Zuständigkeit jedes Standesbeamten zur Beglaubigung oder Beurkundung materiellrechtlicher im BGB geregelter Erklärungen, mit denen der Name des Kindes bestimmt oder geändert oder durch die einer solchen Bestimmung oder Änderung zugestimmt wird. Absatz 2 regelt die Zuständigkeit für die Entgegennahme derartiger formgebundener Erklärungen, die nach der Formulierung des BGB »gegenüber dem Standesamt« abzugeben sind.

2 Die Vorschrift entspricht § 31a PStG a.F. Ursprünglich hatte § 45 Abs. 2 Satz 2 PStG 2007 eine neue hilfsweise Empfangszuständigkeit des für den Wohnsitz oder gewöhnlichen Aufenthalt des Erklärenden zuständigen Standesamts begründet, wenn ein inländischer Geburtseintrag fehlte (§ 45 Abs. 2 Satz 2). Diese Regelung ließ unklar, welches Standesamt für die Entgegennahme einer Namenserklärung zuständig ist, wenn die Erklärung von zwei Personen mit unterschiedlichem Wohnsitz abgegeben wird[1]. Durch das PStRÄndG wurde daher stattdessen eine neue Hilfszuständigkeit geschaffen, die an den Wohnsitz des Kindes anknüpft. Diese Hilfszuständigkeit wurde durch das 2. PStRÄndG erweitert (Anknüpfung auch an den letzten Wohn-

1 BT-Drs. 17/10489 S. 47; vgl. *Gaaz/Bornhofen*, 2. Aufl. 2010 Rdnr. 11; *Krömer*, StAZ 2011, 287.

sitz des Kindes oder eines Elternteils). Die Regelung gilt seit dem 1.11.2017; für Altfälle bleibt es bei der Zuständigkeit des Standesamts I (§79). §45 Abs.2 Satz 2 soll das Standesamt I in Berlin entlasten, dessen Empfangszuständigkeit nur noch bei Fehlen jeglicher Inlandsanknüpfung begründet ist (§45 Abs.2 Satz 3).

Nach §45 Abs.3 bleibt §23 LPartG unberührt. Der Vorrang des Landes- 3
rechts bezieht sich auf §45 Abs.1 Satz 1 Nr. 6, soweit er die Erteilung eines Lebenspartnerschaftsnamens an ein Kind gemäß §9 Abs.5 LPartG betrifft. Insofern hat der Ländervorbehalt jedoch keine praktische Bedeutung mehr (vgl. §42 Rdnr. 3).

II. Allgemeine Grundsätze über namensrechtliche Erklärungen

1. Rechtsnatur namensrechtlicher Erklärungen

Namensrechtliche Erklärungen führen die Namensbestimmung oder -ände- 4
rung herbei, sobald sie mit dem gesetzlichen Inhalt und in der vorgeschriebenen Form dem empfangszuständigen Standesamt zugehen. Die anschließende Eintragung in das Geburtenregister ist nicht konstitutiv, sondern nur deklaratorisch.

Namensbestimmende Erklärungen sind nach herrschender Meinung[2] 5
höchstpersönlich abzugeben, schließen also eine Vertretung durch Bevollmächtigung aus, wenn der Erklärende selbst handlungsfähig ist. Bei minderjährigen Kindern ist gesetzliche Vertretung nötig; ihre Zulässigkeit hängt vom Alter des Kindes ab. Bis zum vierzehnten Lebensjahr lässt das Gesetz die alleinige Erklärung des gesetzlichen Vertreters zu. Nach Vollendung des 14. Lebensjahres kann das minderjährige Kind die Erklärung nur noch selbst mit Zustimmung des gesetzlichen Vertreters abgeben. Ein geschäftsfähiges Kind, für das ein Betreuer bestellt ist, bedarf zur Abgabe der Erklärung der Einwilligung des Betreuers, wenn das Betreuungsgericht einen entsprechenden Einwilligungsvorbehalt angeordnet hat (§1903 BGB). Vgl. Nr. 45.1 PStG-VwV.

Zur Frage, ob und inwieweit die allgemeinen Regelungen über Willens- 6
erklärungen auf namensrechtliche Erklärungen anzuwenden sind, wird auf §41 Rdnr. 5ff. verwiesen.

2. Formerfordernisse

Das BGB verlangt für Erklärungen, durch die der Kindesname bestimmt oder 7
geändert wird, die öffentliche Beglaubigung (§129 Abs.1 BGB); ausgenommen ist nur die Erklärung zur Namensbestimmung nach §1617 Abs.1 Satz 1 BGB, wenn sie vor der Beurkundung der Geburt abgegeben wird (§1617 Abs.1 Satz 2 BGB). Im Übrigen gilt das Formerfordernis auch dann, wenn die Erklä-

2 S. *Franck*, StAZ 2019, 264 m.w.N.

rung vor der Geburtsbeurkundung abgegeben und der geänderte Name gemäß § 35 Abs. 2 PStV sogleich in das Geburtenregister eingetragen wird. Zu den Formerfordernissen vgl. im Übrigen § 41 Rdnr. 12 ff.

8 § 45 Abs. 1 Satz 2 sieht auch für die »etwa erforderliche« Zustimmung des gesetzlichen Vertreters zu einer Namenserklärung nach Satz 1 die Beglaubigungs- und Beurkundungszuständigkeit der Standesbeamten vor. Die §§ 1617 ff. BGB verlangen die Form der öffentlichen Beglaubigung nur für die Erklärungen selbst, nicht auch für eine ggf. erforderliche Zustimmung des gesetzlichen Vertreters. Da das BGB an anderer Stelle die Formbedürftigkeit der Zustimmung des gesetzlichen Vertreters ausdrücklich vorschreibt, z. B. bei der Anerkennung der Vaterschaft (§ 1597 Abs. 1 BGB), muss aus der fehlenden Anordnung in den §§ 1617 ff. BGB geschlossen werden, dass eine solche Zustimmung formfrei möglich ist (vgl. auch § 182 Abs. 2 BGB). Gleichwohl sollte der Standesbeamte nach Möglichkeit von seiner Zuständigkeit nach § 45 Abs. 1 Satz 2 Gebrauch machen und auch die Zustimmungserklärungen des gesetzlichen Vertreters im Interesse der Klarheit und leichten Beweisbarkeit beglaubigen oder beurkunden.

III. Die Empfangszuständigkeit nach § 45 Abs. 2

1. Zugang

9 Alle formgebundenen Namenserklärungen sind »gegenüber dem Standesamt« abzugeben; sie werden erst mit dem Zugang bei dem empfangszuständigen Standesamt wirksam (§ 130 Abs. 1 und 3 BGB). Eine Erklärung ist zugegangen, wenn sie in den Verfügungsbereich des Standesamts gelangt und bei Annahme gewöhnlicher Verhältnisse damit zu rechnen ist, dass es von ihr Kenntnis nehmen kann. Wird die Erklärung in dem empfangszuständigen Standesamt beglaubigt oder beurkundet, ist sie damit zugleich auch zugegangen. Ist der beurkundende Standesbeamte nicht auch für die Entgegennahme zuständig, hat er eine beglaubigte Abschrift der von ihm beurkundeten Erklärung(en) dem zuständigen Standesamt zu übersenden (Nr. 9.1 PStG-VwV). Der Zeitpunkt des Zugangs der Erklärung ist festzuhalten; er wird bei Folgebeurkundungen als »Datum der Wirksamkeit« im Geburtseintrag angegeben.

2. Zuständigkeit für die Entgegennahme

10 Die Empfangszuständigkeit ergibt sich aus einer in § 45 Abs. 2 vorgesehenen gestuften Regelung. In erster Linie empfangszuständig ist gemäß Absatz 2 Satz 1 das Standesamt, das das Geburtenregister führt, in dem die Geburt des Kindes beurkundet ist. Das ist entweder das Standesamt, das die im Inland erfolgte Geburt des Kindes beurkundet hat (§ 21), oder das Standesamt, das eine Auslandsgeburt gemäß § 36 nachbeurkundet hat. Wird eine formgebundene Erklärung vor der Beurkundung der Geburt abgegeben, ist auf Grund

des Sachzusammenhangs empfangszuständig das Standesamt, das die Geburt zu beurkunden hat. Im Geburtseintrag wird das Kind nur mit dem geänderten Namen eingetragen (§35 Abs.2 PStV).

Ist das Kind im Ausland geboren, ohne dass die Geburt nachträglich gemäß §36 beurkundet wurde, ist empfangszuständig das Standesamt, in dessen Zuständigkeitsbereich das Kind oder ein Elternteil seinen Wohnsitz hat oder zuletzt hatte oder seinen gewöhnlichen Aufenthalt hat (§45 Abs.2 Satz 2). Die ursprüngliche Regelung, die an den Wohnsitz des Erklärenden anknüpfte, hatte sich nicht als praktikabel erwiesen (vgl. Rdnr. 2). 11

Fehlt jede Inlandsanknüpfung, ist empfangszuständig das Standesamt I in Berlin (§45 Abs.2 Satz 3). 12

Das Standesamt erteilt der Person, deren Name geändert worden ist, auf Wunsch eine Bescheinigung über die Entgegennahme der Erklärung (§46 Nr.1 PStV). Sie ist insbesondere in den Fällen des §45 Abs.2 Satz 2 und 3 hilfreich, in denen es nicht zu einer Eintragung in das Geburtenregister kommt. 13

IV. Die einzelnen Erklärungen

1. Nachträgliche Bestimmung des Geburtsnamens der Kindes

§45 Abs.1 Satz 1 Nr.1 erfasst alle Erklärungen der Eltern, durch die der Geburtsname eines Kindes bestimmt wird, soweit sie der öffentlichen Beglaubigung bedürfen. Nicht darunter fällt die erstmalige Bestimmung des Geburtsnamens vor der Beurkundung der Geburt nach §1617 Abs.1 Satz 1 BGB. Das Gleiche gilt für die Namensbestimmung durch Rechtswahl nach Art.10 Abs.3 Satz 1 EGBGB. 14

a) Namensbestimmung bei Geburt des Kindes im Ausland

Bei einem im Ausland geborenen Kind namensverschiedener Eltern ist der Geburtsname ggf. gemäß §1617 Abs.3 i.V.m. Abs.1 und 2 BGB zu bestimmen. Die Vorschrift setzt voraus, dass Namensstatut des Kindes das deutsche Recht ist. Trägt das Kind einen vom deutschen Recht nicht gedeckten Namen, ist es aus deutscher Sicht namenlos (vgl. auch Rdnr.16). §1617 Abs.3 BGB ist eine Spezialvorschrift zu Absatz 2, die den dort vorgesehenen Mechanismus ergänzt. 15

Für eine Namensbestimmung ist kein Raum, wenn der Geburtsname des Kindes bereits feststeht (z.B. gemäß §1616 BGB oder §1617 Abs.1 Satz 3 BGB)[3]. Auch kann der Geburtsname des Kindes bereits vor der Beurkundung der Geburt bei dem ausländischen Standesamt wirksam bestimmt worden sein. 16

3 Zur Besonderheit, wenn die Eltern für ein vor dem 1.4.1994 geborenes Kind einen aus ihren Namen zusammengesetzten Geburtsnamen bestimmt haben, vgl. Art.224 §3 EGBGB; OLG München, StAZ 2007, 368.

§ 1617 Abs. 1 Satz 1 BGB verlangt nicht die Erklärung gegenüber einem deutschen Standesamt. Erforderlich ist nur, dass eine Amtsperson tätig wird, die funktionsgleiche Aufgaben erfüllt (Grundsatz der Substitution). Eine wirksame Namensbestimmung liegt auch vor, wenn der im Ausland beurkundete Geburtsname des Kindes auf einer Rechtswahl nach Art. 10 Abs. 3 Satz 1 EGBGB beruht. Die Rechtswahlerklärung kann – auch konkludent – gegenüber einem ausländischen Standesamt erfolgen und der Kindesname entsprechend dem gewählten Recht bestimmt werden. Ergibt sich der in der ausländischen Geburtsurkunde eingetragene Name des Kindes aus dem Heimatrecht eines Elternteils und entspricht diese Namensführung auch dem Willen der Eltern, so wird man von einer wirksamen Namensbestimmung ausgehen dürfen[4]. Ist die Geburt eines deutschen Kindes in einem Mitgliedstaat der Europäischen Union beurkundet worden und entspricht der dort registrierte Name nicht dem deutschen Recht, kommt ggf. eine Namenswahl nach Art 48 EGBGB in Betracht (vgl. § 43 Rdnr. 19 ff.).

17 Für die Namensbestimmung gelten dieselben materiellen Rechtsgrundsätze wie in einem Inlandsfall: Grundsätzlich bleibt es bei der Namensbestimmungsbefugnis der Eltern (§ 1617 Abs. 1 Satz 1 BGB). Ein volljähriges Kind übt das Bestimmungsrecht selbst aus. Können sich die Eltern des minderjährigen Kindes nicht einigen, überträgt das Familiengericht das Bestimmungsrecht auf einen Elternteil (§ 1617 Abs. 2 Satz 1 BGB). Gibt der berechtigte Elternteil innerhalb der gesetzten Frist keine Erklärung ab, so erwirbt das Kind seinen Namen kraft Gesetzes (§ 1617 Abs. 2 Satz 4 BGB). Das Gesetz überlässt es grundsätzlich den namensbestimmungsberechtigten Eltern, die Initiative zur Einleitung des Verfahrens zu ergreifen. Das Familiengericht wird auf Antrag eines Elternteils tätig; sind die Eltern nicht auch gesetzlicher Vertreter des Kindes, kann auch das Kind den Antrag stellen (§ 1617 Abs. 3 BGB). Stellt keiner der Berechtigten einen Antrag, ist das Familiengericht in entsprechender Anwendung von § 168a Abs. 2 FamFG zu informieren, wenn die Eintragung des Kindesnamens in ein deutsches Personenstandsregister oder ein amtliches deutsches Identitätspapier erforderlich wird.

b) Neubestimmung des Geburtsnamens bei später begründeter gemeinsamer Sorge

18 Unter § 45 Abs. 1 Satz 1 Nr. 1 fällt die Erklärung zur Neubestimmung des Geburtsnamens eines Kindes namensverschiedener Eltern, für das die gemeinsame Sorge erst begründet wird, wenn es bereits einen Namen führt (§ 1617b Abs. 1 BGB).

4 Dies gilt nur für Erklärungen im Rahmen der Geburtsbeurkundung (*Krömer*, StAZ 2017, 129). Amtsempfangsbedürftige Erklärungen werden erst mit Zugang beim zuständigen deutschen Standesamt wirksam (BGH, StAZ 2017, 138); *Franck*, StAZ 2019, 264, 268 kritisiert diese Entscheidung und hält auch Namenserklärungen unter deutschem Recht gegenüber ausländischen Stellen prinzipiell für möglich.

19 Da das Bestimmungsrecht nur innerhalb einer Frist von drei Monaten nach Begründung der gemeinsamen Sorge ausgeübt werden kann, ist die Beurkundung einer verspäteten Erklärung abzulehnen, wenn der Fristablauf eindeutig aus den vorgelegten Urkunden hervorgeht. Die gemeinsame Sorge wird durch Eheschließung oder gemeinsame Sorgeerklärung der Eltern begründet (§ 1626a Abs. 1 Nr. 1 und 2 BGB), außerdem durch gerichtliche Entscheidung gemäß § 1626a Abs. 1 Nr. 3 BGB. Werden keine Urkunden vorgelegt, die eine Prüfung der Fristwahrung ermöglichen, ist die gewünschte Erklärung zu beurkunden; die Prüfung der Wirksamkeit bleibt dann dem gemäß § 45 Abs. 2 empfangszuständigen Standesamt überlassen.

20 Hatte ein Elternteil bei Begründung der gemeinsamen Sorge (z. B. durch Eheschließung) seinen gewöhnlichen Aufenthalt im Ausland, beginnt der Lauf der Dreimonatsfrist nicht vor Ablauf eines Monats nach Rückkehr in das Inland (§ 1617b Abs. 1 Satz 2 BGB). Ist fraglich, auf welchen Zeitpunkt die Rückkehr und damit der Beginn der Frist zu fixieren ist, ist die Namenserklärung zu beurkunden; eventuelle Zweifel an der Wirksamkeit der Erklärung sind dem empfangszuständigen Standesamt mitzuteilen.

21 Eine Neubestimmung des Geburtsnamens eines Kindes kommt nicht mehr in Betracht, wenn bereits für ein zuvor geborenes gemeinsames Kind eine Namensbestimmung nach § 1617 Abs. 1 Satz 1 BGB getroffen wurde (§ 1617b Abs. 1 Satz 4 BGB i. V. m. § 1617 Abs. 1 Satz 3 BGB). Das Gleiche gilt, wenn es sich bei dem ersten Kind um ein adoptiertes Kind handelt, für das eine Namensbestimmung nach § 1757 Abs. 2 BGB getroffen wurde. Bleibt es dagegen bei der alleinigen Sorge eines Elternteils für ein zuvor geborenes Kind, hindert dies die Namensneubestimmung nach § 1617b Abs. 1 BGB nicht, wenn nur für das weitere Kind die gemeinsame Sorge durch Sorgeerklärungen (§ 1626 Abs. 1 Nr. 1 BGB), begründet wird. Ergibt sich aus den vorgelegten Unterlagen, dass die von den Eltern gewünschte Namensbestimmung an § 1617 Abs. 1 Satz 3 BGB scheitern muss, ist die Beurkundung abzulehnen.

22 Eine Namensbestimmung für ein Kind, das älter als fünf Jahre ist, ist nur wirksam, wenn sich das Kind der Bestimmung anschließt (§ 1617b Abs. 1 Satz 3 BGB; vgl. Rdnr. 27). Ist das Kind noch nicht vierzehn Jahre alt, können die Eltern die Anschlusserklärung als gesetzliche Vertreter ohne Mitwirkung des Kindes abgeben. Auch die Anschlusserklärung muss innerhalb der Dreimonatsfrist des § 1617b Abs. 1 Satz 1 BGB dem empfangszuständigen Standesamt zugehen, damit die Namensneubestimmung wirksam wird.

c) Nachträgliche Rechtswahl

23 Nach Art. 10 Abs. 3 Satz 2 EGBB bedarf die nach der Beurkundung der Geburt getroffene Bestimmung des Familiennamens des Kindes nach dem Heimatrecht oder dem deutschen Aufenthaltsrecht eines Elternteils der öffentlichen Beglaubigung. Begrifflich ist zu unterscheiden zwischen der Wahl des Rechts, das für den Kindesnamen maßgebend sein soll, und der Anwendung der Sachvorschriften des gewählten Rechts. Nur die Erklärung über die Rechts-

wahl ist gemäß Art. 10 Abs. 3 Satz 2 EGBGB formbedürftig. Ob für die Bestimmung des Geburtsnamens eine weitere – ggf. wiederum formbedürftige – Erklärung erforderlich ist oder der Kindesname unmittelbar kraft Gesetzes zugewiesen wird, ergibt sich aus den Sachvorschriften des gewählten Rechts[5]. Ziel der Rechtswahl ist eine bestimmte Namensführung (»Namenswahl«). Bei der Beurkundung der Rechtswahlerklärung sollte daher immer auch die künftige Namensführung des Kindes angegeben werden, die sich entweder unmittelbar aus dem Gesetz ergibt oder aus einer vom gewählten Recht geforderten Namensbestimmung der Eltern oder des sorgeberechtigten Elternteils folgt.

24 Die nachträgliche Rechtswahl ist jederzeit bis zum Eintritt der Volljährigkeit des Kindes möglich[6]; die zeitliche Begrenzung folgt daraus, dass die Rechtswahlbefugnis allein dem Inhaber der elterlichen Sorge zusteht. Anlass für die Rechtswahl ist z. B. der Erwerb einer neuen Staatsangehörigkeit durch Anerkennung der Vaterschaft oder Adoption. In diesen Fällen kann die Rechtswahl auch dazu dienen, einer aus dem gesetzlichen Namensstatut (Art. 10 Abs. 1 EGBGB) folgenden unerwünschten Namensführung des Kindes zu begegnen. Das gewählte Recht entscheidet darüber, welchen Namen das Kind mit der Geburt erworben hat oder mit Wirkung ex nunc erwirbt[7]. Die Rechtswahl kann grundsätzlich nur einmal getroffen werden. Eine erneute Rechtswahl ist ausnahmsweise möglich, wenn sich das soziale Umfeld oder die konkrete Familiensituation des Kindes geändert hat[8] oder wenn die Rechtswahl wirksam angefochten worden ist[9].

25 Die Erklärung über die Rechtswahl ist von dem Inhaber der elterlichen Sorge abzugeben. Wählbar ist das Heimatrecht eines jeden Elternteils, wobei die Wahl des Heimatrechts des Vaters die vorherige Anerkennung oder Feststellung der Vaterschaft voraussetzt, sowie das deutsche Recht, wenn (mindestens) ein Elternteil seinen gewöhnlichen Aufenthalt im Inland hat (Art. 10 Abs. 3 Satz 1 Nr. 1 und 2 EGBGB).

26 Hat das Kind das fünfte Lebensjahr vollendet und ist es Deutscher oder Ausländer mit deutschem Personalstatut, so ist die Rechtswahl nur wirksam, wenn sich das Kind der Änderung des Namensstatuts anschließt. Die Notwendigkeit einer solchen Anschlusserklärung folgt aus Art. 23 Satz 1 EGBGB, da das deutsche Recht den Kindern ab Vollendung des fünften Lebensjahres durchweg ein altersmäßig gestuftes Mitwirkungsrecht bei Namensänderungen einräumt.

5 Vgl. BayObLG, StAZ 1997, 275.

6 Zum Teil wird in analoger Anwendung des Art. 10 Abs. 3 EGBGB auch eine Rückkehrmöglichkeit zum Heimatrecht nach Eintritt der Volljährigkeit bejaht, vgl. ausführlich *Wall*, StAZ 2018, 25, 26 ff.; *ders.*, StAZ 2018, 169, 176.

7 Vgl. OLG Hamm, StAZ 2011, 242; OLG Celle, StAZ 2014, 274.

8 OLG Frankfurt a. M., StAZ 2008, 10; *Kraus*, StAZ 2006, 81; offengelassen in OLG München, StAZ 2009, 241.

9 OLG Celle, StAZ 2014, 274.

2. Anschlusserklärung des Kindes bei Neubestimmung des Geburtsnamens

§ 45 Abs. 1 Satz 1 Nr. 2 erfasst die Erklärung des über fünf Jahre alten Kindes, mit der es sich der Neubestimmung seines Geburtsnamens gemäß § 1617b Abs. 1 Satz 3 BGB (vgl. Rdnr. 18 ff.) anschließt. Es gelten die altersmäßig gestuften Mitwirkungserfordernisse des Kindes (§ 1617b Abs. 1 Satz 4 i. V. m. § 1617c Abs. 1 Satz 2 BGB). Ist das Kind volljährig, kann eine Anschlusserklärung nicht mehr wirksam werden, da das Bestimmungsrecht des § 1617b Abs. 1 BGB an die elterliche Sorge für das Kind anknüpft. Auch die Anschlusserklärung muss innerhalb der Dreimonatsfrist des § 1617b Abs. 1 BGB dem empfangszuständigen Standesamt zugehen. Der Standesbeamte wird daher eine solche Erklärung nicht mehr beurkunden, wenn die Frist offensichtlich bereits abgelaufen ist. 27

Unter § 45 Abs. 1 Satz 1 Nr. 2 fällt ferner die Anschlusserklärung des über fünf Jahre alten Kindes für eine nachträgliche Rechtswahl durch den Inhaber der elterlichen Sorge gemäß Art. 10 Abs. 3 Satz 2 EGBGB, wenn das Kind Deutscher ist oder sich seine Namensführung bisher nach deutschem Recht bestimmt hat (vgl. Rdnr. 23 ff.). 28

Die Zustimmung des gesetzlichen Vertreters zu einer Anschlusserklärung des über sieben Jahre alten Kindes muss nicht, kann aber nach § 45 Abs. 1 Satz 2 beurkundet werden (vgl. Rdnr. 8). 29

3. Antrag nach erfolgreicher Anfechtung der Vaterschaft

§ 45 Abs. 1 Satz 1 Nr. 3 und 4 begründet die Beglaubigungs- und Beurkundungsbefugnis des Standesbeamten für einen Antrag nach § 1617b Abs. 2 BGB, mit dem nach erfolgreicher Anfechtung der Vaterschaft das Kind oder der Scheinvater die Zuweisung des von der Mutter im Zeitpunkt der Geburt des Kindes geführten Familiennamens an das Kind begehrt. Voraussetzung ist eine rechtskräftige gerichtliche Entscheidung, in der festgestellt wird, dass der im Geburtseintrag angegebene Mann nicht der Vater des Kindes ist. Dem gleichgestellt ist die wirksame qualifizierte Drittanerkennung gemäß § 1599 Abs. 2 BGB. 30

Das Kind kann den Antrag jederzeit stellen, auch noch nach Erreichen der Volljährigkeit, der Mann nur, solange das Kind noch nicht das fünfte Lebensjahr vollendet hat. Wird der Antrag gestellt, erhält das Kind als Geburtsnamen den Familiennamen, den die Mutter im Zeitpunkt der Geburt des Kindes führte. Dies kann auch der von der Mutter geführte Ehename aus der Ehe mit dem Scheinvater sein; das Kind behält dann zwar seinen Geburtsnamen, der sich jedoch nur noch von dem Namen der Mutter ableitet und damit seine Qualität ändert. 31

Das Antragserfordernis gewinnt vor allem Bedeutung, wenn der Standesbeamte nach erfolgreicher Anfechtung der Vaterschaft oder nach Wirksamwerden der Drittanerkennung um die Beurkundung von Namenserklärun- 32 gen nach den §§ 1617a Abs. 2, 1617b Abs. 1, 1617c Abs. 1, Abs. 2 Nr. 2 oder § 1618 BGB ersucht wird. In all diesen Fällen bedarf es zunächst als »Zwischenschritt« des Antrags nach § 1617b Abs. 2 BGB, bevor der Weg frei ist für eine neue Gestaltung des Kindesnamens[10]. Ist das Kind älter als fünf Jahre, so kann in der erforderlichen Anschlusserklärung oder Einwilligung zugleich der Antrag des Kindes nach § 1617b Abs. 2 BGB gesehen werden. Bei einem jüngeren Kind bedarf es immer des gesonderten Antrags des gesetzlichen Vertreters. Auch wenn die Antragstellung in einen Vorgang der Namensgebung eingebunden ist, hat der Standesbeamte den Antrag stets gesondert zu beglaubigen oder zu beurkunden und ggf. für die Zuleitung an das empfangszuständige Standesamt zu sorgen.

4. Anschlusserklärung des Kindes bei elterlicher Namensänderung

33 § 45 Abs. 1 Satz 1 Nr. 5 erfasst die Anschlusserklärungen des über fünf Jahre alten Kindes in den Fällen des § 1617c Abs. 1 und 2 BGB. Dabei handelt es um die Erstreckung

- der nachträglichen Bestimmung eines Ehenamens durch die Eltern,
- der Änderung des Ehenamens, von dem das Kind seinen Geburtsnamen ableitet,
- der Änderung des Familiennamens des namengebenden Elternteils

auf den Geburtsnamen des Kindes.

34 Die Erklärung, durch die sich das Kind der elterlichen Namensänderung anschließt, wird altersmäßig gestuft entweder nur von dem gesetzlichen Vertreter (bis zum siebten Lebensjahr des Kindes), wahlweise von dem gesetzlichen Vertreter oder von dem Kind mit Zustimmung des gesetzlichen Vertreters (vom siebten bis zum vierzehnten Lebensjahr), nur von dem Kind mit Zustimmung des gesetzlichen Vertreters (vom vierzehnten bis zum achtzehnten Lebensjahr) oder allein von dem volljährigen Kind abgegeben.

35 Die Zustimmung des gesetzlichen Vertreters zur Anschlusserklärung des Kindes ist gesondert abzugeben und sollte gemäß § 45 Abs. 1 Satz 2 ebenfalls beurkundet werden.

5. Namenserteilung

a) Einbenennung

36 § 45 Abs. 1 Satz 1 Nr. 6 begründet die Zuständigkeit jedes Standesbeamten für die öffentliche Beglaubigung oder Beurkundung der Erklärung, durch die einem minderjährigen Kind der Ehename des sorgeberechtigten Elternteils und dessen Ehegatten erteilt wird (§ 1618 BGB)[11]. Das Gleiche gilt für eine Ein-

10 Die Notwendigkeit des »Zwischenschritts« nach § 1617b Abs. 2 BGB wird teilweise verneint; zum Streitstand vgl. *Hochwald*, StAZ 2012, 153; *Wall*, StAZ 2016, 316.

11 Der Elternteil und sein Ehegatte müssen das Kind in ihrem gemeinsamen Haushalt aufgenommen haben. Leben die Ehegatten getrennt, scheidet eine Einbenennung aus (OLG Zweibrücken, StAZ 2012, 146).

benennungserklärung nach § 9 Abs. 5 LPartG, der auf § 1618 Satz 2 bis 6 BGB verweist. Die Beurkundungszuständigkeit für die erforderlichen Einwilligungen folgt aus Halbsatz 2 des § 45 Abs. 1 Satz 1. Die Namenserteilung kann sich auch darauf beschränken, den Ehe- oder Lebenspartnerschaftsnamen dem bisherigen (und künftigen) Geburtsnamen des Kindes voranzustellen oder anzufügen (sog. additive Einbenennung, § 1618 Satz 2 BGB)[12]. Sämtliche für die Einbenennung erforderlichen Erklärungen bedürfen mindestens der öffentlichen Beglaubigung (§ 1618 Satz 5 BGB). Dabei handelt es sich um folgende Erklärungen:

(1) Die Einbenennungserklärung

Die Erklärung über die Erteilung des Ehe- oder Lebenspartnerschaftsnamens **37** oder über die Hinzufügung dieses Namens zum Geburtsnamen des Kindes (§ 1618 Satz 1, 2 BGB) wird von dem sorgeberechtigten Elternteil und seinem Ehegatten (Stiefelternteil) oder Lebenspartner gemeinsam abgegeben. Erforderlich ist eine inhaltlich übereinstimmende, nicht notwendig auch eine zeitgleiche Erklärung. Diese kann auch in Form einer bloßen Zustimmung nachgeholt werden, die der Form des § 1618 Satz 5 BGB bedarf. Die Ehe oder Lebenspartnerschaft muss im Zeitpunkt der Erklärung bestehen.

(2) Die Einwilligung des anderen Elternteils

Die Einwilligung des anderen (leiblichen) Elternteils ist erforderlich, wenn **38** er mit dem einbenennenden Elternteil gemeinsam sorgeberechtigt ist oder das Kind seinen Namen führt (§ 1618 Satz 3 BGB); beide Voraussetzungen können auch zusammentreffen. »Einwilligung« bedeutet im Rahmen des § 1618 BGB nicht unbedingt vorherige Zustimmung. Die Einbenennungserklärung ist auch dann zu beurkunden, wenn die Einwilligung des anderen Elternteils nicht präsentiert wird. Hat der andere Elternteil seine Einwilligung verweigert, muss der Standesbeamte die einbenennenden Ehegatten oder Lebenspartner darauf hinweisen, dass die Namenserteilung nur wirksam werden kann, wenn die Einwilligung des anderen Elternteils gemäß § 1618 Satz 4 BGB ersetzt wird, darf aber die Beurkundung der Einbenennungserklärung nicht ablehnen[13]. Nach dem Tod des anderen Elternteils ist das Einwilligungserfordernis obsolet, sodass auch eine gerichtliche Ersetzung der Einwilligung nach § 1618 Satz 4 BGB nicht erforderlich ist[14].

(3) Die Einwilligung des Kindes

Ist das einzubenennende Kind älter als fünf Jahre, muss es in die Namenser- **39** teilung einwilligen (§ 1618 Satz 3 BGB), wobei die Erklärung je nach Alter des Kindes vom gesetzlichen Vertreters oder vom Kind mit Zustimmung des gesetzlichen Vertreters abgegeben wird (§ 1618 Satz 6 BGB i. V. m. § 1617c BGB). Die Zustimmung des gesetzlichen Vertreters als solche ist nicht formbedürf-

12 Vgl. etwa OLG Bremen, StAZ 2010, 322.

13 OLG Hamm, StAZ 2000, 213, 215.

14 H. M.; vgl. OLG Hamm, StAZ 2008, 76. Wenn das Kind den Namen des verstorbenen Elternteils führt, wird teilweise eine gerichtliche Ersetzungsentscheidung gefordert (*Henrich/Wagenitz/Bornhofen* § 1618 BGB Rdnr. 68).

tig (vgl. Rdnr. 8), wird aber zweckmäßigerweise ebenfalls beurkundet (vgl. § 45 Abs. 1 Satz 2). Bei einem Kind unter vierzehn Jahren kann in der Einbenennungserklärung des sorgeberechtigten Elternteils und in der Einwilligung des mitsorgeberechtigten anderen Elternteils zugleich die Zustimmung als gesetzlicher Vertreter gesehen werden. Verweigert umgekehrt der andere mitsorgeberechtigte Elternteil seine Einwilligung, so ist es müßig, seine Zustimmung als gesetzlicher Vertreter nachzufragen.

(4) Wirksamwerden der Einbenennung

40 Die Namenserteilung wird wirksam, sobald die letzte aller erforderlichen Erklärungen, ggf. die gerichtliche Ersetzung der Einwilligung des anderen Elternteils, dem empfangszuständigen Standesamt (§ 45 Abs. 2) zugeht (Nr. 45.2 PStG-VwV).

b) Namenserteilung durch den allein sorgeberechtigten Elternteil

41 Die Beglaubigungs- und Beurkundungszuständigkeit des § 45 Abs. 1 Satz 1 Nr. 7 bezieht sich auf die Namenserteilung nach § 1617a Abs. 2 BGB. Danach kann der Elternteil, dem die elterliche Sorge für ein Kind allein zusteht, diesem durch Erklärung gegenüber dem Standesamt den Namen des anderen Elternteils erteilen (vgl. hierzu § 27 Rdnr. 79). Die Erklärungen über die Namenserteilung und die erforderlichen Einwilligungen müssen mindestens öffentlich beglaubigt werden (§ 1617a Abs. 2 Satz 3 BGB).

(1) Die Erklärung über die Namenserteilung

42 Die Erklärung über die Namenserteilung kann wirksam nur abgegeben werden, solange das Kind minderjährig ist. Die Erklärung kann schon vor der Geburt des Kindes abgegeben werden, damit es sogleich mit dem erteilten Namen beurkundet wird. Erklärungsberechtigt ist nur, wer alleiniger Inhaber der elterlichen Sorge ist. Durch die Erklärung des sorgeberechtigten Elternteils wird dem Kind der Name des nicht sorgeberechtigten Elternteils erteilt[15]. Auch wenn das Kind bereits verstorben ist, wird eine Namenserteilung teilweise für zulässig erachtet[16]. Der Übergang des alleinigen Sorgerechts auf den zuvor nicht sorgeberechtigten Elternteil begründet keinen Anspruch dieses Elternteils, dem Kind seinen Namen zu erteilen[17].

(2) Die Einwilligung des anderen Elternteils

43 Die Namenserteilung bedarf stets der Einwilligung des anderen, nicht sorgeberechtigten Elternteils. Liegt die Einwilligung des anderen Elternteils bei der Beurkundung der Namenserteilungserklärung nicht vor oder wird sie nicht gleichzeitig mit dieser beurkundet, so hat der Standesbeamte gleichwohl die Erklärung über die Namenserteilung aufzunehmen. Einwilligung

15 Ist die Identität des nicht sorgeberechtigten Elternteils nicht nachgewiesen, kommt eine Namenserteilung nicht in Betracht (LG Kiel, StAZ 2011, 185).

16 AG Kleve, StAZ 2011, 215; OLG Düsseldorf, StAZ 2015, 242; ablehnend BayObLG, StAZ 2000, 371.

17 BGH, StAZ 2005, 357.

i.S. des §1617a Abs. 2 BGB bedeutet Zustimmung, die vor, aber auch nach Abgabe der Erklärung über die Namenserteilung erteilt werden kann. Der Standesbeamte hat bei Fehlen der Einwilligung darauf hinzuweisen, dass die Namenserteilung nicht wirksam werden kann, solange nicht auch die Einwilligung erklärt ist.

(3) Die Einwilligung des Kindes

Ist das Kind älter als fünf Jahre, bedarf es zur Wirksamkeit der Namenserteilung seiner Einwilligung (§1617a Abs. 2 Satz 2 Halbs. 2 BGB), die als vorherige oder nachfolgende Zustimmung zu begreifen ist. Die Einwilligung wird altersmäßig gestuft entweder vom gesetzlichen Vertreter des Kindes[18] oder von dem Kind mit Zustimmung des gesetzlichen Vertreters erklärt (§1617a Abs. 2 Satz 4 BGB i.V.m. §1617c Abs. 1 BGB). Die Zustimmung des gesetzlichen Vertreters ist nicht formbedürftig, wird aber von der Beglaubigungs- und Beurkundungszuständigkeit des Standesbeamten nach §45 Abs. 1 Satz 2 erfasst. Ist der Erklärungsberechtigte zugleich der gesetzliche Vertreter des Kindes, kann bei einem Kind zwischen sieben und vierzehn Jahren in der Namenserteilungserklärung auch die Zustimmung des gesetzlichen Vertreters gesehen werden. **44**

(4) Wirksamwerden der Namenserteilung

Die Namenserteilung wird wirksam, sobald die letzte der erforderlichen Erklärungen dem nach §45 Abs. 2 empfangszuständigen Standesamt zugeht (Nr. 45.2 PStG-VwV; vgl. Rdnr. 9). **45**

V. Mitteilungspflichten

In den Fällen des §45 Abs. 2 Satz 2 und 3 fehlt es an einem inländischen Geburtenregister, in das die Änderung des Namens der betroffenen Person eingetragen werden könnte. Das Standesamt, das die Namenserklärung entgegengenommen hat, muss daher die sonst dem registerführenden Standesamt obliegenden Mitteilungen übernehmen (§ 62 Abs. 1 Nr. 1 i.V.m.§ 57 Abs. 4 PStV). **46**

Um Mehrfacherklärungen zu vermeiden, werden die Erklärungen, die nicht zu einer Folgebeurkundung in einem inländischen Register führen, zentral bei dem Standesamt I in Berlin gesammelt und in ein dort geführtes Verzeichnis aufgenommen (§ 45 Abs. 2 Satz 4). Das Standesamt, das die Erklärung entgegengenommen hat, muss daher das Standesamt I in Berlin hiervon informieren (§ 62 Abs. 1 Nr. 1 i.V.m. § 57 Abs. 4 Nr. 2 PStV). **47**

18 Ist der Erklärende alleiniger gesetzlicher Vertreter, ist er durch §181 BGB nicht gehindert, die Einwilligung für das Kind zu erklären (so überzeugend OLG München, StAZ 2015, 345).

§ 45a Erklärung zur Reihenfolge der Vornamen

(1) Unterliegt der Name einer Person deutschem Recht und hat sie mehrere Vornamen, so kann deren Reihenfolge durch Erklärung des Namensträgers gegenüber dem Standesamt neu bestimmt werden (Vornamensortierung). Eine Änderung der Schreibweise der Vornamen sowie das Hinzufügen von neuen Vornamen oder das Weglassen von Vornamen ist dabei nicht zulässig; die Artikel 47 und 48 des Einführungsgesetzes zum Bürgerlichen Gesetzbuche und § 94 des Bundesvertriebenengesetzes bleiben unberührt. Die Erklärung muss öffentlich beglaubigt werden; sie kann auch von den Standesbeamten beglaubigt oder beurkundet werden.

(2) Ein in der Geschäftsfähigkeit beschränktes Kind, das das 14. Lebensjahr vollendet hat, kann die Erklärung nach Absatz 1 nur selbst abgeben; das Kind bedarf hierzu der Zustimmung seines gesetzlichen Vertreters.

(3) Zur Entgegennahme der Erklärung ist das Standesamt zuständig, das das Geburtenregister für die Person führt, deren Vornamen neu sortiert werden sollen. Ist die Geburt nicht in einem deutschen Geburtenregister beurkundet, so ist das Standesamt zuständig, das das Eheregister oder Lebenspartnerschaftsregister der Person führt. Ergibt sich danach keine Zuständigkeit, so ist das Standesamt zuständig, in dessen Zuständigkeitsbereich die Person ihren Wohnsitz hat oder zuletzt hatte oder ihren gewöhnlichen Aufenthalt hat. Ergibt sich auch danach keine Zuständigkeit, so ist das Standesamt I in Berlin zuständig.

Übersicht (die Zahlen bedeuten Randnummern)

I. Rechtsentwicklung

§45a eröffnet die Möglichkeit, mehrere Vornamen umzusortieren, ihnen also eine andere als die im Geburtenregister beurkundete Reihenfolge zu geben. Die Regelung wurde durch das 2. PStRÄndG mit Wirkung vom 1.11.2018 in das PStG eingefügt.

1. Regelungshintergrund

1 Der Vorname ist nach deutschem Recht Teil des bürgerlichen Namens einer natürlichen Person. Werden mehrere Vornamen geführt, so haben diese untereinander den gleichen Rang; die Festschreibung eines dieser Namen im Geburtenregister als »Rufname« erfolgt nicht mehr[1]. Der Namensträger hat aber weiter die Möglichkeit, im täglichen Leben nur einen seiner Vornamen zu führen. Da alle Vornamen untereinander den gleichen Rang haben, kann er jederzeit auf einen anderen dieser Vornamen wechseln.

2 Wird einer von mehreren Vornamen als gebräuchlicher Vorname geführt, der nicht als erster im Geburtenregister eingetragen ist, so kann dies zu Problemen beim Nachweis der Identität führen, wenn für einen anderen Rechtsbereich die sich aus dem Geburtenregister ergebende Reihenfolge verbindlich ist. So z.B. im Personalausweis- und Passrecht[2]: In den Personalausweis und den Reisepass werden grundsätzlich alle Vornamen des Dokumenteninhabers vollständig und ungekürzt im Datenfeld »Vornamen« in der Reihenfolge des jeweiligen Personenstandseintrags wiedergegeben; Gleiches gilt grundsätzlich auch für die maschinenlesbare Zone (MRZ) auf der Rückseite des (neuen) Personalausweises bzw. unten auf der Vorderseite der Passkarte. Seit Oktober 2010 wird die Zusammensetzung der MRZ nach einem einheitlichen Verfahren festgelegt, das auf die Empfehlung der Internationalen Organisation für zivile Luftfahrt (ICAO) zurückgeht. Bei Personalausweis und Pass kann es vorkommen, dass wegen der begrenzten Zeichenzahl nicht alle Vornamen in die MRZ eingetragen werden können. In einem solchen Fall werden zuerst der Familienname und anschließend – nach Vorgabe des verbliebenen Platzes – die Vornamen in der Reihenfolge der Geburtsurkunde aufgenommen; insbesondere bei längeren Familiennamen und mehreren Vornamen können mithin Vornamen, ggf. auch der Rufname, unberücksichtigt bleiben. Bis zur Anwendung der neuen Regelung wurde in die MRZ nur *ein* Vorname eingetragen, bei mehreren Vornamen der vom Antragsteller gewünschte Rufname. Der betroffene Bürger – so die amtliche Begründung des 2. PStRÄndG – sehe sich durch die neue behördliche Praxis oftmals mit einer ihm fremden Namensangabe konfrontiert, da auch Dritte (z.B. Banken, Versicherungen, Fluggesellschaften) der ICAO-Regel folgend, anstelle des Rufna-

1 BGHZ 30, 136 = StAZ 1959, 237; KG, StAZ 1965, 16; OLG Düsseldorf, StAZ 1998, 343.
2 Nr. 4.1.2.1. der Allgemeinen Verwaltungsvorschrift zur Durchführung des Passgesetzes (Passverwaltungsvorschrift – PassVwV) vom 17.12.2009 (GMBl. 2009 AT S. 1686). Vgl. *Berndt-Benecke*, StAZ 2017, 257.

mens den ersten in der Vornamensreihenfolge stehenden, im täglichen Leben aber ungebräuchlichen Vornamen verwenden[3].

2. Abgrenzung der Umsortierung zur behördlichen Namensänderung

3 Bei der Suche nach einer Lösung des Problems wurde die im neuen § 45a getroffene Regelung einer »Namensortierung« favorisiert. Die Änderung der Reihenfolge der Vornamen durch Erklärung des Namensträgers bei den Standesämtern behebe – so die amtliche Begründung – das Problem auf einfache Art. Wegen ihrer Ranggleichheit erfolge durch die Umsortierung keine materielle Änderung der Vornamen. Da der Gesetzgeber keine Sperre vorgesehen hat, ist die Namensortierung nicht auf eine einmalige Ausübung beschränkt; sie ist mithin – ohne dass es hierfür einer Begründung durch den Namensträger bedarf – mehrmals möglich.

4 Die bloße Neusortierung der Vornamen, wie sie jetzt durch § 45a ermöglicht wird, hätte sich durch eine öffentlich-rechtliche Namensänderung nach dem Namensänderungsgesetz[4] nicht erreichen lassen. Das hierfür erforderliche Kriterium der Änderung i. S. des § 11 NamÄndG wird durch eine Veränderung lediglich der Reihenfolge weder begrifflich noch rechtlich erfüllt[5]. Die angesichts der neuen Bedeutung des ersten Vornamens gegenüber dem Rufnamen (vgl. Rdnr. 2) vertretene gegenteilige Auffassung[6] ist durch das Erklärungsrecht nach § 45a gegenstandslos geworden. Wird allerdings ein Hinzufügen, Weglassen oder Ändern von Vornamen angestrebt, so lässt sich eine solche Änderung auch weiterhin nur im Wege der öffentlich-rechtlichen Namensänderung erreichen. Dies gilt auch dann, wenn durch die Änderung nur eine andere Form oder Schreibweise des Vornamens begehrt wird (vgl. Rdnr. 8).

II. Die Vornamensortierung (Absatz 1 und 2)

1. Maßgeblichkeit deutschen Rechts und Erklärungsberechtigung

5 Für die Umsortierung gilt allgemein, dass sie nur Personen mit deutschem Namensstatut zusteht, in erster Linie also Deutschen, unabhängig davon, ob sie noch eine andere Staatsangehörigkeit besitzen (Art. 5 Abs. 1 Satz 2 EGBGB). Des Weiteren kann sie von Staatenlosen, heimatlosen Ausländern, Flüchtlingen und Asylberechtigten in Anspruch genommen werden, sofern diese die an den jeweiligen Status geknüpften Voraussetzungen (insbesondere Aufent-

3 Vgl. dazu *Wuttke*, StAZ 2019, 193.
4 Gesetz über die Änderung von Familiennamen und Vornamen vom 5. 1. 1938 (RGBl. I S. 9; BGBl. III Nr. 401-1; GS Nr. 40).
5 *Loos* S. 169.
6 *Wuttke*, StAZ 2016, 301.

halt im Inland) erfüllen[7]. Bei ausländischen Staatsangehörigen sind zudem etwaige Rück- und Weiterverweisungen zu beachten.

Erklärungsberechtigt ist der Namensträger. Handelt es sich dabei um ein Kind, so sind dem Erklärungsrecht des gesetzlichen Vertreters durch Absatz 2 Grenzen gesetzt: Hat das Kind das 14. Lebensjahr vollendet, so kann es die Erklärung nur selbst abgeben, bedarf hierzu aber der Zustimmung seines gesetzlichen Vertreters. Mit der Regelung hat der Gesetzgeber der gewachsenen Eigenverantwortung des 14 Jahre alten oder älteren Kindes Rechnung getragen, gegen dessen Willen eine Umsortierung seiner Vornamen nicht möglich sein soll. 6

2. Neue Reihenfolge und Grenzen der Neubestimmung

a) Neusortierung

Der Neusortierung sind innerhalb des Bestandes der Vornamen keine Grenzen gesetzt. Es ist nicht etwa so, dass nur der gebräuchliche Vorname an den Anfang der Namenkette gesetzt werden kann und diese sonst unverändert bleibt. Vielmehr ist ein beliebiger Austausch möglich. Der numerische Bestand der Vornamen muss indes gewahrt bleiben. 7

b) Keine Änderung geführter Vornamen; keine neuen Vornamen

Wie bereits unter Rdnr. 4 ausgeführt, muss die Neusortierung die Grenzen zur öffentlich-rechtlichen Namensänderung wahren. Änderungen der Schreibweise des Vornamens (z. B. »Luise« in »Louise«), eine andere Form des Vornamens (z. B. »Heinrich« in »Heinz«), neue Vornamen oder das Weglassen eines Vornamens sind daher nicht zulässig. 8

c) Abgrenzung zu anderen Namensänderungen (Art. 47, 48 EGBGB, § 94 BVFG)

Absatz 1 Satz 2 Halbs. 2 regelt ausdrücklich, dass die Möglichkeiten der Angleichung von Namen gem. Art. 47 EGBGB nach Statutenwechsel, der Wahl eines in einem anderen Mitgliedstaat der EU erworbenen Namens gem. Art. 48 EGBGB und der Namensänderung durch Vertriebene und Spätaussiedler gem. Art. 94 BVFG von der Vornamensortierung unberührt bleiben. Diese Vorschriften werden mithin in ihrer Änderungspalette und Anwendbarkeit nicht eingeschränkt. 9

3. Form und Entgegennahme der Erklärung

a) Beglaubigung oder Beurkundung (Absatz 1 Satz 3, Absatz 2)

Die Erklärung zur Vornamensortierung bedarf nach § 45a Abs. 1 Satz 3 Halbs. 1 (zumindest) der öffentlichen Beglaubigung (§ 129 BGB). Die Erklärung kann nach § 45a Abs. 1 Satz 3 Halbs. 2 auch von den Standesbeamten beglaubigt 10

7 Dazu *Berkl*, Rdnr. 79.

oder beurkundet werden[8]. Das Erfordernis der öffentlichen Beglaubigung ist auch dann erfüllt, wenn der Standesbeamte über die Erklärung eine Niederschrift aufnimmt, die von ihm vorgelesen und von ihm und dem Erklärenden unterschrieben und mit dem Dienstsiegel versehen wird (öffentliche Beurkundung). Die Beglaubigung oder Beurkundung muss nicht notwendig von dem für die Entgegennahme der Erklärung zuständigen Standesamt vorgenommen werden. Beispielsweise kann auch das Standesamt am Wohnort des Namensträgers die Erklärung beglaubigen oder beurkunden. In diesem Fall ist dem für die Entgegennahme der Erklärung zuständigen Standesamt eine beglaubigte Abschrift der Erklärung zu übersenden (Nr. 9.1 PStG-VwV).

11 Für eine etwa erforderliche Zustimmungserklärung des gesetzlichen Vertreters zur Erklärung eines beschränkt geschäftsfähigen Kindes, das das 14. Lebensjahr vollendet hat, ist das Formerfordernis der öffentlichen Beglaubigung nicht vorgeschrieben. Im Gegensatz zu der Namenserklärung selbst (vgl. Rdnr. 12) ist die Zustimmungserklärung auch formell nicht amtsempfangsbedürftig. Faktisch ist sie es aber doch, weil sich das für die Entgegennahme der Sortiererklärung zuständige Standesamt über die Wirksamkeitsvoraussetzung der erfolgten Zustimmung des gesetzlichen Vertreters Gewissheit verschaffen muss; die öffentliche Beglaubigung oder Beurkundung der Zustimmung ist daher zweckmäßig[9].

b) Zuständigkeit für die Entgegennahme (Absatz 3)

12 Die Erklärung zur Vornamensortierung ist amtsempfangsbedürftig. Sie muss nach § 45a Abs. 3 zu ihrer Wirksamkeit dem zuständigen Standesamt zugehen: Zuständig ist nach Absatz 3 Satz 1 regelmäßig das Standesamt, bei dem das Geburtenregister der Person geführt wird, deren Vornamen neu sortiert werden sollen. Dabei ist es unerheblich, ob die Registereintragung im Anschluss an die Geburt des Kindes (§ 21) oder – bei Auslandsgeburt – auf Antrag (§ 36) erfolgt ist. Ist die Geburt nicht in ein solches Register eingetragen worden, so greifen mehrere jeweils zueinander nachrangige Ersatzzuständigkeiten: Wird für die betreffende Person ein Eheregister oder Lebenspartnerschaftsregister geführt, so ist nach Absatz 3 Satz 2 das dieses Register führende Standesamt zuständig. Ist für die Zuständigkeitsanknüpfung kein registerführendes Standesamt vorhanden, wird nach Absatz 3 Satz 3 die Zuständigkeit an das Standesamt weitergereicht, in dessen Bezirk die erklärende Person ihren Wohnsitz hat oder zuletzt hatte oder ihren gewöhnlichen Aufenthalt hat. Handelt es sich bei der »Person« um ein unter 14 Jahre altes Kind, dessen gesetzlicher Vertreter die Erklärung für das Kind abgibt, dürften im Sinne der Bemühung, die Zuständigkeit eines personenbezogenen Standesamts zu begründen, keine Bedenken bestehen, das Standesamt eines früheren Wohnsitzes oder gewöhnlichen Aufenthalts des gesetzlichen Vertreters

8 Weitere zur öffentlichen Beglaubigung befugte Stellen: Notare (§ 20 Abs. 1 BNotO), Konsularbeamte (§ 10 KonsG), zuständige Stellen nach Landesrecht.
9 Vgl. *Henrich/Wagenitz/Bornhofen* § 1617c Rdnr. 29.

in Anspruch zu nehmen. Laufen alle diese Möglichkeiten ins Leere, ist nach Absatz 3 Satz 4 die Zuständigkeit des Standesamts I in Berlin gegeben.

Im Gegensatz zu der Sortiererklärung ist die etwa erforderliche Zustimmungserklärung des gesetzlichen Vertreters zu der Erklärung seines über 14 Jahre alten beschränkt geschäftsfähigen Kindes nicht amtsempfangsbedürftig (vgl. Rdnr. 11). **13**

4. Folgebeurkundungen und Mitteilungspflichten; Bescheinigung

a) Folgebeurkundungen

Ist die Geburt einer Person, deren Vornamen neu sortiert wurden, in einem deutschen Geburtenregister beurkundet, so ist in dieses Register auf der Grundlage der entgegengenommenen Erklärung (vgl. Rdnr. 12) eine Folgebeurkundung über die neue Vornamenfolge aufzunehmen. Die Änderung der Reihenfolge der Vornamen wird dabei einer Vornamensänderung im materiellen Sinn gleichgestellt (vgl. Rdnr. 3) und als »sonstige Änderung des Personenstandes« im Sinne des § 27 Abs. 3 Nr. 1 PStG gewertet. Die Folgebeurkundung soll wie folgt bezeichnet werden: »Neubestimmung der Reihenfolge der Vornamen«. Nach Empfang einer entsprechenden Mitteilung (vgl. Rdnr. 15) wird auch in einen etwaigen Ehe- oder Lebenspartnerschaftseintrag eine Folgebeurkundung eingetragen (§ 16 Abs. 1 Nr. 5). **14**

b) Mitteilungspflichten

Die Eintragung einer Folgebeurkundung im Geburtenregister (vgl. Rdnr. 14) löst Mitteilungspflichten bei dem registerführenden Standesamt aus: Nach § 57 Abs. 4 PStV sind dem Standesamt, das den Ehe- oder Lebenspartnerschaftseintrag für das Kind führt, sowie weiteren Stellen Mitteilungen zu übersenden. Ist die Geburt des Kindes nicht in einem deutschen Geburtenregister beurkundet, so geht die Mitteilungspflicht auf das Standesamt über, das für die Entgegennahme der Namenserklärung zuständig ist (§ 62 Abs. 1 Nr. 1 PStV). Auch das Standesamt, das zu einem Ehe- oder Lebenspartnerschaftseintrag eine Folgebeurkundung einträgt, kann für einzelne Mitteilungen zuständig sein (§ 58 Abs. 2 Nr. 3 und 4, § 59 Abs. 2 Nr. 3 und 4 PStV). **15**

c) Bescheinigung über die Reihenfolge der Vornamen

Einer Person, deren Vornamenfolge geändert worden ist, eröffnet § 46 Nr. 3 PStV die Möglichkeit, von dem Standesamt, das die Erklärung entgegengenommen hat, eine Bescheinigung über die neue Reihenfolge ihrer Vornamen zu erhalten. Gegenüber der Geburtsurkunde, mit der der Nachweis ebenfalls geführt werden kann, liegt der Vorteil einer bloßen Bescheinigung über die neue Vornamenfolge darin, dass keine zusätzlichen Daten des Geburtenregisters offenbart werden. Für die Bescheinigung ist ein Muster nicht vorgeschrieben. **16**

§ 45b Erklärung zur Geschlechtsangabe und Vornamensführung bei Personen mit Varianten der Geschlechtsentwicklung

(1) Personen mit Varianten der Geschlechtsentwicklung können gegenüber dem Standesamt erklären, dass die Angabe zu ihrem Geschlecht in einem deutschen Personenstandseintrag durch eine andere in § 22 Absatz 3 vorgesehene Bezeichnung ersetzt oder gestrichen werden soll. Liegt kein deutscher Personenstandseintrag vor, können sie gegenüber dem Standesamt erklären, welche der in § 22 Absatz 3 vorgesehenen Bezeichnungen für sie maßgeblich ist, oder auf die Angabe einer Geschlechtsbezeichnung verzichten, wenn sie

1. Deutsche im Sinne des Grundgesetzes sind,
2. als Staatenlose oder heimatlose Ausländer ihren gewöhnlichen Aufenthalt im Inland haben,
3. als Asylberechtigte oder ausländische Flüchtlinge ihren Wohnsitz im Inland haben oder
4. als Ausländer, deren Heimatrecht keine vergleichbare Regelung kennt,
   a) ein unbefristetes Aufenthaltsrecht besitzen,
   b) eine verlängerbare Aufenthaltserlaubnis besitzen und sich dauerhaft rechtmäßig im Inland aufhalten oder
   c) eine Blaue Karte EU besitzen.

Mit der Erklärung können auch neue Vornamen bestimmt werden. Die Erklärungen müssen öffentlich beglaubigt werden; sie können auch von den Standesbeamten beglaubigt oder beurkundet werden.

(2) Für ein Kind, das geschäftsunfähig oder noch nicht 14 Jahre alt ist, kann nur sein gesetzlicher Vertreter die Erklärung abgeben. Im Übrigen kann ein Kind die Erklärung nur selbst abgeben; es bedarf hierzu der Zustimmung seines gesetzlichen Vertreters. Stimmt der gesetzliche Vertreter nicht zu, so ersetzt das Familiengericht die Zustimmung, wenn die Änderung der Angabe zum Geschlecht oder der Vornamen dem Kindeswohl nicht widerspricht; das Verfahren vor dem Familiengericht ist eine Kindschaftssache nach Buch 2 Abschnitt 3 des Gesetzes über das Verfahren in Familiensachen und in den Angelegenheiten der freiwilligen Gerichtsbarkeit.

(3) Durch Vorlage einer ärztlichen Bescheinigung ist nachzuweisen, dass eine Variante der Geschlechtsentwicklung vorliegt. Dies gilt nicht für Personen, die über keine ärztliche Bescheinigung einer erfolgten medizinischen Behandlung verfügen und bei denen das Vorliegen der Variante der Geschlechtsentwicklung wegen der Behandlung nicht mehr oder nur durch eine unzumutbare Untersuchung nachgewiesen werden kann, sofern sie dies an Eides statt versichern.

(4) Für die Entgegennahme der Erklärung ist das Standesamt zuständig, das das Geburtenregister für die betroffene Person führt. Ist die Geburt nicht in einem deutschen Geburtenregister beurkundet, so ist das Standesamt zuständig, das das Eheregister oder Lebenspartnerschaftsregister der Person führt. Ergibt sich danach keine Zuständigkeit, so ist das Standesamt zuständig, in dessen Zuständigkeitsbereich die Person ihren Wohnsitz hat

oder zuletzt hatte oder ihren gewöhnlichen Aufenthalt hat. Ergibt sich auch danach keine Zuständigkeit, so ist das Standesamt I in Berlin zuständig. Das Standesamt I in Berlin führt ein Verzeichnis der nach den Sätzen 3 und 4 entgegengenommenen Erklärungen.

Übersicht (die Zahlen bedeuten Randnummern)

I. Regelungshintergrund und Ausgangslage

Mit Beschluss vom 10.10.2017[1] hat das Bundesverfassungsgericht festgestellt, 1
dass § 21 Abs. 1 Nr. 3 i. V. m. § 22 Abs. 3 in der zum Zeitpunkt der Entscheidung geltenden Fassung mit den grundgesetzlichen Anforderungen insoweit nicht vereinbar sind, als § 22 Abs. 3 PStG neben dem Eintrag »weiblich« oder »männlich« keine dritte Möglichkeit biete, ein Geschlecht positiv eintragen zu lassen. Das allgemeine Persönlichkeitsrecht (Art. 2 Abs. 1 i. V. m. Art. 1 Abs. 1 GG) schütze auch die geschlechtliche Identität derjenigen, die sich dauerhaft weder dem männlichen noch dem weiblichen Geschlecht zuordnen lassen. Darüber hinaus verstoße das geltende Personenstandsrecht gegen das Diskriminierungsverbot (Art. 3 Abs. 3 GG), soweit die Eintragung eines anderen Geschlechts ausgeschlossen wird. Dem Gesetzgeber wurde aufgetragen, bis zum 31.12.2018 eine Neuregelung zu schaffen. Mit dem Gesetz zur Änderung

1 StAZ 2018, 15 mit Anm. *Wiggerich* = FamRZ 2017, 2046 mit Anm. *Helms*.

der in das Geburtenregister einzutragenden Angaben[2] sind entsprechende Regelungen in § 22 Abs. 3 (vgl. dort Rdnr. 11 ff.) und für Altfälle in den neuen § 45b eingestellt worden (Rdnr. 2 ff.).

2 Für die Erstbeurkundung eines Kindes im Geburtenregister standen vor der Änderung des § 22 Abs. 3 die Geschlechtsbezeichnungen »weiblich«, »männlich« oder als dritte Möglichkeit die Eintragung »ohne Angabe« zur Verfügung. Durch das Gesetz zur Änderung der in das Geburtenregister einzutragenden Angaben[2] ist als vierte Möglichkeit die Bezeichnung »divers« hinzugekommen. Zum Kreis der erklärungsberechtigten Personen vgl. Rdnr. 3 f.

II. Voraussetzungen der Erklärung (Absatz 1 bis 3)

1. Erklärungsberechtigter Personenkreis (Absatz 1)

a) Personen mit Varianten der Geschlechtsentwicklung

3 § 45b Abs. 1 Satz 1 eröffnet Personen mit Varianten der Geschlechtsentwicklung die Möglichkeit der Abgabe einer Erklärung zu ihrem Geschlecht bzw. der Streichung der Geschlechtsangabe sowie nach Satz 3 einer Bestimmung des Vornamens. Die Neuregelung ist, wie ihrer gesetzgeberischen Entstehung eindeutig zu entnehmen ist, auf intersexuelle Personen beschränkt. Der Gesetzgeber hat sich bei diesem Rechtsbegriff an der medizinischen Terminologie orientiert, die auf der bei der Konsensuskonferenz 2005 in Chicago vorgeschlagenen Klassifikation beruht und bei der Diagnosen zusammengefasst werden, bei denen die Geschlechtschromosomen, das Genitale oder die Gonaden inkongruent sind[3]. Im Rahmen des parlamentarischen Verfahrens waren u. a. Änderungsanträge behandelt worden, die auch bei einem eindeutigen biologischen Geschlecht eine Wahl des Geschlechtseintrags entsprechend einer auf Empfindungen beruhenden Geschlechtsidentität vorsahen[4]. Da diese Vorschläge allerdings im Gesetz keinen Niederschlag gefunden haben, ist für eine Ausdehnung des Anwendungsbereichs der Vorschrift auf entsprechende Fälle kein Raum. Selbst eine verfassungskonforme Auslegung des Gesetzes findet dort ihre Grenzen, wo sie zum Wortlaut der Vorschrift und zum klar erkennbaren Willen des Gesetzgebers in Widerspruch treten würde[5]. Eine Erklärung durch Personen, die keine Variante der Geschlechtsentwicklung nachweisen können, ist daher selbst dann nicht möglich, wenn sie sich weder dem männlichen noch dem weiblichen Geschlecht zugehö-

2 Gesetz zur Änderung der in das Geburtenregister einzutragenden Angaben vom 18.12.2018 (BGBl. I S. 2635).
3 Nähere Ausführungen dazu bei *Berndt-Benecke,* NVwZ 2019, 286.
4 S. Beschlussempfehlung und Bericht des Ausschusses für Inneres und Heimat, BT-Drs. 19/6467 S. 7 ff.
5 BVerfGE 110, 226, 267; BGH, StAZ 2019, 47.

rig fühlen[6]. Erst recht kann sie auf transsexuelle Personen keine Anwendung finden; für sie ist weiter das TSG maßgebend[7]. Für eine andere Interpretation, wie etwa die des Lesben- und Schwulenverbandes in Deutschland (LSVD)[8], nach der die Regelungen auch für transgeschlechtliche Menschen gelten, ist daher kein Raum. Zu Zweifeln, ob es sich bei dem Erklärenden um eine intersexuelle Person handelt, und wie in einem solchen Fall zu verfahren ist, vgl. Rdnr. 9.

b) Angabe des Geschlechts in einem deutschen Personenstandseintrag

Ist das Geschlecht in einem deutschen Personenstandseintrag beurkundet, 4
so ist die darin bezeichnete Person ungeachtet ihrer Staatsangehörigkeit nach Absatz 1 Satz 1 erklärungsberechtigt. Die zu korrigierende Geschlechtsbezeichnung, die das Antragsrecht begründet, ergibt sich aus den personenstandsrechtlichen Vorschriften, die im Zeitpunkt des jeweiligen personenstandsrechtlichen Ereignisses Geltung hatten. Hierzu gehören neben den direkten Geschlechtsbezeichnungen »männlich/weiblich« auch andere Bezeichnungen wie »Knabe/Mädchen«, »Ehefrau/Ehemann« und »Mutter/Vater« im Geburtseintrag. Die Angaben »Der« und »die« im früheren Heiratseintrag sind ebenfalls als indirekte Geschlechtsbezeichnungen einzubeziehen. All diese Bezeichnungen haben gemein, dass sie zunächst lediglich ein Antragsrecht begründen. Die Frage, ob damit in jedem Einzelfall auch Folgebeurkundungen ausgelöst werden, kann nur aus den Beurkundungsvorschriften für den jeweiligen Registereintrag hergeleitet werden.

c) Erklärung ohne deutschen Personenstandseintrag

Auch ohne Beurkundung in einem deutschen Personenstandsregister be- 5
steht das Erklärungsrecht, ist aber nach § 45b Abs. 1 Satz 2 Nr. 1 bis 4 an bestimmte Voraussetzungen geknüpft:

aa) Der Erklärende ist Deutscher im Sinne des Grundgesetzes.
Zum Nachweis reicht nach § 8 Abs. 1 PStV in der Regel der Personalausweis, der Reisepass oder die erweiterte Meldebescheinigung aus. Bestehen Zweifel, kommen zum Nachweis weitere Bescheinigungen in Betracht (vgl. dazu § 9 Rdnr. 7).

bb) Erklärungsberechtigt sind außerdem

- Staatenlose oder heimatlose Ausländer, die ihren gewöhnlichen Aufenthalt im Inland haben, sowie Asylberechtigte oder ausländische Flüchtlinge mit Wohnsitz im Inland. Zu den Nachweismöglichkeiten für diesen Personenkreis vgl. § 9 Rdnr. 9 f. und Nr. A 7.2. 1 ff. PStG-VwV.

6 Vgl. dazu *Reuß,* StAZ 2019, 42.
7 OLG Nürnberg, StAZ 2019, 374; AG Wuppertal, StAZ 2019, 308.
8 LSVD-Ratgeber für inter- und transgeschlechtliche Menschen; www.lsvd.de. *Bruns*, StAZ 2019, 97.

- Ausländer, deren Personalstatut eine vergleichbare Regelung nicht kennt, und die einen besonderen Aufenthaltsstatus besitzen (unbefristetes Aufenthaltsrecht, verlängerte Aufenthaltserlaubnis und dauerhaft rechtmäßiger Aufenthalt im Inland oder Blaue Karte EU). Wegen des engen Inlandsbezugs sind diese Personen mit in den erklärungsberechtigten Personenkreis aufgenommen worden. Gleiches gilt hinsichtlich der Möglichkeit einer etwaigen Namensänderung, die ungeachtet des Grundsatzes besteht, dass der Name nach Art. 10 Abs. 1 EGBGB dem Recht des Staates unterliegt, dem die Person angehört.

Als Nachweis des neuen Geschlechts kommen nach Änderung des Personenstandseintrags Urkunden aus diesem Eintrag und – soweit es einen deutschen Registereintrag nicht gibt – die beurkundete Erklärung selbst in Betracht. Letztere Nachweismöglichkeit setzt allerdings voraus, dass die Erklärung von dem zuständigen Standesamt wirksam entgegengenommen worden ist; dies ist an geeigneter Stelle auf der Erklärung zu dokumentieren.

d) Mehrfacherklärungen, Wirkung der Erklärungen, kein Offenbarungsverbot

6 Da das Gesetz eine Einschränkung auf eine einmalige Erklärung nicht vorsieht, sind Mehrfacherklärungen möglich[9]. Sollte z. B. eine ursprünglich mit der Geschlechtsangabe »männlich« beurkundete Person erklären, dass die Geschlechtsangabe in ihrem Geburtseintrag ersatzlos aufzuheben ist, so ist damit ihr Erklärungsrecht nicht etwa verbraucht. Es bleibt ihr vielmehr unbenommen, zu einem späteren Zeitpunkt bei entsprechender ärztlicher Beurteilung eine weitere Erklärung, z. B. auf »weiblich«, abzugeben. Das Gesetz schweigt sich zu der Frage aus, ob die Erklärungen ex tunc oder ex nunc wirken. Da der Gesetzgeber die Möglichkeit einer rückwirkenden Erklärung nicht zugestanden hat, ist sowohl bei der erstmaligen als auch bei einer etwaigen späteren Erklärung grundsätzlich von einer Ex-nunc-Wirkung auszugehen. Damit scheidet bei einer späteren Erklärung auch eine etwaig gewünschte Zurückführung auf das Ausgangsgeschlecht mit Ex-tunc-Wirkung aus. Es bleibt anzumerken, dass für die Ersterklärung eine Rückwirkung in Fällen erwägenswert gewesen wäre, in denen eine Variante der Geschlechtsentwicklung schon früh erkennbar war, aber im Geburtseintrag wegen vorgegebener Geschlechtsbezeichnungen (»männlich«, »weiblich«) nicht berücksichtigt werden konnte. Betroffene müssen daher eine bis zur Erklärung nicht zutreffende Geschlechtsangabe in ihrem Geburtseintrag hinnehmen.

7 Die Änderung der Geschlechtsangabe unterliegt keinem besonderen Offenbarungsverbot, da im Gesetz eine Verbotsregelung – etwa entsprechend § 5 TSG – nicht vorgesehen ist. Dies erscheint einleuchtend, da ein Interesse Betroffener an einem Offenbarungsverbot nicht allgemein anzunehmen ist. Anders als bei der Geschlechtsumwandlung nach dem TSG, nach der Betroffene regelmäßig ein nachvollziehbares Interesse daran haben, dass ihr

9 So die amtliche Begründung zu § 45b Abs. 1, BT-Drs. 19/4669 S. 11.

Ausgangsgeschlecht nicht bekannt wird, dürfte das Bestreben intersexueller Personen mit der neuen Geschlechtsangabe »divers« gerade darauf zielen, nach außen erkennbar werden zu lassen, dass sie ihre bisherige, binar gebundene Geschlechtszuordnung zugunsten der neuen dritten positiven Bezeichnung aufgegeben haben. Dass dies auch im gesellschaftlichen Leben so gesehen wird, belegen z. B. Stellenausschreibungen, die mit »(m/w/d)« auch das neue Geschlecht »divers« einbeziehen. Für die Benutzung der Personenstandseinträge betroffener Personen sind daher nur die allgemeinen Benutzungsvorschriften der §§ 61 f. zu beachten. Für die verbleibende Gruppe von Intersexuellen, die – im bisherigen binaren Rahmen verbleibend – eine Änderung in das andere Geschlecht vorgenommen haben (vgl. Rdnr. 10), kann indes nicht ausgeschlossen werden, dass der Gesetzgeber es schlichtweg vergessen hat, ein dem TSG vergleichbares Offenbarungsverbot vorzusehen. Da eine Neuregelung des Transsexuellenrechts unter Einbeziehung der Regelungen für Intersexuelle geplant ist, bleibt abzuwarten, ob in ein Offenbarungsverbot einzelne in § 45b vorgesehene Erklärungsmöglichkeiten einbezogen werden[10].

2. Diagnose »Varianten der Geschlechtsentwicklung« und Erklärungsmöglichkeiten (Absatz 1 und 3)

a) Ärztliche Bescheinigung

Wie bei der Erstbeurkundung der Geburt in einem deutschen Geburtenregister ist in Altfällen (vgl. im Einzelnen Rdnr. 3) eine Änderung der Angabe des Geschlechts nach § 45b davon abhängig gemacht, dass sich die Änderung auf eine Person mit »Varianten der Geschlechtsentwicklung« bezieht. Auch wenn der Begriff im Wortlaut des § 22 Abs. 3 nicht verwendet wird, so setzen beide Regelungen doch das gleiche voraus: Um eine Eintragung oder deren spätere Änderung zu eröffnen, ist für die betroffene Person nach § 45b Abs. 3 grundsätzlich eine ärztliche Bescheinigung mit der Diagnose vorzulegen, dass ihre Geschlechtschromosomen, das Genitale oder die Gonaden, inkongruent sind (vgl. dazu näher Rdnr. 3); einer genaueren Beschreibung in dem Attest bedarf es – so die amtliche Begründung[11] – indes nicht. Die Frage, welche Anforderungen der das Attest ausstellende Arzt erfüllen muss, beantwortet der Wortlaut des Gesetzes nicht. Nach den Anwendungshinweisen des Bundesministeriums des Innern, für Bau und Heimat[12] soll die Bescheinigung nur ausstellen dürfen, wer über eine ärztliche Approbation (= staatliche Zulassung) verfügt. Dies seien in erster Linie die einschlägigen Fachärzte, nicht hingegen Psychologen ohne zusätzliche Approbation. Der Fachaus- 8

10 Vgl. hierzu Referentenentwurf eines Gesetzes zur Neuregelung der Änderung des Geschlechtseintrags, veröffentlicht auf der Internetseite www.bmjv.de.

11 BT-Drs. 19/4669, S. 11.

12 RdSchr. des BMI vom 10.4.2019 – V II 1-20103/27#17, veröffentlicht auf der Internetseite www.personenstandsrecht.de und StAZ 2019, 151.

schuss bemerkt hierzu in einer Stellungnahme[13] zutreffend, dass der Rechtsanwender mit dieser Interpretation »einigermaßen ratlos« zurückgelassen wird. Denn wer ist »einschlägiger Facharzt«? Im Sinne des Gesetzes kann dies sowohl ein Allgemeinmediziner als auch ein Facharzt entsprechender Richtung (z.B. Gynäkologe, Urologe) sein, nicht hingegen ein Arzt gänzlich anderer Fachrichtung (z.B. Zahnarzt, Augenarzt). Im BMI-RdSchr. wird unter III. bei Verdacht der Ausstellung einer unrichtigen ärztlichen Bescheinigung auf § 278 StGB und die dazu in Nr. 70 PStG-VwV verankerten Mitteilungspflichten des Standesamts gegenüber der zuständigen Verwaltungsbehörde und der Staatsanwaltschaft hingewiesen.

9 Der Nachweis kann, da ein aktuelles Attest nicht gefordert ist, auch durch eine ältere, bereits vorhandene Bescheinigung geführt werden, z.B. einen Arztbrief über eine behandelte Variante der Geschlechtsentwicklung. Die Vorlagepflicht entfällt ganz bei Personen, die weder eine frühere Behandlung nachweisen noch eine ärztliche Bescheinigung vorlegen können, wenn ihnen eine erneute Untersuchung nicht mehr zugemutet werden kann. Ein solcher Ausnahmefall liegt z.B. vor, wenn die Gefahr einer Retraumatisierung durch eine erneute ärztliche Untersuchung zu befürchten ist. Gleiches gilt für Personen, bei denen nach einer früheren Behandlung (z.B. Operation, Hormontherapie) die Variante der Geschlechtsentwicklung medizinisch nicht mehr nachweisbar ist und sie auch nicht mehr über eine ältere ärztliche Bescheinigung über die Behandlung verfügen. In beiden Fällen reicht allerdings für den Verzicht auf die ärztliche Bescheinigung eine bloße Angabe des Grundes nicht aus. Voraussetzung für eine Anerkennung ist vielmehr, dass der Erklärende das Vorliegen des Grundes an Eides statt versichert (vgl. dazu § 9 Rdnr. 60 ff.). Ist sich die betroffene Person selbst nicht sicher, ob bei ihr eine Variante der Geschlechtsentwicklung vorliegt, so kommt keine eidesstattliche Versicherung, sondern nur eine ärztliche Bescheinigung in Betracht.[14] Die Neuregelung ist, wie ihrer gesetzgeberischen Entstehung eindeutig zu entnehmen ist, auf intersexuelle Personen beschränkt (vgl. Rdnr. 3)[15]. Sollte der Standesbeamte Zweifel daran haben, dass es sich bei dem Erklärenden um eine intersexuelle Person handelt, kommt eine Zweifelsvorlage an das Gericht nach § 49 Abs. 2 in Betracht. Gibt der Erklärende sich gar als transsexuelle Person zu erkennen, ist die Entgegennahme der Erklärung abzulehnen (§ 49 Abs. 1). Falls der Standesbeamte die Erklärung nur beurkundet, ist mit der Übersendung der Erklärung an das für die Entgegennahme zuständige Standesamt auf die festgestellten Umstände hinzuweisen.

b) Fallgruppen der Erklärungsmöglichkeiten

10 Bei den Altfällen stellt sich zunächst die Frage, ob das Angebot für die Erstbeurkundung in § 22 Abs. 3 mit vier Bezeichnungsmöglichkeiten (vgl. dazu

13 *Krömer*, StAZ 2019, 280.
14 Jäschke, StAZ 2019, 106.
15 Vgl. *Berndt-Benecke*, StAZ 2019, 65.

§ 22 Rdnr. 12) auch für die Ersetzung einer eingetragenen Geschlechtsangabe in Betracht kommt. Der Wortlaut der Regelung lässt keinen Zweifel: *Eine* und damit *jede* der in § 22 Abs. 3 vorgesehenen Bezeichnungen, mit Ausnahme der bereits eingetragenen, steht zur Auswahl. Dies bedeutet, dass bei der Neubestimmung drei Angaben zur Wahl gestellt sind[16]. Wird z. B. bei eingetragenem Geschlecht »männlich« für »ohne Angabe« votiert, so ist die eingetragene Bezeichnung ersatzlos zu streichen, wobei unter dem gesetzlichen Terminus »streichen« eine Folgebeurkundung über den Wegfall der bisherigen Bezeichnung zu verstehen ist. Es kann in diesem Beispiel aber auch eine Änderung in die Angabe »weiblich« oder die Angabe »divers« erklärt werden.

c) Änderung der Vornamen

Nach § 45b Abs. 1 Satz 3 können mit der Erklärung zum Geschlecht auch neue **11** Vornamen bestimmt werden. Das damit Gewollte liegt auf der Hand: Nach den Grundsätzen des deutschen Namensrechts soll der Vorname das Geschlecht des Namensträgers erkennen lassen. Insbesondere bei dem Wechsel von »männlich« in »weiblich« und umgekehrt wird wohl von der Möglichkeit der Namensänderung Gebrauch gemacht werden. Ein Zwang besteht in diesen wie in den anderen Fällen indes nicht. Es ist also ohne weiteres denkbar, dass z. B. eine Person mit der neuen Geschlechtsbezeichnung »weiblich« nach der Erklärung weiter ihre männlichen Vornamen führt. Da neue Vornamen bestimmt werden können, besteht zudem die Möglichkeit, den bisherigen Vornamen neue Vornamen hinzuzufügen. Der Wortlaut der Vorschrift zwingt jedenfalls nicht dazu, bei einer Bestimmung neuer Vornamen die bisherigen Vornamen aufzugeben. Da die Regelung keine Einschränkung vorsieht, besteht sogar die Möglichkeit der Neubestimmung mit dem Ergebnis einer Kombination von männlichen und weiblichen Vornamen auch oder gerade in den Fällen, in denen die Angabe des Geschlechts ersatzlos aufgehoben oder in »divers« geändert wird[17]. Die Strenge des Gesetzgebers, die Bestimmung neuer Vornamen nur »mit der Erklärung« zum Geschlecht zuzulassen, verwundert. Können sich doch nach der Änderung der Geschlechtsangabe Umstände ergeben, die bei der Abgabe der Erklärung nicht vorhergesehen wurden, aus späterer Sicht aber eine Anpassung des Namens angebracht erscheinen lassen. Zu Beglaubigung oder Beurkundung der Erklärung zum Namen siehe Rdnr. 14.

3. Alterserfordernis (Absatz 2)

a) Geschäftsunfähiges oder noch nicht 14 Jahre altes Kind

Erklärungsberechtigt ist grundsätzlich der Namensträger. Handelt es sich bei **12** ihm um ein geschäftsunfähiges oder noch nicht 14 Jahre altes Kind, ist die Erklärung jedoch seinem gesetzlichen Vertreter vorbehalten.

16 So auch die Begründung der vom Ausschuss für Inneres und Heimat vorgenommenen Änderung des Regierungsentwurfs (BT-Drs. 19/6467, S. 13).
17 Vgl. *Hepting/Dutta* Rdnr. IV-229.

b) 14 Jahre altes Kind

13 Hat das Kind das 14. Lebensjahr vollendet, so kann es die Erklärung nur selbst abgeben, bedarf hierzu aber der Zustimmung seines gesetzlichen Vertreters. Mit der Regelung hat der Gesetzgeber der gewachsenen Eigenverantwortung des 14 Jahre alten oder älteren Kindes Rechnung getragen, gegen dessen Willen eine Änderung der Angabe des Geschlechts nicht möglich sein soll. Die Regelung folgt damit anderen Regelungen mit höchstpersönlichen Folgen für das betroffene Kind, z.B. im Namensrecht zur Änderung des Geburtsnamens des Kindes (§ 1617c Abs. 1 Satz 2 BGB)[18]. Auch § 45b Abs. 2 weist die Entscheidung nicht dem Kind alleine zu, sondern lässt ihm dabei die Unterstützung seines gesetzlichen Vertreters in Form eines Zustimmungserfordernisses zukommen. Im Rahmen seiner elterlichen Sorge soll er das Kind bei seiner Entscheidung begleiten und unterstützen. Im Falle nicht erteilter Zustimmung kann das Familiengericht diese ersetzen. Die gesetzliche Grundlage für das Verfahren bildet § 168a Abs. 1 FamFG, der mit Art. 2 des Gesetzes zur Änderung der in das Geburtenregister einzutragenden Angaben[2] entsprechend erweitert worden ist. Über die versagte Zustimmung des gesetzlichen Vertreters soll das Standesamt das Familiengericht informieren. Die Mitteilung gilt als Anregung des Verfahrens vor dem Familiengericht im Sinne von § 24 FamFG[19].

III. Form und Entgegennahme der Erklärung (Absatz 1 und 4)

1. Beglaubigung oder Beurkundung (Absatz 1)

14 Die Erklärungen zur Geschlechtsangabe und Vornamensführung bedürfen nach § 45b Abs. 1 Satz 4 Halbs. 1 (zumindest) der öffentlichen Beglaubigung (§ 129 BGB). Die Erklärung kann nach § 45b Abs. 1 Satz 4 Halbs. 2 auch von den Standesbeamten beglaubigt oder beurkundet werden[20]. Das Erfordernis der öffentlichen Beglaubigung ist auch dann erfüllt, wenn der Standesbeamte über die Erklärung eine Niederschrift aufnimmt, die von ihm vorgelesen und von ihm und dem Erklärenden unterschrieben und mit dem Dienstsiegel versehen wird (öffentliche Beurkundung). Die Beglaubigung oder Beurkundung muss nicht notwendig von dem für die Entgegennahme der Erklärung zuständigen Standesamt vorgenommen werden. Beispielsweise kann auch das Standesamt am Wohnort des Namensträgers die Erklärung beglaubigen oder beurkunden. In diesem Fall ist dem für die Entgegennahme der Erklärung zuständigen Standesamt eine beglaubigte Abschrift der Erklärung zu übersenden (Nr. 9.1 PStG-VwV).

18 Vgl. dazu die amtliche Begründung, BT-Drs. 19/4669, S. 10.
19 So die amtliche Begründung, BT-Drs. 19/4669, S. 12.
20 Weitere zur öffentlichen Beglaubigung befugte Stellen: Notare (§ 20 Abs. 1 BNotO), Konsularbeamte (§ 10 KonsG), zuständige Stellen nach Landesrecht.

Für eine etwa erforderliche Zustimmungserklärung des gesetzlichen Vertreters zur Erklärung eines beschränkt geschäftsfähigen Kindes, das das 14. Lebensjahr vollendet hat, ist das Formerfordernis der öffentlichen Beglaubigung nicht vorgeschrieben. Im Gegensatz zu der Erklärung selbst (vgl. Rdnr. 16) ist die Zustimmungserklärung auch formell nicht amtsempfangsbedürftig. Faktisch ist sie es aber doch, weil sich das für die Entgegennahme der Erklärung zuständige Standesamt über die Wirksamkeitsvoraussetzung der erfolgten Zustimmung des gesetzlichen Vertreters Gewissheit verschaffen muss; die öffentliche Beglaubigung oder Beurkundung der Zustimmung ist daher zweckmäßig[21]. **15**

2. Entgegennahme der Erklärung (Absatz 4)

Die Erklärung zum Geschlecht ist amtsempfangsbedürftig. Sie muss nach **16** §45b Abs. 4 zu ihrer Wirksamkeit dem zuständigen Standesamt zugehen: Zuständig ist nach Absatz 4 Satz 1 regelmäßig das Standesamt, bei dem das Geburtenregister der Person geführt wird, deren Angabe zum Geschlecht geändert werden soll. Dabei ist es unerheblich, ob die Registereintragung im Anschluss an die Geburt des Kindes (§21) oder – bei Auslandsgeburt – auf Antrag (§36) erfolgt ist. Ist die Geburt nicht in ein solches Register eingetragen worden, so greifen mehrere jeweils zueinander nachrangige Ersatzzuständigkeiten: Wird für die betreffende Person ein Eheregister oder Lebenspartnerschaftsregister geführt, so ist nach Absatz 4 Satz 2 das dieses Register führende Standesamt zuständig. Ist für die Zuständigkeitsanknüpfung kein registerführendes Standesamt vorhanden, wird nach Absatz 4 Satz 3 die Zuständigkeit an das Standesamt weitergereicht, in dessen Bezirk die erklärende Person ihren Wohnsitz hat oder zuletzt hatte oder ihren gewöhnlichen Aufenthalt hat. Handelt es sich bei der »Person« um ein unter 14 Jahre altes Kind, dessen gesetzlicher Vertreter die Erklärung für das Kind abgibt, dürften im Sinne der Bemühung, die Zuständigkeit eines personenbezogenen Standesamts zu begründen, keine Bedenken bestehen, das Standesamt eines früheren Wohnsitzes oder gewöhnlichen Aufenthalts des gesetzlichen Vertreters in Anspruch zu nehmen. Laufen all diese Möglichkeiten ins Leere, ist nach Absatz 4 Satz 4 die Zuständigkeit des Standesamts I in Berlin gegeben. Das Standesamt I in Berlin führt ein Verzeichnis der von ihm und den Standesämtern des Wohnsitzes oder gewöhnlichen Aufenthalts entgegengenommenen Erklärungen. Letztgenannte haben die Entgegennahme der Erklärung dem Standesamt I in Berlin für das von ihm geführte Verzeichnis mitzuteilen.

Im Gegensatz zu der Erklärung zum Geschlecht ist die etwa erforderliche **17** Zustimmungserklärung des gesetzlichen Vertreters zu der Erklärung seines über 14 Jahre alten beschränkt geschäftsfähigen Kindes nicht amtsempfangsbedürftig (vgl. Rdnr. 15).

21 Vgl. *Henrich/Wagenitz/Bornhofen* §1617c Rdnr. 29.

3. Folgebeurkundungen und Mitteilungspflichten

a) Folgebeurkundungen

18 Ist die Geburt einer Person, zu deren Geschlecht eine Erklärung abgegeben wurde, in einem deutschen Geburtenregister beurkundet, so ist in dieses Register auf der Grundlage der entgegengenommenen Erklärung (vgl. Rdnr. 16) eine Folgebeurkundung über die neue Angabe aufzunehmen. Die Folgebeurkundung soll wie folgt bezeichnet werden: »Erklärung zum Geschlecht«. Nach Empfang einer entsprechenden Mitteilung (vgl. Rdnr. 19) wird auch in einen etwaigen Ehe- oder Lebenspartnerschaftseintrag des Erklärenden eine Folgebeurkundung eingetragen (§ 16 Abs. 1 Nr. 5, 6). Da die Änderung der Geschlechtsangabe in eine andere nach § 22 Abs. 3 mögliche Angabe keine Wirkungen auf den Bestand der Ehe oder Lebenspartnerschaft hat, ist die Folgebeurkundung im Eheeintrag oder Lebenspartnerschaftseintrag auf die neue Angabe zu beschränken. Zur Frage, ob Personen unbestimmten Geschlechts überhaupt eine Ehe oder eine Lebenspartnerschaft führen können, vgl. § 13 Rdnr. 4[22]. Weitere Fragen ergeben sich bei der Geburt von Kindern intersexueller Personen insbesondere dann, wenn diese entgegen ihres neuen Geschlechts Mutter oder Vater werden, vgl. § 21 Rdnr. 48.

b) Mitteilungspflichten

19 Die Eintragung einer Folgebeurkundung im Geburtenregister (vgl. Rdnr. 18) löst Mitteilungspflichten bei dem registerführenden Standesamt aus: Nach § 57 Abs. 4 PStV sind dem Standesamt, das den Ehe- oder Lebenspartnerschaftseintrag für das Kind führt, sowie weiteren Stellen Mitteilungen zu übersenden. Ist die Geburt des Kindes nicht in einem deutschen Geburtenregister beurkundet, so geht die Mitteilungspflicht auf das Standesamt über, das für die Entgegennahme der Namenserklärung zuständig ist (§ 62 Abs. 1 Nr. 1 PStV).

22 Zu der vorausgegangenen Diskussion der Frage vgl. *Helms*, StAZ 2018, 33; *Hepting/Dutta* Rdnr. IV-229.

Kapitel 8 **Berichtigungen und gerichtliches Verfahren**

Abschnitt 1 **Berichtigungen ohne Mitwirkung des Gerichts**

§ 46 Änderung einer Anzeige

Sind in der schriftlichen Anzeige einer Geburt oder eines Sterbefalls Angaben unrichtig oder unvollständig und ist der richtige oder vollständige Sachverhalt durch öffentliche Urkunden oder auf Grund eigener Ermittlungen des Standesamts festgestellt, so sind die entsprechenden Angaben unter Hinweis auf die Grundlagen zu ändern.

Übersicht (die Zahlen bedeuten Randnummern)

I. Rechtsentwicklung

Für den Fall unrichtiger oder unvollständiger Angaben in einer schriftlichen Anzeige war dem Standesbeamten schon nach früherem Recht (§ 46 Abs. 2 PStG a. F.) ein Korrekturmittel an die Hand gegeben: Er war befugt, ungeachtet der angezeigten unrichtigen Angaben den richtigen oder vollständigen Sachverhalt in den Personenstandsbüchern zu beurkunden. 1

§ 46 trifft eine im Ergebnis gleiche Regelung (dazu Rdnr. 3 ff.), wählt jedoch eine andere Formulierung. 2

II. Unrichtige oder unvollständige Angaben

1. Abschließende Prüfung

Anders als das frühere Recht (§§ 20, 36 PStG a. F.) verzichtet das PStG 2007 darauf, das Standesamt ausdrücklich zur Prüfung von Angaben in der Anzeige einer Geburt oder eines Sterbefalls zu verpflichten, wenn Zweifel an deren Richtigkeit bestehen. Dies ist an sich – weil allgemeiner Grundsatz für Urkundspersonen und ihre Beurkundungen – auch entbehrlich. Gleichwohl wurde eine allgemeine Verpflichtung in § 5 PStV aufgenommen; diese hält den Standesbeamten an, Eintragungen in das Personenstandsregister und sonstige Beurkundungen erst vorzunehmen, wenn der zugrunde liegende Sachverhalt ermittelt und abschließend geprüft worden ist. 3

2. Zurückstellung der Beurkundung

4 In der Praxis wird das Standesamt bei Zweifeln die Beurkundung des Personenstandsfalls zurückstellen und versuchen, zu gesicherten Angaben zu gelangen. Hierzu hat es mehrere Möglichkeiten: Es kann z. B. durch Befragung des Anzeigenden versuchen, die fehlenden Angaben zu erhalten oder seine Zweifel an der Richtigkeit gemachter Angaben zu zerstreuen. Es können aber auch eigene Ermittlungen angestellt oder weitere Urkunden beigezogen werden (zu den Beurkundungsgrundlagen vgl. § 9 Rdnr. 5 ff.). Die fortschreitende Vernetzung der Standesämter mit der Möglichkeit der Einsicht in andere Register wird die unabhängige Aufklärung durch das Standesamt in diesen Fällen erleichtern. Bei der Befragung und Verpflichtung von natürlichen und juristischen Personen kann sich das Standesamt auf deren Auskunftspflicht berufen (vgl. § 10 Rdnr. 3 ff.). Diese Grundsätze der Berichtigung dürften auch für den Fall herangezogen werden können, dass die Niederschrift über die Eheschließung fehlerhafte Angaben enthält.[1]

5 Dass die Vorschrift nur für schriftliche Anzeigen gilt, erklärt sich damit, dass das Standesamt bei mündlicher Anzeige als »Herr des Verfahrens« darüber befindet, wann es die von einer natürlichen Person gemachten Angaben als »Anzeige« des Personenstandsfalls im Sinne der §§ 19 und 29 akzeptiert[2]. Für die schriftliche Anzeige hingegen ist es – auch im Sinne einer kurzen Verfahrensdauer – angebrachter, dass das Standesamt bei Zweifeln und eigenen Möglichkeiten der Aufklärung die Änderung der betreffenden Angaben selbst vornimmt und nicht etwa die Anzeige an den Absender zur Nachbesserung zurückgibt.

3. Änderung unrichtiger Angaben

6 Der gesetzlichen Forderung, die unrichtigen Angaben unter Hinweis auf die Grundlagen zu ändern, hat das Standesamt in der Weise nachzukommen, dass es seine Feststellungen aktenkundig macht und den richtigen und vollständigen Sachverhalt in das Personenstandsregister übernimmt. Die schriftliche Anzeige selbst bleibt bei diesem Verfahren zur Dokumentation der angezeigten Angaben unverändert. Bei mit qualifizierter elektronischer Signatur versehenen elektronischen Anzeigen, mit denen vermehrt zu rechnen ist, lassen sich Angaben durch das empfangende Standesamt ohnehin nicht eigenmächtig ändern. In einem solchen Fall scheidet eine direkte Übernahme des fehlerhaften oder unvollständigen Datensatzes (vgl. § 9 Rdnr. 19) in das Personenstandsregister aus. Nr. 46 PStG-VwV bestimmt dazu, dass bei elektronischer Anzeige die Änderungen gesondert aktenkundig zu machen sind.

1 *Rauhmeier*, StAZ 2014, 26.

2 Anders aber *Berkl*, Rdnr. 149, wonach auch bei Zweifeln des Standesbeamten an der Richtigkeit von Angaben diese so, wie von dem Anzeigenden gemacht, in die Niederschrift aufzunehmen sind.

Stellt der Standesbeamte erst nach dem Abschluss der Beurkundung durch seine Unterschrift fest, dass Angaben aufgrund einer fehlerhaften Anzeige unrichtig sind, und geht ihm eine berichtigte Anzeige zu, so kann er nach § 47 Abs. 2 in bestimmten Fällen eine Folgebeurkundung über die Berichtigung ohne Mitwirkung des Gerichts eintragen (vgl. § 47 Rdnr. 25 ff.). 7

§ 47 Berichtigung nach Abschluss der Beurkundung

(1) In einem abgeschlossenen Registereintrag sind offenkundige Schreibfehler zu berichtigen. Auf Grund öffentlicher Urkunden oder eigener Ermittlungen des Standesamts sind außerdem zu berichtigen
1. die in den Personenstandsregistern eingetragenen Hinweise,
2. fehlerhafte Übertragungen aus Urkunden, die der Eintragung zugrunde gelegen haben,
3. im Sterberegister die Angaben über den letzten Wohnsitz des Verstorbenen,
4. in allen Personenstandsregistern die Registrierungsdaten eines Personenstandseintrags,
5. in allen Personenstandsregistern die Elementbezeichnungen und Leittextangaben.

Ferner können sonstige unrichtige oder unvollständige Eintragungen berichtigt werden, wenn der richtige oder vollständige Sachverhalt durch Personenstandsurkunden festgestellt wird.

(2) Gehen dem Standesamt berichtigende Mitteilungen oder Anzeigen zu, so sind außerdem zu berichtigen
1. im Geburtenregister die Angaben über Zeitpunkt und Ort der Geburt sowie das Geschlecht des Kindes, wenn die Geburt schriftlich angezeigt worden ist,
2. im Sterberegister die Angaben über Zeitpunkt und Ort des Todes, wenn der Sterbefall schriftlich angezeigt worden ist,
3. in allen Personenstandsregistern die Angaben über die rechtliche Zugehörigkeit zu einer Religionsgemeinschaft und die Rechtskraft gerichtlicher Entscheidungen.

(3) Bei Berichtigungen sind die Beteiligten vor der Änderung zu hören. Eine Anhörung unterbleibt, wenn es sich um die Berichtigung eines Hinweises auf einen Eintrag in einem anderen Personenstandsregister oder von Registrierungsdaten, Elementbezeichnungen und Leittextangaben des Personenstandseintrags handelt.

(4) Die Berichtigung fehlerhafter Registrierungsdaten eines Eintrags erfolgt durch Kennzeichnung des entsprechenden Registereintrags und erneute Beurkundung. Die nach Satz 1 gekennzeichneten Registereinträge gelten als stillgelegt und dürfen nicht mehr verarbeitet werden. Die Registrierungsdaten eines stillgelegten Eintrags können wieder verwendet werden.

Übersicht (die Zahlen bedeuten Randnummern)

I. Rechtsentwicklung

Eine erste Regelung über die Befugnis des Standesbeamten, ohne gerichtliche Mitwirkung einen abgeschlossenen Registereintrag zu berichtigen, findet sich in § 18 Abs. 1 der Ausführungsvorschriften zum PStG 1875. Sie wurde nahezu wortgleich in § 46 Abs. 2 des PStG 1937 übernommen. Nach ihr konnte der Standesbeamte mit Genehmigung der unteren Verwaltungsbehörde in einem abgeschlossenen Eintrag enthaltene offenbare Schreibfehler berichtigen. Aus dem umfangreichen § 46 gingen durch das 2. PStÄndG vom 18.5.1957 (BGBl. I S. 518) die §§ 46, 46a und 46b hervor, deren § 46a die Möglichkeiten der Berichtigung eines abgeschlossenen Eintrags durch den Standesbeamten aufzählte. Diese waren auf offensichtliche Schreibfehler und – sofern öffentliche Urkunden oder eigene Ermittlungen dies belegten – auf Hinweise über Einträge in anderen Personenstandsbüchern, die Religionszugehörigkeit, den Beruf und den Wohnort der Beteiligten sowie der Anzeigenden und Trauzeugen, bei letzteren auch ihrer Vor- und Familiennamen, beschränkt; bei einer inländischen Personenstandsurkunde als Beurkundungsgrundlage konnten auch andere Berichtigungen vorgenommen werden. Durch das PStRÄndG wurden insbesondere die eigenen Berichtigungsmöglichkeiten in Absatz 1 Satz 2 erweitert (vgl. Rdnr. 16 ff.). 1

Der § 47 PStG 2007 entspricht einer langjährigen Forderung der Praxis, die Berichtigungsbefugnisse des Standesbeamten zu erweitern. Die amtliche Begründung nennt die Motive: Zum einen soll dem guten Ausbildungsstand der Standesbeamten Rechnung getragen werden, zum anderen wird eine Entlastung der Gerichte erwartet[1]. 2

Im Gegensatz zum früheren Recht räumt § 47 Abs. 1 Satz 2 Nr. 2 dem Standesamt die Möglichkeit ein, in einem abgeschlossenen Eintrag fehlerhafte Übertragungen aus Urkunden, die der Eintragung zugrunde gelegen haben, in eigener Verantwortung zu berichtigen; für weitere Berichtigungen ist zudem nach § 47 Abs. 1 Satz 3 nicht mehr unbedingt eine »inländische« Personenstandsurkunde erforderlich (dazu Rdnr. 23 f.). 3

Neu ist außerdem, dass das Standesamt künftig nach § 47 Abs. 2 auch Berichtigungen auf Grund berichtigender Mitteilungen und Anzeigen vorzunehmen hat (dazu Rdnr. 25 ff.). 4

1 BT-Drs. 16/1831 S. 50; abgedruckt in *Gaaz/Bornhofen* 2008 S. 457; *Kraus*, StAZ 2019, 311.

5 § 47 Abs. 3 verpflichtet das Standesamt, die Beteiligten vor der Änderung zu hören (dazu Rdnr. 31 ff.).

6 § 47 Abs. 4 wurde durch das PStRÄndG eingefügt. Die Regelung ermöglicht die Berichtigung fehlerhafter Registrierungsdaten durch Stilllegung und Neubeurkundung der betroffenen Registereinträge (dazu Rdnr. 36).

II. Berichtigungen des Standesamts nach Abschluss der Beurkundung

1. Allgemeine Berichtigungsgrundsätze

a) Zum Begriff »Berichtigung«

7 Der Begriff »Berichtigung« ist von der Rechtsprechung definiert worden: Berichtigung im Sinne der Vorschrift ist danach die nachträgliche Änderung des Wortlauts eines durch Unterschrift des Standesbeamten abgeschlossenen Eintrags in einem Personenstandsbuch durch Richtigstellung einer von Anfang an bestehenden Unrichtigkeit[2]. Dabei umfasst der Unterbegriff »Änderung« nicht nur die Richtigstellung von etwas Falschem, sondern auch das Hinzufügen von etwas Fehlendem oder das Beseitigen von etwas Überflüssigem[3]. Praktisch macht jede Verletzung einer materiellrechtlichen oder verfahrensrechtlichen Vorschrift den Eintrag unrichtig und berichtigungsbedürftig[4].

b) Voraussetzung der Berichtigung

8 Voraussetzung für eine Berichtigung ist, dass ein mit der Unterschrift des Standesbeamten abgeschlossener Eintrag von Anfang an unrichtig ist[5]. Korrekturen, die vor der Unterschrift erfolgen, sind mithin keine Berichtigungen. Gleiches gilt für Änderungen mit späterem Anlass, z. B. nach Veränderungen des Personenstandes, auch wenn diese auf den Zeitpunkt des Personenstandsereignisses zurückwirken[6].

9 Da es nicht dem Zufall überlassen bleiben kann, dass dem registerführenden Standesamt ein unrichtiger oder unvollständiger Eintrag bekannt wird, verpflichtet Nr. 47.1.1 PStG-VwV jedes Standesamt, das von einem Berichtigungsanlass Kenntnis erlangt, das zuständige Standesamt auf die Erforderlichkeit der Berichtigung hinzuweisen.

2 OLG München, StAZ 2016, 49; OLG Hamm, StAZ 1988, 40, 42.
3 *Johansson/Sachse* Rdnr. 263 ff., 523.
4 *Hepting/Gaaz* Bd. 1 Vorbem. vor § 46a Rdnr. 9.
5 Siehe Fn. 2.
6 OLG Düsseldorf, StAZ 2019, 273.

c) *Altfallregelungen*

§ 47 geht – wie alle Vorschriften des 8. Kapitels – von den Registerangaben aus, die nach dem PStG 2007 in die Personenstandseinträge aufzunehmen sind. Nicht erfasst sind die Angaben der Altregister, die das neue Recht nicht mehr vorsieht. Für diese Angaben, die nur zur näheren Kennzeichnung der Person dienen (z. B. Beruf, akademischer Grad), steht dem Standesamt nach Nr. 47.1.2 Satz 1 und 2 PStG-VwV die alleinige Berichtigungsbefugnis zu. Voraussetzung der Berichtigung ist, dass die betreffende Angabe von Anfang an unrichtig war. Da das neue Recht die Angabe nicht mehr vorsieht, entfällt sie ersatzlos, wird mithin nicht etwa durch die zutreffende Angabe ersetzt. Der allgemeine Grundsatz der Urkundenwahrheit fordert die Löschung solcher Angaben ein, da andernfalls durch eine beglaubigte Abschrift oder bei Einsicht in den Eintrag ein falscher Schein gesetzt würde (Näheres vgl. § 76 Rdnr. 6). 10

Für das als Heiratseintrag fortzuführende Familienbuch fragt sich, ob die Berichtigungspflicht hinsichtlich aller Eintragungen besteht oder nur solche Angaben umfasst werden, die in einem direkten Zusammenhang mit der Eheschließung stehen. Diese Frage stellt sich deshalb, weil zum Nachweis der Geburt von Kindern, deren Geburt nicht in einem deutschen Geburtenregister beurkundet ist, aus dem als Heiratseintrag fortgeführten Familienbuch der Eltern eine beglaubigte Abschrift erteilt werden kann (zum eingeschränkten Beweiswert einer solchen Urkunde vgl. § 77 Rdnr. 19). Die Antwort hierauf gibt die in Nr. 47.1.2 Satz 3 PStG-VwV getroffene Regelung, nach der die Berichtigung einer fehlerhaften, nicht mehr zu ersetzenden Angabe nur die Eheschließungsdaten und deren Fortführung betrifft. Im Umkehrschluss bedeutet dies für die in einem solchen Familienbuch enthaltenen Angaben über die Kinder der Ehegatten, dass diese keiner Berichtigung unterliegen. Mithin wird z. B. nach Feststellung des Nichtbestehens der Vaterschaft auch dann keine die Angaben über den Vater löschende Folgebeurkundung eingetragen, wenn der Sachverhalt durch eine Personenstandsurkunde belegt ist. Der Grund für diese Ungleichbehandlung ist damit begründet, dass nur die Eheschließungsdaten des Familienbuchs die Qualität eines Altregisters besitzen, weil sie nach § 77 Abs. 1 als »Heiratseintrag« fortzuführen sind. 11

Eine Sonderregelung ist auch für Personenstandseinträge getroffen, die vor dem 3.10.1990 im Beitrittsgebiet angelegt worden sind: Enthalten diese Einträge deshalb einzelne Angaben nicht, weil sie nach dem maßgebenden Recht nicht einzutragen waren, so ist nach Nr. 47.2 PStG-VwV eine Berichtigung oder Ergänzung nicht vorzunehmen. 12

2. Offenkundige Schreibfehler (Absatz 1 Satz 1)

Der bereits im früheren Recht verwendete unbestimmte Rechtsbegriff »offensichtlicher Schreibfehler« hatte – da vom Gesetz nicht näher konkretisiert – zu unterschiedlichen Interpretationen geführt. Eine enge Auslegung wollte eine Berichtigung nur in den Fällen zulassen, in denen der Fehler ohne Anhö- 13 rung der Beteiligten allein auf der Grundlage der Eintragung berichtigt werden kann und sich zudem der richtige Sachverhalt direkt aus der Eintragung ergibt[7]. Eine solche Auslegung hätte zur Folge, dass sich die Gerichte auch mit Fällen befassen müssten, in denen z. B. bereits ein Blick in die Sammelakten ausreicht, um den richtigen Sachverhalt (z. B. Schreibweise eines Namens) festzustellen.

14 In Rechtsprechung und Schrifttum ist dieser engen Auslegung insbesondere aus Gründen vereinfachter Verfahrensabläufe und der Entlastung der Gerichte entgegengetreten worden, z. B. im Falle von Buchstabendrehern bei der Übertragung von Namen[8] und bei fehlerhafter PC-Eingabe[9].

15 Das neue Recht belässt es zwar bei dem unbestimmten Rechtsbegriff ohne weitere Interpretation, stellt jedoch in seiner amtlichen Begründung durch Hinweis auf den gesetzgeberischen Willen zur erweiterten Berichtigungsbefugnis (vgl. Rdnr. 2 f.) klar, dass für eine enge Auslegung kein Raum mehr bleibt. Durch die jetzt selbst bei der Berichtigung offensichtlicher Schreibfehler erforderliche Anhörung der Beteiligten (vgl. Rdnr. 31 ff.) ist zudem – neben der zu Recht vorgesehenen Information dieser Personen über die geplante Veränderung des Registereintrags – eine Sicherung gegen erneute Fehler des Standesbeamten eingezogen. Für den Fall, dass eine fehlerhafte Übertragung aus einer der Eintragung zugrunde liegenden Urkunde erfolgt ist, stellt § 47 Abs. 1 Satz 2 Nr. 2 die eigenständige Berichtigungsbefugnis des Standesamts nunmehr ausdrücklich fest (vgl. Rdnr. 20).

3. Öffentliche Urkunden und eigene Ermittlungen (Absatz 1 Satz 2)

16 Nach § 47 Abs. 1 Satz 2 hat das Standesamt bestimmte weitere Berichtigungen in eigener Zuständigkeit vorzunehmen, wenn ihm als Berichtigungsgrundlagen »öffentliche Urkunden« oder Ergebnisse »eigener Ermittlungen« vorliegen.

17 Wie bereits nach früherem Recht[10] ist davon auszugehen, dass der Begriff »öffentliche Urkunden« sowohl inländische als auch ausländische öffentliche Urkunden umfasst; zum Begriff vgl. § 9 Rdnr. 34 f.

18 Der nicht näher konkretisierte Begriff »eigene Ermittlungen« steckt einen weiten Rahmen: Das für die Eintragung zu erzielende sichere Ergebnis kann z. B. auf der Anhörung Betroffener und von Zeugen sowie auf Auskünften inländischer und ausländischer Behörden beruhen[11].

19 Auch das neue Recht begrenzt die Anwendungsfälle:

7 Zu Anwendungsfällen vgl. *Johannsson/Sachse* Rdnr. 375; *Hepting/Gaaz* Bd. 1 § 46a Rdnr. 10.
8 OLG Frankfurt a. M., StAZ 1994, 383.
9 AG Heilbronn, StAZ 2001, 301.
10 *Hepting/Gaaz* Bd. 1 § 46a Rdnr. 20 f.
11 *Kraus,* StAZ 2019, 311.

Nummer 1 nennt die Hinweise in den Personenstandsregistern, wobei es sich sowohl um Hinweise handeln kann, die auf andere Registereinträge verweisen, als auch um Hinweise, die eine Sachinformation enthalten (z. B. Angabe der ausländischen Staatsangehörigkeit der Eltern im Geburtseintrag des Kindes). Die Hinweise können inhaltlich geändert oder – bei Fehlen – nachgetragen werden.

Nummer 2 betrifft die Fälle fehlerhafter Übertragungen aus Urkunden (z. B. Reisepass, Bescheinigung der Meldebehörde), die der Eintragung zugrunde gelegen haben. Bereits nach früherem Recht waren diese Berichtigungsfälle – zumindest teilweise – bei weiter Auslegung des Begriffs »offensichtlicher Schreibfehler« mit einbezogen (z. B. bei fehlerhafter Schreibweise eines Namens – vgl. Rdnr. 13). Auch ein Fehler im Eheeintrag, der auf einer Übertragung unrichtiger Angaben aus der Niederschrift über die Eheschließung beruht, kann auf Grund zutreffender Angaben in anderen Urkunden ohne Mitwirkung des Gerichts berichtigt werden. Diese Möglichkeit scheidet nicht etwa schon deshalb aus, weil die Angaben im Eintrag nicht unmittelbar diesen Urkunden entnommen worden sind, sondern auf ihrer fehlerhaften Wiedergabe in der Niederschrift beruhen[12]. 20

Nummer 3 kommt immer dann zur Anwendung, wenn sich nach der Beurkundung eines Sterbefalls herausstellt, dass die in der Sterbefallanzeige gemachte und in das Register übernommene Angabe über den letzten Wohnsitz des Verstorbenen unzutreffend ist. Dieser Fall wurde noch rechtzeitig vor dem Inkrafttreten des PStRG durch Art. 3 Nr. 2 des Gesetzes vom 11. 12. 2008 (BGBl. I S. 2418) in den Berichtigungskatalog des § 48 Abs. 1 Satz 2 aufgenommen. 21

Nummer 4 erlaubt die Berichtigung ohne Mitwirkung des Gerichts bei fehlerhafter Vergabe von Registrierungsdaten. Insbesondere bei der Nacherfassung von Altregistern war es vermehrt zu fehlerhafter Vergabe von Registereintragsnummern gekommen. Absatz 4 regelt das Verfahren der Berichtigung (vgl. Rdnr. 36). 22

Nummer 5 ist Grundlage für Änderungen der durch die 1. PStÄndV[13] eingeführten Elementbezeichnungen nach § 42 PStV und der Leittexte der Angabenfelder.

4. Anderslautende Personenstandsurkunden (Absatz 1 Satz 3)

§ 47 Abs. 1 Satz 3 behandelt die Berichtigungsbefugnis des Standesbeamten noch großzügiger, wenn »Personenstandsurkunden« als Berichtigungsgrundlagen zur Feststellung des Sachverhalts herangezogen werden können: Gegenstand der Berichtigung sind nach dieser Vorschrift – anders als nach § 47 Abs. 1 Satz 1 und 2 – alle Angaben des Registereintrags. Diese Berich- 23

12 A. A. *Rauhmeier*, StAZ 2014, 26.

13 Erste Verordnung zur Änderung der Personenstandsverordnung vom 24. 10. 2018, BGBl. I S. 1768.

tigungsbefugnis ist auch auf den Fall anzuwenden, dass die in einem Personenstandseintrag vorgenommene Folgebeurkundung in einen anderen Eintrag gehört, also irrtümlich erfolgt ist. Ein beglaubigter Auszug des »richtigen« Eintrags mit der Folgebeurkundung ist dann für den »falschen« Eintrag als Berichtigungsgrundlage im Sinne des Satzes 3 anzusehen. Gleiches gilt im Fall der falschen Anwendung einer eindeutigen Vorschrift, z. B. wenn in den Sterbeeintrag eines geschiedenen Ehegatten Angaben über den früheren Ehegatten aufgenommen worden sind[14]. Außerdem umfasst die Berichtigungsbefugnis auch solche Angaben, die auf dem Schluss aus einer Personenstandsurkunde beruhen, sich also nicht direkt aus ihr ergeben. Wird z. B. nach der Beurkundung der Geburt eines Kindes ohne Angaben zum Vater durch eine Urkunde aus dem Eheregister oder einem ausländischen Heiratsregister bekannt, dass die Mutter zur Zeit der Geburt verheiratet war, so können aufgrund dieser Urkunde die Angaben über den Vater des Kindes und den Namen des Kindes durch Folgebeurkundung zum Geburtseintrag ohne Mitwirkung des Gerichts aufgenommen werden[15]. Hingegen bilden Angaben in einem Personenstandseintrag, die nicht auf gesicherter Erkenntnis beruhen (z. B. zur Namensführung) keine Grundlage für die Berichtigung eines früheren Eintrags[16]. Gegenüber dem früheren Recht ist die Berichtigungsbefugnis dahin ausgeweitet, dass auch ausländische Personenstandsurkunden Berichtigungsgrundlage sein können. Für die standesamtliche Berichtigungsbefugnis bedeutet dies eine weitere Erleichterung.

24 Die Entscheidung, welche Urkunden unter den Begriff »Personenstandsurkunde« fallen, ist indes schwerer: Die frühere Regelung des § 46a Abs. 2 PStG a. F. beschränkte die Berichtigungsgrundlagen auf »inländische Personenstandsurkunden«; dieser Begriff wurde durch § 77 DA, der die einzelnen Fallgruppen aufzählte, präzise und abschließend interpretiert. Was unter den weiter in Betracht kommenden, also den »ausländischen Personenstandsurkunden« zu verstehen ist, bedarf genauer Prüfung im Einzelfall. Handelt es sich um internationale Personenstandsurkunden nach dem Übereinkommen vom 8.9.1976 über die Ausstellung mehrsprachiger Auszüge aus Personenstandsbüchern[17], ausgestellt von der zuständigen Behörde eines Vertragsstaates, so können diese ohne Legalisation als Beurkundungsgrundlage dienen. Bei Personenstandsurkunden anderer Staaten dürfte durch die Legalisation oder die an ihre Stelle tretende Apostille bei Vertragsstaaten des Übereinkommens vom 5.10.1961 zur Befreiung ausländischer öffentlicher Urkunden von der Legalisation[18] zumindest dokumentiert sein, dass die Urkunde von der zuständigen Behörde des ausländischen Staates erteilt wor-

14 *Kraus,* StAZ 2018, 164.
15 *Kraus,* StAZ 2016, 122.
16 OLG Düsseldorf, StAZ 2019, 18.
17 BGBl. 1997 II S. 774 (GS Nr. 201). Text des Übereinkommens und Staatenübersicht siehe www.personenstandsrecht.de.
18 BGBl. 1965 II S. 875 (GS Nr. 290). Text des Übereinkommens und Staatenübersicht siehe www.personenstandsrecht.de.

den ist. Was den Inhalt der Urkunden anlangt, so sollte der Berichtigung – wie bei der Beurkundung des Personenstandsfalls selbst – insbesondere bei den sog. Problemstaaten (vgl. § 9 Rdnr. 38) mit bekannt hoher Fälschungsrate eine sorgsame Prüfung vorausgehen, die bei Zweifeln auch zur Beantragung der Entscheidung des Gerichts nach § 49 Abs. 2 führen kann.

III. Berichtigungen aufgrund von Mitteilungen oder Anzeigen (Absatz 2)

Auch diese neue Berichtigungsbefugnis erleichtert in vielen Fällen die Verfahrensabläufe, weil das Standesamt ohne die Mitwirkung des Gerichts handeln kann. 25

Bei schriftlichen Anzeigen von Geburten durch Krankenhäuser oder sonst nach § 20 zur schriftlichen Anzeige verpflichteten Einrichtungen können gelegentlich Fehler in der Anzeige unterlaufen, die bei der Beurkundung nicht offenbar werden. Während der Standesbeamte hinsichtlich der Angaben zur Person der Eltern und zum Familiennamen des Kindes auf die vorzulegenden Personenstandsurkunden zurückgreifen kann, ist die Anzeige die Grundlage für die aufzunehmenden Daten über Zeitpunkt und Ort der Geburt sowie das Geschlecht und die Vornamen des Kindes[19]. Absatz 2 Nr. 1 bildet im Falle einer berichtigten Anzeige die Grundlage für die vorzunehmende Berichtigung des Registereintrags. 26

Für das Sterberegister gilt Gleiches nach Absatz 2 Nr. 2 hinsichtlich der ebenfalls nur der schriftlichen Anzeige des Krankenhauses, des Alten- und Pflegeheimes (§ 30) oder des Bestattungsunternehmens (§ 29 Abs. 2) zu entnehmenden Angaben über Zeitpunkt und Ort des Todes. 27

Absatz 2 Nr. 3 berechtigt den Standesbeamten zur selbständigen Berichtigung der Angaben über die rechtliche Zugehörigkeit zu einer Religionsgemeinschaft, wenn ihm hierüber eine berichtigende Mitteilung zugeht. 28

Schließlich werden von Absatz 2 Nr. 3 auch die Angaben über die Rechtskraft gerichtlicher Entscheidungen erfasst. Diese können z. B. bei Folgebeurkundungen über personenstandsrechtliche Veränderungen (z. B. bei Annahme als Kind) vom mitteilungspflichtigen Gericht falsch übermittelt worden sein. Bei entsprechender berichtigender Mitteilung kann der Standesbeamte die geänderten Daten unmittelbar in das Register übernehmen. 29

Wie bei den Berichtigungsfällen des Absatzes 1, so sind auch die Berichtigungen nach Absatz 2 in Form einer Folgebeurkundung zu dokumentieren. Es reicht nicht etwa aus – wie man vielleicht annehmen könnte –, nur die falschen gegen die richtigen Angaben auszutauschen. 30

19 OLG Nürnberg, StAZ 2019, 84.

IV. Anhörung der Beteiligten (Absatz 3)

31 Die Pflicht zur Anhörung der Beteiligten im außergerichtlichen Verfahren war im früheren PStG nicht ausdrücklich geregelt; gleichwohl war ihre Notwendigkeit als wesentlicher Bestandteil des Verfahrens[20] aber nie bestritten und daher auch untergesetzlich in § 77a DA verankert.

32 Beteiligte im Sinne der Vorschrift sind alle Personen, deren Personenstandsangaben in dem betreffenden Register von der Berichtigung betroffen sind[21]. Da in Absatz 2 Nr. 3 auch die Angaben über die rechtliche Zugehörigkeit zu einer Religionsgemeinschaft aufgeführt sind, löst die Änderung einer solchen, nicht zum Personenstand zählenden Angabe ebenfalls die Anhörungspflicht aus.

33 Im Fall des Todes eines Beteiligten ist es billig, andere Personen, auf deren Namensführung die Berichtigung überwirkt (z. B. Ehegatte, Kind), im Verfahren zu beteiligen; dies gilt auch bei Unmöglichkeit der Anhörung (z. B. bei unbekanntem Aufenthalt eines Beteiligten). Nr. 47.4 PStG-VwV schreibt dazu vor, dass diese »anderen Personen« zu der beabsichtigten Änderung zu hören sind.

34 Bei der Berichtigung eines Sterbeeintrags sind – wie nach früherem Recht (§ 77a Abs. 1 Satz 2 DA) – ggf. betroffene nahe Angehörige des Verstorbenen zu hören.

35 Absatz 3 Satz 3, angefügt durch das PStRÄndG und erweitert durch Art. 4 Nr. 11 des Eheöffnungs-Umsetzungsgesetzes[22], stellt klar, dass bei Berichtigungen von Hinweisen, die eine Verbindung mit anderen Personenstandseinträgen herstellen, sowie Berichtigungen von Registrierungsdaten, Elementbezeichnungen und Leittextangaben die Anhörung von Beteiligten nicht erforderlich ist. Diese Daten besitzen keine Beweiskraft und dienen in erster Linie internen Zwecken.

V. Berichtigung fehlerhafter Registrierungsdaten (Absatz 4)[23]

36 Absatz 4 wurde durch das PStRÄndG angefügt, weil es insbesondere bei der Nacherfassung von Altregistern, deren Registernummern nicht automatisch vergeben werden, zu fehlerhaften Registrierungsdaten gekommen war[24]. Da sich fehlerhafte Registrierungsdaten technisch nicht mehr korrigieren lassen, wurde als transparenteste Berichtigungsform die Stilllegung der Einträge unter Hinweis auf die korrekte Neubeurkundung gewählt. Die fehler-

20 *Johansson/Sachse* Rdnr. 334 ff.
21 *Horenkamp* mit Beispielsfällen, StAZ 2019, 27.
22 Gesetz zur Umsetzung des Gesetzes zur Einführung des Rechts auf Eheschließung für Personen gleichen Geschlechts vom 18. 12. 2018 (BGBl. I S. 2639).
23 Vgl. hierzu RdSchr. BMI, StAZ 2016, 30; OLG München, StAZ 2016, 49, 51.
24 Vgl. amtliche Begründung: BT-Drs. 17/10489, S. 47.

haften stillgelegten Einträge sollen – so die amtliche Begründung – nur dem zuständigen Standesamt über eine gesonderte Suchfunktion zugänglich sein. Zu diesem Zweck werden die stillgelegten Einträge mit Hilfsinformationen versehen, um sie von den übrigen Registereinträgen unterscheiden zu können und nur dem registerführenden Standesamt einen Zugriff zu erlauben. Die Kennzeichnung des stillgelegten Eintrags erfolgt dabei unter Verwendung des Datenfeldes Nr. 0045 der Anlage 1 zur PStV. Die so gekennzeichneten Einträge werden später gemäß §7 Abs. 3 Satz 2 bei der Abgabe der Personenstandsregister an die Archive ausgesondert. Die Regelung in Absatz 4 ist eng auszulegen und auf die genannten Fälle begrenzt. Dies ergibt sich zwar »nur« aus Nr. 47.3 PStG-VwV sowie der amtlichen Begründung des Absatzes 4 und leider nicht direkt aus dem Wortlaut der Vorschrift, doch lässt auch das Zusammenspiel mit den in den §§ 48 ff. getroffenen Regelungen zum gerichtlichen Berichtigungsverfahren keinen anderen Schluss zu. Die Vorschrift darf mithin nicht etwa dazu zweckentfremdet werden, fehlerhafte Einträge unter Umgehung der dafür vorgesehenen Berichtigungsverfahren stillzulegen und neu zu beurkunden. Gleiches gilt, wenn eine Folgebeurkundung irrtümlich zu einem Haupteintrag aufgenommen wird, der einen anderen Personenstandsfall betrifft. Auch ein solcher Beurkundungsfehler kann nicht etwa mit der Begründung, die Folgebeurkundung sei ein »Eintrag mit fehlerhaften Registrierungsdaten« im Sinne des Absatzes 4 Satz 1 durch Neubeurkundung und Stilllegung des gesamten Eintrags behoben werden (zur Berichtigungsmöglichkeit vgl. Rdnr. 23)[25]. Eine makellose Neubeurkundung mag zwar in bestimmten Fällen mit unrichtigen und die Betroffenen besonders belastenden Aussagen einer Folgebeurkundung (z. B. über die Abstammung) bestechen, doch ginge eine solche Praxis über Sinn und Zweck der hier behandelten Vorschrift weit hinaus. Sollte der Gesetzgeber eine dies tragende Regelung beabsichtigen, müsste eine entsprechende Vorschrift auch die naturgemäß engen Grenzen aufzeigen, innerhalb derer fehlerhafte Folgebeurkundungen zu einer Stilllegung und Neubeurkundung des gesamten Registereintrags führen dürfen. Die Regelung wäre zudem nicht auf Folgebeurkundungen zu beschränken, sondern müsste auch den Fall mit umfassen, dass ein entsprechender Fehler bereits bei der Grundbeurkundung unterlaufen ist. Absatz 4 Satz 3 sieht hinsichtlich der Registrierungsdaten vor, dass diese wieder verwendet werden können. In diesem Fall ist – um eine Verwechslung mit dem stillgelegten Eintrag auszuschließen – den Registrierungsdaten ein unterscheidender Zusatz hinzuzufügen. § 16 Abs. 3 PStV präzisiert dies dahin, dass die erneute Beurkundung mit der Eintragsnummer des stillgelegten Eintrags erfolgt, der ein Bindestrich und eine fortlaufende Nummer, beginnend mit der Nummer 1, anzufügen ist. Im Abschlussvermerk des jeweiligen Personenstandsregisters sind die im Kalenderjahr stillgelegten Einträge mit der jeweiligen Eintragsnummer aufzulisten (vgl. § 4 Rdnr. 14). Ein irrtümlich stillgelegter Eintrag ist wie ein in Verlust geratener Eintrag wiederherzustellen (§ 8 Rdnr. 8 ff.).

25 *Bockstette*, StAZ 2013, 169, 175; *Bangert*, StAZ 2014, 93.

Abschnitt 2 **Gerichtliches Verfahren**

§ 48 Berichtigung auf Anordnung des Gerichts

(1) Außer in den Fällen des § 47 darf ein abgeschlossener Registereintrag nur auf Anordnung des Gerichts berichtigt werden. Die Anordnung kann auch Fälle des § 47 umfassen.

(2) Den Antrag auf Anordnung der Berichtigung können alle Beteiligten, das Standesamt und die Aufsichtsbehörde stellen. Sie sind vor der Entscheidung zu hören.

Übersicht (die Zahlen bedeuten Randnummern)

I. Rechtsentwicklung

1 Regelungen, dass ein abgeschlossener Eintrag nur durch das Gericht berichtigt werden kann, enthielten bereits die Personenstandsgesetze von 1875 (§ 65) und 1937 (§ 47). Die zuletzt geltende Fassung des § 47 PStG a.F. ging auf das 2. PStÄndG vom 18.5.1957 (BGBl. I S. 518) zurück. Ein Vergleich mit dem PStG 2007 ergibt Folgendes:

2 § 48 Abs. 1 Satz 1 entspricht inhaltlich dem § 47 Abs. 1 Satz 1 PStG a.F. Die jeweiligen Sätze 2 hingegen enthalten unterschiedliche Regelungen:

3 § 48 Abs. 1 Satz 2 stellt klar, dass ein Berichtigungsantrag als Ganzes der Anordnungsbefugnis des Gerichts unterfallen kann, wenn er neben zwingend vom Gericht zu entscheidenden Elementen auch solche enthält, die

nach § 47 an sich der Berichtigungsbefugnis des Standesamts zuzuordnen sind. Das frühere Recht kannte eine solche Regelung nicht.

§ 48 Abs. 2 entspricht § 47 Abs. 2 PStG a. F., bezieht jedoch das Standesamt in den Kreis der Antragsberechtigten ein. Da die frühere bundesgesetzliche Regelung den Standesbeamten kein generelles Antragsrecht zubilligte, konnten bis zum Inkrafttreten des neuen Rechts nur die Standesbeamten der Länder den Antrag auf Anordnung der Berichtigung stellen, deren Ausführungsgesetze eine entsprechende Befugnis auf der Grundlage des § 70a Abs. 2 Nr. 3 PStG a. F. vorsahen. 4

Im neuen Recht ist eine dem § 47 Abs. 1 Satz 2 PStG a. F. entsprechende Regelung nicht getroffen worden. Diese regelte den Fall, dass der Standesbeamte Zweifel hat, ob er die Berichtigung eigenständig vornehmen kann oder ob es hierzu der gerichtlichen Anordnung bedarf. Die Regelung verpflichtete in diesen Fällen zur gerichtlichen Anordnung. Das neue Recht verzichtet auf eine vergleichbare Regelung; es geht offenbar davon aus, dass das Standesamt in der Lage ist, die Unterscheidung selbständig und richtig zu treffen (vgl. Rdnr. 10). 5

II. Anordnung des Gerichts (Absatz 1)

1. Die Alleinzuständigkeit des Gerichts

Dem Hinweis in § 48 Abs. 1 Satz 1 auf die Berichtigungsmöglichkeiten nach § 47 ist zu entnehmen, dass das Standesamt vor einer Befassung des Gerichts zunächst zu prüfen hat, ob es nicht selbst zur Berichtigung befugt ist. Zu dem Begriff »Berichtigung« und den Voraussetzungen der Berichtigung vgl. § 47 Rdnr. 7 f. 6

Für den Fall, dass die standesamtliche Berichtigungsbefugnis zu verneinen ist, stellt Satz 1 klar, dass über die Frage der Berichtigung nur von den Gerichten entschieden werden darf. Für die Befassung einer anderen Stelle mit der Sache, etwa der Aufsichtsbehörde, lässt die Regelung keinen Raum. Die Rechte der Aufsichtsbehörde im Verfahren beschränken sich auf ein eigenes Antragsrecht (§ 48 Abs. 2), Beitrittsrecht (§ 51 Abs. 2) und Beschwerderecht (§ 53 Abs. 2). 7

Sachlich zuständig ist nach § 50 das Amtsgericht am Ort des Landgerichts (vgl. dazu § 50 Rdnr. 5 ff.). 8

2. Die duale Berichtigungsbefugnis von Standesamt und Gericht

Da es in der Praxis immer wieder Überschneidungsfälle gegeben hatte, die zu unterschiedlichen Auffassungen über die verfahrensmäßige Abwicklung führten, regelt § 48 Abs. 1 Satz 2 ausdrücklich den Fall, dass eine Berichtigung sowohl standesamtliche als auch gerichtliche Berichtigungselemente auf- 9 weist. Im Sinne eines erleichterten Berichtigungsverfahrens kann die Anordnung des Gerichts nunmehr beide Berichtigungsarten umfassen.

10 Eine andere, früher in § 47 Abs. 1 Satz 2 PStG a. F. vorgesehene Anrufung des Gerichts sieht das neue Recht nicht mehr vor: Hat das Standesamt Zweifel, ob es die von ihm für erforderlich erachtete Berichtigung ohne gerichtliche Anordnung vornehmen darf, so vermag es hierüber keine gerichtliche Entscheidung mehr herbeizuführen. Wegen der klaren Beschreibung der eigenen Berichtigungsbefugnisse in § 47 und der Möglichkeit der Antragstellung in Fällen mit standesamtlicher und gerichtlicher Zuständigkeit ist eine solche Vorlage auch entbehrlich. Sollten im Einzelfall Zweifel verbleiben, wird das Standesamt ohnehin das Gericht bemühen müssen. Diesem wiederum steht es frei, eine Entscheidung zu treffen oder dem Standesamt anheimzugeben, die Berichtigung eigenständig vorzunehmen. Dieser Zweifel über standesamtliche oder gerichtliche Zuständigkeit ist nicht zu verwechseln mit dem nach § 49 Abs. 2 zu einer gerichtlichen Entscheidung führenden Zweifel des Standesamts, ob überhaupt eine Amtshandlung vorzunehmen ist.

3. Die gerichtliche Anordnung

a) Vorbereitung und Anordnung der Berichtigung

11 Da im Antragsverfahren nach § 48 die Sachentscheidung des Gerichts auf den gestellten Antrag beschränkt ist, hat das Gericht vor einer positiven Entscheidung auf die inhaltliche Richtigkeit des Sachantrags hinzuwirken. Der Antrag muss insbesondere auf die Anordnung einer konkreten Amtshandlung gerichtet sein[1]; diese kann im Ausnahmefall auch darin bestehen, den Registereintrag als nicht angelegt zu erklären. Die zur Beurteilung des Sachverhalts erforderlichen Beweismittel (insbesondere Urkunden) und Tatsachen sowie die als Beteiligte in Betracht kommenden Personen sind zu benennen. Voraussetzung für die Anordnung der Berichtigung ist die Überzeugung des Gerichts von der Richtigkeit der beantragten Eintragung; die Feststellung der Unrichtigkeit allein reicht mithin nicht aus[2]. Fehlt es an einer Voraussetzung für die Sachentscheidung und vermag das Gericht eine Klärung nicht über ergänzende Angaben des Antragstellers oder eigene Ermittlungen von Amts wegen (§ 26 FamFG) herbeizuführen, ist der Antrag als unbegründet zurückzuweisen.

12 Damit bei der Eintragung der Berichtigung in das Personenstandsregister keine Fehler unterlaufen, ist die Beschlussformel so zu fassen, dass sie den Wortlaut der Folgebeurkundung inhaltlich möglichst genau wiedergibt. Meist wird sie dem bereits vom Standesamt vorbereiteten Beschlussvorschlag entsprechen. Ist die Beschlussformel nicht direkt übertragbar, aber inhaltlich eindeutig, so kann der Standesbeamte die Folgebeurkundung in

1 *Johansson/Sachse* Rdnr. 1276, 1261 ff. mit zahlreichen Formulierungsbeispielen.
2 OLG Düsseldorf, StAZ 2019, 17.

einer dem Inhalt der Entscheidung entsprechenden eigenen Fassung vornehmen[3].

Die Anordnung der Berichtigung durch das zuständige Gericht (vgl. § 50 Rdnr. 5 ff.) ergeht nach § 38 Abs. 1 FamFG durch Beschluss. Der Beschluss ist gemäß § 41 FamFG den Beteiligten bekanntzugeben. Dies geschieht entweder in der Form der Bekanntgabe zu Protokoll (Verlesen der Beschlussformel) nach § 41 Abs. 2 Satz 1 FamFG, wenn der Adressat anwesend ist, oder – bei Abwesenheit – durch Zustellung gemäß § 15 Abs. 2 FamFG. Bei mündlicher Bekanntgabe ist zu beachten, dass nach § 41 Abs. 2 Satz 3, 4 FamFG die schriftliche Bekanntgabe des vollständigen Beschlusses einschließlich der Gründe nachzuholen ist. Nach § 63 Abs. 3 FamFG wird erst mit der schriftlichen Bekanntgabe des Beschlusses die Rechtsmittelfrist in Lauf gesetzt. Zur Möglichkeit der öffentlichen Bekanntmachung der Entscheidung für den Fall, dass Zweifel bestehen, ob dem Gericht alle Beteiligten bekannt geworden sind, vgl. § 52 Rdnr. 2 ff. **13**

b) Rechtsmittel der Beschwerde, Rechtskraft, Wirksamkeit

(1) Beschwerde

Wird das Standesamt durch den Beschluss zur Vornahme der Berichtigung angewiesen, so ist nach § 58 FamFG das Rechtsmittel der Beschwerde gegeben. Beschwerdeberechtigt ist nach § 59 FamFG jeder, der nach dem Beschluss in seinen Rechten beeinträchtigt ist; dabei kommt es nicht darauf an, dass der Beeinträchtigte Beteiligter im Verfahren war oder wegen seiner Rechtsbetroffenheit hätte sein müssen[4]. Auch das Standesamt hat, anders als nach dem früheren Recht, nunmehr ein eigenes Beschwerderecht (vgl. § 53 Rdnr. 7 f.), ist also zur Durchsetzung seiner Rechtsposition nicht mehr darauf angewiesen, dass die Aufsichtsbehörde dazu dem Verfahren beitritt[5]. **14**

Unabhängig von einer Beteiligung oder Beschwer steht der Aufsichtsbehörde des Standesamts nach § 59 Abs. 3 FamFG i. V. m. § 53 Abs. 2 stets die Beschwerde zu, also selbst dann, wenn die Entscheidung ihrem eigenen Antrag stattgegeben hat (vgl. hierzu § 53 Rdnr. 7 ff.). **15**

Wird der Berichtigungsantrag zurückgewiesen, so ist nach § 59 Abs. 2 FamFG aus dem Kreis der Beteiligten nur der Antragsteller zur Beschwerde befugt; in diesem Fall bedarf es zur Beschwerdeberechtigung neben der materiellen also immer auch der formellen Beschwer[6]. § 53 Abs. 2 bleibt unberührt (vgl. hierzu Rdnr. 15). **16**

Nach § 63 Abs. 1 und 3 FamFG ist die Beschwerde binnen einer Frist von einem Monat – beginnend mit dem Zeitpunkt der schriftlichen Bekanntgabe des Beschlusses an die Beteiligten – bei dem Gericht einzulegen, dessen **17**

3 *Hepting/Gaaz* Bd. 1 § 47 Rdnr. 28.
4 BT-Drs. 16/6308 (FGG-RG) S. 205.
5 Zur Beschwerdeberechtigung von Behörden vgl. *Zimmermann* Rdnr. 154.
6 *Johansson/Sachse* Rdnr. 1468 ff.

Beschluss angefochten wird. Zu den weiteren Rechtsmitteln der Rechtsbeschwerde und der Sprungrechtsbeschwerde vgl. § 51 Rdnr. 27 f.

(2) Rechtskraft

18 Der Beschluss, der das Standesamt zur Vornahme der Berichtigung anhält, erwächst in formelle Rechtskraft, wenn er mit einem Rechtsmittel nicht mehr angefochten werden kann. Der Beschluss erwächst nicht in materielle Rechtskraft[7]; diese vermag regelmäßig bei personenstandsrechtlichen Beurkundungen mit deklaratorischem Inhalt nicht einzutreten, weil über den Gegenstand des Beschlusses in einem neuen Verfahren jederzeit wieder entschieden werden kann[8].

(3) Wirksamkeit

19 Der Beschluss wird nach § 53 Abs. 1 – abweichend von § 40 Abs. 1 FamFG – erst mit der formellen Rechtskraft wirksam (vgl. dazu § 53 Rdnr. 4 ff.).

III. Antrag auf Anordnung (Absatz 2)

1. Antrag und Antragsbefugnis (Absatz 2 Satz 1)

a) Der Antrag

20 § 48 Abs. 2 Satz 1 fordert als Verfahrensvoraussetzung den Antrag eines oder mehrerer Beteiligten, des Standesamts oder der Aufsichtsbehörde. Das Gericht darf daher nicht tätig werden, wenn ein Antrag nicht gestellt worden ist; ein Tätigwerden von Amts wegen ist auch dann ausgeschlossen, wenn das Gericht auf andere Weise als durch einen Antrag von einem Berichtigungsanlass erfährt.

21 Anforderungen für den verfahrenseinleitenden Antrag sind § 23 Abs. 1 FamFG zu entnehmen: In dem Antrag sollen die zur Begründung dienenden Tatsachen und Beweismittel angegeben werden. Im Rahmen der Mitwirkungspflicht des Antragstellers wird erwartet, dass das Rechtsschutzziel in wenigen Sätzen dargelegt wird[9]. Der Antrag soll von dem Antragsteller unterschrieben sein. Nach § 25 FamFG kann der Antrag gegenüber dem zuständigen Gericht schriftlich oder zur Niederschrift der Geschäftsstelle abgegeben werden. Die Abgabe kann auch vor der Geschäftsstelle eines jeden Amtsgerichts zur Niederschrift erfolgen; in diesem Fall ist die Niederschrift unverzüglich dem Gericht zuzuleiten, an das der Antrag gerichtet ist. Die Übermittlung des Antrags an die übrigen Beteiligten erfolgt durch das zuständige Gericht.

7 *Johansson/Sachse* Rdnr. 1808.

8 Zur Möglichkeit und den Voraussetzungen einer Rückberichtigung vgl. z. B. OLG Frankfurt a. M., StAZ 2008, 378; OLG Hamm, StAZ 2008, 379.

9 BT-Drs. 16/6308 (FGG-RG) S. 185.

Macht das Standesamt von seinem Antragsrecht Gebrauch oder wird von den Beteiligten der Antrag beim Standesamt gestellt, so ist der Antrag nebst einem Beschlussvorschlag nach Nr. 48.1 PStG-VwV dem Gericht zuzuleiten; Urkunden, auf die Bezug genommen wird, sollen in Urschrift oder beglaubigter Abschrift beigefügt werden. 22

b) Die Beteiligten

Antragsberechtigte Beteiligte sind insbesondere natürliche und juristische Personen, die von der Ablehnung der Amtshandlung in ihren materiellen Rechten betroffen werden[10]. Als »Beteiligte kraft Gesetzes« unterscheiden sie sich von den »Beteiligten kraft Hinzuziehung«, die beteiligt werden, weil z. B. ihre Anhörung vorgeschrieben ist; diesen Personen steht ein eigenes Antragsrecht nur dann zu, wenn sie gleichzeitig auch in ihren materiellen Rechten betroffen sind[11]; vgl. dazu § 51 Rdnr. 36 ff. 23

Die Antragstellung setzt voraus, dass der Beteiligte nach § 9 FamFG verfahrensfähig ist. Die Vorschriften des BGB über die Geschäftsfähigkeit sind hierfür grundsätzlich maßgebend, doch sind in bestimmten familien- und namensrechtlichen Regelungen getroffene abgestufte Handlungsfähigkeiten auf die Verfahrensfähigkeit entsprechend zu übertragen (z. B. bei der Namenserstreckung nach § 1617c Abs. 1 BGB für Kinder ab dem 14. Lebensjahr)[12]. 24

Nach § 10 Abs. 2 FamFG können sich die Beteiligten durch einen Rechtsanwalt oder eine sonst vertretungsbefugte Person (z. B. volljähriger Familienangehöriger, Notar) vertreten lassen; nicht vertretungsbefugte Personen kann das Gericht durch unanfechtbaren Beschluss zurückweisen. Vor dem Bundesgerichtshof müssen sich die Beteiligten gemäß § 10 Abs. 4 FamFG durch einen beim BGH zugelassenen Anwalt vertreten lassen. Die Vertretung von Behörden und Personen des öffentlichen Rechts kann auch durch eigene Beschäftigte, die die Befähigung zum Richteramt besitzen, erfolgen. 25

c) Das Standesamt

Antragsbefugt ist nach neuem Recht bundeseinheitlich auch das Standesamt, bei dem der Registereintrag geführt wird. Nach früherem Recht waren dazu nur Standesbeamte in Ländern befugt, die dies durch Rechtsverordnung zugelassen hatten. Das Standesamt wird als Antragsteller nach § 7 Abs. 1 FamFG Verfahrensbeteiligter mit allen daraus resultierenden Rechten und Pflichten[13]. Zum Antragsverfahren bestimmt Nr. 48.1 PStG-VwV, dass das Standesamt einen eigenen oder von einem Beteiligten bei ihm gestell- 26

10 Zur Frage der Antragsberechtigung, hier des überlebenden Ehegatten hinsichtlich der Eintragung des Geburtsortes seines verstorbenen Ehegatten im Sterberegister, vgl. BGH, StAZ 2018, 246.

11 Zur Abgrenzung *Johansson/Sachse* Rdnr. 104 ff.

12 *Hepting/Gaaz* Bd. 1 § 45 Rdnr. 27.

13 Vgl. *Helms/Krömer*, StAZ 2009, 325, 327.

ten Berichtigungsantrag nebst den erforderlichen Unterlagen und einem Beschlussvorschlag dem Gericht zuzuleiten hat.

d) Die Aufsichtsbehörde

27 Die Aufsichtsbehörde als weitere Antragsberechtigte hat im Einzelfall nach pflichtgemäßem Ermessen zu entscheiden, ob sie den Antrag auf Anweisung stellt. Zuständig ist die Aufsichtsbehörde des Standesamts, das zur Vornahme einer Amtshandlung angewiesen werden soll. Welcher Behörde die Aufsicht übertragen ist, ergibt sich aus den einschlägigen Rechtsvorschriften der Länder. Das in jedem Fall gegebene Antragsrecht der Aufsichtsbehörde erschließt sich aus ihrer Aufgabe, die ordnungsgemäße Führung der Personenstandsregister sicherzustellen. Dies ist wegen der unabhängigen Stellung des Standesamts nicht mit den sonst gegebenen Aufsichtsmitteln zu erreichen (vgl. dazu § 2 Rdnr. 13 f.).

2. Gewährung rechtlichen Gehörs (Absatz 2 Satz 2)

28 Die Anhörung der in § 48 Abs. 2 Satz 1 genannten Personen und Behörden dient der Gewährung rechtlichen Gehörs i. S. von Art. 103 Abs. 1 GG; sie ist als wichtiger Bestandteil des Verfahrens in § 34 Abs. 1 FamFG verankert. Die Anhörung soll gewährleisten, dass der Entscheidung des Gerichts eine umfassende Sachverhaltsermittlung vorausgeht. Die weitergehenden Regelungen des § 34 Abs. 2 und 3 FamFG für den Fall zu besorgender gesundheitlicher Nachteile oder unentschuldigten Fernbleibens im anberaumten Anhörungstermin sind ergänzend anzuwenden.

IV. Erweiterte Berichtigung nach CIEC-Übereinkommen

29 Das Übereinkommen vom 10. 9. 1964 betreffend die Entscheidungen über die Berichtigung von Einträgen in Personenstandsbüchern (Zivilstandsregistern)[14] verfolgt das Ziel, im Sinne gleichlautender Personenstandsdaten in den Personenstandsregistern der Vertragsstaaten Berichtigungen, die in einem Vertragsstaat ergehen, auch ohne das an sich in den anderen Vertragsstaaten durchzuführende Änderungsverfahren in die Register dieser Staaten einfließen zu lassen. Einen gleichlautenden Hinweis auf das Übereinkommen enthält Nr. 48.2 PStG-VwV.

30 Nach Art. 2 des Übereinkommens kann die Behörde eines Vertragsstaates, die für die Entscheidung über die Berichtigung eines Eintrags in einem im eigenen Hoheitsgebiet geführten Personenstandsbuch zuständig ist, in derselben Entscheidung auch die Berichtigung des gleichen Fehlers in einem Personenstandsbuch (Zivilstandsregister) eines anderen Vertragsstaats anordnen. Voraussetzung hierfür ist, dass der Fehler aus dem zu berichtigen-

14 BGBl. 1969 II S. 445, 446 (GS Nr. 205). Text des Übereinkommens und Staatenübersicht siehe www.personenstandsrecht.de.

den Eintrag übernommen worden ist und dieselbe Person oder ihre Nachkommen betrifft. Unter »Behörde« im Sinne dieser Vorschrift ist jede Stelle zu verstehen, der nach dem Recht des betreffenden Staates die Berichtigung obliegt, nach deutschem Recht mithin sowohl das Standesamt als auch das Gericht im Rahmen der jeweiligen Zuständigkeit.

Art. 3 des Übereinkommens sieht als weitere Berichtigungsmöglichkeit die Übernahme der Berichtigung in einem Personenstandseintrag eines Vertragsstaates in den Personenstandseintrag eines anderen Vertragsstaates vor, wenn dieser Eintrag auf Grund des nunmehr berichtigten Registereintrags z. B. im Wege der Nachbeurkundung (§§ 34 ff.) errichtet oder fortgeführt worden ist. Für die Berichtigung genügt die Vorlage einer Ausfertigung der Berichtigungsentscheidung oder einer Abschrift des berichtigten Eintrags; einer Berichtigungsanordnung nach Art. 2 bedarf es nicht. Diese Berichtigungsform dürfte – weil selten vorkommend – kaum praktische Bedeutung erlangen. **31**

In Anhängen zu dem Übereinkommen sind Behörden der Vertragsstaaten benannt, die eine Vollziehung der Berichtigungsentscheidung ablehnen können (Art. 4 – Anhang 2) und die für die Übersendung und den Empfang der Entscheidungen zuständig sind (Art. 5 – Anhang 1). Für die Bundesrepublik Deutschland sind für eine Ablehnung die Amtsgerichte am Sitz eines Landgerichts, für die Übersendung und den Empfang das Standesamt I in Berlin zuständig. **32**

§ 49 Anweisung durch das Gericht

(1) Lehnt das Standesamt die Vornahme einer Amtshandlung ab, so kann es auf Antrag der Beteiligten oder der Aufsichtsbehörde durch das Gericht dazu angewiesen werden.

(2) Das Standesamt kann in Zweifelsfällen auch von sich aus die Entscheidung des Gerichts darüber herbeiführen, ob eine Amtshandlung vorzunehmen ist. Für das weitere Verfahren gilt dies als Ablehnung der Amtshandlung.

Übersicht (die Zahlen bedeuten Randnummern)

I. Rechtsentwicklung

1 Bereits das PStG 1875 sah für den Fall, dass der Standesbeamte die Vornahme einer Amtshandlung verweigerte, die Möglichkeit vor, ihn dazu auf Antrag der Beteiligten durch das Gericht anweisen zu lassen. Diese vom PStG 1937 übernommene Regelung wurde durch das 2. PStÄndG vom 18.5.1957 (BGBl. I S. 518) erweitert: Dem Standesbeamten wurde die Möglichkeit eingeräumt, bei eigenen Zweifeln, ob eine Amtshandlung vorzunehmen ist, die Entscheidung des Gerichts herbeizuführen. Ein solches Verfahren diene – so die amtliche Begründung – der Verwaltungsvereinfachung, weil oft langwierige Entscheidungsprozesse verkürzt und schwierige Rechtsfragen gleich der letzten Endes entscheidenden Stelle zugeführt werden könnten. Da sich beide Elemente der Regelung über Jahrzehnte bewährt hatten, wurden sie – angepasst an die neue Terminologie – vollinhaltlich in den § 49 übernommen.

II. Ablehnung einer Amtshandlung und gerichtliche Anweisung (Absatz 1)

1. Die Ablehnung

a) Amtshandlung als Voraussetzung

2 Die Ablehnung des Standesamts muss eine »Amtshandlung« betreffen, für die das in Anspruch genommene Standesamt zuständig ist[1]. Da schon das frühere PStG den Begriff nicht definierte, hat sich das Schrifttum dieser Aufgabe angenommen: Amtshandlung ist jede Verwaltungsmaßnahme des Standesbeamten, die ihm durch eine personenstandsrechtliche Vorschrift übertragen ist und auf die ein Beteiligter bei Vorliegen der Tatbestandsvoraussetzungen dieser Norm einen konkreten Rechtsanspruch hat[2]. Ausschlaggebendes Kriterium ist der Rechtsanspruch der Beteiligten, der eine klare Grenze gegenüber anderen standesamtlichen Arbeiten, die dieses Merkmal nicht aufweisen, zieht. Insbesondere die Beurkundungen in den Personenstandsregistern (Haupteintrag und Folgebeurkundung), aber auch vorbereitende Maßnahmen von Beurkundungen wie Entgegennahme von Erklärungen zur Personenstands- oder Namensänderung sowie alle Arten der Benutzung der Personenstandsregister (Einsicht, Erteilung von Personenstandsurkunden) und die Erteilung von Bescheinigungen (z.B. Ehefähigkeitszeugnis) sind danach Amtshandlungen im Sinne der Regelung[3]. Die materielle Betroffenheit der Beteiligten und ihrer subjektiven Rechte erklärt und rechtfertigt die Einschaltung der Gerichte[4].

b) Form und Frist der Ablehnung

3 Für die Ablehnung ist eine besondere Form nicht vorgeschrieben; sie kann mithin sowohl schriftlich als auch mündlich erfolgen. Die Ablehnung geschieht entweder dadurch, dass das Standesamt den Beteiligten gegenüber erklärt oder erkennen lässt, die beantragte Amtshandlung nicht durchzuführen (z.B. Weigerung der Entgegennahme der Anmeldung zur Eheschließung bei »Kinderehe« oder »Scheinehe«) oder ihnen das Ergebnis der Prüfung der Voraussetzungen für die Amtshandlung mitteilt (z.B. nach Bewertung der für eine Nachbeurkundung vorgelegten Unterlagen). Diese beiden Arten des Verwaltungshandelns unterscheiden sich in ihrer Qualität: Während die bloße Weigerung, tätig zu werden, die an einen Verwaltungsakt zu knüpfenden Kriterien nicht erfüllt, handelt es sich bei der Mitteilung des Ergebnisses

1 Lässt sich die Zuständigkeit des Standesamts nicht feststellen, scheidet eine Anweisung von vornherein aus; KG, StAZ 2019, 53.

2 *Johansson/Sachse* Rdnr. 44; *Pfeiffer/Strickert* § 45 Rdnr. 2. Zur Abgrenzung gegenüber anderen im Standesamt verwalteten Unterlagen (hier: Archivgut) vgl. *Kissner*, StAZ 2010, 310.

3 Ausführlich mit weiteren Beispielen *Hepting/Gaaz* Bd. 1 § 45 Rdnr. 6 ff.

4 *Hepting/Gaaz* Bd. 1 § 45 Rdnr. 7 ff. mit Beispielen für standesamtliche Verrichtungen, die keine Amtshandlungen sind.

der Prüfung von Voraussetzungen für die Amtshandlung um einen Verwaltungsakt im Sinne des § 35 VwVfG[5]. Der sich für die Betroffenen ergebende Rechtsschutz ist indes derselbe. Nach § 49 Abs. 1 kommt es für die Öffnung des Rechtsweges nicht auf Form oder Qualität der Ablehnung durch das Standesamt an. Das Standesamt hat den Beteiligten daher in beiden Fällen auf ihr Verlangen einen schriftlichen Bescheid zu erteilen. Auch wenn eine ausdrückliche gesetzliche Verpflichtung zur Aufnahme einer Rechtsbehelfsbelehrung nicht besteht, sollte wegen des belastenden Inhalts des Bescheides auf die Möglichkeit der gerichtlichen Anweisung hingewiesen werden[6]. Eine entsprechende Regelung ist in Nr. 49 PStG-VwV getroffen.

4 Eine Frist, innerhalb derer die Ablehnung zu erfolgen hat, ist in den personenstandsrechtlichen Vorschriften zwar nicht festgeschrieben, doch bedeutet dies nicht, dass das Standesamt hierfür unbegrenzt Zeit hat; vielmehr ist in angemessener Frist zu entscheiden. Die allgemeinen Grundsätze für den Fall der Untätigkeit in § 75 VwGO können entsprechend für die Fristbemessung herangezogen werden. Nach Ablauf der Frist ist die Untätigkeit des Standesamts als eine den Antrag eröffnende Ablehnung der begehrten Amtshandlung zu werten.

2. Antrag und Antragsbefugnis

a) Der Antrag

5 Anforderungen für den verfahrenseinleitenden Antrag sind § 23 Abs. 1 FamFG zu entnehmen: In dem Antrag sollen die zur Begründung dienenden Tatsachen und Beweismittel angegeben werden. Im Rahmen der Mitwirkungspflicht des Antragstellers wird erwartet, dass das Rechtsschutzziel in wenigen Sätzen dargelegt wird[7]. Der Antrag soll von dem Antragsteller unterschrieben sein. Nach § 25 FamFG kann der Antrag gegenüber dem zuständigen Gericht schriftlich oder zur Niederschrift der Geschäftsstelle abgegeben werden. Die Abgabe kann auch vor der Geschäftsstelle eines jeden Amtsgerichts zur Niederschrift erfolgen; in diesem Fall ist die Niederschrift unverzüglich dem Gericht zuzuleiten, an das der Antrag gerichtet ist. Die Übermittlung des Antrags an die übrigen Beteiligten erfolgt durch das zuständige Gericht.

b) Die Beteiligten

6 Antragsberechtigte »Beteiligte« sind insbesondere natürliche und juristische Personen, die von der Ablehnung der Amtshandlung in ihren materiellen Rechten betroffen werden; zum Begriff des Beteiligten und zur Beteiligtenfähigkeit vgl. §§ 7 und 8 FamFG (§ 51 Rdnr. 10, 36 ff.). Als »Beteiligte kraft Gesetzes« unterscheiden sie sich von den »Beteiligten kraft Hinzuziehung«, die beteiligt werden, weil z. B. ihre Anhörung vorgeschrieben ist; diesen Per-

5 Vgl. *Schmitz* in: *Stelkens/Bonk/Sachs* § 22 Rdnr. 58.
6 *Johansson/Sachse* Rdnr. 66 ff.
7 BT-Drs. 16/6308 (FGG-RG) S. 185.

sonen steht ein eigenes Antragsrecht nur dann zu, wenn sie gleichzeitig auch in ihren materiellen Rechten betroffen sind[8]. Aus dem Kreis der Beteiligten kraft Gesetzes kann jeder die gerichtliche Anweisung beantragen, auch dann, wenn er die abgelehnte Amtshandlung nicht selbst beantragt hat[9].

Die Antragstellung setzt voraus, dass der Beteiligte nach § 9 FamFG verfahrensfähig ist. Die Vorschriften des BGB über die Geschäftsfähigkeit sind hierfür grundsätzlich maßgebend, doch sind in bestimmten familien- und namensrechtlichen Regelungen getroffene abgestufte Handlungsfähigkeiten auf die Verfahrensfähigkeit entsprechend zu übertragen (z. B. bei der Namenserstreckung nach § 1617c Abs. 1 BGB für Kinder ab dem 14. Lebensjahr)[10]. 7

Nach § 10 Abs. 2 FamFG können sich die Beteiligten durch einen Rechtsanwalt oder eine sonst vertretungsbefugte Person (z. B. volljähriger Familienangehöriger, Notar) vertreten lassen; nicht vertretungsbefugte Personen kann das Gericht durch unanfechtbaren Beschluss zurückweisen. Vor dem Bundesgerichtshof müssen sich die Beteiligten gemäß § 10 Abs. 4 FamFG durch einen beim BGH zugelassenen Anwalt vertreten lassen. Die Vertretung von Behörden und Personen des öffentlichen Rechts kann auch durch eigene Beschäftigte, die die Befähigung zum Richteramt besitzen, erfolgen. 8

c) Die Aufsichtsbehörde

Die Aufsichtsbehörde als weitere Antragsberechtigte hat im Einzelfall nach pflichtgemäßem Ermessen zu entscheiden, ob sie den Antrag auf Anweisung stellt. Zuständig ist die Aufsichtsbehörde des Standesamts, das zur Vornahme einer Amtshandlung angewiesen werden soll. Welcher Behörde die Aufsicht übertragen ist, ergibt sich aus den einschlägigen Rechtsvorschriften der Länder. Das in jedem Fall gegebene Antragsrecht der Aufsichtsbehörde erschließt sich aus ihrer Aufgabe, die ordnungsgemäße Führung der Personenstandsbücher sicherzustellen[11]. Dies ist wegen der unabhängigen Stellung des Standesamts nicht mit den sonst gegebenen Aufsichtsmitteln zu erreichen (vgl. dazu § 2 Rdnr. 13 f.). 9

3. Die gerichtliche Anweisung

a) Zuständigkeit des Gerichts

Sachlich zuständig ist nach § 50 das Amtsgericht am Ort des Landgerichts. Da im Antragsverfahren nach § 49 die Sachentscheidung des Gerichts auf den gestellten Antrag beschränkt ist, hat das Gericht vor einer positiven Entscheidung auf die inhaltliche Richtigkeit des Sachantrags hinzuwirken. Der Antrag muss insbesondere auf die Anweisung zur Vornahme einer konkreten Amts- 10

8 Zur Abgrenzung *Johansson/Sachse* Rdnr. 104 ff.
9 *Johansson/Sachse* Rdnr. 99.
10 *Hepting/Gaaz* Bd. 1 § 45 Rdnr. 27.
11 BT-Drs. 16/1831 S. 50; abgedruckt in *Gaaz/Bornhofen* 2008 S. 458.

handlung gerichtet sein[12] und die zur Beurteilung des Sachverhalts erforderlichen Beweismittel (insbesondere Urkunden) und Tatsachen sowie die Angabe der als Beteiligte in Betracht kommenden Personen benennen. Fehlt es an einer Voraussetzung für die Sachentscheidung und vermag das Gericht eine Klärung nicht über ergänzende Angaben des Antragstellers oder eigene Ermittlungen von Amts wegen (§ 26 FamFG) herbeizuführen, ist der Antrag als unbegründet zurückzuweisen. Ändert sich im Laufe des gerichtlichen Verfahrens die Zuständigkeit des Standesamts, z. B. durch Wohnsitzwechsel des Antragstellers in einen anderen Standesamtsbezirk, bleiben nach § 2 Abs. 2 FamFG die Zuständigkeit des Gerichts und des Standesamts bestehen (vgl. § 50 Rdnr. 10).

b) Die Anweisung

11 Die Anweisung des Standesamts durch das zuständige Gericht (vgl. dazu § 50 Rdnr. 5 ff.) ergeht nach § 38 Abs. 1 FamFG durch Beschluss. Der Beschluss ist gemäß § 41 FamFG den Beteiligten bekanntzugeben. Dies geschieht entweder in der Form der Bekanntgabe (Verlesen der Beschlussformel) zu Protokoll (§ 41 Abs. 2 Satz 1 FamFG), wenn der Adressat anwesend ist, oder – bei Abwesenheit – durch Zustellung gemäß § 15 Abs. 2 FamFG. Bei mündlicher Bekanntgabe ist zu beachten, dass nach § 41 Abs. 2 Satz 3, 4 FamFG die schriftliche Bekanntgabe des vollständigen Beschlusses einschließlich der Gründe nachzuholen ist. Nach § 63 Abs. 3 FamFG wird erst mit der schriftlichen Bekanntgabe des Beschlusses die Rechtsmittelfrist in Lauf gesetzt. Zur Möglichkeit der öffentlichen Bekanntmachung für den Fall, dass Zweifel bestehen, ob dem Gericht alle Beteiligten bekanntgeworden sind, vgl. § 52 Rdnr. 2 ff. Die Anweisung erfolgt nicht, wenn die begehrte Amtshandlung des Standesamts im Laufe des gerichtlichen Verfahrens vollzogen wird; das Anweisungsverfahren ist dadurch in der Hauptsache erledigt[13].

c) Rechtsmittel der Beschwerde, Rechtskraft, Wirksamkeit

(1) Beschwerde

12 Wird das Standesamt durch den Beschluss zur Vornahme der Amtshandlung angewiesen oder wird der darauf gerichtete Antrag zurückgewiesen, so ist nach § 58 FamFG das Rechtsmittel der Beschwerde gegeben. Beschwerdeberechtigt ist nach § 59 FamFG jeder, der nach dem Beschluss in seinen Rechten beeinträchtigt ist; dabei kommt es nicht darauf an, dass der Beeinträchtigte Beteiligter im Verfahren war oder wegen seiner Rechtsbetroffenheit hätte sein müssen[14]. Auch das Standesamt hat, anders als nach dem früheren Recht, wegen seiner unabhängigen Stellung im Verfahren (vgl. § 51 Rdnr. 34) nunmehr ein eigenes Beschwerderecht, bedarf also zur Durchsetzung seiner Rechtsposition nicht mehr der Initiative der Aufsichtsbehörde. Dieses Recht,

12 *Johansson/Sachse* Rdnr. 1276, 1261 ff. mit zahlreichen Formulierungsbeispielen.
13 BGH, StAZ 2018, 217.
14 BT-Drs. 16/6308 (FGG-RG) S. 205.

das keine eigene Beschwer voraussetzt, ergibt sich nach der Änderung des § 53 Abs. 2 durch das PStRÄndG nunmehr direkt aus dem Gesetz (vgl. hierzu § 53 Rdnr. 7 ff.).

Unabhängig von einer Beteiligung oder Beschwer steht der Aufsichtsbehörde des Standesamts nach § 53 Abs. 2 stets die Beschwerde zu, also selbst dann, wenn die Entscheidung ihrem eigenen Antrag stattgegeben hat (vgl. hierzu § 53 Rdnr. 8 f.). 13

Wird der Anweisungsantrag zurückgewiesen, so ist nach § 59 Abs. 2 FamFG nur der Antragsteller zur Beschwerde befugt; in diesem Fall bedarf es zur Beschwerdeberechtigung neben der materiellen auch der formellen Beschwer. Die sondergesetzliche Regelung des § 53 Abs. 2 bleibt hiervon unberührt.[15] 14

Nach § 63 Abs. 1 und 3 FamFG ist die Beschwerde binnen einer Frist von einem Monat – beginnend mit dem Zeitpunkt der schriftlichen Bekanntmachung der Entscheidung an die Beteiligten – bei dem Gericht einzulegen, dessen Entscheidung angefochten wird. Zu den weiteren Rechtsmitteln der Rechtsbeschwerde und der Sprungrechtsbeschwerde vgl. § 51 Rdnr. 27 f. 15

(2) Rechtskraft

Die Entscheidung, die das Standesamt zur Vornahme der Amtshandlung anhält, erwächst in formelle Rechtskraft, wenn sie mit einem Rechtsmittel nicht mehr angefochten werden kann. Die Entscheidung erwächst nicht in materielle Rechtskraft[16]; diese vermag regelmäßig bei personenstandsrechtlichen Beurkundungen mit deklaratorischem Inhalt nicht einzutreten, weil über den Gegenstand der Entscheidung in einem neuen Verfahren jederzeit wieder entschieden werden kann[17]. 16

(3) Wirksamkeit

Die Entscheidung des Gerichts wird nach § 53 Abs. 1 – abweichend von § 40 Abs. 1 FamFG – erst mit der formellen Rechtskraft wirksam (vgl. dazu § 53 Rdnr. 4 f.). 17

III. Vorlage an das Gericht in Zweifelsfällen (Absatz 2)

§ 49 Abs. 2 räumt dem Standesamt die Möglichkeit ein, in Zweifelsfällen von sich aus die Entscheidung des Gerichts herbeizuführen. Zweifel im Sinne der Vorschrift ist die Unsicherheit, ob eine bestimmte Amtshandlung vorgenommen werden muss. Erfasst werden nur solche Zweifel, die rechtlicher oder tatsächlicher Natur sind[18]. Hingegen nicht mehr erfasst ist der früher in § 47 Abs. 1 Satz 2 PStG a. F. geregelte rein verfahrensrechtliche Zweifel, ob eine er- 18

15 *Johansson/Sachse* Rdnr. 1468 ff.
16 *Johansson/Sachse* Rdnr. 1808.
17 Zur Möglichkeit und den Voraussetzungen einer Rückberichtigung vgl. z. B. OLG Frankfurt a. M., StAZ 2008, 378; OLG Hamm, StAZ 2008, 379.
18 *Johansson/Sachse* Rdnr. 137 ff.

forderliche Amtshandlung der gerichtlichen Anordnung bedarf oder vom Standesamt eigenständig vorgenommen werden kann (vgl. dazu § 48 Rdnr. 5, 10).

19 Die Vorlage an das Gericht setzt voraus, dass das Standesamt zunächst mit den ihm zur Verfügung stehenden Mitteln versucht hat, Zweifel durch umfassende Tatsachenaufklärung und gründliche rechtliche Prüfung nicht aufkommen zu lassen. Erst wenn das Standesamt selbst nicht in der Lage ist, ergebnisrelevante Rechtsfragen zu klären oder der Sachverhalt auch nach Ausschöpfung aller ihm zugänglichen Informationsquellen nicht mit der erforderlichen Sicherheit aufgeklärt werden kann, ist die Zweifelsvorlage berechtigt. War die konkrete Rechtsfrage bereits Gegenstand einer verbindlichen und bestandskräftigen inländischen Entscheidung, so ist eine allein auf Zweifel an der Richtigkeit der Entscheidung gestützte Vorlage nicht zulässig. Gleiches gilt für eine Vorlage, durch die lediglich eine abstrakte Rechtslage geklärt werden soll[19].

20 Das Gericht kann die Vorlage zurückweisen, wenn das Standesamt sie nicht in der vorbeschriebenen Weise vorbereitet hat oder es zu der Auffassung gelangt ist, dass ein zulässiges Verfahrensziel, nämlich die Anordnung oder die Ablehnung einer konkreten Amtshandlung, nicht verfolgt wird (z. B. Antrag auf Klärung einer abstrakt formulierten Rechtsfrage).

21 Für den Inhalt der Vorlage gelten die für den verfahrenseinleitenden Antrag der Beteiligten in § 23 FamFG getroffenen Regelungen (vgl. Rdnr. 5) entsprechend. Nach § 14 Abs. 2 FamFG kann die Vorlage einschließlich etwaiger Erklärungen und weiterer Unterlagen auch als elektronisches Dokument übermittelt werden. Der für diesen Fall von der Regelung in Bezug genommene § 130a Abs. 1 ZPO schreibt vor, dass die verantwortende Person (hier: der Standesbeamte) das Dokument mit einer qualifizierten elektronischen Signatur versehen soll.

22 Gegen die Entscheidung des Gerichts, die mit dem Eintritt der formellen Rechtskraft wirksam wird, ist für das Standesamt das Rechtsmittel der Beschwerde gegeben (vgl. Rdnr. 12 ff.). Die Beschwerde kann auch von den Beteiligten eingelegt werden, denn gegen die gerichtliche Entscheidung bei einer Zweifelsfrage steht neben dem Standesamt auch den durch die Beurkundung betroffenen Personen ein Beschwerderecht nach § 51 Abs. 2 zu[20]. Abgesehen von dem Beschwerderecht, das dem Standesamt nach der Änderung des § 53 Abs. 2 durch das PStRÄndG nunmehr ausdrücklich »in jedem Fall« zusteht, hatte das Standesamt als Antragsteller bereits zuvor ein Beschwerderecht, unabhängig davon, ob eine Entscheidung in der Sache getroffen worden war

19 OLG Hamm, StAZ 2018, 221; *Hepting/Gaaz* Bd. 1 § 45 Rdnr. 59; *Johansson/Sachse* Rdnr. 143 mit Fällen ausgeschlossener Zweifelsvorlagen.
20 OLG Düsseldorf, StAZ 2015, 242.

(§ 51 Abs. 2, § 59 Abs. 3 FamFG) oder das Gericht den Antrag zurückgewiesen hatte (§ 59 Abs. 2 FamFG; vgl. Rdnr. 20)[21].

21 BGH, StAZ 2014, 139; OLG Düsseldorf, StAZ 2015, 303; *Zimmermann* Rdnr. 153 f.; *Helms/Krömer,* StAZ 2009, 325, 327; *Jennissen,* StAZ 2012, 8. Die gegenteilige Auffassung von *Sachse,* StAZ 2010, 74 und des OLG Dresden, StAZ 2011, 278 berücksichtigte nicht, dass dem Standesamt als Antragsteller bereits sowohl nach § 51 Abs. 2 als auch nach § 59 Abs. 2 und 3 FamFG die Möglichkeit der Beschwerde eingeräumt war; insofern hatte der Gesetzgeber das frühere »Über- und Unterordnungsverhältnis« von Gericht und Standesamt schon bei der Reform des Personenstandsrechts nicht aufrecht erhalten.

§ 50 Sachliche und örtliche Zuständigkeit der Gerichte

(1) Für die in den §§ 48 und 49 vorgesehenen Entscheidungen sind ausschließlich die Amtsgerichte zuständig, die ihren Sitz am Ort eines Landgerichts haben. Ihr Bezirk umfasst den Bezirk des Landgerichts.

(2) Die örtliche Zuständigkeit wird durch den Sitz des Standesamts bestimmt, das die Sache dem Gericht zur Entscheidung vorgelegt hat oder das die Amtshandlung vornehmen oder dessen Personenstandsregister berichtigt werden soll.

Übersicht (die Zahlen bedeuten Randnummern)

I. Rechtsentwicklung

1 Die Zuständigkeit der Amtsgerichte für personenstandsrechtliche Verfahren nach dem PStG 1875 ergab sich aus § 69 FGG.

2 In das PStG 1937 wurde mit § 50 eine eigene Zuständigkeitsregelung eingestellt, die die Zuständigkeit bei dem Amtsgericht am Ort des Landgerichts konzentrierte. Durch das 2. PStÄndG vom 18.5.1957 (BGBl. I S. 518) war die Regelung um eine Ermächtigung der Landesregierungen erweitert worden, bei mehreren Amtsgerichten am Ort eines Landgerichts das zuständige Amtsgericht durch Rechtsverordnung zu bestimmen oder die Ermächtigung hierfür auf die Landesjustizverwaltung zu übertragen.

3 § 50 Abs. 1 Satz 1 und 2 entspricht vollinhaltlich dem § 50 Abs. 1 Satz 1 und 2 PStG a. F. Die bewährte Regelung der Konzentration aller Verfahren des gesamten Landgerichtsbezirks bei dem Amtsgericht am Sitz des Landgerichts ist beibehalten worden, um auch künftig eine möglichst einheitliche Rechtsprechung durch personenstandsrechtlich erfahrene Richter sicherzustellen. Das PStG 2007 lässt es bei der Aussage bewenden, dass die Amtsgerichte zuständig sind, die ihren Sitz am Ort eines Landgerichts haben. Die Ermächtigung der Landesregierungen, bei mehreren Amtsgerichten am Ort eines Landgerichts das zuständige Amtsgericht zu bestimmen, ist jetzt in § 74 Abs. 1 Nr. 6 verankert.

4 § 50 Abs. 2 entspricht – weitgehend wortgleich – dem § 50 Abs. 2 PStG a. F. Bei der Aufzählung der Anlässe, die zu einer gerichtlichen Entscheidung führen können, ist der Erlass der angefochtenen Verfügung nicht mehr genannt. Aufgenommen wurde die vorzunehmende Amtshandlung. In der Aussage sind beide Regelungen gleich; sie beschreiben die Anlässe der standesamtlichen Tätigkeiten, die eine gerichtliche Entscheidung auslösen können und daher eine örtliche Zuständigkeitsregelung erfordern (dazu Rdnr. 7 ff.).

II. Zuständigkeit der Amtsgerichte (Absatz 1)

Zuständig sind gemäß § 50 Abs. 1 Satz 1 die Amtsgerichte, die ihren Sitz am Ort eines Landgerichts haben. Streitig ist, ob es sich dabei um die örtliche oder eine Sonderform der sachlichen Zuständigkeit handelt[1]. Die sachliche Zuständigkeit ergibt sich indes bereits aus § 23a Abs. 1 Nr. 2 GVG[2]. 5

Für den früher in § 50 Abs. 1 Satz 2 und 3 geregelten Fall, dass am Ort eines Landgerichts mehrere Amtsgerichte ihren Sitz haben, sieht das neue Recht keine Regelung vor. Es ist damit der Organisationshoheit der Länder überlassen, ob sie die Zuständigkeit bei einem Amtsgericht konzentrieren oder es dabei belassen, dass jedes der in Frage kommenden Amtsgerichte nach Maßgabe der örtlichen Zuständigkeitsregelung des Absatzes 2 zuständig ist. Die Ermächtigungsgrundlage in § 74 Abs. 1 Nr. 6, die es den Landesregierungen oder – bei Übertragung der Regelungsbefugnis nach § 74 Abs. 2 – den obersten Landesbehörden erlaubt, eine entsprechende Zuständigkeitsregelung zu treffen, stellt dies klar. 6

III. Örtliche Zuständigkeit (Absatz 2)

Die örtliche Zuständigkeit wird nach § 50 Abs. 2 durch den Sitz des Standesamts bestimmt, das die Sache dem Gericht zur Entscheidung vorgelegt hat oder das die Amtshandlung vornehmen oder dessen Personenstandsregister berichtigt werden soll. 7

Nach § 1 Abs. 2 PStV sind die Diensträume des Standesamts sein »Amtssitz«. Die früheren Ausführungsvorschriften (§ 5 DA) präzisierten die Definition dahin, dass es sich um die Diensträume handele, die entweder innerhalb des Standesamtsbezirks liegen oder ihm durch Fiktion zugeordnet sind. Da es auf den Amtssitz ankommt und nicht auf den Ort, an dem sich ein Personenstandsfall ereignet hat, ist er auch dann maßgeblich, wenn der Standesamtsbezirk zu verschiedenen Landgerichtsbezirken gehört und der Personenstandsfall in einem anderen Landgerichtsbezirk eingetreten ist[3]. 8

Können sich in Zweifelsfällen über die örtliche Zuständigkeit die in Frage kommenden Gerichte nicht einigen, so bestimmt nach § 5 Abs. 1 FamFG das nächsthöhere gemeinsame Gericht die Zuständigkeit. 9

Die örtliche Zuständigkeit des befassten Gerichts bleibt nach § 2 Abs. 2 FamFG auch dann bestehen, wenn zuständigkeitsbegründende Tatsachen wegfallen. Ist z. B. das zu Beginn des Verfahrens zuständige Standesamt nach Verlegung des Wohnsitzes der Beteiligten unzuständig geworden, kann dieses Standesamt gleichwohl durch das angerufene Gericht verpflichtet wer- 10

1 *Hepting/Gaaz* Bd. 1 § 50 Rdnr. 6 gehen von einer Sonderform der sachlichen Zuständigkeit, *Johansson/Sachse* Rdnr. 814 von der örtlichen Zuständigkeit aus.
2 Vgl. *Helms/Krömer,* StAZ 2009, 325, 327.
3 *Johansson/Sachse* Rdnr. 820.

den, die begehrte Amtshandlung vorzunehmen[4]. Die besondere Regelung des § 2 Abs. 2 FamFG rechtfertigt es zudem, abweichend von § 3 Abs. 3 VwVfG nicht die Zustimmung des an sich zuständigen Standesamts einholen zu müssen.

11 In Nr. 50 PStG-VwV ist für die Anordnung der Berichtigung von Einträgen aus Gebieten, in denen deutsche Standesbeamte nicht mehr tätig sind, eine besondere Regelung getroffen: Danach ist in diesen Fällen das Amtsgericht Schöneberg, 10820 Berlin, zuständig. Anträge auf Berichtigung einzelner Personenstandsurkunden sind über das Standesamt I in Berlin zu leiten, damit die Urkunden zuvor in die Urkundensammlung dieses Standesamts aufgenommen werden. Eine Personenstandsurkunde dieser Urkundensammlung steht einem inländischen Personenstandseintrag gleich.

4 *Wall*, StAZ 2016, 380.

§ 51 Gerichtliches Verfahren

(1) Auf das gerichtliche Verfahren sind die Vorschriften des Gesetzes über das Verfahren in Familiensachen und in den Angelegenheiten der freiwilligen Gerichtsbarkeit anzuwenden. Standesämter und Aufsichtsbehörden sind von Gerichtskosten befreit.

(2) Die Aufsichtsbehörde, das Standesamt und die Beteiligten können in jeder Lage des Verfahrens diesem beitreten; sie können ihren Beitritt auch durch Einlegung eines Rechtsmittels erklären.

Übersicht (die Zahlen bedeuten Randnummern)

I. Rechtsentwicklung

Das PStG 1875 bestimmte für das gerichtliche Verfahren in Personenstandsangelegenheiten (Ablehnung einer Amtshandlung durch den Standesbeamten) die Vorschriften, welche in Sachen der nichtstreitigen Gerichtsbarkeit galten, für maßgebend. Der in der Vorschrift den Landesgesetzen ein- 1 geräumte Vorrang wurde mit Wirkung vom 1.1.1900 durch § 186 FGG gestrichen.

2 Das PStG 1937 erklärte für das gerichtliche Verfahren allgemein die Vorschriften des Reichsgesetzes über die Angelegenheiten der freiwilligen Gerichtsbarkeit für anwendbar. Der dies regelnde § 48 PStG a. F. wurde durch das 2. PStÄndG vom 18. 5. 1957 (BGBl. I S. 518) neu gefasst.

3 § 51 Abs. 1 Satz 1 entspricht inhaltlich dem § 48 Abs. 1 PStG a. F. Durch Art. 12 des FGG-Reformgesetzes vom 17. 12. 2008 (BGBl. I S. 2586) ist der Wortlaut der neuen Vorschrift redaktionell geändert worden. Grund hierfür war die Ablösung des in der Vorschrift zitierten Gesetzes über die Angelegenheiten der freiwilligen Gerichtsbarkeit durch das am 1. 9. 2009 in Kraft getretene Nachfolgegesetz, das Gesetz über das Verfahren in Familiensachen und in den Angelegenheiten der freiwilligen Gerichtsbarkeit (FamFG)[1].

4 Der neue § 51 Abs. 1 Satz 2 schreibt erstmals vor, dass Standesämter und Aufsichtsbehörden von den Gerichtskosten befreit sind (dazu Rdnr. 29).

5 § 51 Abs. 2 entspricht § 48 Abs. 2 PStG a. F., bezieht jedoch neben der Aufsichtsbehörde und den Beteiligten auch das Standesamt in den Kreis der Beitrittsberechtigten ein (dazu Rdnr. 34).

II. Grundsätze des gerichtlichen Verfahrens (Absatz 1)

1. Verfahren nach dem FamFG

6 Bei den Überlegungen zum PStG 2007 stand nie in Frage, für das gerichtliche Verfahren in Personenstandssachen wegen des starken privatrechtlichen Bezugs weiter den Vorschriften des Gesetzes über die freiwillige Gerichtsbarkeit den Vorzug gegenüber denen der Verwaltungsgerichtsbarkeit zu geben[2].

7 Die Verfahren, in denen die Gerichte der freiwilligen Gerichtsbarkeit in Personenstandssachen tätig werden, ergeben sich aus § 48 (Antragsverfahren zur Berichtigung eines Registereintrags) und § 49 (Antragsverfahren und Zweifelsvorlage zur Vornahme einer Amtshandlung). Diese Vorschriften bestimmen die Verfahrensgegenstände und stellen insbesondere klar, dass es in Personenstandssachen kein Amtsverfahren gibt; außerdem regeln sie die Antrags- und Vorlagebefugnis.

8 Auf Grund der Verweisungen auf das FamFG gelten im Verfahren vor den Personenstandsgerichten die allgemeinen Verfahrensgrundsätze der freiwilligen Gerichtsbarkeit, die nunmehr im Buch 1 Allgemeiner Teil des FamFG behandelt sind. Durch die FGG-Reform wurden die lückenhaften Regelungen des FGG unter Einbeziehung der Erkenntnisse der Rechtsprechung und der

1 Verkündet als Art. 1 FGG-RG vom 17. 12. 2008 (BGBl. I S. 2586).
2 BT-Drs. 16/1831 S. 51; abgedruckt in *Gaaz/Bornhofen* 2008 S. 458.

Rechtswissenschaft zu einer zusammenhängenden Verfahrensordnung ausgebaut[3]. Wesentliche Regelungen wurden in den Erläuterungen zu den §§ 48 und 49 bereits behandelt; sie sind in der Paragraphenfolge des FamFG nachfolgend noch einmal kurz zusammengefasst:

a) Zuständigkeit der Gerichte

Die Zuständigkeit der Gerichte ist in den §§ 2 ff. FamFG geregelt. Für Perso- 9
nenstandssachen gilt die in § 50 (vgl. dort Rdnr. 5 ff.) getroffene Sonderregelung, nach der ausschließlich die Amtsgerichte zuständig sind, die ihren Sitz am Ort eines Landgerichts haben; eine gerichtsinterne Zuweisung an die Abteilung für Familiensachen (Familiengericht) ist nicht vorgesehen[4]. Beschwerdeinstanz ist das Oberlandesgericht; Rechtsbeschwerde und Sprungrechtsbeschwerde sind beim Bundesgerichtshof möglich (zu den Voraussetzungen vgl. Rdnr. 22 ff.).

b) Beteiligte und Beteiligtenfähigkeit

Zum Begriff des Beteiligten vgl. Rdnr. 36 ff. Beteiligtenfähig sind nach § 8 10
FamFG natürliche und juristische Personen des öffentlichen oder privaten Rechts sowie Behörden, soweit sie ein eigenes Antragsrecht haben; zu letzteren gehören auch das Standesamt und seine Aufsichtsbehörde (§ 48 Abs. 2, § 51 Abs. 2)[5].

c) Verfahrensfähigkeit

§ 9 FamFG regelt die Fähigkeit des Beteiligten, selbst oder durch einen selbst 11
gewählten Vertreter wirksam Erklärungen im Verfahren abzugeben. Fehlt es an der Verfahrensfähigkeit, sind gleichwohl vorgenommene Verfahrenshandlungen unwirksam. Verfahrensfähig sind grundsätzlich die nach dem bürgerlichen Recht voll Geschäftsfähigen. In bestimmten familien- und namensrechtlichen Regelungen getroffene abgestufte Handlungsfähigkeiten sind aber auf die Verfahrensfähigkeit entsprechend zu übertragen (z. B. bei der Namenserstreckung nach § 1617c Abs. 1 BGB auf Kinder ab dem 14. Lebensjahr).

d) Vertretungsbefugnis

Nach § 10 Abs. 2 FamFG können sich die Beteiligten durch einen Rechtsanwalt 12
oder eine sonst vertretungsbefugte Person (z. B. volljähriger Familienangehöriger, Notar) vertreten lassen; nicht vertretungsbefugte Personen kann das Gericht durch unanfechtbaren Beschluss zurückweisen. Vor dem Bundesgerichtshof müssen sich die Beteiligten gemäß § 10 Abs. 4 FamFG durch einen beim BGH zugelassenen Anwalt vertreten lassen. Die Vertretung von Behör-

3 Vgl. dazu *Borth*, FamRZ 2009, 157.
4 Vgl. *Helms/Krömer*, StAZ 2009, 325, 327.
5 Zur Beteiligtenfähigkeit vgl. *Zimmermann* Rdnr. 29.

den und Personen des öffentlichen Rechts kann auch durch eigene Beschäftigte, die die Befähigung zum Richteramt besitzen, erfolgen.

e) Elektronische Schriftsätze

13 § 14 FamFG regelt die rechtlichen Grundlagen für die Übermittlung elektronischer Schriftsätze und passt die Verfahren entsprechend den Voraussetzungen des Justizkommunikationsgesetzes[6] (Signaturerfordernis, Beweiskraft) an die anderer Verfahrensordnungen an.

f) Verfahrenseinleitender Antrag

14 In § 23 FamFG sind die formellen Mindestanforderungen an den Inhalt des Antrags im Antragsverfahren festgelegt: Antragsbegründung (Formulierung des Rechtsschutzziels), Angabe der Beweismittel, Beifügung von Urkunden, Unterschrift des Antragstellers. Nach § 25 FamFG kann die Abgabe des Antrags gegenüber dem zuständigen Gericht schriftlich oder zur Niederschrift der Geschäftsstelle erfolgen.

g) Verfahren und Ermittlung von Amts wegen

15 Ein Verfahren zur Änderung eines Registereintrags kann nach den dafür maßgebenden Vorschriften der §§ 48 und 49 nur von den Beteiligten, dem Standesamt und der Aufsichtsbehörde eingeleitet werden. Das Gericht ist hierzu nicht befugt, auch dann nicht, wenn es auf andere Weise als durch Antrag von einem Änderungsanlass erfährt. Liegt ein Änderungsantrag vor, so hat das Gericht nach § 26 FamFG entscheidungserhebliche Tatsachen von Amts wegen festzustellen, soweit diese sich nicht bereits mit ausreichender Sicherheit aus dem verfahrenseinleitenden Antrag (vgl. Rdnr. 14) ergeben[7].

h) Rechtliches Gehör

16 § 48 Abs. 2 Satz 2 schreibt die Anhörung der Beteiligten vor. Das Gericht hat nach § 34 Abs. 1 Nr. 1 FamFG Beteiligte persönlich anzuhören, wenn dies zur Gewährung des rechtlichen Gehörs (Art. 103 Abs. 1 GG) erforderlich ist.

i) Beschluss

17 § 38 FamFG schreibt in Absatz 1 die Entscheidung durch Beschluss für alle Verfügungen, Entscheidungen und Anordnungen verbindlich vor. Absatz 2 enthält eine Auflistung des formellen Mindestinhalts des Beschlusses. Die Absätze 3 bis 6 treffen Regelungen über die Begründungspflicht und Ausnahmen davon.

6 Gesetz über die Verwendung elektronischer Kommunikationsformen in der Justiz (Justizkommunikationsgesetz – JKomG) vom 22. 3. 2005 (BGBl. I S. 837).
7 OLG Schleswig, StAZ 2014, 242.

j) Rechtsbehelfsbelehrung

Durch § 39 Satz 1 FamFG ist für Verfahren der freiwilligen Gerichtsbarkeit allgemein die Notwendigkeit einer Rechtsbehelfsbelehrung eingeführt worden, die auch Angaben über Form und Frist des Rechtsmittels sowie das Gericht, bei dem das Rechtsmittel einzulegen ist, enthalten muss. Über die Sprungrechtsbeschwerde muss nach § 39 Satz 2 FamFG nicht belehrt werden. **18**

k) Wirksamkeit

Die Entscheidung des Gerichts wird in Personenstandssachen nach § 53 Abs. 1 – abweichend von § 40 Abs. 1 FamFG – erst mit der formellen Rechtskraft wirksam[8]; dies ist dann der Fall, wenn die Entscheidung mit einem Rechtsmittel nicht mehr angefochten werden kann (vgl. dazu § 53 Rdnr. 4 ff.). **19**

l) Bekanntgabe des Beschlusses

§ 41 Abs. 1 FamFG schreibt die Bekanntgabe des Beschlusses an die Beteiligten verbindlich vor. Dies geschieht entweder in der Form der Bekanntgabe zu Protokoll (Verlesen der Beschlussformel) nach § 41 Abs. 2 Satz 1 FamFG, wenn der Adressat anwesend ist, oder – bei Abwesenheit – durch Zustellung gemäß § 15 Abs. 2 FamFG. Bei mündlicher Bekanntgabe ist zu beachten, dass nach § 41 Abs. 2 Satz 3, 4 FamFG die schriftliche Bekanntgabe des vollständigen Beschlusses einschließlich der Gründe nachzuholen ist. Nach § 63 Abs. 3 FamFG wird erst mit der schriftlichen Bekanntgabe des Beschlusses die Rechtsmittelfrist in Lauf gesetzt. Zur Möglichkeit der öffentlichen Bekanntmachung für den Fall, dass Zweifel bestehen, ob dem Gericht alle Beteiligten bekannt geworden sind, vgl. § 52 Rdnr. 2 ff. **20**

m) Formelle Rechtskraft

§ 45 FamFG stellt klar, dass die (formelle) Rechtskraft eines Beschlusses nicht eintritt, bevor die Frist zur Einlegung des zulässigen Rechtsmittels abgelaufen ist. Bei personenstandsrechtlichen Entscheidungen kann materielle Rechtskraft regelmäßig wegen des deklaratorischen Inhalts nicht eintreten[9]; über den Gegenstand des Beschlusses kann in einem neuen Verfahren jederzeit wieder entschieden werden[10]. **21**

n) Rechtsmittel (Beschwerde; Rechtsbeschwerde; Sprungrechtsbeschwerde)[11]

(1) Beschwerde

Wird das Standesamt durch den gerichtlichen Beschluss zur Vornahme der Berichtigung (§ 48) oder Amtshandlung (§ 49) angewiesen oder wird der dar- **22**

8 Vgl. *Helms/Krömer*, StAZ 2009, 325, 327.
9 *Johansson/Sachse* Rdnr. 1808.
10 Zur Möglichkeit und den Voraussetzungen einer Rückberichtigung vgl. z. B. OLG Frankfurt a. M., StAZ 2008, 378; OLG Hamm, StAZ 2008, 379.
11 Zur Neuordnung des Rechtsmittelrechts vgl. *Helms/Krömer*, StAZ 2009, 325, 328.

auf gerichtete Antrag zurückgewiesen, so ist nach § 58 FamFG das Rechtsmittel der Beschwerde gegeben. Beschwerdeinstanz ist gemäß § 119 Abs. 1 Nr. 1 Buchst. b GVG das Oberlandesgericht.

23 Beschwerdeberechtigt ist nach § 59 FamFG jeder, der nach dem Beschluss in seinen Rechten beeinträchtigt ist; dabei kommt es nicht darauf an, dass der Beeinträchtigte Beteiligter im Verfahren war oder wegen seiner Rechtsbetroffenheit hätte sein müssen[12]. Auch das Standesamt hat, anders als nach dem früheren Recht, nunmehr ein eigenes Beschwerderecht (vgl. Rdnr. 34), bedarf also zur Durchsetzung seiner Rechtsposition nicht mehr des Beistands der Aufsichtsbehörde. Unabhängig von einer Beteiligung oder Beschwer steht der Aufsichtsbehörde des Standesamts nach § 53 Abs. 2 stets die Beschwerde zu, also selbst dann, wenn die Entscheidung ihrem eigenen Antrag stattgegeben hat[13]; nach der Änderung dieser Vorschrift durch das PStRÄndG ist das Standesamt hinsichtlich der Beschwerdebefugnis »in jedem Fall« der Aufsichtsbehörde gleichgestellt (vgl. hierzu § 53 Rdnr. 7 ff.).

24 Die Beschwerde kann nach § 65 Abs. 3 FamFG auf neue Tatsachen und Beweismittel gestützt werden; die Beschwerdeinstanz ist mithin nicht nur auf reine Rechtsfehlerüberprüfung beschränkt.

25 Nach § 63 Abs. 1 und 3 FamFG ist die Beschwerde binnen einer Frist von einem Monat – beginnend mit dem Zeitpunkt der schriftlichen Bekanntmachung der Entscheidung an die Beteiligten – einzulegen. Adressat ist nach § 64 FamFG das Gericht, dessen Entscheidung angefochten wird; Bezeichnung und Anschrift des Gerichts sind der Rechtsmittelbelehrung zu entnehmen. Verzögerungen, die durch das Einlegen der Beschwerde bei einem anderen Gericht – z. B. Beschwerdegericht statt Entscheidungsgericht – entstehen, gehen zu Lasten des Beschwerdeführers.

26 Wird der Antrag nach den §§ 48 und 49 auf gerichtlichen Beschluss zurückgewiesen, steht nach § 59 Abs. 2 FamFG nur dem Antragsteller des erstinstanzlichen Verfahrens, nicht aber sonstigen Beeinträchtigten, ein Beschwerderecht zu. Hiervon unberührt bleibt aber die sondergesetzliche Regelung des § 53 Abs. 2, nach der dem Standesamt und der Aufsichtsbehörde die Beschwerde in jedem Fall zusteht[14].

(2) Rechtsbeschwerde

27 Gegen den Beschluss des Beschwerdegerichts ist nach § 70 FamFG die Rechtsbeschwerde möglich. Die Rechtsbeschwerde ist an die Stelle der früheren weiteren Beschwerde getreten und beseitigt auf diese Weise die zulassungsfreie dritte Instanz zur Überprüfung der erstinstanzlichen Entscheidung. Die Rechtsbeschwerde wird nach § 70 Abs. 2 FamFG von dem Beschwerdegericht in seinem Beschluss nur zugelassen, wenn die Rechtssache grundsätzliche Bedeutung hat oder aus Gründen der Rechtsfortbildung oder der Sicherung

12 BT-Drs. 16/6308 (FGG-RG) S. 204.
13 BGH, StAZ 2014, 139; OLG Hamm, StAZ 2014, 236.
14 *Johansson/Sachse* Rdnr. 1468 ff.

einer einheitlichen Rechtsprechung eine Entscheidung des Rechtsbeschwerdegerichts erfordert[15]. Das Vorbringen neuer Tatsachen und Beweise ist regelmäßig ausgeschlossen. Durch die Konzentration der Rechtsbeschwerden beim Bundesgerichtshof (§ 133 GVG) soll eine zügige höchstrichterliche Entscheidung von Grundsatzfragen gefördert werden.

(3) Sprungrechtsbeschwerde

28 Durch die – nach dem früheren FGG nicht vorgesehen gewesene – Sprungrechtsbeschwerde gemäß § 75 FamFG ist schließlich die Möglichkeit eröffnet, ein Verfahren unter Verzicht auf das Beschwerdeverfahren direkt der Rechtsbeschwerdeinstanz vorzulegen. Die Bestimmung ermöglicht die rasche Herbeiführung einer höchstrichterlichen Entscheidung insbesondere in Fällen, in denen ausschließlich die Klärung von Rechtsfragen beabsichtigt ist. Die Zulassung erfolgt durch das Rechtsbeschwerdegericht. Wird die Zulassung der Sprungrechtsbeschwerde abgelehnt, ist den Beteiligten das Rechtsmittel der Beschwerde nicht mehr eröffnet.

2. Gerichtskostenbefreiung

29 Die in § 51 Abs. 1 Satz 2 verankerte Befreiung der Standesämter und Aufsichtsbehörden von Gerichtskosten geht auf eine Anregung des Bundesrates zurück. Ihr liegt der Gedanke zugrunde, dass es sich bei den gerichtlichen Verfahren der Sache nach um eine den Besonderheiten des Personenstandswesens entsprechende atypische Ausgestaltung des Aufsichtswesens handele, für die Kosten nicht erhoben werden sollten[16]. Die Pflicht des Standesamts, außergerichtliche Kosten anderer Beteiligter gemäß § 81 Abs. 1 Satz 1 FamFG zu tragen, wird allerdings anzunehmen sein, wenn das Standesamt dem Verfahren nach § 51 Abs. 2 beigetreten ist und es dadurch die Stellung eines Beteiligten nach § 7 Abs. 2 Nr. 2 Alt. 2 FamFG erlangt hat[17].

III. Beitritt zum Verfahren (Absatz 2)

1. Allgemeines

30 Bei dem Beitritt handelt sich um eine verfahrensbeeinflussende Erklärung, die gegenüber dem Gericht abzugeben ist. Eine besondere Form ist für den Beitritt nicht vorgeschrieben; er kann daher – wie der Antrag auf Anordnung nach § 48 Abs. 2 (vgl. dort Rdnr. 20) – beim zuständigen Gericht schriftlich oder zur Niederschrift der Geschäftsstelle erklärt werden. Der Beitretende wird formell Verfahrensbeteiligter eines anhängigen, in der Hauptsache noch nicht erledigten Verfahrens und erwirbt alle damit zusammenhän-

15 Vgl. dazu *Zimmermann* Rdnr. 185.
16 BT-Drs. 16/1831 S. 65; BT-Drs. 163309 S. 20; abgedruckt in *Gaaz/Bornhofen* 2008 S. 476, 504.
17 *Wall,* StAZ 2013, 360.

genden Rechte und Pflichten[18]. Beitrittsberechtigt sind die Aufsichtsbehörde, das Standesamt und die Beteiligten.

31 Die Beitrittsberechtigten können ihren Beitritt nach § 51 Abs. 2 Halbs. 2 auch durch Einlegung eines Rechtsmittels erklären. Diese Vorschrift hat zwei Funktionen: Zum einen regelt sie in besonderer Weise die Form und den Zeitpunkt der Beitrittserklärung; insbesondere stellt sie klar, dass der Beitritt auch noch nach Abschluss des Verfahrens der Vorinstanz zulässig ist. Zum anderen begründet sie eine besondere Rechtsmittelbefugnis für beitrittsberechtigte Personen, die bisher noch nicht in das Verfahren einbezogen waren.

2. Die Aufsichtsbehörde

32 Welche Aufsichtsbehörde für den Beitritt zuständig ist, ergibt sich aus den landesrechtlichen Vorschriften. Beitrittsbefugt ist nur die Behörde, die für das Standesamt örtlich zuständig ist, das zu der Amtshandlung angehalten oder dessen Personenstandsregister berichtigt werden soll. Bei mehrstufiger Aufsicht kann jede Aufsichtsbehörde beitreten; allerdings können sie keine divergierenden Anträge stellen[19].

33 Die Aufsichtsbehörde hat gemäß § 53 Abs. 2 »in jedem Fall« ein Beschwerderecht, also unabhängig von einer formellen Beschwer.

3. Das Standesamt

34 Das Standesamt ist als neuer Beitrittsberechtigter in die sonst unverändert übernommene Regelung des früheren Rechts (§ 48 Abs. 2 PStG a. F.) aufgenommen worden. Dies folgt aus der eigenständigen Stellung des Standesamts im gerichtlichen Verfahren (vgl. dazu § 48 Rdnr. 26) und entspricht der Zielsetzung des FamFG, die Behördenrechte auszuweiten[20].

35 Das Standesamt hat überdies, wie dem § 53 Abs. 2 nach der Änderung durch das PStRÄndG nunmehr direkt zu entnehmen ist, »in jedem Fall« ein Beschwerderecht (vgl. dazu § 53 Rdnr. 7 f.).

4. Die Beteiligten

36 Der Begriff des Beteiligten ist durch § 7 FamFG einer gesetzlichen Regelung zugeführt worden[21]. Zuvor wurde im Schrifttum – nicht immer mit klar zu erkennenden Grenzen der Begrifflichkeit – nach »materieller Beteiligung« und »formeller Beteiligung« unterschieden.

37 Nach § 7 Abs. 1 FamFG ist der Antragsteller als in eigenen materiellen Rechten Betroffener »Beteiligter kraft Gesetzes«. Die Regelung geht davon aus,

18 *Johansson/Sachse* Rdnr. 1042.
19 *Johansson/Sachse* Rdnr. 1046 ff.
20 Vgl. *Zimmermann* Rdnr. 154; *Helms/Krömer*, StAZ 2009, 325, 327.
21 Vgl. dazu *Borth*, FamRZ 2009, 157, 160.

dass der Antragsteller regelmäßig antragsbefugt ist und durch die ergehende Entscheidung in seinen materiellen Rechten betroffen sein wird. Ist dies ausnahmsweise nicht der Fall, muss sein Antrag gleichwohl beschieden werden[22].

Die in § 7 Abs. 2 und 3 FamFG aufgeführten Personen gliedern sich als »Beteiligte kraft Hinzuziehung« in zwei Gruppen: In der ersten Gruppe befinden sich die Beteiligten, die das Gericht in jedem Fall oder auf ihren Antrag hinzuzuziehen hat (»Muss-Beteiligte«). Nach § 7 Abs. 2 Nr. 1 und 2 FamFG handelt es sich dabei um diejenigen, deren Recht durch das Verfahren unmittelbar betroffen wird und diejenigen, die von Amts wegen oder auf Antrag zu beteiligen sind. In der zweiten Gruppe sind die Beteiligten zusammengefasst, die vom Gericht nach § 7 Abs. 3 FamFG von Amts wegen oder auf Antrag zum Verfahren hinzugezogen werden können (»Kann-Beteiligte«). Die durch das FamFG vorgenommene Untergliederung der Beteiligten soll eine möglichst umfassende Einbeziehung der materiell Betroffenen gewährleisten und zugleich durch maßvolle Beschränkung des Kreises der nur formell berührten Personen eine effektive Verfahrensführung ermöglichen. **38**

In personenstandsrechtlichen Verfahren sind Beteiligte kraft Gesetzes zunächst diejenigen, die den Anweisungs- oder Berichtigungsantrag stellen (vgl. Rdnr. 37). Außerdem sind vom Gericht als Beteiligte Personen hinzuzuziehen, deren Rechte durch das Verfahren unmittelbar betroffen sind; auf Antrag kann das Gericht weitere Beteiligte (mittelbar Betroffene) benennen (zu beiden Beteiligten-Gruppen vgl. Rdnr. 38)[23]. Zur Beteiligtenfähigkeit dieser Personen vgl. Rdnr. 10. **39**

Dem Gericht bleibt es unbenommen, in das Verfahren auch »Nichtbeteiligte« einzubeziehen, sofern die Sachverhaltsaufklärung dies erfordert. Dies sind Personen, die nur anzuhören sind oder eine Auskunft zu erteilen haben, ohne dass die Beteiligten-Voraussetzungen des § 7 Abs. 2 oder 3 FamFG vorliegen. § 7 Abs. 6 FamFG stellt klar, dass solchen Personen durch die bloße verfahrensmäßige Einbeziehung die Beteiligten-Eigenschaft nicht vermittelt wird[24]. **40**

22 BT-Drs. 16/6308 (FGG-RG) S. 178.

23 Zur Abgrenzung der Beteiligten in Personenstandsverfahren vgl. *Johansson/Sachse* Rdnr. 99 ff. (Rdnr. 104 mit einer Übersicht über die Beteiligtenstellung für die einzelnen Personenstandsbücher), Rdnr. 730 ff.

24 Vgl. dazu *Zimmermann* Rdnr. 22.

§ 52 Öffentliche Bekanntmachung der Entscheidung

(1) Das Gericht kann die öffentliche Bekanntmachung einer Entscheidung anordnen, wenn es Zweifel hat, ob ihm alle Beteiligten bekannt geworden sind. An Beteiligte, die ihm bekannt sind, soll außerdem eine besondere Bekanntmachung erfolgen. Dem Antragsteller, dem Beschwerdeführer, dem Standesamt und der Aufsichtsbehörde muss die Entscheidung stets besonders bekannt gemacht werden.

(2) Die Entscheidung gilt allen Beteiligten mit Ausnahme der Beteiligten, denen die Entscheidung besonders bekannt gemacht worden ist oder bekannt gemacht werden muss, als zugestellt, wenn seit der öffentlichen Bekanntmachung zwei Wochen verstrichen sind.

(3) Die Art der öffentlichen Bekanntmachung bestimmt das Gericht. Es genügt die Anheftung einer Ausfertigung oder einer beglaubigten Abschrift der Entscheidung oder eines Auszugs davon an der Gerichtstafel. Das Schriftstück soll zwei Wochen, und wenn durch die Bekanntmachung der Entscheidung eine Frist in Gang gesetzt wird, bis zum Ablauf der Frist an der Tafel angeheftet bleiben. Auf die Gültigkeit der öffentlichen Bekanntmachung ist es ohne Einfluss, wenn das Schriftstück zu früh von der Tafel entfernt wird. Der Zeitpunkt der Anheftung und der Zeitpunkt der Abnahme sind auf dem Schriftstück zu vermerken.

Übersicht (die Zahlen bedeuten Randnummern)

I. Rechtsentwicklung

1 § 52 entspricht bis auf das nicht übernommene Wort »tunlichst« in Absatz 1 Satz 2 wörtlich § 48a PStG a. F. (dazu Rdnr. 5). Die zunächst nur in der 1. AVPStG von 1938 enthaltene Verfahrensregelung war durch das 2. PStÄndG vom 18. 5. 1957 (BGBl. I S. 518) in das PStG 1937 übernommen worden.

II. Anordnung und Art der öffentlichen Bekanntmachung (Absatz 1 und 3)

1. Voraussetzung der öffentlichen Bekanntmachung

2 Nach § 40 Abs. 1 FamFG wird der gerichtliche Beschluss allgemein mit der Bekanntgabe an den Beteiligten, für den er seinem wesentlichen Inhalt nach

bestimmt ist, wirksam. Für Personenstandsverfahren nach den §§ 48 und 49 gilt abweichend hiervon die Sondervorschrift des § 53 Abs. 1 Satz 1, nach der die Wirksamkeit des Beschlusses erst mit der Rechtskraft eintritt (vgl. Rdnr. 11).

Hat das Gericht Zweifel daran, alle Beteiligten ermittelt zu haben, ist es gegenüber den unbekannten Beteiligten erforderlich, durch eine besondere Form der Bekanntmachung die Beschwerdefrist in Lauf zu setzen, um zu einer unanfechtbaren und damit wirksamen Entscheidung zu gelangen. Durch die »öffentliche Bekanntmachung« nach § 52 Abs. 1 Satz 1 sowie Abs. 2 und 3 werden die verbleibenden Beteiligten, an die keine besondere Bekanntmachung der Entscheidung erfolgen kann, erreicht. 3

2. Die »besondere« Bekanntmachung

Die personenstandsrechtliche Sondervorschrift des § 52 Abs. 1 Satz 2 und 3 präzisiert zur Abgrenzung gegenüber den nicht bekannten Beteiligten den Kreis der Beteiligten, denen die gerichtliche Verfügung in jedem Fall »besonders« bekannt gemacht werden muss. 4

An die bekannten Beteiligten soll nach § 52 Abs. 1 Satz 2 eine besondere Bekanntmachung erfolgen. Da gegenüber der früheren Regelung des § 48a Abs. 1 Satz 2 PStG a. F. das Wort »tunlichst« nicht verwendet wird, ist das Gericht grundsätzlich gehalten, diesem Beteiligtenkreis die Entscheidung besonders bekannt zu machen. Dies bedeutet, dass bei Entscheidungen, die eine Frist in Lauf setzen, eine qualifizierte Bekanntmachung stets erforderlich ist. Dies geschieht entweder in der Form der Bekanntmachung zu Protokoll (§ 41 Abs. 2 Satz 1 FamFG), wenn der Adressat anwesend ist, oder – bei Abwesenheit – durch Zustellung gemäß § 15 Abs. 2 FamFG. Bei mündlicher Bekanntgabe ist zu beachten, dass nach § 41 Abs. 2 Satz 3, 4 FamFG die schriftliche Bekanntgabe des vollständigen Beschlusses einschließlich der Gründe nachzuholen ist. Die besondere Verfahrensvorschrift des § 52 Abs. 1 Satz 2 unterscheidet sich von der des § 41 Abs. 1 Satz 2 FamFG darin, dass der anfechtbare Beschluss allen Beteiligten und nicht nur den Beteiligten zuzustellen ist, deren erklärtem Willen er nicht entspricht. 5

Aus § 52 Abs. 1 Satz 3 ergibt sich zudem, dass das Gericht die Entscheidung grundsätzlich nicht nur allen Beteiligten, sondern – und zwar in jedem Fall – auch der Aufsichtsbehörde bekannt zu geben hat, der Aufsichtsbehörde mithin auch dann, wenn sie nicht am Verfahren teilgenommen hat, also weder den Antrag gestellt hat, noch diesem beigetreten ist. 6

Wurde das Standesamt lange nur dann zum Adressatenkreis gezählt, wenn es selbst den Antrag gestellt hatte[1], so ist es spätestens seit der Änderung des § 53 Abs. 2 durch das PStRÄndG wegen seiner Beschwerdebefugnis 7

1 *Johansson/Sachse* Rdnr. 1305.

»in jedem Fall« in der Form zu beteiligen, dass ihm die Entscheidung besonders bekannt gemacht wird.

3. Die Art der öffentlichen Bekanntmachung

8 Die Art der öffentlichen Bekanntmachung bestimmt das Gericht; es genügt nach § 52 Abs. 3 die Anheftung einer Ausfertigung oder beglaubigten Abschrift der Entscheidung oder eines Auszugs davon an der Gerichtstafel. Das Schriftstück soll zwei Wochen, und wenn durch die Bekanntmachung der Entscheidung eine Frist in Gang gesetzt wird, bis zum Ablauf der Frist an der Tafel angeheftet bleiben. Auf die Gültigkeit der öffentlichen Bekanntmachung ist es jedoch ohne Einfluss, wenn das Schriftstück zu früh von der Tafel entfernt wird. Der Zeitpunkt der Anheftung und der Zeitpunkt der Abnahme sind auf dem Schriftstück zu vermerken.

9 Weigert sich das Gericht, die Entscheidung öffentlich bekannt zu machen, so ist hiergegen das Rechtsmittel der Beschwerde gegeben, wenn nur auf diese Weise erreicht werden kann, dass die Entscheidung formell rechtskräftig wird[2].

III. Wirksamwerden der Entscheidung (Absatz 2)

10 Im Falle öffentlicher Bekanntmachung gilt die Entscheidung gemäß § 52 Abs. 2 nach zwei Wochen als zugestellt; bei der Berechnung der Bekanntmachungsfrist wird der Tag der Anheftung oder sonstigen Veröffentlichung nicht einberechnet[3]. Für den Antragsteller, den Beschwerdeführer, die Aufsichtsbehörde und das Standesamt bewendet es hingegen bei der Maßgeblichkeit der tatsächlichen Bekanntmachung, da ihnen gegenüber die öffentliche Bekanntmachung nicht greift.

11 Bei gerichtlichen Entscheidungen, durch die das Standesamt zur Vornahme einer Amtshandlung angehalten oder durch die die Berichtigung eines Personenstandsregisters angeordnet wird, ist zu beachten, dass die Wirksamkeit – abweichend von § 40 Abs. 1 FamFG – nicht schon mit der Bekanntmachung, sondern nach § 53 Abs. 1 erst mit der formellen Rechtskraft eintritt: Zwei Wochen nach der öffentlichen Bekanntmachung gilt die Entscheidung als den unbekannten Beteiligten zugestellt (§ 52 Abs. 2). Damit beginnt die Beschwerdefrist zu laufen (§ 63 Abs. 3 Satz 1 FamFG). Nach einem Monat tritt die formelle Rechtskraft ein (§ 63 Abs. 1 FamFG), sofern sich die Unanfechtbarkeit der Entscheidung als Voraussetzung der Wirksamkeit nicht durch die Einlegung des Rechtsmittels auf einen unbekannten späteren Zeitpunkt verschiebt.

2 *Johansson/Sachse* Rdnr. 1325.
3 *Johansson/Sachse* Rdnr. 1501.

§53 Wirksamwerden gerichtlicher Entscheidungen; Beschwerde

(1) Der Beschluss, durch den das Standesamt zur Vornahme einer Amtshandlung angehalten oder durch den die Berichtigung eines Personenstandsregisters angeordnet wird, wird mit Rechtskraft wirksam.

(2) Gegen den Beschluss steht dem Standesamt und der Aufsichtsbehörde die Beschwerde in jedem Fall zu.

Übersicht (die Zahlen bedeuten Randnummern)

I. Rechtsentwicklung

Das PStG 1875 begnügte sich zum Beschwerderecht gegen gerichtliche Entscheidungen in Personenstandssachen mit einem Hinweis auf die allgemeinen Vorschriften des FGG, die in ihrer Kernaussage bis heute unverändert geblieben sind, nämlich, dass gegen eine solche gerichtliche Verfügung das Rechtsmittel der (sofortigen) Beschwerde gegeben ist, und die Verfügung erst mit der Rechtskraft der Entscheidung wirksam wird. 1

Die vom PStG 1937 in §49 übernommene inhaltsgleiche Regelung für das Anweisungs- und Berichtigungsverfahren wurde durch das 2. PStÄndG nur redaktionell angepasst. 2

§53 des PStG 2007 entsprach nahezu wörtlich dem §49 PStG 1937 i.d.F. von 1957. Durch das am 1.9.2009 in Kraft getretene Nachfolgegesetz des FGG, das Gesetz über das Verfahren in Familiensachen und in Angelegenheiten der freiwilligen Gerichtsbarkeit (FamFG), wurde die Neufassung des §53 erforderlich[1]. Absatz 1 der Vorschrift ist auf die Aussage beschränkt, dass der gerichtliche Beschluss mit der Rechtskraft wirksam wird; auf die Benennung des Rechtsmittels konnte verzichtet werden (dazu Rdnr. 6). Absatz 2 mit der Regelung, dass der Aufsichtsbehörde in jedem Fall die Beschwerde gegen den Beschluss zusteht, blieb inhaltlich zunächst unverändert. Seit der Änderung des Absatzes 2 durch das PStRÄndG steht die »Beschwerdebefugnis in jedem Fall«, davor Privileg der Aufsichtsbehörde, auch dem Standesamt zu. 3

II. Wirksamkeit des Beschlusses (Absatz 1)

Der durch das FGG-Reformgesetz neu gefasste §53 Abs. 1 ist auf die Aussage beschränkt, dass der Beschluss in Verfahren nach den §§48 und 49 mit der Rechtskraft wirksam wird. Dieser sondergesetzlichen Regelung bedarf es 4

1 Art. 12 Nr. 3 FGG-RG vom 17.12.2008 (BGBl. I S. 2586).

deshalb, weil die Wirksamkeit gerichtlicher Beschlüsse im FamFG-Verfahren nach § 40 Abs. 1 FamFG regelmäßig nicht an den Eintritt der formellen Rechtskraft, sondern an die Bekanntmachung der Entscheidung geknüpft ist[2]. Mit der Bestimmung des sofortigen Eintritts der Wirksamkeit trägt das FamFG dem im Regelfall gegebenen Bedürfnis nach einem schnellen Wirksamwerden der Beschlüsse vor allem im rechtsfürsorgerischen Bereich (z. B. Bestellung eines Vormunds oder Betreuers) Rechnung. Soll von diesem Grundsatz abgewichen werden, bedarf es einer lex specialis wie der des § 53 Abs. 1 für Personenstandssachen.

5 Wegen der mit der Entscheidung verbundenen Beurkundungspflicht des Standesbeamten muss das Wirksamwerden des Beschlusses an seine formelle Rechtskraft geknüpft sein. Dies bedeutet, dass der Standesbeamte erst dann die begehrte Amtshandlung auszuführen hat, wenn der Beschluss rechtskräftig geworden ist. Dies ist regelmäßig nach Ablauf der Rechtsmittelfrist der Fall. Bei unanfechtbaren richterlichen Entscheidungen oder Rechtsmittelverzicht aller Berechtigten tritt die formelle Rechtskraft sofort ein, weil in diesen Fällen Rechtsmittel unzulässig sind.

6 Die in § 49 Abs. 1 PStG a. F. getroffenen Regelungen zur Abgrenzung der Rechtsmittel »sofortige Beschwerde« und »einfache Beschwerde« konnten ersatzlos entfallen. Es war ein Anliegen der FGG-Reform, den Rechtsmittelzug in FGG-Verfahren zu harmonisieren[3]. Die Beschwerde nach § 58 ff. FamFG findet nunmehr grundsätzlich gegen alle im ersten Rechtszug ergangenen Endentscheidungen der Amtsgerichte und Landgerichte statt. In Personenstandssachen ist mithin nicht mehr das Landgericht, sondern das Oberlandesgericht Beschwerdeinstanz. Zu den Rechtsmitteln der Beschwerde, Rechtsbeschwerde und Sprungrechtsbeschwerde vgl. § 51 Rdnr. 22 ff.

III. Beschwerderecht des Standesamts und der Aufsichtsbehörde (Absatz 2)

7 Abweichend von dem allgemeinen Grundsatz, dass ein Beschwerderecht eine Beschwer voraussetzt (vgl. § 48 Rdnr. 14 ff.), steht dem Standesamt und der Aufsichtsbehörde gemäß § 53 Abs. 2 stets ein Beschwerderecht zu, der Aufsichtsbehörde selbst dann, wenn sie nicht Beteiligte ist. Die Beschwerde ist binnen einer Frist von einem Monat, beginnend mit der schriftlichen Bekanntgabe des Beschlusses, einzulegen (§ 63 FamFG; Nr. 53 PStG-VwV).

8 Beide sind sogar dann beschwerdeberechtigt, wenn die angefochtene Entscheidung ihrem eigenen Antrag stattgegeben hat oder beide unterschiedliche Auffassungen vertreten, z. B. sich das Standesamt gegen die von der Aufsichtsbehörde vertretene Rechtsauffassung durchsetzen will[4]. Mit dieser Re-

2 Zur Abgrenzung vgl. *Zimmermann* Rdnr. 108 ff.
3 BT-Drs. 16/6308 (FGG-RG) S. 205.
4 BGH, StAZ 2014, 139 = NJW 2014, 1383; OLG Hamm, StAZ 2015, 344, StAZ 2014, 236.

gelung gibt das Gesetz sowohl dem Standesamt als auch der Aufsichtsbehörde eine Handhabe, zu jedem Stand des Verfahrens in schwierigen Fällen eine klärende obergerichtliche Entscheidung herbeizuführen[5]. Vor der Änderung des Absatzes 2 durch das PStRÄndG war umstritten, ob dem Standesamt überhaupt das Rechtsmittel der Beschwerde zustand (vgl. dazu § 49 Rdnr. 22).

Welcher Aufsichtsbehörde das Beschwerderecht zusteht, ergibt sich aus 9
den landesrechtlichen Vorschriften. Beschwerdebefugt ist nur die Behörde, die für das Standesamt örtlich zuständig ist, das zu der Amtshandlung angehalten oder dessen Personenstandsregister berichtigt werden soll. Bei mehrstufiger Aufsicht hat jede Aufsichtsbehörde ein Beschwerderecht; allerdings können sie keine divergierenden Anträge stellen[6].

5 BT-Drs. 16/1831 S. 51; abgedruckt in *Gaaz/Bornhofen* 2008 S. 459. OLG Brandenburg, StAZ 2011, 47.
6 *Johansson/Sachse* Rdnr. 1046 ff.

Kapitel 9 **Beweiskraft und Benutzung der Personenstandsregister**

Abschnitt 1 **Beweiskraft; Personenstandsurkunden**

§ 54 Beweiskraft der Personenstandsregister und -urkunden

(1) Die Beurkundungen in den Personenstandsregistern beweisen Eheschließung, Begründung der Lebenspartnerschaft, Geburt und Tod und die darüber gemachten näheren Angaben sowie die sonstigen Angaben über den Personenstand der Personen, auf die sich der Eintrag bezieht. Hinweise haben diese Beweiskraft nicht.

(2) Die Personenstandsurkunden (§ 55 Abs. 1) haben dieselbe Beweiskraft wie die Beurkundungen in den Personenstandsregistern.

(3) Der Nachweis der Unrichtigkeit der beurkundeten Tatsachen ist zulässig. Der Nachweis der Unrichtigkeit einer Personenstandsurkunde kann auch durch Vorlage einer beglaubigten Abschrift aus dem entsprechenden Personenstandsregister geführt werden.

Übersicht (die Zahlen bedeuten Randnummern)

I. Rechtsentwicklung

1 Der Regelungsinhalt des § 54 Abs. 1 und 3 über die Beweiskraft der Personenstandsregister und den Nachweis der Unrichtigkeit beurkundeter Tatsachen entspricht weitgehend dem des § 60 PStG 1937 i. d. F. des 2. PStÄndG vom 18.5.1957 (BGBl. I S. 518). Bereits in § 15 Abs. 1 PStG 1875 war eine im Kern gleichlautende Regelung getroffen, nach der die Standesregister bis zum Nachweis des Gegenteils die in ihnen beurkundeten personenstandsrechtlichen Tatsachen bewiesen.

Die jetzt in §54 Abs. 2 enthaltene Regelung über die Beweiskraft der Personenstandsurkunden war im früheren Recht gleichlautend in §66 PStG 1937 i.d.F. von 1957 getroffen; Vorgängervorschrift gleichen Inhalts war §15 Abs. 2 PStG 1875. 2

Die gegenüber der früheren Regelung vorgenommenen Änderungen des Wortlauts in §54 Abs. 1 erklären sich wie folgt: Die Einbeziehung von »sonstigen Angaben über den Personenstand der Person, auf die sich der Eintrag bezieht« in die Regelung über die Beweiskraft der Beurkundung ist Folge der Begriffsdefinition »Personenstand« in §1. Auch dort wird zwischen den Daten über den Personenstandsfall und weiteren damit in Verbindung stehenden familien- und namensrechtlichen Tatsachen unterschieden (dazu Rdnr. 14). 3

Wegen der abschließenden Begriffsdefinition in §1 Abs. 1, die eine Einbeziehung anderer als der genannten Eigenschaften einer Person nicht zulässt, war die früher in §60 Abs. 1 Satz 2 PStG a.F. enthaltene Klarstellung, dass Angaben über die Staatsangehörigkeit nicht an der besonderen Beweiskraft der Personenstandsbeurkundungen teilnehmen, verzichtbar. 4

Für nicht erforderlich – weil an sich selbstverständlich – wurde die einschränkende Forderung in §60 Abs. 1 Satz 1 PStG a.F. gehalten, nach der die Personenstandsbücher nur bei »ordnungsgemäßer Führung« beweiskräftig sind[1]. 5

II. Beweiskraft der Personenstandsregister (Absatz 1)

1. Zum Begriff »Personenstandsregister«

Nach §54 Abs. 1 beweisen ausschließlich die Beurkundungen in den Personenstandsregistern den Personenstand einer Person. Andere Register (z.B. Melderegister) besitzen diese besondere Beweiskraft auch dann nicht, wenn aus ihnen öffentliche Urkunden mit Personendaten ausgestellt werden. 6

Personenstandsregister im Sinne der Vorschrift sind nach §3 Abs. 1 das Eheregister, das Lebenspartnerschaftsregister, das Geburtenregister und das Sterberegister. Auch die nach §33 beim Standesamt I in Berlin geführte Sammlung von Todeserklärungen ist – obwohl in der Übersicht des §3 Abs. 1 nicht genannt und auch nicht den allgemeinen Benutzungsregeln der §§ 61ff. unterfallend – in den Kreis der mit besonderer Beweiskraft ausgestatteten Register aufzunehmen, da aus der Sammlung nach §55 Abs. 1 Nr. 6 »Personenstandsurkunden« in Form beglaubigter Abschriften erteilt werden. Auf Grund der Verweisung in §76 Abs. 1 auf §54 besitzen diesen besonderen Status auch die bis zum 31.12.2008 angelegten Heirats-, Lebenspartnerschafts-, Geburten- und Sterbebücher. Nr. 54.1 PStG-VwV präzisiert dies dahin, dass 7

1 BT-Drs. 16/1831 S. 51; abgedruckt in *Gaaz/Bornhofen* 2008 S. 459.

alle Altregister erfasst werden, die nach § 5 noch fortzuführen sind. Der seit dem 1.7.1938 geführte zweite Teil des Familienbuches (alter Art) hingegen besitzt diese Beweiskraft nicht. Gleiches gilt für Angaben in dem Teil der als Heiratseintrag fortgeführten Familienbücher, der nach § 67 PStV nicht fortgeführt wird (z. B. Angaben über Kinder der Ehegatten).

2. Die Beweisregel

a) Beweis und Haupteintrag

8 Gegenüber den allgemeinen Beweisregeln der §§ 415 und 418 ZPO weist die spezielle Regelung des § 54 für Personenstandseinträge und -urkunden die Besonderheit auf, dass diese Urkunden sich nicht in jedem Fall auf eigene Wahrnehmungen der Behörde oder der Urkundsperson stützen können. Bei den Eintragungen im Geburtenregister und im Sterberegister handelt es sich allgemein um Beurkundungen, die der Standesbeamte ohne eigene Kenntnis auf der Grundlage von mündlichen oder schriftlichen Anzeigen Dritter vornimmt; nur bei der Eheschließung (früher auch Begründung der Lebenspartnerschaft) beurkundet er aufgrund eigener Wahrnehmung.

9 Der Zweck der Führung der Personenstandsregister besteht darin, beweiskräftige Unterlagen über den Personenstand einer Person zur Verfügung zu stellen. Die Beweisregel des § 54 Abs. 1 nennt die von der Beweiskraft umfassten Angaben in den Personenstandsregistern im Einzelnen. Die Regelung korrespondiert mit § 1 Abs. 1, der nicht nur die Personenstandsfälle nennt, sondern auch Aufschluss darüber gibt, welche Angaben dem »Personenstand« einer Person zuzuordnen sind:

10 Zunächst ist durch § 1 Abs. 1 Satz 1 nunmehr zweifelsfrei festgestellt, dass auch der Name zum Personenstand gehört und an der Beweiskraft der Register teilhat. Dies war früher – zumindest hinsichtlich der Schreibweise der Namen – nicht unumstritten[2].

11 Weil weitere Eigenschaften eines Menschen nicht genannt sind, kommt diesen nicht die Qualität eines Personenstandsmerkmals im Sinne des Personenstandsrechts zu. Ist eine solche Eigenschaft dennoch im Registereintrag vermerkt (z. B. die Staatsangehörigkeit), so nimmt sie nicht an der besonderen Beweiskraft der Beurkundung teil.

12 Die Beurkundungen in den Personenstandsregistern beweisen zunächst den Personenstand, der in das jeweilige Register einzutragen ist, also Eheschließung, Begründung der Lebenspartnerschaft, Geburt und Tod und die darüber gemachten näheren Angaben.

13 Zur Beantwortung der Frage, welche Daten des Personenstandseintrags von der Beweisregel umfasst werden, ist der Zweck der Beurkundung heranzuziehen: Anders als nach dem früheren Recht mit mehreren über die Kern-

2 *Hepting/Gaaz* Bd. 1 § 60 Rdnr. 5.

daten der Beurkundung hinausgehenden weiteren Angaben (z.B. über die Anzeigenden bei Geburt und Tod) sieht das geltende Recht für die Beurkundung im Eheregister, Lebenspartnerschaftsregister und Geburtenregister nur noch Daten vor, die an der Beweiskraft teilnehmen: z.B. Geburtenregister mit Angaben über das Kind (Name, Geschlecht), Ort und Zeit der Geburt sowie zur Person der Eltern. Sind letztere mit einem Zusatz nach §35 PStV versehen, dass keine geeigneten Nachweise zu den Angaben vorgelegen haben, nehmen sie nicht an der Beweiswirkung des Personenstandsregisters teil[3]. Beim Sterberegister sind die Angaben über den letzten Wohnsitz und den Familienstand des Verstorbenen von der Beweiswirkung auszunehmen, weil es sich dabei um Zusatzangaben handelt, die nicht dem Beurkundungszweck, den Tod einer bestimmten Person zu beurkunden, sondern anderen Zwecken (z.B. Beantragung von Versicherungs- oder Sozialleistungen) dienen[4].

b) Nähere und sonstige Angaben

Nach §54 Abs.1 Satz1 beweisen die Personenstandsregister nicht nur Ehe- 14
schließung, Begründung der Lebenspartnerschaft, Geburt und Tod, sondern auch »die darüber gemachten näheren Angaben sowie die sonstigen Angaben über den Personenstand der Personen, auf die sich der Eintrag bezieht«. Die Einbeziehung von »sonstigen Angaben« in die Regelung über die Beweiskraft der Beurkundung ist der Definition des Begriffs »Personenstand« in §1 (vgl. §1 Rdnr.5ff.) geschuldet. Auch dort wird zwischen den Daten über den Personenstandsfall und »damit in Verbindung stehenden familien- und namensrechtlichen Tatsachen« unterschieden.

Als »nähere Angaben« im engeren Sinn werden – wie bereits nach frühe- 15
rem Recht – alle über den abstrakten Tatbestand des Personenstandsfalls hinausgehenden Daten (z.B. Ort und Zeit des Ereignisses) verstanden. Damit gemeint sind aber auch spätere Eintragungen in Form von Folgebeurkundungen. Weil dies dem Wortlaut des §60 Abs.1 Satz1 PStG a.F. nicht unmittelbar zu entnehmen war, bedurfte es früher einer weiten Auslegung, auch die Eintragung späterer Änderungen des Personenstandes (z.B. nach einer Annahme als Kind) als »nähere Angaben über die Geburt« mit in den Kreis der von der Beweiskraft erfassten Daten einzubeziehen[5].

Durch die Wörter »sonstige Angaben« ist – anders als nach früherem 16
Recht – klargestellt, dass auch Folgebeurkundungen, die mit der Grundbeurkundung nicht in direktem Zusammenhang stehen, an der besonderen Beweiskraft des Registers teilnehmen (z.B. über die Wiederannahme des Geburtsnamens nach Ehescheidung).

3 KG, StAZ 2017, 273; OLG Hamm, StAZ 2016, 113, 275.
4 *Hepting/Gaaz* Bd.1 §60 Rdnr.17.
5 *Hepting/Gaaz* Bd.1 §60 Rdnr.26.

III. Beweiskraft der Personenstandsurkunden (Absatz 2)

1. Allgemeiner Grundsatz

17 Nach § 54 Abs. 2 haben Personenstandsurkunden dieselbe Beweiskraft wie die Beurkundungen in den Personenstandsregistern; durch den Klammerzusatz »(§ 55 Abs. 1)« ist klargestellt, dass nur die dort im Einzelnen genannten (deutschen) Personenstandsurkunden diese Qualität besitzen. Der durch die Regelung gesteckte Rahmen wird aber durch internationale Verträge und Vorgaben erweitert (vgl. Rdnr. 19 f.). Daraus folgt, dass allen anderen standesamtlichen Urkunden und Bescheinigungen die besondere Beweiskraft einer Personenstandsurkunde nicht zukommt. Dies gilt insbesondere für solche Urkunden, die aus früheren, nicht mehr fortgeführten Personenstandsbüchern und Personenstandsregistern erteilt werden dürfen. Wird z. B. nach Ablauf der Fortführungsfrist eines Registereintrags eine beglaubigte Abschrift nach den archivrechtlichen Vorschriften ausgestellt, so ist diese zwar eine öffentliche Urkunde, doch besitzt sie nicht die besondere Beweiskraft einer Personenstandsurkunde (vgl. § 61 Rdnr. 15). Eine entsprechende Regelung über den Beweiswert von Urkunden aus nicht mehr fortgeführten Personenstandsregistern ist in Nr. 54.2 PStG-VwV getroffen.

2. Besonderheit »Familienbuch«

18 Eine nach dem 31. 12. 2008 erteilte beglaubigte Abschrift aus dem Familienbuch besitzt nicht die besondere Beweiskraft einer Personenstandsurkunde. Die beglaubigte Abschrift wird insbesondere aus auf Antrag angelegten Familienbüchern erteilt, aus denen sich ein sonst nicht oder nur schwer nachzuweisender Personenstand (z. B. Geburt eines Vertriebenen oder Spätaussiedlers) ergibt. In diesen Fällen dürfte meist für den aktuellen Nachweiszweck eine Urkunde minderen Beweiswertes ausreichen. Die zunächst in § 49 PStV getroffene Regelung zur Erteilung der beglaubigten Abschrift ist durch das PStRÄndG ersatzlos gestrichen worden. Dies bedeutet aber nicht etwa, dass eine solche Urkunde nicht mehr erteilt werden darf (vgl. dazu § 55 Rdnr. 23). Für das Familienbuch ist noch auf die Besonderheit hinzuweisen, dass es nach § 77 Abs. 1 als Heiratseintrag fortgeführt wird (vgl. § 77 Rdnr. 11 ff.). Dies hat zur Folge, dass der die Daten über die Eheschließung umfassende Teil des Familienbuchs als neuer Heiratseintrag die Qualität eines Registereintrags erlangt hat und die auf seiner Grundlage erteilte Eheurkunde den vollen Beweiswert einer Personenstandsurkunde nach § 54 Abs. 2 besitzt.

3. Internationale Personenstandsurkunden

a) Mehrsprachige Auszüge

Von den internationalen Verträgen hat das Übereinkommen vom 8.9.1976 über die Ausstellung mehrsprachiger Auszüge aus Personenstandsbüchern[6] (im Folgenden IntPStUrkÜb) besondere Bedeutung, weil es im Fall des im Ausland zu erbringenden Nachweises über Eheschließung, Geburt und Tod allgemein Anwendung findet. Nach Art. 8 Abs. 1 IntPStUrkÜb haben die Auszüge, d. h. die entsprechend dem Übereinkommen in einem Vertragsstaat erteilten mehrsprachigen Personenstandsurkunden, die gleiche Kraft wie die nach innerstaatlichen Rechtsvorschriften des ausstellenden Staates hergestellten Auszüge. Die von den zuständigen Stellen der Vertragsstaaten erteilten mehrsprachigen Auszüge stehen somit hinsichtlich ihrer Beweiskraft den in § 55 Abs. 1 genannten innerstaatlichen Urkunden gleich; dies ist auch in Nr. 54.3 PStG-VwV zum Ausdruck gebracht. Wird dem Standesbeamten eine solche Urkunde vorgelegt, die die formellen Voraussetzungen des Übereinkommens (Ausstellung auf dem vorgeschriebenen Formblatt mit Datum der Ausstellung, Unterschrift und Dienstsiegel der ausstellenden Behörde) erfüllt, so ist sie ohne Legalisation, Beglaubigung oder gleichwertige Förmlichkeit anzuerkennen. Zum Verhältnis des IntPStUrkÜb zu der ApostillenVO-EU vom 6. 7. 2016 vgl. Rdnr. 21. Zum Stand des Nachfolgeübereinkommens des IntPStUrkÜb, das bereits von der Bundesrepublik Deutschland ratifiziert wurde, aber noch nicht in Kraft getreten ist, vgl. § 55 Rdnr. 15. 19

b) Personenstandsurkunden aus EU-Mitgliedstaaten

Nach der Rechtsprechung des EuGH[7] verpflichtet das Gemeinschaftsrecht Behörden und Gerichte eines jeden Mitgliedstaates, von den zuständigen Behörden der anderen Mitgliedstaaten ausgestellte Urkunden und ähnliche Schriftstücke über den Personenstand zu beachten, sofern deren Richtigkeit nicht durch konkrete, auf den jeweiligen Einzelfall bezogene Anhaltspunkte in Frage gestellt ist. 20

Durch die ApostillenVO-EU[8] ist die Befreiung bestimmter Urkunden der Mitgliedstaaten von Legalisation und sonstiger Förmlichkeit bei der Vorlage dieser Urkunden in einem EU-Mitgliedstaat sowie die Verwendung mehrsprachiger Formulare als Übersetzungshilfe vorgesehen. Die deutschen Personenstandsurkunden werden von der Verordnung erfasst. Die mehrspra- 21

6 BGBl. 1997 II S. 774 (GS Nr. 201). Text des Übereinkommens und Staatenübersicht siehe www.personenstandsrecht.de.
7 EuGH, StAZ 1998, 117.
8 Verordnung (EU) 2016/1191 des Europäischen Parlaments und des Rates vom 6. 7. 2016 zur Förderung der Freizügigkeit von Bürgern durch die Vereinfachung der Anforderungen an die Vorlage bestimmter öffentlicher Urkunden innerhalb der Europäischen Union und zur Änderung der Verordnung (EU) Nr. 1024/2012 (ABl. EU Nr. L 200 vom 26. 7. 2016, S. 1). Die Verordnung ist am 15. 8. 2016 in Kraft getreten und ab dem 16. 2. 2019 anwendbar. Sie ist unter der Bezeichnung ApostillenVO-EU auszugsweise abgedruckt in GS Nr. 206.

chigen Personenstandsurkunden nach dem Übereinkommen über die Ausstellung mehrsprachiger Auszüge aus Personenstandsbüchern (vgl. Rdnr. 19) werden von der ApostillenVO-EU nicht verdrängt. Der Bürger hat vielmehr die Wahl zwischen den beiden Urkundsformen, also dem mehrsprachigen Auszug nach dem IntPStUrkÜb oder der nationalen Urkunde mit Übersetzungshilfe nach der ApostillenVO-EU[9].

IV. Nachweis der Unrichtigkeit (Absatz 3)

22 Die Eintragungen in die Personenstandsregister wirken nicht konstitutiv, sondern lediglich deklaratorisch. Der Nachweis der Unrichtigkeit der beurkundeten Tatsachen ist nach § 54 Abs. 3 Satz 1 selbst dann zulässig, wenn die unrichtigen Daten auf einem gerichtlichen Beschluss beruhen[10]. Die Beweisregel des Absatzes 1 Satz 1 begründet also nur eine widerlegbare Vermutung. Wer die Unrichtigkeit einer Beurkundung behauptet, ist hierfür beweispflichtig[11].

23 Der Nachweis der Unrichtigkeit kann nicht nur gegen den Haupteintrag, sondern selbstverständlich auch gegen Folgebeurkundungen geführt werden, unabhängig davon, ob diese den Haupteintrag berichtigt oder fortgeführt haben.

24 Es liegt auf der Hand, dass auch der Nachweis der Unrichtigkeit einer Personenstandsurkunde zulässig ist. Der Gesetzgeber hat hierfür in § 54 Abs. 3 Satz 2 den Regelfall angesprochen, dass der Nachweis durch eine beglaubigte Abschrift aus dem entsprechenden Personenstandsregister mit den richtigen Angaben geführt werden kann. In diesem Fall kann dem Betroffenen durch Neuausstellung einer Urkunde mit richtigem Inhalt geholfen werden. Ist hingegen der Registereintrag selbst fehlerhaft, so muss zunächst der Eintrag berichtigt werden, bevor eine neue Urkunde mit dem begehrten Inhalt ausgestellt werden kann[12].

25 Besonderheiten bei der Anwendung der Beweisregel sind zu beachten: Während z. B. bei einer offenbaren Scheinehe erst die richterliche Aufhebung nach § 1313 BGB die Auflösung der Ehe bewirkt und damit den Beweis der Ehe durch den Eheeintrag aufhebt, kann die Beweisvermutung bei einer Lebenspartnerschaft, deren Bestand nicht an ein der Ehe vergleichbares Verfahren geknüpft ist, bereits durch andere Umstände entfallen. So kann schon von einer Unwirksamkeit der Lebenspartnerschaft ausgegangen werden, wenn ein Lebenspartner in einem Strafverfahren wegen einer Scheinpartnerschaft

9 Zu dieser Wahlmöglichkeit und der Erteilung mehrsprachiger Übersetzungshilfe-Formulare nach der ApostillenVO-EU vgl. *Sieberichs*, StAZ 2016, 262.

10 Zur Möglichkeit und zu den Voraussetzungen sogar einer Rückberichtigung vgl. z. B. OLG Frankfurt a. M., StAZ 2008, 378; OLG Hamm, StAZ 2008, 379.

11 OLG Hamm, StAZ 2016, 275.

12 OLG Schleswig, StAZ 2014, 242.

zur Erschleichung eines Aufenthaltstitels (§ 95 Abs. 2 Nr. 2 AufenthG) rechtskräftig verurteilt wurde[13].

13 Vgl. *Kissner,* StAZ 2011, 55 mit weiteren Ausführungen zum Berichtigungsverfahren.

§ 55 Personenstandsurkunden

(1) Das Standesamt stellt folgende Personenstandsurkunden aus:
1. aus allen Personenstandsregistern beglaubigte Registerausdrucke,
2. aus dem Eheregister Eheurkunden (§ 57); bis zu der Beurkundung der Eheschließung im Eheregister können Eheurkunden auch aus der Niederschrift über die Eheschließung ausgestellt werden,
3. aus dem Lebenspartnerschaftsregister Lebenspartnerschaftsurkunden (§ 58),
4. aus dem Geburtenregister Geburtsurkunden (§ 59),
5. aus dem Sterberegister Sterbeurkunden (§ 60),
6. aus der Sammlung der Todeserklärungen beglaubigte Abschriften.

(2) Für die Ausstellung der Personenstandsurkunde ist vorbehaltlich des § 67 Absatz 3 das Standesamt zuständig, bei dem der entsprechende Registereintrag geführt wird. Die Personenstandsurkunde kann auch bei einem anderen Standesamt beantragt werden, wenn diesem die hierfür erforderlichen Daten elektronisch übermittelt werden können. Voraussetzung für die elektronische Übermittlung ist, dass das empfangende Standesamt und das den betreffenden Registereintrag führende Standesamt über technische Einrichtungen zur Versendung und zum Empfang elektronischer Daten verfügen und hierfür einen Zugang eröffnet haben.

(3) Nach Ablauf der in § 5 Abs. 5 festgelegten Fristen für die Führung der Personenstandsregister werden keine Personenstandsurkunden mehr ausgestellt; für die Erteilung von Nachweisen aus diesen Personenstandsregistern sind die archivrechtlichen Vorschriften maßgebend.

Übersicht (die Zahlen bedeuten Randnummern)

I. Rechtsentwicklung

Das PStG 1875 sah zunächst nur die Erteilung von »Auszügen aus den Registern« vor; darunter waren wortgetreue Wiedergaben der Einträge mit den Bezeichnungen Geburtsurkunde, Heiratsurkunde und Sterbeurkunde zu verstehen. Im Jahre 1924 kamen – einem Bedürfnis der Praxis entsprechend – abgekürzte Scheine (Geburts-, Heirats- und Todesschein) hinzu, die aber nicht die volle Beweiskraft der Register besaßen. 1

Das PSG 1937 führte als standesamtliche Urkunden die Geburtsurkunde, die Heiratsurkunde und die Sterbeurkunde ein, die im Gegensatz zu ihren Vorgängern nur Auszüge waren. Auf Grund des 2. PStÄndG vom 18.5.1957 (BGBl. I S. 518) wurden die deutschen Personenstandsurkunden (beglaubigte Abschriften, Geburtsscheine, Geburts-, Heirats- und Sterbeurkunden, Abstammungsurkunden und Auszüge aus dem Familienbuch) abschließend in § 65a PStG a.F. aufgeführt. 2

§ 55 Abs. 1 entspricht mit seiner ebenfalls abschließenden Aufzählung der Personenstandsurkunden weitgehend den §§ 61a und 61b PStG a.F. Neu ist die Regelung in Nr. 2, nach der die Eheurkunde bis zur Beurkundung der Eheschließung im Eheregister aus der Niederschrift über die Eheschließung ausgestellt werden kann (dazu Rdnr. 22). Als neue Personenstandsurkunde ist die Lebenspartnerschaftsurkunde (Nr. 3) hinzugekommen. Aus dem Geburtenregister wird künftig außer dem beglaubigten Registerausdruck nur noch die Geburtsurkunde ausgestellt (Nr. 4); Geburtsscheine und Abstammungsurkunden sind nicht mehr in den Urkundenkatalog aufgenommen worden (dazu Rdnr. 7). Schließlich ist berücksichtigt, dass beglaubigte Abschriften aus der Sammlung der Todeserklärungen ausgestellt werden (Nr. 6). 3

Die Regelungen in § 55 Abs. 2 und 3 über die Beantragung von Personenstandsurkunden bei einem anderen als dem registerführenden Standesamt (dazu Rdnr. 28) und die Erteilung von Nachweisen nach Ablauf der jeweiligen Führungsfristen der Personenstandsregister (dazu Rdnr. 29 ff.) hatten im früheren Recht keine Entsprechung. 4

II. Die Personenstandsurkunden im Einzelnen (Absatz 1)

1. Das Monopol der Personenstandsregister

a) Allgemeines

5 Mit der Festlegung des Trägermonopols für jede Personenstandsurkunde stellt § 55 Abs. 1 Satz 1 klar, dass Personenstandsurkunden nur aus den entsprechenden Personenstandseinträgen ausgestellt werden dürfen. Eine Erteilung der Urkunden aus den Sicherungsregistern oder gar den Sammelakten als Träger der erforderlichen Daten ist somit ausgeschlossen. Dies gilt auch für den Fall des Verlustes des Personenstandsregisters, aus dem die Urkunde ausgestellt werden soll. Zu den Ausnahmen vom Trägermonopol vgl. Rdnr. 22 ff.

6 In § 55 Abs. 1 Nr. 1 bis 6 sind abschließend die Personenstandsurkunden aufgezählt, die gemäß § 54 Abs. 2 dieselbe Beweiskraft wie die Beurkundungen in den Personenstandsregistern haben; der Katalog der mit dieser besonderen Beweiskraft ausgestatteten Personenstandsurkunden wird nur noch durch die mehrsprachigen Auszüge aus den Personenstandsbüchern und -registern erweitert (vgl. Rdnr. 15 ff.). Die Aufzählung stellt keine Rangfolge dar. Es ist also nicht etwa vorrangig ein beglaubigter Ausdruck aus dem Geburtenregister zu erteilen, wenn eine Geburtsurkunde den Nachweiszweck (z. B. für die Anmeldung der Eheschließung) erfüllt.

7 Bei der Aufzählung der Personenstandsurkunden fällt auf, dass die Abstammungsurkunde und der Geburtsschein, die beide früher aus dem Geburtenbuch ausgestellt wurden, aus dem Urkundenangebot herausgenommen worden sind. Zutreffend begründet wird dies damit, dass beide Urkunden kaum praktische Bedeutung erlangt hatten und im Ausland unter dieser Bezeichnung nicht als Geburtsnachweise bekannt waren. Der Geburtsschein reichte zudem oft als Nachweis nicht aus, weil er auf die Angaben zum Kind reduziert war. Zur Abstammungsurkunde mit ihrem gegenüber der Geburtsurkunde erweiterten Inhalt, der insbesondere zur Feststellung eines etwaigen Eheverbots der Verwandtschaft dienen sollte, hatte die befragte standesamtliche Praxis keine Aufklärungsfälle zu vermelden gehabt[1].

8 Da es immer wieder vorkommt, dass andere Behörden von Personenstandsurkunden beglaubigte Ablichtungen herstellen, ist darauf hinzuweisen, dass diese Nachweise nicht die Beweiskraft der Originalurkunde besitzen. Ihre Herstellung verstößt vielmehr gegen das den Standesämtern durch § 55 eingeräumte Beglaubigungsmonopol[2] mit der Folge, dass solche »Urkunden« allenfalls für behördeninterne Zwecke genutzt werden können, z. B. als Aktenbeleg dafür, dass die Originalurkunde vorgelegen hat. Gleiches gilt für die Beglaubigung von Abschriften oder Ablichtungen von Personenstands-

1 Zu den Gründen im Einzelnen vgl. BT-Drs. 16/1831 S. 36; abgedruckt in *Gaaz/Bornhofen* 2008 S. 438.

2 *Kallerhoff/Stamm* in: *Stelkens/Bonk/Sachs* § 33 Rdnr. 25; vgl. auch *Krömer*, StAZ 2012, 284.

urkunden durch Notare. Auch diese Urkunden genießen nicht die besondere Beweiskraft, die §54 Abs.2 den standesamtlichen Personenstandsurkunden beilegt[3].

b) Die Personenstandsurkunden

(1) Amtliche Formulare

§48 Abs.1 Satz 1 PStV schreibt vor, dass für die in §55 Abs.1 bezeichneten Personenstandsurkunden amtliche Formulare zu verwenden sind. Diese Regelung ist insoweit nicht ganz zutreffend, als nur für die in Nr.1 bis 5 bezeichneten Personenstandsurkunden amtliche Formulare vorgeschrieben sind; für die in Nr.6 genannten beglaubigten Abschriften aus der Sammlung der Todeserklärungen ist hingegen kein amtliches Formular vorgegeben. 9

§48 Abs.1 PStV spricht bei der Bezeichnung der zu verwendenden Formulare von Mustern, die als Anlagen 2 bis 9 Bestandteile der Verordnung sind. Die Verwendung des Begriffs »Muster« bedeutet indes nicht, dass Gestaltung und Inhalt der Urkunden beliebig veränderbar sind[4]. Die Verwendung einheitlicher Formulare soll vielmehr die Erkennbarkeit der Urkunden als amtliche Dokumente ermöglichen und Fälschungen vorbeugen[5]. Daher ist auch das Format mit DIN A4 vorgegeben. Die gleichwohl durch §48 Abs.1 Satz 4 PStV eingeräumte Möglichkeit, davon abweichend Urkunden in kleinerem Format herzustellen, ist den klassischen Personenstandsurkunden (Eheurkunde, Lebenspartnerschaftsurkunde, Geburtsurkunde und Sterbeurkunde) vorbehalten. Der Grund dafür ist rein praktischer Natur: Diese Urkunden passen sich z.B. im Format DIN A5 besser in Urkundensammlungen wie die des Stammbuchs der Familie ein. Zu einer Abweichung des äußeren Erscheinungsbildes und damit des Urkundenmusters kann es bei der Geburtsurkunde kommen, wenn auf Verlangen des Antragstellers bestimmte Angaben, die an sich in die Urkunde aufzunehmen sind, weggelassen werden (vgl. §59 Rdnr. 40ff.). In diesem Fall werden die Leittexte zu den entsprechenden Angaben nebst den dazugehörenden Zeilen nach §48 Abs. 2 PStV nicht in die Urkunde aufgenommen. 10

(2) Beglaubigte Abschriften

Im Gegensatz zu den anderen Personenstandsurkunden, für die in den §§57 bis 60 besondere Regelungen getroffen worden sind, finden sich im Gesetz für die beglaubigten Registerausdrucke aus den Personenstandsregistern und die beglaubigten Abschriften aus der Sammlung der Todeserklärungen keine besonderen Vorschriften. 11

Bei den beglaubigten Registerausdrucken, die gemäß §48 Abs.1 PStV nach den Mustern der Anlagen 2 bis 5 zu erteilen sind, wird regelmäßig nur der 12

3 *Wall*, StAZ 2013, 195.

4 Eine ähnliche Regelung ist z.B. in §11 der Personalausweisverordnung i.d.F. vom 1.11.2010 (BGBl. I S.1460) getroffen: »Der Personalausweis ist nach dem in Anhang 1 abgedruckten Muster herzustellen.«

5 BR-Drs. 713/08 (PStV) S.101.

urkundliche Teil des Registereintrags wiedergegeben. Die in den Registereintrag aufgenommenen Hinweise sind nach § 48 Abs. 3 PStV nur auf Verlangen des Antragstellers aufzunehmen; sie stellen lediglich Verknüpfungen zu anderen Personenstandseinträgen her und sind für den mit dem beglaubigten Registereintrag zu erbringenden Nachweis meist nicht von Bedeutung. In dem Auszug entfallen entsprechend der früheren beglaubigten Abschrift aus dem Geburtenbuch (Anlage 17 zur PStV a. F.) auch die Leittexte der Hinweise, weil sonst aus den leeren Feldern irrtümlich geschlossen werden könnte, bei der Ausstellung seien etwa Angaben vergessen worden. Die Formulare nach den Mustern der Anlagen 2 bis 5 sind gemäß § 48 Abs. 1 Satz 3 PStV zusätzlich mit einem Vermerk über die Übereinstimmung des Ausdrucks mit dem Registerinhalt zu versehen. § 70 Abs. 1 PStV (Nr. 55.1.4 Satz 1 Halbs. 1 PStG-VwV) stellt klar, dass aus einem Alt- oder Übergangsregister anstelle von beglaubigten Registerauszügen beglaubigte Abschriften ausgestellt werden. Diese allgemeine Vorschrift wird allerdings durch die in § 77 Abs. 3 getroffene Sonderregelung für Familienbücher, die als Heiratseintrag fortgeführt werden, eingeschränkt: Aus diesen Einträgen darf als Personenstandsurkunde zum Nachweis der Eheschließung keine beglaubigte Abschrift (Nr. 55.1.4 Satz 1 Halbs. 2 PStG-VwV), sondern nur eine Eheurkunde erteilt werden (zu den Gründen vgl. § 77 Rdnr. 15 ff.). Zum Nachweis der Geburt von im Ausland geborenen Kindern können aber weiter beglaubigte Abschriften aus diesen Familienbüchern ausgestellt werden (vgl. Rdnr. 23). Während der berechtigte Benutzer grundsätzlich die Wahl zwischen den in § 55 Abs. 1 aufgeführten Personenstandsurkunden hat, ist diese beim Geburtenregister und Sterberegister dann eingeschränkt, wenn der Registereintrag Angaben enthält, zu denen keine geeigneten Nachweise vorgelegen haben (§ 35 Abs. 1, § 40 Abs. 2 PStV). In diesen Fällen, in denen der Registereintrag mit einem erläuternden Zusatz (Nr. 21.4.7, Nr. 31.6 PStG-VwV) versehen ist, darf nur ein beglaubigter Registerauszug ausgestellt werden.

13 Für die Erteilung von Nachweisen aus der nach § 33 beim Standesamt I in Berlin geführten Sammlung der Beschlüsse über Todeserklärungen und gerichtliche Feststellungen der Todeszeit schreibt § 41 Abs. 3 PStV vor, dass Nutzungsberechtigten auf Antrag Bescheinigungen oder beglaubigte Abschriften der Ausfertigung der gerichtlichen Entscheidung oder beglaubigte Ausdrucke der elektronisch gespeicherten gerichtlichen Entscheidung erteilt werden. Der Antragsteller muss Berechtigter nach den §§ 62 bis 66 sein; für die Nutzung reicht die Glaubhaftmachung eines berechtigten Interesses aus. Gleiches gilt für Nachweise für das bis zum 31. 12. 2008 geführte Buch für Todeserklärungen. Da die Sammlung der Beschlüsse über Todeserklärungen und gerichtliche Feststellungen der Todeszeit – wenn auch mit hohem Beweiswert ausgestattet – kein Personenstandsregister im engeren Sinne ist, kommen die allgemeinen Benutzungsregeln der §§ 61 ff. nicht zur Anwendung.

(3) Papiersorten und Schreibmittel

14 Entsprechend den früheren Regelungen für den Einsatz von Papiersorten und Schreibmitteln zur Herstellung von Urkunden schreibt § 48 Abs. 4 PStV für diese Materialien Mindestanforderungen fest. Das Papier der Urkunden muss mindestens den Qualitätsanforderungen nach DIN 19307 – ASM 80 entsprechen. Schreibmittel müssen eine ständige Lesbarkeit sowie eine höchstmögliche Sicherheit gegen Fälschungsversuche gewährleisten. Für die Herstellung der Urkunden dürfen nur Drucker verwendet werden, die die Eignung für den Notariatsbereich besitzen.

c) Internationale Übereinkommen

(1) Übereinkommen über die Ausstellung mehrsprachiger Auszüge aus Personenstandsbüchern

Die Bundesrepublik Deutschland ist Vertragsstaat des CIEC-Übereinkommens Nr. 16 vom 8. 9. 1976 über die Ausstellung mehrsprachiger Auszüge aus Personenstandsbüchern[6], das nachfolgend näher behandelt wird. Zur Information: Die Bundesrepublik Deutschland ist jüngst dem Nachfolgeübereinkommen, dem CIEC-Übereinkommen Nr. 34 vom 14. 3. 2014 über die Ausstellung mehrsprachiger, codierter Auszüge und Bescheinigungen aus Personenstandsregistern beigetreten (BGBl. 2017 II S. 938; StAZ 2018, 102). Nach seinem Art. 17 ersetzt dieses Übereinkommen ab seinem Inkrafttreten das Übereinkommen Nr. 16 über die Ausstellung mehrsprachiger Auszüge aus Personenstandsbüchern vom 8. 9. 1976 zwischen den Staaten, die das neue Übereinkommen angenommen haben. Im Verhältnis zu den übrigen Vertragsstaaten bleibt das Übereinkommen Nr. 16 weiter anwendbar. Nach Auskunft des Generalsekretariats der CIEC ist das Inkrafttreten des Übereinkommens Nr. 34 wegen Verzögerungen der Ratifikation in Zeichnerstaaten und mehrerer miteinander verknüpfter Verfahrens-Fristen derzeit noch nicht absehbar. Im Zusammenhang mit einem Inkrafttreten sind nach Art. 2 des Vertragsgesetzes die zur Durchführung des Übereinkommens erforderlichen Rechts- und Verwaltungsvorschriften vom Bundesministerium des Innern zu erlassen. 15

Das Übereinkommen hat den Zweck, die Verwendung von Personenstandsurkunden in anderen Staaten als dem Ausstellungsstaat zu erleichtern[7]. Die internationalen Urkunden sollen insbesondere eine Übersetzung entbehrlich machen. Bei Verwendung der Urkunden in den Vertragsstaaten des Übereinkommens kommt hinzu, dass die Urkunden zur Anerkennung keiner Legalisation, Beglaubigung oder gleichwertiger Förmlichkeit bedürfen. Diese Erleichterung kann innerhalb der EU auch durch eine Übersetzungshilfe nach der ApostillenVO-EU erreicht werden (vgl. dazu § 54 Rdnr. 21). 16

In § 50 PStV sind nähere Regelungen zu den durch das Übereinkommen vorgegebenen Formularen und deren Ausstellung getroffen; Nr. 55.3.1 bis 55.3.5 PStG-VwV geben zusätzliche Anweisungen für die Urkundenerteilung. Die Kernpunkte der Vorschriften sind folgende: 17

Auf der Vorderseite der Formblätter A (Auszug aus dem Geburtenregister), B (Auszug aus dem Eheregister) und C (Auszug aus dem Sterberegister) 18

6 BGBl. 1997 II S. 774 (GS Nr. 201). Text des Übereinkommens und Staatenübersicht siehe www.personenstandsrecht.de.

7 Zu dem Übereinkommen vgl. *Gaaz*, StAZ 1996, 289.

des Übereinkommens ist der Leittext der Angabenfelder in den Sprachen des ausstellenden Staates sowie in französischer und englischer Sprache angegeben. Am Schluss der Vorderseite und auf der Rückseite der Urkunden befinden sich die Übersetzungen der Bezeichnung der Urkunde, der Leittexte und der darin verwendeten Symbole in den Sprachen der anderen Mitgliedstaaten der CIEC und weiterer Vertragsstaaten, die nicht der CIEC angehören. Durch die Zuordnung der Angaben zu den Leittexten der jeweiligen Staaten wird die Übersetzung der Urkunden entbehrlich. Das Übereinkommen sieht ein Formblatt für einen Auszug aus dem Lebenspartnerschaftsregister nicht vor (vgl. § 58 Rdnr. 6). Mit dem neuen, von der Bundesrepublik Deutschland bereits ratifizierten CIEC-Übereinkommen über die Ausstellung mehrsprachiger, codierter Auszüge und Bescheinigungen aus Personenstandsregistern ist auch für Lebenspartnerschaftsregister die Möglichkeit der Ausstellung einer internationalen Personenstandsurkunde eröffnet werden; das Übereinkommen ist noch nicht in Kraft getreten (vgl. dazu Rdnr. 15).

19 Eine mehrsprachige Personenstandsurkunde darf nur erteilt werden, wenn der Personenstandseintrag auf gesicherten Grundlagen beruht (Nr. 55.3.2 PStG-VwV); ein Zusatz im Eintrag, dass dies nicht der Fall ist, schließt die Erteilung grundsätzlich aus. Nationale Besonderheiten, die Einfluss auf die zu beurkundenden Angaben haben, sind im Einzelnen § 50 Abs. 4 bis 7 PStV sowie Nr. 55.3.3 bis 55.3.5 PStG-VwV zu entnehmen. Vgl. dazu auch § 57 Rdnr. 36 f., § 59 Rdnr. 35 ff. und § 60 Rdnr. 27 ff.

20 Zur Angabe des Namens von Personen, die keinen Vornamen oder Familiennamen führen oder die neben Vor- und Familiennamen weitere Namensbestandteile führen, stellt die durch das PStRÄndG in § 50 Abs. 4 PStV eingestellte Regelung klar, dass der sich aus dem Registereintrag ergebende Name mit allen Namensbestandteilen in die Urkunde einzutragen ist. Dabei ist zu beachten, dass der bei solchen Namen nach § 23 Abs. 3 PStV aufzunehmende Hinweis auf die jeweilige Art der ausländischen Namensform (z. B. Eigenname, Vatersname) unterbleibt (Nr. 55.3.2 PStG-VwV). Der Grund ist darin zu sehen, dass im Ausland ein solcher erläuternder Zusatz als Bestandteil des Namens selbst angesehen werden könnte[8].

(2) Übereinkommen zur Schaffung eines internationalen Stammbuchs der Familie

21 Die Bundesrepublik Deutschland hat das CIEC-Übereinkommen vom 12. 9. 1974 zur Schaffung eines internationalen Stammbuchs der Familie[9] nicht ratifiziert. Gleichwohl gestattet § 52 PStV die Eintragung von Angaben über die Geburt gemeinsamer Kinder der Ehegatten sowie über den Tod der Ehegatten und ihrer Kinder in ein solches Stammbuch der Familie, da dies – so Nr. 55.4 PStG-VwV – ein »berechtigtes Anliegen« der Vertragsstaaten ist.

8 Zu der vorausgegangenen Diskussion vgl. *Kraus*, StAZ 2013, 26.
9 GS Nr. 201a.

2. Ausnahmen vom Trägermonopol

a) *Eheurkunde aus Eheschließungs-Niederschrift*

22 Eine Ausnahme von dem Grundsatz, dass die Personenstandsurkunden nur aus dem Registereintrag ausgestellt werden dürfen, ist in § 55 Abs. 1 Nr. 2 Halbs. 2 für den Fall vorgesehen, dass die Eheschließung zwar schon stattgefunden hat, ihre Beurkundung aber noch nicht erfolgt ist. Nach dem früheren Recht konnte dieser Fall nicht eintreten, da die Eheschließung unmittelbar nach dem Eheversprechen und der Unterzeichnung des Heiratseintrags durch die Ehegatten und den Standesbeamten beurkundet war und eine Heiratsurkunde sofort aus dem Eintrag selbst erteilt werden konnte. Die elektronische Registerführung gibt andere Abläufe vor: § 14 Abs. 3 trägt dem dadurch Rechnung, dass er dem späteren Registereintrag die Beurkundung der Erklärungen der Eheschließenden vorgeschaltet hat. Diese umfasst die Erklärung, die Ehe miteinander eingehen zu wollen, und etwaige Bestimmungen zur Namensführung in der Ehe (vgl. § 14 Rdnr. 17 ff., 22 ff.). Damit eine Aushändigung der Eheurkunde an die Ehegatten zeitnah zur Eheschließung erfolgen kann, sieht § 55 Abs. 1 Nr. 2 Halbs. 2 die Möglichkeit vor, die Eheurkunde bereits aus der Niederschrift über die Eheschließung auszustellen (vgl. § 57 Rdnr. 41 ff.). Nach § 56 Abs. 1 Satz 2 ist anstelle der Nummer des Registereintrags ein Hinweis auf die Niederschrift aufzunehmen. Da die urkundliche Quelle ersichtlich sein muss, gilt dies selbst für den Fall, dass die spätere Registernummer bereits zugeteilt worden ist. Zum Wortlaut des Hinweises vgl. § 56 Rdnr. 6. Eine Besonderheit bestand für Eheschließungen gleichgeschlechtlicher Personen: Nach den Anwendungshinweisen des Bundesinnenministeriums war entsprechend der Niederschrift über die Eheschließung in der Eheurkunde an die Stelle der Leittexte »Ehemann« und »Ehefrau« die gemeinsame Datenblocküberschrift »Ehegatten« getreten. Seit dem Inkrafttreten der 1. PStÄndV zum 1. 11. 2018 sind entsprechend § 42 Abs. 4 Satz 1 PStV die von den neutralen Elementbezeichnungen »1.« und »2.« zur Verfügung gestellten Bezeichnungen »Ehemann«, »Ehefrau« oder »Ehepartner« zu verwenden (vgl. § 57 Rdnr. 24). Bei vorangegangener Lebenspartnerschaft ist außerdem in das Feld »Weitere Angaben aus dem Register« folgender Text aufzunehmen: »Eheschließung bei bestehender Lebenspartnerschaft (begründet am [Datum], Standesamt [Standesamtsname], L [Eintragsnummer/Jahr der Erstbeurkundung])«. Vgl. dazu § 57 Rdnr. 5, 21.

b) *Familienbuch-Abschrift*

23 Es war ein zentrales Anliegen der Personenstandsrechtsreform, das Familienbuch abzuschaffen (vgl. § 3 Rdnr. 6). Gleichwohl erschienen vornehmlich die in Spalte 9 beurkundeten Geburtsangaben der im Ausland geborenen Kinder wert und geeignet, sie einer besonderen Nutzung zuzuführen. Wegen der ab dem 1. 1. 2009 nicht mehr fortgeführten Daten konnte dies zwar nicht in Form einer Personenstandsurkunde geschehen, doch sah § 49 PStV bis zu seiner ersatzlosen Streichung durch das PStRÄndG vor, zum Nachweis der Ge-

burt eines im Ausland geborenen Kindes eine beglaubigte Abschrift aus dem Familienbuch auszustellen. Dem betroffenen Personenkreis, insbesondere den Vertriebenen und Spätaussiedlern, sollte es damit ermöglicht werden, weiter einen Nachweis ihrer Geburt zu führen, ohne die meist aufwändige Nachbeurkundung nach § 36 betreiben zu müssen. Die Streichung erfolgte, weil – so die amtliche Begründung[10] – durch die Regelung der Eindruck erweckt werde, die beglaubigte Abschrift aus dem Familienbuch sei eine Personenstandsurkunde. Die amtliche Begründung stellt aber ausdrücklich klar, dass – obwohl die Regelung entfallen ist – »die Betroffenen nicht schlechter gestellt werden«. Die Erteilung einer beglaubigten Abschrift mit dem Charakter einer öffentlichen Urkunde sei auch künftig möglich. Die beglaubigte Abschrift bleibt den Betroffenen mithin als urkundlicher Nachweis für viele Fälle des täglichen Lebens erhalten, bei denen der hohe Beweiswert einer Personenstandsurkunde (vgl. § 54 Rdnr. 18) nicht erforderlich ist.

c) Tarnurkunden

24 Nach § 5 Abs. 1 ZSHG sind öffentliche Stellen befugt, auf Ersuchen der Zeugenschutzdienststelle für eine zu schützende Person Urkunden oder sonstige Dokumente zum Aufbau oder zur Aufrechterhaltung einer vorübergehend geänderten Identität (Tarndokumente) mit den von der Zeugenschutzdienststelle mitgeteilten Daten herzustellen oder vorübergehend zu verändern sowie die geänderten Daten zu verarbeiten. Die Vorschrift stellt ausdrücklich klar, dass Tarneintragungen in den Personenstandsregistern nicht erfolgen dürfen. Entsprechende Urkunden können mithin ohne Registergrundlage mit den vorgegebenen Angaben hergestellt werden, soweit dem nicht öffentliche Interessen oder schutzwürdige Interessen Dritter, die den Schutzzweck überwiegen, entgegenstehen. Zum Schutz der wahren Identität solcher Personen vgl. § 64 Rdnr. 12 ff.

d) Urkunde über die Anzeige einer Fehlgeburt

25 Nach § 31 Abs. 2 PStV besteht die Möglichkeit, dem Standesamt eine Fehlgeburt anzuzeigen und hierüber eine Bescheinigung nach dem Muster der Anlage 11 der PStV zu erhalten (vgl. § 18 Rdnr. 27 ff.)[11]. Anzeigeberechtigt ist nur eine Person, der bei Lebendgeburt die Personensorge zugestanden hätte. Eine Anzeigefrist ist nicht vorgesehen. Danach können auch Fehlgeburten angezeigt werden, die vor dem Inkrafttreten der Regelung am 15. 5. 2013 erfolgt sind (Nr. 18.2.2 PStG-VwV). Eine Fehlgeburt setzt voraus, dass sich kein Merkmal des Lebens gezeigt hat, das Gewicht der Leibesfrucht weniger als 500 Gramm beträgt und die 24. Schwangerschaftswoche nicht erreicht wurde (§ 31 Abs. 2 PStV); sie wird nicht in einem Personenstandsregister beurkundet. Anforderungen an den Reifegrad des Embryos oder ein Mindestgewicht sieht die Regelung über die Anzeige nicht vor. Der hinsichtlich zu er-

10 BT-Drs. 17/10489 S. 50.
11 Zum Verfahren vgl. *Bockstette,* StAZ 2013, 169, 173.

bringender Nachweise ursprünglich im Regierungsentwurf vorgesehen gewesene Verweis auf § 33 PStV wurde mit der Begründung gestrichen, »im Interesse der betroffenen Eltern auf die Vorlage von umfangreichen Nachweisen, wie sie bei der Anzeige einer Lebendgeburt erforderlich sind, zu verzichten«. Ein Mindestnachweis, z. B. Bescheinigung des Arztes oder der Hebamme, ggf. auch aussagekräftiger Mutterpass, ist aber zu fordern (Nr. 18.2.3 PStG-VwV). Von ihrer Gestaltung her ähnelt die Bescheinigung über die Anzeige einer Fehlgeburt, die nicht die Qualität einer Personenstandsurkunde besitzt, einer Geburtsurkunde. Für das Kind werden – wie bei der Totgeburt (vgl. § 21 Rdnr. 63) – auch vorgesehene Vor- und Familiennamen eingetragen. Es folgen die Angaben über die Eltern; für deren Namensführung ist der Zeitpunkt der Fehlgeburt maßgebend (Nr. 18.2.7 PStG-VwV). Zur Angabe des Vaters vgl. Nr. 18.2.4 PStG-VwV, zur Anzeigeberechtigung und Zuständigkeit bei einer im Ausland erlittenen Fehlgeburt vgl. Nr. 18.2.5 PStG-VwV. Die Fehlgeburt wird als Totgeburt beurkundet, wenn sie Teil einer Mehrlingsgeburt ist, bei der mindestens ein Kind als Lebendgeburt oder Totgeburt zu beurkunden ist (vgl. § 18 Rdnr. 12).

e) Bescheinigung über die Anzeige und Zurückstellung der Beurkundung

Die Beurkundung eines Personenstandsfalls kann nach § 7 Abs. 1 PStV zurückgestellt werden, wenn Angaben oder Nachweise für die Beurkundung fehlen. Auf Antrag ist dem Anzeigenden hierüber nach § 7 Abs. 2 PStV eine Bescheinigung auszustellen. **26**

III. Ausstellung der Personenstandsurkunden (Absatz 2)

1. Zuständiges Standesamt

Die Ausstellung der Personenstandsurkunden ist – wie bereits nach früherem Recht – dem Standesamt vorbehalten, das den entsprechenden Registereintrag führt oder das im Falle des Anschlusses an ein zentrales Landesregister zur Ausstellung von Personenstandsurkunden aus den Personenstandsregistern anderer Standesämter berechtigt ist (vgl. dazu § 67 Rdnr. 10). Letzteres ergibt sich zweifelsfrei aus § 55 Abs. 2 durch den Zusatz »vorbehaltlich des § 67 Abs. 3«, der durch das PStRÄndG eingefügt wurde. Dass hingegen die Verwaltungsbehörde, bei der die Sicherungsregister aufbewahrt werden, nicht zur Ausstellung von Personenstandsurkunden befugt ist, stellt Nr. 55.1.1 PStG-VwV ausdrücklich klar. **27**

2. Sonderform

§ 55 Abs. 2 Satz 2 bietet in Verbindung mit § 56 Abs. 4 für die Beantragung und Ausstellung der Personenstandsurkunden ein neues Verfahren an (vgl. § 56 Rdnr. 20 f.). Davon ausgehend, dass der gesicherte Datenverkehr der Standesämter untereinander nur noch eine Frage der Zeit ist, soll dem Bürger die **28**

Möglichkeit eröffnet werden, bei dem Standesamt seines Wohnortes die gewünschte Personenstandsurkunde auch dann zu beantragen und zu erhalten, wenn das betreffende Personenstandsregister bei einem anderen Standesamt geführt wird. Dies ändert aber nichts an dem Grundsatz, dass – ungeachtet der Aushändigung durch ein anderes Standesamt – nur das registerführende Standesamt die Personenstandsurkunde erteilt. Da zum Verfahren des Urkundentransfers keine besonderen Regelungen getroffen worden sind, dürften die allgemeinen Vorschriften nach § 63 PStV (Nr. 68.7 PStG-VwV) zur elektronischen Datenübermittlung anzuwenden sein (vgl. § 68 Rdnr. 11 ff.); Vorstellungen zum Verfahrensablauf sind § 56 Rdnr. 20 f. zu entnehmen.

IV. Nachweise nach Ablauf der Fortführungsfristen (Absatz 3)

29 Durch § 55 Abs. 3 Halbs. 1 wird die Regelung des § 5 Abs. 5 über die nur noch begrenzte Fortführung der Personenstandsregister (vgl. § 5 Rdnr. 24 f.) konsequent auf die Urkundenerteilung übertragen: Der hohe Beweiswert der Personenstandsurkunden ist von dem der Register, aus denen sie erteilt werden, abhängig. Daraus folgt zwangsläufig, dass mit dem Tag des Ablaufs der jeweiligen Fortführungsfrist die Möglichkeit erlischt, aus dem Register eine der in § 55 Abs. 1 aufgeführten Urkunden auszustellen. Andernfalls würde der Schein gesetzt, dass die Personenstandsurkunde den aktuellen Stand des Personenstandes am Tag der Ausstellung der Urkunde wiedergibt. Dies würde zwar angesichts der langen Fortführungsfristen allgemein so sein, doch wäre – wenn auch auf wenige Ausnahmen beschränkt – nicht auszuschließen, dass nach Ablauf der Frist noch eine in Registereintrag und -urkunde unberücksichtigte Änderung eingetreten ist.

30 Da bei nachträglichen Beurkundungen (§§ 34 ff.) und Beurkundungen von Sterbefällen in ehemaligen Konzentrationslagern (§ 38) die Frist zur Fortführung erst mit dem Tag der Beurkundung des Personenstandsfalls beginnt, kann dies gegenüber den normalen Beurkundungen zu einer erheblichen Verlängerung der Fortführungs- und Nutzungsdauer führen.

31 Damit Interessierten auch nach Ablauf der Fortführungsfristen Urkunden – z. B. zum Zwecke der Familienforschung – aus den nicht mehr fortgeführten Personenstandsregistern ausgestellt werden können, eröffnet § 55 Abs. 3 Halbs. 2 die Möglichkeit, entsprechende Nachweise (z. B. beglaubigte Ablichtungen) nach Maßgabe der jeweiligen archivrechtlichen Vorschriften zu erteilen. Selbst für den wohl äußerst seltenen Fall eines erforderlichen Nachweises in einer Rechtssache (z. B. in einer Erbschaftsangelegenheit) dürfte auch eine solche öffentliche Urkunde zum Beweis der Personenstandsdaten ausreichen.

§56 Allgemeine Vorschriften für die Ausstellung von Personenstandsurkunden

(1) In der Ehe-, der Lebenspartnerschafts-, der Geburts- und der Sterbeurkunde werden das Standesamt, bei dem der Personenstandsfall beurkundet worden ist, und der Jahrgang sowie die Nummer des Registereintrags angegeben. Bei der Ausstellung der Eheurkunde aus der Niederschrift über die Eheschließung oder der Lebenspartnerschaftsurkunde aus der Niederschrift über die Begründung der Lebenspartnerschaft ist an Stelle der Nummer des Registereintrags ein Hinweis auf die Niederschrift aufzunehmen.

(2) Ist ein Registereintrag durch Folgebeurkundungen fortgeführt worden, so werden nur die geänderten Tatsachen in die Personenstandsurkunden aufgenommen.

(3) Am Schluss der Personenstandsurkunden werden der Tag und der Ort ihrer Ausstellung sowie der Familienname des ausstellenden Standesbeamten angegeben. Die Personenstandsurkunden werden von dem Standesbeamten unterschrieben und mit dem Abdruck des Dienstsiegels versehen.

(4) Wird die Personenstandsurkunde bei einem anderen als dem für die Ausstellung zuständigen Standesamt beantragt (§55 Abs. 2 Satz 2), so übermittelt der das Register führende Standesbeamte die für den Ausdruck der Urkunde erforderlichen Daten und versieht diese mit seiner dauerhaft überprüfbaren qualifizierten elektronischen Signatur. Der empfangende Standesbeamte druckt die Personenstandsurkunde auf Grund der übermittelten Daten aus und beglaubigt, dass die Angaben in der Urkunde mit den ihm übermittelten Daten übereinstimmen; der Beglaubigungsvermerk ist unter Angabe des Tages und des Ortes von ihm zu unterschreiben und mit dem Abdruck des Dienstsiegels zu versehen.

Übersicht (die Zahlen bedeuten Randnummern)

I. Rechtsentwicklung

1 In § 56 Abs. 1 Satz 1 und Abs. 3 ist der formelle Inhalt der Personenstandsurkunden festgelegt: Bezeichnung des Beurkundungs-Standesamts, Jahrgang und Nummer des Registereintrags, Tag und Ort der Ausstellung, Familienname des ausstellenden Standesbeamten, seine Unterschrift und der Dienstsiegelabdruck. Entsprechende Regelungen waren früher den §§ 87 ff. DA zu entnehmen.

2 § 56 Abs. 1 Satz 2 regelt als Neuerung die Kennzeichnung der Eheurkunde oder Lebenspartnerschaftsurkunde, wenn die Ausstellung nicht aus dem Personenstandsregister, sondern aus der Niederschrift über die Begründung von Ehe oder Lebenspartnerschaft ausgestellt wird. Die Regelung ist für die Erteilung einer Lebenspartnerschaftsurkunde zum 1. 10. 2017 obsolet geworden. Nach Art. 3 Abs. 3 des Gesetzes zur Einführung des Rechts auf Eheschließung für Personen gleichen Geschlechts vom 20. 7. 2017 (BGBl. I S. 2787) können Lebenspartnerschaften ab Inkrafttreten dieser Vorschrift nicht mehr begründet werden.

3 Nach § 56 Abs. 2 werden die Folgebeurkundungen des Registereintrags in die jeweilige Personenstandsurkunde eingearbeitet, so dass die Urkunde stets den aktuellen Stand des Eintrags wiedergibt (dazu Rdnr. 9). Die vergleichbare Regelung in § 65 PStG a. F. differenzierte hingegen zwischen Berichtigungen, die in jedem Fall zu berücksichtigen waren, und sonstigen Änderungen des Eintrags mit Sonderregelungen für die Abstammungsurkunde und die Geburtsurkunde.

4 § 56 Abs. 4 enthält nähere Regelungen zum neuen Verfahren der Beantragung einer Personenstandsurkunde bei einem anderen als dem registerführenden Standesamt (dazu Rdnr. 20).

II. Allgemeine Angaben (Absatz 1 bis 3)

1. Der formelle Inhalt

Die für die Personenstandsurkunden zu verwendenden Formulare sind durch §48 Abs.1 PStV verbindlich vorgeschrieben; sie müssen den Mustern der Anlagen 2 bis 9 entsprechen (vgl. dazu §55 Rdnr. 9ff.). 5

a) Standesamt, Jahrgang, Nummer

Der formelle Inhalt der Ehe-, der Lebenspartnerschafts-, der Geburts- und der Sterbeurkunde ist gegenüber dem früheren Recht unverändert geblieben: Es werden nach §56 Abs.1 Satz1 das beurkundende Standesamt, der Jahrgang und die Nummer des Registereintrags aufgenommen; die Registrierungsdaten sind §16 Abs.2 PStV zu entnehmen. Dabei kann es vorkommen, dass sich die Bezeichnung des Standesamts nach der Beurkundung des Personenstandsfalls geändert hat (z.B. nach kommunaler Neugliederung): In diesem Fall soll nach Nr. A 2.1.4 Satz 2, Nr. 56.1.3 Satz 3 PStG-VwV der ursprünglichen Bezeichnung der neue Name unter Voranstellung des Wortes »jetzt« hinzugefügt werden. Wird die Eheurkunde aus der Niederschrift über die Eheschließung ausgestellt, so tritt nach §56 Abs.1 Satz 2 an die Stelle der Nummer des Registereintrags ein Hinweis auf die Niederschrift über die Eheschließung. Da aus urkundenrechtlicher Sicht die Quelle der Urkunde ersichtlich sein muss, ist dies selbst dann zwingend, wenn die Registernummer bereits feststehen sollte. Die Angabe lautet nach Nr. 57.1 PStG-VwV: »Niederschrift über die Eheschließung«; steht die Registernummer bereits fest, so ist sie anzufügen. 6

b) Tag und Ort der Beurkundung, Unterschrift

Nach §56 Abs. 3 werden am Schluss der Personenstandsurkunde der Tag und der Ort der Ausstellung sowie der Familienname des Standesbeamten angegeben; die amtlichen Vordrucke sehen zusätzlich noch die Angabe der Funktionsbezeichnung vor. Die Datumsangabe ist nach Nr. A 2.2.1 PStG-VwV in der Reihenfolge Tag, Monat und Jahr anzugeben, wobei Tag und Monat zweistellig, die Jahreszahl vierstellig einzutragen sind. Als Ort der Ausstellung ist der Ort anzugeben, an dem das Standesamt seinen Sitz hat; dieser ist nach Nr. A 2.1.2 PStG-VwV mit der amtlichen Gemeindebezeichnung einzutragen. Zur Frage, welcher Ort bei mehreren Amtssitzen des Standesamts einzutragen ist, vgl. §1 Rdnr. 42. Schließlich ist die Urkunde von dem ausstellenden Standesbeamten oberhalb der Angabe seines Familiennamens zu unterschreiben und mit dem Dienstsiegelabdruck zu versehen. 7

2. Der materielle Inhalt

Der materielle Inhalt der Personenstandsurkunden ist durch die Leittexte der Formulare weitgehend vorgegeben. Die Besonderheiten sind bei den einzelnen Personenstandsurkunden (§§ 57 bis 60) behandelt. 8

a) Die einzutragenden Daten

9 Da die Personenstandsurkunden nach den §§ 57 bis 60 Auszüge aus den ihnen zugrunde liegenden Personenstandseinträgen sind, gilt der Grundsatz, dass in diese Urkunden nur Angaben aufgenommen werden dürfen, die sich aus dem entsprechenden Eintrag ergeben. Die Nrn. 56.1.1 ff. PStG-VwV geben hierzu nähere Erläuterungen:

(1) Ortsbezeichnung

10 Zur Angabe des Namens des Ortes, in dem sich der beurkundete Personenstandsfall ereignet hat, ist klargestellt, dass zwischenzeitliche Änderungen (z. B. durch Umbenennung, Zusammenschluss, Eingliederung) unberücksichtigt bleiben; es ist also der sich aus dem Personenstandseintrag ergebende Ortsname zu übernehmen (Nr. A 2.1.4 Satz 1 Halbs. 1, Nr. 56.1.3 Satz 1 PStG-VwV). Der neue Name soll unter Voranstellung des Wortes »jetzt« hinzugefügt werden (Nr. A 2.1.4 Satz 1 Halbs. 2, Nr. 56.1.3 Satz 2 PStG-VwV). Zur Bezeichnung des Standesamts vgl. Rdnr. 6.

(2) Erläuternder Zusatz

11 Ist im Fall der Beurkundung einer Geburt oder eines Sterbefalls nach § 35 Abs. 1 oder § 40 Abs. 2 PStV ein erläuternder Zusatz darüber aufgenommen worden, dass keine geeigneten Nachweise zu Angaben über die Eltern des Kindes, das Kind oder den Verstorbenen vorgelegen haben, so ist dieser Hinweis (nach Nr. 21.4.7, Nr. 31.6 PStG-VwV: »Identität nicht nachgewiesen«) zu übernehmen, weil andernfalls die Urkunde einen Rechtsschein setzen würde, den der Zusatz im Eintrag gerade vermeiden will. Bis zu einer ergänzenden Folgebeurkundung, dass die Angaben nunmehr nachgewiesen sind, darf nach § 35 Abs. 1 Satz 2 PStV nur ein beglaubigter Registerauszug erteilt werden. Gleiches gilt für den Geburtseintrag im Fall unsicherer Angaben in einer Folgebeurkundung über den Vater des Kindes[1]. Ist im Geburtseintrag zum Namen des Kindes der erläuternde Zusatz »Namensführung nicht nachgewiesen« aufgenommen worden, so wird dieser durch den erläuternden Zusatz »Identität nicht nachgewiesen« zu den Angaben über die Mutter nicht entbehrlich. Ohne den Zusatz hätte die Eintragung des Geburtsnamens die Vermutung der Richtigkeit für sich[2].

(3) Religionszugehörigkeit

12 Vor der Eintragung von Angaben über die Zugehörigkeit zu einer Kirche, Religionsgesellschaft oder Weltanschauungsgemeinschaft (vgl. dazu § 3 Rdnr. 29) erfolgt keine Prüfung darüber, ob die Eintragungsvoraussetzungen am Tag der Ausstellung der Personenstandsurkunde noch vorliegen. Erhält der Personenstandseintrag keine Eintragung der Religionszugehörigkeit oder ergibt sich aus einer Folgebeurkundung der Austritt aus der Religionsgemeinschaft, erscheint das für die Eintragung vorgesehene Feld in der Personenstands-

1 Vgl. hierzu OLG Düsseldorf, StAZ 2017, 47; OLG Zweibrücken, StAZ 2013, 21.
2 KG, StAZ 2016, 174.

urkunde nicht; Entsprechendes gilt für Angaben über die Zugehörigkeit zu einer Weltanschauungsgemeinschaft.

(4) Sperrvermerk

Aus einem Personenstandseintrag, der einen Sperrvermerk trägt, darf nur in bestimmten Ausnahmefällen eine Personenstandsurkunde erteilt werden (vgl. § 64 Rdnr. 10, 18). Ist der Sperrvermerk ungültig oder aufgehoben worden, so ist eine Personenstandsurkunde nach den §§ 57 bis 59 ohne Hinweis auf den Sperrvermerk auszustellen. Kann dem Begehren nur mit einer beglaubigten Abschrift des Personenstandseintrags entsprochen werden, ist darin der gestrichene oder ungültig gewordene Sperrvermerk nicht aufzunehmen oder abzudecken. **13**

(5) Freier Zeilenraum

In allen Personenstandsurkunden ist der nach der Eintragung im jeweiligen Angabenfeld verbleibende Zeilenraum nicht mehr durch Ausliniieren, Schlusszeichen o. ä. zu sperren. Dies folgt aus der PStG-VwV, in der Regelungen, wie sie die Allgemeine Verwaltungsvorschrift zum PStG a. F.[3] enthielt, nicht mehr getroffen sind. Auch für den Fall, dass in einem Feld keine Eintragung vorgenommen wird, bleibt der freie Zeilenraum ungesperrt. **14**

b) Folgebeurkundungen

Nach § 56 Abs. 2 ist jede Folgebeurkundung bei der Ausstellung von Personenstandsurkunden zu berücksichtigen; es werden nur – so die Regelung – »die geänderten Tatsachen« aufgenommen. Dies gilt selbstverständlich auch für die Folgebeurkundungen untereinander; z. B. ist bei mehreren Folgebeurkundungen über Namensänderungen nur die letzte maßgebend, also der aktuelle Name einzutragen. Eine Regelung entsprechend § 65 Abs. 1 Satz 3 PStG a. F., nach der bestimmte Änderungen des Eintrags am Schluss der Urkunde anzugeben waren[4], sieht das geltende Recht nicht vor. Zur Besonderheit der Namenangabe in der Eheurkunde vgl. § 57 Rdnr. 14 ff. **15**

Folgebeurkundungen können auch zu zusätzlichen Eintragungen führen, die in das Angabenfeld »Weitere Angaben aus dem Register« aufzunehmen sind. Um welche Angaben es sich dabei handelt, ergibt sich aus den Regelungen zu den einzelnen Personenstandsurkunden (z. B. in der Eheurkunde über die Auflösung der Ehe). Sind in diesem Angabenfeld keine Eintragungen vorzunehmen, so fallen nach Nr. 56.1.7 PStG-VwV der Leittext »Weitere Angaben aus dem Register« und die für die Eintragung der Angaben vorgesehenen Felder ersatzlos fort. **16**

3 Vgl. §§ 50 Abs. 3, 87 Abs. 5, 90 Abs. 1 DA.
4 Vgl. dazu im Einzelnen *Hepting/Gaaz* Bd. 1 § 65 Rdnr. 20.

c) Personenstandsurkunden aus Altregistern

(1) Allgemeines

17 Für die Erteilung von Personenstandsurkunden aus Altregistern gelten, da in den Übergangsvorschriften keine Sonderregelungen getroffen sind, die §§ 55 ff. unmittelbar. Als Besonderheit ist zu beachten, dass die Einträge der Altregister in ihrer Kennung – anders als nach § 15 Abs. 2 PStV für neue Registereinträge vorgeschrieben – keinen das Register bezeichnenden Buchstaben führen. Bei Urkunden aus diesen Registern ist die Kennzeichnung daher auf die laufende Nummer und das Jahr der Erstbeurkundung beschränkt (Nr. 76.2.6 PStG-VwV). Eine Hinzufügung des Buchstabens in der Urkunde kann wegen der Pflicht übereinstimmender Angaben in Eintrag und Urkunde nicht erfolgen. Zur Erteilung beglaubigter Abschriften anstelle von Registerausdrucken vgl. § 76 Rdnr. 18.

(2) Besonderheiten

18 Auf früherem Recht beruhende besondere Angaben in den Personenstandseinträgen werfen Fragen über ihre Berücksichtigung bei der Erteilung von Personenstandsurkunden auf. Diese sind in Nr. 56.1.1 und Nr. 56.2.1 ff. PStG-VwV behandelt und nachfolgend ausgeführt: Früher zulässige oder übliche Zusätze wie »angeblich« oder »urkundlich nicht nachgewiesen«, die den Beweiswert der Personenstandsurkunde einschränken würden, sind ungeachtet ihrer Verwendung im Eintrag nicht aufzunehmen; Gleiches gilt für die Angabe »gottgläubig« oder »glaubenslos«. Ebenfalls nicht übernommen werden Angaben zu den akademischen Graden; diese wurden bis zum 31. 12. 2008 bei der Bezeichnung der Ehegatten oder Lebenspartner, der Eltern oder des Verstorbenen eingetragen. Hingegen ist die Angabe »unbekannt« zu übernehmen, wenn sie zum Familienstand im Sterberegister eingetragen ist. Die früher übliche Kennzeichnung (Unterstreichen) eines Vornamens als Rufname ist nicht mehr zulässig, da alle Vornamen untereinander den gleichen Rang haben[5]. Entsprechend der früher geltenden Regelung (§ 49 Abs. 1a DA) sind in einer Personenstandsurkunde aus einem Personenstandseintrag, der vor dem 3. 10. 1990 in dem in Artikel 3 des Einigungsvertrages genannten Gebiet angelegt worden ist und in dem die Umlaute mit »A(E)«, »O(E)« oder »U(E)« ausgedruckt sind, diese mit »ä«, »ö« oder »ü« wiederzugeben; das Zeichen »S(Z)« ist mit »ß« zu übertragen.

19 Angaben über die Religionszugehörigkeit sind auch dann zu übernehmen, wenn die eingetragene Zugehörigkeit zu einer Kirche, Religionsgesellschaft oder Weltanschauungsgemeinschaft nicht mehr in die Register aufzunehmen wäre, weil die Gemeinschaft nicht den Status einer Körperschaft des öffentlichen Rechts besitzt (Nr. 56.2.5 PStG-VwV; vgl. auch § 57 Rdnr. 29, § 59 Rdnr. 32 und § 60 Rdnr. 23)[6]. Zur Besonderheit von Eintragungen über die frü-

5 BGH, BGHZ 30, 132, 136 = StAZ 1959, 236, 237; *Bornhofen/Schmitz/Kraus*, Rufname.
6 Vgl. *Kissner*, StAZ 2010, 18.

here Zugehörigkeit zur jüdischen Religionsgemeinschaft siehe Nr. 56.2.3 und Nr. 56.2.4 PStG-VwV.

III. Sonderform der Erteilung (Absatz 4)

20 In § 56 Abs. 4 ist das Verfahren der in § 55 Abs. 2 Satz 2 (vgl. dort Rdnr. 28) vorgesehenen Möglichkeit, die Personenstandsurkunde bei einem anderen als dem das Register führenden Standesamt zu beantragen, geregelt. Das Verfahren setzt voraus, dass der betreffende Personenstandseintrag bei dem registerführenden Standesamt elektronisch geführt wird (Nr. 56.3.1 PStG-VwV). Weitere Regelungen zum Verfahren sind in den personenstandsrechtlichen Vorschriften nicht getroffen worden und angesichts der zwischenzeitlich geschaffenen Möglichkeit der Urkundenerteilung durch zentrale Register in den Ländern (vgl. § 67 Rdnr. 1 ff.) wohl auch nicht geplant.

21 Der Vorschrift hatten folgende Überlegungen zum Verfahrensablauf zugrunde gelegen[7]: Der Bürger beantragt die gewünschte Personenstandsurkunde bei seinem Wohnortstandesamt. Das Standesamt leitet den Antrag elektronisch an das den Registereintrag führende Standesamt weiter. Von diesem werden die für die Personenstandsurkunde erforderlichen Daten dem Wohnortstandesamt elektronisch und versehen mit der dauerhaft überprüfbaren qualifizierten elektronischen Signatur des übermittelnden Standesbeamten zugeleitet. Die Urkunde wird sodann auf dem entsprechenden amtlichen Formular ausgedruckt und mit einem Beglaubigungsvermerk versehen, der unter Angabe von Tag und Ort von dem aushändigenden Standesbeamten zu unterschreiben und mit dem Dienstsiegel zu versehen ist. Das Standesamt, bei dem das Personenstandsregister geführt wird, ist rechtlich das die Personenstandsurkunde erteilende Standesamt, während das die Urkunde beglaubigende und aushändigende Standesamt im Verfahren lediglich unterstützend mitwirkt.

IV. Kostenfreie Erteilung

1. Gesetzliche Kostenbefreiung

22 Kostenfrei sind Personenstandsurkunden, für die auf Grund von Bundes- oder Landesrecht Kostenfreiheit vorgeschrieben ist (z. B. für Zwecke der gesetzlichen Kranken-, Pflege-, Unfall- und Rentenversicherung, für Zwecke der Kriegsopferversorgung, der Wiedergutmachung, der Sozialhilfe, der Gewährung von Kindergeld, von Elterngeld, von Ausbildungszulagen oder von Altershilfe für Landwirte); vgl. Nr. A 9.1 PStG-VwV. Zur Rechtsentwicklung des Gebührenrechts vgl. zum aufgehobenen § 72 Rdnr. 1 ff.

7 Vgl. hierzu die amtliche Begründung zu § 58: BT-Drs. 16/2831 S. 36 f.; abgedruckt in *Gaaz/Bornhofen* 2008 S. 438, 459.

2. Internationale Übereinkommen

23 In mehreren internationalen Übereinkommen ist die kostenlose Erteilung von Personenstandsurkunden vereinbart. Diese Vereinbarungen gehen den landesrechtlichen Kostenregelungen vor (vgl. Nr. A 9.2.1 PStG-VwV). Die Texte der Übereinkommen und die Liste der Vertragsstaaten können auf der Internetseite www.personenstandsrecht.de eingesehen werden.

a) Übereinkommen über die kostenlose Erteilung von Personenstandsurkunden

24 Nach Art. 1 des Übereinkommens vom 26. 9. 1957 über die kostenlose Erteilung von Personenstandsurkunden und den Verzicht auf ihre Legalisation[8] sind die Vertragsstaaten verpflichtet, auf Ersuchen eines anderen Vertragsstaats diesem beglaubigte Abschriften oder Auszüge aus den Personenstandsbüchern kostenlos zu erteilen, wenn das Ersuchen für Verwaltungszwecke oder zugunsten bedürftiger Personen gestellt wird.

b) Haager Übereinkommen über den Zivilprozess

25 Art. 25 des Haager Übereinkommens vom 1. 3. 1954 über den Zivilprozess[9] verpflichtet die Vertragsstaaten, bedürftigen Angehörigen eines anderen Vertragsstaates unter den gleichen Voraussetzungen wie den eigenen Staatsangehörigen Personenstandsurkunden kostenfrei zu erteilen.

c) Europäisches Niederlassungsabkommen

26 Gemäß Art. 8 Abs. 2 des Europäischen Niederlassungsabkommens vom 13. 12. 1955[10] hat jeder Vertragsstaat bedürftigen Staatsangehörigen eines anderen Vertragsstaates unter den gleichen Voraussetzungen wie den eigenen bedürftigen Staatsangehörigen Personenstandsurkunden kostenfrei auszustellen.

d) Bilaterale Übereinkommen und Notenwechsel

27 Die kostenfreie Erteilung von Personenstandsurkunden ist außerdem in Personenstandsabkommen und Notenwechseln mit Zypern, Dänemark, Italien, Luxemburg, Österreich und der Schweiz vorgesehen (vgl. im Einzelnen § 68 Rdnr. 22 bis 27).

8 BGBl. 1961 II S. 1055, 1067 (GS Nr. 202).
9 BGBl. 1958 II S. 576 (GS Nr. 280).
10 BGBl. 1959 II S. 997 (GS Nr. 265).

§ 57 Eheurkunde

(1) In die Eheurkunde werden aufgenommen

1. die Vornamen und Familiennamen der Ehegatten zum Zeitpunkt der Eheschließung sowie die sich aus dem Registereintrag zum Zeitpunkt der Ausstellung der Eheurkunde ergebenden Vornamen und Familiennamen,
2. Ort und Tag der Geburt der Ehegatten,
3. Ort und Tag der Eheschließung,
4. die rechtliche Zugehörigkeit eines Ehegatten zu einer Religionsgemeinschaft, sofern sich die Zugehörigkeit aus dem Registereintrag ergibt.

In dem Feld »Weitere Angaben aus dem Register« sind anzugeben

1. die Auflösung der Ehe,
2. das Nichtbestehen der Ehe,
3. die Nichtigerklärung der Ehe,
4. die Todeserklärung oder gerichtliche Feststellung der Todeszeit eines Ehegatten,
5. die Umwandlung der Lebenspartnerschaft in eine Ehe.

(2) In die Eheurkunde wird außerhalb des Beurkundungstextes ein Hinweis auf die Beurkundung der Geburt der Ehegatten aufgenommen.

Übersicht (die Zahlen bedeuten Randnummern)

I. Rechtsentwicklung

1 Das PStG 1875 sah als einzigen urkundlichen Nachweis der Eheschließung nur eine wörtliche Abschrift des Eintrags im Heiratsregister vor. Zunächst waren etwaige Änderungen des Eintrags im Auszug anzugeben, später wurden die vor dem Abschluss des Eintrags vermerkten Änderungen sowie die nach der Beurkundung erfolgten Berichtigungen offenkundiger Schreibfehler in die Urkunde eingearbeitet.

2 Durch das PStG 1937 wurde die Heiratsurkunde eingeführt; sie war auf den wesentlichen Inhalt des Heiratseintrags beschränkt. Berichtigungen waren in die Heiratsurkunde einzuarbeiten, sonstige Änderungen am Schluss der Urkunde anzugeben. Durch das 2. PStÄndG vom 18.5.1957 erhielt der die Angaben der Heiratsurkunde festlegende § 63 PStG a.F. seine bis zum Inkrafttreten der Personenstandsrechtsreform geltende Fassung. Die Vorschrift ist nur aus dem Zusammenspiel zwischen Heiratseintrag und Familienbuch heraus verständlich. Das Heiratsbuch hatte die Aufgabe, die Eheschließung zu dokumentieren und diese Angaben als »Momentaufnahme« für die Heiratsurkunde zur Verfügung zu stellen. Das im Anschluss an die Eheschließung anzulegende Familienbuch führte die Angaben über die Ehegatten und deren gemeinsame Kinder fort und diente mit beglaubigten Abschriften und Auszügen nicht nur zum Nachweis der Eheschließung, sondern auch der späteren Beurkundungen zum Personenstand und Namen der Ehegatten und der eingetragenen Kinder. Da nach dem neuen Recht für die Ehe ein Familienbuch nicht mehr angelegt wird, kommt dem Eheeintrag nunmehr die Aufgabe zu, die Angaben über die Ehegatten fortzuführen[1].

3 Für die nach dem früheren Recht ausgestellte Heiratsurkunde hatte die Aufgabenteilung zwischen Heiratseintrag und Familienbuch zur Folge, dass ihr – weil spätere Veränderungen unberücksichtigt blieben – nur ein verminderter Aussagewert zukam[2].

4 Für die nach § 57 auszustellende Eheurkunde ergeben sich solche Einschränkungen der Aussagekraft nicht. Die auf der Grundlage der §§ 15 und 16 einzutragenden und fortzuführenden Angaben über die Ehegatten ermöglichen die Erteilung einer zu allen Daten der Ehegatten aktuellen Personenstandsurkunde (dazu Rdnr. 9).

5 Durch das Gesetz zur Einführung des Rechts auf Eheschließung für Personen gleichen Geschlechts vom 20.7.2017 (BGBl. I S. 2787) war in der Eheurkunde eine Änderung der Leittexte »Ehemann« und »Ehefrau« erforderlich geworden. Eine förmliche Anpassung der amtlichen PStV-Muster des Eheeintrags (Anlage 2) und der Eheurkunde (Anlage 6) durch die 1. PStÄndV[3]

1 BT-Drs. 16/1831 S. 32; abgedruckt in *Gaaz/Bornhofen* 2008 S. 431; *Gaaz*, FamRZ 2007, 10057 f.; *Bornhofen*, StAZ 2007, 33, 38.
2 *Hepting/Gaaz* Bd. 1 § 63 Rdnr. 7.
3 Erste Verordnung zur Änderung der Personenstandsverordnung vom 24.10.2018 (BGBl. I S. 1768).

erfolgte zum 1.11.2018. Durch sie ist die nach den vorläufigen BMI-Anwendungshinweisen[4] für beide Partner zu verwendende Blocküberschrift »Ehegatten« wieder abgeschafft worden. An ihre Stelle sind die neutralen Elementbezeichnungen »1.« und »2.« getreten, die für den Eheeintrag und die Eheurkunde die Bezeichnungen »Ehemann«, »Ehefrau« oder »Ehepartner« zur Verfügung stellen (näheres dazu bei Rdnr. 24).

II. Grundlagen, Inhalt und Beweiskraft

1. Grundlagen und Urkundenmuster

Für Personenstandsurkunden gilt allgemein, dass sie nur aus dem jeweiligen Registereintrag ausgestellt werden dürfen (§ 55 Abs. 1). Andere Quellen wie z. B. das Sicherungsregister oder die Sammelakte enthalten zwar auch die hierfür erforderlichen Angaben, sind aber als Grundlage für die Urkundenerteilung nicht zugelassen (vgl. § 55 Rdnr. 5). 6

Der Eheurkunde ist durch § 55 Abs. 1 Nr. 2 Halbs. 2 die Besonderheit eingeräumt, dass sie für den kurzen Zeitraum zwischen der Eheschließung und der Eintragung im Eheregister aus der Niederschrift über die Eheschließung ausgestellt werden darf (vgl. Rdnr. 41 ff.). Dieser Zeitraum ist nach Nr. 15 PStG-VwV eng begrenzt, denn die Beurkundung im Eheregister hat unverzüglich, spätestens am Werktag nach der Eheschließung, zu erfolgen. 7

Die Eheurkunde ist gemäß § 48 Abs. 1 PStV nach dem Muster der Anlage 6 im Format DIN A4 zu erteilen. Die Ausstellung in einem kleineren Format ist möglich; dabei kann die Zeilengestaltung formatgerecht angepasst werden. Mit dem kleineren Format soll insbesondere die Aufbewahrung der Personenstandsurkunden in Urkundensammlungen (Stammbuch der Familie) ermöglicht werden. 8

2. Urkunde aus dem Eheeintrag

a) Allgemeines

In die Eheurkunde dürfen nur die Angaben aufgenommen werden, die sich aus dem Haupteintrag und etwaigen Folgebeurkundungen ergeben. Wirksame Änderungen des Personenstandes, die noch nicht im Registereintrag beurkundet worden sind, können danach nicht in die Personenstandsurkunde einfließen. Ist z. B. eine namensrechtliche Erklärung öffentlich beglaubigt oder beurkundet und vom zuständigen Standesamt entgegengenommen worden, so hat die Entgegennahme zwar die Namensänderung bewirkt, doch kann der geänderte Name noch nicht in eine Personenstandsurkunde aufgenommen werden. Um eine Eheurkunde mit dem aktuellen Na- 9

4 Rundschreiben des BMI vom 28.7., 23.8. und 25.9.2017, veröffentlich auf der Internetseite www.personenstandsrecht.de.

men erteilen zu können, bedarf es hierfür zunächst einer entsprechenden Folgebeurkundung im Eheregister.

10 § 56 Abs. 2 regelt für die Personenstandsurkunden allgemein, dass bei einem durch Folgebeurkundungen fortgeführten Registereintrag nur die geänderten Tatsachen in die Personenstandsurkunden aufgenommen werden. Für die Eheurkunde bildet zunächst § 57 Abs. 1 Satz 1 Nr. 1 bis 4 mit der Nennung der in die Eheurkunde aufzunehmenden Angaben die Basis für den Urkundeninhalt. Die Regelung korrespondiert mit den §§ 15 und 16, die im Einzelnen die Angaben festlegen, die in das Eheregister einzutragen sind und fortgeführt werden. Mit Ausnahme der Angabe des Geschlechts, die nur in das Register eingetragen wird, sind die in Eheeintrag und Eheurkunde aufzunehmenden Angaben deckungsgleich. Die Angaben können in unveränderbare und fortzuführende Angaben unterschieden werden:

11 Im Grunde unveränderbar sind die Angaben über Ort und Tag der Geburt der Ehegatten (§ 57 Abs. 1 Satz 1 Nr. 2) sowie Ort und Tag der Eheschließung (§ 57 Abs. 1 Satz 1 Nr. 3). Sie können allenfalls – weil von Anfang an falsch – durch eine Berichtigung (§ 16 Abs. 1 Satz 1 Nr. 8) geändert worden sein. Dass spätere Änderungen des Namens des Ortes der Eheschließung unberücksichtigt bleiben, bestimmt Nr. 56.1.3 Satz 1 PStG-VwV ausdrücklich. Bei solchen Orten soll aber dem Namen die neue Ortsbezeichnung unter Voranstellung des Wortes »jetzt« hinzugefügt werden (Nr. A 2.1.4 Satz 1 Halbs. 2, Nr. 56.1.3 Satz 2 PStG-VwV). Bei längeren Ortsnamen ist dieser Zusatz, dessen beurkundungsrechtlicher Zweck fraglich erscheint, wegen der begrenzten Zeilenkapazität problematisch. Bei der Bezeichnung des Standesamts ist diese Regelung entsprechend anzuwenden (Nr. A 2.1.4 Satz 2, Nr. 56.1.3 Satz 3 PStG-VwV).

12 Der Fortführung unterliegen die Angaben über die Vornamen und die Familiennamen der Ehegatten (vgl. Rdnr. 14 ff.), über ihre Zugehörigkeit zu einer Religionsgemeinschaft (vgl. Rdnr. 23) sowie – im Fall der Eheauflösung – über Anlass und Zeitpunkt der Auflösung (vgl. Rdnr. 20). Zu den Anlässen der Fortführungen vgl. im Einzelnen § 16 Rdnr. 10 ff.

13 Im Übrigen ergibt sich der rein formelle Inhalt der Urkunde (Angabe des Standesamts, Eintragsnummer, Ausstellungsdatum und -ort, Unterschrift des Standesbeamten und Dienstsiegelabdruck) aus der allgemeinen, für alle Personenstandsurkunden geltenden Regelung des § 56 Abs. 1 und 3 (vgl. § 56 Rdnr. 5 ff.).

b) Eintragung der Namensführung

(1) Ausgangslage bei Eheschließung

14 Der Grundsatz, dass nur die aktuellen Daten in die Personenstandsurkunden aufzunehmen sind (§ 56 Abs. 2), wird durch die Forderung des § 57 Abs. 1 Satz 1 Nr. 1, »die Vornamen und Familiennamen der Ehegatten zum Zeitpunkt der Eheschließung sowie die sich aus dem Registereintrag zum Zeitpunkt der Ausstellung der Eheurkunde ergebenden Vornamen und Familiennamen«

aufzunehmen, auf jeweils zwei Angabenpaare für Vornamen und Familiennamen erweitert. Das Formular der Eheurkunde sieht darüber hinaus noch für jeden Ehegatten die Angabe des Geburtsnamens vor, der im Sinne der allgemeinen Regelung des § 23 Abs. 1 PStV über die zusätzliche Angabe des Geburtsnamens aber nur dann einzutragen ist, wenn er von dem geführten Familiennamen abweicht. In die Eheurkunde sind mithin bis zu sechs Namenangaben für jeden Ehegatten aufzunehmen: Spiegelbildlich zum Eheeintrag sollen in den Vordruckfeldern der »Familienname vor der Ehe«, der »Geburtsname vor der Ehe«, die »Vornamen vor der Ehe«, der »Familienname in der Ehe«, der »Geburtsname in der Ehe« und die »Vornamen in der Ehe« eingetragen werden. Nr. 57.2 PStG-VwV versucht zu erläutern, was hierunter jeweils zu verstehen ist: Nach Satz 1 der Regelung ist in das Feld »Familienname vor der Ehe« der unmittelbar vor der Eingehung der Ehe geführte Familienname einzutragen. Dies kann der Geburtsname, aber auch ein Ehename aus einer Vorehe sein. Unter »Geburtsname vor der Ehe« ist der Name zu verstehen, der zu diesem Zeitpunkt in die Geburtsurkunden der Ehegatten einzutragen wäre (Nr. A 1.3.1 PStG-VwV). Dieser kann – wenn unverändert – der bei der Geburt erworbene Name, aber auch ein später (z. B. durch Adoption) erworbener neuer Geburtsname sein. Die zusätzlichen Angabe der »Vornamen in der Ehe« sind durch das PStRÄndG (mit der Bezeichnung »Vornamen nach Eheschließung«) aufgenommen worden, damit – so die amtliche Begründung – auch Erklärungen zur Angleichung von Namen, die im Zusammenhang mit der Eheschließung abgegeben wurden, berücksichtigt werden können[5].

Einzutragen sind nach Nr. 57.2 Satz 2 PStG-VwV die sich zum Zeitpunkt der Ausstellung der Eheurkunde aus dem Eheeintrag ergebenden Familiennamen, Geburtsnamen und Vornamen. Für den Geburtsnamen gilt auch hier, dass er nur dann anzugeben ist, wenn er von dem geführten Familiennamen abweicht (vgl. Rdnr. 14). Nach Bestimmung eines Ehenamens ist mithin der Geburtsname für den Ehegatten anzugeben, dessen Name nicht zum Ehenamen gewählt wurde. Aber auch die Angabe des Geburtsnamens des Ehegatten, von dessen Name sich der Ehename ableitet, kann erforderlich sein, wenn es sich bei dem Ehenamen um einen Namen aus einer Vorehe oder früheren Lebenspartnerschaft handelt. Es verbleibt mithin nur *ein* Fall, für den der Wortlaut des § 23 Abs. 1 PStV, der von »abweichenden Familiennamen« ausgeht, keine Regelung bereithält: Bei Wortgleichheit der Geburtsnamen der Ehegatten und Wahl einer dieser Namen zum Ehenamen greift die Regelung an sich nicht, doch stellt sich die Frage, ob die namensrechtliche Qualitätsänderung[6] bei den Angaben zur Namensführung des Ehegatten berücksichtigt werden sollte, dessen Geburtsname nicht Ehename geworden ist. Sinn und Zweck der Regelung sprechen für eine Eintragung des wortgleichen Geburtsnamens, macht sie doch sichtbar, dass ein Ehename bestimmt 15

5 Vgl. BT-Drs. 17/10489, S. 53.
6 Vgl. *Henrich/Wagenitz/Bornhofen* § 1355 BGB Rdnr. 33.

wurde, der Geburtsname dieses Ehegatten nicht der Ehename ist und folglich etwaige spätere Änderungen seines Geburtsnamens nicht auf den Ehenamen überwirken können. Zur Änderung des Leittextes bei Namensänderungen nach Auflösung der Ehe vgl. Rdnr. 18.

(2) Unveränderte Namensführung

16 Oft wird die Namensführung zwischen Eheschließung und Urkundenerteilung unverändert geblieben sein. Da keine Ausnahmeregelung getroffen ist, sind die Angaben zu den aktuellen Namen in den Feldern »Familienname in der Ehe« und – bei Namensverschiedenheit – »Geburtsname in der Ehe« auch in diesen Fällen zu machen; Gleiches gilt für das Feld »Vornamen in der Ehe«. Dies führt dann dazu, dass die jeweiligen Felderpaare der Namensführung vor und nach der Eheschließung die gleichen Namenangaben enthalten.

(3) Zwischenzeitliche Namensänderungen

17 Bei Namensänderungen, die nach der Eheschließung erfolgt sind, wird in die Angabenfelder »Familienname in der Ehe«, »Geburtsname in der Ehe« und »Vorname(n) in der Ehe« nur die jeweils letzte Namensführung eingetragen (zu nicht berücksichtigten Namensänderungen vgl. Rdnr. 19). Nach Nr. 57.2 Satz 3 PStG-VwV ist in diesen Fällen der Leittext der Felder »an den jeweiligen Sachverhalt anzupassen«. Da der Leittext aber bei Namensänderung in der Ehe unverändert bleibt, ist die Regelung gegenstandslos und nicht mehr anzuwenden. Nach Auflösung der Ehe schreibt die Fußnote 3 des Musters der Eheurkunde (Anlage 6 zur PStV) die Änderung des Leittextes in »Familienname nach Eheauflösung« verbindlich vor. Der neue Leittext ist mithin für die Angabe der Namen beider Ehegatten maßgebend, ohne dass es hierfür des besonderen Anlasses einer Namensänderung bedarf. Zu beachten ist, dass der Leittext keinen Rückschluss auf ein Offenbarungsverbot enthalten darf, wie dies z. B. bei »Geburtsname nach Adoption« der Fall wäre. Offenbarungsverbote stoßen allerdings dann an Grenzen, wenn sie mit den Grundsätzen von Wahrheit und Klarheit kollidieren. Dies wäre z. B. dann der Fall, wenn wegen des Offenbarungsverbots gemäß § 5 Abs. 1 TSG der geänderte Vorname auch für die Angaben »vor der Ehe« maßgebend wäre[7]. Abhilfe könnte für diese Fälle nur durch eine Sonderregelung geschaffen werden[8]. Bei zwischenzeitlichen Namensänderungen ermöglichen es die nicht mehr gleichen Angaben, sowohl die Namensführung bei der Eheschließung als auch die bei der Ausstellung der Eheurkunde nachvollziehbar zu machen. Dies soll an folgendem Beispiel verdeutlicht werden:

Frau »A geb. B« heiratet Herrn »C geb. D«; ein Ehename wird bei der Eheschließung nicht bestimmt. Nach Adoption des Ehemannes und Änderung seines Geburtsnamens in »E« bestimmen die Ehegatten den neuen Geburtsnamen des Mannes zu ihrem Ehenamen und beantragen die Ausstellung

7 OLG Rostock, StAZ 2018, 161; OLG Nürnberg, StAZ 2018, 313.
8 Vgl. *Kraus*, StAZ 2019, 85.

einer Eheurkunde. Die Eintragungen in diese Urkunde sind wie folgt vorzunehmen: Im Feld »Familienname vor der Ehe« ist bei der Ehefrau »A«, beim Ehemann »C« einzutragen. In das Feld »Geburtsname vor der Ehe« wird bei der Ehefrau »B«, bei dem Ehemann »D« aufgenommen. Die Felder »Familienname in der Ehe« geben für beide Ehegatten den Ehenamen »E« wieder. In das Feld »Geburtsname in der Ehe« ist für die Ehefrau unverändert »B« einzutragen; für den Ehemann entfällt die Angabe zu seinem Geburtsnamen, weil dieser dem Ehenamen entspricht (§23 Abs. 1 PStV; vgl. Rdnr. 14, 15). Haben sich infolge der Adoption des Ehemannes seine Vornamen geändert, so sind diese ohne weiteren Zusatz in das Feld »Vorname(n) in der Ehe« einzutragen.

Ist eine Folgebeurkundung über die Änderung des Familiennamens eines **18**
Ehegatten nach Auflösung der Ehe eingetragen worden (z. B. bei Wiederannahme eines früheren Namens nach §1355 Abs. 5 BGB), so ist der neue Name in dem Feld für den Familiennamen in der Ehe zu verlautbaren; der Leittext des Feldes ist in »Familienname nach Eheauflösung« zu ändern (vgl. Rdnr. 17). Gleiches gilt für das Feld »Geburtsname nach Eheschließung«, wenn sich nur der Geburtsname nach Eheauflösung geändert hat (z. B. infolge Annahme als Kind) und hierüber eine Folgebeurkundung eingetragen ist. Nimmt ein Ehegatte nach Eheauflösung seinen Geburtsnamen wieder an, so ist dieser als geführter Familienname nur im dem für den Familiennamen in der Ehe vorgesehenen Feld – ebenfalls unter geändertem Leittext »Familienname nach Eheauflösung« – einzutragen. Sind in diesem Fall Familienname und Geburtsname gleichlautend, so entfällt die Angabe im Feld »Geburtsname in der Ehe« selbst dann, wenn zum Zeitpunkt der Eheschließung ein anderer Geburtsname geführt wurde (§23 Abs. 1 PStV; vgl. Rdnr. 14 f.). Hat hingegen der Ehegatte einen früheren Ehenamen wieder angenommen, ist auch der geänderte Geburtsname in dem entsprechenden Angabenfeld zu verlautbaren.

(4) Unberücksichtigte Namensänderungen

Die sich aus dem Eheeintrag ergebende fortgeführte Namensführung der **19**
Ehegatten kann, muss aber nicht zwingend mit ihren zum Zeitpunkt der Urkundenerteilung aktuell geführten Namen übereinstimmen. Ist beispielsweise die Ehe aufgelöst und hat sich der Name eines Ehegatten nach seiner Wiederverheiratung geändert, so wird dies gemäß §16 Abs. 2 Satz 2 nicht mehr im Eheeintrag der Vorehe vermerkt. Der neue Name bleibt mithin in der Eheurkunde über diese Ehe unberücksichtigt.

c) Sonstige Fortführungen; Besonderheiten

(1) Urkundenfeld »Weitere Angaben aus dem Register«

Nach §57 Abs. 1 Satz 2 sind Folgebeurkundungen über die Auflösung oder **20**
das Nichtbestehen der Ehe sowie über die Nichtigerklärung der Ehe am Ende der Eheurkunde unter Angabe des Anlasses und Zeitpunkts im Feld »Weitere Angaben aus dem Register« aufzunehmen. Gleiches gilt für die Todeserklä-

rung oder die gerichtliche Feststellung der Todeszeit eines Ehegatten und gegebenenfalls auch für die die Ehe auflösende Wiederheirat des überlebenden Ehegatten (Nr. 57.3.2 PStG-VwV). Neu hinzugekommen ist nach der Änderung des § 57 Abs. 1 Satz 2 durch das Umsetzungsgesetz zum Eheöffnungsgesetz[9] der Anlass »Umwandlung der Lebenspartnerschaft in eine Ehe«. Die Eheurkunde ist nach der neuen Nummer 5 unter dem Leittext »Weitere Angaben aus dem Register« mit einem Hinweis auf die zuvor geführte Lebenspartnerschaft zu versehen (Rdnr. 21). Diese Angabe, die seit dem Inkrafttreten des Umsetzungsgesetzes zum Eheöffnungsgesetz[10] direkt bei der Beurkundung der Eheschließung in das Eheregister eingetragen wird, ergab sich davor entsprechend den BMI-Anwendungshinweisen aus der 1. Folgebeurkundung zum Eheeintrag. Zur Klarstellung sei noch bemerkt, dass eine etwaige Folgebeurkundung im Eheeintrag über eine nach ausländischem Recht erfolgte »Trennung von Tisch und Bett«, die keine Auflösung der Ehe bewirkt, nicht anzugeben ist; § 57 zählt insoweit die in die Eheurkunde aufzunehmenden Angaben, zu denen dieses Institut nicht gehört, abschließend auf (vgl. § 16 Rdnr. 45)[11].

21 Wie bereits nach früherem Recht für die Heiratsurkunde, so sind auch für die Eheurkunde – mit Ausnahme des Hinweises auf eine zuvor geführte Lebenspartnerschaft – keine verbindlichen Texte für die Wiedergabe der »weiteren Angaben« vorgegeben; sie sollten aber auf das Nötigste beschränkt sein. Z. B. dürfte im Fall der Ehescheidung als Text »Scheidung, 20. 10. 2009.« ausreichen. Die Anwendungshinweise des Bundesinnenministeriums[12] zur Durchführung des Gesetzes zur Einführung des Rechts auf Eheschließung für Personen gleichen Geschlechts sehen vor, dass im Fall der Eheschließung von Lebenspartnern folgender Text in das Angabenfeld aufgenommen wird: »Eheschließung bei bestehender Lebenspartnerschaft (begründet am [Datum], Standesamt [Standesamtsname], L [Eintragsnummer/Jahr der Erstbeurkundung])«.

22 Der Leittext »Weitere Angaben aus dem Register« und die für die Eintragung der Angaben vorgesehenen Felder werden nach Nr. 56.1.7 PStG-VwV und der Fußnote 2 zur Anlage 6 der PStV nur dann in die Urkunde aufgenommen, wenn eine entsprechende Eintragung vorzunehmen ist.

(2) Urkundenfeld »Religion«

23 Bei einer zu berücksichtigenden Folgebeurkundung über die Zugehörigkeit zu einer Religionsgemeinschaft oder Weltanschauungsgemeinschaft sind die geänderten Angaben unmittelbar in das Feld »Religion« einzutragen (Nr. 57.3.1 PStG-VwV). Ist der Austritt aus der Religionsgemeinschaft vermerkt, so ist das Angabenfeld nebst Leittext nicht in die Urkunde aufzunehmen;

9 Gesetz zur Umsetzung des Gesetzes zur Einführung des Rechts auf Eheschließung für Personen gleichen Geschlechts vom 18. 12. 2018 (BGBl. I S. 2639).

10 Siehe Fn. 9.

11 Vgl. *Hochwald,* StAZ 2017, 248.

12 Siehe Fn. 4.

Gleiches gilt für den Fall, dass der Haupteintrag keine Angabe enthält (Nr. A 3.2.2 PStG-VwV; vgl. auch § 56 Rdnr. 12). Mit dem Weglassen des Angabenfeldes soll dem ggf. falschen Eindruck entgegengewirkt werden, die betreffende Person gehöre keiner Religionsgemeinschaft an. Dieser könnte entstehen, wenn der Beteiligte trotz Zugehörigkeit zu einer Religionsgemeinschaft den Wunsch auf Eintragung nicht geäußert hat und deswegen in dem Angabenfeld keine Eintragung erfolgt ist.

(3) Leittexte »Ehemann«, »Ehefrau«, »Ehepartner«

Durch das Gesetz zur Einführung des Rechts auf Eheschließung für Personen **24** gleichen Geschlechts vom 20.7.2017 (BGBl. I S. 2787) ist in der Eheurkunde eine Änderung der Leittexte »Ehemann« und »Ehefrau« erforderlich geworden. Eine förmliche Anpassung der amtlichen PStV-Muster des Eheeintrags (Anlage 2) und der Eheurkunde (Anlage 6) durch die 1. PStÄndV[13] erfolgte zum 1.11.2018. Durch sie ist die nach den vorläufigen BMI-Anwendungshinweisen[14] für beide Partner zu verwendende Blocküberschrift »Ehegatten« wieder abgeschafft worden. An ihre Stelle sind nach § 42 Abs. 4 Satz 1 PStV unter den neutralen Elementbezeichnungen »1.« und »2.« für den Eheeintrag und die Eheurkunde die Bezeichnungen »Ehemann«, »Ehefrau« oder »Ehepartner« zur Verfügung gestellt. Wie bei der gleichgeschlechtlichen Ehe, ist auch bei der Beurkundung der Umwandlung die Bezeichnung zu verwenden, die durch § 42 Abs. 4 PStV vorgegeben ist: In dem Datenfeld für die familienrechtliche Bezeichnung werden männliche Personen als »Ehemann«, weibliche Personen als »Ehefrau« eingetragen. Die jeweilige Bezeichnung ist auch für die Eheurkunde maßgebend. Gehört eine Person weder dem männlichen noch dem weiblichen Geschlecht an, ist sie als »Ehepartner« zu bezeichnen[15].

Bereits zuvor war die Erteilung einer Eheurkunde ohne die Leittexte »Ehe- **25** mann« und »Ehefrau« in einem besonderen Fall möglich: Das Bundesverfassungsgericht hatte am 27.5.2008[16] entschieden, dass § 8 Abs. 1 Nr. 2 TSG, der als Voraussetzung für die Anerkennung der Umwandlung zum anderen Geschlecht von dem Betroffenen forderte, nicht verheiratet zu sein, nicht mit Art. 2 Abs. 1 i. V. m. Art. 1 Abs. 1 und Art. 6 Abs. 1 GG vereinbar und daher bis zu einer gesetzlichen Neuregelung nicht anzuwenden sei. Durch Art. 1 Nr. 1 des Gesetzes vom 17.7.2009 (BGBl. I S. 1978) wurde die Regelung mit Wirkung vom 23.7.2009 aufgehoben. Nach der jetzt gegenstandslos gewordenen Nr. 57.3.3 PStG-VwV bestand für betroffene Personen die Sonderregelung, eine Eheurkunde ohne die Leittexte »Ehemann« und »Ehefrau« zu erhalten.

(4) Eheurkunden aus Altregistern

Für die Erteilung von Personenstandsurkunden aus den bis zum 31.12.2008 **26** angelegten Heiratsbüchern gelten die Vorschriften des neuen Rechts. Dies ist

13 Siehe Fn. 3.
14 Siehe Fn. 4.
15 Vgl. *Kraus*, StAZ 2019, 348.
16 BVerfG, StAZ 2008, 312.

für die regelmäßig als Heiratseinträge fortzuführenden Familienbücher in § 77 Abs. 3 ausdrücklich bestimmt (vgl. § 77 Rdnr. 15 ff.).

27 In Eheurkunden aus diesen Registern ist die Kennzeichnung auf die laufende Nummer und das Jahr der Erstbeurkundung zu beschränken; eine Hinzufügung des Buchstabens »E« kann wegen der Pflicht übereinstimmender Angaben in Eintrag und Urkunde nicht erfolgen (Nr. 76.2.6 PStG-VwV).

28 Etwaige im Heiratseintrag enthaltene Angaben zu akademischen Graden sind nicht in die Eheurkunde zu übernehmen (Nr. 56.2.1 PStG-VwV)[17]. Abgesehen davon, dass es in den personenstandsrechtlichen Vorschriften keine Grundlage für eine Eintragung mehr gibt, sieht der tabellarische Aufbau der Urkunde kein Angabenfeld vor, in das diese Angabe aufgenommen werden könnte. Insofern ist die Angabe – wie auch die des Berufes – nicht vergleichbar mit der weiterhin aufzunehmenden Zugehörigkeit zu einer Religionsgemeinschaft, die nicht Körperschaft des öffentlichen Rechts ist (vgl. Rdnr. 29).

29 Angaben über die Religionszugehörigkeit sind auch dann zu übernehmen, wenn die eingetragene Zugehörigkeit zu einer Kirche, Religionsgesellschaft oder Weltanschauungsgemeinschaft bei Beurkundungen nach § 15 Abs. 1 Nr. 2 nicht mehr in die Register aufzunehmen wäre, weil die Gemeinschaft nicht den Status einer Körperschaft des öffentlichen Rechts besitzt. Da sich in den Altfällen die Zugehörigkeit – wie von § 57 Abs. 1 Nr. 4 als Eintragungserfordernis verlangt – »aus dem Registereintrag ergibt«, hat keine weitere Prüfung zum Status der Religionsgemeinschaft mehr stattzufinden. Dies regelt Nr. 56.2.5 PStG-VwV, gestützt auf die §§ 57 und 76, die eine einschränkende Handhabung nicht vorsehen. Hingegen ist – weil von § 57 Abs. 1 Nr. 4 nicht mehr zugelassen – für die Aufnahme eines Hinweises auf die Nichtzugehörigkeit zu einer Kirche, Religionsgesellschaft oder Weltanschauungsgemeinschaft, wie sie § 63 Nr. 1 PStG a. F. vorsah, kein Raum mehr. Besondere Regelungen über die Erteilung von Personenstandsurkunden aus Einträgen mit Angaben über die Zugehörigkeit zur jüdischen Religionsgemeinschaft sind in Nr. 56.2.3 PStG-VwV getroffen.

30 Bei auf Antrag angelegten Familienbüchern ergibt sich die Besonderheit, dass für die Angabenfelder »Standesamt« und »Registernummer« keine entsprechenden Angaben vorliegen, weil die Ehe nicht vor einem deutschen Standesbeamten geschlossen worden ist. Statt dieser Angaben ist nach Nr. 57.4.4 PStG-VwV unter »Standesamt« das die Urkunde erteilende Standesamt anzugeben, mithin das Standesamt, dem nach § 77 Abs. 2 Satz 2 die Fortführung des Familienbuchs obliegt. In das Feld »Registernummer« ist anstelle der Nummer des Heiratseintrags das Kennzeichen des früheren Familienbuchs einzutragen (»Familienbuch A/B«). Andere Lösungsvorschläge wie etwa der, das ausländische Eheschließungsstandesamt und dessen Urkun-

17 Vgl. dazu BGH, StAZ 2013, 377. Zur vorausgegangenen Diskussion vgl. *Berkl*, StAZ 2013, 177; OLG Celle, StAZ 2013, 142; OLG Karlsruhe, StAZ 2013, 85. Gegenteilige Auffassung: OLG Nürnberg, StAZ 2010, 148 mit Anm. *Selbig* und StAZ 2012, 374 mit Anm. *Helms*.

dennummer einzutragen, wurden nicht aufgegriffen, weil in diesem Fall aus der Eheurkunde nicht die tatsächliche urkundliche Quelle der eingetragenen Angaben ersichtlich geworden wäre; eine solche Handhabung erschien aus urkundenrechtlicher Sicht nicht vertretbar.

Ist in das Heiratsbuch eine Ehe eingetragen, die vor einer von der Regie- 31
rung eines ausländischen Staates ermächtigten Person geschlossen worden ist (§15a Abs. 2 Satz 2 EheG a.F.), so darf nach Nr. 57.4.3 PStG-VwV keine Eheurkunde, sondern nur eine beglaubigte Abschrift des Eintrags ausgestellt werden. Hingegen ist eine Eheurkunde zu erteilen, wenn für eine solche Ehe ein Familienbuch nach §15a Abs. 1 Nr. 2 PStG a.F. angelegt worden ist. Die unterschiedliche Handhabung ist darauf zurückzuführen, dass, von Berichtigungen abgesehen, die Eintragung im Heiratsbuch – anders als die Dokumentation der Eheschließung im Familienbuch – nicht fortzuführen war (vgl. Nr. 16.1.2 PStG-VwV).

Ist ein Vorname eines Ehegatten nach früherem Recht[18] durch Unterstrei- 32
chen als Rufname kenntlich gemacht, so ist diese Kennzeichnung nicht in die Eheurkunde zu übernehmen (Nr. 56.1.1 Satz 5 PStG-VwV).

Besondere Regelungen sind in Nr. 57.4.1 und 57.4.2 PStG-VwV getroffen für 33
Eheurkunden über Ehen nach dem Gesetz über die Anerkennung freier Ehen rassisch und politisch Verfolgter vom 23.6.1950[19] und für nachträgliche Eheschließungen nach dem Gesetz über die Rechtswirkungen des Ausspruchs einer nachträglichen Eheschließung vom 29.3.1951[20].

Eheurkunden über Eheschließungen durch »Ferntrauung« auf Grund der 34
Personenstandsverordnung der Wehrmacht i.d.F. vom 17.10.1942 (§§13ff.)[21] und über »Nottrauungen« nach Beurkundung auf Grund des Gesetzes über die Anerkennung von Nottrauungen vom 2.12.1950[22] werden nach den allgemeinen Vorschriften erteilt, so dass die jeweiligen besonderen Umstände nicht durch die Urkunde offenbart werden.

Weitere Besonderheiten, die bei der Erteilung von Personenstandsurkun- 35
den aus Altregistern beachtet werden müssen, sind mit entsprechenden Ausführungsvorschriften in der PStG-VwV behandelt; es handelt sich dabei um Zusätze im Eintrag, die den Beweiswert der Urkunde einschränken würden (Nr. 56.1.1) und besondere Schriftzeichen (Nr. 56.2.2); vgl. dazu auch §56 Rdnr. 18.

18 Vgl. *Bornhofen/Schmitz/Kraus*, Rufname.
19 BGBl I S. 226, III Nr. 404-5 (GS Nr. 30c).
20 BGBl. I S. 215, III Nr. 404-7 (GS Nr. 30e).
21 RGBl. I S. 597, BGBl. III Nr. 211-1-2 (GS Nr. 2b).
22 BGBl. I S. 778, III Nr. 404-6 (GS Nr. 30d).

(5) Mehrsprachige Eheurkunde

36 Nach dem Übereinkommen über die Ausstellung mehrsprachiger Auszüge aus Personenstandsbüchern vom 8. 9. 1976[23] kann aus dem Eheeintrag nach dem Formblatt B des Übereinkommens ein mehrsprachiger Auszug erteilt werden (zu diesem Übereinkommen und dem von Deutschland bereits ratifizierten Übereinkommen Nr. 34 vom 14. 3. 2014 über die Ausstellung mehrsprachiger, codierter Auszüge und Bescheinigungen aus Personenstandsregistern, dessen Inkrafttreten noch nicht absehbar ist, vgl. § 55 Rdnr. 15 ff.). Da die Leittexte des Vordrucks mit »Ehemann« und »Ehefrau« gleichgeschlechtliche Ehen nicht berücksichtigen, kann nach dem Übereinkommen von 1976 für diesen Personenkreis keine mehrsprachige Eheurkunde ausgestellt werden. Das Nachfolgeübereinkommen hingegen berücksichtigt auch gleichgeschlechtliche Ehen.

37 Nr. 55.3.4 PStG-VwV bestimmt zu dem derzeit anzuwendenden Übereinkommen von 1976, dass in Feld 10 des Vordrucks bei bestehender Ehe die Namen einzutragen sind, die von den Ehegatten im Zeitpunkt der Ausstellung der Urkunde geführt werden. Besteht die Ehe nicht mehr, ist der im Zeitpunkt der Auflösung der Ehe geführte Name einzutragen; spätere Änderungen des Namens bleiben unberücksichtigt. § 50 Abs. 6 PStV bestimmt darüber hinaus, dass Angaben über die Auflösung oder Nichtigerklärung der Ehe in Feld 11 einzutragen sind.

38 Unberücksichtigt bleiben muss – obwohl unbefriedigend – die Angabe über die Todeserklärung oder gerichtliche Feststellung der Todeszeit eines Ehegatten, da hierfür auf dem vertraglichen Vordruck keine Übersetzung vorgesehen ist. Aus dem gleichen Grund ist die Ausstellung einer mehrsprachigen Eheurkunde auf der Grundlage eines auf Antrag angelegten Familienbuchs nicht möglich; die für die nationale Eheurkunde geltenden Besonderheiten zur Registernummer (vgl. Rdnr. 30, 31) sind nicht übertragbar. Zur Erteilung einer mehrsprachigen Eheurkunde aus der Eheschließungs-Niederschrift vgl. Rdnr. 41.

39 Ein mehrsprachiger Auszug ist nach § 50 Abs. 4 PStV auch dann zu erteilen, wenn der Name einer einzutragenden Person Bestandteile aufweist, für die der zu verwendende Vordruck keine Angabenfelder vorsieht, z. B. für den »Vatersnamen«, der weder dem Vornamen noch dem Familiennamen zugeordnet werden kann. Er ist ohne weitere Kennzeichnung, die im Ausland zu Fehlschlüssen hinsichtlich des geführten Namens führen könnte, im Datenfeld »Vornamen« einzutragen. Die Regelung wurde durch das PStRÄndG eingefügt; die noch im Regierungsentwurf enthalten gewesene Pflicht, die fremden Namensbestandteile nach § 23 Abs. 3 PStV entsprechend zu kennzeichnen, wurde im weiteren Gesetzgebungsverfahren wieder gestrichen[24].

23 BGBl. 1997 II S. 774 (GS Nr. 201).

24 Zu der vorausgegangenen Diskussion vgl. *Kraus*, StAZ 2013, 26.

Zu der Möglichkeit, anstelle des mehrsprachigen Auszugs eine mehrsprachige Übersetzungshilfe nach der ApostillenVO-EU zu verwenden, vgl. § 54 Rdnr. 21.

d) Hinweis auf die Beurkundung der Geburt der Ehegatten

Nach dem durch das 2. PStRÄndG mit Wirkung vom 1.11.2018 eingefügten Absatz 2 ist außerhalb des Beurkundungstextes auf die Geburtseinträge der Ehegatten mit Angabe der Registrierungsdaten (§ 16 Abs. 2 PStV) und des Standesamts hinzuweisen. Das Angabenfeld mit Leittexten befindet sich unterhalb des urkundlichen Teils der Eheurkunde. Die Zusätze sollen bewirken, dass sowohl bei der Anzeige der Geburt eines Kindes auf die Vorlage der Geburtsurkunden der verheirateten Eltern, als auch bei der Anzeige eines Sterbefalls auf die Vorlage einer Geburtsurkunde des Verstorbenen verzichtet werden kann. Die »Vereinfachung« mag verwundern, fußen mit ihr künftig urkundliche Registerangaben auf nicht an der Beweiskraft teilhabenden Hinweisangaben außerhalb des urkundlichen Teils der Eheurkunde. **40**

3. Urkunde aus der Eheschließungs-Niederschrift

Der Umstand, dass nach § 55 Abs. 1 Nr. 2 Halbsatz 2 bereits aus der Niederschrift über die Eheschließung eine Eheurkunde erteilt werden kann (vgl. § 55 Rdnr. 22), ist dem vom Gesetzgeber zu Recht unterstellten Wunsch der Ehegatten geschuldet, sie bereits unmittelbar nach der Eheschließung mit einem Nachweis der Eheschließung in Form der Eheurkunde auszustatten. Denkbar wäre auch gewesen, eine beglaubigte Abschrift der Niederschrift auszuhändigen, doch wäre dieser – weil als Nachweis nicht eingeführt – kaum die Akzeptanz einer Personenstandsurkunde entgegengebracht worden. Außerdem ist die urkundliche Aussage der Eheurkunde, die auf die wesentlichen Angaben über die Eheschließung beschränkt ist, klarer als die der Niederschrift mit weitergehenden Angaben über Zeugen und ggf. namensrechtliche Erklärungen. Die Erteilung einer mehrsprachigen Eheurkunde aus der Eheschließungs-Niederschrift ist nicht möglich, weil die aufzunehmenden Registerdaten noch nicht feststehen und es für einen entsprechenden Leittext (vgl. Rdnr. 42) keine von den Vertragsstaaten vereinbarte Fassung und Übersetzung für den vertraglichen Vordruck gibt. **41**

Der Inhalt der aus der Eheschließungs-Niederschrift erteilten Eheurkunde unterscheidet sich nur hinsichtlich der Angabe der Ausstellungsgrundlage von der aus dem Registereintrag erteilten Urkunde. Nach § 56 Abs. 1 Satz 2 tritt an die Stelle der Nummer des Registereintrags ein Hinweis auf die Niederschrift; dieser lautet nach Nr. 57.1 PStG-VwV: »Niederschrift über die Eheschließung«. Steht die für die Registrierung vorgesehene Nummer bereits fest, ist diese anzufügen. Zur Besonderheit bei der Erteilung einer Eheurkunde aus der Niederschrift über eine Eheschließung im Anschluss an eine Lebenspartnerschaft vgl. Rdnr. 21. **42**

43 Zu einer umstrittenen Frage, die sowohl die aus der Niederschrift auszustellende Eheurkunde als auch den Eheeintrag selbst betraf, sind nach der Änderung des § 41 Abs. 2 Satz 1 durch das PStRÄndG letzte Zweifel ausgeräumt: Die wirksame Entgegennahme namensrechtlicher Erklärungen setzt nach dem Wortlaut der Vorschrift nicht mehr voraus, dass das entgegennehmende Standesamt den Eheeintrag führt, die Beurkundung im Eheregister also bereits erfolgt ist, sondern lässt es daneben genügen, dass das Standesamt »die Eheschließung zu beurkunden hat«. Ließ der bisherige Wortlaut vielleicht zweifeln, so waren doch Sinn und Zweck der namensrechtlichen Regelungen, die eine Erklärung bei der Eheschließung vorsehen, eindeutig: Von der Eheschließung mit umfasste Erklärungen wie die zur Bestimmung des Ehenamens und ggf. Begleitnamens (§ 1355 Abs. 3, 4 BGB) sowie Angleichungserklärungen (Art. 47 EGBGB, § 94 BVFG), die keiner separaten öffentlichen Beglaubigung oder Beurkundung bedürfen, werden mit der Eheschließung wirksam (vgl. § 41 Rdnr. 18). Diese »formfreien« Erklärungen waren mithin bereits vor der Änderung des Wortlauts des § 41 Abs. 2 Satz 1 sämtlich in der aus der Niederschrift zu erteilenden Eheurkunde zu berücksichtigen. Z. B. war in einer solchen Urkunde eines Ehegatten, der bei der Eheschließung einen Begleitnamen bestimmt hatte, im Feld »Familienname nach Eheschließung« bereits der Doppelname einzutragen.

4. Beweiskraft

44 Nach § 54 Abs. 2 haben die Personenstandsurkunden dieselbe Beweiskraft wie die Beurkundungen in den Personenstandsregistern (vgl. § 54 Rdnr. 17 ff.). Die Eheurkunde beweist, dass zwei bestimmte Personen an einem bestimmten Tag vor dem Standesbeamten eines bestimmten Standesamts miteinander die Ehe geschlossen haben. Ist in der Eheurkunde darüber hinaus angegeben, dass die Ehe aufgelöst ist, so beweist sie zudem, dass die Ehe nicht mehr besteht.

45 Ein vom Standesamt erteilter mehrsprachiger Auszug aus dem Eheregister hat denselben Beweiswert wie eine Eheurkunde (vgl. § 54 Rdnr. 19).

§58 Lebenspartnerschaftsurkunde

(1) In die Lebenspartnerschaftsurkunde werden aufgenommen
1. die Vornamen und Familiennamen der Lebenspartner zum Zeitpunkt der Begründung der Lebenspartnerschaft sowie die sich aus dem Registereintrag zum Zeitpunkt der Ausstellung der Lebenspartnerschaftsurkunde ergebenden Vornamen und Familiennamen,
2. Ort und Tag der Geburt der Lebenspartner,
3. Ort und Tag der Begründung der Lebenspartnerschaft,
4. die rechtliche Zugehörigkeit eines Lebenspartners zu einer Religionsgemeinschaft, sofern sich die Zugehörigkeit aus dem Registereintrag ergibt.
In dem Feld »Weitere Angaben aus dem Register« sind anzugeben
1. die Auflösung der Lebenspartnerschaft,
2. das Nichtbestehen der Lebenspartnerschaft,
3. die Todeserklärung oder gerichtliche Feststellung der Todeszeit eines Lebenspartners,
4. die Umwandlung der Lebenspartnerschaft in eine Ehe.

(2) In die Lebenspartnerschaftsurkunde wird außerhalb des Beurkundungstextes ein Hinweis auf die Beurkundung der Geburt der Lebenspartner aufgenommen.

Übersicht (die Zahlen bedeuten Randnummern)

I. Rechtsentwicklung

Das PStG a. F. enthielt keine Regelung über die Begründung der Lebenspartnerschaft; dies galt folglich auch für das Lebenspartnerschaftsregister und die Lebenspartnerschaftsurkunde. 1

Regelungen, die dem §58 entsprechen, fanden sich bis zum Inkrafttreten des PStG 2007 in den Ausführungsgesetzen der Länder zum Lebenspartnerschaftsgesetz. Mit Ausnahme von Bayern wenden die Länder nunmehr die Regelungen des PStG an (vgl. dazu §3 Rdnr. 9). Nach dem Bayerischen Gesetz zur Ausführung des Lebenspartnerschaftsgesetzes[1] konnten Erklärun- 2

1 Abgedruckt in GS Nr. 10 BY.

gen zur Begründung einer Lebenspartnerschaft auch gegenüber einem Notar mit Amtssitz in Bayern abgegeben werden. Mit dem Inkrafttreten des Gesetzes zur Einführung des Rechts auf Eheschließung für Personen gleichen Geschlechts vom 20.7.2017 (BGBl. I S. 2787), nach dessen Art. 3 Abs. 3 Lebenspartnerschaften ab dem Inkrafttreten des Gesetzes (1.10.2017) nicht mehr begründet werden können, ist diese Regelung aber obsolet geworden. Die Lebenspartnerschaftsregister der bis zu diesem Zeitpunkt begründeten Lebenspartnerschaften werden in allen Bundesländern ausschließlich bei den Standesämtern geführt. Für diese Register gilt unverändert, dass sie fortzuführen und aus ihnen Personenstandsurkunden auszustellen sind (vgl. § 17 Rdnr. 1).

II. Grundlagen, Inhalt und Beweiskraft

1. Grundlagen und Urkundenmuster

3 Für Personenstandsurkunden gilt allgemein, dass sie nur aus dem jeweiligen Registereintrag ausgestellt werden dürfen (§ 55 Abs. 1). Andere Quellen wie z. B. das Sicherungsregister oder die Sammelakte enthalten zwar auch die hierfür erforderlichen Angaben, sind aber als Grundlage für die Urkundenerteilung nicht zugelassen (vgl. § 55 Rdnr. 5).

4 Der Lebenspartnerschaftsurkunde war durch § 55 Abs. 1 Nr. 3 Halbs. 2 die Besonderheit eingeräumt, dass sie für den kurzen Zeitraum zwischen der Begründung der Lebenspartnerschaft und der Eintragung im Lebenspartnerschaftsregister aus der Niederschrift über die Begründung der Lebenspartnerschaft ausgestellt werden durfte. Dieser war nach der auch für Lebenspartnerschaften geltenden Vorschrift der Nr. 15 PStG-VwV eng begrenzt; die Beurkundung im Lebenspartnerschaftsregister hatte danach unverzüglich, spätestens am Werktag nach der Begründung der Lebenspartnerschaft, zu erfolgen. Nachdem ab dem 1.10.2017 keine Lebenspartnerschaften mehr begründet werden können (vgl. Rdnr. 2), ist die Bezugnahme in § 55 Abs. 1 Nr. 3 Halbs. 2 auf § 55 Abs. 1 Nr. 2 Halbs. 2 mit der Möglichkeit, aus der Niederschrift über die Begründung einer Lebenspartnerschaft Lebenspartnerschaftsurkunden auszustellen, gegenstandslos geworden. Bereits erteilte Urkunden sind aber nach wie vor gültige Personenstandsurkunden, mit denen die Begründung der Lebenspartnerschaft nachgewiesen werden kann.

5 Die Lebenspartnerschaftsurkunde ist gemäß § 48 Abs. 1 PStV nach dem Muster der Anlage 7 im Format DIN A4 zu erteilen. Aus Anlass eines Vorschlags des Bundesrats im Rahmen des PStRÄndG, in dem Muster der Lebenspartnerschaftsurkunde vor der Bezeichnung der Lebenspartner den Leittext »Lebenspartner oder Lebenspartnerin« einzustellen, hat die Bundesregierung klargestellt, dass Formulare, die für die Ausstellung von Personenstandsurkunden verwendet werden, nach § 48 Abs. 1 Satz 2 PStV dem Beurkundungssachverhalt anzupassen sind. Hierzu gehöre auch, die Leittexte »Lebenspartner« und »Lebenspartnerin« entsprechend dieser Rege-

lung zu verwenden[1]. Mit der Einführung der neutralen Elementbezeichnungen »1« und »2« und der Möglichkeit zur Aufnahme einer flexiblen Leittextangabe durch die 1. PStÄndV[2], die die Bezeichnungen »Lebenspartner« für männliche Personen und »Lebenspartnerin« für weibliche Personen zur Verfügung stellen, ist dies ausdrücklich klargestellt; mit »Lebenspartner« sind auch Personen zu bezeichnen, die weder dem männlichen noch dem weiblichen Geschlecht angehören (§ 42 Abs. 5 PStV). Die Ausstellung in einem kleineren Format ist möglich; dabei kann die Zeilengestaltung formatgerecht angepasst werden. Mit dem kleineren Format soll insbesondere die Aufbewahrung der Personenstandsurkunden in Urkundensammlungen (Familienstammbuch) ermöglicht werden.

Die Ausstellung eines mehrsprachigen Auszugs aus dem Lebenspartner- 6
schaftsregister nach dem Übereinkommen vom 8. 9. 1976 über die Ausstellung mehrsprachiger Auszüge aus Personenstandsbüchern ist nicht möglich, weil das Übereinkommen dies nicht vorsieht und eine analoge Anwendung der Regelung für mehrsprachige Auszüge aus dem Heiratseintrag nicht in Betracht kommt. Selbst die ursprünglich in § 50 Abs. 7 Satz 2 PStV eingeräumt gewesene Möglichkeit, in dem Auszug aus dem Sterberegister auch den Lebenspartner des Verstorbenen zu verlautbaren, ist durch das PStRÄndG ersatzlos aufgehoben worden. Mit dem noch nicht in Kraft getretenen neuen CIEC-Übereinkommen über die Ausstellung mehrsprachiger, codierter Auszüge und Bescheinigungen aus Personenstandsregistern (zum Stand des Vorhabens vgl. § 55 Rdnr. 15) wird aber auch für Lebenspartnerschaftsregister die Möglichkeit der Ausstellung einer internationalen Personenstandsurkunde eröffnet werden.

Zu der Möglichkeit, anstelle des mehrsprachigen Auszugs eine mehrsprachige Übersetzungshilfe nach der ApostillenVO-EU zu verwenden, vgl. § 54 Rdnr. 21.

2. Urkunde aus dem Lebenspartnerschaftseintrag

a) Allgemeines

Für die Lebenspartnerschaftsurkunde gilt – wie für die Personenstands- 7
urkunden allgemein –, dass für ihren Inhalt nur solche Angaben in Betracht kommen, die sich aus dem Haupteintrag und etwaigen Folgebeurkundungen ergeben. § 58 Absatz 1 Satz 1 Nr. 1 bis 4 mit der Nennung der in die Lebenspartnerschaftsurkunde aufzunehmenden Angaben korrespondiert mit § 17 i. V. m. § 16, die im Einzelnen die Angaben festlegen, die im Lebenspartnerschaftsregister fortgeführt werden.

Der allgemeine Grundsatz in § 56 Abs. 2, dass nur die geänderten Tatsa- 8
chen in die Personenstandsurkunden aufgenommen werden dürfen, bedeu-

1 BT-Drs. 17/10489, S. 63, 74.

2 Erste Verordnung zur Änderung der Personenstandsverordnung vom 24. 10. 2018 (BGBl. I S. 1768).

tet für die Lebenspartnerschaftsurkunde, dass sie den Stand der Angaben am Tag der Ausstellung der Urkunde wiederzugeben hat. Dabei sind folgende Angaben zu unterscheiden und Besonderheiten zu beachten:

9 Daten, die bei der Begründung der Lebenspartnerschaft unveränderbar feststehen, sind Ort und Tag der Geburt der Lebenspartner (§ 58 Abs. 1 Satz 1 Nr. 2) sowie Ort und Tag der Begründung der Lebenspartnerschaft (§ 58 Abs. 1 Satz 1 Nr. 3). Sie können allenfalls – weil von Anfang an falsch – durch eine Berichtigung (§§ 17, 16 Abs. 1 Satz 1 Nr. 8) geändert worden sein. Dass spätere Änderungen des Namens des Ortes der Begründung der Lebenspartnerschaft unberücksichtigt bleiben, bestimmt Nr. 56.1.3 Satz 1 PStG-VwV ausdrücklich. Bei solchen Orten soll aber dem Namen die neue Ortsbezeichnung unter Voranstellung des Wortes »jetzt« hinzugefügt werden (Nr. A 2.1.4 Satz 1 Halbs. 2, Nr. 56.1.3 Satz 2 PStG-VwV). Bei längeren Ortsnamen ist dieser Zusatz, dessen beurkundungsrechtlicher Zweck fraglich erscheint, wegen der begrenzten Zeilenkapazität problematisch. Bei der Bezeichnung des Standesamts ist diese Regelung entsprechend anzuwenden (Nr. A 2.1.4 Satz 2, Nr. 56.1.3 Satz 3 PStG-VwV).

10 Der Fortführung unterliegen die in die Lebenspartnerschaftsurkunde aufzunehmenden Angaben über die Vornamen und die Familiennamen der Lebenspartner und ihre sich aus dem Registereintrag ergebende Zugehörigkeit zu einer Religionsgemeinschaft (§ 58 Abs. 1 Satz 1 Nr. 1, 4). Zu den Anlässen der Fortführungen vgl. §§ 17, 16 Rdnr. 10 ff.

11 Der für alle Personenstandsurkunden geltende Grundsatz, dass im Fall von Folgebeurkundungen »nur die geänderten Tatsachen« in die Urkunden aufzunehmen sind, wird bei der Angabe der Vornamen und Familiennamen der Lebenspartner – wie auch bei der Namensangabe der Ehegatten in der Eheurkunde – durchbrochen (vgl. dazu Rdnr. 15).

12 Zu dem Urkundenfeld »Religion« ist für die Eheurkunde in Nr. 57.3.1 PStG-VwV geregelt, dass geänderte Angaben unmittelbar in dieses Feld einzutragen sind (vgl. auch § 57 Rdnr. 23); diese Regelung findet für die Lebenspartnerschaftsurkunde entsprechende Anwendung.

13 Zu der Frage, ob im Fall einer gleichgeschlechtlichen Eheschließung im Ausland und späterer Beurkundung im deutschen Lebenspartnerschaftsregister auch dann noch eine Lebenspartnerschaftsurkunde erteilt werden kann, wenn nach dem 1. 10. 2017 eine Nachbeurkundung im Eheregister erfolgt ist, kann man durchaus geteilter Meinung sein. Zwar ist durch eine Eheurkunde die Ehe für den gesamten Zeitraum ab Eheschließung nachweisbar, doch dürfte eine Lebenspartnerschaftsurkunde schwerlich versagt werden können, weil die Ehe hier zunächst nur als Lebenspartnerschaft anerkannt und dokumentiert wurde und die Ehegatten zu dieser Zeit im Rechtsleben als Lebenspartner aufgetreten sind.

Im Übrigen ergibt sich der weitere formelle Inhalt der Urkunde (Angabe des Standesamts, Eintragsnummer, Ausstellungsdatum und -ort, Unterschrift des Standesbeamten und Dienstsiegelabdruck) aus §56 Abs. 1 und 3. 14

b) Eintragung der Namensführung

Der Grundsatz der Aktualisierung gilt auch für die Vor- und Familiennamen der Lebenspartner. Ist ein Name geändert worden, so wäre an sich nur der geänderte Name anzugeben. Die Lebenspartnerschaftsurkunde sieht indes für jeden Lebenspartner gleich sechs Angabenfelder vor: »Familienname vor der Lebenspartnerschaft«, »Geburtsname vor der Lebenspartnerschaft«, »Vorname(n) vor der Lebenspartnerschaft«, »Familienname in der Lebenspartnerschaft«, »Geburtsname in der Lebenspartnerschaft« und »Vornamen(n) in der Lebenspartnerschaft«. Die Untergliederung entspricht damit der für die Eheurkunde getroffenen Regelung. Die Verwaltungsvorschriften für die Eheurkunde (Nr. 57.2 PStG-VwV) sind entsprechend auch auf die Lebenspartnerschaftsurkunde anzuwenden; sie geben Aufschluss darüber, was in die jeweiligen Felder einzutragen ist (vgl. §57 Rdnr. 14 ff.). 15

c) Urkundenfeld »Weitere Angaben aus dem Register«

Nach §58 Abs. 1 Satz 2 sind im Angabenfeld »Weitere Angaben aus dem Register« etwaige Folgebeurkundungen über die Auflösung der Lebenspartnerschaft, über das Nichtbestehen der Lebenspartnerschaft, über die Todeserklärung oder gerichtliche Feststellung der Todeszeit eines Lebenspartners sowie über die Umwandlung der Lebenspartnerschaft in eine Ehe aufzunehmen. Ein verbindlicher Text ist hierfür nicht vorgeschrieben; er sollte aber – knapp formuliert – nur die nötigsten Angaben enthalten. Der Angabentext über eine Aufhebung der Lebenspartnerschaft durch gerichtlichen Beschluss kann z. B. lauten: »Lebenspartnerschaft aufgehoben, 30. November 2009«. Bei Eheschließung der Lebenspartner könnte der Text wie folgt lauten: »Umwandlung der Lebenspartnerschaft in eine Ehe am ... (Datum)«. Im Fall der hier nur als Lebenspartnerschaft beurkundeten Auslandsehe (vgl. Rdnr. 13) wäre auf die Eheschließung hinzuweisen, etwa »Eheschließung am ... in ... . Bei im Ausland begründeter Lebenspartnerschaft und Beurkundung nach §35 sowie erneuter Begründung der Lebenspartnerschaft derselben Lebenspartner im Inland wäre die Lebenspartnerschaftsurkunde über die Nachbeurkundung der ersten Lebenspartnerschaft mit einer entsprechenden Angabe zu versehen, etwa »Erneute Begründung der Lebenspartnerschaft am ... (Datum)«. Zu den für das Urkundenfeld in Betracht kommenden Eintragungen ist weiter zu bemerken, dass – anders als noch in der amtlichen Begründung des PStRÄndG zu §58 angenommen – die Lebenspartnerschaft nicht durch Todeserklärung aufgelöst wird[3]. Da die Nichtberücksichtigung in der alten Fassung offenbar auf einem Irrtum beruhte und als planwidrige Regelungslücke anzusehen war, sind die Todeserklärung und die gerichtliche Feststellung der Todeszeit 16

3 Vgl. BGH, StAZ 1994, 114; *Berkl*, Rdnr. 797; *Berkl*, StAZ 2013, 46, 51.

nunmehr in Absatz 1 Satz 2 Nr. 3 als eigene Rechtsinstitute genannt. Dies hat Auswirkungen auf die Eintragung im Urkundenfeld, die etwa wie folgt lauten kann: »Todeserklärung des Lebenspartners 1 am ...«. Der Leittext »Weitere Angaben aus dem Register« und die für die Eintragung der Angaben vorgesehenen Felder werden nach Nr. 56.1.7 PStG-VwV nur dann in die Urkunde aufgenommen, wenn entsprechende Eintragungen vorzunehmen sind.

d) Hinweis auf die Beurkundung der Geburt der Lebenspartner

17 Nach Absatz 2, der durch das 2. PStRÄndG mit Wirkung vom 1.11.2018 eingefügt wurde, ist außerhalb des Beurkundungstextes auf die Geburtseinträge der Lebenspartner mit Angabe der Registrierungsdaten (§ 16 Abs. 2 PStV) und des Standesamts hinzuweisen. Das Angabenfeld mit entsprechenden Leittexten befindet sich unterhalb des urkundlichen Teils der Lebenspartnerschaftsurkunde. Die Zusätze sollen bewirken, dass bei standesamtlichen Beurkundungen auf die Beibringung weiterer Personenstandsurkunden verzichtet werden kann (z. B. bei der Anzeige eines Sterbefalls auf die Vorlage der Geburtsurkunde des Verstorbenen).

3. Beweiskraft

18 Nach § 54 Abs. 2 haben die Personenstandsurkunden dieselbe Beweiskraft wie die Beurkundungen in den Personenstandsregistern (vgl. § 54 Rdnr. 17 ff.). Die Lebenspartnerschaftsurkunde beweist, dass zwei bestimmte Personen an einem bestimmten Tag vor dem Standesbeamten eines bestimmten Standesamts miteinander die Lebenspartnerschaft begründet haben. Ist in der Lebenspartnerschaftsurkunde darüber hinaus angegeben, dass die Lebenspartnerschaft aufgelöst ist, so beweist sie zudem, dass die Lebenspartnerschaft nicht mehr besteht.

§59 Geburtsurkunde

(1) In die Geburtsurkunde werden aufgenommen
1. die Vornamen und der Geburtsname des Kindes,
2. das Geschlecht des Kindes,
3. Ort und Tag der Geburt,
4. die Vornamen und die Familiennamen der Eltern des Kindes,
5. die rechtliche Zugehörigkeit des Kindes und seiner Eltern zu einer Religionsgemeinschaft, sofern sich die Zugehörigkeit aus dem Registereintrag ergibt.

(2) Auf Verlangen werden in die Geburtsurkunde Angaben nach Absatz 1 Nr. 2, 4 und 5 nicht aufgenommen.

Übersicht (die Zahlen bedeuten Randnummern)

I. Rechtsentwicklung

Nach dem PStG 1875 wurden Geburtsurkunden erteilt, deren Wortlaut dem des Eintrages im Geburtenregister entsprach. Die Möglichkeit, etwaige bei der Beurkundung am Rande vermerkte Zusätze, Löschungen oder Abänderungen sowie Randvermerke über offenbare Schreibfehler gleich in die Urkunde einzuarbeiten, wurde erst später durch Ausführungsvorschriften eröffnet. 1

2 Das PStG 1937 sah für die »Geburtsurkunde« einen verkürzten Inhalt vor: Nur noch die wesentlichen Angaben des Geburtseintrags wurden in die Geburtsurkunde aufgenommen. Eine Urkunde mit dem früher umfassenden Inhalt war fortan unter der Bezeichnung »beglaubigte Abschrift aus dem Geburtseintrag« zu erteilen. Durch das 2. PStÄndG vom 18.5.1957 (BGBl. I S. 518) erhielt der die Ausstellung der Geburtsurkunde regelnde § 62 eine neue Fassung. In diese wurde durch Art. 8 Nr. 8 des Nichtehelichengesetzes vom 19.8.1969 (BGBl. I S. 1243) als neuer Geburtsnachweis die Abstammungsurkunde aufgenommen und in einem neuen Absatz 2 die Elternangabe angenommener Kinder in der Geburtsurkunde geregelt.

3 Der den Inhalt der Geburtsurkunde festlegende § 59 Abs. 1 entspricht weitgehend § 62 Abs. 1 PStG a. F.; die Erteilung einer Abstammungsurkunde ist aber – wie schon dem die Personenstandsurkunden benennenden § 55 Abs. 1 zu entnehmen ist – nicht mehr vorgesehen (zu den Gründen vgl. § 55 Rdnr. 7).

4 § 59 Abs. 2 bietet unter der gleichen Bezeichnung »Geburtsurkunde« eine weitere Urkunde mit reduziertem Inhalt an; sie ist mit dem früheren Geburtsschein (§ 61c PStG a. F.) vergleichbar.

II. Grundlagen, Inhalt und Beweiskraft (Absatz 1)

1. Grundlagen und Urkundenmuster

5 Für die Geburtsurkunde gilt – wie für die Personenstandsurkunden allgemein – der Grundsatz, dass nur solche Angaben aufgenommen werden dürfen, die sich aus dem Haupteintrag und etwaigen Folgebeurkundungen ergeben. Änderungen des Personenstandes, die zwar bereits wirksam aber noch nicht im Registereintrag beurkundet worden sind, dürfen nicht in der Urkunde berücksichtigt werden. Ist z. B. eine Vaterschaftsanerkennung erfolgt, so sind die Angaben über den Vater zunächst durch Folgebeurkundung in den Eintrag aufzunehmen, bevor sie in der Geburtsurkunde verlautbart werden können. Umgekehrt bedeutet dies aber auch, dass die sich aus dem Geburtseintrag ergebende Vaterschaft solange zu berücksichtigen ist, bis sich das Nichtbestehen der Vaterschaft aus einer Folgebeurkundung ergibt.

6 Andere Quellen, wie z. B. das Sicherungsregister oder die Sammelakte, enthalten zwar auch die für die Erteilung der Geburtsurkunde erforderlichen Angaben, sind aber als Grundlage für die Urkundenerteilung nicht zugelassen (vgl. § 55 Rdnr. 5). Gleiches gilt beim Geburtseintrag für den Fall, dass dieser einen Zusatz gemäß § 35 Abs. 1 Satz 1 PStV enthält, nach dem bei der Beurkundung der Geburt oder bei der Folgebeurkundung über die Vaterschaft keine geeigneten Nachweise zu Angaben über die Eltern des Kindes vorgelegen haben; bis zu einer ergänzenden Folgebeurkundung über sichere Nachweise der Elternangaben darf keine Geburtsurkunde sondern nur ein beglau-

bigter Registerauszug ausgestellt werden (vgl. § 56 Rdnr. 11)[1]. Ist gar die Beurkundung der Geburt wegen fehlender Angaben oder Nachweise zurückgestellt worden, ist dem Anzeigenden auf Antrag eine Bescheinigung darüber auszustellen, dass die Geburt angezeigt, aber noch nicht beurkundet werden konnte (§ 7 Abs. 2 PStV).

Die Geburtsurkunde ist gemäß § 48 Abs. 1 PStV nach dem Muster der Anlage 8 im Format DIN A4 zu erteilen. Die Ausstellung in einem kleineren Format ist möglich; dabei kann die Zeilengestaltung formatgerecht angepasst werden. Mit einem kleineren Format soll insbesondere die Aufbewahrung der Personenstandsurkunden in Urkundensammlungen (Stammbuch der Familie) erleichtert werden. 7

2. Inhalt

§ 59 Abs. 1 mit der Nennung der in die Geburtsurkunde aufzunehmenden Angaben korrespondiert mit den §§ 21 und 27, die im Einzelnen die Angaben festlegen, die in das Geburtenregister einzutragen sind und fortgeführt werden. Die Frage, welchen Stand der auf diese Weise in den Registereintrag eingeflossenen Angaben die Geburtsurkunde wiedergibt, beantwortet § 56 Abs. 2 verbindlich. Er schreibt im Fall von Folgebeurkundungen für alle Personenstandsurkunden vor, dass »nur die geänderten Tatsachen« aufgenommen werden. In die Angabenfelder der Geburtsurkunde sind mithin – entsprechend der jeweiligen Folgebeurkundung im Registereintrag – die geänderten Angaben aufzunehmen. Dies kann in Ausnahmefällen dazu führen, dass die Folgebeurkundung eine Angabe enthält, für die es in der Geburtsurkunde keinen passenden Leittext gibt. Die Folgebeurkundung im Geburtseintrag kann z. B. wie folgt lauten: »Das Kind führt auf Grund der am ... erklärten Namenswahl mit Wirkung vom ... auch den Mittelnamen Y, so dass der vollständige Name X (Vorname) Y (Zwischenname) Z (Familienname) lautet«[2]. In die daraus auszustellende Geburtsurkunde ist, da Zwischennamen nach deutschem Verständnis den Vornamen näher stehen als dem Familiennamen, der Mittelname mit einem entsprechenden Zusatz (z. B. Vatersname, Mittelname) unter dem Leittext »Vornamen« einzutragen[3]. 8

Angaben, die bei der Geburt im Grunde unveränderbar feststehen, sind nur Ort und Tag der Geburt des Kindes. Sie können allenfalls – weil von Anfang an falsch – durch eine Berichtigung (§ 27 Abs. 3 Nr. 6) geändert worden sein. Spätere Änderungen des Namens des Geburtsortes bleiben unberücksichtigt. Nach Nr. 56.1.3 Satz 1 PStG-VwV ist nur der im Personenstandsregister eingetragene Ortsname in die Urkunde zu übernehmen. Bei solchen Orten soll aber dem Namen die neue Ortsbezeichnung unter Voranstellung des Wortes »jetzt« hinzugefügt werden (Nr. A 2.1.4 Satz 1 Halbs. 2, Nr. 56.1.3 Satz 2 PStG-VwV). Bei längeren Ortsnamen ist dieser Zusatz, dessen beurkundungs- 9

1 Vgl. hierzu OLG Zweibrücken, StAZ 2013, 21; StAZ 2014, 242.
2 KG, StAZ 2016, 142.
3 OLG Karlsruhe, StAZ 2013; *Berkl*, Rdnr. 248; kritisch dazu *Wall*, StAZ 2016, 327.

rechtlicher Zweck fraglich erscheint, wegen der begrenzten Zeilenkapazität problematisch. Bei der Bezeichnung des Standesamts ist diese Regelung entsprechend anzuwenden (Nr. A 2.1.4 Satz 2, Nr. 56.1.3 Satz 3 PStG-VwV).

10 Der Fortführung (vgl. § 27 Rdnr. 4 ff.) unterliegen alle sonstigen in die Geburtsurkunde aufzunehmenden Angaben: Die Vornamen und der Geburtsname des Kindes (Nr. 1) können geändert worden sein; die Vornamen und der Geburtsname durch behördliche Namensänderung oder Annahme als Kind, der Geburtsname durch Namenserteilung, Einbenennung, Namenserstreckung oder Anschlusserklärung an Namensänderungen der Eltern (vgl. § 27 Rdnr. 69 ff.). Der in die Geburtsurkunde aufgenommene geänderte Geburtsname ist rechtlich neuer »Geburtsname«; der bei der Beurkundung beurkundete Name steht mithin nicht etwa auf Dauer und unveränderbar als »Geburtsname« fest (Nr. A 1.3.1 PStG-VwV). Bürgerlich-rechtliche Vorschriften, die diesen Begriff verwenden, verweisen auf die Legaldefinition des § 1355 Abs. 6 BGB.

11 Auch für die weiteren Angaben, nämlich das Geschlecht des Kindes (Nr. 2), die Vornamen und die Familiennamen der Eltern des Kindes (Nr. 4) sowie die Religionszugehörigkeit (Nr. 5) gibt es Änderungsanlässe, die bei der Ausstellung der Urkunde zu berücksichtigen sind (vgl. § 27 Rdnr. 95 ff., 89 ff., 99 ff.). Hierzu gehören auch die geänderten Elternangaben nach Annahme als Kind (vgl. Rdnr. 14 f.). Zu den Elternangaben ist zu bemerken, dass für das jeweilige Angabenfeld mit der 1. PStÄndV[4] Elementbezeichnungen mit der Möglichkeit der Aufnahme von flexiblen Leittextangaben eingeführt wurden, die eine differenzierte familienrechtliche Zuordnung der Eltern mit »Mutter«, »Vater« oder »Elternteil« ermöglichen (§ 42 Abs. 2, 3 PStV). Ist die Angabe des Geschlechts des Kindes geändert worden (z. B. von »männlich« in »divers«), ist nur die geänderte Angabe in die Geburtsurkunde aufzunehmen. Ist die Angabe ersatzlos gestrichen (aufgehoben) worden, darf an ihrer Stelle nicht ohne vorherige Folgebeurkundung im Geburtseintrag eine andere Angabe eingetragen werden. Vielmehr entfällt in der Urkunde der Leittext »Geschlecht« wie bei einem Datenfeld ohne Angabe[5]. Dies gilt auch für den Fall, dass sich eine nicht zulässige Angabe (z. B. »inter«, »X«) aus dem Eintrag ergeben sollte[6]. Besteht der Antragsteller gleichwohl auf der Ausstellung einer Geburtsurkunde mit einer Geschlechtsbezeichnung, so ist er auf die Erklärungsmöglichkeiten zum Geschlecht nach § 45b (vgl. dort Rdnr. 10) hinzuweisen. Erst nach einer entsprechenden Folgebeurkundung im Geburtseintrag kann die gewünschte Urkunde erteilt werden.

4 Erste Verordnung zur Änderung der Personenstandsverordnung vom 24. 10. 2018 (BGBl. I S. 1768).

5 *Berkl*, Rdnr. 1115.

6 Vgl. BVerfG, FamRZ 2017, 2046; StAZ 2018, 15. Zu den aufgehobenen Entscheidungen des BGH, StAZ 2016, 269 und des OLG Celle, StAZ 2015, 107, vgl. *Gössl*, StAZ 2015, 171; *Theilen*, StAZ 2016, 295; *Dutta/Helms*, Stellungnahme für den Wissenschaftlichen Beirat des Bundesverbandes der Deutschen Standesbeamtinnen und Standesbeamten, StAZ 2017, 98.

Im Übrigen ergibt sich der rein formelle Inhalt der Urkunde (Angabe des Standesamts, Eintragsnummer, Ausstellungsdatum und -ort, Unterschrift des Standesbeamten und Dienstsiegelabdruck) aus der allgemeinen, für alle Personenstandsurkunden geltenden Regelung des § 56 Abs. 1 und 3 (vgl. § 56 Rdnr. 5 ff.). 12

Für die Erteilung von Personenstandsurkunden aus dem bis zum 31. 12. 2008 angelegten Geburtenbuch gelten die Vorschriften des neuen Rechts (vgl. Rdnr. 26 ff.). 13

3. Besonderheiten

a) Annahme des Kindes / Gleichgeschlechtliche Eltern

aa) Annahme als Kind

Nach Eintragung einer Folgebeurkundung über die Annahme als Kind oder deren Aufhebung gelten für die Ausstellung der Geburtsurkunde folgende Grundsätze: 14

1. Ist das Kind von einem Ehepaar gemeinschaftlich, dem Ehegatten des Elternteils oder einer Einzelperson mit Wirkung nach § 1754 BGB angenommen worden, so sind im Hinblick auf das Offenbarungs- und Ausforschungsverbot des § 1758 BGB regelmäßig nur die Annehmenden oder der Annehmende als Eltern in die Geburtsurkunde aufzunehmen (Nr. 59.2.1 Satz 1 PStG-VwV). Sie sind entsprechend ihrem Geschlecht unter dem Leittext »Mutter« oder »Vater« einzutragen. Handelt es sich bei dem oder den Annehmenden um gleichgeschlechtliche Personen, so gilt für die Eintragung § 42 Abs. 3 Satz 1 PStV (vgl. Rdnr. 15). Intersexuellen Personen ist nach dieser Vorschrift der Leittext »Elternteil« vorbehalten.
2. Ist die Adoption zu den oder dem Annehmenden aufgehoben worden, so lebt das durch die Adoption erloschene Verwandtschaftsverhältnis zu den leiblichen Eltern des Kindes wieder auf. Ist das Annahmeverhältnis nur zu einem der annehmenden Ehegatten aufgehoben worden (§ 1759 BGB), so ist nur der verbleibende Elternteil in die Geburtsurkunde aufzunehmen. Die Elternschaft eines früheren Elternteils lebt nach § 1764 Abs. 5 BGB nicht wieder auf[7].
3. Die Grundsätze der Nummern 1 und 2 gelten – ungeachtet des zu den leiblichen Eltern fortbestehenden Eltern-Kind-Verhältnisses (§ 1770 BGB) – im Grunde auch für die Volljährigenadoption und die »schwache« Adoption nach ausländischem Recht[8]. Auf Wunsch der Annehmenden und des Kindes können aber nach Nr. 59.2.1 Satz 4 PStG-VwV im Falle der schwachen Volljährigenadoption beide Elternpaare eingetragen werden, und zwar in der Weise, dass die Annehmenden im Abschnitt »Weitere Angaben aus dem Register« (vgl. Rdnr. 24) und die leiblichen Eltern unter »Vater« und »Mutter« eingetragen werden. Damit soll dem Umstand Rechnung getra-

7 Vgl. *Krömer,* StAZ 2015, 61.

8 Zum Begriff der »schwachen« Adoption siehe *Bornhofen/Schmitz/Kraus,* Adoption (schwache).

gen werden, dass durch die Adoption das Verwandtschaftsverhältnis zu den leiblichen Eltern nicht erloschen ist, der Angenommene also – ohne rechtliche Rangfolge – zwei Elternpaare hat.

4. Folgt die Volljährigenadoption auf eine Minderjährigenadoption, ohne dass letztere zuvor aufgehoben wurde, so treten die Adoptiveltern der Minderjährigenadoption an die Stelle der leiblichen Eltern. Wird ein Volljähriger angenommen, der bereits zuvor als Volljähriger angenommen worden war, eröffnet § 1770 Abs. 2 BGB sogar die Möglichkeit von drei nebeneinander bestehenden Eltern-Kind-Verhältnissen[9].
5. Ist unter Verstoß gegen § 1742 BGB eine zweite Minderjährigenadoption ausgesprochen worden, ohne dass zuvor die erste Adoption aufgehoben wurde, so sind die Adoptiveltern der zweiten Adoption ex nunc rechtliche Eltern des Kindes; die Erstadoption verliert ihre Wirkungen, auch ohne dass sich dies aus einer ausdrücklichen rechtlichen Regelung ergibt[10].

15 Ist das Kind von dem Ehegatten oder Lebenspartner seiner Mutter oder seines Vaters angenommen worden, sind der Annehmende und sein Ehegatte oder Lebenspartner nach § 42 Abs. 3 PStV entsprechend ihrem Geschlecht als »Mutter« oder »Vater« in die Geburtsurkunde einzutragen. Die Vorschrift der Nr. 59.2.2 PStG-VwV, die für diesen Fall vorsieht, auf der Grundlage des § 48 Abs. 1 Satz 2 PStV die Leittexte »Mutter« und »Vater« durch den gemeinsamen Leittext »Elternteil« zu ersetzen, ist damit gegenstandslos; die Bezeichnung »Elternteil« ist seit der Änderung durch die 1. PStÄndV intersexuellen Personen vorbehalten (vgl. Rdnr. 14).

16 Diese Regel gilt in folgenden Ausnahmefällen nicht:

Stammt in einer gleichgeschlechtlichen Ehe oder in einer Lebenspartnerschaft, in der eine Lebenspartnerin vor ihrer operativen Geschlechtsumwandlung von Mann zu Frau (§ 8 TSG) ein Spermadepot anlegen ließ, das Kind aus einer künstlichen Befruchtung der anderen Lebenspartnerin mit diesem Samen, so verbleibt es bei den ursprünglichen Leittexten; der andere Elternteil ist nach wirksamer Anerkennung der Vaterschaft – unabhängig von einer etwaigen Annahme des Kindes – in das Angabenfeld »Vater« einzutragen[11].

17 In einem spiegelbildlichen Fall, in dem ein Frau-zu-Mann-Transsexueller nach Absetzen der männlichen Hormone wieder fruchtbar wurde und ein Kind gebar, war zu entscheiden, ob der Elternteil als Vater oder Mutter einzutragen war. Dem Antrag des Transsexuellen, als Vater eingetragen zu werden, wurde nicht entsprochen. Er sei personenstandsrechtlich als Mutter des Kindes mit den früheren weiblichen Vornamen zu erfassen, da er das Kind geboren habe[12].

9 Vgl. *Staudinger/Helms* § 1770 BGB Rdnr. 9.
10 Vgl. *Staudinger/Helms* § 1742 BGB Rdnr. 17.
11 BGH, StAZ 2018, 86; OLG Köln, StAZ 2010, 45.
12 BGH, StAZ 2017, 369; KG, StAZ 2015, 80; *Wall*, StAZ 2015, 117.

In einem weiteren Fall hatte eine Lebenspartnerin ein Kind zur Welt gebracht, das aus einer ihr eingepflanzten Eizelle ihrer Lebenspartnerin stammte, die zuvor mit dem Samen eines anonymen Spenders befruchtet worden war. Zur Frage der Mutterschaft war zu entscheiden, ob die Lebenspartnerin, von der die Eizelle stammt, als (weitere) Mutter des Kindes angesehen werden kann. Diese Frage wurde verneint mit der Folge, dass sie sich für die Geburtsurkunde des Kindes erst gar nicht stellt[13]. 18

Im Übrigen sei darauf hingewiesen, dass die Lebenspartnerin der Mutter eines in der Lebenspartnerschaft geborenen Kindes nicht bereits vor der Adoption als Elternteil in die Geburtsurkunde des Kindes aufgenommen werden kann. Anders als bei Ehegatten, bei denen nach §1592 Abs. 1 BGB – unabhängig von der biologischen Vaterschaft – Vater der Mann ist, der zum Zeitpunkt der Geburt mit der Mutter des Kindes verheiratet ist, kann sich die Lebenspartnerin der Mutter nicht auf eine »Elternvermutung« im Sinne einer analogen Anwendung des §1592 Abs. 1 BGB berufen[14]. 19

bb) Gleichgeschlechtliche Eltern

Stehen bei einer Geburt im Ausland als Eltern gleichgeschlechtliche Personen fest und ist die Geburt in einem deutschen Geburtenregister beurkundet worden (vgl. §36 Rdnr. 19), so sind diese Personen – wie im Fall der Adoption – entsprechend ihrem Geschlecht mit dem Leittext »Vater« oder »Mutter« einzutragen (vgl. Rdnr. 15)[15]. 20

b) Religionsangabe

Sind im Geburtseintrag keine Angaben über die Zugehörigkeit der Eltern oder des Kindes zu einer Religionsgemeinschaft oder Weltanschauungsgemeinschaft enthalten, ist nach Nr. A 3.2.2 und 56.1.4 PStG-VwV (vgl. auch §56 Rdnr. 12) in die Geburtsurkunde das jeweilige Angabenfeld mit dem Leittext »Religion« nicht aufzunehmen. Gleiches gilt, wenn der Austritt aus der Religionsgemeinschaft vermerkt ist. Hierdurch soll dem ggf. falschen Eindruck entgegengewirkt werden, die betreffende Person gehöre keiner Religionsgemeinschaft an. Dieser könnte entstehen, wenn der Beteiligte den Wunsch nach Eintragung nicht geäußert hat und deswegen keine Eintragung in das Angabenfeld erfolgt ist. 21

Bei einer zu berücksichtigenden Folgebeurkundung über die Änderung der Religionszugehörigkeit ist die geänderte Angabe unmittelbar in das Feld »Religion« einzutragen. 22

c) Geburtsurkunde für ein tot geborenes Kind

Die Geburtsurkunde für ein tot geborenes Kind ist mit einem entsprechenden Zusatz zu versehen. Dieser lautet gemäß Nr. 59.1 PStG-VwV »tot geboren« 23

13 OLG Köln, StAZ 2015, 244.
14 EGMR, StAZ 2014, 10.
15 BGH, StAZ 2015, 51; *Hepting/Dutta* Rdnr. IV-223; *Sieberichs*, StAZ 2015, 1.

und ist nach der Angabe des Geburtstages in die Urkunde aufzunehmen. Eine solche Urkunde ist auch im Fall einer Fehlgeburt auszustellen, wenn diese Teil einer Mehrlingsgeburt war und als Totgeburt im Geburtenregister beurkundet worden ist (§ 31 Abs. 3 PStV). An dieser Stelle wird auf die durch das PStRÄndG (§ 31 Abs. 2 PStV) eröffnete Möglichkeit hingewiesen, dem Standesamt eine Fehlgeburt anzuzeigen und hierüber eine Bescheinigung zu erhalten (vgl. hierzu § 55 Rdnr. 25).

d) Urkundenfeld »Weitere Angaben aus dem Register«

24 Die Erläuterung zu diesem Angabenfeld kann auf den kurzen Hinweis beschränkt werden, dass es zwar einen Fall für die Eintragung gibt, dieser aber äußerst selten vorkommen dürfte: Für die schwache Volljährigenadoption ist die Ausnahme vorgesehen, dass auf Wunsch der Annehmenden und des Kindes nicht nur die Adoptiveltern, sondern auch die leiblichen Eltern in die Geburtsurkunde aufzunehmen sind. Die Angabenfelder »Mutter« und »Vater« sind in diesem Fall den leiblichen Eltern vorbehalten, das Feld »Weitere Angaben aus dem Register« den Annehmenden (vgl. Rdnr. 14). Der Leittext »Weitere Angaben aus dem Register« und die für die Eintragung der Angaben vorgesehenen Felder werden nach Nr. 56.1.7 PStG-VwV nur dann in die Urkunde aufgenommen, wenn eine Eintragung erfolgt.

e) Geburtsurkunde für Schwangerschafts- und Mutterschaftshilfe

25 Eine Geburtsurkunde für die Hilfe bei Schwangerschaft und Mutterschaft nach dem Zwölften Buch Sozialgesetzbuch ist nach Nr. 59.3 PStG-VwV mit dem Vermerk »Gilt nur für die Hilfe bei Schwangerschaft und Mutterschaft« auszustellen. Die Urkunde mit diesem Zusatz soll nur einmal erteilt werden. Es ist in geeigneter Weise sicherzustellen, dass die Urkunde mit diesem Zusatz nicht mehrfach ausgestellt wird. Wird ausnahmsweise eine zweite Urkunde für diese Zwecke ausgestellt, ist sie mit dem Vermerk »Zweitausfertigung« zu kennzeichnen.

f) Geburtsurkunde aus Altregistern

26 Für die Erteilung von Personenstandsurkunden aus den bis zum 31.12.2008 angelegten Geburtenbüchern gelten – da in den Übergangsvorschriften keine besonderen Regelungen getroffen sind – grundsätzlich die Vorschriften des neuen Rechts. Dabei ergeben sich zahlreiche Anwendungsfragen, von denen nachfolgend die wichtigsten behandelt werden:

27 In Geburtsurkunden aus diesen Registern ist die Kennzeichnung auf die laufende Nummer und das Jahr der Erstbeurkundung zu beschränken; eine Hinzufügung des Buchstabens »G« kann wegen der Pflicht übereinstimmender Angaben in Eintrag und Urkunde nicht erfolgen (Nr. 76.2.6 PStG-VwV).

28 Erfolgte die Geburt in einem Landfahrzeug, auf einem Binnenschiff oder in einem Luftfahrzeug, ohne dass ein Ort der Geburt eingetragen ist (z. B.

»auf der Fahrt zwischen A-Dorf und B-Dorf«), so ist – entsprechend der Regelung des neuen Rechts für den Haupteintrag (§32 Abs. 2 PStV) – der Ort der Beurkundung als Geburtsort einzutragen. Für die Angabe des Sterbeortes in Sterbeurkunden aus Altregistern ist dies in Nr. 60.3.3 PStG-VwV ausdrücklich geregelt. Eine Ungleichbehandlung von Urkunden aus neuen und alten Registern wäre auch mit dem Motiv der Neuregelung, von den Betroffenen als diskriminierend empfundene Angaben zu vermeiden, nicht zu vereinbaren. Enthält die Angabe des Geburtsortes weitere Zusätze (z.B. Name einer Klinik, einer Anstalt), so werden diese nicht in die Geburtsurkunde aufgenommen.

Ist in älteren Geburtseinträgen keine Angabe des Familiennamens des Kindes enthalten, so muss dieser aus der rechtlichen Beziehung, in welcher die Eltern zueinander und zu dem Kinde stehen, hergeleitet werden. Richtet sich die Namensführung nach deutschem Recht, geht es um Einträge, die vor dem 1.7.1976, bei maßgebendem ausländischen Recht um Einträge, die vor dem 1.7.1970 errichtet worden sind; in der DDR wurde schon seit dem 1.3.1957 der Familienname des Kindes in den Geburtseintrag aufgenommen. 29

Ist ein Vorname des Kindes nach früherem Recht[16] durch Unterstreichen als Rufname kenntlich gemacht, so ist diese Kennzeichnung nicht in die Geburtsurkunde zu übernehmen (Nr. 56.1.1 Satz 5 PStG-VwV). 30

Etwaige im Geburtseintrag enthaltene Angaben zu akademischen Graden der Eltern sind nicht in die Geburtsurkunde zu übernehmen (Nr. 56.2.1 PStG-VwV). Abgesehen davon, dass es in den personenstandsrechtlichen Vorschriften keine Grundlage für eine Eintragung mehr gibt, sieht der tabellarische Aufbau der Urkunde kein Angabenfeld vor, in das diese Angabe aufgenommen werden könnte. Insofern ist die Angabe – wie auch die des Berufes – nicht vergleichbar mit der weiterhin aufzunehmenden Zugehörigkeit zu einer Religionsgemeinschaft, die nicht Körperschaft des öffentlichen Rechts ist (vgl. Rdnr. 32)[17]. 31

Angaben über die Religionszugehörigkeit sind auch dann zu übernehmen, wenn die eingetragene Zugehörigkeit zu einer Kirche, Religionsgesellschaft oder Weltanschauungsgemeinschaft nach §21 Abs. 1 Nr. 4 und §27 Abs. 3 Nr. 5 nicht mehr in die Register aufzunehmen wäre, weil die Gemeinschaft nicht den Status einer Körperschaft des öffentlichen Rechts besitzt. Da sich in den Altfällen die Zugehörigkeit – wie von §59 Abs. 1 Nr. 5 als Eintragungserfordernis verlangt – »aus dem Registereintrag ergibt«, hat keine weitere Prüfung zum Status der Religionsgemeinschaft mehr stattzufinden. Dies regelt Nr. 56.2.5 PStG-VwV, gestützt auf die §§59 und 76, die eine einschränkende Handhabung nicht vorsehen. Hingegen ist – weil von §59 Abs. 1 Nr. 5 nicht mehr zugelassen – für die Aufnahme eines Hinweises auf die Nichtzugehö- 32

16 *Bornhofen/Schmitz/Kraus,* Rufname.
17 Vgl. dazu BGH, StAZ 2013, 377. Zur vorausgegangenen Diskussion vgl. *Berkl,* StAZ 2013, 177; OLG Celle, StAZ 2013, 142; OLG Karlsruhe, StAZ 2013, 85. Gegenteilige Auffassung: OLG Nürnberg, StAZ 2010, 148 mit Anm. *Selbig* und StAZ 2012, 374 mit Anm. *Helms.*

rigkeit zu einer Kirche, Religionsgesellschaft oder Weltanschauungsgemeinschaft, wie sie § 62 Abs. 1 Nr. 3 PStG a. F. vorsah, kein Raum mehr. Besondere Regelungen über die Erteilung von Personenstandsurkunden aus Einträgen mit Angaben über die Zugehörigkeit zur jüdischen Religionsgemeinschaft sind in Nr. 56.2.3 PStG-VwV getroffen.

33 Ein in der Zeit vom 24. 10. 1971 bis zum 30. 6. 1976 eingetragener Randvermerk, dass dem Kind nach § 1740g BGB in der bis zum 30. 6. 1998 geltenden Fassung durch das Vormundschaftsgericht der Name seines verstorbenen Verlobten erteilt worden ist, ist gemäß Nr. 59.5 PStG-VwV bei der Ausstellung der Geburtsurkunde nicht zu berücksichtigen. Diese Regelung trägt dem Umstand Rechnung, dass es sich bei der vermerkten Namensänderung nicht um eine Änderung des Geburtsnamens, sondern eher um den posthumen Erwerb eines »Ehenamens« gehandelt hat.

34 Weitere allgemeine Besonderheiten, die bei der Erteilung von Personenstandsurkunden aus Altregistern beachtet werden müssen, sind mit entsprechenden Ausführungsvorschriften in der PStG-VwV behandelt. Es handelt sich dabei um Zusätze im Eintrag, die den Beweiswert der Urkunde einschränken würden (Nr. 56.1.1) und besondere Schriftzeichen (Nr. 56.2.2); vgl. dazu auch § 56 Rdnr. 18 f.

g) Mehrsprachige Geburtsurkunde

35 Nach dem Übereinkommen über die Ausstellung mehrsprachiger Auszüge aus Personenstandsbüchern vom 8. 9. 1976 (BGBl. 1997 II S. 774) kann aus dem Geburtseintrag nach dem Formblatt A des Übereinkommens ein mehrsprachiger Auszug erteilt werden (zu diesem Übereinkommen und dem von Deutschland bereits ratifizierten Übereinkommen Nr. 34 vom 14. 3. 2014 über die Ausstellung mehrsprachiger, codierter Auszüge und Bescheinigungen aus Personenstandsregistern, dessen Inkrafttreten aber noch nicht absehbar ist, vgl. § 55 Rdnr. 15 ff.). In den Auszug sind im Falle der Annahme des Kindes nur die Adoptiveltern einzutragen. Zur Bezeichnung des Geschlechts ist das entsprechende, auf der Vorderseite des Formblatts wiedergegebene Zeichen zu verwenden. Für tot geborene Kinder wird ein mehrsprachiger Auszug nicht erteilt. Das neue Übereinkommen sieht auch die Möglichkeit vor, für Kinder gleichgeschlechtlicher Eltern eine mehrsprachige Geburtsurkunde zu erteilen.

36 Da in den Auszug – entsprechend der deutschen Geburtsurkunde – nur die fortgeschriebenen Angaben aufzunehmen sind, können für das Feld 10 des Formblatts keine Angaben anfallen. Nach § 50 Abs. 5 PStV ist das Angabenfeld durch einen Strich zu sperren.

37 Ein mehrsprachiger Auszug ist nach § 50 Abs. 4 PStV auch dann zu erteilen, wenn der Name einer einzutragenden Person Bestandteile aufweist, für die der zu verwendende Vordruck keine Angabenfelder vorsieht, z. B. für den »Vatersnamen«, der weder dem Vornamen noch dem Familiennamen zuge-

ordnet werden kann. Er ist ohne weitere Kennzeichnung, die im Ausland zu Fehlschlüssen hinsichtlich des geführten Namens führen könnte, im Datenfeld »Vornamen« einzutragen. Die Regelung wurde durch das PStRÄndG eingefügt; die noch im Regierungsentwurf enthalten gewesene Pflicht, die fremden Namensbestandteile nach §23 Abs.3 PStV entsprechend zu kennzeichnen, wurde im weiteren Gesetzgebungsverfahren aus dem vorgenannten Grund wieder gestrichen[18].

Zu der Möglichkeit, anstelle des mehrsprachigen Auszugs eine mehrsprachige Übersetzungshilfe nach der ApostillenVO-EU zu verwenden, vgl. §54 Rdnr. 21.

4. Beweiskraft

Nach §54 Abs.2 haben die Personenstandsurkunden dieselbe Beweiskraft wie die Beurkundungen in den Personenstandsregistern (vgl. §54 Rdnr. 17ff.). **38**

Ein vom Standesamt erteilter mehrsprachiger Auszug aus dem Geburtenregister hat denselben Beweiswert wie eine Geburtsurkunde (vgl. §54 Rdnr. 19). **39**

III. Geburtsurkunde ohne bestimmte Angaben (Absatz 2)

1. Allgemeines

Bei der Beantragung der Geburtsurkunde kann verlangt werden, dass bestimmte in §59 Abs.1 genannte Angaben, nämlich die nach Nr.2 über das Geschlecht des Kindes, nach Nr.4 über die Eltern oder Nr.5 über die Religionszugehörigkeit, nicht aufzunehmen sind. Ist das Geschlecht des Kindes nicht eingetragen worden (vgl. hierzu §22 Rdnr. 11), so entfällt das entsprechende Angabenfeld nebst Leittext (vgl. Rdnr. 44) automatisch. **40**

Aus der amtlichen Begründung erhellt das gesetzgeberische Motiv der Urkunde mit eingeschränktem Inhalt: »Die Urkunde ist insbesondere für transsexuelle Personen, die von der »kleinen Lösung« (nur Änderung der Vornamen nach §1 TSG) Gebrauch gemacht haben, gedacht. Der eingeschränkte Inhalt trägt dem Offenbarungsverbot des §5 TSG Rechnung, und zwar sowohl für den Fall der Namensänderung des Kindes als auch der eines Elternteils.« **41**

2. Die Urkundeninhalte

a) Die Alternativen

§59 Abs.2 zählt die nicht aufzunehmenden Angaben lediglich auf, ist mithin nicht etwa dahin auszulegen, dass eine solche Urkunde reduzierten Inhalts zwingend nur die Angaben über das Kind sowie Ort und Tag der Geburt **42**

18 Zu der vorausgegangenen Diskussion vgl. *Kraus*, StAZ 2013, 26.

enthält. Die amtliche Begründung stellt den gesetzgeberischen Willen klar, indem sie die Angaben – anders als im Gesetz – mit dem Wort »oder« verbindet und damit verschiedene Möglichkeiten des Urkundeninhalts alternativ nebeneinander stellt[19]. Es sind mithin mehrere Varianten denkbar, deren Mindestinhalt stets die Angaben zu Nr. 1 und 3 umfasst; z. B. Urkunde mit den Angaben zu Nr. 1 und 3 bis 5, wenn nur das Geschlecht nicht angegeben werden soll.

43 Den Wünschen der Berechtigten sind aber zu einer dieser Angaben Grenzen gesetzt: Sind beide Elternteile im Register vermerkt, kann nicht verlangt werden, einen Elternteil unberücksichtigt zu lassen und nur den anderen Elternteil aufzunehmen (Nr. 59.4 PStG-VwV).

b) Wegfall der Angabenfelder und Leittexte

44 § 48 Abs. 2 PStV stellt zum Inhalt der Geburtsurkunde klar, dass bei nicht aufgenommenen Angaben nach § 59 Abs. 1 Nr. 2, 4 oder 5 im Urkundenformular auch das entsprechende Angabenfeld nebst Leittext entfällt. Hierdurch soll dem Eindruck entgegengewirkt werden, die Urkunde sei nicht vollständig ausgefüllt. Außerdem soll durch das Wegfallen der Zeile mit ihrem Leittext zu einer bestimmten Angabe dem Offenbarungsverbot (vgl. Rdnr. 41) so weit wie möglich entsprochen werden.

45 Ist für ein Findelkind (§ 24) oder eine Person mit ungewissem Personenstand (§ 25) eine Geburtsurkunde auszustellen, so liegt es in der Natur der Sache, dass die Angabenfelder nebst ihren Leittexten über die Eltern entfallen. In diesem Fall bedarf es mithin nicht des ausdrücklichen Verlangens des Kindes, eine Geburtsurkunde ohne Elternangabe zu erhalten. Gleiches gilt im Fall einer vertraulichen Geburt nach § 25 Abs. 1 des Schwangerschaftskonfliktgesetzes (§ 21 Abs. 2a). Näheres zur vertraulichen Geburt ist § 18 Rdnr. 33 ff. und § 21 Rdnr. 69 f. zu entnehmen.

19 BT-Drs. 16/1831 S. 52; abgedruckt in *Gaaz/Bornhofen* 2008 S. 460.

§ 60 Sterbeurkunde

In die Sterbeurkunde werden aufgenommen
1. **die Vornamen und der Familienname des Verstorbenen, Ort und Tag seiner Geburt sowie seine rechtliche Zugehörigkeit zu einer Religionsgemeinschaft, sofern sich die Zugehörigkeit aus dem Registereintrag ergibt,**
2. **der letzte Wohnsitz und der Familienstand des Verstorbenen,**
3. **die Vornamen und der Familienname des Ehegatten oder Lebenspartners, wenn der Verstorbene im Zeitpunkt seines Todes verheiratet war oder eine Lebenspartnerschaft führte; war die Ehe oder Lebenspartnerschaft durch Tod aufgelöst oder war der Ehegatte oder Lebenspartner für tot erklärt oder war seine Todeszeit gerichtlich festgestellt worden, sind die Vornamen und der Familienname des letzten Ehegatten oder Lebenspartners anzugeben,**
4. **Sterbeort und Zeitpunkt des Todes.**

Übersicht (die Zahlen bedeuten Randnummern)

I. Rechtsentwicklung

1 Das PStG 1875 sah als einzigen urkundlichen Nachweis der Sterbefallbeurkundung nur eine wörtliche Abschrift des Eintrags im Sterberegister vor.

2 Durch das PStG 1937 wurde die Sterbeurkunde eingeführt. Sie enthielt nur die wesentlichen Angaben aus dem Eintrag im Sterbebuch oder Sterberegister. Durch das 2. PStGÄndG vom 18. 5. 1957 (BGBl. I S. 518) erhielt der die Angaben der Sterbeurkunde festlegende § 64 PStG a. F. seine bis zum Inkrafttreten des Personenstandsrechtsreformgesetzes geltende Fassung.

3 Die nach § 60 Nr. 1 bis 4 in die Sterbeurkunde aufzunehmenden Angaben entsprechen weitgehend denen des § 64 Nr. 1 bis 3 PStG a. F., jedoch sind die Angaben teils anders beschrieben, um Raum für beurkundungsrechtliche Be-

sonderheiten (vgl. Rdnr. 13 ff.) zu lassen. Hinzugekommen ist die Angabe des Wohnsitzes des Verstorbenen. Neben der Sterbeurkunde ist eine Sterbebescheinigung, die nach § 344 Abs. 1 DA für die Bestattung gebührenfrei zu erteilen war, nicht mehr vorgesehen.

II. Grundlagen, Inhalt und Beweiskraft

1. Grundlagen und Urkundenmuster

4 Für die Sterbeurkunde gilt – wie für die Personenstandsurkunden allgemein – der Grundsatz, dass nur solche Angaben aufgenommen werden dürfen, die sich aus dem Haupteintrag und etwaigen Folgebeurkundungen ergeben.

5 Andere Quellen, wie z. B. das Sicherungsregister oder die Sammelakte enthalten zwar auch die für die Erteilung der Sterbeurkunde erforderlichen Angaben, sind aber als Grundlage für die Urkundenerteilung nicht zugelassen (vgl. § 55 Rdnr. 5). Gleiches gilt beim Sterbeeintrag für den Fall, dass dieser einen Zusatz gemäß § 40 Abs. 2 i. V. m. § 35 PStV enthält, nach dem bei der Beurkundung des Sterbefalls keine geeigneten Nachweise zu Angaben über den Verstorbenen vorgelegen haben; bis zu einer ergänzenden Folgebeurkundung über diese Angaben darf keine Sterbeurkunde sondern nur ein beglaubigter Registerauszug ausgestellt werden (vgl. § 56 Rdnr. 11). Ist gar die Beurkundung des Sterbefalls wegen fehlender Angaben oder Nachweise zurückgestellt worden, so ist dem Anzeigenden auf Antrag eine Bescheinigung darüber auszustellen, dass der Sterbefall angezeigt, aber noch nicht beurkundet wurde (§ 7 Abs. 2 PStV).

6 Die Sterbeurkunde ist gemäß § 48 Abs. 1 PStV nach dem Muster der Anlage 9 im Format DIN A4 zu erteilen. Die Ausstellung in einem kleineren Format ist möglich; dabei kann die Zeilengestaltung formatgerecht angepasst werden. Mit einem kleineren Format soll insbesondere die Aufbewahrung der Personenstandsurkunden in Urkundensammlungen (Stammbuch der Familie) ermöglicht werden.

2. Inhalt

7 § 60 Nr. 1 bis 4 mit der Nennung der in die Sterbeurkunde aufzunehmenden Angaben korrespondiert mit den §§ 31 und 32, die im Einzelnen die Angaben festlegen, die in das Sterberegister einzutragen sind und fortgeführt werden. Die grundsätzliche Frage, welchen Stand der Registerangaben die Sterbeurkunde wiedergibt, beantwortet § 56 Abs. 2 verbindlich: Er schreibt im Fall von Folgebeurkundungen für alle Personenstandsurkunden vor, dass »nur die geänderten Tatsachen« aufgenommen werden. Beim Vergleich der aufzunehmenden Angaben fällt seit der Änderung der Regelung durch das PStRÄndG auf, dass die im Registereintrag hinzugekommene Angabe des Geschlechts in der Neufassung des § 60 unberücksichtigt geblieben ist. Dies sollte nach Auffassung des Bundesrates nicht so sein. Er hatte in seiner Stel-

lungnahme zum Entwurf des PStRÄndG angesichts der zunehmenden Zahl geschlechtsneutraler Vornamen vorgeschlagen, die neue Registerangabe »Geschlecht« auch in die Sterbeurkunde aufzunehmen. In ihrer Gegenäußerung stimmte die Bundesregierung dem Vorschlag nicht zu: Eine generelle Aufnahme des Geschlechts in die Sterbeurkunde sei nicht erforderlich, da die Stellen, denen die Sterbeurkunde vorzulegen ist, das Geschlecht bereits kennen (z.B. Krankenversicherung oder Rententräger) oder es für den Verfahrensablauf unbeachtlich sei (Nachlassgericht)[1]. Der Gesetzgeber folgte dieser Auffassung. Mit den gleichlautenden Änderungen des § 31 Abs. 1 Nr. 3 und des § 60 Nr. 3 durch das 2. PStRÄndG ist klargestellt, dass hinsichtlich der Angabe des letzten Ehegatten oder Lebenspartners die Todeserklärung oder gerichtliche Feststellung der Todeszeit und die Eheauflösung durch Tod gleichbehandelt werden: In beiden Fällen sind die Vornamen und der Familienname des Ehegatten oder Lebenspartners einzutragen.

Anders als bei der Heiratsurkunde, der Lebenspartnerschaftsurkunde und der Geburtsurkunde stehen für die Sterbeurkunde mit der Beurkundung des Sterbefalls alle aufzunehmenden Angaben fest. Die Fortführungen des Sterberegisters sind daher nach § 32 auf »Folgebeurkundungen über Berichtigungen« beschränkt. 8

Spätere Änderungen des Namens des Geburtsortes des Verstorbenen und des Sterbeortes bleiben unberücksichtigt. Nr. 56.1.3 Satz 1 PStG-VwV bestimmt ausdrücklich, dass nur der im Personenstandsregister eingetragene Name des Sterbeortes in die Urkunde zu übernehmen ist. Bei solchen Orten soll aber dem Namen die neue Ortsbezeichnung unter Voranstellung des Wortes »jetzt« hinzugefügt werden (Nr. A 2.1.4 Satz 1 Halbs. 2, Nr. 56.1.3 Satz 2 PStG-VwV). Bei längeren Ortsnamen ist dieser Zusatz, dessen beurkundungsrechtlicher Zweck fraglich erscheint, wegen der begrenzten Zeilenkapazität problematisch. Bei der Bezeichnung des Standesamts ist diese Regelung entsprechend anzuwenden (Nr. A 2.1.4 Satz 2, Nr. 56.1.3 Satz 3 PStG-VwV). 9

Für die aufzunehmenden Angaben über den letzten Wohnsitz, den Familienstand und den Ehegatten oder Lebenspartner des Verstorbenen sind die Angaben aus den entsprechenden Formularfeldern des Sterbeeintrags zu übernehmen. Wegen des Grundsatzes der Übereinstimmung der Angaben im Registereintrag und in den daraus ausgestellten Personenstandsurkunden muss dies auch für etwaige Zusätze zum Familienstand gelten, obwohl diese Zusätze Angaben offenbaren können, die zum Nachweis des Todes an sich nicht erforderlich sind (vgl. § 31 Rdnr. 30 ff.)[2]. 10

Das Angabenfeld »Religion« wird nicht in die Urkunde aufgenommen, wenn der Registereintrag ein entsprechendes Feld nicht enthält (Nr. 56.1.4 PStG-VwV; vgl. auch § 56 Rdnr. 12). Mit dem Weglassen des Angabenfeldes soll dem ggf. falschen Eindruck entgegengewirkt werden, der Verstorbene habe 11

1 Vgl. BT-Drs. 17/10489, S. 57, 72.
2 Zu solchen zusätzlichen Angaben vgl. *Rauhmeier*, StAZ 2016, 347.

keiner Religionsgemeinschaft angehört. Dieser könnte entstehen, wenn der Anzeigende den Wunsch auf Eintragung nicht geäußert hat und deswegen keine Eintragung erfolgt ist.

12 Im Übrigen ergibt sich der rein formelle Inhalt der Urkunde (Angabe des Standesamts, Eintragsnummer, Ausstellungsdatum und -ort, Unterschrift des Standesbeamten und Dienstsiegelabdruck) aus der allgemeinen, für alle Personenstandsurkunden geltenden Regelung des § 56 Abs. 1 und 3 (vgl. § 56 Rdnr. 5 ff.).

3. Besonderheiten

a) Zeitpunkt des Todes

13 Bei der Beurkundung eines Sterbefalls wird nach § 40 Abs. 3 PStV in Fällen, in denen der Zeitpunkt des Todes nicht genau festzustellen ist, entweder der ungefähre Zeitpunkt des Todes oder der Zeitraum angegeben, in dem der Tod eingetreten ist. Nr. 60.1 PStG-VwV stellt hierzu klar, dass eine solche Angabe unverändert in die Sterbeurkunde zu übernehmen ist.

b) Familienrechtliche Bezeichnung »Ehemann/Ehefrau/Ehepartner/Lebenspartner/Lebenspartnerin«

14 Nach der Fußnote zu den Angabemöglichkeiten »Ehemann/Ehefrau/Ehepartner/Lebenspartner/Lebenspartnerin« ist die familienrechtliche Bezeichnung des Sterbeeintrags zu übernehmen (vgl. dazu § 31 Rdnr. 35). Da eine Fortführung des Sterbeeintrags nicht erfolgt (vgl. Rdnr. 8), bleiben bei der Ausstellung der Sterbeurkunde zwischenzeitliche Änderungen zur Person des Ehegatten (z. B. Änderung der Vornamen oder des Geschlechts eines transsexuellen oder intersexuellen Ehegatten oder Lebenspartners) auch dann unberücksichtigt, wenn die Personenstandsänderung durch eine Personenstandsurkunde (z. B. Geburtsurkunde) nachgewiesen werden kann. Ist hingegen die als Lebenspartner(in) eingetragene Person ex tunc als Ehemann oder Ehefrau anzusehen, kann dies in der Sterbeurkunde berücksichtigt werden. Dies wird immer dann der Fall sein, wenn der im Ausland geschlossenen gleichgeschlechtlichen Ehe hier zunächst nur die Wirkungen einer Lebenspartnerschaft zugebilligt wurden. Da die Sterbeurkunde hinsichtlich ihrer Angaben dem Sterbeeintrag entsprechen muss, ist zuvor allerdings eine Berichtigung des Sterbeeintrags erforderlich (vgl. § 32 Rdnr. 4).

c) Familienstand bei Doppelehe oder »hinkender« Ehe

15 Lebte der Verstorbene im Zeitpunkt des Todes in zwei gültigen Ehen, so sind – wie im Sterbeeintrag – beide Ehegatten in das Angabenfeld »Ehemann/ Ehefrau« aufzunehmen. Da es sich in beiden Fällen um gültige Ehen handeln muss, kommt die Eintragung einer Ehe im Angabenfeld »Weitere Angaben aus dem Register« nicht in Betracht. Da auch eine im Inland ungültige, aber

im Ausland gültige Ehe den Schutz des Art. 6 Abs. 1 GG beanspruchen kann[3], ist in einem solchen Fall der Familienstand mit »verheiratet« anzugeben. Ein das Rechtsverhältnis klarstellender Zusatz zur Familienstandsbezeichnung im Sterbeeintrag (z. B. »Die Ehe war nach deutschem Recht unwirksam«) ist auch in die Sterbeurkunde zu übernehmen, um mit ihr keinen unzutreffenden Rechtsschein zu erzeugen[4]. Da es sich bei dem Zusatz um einen Teil der Familienstandsbezeichnung handelt, sollte er anschließend an die Bezeichnung »verheiratet« in das Angabenfeld »Familienstand« aufgenommen werden.

d) Todeserklärung

16 Enthält der Sterbeeintrag einen Hinweis darüber, dass die verstorbene Person für tot erklärt oder ihre Todeszeit gerichtlich festgestellt worden ist, so hat der Eintrag damit seine Beweiskraft verloren (§ 22a VerschG; Nr. 32.2 PStG-VwV). In diesem Fall darf eine Sterbeurkunde nicht mehr ausgestellt werden. Der Antragsteller ist an das Standesamt I in Berlin zu verweisen, bei dem eine Sammlung der Beschlüsse über Todeserklärungen geführt wird (Nr. 60.2 PStG-VwV). Aus dieser kann nach § 41 PStV als Nachweis eine beglaubigte Abschrift erteilt werden. Ist hingegen die Beurkundung des Sterbefalls nach der Todeserklärung erfolgt, so entfällt die Vermutung, dass der Ehegatte zum Zeitpunkt des festgestellten Todes gestorben ist. Die Sterbeurkunde ist in diesem Fall mit den im Registereintrag beurkundeten Daten auszustellen.

e) Früheres Angabenfeld »Weitere Angaben aus dem Register«

17 Angaben, die in ein Feld »Weitere Angaben aus dem Register« eingetragen werden könnten, gibt es nicht. Als einzige Angabe des Registereintrags, für die in der Sterbeurkunde kein Angabenfeld vorgesehen ist, käme nur die Geschlechtsangabe in Betracht; diese ist aber vom Inhalt der Sterbeurkunde ausgeschlossen worden (vgl. Rdnr. 7). Bei der Überarbeitung des Urkundenmusters durch die 1. PStÄndV[3] ist das Angabenfeld ersatzlos weggefallen.

f) Sterbeurkunden aus Altregistern

18 Für die Erteilung von Sterbeurkunden aus den bis zum 31.12.2008 angelegten Sterbebüchern gelten – da in den Übergangsvorschriften keine besonderen Regelungen getroffen sind – grundsätzlich die Vorschriften des neuen Rechts. Dabei ergeben sich folgende Anwendungsfragen:

19 In Sterbeurkunden aus diesen Registern ist die Kennzeichnung auf die laufende Nummer und das Jahr der Erstbeurkundung zu beschränken; eine Hinzufügung des Buchstabens »S« kann wegen der Pflicht übereinstimmender Angaben in Eintrag und Urkunde nicht erfolgen (Nr. 76.2.6 PStG-VwV).

3 BVerfGE 62, 323, 331; OLG Köln, StAZ 1993, 257.

4 OLG Frankfurt a. M., StAZ 2014, 206; BayObLG, StAZ 1994, 377; KG, StAZ 1996, 204; *Henrich* S. 41.

20 Enthält die Angabe des Sterbeortes weitere Zusätze (z. B. Name einer Klinik, einer Anstalt), so werden diese nicht in die Sterbeurkunde aufgenommen. Erfolgte der Sterbefall in einem Landfahrzeug, auf einem Binnenschiff oder in einem Luftfahrzeug, ohne dass der Ort des Todes eingetragen ist (z. B. »auf der Fahrt zwischen A-Dorf und B-Dorf«), so ist nach Nr. 60.3.3 Satz 2 PStG-VwV – entsprechend der Regelung des neuen Rechts für den Haupteintrag (§ 37 Abs. 5 PStV) – der Ort der Beurkundung als Sterbeort einzutragen. Ist im Sterberegister nur der Ort angegeben, an dem der Verstorbene tot aufgefunden wurde, so wird dieser Ort als Sterbeort in die Urkunde aufgenommen; die Angabe, dass er tot aufgefunden wurde, wird nicht erwähnt (Nr. 60.3.3 Satz 1 PStG-VwV). Diese Regelung ermöglicht es, auf Angaben zu verzichten, die von den Betroffenen als diskriminierend empfunden werden, deren Weglassen den Beweiswert der Urkunde aber nicht schmälert.

21 Ist ein Vorname des Verstorbenen nach früherem Recht[5] durch Unterstreichen als Rufname kenntlich gemacht, so unterbleibt diese Kennzeichnung in der Sterbeurkunde (Nr. 56.1.1 Satz 5 PStG-VwV).

22 Etwaige im Sterbeeintrag enthaltene Angaben zu akademischen Graden sind nicht in die Sterbeurkunde zu übernehmen (Nr. 56.2.1 PStG-VwV). Abgesehen davon, dass es in den personenstandsrechtlichen Vorschriften keine Grundlage für eine Eintragung mehr gibt, sieht der tabellarische Aufbau der Urkunde kein Angabenfeld vor, in das diese Angabe aufgenommen werden könnte. Insofern ist die Angabe – wie auch die des Berufes – nicht vergleichbar mit der weiter aufzunehmenden Zugehörigkeit zu einer Religionsgemeinschaft, die nicht Körperschaft des öffentlichen Rechts ist (vgl. Rdnr. 23)[6].

23 Die Angabe der Religionszugehörigkeit des Verstorbenen ist auch dann zu übernehmen, wenn die Kirche, Religionsgesellschaft oder Weltanschauungsgemeinschaft nach § 31 Abs. 1 Nr. 1 nicht mehr in das Sterberegister aufzunehmen wäre, weil sie nicht den Status einer Körperschaft des öffentlichen Rechts besitzt. Da sich in den Altfällen die Zugehörigkeit – wie von § 60 Nr. 1 als Eintragungserfordernis verlangt – »aus dem Registereintrag ergibt«, hat keine weitere Prüfung zum Status der Religionsgemeinschaft mehr stattzufinden. Dies regelt Nr. 56.2.5 PStG-VwV, gestützt auf die §§ 60 und 76, die eine einschränkende Handhabung nicht vorsehen. Hingegen ist – weil von § 60 Nr. 1 nicht mehr zugelassen – für die Aufnahme eines Hinweises auf die Nichtzugehörigkeit zu einer Kirche, Religionsgesellschaft oder Weltanschauungsgemeinschaft, wie sie § 64 Nr. 1 PStG a. F. vorsah, kein Raum mehr; in diesen Fällen ist das Angabenfeld »Religion« nicht in die Sterbeurkunde zu übernehmen (vgl. Rdnr. 11). Besondere Regelungen über die Erteilung von Personenstandsurkunden aus Einträgen mit Angaben über die Zugehörigkeit zur jüdischen Religionsgemeinschaft sind in Nr. 56.2.3 PStG-VwV getroffen.

5 *Bornhofen/Schmitz/Kraus,* Rufname.

6 Vgl. dazu BGH, StAZ 2013, 377. Zur vorausgegangenen Diskussion vgl. *Berkl,* StAZ 2013, 177; OLG Celle, StAZ 2013, 142; OLG Karlsruhe, StAZ 2013, 85. Gegenteilige Auffassung: OLG Nürnberg, StAZ 2010, 148 mit Anm. *Selbig* und StAZ 2012, 374 mit Anm. *Helms.*

Enthält der Sterbeeintrag eine Folgebeurkundung darüber, dass ein Standesbeamter auf Grund einer bis zum 31. 3. 1946 ergangenen Anordnung[7] einer obersten Landesbehörde ausgesprochen hat, dass zwischen dem Verstorbenen und einer Frau nachträglich die Ehe geschlossen sei, so ist der Familienstand des Verstorbenen mit »verheiratet« zu bezeichnen; die Angaben über seine Frau sind in den Formularfeldern »Ehegatte« einzutragen (Nr. 60.3.1 PStG-VwV). Ist in diesen Fällen zum Sterbeeintrag der Ehefrau ein Zusatz über die nachträgliche Eheschließung aufgenommen worden, so wird – entsprechend der für Neubeurkundungen in Nr. 31.5 Nr. 6 PStG-VwV getroffenen Regelung – der Familienstand der Verstorbenen in der Sterbeurkunde nur mit »verwitwet« angegeben; der Zusatz ist nicht zu übernehmen. **24**

Sind in einem Sterbeeintrag die Druckwörter »D ... Verstorbene war« gestrichen worden, so bedeutet dies, dass der Verstorbene eine Lebenspartnerschaft führte und hierüber bei der Anzeige des Sterbefalls ein Nachweis vorgelegt worden war. Entsprechend der für Neubeurkundungen geltenden Regelung ist der Familienstand in der Sterbeurkunde mit »in eingetragener Lebenspartnerschaft« oder bei Auflösung der Lebenspartnerschaft mit der jeweiligen Angabe über die Art der Auflösung zu bezeichnen (Nr. 31.5 Nr. 8 ff. PStG-VwV). **25**

Weitere allgemeine Besonderheiten, die bei der Erteilung von Personenstandsurkunden aus Altregistern beachtet werden müssen, sind mit entsprechenden Ausführungsvorschriften in der PStG-VwV behandelt; es handelt sich dabei um Zusätze im Eintrag, die den Beweiswert der Urkunde einschränken würden, wie z. B. »angeblich« (Nr. 56.1.1) und besondere Schriftzeichen (Nr. 56.2.2); vgl. dazu auch § 56 Rdnr. 18. **26**

g) Mehrsprachige Sterbeurkunde

Nach dem Übereinkommen über die Ausstellung mehrsprachiger Auszüge aus Personenstandsbüchern kann aus dem Sterbeeintrag nach dem Formblatt C des Übereinkommens ein mehrsprachiger Auszug erteilt werden (zu diesem Übereinkommen und dem von Deutschland bereits ratifizierten Übereinkommen Nr. 34 vom 14. 3. 2014 über die Ausstellung mehrsprachiger, codierter Auszüge und Bescheinigungen aus Personenstandsregistern, dessen Inkrafttreten noch aussteht, vgl. § 55 Rdnr. 15 ff.). In den Auszug sind nach § 50 Abs. 7 Satz 2 PStV die Vor- und Familiennamen des früheren Ehegatten nur dann einzutragen, wenn sich die Angaben aus dem Sterberegister ergeben[8]. **27**

7 Grundlage einer solchen Anordnung war das Gesetz über die Rechtswirkungen des Ausspruchs einer nachträglichen Eheschließung vom 29. 3. 1951 (BGBl. I S. 215; III Nr. 404-7; GS Nr. 30 e).

8 Zur Frage, ob Angaben über den Lebenspartner des Verstorbenen aufgenommen werden können, vgl. *Hochwald*, StAZ 2018, 93.

28 Ein mehrsprachiger Auszug ist nach § 50 Abs. 4 PStV auch dann zu erteilen, wenn der Name einer einzutragenden Person Bestandteile aufweist, für die der zu verwendende Vordruck keine Angabenfelder vorsieht, z. B. für den »Vatersnamen«, der weder dem Vornamen noch dem Familiennamen zugeordnet werden kann. Er ist ohne weitere Kennzeichnung, die im Ausland zu Fehlschlüssen hinsichtlich des geführten Namens führen könnte, im Datenfeld »Vornamen« einzutragen. Die Regelung wurde durch das PStRÄndG eingefügt; die noch im Regierungsentwurf enthalten gewesene Pflicht, die fremden Namensbestandteile nach § 23 Abs. 3 PStV entsprechend zu kennzeichnen, wurde im weiteren Gesetzgebungsverfahren aus dem vorgenannten Grund wieder gestrichen[9]. Da der mehrsprachige Auszug aus dem Sterberegister nur Angaben über den letzten Ehegatten vorsieht, können an deren Stelle Angaben über einen Lebenspartner nicht eingetragen werden. § 50 Abs. 7 PStV, der dies ursprünglich vorsah, ist durch das PStRÄndG entsprechend geändert worden.

Zu der Möglichkeit, anstelle des mehrsprachigen Auszugs eine mehrsprachige Übersetzungshilfe nach der ApostillenVO-EU zu verwenden, vgl. § 54 Rdnr. 21.

29 Eine weiteres Problem bei der Erteilung eines mehrsprachigen Auszugs aus dem Sterberegister, das zu unterschiedlicher Handhabung in der standesamtlichen Praxis geführt hatte, war dann gegeben, wenn im Sterbeeintrag kein Todestag, sondern ein Todeszeitraum angegeben war[10]. Die im Rahmen der PStG-VwV-ÄndVwV eingefügte Nr. 55.3.5 schaffte die nötige Klarheit: Es werden der erste und der letzte Tag des Zeitraums eingetragen; zur Kennzeichnung, dass es sich um einen Zeitraum handelt, sind die beiden Tage mit einem Bindestrich zu verbinden.

30 Entsprechend dem Grundsatz, dass in den Auszug nur die im Sterbeeintrag enthaltenen Angaben eingetragen werden dürfen, sollen nach § 50 Abs. 7 Satz 1 PStV die Felder 7 (Geschlecht), 12 (Vater) und 13 (Mutter) gestrichen werden. Da die Angabe des Geschlechts aber in den Sterbeeintrag aufgenommen wurde (§ 31 Abs. 1 Nr. 1), bestehen gegen die Eintragung dieser Angabe in den mehrsprachigen Auszug bereits vor der noch vorzunehmenden redaktionellen Anpassung des § 50 Abs. 7 PStV keine Bedenken[11].

4. Beweiskraft

31 Nach § 54 Abs. 2 haben die Personenstandsurkunden dieselbe Beweiskraft wie die Beurkundungen in den Personenstandsregistern (vgl. § 54 Rdnr. 17). Die Sterbeurkunde beweist, dass eine bestimmte Person an einem bestimmten Ort und zu einer bestimmten Zeit verstorben ist. Hingegen stellt sie keinen Nachweis über die Eheschließung oder die Begründung der Lebenspart-

9 Zu der vorausgegangenen Diskussion vgl. *Kraus*, StAZ 2013, 26.
10 Zu der unterschiedlichen Handhabung vgl. *Kraus*, StAZ 2013, 27.
11 So auch *Berkl*, Rdnr. 1160.

nerschaft des Verstorbenen dar, auch wenn darin die Vor- und Familiennamen des Ehegatten oder Lebenspartners genannt sind[12].

Ein vom Standesamt erteilter mehrsprachiger Auszug aus dem Sterberegister (vgl. § 54 Rdnr. 19) hat denselben Beweiswert wie eine Sterbeurkunde. **32**

12 *Hepting/Gaaz* Bd. 1 § 60 Rdnr. 17 m. w. N.

Abschnitt 2 **Benutzung der Personenstandsregister**

§ 61 Allgemeine Vorschriften für die Benutzung

(1) Die §§ 62 bis 66 gelten für die Benutzung der bei den Standesämtern geführten Personenstandsregister und Sammelakten bis zum Ablauf der in § 5 Abs. 5 festgelegten Fristen. Benutzung ist die Erteilung von Personenstandsurkunden aus einem Registereintrag, die Auskunft aus einem und die Einsicht in einen Registereintrag sowie die Durchsicht mehrerer Registereinträge; hierzu gehört auch eine entsprechende Verwendung der Sammelakten.

(2) Nach Ablauf der in § 5 Abs. 5 festgelegten Fristen für die Führung der Personenstandsregister und Sammelakten sind die archivrechtlichen Vorschriften für die Benutzung maßgebend.

Übersicht (die Zahlen bedeuten Randnummern)

I. Rechtsentwicklung

1 Eine dem § 61 vergleichbare Regelung mit allgemeinen Vorschriften über die Benutzung der Personenstandsregister gab es im früheren PStG nicht. Der Begriff der »Benutzung der Personenstandsbücher« für alle Arten der Nutzung war aber durch die untergesetzlichen Vorschriften des früheren Rechts bereits eingeführt (§ 61 PStV a. F.; § 86 DA).

Durch die in Absatz 1 Satz 2 bezeichneten Benutzungsmöglichkeiten, insbesondere die Einsicht in das jeweilige Personenstandsregister und die zum Registereintrag geführten Sammelakten durch die betroffenen Personen, wird der EU-Datenschutz-Grundverordnung[1] Rechnung getragen; vgl. dazu § 68a Rdnr. 3 ff. Die Information der betroffenen Person über konkrete Empfänger, gegenüber denen die im Personenstandsregister enthaltenen perso-

1 VO (EU) 2016/679 des Europäischen Parlaments und des Rates vom 27.4.2016 zum Schutz natürlicher Personen bei der Verarbeitung personenbezogener Daten, zum freien Datenverkehr und zur Aufhebung der Richtlinie 95/46/EG (Datenschutz-Grundverordnung) (ABl. L 119 vom 4.5.2016, S. 1; L 314 vom 22.11.2016, S. 72).

nenbezogenen Daten offengelegt worden sind oder noch offengelegt werden (Absatz 1 Satz 2), ist nicht erforderlich, weil der zur Benutzung der Personenstandsregister und Sammelakten berechtigte Personenkreis abschließend in den §§ 61 ff. PStG genannt ist und die bestehenden Benutzungsbeschränkungen eine missbräuchliche Benutzung zur Erlangung personenbezogener Daten ausschließen.

II. Benutzung der Register und Sammelakten (Absatz 1)

1. Benutzung der Register

a) Allgemeines

Die §§ 61 ff. sind – wie bereits die früheren Benutzungsregelungen des PStG a. F. – im Verhältnis zu den allgemeinen Vorschriften des Datenschutzes abschließend und gehen den Bestimmungen der Datenschutzgesetze der Länder vor[2]. Für die Anwendung der Vorschriften bedeutet dies, dass sich bei konkurrierenden Benutzungsregelungen die des Personenstandsrechts durchsetzen. 2

Absatz 1 Satz 1 stellt klar, dass eine Benutzung im Sinne der §§ 62 ff. nur bis zum Ablauf der Führungsfristen der Personenstandsregister (§ 5 Abs. 5) erfolgt[3]. Die Vorschrift korrespondiert insoweit mit § 55 Abs. 3, der bestimmt, dass nach Ablauf dieser Fristen keine Personenstandsurkunden mehr ausgestellt werden (vgl. § 55 Rdnr. 29). Es liegt auf der Hand, dass dieser Grundsatz auch für die anderen Arten der Benutzung gelten muss. 3

Absatz 1 Satz 2 benennt die Benutzungsformen[4] der Personenstandsregister (zum Begriff vgl. § 3 Rdnr. 8) im Einzelnen: Neben der Erteilung von Personenstandsurkunden (zu den einzelnen Urkunden vgl. § 55 Rdnr. 9 ff.) als häufigster Nutzungsform ist die Benutzung durch Auskunft aus einem oder Einsicht in einen Eintrag sowie Durchsicht mehrerer Registereinträge möglich. Nr. 61.1.1 PStG-VwV weist darauf hin, dass auch für die Erteilung einer Auskunft aus einem Personenstandsregistereintrag ein rechtliches Interesse oder – bei den in § 62 des Gesetzes genannten Ausnahmefällen – ein berechtigtes Interesse vorliegen muss; Entsprechendes gilt natürlich auch für die Einsicht und die Durchsicht, da durch sie die Angaben des Eintrags in gleicher Weise offenbart werden. Zu den besonderen Benutzungsregelungen für die nach § 33 zu führende Sammlung der Beschlüsse über Todeserklärungen und gerichtliche Feststellungen der Todeszeit vgl. § 55 Rdnr. 13. 4

2 Vgl. *Kissner*, StAZ 2014, 92; *Hepting/Gaaz* Bd. 1 § 61 Rdnr. 5 ff.
3 Zur Benutzung von Archivgut vgl. *Kissner*, StAZ 2010, 310.
4 Zu den Benutzungsarten vgl. *Gaaz*, StAZ 2010, 65.

b) Auskunft

5 Die Auskunft über einzelne Angaben eines Registereintrags darf nur benutzungsberechtigten Personen erteilt werden. Die Auskunft kann sich auf alle Angaben des Eintrags erstrecken; als Gegenstand kommen z. B. Stunde und Minute der Geburt, Angaben über die Eltern oder den überlebenden Ehegatten in Betracht. Die Auskunft kann mündlich, schriftlich oder elektronisch erteilt werden.

c) Einsicht

6 Unter Einsicht ist das Lesen eines bestimmten Eintrags, gegebenenfalls auch mehrerer Einträge eines Registers zu verstehen. Die Einsicht ist nur unter Aufsicht zu gewähren, um sicherzustellen, dass nicht weitere Einträge eingesehen werden (Nr. 61.1.2 PStG-VwV).

d) Durchsicht

7 Durchsicht ist das Suchen in einem Personenstandsregister, um einen bestimmten Eintrag zu finden oder eine größere Zahl von Einträgen oder Registern auszuwerten. Die Benutzungsvorschriften gehen offenbar davon aus, dass diese Art der Benutzung behördlichen und gerichtlichen sowie wissenschaftlichen Zwecken vorbehalten ist, denn nur die Regelungen hierüber in § 65 Abs. 1 und § 66 Abs. 1 sehen neben Auskunft und Einsicht auch die »Durchsicht« vor. Hingegen lassen die allgemeinen Benutzungsregelungen für Personen in § 62 Abs. 1 neben der Urkundenerteilung nur die Auskunft und die Einsicht zu. Wie bei der Einsicht, so ist auch bei der Durchsicht die Kontrolle der rechtmäßigen Nutzung durch eine Aufsicht zwingend (Nr. 61.1.2 PStG-VwV). Zu erwähnen sind in diesem Zusammenhang etwaige nach § 47 Abs. 4 stillgelegte Registereinträge, die nach der amtlichen Begründung der Regelung im PStRÄndG in einem separaten Registerteil gespeichert werden. Sie werden bei der Standardsuche nicht angezeigt und sind nur dem zuständigen Standesamt durch eine gesonderte Suchfunktion zugänglich (vgl. § 47 Rdnr. 36).

2. Benutzung der Sammelakten

8 Für die Benutzung der Sammelakten gilt nach § 61 Abs. 1 Satz 2 Halbs. 2, dass – so der Wortlaut der Regelung – von Berechtigten eine den Registereinträgen »entsprechende Verwendung« geltend gemacht werden kann. Da sich die Vorschrift auf die in § 61 Abs. 1 Satz 2 Halbs. 1 genannten Benutzungsarten (Erteilung von Personenstandsurkunden, Auskunft, Einsicht, Durchsicht) bezieht, stellt sich die Frage nach den Grenzen der »entsprechenden Verwendung«.

a) Keine Personenstandsurkunden

Eine Verwendung der Sammelakten für die Ausstellung von Personenstandsurkunden scheidet von vornherein aus, da diese nach § 55 Abs. 1 nur aus den Personenstandsregistern erteilt werden dürfen; dies gilt auch für den Fall, dass sowohl das entsprechende Personenstandsregister als auch das Sicherungsregister in Verlust geraten sind (§ 55 Rdnr. 5). Hingegen wird die Fertigung von Kopien aus den Sammelakten zu gewähren sein, wenn die Voraussetzungen für die Einsicht gegeben sind[5]. 9

b) Auskunft, Einsicht und Durchsicht

Es verbleiben als Benutzungsmöglichkeiten für die Sammelakten somit die Auskunft, die Einsicht und die Durchsicht. Dabei stellt sich angesichts des Inhalts der Sammelakten gleich die weitere Frage nach dem zulässigen Umfang der Benutzung, denn die Datenquelle »Sammelakte« enthält meist mehr Daten als der entsprechende Registereintrag. Hinzu kommt, dass sich der Inhalt der Sammelakte – anders als der des Registereintrags mit seinen gesetzlich festgelegten Angaben – nicht generell bestimmen lässt. Das Standesamt hat daher in jedem Einzelfall zu prüfen, ob – und ggf. in welchem Umfang – es die Auskunft erteilen oder die Einsicht oder Durchsicht gewähren darf. Handelt es sich um Angaben, die auch dem Registereintrag entnommen werden können, bestehen keine Bedenken, die Benutzung durch einen Berechtigten zuzulassen. Hingegen kann bei darüber hinausgehenden Angaben die Benutzung nur hinsichtlich solcher Angaben gestattet werden, die »für Zwecke der Beurkundung des Personenstandsfalls« erhoben worden sind. Dies ist vor allem in Fällen sinnvoll, in denen die Sammelakten höchstpersönliche Daten des Kindes oder anderer Personen enthalten, z. B. bei Findelkindern, Personen mit ungewissem Personenstand oder vertraulicher Geburt. Eine entsprechende Regelung war für § 61 PStG a. F. in § 48 DA getroffen[6]. Die Ausführungsvorschriften zum neuen PStG enthalten eine vergleichbare Regelung zwar nicht, doch gilt ihr Sinn unverändert[7]. 10

Im Vergleich mit der Benutzung von Sammelakten nach dem früheren Recht ist zu berücksichtigen, dass die Registereinträge nach neuem Recht nur noch die Kerndaten des Personenstandsfalls enthalten. Es werden weit mehr im Zusammenhang mit der Beurkundung stehende Daten erhoben. als in den Registereintrag einfließen. Von solchen Daten (z. B. Angaben über den Wohnort der Ehegatten, über die Zeugen bei der Eheschließung oder über den Anzeigenden einer Geburt oder eines Sterbefalls) kann ein Berechtigter aus dem Eintrag selbst keine Kenntnis mehr erlangen; sie können nur noch den Sammelakten entnommen werden. Hinsichtlich dieser Angaben ist eine großzügige Auskunftserteilung wegen des engen Zusammenhangs mit der 11

5 KG, StAZ 2015, 207.

6 *Hepting/Gaaz* Bd. 1 § 61 Rdnr. 78 ff. m. w. N.

7 A. A. OLG Nürnberg, StAZ 2019, 83; AG Hamburg, StAZ 2011, 309.

Beurkundung unbedenklich. Eine Auskunft (vgl. Rdnr. 5) kann auch in Form einer beglaubigten Abschrift erfolgen[8].

12 Ein anderer Maßstab wird bei Benutzungsersuchen hinsichtlich solcher Daten anzulegen sein, die nicht in einem direkten Zusammenhang mit den beurkundeten Angaben des Personenstandsfalls erhoben worden sind oder von einer anderen Behörde oder den Beteiligten in Form von Unterlagen zum Nachweis einer einzutragenden Tatsache übermittelt wurden. Handelt es sich z. B. um eine Angabe, die für die Mitteilung gegenüber dem Finanzamt nach § 4 der Erbschaftsteuer-Durchführungsverordnung erhoben worden ist, so sollte die Auskunft hierüber an einen Benutzungsberechtigten, der die Angabe nicht selbst gemacht hat, regelmäßig abgelehnt und der Antragsteller zur Erlangung der Auskunft an das Finanzamt als Datenempfänger verwiesen werden. Entsprechendes gilt für Unterlagen zum Nachweis familienrechtlicher Beziehungen (z. B. notarielle und gerichtliche Urkunden in Ehe- und Kindschaftssachen).

13 Behörden und Gerichte haben – wie bereits nach früherem Recht – einen Anspruch auf weitergehende Benutzung, wenn dies zur Erfüllung der in ihrer Zuständigkeit liegenden Aufgaben erforderlich ist; Nr. 65.2 PStG-VwV stellt dies ausdrücklich klar.

III. Archivrechtliche Benutzung (Absatz 2)

14 Mit dem Ablauf der in § 5 Abs. 5 festgelegten Führungsfristen der Personenstandsregister (vgl. § 5 Rdnr. 24 f.) wandeln sich Aufgabe und Status des jeweiligen Registers. Das wegen seines hohen Beweiswertes stets zu aktualisierende Register als Quelle für mit derselben Beweiskraft ausgestattete Personenstandsurkunden verliert diese Sonderstellung mit dem vorgegebenen Stichtag. Dies gilt auch für den Fall, dass die Register zunächst noch oder gar auf Dauer beim Standesamt verbleiben (Nr. 61.2 PStG-VwV)[9].

15 Der Statusverlust bedeutet aber nicht, dass die Register von einem auf den anderen Tag wertlos werden. Vielmehr ist es so, dass sich ihr Wert wandelt: Aus dem staatlichen Nachweisregister wird aussagekräftiges Archivgut mit – zumindest noch vorübergehender – personenstandsrechtlicher Nutzbarkeit. Gemäß § 55 Abs. 3 können aus den Altregistern Nachweise (beglaubigte Abschriften) nach den archivrechtlichen Vorschriften erteilt werden. Diese besitzen zwar nicht mehr den hohen Beweiswert einer Personenstandsurkunde, dürften aber in den noch denkbaren seltenen Fällen als Beweismittel ausreichen (vgl. § 55 Rdnr. 29). Hinsichtlich der Form ist darauf zu achten, dass der Anschein einer Personenstandsurkunde vermieden wird; dies kann z. B. durch eine Kennzeichnung als Archivgut erreicht werden[10].

8 Vgl. *Zimmermann*, StAZ 2018, 323.
9 BT-Drs. 16/1831 S. 52; abgedruckt in *Gaaz/Bornhofen* 2008 S. 460.
10 Vgl. dazu *Gaaz*, StAZ 2010, 65, 72.

Für die Sicherungsregister und die Sammelakten vollzieht sich der Übergang zu Archivgut in gleicher Weise. Nur dürfte der Wert der Sammelakten wegen der im Verhältnis zu den Personenstandsregistern ungleich größerer Aussagekraft bedeutend höher einzuschätzen sein. Angesichts dessen ist nicht ganz nachvollziehbar, dass sie nach Ablauf der Aufbewahrungsfristen keinen Bestandsschutz mehr haben (vgl. § 7 Rdnr. 8). 16

Mit dem Fristablauf nach § 5 Abs. 5 ist für die Personenstandsregister und die Sammelakten der Bezug zu den Benutzungsregelungen des PStG gelöst. Wird nach Ablauf der Fortführungsfrist z. B. die Einsicht in ein Register verwehrt, so handelt es sich dabei nicht um die Ablehnung einer Amtshandlung im Sinne des § 49 Abs. 1, zu deren Vornahme das Standesamt durch das Amtsgericht angewiesen werden kann. Zuständig für eine solche Streitigkeit ist dann vielmehr das Verwaltungsgericht[11]. 17

11 Vgl. dazu *Kissner*, StAZ 2010, 310.

§ 62 Urkundenerteilung, Auskunft, Einsicht

(1) Personenstandsurkunden sind auf Antrag den Personen zu erteilen, auf die sich der Registereintrag bezieht, sowie deren Ehegatten, Lebenspartnern, Vorfahren und Abkömmlingen. Andere Personen haben ein Recht auf Erteilung von Personenstandsurkunden, wenn sie ein rechtliches Interesse glaubhaft machen; beim Geburtenregister oder Sterberegister reicht die Glaubhaftmachung eines berechtigten Interesses aus, wenn der Antrag von einem Geschwister des Kindes oder des Verstorbenen gestellt wird. Antragsbefugt sind über 16 Jahre alte Personen.

(2) Absatz 1 gilt entsprechend für Auskunft aus einem und Einsicht in einen Registereintrag sowie Auskunft aus den und Einsicht in die Sammelakten.

(3) Vor Ablauf der für die Führung der Personenstandsregister festgelegten Fristen ist die Benutzung nach den Absätzen 1 und 2 bereits bei Glaubhaftmachung eines berechtigten Interesses zuzulassen, wenn seit dem Tod des zuletzt verstorbenen Beteiligten 30 Jahre vergangen sind; Beteiligte sind beim Geburtenregister die Eltern und das Kind, beim Eheregister die Ehegatten und beim Lebenspartnerschaftsregister die Lebenspartner.

Übersicht (die Zahlen bedeuten Randnummern)

I. Rechtsentwicklung

1 Die Benutzungsvorschriften in § 16 Abs. 2 PStG 1875 waren darauf beschränkt, für die Erteilung von beglaubigten Auszügen und Scheinen sowie für die Gewährung von Einsicht in die Register Gebührentatbestände festzulegen.

2 Erst § 61 des PStG 1937 berücksichtigte das »Bedürfnis für eine Einschränkung der Öffentlichkeit« durch entsprechende Benutzungsregelungen. Diese wurden durch das 2. PStÄndG vom 18.5.1957 (BGBl. I S. 518) neu gefasst und in der Folge mit besonderen Schutzvorschriften für nichteheliche, legitimierte und adoptierte Kinder versehen. Im Zuge der Kindschaftsrechtsreform wurden die Regelungen für nichteheliche und legitimierte Kinder wieder aufgehoben. Neue Offenbarungsverbote zum Schutz transsexueller Personen und

gefährdeter Zeugen kamen hinzu; der Zeugenschutz wurde aber personenstandsrechtlich nur in § 68 DA geregelt.

Die Benutzungsvorschriften des PStG 2007 erstrecken sich wegen der unterschiedlichen Voraussetzungen für die einzelnen Benutzergruppen auf fünf Paragraphen (§§ 62 bis 66). § 62 regelt das Benutzungsrecht für natürliche Personen (dazu Rdnr. 5 ff.); vergleichbare Regelungen fanden sich in § 61 Abs. 1 PStG a. F. Für die in § 62 Abs. 1 getroffene Sonderregelung der Benutzung für Geschwister der beurkundeten Person (dazu Rdnr. 14 f.) und den in § 62 Abs. 3 vorgesehenen verkürzten Fristablauf nach dem Tod des zuletzt verstorbenen Beteiligten (dazu Rdnr. 19 ff.) gab es im früheren Recht keine Entsprechung. Zur Frage der Vereinbarkeit der im PStG getroffenen Datenschutzregelungen mit der Datenschutzgrundverordnung-EU vgl. § 68a Rdnr. 1 ff. 3

II. Allgemeine Benutzungsberechtigung (Absatz 1 und 2)

Die Benutzungsberechtigung setzt voraus, dass die Benutzung nicht durch Benutzungsverbote eingeschränkt ist. Dies ist immer dann der Fall, wenn ein Sperrvermerk die Benutzung durch natürliche und juristische Personen gänzlich ausschließt (vgl. dazu § 64 Rdnr. 4 ff., 12 ff.) oder die Offenbarungsverbote nach § 1758 BGB oder § 5 TSG (dazu § 63 Rdnr. 4 ff., 9 ff.) einer Benutzung entgegenstehen. 4

1. Originäres Benutzungsrecht

Da die Erteilung von Personenstandsurkunden auch künftig die gängige Form der Benutzung sein wird, ist sie an den Anfang der Benutzungsregeln gestellt. Die in Betracht kommenden Urkunden sind in § 55 Abs. 1 aufgeführt. 5

Ein originäres Benutzungsrecht haben die Personen, »auf die sich der Eintrag bezieht«. Das sind nur diejenigen, deren Personenstand beurkundet worden ist. Beim Eheeintrag und Lebenspartnerschaftseintrag kommt dieses Recht den Ehegatten oder Lebenspartnern, beim Geburtseintrag dem Kind zu; die ebenfalls eingetragenen Eltern des Kindes haben als Vorfahren ein abgeleitetes Benutzungsrecht. Entsprechendes gilt beim Sterbeeintrag für den überlebenden Ehegatten oder Lebenspartner des Verstorbenen. 6

Die personenstandsrechtlichen Vorschriften schließen ein Handeln durch Bevollmächtigte (z. B. gewerbliche Erbenermittler) nicht aus. Daher kann die Benutzung der Personenstandsregister bei Vorliegen einer von einem Benutzungsberechtigten erstellten Vollmacht (§§ 164 ff. BGB) auch einem Bevollmächtigten gewährt werden[1]. 7

1 OLG Frankfurt a. M., StAZ 2000, 207.

2. Abgeleitetes Benutzungsrecht

8 Abgeleitete Benutzungsberechtigte sind Vorfahren und Abkömmlinge, d.h. die Verwandten in gerader aufsteigender oder absteigender Linie der Person, auf die sich der Eintrag bezieht. Gleiches gilt für den Ehegatten oder Lebenspartner, solange die Ehe oder Lebenspartnerschaft besteht (vgl. Rdnr. 10); ist die Ehe oder Lebenspartnerschaft durch Tod aufgelöst, wird aber von einem Fortbestand des Benutzungsrechts auszugehen sein. Andere als die genannten Verwandten haben grundsätzlich kein Benutzungsprivileg; zu dem besonderen Benutzungsrecht für Geschwister der beurkundeten Person vgl. Rdnr. 14 f.

9 Für Vorfahren und Abkömmlinge besteht das abgeleitete Benutzungsrecht nur solange uneingeschränkt, als diesem nicht ein Benutzungshindernis in Form des Rechts eines Dritten entgegensteht. Hat z.B. ein Elternteil mit einer Person, die nicht auch Elternteil des Kindes ist, die Ehe geschlossen, so ist dem Kind die Benutzung dieses Eheeintrags verwehrt. Erst die Einwilligung des anderen Ehegatten oder die Glaubhaftmachung eines rechtlichen Interesses ermöglicht die Benutzung.

10 Da das abgeleitete Benutzungsrecht von dem Rechtsverhältnis zu der beurkundeten Person abhängig zu machen ist, fragt sich nach einer Veränderung der Beziehung, ob dennoch eine Benutzung geltend gemacht werden kann. Diese könnte z.B. von adoptierten Kindern im Verhältnis zu den Geburtseinträgen ihrer leiblichen Eltern eingefordert werden. Das Erlöschen des Verwandtschaftsverhältnisses des Kindes mit der Annahme (§ 1755 Abs. 1 Satz 1 BGB) steht dem grundsätzlich entgegen. Eine Auskunft wäre – wie bei jeder anderen Person – davon abhängig zu machen, dass ein rechtliches Interesse an der Benutzung geltend gemacht werden kann[2]. Nr. 62.2.1 PStG-VwV stellt dies durch folgende Regelung klar: »Das aus der Stellung als Ehegatte, Lebenspartner, Vorfahr oder Abkömmling abgeleitete Recht zur Benutzung eines Personenstandseintrags besteht nur, solange auch die das Recht begründende verwandtschaftliche Beziehung besteht.« Zum Recht des adoptierten Kindes bei Nachforschungen über seine Abstammung vgl. Rdnr. 12.

3. Benutzungsrecht bei rechtlichem Interesse

11 Da die Kenntnis der Daten eines Registereintrags für einen Dritten in Rechtsangelegenheiten erforderlich sein kann, ist auch Personen, denen kein unmittelbares oder abgeleitetes Benutzungsrecht zusteht, unter bestimmter Voraussetzung ein Zugang zu den Personenstandsregistern eingeräumt: Ihnen ist eine Personenstandsurkunde zu erteilen oder Auskunft aus einem oder Einsicht in einen Registereintrag zu gewähren, wenn sie ein rechtliches Interesse glaubhaft machen.

2 *Hepting/Gaaz* Bd. 1 § 61 Rdnr. 40a.

Der Begriff des rechtlichen Interesses ist in § 62 – wie bereits in der Parallelregelung des § 61 Abs. 1 PStG a. F. – nicht näher bestimmt. Zu seiner Definition führt Nr. 62.1.1 PStG-VwV aus, dass ein rechtliches Interesse an der Benutzung der Personenstandsregister nur dann gegeben ist, wenn die Kenntnis der Personenstandsdaten zur Verfolgung von Rechten oder zur Abwehr von Ansprüchen erforderlich ist[3]. Ein rechtliches Interesse setzt ein bereits bestehendes Recht voraus, das ohne die erstrebte Handlung in seinem Bestand gefährdet würde. Hierzu zählt auch das vom allgemeinen Persönlichkeitsrecht umfasste Recht des adoptierten volljährigen Kindes auf Kenntnis seiner Abstammung[4] mit der Folge, dass ihm Auskünfte aus den Registereinträgen seiner leiblichen Eltern zu erteilen sind[5]. Dies gilt selbst für den Fall, dass ein Elternteil adoptiert ist und an sich die Benutzungsbeschränkung des § 63 Abs. 1 zu beachten wäre (vgl. § 63 Rdnr. 5). 12

Der Antragsteller muss das rechtliche Interesse an der Benutzung »glaubhaft machen«. Auch dieser gesetzlich nicht definierte Begriff bedarf der Umschreibung: Im Gegensatz zum Beweis, der die an Sicherheit grenzende Wahrscheinlichkeit voraussetzt, genügt bei der Glaubhaftmachung im Prozessrecht ein geringerer Grad der Beweisführung. Die Glaubhaftmachung begründet nur die überwiegende Wahrscheinlichkeit, dass die behauptete Tatsache vorliegt. Für die Benutzung der Personenstandsregister bedeutet dies, dass über das Vorliegen der Tatsachen, die das rechtliche Interesse begründen, nicht die volle Überzeugung, sondern lediglich die erhebliche Wahrscheinlichkeit vermittelt werden muss (Nr. 62.1.3 PStG-VwV). Der Schutz der Personen, auf die sich der Eintrag bezieht, erfordert aber gründliche Prüfung, ob eine günstigere Möglichkeit zur Rechtsverfolgung eröffnet ist. Ist dies der Fall, so hat das Standesamt den Antrag auf Benutzung abzulehnen[6]. Ist der Sterbefall nach § 36 auf Antrag einer Person beurkundet worden, die zur Antragsberechtigung ein rechtliches Interesse an der Beurkundung »geltend gemacht« hat (vgl. § 36 Rdnr. 8), so bezieht der hierfür erbrachte Nachweis das Recht zur Benutzung des Eintrags mit ein. 13

4. Benutzung durch Geschwister

Einer Anregung aus der Praxis trägt die durch das PStG 2007 eingeführte Benutzungsregelung für Geschwister Rechnung. Bei Geburtseinträgen und Sterbeeinträgen von Geschwistern ist ein erleichtertes, nur die Glaubhaftmachung eines berechtigten Interesses voraussetzendes Benutzungsrecht eingeräumt. Im Gegensatz zum rechtlichen Interesse (vgl. Rdnr. 12 f.) reicht es gemäß Nr. 62.1.2 PStG-VwV zur Geltendmachung eines berechtigten Interesses aus, wenn nach Erwägung der Sachlage das Interesse, das auch wirtschaftlicher, wissenschaftlicher, familiärer oder sonstiger Art sein kann, als gerecht- 14

3 OLG Frankfurt a. M., StAZ 1995, 138 m. w. N.
4 BVerfGE 79, 256 = StAZ 1989, 109.
5 *Staudinger/Helms* § 1758 Rdnr. 12.
6 OLG Düsseldorf, StAZ 2014, 147.

fertigt angesehen wird. Zur Glaubhaftmachung reicht es aus, wenn das vorgebrachte Benutzungsinteresse wahrscheinlich und überzeugend erscheint (z. B. Suche nach dem Geschwister).

15 In Anlehnung an die Gleichbehandlung im Bürgerlichen Recht (§ 1307 BGB) ist die besondere Benutzungsmöglichkeit grundsätzlich sowohl vollbürtigen als auch halbbürtigen Geschwistern zuzugestehen; § 53 Abs. 2 PStV stellt dies klar. Der Umstand, dass halbbürtigen Geschwistern auch Angaben über den Elternteil offenbart werden, der nicht eigener Elternteil ist, schränkt das geschwisterliche Benutzungsrecht nicht ein. Angesichts des nach § 1758 BGB zu wahrenden Adoptionsgeheimnisses ist bei Geburtseinträgen adoptierter Kinder aber zu unterscheiden zwischen Adoptivgeschwistern aus der leiblichen Familie und solchen aus der Adoptivfamilie. Während gegenüber Geschwistern aus der Adoptivfamilie, denen die Annahme und ihre Umstände regelmäßig bekannt sind, das Offenbarungs- und Ausforschungsverbot nicht greift, steht es im Verhältnis zu den leiblichen Geschwistern der erleichterten Benutzung entgegen (Nr. 62.2.2 PStG-VwV)[7].

5. Antragsbefugnis

16 Antragsbefugt sind Personen, die das 16. Lebensjahr vollendet haben. Sie bedürfen zur Antragstellung mithin nicht etwa der Mitwirkung ihres gesetzlichen Vertreters. Die amtliche Begründung des Gesetzes gibt Aufschluss über das Motiv für die Altersgrenze: »Die Altersgrenze des vollendeten 16. Lebensjahres orientiert sich an der des § 1303 Abs. 2 BGB, die ab diesem Alter die Möglichkeit der Beantragung der Befreiung vom Eheerfordernis der Ehemündigkeit eröffnet.«[8]. Auch nach Änderung des § 1303 Abs. 2 BGB mit der Regelung, dass von einer unter 16 Jahre alten Person eine Ehe nicht wirksam eingegangen werden kann, dürfte das Motiv weiter Bestand haben. Für jüngere Personen kann nur der gesetzliche Vertreter die Benutzung beantragen[9].

17 Wird eine elektronische Auskunft beantragt, so sind nach § 53 PStV die in § 63 Abs. 1 PStV getroffenen Regelungen über die elektronische Übermittlung von Daten zwischen den Standesämtern und anderen Behörden entsprechend anzuwenden.

6. Auskünfte, Einsicht, Sammelakten

18 Absatz 2 stellt klar, dass die Benutzung der Personenstandsregister auch Auskünfte aus einem und Einsicht in einen Registereintrag umfasst und Gleiches auch für die Sammelakten gilt (vgl. § 61 Rdnr. 8 ff.).

7 Vgl. *Gaaz,* StAZ 2010, 65 f.
8 BT-Drs. 16/1831 S. 52; abgedruckt in *Gaaz/Bornhofen* 2008 S. 460.
9 Zum Nachweis des Benutzungsrechts vgl. *Gaaz,* StAZ 2010, 65, 68.

III. Erleichterte Benutzung vor Ablauf der Führungsfristen (Absatz 3)

Nach § 61 Abs. 1 gelten die allgemeinen Benutzungsvorschriften bis zum Ablauf der in § 5 Abs. 5 für die einzelnen Personenstandsregister festgelegten Führungsfristen. Ohne Ausnahmeregelung wäre ein Zugang zu den Registern vorher nur unter den in § 62 Abs. 1 normierten strengen Voraussetzungen möglich. »Andere Personen« nach § 62 Abs. 1 Satz 2 müssten auf einen erleichterten Zugang über die archivrechtlichen Vorschriften bis zum Ablauf von 80 Jahren für das Eheregister, von 110 Jahren für das Geburtenregister und von 30 Jahren für das Sterberegister warten. Dies schien dem Gesetzgeber angesichts des Umstandes, dass oft sämtliche Beteiligten bereits viele Jahre vor Ablauf der Termine verstorben sind, unbillig. 19

§ 62 Abs. 3 lässt eine Ausnahme vom Grundsatz des Absatzes 1 zu: 30 Jahre sollen nach dem Tod des zuletzt verstorbenen Beteiligten vergangen sein, um eine vorgezogene, nur noch von der Geltendmachung eines berechtigten Interesses abhängig gemachte Öffnung zuzulassen. Da es beim Sterberegister nur einen Beteiligten, nämlich den Verstorbenen, gibt, sind die Sterberegistereinträge nicht von der Ausnahmeregelung erfasst; der Zugang zu ihnen ist nach 30 Jahren bereits über § 61 Abs. 2 unter Anwendung der erleichterten archivrechtlichen Vorschriften eröffnet. Für das Geburtenregister, das Eheregister und das Lebenspartnerschaftsregister sind die Beteiligten, von deren Tod an die Frist für die erleichterte Benutzung zu berechnen ist, in Absatz 3 genannt: Während für das Eheregister mit den Ehegatten und das Lebenspartnerschaftsregister mit den Lebenspartnern die Beteiligten unzweifelhaft auch ohne gesetzliche Regelung festgestanden hätten, ist die Klarstellung für das Geburtenregister zu begrüßen. Nicht nur der Tod des Kindes, sondern auch der Tod der eingetragenen Eltern ist für die Fristberechnung erheblich. Ist z. B. das Kind unmittelbar nach seiner Geburt verstorben, so löst erst der Tod des zuletzt verstorbenen Elternteils den Lauf der 30jährigen Frist aus. 20

Zu der Voraussetzung der Glaubhaftmachung eines berechtigten Interesses für die Benutzung vgl. Rdnr. 14. 21

§ 63 Benutzung in besonderen Fällen

(1) Ist ein Kind angenommen, so darf abweichend von § 62 ein beglaubigter Registerausdruck aus dem Geburtseintrag nur den Annehmenden, deren Eltern, dem gesetzlichen Vertreter des Kindes und dem über 16 Jahre alten Kind selbst erteilt werden. Diese Beschränkung entfällt mit dem Tod des Kindes; § 1758 des Bürgerlichen Gesetzbuchs bleibt unberührt.

(2) Sind die Vornamen einer Person auf Grund des Transsexuellengesetzes vom 10. September 1980 (BGBl. I S. 1654) geändert oder ist festgestellt worden, dass diese Person dem anderen als dem in ihrem Geburtseintrag angegebenen Geschlecht angehört, so darf abweichend von § 62 eine Personenstandsurkunde aus dem Geburtseintrag nur der betroffenen Person selbst und eine Personenstandsurkunde aus dem Ehe- oder Lebenspartnerschaftseintrag nur der betroffenen Person selbst sowie ihrem Ehegatten oder Lebenspartner erteilt werden. Diese Beschränkungen entfallen mit dem Tod der transsexuellen Person; § 5 Absatz 1 und § 10 Absatz 2 in Verbindung mit § 5 Absatz 1 des Transsexuellengesetzes bleiben unberührt.

(3) Die Absätze 1 und 2 gelten entsprechend für Auskunft aus einem und Einsicht in einen Registereintrag sowie Auskunft aus den und Einsicht in die Sammelakten.

Übersicht (die Zahlen bedeuten Randnummern)

I. Rechtsentwicklung

1 § 63 schränkt das sich aus § 62 ergebende Benutzungsrecht natürlicher Personen in bestimmten Fällen ein:

2 § 63 Abs. 1 regelt das Recht auf Benutzung des Geburtseintrags nach Annahme als Kind (dazu Rdnr. 4 ff.). Hinsichtlich des Regelungsinhalts entspricht die Vorschrift dem § 61 Abs. 2 PStG a. F.

3 § 63 Abs. 2 mit besonderen Benutzungsregelungen für das Geburtenregister und das Ehe- oder Lebenspartnerschaftsregister nach Änderung der Geschlechtszugehörigkeit des Kindes oder des Ehegatten oder Lebenspartners (dazu Rdnr. 9 f.) entspricht weitgehend § 61 Abs. 3 PStG a. F.

II. Benutzungsrecht nach Annahme als Kind (Absatz 1)

4 Nach § 63 Abs. 1 und 3 steht das Recht zur Benutzung des Geburtseintrags eines angenommenen Kindes – unabhängig davon, ob es sich um die An-

nahme eines Minderjährigen oder eines Volljährigen handelt (Nr. 63.1.3 PStG-VwV) – nur bestimmten Personen zu: Die Annehmenden, deren Eltern, der gesetzliche Vertreter des Kindes und das über 16 Jahre alte Kind sind mit gesetzlichem Benutzungsrecht ausgestattet. Das Gesetz geht davon aus, dass das Kind bis zum Erreichen des 16. Lebensjahres über seine Herkunft aufgeklärt ist, und gesteht ihm – falls dies nicht geschehen ist – ein eigenes Recht an der Feststellung seiner Abstammung zu.

Die Vorschrift trägt dem Ausforschungs- und Offenbarungsverbot des § 1758 Abs. 1 BGB Rechnung. Dieses soll vor allem verhindern, dass die leiblichen Eltern und sonstige frühere Verwandte nach der Annahme als Kind versuchen, Kontakt zu dem Kind aufzunehmen und dadurch die Integration des Kindes in die neue Familie stören. In dieses Motiv ist wohl auch die Strenge einzuordnen, selbst das originäre Benutzungsrecht der Abkömmlinge eines Angenommenen nach § 62 aufzuheben. Zur Frage, ob das Kind in diesem Fall ein rechtliches Interesse an der Benutzung geltend machen kann, vgl. § 62 Rdnr. 12. 5

Etwaige Benutzungswünsche nicht berechtigter Personen – und damit auch der leiblichen Eltern – sind durch die Auskunftssperre aber nicht grundsätzlich von vornherein ausgeschlossen. Stimmen die berechtigten Personen zu, so kann auch einem an sich nicht Berechtigten der Zugang zu dem Registereintrag gewährt werden (Nr. 63.1.2 PStG-VwV)[1]. Zum umgekehrten Fall der Gewährung von Auskünften aus den Registereinträgen der leiblichen Eltern an das Kind vgl. § 62 Rdnr. 10, 12. 6

Die Beschränkungen gelten nach Absatz 1 Satz 2 nicht mehr, wenn das Kind verstorben ist. Erheblich ist dann nur noch, dass die Person, die Einsicht in den Registereintrag oder die Ausstellung einer Personenstandsurkunde beantragt, ein rechtliches Interesse im Sinne von § 62 Abs. 1 glaubhaft machen kann. 7

Dass sich die Vorschrift hinsichtlich ihrer abweichenden Regelung nur auf § 62 bezieht, hat seinen Grund darin, dass die Benutzungsrechte für Behörden und Gerichte nach § 65 und Einrichtungen mit Forschungsauftrag nach § 66 nicht eingeschränkt werden können, ohne die Wahrnehmung der ihnen obliegenden Aufgaben zu beeinträchtigen. Diese Stellen sind aber ihrerseits an das Offenbarungs- und Ausforschungsverbot gebunden, so dass den Schutzvorschriften ausreichend Rechnung getragen wird. Nr. 63.1.1 PStG-VwV stellt klar, dass die Nutzungsbeschränkungen nicht gelten, wenn besondere Gründe des öffentlichen Interesses die Benutzung erfordern. 8

1 BayObLG, FamRZ 1996, 1436.

III. Benutzungsrecht nach Änderung des Geschlechts (Absatz 2)

9 Der Geburtseintrag einer Person, deren Vornamen auf Grund des Transsexuellengesetzes geändert worden sind, oder bei der festgestellt wurde, dass sie als dem anderen Geschlecht zugehörig anzusehen ist, unterliegt der besonderen Schutzvorschrift des § 63 Abs. 2 und 3. Hiernach darf nur der betroffenen Person selbst eine Personenstandsurkunde erteilt oder Auskunft aus dem oder Einsicht in den Registereintrag und seine Sammelakten gewährt werden. Die Nutzungsbeschränkungen gelten nach der durch das PStRÄndG geänderten Fassung des Absatzes 2 auch für den Ehe- oder Lebenspartnerschaftseintrag der betreffenden Person, wenn dieser eine Folgebeurkundung über die Änderung des Vornamens oder des Geschlechts nach § 1 oder 8 TSG enthält; in diesem Fall darf nur den Ehegatten oder Lebenspartnern eine Personenstandsurkunde aus dem Eheeintrag oder Lebenspartnerschaftseintrag erteilt werden. Da nach § 63 Abs. 2 Satz 2 Halbs. 2 die Vorschriften des § 5 Abs. 1 und des § 10 Abs. 2 i. V. m. § 5 Abs. 1 TSG unberührt bleiben, ist einem Benutzungsbegehren stattzugeben, wenn besondere Gründe des öffentlichen Interesses die Benutzung erfordern oder ein rechtliches Interesse an der Benutzung glaubhaft gemacht wird (Nr. 63.2.1 PStG-VwV). Im Fall der Änderung der Geschlechtsangabe eines Intersexuellen (§ 45b Abs. 1) ist – da eine entsprechende Regelung nicht getroffen wurde – kein Offenbarungsverbot zu beachten (vgl. § 45b Rdnr. 7).

10 Die Einschränkungen des Benutzungsrechts entfallen nach § 63 Abs. 2 Satz 2 mit dem Tod der betreffenden Person. Die Beschränkungen gelten auch dann nicht mehr, wenn die Entscheidung über die Änderung der Vornamen aufgehoben wurde (§ 6 TSG) oder unwirksam ist (§ 7 TSG). Dies ist daraus zu schließen, dass beide Vorschriften über den Verlust des geänderten Namens keinen Hinweis auf das Offenbarungsverbot des § 5 TSG enthalten (Nr. 63.2.2 PStG-VwV). Die Folge ergibt sich aber auch schon aus dem Umstand, dass in eine Personenstandsurkunde nach § 56 Abs. 2 nur die geänderten Tatsachen aufgenommen werden, sie mithin die vorübergehende Namensänderung nicht offenbart.

11 Wie im Fall der Adoption findet die Vorschrift nur Anwendung auf Benutzungsersuchen nach § 62. Die Regelungen für Behörden und Gerichte (§ 65) sowie Einrichtungen mit Forschungsauftrag (§ 66) bleiben unberührt (vgl. Rdnr. 8).

IV. Registerauskunft und -einsicht; Benutzung der Sammelakten (Absatz 3)

12 § 63 Abs. 3 regelt an sich Selbstverständliches, denn die Schutzvorschriften der Absätze 1 und 2 liefen ins Leere, wenn durch Registerauskunft oder -einsicht oder über die Sammelakten eine Offenbarung möglich wäre.

Bei der Benutzung der Sammelakten ist allgemein zu berücksichtigen, dass sie weitaus mehr Daten umfassen, als die aus ihnen gespeisten Einträge. Bei der Abgrenzung der Daten, die einer Nutzung zugänglich sind, gilt unverändert der Grundsatz, dass die Übermittlung aus den Sammelakten nur an berechtigte Personen und nur hinsichtlich solcher Angaben und Unterlagen gestattet ist, die »für Zwecke der Beurkundung des Personenstandsfalls« erhoben worden sind (vgl. § 61 Rdnr. 8 ff.)[2]. Für die Sammelakten zu Geburtseinträgen angenommener Kinder und transsexueller Personen bedeutet dies, dass sie insgesamt nur einer Benutzung in den engen Grenzen des § 63 zugänglich sind. 13

2 *Hepting/Gaaz* Bd. 1 § 61 Rdnr. 78 ff. m. w. N.

§ 64 Sperrvermerke

(1) Sind dem Standesamt Tatsachen bekannt, die die Annahme rechtfertigen, dass einer Person durch die Ausstellung einer Personenstandsurkunde oder durch Auskunft aus einem oder Einsicht in einen Personenstandseintrag eine Gefahr für Leben, Gesundheit, persönliche Freiheit oder ähnliche schutzwürdige Belange erwachsen kann, so wird auf ihren Antrag zu diesem Eintrag für die Dauer von drei Jahren ein Sperrvermerk eingetragen. Der Sperrvermerk wird unter den Voraussetzungen des Satzes 1 erneuert; seine Wirkung erlischt mit dem Tod des Betroffenen. Ist ein Sperrvermerk eingetragen, so dürfen ohne Einwilligung des Betroffenen auf Anordnung des Gerichts Personenstandsurkunden erteilt sowie Auskunft aus einem oder Einsicht in einen Personenstandseintrag gewährt werden, wenn es zur Behebung einer bestehenden Beweisnot oder aus sonstigen im überwiegenden Interesse eines Dritten liegenden Gründen unerlässlich ist; die §§ 50 bis 53 gelten entsprechend.

(2) Geht dem Standesamt ein Ersuchen der Zeugenschutzdienststelle nach § 4 Abs. 2 des Zeugenschutz-Harmonisierungsgesetzes vom 11. Dezember 2001 (BGBl. I S. 3510) zu, personenbezogene Daten einer zu schützenden Person zu sperren, so wird zu dem betreffenden Personenstandseintrag ein Sperrvermerk eingetragen. Die Erteilung von Personenstandsurkunden aus diesem Eintrag ist nur in begründeten Ausnahmefällen mit Zustimmung der Zeugenschutzdienststelle zulässig. Jedes Ersuchen um Benutzung ist der Zeugenschutzdienststelle unverzüglich mitzuteilen. Teilt die Zeugenschutzdienststelle dem Standesamt mit, dass die Sperrung des Personenstandseintrags nicht mehr erforderlich ist, so ist der Sperrvermerk zu streichen.

(3) Die Absätze 1 und 2 gelten entsprechend für Auskunft aus dem und Einsicht in den Eintrag sowie Auskunft aus den und Einsicht in die Sammelakten.

Übersicht (die Zahlen bedeuten Randnummern)

I. Rechtsentwicklung

Die früheren Personenstandsgesetze enthielten keine Regelungen über die Eintragung von Sperrvermerken zum Schutz von Personen vor einer Benutzung ihrer Personenstandsregister, aus der für sie eine Gefahr für Leben, Gesundheit, persönliche Freiheit oder ähnliche schutzwürdige Belange erwachsen kann. 1

Das Fehlen einer Schutzvorschrift bedeutet indes nicht, dass solche Schutzgedanken dem Personenstandsrecht bisher fremd waren. Auch ohne besondere Regelung war bereits – gestützt auf datenschutzrechtliche Vorschriften (z. B. § 20 Abs. 5 BDSG) – für den Fall einer Gefahr schutzwürdiger Belange davon ausgegangen worden, dass das Personenstandsrecht einer Sperrung von Daten zum Schutz der betreffenden Person gegenüber Dritten nicht entgegensteht (dazu Rdnr. 4 ff.)[1]. 2

Regelungen zur Eintragung eines »Sperrvermerks Zeugenschutz« (dazu Rdnr. 12 ff.) waren früher – den Vorschriften des Zeugenschutz-Harmonisierungsgesetzes Rechnung tragend – in § 68 DA getroffen. 3

II. Sperrvermerk zum Schutz persönlicher Belange (Absatz 1)

1. Allgemeines

Nach § 64 Abs. 1 kann ein Personenstandseintrag unter der Voraussetzung, dass für eine Person durch die Benutzung des Eintrags eine Gefahr für Leben, Gesundheit, persönliche Freiheit oder ähnliche schutzwürdige Belange zu besorgen ist, mit einem Sperrvermerk, der eine Benutzung allgemein untersagt, versehen werden. Dies hat zur Folge, dass allen zur Benutzung Berechtigten, also sowohl natürlichen Personen nach § 62 Abs. 1 als auch Behörden und Gerichten sowie der wissenschaftlichen Forschung gemäß den §§ 65 und 66 nach der Eintragung des Sperrvermerks kein Zugang zu dem Registereintrag mehr gewährt werden darf[2]. Bei Suchanfragen (§ 26 Abs. 1 PStV) sollte im Sinne eines umfassenden Schutzes die Antwort ergehen, dass der Eintrag nicht vorhanden ist. Von dem Benutzungsverbot ist nur die Person auszunehmen, die den Antrag auf Eintragung des Sperrvermerks gestellt hat (Nr. 64.1.2 PStG-VwV). Mit der Vorschrift ist eine Regelungslücke im früheren Personenstandsrecht geschlossen worden[3]. 4

1 *Hepting/Gaaz* Bd. 1 § 61 Rdnr. 77c ff.
2 Vgl. dazu *Bornhofen,* StAZ 2007, 33, 41.
3 *Gaaz,* FamRZ 2007, 1057, 1063.

2. Voraussetzungen und Verfahren

a) Nachweis der Gefährdung

5 Die Tatsachen für die Sperrung des Registereintrags müssen – so fordert § 64 Abs. 1 Satz 1 – dem Standesamt »bekannt« sein. Dies bedeutet, dass das Standesamt nicht etwa in jedem Fall eine Pflicht zur Amtsermittlung auferlegt wird. Dies sah noch der Regierungsentwurf des PStRG, dem in diesem Punkt vom Bundesrat widersprochen wurde, vor. Der Innenausschuss des Bundestages schloss sich der Auffassung des Bundesrates, dass das Standesamt mit einer solchen Pflicht überfordert wäre, an[4]. Im Verfahren hat vielmehr der Antragsteller durch seinen Vortrag und etwaige Beweise (z. B. Schriftstücke, Zeugenaussagen) dem Standesamt Tatsachen für die Gefahr zur Kenntnis zu bringen (Nr. 64.2.1 PStG-VwV)[5]. Sind diese so schlüssig, dass das Standesamt von einer Gefährdung ausgehen kann, ist ein Sperrvermerk einzutragen. Oft werden öffentlich-rechtliche Namensänderungen vorausgegangen sein, um die gefährdete Person vor der Aufenthaltsermittlung durch die gefährdende Person zu schützen. Sind etwa die Namen einer Mutter und ihrer Kinder geändert worden, weil sie durch das Verhalten des Vaters der Kinder gefährdet sind, so würde der Zweck der Namensänderung, die Betroffenen vor den Nachstellungen des Vaters zu schützen, durch Auskünfte aus den dies offenbarenden Personenstandseinträgen unterlaufen werden.

b) Eintragung und Gültigkeit[6]

6 Der Sperrvermerk ist im Geburten-, Ehe-, Lebenspartnerschafts- und Sterberegister außerhalb der Beurkundung und in dem als Heiratseintrag fortgeführten Familienbuch außerhalb der Spalte 1 deutlich sichtbar einzutragen; er wird auch in das Sicherungsregister übernommen (§ 15 Abs. 1 PStV; Nr. 64.1.1 PStG-VwV). Der Sperrvermerk lautet: »Sperrvermerk bis zum ...« (Nr. 64.2.2 PStG-VwV). Für die Aufnahme des Sperrvermerks schreibt § 14 Abs. 1 Nr. 1 PStV die Berechtigungsstufe »A« vor.

7 Der zunächst nur für die Dauer von drei Jahren eingetragene Sperrvermerk kann erneuert werden, wenn die gefährdete Person einen Verlängerungsantrag stellt und dem Standesamt die unveränderte Gefahrenlage bekannt ist. Dies wird durch einen erneuten Vermerk im Registereintrag dokumentiert. Die Wirkung des Sperrvermerks erlischt vor Ablauf der Frist mit dem Tod der zu schützenden Person.

8 Der Sperrvermerk ist vor Ablauf der Frist aufzuheben, wenn der Grund für die Bedrohung fortgefallen ist. Dies ist zwar nicht ausdrücklich geregelt, ergibt sich aber im Zusammenhang mit den Benutzungsrechten der durch den Sperrvermerk ausgeschlossenen Personen, die nur so lange eingeschränkt

4 BT-Drs. 16/1831 S. 52, BT-Drs. 16/3309 S. 11; abgedruckt in *Gaaz/Bornhofen* 2008 S. 461, 504.

5 Zur Frage der Eintragung eines Sperrvermerks nach Begründung einer Lebenspartnerschaft vgl. *Kissner*, StAZ 2010, 272.

6 Zu den Eintragungsmodalitäten vgl. *Meireis*, StAZ 2012, 199.

werden dürfen, wie die Gefahr für den Betroffenen besteht. Ein Grund für die Aufhebung kann z.B. vorliegen, wenn die Gefahrenlage durch den Tod der Person, von der die Gefährdung ausging, entfallen ist.

c) Mitteilungen

Als Ausfluss der Eintragung des Sperrvermerks kann sich nach § 62 Abs. 3 PStV im Einzelfall ergeben, dass Mitteilungen an andere Behörden bis zum Ablauf der Sperre auszusetzen sind, um keinen Anhalt auf die (neue) Identität der zu schützenden Person zu geben. Damit bei diesen Behörden aber keine dauerhaften Datenlücken entstehen, sieht die Regelung vor, dass die Mitteilungen nach Ablauf der Sperre nachzuholen sind, sofern nicht – wie Nr. 64.3.3 PStG-VwV für den Sperrvermerk »Zeugenschutz« ergänzt – die Fortführungsfrist des Personenstandsregisters bereits abgelaufen ist. **9**

3. Ausnahmen von der Benutzungssperre

Es wäre unbillig, von der Benutzungssperre keine Ausnahmen zuzulassen, wenn die berechtigte Person die Angaben dringend benötigt und von ihr keine Gefahr ausgeht. Solche Ausnahmen bedürfen allerdings eines kontrollierenden Verfahrens: Benötigt z.B. in dem oben gebildeten Fall (Rdnr. 5) der Großvater zur Beantragung von Sozialleistungen eine Geburtsurkunde des in seinem Haushalt lebenden minderjährigen Kindes, so kann er diese unmittelbar vom Standesamt erhalten, wenn die sorgeberechtigte Mutter, von der die Sperre erwirkt worden ist, einwilligt. **10**

Willigt der Betroffene nicht ein, so bedarf die Benutzung der Anordnung des Gerichts. Dieses kann – wie bei einer Ablehnung der Amtshandlung nach § 49 Abs. 1 (vgl. dort Rdnr. 10 f.) – das Standesamt zur Vornahme der Amtshandlung verpflichten, wenn die begehrte Personenstandsurkunde »zur Behebung einer bestehenden Beweisnot oder aus sonstigen im überwiegenden Interesse eines Dritten liegenden Gründen unerlässlich ist« (§ 64 Abs. 1 Satz 3 Halbs. 1). Es liegt auf der Hand, dass nur wichtige, vom Gericht im Einzelfall zu bewertende Gründe die Sperre überwinden können. Da § 64 zum Antragsverfahren beim Gericht keine Regelungen trifft, sollte – um der Besonderheit dieser Fälle Rechnung zu tragen – in analoger Anwendung des § 49 sowohl dem Standesamt als auch dem Antragsteller das Recht zugestanden werden, die Anordnung des Gerichts herbeizuführen. Für das gerichtliche Verfahren sorgt die Vorschrift des § 64 wieder selbst für Klarheit: Nach seinem Absatz 1 Satz 3 Halbs. 2 gelten die §§ 50 bis 53 entsprechend. **11**

III. Sperrvermerk zum Zeugenschutz (Absatz 2)

1. Allgemeines

Das Gesetz zur Harmonisierung des Schutzes gefährdeter Zeugen (Zeugenschutzharmonisierungsgesetz – ZSHG) eröffnet die Möglichkeit, Personen, **12** die auf Grund ihrer Aussagebereitschaft in einem Strafverfahren besonders gefährdet sind, deren Angehörige oder ihnen sonst nahe stehende Personen durch bestimmte Maßnahmen zu schützen. Diese werden von den Zeugenschutzdienststellen (§ 2 ZSHG) getroffen.

2. Voraussetzungen und Verfahren

a) Antrag der Zeugenschutzdienststelle

13 Damit nach der Ausstellung von Tarndokumenten für die zu schützenden Personen nicht über deren Personenstandseinträge die wahre Identität offenbart werden kann, sieht § 64 Abs. 2 vor, dass zu dem betreffenden Personenstandseintrag auf Antrag der Zeugenschutzdienststelle (§ 4 Abs. 2 ZSHG) ein Sperrvermerk eingetragen wird.

14 Die Zeugenschutzdienststelle beurteilt die Erforderlichkeit des Schutzes; die Beurteilung ist für das Standesamt bindend (§ 4 Abs. 3 ZSHG). Das Standesamt kann nur dann von der Eintragung des Sperrvermerks absehen, »wenn entgegenstehende öffentliche Interessen oder schutzwürdige Interessen Dritter überwiegen« (§ 4 Abs. 2 Satz 2 ZSHG). Stellt das Standesamt dies fest, so ist die Zeugenschutzdienststelle hiervon zu unterrichten (Nr. 64.3.1 PStG-VwV).

b) Eintragung und Gültigkeit[7]

15 Der Sperrvermerk ist im Geburten-, Ehe-, Lebenspartnerschafts- und Sterberegister außerhalb der Beurkundung und in dem als Heiratseintrag fortgeführten Familienbuch außerhalb der Spalte 1 deutlich sichtbar einzutragen; er ist auch in das Sicherungsregister zu übernehmen (§ 15 Abs. 1 PStV; Nr. 64.1.1 PStG-VwV). Der Sperrvermerk lautet: »Sperrvermerk Zeugenschutz« (Nr. 64.3.2 PStG-VwV).

16 Für den Sperrvermerk ist keine Ablauffrist vorgesehen. Das Standesamt darf ihn daher erst löschen, wenn die Zeugenschutzdienststelle mitgeteilt hat, dass die Sperrung nicht mehr erforderlich ist.

c) Mitteilungen

17 Das Ersuchen der Zeugenschutzdienststelle kann auch beinhalten, für die Zeit des Zeugenschutzes Mitteilungen an andere Behörden auszusetzen, um über die Dateien der Mitteilungsempfänger keinen Anhalt auf die (neue) Identität der zu schützenden Person zu geben. Damit bei diesen Behörden aber keine dauerhaften Datenlücken entstehen, sieht § 62 Abs. 3 PStV vor, dass die Mitteilungen nach Ablauf der Sperre nachzuholen sind, sofern nicht – wie Nr. 64.3.3 PStG-VwV ergänzt – die Fortführungsfrist des Personenstandsregisters bereits abgelaufen ist.

7 Zu den Eintragungsmodalitäten siehe *Meireis*, StAZ 2012, 199.

3. Umfang der Benutzungssperre und Ausnahmen

Der Sperrvermerk »Zeugenschutz« hindert nicht nur die Benutzung des Registereintrags, sondern sperrt auch die Information, dass es den Personenstandseintrag gibt. Nur die Zeugenschutzdienststelle ist vom Benutzungsverbot ausgenommen (Nr. 64.1.2 PStG-VwV). Von etwaigen Benutzungsersuchen hat das Standesamt die Zeugenschutzdienststelle unverzüglich zu unterrichten (§ 4 Abs. 6 ZSHG; § 64 Abs. 2). In begründeten Ausnahmefällen, z. B. zur Durchsetzung von Rechtsansprüchen, kann dem Benutzungsbegehren entsprochen werden, wenn die Zeugenschutzdienststelle zugestimmt hat. Das totale Informations- und Benutzungsverbot gilt auch gegenüber anderen Standesämtern. Sinn und Zweck des Zeugenschutzes fordern diese Strenge ein, denn soll der angestrebte Schutz greifen, darf die Existenz des Eintrags nicht offenbart werden. Der Schutzzweck, eine Enttarnung der geschützten Person zu verhindern, ist nur dadurch zu erreichen, dass dem anfragenden Standesamt – wie jeder anderen Behörde – neben der Benutzung auch die Information über den Eintrag selbst verwehrt ist. Nur auf diese Weise ist zu erreichen, dass die Kenntnis der wahren Identität der zu schützenden Person und ihres ebenfalls gefährdeten persönlichen Umfeldes (z. B. Ehegatte, Kinder, Eltern) auf einen kleinen Behörden- und Personenkreis beschränkt bleibt. Jedwede Erweiterung dieses Kreises würde den angeordneten Schutz unterlaufen und mit dem Geheimhaltungsgebot aus § 3 ZSHG kollidieren[8]. 18

IV. Erstreckung auf die Sammelakten (Absatz 3)

§ 64 Abs. 3 regelt hinsichtlich der Sammelakten an sich Selbstverständliches, denn die Schutzvorschriften der Absätze 1 und 2 liefen ins Leere, wenn über die Sammelakten eine Offenbarung möglich wäre. 19

Bei der Benutzung der Sammelakten ist allgemein zu berücksichtigen, dass sie weitaus mehr Daten umfassen, als die aus ihnen gespeisten Einträge. Bei der Abgrenzung der Daten, die einer Nutzung zugänglich sind, gilt der Grundsatz, dass die Übermittlung aus den Sammelakten nur an berechtigte Personen und nur hinsichtlich solcher Angaben und Unterlagen gestattet ist, die »für Zwecke der Beurkundung des Personenstandsfalls« erhoben worden sind[9]. Für die Sammelakten zu Registereinträgen, die mit einem Sperrvermerk versehen sind, bedeutet dies, dass sie nur im Falle einer Ausnahme (vgl. Rdnr. 10 f. und Rdnr. 18) einer Benutzung offen stehen. 20

8 Vgl. *Meireis*, StAZ 2012, 199, 201.
9 *Hepting/Gaaz* Bd. 1 § 61 Rdnr. 78 ff. m. w. N.

§ 65 Benutzung durch Behörden und Gerichte

(1) Behörden und Gerichten sind auf Ersuchen Personenstandsurkunden zu erteilen, Auskunft aus einem oder Einsicht in einen Registereintrag sowie die Durchsicht mehrerer Registereinträge zu gewähren, soweit dies zur Erfüllung der in ihrer Zuständigkeit liegenden Aufgaben erforderlich ist. Gleiches gilt für Auskunft aus den und Einsicht in die Sammelakten. Die Behörden und die Gerichte haben den Zweck anzugeben. Sie tragen die Verantwortung für die Zulässigkeit der Übermittlung.

(2) Religionsgemeinschaften im Inland, die Körperschaft des öffentlichen Rechts sind, können unter den Voraussetzungen des Absatzes 1 Personenstandsurkunden und Auskünfte aus einem Personenstandsregister erteilt werden, soweit das Ersuchen Mitglieder ihrer Religionsgemeinschaft betrifft. Dabei kann eine Eheurkunde auch dann erteilt werden, wenn nur ein Ehegatte der betreffenden Religionsgemeinschaft angehört und die Ehegatten der Erteilung zugestimmt haben.

(3) Ausländischen diplomatischen oder konsularischen Vertretungen im Inland können unter den Voraussetzungen des Absatzes 1 Personenstandsurkunden und Auskünfte aus einem Personenstandsregister erteilt werden, soweit das Ersuchen Angehörige des von ihnen vertretenen Staates betrifft. Ist dem Standesbeamten bekannt, dass es sich bei der betreffenden Person um einen heimatlosen Ausländer oder ausländischen Flüchtling im Sinne des Abkommens über die Rechtsstellung der Flüchtlinge handelt, so ist die Benutzung der Register zu versagen.

Übersicht (die Zahlen bedeuten Randnummern)

I. Rechtsentwicklung

Die Benutzungsvorschriften in § 16 Abs. 2 PStG 1875 waren darauf beschränkt, für die Erteilung von beglaubigten Auszügen und Scheinen sowie für die Gewährung von Einsicht in die Register Gebührentatbestände festzulegen. 1

Erst § 61 des PStG 1937 berücksichtigte das »Bedürfnis für eine Einschränkung der Öffentlichkeit« durch entsprechende Benutzungsregelungen. Diese wurden durch das 2. PStÄndG vom 18.5.1957 (BGBl. I S. 518) neu gefasst. § 61 Abs. 1 PStG a. F. enthielt auch eine Benutzungsregelung für Behörden im Rahmen ihrer Zuständigkeit; sie hatten den Zweck der Benutzung anzugeben. Dieses Benutzungsrecht wurde unter weiter Auslegung des Begriffs »Behörde« auch den Gerichten, den Religionsgemeinschaften, den Universitätsinstituten und den ausländischen diplomatischen oder konsularischen Vertretungen zugestanden (§ 86 Abs. 1 Nr. 1 DA). 2

Die Benutzungsvorschriften des PStG 2007 erstrecken sich wegen der unterschiedlichen Voraussetzungen für die einzelnen Benutzergruppen auf fünf Paragraphen (§§ 62 bis 66); § 65 regelt das Benutzungsrecht für Behörden und Gerichte. 3

II. Behörden und Gerichte (Absatz 1)

1. Behördenbegriff

Der Behördenbegriff des § 65 ist – wie der des § 61 Abs. 1 PStG a. F. – weiter gefasst als der des § 1 Abs. 4 VwVfG. Die besondere Nennung der benutzungsberechtigten Gerichte in § 65 Abs. 1, der Religionsgemeinschaften in Absatz 2 und der ausländischen Vertretungen in Absatz 3 hat daran nichts geändert. Der Zielsetzung des § 65 entsprechend sind als Behörden alle Stellen anzusehen, die Aufgaben im öffentlichen Interesse wahrnehmen und in diesem Zusammenhang auf die Kenntnis von Personenstandseinträgen angewiesen sind; hierzu zählen auch vom Behördenbegriff des VwVfG nicht erfasste Stellen, wie z. B. die Suchdiensteinrichtungen des Deutschen Roten Kreuzes und des Kirchlichen Suchdienstes (Nr. 65.1.1 PStG-VwV)[1]. 4

Die Frage, ob ein Notar als Behörde anzusehen ist, lässt sich nicht abstrakt beantworten, sondern ist danach zu entscheiden, ob er im Einzelfall im Rahmen der ihm gesetzlich übertragenen Aufgaben tätig wird oder die Interessen eines privaten Auftraggebers wahrnimmt. Insbesondere in Erbscheinverfahren hat sich diese Frage gestellt und ist von der Rechtsprechung dahin beantwortet worden, dass der Notar – da er ein Geschäft seines Auftraggebers besorgt – nur über dessen Vollmacht und Berechtigung zur Nutzung des Personenstandseintrags die begehrte Personenstandsurkunde erlangen kann[2]. 5

1 *Schmitz* in: *Stelkens/Bonk/Sachs* § 1 Rdnr. 226.
2 *Hepting/Gaaz* Bd. 1 § 61 Rdnr. 26 mit Übersicht über die Rechtsprechung.

Damit das Standesamt über die Berechtigung entscheiden kann, muss der Notar in der Urkundenanforderung den amtlichen Grund und ggf. auch die rechtliche Grundlage angeben (Nr. 65.1.2 PStG-VwV).

2. Benutzungsberechtigung

6 Die Benutzungsberechtigung setzt allgemein voraus, dass sie nicht durch Benutzungsverbote eingeschränkt ist. Dies ist immer dann der Fall, wenn ein Sperrvermerk die Benutzung durch natürliche und juristische Personen gänzlich ausschließt (vgl. dazu § 64 Rdnr. 4 ff., 12 ff.). Die Offenbarungsverbote nach § 1758 BGB oder § 5 TSG hingegen stehen einer Benutzung nicht entgegen (vgl. dazu § 63 Rdnr. 8).

7 Die spezielle Benutzungsberechtigung durch Behörden und Gerichte ist daran geknüpft, dass die Benutzung und die jeweilige Benutzungsart (Personenstandsurkunde, Auskunft, Einsicht, Durchsicht, vgl. dazu § 61 Rdnr. 4 ff.) zur Erfüllung der in ihrer Zuständigkeit liegenden Aufgaben erforderlich ist. Hierzu benötigt das Standesamt die Angabe des amtlichen Grundes, ggf. auch der rechtlichen Grundlage. Es genügt also nicht die allgemeine Behauptung, die Benutzung sei im Rahmen der Zuständigkeit erforderlich. Andererseits ist es nicht Sache des Standesamts, detailliert zu prüfen, ob der angegebene Zweck nicht auch einfacher auf andere Weise erreicht werden kann[3].

8 Im Gegensatz zum früheren Recht bestimmt § 65 Abs. 1 Satz 4 ausdrücklich, dass der Empfänger (die Behörde, das Gericht) die Verantwortung für die Zulässigkeit der Übermittlung trägt. Unter der Geltung des alten Rechts war diese Frage unter Rückgriff auf das allgemeine Datenschutzrecht mit gleichem Ergebnis beantwortet worden: Nach § 15 Abs. 2 Satz 2 BDSG trägt der Empfänger die Verantwortung, wenn die Datenübermittlung auf sein Ersuchen erfolgt[4].

9 Behörden und Gerichten ist – auf der Grundlage des allgemeinen Datenschutzrechts – durch Nr. 65.2 PStG-VwV ein Benutzungsrecht an den Sammelakten auch über die im Register beurkundeten Daten hinaus eingeräumt, wenn dies zur Erfüllung der in ihrer Zuständigkeit liegenden Aufgaben erforderlich ist[5].

10 Von der hier behandelten Benutzung auf Ersuchen sind die sich aus einer Rechtsnorm ergebenden Mitteilungen an Behörden und Gerichte von Amts wegen zu unterscheiden (vgl. § 68 Rdnr. 4).

3 Vgl. dazu *Bornhofen*, StAZ 2007, 33, 41.
4 Vgl. dazu *Zilkens/Stoppelmann*, StAZ 2011, 357.
5 Vgl. dazu *Gaaz*, StAZ 2010, 65, 72.

III. Religionsgemeinschaften (Absatz 2)

Die Benutzung der Personenstandsregister durch Religionsgemeinschaften ist auf die Erteilung von Personenstandsurkunden und Auskünften beschränkt; Einsicht und Durchsicht der Register ist ihnen verwehrt. Die Übermittlung von Personenstandsdaten darf nur an Religionsgemeinschaften im Inland erfolgen, die Körperschaften des öffentlichen Rechts sind. Den Status einer Körperschaft des öffentlichen Rechts besitzen diejenigen Religionsgemeinschaften, die zum Zeitpunkt des Inkrafttretens der Weimarer Reichsverfassung (WRV) als Körperschaften des öffentlichen Rechts anerkannt waren (sog. altkorporierte Religionsgemeinschaften) oder denen dieser Status auf ihren Antrag hin gewährt worden ist (Art. 140 GG i. V. m. Art. 137 Abs. 5 WRV); die Verleihung des Status ist Sache der Länder. Durch Nr. A 3.1.2 PStG-VwV ist klargestellt, dass Vereinigungen, die sich die gemeinschaftliche Pflege einer Weltanschauung zur Aufgabe gemacht haben, Religionsgemeinschaften gleichgestellt sind. 11

Das Ersuchen kann sich nur auf Mitglieder der eigenen Religionsgemeinschaft erstrecken. Bei Ehegatten kann es vorkommen, dass nur für einen Ehegatten die Zugehörigkeit zu einer Religionsgemeinschaft beurkundet ist oder beide mit unterschiedlichen Zugehörigkeiten angegeben sind. Gleichwohl soll auch in diesen Fällen eine Eheurkunde erteilt werden können, wenn der andere Ehegatte, der nicht der ersuchenden Religionsgemeinschaft angehört, der Erteilung zugestimmt hat. Der Wortlaut des Gesetzes ist hier unscharf, denn neben der Eheurkunde können auch die anderen Benutzungsarten nach Absatz 2 Satz 1 Angaben über den Ehegatten umfassen, der nicht der Religionsgemeinschaft angehört; der Sinn der Vorschrift fordert auch in diesen Fällen die Zustimmung des Ehegatten. Nr. 65.3.2 PStG-VwV führt hierzu aus, dass die erforderliche Einverständniserklärung von der Religionsgemeinschaft, die um Urkundenausstellung ersucht, einzuholen und vorzulegen ist. Von Lebenspartnern, die in Einrichtungen der katholischen Kirche beschäftigt sind, ist gegen eine Auskunftserteilung geltend gemacht worden, dass das Eingehen einer Lebenspartnerschaft von der Kirche als schwerwiegender Loyalitätsverlust angesehen werde, der eine Weiterbeschäftigung des Mitarbeiters grundsätzlich ausschließe. Die Meinungen dazu sind geteilt: Aus dem Umstand, dass das Gesetz eine einschränkende Regelung nicht vorsehe, wird gefolgert, dass das Standesamt der Benutzung zu entsprechen habe[6]. Eine Gegenmeinung, die in diesem Fall das Recht auf Benutzung von Personenstandsregistern verneint, macht geltend, dass es nicht zu den Aufgaben der katholischen Kirche gehöre, die private Lebensführung ihrer Mitarbeiter zu überprüfen[7]. Die gleichgeschlechtliche Ehe dürfte ähnliche Probleme aufwerfen. 12

6 Vgl. dazu *Kissner*, StAZ 2012, 213. Zur Frage, ob in einem solchen Fall die Voraussetzungen für einen Sperrvermerk nach § 64 Abs. 1 vorliegen, vgl. *Kissner*, StAZ 2010, 272.

7 Vgl. dazu *Augstein*, StAZ 2012, 386.

IV. Ausländische Vertretungen (Absatz 3)

13 Einer ausländischen diplomatischen oder konsularischen Vertretung stand früher bereits das behördliche Benutzungsrecht zu, wenn der Personenstandseintrag einen Angehörigen des von ihr vertretenen Staates betraf und sie – wie inländische Behörden – im Rahmen ihrer Zuständigkeit tätig wurde (§ 86 Abs. 1 Nr. 1 DA). An diesem Grundsatz hält § 65 Abs. 3 Satz 1 fest, versagt jedoch die Benutzung, wenn es sich bei der betreffenden Person um einen heimatlosen Ausländer oder ausländischen Flüchtling im Sinne des Abkommens vom 28. 7. 1951 über die Rechtsstellung der Flüchtlinge[8] handelt (§ 65 Abs. 3 Satz 2).

14 § 54 PStV[9] erweitert die Ausnahme vom Benutzungsrecht auf Ausländer, die sich in Deutschland berechtigt aufhalten, insbesondere Asylberechtigte, anerkannte Flüchtlinge im Sinne des Abkommens vom 28. 7. 1951 über die Rechtsstellung der Flüchtlinge und Ausländer, denen subsidiärer Schutz zuerkannt wurde, vor einer Einsichtnahme ihrer Registereinträge durch Behörden ihres Herkunftslandes. Die amtliche Begründung zu § 54 PStV[10] führt hierzu aus, dass die Benutzungsbeschränkung gegenüber ausländischen Vertretungen für eingetragene Daten der genannten ausländischen Personen gerechtfertigt sei, da den Betroffenen durch Offenlegung der Daten erhebliche Nachteile entstehen können, wenn das Verfahren nicht erfolgreich war oder der Aufenthaltstitel erlischt. Das individuelle Schutzinteresse der Betroffenen sei in diesen Fällen höher zu bewerten als das Interesse ihres Heimatstaats an der Offenlegung der Daten. Nr. 65.4 PStG-VwV bestimmt zum Verfahren, dass eine Prüfung, ob einer der im Gesetz und der Verordnung genannten Versagungsgründe vorliegt, im Einzelfall nicht erforderlich ist. Es genüge, wenn sich der besondere Status des Ausländers aus den standesamtlichen Unterlagen ergebe oder dem Standesbeamten auf andere Weise bekannt geworden sei.

V. Schriftverkehr in Auslandsfällen

1. Verkehr mit ausländischen Behörden

15 Nach Nr. 65.7 Satz 1 PStG-VwV findet der Schriftverkehr zwischen Standesämtern und ausländischen Behörden, falls Ausnahmen nicht international vereinbart sind, auf diplomatischem (Rdnr. 16) oder konsularischem (Rdnr. 17) Wege statt. In der Regel ist nach Nr. 65.7 Satz 2 der konsularische Weg zu benutzen. Zur Benutzung des diplomatischen Weges erteilt das Bundesministerium des Innern Empfehlungen.

8 BGBl. 1953 II S. 559 (GS Nr. 260). Text des Übereinkommens und Staatenübersicht siehe www.personenstandsrecht.de.
9 § 54 PStV erweitert um Regelung zum Schutz gleichgeschlechtlicher Ehegatten und Lebenspartner durch Art. 5 Eheöffnungs-Umsetzungsgesetz vom 18. 12. 2018 (BGBl. I S. 2639).
10 BR-Drs. 713/08 (PStV) S. 103; BR-Drs. 63/17 (PStV) S. 30.

Bei Benutzung des diplomatischen Weges legt das Standesamt ein Schreiben an eine ausländische Behörde auf dem Dienstweg der obersten Landesbehörde vor (Nr. 65.7.1 PStG-VwV). 16

Bei Benutzung des konsularischen Weges wendet sich das Standesamt, das in Personenstandsangelegenheiten mit einer ausländischen inneren Behörde in Verbindung treten will, an die zuständige konsularische Vertretung der Bundesrepublik Deutschland im Ausland. Geht dem Standesamt ein Ersuchen von einer ausländischen konsularischen Vertretung im Inland zu, so richtet es die Antwort an diese Vertretung (Nr. 65.7.2 PStG-VwV). 17

2. Sonderformen

a) Konsularische Vertretungen

Ein unmittelbarer Schriftverkehr der Standesämter mit ausländischen konsularischen Vertretungen und konsularischen Vertretungen der Bundesrepublik Deutschland im Ausland ist unter bestimmten Voraussetzungen zulässig: Nach Nr. 65.7.3 PStG-VwV muss es sich dafür um die Übermittlung von Personenstandsurkunden, die Ausstellung von Ehefähigkeitszeugnissen oder um beabsichtigte Eheschließungen handeln; das jeweilige Land kann weitere Fälle zulassen. Soweit danach ein unmittelbarer Schriftverkehr der Standesämter mit konsularischen Vertretungen nicht zugelassen ist, versendet das Standesamt die Schriftstücke über die von den Ländern bestimmte zuständige Verwaltungsbehörde. 18

b) Ausländischer Antragsteller

Wird einem Antrag auf Eintragung einer Änderung des Personenstandes in ein deutsches Personenstandsregister auf Grund einer ausländischen Personenstandsurkunde oder Entscheidung entsprochen, übersendet das Standesamt gemäß Nr. 65.7.4.1 PStG-VwV dem Antragsteller einen beglaubigten Registerausdruck des fortgeführten Eintrags. Hat eine ausländische Behörde den Antrag übersandt, so ist der beglaubigte Registerausdruck der zuständigen Verwaltungsbehörde zur Weiterleitung vorzulegen, soweit nicht auf Grund einer internationalen Vereinbarung (vgl. Rdnr. 22 ff.) etwas anderes gilt. 19

Wendet sich eine ausländische Behörde im Ausland wegen Vornahme einer Amtshandlung unmittelbar an das Standesamt, ist das Ersuchen nach Nummer 65.7.4.3 PStG-VwV, soweit möglich, zu erledigen, die erforderliche Antwort jedoch der zuständigen Verwaltungsbehörde zur Weiterleitung vorzulegen. Dies gilt nicht, wenn die Amtshandlung auf Grund einer besonderen Vereinbarung vorzunehmen ist, die einen unmittelbaren Schriftverkehr zulässt. 20

c) Berichtigung im Ausland

21 Anträge auf Berichtigung eines Eintrags in einem ausländischen Personenstandsregister können nach Nr. 65.7.4.2 PStG-VwV über die zuständige Verwaltungsbehörde an die konsularische Vertretung der Bundesrepublik Deutschland im Ausland gerichtet werden. Der Antragsteller kann sich auch unmittelbar an die ausländische Behörde wenden.

VI. Internationale Übereinkommen

In den nachfolgend behandelten Übereinkommen[11] sind mit anderen Staaten gegenseitige Benutzungsregelungen getroffen. Weitere Übereinkommen, die den gegenseitigen Datenaustausch von Amts wegen vorsehen, sind § 68 Rdnr. 18 ff. zu entnehmen.

1. Übereinkommen über die kostenlose Erteilung von Personenstandsurkunden und den Verzicht auf ihre Legalisation

22 Nach dem Übereinkommen vom 26. 9. 1957 über die kostenlose Erteilung von Personenstandsurkunden und den Verzicht auf ihre Legalisation[12] verpflichtet sich jeder Vertragsstaat, auf Ersuchen eines anderen Vertragsstaats diesem beglaubigte Abschriften oder Auszüge aus den Personenstandsbüchern kostenlos zu erteilen, wenn sich der Eintrag im Personenstandsregister auf einen Angehörigen dieses Staates bezieht und das Ersuchen für Verwaltungszwecke oder zugunsten bedürftiger Personen gestellt wird (vgl. Nr. 65.5 PStG-VwV).

23 Die Ersuchen auf Urkundenerteilung sind von der diplomatischen Vertretung oder dem Konsulat des ersuchenden Staates bei der nach dem Anhang zu dem Übereinkommen zuständigen Behörde zu stellen. Im Inland ist das Standesamt zuständig, welches das in Betracht kommende Personenstandsregister führt. Nach Art. 2 des Übereinkommens ist in dem Ersuchen als Begründung anzugeben »Für Verwaltungszwecke« oder »Bedürftigkeit des Antragstellers«. Ein Ersuchen von Standesamt zu Standesamt lässt das Übereinkommen nicht zu.

2. Übereinkommen über die Erlangung von Auskünften und Beweisen in Verwaltungssachen im Ausland

24 Nach dem Europäischen Übereinkommen vom 15. 3. 1978 über die Erlangung von Auskünften und Beweisen in Verwaltungssachen im Ausland[13] verpflichten sich die Vertragsstaaten, einander Amtshilfe in Verwaltungssachen zu leisten (vgl. Nr. 65.6 PStG-VwV).

11 Die Texte der Übereinkommen nebst Liste der Vertragsstaaten sind der Internetseite www.personenstandsrecht.de zu entnehmen.
12 BGBl. 1961 II S. 1055, 1067 (GS Nr. 202).
13 BGBl. 1981 II S. 550 (GS Nr. 285).

§ 66 Benutzung für wissenschaftliche Zwecke

(1) Hochschulen, anderen Einrichtungen, die wissenschaftliche Forschung betreiben, und öffentlichen Stellen kann Auskunft aus einem oder Einsicht in ein Personenstandsregister sowie Durchsicht von Personenstandsregistern gewährt werden, wenn

1. dies für die Durchführung bestimmter wissenschaftlicher Forschungsvorhaben erforderlich ist,
2. eine Nutzung anonymisierter Daten zu diesem Zweck nicht möglich oder die Anonymisierung mit einem unverhältnismäßigen Aufwand verbunden ist und
3. das öffentliche Interesse an der Durchführung des Forschungsvorhabens die schutzwürdigen Belange des Betroffenen an dem Ausschluss der Benutzung erheblich überwiegt.

Gleiches gilt für Auskunft aus den und Einsicht in die Sammelakten.

(2) Die Benutzung der Personenstandsregister nach Absatz 1 setzt voraus, dass die empfangende Stelle technische und organisatorische Maßnahmen trifft, die nach den anzuwendenden datenschutzrechtlichen Vorschriften zum Schutz der Daten erforderlich und angemessen sind. Die Benutzung bedarf der Zustimmung der für den Fachbereich des Forschungsvorhabens zuständigen obersten Bundes- oder Landesbehörde oder einer von dieser bestimmten Stelle; die Zuständigkeit der obersten Landesbehörde richtet sich nach dem Sitz der Forschungseinrichtung. Die Zustimmung muss den Empfänger, die Art der Nutzung der Personenstandseinträge, den Kreis der Betroffenen und das Forschungsvorhaben bezeichnen; sie ist dem zuständigen Datenschutzbeauftragten mitzuteilen.

(3) Mit Zustimmung der zuständigen obersten Bundes- oder Landesbehörde oder der von dieser bestimmten Stelle dürfen die nach Absatz 1 genutzten Daten unter gleichen Voraussetzungen auch für andere Forschungsvorhaben verwendet oder weiter übermittelt werden.

(4) Wenn und sobald der Forschungszweck es erlaubt, sind die nach den Absätzen 1 und 3 erlangten Daten zu anonymisieren. Bis zu einer Anonymisierung sind die Merkmale gesondert zu speichern, mit denen Einzelangaben über persönliche und sachliche Verhältnisse einer bestimmten oder bestimmbaren Person zugeordnet werden können; sie dürfen mit den Einzelangaben nur zusammengeführt werden, soweit der Forschungszweck es erfordert. Die Merkmale sind zu löschen, sobald der Forschungszweck erreicht ist.

(5) Eine Veröffentlichung der nach den Absätzen 1 und 3 erlangten Daten ist nur zulässig, wenn

1. die Betroffenen, im Falle ihres Todes deren Ehegatten und Abkömmlinge, eingewilligt haben oder
2. dies für die Darstellung von Forschungsergebnissen über Ereignisse der Zeitgeschichte unerlässlich ist; in diesem Fall bedarf die Veröffentlichung der Zustimmung der obersten Bundes- oder Landesbehörde, die der Benutzung nach Absatz 2 zugestimmt hat.

Übersicht (die Zahlen bedeuten Randnummern)

I. Rechtsentwicklung

1 Das PStG a.F. enthielt keine spezielle Forschungsklausel. Lediglich über § 86 Abs. 1 Nr. 1 DA war durch die Einbeziehung der Universitätsinstitute in den Behördenbegriff des § 61 Abs. 1 PStG a.F. die Möglichkeit der Benutzung eröffnet. Die analoge Anwendung der Behördenregelung hatte bei Forschungsvorhaben immer wieder zu unterschiedlichen Auffassungen insbesondere hinsichtlich des Rahmens des Auskunfts- und Einsichtsrechts geführt.

2 Da vor allem von den Hochschulen ein Bedarf an der Benutzung der Personenstandsbücher für Forschungszwecke geltend gemacht wurde, sah bereits die Entwurfsfassung der mit der Erarbeitung von Vorschlägen für das Personenstandsrechtsreformgesetz befassten Bund/Länder-Arbeitsgruppe (vgl. Einführung Rdnr. 3f.) eine gesonderte Regelung für Forschungsvorhaben vor.

3 Die nunmehr in § 66 getroffene Benutzungsregelung für wissenschaftliche Zwecke ist hinsichtlich der Anforderungen an das Vorhaben sowie die zum Schutz der Daten erforderlichen technischen und organisatorischen Maßnahmen an die bereits in anderen Bereichen geltenden Forschungsklauseln angelehnt[1].

II. Die rechtlichen Voraussetzungen der Benutzung (Absatz 1)

4 Für Vorhaben wissenschaftlicher Forschung, deren Freiheit in Art. 5 Abs. 3 GG verankert ist, können Daten aus den Personenstandsregistern und ihren Sammelakten grundlegende Bedeutung haben. Andererseits steht auch das informationelle Selbstbestimmungsrecht der Betroffenen, deren Daten für

1 BT-Drs. 16/1831 S. 53; abgedruckt in *Gaaz/Bornhofen* 2008 S. 461.

Forschungsvorhaben offenbart werden sollen, unter dem besonderen Schutz des Grundgesetzes (Art. 2 Abs. 1 i. V. m. Art. 1 Abs. 1 GG). In Forschungsklauseln wie der des § 66 hat der Gesetzgeber für einen Ausgleich dieser konkurrierenden Interessen Sorge zu tragen.

§ 66 Abs. 1 Satz 2 stellt für die personenstandsrechtlichen Forschungsquellen klar, dass die besondere Benutzungsregelung für wissenschaftliche Zwecke nicht nur für die Personenstandsregister gilt, sondern nach den allgemeinen Benutzungsregeln auch die Sammelakten einbezogen sind (vgl. dazu § 61 Rdnr. 8). 5

1. Forschungseinrichtung und Forschungsvorhaben

Als forschende Stellen kommen neben öffentlichen Einrichtungen auch private Hochschulen und Institute, die wissenschaftliche Forschung betreiben, in Betracht. Das Erfordernis des wissenschaftlichen Zwecks ist im PStG nicht näher definiert. Auch in den datenschutzrechtlichen Vorschriften sucht man vergebens nach einer Umschreibung. So entscheidet in jedem Einzelfall die Prüfung der Kriterien des Forschungsvorhabens darüber, ob die Nutzung gerechtfertigt ist (Nr. 66.1 PStG-VwV). Anhaltspunkte für die Zulässigkeit können sich z. B. aus der detaillierten Beschreibung des Forschungszwecks, den Aufgaben des Instituts oder einzelner Wissenschaftler sowie der Anwendung anerkannter wissenschaftlicher Methoden ergeben. Auch ausländischen Forschungseinrichtungen kann ein Benutzungsrecht zustehen, wenn die Benutzungskriterien erfüllt sind (vgl. dazu Rdnr. 7 ff.). Absatz 1 Satz 1 macht die auf Auskunft, Einsicht und Durchsicht beschränkte Benutzung (zu diesen Benutzungsarten vgl. § 61 Rdnr. 5 ff.) davon abhängig, dass drei Voraussetzungen erfüllt werden (vgl. Rdnr. 7, 8 und 9). 6

2. Erforderlichkeit der Benutzung

Nach § 66 Abs. 1 Nr. 1 muss die Benutzung für die Durchführung bestimmter wissenschaftlicher Forschungsvorhaben erforderlich sein. Die Voraussetzung der Nutzung für einen »wissenschaftlichen Zweck« ist nicht als erfüllt anzusehen, wenn mit einem Forschungsvorhaben vornehmlich kommerzielle Interessen verfolgt werden[2]. Die Wortwahl, nach der die Benutzung »erforderlich« sein muss, lässt darauf schließen, dass die Zulässigkeit der Benutzung auch dann gegeben ist, wenn es neben den Personenstandsregistern noch andere geeignete Quellen gibt, denen die benötigten Daten entnommen werden könnten (Nr. 66.2 PStG-VwV). Im Gegensatz dazu verlangt § 13 Abs. 2 Satz 4 BMG, dass Daten nach Ablauf bestimmter Fristen nur noch dann verarbeitet oder genutzt werden dürfen, wenn dies für den geltend gemachten wissenschaftlichen Zweck »unerlässlich« ist, also das Projekt auf andere Weise nicht durchgeführt werden kann. Zum Zustimmungserfordernis vgl. Rdnr. 10. 7

2 So auch *Berkl*, Rdnr. 340.

3. Ausschluss der Anonymisierung

8 § 66 Abs. 1 Nr. 2 macht die Benutzung davon abhängig, dass eine Verwendung anonymisierter Daten entweder nicht möglich ist, oder – was wohl bei einer Vielzahl von auszuwertenden Personenstandsregistern allgemein zutreffen wird – mit einem Aufwand verbunden wäre, der bei einer Interessenabwägung den Datenschutz überwiegt. Die Anonymisierung dient dem Persönlichkeitsschutz, da hierdurch die personenbezogenen Daten derart verändert werden, dass die Einzelangaben über persönliche oder sachliche Verhältnisse nicht mehr oder nur äußerst aufwendig einer bestimmten oder bestimmbaren natürlichen Person zugeordnet werden können. Ein »unverhältnismäßiger Aufwand« im Sinne der Nr. 2 dürfte immer dann anzunehmen sein, wenn die für eine Anonymisierung aufzuwendende Zeit oder der erforderliche Personaleinsatz das Vorhaben insgesamt in Frage stellen würde (Nr. 66.2 PStG-VwV).

4. Interessenabwägung mit schutzwürdigen Belangen

9 § 66 Abs. 1 Nr. 3 stellt eine Hürde dar, die mit der des Absatzes 1 Nr. 1 korrespondiert. Um ein Forschungsvorhaben, dessen wissenschaftlicher Wert im Rahmen der Prüfung nach Nr. 1 bereits festgestellt ist, dennoch von den Benutzungsrechten auszuschließen, müssen schutzwürdige Belange Betroffener vorliegen, die das öffentliche Interesse an dem Vorhaben »erheblich überwiegen«. Ob solche Belange zu berücksichtigen sind, kann naturgemäß – insbesondere bei größeren Projekten – nicht vom Standesamt, das mit einer Prüfung der Verhältnisse aller Betroffenen überfordert wäre, beurteilt werden. Relevante Belange werden entweder dem Standesamt von Betroffenen vorzutragen oder im Einzelfall – bei begründetem Anlass – vom Standesamt zu recherchieren sein. Nach § 55 PStV hat das Standesamt Betroffenen auf deren Anfrage Auskunft über das Forschungsvorhaben und Gelegenheit zu geben, schutzwürdige Belange gegen die Benutzung geltend zu machen. Das Standesamt kann auch von sich aus zur Interessenabwägung Betroffene nach dem Umfang ihrer schutzwürdigen Belange befragen, wenn es dies für erforderlich hält. Dazu hat das Standesamt gegebenenfalls – so die amtliche Begründung zu § 55 PStV[3] – die Adressen der Betroffenen über die Meldeämter zu ermitteln. Die im Benutzungsverfahren erteilte Zustimmungserklärung der obersten Bundes- oder Landesbehörde (vgl. Rdnr. 10) entbindet das Standesamt nicht, selbst eine Interessenabwägung vorzunehmen und über die Registerbenutzung zu entscheiden (Nr. 66.1 Satz 5 PStG-VwV)[4].

5. Zustimmungserfordernis

10 Um die Beurteilung der Erforderlichkeit und Zulässigkeit des Forschungsvorhabens durch das Standesamt abzusichern, sieht § 66 Abs. 2 Satz 2 im Benut-

3 BR-Drs. 713/08 (PStV) S. 104.
4 Vgl. *Kissner*, StAZ 2011, 55.

zungsverfahren die Zustimmung der für den Fachbereich des Forschungsvorhabens zuständigen obersten Bundes- oder Landesbehörde oder einer von dieser bestimmten Stelle vor. Bis zum Inkrafttreten der Änderung des § 66 Abs. 2 Satz 2 durch das PStRÄndG ergab sich die Zuständigkeit der für den Fachbereich des Forschungsvorhabens zuständigen obersten Bundes- oder Landesbehörde aus der inzwischen aufgehobenen Nr. 66.3 PStG-VwV und entsprechenden Landesregelungen[5]. Aus der Zustimmung, in der die Forschungseinrichtung, das Forschungsvorhaben, die Nutzungsart und der Kreis der Betroffenen zu bezeichnen sind, können das Standesamt und etwaige von der Benutzung betroffene Personen alle Angaben entnehmen, die für eine Beurteilung der Zulässigkeit des Vorhabens, seiner Abwicklung und der Rechte Betroffener bedeutsam sind. Eine zusätzliche Kontrolle ist durch die Verpflichtung zur Mitteilung der Zustimmung an den zuständigen Datenschutzbeauftragten gegeben.

Befindet sich die Forschungseinrichtung in einem anderen Bundesland 11
als das Standesamt, dessen Personenstandsregister benutzt werden sollen, so ist – falls nicht die Zuständigkeit einer obersten Bundesbehörde gegeben ist – die oberste Landesbehörde des Landes für die Erteilung der Zustimmung zuständig, in dem der Sitz der Forschungseinrichtung liegt (§ 66 Abs. 2 Satz 2 Halbs. 2). Diese kann von der die Forschung betreibenden Stelle die nötigen Informationen zur Beurteilung des Benutzungsbegehrens einholen, sofern sie nicht bereits im Rahmen anderer Zustimmungs-, Genehmigungs- oder Finanzierungsverfahren über das Vorhaben informiert ist. Da die Zustimmung nach § 66 Abs. 2 Satz 2 im Rahmen der fachlichen Beurteilung des Vorhabens erfolgt, stellt ihr Inhalt (vgl. Rdnr. 10) für das Standesamt lediglich eine Entscheidungshilfe bei der Beurteilung der Zulässigkeit der Benutzung dar (vgl. Rdnr. 9).

III. Die technischen Voraussetzungen (Absatz 2)

§ 66 Abs. 2 macht die Benutzung der Personenstandsregister in den berech- 12
tigten Fällen des Absatzes 1 davon abhängig, dass die empfangende Stelle Maßnahmen zur sicheren und zweckentsprechenden Nutzung trifft. Voraussetzung hierfür ist zunächst, dass nur besonders verpflichtete, die Geheimhaltung gewährleistende Personen Zugang zu den Daten haben.

1. Registerauskunft

Bei der Auskunft aus Personenstandsregistern werden alle oder nur be- 13
stimmte Daten des Registereintrags mündlich oder schriftlich übermittelt. Für Forschungsvorhaben wird die schriftliche Mitteilung bestimmter Angaben aus mehreren Einträgen, die auch in elektronischer Form erfolgen kann, der Standard-Übermittlungsweg sein. Bei elektronischer Übermittlung müs-

5 Z. B. § 3 Abs. 3 der Personenstandsverordnung NRW (GS Nr. 10 NW).

sen das Standesamt als sendende Stelle und die empfangende Forschungseinrichtung über entsprechende technische Einrichtungen verfügen und einen Zugang eröffnet haben. Die empfangende Stelle hat darüber hinaus durch organisatorische Maßnahmen zu gewährleisten, dass die übermittelten Daten sicher aufbewahrt werden, insbesondere Unbefugten nicht zur Kenntnis gelangen können. Die einschlägigen Vorschriften der Datenschutzgesetze des Bundes oder der Länder sind für die Sicherheitsmaßnahmen im Einzelnen maßgebend.

2. Registereinsicht und Registerdurchsicht

14 Bei den weiteren Benutzungsarten (Einsicht, Durchsicht) wird die Auswertung der Registereinträge in Form einer Erfassung bestimmter Angaben im Standesamt durch eine von der Forschungseinrichtung autorisierte Person erfolgen. Damit sichergestellt ist, dass nur die für den Forschungszweck erforderlichen Daten aufgezeichnet werden, ist es unerlässlich, dass ein Standesbeamter die ordnungsgemäße Benutzung überwacht (Nr. 61.1.2 PStG-VwV).

IV. Weiterverwendung, Anonymisierung, Veröffentlichung (Absatz 3 bis 5)

1. Weiterverwendung (Absatz 3)

15 Grundsätzlich dürfen die erhobenen Daten nur für die konkreten Forschungsarbeiten verwendet werden (Zweckbindungsklausel). Werden die Daten auch für andere Forschungsvorhaben derselben Einrichtung benötigt oder macht eine andere Forschungseinrichtung ein Recht an der Benutzung der Daten geltend, so sieht § 66 Abs. 3 im Sinne eines vereinfachten Verfahrens die Möglichkeit vor, dass mit Zustimmung der obersten Bundes- oder Landesbehörde oder der von dieser bestimmten Stelle die anderweitige Verwendung oder Übermittlung erfolgen darf. Voraussetzung ist natürlich, dass sowohl die Prüfung der Zulässigkeit der Benutzung als auch der technischen und organisatorischen Voraussetzungen keinen Ausschließungsgrund ergeben haben.

2. Anonymisierung (Absatz 4)

16 Nach § 66 Abs. 1 Nr. 2 ist die Benutzung davon abhängig gemacht, dass eine Nutzung anonymisierter Daten nicht in Betracht kommt. Es liegt daher auf der Hand, dass die Daten – wie von § 66 Abs. 4 gefordert – zu anonymisieren sind, sobald der Forschungszweck dem nicht mehr entgegensteht. Damit bereits zuvor eine Zusammenführung der Personenangabe mit den Einzelangaben nur dann erfolgt, wenn der Forschungszweck dies erfordert, sind die Angabengruppen gesondert zu speichern. Ist der Forschungszweck erreicht, so

sind die Merkmale, mit denen Einzelangaben einer bestimmten Person zugeordnet werden können (z. B. Name und Geburtsdatum), zu löschen.

3. Veröffentlichung (Absatz 5)

In einigen Fällen kann der Zweck des Forschungsvorhabens eine aufbereitete Veröffentlichung der Personen- und Einzeldaten beinhalten, so z. B. Forschungsvorhaben der Holocaust-Gedenkstätte »Yad Vashem«, deren Ergebnisse mit Angabe von Personendaten der Verstorbenen unter anderem in allgemein zugängliche Dokumentationsarchive und Gedenkblätter einfließen. § 66 Abs. 5 sieht zwar in Nr. 1 vor, dass eine Veröffentlichung der nach § 66 Abs. 1 und 3 erlangten Daten grundsätzlich der Einwilligung der Betroffenen (im Falle ihres Todes von deren Ehegatten und Abkömmlingen) bedarf, lässt aber in Nr. 2 eine Ausnahme zu, wenn »dies für die Darstellung von Forschungsergebnissen über Ereignisse der Zeitgeschichte unerlässlich ist«. Bei einem Forschungsvorhaben wie dem im Beispielsfall beschriebenen ist daher eine Veröffentlichung zulässig. Sie bedarf allerdings der Zustimmung der obersten Bundes- oder Landesbehörde, die zur Benutzung ihre Zustimmung erteilt hat (vgl. Rdnr. 10). 17

§ 67 Einrichtung zentraler Register

(1) Die Länder dürfen zentrale Register einrichten zu dem Zweck, die Registereinträge der angeschlossenen Standesämter zu erfassen und ihre Benutzung nach Absatz 3 zu ermöglichen.

(2) Die Standesämter dürfen bei ihnen gespeicherte Registereinträge an das zentrale Register übermitteln. Die Verantwortung für die Richtigkeit und Vollständigkeit der Daten trägt die übermittelnde Stelle. Das zentrale Register darf die Daten speichern zum Zweck der Übermittlung nach Absatz 3.

(3) Die Standesämter dürfen bei dem zentralen Register Registereinträge erheben, wenn die Angaben benötigt werden zur Erteilung von Personenstandsurkunden und Auskünften sowie zur Gewährung von Einsicht in die Personenstandsregister und Durchsicht dieser Register nach den §§ 55, 61 bis 66; die Benutzung der Personenstandsregister kann von allen an das zentrale Register angeschlossenen Standesämtern gewährt werden.

(4)[1] (weggefallen)

Übersicht (die Zahlen bedeuten Randnummern)

I. Rechtsentwicklung

1 Die Vorschrift des § 67 Abs. 1, nach der auf Länderebene zentrale Register eingerichtet werden dürfen, an die alle oder bestimmte Standesämter des Landes angeschlossen sind, hatte im früheren Recht keine Entsprechung. Ihre Grundlage ist die elektronische Registerführung, die eine Speicherung der Register außerhalb des Standesamtsbezirks ermöglicht, ohne die Geschäftsabläufe zu beeinträchtigen (dazu Rdnr. 3 ff.).

2 Auf Anregung des Bundesrates war durch § 67 Abs. 4 die Möglichkeit eröffnet worden, die Machbarkeit und Wirtschaftlichkeit eines zentralen Registers bereits vor dem Inkrafttreten des neuen Personenstandsgesetzes zu erproben[2]. Art. 5 Abs. 1 PStRG hatte die Regelung vorab am Tag nach der Verkündung des Gesetzes in Kraft gesetzt[3]. Durch die vorgezogene Erprobung

1 § 67 Abs. 4 am 1.1.2009 außer Kraft getreten durch Art. 5 Abs. 2 PStRG (GS Nr. 1b); er lautete wie folgt: *(4) Die Einrichtung eines zentralen Registers auf der Grundlage dieses Gesetzes zum Zweck der Erprobung der Machbarkeit und Wirtschaftlichkeit ist bereits vor dem Inkrafttreten dieses Gesetzes zulässig.*

2 Vgl. dazu BT-Drs. 16/1831 S. 60, 73; BT-Drs. 16/3309 S. 11; abgedruckt in *Gaaz/Bornhofen* 2008 S. 471, 486, 504.

3 Die Regelung war am 24.2.2007 in Kraft getreten (BGBl. 2007 I S. 122, 147); sie ist am 1.1.2009 wieder außer Kraft getreten (vgl. dazu Fußnote 1).

sollte es den an der Errichtung zentraler Landesregister interessierten Ländern ermöglicht werden, rechtzeitig vor dem Inkrafttreten des Gesetzes zum 1.1.2009 Erkenntnisse über die Möglichkeiten des Einsatzes solcher Register zu erlangen. Eine vom Land Bayern veranlasste »Machbarkeitsstudie« hat zur Einrichtung eines zentralen elektronischen Personenstandsregisters geführt, an das bis Ende 2013 alle Standesämter in Bayern anzuschließen waren[4].

II. Einrichtung und Organisation (Absatz 1 und 2)

Nach dem PStG a.F. war die Aufbewahrung der Personenstandsbücher bei dem für die Führung zuständigen Standesbeamten obligatorisch. Nur so konnte sichergestellt werden, dass der jeweilige Personenstandseintrag zeitnah fortgeführt wurde und für eine Benutzung, insbesondere für die Ausstellung von Personenstandsurkunden, bereitstand. § 31 Abs. 2 Satz 1 DA schrieb daher vor, dass die Personenstandsbücher nicht aus dem Standesamt entfernt werden durften. 3

Die nunmehr vorgegebene elektronische Führung der Personenstandsregister schließt – ohne dass Beeinträchtigungen bei der Fortführung und Benutzung zu besorgen sind – andere Organisationsformen nicht von vornherein aus. Angesichts des erklärten Ziels, den berechtigten Zugriff insbesondere anderen Standesämtern, aber auch sonstigen autorisierten Stellen (vgl. § 68 Rdnr. 15) zu ermöglichen, wollte sich der Gesetzgeber dem im Gesetzgebungsverfahren von Länderseite geäußerten Wunsch nach einer dies ermöglichenden Regelung nicht verschließen[5]. 4

Für die Organisation und die Art der Nutzung sind die in § 67 Abs. 1 bis 3 festgelegten Grundsätze maßgebend. § 67 Abs. 1 ermächtigt die Länder, zentrale Register zu errichten[6]. Auch wenn wohl davon ausgegangen werden kann, dass dabei an *ein* zentrales Register je Land gedacht ist, schließt der Wortlaut auch mehrere zentrale Register auf dem Gebiet eines Landes nicht aus. 5

Weitere Vorgabe ist der Zweck, die Registereinträge der angeschlossenen Standesämter »zu erfassen«. Hieraus wird der gesetzgeberische Wille für ein solches Register klar: Mit der Erfassung der Einträge ist nicht etwa der Übergang standesamtlicher Kompetenzen verbunden. Das Standesamt der Beurkundung bleibt vielmehr über einen besonderen Berechtigungszugriff für die Führung zuständig. Die Aufgabe des zentralen Registers besteht darin, die technischen Einrichtungen zur Verfügung zu stellen, die eine Erfassung, 6

4 Zu den Einzelheiten vgl. Art. 7 ff. AGPStG, abgedruckt in GS Nr. 10 BY.

5 Vgl. dazu *Bornhofen*, StAZ 2007, 33, 41.

6 Außer Bayern (vgl. Rdnr. 2) haben weitere Länder von der Möglichkeit der Einrichtung zentraler Register Gebrauch gemacht, z. B. Berlin (§ 6 BlPStV), Brandenburg (§ 4 BbgPStV), Hamburg (§ 1 HmbzPSRVO), Saarland (§ 7 SlPStV), Schleswig-Holstein (§ 1 epRLVO), Thüringen (§ 1 ThürVOePSR); alle Vorschriften abgedruckt in GS 10.

Fortführung und Nutzung nach den Vorgaben des Gesetzes ermöglichen. Die Regelungen über die Einrichtung eines zentralen Registers sind folglich nicht dahin zu verstehen, dass bei den angeschlossenen Standesämtern ein zusätzlicher, dem Register entsprechender Datenbestand bereitzuhalten ist, also ein »Spiegelregister« geführt werden muss. Vielmehr soll eine Verlagerung der Datenhaltung vom örtlichen Standesamt in das zentrale Register erfolgen[7].

7 Nach § 67 Abs. 2 trägt das den Registereintrag übermittelnde Standesamt die Verantwortung für die Richtigkeit und Vollständigkeit der Daten. Auch hieraus ist ersichtlich, dass das zentrale Register nur erfassende und aufbewahrende Funktion hat und nicht etwa mit der Datenaufnahme ein eigenes Verarbeitungs- und Nutzungsrecht begründet wird.

III. Benutzung der Registereinträge (Absatz 3)

8 Auch wenn das zentrale Register kein personenstandsrechtliches Eigenleben entfaltet, so bietet es doch für die angeschlossenen Standesämter Nutzungsmöglichkeiten, die bei separater Datenhaltung in den Standesämtern nicht in dieser Weise gegeben sind.

9 Es liegt auf der Hand, dass dem Standesamt, das für die Fortführung des Registereintrags zuständig ist, stets der Zugang zu dem Eintrag mit den nach dem Gesetz vorgesehenen Fortschreibungen offen stehen muss. Hätte es damit sein Bewenden, wäre die Aufgabe des Registers mit der zentralen Aufbewahrung der Personenstandsregister erschöpft. Die Reduzierung der Funktion hierauf bedeutete aber, die Möglichkeiten eines solchen Registers ungenutzt zu lassen.

10 § 67 Abs. 3 sieht daher vor, dass nicht nur das den Registereintrag führende Standesamt, sondern alle an das zentrale Register angeschlossenen Standesämter die Daten nach Maßgabe der §§ 55, 61 bis 66 benutzen dürfen; zu den Einschränkungen der Benutzung von Einträgen mit Sperrvermerk vgl. § 64 Rdnr. 4 und 18. Und dies nicht nur für eigene Zwecke, sondern auch zur Erfüllung der Benutzungswünsche Dritter. So kann z. B. eine Personenstandsurkunde aus einem Registereintrag erteilt werden, den das Standesamt selbst nicht führt. Dies bedeutet zwar einen Bruch der Monopolstellung des registerführenden Standesamts, das sonst die Entscheidungshoheit über die Benutzung seiner Personenstandsregister hat. Die Regelung erklärt sich aber aus der besonderen Nutzungsmöglichkeit des zentralen Registers und ist angesichts der hohen Verantwortung des Standesbeamten als Urkundsperson – in diesem Fall für die Richtigkeit einer Personenstandsurkunde aus dem Register eines anderen Standesamts – auch vertretbar. Eine solche Personenstandsurkunde ist nach Nr. 67 PStG-VwV mit dem Hinweis »Urkunde gemäß

7 Auf Frage (Prüfbitte) des BR hat die BReg dies in ihrer Gegenäußerung zur BR-Stellungnahme zum Entwurf eines PStRÄndG ausdrücklich klargestellt (BT-Drs. 17/10489, S. 72).

§ 67 Absatz 3 des Personenstandsgesetzes« zu versehen. Mehrsprachige Urkunden sind nicht mit einem solchen Hinweis zu versehen, da dies nicht in dem Übereinkommen (zu dem Üb vgl. § 55 Rdnr. 15) vorgesehen ist und auch keine Übersetzungen für den Hinweistext zur Verfügung stehen.

Nach § 74 Abs. 1 Nr. 3 sind die Länder, die ein zentrales elektronisches Per- **11**
sonenstandsregister einrichten, ermächtigt, »nähere Bestimmungen zu dessen Führung zu treffen« (Angaben zu Ländervorschriften siehe Fußnote 6). Was darunter zu verstehen ist, erschließt sich teils aus der amtlichen Begründung des Gesetzentwurfs, teils aus den organisatorischen Notwendigkeiten. Die amtliche Begründung lässt keinen Zweifel daran, dass die Grundsätze der Registerführung unangetastet bleiben sollen, insbesondere nur der für die Beurkundung zuständige Standesbeamte verändernden Zugriff auf die Daten hat. Da aber alle Standesbeamten der angeschlossenen Standesämter Personenstandsurkunden aus dem gesamten Bestand der Registereinträge erteilen können (vgl. Rdnr. 10), dürften im Fall der Einrichtung solcher Register – ggf. zusammen mit dem Verordnungsgeber gemäß § 73 Nr. 4 – weitere rechtliche und organisatorische Fragen (z. B. Fassung der Vordrucke, Kommunikation mit dem Register) zu klären sein.

§ 68 Mitteilungen an Behörden und Gerichte von Amts wegen

(1) Das Standesamt, das in einem Personenstandsregister eine Beurkundung vornimmt (§§ 3, 5), übermittelt Angaben hierüber von Amts wegen einer anderen Behörde oder einem Gericht, wenn sich die Mitteilungspflicht aus einer Rechtsvorschrift ergibt.

(2) Die Einrichtung eines automatisierten Abrufverfahrens, das die Übermittlung personenbezogener Daten an andere Stellen als Standesämter durch Abruf ermöglicht, ist nur zulässig, soweit dies durch Bundes- oder Landesrecht unter Festlegung der Datenempfänger, der Art der zu übermittelnden Daten und des Zwecks der Übermittlung bestimmt wird.

Übersicht (die Zahlen bedeuten Randnummern)

I. Rechtsentwicklung

1 Eine dem § 68 vergleichbare Vorschrift, die das Standesamt allgemein zur Übermittlung von Daten an andere Behörden verpflichtet, wenn eine Rechtsvorschrift dies vorsieht, kannte das frühere Recht nicht. Die Verpflichtung zur Mitteilung wurde vielmehr aus der jeweiligen, die Mitteilung vorschreibenden Einzelregelung im PStG oder in anderen Gesetzen geschlossen (dazu Rdnr. 2).

II. Übermittlung »von Amts wegen« (Absatz 1)

1. Das rechtssystematische Konzept

Dem früheren Recht lag hinsichtlich der Mitteilungspflichten des Standesbeamten an andere Behörden kein einheitliches rechtssystematisches Konzept zugrunde. So fanden sich Mitteilungspflichten des Standesamts sowohl im Personenstandsrecht, wie z. B. die nach § 21 PStG a. F. an das Familiengericht, wenn namensverschiedene Eltern nicht binnen Monatsfrist den Geburtsnamen ihres Kindes bestimmt hatten, als auch in anderen Rechtsvorschriften, wie z. B. die nach § 48 FGG an das Vormundschaftsgericht bei Tod einer Person, wenn diese ein minderjähriges Kind hinterließ. 2

Nach der Systematik des PStG 2007[1] sind die Mitteilungspflichten des Standesamts an andere Behörden bereichsspezifisch in dem jeweiligen Fachgesetz geregelt. So ist z. B. die früher in § 21 PStG a. F. geregelte Mitteilung im Fall der Nichteinigung der Eltern über den Geburtsnamen ihres Kindes jetzt in § 168a Abs. 2 FamFG zu finden. 3

2. Die Übermittlung »von Amts wegen«

Angabenübermittlung »von Amts wegen« im Sinne der Vorschrift setzt voraus, dass sich die zugrunde liegende Mitteilungspflicht mit Angabe der zu übermittelnden Daten oder des Tatbestandes sowie des Empfängers unmittelbar aus einer Rechtsvorschrift ergibt. Als Anlass für die Mitteilung wird allgemein – so der Bezug auf die §§ 3 und 5 – entweder die Errichtung eines Registereintrags (Haupteintrag) oder eine Folgebeurkundung angenommen. 4

Nach § 62 Abs. 1 Nr. 1 PStV kann die Mitteilungspflicht des Standesamts aber auch dadurch ausgelöst werden, dass das Standesamt für die Entgegennahme einer namensrechtlichen Erklärung zuständig ist oder eine familienrechtliche Erklärung beurkundet oder aufbewahrt, ohne das entsprechende Personenstandsregister zu führen. Dies ist z. B. dann der Fall, wenn es einen Personenstandseintrag im Inland nicht gibt und die Zuständigkeit daher an den Wohnsitz oder gewöhnlichen Aufenthalt geknüpft ist (z. B. bei Erklärungen zur Namensführung von Ehegatten nach § 41 Abs. 2 Satz 2, bei Erklärungen zur Namensführung von Kindern nach § 45 Abs. 2 Satz 2). Die Mitteilungspflicht kann nach § 62 Abs. 1 Nr. 2 PStV auch dadurch entstehen, dass das Standesamt einen Hinweis über einen im Ausland beurkundeten Personenstandsfall in ein Personenstandsregister einträgt. Gleiches gilt für das Standesamt I in Berlin, wenn dort eine Mitteilung über eine Entscheidung in Ehesachen eingeht, die wegen des Fehlens eines Eheeintrags keine Folgebeurkundung auslöst, oder einen Sterbefall betrifft (§ 62 Abs. 2 PStV). 5

Der Übermittlungspflicht können Grenzen gesetzt sein, wenn zu dem betreffenden Personenstandseintrag ein Sperrvermerk eingetragen ist und alle 6

1 Vgl. dazu *Bornhofen*, StAZ 2007, 33, 41.

oder bestimmte Mitteilungen nach § 62 Abs. 3 PStV für die Dauer der Sperre auszusetzen sind; nach dem Wegfall des Sperrvermerks sind die Mitteilungen aber nachzuholen (vgl. § 64 Rdnr. 9, 17).

7 § 62 Abs. 4 PStV führt zur Datenübermittlung weiter aus, dass nur die im Einzelfall zur Erfüllung der gesetzlichen Aufgabe der empfangenden Stelle erforderlichen Daten übersandt werden dürfen. Diese werden sich meist bereits aus der die Daten festlegenden Mitteilungsnorm ergeben. Die Vorschrift stellt dazu klar, dass auch weitere beurkundete oder im Zusammenhang mit der Beurkundung erhobene Daten mitgeteilt werden dürfen, soweit diese zur gesetzmäßigen Aufgabenerfüllung der empfangenden Stelle benötigt werden.

8 Die sich direkt aus der jeweiligen Rechtsvorschrift ergebende Mitteilungspflicht von Amts wegen ist nicht zu verwechseln mit dem Benutzungsrecht von Behörden und Gerichten nach § 65 (vgl. dort Rdnr. 7 ff.), das von diesen im Einzelfall geltend gemacht werden muss.

3. Die Empfänger der Mitteilungen

9 Zur Erleichterung der Übersicht über die Mitteilungen von Amts wegen ist der Verordnungsgeber nach § 73 Nr. 8 und § 74 Nr. 7 gehalten, die Mitteilungen im Einzelnen zu benennen; dabei sollen die empfangende Stelle und die zu übermittelnden Angaben bezeichnet sowie das Verfahren der Datenübermittlung festgelegt werden (vgl. § 73 Rdnr. 8, § 74 Rdnr. 11). Durch die §§ 57 ff. PStV, in denen die Mitteilungspflichten des Standesamts im Einzelnen aufgeführt sind, und die Nr. 68.1 ff. PStG-VwV mit der Festlegung der einzelnen Übermittlungswege ist dem gesetzlichen Erfordernis Rechnung getragen worden.

10 Auch an ausländische Behörden sind aufgrund internationaler Vereinbarungen in bestimmten Fällen Mitteilungen zu machen (vgl. dazu Rdnr. 18 ff.).

4. Die Datenübermittlung

11 § 63 Abs. 1 PStV verpflichtet die an der Übermittlung Beteiligten, gesicherte verschlüsselte Verfahren zu benutzen. Die Übersendung der Daten mit einfacher E-Mail ist daher nicht zulässig. Für den elektronischen Nachrichtenversand ist in § 63 Abs. 1 PStV klargestellt, dass das absendende Standesamt bei der Übermittlung von Daten über Vermittlungsstellen keine eigene Signatur anbringen muss, weil das Zertifikat der Vermittlungsstelle und die Verwendung des Übertragungsprotokolls OSCI-Transport eine ausreichende Sicherheit gewährleisten.

12 Im Sinne einer direkten und unkomplizierten Weiterverarbeitung der Daten beim Empfänger soll der Mitteilungsverkehr nach § 63 Abs. 3 PStV regelmäßig durch strukturierte Datensätze in standardisierten Datenaustauschformaten erfolgen. Nach der Neufassung des § 63 Abs. 3 durch das 2. PStRÄndG ist hierfür – soweit die technischen Voraussetzungen vorlie-

gen – das Datenaustauschformat XPersonenstand und das Übertragungsprotokoll OSCI-Transport in der vom BMI bekannt gemachten jeweils gültigen Fassung zu verwenden.

Für die elektronische Übermittlung von Daten zwischen den Standesämtern schreibt § 63 Abs. 2 PStV strukturierte Datensätze verbindlich vor. Hierfür sind das Datenaustauschformat XPersonenstand und das Übertragungsprotokoll OSCI-Transport zugrunde zu legen (vgl. dazu § 5 Rdnr. 20); die für die Übermittlung erforderliche Standesamtsnummer des empfangenden Standesamts ist der Internetseite www.personenstandsrecht.de zu entnehmen (Nr. 68.7.1 PStG-VwV). Nach § 63 Abs. 4 PStV kann innerhalb von Rechenzentren in besonders gesicherten verwaltungseigenen Netzen auf die Verwendung von OSCI-Transport verzichtet werden, wenn der hohe Sicherheitsstandard anderweit gewährleistet wird. 13

Lagen bei einem Standesamt die Voraussetzungen für eine elektronische Datenübermittlung noch nicht vor, so war für einen Übergangszeitraum bis zum 31. 12. 2013 die Datenübermittlung auch in papiergebundener Form oder auf automatisiert verarbeiteten Datenträgern zulässig (§ 63 Abs. 2 Satz 3 PStV a. F.). Die Mitteilungen, die bei einem anderen Standesamt die Eintragung einer Folgebeurkundung auslösten, waren nach Nr. 68.7.2 PStG-VwV vom Standesbeamten zu unterschreiben und mit dem Abdruck des Dienstsiegels zu versehen. 14

III. Automatisiertes Abrufverfahren (Absatz 2)

Die elektronische Registerführung ermöglicht auch für die Datenübermittlung an Behörden und Gerichte neue Wege. So kann künftig von einer Mitteilung durch das Standesamt abgesehen werden, wenn der Datenempfänger in die Lage versetzt worden ist, die benötigten Daten selbst abzurufen. Voraussetzung hierfür ist allerdings, dass ein solcher »Online-Anschluss« unter Nennung der zum Abruf berechtigten Stelle, der Art der zu übermittelnden Daten und des Zwecks der Übermittlung durch Bundes- oder Landesrecht zugelassen worden ist. Durch diese den allgemeinen Datenschutzvorschriften vorgehende Regelung wird verhindert, dass die großzügigeren Regelungen des jeweiligen Landesdatenschutzgesetzes angewendet werden können. Dies erschien wegen der besonderen Schutzwürdigkeit der Daten in den Personenstandsregistern angezeigt[2]. 15

Im Fall der Zulassung eines automatisierten Abrufs schreibt § 64 PStV für das Verfahren besondere Sicherheitskriterien vor. Kern der Vorschrift ist die Verpflichtung zur Protokollierung aller Zugriffe durch das registerführende Standesamt. Hierdurch sollen insbesondere die Registerdaten, die abrufende Stelle und sonstige Angaben der Abrufkennung dokumentiert werden. 16

2 Vgl. dazu BT-Drs. 16/1831 S. 66; BT-Drs. 16/3309 S. 11; abgedruckt in *Gaaz/Bornhofen* 2008 S. 478, 504.

17 Ein Abrufverfahren, das die Kriterien des § 68 Abs. 2 erfüllt, ist bisher nicht eingerichtet worden. Nur zwischen den Standesämtern ist nach § 26 PStV eine Suchfunktion vorgeschrieben, über die anhand bestimmter Suchkriterien festgestellt werden kann, ob ein Personenstandseintrag geführt wird.

IV. Internationale Übereinkommen

Auf Grund folgender Übereinkommen und Notenwechsel ist mit anderen Staaten die Übersendung von Personenstandsurkunden oder Mitteilungen über Beurkundungen von Amts wegen vereinbart (vgl. auch Nr. 68.6.1 ff. PStG-VwV); die Texte der Übereinkommen nebst Vertragsstaaten sind der Internetseite www.personenstandsrecht.de zu entnehmen.

1. Wiener Übereinkommen über konsularische Beziehungen

18 Art. 37 Buchst. a des Wiener Übereinkommens vom 24. 4. 1963 über konsularische Beziehungen[3] sieht die Übersendung von Sterbeurkunden an das Konsulat des Heimatstaats vor.

2. Übereinkommen über den internationalen Austausch von Auskünften in Personenstandsangelegenheiten

19 Nach Art. 1 des Übereinkommens vom 4. 9. 1958 über den internationalen Austausch von Auskünften in Personenstandsangelegenheiten[4] hat jeder Standesbeamte eines Vertragsstaates die Beurkundung einer Eheschließung[5] oder eines Sterbefalles dem Standesbeamten des Geburtsortes jedes Ehegatten oder des Verstorbenen mitzuteilen, wenn dieser Ort in einem Vertragsstaat liegt.

3. Übereinkommen betreffend die Entscheidungen über die Berichtigung von Einträgen in Personenstandsbüchern (Zivilstandsregistern)

20 Das Übereinkommen vom 10. 9. 1964 betreffend die Entscheidungen über die Berichtigung von Einträgen in Personenstandsbüchern (Zivilstandsregistern)[6] verpflichtet einen Vertragsstaat, der einen Registereintrag berichtigt, zur Anordnung der Berichtigung desselben Fehlers in den Personenstandsregistern eines anderen Vertragsstaates. Zur Durchführung der Berichtigung ist der zuständigen Behörde des anderen Vertragsstaates eine Ausfertigung der Entscheidung zu übersenden (vgl. dazu § 48 Rdnr. 29).

3 BGBl. 1969 II S. 1585 (GS Nr. 296).
4 BGBl. 1961 II S. 1055, 107 (GS Nr. 203, 203a).
5 Zur Problematik der Versendung von Mitteilungen über gleichgeschlechtliche Ehen vgl. *Zimmermann*, StAZ 2018, 355.
6 BGBl. 1969 II S. 445 (GS Nr. 205).

4. Übereinkommen über die Angabe von Familiennamen und Vornamen in den Personenstandsbüchern

Das Übereinkommen vom 13.9.1973 über die Angabe von Familiennamen und Vornamen in den Personenstandsbüchern[7] verpflichtet das Standesamt zur Mitteilung an ausländische Behörden, wenn von diesen der Name ein und derselben Person mit verschiedenen Familiennamen oder Vornamen beurkundet worden ist. 21

5. Bilaterale Übereinkommen

a) Italien

Gemäß Art. 5 Abs. 4 des Haager Eheschließungsabkommens vom 12.6.1902[8], das nur noch zwischen Italien und Deutschland galt, waren gegenseitig Abschriften der Eheschließungsurkunden über Eheschließungen von Angehörigen des anderen Vertragsstaats vom Standesamt unmittelbar dem zuständigen Konsulat zu übersenden. Das Übereinkommen ist mit Ablauf des 1.6.2019 außer Kraft getreten[9]. 22

Durch die Deutsch-italienische Vereinbarung vom 31.5.1937 über die gegenseitige Mitteilung von Geburtsurkunden und die Bekanntmachung vom 23.12.1952 über die Wiederanwendung[10] ist der Austausch von Mitteilungen über die Geburt von Angehörigen des einen Staates im Gebiet des anderen Staates vereinbart worden. 23

b) Luxemburg

Nach dem Abkommen vom 3.6.1982 zwischen der Bundesrepublik Deutschland und dem Großherzogtum Luxemburg über den Verzicht auf die Beglaubigung und über den Austausch von Personenstandsurkunden sowie über die Beschaffung von Ehefähigkeitszeugnissen[11] sind bei folgenden Anlässen Personenstandsurkunden an die für das Standesamt örtlich zuständige konsularische Vertretung des Großherzogtums Luxemburg kostenfrei zu übersenden: Geburt eines Kindes eines Luxemburgers, Eheschließung und Tod eines Luxemburgers, Folgebeurkundungen zu den genannten Registerbeurkundungen. 24

c) Österreich

Nach dem Vertrag vom 18.11.1980 zwischen der Bundesrepublik Deutschland und der Republik Österreich über den Verzicht auf die Beglaubigung und über den Austausch von Personenstandsurkunden sowie über die Beschaf- 25

7 BGBl. 1976 II S. 1473 (GS Nr. 241).
8 RGBl. 1904 S. 221 (GS Nr. 210).
9 BGBl. 2017 II S. 1508.
10 Reichsministerialblatt S. 318; BGBl. 1952 II S. 968 (GS Nr. 203 I).
11 BGBl. 1983 II S. 698 (GS Nr. 203 L).

fung von Ehefähigkeitszeugnissen[12] sind bei folgenden Anlässen Personenstandsurkunden an die für das Standesamt örtlich zuständige konsularische Vertretung der Republik Österreich kostenfrei zu übersenden: Geburt eines Kindes eines österreichischen Staatsbürgers, Eheschließung und Tod eines österreichischen Staatsbürgers, Folgebeurkundungen zu den genannten Registerbeurkundungen.

d) Schweiz

26 Nach dem Abkommen vom 4.11.1985 zwischen der Bundesrepublik Deutschland und der Schweizerischen Eidgenossenschaft über den Verzicht auf die Beglaubigung und über den Austausch von Personenstandsurkunden/Zivilstandsurkunden sowie über die Beschaffung von Ehefähigkeitszeugnissen[13] sind bei folgenden Anlässen Personenstandsurkunden an die für das Standesamt örtlich zuständige konsularische Vertretung der Schweizerischen Eidgenossenschaft kostenfrei zu übersenden: Geburt eines Kindes eines Schweizer Bürgers, Eheschließung und Tod eines Schweizer Bürgers, Folgebeurkundungen zu den genannten Registerbeurkundungen.

e) Notenwechsel

27 Durch Notenwechsel ist mit folgenden Staaten ein Urkundenaustausch vereinbart: Dänemark (Sterbeurkunden)[14]; Zypern (Eheurkunden)[15].

12 BGBl. 1981 II S. 1050 (GS Nr. 203 A).
13 BGBl. 1988 II S. 126 (GS Nr. 203 CH).
14 GS Nr. 203 DK.
15 GS Nr. 203 CY.

§ 68a Rechte der betroffenen Person

(1) Das Auskunftsrecht nach Artikel 15 Absatz 1 und das Recht auf Erhalt einer Kopie nach Artikel 15 Absatz 3 der Verordnung (EU) 2016/679 des Europäischen Parlaments und des Rates vom 27. April 2016 zum Schutz natürlicher Personen bei der Verarbeitung personenbezogener Daten, zum freien Datenverkehr und zur Aufhebung der Richtlinie 95/46/EG (Datenschutz-Grundverordnung) (ABl. L 119 vom 4.5.2016, S. 1; L 314 vom 22.11.2016, S. 72; L 127 vom 23.5.2018, S. 2) in der jeweils geltenden Fassung werden dadurch gewährleistet, dass die betroffene Person nach § 62 Einsicht in das Personenstandsregister und in die zum Personenstandseintrag geführten Sammelakten nehmen sowie eine Auskunft aus dem Personenstandseintrag oder der Sammelakte erhalten kann. Soweit die Auskunft zu den verarbeiteten personenbezogenen Daten nach Artikel 15 Absatz 3 der Verordnung (EU) 2016/679 durch eine gebührenfreie Kopie des amtlichen Formulars einer Personenstandsurkunde erfolgt, ist dieses nicht vom Standesbeamten zu unterschreiben, zu siegeln oder zu beglaubigen. Das Recht auf Auskunft der betroffenen Person gemäß Artikel 15 Absatz 1 Buchstabe c der Verordnung (EU) 2016/679 ist beschränkt auf die Kategorien von Empfängern, gegenüber denen die im Personenstandsregister oder in den zum Registereintrag geführten Sammelakten enthaltenen personenbezogenen Daten offengelegt worden sind oder noch offengelegt werden.

(2) Hinsichtlich der in den Personenstandsregistern enthaltenen personenbezogenen Daten kann das Recht auf Berichtigung nach Artikel 16 der Verordnung (EU) 2016/679 nur unter den Voraussetzungen der §§ 47 bis 53 ausgeübt werden.

(3) Das Widerspruchsrecht gemäß Artikel 21 der Verordnung (EU) 2016/679 findet in Bezug auf die im Personenstandsregister beurkundeten Daten und die in den Sammelakten enthaltenen Dokumente keine Anwendung.

Übersicht (die Zahlen bedeuten Randnummern)

I. Regelungshintergrund

1 Die Verordnung (EU) 2016/679 zum Schutz natürlicher Personen bei der Verarbeitung personenbezogener Daten, zum freien Datenverkehr und zur Aufhebung der Richtlinie 95/46/EG (Datenschutzgrundverordnung) vom

27.4.2016[1] gilt nach ihrem Art. 99 Abs. 1 seit dem 25.5.2018 unmittelbar in allen Mitgliedstaaten der EU. Ziel der Verordnung ist es, ein gleichwertiges Schutzniveau für die Rechte und Freiheiten von natürlichen Personen bei der Datenverarbeitung in allen EU-Mitgliedstaaten sicherzustellen. Die durch die Verordnung den Mitgliedstaaten vorgegebenen Regelungsaufträge zwingen dazu, das nationale bereichsspezifische Datenschutzrecht auf Vereinbarkeit mit der Datenschutz-Grundverordnung abzugleichen und erforderlichenfalls anzupassen. Die im PStG getroffenen Datenschutzregelungen der §§ 62 ff. wurden einer solchen Prüfung im Rahmen des Gesetzgebungsverfahrens für ein Zweites Datenschutz-Anpassungs- und Umsetzungsgesetz EU – 2. DSAnpUG-EU unterzogen. Das Ergebnis war die Einfügung eines neuen § 68a »Rechte der betroffenen Personen« in das PStG durch Art. 17 2. DSAnpUG-EU[2].

II. Korrespondierende Datenschutzrechte nach der DSGVO-EU und dem PStG (Absatz 1)

1 Datenschutzrechte nach der DSGVO-EU

2 Nach Art. 15 Abs. 1 DSGVO-EU hat eine natürliche Person, deren Daten zur Verarbeitung in einem Dateisystem gespeichert werden, Anspruch auf Auskunft über die gespeicherten Daten mit umfangreichen Informationen über die Verarbeitungszwecke, die Empfänger, die Dauer der Speicherung, das Recht auf Berichtigung und Löschung der Daten sowie weitere Einzelheiten der Datenhaltung und Datenverarbeitung.

2. Benutzungsregelungen des PStG

3 Die im PStG getroffenen Datenschutzregelungen bleiben hinter den weitergehenden Auskunfts- und Informationsregelungen der DSGVO-EU zurück, weil eine in allen Punkten der DSGVO-EU entsprechende Umsetzung der Schutzregelungen nicht möglich ist: Um die Ordnungsaufgabe des Staates auf dem Gebiet des Personenstandswesens sicherzustellen, insbesondere das öffentliche Interesse an einer geordneten Beurkundung des Personenstandes der Bürger zu gewährleisten, sind die Rechte auf Auskunft, Erhalt einer Kopie und Berichtigung der Registerdaten nach der DSGVO-EU im Rahmen des 2. DSAnpUG-EU durch § 68a eingeschränkt worden.

4 Die personenstandsrechtlichen Schutzvorschriften der §§ 62 ff. über die Erteilung von Personenstandsurkunden aus dem Registereintrag, die Auskunft aus einem und die Einsicht in einen Registereintrag sowie die Durchsicht mehrerer Registereinträge und die entsprechende Verwendung der zu dem Registereintrag geführten Sammelakte garantieren den betroffenen Per-

1 ABl. EU L 119/1; Auszug abgedruckt in GS Nr. 288.
2 G vom 20.11.2019 (BGBl. I S. 1626).

sonen, Auskunft über die zu ihrer Person gespeicherten personenbezogenen Daten im Personenstandsregister oder in den dazu geführten Sammelakten zu erhalten, die Daten selbst einzusehen oder Kopien aus den Akten zu erhalten.

Die Benutzungsbeschränkungen mit Kategorien von Empfängern, gegenüber denen die personenstandsrechtlichen Daten einer Person offenzulegen sind, schließen eine missbräuchliche Benutzung aus, und zwar sowohl durch unberechtigte Privatpersonen oder juristische Personen, als auch in den besonderen Fällen zur Wahrung des Adoptionsgeheimnisses und bei Geschlechtsänderungen (§ 63 PStG) oder durch die Eintragung eines Sperrvermerks (§ 64 PStG). 5

Schließlich stellt die amtliche Begründung des 2. DSAnpUG-EU[3] klar, dass die Auskunft an die betroffene Person über konkrete Empfänger von Daten ihres Personenstandseintrags wegen des hohen Verwaltungsaufwands, den solche Mitteilungen bei jährlich mehreren Millionen Registerbenutzungen verursachen würden, nicht möglich ist. Insbesondere zur Vermeidung einer finanziellen und personellen Überforderung der die Standesämter tragenden Kommunen sei der Ausschluss erforderlich und durch Art. 23 Abs. 1 Buchst. e DSGVO-EU auch gedeckt. 6

III. Recht auf Berichtigung von Daten (Absatz 2)

Auch hinsichtlich des in Art. 16 DSGVO-EU verankerten Rechts der betroffenen Person auf Berichtigung unrichtiger personenbezogener Daten sind die im PStG (§§ 47 ff.) getroffenen Verfahren zur Berichtigung der Personenstandsregister maßgebend. Die in Art. 16 DSGVO-EU den Verantwortlichen aufgegebene »unverzügliche Berichtigung« scheidet daher für Personenstandsregister nach Art. 23 Abs. 1 Buchst. h DSGVO-EU aus. 7

IV. Kein Widerspruchsrecht (Absatz 3)

Die Schutzvorschrift in Art. 21 DSGVO-EU mit dem Recht betroffener Personen, der Verarbeitung von Daten über ihre Person zu widersprechen, kommt für den Bereich des Personenstandswesens ebenfalls nicht zur Anwendung. Die im öffentlichen Interesse liegenden Beurkundungen in den Personenstandsregistern und die mittels der Eintragungen möglichen Nachweise von Geburt, Eheschließung und Tod lassen ein Widerspruchsrecht des Einzelnen gegen die Datenverarbeitung nicht zu. Das Widerspruchsrecht war daher auf der Grundlage des Art. 23 Abs. 1 Buchst. j DSGVO-EU durch § 66a Abs. 3 auszuschließen. 8

3 BT-Drs. 19/4674 S. 228.

Kapitel 10 Zwangsmittel, Bußgeldvorschriften, Besonderheiten

§ 69 Erzwingung von Anzeigen

Wer auf Grund dieses Gesetzes zu Anzeigen oder zu sonstigen Handlungen verpflichtet ist, kann hierzu von dem Standesamt durch Festsetzung eines Zwangsgeldes angehalten werden. Das Zwangsgeld darf für den Einzelfall den Betrag von eintausend Euro nicht überschreiten; es ist vor der Festsetzung schriftlich anzudrohen.

Übersicht (die Zahlen bedeuten Randnummern)

I. Rechtsentwicklung

1 Bereits das PStG 1875 sah die Möglichkeit der Erzwingung von Anzeigen oder sonstigen im Zusammenhang mit der Beurkundungstätigkeit des Standesbeamten stehenden Handlungen durch Geldstrafe vor.

2 Das PStG 1937 führte den Begriff der »Erzwingungsstrafe« ein, der durch das 2. PStÄndG vom 18.5.1957 in Anlehnung an die Terminologie des Verwaltungszwangsverfahrens in »Zwangsgeld« geändert wurde.

3 Der Wortlaut des § 69 entspricht bis auf die Höhe des Betrages, der bei der Festsetzung des Zwangsgeldes nicht überschritten werden darf, dem des § 69 PStG a.F. Die bereits im Gesetzentwurf auf das Zehnfache des früheren Betrages erhöhte Obergrenze (500 Euro) wurde im Gesetzgebungsverfahren noch einmal verdoppelt (dazu Rdnr. 4).

II. Voraussetzungen und Festsetzung des Zwangsgeldes[1]

4 Wegen des persönlichen Interesses der Beteiligten an der Beurkundung des Personenstandsfalles ist die Bedeutung der Vorschrift jeher als gering eingestuft worden. Auch der frühere Höchstbetrag des Zwangsgeldes von nur fünfzig Euro ließ eher auf wenige Anwendungsfälle schließen[2]. Gleichwohl ist die Obergrenze in § 69 drastisch auf 1000 Euro erhöht worden, um dem Zwangsgeld im Anwendungsfall Wirkung zu verleihen[3].

1 Zum Zwangsgeldverfahren nach § 69 PStG vgl. *Hettich*, StAZ 2016, 321; *Berkl*, Rdnr. 377.
2 *Hepting/Gaaz* Bd. 1 § 69 Rdnr. 4.
3 BT-Drs. 16/3309 S. 12; abgedruckt in *Gaaz/Bornhofen* 2008 S. 504.

Gegenüber einem Mitglied einer diplomatischen Mission darf ein Zwangsgeld weder angedroht noch festgesetzt werden (Art. 29, 31 WÜD). Dagegen kann es gegen Angehörige einer konsularischen Vertretung, die Vorrechte und Befreiungen nur im Rahmen der Amtsimmunität genießen, angedroht und festgesetzt werden (Art. 41 WÜK). Nr. 69.2 PStG-VwV stellt dies für beide Fälle klar. 5

1. Die Durchsetzung der Anzeigepflichten

Zu den Anzeigepflichten gehört vornehmlich die Anzeige von Geburten und Sterbefällen innerhalb der durch die §§ 18 und 28 gesetzten Fristen. Dies gilt auch für einzelne Angaben, die im Rahmen der Anzeige zu machen sind. 6

Durch die Androhung oder Festsetzung eines Zwangsgeldes soll erreicht werden, dass der Verpflichtete ihm obliegende Anzeige- oder Auskunftspflichten erfüllt. Das Zwangsgeld ist somit ein Beugemittel zur Durchsetzung gesetzlicher Vorschriften und unterscheidet sich in seiner Zielsetzung von der Geldbuße, mit der z. B. Verstöße gegen Anzeigepflichten geahndet werden können (vgl. dazu § 70 Rdnr. 7 f.). Obwohl das Verwaltungsvollstreckungsgesetz des Bundes unmittelbar nur für Bundesbehörden gilt und die Länder eigene Verwaltungsvollstreckungsgesetze für die von ihnen wahrzunehmenden Aufgaben erlassen haben, kann der Bund im Sachzusammenhang mit einer in seiner Gesetzgebungszuständigkeit liegenden Materie Regelungen über das Verwaltungsverfahren treffen. Die Zwangsgeldvorschrift des § 69 ist eine solche Regelung. 7

2. Die Androhung

Nach § 69 Satz 2 Halbs. 2 ist das Zwangsgeld vor der Festsetzung schriftlich anzudrohen. Der Wortlaut ist klarer als der des § 69 PStG a. F., der als Soll-Vorschrift formuliert war, aber als zwingende Verfahrensanweisung verstanden werden wollte. Der verpflichteten Person muss eindeutig unter Angabe der rechtlichen Grundlage vermittelt werden, welche Handlung von ihr erwartet wird. Hierzu gehört auch die Festsetzung einer Frist, innerhalb der der Verpflichtete seiner Anzeige- oder Auskunftspflicht nachzukommen hat (Nr. 69.1.1 PStG-VwV). 8

Die Androhung ist ein Verwaltungsakt, der mit dem Widerspruch angefochten werden kann. Auf das Verfahren finden die Vorschriften der Verwaltungsgerichtsordnung (§§ 68 ff. VwGO) und die einschlägigen landesrechtlichen Regelungen Anwendung (Nr. 69.1.2 PStG-VwV)[4]. 9

Um den Zweck der Androhung, innerhalb angemessener Frist zu einer Beurkundung zu gelangen, nicht zu unterlaufen, entfaltet der Widerspruch keine aufschiebende Wirkung; dies folgt aus dem Vollstreckungsrecht der Länder. 10

4 Vgl. hierzu *Hettich*, StAZ 2016, 321, 322.

3. Die Festsetzung

11 Bleibt die Androhung ohne Erfolg, so erlässt das Standesamt nach Ablauf der festgesetzten Frist als weiteren Verwaltungsakt den Zwangsgeldbescheid. Die Festsetzung enthält die Mitteilung, dass das Zwangsgeld nunmehr fällig ist sowie die Ankündigung an den Verpflichteten, dass bei Ausbleiben der pflichtigen Handlung das Zwangsgeld beigetrieben wird. Die Festsetzung kann mit einer erneuten Androhung für den Fall verbunden werden, dass sich der Betroffene weiterhin weigert, seine Verpflichtung zu erfüllen.

12 Kommt der Betroffene auch nach Festsetzung des Zwangsgeldes seiner Verpflichtung nicht nach, so wird der festgesetzte Betrag einschließlich der entstandenen Kosten zur Zahlung fällig. Gegebenenfalls ist ein Beitreibungsverfahren einzuleiten, das sich nach den jeweiligen Vorschriften der Verwaltungsvollstreckungsgesetze der Länder richtet (Nr. 69.1.1 PStG-VwV).

13 Hat der Verpflichtete die ihm obliegende Anzeige erstattet oder die von ihm geforderte »sonstige Handlung« vorgenommen, so hat das Zwangsgeldverfahren als Beugemittel seinen Zweck erreicht. Ein Zwangsgeld darf dann nicht mehr festgesetzt, ein festgesetztes Zwangsgeld nicht mehr beigetrieben werden.

§70 Bußgeldvorschriften

(1) Ordnungswidrig handelt, wer entgegen §11 Absatz 2, auch in Verbindung mit §17 Satz 1, eine dort genannte Handlung begeht oder einen dort genannten Vertrag abschließt.

(2) Ordnungswidrig handelt, wer vorsätzlich oder fahrlässig

1. **als Person nach §19 Satz 1 Nummer 1 entgegen §18 Absatz 1 Satz 1 Nummer 1 oder Satz 2,**
2. **als Träger einer Einrichtung nach §20 Satz 1 entgegen §18 Absatz 1 Satz 1 Nummer 2 oder Satz 2,**
3. **entgegen §24 Abs. 1 Satz 1,**
4. **als Person nach §29 Abs. 1 Satz 1 Nr. 1 oder 2 entgegen §28 Nr. 1 oder**
5. **als Träger einer Einrichtung nach §30 Abs. 1 in Verbindung mit §20 Satz 1 entgegen §28 Nr. 2**

eine Anzeige nicht, nicht richtig, nicht vollständig, nicht in der vorgeschriebenen Weise oder nicht rechtzeitig erstattet.

(3) Die Ordnungswidrigkeit kann in den Fällen des Absatzes 1 mit einer Geldbuße bis zu fünftausend Euro und in den übrigen Fällen mit einer Geldbuße bis zu eintausend Euro geahndet werden.

Übersicht (die Zahlen bedeuten Randnummern)

I. Rechtsentwicklung

Bereits das PStG 1875 sah die Möglichkeit vor, die Nichterfüllung von Anzei- 1
gepflichten und sonstigen im Zusammenhang mit der Beurkundungstätigkeit des Standesbeamten stehenden Handlungen mit Geldstrafe zu ahnden.

Das PStG 1937 führte den Begriff der »Erzwingungsstrafe« ein. Durch das 2. 2
PStÄndG vom 18.5.1957 wurde im Zuge der allgemeinen Entkriminalisierung des Verwaltungsunrechts die Verletzung von Anzeigepflichten als Ordnungswidrigkeit eingestuft.

§70 Abs. 2 listet im Einzelnen die Verstöße gegen Anzeigepflichten auf, 3
die den Tatbestand einer Ordnungswidrigkeit erfüllen (dazu Rdnr. 7). Die Parallelvorschrift des §68 Abs. 1 PStG a.F. begnügte sich hingegen mit einer Angabe der die Anzeigepflichten beinhaltenden Regelungen, deren Nichtbeachtung eine Ordnungswidrigkeit darstellte.

4 Dem § 70 ist durch das 2. PStRÄndG ein neuer Absatz 1 vorangestellt worden. Dieser behandelt den Tatbestand einer weiteren Ordnungswidrigkeit: Wer in den Verbotsfällen des § 11 Abs. 2 an der Begründung einer der Ehe vergleichbaren Bindung mitwirkt, handelt ordnungswidrig (vgl. Rdnr. 6). Zwar geht der unveränderte Halbsatz »auch in Verbindung mit § 17 Satz 1« nach der Änderung des § 17, der nicht mehr die Begründung einer Lebenspartnerschaft behandelt, ins Leere, doch bleibt der Sinn erhalten: Auch eine der Begründung einer Lebenspartnerschaft vergleichbare Bindung führt zur Anwendung der Vorschrift.

5 § 70 Abs. 3 der Vorschriften sieht – entsprechend der früheren Regelung des § 68 Abs. 2 PStG a. F. – vor, dass Ordnungswidrigkeiten mit Geldbußen geahndet werden können und legt deren Höchstgrenzen fest (vgl. Rdnr. 9 ff.). § 70 verzichtet auf eine dem § 68 Abs. 3 PStG a. F. entsprechende Regelung, nach der im Falle des Verstoßes gegen die Anzeigepflicht von einer Geldbuße abzusehen ist, wenn die Anzeige anderweit rechtzeitig erstattet wird.

II. Die Ordnungswidrigkeiten im Einzelnen (Absatz 1 und 2)

a) Mitwirkung bei der Begründung einer Verbindung, die der Minderjährigen-Ehe oder -Lebenspartnerschaft vergleichbar ist (Absatz 1)

6 In § 11 sind die Verbote religiöser oder traditioneller Handlungen zur Begründung von mit der Ehe vergleichbarer Bindungen formuliert, bei denen einer der Partner das 18. Lebensjahr noch nicht vollendet hat (vgl. § 11 Rdnr. 10). Der Verstoß gegen eine solche Handlung ist nach § 70 Abs. 1 eine Ordnungswidrigkeit, die nach Absatz 3 mit einer Geldbuße bis zu fünftausend Euro geahndet werden kann. Der infrage kommende Personenkreis ist im Einzelnen in § 11 Abs. 2 Satz 3 Nr. 1 bis 4 benannt.

b) Verstoß gegen Anzeigepflichten (Absatz 2)

7 Eine Ordnungswidrigkeit kann nur den in § 70 Abs. 2 aufgeführten Personen und Einrichtungen zur Last gelegt werden, wenn diese zur Anzeige verpflichtet sind. In den §§ 19 und 29 Abs. 1 ist zwar jeweils eine bestimmte Reihenfolge weiterer zur Anzeige von Geburten und Sterbefällen Verpflichteten festgelegt. Diese besagt aber nur, dass die aufgeführten Personen oder Einrichtungen anzeigepflichtig sind. Kommen sie ihrer Pflicht nicht nach, kann ihnen als nachrangig Verpflichteten keine Ordnungswidrigkeit zur Last gelegt werden[1].

8 § 70 Abs. 2 zählt die einzelnen Anzeigepflichten auf, deren Verletzung den Tatbestand einer Ordnungswidrigkeit erfüllt. Die Fallgruppen der nicht ordnungsgemäßen Anzeige sind wie folgt beschrieben: Neben der völligen Unterlassung einer Anzeige ist zunächst die nicht richtige Anzeige ge-

1 Vgl. *Berkl*, Rdnr. 379.

nannt; sie liegt immer dann vor, wenn Angaben falsch sind (z.B. Angaben über den Zeitpunkt der Geburt). Auch nicht vollständige Angaben (z.B. fehlende Angaben über einen Elternteil) können den Tatbestand erfüllen. Gleiches gilt für eine Anzeige, die nicht in der vorgeschriebenen Weise erfolgt ist (z.B. schriftliche Übermittlung der Daten durch einen zur mündlichen Anzeige Verpflichteten). Schließlich ist noch die nicht rechtzeitige Anzeige genannt, die bei Nichtbeachtung der Anzeigefristen (§§18, 24 und 28) gegeben ist. Bis zur Änderung des §70 Abs.1 durch das PStRÄndG, nach der sowohl vorsätzliches als auch fahrlässiges Handeln geahndet werden kann, war nach §10 OWiG die Ahndung der jeweiligen Ordnungswidrigkeit nur bei vorsätzlichem Handeln möglich. Nach den Erfahrungen der standesamtlichen Praxis gehen Verstöße gegen die Anzeigepflicht aber meist auf fahrlässiges Handeln zurück. Um der Durchsetzung der gesetzlich vorgeschriebenen Anzeigepflichten Nachdruck zu verleihen, sei es – so die amtliche Begründung der Änderung – auch bei fahrlässigem Handeln erforderlich, eine Sanktionsmöglichkeit vorzusehen.

III. Ahndung mit Geldbuße (Absatz 3)

Das Standesamt hat den Sachverhalt, der den Verdacht einer Ordnungs- **9**
widrigkeit begründet, der zuständigen Verwaltungsbehörde, die nach §35 OWiG für die Verfolgung einer Ordnungswidrigkeit zuständig ist, mitzuteilen (Nr.70 PStG-VwV). Dies ist nach §36 OWiG die Verwaltungsbehörde, die durch Gesetz bestimmt ist[2], oder – falls es an einer solchen Bestimmung mangelt – die fachlich zuständige oberste Landesbehörde. Während bei Verstößen gegen die Anzeigepflicht wohl ausschließlich das Standesamt für die Mitteilung an die Verwaltungsbehörde in Betracht kommt, ist bei einem Verstoß gegen das Verbot der Begründung einer Bindung nach §11 Abs.2 eine allgemeine Anzeigebefugnis gegenüber der Verwaltungsbehörde gegeben, die sowohl öffentliche Stellen als auch Privatpersonen umfasst.

Nach §47 Abs.1 OWiG liegt die Verfolgung von Ordnungswidrigkeiten im **10**
pflichtgemäßen Ermessen der Verfolgungsbehörde (Opportunitätsgrundsatz). Diese ist also nicht stets verpflichtet, ein Bußgeldverfahren einzuleiten und durchzuführen, sondern entscheidet hierüber nach Zweckmäßigkeitsgesichtspunkten. Die Geldbuße beträgt nach §17 Abs.1 OWiG i.V.m. §70 Abs.3 mindestens fünf und höchstens eintausend Euro im Fall des Verstoßes gegen die Anzeigepflicht (vgl. Rdnr.7) und höchstens fünftausend Euro bei Mitwirkung an der Begründung einer der Minderjährigen-Ehe oder -Lebenspartnerschaft vergleichbaren Bindung (vgl. Rdnr. 6).

2 Z.B. in Nordrhein-Westfalen die Kreise als untere staatliche Verwaltungsbehörde und die kreisfreien Städte auf Grund von §3 Abs.3 Personenstandsverordnung NRW (PStVO NRW) vom 16.12.2008 (GV. S. 859, 879; GS Nr. 10 NW).

11 Die Verwaltungsbehörde kann bei geringfügigen Ordnungswidrigkeiten gemäß § 56 OWiG als milderes Mittel auch eine Verwarnung – ggf. verbunden mit einem Verwarnungsgeld (fünf bis fünfundfünfzig Euro) – aussprechen oder das Verfahren einstellen; die Verwarnung mit Verwarnungsgeld setzt die Zustimmung des Betroffenen voraus.

§71 Personenstandsbücher aus Grenzgebieten

Die aus Anlass des deutsch-belgischen Vertrags vom 24. September 1956 (BGBl. 1958 II S. 262, 353) und auf Grund des deutsch-niederländischen Ausgleichsvertrags vom 8. April 1960 (BGBl. 1963 II S. 458, 1078) übergebenen Personenstandsbücher stehen Personenstandsregistern im Sinne dieses Gesetzes gleich. Soweit lediglich beglaubigte Abschriften übergeben worden sind, stehen diese einem Eintrag in einem Personenstandsregister gleich.

Übersicht (die Zahlen bedeuten Randnummern)

I. Rechtsentwicklung

1 §71 entspricht wörtlich dem §69e PStG a.F. Die dort getroffenen Regelungen über Personenstandsbücher aus eingegliederten Grenzgebieten sind auf Grund der Ermächtigung in §73 Nr. 21 mit Ausführungsvorschriften über die abweichungsbedingten Besonderheiten versehen worden (vgl. Rdnr. 5).

II. Verträge mit Belgien und den Niederlanden

2 Sowohl aus Anlass des deutsch-belgischen Vertrages vom 24.9.1956 als auch auf Grund des deutsch-niederländischen Ausgleichsvertrags vom 8.4.1960 sind deutschen Behörden Personenstandsbücher übergeben worden, die in der Zeit der belgischen und niederländischen Auftragsverwaltung nach ausländischen Rechtsvorschriften geführt worden sind.

3 Für die Fortführung dieser Personenstandsbücher wie auch für die Ausstellung beweiskräftiger Personenstandsurkunden aus ihnen ist nach §71 Satz 1 auch künftig eine Gleichstellung mit den Personenstandsregistern im Sinne des PStG vorgeschrieben. Somit finden für die Fortführung und die Benutzung dieser Personenstandsbücher die in §76 getroffenen Übergangsvorschriften Anwendung (vgl. §76 Rdnr. 1ff.).

4 §71 Satz 2 behandelt die Fälle, in denen lediglich beglaubigte Abschriften übergeben worden sind, während sich die Register weiter in den belgischen oder niederländischen Gemeinden befinden.

5 Nach §73 Nr. 21 können die Besonderheiten der übernommenen Personenstandsbücher und beglaubigten Abschriften, die darauf beruhen, dass Zweitbücher nicht vorhanden sind oder Einträge von den im inländischen Recht vorgesehenen Einträgen abweichen, durch Rechtsverordnung geregelt werden. §73 PStV bestimmt auf dieser Grundlage, dass die Vorschriften der PStV auch für die aus Grenzgebieten übernommenen Personenstandsbücher gelten, und Angaben nach den §§15, 21 und 31 PStG, die in diesen Einträgen nicht enthalten sind, keiner Berichtigung oder Ergänzung bedürfen.

§ 72 Erhebung von Gebühren und Auslagen

Für Amtshandlungen nach diesem Gesetz und nach den auf diesem Gesetz beruhenden Rechtsvorschriften werden von demjenigen, der die Amtshandlung veranlasst oder, wenn ein solcher nicht vorhanden ist, von demjenigen, zu dessen Gunsten sie vorgenommen wird, Gebühren und Auslagen nach Maßgabe von Landesrecht erhoben.
(weggefallen)

Übersicht (die Zahlen bedeuten Randnummern)

Rechtsentwicklung

1 Bereits das PStG 1875 sah die Erhebung von Gebühren für die Einsicht in die Standesregister und die Ausstellung beglaubigter Auszüge aus den Registern vor.

2 Das PStG 1937 verlagerte die Gebührentarife in die Ausführungsvorschriften. Durch das 2. PStÄndG vom 18.5.1957 (BGBl. I S. 518) wurden auf der Grundlage einer speziellen Ermächtigung für die Erhebung von Gebühren neue Kostenregelungen getroffen.

3 § 72 begründete – weitgehend wortgleich mit § 70b Abs. 1 PStG a. F. – die Kostenpflicht für Amtshandlungen des Standesamts (dazu Rdnr. 4) mit dem Zusatz, dass Gebühren und Auslagen nach Landesrecht erhoben werden. Bis zu dieser Neuregelung galt kostenrechtlich auf der Grundlage des § 70b Abs. 2 PStG a. F. die bundeseinheitliche Gebühren- und Auslagenregelung der §§ 67 und 68 PStV a. F. mit detaillierter Gebührentabelle in § 68 Abs. 1 PStV a. F. Die Gebührenregelung des Regierungsentwurfs hatte noch wörtlich der des früheren Rechts entsprochen. Auf Vorschlag des Bundesrates, der durch die Gegenäußerung der Bundesregierung nur eine klarstellende Änderung erfuhr, empfahl der BT-Innenausschuss die in das Gesetz aufgenommene Fassung. Er schloss sich – wie zuvor schon die Bundesregierung – der Auffassung des Bundesrates an, dass die Modalitäten der Kostenerhebung einschließlich der Festsetzung der kostenpflichtigen Tatbestände sowie der Tarife durch Landesrecht geregelt werden sollten, weil die Aufgaben im Personenstandsbereich ausnahmslos unter Länderverantwortung durch die Kommunen wahrgenommen werden[1].

4 § 72 ist durch durch Art. 2 Abs. 14 des Gesetzes zur Strukturreform des Gebührenrechts des Bundes vom 7.8.2013 (BGBl. I S. 3154) mit Wirkung vom 15.8.2013 aufgehoben worden. Die Länder könnten – so die amtliche Begrün-

1 Vgl. BT-Drs. 16/1831 S. 53, 67, 76; BT-Drs. 16/3309 S. 5, 12; abgedruckt in *Gaaz/Bornhofen* 2008 S. 462, 479, 490, 498, 504.

dung des Gesetzes – im Rahmen ihres Verwaltungsvollzugs gemäß Art. 84 Abs. 1 Satz 1 GG die Gebührenerhebung selbst regeln. Die Regelung des §72 sei somit nicht erforderlich und aufzuheben. Zur Kostenbefreiung nach bundesrechtlichen und landesrechtlichen Vorschriften sowie auf Grund internationaler Übereinkommen vgl. §56 Rdnr. 22 ff.

Kapitel 11 Verordnungsermächtigungen

§ 73 Ermächtigungen zum Erlass von Rechtsverordnungen

Das Bundesministerium des Innern wird ermächtigt, im Benehmen mit dem Bundesministerium der Justiz und für Verbraucherschutz und mit Zustimmung des Bundesrates zur Durchführung dieses Gesetzes Rechtsverordnungen zu erlassen über

1. **die Führung, Fortführung, Benutzung und Aufbewahrung der von deutschen Standesbeamten errichteten Personenstandsregister, Personenstandsbücher und Standesregister sowie die Führung und Fortführung der Sicherungsregister, Zweitbücher und standesamtlichen Nebenregister,**
2. **die Führung, Fortführung, Benutzung und Aufbewahrung der von deutschen Konsularbeamten errichteten Personenstandseinträge,**
3. **die Anforderungen an elektronische Verfahren**
   a) **zur Führung der Personenstandsregister und Sicherungsregister sowie die Aufbewahrung dieser Register einschließlich der Anforderungen an Anlagen und Programme sowie deren Sicherung (§§ 3, 4),**
   b) **mittels derer die Identität der Person, die die Eintragung vorgenommen hat, erkennbar ist (§ 3 Abs. 2 Satz 3),**
4. **den Aufbau und die Darstellung der elektronischen Register am Bildschirm und die Formulare für die Personenstandsurkunden (§§ 3 bis 5, 55),**
5. **die Ausstellung von Personenstandsurkunden durch ein anderes als das registerführende Standesamt (§ 55 Abs. 2, § 56 Abs. 4),**
6. **die technischen Verfahren zur Neubeurkundung nach Verlust eines Registers (§ 8),**
7. **die Führung der Sammelakten (§ 6),**
8. **die Mitteilungen an Behörden und sonstige öffentliche Stellen auf Grund von Rechtsvorschriften, insbesondere die Bezeichnung der empfangenden Stelle sowie die im Einzelnen zu übermittelnden Angaben und das Verfahren der Übermittlung,**
9. **die Übertragung von besonderen Aufgaben auf das Standesamt I in Berlin, die sich daraus ergeben, dass diesem im Rahmen der ihm durch dieses Gesetz übertragenen Zuständigkeiten Mitteilungen oder Erklärungen über Vorgänge zugehen, die in einem Personenstandsregister zu beurkunden wären, sowie die Organisation und Nutzung der nach diesem Gesetz beim Standesamt I in Berlin zu führenden Verzeichnisse, insbesondere im Rahmen der Zusammenarbeit mit den Standesämtern,**
10. **die Anmeldung der Eheschließung, die Eheschließung und die Umwandlung der Lebenspartnerschaft in eine Ehe sowie die Erteilung einer Bescheinigung hierüber,**
11. **die Anzeige einer Geburt oder eines Sterbefalls,**
12. **die Erteilung von Personenstandsurkunden sowie einer Bescheinigung über die Entgegennahme einer namensrechtlichen Erklärung,**

13. die Beurkundung von Personenstandsfällen, bei denen besondere Umstände zu berücksichtigen sind, weil sie sich in der Luft, auf Binnenschiffen, in Landfahrzeugen oder in Bergwerken ereignet haben oder einzelne Angaben für die Beurkundung fehlen oder urkundlich nicht belegt werden können,
14. die Beurkundung von Personenstandsfällen, falls eine Person beteiligt ist, die taub oder stumm oder sonst am Sprechen gehindert ist, die die deutsche Sprache nicht versteht oder nicht schreiben kann,
15. die Beurkundung der Sterbefälle von Angehörigen der ehemaligen deutschen Wehrmacht sowie das Verfahren zur Beurkundung von Sterbefällen in ehemaligen deutschen Konzentrationslagern (§ 38),
16. weitere Angaben zum Familienstand des Verstorbenen sowie zum Ort und Zeitpunkt des Todes im Sterbeeintrag (§ 31 Absatz 1 Nummer 2 und 4) und in der Sterbeurkunde (§ 60 Nummer 2 und 4),
17. die Eintragung der Staatsangehörigkeit in die Personenstandsregister,
18. die Begriffsbestimmungen für tot geborene Kinder und Fehlgeburten,
19. die Angabe von Namen, wenn Vor- und Familiennamen nicht geführt werden,
20. die Bezeichnung der Behörden und sonstigen öffentlichen Stellen, die nach gesetzlichen Vorschriften dem Standesamt eine Mitteilung zur Fortführung der Personenstandsregister zu machen haben, sowie die jeweils zu übermittelnden Angaben,
21. die Besonderheiten für die in § 71 genannten Personenstandsbücher und beglaubigten Abschriften, die darauf beruhen, dass Zweitbücher nicht vorhanden sind oder Einträge von den im inländischen Recht vorgesehenen Einträgen abweichen,
22. die Führung der Sammlung der Todeserklärungen, die damit zusammenhängenden Mitteilungspflichten und die Benutzung dieser Sammlung (§ 33),
23. die elektronische Erfassung und Fortführung der Übergangsbeurkundungen (§ 75) und Altregister (§ 76),
24. die Benutzung der als Heiratseinträge fortgeführten Familienbücher (§ 77).

Übersicht (die Zahlen bedeuten Randnummern)

I. Rechtsentwicklung

1 Bereits das PStG 1875 ermächtigte zum Erlass von Ausführungsvorschriften durch den Bundesrat und die Landesregierungen.

2 Das PStG 1937 übertrug in § 70 den Reichsministern der Justiz und des Innern die Befugnis, die zur Durchführung erforderlichen Rechts- und Verwaltungsvorschriften zu erlassen.

3 Durch das 2. PStÄndG vom 18.5.1957 (BGBl. I S. 518) wurde das Bundesministerium des Innern ermächtigt, im Benehmen mit dem Bundesministerium der Justiz und mit Zustimmung des Bundesrates Rechtsverordnungen zur Durchführung des PStG zu erlassen (§ 70 PStG a. F.). Die Ermächtigungsgrundlage in § 73 hat an der Regelungskompetenz nichts geändert. Die in 26 Nummern gemäß Art. 80 Abs. 1 GG mit Inhalt, Zweck und Ausmaß formulierten Ermächtigungen finden ihre sachlichen Wurzeln in den einzelnen Kapiteln des PStG, meist bezogen auf die jeweiligen Einzelnormen.

4 Die Ermächtigungen für die allgemeinen Beurkundungsregelungen waren mehrheitlich bereits im früheren Recht enthalten (dazu Rdnr. 6 ff.). Wegen der Verpflichtung zur elektronischen Registerführung betreffen weitere Ermächtigungsnormen die technischen Anforderungen an die neuen Verfahren (dazu Rdnr. 10 f.).

5 Zur Vorbereitung der Rechtsverordnungen war in Art. 5 Abs. 1 PStRG das Inkrafttreten des § 73 vorgezogen auf den Tag nach der Verkündung des Gesetzes festgelegt worden[1]. Die Verordnung zur Ausführung des Personenstandsgesetzes (Personenstandsverordnung – PStV) vom 22.11.2008 konnte hierdurch zusammen mit dem PStG am 1.1.2009 in Kraft treten.

II. Die Ermächtigungsgrundlagen im Einzelnen

1. Allgemeine Ausführungsvorschriften

6 Bei den allgemeinen Ausführungsvorschriften sind sowohl aus dem früheren Recht bekannte als auch neue Ermächtigungen anzutreffen: So ist § 73 Nr. 1 – wie früher § 70 Nr. 1 PStG a. F. – »Generalklausel« zum Erlass zahlreicher Vorschriften über die Führung, Fortführung, Benutzung und Aufbewahrung der Personenstandsregister (insbesondere §§ 1 bis 8, 15 bis 26 PStV)[2].

7 Andere Ermächtigungen betreffen Regelungen, die früher »nur« den Rang einer Verwaltungsvorschrift (DA) hatten, nach ihrem Regelungsinhalt aber allgemeinverbindlicher Anordnung bedurften; z. B. die Ermächtigung in § 73 Nr. 16 zum Erlass von Ausführungsvorschriften über weitere Angaben zum

1 Tag nach der Verkündung: 24.2.2007.
2 *Hepting/Gaaz* Bd. 1 § 70 Rdnr. 19.

Ort und Zeitpunkt des Todes im Sterbeeintrag und in der Sterbeurkunde, jetzt geregelt in § 40 PStV.

Auch die auf Grund der Ermächtigungen in § 73 Nr. 8 und 20 erlassenen Durchführungsbestimmungen zu Mitteilungspflichten der Standesämter und anderer Behörden konnten sich – zumindest teilweise – an vorhandenen Regelungen orientieren. So waren die nunmehr auf Grund der Ermächtigung des § 73 Nr. 8 in den §§ 57 bis 64 PStV bezeichnenden Mitteilungen des Standesamts an Behörden und sonstige öffentliche Stellen von Amts wegen (vgl. § 68 Rdnr. 4 ff.) früher zusammengefasst der DA zu entnehmen[3]. Schwieriger war die nach § 73 Nr. 20 vorzunehmende Auflistung der Behörden und sonstigen öffentlichen Stellen, die dem Standesamt von Amts wegen Mitteilungen zur Fortführung der Personenstandsregister zu machen haben. Diese jetzt in § 56 PStV zusammengefassten Mitteilungspflichten waren früher teils verstreut in der DA, teils aber auch – bereichsspezifisch – in anderen Vorschriften[4] zu finden. 8

Des Weiteren sind in § 73 Nr. 23 Ermächtigungen zum Erlass von Durchführungsvorschriften enthalten, welche die Übergangsregelungen der §§ 75 und 76 betreffen. Die hierzu erlassenen Ausführungsvorschriften in den §§ 65 bis 69 PStV regeln insbesondere Fragen der Beurkundungen in der Übergangszeit sowie der Überführung der Alt- und Übergangsregister in elektronische Register sowie deren Fortführung. 9

2. Technische Ausführungsvorschriften

Die Ermächtigungen zum Erlass technischer Ausführungsvorschriften sind in Nr. 3 bis 9, 20 und 23 formuliert, wobei die Nr. 8, 9 und 20 teils auch Grundlage zum Erlass allgemeiner Regelungen sind. 10

In den technischen Durchführungsvorschriften sind insbesondere Regelungen getroffen über die elektronische Registerführung sowie die technischen Anforderungen an Anlagen und Programme (§§ 9 bis 14 PStV), die Darstellung der Register (§ 19 PStV), die Datenübermittlung (§ 63 PStV) und die amtlichen Vordrucke (§§ 48 ff. PStV; Anlagen 2 bis 13 zur PStV). 11

3. Regelungssynopse

In der folgenden Übersicht sind den Ermächtigungsgrundlagen des § 73 die jeweiligen Paragraphen der Personenstandsverordnung zugeordnet; Überschneidungen von Grundlagen und Regelungen führen vereinzelt zu Mehrfachnennungen: 12

3 DA, Erster Teil, Zwölfter Abschnitt »Mitteilungspflichten« (§§ 97 ff.).
4 Z. B. in der MiZi.

§ 73	PStV
Nr. 1	§§ 1 bis 8, 15 bis 26, 42, 48, 50 bis 55, 65, 66, 68, 70, 74
Nr. 2	§ 71
Nr. 3a	§ 9 bis 14
Nr. 3b	§ 11
Nr. 4	§ 19
Nr. 5	§ 63
Nr. 6	§ 24
Nr. 7	§ 22
Nr. 8	§§ 47, 57 bis 64
Nr. 9	§§ 27, 72
Nr. 10	§§ 28 bis 30
Nr. 11	§§ 31 bis 41

§ 73	PStV
Nr. 12	§§ 46, 48, 50, 51, 51a, 53, 54, 70
Nr. 13	§§ 32, 37
Nr. 14	§ 3
Nr. 15	§§ 43, 44
Nr. 16	§ 40
Nr. 17	§§ 8, 34
Nr. 18	§ 31
Nr. 19	§ 45
Nr. 20	§ 56
Nr. 21	§ 73
Nr. 22	§ 41
Nr. 23	§ 69
Nr. 24	§ 67

§ 74 Rechtsverordnungen der Landesregierungen

(1) Die Landesregierungen werden ermächtigt, durch Rechtsverordnung

1. **die Bestellung der Standesbeamten und die fachlichen Anforderungen an diese Personen zu regeln,**
2. **die Aufbewahrung der Zweitbücher und Sicherungsregister zu regeln,**
3. **ein zentrales elektronisches Personenstandsregister einzurichten und nähere Bestimmungen zu dessen Führung zu treffen,**
4. **die Aufbewahrung der Sammelakten zu regeln,**
5. **die elektronische Erfassung und Fortführung der Übergangsbeurkundungen (§ 75) und Altregister (§ 76) zu regeln,**
6. **das zuständige Amtsgericht zu bestimmen, wenn im Falle des § 50 Abs. 1 am Ort des Landgerichts mehrere Amtsgerichte ihren Sitz haben,**
7. **zu bestimmen, dass auch anderen als den auf Grund des § 73 Nr. 8 bezeichneten öffentlichen Stellen Angaben mitzuteilen sind, die diese zur Erfüllung ihrer Aufgaben benötigen.**

(2) Die Landesregierungen können durch Rechtsverordnung die Ermächtigungen nach Absatz 1 auf oberste Landesbehörden übertragen.

Übersicht (die Zahlen bedeuten Randnummern)

I. Rechtsentwicklung

Bereits nach früherem Recht (§ 70a PStG a. F.) waren die Länder ermächtigt, bestimmte personenstandsrechtliche Regelungen selbst zu treffen. Wegen des Übergangs der Organisation der standesamtlichen Aufgaben auf die Länder (vgl. § 2 Rdnr. 6 ff.), des Fortfalls des Familienbuchs (vgl. § 3 Rdnr. 6) und der erweiterten Berichtigungsbefugnis des Standesamts (vgl. § 48 Rdnr. 26) ist der Inhalt der Ermächtigungen im neuen Recht geändert. 1

Vergleichbar sind nur noch die jeweiligen Ermächtigungen zur Bestellung der Standesbeamten in § 70a Abs. 1 Nr. 1 PStG a. F. und § 74 Abs. 1 Nr. 1. Dass in der neuen Regelung der Widerruf der Bestellung nicht mehr ausdrücklich genannt ist, hat keinen rechtlichen Hintergrund. Seine Nennung schien verzichtbar, weil die Ermächtigung zur Bestellung den Widerruf mit einschließt (vgl. § 2 Rdnr. 7). 2

3 Die Landesregierungen können die Ermächtigungen durch Rechtsverordnung den obersten Landesbehörden übertragen.

4 § 74 war – wie § 73 – bereits vorgezogen am 24. 2. 2007 in Kraft getreten, um ausreichend Zeit zum Erlass der Ausführungsvorschriften einzuräumen (vgl. § 73 Rdnr. 5).

II. Die Ermächtigungsgrundlagen im Einzelnen[1]

1. Bestellung der Standesbeamten; fachliche Anforderungen

5 Die nach § 74 Abs. 1 Nr. 1 erlassenen Ausführungsvorschriften der Länder orientieren sich weitgehend an den früher für die Bestellung der Standesbeamten und ihre fachliche Eignung getroffenen Regelungen, insbesondere hinsichtlich der Befugnis zur Bestellung, der Form und Dauer der Bestellung sowie der Anforderungen an die Ausbildung. Durch Rechtsverordnung nach § 74 Abs. 2 kann die Ermächtigung zum Erlass der Ausführungsvorschriften von den Landesregierungen auf oberste Landesbehörden übertragen werden.

2. Aufbewahrung der Zweitbücher und Sicherungsregister

6 Nach § 74 Abs. 1 Nr. 2 können die Länder Ausführungsvorschriften über die Aufbewahrung der Sicherungsregister und Zweitbücher erlassen. Die Länder haben durch unterschiedliche Aufbewahrungsvorschriften von der Ermächtigung Gebrauch gemacht. So werden z. B. in Baden-Württemberg die am Ende des Jahres 2008 abgeschlossenen Zweitbücher bei den unteren Fachaufsichtsbehörden aufbewahrt, hingegen verbleiben die nicht in elektronischer Form geführten Sicherungsregister räumlich von den Personenstandsregistern getrennt beim Standesamt[2]. Anders in Niedersachsen, wo Zweitbücher und Sicherungsregister, die nicht elektronisch geführt werden, bei der zuständigen Verwaltungsbehörde aufbewahrt werden; die elektronischen Sicherungsregister verbleiben bei den Gemeinden, die mit der Aufbewahrung auch Dritte beauftragen können[3]. Durch Rechtsverordnung nach § 74 Abs. 2 kann die Ermächtigung zum Erlass der Ausführungsvorschriften von den Landesregierungen auf oberste Landesbehörden übertragen werden.

3. Einrichtung eines zentralen Registers

7 Durch Rechtsverordnung nach § 74 Abs. 1 Nr. 3 kann ein Land ein zentrales Register nach § 67 einrichten (vgl. § 67 Rdnr. 3 ff.). Die landesrechtlichen Vor-

1 Die Ausführungsvorschriften der Länder, die von den Ermächtigungsgrundlagen Gebrauch gemacht haben, sind abgedruckt in GS Nr. 10.

2 § 8 der Verordnung des Innenministeriums Baden-Württemberg zur Durchführung des Personenstandsgesetzes (PStGDVO) i. d. F. vom 10. 6. 2013 (GBl. S. 209; GS Nr. 10 BW).

3 § 7 der Niedersächsischen Verordnung zur Ausführung des Personenstandsgesetzes (Nds. AVO PStG) vom 11. 12. 2008 (GVBl. S. 413; GS Nr. 10 NI).

schriften über die Führung dieses Registers sind an die Vorgaben des neuen Rechts gebunden (vgl. § 67 Rdnr. 11). Durch Rechtsverordnung nach § 74 Abs. 2 kann die Ermächtigung zum Erlass der Ausführungsvorschriften von den Landesregierungen auf oberste Landesbehörden übertragen werden.

4. Aufbewahrung der Sammelakten

§ 22 PStV gewährt den Ländern Raum für die Festlegung des Speichermediums der Sammelakten, indem mehrere zulässige Verfahren benannt werden: elektronisches Register, Mikrofilm oder ein anderes vergleichbar sicheres Medium. Auf der Grundlage der Ermächtigung in § 74 Abs. 1 Nr. 4 haben die Länder die Möglichkeit, eines oder mehrere dieser Verfahren vorzuschreiben. Durch Rechtsverordnung nach § 74 Abs. 2 kann die Ermächtigung zum Erlass der Ausführungsvorschriften von den Landesregierungen auf oberste Landesbehörden übertragen werden. 8

5. Elektronische Erfassung der Altregister

Die Ermächtigung in § 74 Abs. 1 Nr. 5 korrespondiert mit der in § 73 Nr. 23. Da beide Ermächtigungen inhaltsgleich sind, bleibt für landesrechtliche Regelungen nur der nicht von bundesrechtlichen Regelungen ausgefüllte Raum. Gegenstand beider Ermächtigungen sind Regelungen über die Erfassung der bis zum 1. 1. 2009 angelegten Personenstandsbücher und der bis zum 1. 1. 2014 vorgenommenen Übergangsbeurkundungen in elektronischen Registern und deren Fortführung (vgl. § 73 Rdnr. 9). Die Begründung zu der vom BT-Innenausschuss aufgegriffenen Anregung des Bundesrates zur Einfügung der Ermächtigung offenbart noch ein anderes Motiv: Durch landesrechtliche Vorschriften soll aus wirtschaftlichen Gründen eine elektronische Rückerfassung nur dann ermöglicht werden, »wenn ein ausreichend umfangreicher Datenbestand vorhanden ist«[4]. Durch Rechtsverordnung nach § 74 Abs. 2 kann die Ermächtigung zum Erlass der Ausführungsvorschriften von den Landesregierungen auf oberste Landesbehörden übertragen werden. 9

6. Zuständiges Amtsgericht

Nach § 74 Abs. 1 Nr. 6 bedarf es einer Bestimmung des zuständigen Amtsgerichts, wenn nach der Zuständigkeitsregelung des § 50 Abs. 1 mehrere Amtsgerichte am Ort des Landgerichts ihren Sitz haben (vgl. § 50 Rdnr. 6). Durch Rechtsverordnung nach § 74 Abs. 2 kann die Ermächtigung zum Erlass der Ausführungsvorschriften von den Landesregierungen auf oberste Landesbehörden übertragen werden. Entsprechende Zuständigkeitsregelungen der Länder waren bereits unter der Geltung des früheren Rechts (§ 50 Abs. 1 Satz 3 und 4 PStG a. F.) durch die Landesregierungen oder die von diesen ermächtigten Landesjustizverwaltungen erlassen worden. 10

4 BT-Drs. 16/1831 S. 68; BT-Drs. 16/3309 S. 12; abgedruckt in *Gaaz/Bornhofen* 2008 S. 480, 505.

7. Landesrechtliche Mitteilungen

11 Nach § 74 Abs. 1 Nr. 7 sind die Landesregierungen ermächtigt, öffentlichen Stellen zu bestimmen, die nach landesrechtlichen Regelungen zur Erfüllung ihrer Aufgaben eine Mitteilung des Standesamts von Amts wegen benötigen (vgl. § 68 Rdnr. 4 ff.). Durch Rechtsverordnung nach § 74 Abs. 2 kann die Ermächtigung zum Erlass entsprechender Ausführungsvorschriften von den Landesregierungen auf oberste Landesbehörden übertragen werden. Eine Zusammenstellung der Mitteilungen des Standesamts gegenüber Behörden und sonstigen öffentlichen Stellen auf Grund bundesrechtlicher Vorschriften ist den §§ 57 bis 61 PStV zu entnehmen; diese Regelung gründet auf der Ermächtigung des § 73 Nr. 8.

Kapitel 12 Übergangsvorschriften

§ 75 Übergangsbeurkundung

Die zwischen dem 1. Januar 2009 und dem 31. Dezember 2013 in einem Papierregister beurkundeten Personenstandseinträge (Übergangsbeurkundungen) können in elektronische Register übernommen werden; in diesem Fall gelten die §§ 3 bis 5 entsprechend.

Übersicht (die Zahlen bedeuten Randnummern)

I. Übergangsbeurkundung in einem Papierregister

Nach § 75 konnten Standesämter für eine Übergangsfrist, die am 31.12.2013 endete, weiter auf Papier beurkunden, ohne dass hierfür besondere Gründe vorliegen mussten. Gedacht war dabei insbesondere an solche Standesämter, die nicht gleich über die für eine Umstellung notwendige personelle und finanzielle Ausstattung verfügten. 1

1. Anforderungen an die Register

Da für die Übergangsbeurkundungen nach § 75 keine abweichenden Regelungen getroffen worden waren, fanden gleich die neuen Beurkundungsregelungen Anwendung. Für den Inhalt der Eintragungen waren mithin die §§ 3 f., 15, 21 und 31 maßgebend; für die Fortführung gelten die §§ 5, 16, 27 und 32. Ursprüngliche Überlegungen, für die Papierbeurkundungen bis zum Ablauf der Übergangsfrist weiter die Anwendung des früheren Rechts vorzusehen oder zumindest zuzulassen, waren wegen der Unvereinbarkeit der alten und neuen Beurkundungsstrukturen wieder aufgegeben worden[1]. 2

1 Dem Vorschlag des Bundesrates, Übergangsbeurkundungen auch nach Maßgabe der vor dem Inkrafttreten des PStG 2007 geltenden Vorschriften zuzulassen, hatte die Bundesregierung unter Hinweis auf Schwierigkeiten bei der Parallelgeltung von altem und neuem Recht widersprochen. Vgl. BT-Drs. 16/1831 S. 68, 77; abgedruckt in *Gaaz/Bornhofen* 2008 S. 480, 491.

a) Formulare

3 Regelungen zu den Formularen der Übergangsbeurkundungen waren auf der Grundlage der Ermächtigung des § 73 Nr. 23 a. F. in § 65 Abs. 1 Satz 1 PStV getroffen. Diese Vorschrift legte fest, dass die Personenstandsfälle auf Formularen nach den Mustern der Anlagen 2 bis 5 der PStV im Format DIN A4 zu beurkunden waren. Die Formulare entsprechen in ihrem Aufbau der Darstellung von elektronischen Registereinträgen auf dem Bildschirm.

4 § 65 Abs. 1 Satz 2 PStV räumte die Möglichkeit ein, die Formulare dem Beurkundungssachverhalt anzupassen und programmgerecht einzurichten. Die Parallelregelung für den elektronischen Registereintrag dazu findet sich in § 19 PStV. Die amtliche Begründung zu § 19 PStV, was unter »Anpassung an den Sachverhalt« und »programmgerechte Einrichtung« zu verstehen ist, ist karg ausgefallen: Davon ausgehend, dass die Festlegung der Formulare und Darstellung am Bildschirm die Einheitlichkeit und Wiedererkennbarkeit der Registereinträge sicherstellen sollen, dürfe eine geringfügige Abweichung nur dann erfolgen, »wenn im Einzelfall die vorgeschriebene Darstellung technisch nicht vollständig umsetzbar ist.« Als Beispiele für Anpassungen sind die Formulare nach den Anlagen 3 (Lebenspartnerschaftsregister) und 5 (Sterberegister) genannt, deren Leittexte »den geschlechtsspezifischen Gegebenheiten der die Lebenspartnerschaft begründenden Personen und des Hinterbliebenen anzupassen sind.«[2]

5 Für die Sicherungsregister (§ 75 Satz 2 a. F.) schrieb § 65 Abs. 1 Satz 3 PStV vor, die Formulare mit der zusätzlichen Angabe »Sicherungsregister« zu versehen. Außerdem war ein Vermerk aufzunehmen, mit dem die Übereinstimmung mit dem jeweiligen Eintrag im Personenstandsregister zu beglaubigen war.

b) Papier und Schreibmittel

6 Die erforderliche Regelung zur Papierqualität des Registereintrags und zu den Anforderungen an Schreibmittel und Drucker, die verwendet werden durften, waren in § 65 Abs. 1 Satz 2 Halbs. 2. PStV nur dem Hinweis »§ 48 Abs. 4 gilt entsprechend« zu entnehmen.

7 § 48 Abs. 4 Satz 1 PStV schreibt für die Personenstandsurkunden allgemein vor, dass das zu verwendende Papier mindestens den Qualitätsanforderungen nach DIN 19307 – ASM 80 entsprechen muss. Die amtliche Begründung stellt klar, dass es sich bei der vorgegebenen Qualität um eine Mindestanforderung handelt und Standesämter daher nicht gehindert waren, für die Übergangsbeurkundungen stärkeres Papier zu verwenden.

8 Die Qualitätsanforderungen der zulässigen Schreibmittel sind in § 48 Abs. 4 Satz 2 PStV beschrieben: Sie müssen eine ständige Lesbarkeit sowie eine höchstmögliche Sicherheit gegen Fälschungsversuche gewährleisten.

2 BR-Drs. 713/08 (PStV) S. 92.

Nach Nr. 75.1.1 PStG-VwV war bei der Auswahl der Materialien (Papier, Farbbänder, Schreibmittel, Stempelfarbe usw.) darauf zu achten, dass die Personenstandsregister unbegrenzt aufzubewahren sind und dauerhaft lesbar sein müssen.

Die für die Herstellung der Registereinträge zulässigen Drucker mussten nach §48 Abs. 4 Satz 3 PStV die Eignung für den Notariatsbereich besitzen. Diese ist immer dann gegeben, wenn der Drucker mit einem entsprechenden Zertifikat der Papiertechnischen Stiftung im Sinne von §29 Abs. 2 der Dienstordnung für Notare (DONot) versehen ist. 9

2. Die Führung der Übergangsregister

a) Beurkundung im Haupteintrag

Der Haupteintrag erfolgte auf dem Registerformular (vgl. Rdnr. 3), deren Sammlung – meist in Lose-Blatt-Form – das Papierregister bildet (Nr. 75.2.1 PStG-VwV). 10

In Nr. 75.1.3 bis 75.1.7 und 75.2.2 PStG-VwV sind weitere technische Beurkundungsregelungen über die Unterzeichnung der Einträge, die Eintragung von Hinweisen, die Änderung und Berichtigung der Einträge vor und nach ihrem Abschluss, Sonderfälle der Beurkundung und den Abschluss der Register für jedes Jahr getroffen. 11

b) Folgebeurkundungen und Hinweise

Regelungen zu den Folgebeurkundungen und Hinweisen sind in §65 Abs. 2 PStV getroffen. Sie beschränken sich, da für den Inhalt der Fortführungen in den Übergangsregistern die allgemeinen Beurkundungsregelungen gelten, auf Hinweise zu ihrem formularmäßigen Standort: Folgebeurkundungen und Hinweiseintragungen können auf der Rückseite des Formulars erfolgen. Wird die Vorderseite gewählt, so sind Folgebeurkundungen am Rande, Hinweise unterhalb des Haupteintrags einzutragen. 12

c) Personenstandsurkunden

Für die Ausstellung von Personenstandsurkunden aus den Übergangsbeurkundungen gelten nach §70 PStV die allgemeinen Vorschriften des §55 und der §§48ff. PStV (vgl. §55 Rdnr. 9ff.). An Stelle des »beglaubigten Registerausdrucks« nach §55 Abs. 1 Nr. 1 wird jedoch nach §70 Abs. 1 Satz 2 PStV aus praktischen Gründen eine »beglaubigte Abschrift« erteilt. §70 Abs. 2 PStV regelt an sich Selbstverständliches, indem er die Ausstellung von Personenstandsurkunden aus Übergangsbeurkundungen untersagt, wenn die Einträge nach §69 PStV in elektronische Register übernommen worden sind. 13

II. Überführung der Übergangsbeurkundungen in elektronische Register

14 Nach der Umstellung auf elektronische Registerführung hat das Standesamt – ohne hierfür an eine Frist gebunden zu sein – nach § 75 die Wahl, ob es die in der Übergangszeit angelegten Papierbücher weiterführt oder den Inhalt der Einträge in elektronische Register nach Maßgabe des § 3 übernimmt[3].

15 Für die Sicherungsregister wurde in § 75 Satz 2 a. F., eingefügt durch das PStRÄndG, auf § 4 verwiesen. Damit war klargestellt, was bereits vorher unterstellt und praktiziert wurde: Auch für die Übergangsbeurkundungen sind Sicherungsregister zu führen, für die im Falle der Übernahme der Übergangsbeurkundungen in elektronische Register die allgemeinen Übernahmeregelungen Anwendung finden.

16 In § 69 PStV und Nr. 75.3.1 bis Nr. 75.3.3 PStG-VwV sind nähere Vorschriften zum Verfahren der elektronischen Nacherfassung sowohl für Übergangsbeurkundungen als auch für die Einträge in den Altregistern getroffen. Für beide im Detail unterschiedlichen Nacherfassungsarten gilt nach § 69 Abs. 1 PStV, dass der personenstandsrechtliche Verlauf nachvollziehbar sein muss. Es ist mithin nicht etwa zulässig, nur den Stand am Tag der Nacherfassung zu dokumentieren (vgl. § 76 Rdnr. 24). Jedoch sind nach Nr. 75.3.3 PStG-VwV etwaige Berichtigungen, die vor Abschluss der Eintragung vorgenommen worden sind, gleich zu berücksichtigen. Weitere Berichtigungen sind in einer Folgebeurkundung anzugeben. Ein Grund dafür, dass nicht alle Berichtigungen berücksichtigt werden können, wie dies bei Neubeurkundung nach Registerverlust möglich ist (vgl. § 8 Rdnr. 35), erschließt sich nicht.

17 Sind die Daten des Übergangsregisters auch elektronisch erfasst worden, so spricht bei einer späteren Überführung der Daten in ein elektronisches Personenstandsregister nichts dagegen, im Sinne eines vereinfachten Verfahrens diesen Datenbestand in das elektronische Register zu übertragen. Voraussetzung hierfür ist allerdings, dass ein vorheriger Abgleich mit den Daten des Übergangsregisters erfolgt.

18 Nach § 69 Abs. 2 PStV sind das Beurkundungsdatum und der Name des Standesbeamten aus dem ursprünglichen Eintrag zu übernehmen; dies gilt auch für etwaige Folgebeurkundungen. Hierdurch soll aus dem elektronischen Registereintrag erkennbar bleiben, welcher Standesbeamte für die inhaltliche Richtigkeit der Beurkundung verantwortlich war.

19 Die Frage, welchen Status die in elektronische Personenstandsregister überführten Papierregister besitzen, beantwortet § 69 Abs. 5 PStV dahin, »dass sie wie Sammelakten zu behandeln sind«.

3 BT-Drs. 16/1831 S. 37, 54; abgedruckt in *Gaaz/Bornhofen* 2008 S. 439, 463.

Durch die Neufassungen der Ermächtigungsnorm des §74 Abs. 1 Nr. 5 im Rahmen des PStRÄndG und des 2. PStRÄndG, die sich ausdrücklich auf §75 beziehen, ist den Ländern die Möglichkeit eingeräumt, bei Bedarf weitere Ausführungsvorschriften zum Verfahren der nachträglichen elektronischen Erfassung und Fortführung von Übergangsbeurkundungen zu erlassen. 20

§ 76 Fortführung, Benutzung und Aufbewahrung der Altregister

(1) Altregister sind die bis zum 31. Dezember 2008 angelegten Personenstandsbücher sowie die seit dem 1. Januar 1876 geführten Standesregister und standesamtlichen Nebenregister und die davor geführten Zivilstandsregister (Standesbücher). Für ihre Fortführung und Beweiskraft gelten die §§ 5, 16, 17, 27, 32 und 54 entsprechend, die Folgebeurkundungen sind von dem Standesbeamten zu unterschreiben.

(2) Für die Fortführung der Zweitbücher gilt § 4 Absatz 2 entsprechend mit der Maßgabe, dass Hinweise nicht einzutragen sind.

(3) Für die Benutzung der Altregister und der dazu geführten Sammelakten gelten die §§ 61 bis 66 entsprechend.

(4) Für die Aufbewahrung und das Anbieten der Altregister, der Zweitbücher und der Sammelakten gegenüber den Archiven gilt § 7 Absatz 1 und 3 entsprechend.

(5) Die Altregister können innerhalb der in § 5 Absatz 5 genannten Fristen elektronisch erfasst und fortgeführt werden; in diesem Fall gelten die §§ 3 bis 5 entsprechend.

Übersicht (die Zahlen bedeuten Randnummern)

I. Begriffsbestimmung, Fortführung und Beweiskraft der Altregister (Absatz 1); Zweitbücher (Absatz 2)

1. Begriffsbestimmung (Absatz 1 Satz 1)

Absatz 1 Satz 1 stellt zunächst klar, welche Register von dem Begriff »Altregister« erfasst werden. Bereits vor der Definition durch das 2. PStRÄndG wurden hierunter alle Register seit der Einführung der staatlichen Personenstandsbuchführung durch das PStG 1875 verstanden[1]. Durch das Inkrafttreten des PStG 2007 am 1.1.2009 ist für zu diesem Zeitpunkt abgeschlossene Personenstandseinträge keine Änderung eingetreten. Sie sind unverändert in den Personenstandsbüchern verblieben, falls nicht von der Möglichkeit der elektronischen Erfassung nach § 76 Abs. 5 Gebrauch gemacht worden ist (vgl. Rdnr. 22 ff.). Gleiches gilt für die bis zu diesem Zeitpunkt aufgenommenen Randvermerke und Hinweise. Sollte ein Eintrag – worüber gelegentlich berichtet wurde – nicht ordnungsgemäß durch die Unterschrift des beurkundenden Standesbeamten abgeschlossen worden sein, so setzt die Fortführung eine Neubeurkundung oder ein Nachholen der fehlenden Unterschrift voraus (zur Diskussion über diese Möglichkeiten vgl. § 8 Rdnr. 18). 1

2. Fortführung und Beweiskraft (Absatz 1 Satz 2)

a) Folgebeurkundungen[2]

Für die Fortführung der Altregister verweist § 76 auf die entsprechenden Vorschriften zu den neuen Registern, nämlich auf die §§ 16 und 17 für das Heiratsbuch und das Lebenspartnerschaftsbuch, auf § 27 für das Geburtenbuch und auf § 32 für das Sterbebuch. Auf die Ausführungen bei den einschlägigen Paragraphen wird verwiesen. 2

Bei Fortführung der Papiereinträge ist der Forderung nach unbegrenzter Aufbewahrung und dauernder Lesbarkeit durch Einsatz geeigneter Schreibmittel – wie in Nr. 75.1.1 und 75.1.2 PStG-VwV für Übergangsbeurkundungen vorgeschrieben – Rechnung zu tragen. 3

In § 66 PStV sind technische Regelungen darüber getroffen, an welcher Stelle des Eintrags Folgebeurkundungen anzubringen sind: Folgebeurkundungen sind nach § 66 Abs. 1 PStV am Rande des Eintrags vorzunehmen. Handelt es sich um Personenstandseinträge, die vor dem 3.10.1990 im Beitrittsgebiet auf einem Formular DIN A5 quer angelegt worden sind, so erfolgt die Folgebeurkundung nach § 66 Abs. 2 PStV auf der Rückseite des Formulars. Schließlich bestimmt § 66 Abs. 3 PStV, dass die Fortführung auf Allongen vorzunehmen ist, wenn der in den amtlichen Vordrucken vorgesehene Raum für die Folgebeurkundung nicht ausreicht. Diese sind fest mit dem jeweiligen Eintrag zu verbinden; die Verbindungsstelle ist mit dem Siegel des Standes- 4

1 Vgl. dazu OLG Hamm, StAZ 2012, 338.
2 Zur Form der Folgebeurkundungen in Altregistern vgl. *Kraus*, StAZ 2010, 311.

amts zu sichern. Nr. 76.1.2 PStG-VwV geht davon aus, dass auch die Folgebeurkundungen in den Altregistern entsprechend § 17 PStV nummeriert werden, wobei vor dem 1.1.2009 eingetragene Randvermerke bei der Nummernfolge zu berücksichtigen sind. Die Folgebeurkundungen sind nach § 76 Abs. 1 Satz 2 von dem Standesbeamten zu unterschreiben; mit der Unterschrift wird die Eintragung zur Urkunde[3].

5 Wie bereits unter dem früheren Recht, so ist nach Nr. 76.1.1 PStG-VwV für den Fall einer Doppelbeurkundung desselben Personenstandsfalls beim Standesamt I in Berlin und einem anderen deutschen Standesamt die gegenseitige Unterrichtung, ein Abgleich beider Einträge und ggf. eine Berichtigung vorgeschrieben.

6 Von der Fortführungspflicht der Altregister sind grundsätzlich die Angaben ausgenommen, die das neue Recht nicht mehr vorsieht. Für diese Angaben, denen nur ein die Person erläuternder Status zukommt (z. B. Beruf, akademischer Grad), steht dem Standesamt nach Nr. 47.1.2 PStG-VwV die alleinige Berichtigungsbefugnis zu. Voraussetzung der Berichtigung ist, dass die betreffende Angabe von Anfang an unrichtig war. Da das neue Recht die Angabe nicht mehr vorsieht (vgl. dazu § 1 Rdnr. 30), entfällt sie ersatzlos, wird mithin nicht etwa durch die zutreffende Angabe ersetzt. Wird z. B. festgestellt, dass in einem Heiratseintrag für den Ehemann der akademische Grad »Dr. med.« und als Beruf »Arzt« eingetragen ist und stellt sich heraus, dass beide Angaben nicht zutreffen, so ist hierüber ein Löschungsvermerk aufzunehmen; die Eintragung der tatsächlichen Berufsangabe unterbleibt, da das neue Recht sie nicht mehr vorsieht. Der allgemeine Grundsatz der Urkundenwahrheit fordert die Löschung solcher Angaben, da andernfalls durch eine beglaubigte Abschrift oder bei Einsicht in den Eintrag ein falscher Schein gesetzt würde.

7 Personenstandseinträge in Altregistern, die nicht mehr die Eigenschaft eines Personenstandsbuchs besitzen (früheres Heiratsbuch), unterliegen an sich nicht mehr der Fortführungspflicht, doch kann auch in diesen Fällen eine Kennzeichnung der Unrichtigkeit, die allerdings keine Berichtigung im personenstandsrechtlichen Sinne ist, sinnvoll sein. Dies gilt insbesondere für Eintragungen in einem als Heiratseintrag fortgeführten Familienbuch, die nicht im Inland geborene Kinder der Ehegatten betreffen, weil für diese Kinder ein Nachweis der Geburt in Form einer beglaubigten Abschrift aus dem Familienbuch erteilt werden kann (vgl. dazu § 77 Rdnr. 19). Eine Sonderstellung nehmen die in den früheren Heiratsbüchern enthaltenen Einträge über Eheschließungen ein, die vor einer ermächtigten Person nach dem bis zum 31. 8. 1986 geltenden § 15a EheG geschlossen worden sind. Da es zu diesen nicht fortzuführenden Einträgen ein als Eheeintrag fortzuführendes Familienbuch nicht gibt, sind im Hinblick auf die aus diesen Einträgen zu er-

3 Zu den Anforderungen an die Unterschrift des Standesbeamten vgl. *Johansson/Sachse* Rdnr. 254 ff.

teilenden beglaubigten Abschriften (vgl. §57 Rdnr. 31) Folgebeurkundungen über Berichtigungen aufzunehmen (Nr. 16.1.2 PStG-VwV; früher §18 Abs. 3 PStV a. F.).

b) Hinweise

Hinweise zu einem Altregister sind nach §66 Abs. 1 PStV unterhalb des Eintrags vorzunehmen. Entsprechendes gilt nach §66 Abs. 2 PStV auch für Hinweise zu Personenstandseinträgen, die im Beitrittsgebiet im Format DIN A5 quer angelegt worden sind; sie werden auf der Vorderseite unterhalb der Beurkundung eingetragen oder in die Folgebeurkundung einbezogen. Bei Platzmangel im Eintrag erfolgt die Fortführung wie bei Folgebeurkundungen nach §66 Abs. 3 PStV auf Allongen. Die Übertragung der Hinweise in das Zweitbuch erfolgt nicht mehr (vgl. Rdnr. 12). **8**

Die grundsätzliche Pflicht zur entsprechenden Anwendung der Vorschriften des neuen Rechts wirft die Frage auf, ob auch eine Nacherfassung solcher Angaben zu erfolgen hat, die das frühere Recht nicht vorsah. Dies betrifft vornehmlich die Hinweise zum Geburtenbuch, weil – anders als früher – in den Hinweisteil des neuen Geburtenregisters weit mehr Daten aufgenommen werden, z. B. jede Ehe oder Lebenspartnerschaft und deren Auflösung sowie die Geburtsdaten aller Kinder der beurkundeten Person. Angesichts des hohen Aufwandes, der mit einer Nacherfassung der fehlenden Angaben verbunden gewesen wäre, bestimmt §66 Abs. 1 Satz 2 PStV, dass eine Nacherhebung fehlender Daten nicht erforderlich ist. Es besteht mithin nur eine Eintragungspflicht, wenn sich die Angabe aus einer Folgebeurkundung ergibt oder dem Standesamt anderweit bekannt geworden ist. Nachforschungen zu solchen »Althinweisen« sind jedenfalls nicht erforderlich. **9**

c) Beweiskraft

Der Hinweis in §76 Abs. 1 Satz 2 auf §54 stellt klar, dass auch die Altregister bis zum Ablauf ihrer Führungsfristen die hohe Beweiskraft personenstandsrechtlicher Beurkundungen besitzen. **10**

3. Zweitbücher (Absatz 2)

§76 Abs. 2 stellt mit seiner Verpflichtung zur Fortführung der Zweitbücher entsprechend §4 Abs. 2 Satz 2 – an sich selbstverständlich – klar, dass die Zweitbücher wie die Sicherungsregister an Aktualisierungen des Personenstandseintrags (vgl. Rdnr. 2 ff.) teilhaben. **11**

Da nach dem früheren Recht die Hinweise weitgehend von dem Fortführungsgebot der Zweitbücher ausgenommen waren, fragt sich, warum das neue Recht diese Regelung nicht für die Sicherungsregister beibehalten hat. Dies erklärt sich damit, dass den Hinweisen insbesondere im Geburtenregister wegen der ihnen zugedachten Verknüpfungen zu anderen Registereinträgen größere Bedeutung als früher zukommt. Für den Fall des Verlustes **12** des Personenstandsregisters ist daher der vollständige Hinweisteil des Sicherungsregisters als Grundlage für die Rekonstruktion an sich unverzichtbar. Bei Altregistern wird der Hinweisteil, weil die fehlenden Angaben nicht zu ermitteln und nachzutragen sind (vgl. Rdnr. 9), allerdings meist lückenhaft sein. Wegen des mit der Fortführungsverpflichtung verbundenen hohen Aufwandes gab es zu Recht kritische Stimmen, die eine Änderung der Regelung für Altregister einforderten[4]. Diesen wurde mit der durch das PStRÄndG aufgenommenen Maßgabe in Absatz 3 (nach der Neufassung des § 76 durch das 2. PStRÄndG nunmehr Absatz 2), nach der Hinweise nicht einzutragen sind, Rechnung getragen. Dem weitergehenden Wunsch des Bundesrates, dabei auch klarzustellen, dass bisher nicht eingetragene Hinweise keiner Nacherfassung bedürfen, ist der Gesetzgeber allerdings nicht nachgekommen[5]. Das Fehlen einer ausdrücklichen gesetzlichen Grundlage sollte aber nicht als Verpflichtung zur Nacherfassung verstanden werden.

II. Benutzung der Altregister (Absatz 3)

1. Allgemeines zur Benutzung

13 Nach § 76 Abs. 3 gelten für die Benutzung der Altregister und der dazu geführten Sammelakten die §§ 61 bis 66 entsprechend.

2. Ausstellung von Personenstandsurkunden

a) Allgemeines zur Ausstellung

14 Was die Ausstellung von Personenstandsurkunden aus den Altregistern anlangt, so gelten – ohne dass es hierfür einer besonderen Verweisung bedarf – die Regelungen für die Erteilung von Urkunden aus den Personenstandsregistern (§§ 55 bis 60) entsprechend; die Benutzungsregelung in § 76 Abs. 3 mit ihrer Verweisung auf die §§ 61 bis 66 schließt diese mit ein. Wird im Zusammenhang mit den Altregistern der Begriff »Personenstandsurkunde« verwendet, sind mithin ausschließlich die in § 55 Abs. 1 genannten Urkunden gemeint. Die in § 70 Abs. 1 i. V. m. § 48 PStV für die Erteilung von Urkunden aus den Altregistern getroffenen Ausführungsvorschriften stellen dies klar. Es sind danach auch für die Erteilung von Personenstandsurkunden aus Altregistern die neuen Urkundenvordrucke nach den Mustern der Anlagen 2 bis 9 der PStV zu verwenden. In diese Personenstandsurkunden werden – wie Nr. 76.2.6 PStG-VwV vorschreibt – die für die Unterscheidung in elektronischen Verfahren verwendeten Kurzbezeichnungen »E«, »G«, »L« und »S« nicht aufgenommen. Zu weiteren Besonderheiten vgl. § 56 Rdnr. 18 f.,

4 Vgl. *Meireis,* StAZ 2009, 229 mit der weitergehenden Frage, ob man nicht nur die Zweitbücher, sondern die Altregister insgesamt von den Hinweisen über die Kinder in den Geburtseinträgen ihrer Eltern entlasten sollte.

5 Vgl. BT-Drs. 17/10489, S. 57, 73.

§57 Rdnr. 26 ff. zur Eheurkunde, §59 Rdnr. 26 ff. zur Geburtsurkunde und §60 Rdnr. 18 ff. zur Sterbeurkunde.

Alle Personenstandsurkunden werden nach §48 Abs. 1 PStV grundsätzlich im Format DIN A4 ausgestellt. Die Formulare nach den Mustern der Anlagen 6 bis 9 (Heirats-, Lebenspartnerschafts-, Geburts- und Sterbeurkunde) können auch, da sie oft für Urkundensammlungen (Stammbuch der Familie) Verwendung finden, in einem kleineren Format hergestellt werden. In diesem Zusammenhang weist Nr. 76.2.5 PStG-VwV darauf hin, dass die Ausstellung von Personenstandsurkunden in Familienstammbüchern auf darin enthaltenen Vordrucken des früheren Rechts nicht zulässig ist. 15

b) Besonderheit bei Heiratseinträgen

Bei den zu Heiratseinträgen umgewidmeten Familienbüchern ist aufgrund der Sonderregelung in §77 Abs. 3 zu beachten, dass aus ihnen zum Nachweis der Eheschließung nur Eheurkunden erteilt werden dürfen (vgl. §77 Rdnr. 15 ff.). 16

§76 Abs. 2 Satz 2 a.F. verpflichtete das Standesamt, vor der Benutzung eines Heiratseintrags zu prüfen, ob der Eintrag zuvor der Fortführung bedarf. Wegen der früheren Aufgabenteilung zwischen Heiratseintrag als Momentaufnahme der Eheschließung und Familienbuch als Fortführungsregister erfolgte eine Fortschreibung der Daten nur im Familienbuch. Ging dem das (alte) Heiratsbuch führenden Standesamt eine Mitteilung über einen Fortführungsanlass zu oder wurde die Benutzung des Heiratseintrags beantragt, so hatte es zunächst das zum neuen Heiratseintrag umgewidmete Familienbuch anzufordern, sofern dieses sich noch bei dem unzuständig gewordenen Standesamt befand. Die Rückführungsaktion musste nach §77 Abs. 2 a.F. bis spätestens zum 31.12.2013 abgeschlossen sein. Vor einer Benutzung ist zu prüfen, ob Angaben fortzuschreiben sind. Eine Fortführung der Angaben im (alten) Heiratseintrag erfolgt dann nicht mehr. Ist das Familienbuch in Verlust geraten, sieht §68 PStV aber eine Aktualisierung und Fortführung des Heiratseintrags vor; wegen dieser besonderen Funktion genießt das an sich verzichtbare Heiratsbuch Bestandsschutz. In diesem Zusammenhang wird darauf hingewiesen, dass sich im Heiratsbuch auch Einträge befinden können, zu denen es kein Familienbuch gibt und die nur bei Berichtigungen fortgeführt werden (Eheschließungen nach §15a EheG; vgl. Rdnr. 7). 17

c) Beglaubigte Abschriften

Nr. 76.2.1 PStG-VwV schreibt vor, dass aus einem Altregister anstelle von Registerausdrucken beglaubigte Abschriften auszustellen sind. Diese sollen im Sinne eines vereinfachten Verfahrens möglichst durch Ablichtung hergestellt werden. Die Regelung schreibt weiter vor, dass bei Benutzung von Vordrucken nur solche zulässig sind, die dem Wortlaut des Registereintrags entsprechen. Vor Abschluss der Eintragung vorgenommene Berichtigungen oder später berichtigte offensichtliche Schreibfehler (§47 Abs. 1) sind in diesem 18

Fall bereits in die Urkunde einzuarbeiten. Nr. 76.2.2 bis 76.2.6 PStG-VwV sind weitere bei der Erteilung einer beglaubigten Abschrift zu beachtende Besonderheiten zu entnehmen.

III. Aufbewahrung und elektronische Führung der Altregister (Absatz 4 und 5)

1. Aufbewahrung der Altregister (Absatz 4)

a) Aufbewahrung im Standesamt

19 Mit dem Inkrafttreten des PStG 2007 haben sich die Fortführungsgrundsätze und die Anlässe der Aktualisierung teils nur redaktionell, teils aber auch wesentlich geändert: Durch die allgemeine, für alle Register geltende Regelung des § 5 ist zunächst – wenn auch mit geänderter Bezeichnung – Bekanntes aus dem früheren Recht festgeschrieben worden. Die Einträge sind durch Folgebeurkundungen (früher: Randvermerke) und Hinweise von dem für die Führung des Personenstandsregisters zuständigen Standesamt fortzuführen.

20 Neu sind die in § 5 Abs. 5 vorgesehenen Fristen für die Fortführung. Für den Teil der Altregister, deren Fortführungsfristen bereits abgelaufen waren, trat am Tage des Inkrafttretens des PStG 2007 eine Qualitätsänderung mit grundlegenden Folgen ein: Diese Personenstandsbücher waren ab sofort »nur« noch Archivgut mit den sich aus § 61 ergebenden Folgen (vgl. § 61 Rdnr. 14 ff.); Personenstandsurkunden durften aus ihnen nicht mehr erteilt werden.

b) Übernahme durch Archive

21 § 76 Abs. 4 sieht für die Aufbewahrung und Anbietung aller Altregister gegenüber den Archiven die entsprechende Anwendung des § 7 Abs. 1 und 3 vor. Dies bedeutet, dass auch die Altregister – räumlich getrennt nach Erst- und Zweitbüchern – dauernd und sicher aufzubewahren sind. Nach Ablauf der Fortführungsfristen (§ 5 Abs. 5) sind sie zusammen mit den dazugehörigen Sammelakten den zuständigen öffentlichen Archiven zur Übernahme anzubieten (vgl. § 7 Rdnr. 9 ff.). Für die nach dem früheren Recht dauernd aufzubewahrenden Sicherungsregister (Zweitbücher) und Sammelakten endet künftig nach § 7 Abs. 2 Satz 2 die Pflicht zur Aufbewahrung mit dem Ablauf der Fortführungsfrist des jeweiligen Registers; mithin für das Eheregister und das Lebenspartnerschaftsregister nach 80 Jahren, für das Geburtenregister nach 110 Jahren und für das Sterberegister nach 30 Jahren (80 Jahre für Sterberegister des Sonderstandesamts in Bad Arolsen); vgl. dazu § 7 Rdnr. 8.

2. Übernahme in elektronische Personenstandsregister (Absatz 5)

22 § 76 Abs. 5 Halbs. 1 eröffnet für die Altregister die Möglichkeit der Erfassung und Fortführung in elektronischen Registern. Seit dem Inkrafttreten des

PStG 2007 am 1.1.2009 hat das Standesamt – ohne hierfür an eine Frist gebunden zu sein – mithin die Wahl, ob es die Altregister auf Papier weiterführt oder den Inhalt der Einträge in elektronische Register nach Maßgabe des §3 übernimmt[6].

Da nach §76 Abs.5 Halbs.2 die §§3 bis 5 entsprechend gelten, fragt sich für den Fall der Übernahme des Erstbuchs in ein elektronisches Register, ob auch zwingend das Zweitbuch in ein solches Register zu überführen ist, oder die Regelung mit dem Verweis auf §4 lediglich die bloße Pflicht zur Führung eines Zweitbuchs begründet. Das Zusammenspiel von §76 Abs.5 Halbs.2 mit §69 Abs.5 Satz 2 PStV kann nur dahin verstanden werden, dass in diesem Fall das elektronische Zweitregister obligatorisch ist. Denn §69 Abs.5 Satz 2 PStV schreibt die Vernichtung des Zweitbuchs für den Fall vor, dass der gesamte Band des Altregisters (Erstbuchs) nacherfasst worden ist. Überlegungen, das Papier-Zweitbuch in dieser Form bei der aufbewahrenden Stelle zu belassen und damit ein »Mischverfahren«, bestehend aus einem elektronischen (Alt) Register und einem Zweitbuch auf Papier zu ermöglichen, sind mithin nicht aufgegriffen worden. 23

In §69 PStV (Nr.76.3 i.V.m. Nr.75.3 PStG-VwV) sind nähere Vorschriften zum Verfahren der elektronischen Nacherfassung sowohl für Übergangsbeurkundungen als auch für die Einträge in den Altregistern getroffen. Für beide im Detail unterschiedlichen Nacherfassungsarten gilt nach §69 Abs.1 PStV, dass der personenstandsrechtliche Verlauf nachvollziehbar sein muss. Es ist mithin nicht etwa zulässig, nur den Stand am Tag der Nacherfassung zu dokumentieren. Die Regelung wurde durch das PStRÄndG erweitert und präzisiert. So stellt §69 Abs.1 Satz 1 PStV jetzt klar, dass die nacherfassten Registereinträge nach den Mustern der Anlagen 2 bis 5 PStV zu erstellen sind; Angaben in den Altregistern, die in den neuen Registereinträgen nicht vorgesehen sind, entfallen somit. Etwaige Berichtigungen, die vor Abschluss der Eintragung vorgenommen worden sind, werden nach Nr.75.3.3 PStG-VwV gleich berücksichtigt. Zur Angabe der Religionszugehörigkeit regelt Nr.76.3.2 PStG-VwV, dass diese auch dann aufzunehmen ist, wenn sie bei einer Neubeurkundung nicht mehr berücksichtigt werden könnte, weil die genannte Religionsgemeinschaft nicht den Status einer Körperschaft des öffentlichen Rechts besitzt (vgl. dazu §56 Rdnr.19). Weitere Besonderheiten der Übertragung bei Angaben zum Beruf, bei akademischen Graden und mit Großbuchstaben wiedergegebenen Umlauten sowie des Buchstabens »ß« sind Nr.76.3.3 und Nr.76.3.4 PStG-VwV zu entnehmen. Um auch ältere familienrechtliche Vorgänge urkundlich weiter beweisen zu können, sollen die Wirkungen der Randvermerke nachvollziehbar dokumentiert werden. Hierbei ist es unvermeidbar, dass einzelne Daten eines Randvermerks, für die im elektronischen Register entsprechende Datenfelder nicht vorgesehen sind, entfallen. Andererseits sind Registerdaten, die im Papierregister nicht enthalten sind, unter Beachtung der Rechtslage zum Zeitpunkt des personenstandsrechtlichen Er- 24

6 BT-Drs. 16/1831 S.37, 54; abgedruckt in *Gaaz/Bornhofen* 2008 S.439, 463.

eignisses nachzuerheben. Im Detail sicher eine schwierige Aufgabe, die eine tiefgreifende Kenntnis der Rechtshistorie voraussetzt[7]. Anders verhält es sich bei fehlenden Angaben, die lediglich zur Eintragung eines Hinweises führen würden (z. B. zum Recht der Namensführung); ihre Nacherfassung ist nach § 69 Abs. 1 Satz 5 PStV nicht erforderlich. Eine Besonderheit stellen Einträge dar, die mit einem Sperrvermerk nach § 64 versehen sind. Die Übernahme eines solchen Vermerks, der außerhalb der Beurkundung angebracht ist (vgl. § 64 Rdnr. 6) und nicht der unveränderlichen dauerhaften Speicherung unterliegt[8], ist nicht zwingend. Vor einer Aufnahme in das elektronische Register ist daher zunächst zu prüfen, ob die Gefährdungslage noch gegeben ist. Werden in einem für die elektronische Nacherfassung vorgesehenen Personenstandseintrag Fehler festgestellt, so sind diese vor der Erfassung zu berichtigen. Bei schwerwiegenden Fehlern kann eine Neubeurkundung erforderlich sein, z. B. bei fehlender Unterschrift des beurkundenden Standesbeamten (vgl. § 8 Rdnr. 18), Beurkundung einer Zwillingsgeburt in *einem* Geburtseintrag[9].

25 Nach § 69 Abs. 2 PStV sind für die elektronisch zu erfassenden Einträge die Registrierungsdaten nach § 16 Abs. 2 PStV zu bilden: Bezeichnung und Nummer des Standesamts, Eintragsnummer, Registerkurzbezeichnung (§ 15 Abs. 2 PStV) und das Jahr der Erstbeurkundung. Handelt es sich um Einträge eines nicht mehr existenten Standesamts, die von dem die elektronische Erfassung vornehmenden Standesamt fortgeführt werden, so werden die ursprüngliche Bezeichnung und die Standesamtsnummer übernommen; bei nicht vorhandener oder nicht verwendbarer Standesamtsnummer wird die Nummer des erfassenden Standesamts um eine fortlaufende dreistellige Ziffernfolge (Suffix), die einmalig vergeben wird, ergänzt[10]. Der Name des Standesbeamten ist aus dem ursprünglichen Eintrag ohne Funktionsbezeichnung zu übernehmen; Gleiches gilt für etwaige Folgebeurkundungen. Aus dem elektronischen Registereintrag bleibt mithin erkennbar, welcher Standesbeamte für die inhaltliche Richtigkeit der jeweiligen Beurkundung verantwortlich war. Für neu angelegte Familienbücher, die als Heiratseinträge fortgeführt werden, gilt dieser Grundsatz mit der Folge, dass für die Übertragung in das elektronische Register die Daten der Eheschließung maßgebend sind, also der Tag der Beurkundung im Heiratsbuch, der Ort der Eheschließung und der Name des Standesbeamten, der die Eheschließung beurkundet hat[11]. Die Sekundärdaten der Neuanlegung des Familienbuchs können nachrichtlich außerhalb des urkundlichen Teils eingetragen werden, etwa »Angaben entnommen dem FamBuch ..., Ort und Datum der Anlegung, Name des Standesbeamten«. Abgeschlossen wird der Eintrag von dem die Nacherfassung durchführenden Standesbeamten mit seiner dauerhaft überprüfbaren quali-

7 Vgl. amtliche Begründung zum PStRÄndG, BT-Drs. 17/10489, S. 52.
8 Vgl. *Meireis*, StAZ 2012, 199.
9 *Horenkamp*, StAZ 2019, 27.
10 Vgl. *Bockstette*, StAZ 2013, 169, 176.
11 A. A. *Hochwald*, StAZ 2016, 29.

fizierten elektronischen Signatur (§ 69 Abs. 3 PStV). Für den Fall der fehlerhaften Vergabe von Registrierungsdaten ist durch § 47 Abs. 4 die Möglichkeit der Neubeurkundung und Stilllegung des fehlerhaften Eintrags eröffnet (vgl. § 47 Rdnr. 36).

Handelt es sich bei dem zu übertragenden Eintrag um einen Heiratseintrag nach § 15a EheG a. F., so ist durch eine entsprechende Kennzeichnung sicherzustellen, dass er weder fortgeführt wird, noch aus ihm eine Eheurkunde ausgestellt werden kann (vgl. Nr. 16.1.2 PStG-VwV; § 57 Rdnr. 31). 26

Auf Anregung des Bundesrates zum PStRÄndG ist § 69 Abs. 2 PStV noch um eine Regelung zur Nacherfassung bestimmter als Heiratseinträge fortgeführter Familienbücher erweitert worden[12]: Ist die Ehe nicht in einem deutschen Heiratsbuch beurkundet, so fehlt es an einer für die Bildung der Registrierungsdaten erforderlichen Eintragsnummer. Um eine einheitliche Handhabung zu gewährleisten, sind diese »Antragsfamilienbücher« mit einer nicht belegten Eintragsnummer im Eheregister des Jahres nachzuerfassen, in dem sie angelegt worden sind. Zuständig für die Nacherfassung ist das Standesamt, bei dem das Familienbuch nach § 77 Abs. 2 geführt wird[13]. 27

Die Frage, welchen Status die in elektronische Personenstandsregister überführten Papierregister besitzen, beantwortet § 69 Abs. 5 PStV dahin, dass sie »wie Sammelakten zu behandeln sind« (vgl. dazu § 6 Rdnr. 7). Da die Altregister Träger wichtiger Daten und Dokumente sind (z. B. beinhaltet der Heiratseintrag die Niederschrift über die Eheschließung mit den Unterschriften der Ehegatten, der Trauzeugen und des Standesbeamten), kam eine Vernichtung nicht in Betracht. Damit diese Einträge nicht versehentlich als Personenstandseinträge genutzt werden, sind die Beurkundungen mit einem Vermerk über die Übernahme zu versehen. 28

Die Ermächtigungsnorm des § 74 Abs. 1 Nr. 5 räumt den Ländern die Möglichkeit ein, bei Bedarf weitere Ausführungsvorschriften zum Verfahren der nachträglichen elektronischen Erfassung und Fortführung von Papierregistern zu erlassen. 29

IV. Besondere Altregister

Zu den Altregistern im weiteren Sinne gehören auch die früheren Konsularregister, die Personenstandsbücher und Standesregister aus Gebieten, in denen ein deutscher Standesbeamter nicht mehr tätig ist, die Personenstandsbücher des ehemaligen Standesamts I in Berlin (Ost) und die Personenstandsbücher aus Grenzgebieten. 30

12 Vgl. BT-Drs. 17/10489, S. 59, 73.
13 Vgl. *Bockstette*, StAZ 2013, 169, 176.

1. Konsularregister

31 Die sog. Konsularregister befinden sich beim Standesamt I in Berlin. Es handelt sich dabei gemäß § 71 Abs. 1 PStV um Beurkundungen von Personenstandsfällen, die nach den jeweiligen konsularrechtlichen Vorschriften von den Konsularbeamten vorgenommen wurden.

32 Auf Grund des Gesetzes betreffend die Eheschließung und die Beurkundung des Personenstandes von Bundesangehörigen im Auslande vom 4.5.1870 (Bundesgesetzblatt des Norddeutschen Bundes S. 599; BGBl. III Nr. 211-4) konnten Konsularbeamte bestimmter Konsularbezirke bis zum Inkrafttreten des Konsulargesetzes vom 11.9.1974 (BGBl. I S. 2317) am 1.1.1975 Geburten, Eheschließungen und Sterbefälle von Deutschen im Ausland beurkunden. Durch § 8 des Konsulargesetzes a. F. wurde die Befugnis auf Eheschließungen in wenigen Auslandsvertretungen beschränkt. Seit der ersatzlosen Streichung der Regelung zum 1.1.2009 durch Art. 2 Abs. 7 Nr. 1 des Personenstandsrechtsreformgesetzes sind auch in diesen Auslandsvertretungen keine Eheschließungen mehr möglich.

33 Nach § 71 Abs. 2 PStV können die Konsularregister unter Anwendung der für Altregister geltenden Vorschriften in ein elektronisches Register übernommen werden. Näheres zur Fortführung der Register ist § 71 Abs. 2 und 3 PStV zu entnehmen.

2. Personenstandsregister aus ehemaligen deutschen Gebieten

34 Personenstandsbücher und Standesregister aus Gebieten, in denen ein deutscher Standesbeamter nicht mehr tätig ist (z. B. frühere deutsche Ostgebiete), werden nach § 72 PStV beim Standesamt I in Berlin geführt. Diesen gleichgestellt sind Personenstandsurkunden, die aus diesen Büchern und Registern ausgestellt worden sind. Sie werden in einer Urkundensammlung, zu der ein Verzeichnis geführt wird, aufbewahrt.

3. Personenstandsbücher des ehemaligen Standesamts I in Berlin (Ost)

35 Für die auf der Grundlage der einschlägigen Vorschriften des Einigungsvertrages an den Standesbeamten des Standesamts I in Berlin übergebenen Personenstandsbücher gelten nach § 74 PStV die für Altregister getroffenen Regelungen sinngemäß.

4. Personenstandsbücher aus eingegliederten Grenzgebieten

36 In § 73 PStV ist nach dem Vorbild des § 69e PStG a. F. geregelt, dass die personenstandsrechtlichen Vorschriften sinngemäß auch für solche Personenstandsbücher gelten, die auf Grund bestimmter bilateraler Übereinkünfte den deutschen Behörden übergeben worden sind (§ 71). Insbesondere für die Ausstellung beweiskräftiger Personenstandsurkunden aus diesen Büchern

wie auch die Fortführung der Register war eine Gleichstellung mit den Personenstandsregistern im Sinne des PStG erforderlich. Es handelt sich dabei um folgende Verträge: Deutsch-belgischer Vertrag vom 24.9.1956 (BGBl. 1958 II S. 262, 353)[14]; Deutsch-niederländischer Ausgleichsvertrag vom 8.4.1960 (BGBl. 1963 II S. 458, 1078)[15].

14 GrenzG (Belg.) siehe GS Nr. 107.
15 GrenzG (Niederl.) siehe GS Nr. 108.

§ 77 Fortführung, Aufbewahrung und Benutzung der Familienbücher

(1) Die Familienbücher werden als Heiratseinträge fortgeführt; die bisherigen Heiratseinträge in den Heiratsbüchern werden nicht fortgeführt. § 16 gilt entsprechend.

(2) Zuständig für die Fortführung des Familienbuchs ist das Standesamt, das den Heiratseintrag für die Ehe führt. Ist die Ehe nicht in einem deutschen Heiratsbuch beurkundet, so ist das Standesamt zuständig, das am 24. Februar 2007 das Familienbuch führte.

(3) Aus den Familienbüchern, die als Heiratseinträge fortgeführt werden, werden als Personenstandsurkunden nur Eheurkunden (§ 57) ausgestellt.

Übersicht (die Zahlen bedeuten Randnummern)

I. Rechtsentwicklung

1. Die Umwidmung des Familienbuchs

1 Im Vorentwurf einer Bund/Länder-Arbeitsgruppe (vgl. Einführung Rdnr. 3) war vorgesehen gewesen, alle Heiratsbücher auf der Grundlage der Familienbücher zu aktualisieren und fortzuführen. Die Familienbücher hätten in diesem Fall als Teil der Sammelakte deren Schicksal mit der Folge geteilt, keinen dauernden Bestandsschutz mehr zu haben. Wegen des hohen Aufwandes dieses Verfahrens wurde mit der in § 77 Abs. 2 a. F. getroffenen Regelung der Anregung der Länder gefolgt, die Familienbücher zu Heiratseinträgen umzuwidmen.

2 Nachdem das Familienbuch im Kreis der in § 3 genannten Personenstandsbücher keine Berücksichtigung mehr gefunden hatte (vgl. § 3 Rdnr. 6 f.), stellte sich sogleich die Frage des weiteren Verfahrens bis zum Inkrafttreten des neuen Rechts zum 1. 1. 2009. Es erschien aus Kostengründen

nicht vertretbar, in den beiden zu überbrückenden Jahren die bisherige aufwändige Versendung der Familienbücher bei Änderung der Zuständigkeit infolge Aufenthaltswechsels der Ehegatten beizubehalten. Die Zuständigkeit für die Fortführung wurde daher stationär in die Hand des Standesbeamten gelegt, der den Heiratseintrag für die Ehe führte. Gab es einen solchen nicht – insbesondere bei Auslandsehen – verblieb das auf Antrag angelegte Familienbuch bei dem Standesbeamten, der am 24.2.2007 (Inkrafttreten des §77 Abs.1 a.F.) für seine Führung zuständig war. Das unzuständige, das Familienbuch nur noch aufbewahrende Standesamt durfte grundsätzlich keine Fortführung mehr vornehmen[1]. Bei einem Fortführungsanlass war das Familienbuch umgehend an das zuständige Standesamt abzugeben (Nr. 77.2 PStG-VwV).

2. Der Übergabetermin

Die für die Abgabe der Familienbücher zur Fortführung in der Übergangszeit bis zum Inkrafttreten des PStG 2007 getroffenen Regelungen fanden auch nach der Umwidmung eine Fortsetzung: Es blieb den Standesämtern überlassen, wann bis zum Ablauf der in Absatz 2 gewährten Frist (31.12.2013) die Übersendung erfolgte. Voraussetzung für den frei wählbaren Übergabetermin war jedoch, dass weder ein Anlass zur Fortführung gegeben war, noch die Benutzung beantragt wurde (z.B. die Ausstellung einer Personenstandsurkunde). 3

Als Folge dieser Umwidmungsaktion werden Heiratseinträge vom 1.1.2009 an nur noch dann fortgeführt, wenn ein als Heiratseintrag fortzuführendes Familienbuch nicht angelegt worden war oder der Verbleib des Familienbuchs nicht festgestellt werden kann (§68 PStV). Zu diesen Einträgen gehören naturgemäß nicht die aufgrund des bis zum 31.8.1986 gültig gewesenen §15a Abs.2 Satz 2 EheG vorgenommenen Beurkundungen von Ehen, die vor einer von einer ausländischen Regierung ermächtigten Person geschlossen worden sind. Diese Eintragungen im Heiratsbuch sind von vornherein nicht zur Aktualisierung vorgesehen gewesen. Zur Erteilung von Urkunden aus diesen Einträgen vgl. §57 Rdnr. 31. 4

3. Besonderheiten der Zuständigkeit

Bei auf Antrag angelegten Familienbüchern ist zwischen solchen zu unterscheiden, bei denen es ein für die Fortführung zuständiges deutsches Standesamt gibt, und solchen, bei denen eine Beurkundung in einem deutschen Heiratsbuch nicht erfolgt ist. 5

Wurde die Ehe im Beitrittsgebiet beurkundet und ist später ein Familienbuch auf Antrag angelegt worden, so erhielt das nunmehr für die Fortführung des Heiratsbuchs zuständige Standesamt das Familienbuch. Dies 6

1 Zu der Möglichkeit, im Rahmen der Amtshilfe tätig zu werden, vgl. *Kissner,* StAZ 2008, 15.

konnte – z. B. infolge kommunaler Neugliederung – ein anderes Standesamt sein als das, vor dem die Ehe geschlossen worden war.

7 War die Ehe nicht in einem deutschen Heiratsbuch beurkundet, was allgemein bei Eheschließungen vor einer ausländischen Stelle der Fall ist (§ 15a Abs. 1 Satz 2 Nr. 1 und 2 PStG a. F.), so verblieb das Familienbuch bei dem Standesamt, das am Tag nach der Verkündung des PStRG (24. 2. 2007) für die Fortführung zuständig war.

8 Ausschließlich die rechtliche Zuständigkeit ist für die Befugnis zur Fortführung maßgebend. Dies gilt aus den oben genannten Gründen (vgl. Rdnr. 7) auch für die Fälle, in denen sich durch Auslandswohnsitz beider Ehegatten die Zuständigkeit für die Fortführung des Familienbuchs auf das Standesamt I in Berlin verlagert hat (§ 15a Abs. 3 i. V. m. § 13 Abs. 2 PStG a. F.)[2].

9 Gelegentlich war es vorgekommen, dass dem Standesamt zu einem Heiratseintrag zwei Familienbücher zugingen. Dies konnte z. B. dann der Fall sein, wenn ein Familienbuch verlegt worden war und durch ein neues Familienbuch ersetzt werden musste. Nr. 77.5 PStG-VwV schreibt für diesen Fall vor, die Familienbücher abzugleichen und bei Abweichungen das zuerst angelegte Familienbuch als neuen Heiratseintrag zu ergänzen oder zu berichtigen. Das später angelegte Familienbuch wurde damit gegenstandslos; es war im Kopf mit einem entsprechenden Vermerk zu versehen und zu den Sammelakten zu nehmen.

10 Für die Fortführung eines Familienbuches von Ehegatten, die bereits früher miteinander verheiratet waren, ist nach Nr. 77.1 Satz 3 PStG-VwV das Standesamt zuständig, bei dem das Eheregister für die letzte Ehe geführt wird; zur Besonderheit bei der Erteilung einer Eheurkunde für eine solche Ehe vgl. Rdnr. 18.

II. Fortführung (Absatz 1 und 2)

1. Fortführung als Heiratseintrag (Absatz 1)

11 Nach § 77 Abs. 1 Satz 2 gilt für die Fortführung der Familienbücher als Heiratseintrag § 16 entsprechend. § 67 Abs. 1 PStV gibt einen Überblick darüber, um welche Folgebeurkundungen es sich im Einzelnen handelt: In Spalte 8 werden Folgebeurkundungen aufgenommen über den Tod der Ehegatten, ihre Todeserklärung oder die gerichtliche Feststellung der Todeszeit und die Aufhebung solcher Beschlüsse, die Aufhebung oder Scheidung der Ehe sowie die Feststellung des Nichtbestehens der Ehe. Standort für Änderungen des Namens der Ehegatten, jede sonstige Änderung des Personenstandes oder der Religionszugehörigkeit, die in das Eheregister einzutragen wäre, sowie Be-

2 Vgl. *Küsters*, StAZ 2007, 373.

richtigungen ist die Spalte 10[3]. Dort ist nach § 67 Abs. 2 PStV auch der Hinweis auf eine Wiederverheiratung oder Begründung einer Lebenspartnerschaft einzutragen. Letzteres gilt auch, wenn es sich um die weitere Eheschließung derselben Ehegatten nach Inkrafttreten des neuen Personenstandsrechts (1.1.2009) handelt. In diesem Fall wird aber nur der Eheeintrag für die zweite Ehe fortgeführt[4] (vgl. hierzu auch Rdnr. 10).

2. Zuständigkeit (Absatz 2)

Zuständig für die Fortführung des Familienbuchs als Heiratseintrag ist das Standesamt, dem nach § 77 Abs. 1 PStG a. F. das Familienbuch zu übersenden war. In der Regel ist dies das Standesamt, bei dem der Heiratseintrag für die Ehe geführt wurde. War die Ehe nicht in einem deutschen Heiratsbuch beurkundet, so erlangte das Standesamt die Zuständigkeit, das am Tag des Inkrafttretens des Personenstandsrechtsreformgesetzes (24.2.2007) das Familienbuch führte. Zu Einzelheiten der Umwidmungsaktion vgl. Rdnr. 1 ff., zu Besonderheiten der Zuständigkeit vgl. Rdnr. 5 ff. 12

3. Kein Sicherungsregister; Ersatz bei Verlust

Bei den gesetzgeberischen Arbeiten an § 77 stellte sich die Frage, ob nach der Umwidmung des Familienbuchs zum Heiratseintrag ein Sicherungsregister vorgesehen werden sollte, um dem sich aus § 4 ergebenden Grundsatz, dass jedes Personenstandsregister durch ein Zweitregister gegen Verlust abzusichern ist, Rechnung zu tragen. Dies hätte z. B. auf der Grundlage des Heiratsbuchs oder Heiratszweitbuchs erfolgen können, war aber wegen des hohen Fortschreibungsaufwandes von vornherein nicht in Betracht gezogen worden. § 67 Abs. 3 PStV bestimmt dazu, dass für das als Heiratseintrag fortzuführende Familienbuch kein Sicherungsregister geführt wird. Im Vergleich mit dem früheren Recht tritt hierdurch auch keine Minderung der Datensicherheit ein: Für das Familienbuch als einziger Quelle der Fortführungen war bisher schon kein Zweitbuch anzulegen, obwohl das Verlustrisiko wegen des mobilen Standorts größer als bei den anderen Personenstandsbüchern war. 13

Bei Verlust der Familienbuch-Heiratseinträge verbleibt – wie bisher beim Familienbuch – die Sammelakte als Rekonstruktionsbasis. Nr. 8.3.1 PStG-VwV trifft für den Fall des Verlustes die grundlegende Entscheidung, dass der Eintrag in seiner bisherigen Form nicht wieder hergestellt wird. Die anhand der Sammelakte oder weiterer Ermittlungen festgestellten Folgebeurkundungen und Hinweise sind vielmehr nach § 24 Abs. 2 PStV in dem bei der Eheschließung angelegten Heiratseintrag fortzuschreiben, soweit sie nach § 67 PStV in das als Heiratseintrag fortgeführte Familienbuch einzutragen wären (vgl. § 8 Rdnr. 30). Für alle entsprechenden Heiratseinträge bedeutet dies, dass sie – um diese Funktion im Verlustfall erfüllen zu können – wie Sammelakten 14

3 Vgl. hierzu *Hochwald*, StAZ 2011, 54.
4 Vgl. hierzu *Hochwald*, StAZ 2011, 378.

aufzubewahren sind (vgl. § 6 Rdnr. 7) und somit gegenüber anderen Akten des Standesamts einen höheren Aufbewahrungsschutz genießen (vgl. Nr. 77.6 PStG-VwV). Für den Verlust eines nach § 15a PStG a. F. auf Antrag angelegten Familienbuchs einer Ehe, die nicht in einem deutschen Heiratsbuch beurkundet wurde, schreibt Nr. 8.3.2 PStG-VwV vor, dass die Eheschließung spätestens bei einem Antrag auf Benutzung nachträglich im Eheregister zu erfassen ist (vgl. § 8 Rdnr. 31).

III. Benutzung der »neuen« Heiratseinträge (Absatz 3)

1. Die urkundlichen Nachweise

a) Eheurkunde

15 Aus den als Heiratseintrag fortgeführten Familienbüchern werden nach § 77 Abs. 3 Eheurkunden nach dem Muster der Anlage 6 der PStV und mit dem in § 57 vorgeschriebenen Inhalt (vgl. § 57 Rdnr. 6 ff.) erteilt. Bei Zweifeln an der Richtigkeit der Eintragungen im Familienbuch, insbesondere bei abweichenden Angaben gegenüber dem Heiratseintrag, kann eine Urkunde nur nach vorheriger Prüfung und etwaig erforderlicher Berichtigung erteilt werden.

16 Als lex specialis geht § 77 Abs. 3 der allgemeinen Regelung des § 55 Abs. 1 über Personenstandsurkunden vor. Dies hat zur Folge, dass eine beglaubigte Abschrift aus dem Familienbuch zum Nachweis der Ehe, die den Beweiswert einer Personenstandsurkunde haben soll, nicht ausgestellt werden kann. Dieser gesetzgeberische Wille ist gelegentlich in Frage gestellt worden. Dabei wurde allerdings übersehen, dass § 77 Abs. 3 im Falle einer Anwendung des § 55 Abs. 1 Nr. 1 (Erteilung einer beglaubigten Abschrift und einer Eheurkunde) keine Existenzberechtigung gehabt hätte. Mit § 77 Abs. 3 in der Fassung des PStRÄndG hat der Gesetzgeber – um auch letzte Zweifel zu zerstreuen – nunmehr klar zum Ausdruck gebracht, dass aus den zu Heiratseinträgen umgewidmeten Familienbüchern zum Nachweis der Eheschließung »nur Eheurkunden« erteilt werden dürfen[5]. Die Beschränkung auf die Eheurkunde verfolgt außerdem aber noch einen praktischen Zweck: Es erscheint den Betroffenen gegenüber unzumutbar, Urkunden mit einschränkenden Vermerken über die Beweiskraft zu versehen. Dies wäre aber im Falle der Erteilung einer Eheurkunde in Form einer beglaubigten Abschrift erforderlich, da in Teilen der Urkunde Daten offenbart würden, die keinen Bezug zum Nachweis der Eheschließung haben und – da nicht mehr fortgeführt – auch unrichtig sein können.

17 In diesem Zusammenhang ist darauf hinzuweisen, dass zum Nachweis der Geburt eines im Ausland geborenen Kindes eine beglaubigte Abschrift aus dem Familienbuch auch ohne besondere gesetzliche Grundlage weiter ausgestellt werden darf (vgl. Rdnr. 19). Die beglaubigte Abschrift bleibt den Be-

5 Vgl. *Bockstette*, StAZ 2013, 169, 177.

troffenen mithin als urkundlicher Nachweis für viele Fälle des täglichen Lebens erhalten, bei denen der hohe Beweiswert einer Personenstandsurkunde nicht erforderlich ist.

Eine Besonderheit ist bei der Ausstellung einer Eheurkunde für Ehegatten, die bereits früher miteinander verheiratet waren, zu beachten: Nach Nr. 77.1 Satz 3 PStG-VwV ist für eine Fortführung des Familienbuchs das Standesamt zuständig, bei dem das Eheregister der letzten Ehe geführt wird. Im Einzelfall kann es vorkommen, dass aus dem fortzuführenden Familienbuch der ersten Ehe nicht alle Daten ersichtlich sind, die für die Ausstellung einer Eheurkunde für die zweite Ehe benötigt werden. Hat sich der Name eines Ehegatten zwischen den Eheschließungen geändert, so ist dem Familienbuch die für die Eheurkunde erforderliche Namensführung bei der Eingehung der zweiten Ehe nicht zu entnehmen. Es muss mithin für diese Angabe auf den Heiratseintrag der zweiten Ehe oder die Sammelakte zurückgegriffen werden. Da die Eheurkunde aber alle Angaben aus dem als Heiratseintrag fortzuführenden Familienbuch generieren muss, ist es in diesem Fall unumgänglich, zunächst die Angaben zum Namen in Spalte 10 des Familienbuchs zu beurkunden, bevor die Eheurkunde erteilt werden kann[6]. Es ist mithin nicht zulässig, die erforderlichen Daten unmittelbar aus anderen Quellen zu beziehen. 18

b) Beglaubigte Abschrift

Für Kinder, deren Geburt nicht in einem deutschen Geburtenbuch, aber in Spalte 9 des Familienbuchs ihrer Eltern beurkundet ist, sah der durch das PStRÄndG aufgehobene §49 PStV ausdrücklich zum Nachweis der Geburt die Möglichkeit der Erteilung einer beglaubigten Abschrift aus dem Familienbuch vor. Nach Aufhebung der Vorschrift besteht – so auch die amtliche Begründung – die Möglichkeit der Erteilung einer beglaubigten Abschrift unverändert fort. Die Streichung sei nur erfolgt, um dem Eindruck entgegenzuwirken, die beglaubigte Abschrift sei eine Personenstandsurkunde. Die beglaubigte Kopie als einfache öffentliche Urkunde soll es betroffenen Personen, insbesondere Vertriebenen und Spätaussiedlern, ermöglichen, einen Geburtsnachweis zu führen, ohne dass hierfür eine meist aufwändige Nachbeurkundung nach §36 erfolgen muss; auf diese Möglichkeit sollte hingewiesen werden, wenn eine Personenstandsurkunde benötigt wird. Als öffentliche Urkunde kann die beglaubigte Kopie – obwohl nicht mit dem hohen Beweiswert einer Personenstandsurkunde ausgestattet – auch für eine etwaige Nachbeurkundung der Geburt des Kindes nach §36 wichtiger urkundlicher Beleg sein (vgl. auch §54 Rdnr. 18, §55 Rdnr. 23)[7]. 19

6 Vgl. dazu *Krömer*, StAZ 2010, 215.

7 Vgl. dazu *Krömer* mit einem Formulierungsvorschlag für den Beglaubigungsvermerk, StAZ 2017, 87.

2. Hinweis auf neue Benutzungsmöglichkeiten

20 Nach § 77 Abs. 4 a. F. hatte der Benutzung des Familienbuchs ein Hinweis gegenüber dem Antragsteller auf die neuen Benutzungs- und Beurkundungsmöglichkeiten vorauszugehen. Damit sollte zum einen erreicht werden, dass der Benutzer erfährt, welche Angaben des Familienbuchs fortgeführt werden und damit an der besonderen Beweiskraft des neuen Heiratseintrags teilhaben (vgl. § 54 Rdnr. 6 ff.). Zum anderen sollte aber auch bei einem entsprechenden Urkundenwunsch auf die Möglichkeit aufmerksam gemacht werden, eine beglaubigte Abschrift des Familienbuchs zu erlangen, mit der die Geburt eines nicht in einem deutschen Geburtenbuch beurkundeten Kindes nachgewiesen werden kann (vgl. Rdnr. 19). Auch nach der Neufassung des § 77 durch das 2. PStRÄndG, die einen entsprechenden Benutzerhinweis nicht mehr vorsieht, sollte eine Beratung in dem vorbezeichneten Sinne stattfinden.

IV. Übernahme in elektronische Register

21 Da das als Heiratseintrag fortgeführte Familienbuch ein Altregister im Sinne des § 76 Abs. 1 ist, kann es nach § 76 Abs. 5 innerhalb der Fortführungsfrist elektronisch erfasst und fortgeführt werden (vgl. dazu § 76 Rdnr. 22 ff.).

Im Falle der Übertragung der Daten einer Eheschließung von Ehegatten, die bereits vor der aufzunehmenden zweiten Ehe miteinander verheiratet gewesen waren, ist das Familienbuch nach der Aufnahme in das elektronische Register dem das Eheregister der ersten Ehe führenden Standesamt zurückzugeben (Nr. 77.3 PStG-VwV); eine beglaubigte Ablichtung des Familienbuchs ist zu den Sammelakten zu nehmen. Die Zuständigkeit für die Fortführung, die nach Nr. 77.1 Satz 3 PStG-VwV dem für den Eheeintrag der zweiten Ehe zuständigen Standesamt übertragen worden war, wird mit der Rückgabe des Familienbuchs automatisch wieder auf das Standesamt der ersten Ehe zurückübertragen. Dieser entscheidet mithin darüber, ob er die Daten der ersten Eheschließung ebenfalls elektronisch erfasst oder das Papier-Familienbuch weiterführt.

§78 Heiratsbuch

Ist für einen Heiratseintrag ein Anlass zur Fortführung gegeben, wird das Familienbuch aber nicht bei dem für die Fortführung zuständigen Standesamt aufbewahrt, so hat es das Familienbuch bei dem aufbewahrenden Standesamt anzufordern.
(weggefallen)

Übersicht (die Zahlen bedeuten Randnummern)

I. Rechtsentwicklung

Mit dem Fristablauf für die Abgabe der Familienbücher nach §77 Abs. 2 a.F. (31.12.2013) war die Übergangsvorschrift des §78 gegenstandslos geworden. Durch Art. 1 Nr. 26 des 2. PStRÄndG wurde §78 aufgehoben. 1

II. Anforderung zur Fortführung

1. Benutzungs- oder Fortführungsanlass

§78 a.F. wollte zusammen mit §77 Abs. 2 a.F. sicherstellen, dass das als Heiratseintrag fortzuführende Familienbuch spätestens im Falle eines Benutzungs- oder Fortführungsanlasses dem für die Führung zuständigen Standesamt übersandt wird. Da aus verwaltungsökonomischen Gründen die sofortige Abgabe an das zuständige Standesamt nicht vorgesehen wurde, musste der Zeitraum bis zum letztmöglichen Termin der Abgabe durch eine Übergangsregelung überbrückt werden. Das aufbewahrende als auch das für die Fortführung zuständige Standesamt waren wechselseitig in das Übergabeverfahren eingebunden. 2

Das aufbewahrende Standesamt war nach §77 Abs. 2 Satz 3 a.F. zur Abgabe verpflichtet, wenn diesem ein Anlass zur Fortführung oder Benutzung bekannt wurde, damit das zuständige Standesamt die Amtshandlung vornehmen konnte. 3

Wurde hingegen ein solcher Anlass dem Standesamt bekannt, das zwar zuständig, nicht aber im Besitz des als Heiratseintrag fortzuführenden Familienbuchs war, so hatte dieses nach §78 a.F. die Übergabeinitiative zu ergreifen (Nr. 78.1.1 PStG-VwV). Bis zum 31.12.2008 ergab sich die Verpflichtung zur Anforderung des Familienbuchs durch das den Heiratseintrag führende Standesamt aus §248 Abs. 2 Satz 1 DA. 4

5 Das zuständige Standesamt erhielt das Familienbuch nicht mehr zu dessen Fortführung, sondern gleich als neuen Heiratseintrag mit der Fortführungsverpflichtung aus § 77 Abs. 2 (vgl. dort Rdnr. 11 ff.). Die Übernahme war nach Nr. 78.1.2 PStG-VwV an der am Schluss des Familienbuchs vorgesehenen Stelle mit Datum und der Bezeichnung des Standesamts zu vermerken.

2. Suche nach dem Familienbuch

6 Für den Fall, dass die Anforderung innerhalb eines Monats nicht zur Übergabe führte, verpflichtete Nr. 78.2 PStG-VwV das zuständige Standesamt, nach dem Verbleib des Familienbuchs zu forschen. War das Familienbuch z. B. nicht in den Besitz des zur Abgabe verpflichteten Standesamts gelangt, konnte nur eine Zurückverfolgung der Zuständigkeitsstationen über die früheren Wohnsitze der Familie zum Auffinden des Familienbuchs führen.

7 Blieb die Suche ohne Erfolg, so war (und ist) nach § 68 PStV (Nr. 8.3.1, Nr. 78.2 PStG-VwV) der Heiratseintrag zu aktualisieren und fortzuführen. Forderungen, den als überflüssig erachteten Heiratseintrag nicht weiter aufzubewahren, scheiterten an dieser Ersatzfunktion im Fall des Verlusts des als Heiratseintrag fortzuführenden Familienbuchs.

§79 Altfallregelung

Für die Bearbeitung von Anträgen auf Beurkundung von Auslandspersonenstandsfällen und von namensrechtlichen Erklärungen, die vor dem 1. November 2017 beim Standesamt I in Berlin gestellt oder dort eingegangen sind, bleibt abweichend von der in §34 Absatz 4 Satz 1, §35 Absatz 3 Satz 1, §36 Absatz 2, §41 Absatz 2 Satz 2, §42 Absatz 2 Satz 2, §43 Absatz 2 Satz 3 und §45 Absatz 2 Satz 2 getroffenen Zuständigkeitsregelung bei lediglich früherem Wohnsitz im Inland das Standesamt I in Berlin zuständig.

Übersicht (die Zahlen bedeuten Randnummern)

I. Verlagerung von Zuständigkeiten des Standesamts I in Berlin

1. Interessenkonflikt

1 Der Begründung des 2. PStRÄndG (A. Allgemeiner Teil, II. Wesentlicher Inhalt des Entwurfs) ist der Grund dafür zu entnehmen, Beurkundungszuständigkeiten des Standesamts I in Berlin auf ein früheres Wohnsitzstandesamt des Antragstellers zu verlagern. Betroffen sind Nachbeurkundungen von Geburten, Eheschließungen, Lebenspartnerschaften und Sterbefällen Deutscher im Ausland sowie die Entgegennahme namensrechtlicher Erklärungen von Personen, wenn die antragsberechtigte oder erklärungsberechtigte Person zwar zum Zeitpunkt der Antragstellung keinen Wohnsitz oder gewöhnlichen Aufenthalt im Inland mehr hat, aber früher einen Wohnsitz im Inland hatte. Erreicht werden soll eine Entlastung des Standesamts I in Berlin und Verkürzung der dort bestehenden langen Bearbeitungszeiten für Nachbeurkundungen von Personenstandsfällen Deutscher im Ausland. Nach der amtlichen Begründung entlastet die Verlagerung auf frühere Wohnsitzstandesämter das Standesamt I in Berlin um jährlich etwa 8000 Nachbeurkundungsfälle und 10 000 Namenserklärungsfälle. Für ein mittleres Standesamt mit einem Einzugsbereich von 100 000 Einwohnern führt dies rechnerisch zu einer zusätzlichen Bearbeitung von jährlich 10 Nachbeurkundungen und 12 namensrechtlichen Erklärungen.

2 Der Innenausschuss des Bundesrates sprach sich mehrheitlich gegen eine Verlagerung auf die örtlichen Standesämter aus. Insbesondere kleinere Organisationseinheiten seien weder wirtschaftlich noch vom Ausbildungsstand ihrer Mitarbeiter her in der Lage, die Mehrbelastung zu tragen. Das notwendige Fachwissen solle wie bisher an einer Stelle gebündelt bleiben, die Aufgabe weiterhin beim Standesamt I in Berlin wahrgenommen werden. Der Bundesrat folgte diesem Votum.

2. Konfliktlösung

3 In ihrer Gegenäußerung vertrat die Bundesregierung die Auffassung, dass angesichts der jetzt schon bei allen, also auch bei kleineren Standesämtern angesiedelten Zuständigkeiten mit internationalem Bezug, die Mitarbeiter über das erforderliche Fachwissen für die zusätzliche Fallbearbeitung verfügen. Dies, zumal bereits nach geltendem Recht die Zuständigkeit gegeben ist, wenn der Antragsteller oder die betroffene Person ihren Wohnsitz oder gewöhnlichen Aufenthalt in einem deutschen Standesamtsbezirk hat. Die Erweiterung der Zuständigkeit auf Personen, die einen Wohnsitz oder gewöhnlichen Aufenthalt in Deutschland zwar nicht haben aber vormals hatten, führe mithin nicht zur Wahrnehmung neuer Aufgaben mit unbekanntem Regelungsinhalt, sondern lediglich zu zusätzlichen Fallzahlen bekannter Aufgaben.

4 Der Innenausschuss des Bundesrates hatte bereits ersatzweise für den Fall, dass die Regelungen des Regierungsentwurfs nicht geändert werden sollten, die Einfügung der hier behandelten Altfallregelung des neuen § 79 beschlossen. Wegen der hohen Bearbeitungsrückstände müsse es für die Bearbeitung von Anträgen auf Beurkundung von Auslandspersonenstandsfällen (Geburten, Sterbefälle, Eheschließungen und Lebenspartnerschaften) und namensrechtlichen Erklärungen, die vor dem Inkrafttreten des 2. PStRÄndG gestellt beziehungsweise beim Standesamt I in Berlin eingegangen sind, bei der früheren Zuständigkeit des Standesamts I verbleiben.

5 Der Deutsche Bundestag folgte der Beschlussempfehlung seines Innenausschusses, den neuen § 79 anzufügen[1]. Auch der Bundesrat konsentierte die Altfallregelung und verzichtete auf eine Befassung des Vermittlungsausschusses.

1 BT-Drs. 18/12124.

Sachverzeichnis

Die fetten Zahlen bezeichnen die PStG-Paragraphen, die mageren Zahlen die Randnummern.